Miłosz

Biografia

米沃什传

1911–1951

广西师范大学出版社
· 桂林 ·

（波兰）安杰伊·弗劳瑙塞克 著　乌兰 李江颐 李佳 译

Andrzej Franaszek, Miłosz. Biografia, Znak, 2012
Copyright © by Andrzej Franaszek
This translation is published by arrangement with Społeczny Instytut Wydawniczy
Znak Sp. z o. o. , Kraków, Poland
This book has been published with the support of the © POLAND Translation Program

著作权合同登记号桂图登字:20 - 2019 - 115 号

图书在版编目(CIP)数据

米沃什传／(波)安杰伊·弗劳瑙塞克著;乌兰,李江颐,李佳
译. —桂林:广西师范大学出版社,2023.5
(文学纪念碑)
ISBN 978 - 7 - 5598 - 4510 - 8

Ⅰ. ①米… Ⅱ. ①安… ②乌… ③李… ④李… Ⅲ. ①切·米沃
什-传记 Ⅳ.①K835.135.6

中国版本图书馆 CIP 数据核字(2021)第 248152 号

米沃什传
MIWOSHI ZHUAN

出 品 人:刘广汉   策 划:魏 东
责任编辑:魏 东   助理编辑:程卫平
装帧设计:赵 瑾
广西师范大学出版社出版发行
(广西桂林市五里店路9号   邮政编码:541004)
(网址:http://www.bbtpress.com)
出版人:黄轩庄
全国新华书店经销
销售热线: 021 -65200318   021 -31260822 -898
山东新华印务有限公司印刷
(济南市高新区世纪大道2366 号   邮政编码:250104)
开本:690 mm×960 mm   1/16
印张:93 插页:16   字数:1150 千字
2023 年 5 月第 1 版   2023 年 5 月第 1 次印刷
定价:268.00 元(全二册)

如发现印装质量问题,影响阅读,请与出版社发行部门联系调换。

赠我的女儿图希

Dla mojej córki Tusi

生活难以承受，但还承受得了。

切斯瓦夫·米沃什

Życie niemożliwe, ale było znoszone.

Czesław Miłosz

目 录

第一部分　天堂花园 1911-1920

第二部分　年轻人和他的秘密 1921-1929

第三部分　黑色阿里尔 1930-1934

第四部分　第一次移民的国家 1935–1939

第五部分　弱者的声音 1939–1945

第六部分　魔鬼的聚会 1945-1951

第七部分　自杀的故事 1951-1960

插图目录

7

雅尼娜·涅曼托夫斯卡。钢琴旁坐着的是：伏瓦迪斯瓦夫·利普斯基，摄于 1927 年

11. 克拉斯诺格鲁达。切斯瓦夫·米沃什居中，举着双手。左一：弗洛伦蒂娜·库纳特。右三：尼娜姨妈，就是来自库纳特家族的雅尼娜·涅曼托夫斯卡，约摄于 1931 年

12. 艾拉姨妈，就是来自库纳特家族的嘉布蕾拉·利普斯卡

13. 爱德华·科兹沃夫斯基，少年米沃什的情敌，米奇斯瓦夫·科塔尔宾斯基的铅笔画。选自照片《身穿旧毛衣的小伙子》，该画于华沙起义期间被烧毁

14. 在克拉斯诺格鲁达庄园前客人们的合影。左一柱前：来自库纳特家族的嘉布蕾拉·利普斯卡。关于这张照片上的科兹沃夫斯基以及科塔尔宾斯基，米沃什这样写道："当他们在照片上站在一起的时候，不是他们自己，而是与别人一起，站在克拉斯诺格鲁达庄园的房前时，他们是否想过第二个人？"

15. 高考前的切斯瓦夫·米沃什

16. 八年级时的切斯瓦夫·米沃什（站立，左六）

17. ……高考后（站在最后一排，左一）。坐着的人当中有莱奥帕德·霍姆斯基神父（左三）和玛利亚·斯塔宾斯卡-普日贝特科

18. "PET"组织成员。切斯瓦夫·米沃什站在左三，他旁边是斯坦尼斯瓦夫·斯托马和伊格纳齐·希维安茨茨基

19. 高考后……

20. 维尔诺流浪汉学术俱乐部成员在自己的"洞穴"中。最后一排左四：切斯瓦夫·米沃什，摄于 1930 年 3 月

21. 在瓦茨瓦夫·科拉别维奇家中。左五：切斯瓦夫·米沃什，摄于1929 年 11 月

22. 在涅里斯河中裸泳,结果被警察捉住罚款。他们当中有:泰奥多尔·布伊尼茨基、斯泰凡·岩德列霍夫斯基、切斯瓦夫·莱希涅夫斯基、切斯瓦夫·米沃什和莱赫·贝纳尔,也就是后来的帕维乌·雅谢尼查,摄于1930年5月25日

23. 维尔诺东欧科学研究所成员。左四:妮卡·克沃索夫斯卡。左五:伏兰齐舍克·安采维奇,绰号"Draugas"

24. 在维尔诺的鲁德尼茨基咖啡馆内

25. 三十年代的切斯瓦夫·米沃什

26. 奥斯卡·米沃什

27. 雅德维嘉·瓦什凯维奇与切斯瓦夫·米沃什在维尔诺附近的巴尔奇亚

28. 波兰电台维尔诺播音组。左一:切斯瓦夫·米沃什

29. 1935年雅尼娜·岑卡尔斯卡的身份证件照片

30. 塔德乌什·尤利乌什·克朗斯基

31. 1942年的切斯瓦夫·米沃什

32. 耶日·岩德列霍夫斯基、切斯瓦夫·米沃什与卡齐米日·维卡,摄于1941年

33. 在波兰驻华盛顿大使馆。左二:切斯瓦夫·米沃什;右二:扬卡

34. 为纪念华沙犹太隔离区起义,切斯瓦夫·米沃什的诗朗诵海报,时任波兰驻纽约领事馆文化和新闻官员,摄于1946年

35. 雅尼娜·米沃什在波兰驻华盛顿大使馆内

36. 约瑟夫·维涅维奇大使夫人、切斯瓦夫·米沃什以及外交部长夫人纳塔莉亚·莫哲莱夫斯卡在华盛顿开罗俱乐部中,摄于1947年

37. 安杰伊·米沃什与切斯瓦夫·米沃什在索波特栈桥,摄于1949年

38. 四十年代扬卡在美国

39. 米沃什在大西洋边的里霍博斯(Rehoboth)海滩

40. 切斯瓦夫·米沃什,很可能摄于自由文化大会的巴黎办公室,1951 年夏

41. 《文化》杂志社前合影:耶日·盖德罗伊奇、詹姆斯·伯纳姆、齐格蒙特·赫兹、约瑟夫·查普斯基、佐菲亚·赫兹、玛丽亚·查普斯卡和切斯瓦夫·米沃什,摄于 1951 年

42. 斯坦尼斯瓦夫·文森兹

43. 让娜·赫施

44. 雅尼娜·米沃什正在打印丈夫的文章,摄于布里-孔特-罗贝尔

45. 雅尼娜·德乌斯卡与切斯瓦夫·米沃什的结婚证,1956 年 1 月 13 日在巴黎的圣母升天教堂结婚

46. 雅尼娜·米沃什与儿子托尼和彼得

47 和 48. 1957 年米沃什一家在蒙日龙

49. 组诗《太阳从何处升起从何处落下》手稿

50. 在开往美国的客轮"雷丹"号的甲板上。彼得、雅尼娜、切斯瓦夫·米沃什一家与兹比格涅夫·赫贝特。安东尼·米沃什摄于 1964 年 1 月 8 日

51. 米沃什夫妇和耶日·图罗维奇,梵蒂冈,摄于 1963 年

52. 切斯瓦夫·米沃什与儿子们——彼得和托尼。左一:安娜·拉维奇,摄于 1967 年

53. 维托尔德·贡布罗维奇与切斯瓦夫·米沃什,旺斯,摄于 1967 年 5 月

54. 切斯瓦夫·米沃什在他的朋友耶日·图罗维奇镜头下;窗外是

10

旧金山海湾

55．切斯瓦夫和扬卡,摄于 1972 年

56．切斯瓦夫·米沃什在勃艮第地区旅行,摄于 1980 年

57．切斯瓦夫·米沃什在伯克利,摄于 1980 年;诗人手中的绿皮书是《诗歌作品:诗集》

58．切斯瓦夫·米沃什从卡尔十六世·古斯塔夫国王手中接过诺贝尔文学奖,斯德哥尔摩,摄于 1980 年 12 月 10 日

59 和 60．在斯德哥尔摩的宾馆房间里

61．切斯瓦夫·米沃什和斯泰凡·基谢莱夫斯基参加扮鬼脸活动,斯德哥尔摩,摄于 1980 年

62．托尼和切斯瓦夫·米沃什在朱泽拉,雅尼娜·米沃什的家乡,摄于 1987 年

63．莱赫·瓦文萨与切斯瓦夫·米沃什,摄于 1981 年

64．切斯瓦夫·米沃什与独立印刷出版社的工人和支持者们在"邦科夫斯基"沙龙的见面会。左一:亚当·米奇尼克,华沙,摄于 1981 年 6 月

65 和 66．在南斯拉夫度假,摄于 1985 年。照片中有:切斯瓦夫·米沃什、卡罗尔·施格彭和格拉热娜·斯特鲁米沃-米沃什(安杰伊·米沃什的妻子)

67．内韦日斯河边(立陶宛),摄于九十年代初

68．诗人在一次作家见面会上,克拉科夫,摄于 1999 年 6 月

69．卡罗尔和切斯瓦夫·米沃什在位于马舍采村(Maszycach)的兹比格涅夫·普莱斯纳(Zbigniew Preisner)家中,摄于 2001 年 10 月

前 言

> 米沃什真实地经历了二十世纪的一切
> 人间地狱,也体验过某种天堂。他内心装着
> 我们整个世界的理想和幻想。如果没有米
> 沃什,波兰人通过个人经验所获得的关于
> 二十世纪的认知将是十分贫乏的,甚至我都
> 不晓得,波兰是否还会停留在跌跌撞撞的步
> 伐上。
>
> 玛丽亚·雅尼昂[①],《克朗斯基-米沃什:
> 思想与诗歌史节选》

"现在,我们终于可以看到他比肩二十世纪那些最杰出的人物。可 9
以说他是二十世纪的三杰或四杰之一——除了米沃什,还有艾略特、

[①] 玛丽亚·雅尼昂(Maria Janion, 1926–2020),波兰文学史家、作家、政论家。(本书脚注均为译者注,后同,不另标出)

卡瓦菲斯和曼德尔施塔姆。他们在糟糕的年代写作,但他们成功地将自己所处时代的悲惨经历浓缩于一个无形的点,而那正是希望诞生之处。"在米沃什去世之后,立陶宛诗人托马斯·温茨诺瓦这样写道。[1]二〇〇四年八月二十七日,当送葬的队伍将驾鹤西去的卓越作家的棺木送到位于克拉科夫的斯卡乌卡墓地时,不难想象当时的情景。一个时代结束了:一个堪与亚当·密茨凯维奇比肩的人物与世长辞,他是怀有雄心壮志的文化楷模和诗人,乐意探讨自己所处时代的政治、社会及宗教问题。从某种程度上说,也正像一位文学史家所写的那样,一个世纪结束了:"这是一个具有象征意味的死亡,现在是结束二十世纪的时候了,我比任何时候都更坚信,过去的那个年代不会再现了。"[2]

　　切斯瓦夫·米沃什的一生就是过去一个世纪的编年史,他尝遍那个世纪的辛酸与苦痛。作为十几岁的孩童,他亲身经历了第一次世界大战、俄国革命、波兰重获独立,经历了波兰第二共和国所遇到的社会和民族问题,经历了《启示录》中预言的世界末日和华沙被占领期间有如地狱的街市,经历了大屠杀和两个威权国家的争斗,经历了"铁幕"时期被分割的两个世界的移民生活,经历了二十世纪六七十年代在美国的生活,一直到苏联解体和二十一世纪之初的年代。他把经历的这一切和思考都记录在自己的诗歌、小说和散文中。一个羞涩的小男孩,曾经在维尔诺①的商店里胆怯地说出想要买什么,走过了九十三年的漫长岁月,在这条人生道路上,他遇到了爱因斯坦和艾略特,雅斯贝尔斯和加缪,布罗茨基和桑塔格,还有教皇保罗二世……

10　　从某种意义上说,他从孩童时代起就对世界充满好奇,他曾将内心深处对庄严的诺贝尔奖的向往倾诉给另一位诺贝尔奖获得者谢默斯·希尼听:"我就像一个在河岸边玩水的小孩。"[3]他讲到从没有离

―――――――――――

　　①　即今日立陶宛首都维尔纽斯。本书取波兰文译法。

开过艺术家的童心，也讲了引领自己一生的力量——不是理智的力量，而是本能的力量，是雄心壮志和情欲。这一切都与他的敏感、痛感交织在一起，使他的良心受到深深的折磨，感到抑郁和悲伤——带着这种张力和责任，身体与精神的力量使他经受了远远超过他所能表述的不幸。他觉得自己一直很年轻，就好像有某种力量在一生中一直与他形影不离。

"这就是他的杰作。如果人们知道他付出了怎样的代价，是否会愿意付出如此大的代价？但是他，这位肇事者，曾在某个时候有过一种朦胧的感觉，他要签下誓言。真的从未有过这么一刻，那支蘸着断指之血的笔会在还可以说'不'之前犹豫着要不要签字。"他在晚年写道。(《路边狗》，页65)同时在与某人的交谈中他这样回答："有只无形的手在牵引着我，指引着我这样做，从健全理智的角度来说，我做了非常荒谬但后来看却是有意义的事情。"(《旅行世界：对话莱娜塔·高尔琴斯卡》，页312)这只手也挽救了他的生命，从不平常的童年开始，一颗手榴弹飞入他的房间没有爆炸；还让他免于自杀——这样的诱惑"几次都绕过了我。但离我不远"。(《波兰对话1999-2004》，页330)

他躲过了血腥的二十世纪初在他头顶呼啸不止的立陶宛和波兰的子弹，躲过了被流放到东方的厄运，躲过了集中营(尽管他曾被德国人抓走)，躲过了精神迷失，未曾被迫出卖笔杆子。他创作的作品是过去的那个世纪所发表的波兰文学作品中的杰作。他受到很多人的诋毁，但都慷慨大度地原谅了他们。他收获了一切，正像人们描写他的青年时期那样，说他是一个"命运的宠儿"。但他自己却不这样认为："有过许多幸运的救赎时刻，但是除了这些，如果有人能真正清楚地了解我的生活，他就不会说我是一个幸运儿了。我的一生充满各种悲剧。当我今天回忆起这些，一直觉得，战争居然留下了我这条命，这完全是一件不可思议的事。当然，对此必须给予充分的肯定。但一切都会付出代价，正如

'艾登'饭店的副经理莱舍克·科瓦科夫斯基所说的那样。"(《波兰对话1979-1998》,页624)

天堂管理者的副手一定是个魔鬼。

注释

[1] 托马斯·温茨诺瓦,《两个公国》,载《普世周刊》,2004年第34期。

[2] 耶日·雅冉布斯基,《永恒的流放》,载波兰版《新闻周刊》,2004年8月22日。

[3] 摘自谢默斯·希尼,《老国王之死》,收录于《回忆切斯瓦夫·米沃什》,尤安娜·格罗麦克编(克拉科夫,2004),页55。

第一部分　天堂花园 1911–1920

第一章 "远处反射的强光打破了黑暗"

> 我们把那位妇女的孩子怎么啦?飞向
>
> 地面的谐神问。大炮的炮筒
>
> 来了个反冲。又一次。那里的平原,
>
> 在地平线上闪光,颤抖,奔跑。
>
> 湖边的公园里支着战地医院的帐篷
>
> 旁边是树篱、花坛和菜园。
>
> 现在再往前奔。护士的面纱在飘动,
>
> 枣红战马勇往直前,纵横驰骋,热气升腾。
>
> 长着红胡子的人在河边划船。
>
> 浓烟后面显现一片被毁的树林。
>
> **切斯瓦夫·米沃什**,《单独的笔记本》

"托马什的摇篮放在旧家那里,花园里听到的第一声响,就是小鸟
在窗外欢迎他的叫声。"(《伊萨谷》,页16)在这部小说的开头他还是个
孩子,对他来说,世界向他展现的是昆虫的鸣叫和大树的绿荫,太阳照在

河面上的粼粼波光,扎脚的草地和妇女们有力的双手。还有畏惧和迷惑。"当他还是婴儿时,他被放在熊皮上,他十分安静,把双手举了起来,为的是不碰那个毛茸茸的动物,就这样一动不动,一半因为害怕,一半因为高兴。"(同上,页100)

一九一一年春天,维罗妮卡·米沃什(家里人都叫她"维恰",那时她出嫁不到两年,生活很幸福)正从爱沙尼亚首都里加回立陶宛的塞泰伊涅村①的路上,这个小村庄位于立陶宛的内韦日斯河畔的凯代尼艾镇,她父母的地产都在那里。去接她的车夫小心地赶着马车,因为他的女乘客肚子里正孕育着一个小生命。六月三十日,这个小家伙出生了,属巨蟹座,施洗后取名"切斯瓦夫"。

妈妈的记忆似乎还停在过去的年代,她给儿子起了一个曾是她的爱慕者的名字[1],她的丈夫亚历山大那时刚好从里加理工大学毕业。也许不久后他就会带着自己的工程师文凭回到岳父母家,岳父叫齐格蒙特·库纳特,岳母是塞鲁奇家族的尤瑟法。亚历山大为了见到自己的第一个孩子(也许他那时正在找工作),给家里写了一封信,希望家人给他寄孩子的照片。沙俄帝国那时已经风雨飘摇,但在内韦日斯河谷地区的生活还停留在十九世纪,人们的生活主要还是农活,立陶宛农民、波兰贵族、犹太商人和俄国官员都还能和睦相处,世界好像停滞了,不过持续的时间并不长:同时,在欧洲的上空出现过一种声音——这位受过洗礼的孩子用这些词语形容当时的情况——"可怕的保姆""想要孩子又向他浇热水"。[2]

小男孩记得他在很小的时候第一次经历过的巨大恐惧,后来他把自己写成了书中的主人公。在河边洗澡时和在河畔的草地上,没有大人在身边,可怕的也许就是一条恶狗。妈妈"拉着托马什的手,她赤裸着身

---

①　塞泰伊涅(Šeteniai),波兰文名字为 Szetejnie,本书取波兰文译法。

体,往山坡上的公园跑去,托马什自己也不知道,妈妈从哪里抓来一条毛巾,她拽着毛巾乱跑,毛巾在她身后飘动着,忽然有一种恐惧感向他袭来,他大张着嘴,心里怦怦乱跳。同时他还看见一条棕红色的狗,瘦得可怜,能听到它呼哧呼哧的喘气声。也许他还在做梦,因为他常常在梦境中遇到这种惊慌的逃跑。没办法,只能不停地快跑,他差点儿被吓死,早已经赶不上妈妈的速度了,他跌倒了"。(《伊萨谷》,页266)多年过去以后,大人们对他说,他得过白喉,"差点夭折,而妈妈[……]用脑袋撞墙,双膝跪在地上满屋子走,大声喊叫,乞求上帝开恩。她双手合十并发誓,如果托马什能活下来,她会步行去维尔诺黎明之门上圣母堂朝拜,结果他的病立即有了好转"。(同上)有许多人这样发誓,也有很多奇迹般的病愈,因为我们的想象力具有浪漫主义的神秘色彩,旨在救赎,亚当·密茨凯维奇就曾为这样的救赎致谢维尔诺的圣母……

维罗妮卡没有去圣母堂朝拜,但小男孩已经恢复了健康。家里有一张一九一三年的全家福,拍摄于塞泰伊涅的公园里,照片上妈妈面带幸福的微笑,背靠群树环绕的长椅上,抱着看上去还算健壮的两岁儿子。家里还保存着一些他被摄影师摆拍的照片,他坐在地毯上,手握木制小人玩具。在另一些照片上,他一个人站在那里,穿着给孩子们准备的时髦服装,就是一身白色的裙子和长袜,切斯瓦夫·米沃什成年后还保留着小时候胖乎乎小脸的模样。

他特别有想法,提出让妈妈陪着他远走五千千米以外的地方,去找爸爸亚历山大,那时爸爸被派往西伯利亚的克拉斯诺亚尔斯克①工作。他们和保姆一起先到里加,从那里去了彼得堡,他生平第一次在那里见到了汽车。"我手扶着车门,把脚蹬在车门处,高兴得大笑起来,我就这

---

① 俄罗斯克拉斯诺亚尔斯克边疆区的首府,位于叶尼塞河和西伯利亚铁路的交汇点,以铝产量高著称,是西伯利亚地区第三大城市。

样站在那里。穿着制服的司机也笑了。人们都说很难记住很小的时候的经历，可是我记住了，我能看见马路牙子和闪亮的油漆。"（《欧洲故土》，页48）他们乘坐西伯利亚铁路的火车走了很多天：火车经过了莫斯科、下诺夫哥罗德①和鄂木斯克②，帝国给人的感觉是一个无边无际的广袤大地。俄国进口农用机械，修建工厂和道路，试图利用西伯利亚的财富。年轻的工程师设计了桥梁，负责铁路沿线的设备维修，在克拉斯诺亚尔斯克工作期间，他闲余时还在阿尔泰山和贝加尔湖萨彦岭③广袤的地方打鹿，为了去打猎的地方，他得游过叶尼塞河，然后带着狗乘坐马车走过广袤的苔原。他打过野鸭，并在"用油布做封皮的厚本子上记录下来"，想让自己的儿子长大了看，"在这个本子里他写下了赞美那个地方的美丽大自然的诗歌"。（同上，页49）在叶尼塞河口处，他遇到了著名的弗里乔夫·南森④的船，一九一三年，挪威商人雇用了南森，让他去研究从俄国北部到欧洲正常通航的可能性。在船舷上，亚历山大和南森照了一张合影，这张照片很长时间都挂在米沃什在维尔诺家的墙上。

> 我认识他们。他们站在甲板上
> "正确号"，正驶进叶尼塞河河口，
> 一身黑的那位，是穿皮夹克的赛车手，
> 这位是外交官洛里斯-米耶利科夫。那个胖子，是沃斯特
> 罗金，
> 他是金矿主和杜马议员。

---

① 俄罗斯城市，位于东欧平原的中心，伏尔加河与其最大支流奥卡河的交汇处，是伏尔加联邦管区和下诺夫哥罗德州的行政中心。

② 位于俄罗斯西伯利亚西南部，鄂木斯克州首府，也是西伯利亚联邦管区第二大城市。

③ 俄罗斯亚南部的山脉，蒙古高原的北沿。

④ 弗里乔夫·南森（Fridtjof Nansen, 1861–1930），挪威探险家、科学家、人道主义者和外交家。

旁边金发的瘦子,就是我的父亲。还有瘦削的南森。

(《诗集 第四辑》,页 193)

多年后,克拉斯诺亚尔斯克给维恰留下的回忆就只剩下那枚蒙古戒指了,那是她在火车上认识的考古学家送给她的礼物,小男孩在这次旅行中只记得挂在火车包房墙上晃来晃去的"尿壶"。一九一四年,当他们全家回到塞泰伊涅,按照当地老祖宗传下来的风俗要设晚宴接风洗尘,而切希①注视着年轻美丽的姨妈嘉布蕾拉·库纳特。[3] 历史急转突变,加夫里洛·普林西普刺杀了正在萨拉热窝访问的奥匈帝国王储弗朗茨·斐迪南大公,八月一日,德国人向俄国宣战,亚历山大被征去当兵,成了工兵团的一员,他被安排去建桥,目的是让士兵和坦克顺利过河。立陶宛居民虽然还在按部就班地生活,但是看见窗外阳光笼罩下的烟雾,心里还是有些许不安。[4]

一九一五年,东部前线已经被德国人占领,俄军节节败退,损失惨重。"有些日子我们还能听见远处传来的隆隆炮声。[……]为防万一,我们这个地方开始挖防空洞。[……]一九一五年七月中旬,战争离我们越来越近,我们家决定逃离。"[5] 住在米沃什家附近的他的同龄人这样回忆说。切希记得在内韦日斯河上空盘旋的带黑十字标志的飞机,但来自塞鲁奇家族的外婆带给他温暖和安全感,"我一旦把脑袋伸到外婆的披肩外面,就会感到一阵恐惧,被驱赶着的牛的吼叫,路上的粉尘,在黑暗中人们乱喊乱叫,恐慌地四处奔逃"。(《欧洲故土》,页 51)库纳特外公留守在家看护财产,妇女和小孩儿——根据世世代代保留的传统——到城里去寻找避难所。现在已经无法整理出一个完整的战争年

16

---

① 米沃什的爱称。

代逃难的年表,只留下一些记忆碎片,米沃什把这些都写进了《欧洲故土》。在书中,他首先描写了在离家不远的位于涅里斯河滩附近的卢克维还有一处地产:"我和一个小哥萨克并排坐在长椅上,他脸色黢黑,腰很细,我特别喜欢他。他的胸前还斜挎着一条子弹带。子弹盒打开,长椅上就会撒上颗粒状的粉尘。那时一切就糟透了。我还喜欢一只白绵羊。那些哥萨克人在绿草地上追着它跑,拦住它的去路,想要宰掉它。那时可爱的小哥萨克会挺身而出要救它。我只会哀怜地吼叫,束手无策。"(同上)后来,成群的逃难者来到维尔诺,他们暂时住在位于巴克什特大街上的罗麦尔家,女主人是既严苛又虔诚的芭芭拉,她曾经是他们在塞泰伊涅家的管家。[6]

当年秋天,德国军队占领了维尔诺。外婆留在了城里,后来——在一片恐慌中——她回到了自己家。维罗妮卡带着儿子随着亚历山大的军队一起走。这是非常大胆的决定:好几个月,随着马拉车或者在军用火车的车厢中过着游荡的生活,而煮茶器却在弹药车厢里滚来滚去。

令人讨厌的混乱和各种各样的画面吸引了我的注意力:各种型号的大炮、卡宾枪、帐篷、火车头[……],水兵们挎在腰间的短剑在他们行走时拍打着他们的臀部,穿着拖地呢子大衣的吉尔吉斯人,梳着小辫的中国人。在某地车站我呆呆地望着一架飞机:"一战"前双层机翼的老式飞机,机翼边缘上的那些帆布和绳子纵横交错在一起。我收到了一个礼品,是巡洋舰游戏[……],于是我和帕乌鲁舍克一起玩,他是留着大胡子的老亚伯拉罕的儿子[……],我们钻到各个房间,看见那些穿着带肩章制服的人们在写着什么,在算盘上算着。在那里,我们坐到了一张空桌子前,我用严厉的声音大声喊道:"帕乌鲁舍克,给我拿张纸来!"我皱着眉头随便在纸上写了什么,模仿签字的样子——挥动铅笔的动作让我感到自己很强

大——然后我把签了字的纸交给帕乌鲁舍克让他去执行命令。（《欧洲故土》，页53）

他们在白俄罗斯的德鲁亚城堡留了下来，那里有米沃什家族的亲戚，在英博登还有冯·莫尔家族的遗产，亚历山大的母亲出身于这个贵族家庭。后来他们辗转来到了维捷布斯克①，那里属于古代波兰银福兰特地区②。

17

> 还记得维什卡那个地方的湖边支起的红十字会的尖顶帐篷（我之所以把这种帐篷叫作帐篷，是因为那时人们都用尖顶帐篷这个词）。还记得过往船只在水中留下的波纹，一道道巨大的灰色波浪，仿佛乡村东正教堂正从水波中浮现。一想到一九一六年，就想起了我那身穿护士服的美丽表妹艾拉，她嫁给了一位军官，军官骑着高头大马飞奔到数百俄里外的前线去了。黄昏时分，她妈妈披着披肩跟涅克拉斯先生坐在壁炉前，她早在里加上大学的时候就认识了他，他的肩章闪闪发光。他时常在他们的谈话中插话，而这次却彬彬有礼地坐在那里，看着壁炉里蓝色的火焰，那时她对他说，如果他长时间盯着蓝色的火焰看，还不如看一下正往这边走的一个可笑的抽着烟斗的人。（《诗集　第三辑》，页252）

那时他留下了一张童年时期最好看的照片：幼小的他，留着波波头型，两只瘦弱的胳膊搂着妈妈的脖子，坐在妈妈的膝盖上。

---

① 位于白俄罗斯东北方边境，维捷布斯克州首府。
② 银福兰特（Inflant），中世纪道加瓦河和里加湾的历史土地的名称，是波罗的海部落（祖先）居住的地方，几个世纪以来受德国文化以及斯堪的纳维亚和波兰文化的影响。

他们在拉脱维亚的小镇卢扎停留的时间比较长,那里有一个波兰难民驻扎地,小切希平生第一次见到奶奶斯坦尼斯瓦娃·米沃什,她嘴里叼着烟,满面忧愁,惦念着关押在俘虏营的小儿子维托尔德,忐忑不安,她给他寄去一个装有食糖、巧克力、茶和大米的包裹。小切希特别感谢奶奶在第一次见面时给他上的难忘一课,奶奶给他讲小猫普西克的故事,"它用爪子抓着奶奶的手表,为的是能跟奶奶多待一会儿";还讲了海蜇没能执行龙之女王的命令的故事,"为了惩罚海蜇,士兵们抓住了它,人们把它在手里传来传去,很可惜就这样把它弄死了,变成一团胶状物"。这是一个由莱米基乌什·科维亚特科夫斯基①改编的日本童话故事。"他可能是看了一些日本童话故事集,把这些童话翻译成了诗,书中加了一些东方插图,因为我记得里面的人身穿日本和服,我特别喜欢那本书。不管怎么说,日本在我的想象中拥有特殊的地位。我未来的妻子应该是个日本人。"——他最后一次向别人口述时回忆道,这篇口述文章发表在他去世前几个月,那时他已九十多岁。[7]如果那时在卢扎,他对汤盘总是推三阻四,或者和儿时一样总是啃手指,那他可得好好听听《金魔杖》里的故事[8],但还有一个故事给他留下的印象更深,"听着故事,我泪流满面。有一个小男孩,他回到了自己的村子,可是村子已经被烧毁,他去寻找妈妈的墓地。而那里已经长满了野生覆盆子,杂草丛生。他久久徘徊在那里,找不到自己的村庄。突然黑莓树的刺儿扎着了他,缠住了他,这里正是他妈妈的墓地。妈妈就是以这种方式告诉他,她被埋在这里。上帝呀!"(《米沃什矛盾自画像:对话亚历山大·菲乌特》,页57)他认真地聆听着,他画了船舰、飞机和奔向前线的战士,观察了十字军骑士遗留下的城堡的废墟并且发现了友谊的力量,"那时我内心充

---

①　莱米基乌什·科维亚特科夫斯基(Remigiusz Kwiatkowski, 1884–1961),波兰诗人、翻译家、记者。

满了激情,促使我跑到住在河对岸的家人那里,跑到在那里的波兰难民居住地。我渴望留在那里,因为那里的一切都与众不同,具有诱惑力,令人向往,那里还有很多小孩愿意跟我一起玩耍。奶奶呼叫我回家[……]的一声大喊把我带回了家"。(《米沃什词典》,页203)

那些败给沙皇军队的德意志帝国士兵或死在战壕里,或被俘,忍受饥饿……一九一七年冬,在圣彼得堡发生了大罢工,士兵们拒绝向平民开枪,当年三月,沙俄帝国末代沙皇尼古拉·亚历山德罗维奇·罗曼诺夫,即尼古拉二世宣布退位,建立了临时政府,但毫无能力控制国内局势。国家处于一片混乱之中,布尔什维克的力量越来越强大。俄国人手臂上佩戴着红色袖标,波兰人被"流放",再次被发配到红色的东方。在伏尔加地区的耶尔莫沃夫庄园,在距莫斯科不远的勒热夫①附近又建起了避难所。一九一七年九月十八日,米沃什家的第二个儿子安杰伊·米沃什出生了,他的哥哥暗恋着房东的女儿,一个十二岁的女孩莱娜,而她的名字跟一个神秘的名字"列宁"听上去有点像。他能很自由地与周围的人交流,甚至没有意识到,他已经掌握了俄语:"我的那些最可爱的朋友都是俄国士兵。他们用棕红色的大胡子扎得我发痒,摸上去很像我那个用布缝制的小猴子的软软猴毛。他们在下面的厨房吃饭的时候我就一直跟着他们,坐在一个大胡子士兵的腿上。他们在我手里塞了一个勺子,命令我吃饭。我把执行这个命令当作一个无聊的任务来完成,但也不知道为什么,我这样做了,为的是享受跟他们一起用餐的乐趣吧。"(《欧洲故土》,页54)他的童年是在多语种的环境下度过的[9],他所积累的当地语言丰富的词汇量将在未来的作家写作《复杂的波兰语的挽歌》时充分显示出来,都是他在学校学习时遇到过的问题:"他的'面包皮'发音是'skórynka'——老师们笑话他这样说话,正确的波兰语'面包

---

① 俄罗斯特维尔州的一个城市,临伏尔加河。

皮'的发音是'skórka chleba'。我在什么词典上能找到这个薹草属的植物名称,如果这种植物只是常年长在维克斯瓦潮湿的草地上?"(《诗集 第二辑》,页262)

后来,当"十月革命"的声音传到勒热夫的时候,俄国士兵们杀害了军官,抢砸了酿酒厂——酒精流成河,有一个士兵打死了自己的同志,躲进了庄园的阁楼。"我躺在床上,睁开眼睛,看到了我那些大胡子朋友中的一个。他的军装上沾满了鲜血。[……]在他刚刚消失不见之后,我的父母立即来到了我这里,大声问,我是否被吓坏了。我回答说,谢廖沙杀死了一只公鸡,然后侧过身去睡着了。"(《欧洲故土》,页55)后来,戴着红袖标的士兵们也到过诗人父亲的家,对他保证说:"我们不会动可爱的工程师一根毫毛。"[10]

可能是因为又给亚历山大分配了新的工作,他迅速赶往数百千米以外的爱沙尼亚的多尔帕特①[11],在那里,亚历山大的祖先曾组建过一个学生团队。有时我会想起儿时的朋友和跟他玩的游戏,他向"我这个六岁的小孩展示的各种小把戏"。(《路边狗》,页193)但一九一七年和一九一八年之交的冬天暗淡压抑,充满恐惧。

楼道里的木楼梯破损得很厉害,院子里也一派凄惨相。在这里,我听到的都是关于饥饿的话题。缺少食糖、肉类,面包里掺进去的锯末比面粉、糖精和土豆粉还多。夜里我被大声的敲门声、凌乱的脚步和粗暴的声音吵醒。人们穿着皮夹克坐在昏暗的煤油灯下,在人们的长筒靴里塞满了从抽屉和柜子里拿出的东西。我的父亲是被企业工人委员会指定的专家,他不在被怀疑人的名单里。城里的人被抄家如同家常便饭。妇女们看上去都惊恐不安,弟弟在摇篮

---

① 位于爱沙尼亚东部埃马约吉河畔,又名塔尔图、尤里耶夫,是该国第二大城市。

里大声哭叫,整个可怜的避难所和各家各户都乱得底朝天——这一
切对婴儿的心脏都是一种损伤。(《欧洲故土》,页56)

一九一八年二月,德国人占领了多尔帕特,一个穿着皮夹克的警察
尸体长久地暴露在严寒之中,没人去掩埋他。奶奶的德语派上了用场,
小男孩的记忆中分不清军乐队的行进声和音乐声,他是在第一次走进电
影院时听到了这种音乐,在电影里随着上前线的脚步声演奏的是华尔兹
钢琴音乐。三月初,布尔什维克政府与同盟国签署了停战协议,欧洲的
版图上出现了一些新的独立国家:立陶宛、拉脱维亚、爱沙尼亚和波兰,
亚历山大携带全家回到了岳父母家。火车以龟速行驶,火车车顶上挤满
了人,上火车的人只能从车窗钻进车厢。布尔什维克把守着车站,切希
在拥挤的人群中走丢了:

> 奥尔沙①车站很不好。在奥尔沙,火车昼夜停在那里不动,
> 因此我作为一个六岁的小孩就在奥尔沙走丢了,
> 载着那些被遣返人员的火车开动了,却把我永远地
>
> 留在了当地。如果我知道今后我会成为
> 一名用别的文字书写的诗人,命运会发生转变
> 如果我会预计到我将丧生于科雷马河②畔,
> 在那里的海底到处是人类白色的头骨,
> 巨大的恐惧向我袭来,

---

① 白俄罗斯的一个城镇,莫斯科-明斯克铁路与南北铁路的重要交汇点,在奥尔沙地区,
波兰人曾与白俄罗斯人交战,并取得了胜利。
② 西伯利亚东北部的一条河流。

> 它就是我所有恐惧之母。

20 **大震颤之前的小抖颤**。帝国前的颤抖。

> 这种颤抖一直往西延伸,箭上弦,牵着俘虏绳,手拿冲锋枪
> 抽打着赶车人的后背,
> 他们戴着帕帕克帽①乘着吉普车,增加了被他们征服国家
> 　　的版图。
> 而我百年、三百年来只知道逃跑,
> 我游过结冰的河水,日夜兼程,为的就是跑得越远越好,
> 把带有弹孔的盔甲和国王赠予的财产留在母亲河那里,
> 留在了第聂伯河②、尼曼河③、布格河④、维斯瓦河⑤畔。

> (《诗集　第四辑》,页 195)

　　在最后一刻,有人把他送到了父母身边,几乎七十年之后,他把童年的回忆写进了诗歌,书写了波兰民族命运的原型——逃离力量不断增强的俄国,逃离东方。尽管切斯瓦夫·米沃什自己从来不属于典型的被遣返人,幸运地躲过了牢狱之灾和被流放的厄运,这也成了他尽量主动远离帝国的一个隐形的发条。在《欧洲故土》中,他一直在认真思考童年时期的生活对他世界观的形成的影响,他特别强调国家命运多舛和社会生存条件的变化,对建筑物的毁坏和历史的脆弱性似乎都成了某种"不

---

　　① 又称阿斯特拉罕帽,一种流行于高加索地区和俄罗斯的圆筒形皮帽。
　　② 欧洲第四长的河流,发源于俄罗斯首都莫斯科以西的瓦尔代南部沼泽,流经白俄罗斯和乌克兰。
　　③ 发源于白俄罗斯的山区(在明斯克的西南部),流经白俄罗斯、立陶宛和俄罗斯,河长九百三十七千米,最后于克莱佩达注入波罗的海。
　　④ 白俄罗斯的河流,河长七百七十二千米,流域面积七万三千四百七十平方千米,发源自乌克兰的波多利斯克高地。
　　⑤ 波兰最长的河流,全长一千零四十七千米;流域面积占波兰国土面积的三分之二。

断转移住地"(《欧洲故土》,页52)。尽管变换住地的形式平淡无奇,但这一切对一个年轻人的心灵却会造成非常强烈的压力,这种压力不是去适应环境的变换,而是排斥巨大的心灵的恐惧,去发现一个问题的答案:"我为什么这么无助和幼稚,不能去适应残酷无情的现实?"(《寻找祖国》,页224)[12]

一九一五年逃难的画面曾出现在他尚未出版的诗歌中:

> 我又一次想起了童年最初的记忆,
>
> 远处闪着强光,划破黑暗的夜空,
>
> 马的臀部、尾巴和马鞭与车轮咔嗒咔嗒的刺耳声,
>
> 又一次我依偎在温暖的怀抱中进入了梦乡。
>
> 黑暗没有名字,灯光的跃动和怒吼声没有名字,
>
> 只不过就是这片大地的真实面貌。[13]

他最初接触到的俄国是一片恐怖和地狱般的生活,正如每次革命那样,他看到的是残忍、文明与文化层次的摩擦,人们野蛮本能的充分表现。米沃什无意中上了一课,认识了人类天性的残忍,因此毫不奇怪,他记忆最深刻的不是德国人对华沙的占领,而是俄国革命给他幼小心灵留下的印记,这是他心理恐惧的基石。在另一首没有发表的诗歌中他这样写道:

> 黄昏我在冬日公园的林荫大道上
>
> 看着黑暗恐怖的伏尔加河
>
> 紧紧抓着大人的手,干枯的树叶瑟瑟作响。
>
> 现在我知道,那时我六岁了,那时正是

>一九一七年。我也知道
>
>黑暗恐怖的伏尔加河
>
>随处可见，只不过会因为是个小孩子而感到羞愧
>
>因此每个人都假装对黑暗和恐怖视而不见[14]

米沃什意识到，正是这条黑暗的河流成为他在生命最后时光创作的《这》一诗中所记录的隐秘而不可言说的经历。关于逃跑的噩梦、危险临近和杀人火焰的气息一直伴随着他长大，他把这一切都揉进了诗歌的字里行间。

注释

　　[1]"切斯瓦夫·涅科拉斯爱着我的妈妈，我就被取上了他的名字。（"一战"后……他自杀了。）"见《猎人的一年》（克拉科夫，2001），页145。1916年切斯瓦夫·涅科拉斯在维捷布斯克市郊遇到了米沃什一家。

　　[2]威斯坦·休·奥登，《费内市的伏尔泰》，切斯瓦夫·米沃什译，收录于切斯瓦夫·米沃什，《诗歌翻译》（克拉科夫，2005），页288。

　　[3]"还是在第一次世界大战前，当时我只有三岁，（在塞泰伊涅）举行晚宴，请了很多客人。然后那时我爱上了艾拉。是我 première passion d'amour（第一次有恋爱的感觉）。"摘自《米沃什矛盾自画像：对话亚历山大·菲乌特》（克拉科夫，2003），页153。

　　[4]"大家都衣着光鲜地站在门廊上 ／ 透过被熏黑的玻璃片看日食 ／ 一九一四年夏天，在科文斯卡省。／ 我也在那儿，但对正在发生的事，一无所知。"见《诗集　第三辑》（克拉科夫，2003），页242。

　　[5]斯坦尼斯瓦夫·斯托马，《艰涩的历史课》（克拉科夫，1998）。

　　[6]切斯瓦夫·米沃什后来还会遇上她，在上中学的时候："她的画陪伴我走过几大洲。如果有谁能在我们的想象中挥之不去，那肯定是有原因的。塞泰

伊涅的芭芭拉,她的身影,'扎根'在我的心里。这个早已故去的人是我童年记忆中印象最深刻的一个形象。"摘自《从我的街道开始》(克拉科夫,2006),页23。

[7]　切斯瓦夫·米沃什,《日本童话故事》,载《普世周刊》,2004年第25期。

[8]　"我童年读物里有一本《金魔杖》,从德语翻译而来(彼得·斯特鲁彼得写的),讲一个不爱喝汤的男孩米哈休,几周后就死了;讲一个爱玩火柴的女孩卡霞,'把自己烧光了就剩下一点灰';还有一个爱啃手指头的小男孩,被一个裁缝惩罚,用大剪刀剪掉了手指。"摘自切斯瓦夫·米沃什写给斯坦尼斯瓦夫·巴兰查克的信,1993年1月7日。(斯坦尼斯瓦夫·巴兰查克档案室)

[9]　"我们在家说波兰话,但这种话听上去并不是真正的波兰语。要么是童年在俄国说的俄语,要么是立陶宛语,或者白俄罗斯语,再不就是混在一起的奇怪语言,这里的维尔诺人都这么讲话。"摘自《米沃什矛盾自画像:对话亚历山大·菲乌特》,页44。

[10]　安杰伊·米沃什,《我的哥哥》,载《普世周刊》,2001年第26期。

[11]　如今的塔尔图市。

[12]　在文学史家看来,对米沃什那一代人来讲,战争是"对世界的第一印象。童年并不美好、安乐,因为这样的童年并没有写进记忆"。摘自雅努什·克里沙克,《救赎灾难主义——谈所谓的"第二先锋派"的诗歌问题》(比得哥什,1985)。

[13]　本片段摘自拜内克图书馆藏《战争》一诗打印稿,标注日期为1953年。

[14]　未完成的诗稿《关于现实》(1964)。(拜内克图书馆)诗中想要表达的理念后来被更巧妙地记录于《欧洲故土》:"人们分成了几派。最重要的区分是,有人了解俄国,而另一些人,不了解,因为他们的秘密本身不尽相同,就很难对不同的生活现象给出准确定义。这种认识不必是有意识的。神奇的是,某些国家的特性会渗透给孩子。画面感比思想更有力量,比如道路上的枯叶子,黄昏时分,阴沉的天空。革命巡逻队在公园里吹着口哨。伏尔加河墨色如铅。我的潜意识里总是充满恐惧,总感觉有人相互窃窃私语或者使眼色。地方官期待着不

用去宣告要杀掉所有的人,那可不管是居民还是难民,他陷入极度的惊恐之中。我还去过一个圆顶的教堂,那天的天空是蓝红色的,成群的寒鸦在空中盘旋,勒瓦的小道上,过往的马车留下谷粒漏落的痕迹,戴着遮耳帽的孩子们一边放着风筝一边尖叫。"摘自《欧洲故土》(克拉科夫,2001),页56。

第二章　地上天堂

绿色的嫩叶。杜鹃。回声。

凌晨四点起床，奔向河边，

那里冒着烟，水面平静，太阳冉冉升起时，

栅门打开，群马奔跑

燕子疾飞，鱼儿拍打着水面，

我们是否在享受太多的

光芒和召唤，追逐、鸟叫？

我们每天都生活在歌舞升平之中，

无法用语言形容，一切都太多了。

他是我们当中一个有过幸福童年的人。

切·米沃什，《林奈乌斯》①

---

① 林奈乌斯(Linnaeus，1707-1778)，也译为林内，受封贵族前名为卡尔·林奈乌斯，由于瑞典学者阶层的姓常拉丁化，又作卡罗卢斯·林奈乌斯，瑞典植物学家、动物学家和医生，瑞典科学院创始人之一。

22 　　"我来到了地上天堂,这是对我的奖励,[……]我来到一片美妙的绿荫中,听着百鸟合唱,走进水果满枝的果园,来到具有魔力的母亲河边,这条流淌在东部平原上的河是无比阴沉的母亲河。"(《欧洲故土》,页59)[1]在塞泰伊涅度过的七岁生日令米沃什终生难忘——那天阳光明媚,在果园,小椅子上装饰着用牡丹花和茉莉花做的花环,梳着大辫子的农村女孩拍着手唱着歌。小孩子领略了人们的爱与赞美,同时又感受到世界是如此不同,可以是荒芜冰冷的灰色,也可以是个让人有家的感觉的地方,在那里人们辛勤劳作、互相关爱:"这个国家告诉了我们什么,[……]那就是今天我们所说的,人是地球上平静生活的主人:乡村的炊烟,吃草归来的畜群,收割燕麦和谷物的人们,在河水上随着波浪轻轻漂浮的小舟。"(《诗集　第四辑》,页286)萨莫吉希亚①土地肥沃,平原上到处是鲜花和绿草,立陶宛的乡村就在这耀眼的蓝色照耀下积累财富。在内韦日斯河不远处,维托尔德·贡布罗维奇②的祖父收获了在"一月起义"③之后被没收的财产,贡布罗维奇在他以笔名"涅维耶斯基"创作的《疯狂的人》一书中描写了这段历史,而在塞泰伊涅附近曾经住着基奈伊特家族——这可能就是立陶宛吉奈特家族的先祖,毕苏斯基④就来自这个家族,他是他们家族的荣耀。在河对岸,住着卡乌诺别日家族,维恰和已经长成大姑娘的妹妹在院子里享用着下午茶,一九一一年,彼得·斯托雷平首相⑤就是在这庭院里被杀的。他曾属于改革派,是

---

① 立陶宛五大历史地区之一,位于立陶宛西北部,最大城市希奥利艾。

② 维托尔德·贡布罗维奇(Witold Gombrowicz, 1904-1969),波兰小说家、剧作家。

③ 指波兰1863年1月开始的一场反俄罗斯帝国的起义。

④ 约瑟夫·毕苏斯基(Józef Piłsudski, 1867-1935),波兰政治家,曾任波兰第二共和国国家元首、"第一元帅"。

⑤ 彼得·斯托雷平(Piotr Stołypin, 1862-1911),俄罗斯帝国政治家,曾任俄罗斯首相兼内务大臣及帝国大臣会议主席。

土地改革的倡导者，人们普遍认为他是凯代尼艾①地区的拉齐维沃亲王②家族中最强悍的人物，在当时的凯代尼艾有很多犹太人开的商店，出售煤油、肥皂和鲱鱼，这些商店位于乌皮塔村和沃道科迪镇之间的小拉乌达③地区。这个地区位于立陶宛国家中人迹罕见的地方，是一个很幸运的省份，从这里沿泥泞小道走到维尔诺需要三天时间。

位于塞泰伊涅的庄园建于十八世纪，在十九世纪初家业兴旺，那时切斯瓦夫·米沃什的曾外祖父西蒙·塞鲁奇在那里修建了两条椴树和橡树大道，把家装饰一新，家里还藏有很多书籍。但是房子的设计有问题，潮湿而且阴冷，在冬天寒冷的日子里，就得把所有的厢房门都完全关起来不能住人，因为没办法把热气输送到那些地方。门廊与前厅相连，在前厅的平地上晒着种子，留作第二年播种用。有两个房间的地板打了蜡，房间里还摆放着钢琴，但这些都只是为了接待客人用——小切希很少去看房间里、柜子里有什么东西，因为家具上都蒙着布，这种沉默与空虚让他感到很不自在。在房子的另一边是餐厅，他愿意坐在油布沙发上看书，那里还有厨房、客厅、书房……他在《伊萨谷》和《世界》系列诗中描写的都是色彩斑斓的空间，那里光影变幻，甚至那些锃亮发光的铜锅都能令人产生一种似乎看到了十七世纪荷兰绘画的错觉。对很感性的小男孩来说，最重要的是家里的"药箱"和"魔幻房间"，因为在那里的"架子上摆放着闪着金光的美丽铜质装饰品和各种各样的锅，而在抽屉里放着各种香料和调料，姜和其他物品。正是那些摆放在那里的各种颜

①　立陶宛的城市，位于考纳斯以北五十一千米的内韦日斯河畔。
②　拉齐维沃（Janusz Radzieill, 1612-1655），波兰-立陶宛联邦著名的贵族和权贵，曾担当国家政府中的多项职务，包括立陶宛宫廷侍臣（自 1633 年起）与立陶宛陆军指挥官（盖特曼，自 1654 年起），也是维尔诺省长以及萨莫吉希亚、卡缅涅茨、卡齐米日与赛伊维的长老，曾是联邦最有权势的人之一，常被称为整个立陶宛大公国的实际统治者。
③　位于立陶宛第二大城市考纳斯北部的历史地区。

色的煮饭工具把这些芳香的调料融合在一起——构成了夏尔丹①纯粹的静物画,一切都融为了一体!夏尔丹和荷兰绘画。这就是我为什么十分钟情于荷兰静物画和夏尔丹绘画的关键。""神圣的上帝呀!现在我觉得,我所有的诗都来自小药箱。"(《米沃什矛盾自画像:对话亚历山大·菲乌特》,页154)因此他最终给自己最后的诗集起了一个象征性的名字,叫《文学库》。

维罗妮卡跟儿子并没有住在这个庄园里,而是住在离这里不到三千米的位于波德科莫日奈克村的一所农用大房子里,那是她分得的一处家产。这是一所木制大房子,屋里很暖和,冬日里可见蟑螂四处乱跑,切希把它叫作农用大房子,他把自己的书都带到这所大房子里,并把书都放在了米沃什夫妇住的楼上的房间里,因为他想在烛光下看这些书,在一层有一间马夫房:"一共有四家人,每家一间房 / 我惊讶地说出这些人的姓名:托马舒纳斯、萨嘎蒂斯、奥斯博维奇和经济学家瓦茨克尼斯,尽管我感到有点儿羞愧和惊慌。"(《诗集 第五辑》,页281)楼上的人说波兰语,为他们打工的人说立陶宛语,这些等级的差别,令米沃什一家感到不安,这种不安甚至带进了孩童的梦境之中[2],在这里"主人"与立陶宛人相处得还不错[3]。甚至立陶宛的地主邻居齐格蒙特·库纳特这样说:有时候会跟附近村庄的居民们争夺放牧或者砍伐森林的权利,但他对其他人对他表现出的尊重也是回以宽容和尊重。维罗妮卡在位于塞泰伊涅和波德科莫日奈克-莱格米亚吉这个地方开办了一所学校,专门教农村的孩子学习[4],教他们用波兰语读书写字……这在当时对当地人来说是一件很自然的事情。小切希和妈妈经常出入那些农民们有木板房顶的农舍:"你过去的那些学生,现在都成了主人,跟我们聊丰收,妇女们拿出自己的手工织品给我们看,她们长时间谈论着织品的颜色和染

---

① 夏尔丹(Jean-Baptiste-Siméon Chardin, 1699–1779),法国画家,著名的静物画大师。

色植物。//桌子上摆着各种肉制品和装在陶器里的蜂蜜,我还喝了用金属容器装的格瓦斯①。"(同上,页79)塞泰伊涅、吉涅伊特和派伊科斯瓦都曾经是很富裕的村落,如果可以这样说的话,立陶宛人很精明——他们都会认真经营:"这里的人们喜欢树木,同时也喜欢用木材做各种物件:用木材雕饰百叶窗,在屋梁上先画好字母,然后再雕刻,在道路两旁经常竖立十字架,上面雕有阳光照耀的标志和弯弯的月牙的标志,或者用木头雕刻在教堂里沉思的耶稣坐像。"(《米沃什词典》,页317)在小男孩的记忆中,每到晚上就能听到从远处水面上传来的用立陶宛语唱歌的童声,还能听到希文陶布罗希奇②的木制教堂响彻平原大地的召唤居民和村民的钟声,也就是说,小切希就是在这所圣殿中接受洗礼的。[5]

塞泰伊涅的管理非常好,但是不允许打猎和从事其他一些"贵族活动",藏在库房里的那些老式马车上布满了灰尘,这些马车曾经是能给他们带来财富的东西,同时也是已经过去的那个时代的产物,当然也是那个时代的需求,几乎也是自给自足的工具。肥沃的黑土地为谷物的丰收提供了保证,在"地主"那里打工的人,都是那里的"农民",他们的劳动所得是一个住的地方以及种子或者土豆。地主家负责管理农民的大管家叫斯普涅夫斯基,他负责监督安排农民们的工作,而地主庄园里的管家是他的老婆帕夫丽娜,她整天对那些在庄园里打工的人们板着脸孔。[6]那时是否有所谓的工厂制作"扎科帕内式的服装"③,就是在当时的旅游指南中所形容的那种服装?[7]不管怎么说,在编织车间能编织出亚麻布,犹太裁缝在凯代尼艾用自制的家庭缝纫机缝制了用山羊的毛和

---

① 又称克瓦斯,原意为"酵母"或"发酵"。现代波兰语kwas,本指"酸",是一种盛行于俄罗斯、乌克兰等东欧国家的低度酒精饮料,口感酸甜,有少量二氧化碳,以黑麦面包发酵而成。通常酒精含量最多1.2%甚至无酒精,因此儿童也可以饮用,广受欢迎。
② 位于立陶宛中部考纳斯县的一个村庄。那里有一座木制教堂,一座独立的纪念碑,四棵神圣的橡树。从远古时代到基督教中世纪时期,这里一直是异教圣地。
③ 指山民服。

皮制成的皮衣,一旦缝纫机坏了,就拿到铁匠那里去修理。[8]

> 我很喜欢用绳子拉动的风箱,
>
> 也许是用手拉、脚踏,我已经记不得了。
>
> 但是因为有风吹,火就很旺,
>
> 红色的,软绵绵的,时刻为铁匠准备着,
>
> 用锤子敲打,在锤子下面变得弯曲,
>
> 把水桶里的水浇上去,发出嘶嘶声,热气蒸腾。
>
> 马被捆住,准备给马钉掌,
>
> 它们狂甩着鬃毛,在河边的草地上打滚
>
> 犁、锄把、耖都在等着修理。

(《诗集　第四辑》,页221)

25

采摘回来的牛肝菌和松乳菇、油炸果酱[9]、苹果和梨都会被收到"商店里",也就是放在地下室里——还有当地产的各种不同品种的苹果,如甜苹果等,还有用稻草覆盖着的冰,在厨房旁边烘干的奶酪,在特殊的"奶厂"制作的奶油和黄油,在这个特殊"奶厂"的外墙上挂着厚厚的毯子,上面落满了黑黑的苍蝇。圣诞节时餐桌上有库提亚①和立陶宛点心(用蜂蜜和罂粟籽加水和糖做的点心),还有小切希特别喜欢吃的蔓越莓果冻。复活节时,家里要吃发面点心和叫马祖卡的甜点,小男孩在教堂前看"犹大受难"和玩"滚"鸡蛋。在绿色周②时,地板上撒了很多苘,也就是菖蒲。而在圣灵节前一天——简直跟感恩节没什么两样——

---

①　一种流行于乌克兰、白俄罗斯、俄罗斯和波兰部分地区的甜点。在沙俄帝国时期,库提亚是一种东正教传统食物。

②　一个古老的斯拉夫生育节,于六月初庆祝,与死者和春季农业仪式的崇拜密切相关。

在刻好的南瓜中放上蜡烛吓唬人们,而在圣安德鲁日时再给这些南瓜涂上石蜡。随处飘散的是各种味道,颜色、声音和颜料融合在一起的气味。与那些在城市里长大的年轻一代诗人们相反,米沃什更了解农村生活,在那个自然世界中,商店的柜台、塑料包装、汽车玻璃并没有遮住他的视线,而是丰富了他的想象。[10] 他在自己七八岁时享受到的那种生活的愉悦,后来再也没有享受到。那时他可以在高大挺拔的橡树和椴树荫下尽情奔跑,坐在黑池塘边的背阴中发呆[11],用小刀砍榛树的嫩枝做弹弓,用树皮做小船,去嗅闻秋天潮湿的亚麻、锯末、树脂和湿润的狗毛的气味(《路边狗》,页207),而这一切都会增强他对外界的敏感度。幸福的孩子,会在

仲夏的清晨醒来,听见窗外黄莺和鸭子在院子里的叫声、鸡鸣声、鹅啼声,所有的声音都会在黎明中交融,永远不会停止。幸福就是这种触碰——托马什赤着双脚在平整的地板上奔跑,跑过走廊冰冷的石板,跑向露珠洒落过的小径。[……]每当花坛里的牡丹花盛开,他就和安东尼娜一起把花剪下来,送到教堂里去。他欣赏着鲜花,甚至想让全身都沉浸在这个粉红色的宫殿中;阳光穿透花瓣,小甲虫在黄色的花粉下面穿梭,有一次他用劲吸了口气,享受着这里的气味。[……]托马什置身于树丛中,爬到柳树上聆听着什么,眼睛大半天凝视着水面。蜘蛛在水面上狩猎,在它们沾在水面上的节爪周围形成了小小的凹槽,甲虫坚硬的后背十分光滑,水也不会冲走它们——它们围着圈圈欢快地跳舞,一圈又一圈地跳着。阳光照射在森林土地的植物上,在那里还有一个小鱼塘,它们欢快地戏水,一会儿聚在一起游,一会儿甩着尾巴,一会儿又一头扎进水中,一会儿又甩着尾巴游了上来。有时候还会有一条大鱼游上水面,那时托马什就会因为高兴心跳加剧。(《伊萨谷》,页24)

　　这是一段非常深刻的人生经历,令人永生难忘,至少应该是一种在颠沛流离之中已经深藏在心灵深处的恐惧和痛苦的经历。当然,他经历过农村生活的残酷,亲眼见过宰杀牲畜,亲眼见过一只无头公鸡在鸡笼里艰难挣扎的场面,还看到一个人把鱼钩扎进河鲈身体,用它去做垂钓梭子鱼的诱饵——他那时对这些并没有什么反应,当然也不会有什么过激反应,至少没有进行有意识的反抗,后来他在一次见面会上回顾自己的一生时说:"有谁知道呢?也许我后来的悲观思想来自我童年的经历,怎能把这种悲观思想追溯到那么久远的年代呢?现在作为一个成年人,我自认为,这可能是受了一位哲学家的影响——就是那位悲苦的叔本华。"(《时间旅行》,页 264)几年之后,这种可怕的意识才变得更加强烈,目前这还只是他一种朦胧的感觉,好像阳光照在幽谷深处的浪花上,透过迷雾映现出的是恶魔的鬼脸那样。"由于用圣安得烈①占卜,托马什感到恐惧。占卜后,女孩子们都要被关在屋子里,直到半夜十二点,然后可以照镜子,但不允许男孩子这样做。可托马什这样做了,结果他当着大家面大哭一场结束了这场闹剧,因为他在镜子里看到了红色的牛角。"(《伊萨谷》,页 29)在萨莫吉希亚遇到魔鬼并不难,有一次,在一九二三年的一个半夜里,农民们聚集在一个墓地,把一个叫芭芭拉的女子尸体挖出来,用削尖的白杨树干乱戳,因为这位女子曾爱上牧师,后来自杀了,牧师常用这个女子来吓唬人们。[12]

　　"童年我住在立陶宛,知道什么不该做:不能往火里吐唾沫,不能把面包底朝上放,不能把面包当垃圾扔了,不能倒着走路,否则就意味着为

---

　　① 天主教译作安德肋,亦称作安德;正教会译作安德列,是耶稣基督第一个门徒。他被普世圣公宗称为首召者,也是耶稣的十二使徒之一,彼得的兄弟;相传在希腊被钉在 X 形十字架而死;为俄罗斯、罗马尼亚和苏格兰的主保圣人;相传为第一任拜占庭主教,即后来的普世牧首。

妈妈准备坟墓……"(《米沃什词典》,页332)异教徒信仰和天主教祷告
在他的心灵里与现代知识互相交融,他所学的现代知识就是最初的阅读
和写作。最初他没有去上学,而是由妈妈在家教授知识,他不愿意学习,
常常跑出去玩,在他笔下写出的字母"n",很难跟字母"u"区别开来,而
在写字母"r"和"z"时也不会连写在一起。[13]"我记得院子里有一张小桌
子(是圆的吗?),好像是放在凉亭旁的紫丁香花和绣线菊那边,我就在
妈妈眼前乱写乱画。为了不让我在花园里乱跑,真让她费了不少心思, 27
因为我不喜欢学写字母,一让我学写字母,我就大哭大叫,说我永远也学
不会。"(同上,页245)

　　学习读书就容易多了,在读过一些日本童话故事后,我就来到塞泰
伊涅图书馆里,在那里能找到很多"书籍,还有很多资料和手抄本,还有
插图本"。(《米沃什矛盾自画像:对话亚历山大·菲乌特》,页154)[14]
这个图书馆真是知识的宝库,在那里,小家伙还在布满蜘蛛网的地方找
到了用法文编写的古老的地理文献,这是他的曾祖父在十九世纪初订阅
的文献,在一册地图集里,在非洲地图中间有一块白色的污渍,这还是一
张在利文斯通①探险之前画的地图,那时的杂志《布鲁克新闻》②是跟园
艺知识杂志合刊的[15],这一刊物是在拿破仑最后一次失败后创刊的,密
茨凯维奇也曾在上面发表文章,在该杂志的创刊号上发表了《叙事诗和
浪漫史》……最早的读者看到的形象,是一个令人感到无聊的人,他手
持短剑,身穿莎士比亚作品插图中的服饰[16],对小男孩暗中在船上偷窃
的冒险行为感到欢欣鼓舞,最终发现它藏在甜水桶中[17](也就是跟糖在
一起!——切希这样想)。在父亲的老式箱子中也藏着一套译自俄文

---

　　① 大卫·利文斯通(David Livingstone, 1813–1873),英国探险家、传教士,维多利亚瀑布
和马拉维湖的发现者,非洲探险的最伟大人物之一。

　　② 1816年至1822年在维尔诺发行的一份讽刺性周刊。

的托马斯·梅恩·里德①的小说(在插图下方有一行需要认真努力辨认的字母,这就是他最初阅读的俄语书籍),让他最开心的读物是有关"旅行的书籍。在那些书里有黑人,他们手持弓箭站在甘蔗做的小船上,或者用绳索拉着那些在自然历史课本中见到过的河马。它们身上带着条纹,他在想,它们的皮肤上真的有这些条纹吗,还是人们把它们画成这个样子。他常常做梦,梦见自己和黑人们一起在水上游荡,游到了一个遥远的海湾,那里的莎草长得比人还高,在那里他们建造了一个村庄,任何外来人都不可能找到这个地方"。(《伊萨谷》,页65)他蜷缩在沙发上,为的是不让脚露在沙发上铺的油布外面,他使劲在手上哈着气,因为餐厅特别冷,有时候不得不穿着皮衣坐在那里。他翻看着在华沙出版发行的杂志《麦穗》,我们都知道这本杂志,是因为普鲁斯在《玩偶》中提到了这本杂志(那里有一段提到了《涅曼河畔》一书[18],还有《文学盛宴》《家庭晚报》《儿童之友》等杂志——后来他说,看了这些杂志之后反倒让他更加反感那个阶级社会。[19]他坐在这个油布沙发上听着他的表姐玛丽亚·帕夫里科夫斯卡给他念《三部曲》(对他来说,有时候显克微支笔下的波兰代表着幼稚保守,现在他肯定会着迷于那些冒险经历并会觉得这就是典型的波兰),当看到那些历史残杀场面的描写时他会哭泣——他从不会站在胜利者的一边,他本能地会同情失败者:也就是同情被十字军团骑士残杀的异教徒普鲁士人和立陶宛人,同情那些在十二世纪被腓力二世·奥古斯都②下令杀害的米兰人,以及尼禄统治时期被杀害的第一批天主教徒。[20]

　　在他早期阅读过的书籍中,有两本书让他记忆犹新:佐菲亚·乌尔

---

① 托马斯·梅恩·里德(Thomas Mayne Reid, 1818-1883),爱尔兰裔美国作家。
② 卡佩王朝国王,法国名君之一,是第三次十字军东征(1189-1192)的领袖之一。

巴诺夫斯卡①的名著《着魔的古乔》和塞尔玛·拉格洛夫的代表作童话
小说《骑鹅旅行记》，这两本书描写的情节很相似，书中的主人公都很自
负，结果被施了魔法，变得很小，成了甲虫和动物世界的一员，在与大自
然的接触中，他们学会了尊敬别人，知道了利他主义和友情。被宠坏的、
懒散的古乔后来变成了苍蝇，在青草地上他结识了鼹鼠、麻雀、蜣螂、甲
虫和蜜蜂，为自己的懒惰感到羞愧——这在勤于思考的米沃什心灵中
引起了共鸣。大自然的知识在这里与他的精神需求和宗教信仰相契合，
同时在他儿时的心里产生了明显的变化："让古乔感到奇怪的是，现在
他看到的一切都是那么美好，比他没变成动物之前要好很多，好像有人
给他戴上了放大了多少倍的眼镜似的。古乔不仅戴上了眼镜，同时眼睛
也变了，因为苍蝇的眼睛是复眼，复眼中的小眼一般呈六角形，它的眼睛
能精确地看到一切。"[21] 多年以后，作家把这次心理变化比喻成诗人
既希望与普通人保持距离，同时又想把自己伪装成"正常人"，假扮成社
会中成熟的一员：

> 古乔是一个很不礼貌的孩子，所以被变成了苍蝇。

> [……]

> 后来，每当他穿着熨好的裤子，刮完胡子，
> 手里拿着酒杯时就会想，是他欺骗了他们，
> 因为苍蝇不配谈论人民和产量。

（《诗集 第三辑》，页 12-13）

---

① 佐菲亚·乌尔巴诺夫斯卡（Zofia Urbanowska, 1849-1939），波兰作家、评论家。

塞尔玛·拉格洛夫著名童话《骑鹅旅行记》中描写的小主人公尼尔
斯的命运对他来说，是促使他后来成为诗人的标志，他阅读的是
一九一〇年的第一版波兰文译本。因为懒惰和无端捉弄小动物，这位小
主人公遭到了惩罚，被变成了拇指大的小人，于是就能听懂动物的语言
了，还听得到他们的诉苦，此时，一群大雁从空中飞过，尼尔斯骑在家中
的一只鹅身上随着大雁一起飞，与大雁周游各地。尼尔斯像个艺术家，
"翱翔在空中，从高处俯视地球"，他与大地、人类、历史和自然保持着距
离，并用眼睛观察一切，为的是让自己保持一种独特的视野。米沃什在
诺贝尔奖颁奖礼上的演说中就说了一段非常有意义的话："究竟是什么
样神秘的冲动迫使一个人不断逃离前人已经达成的事物呢？我认为这
种冲动便是对现实的探求。我赋予'现实'这个词以一种质朴而严肃的
含义，一种与最近几个世纪以来的哲学争辩毫无关联的含义。这个现实
便是尼尔斯从公鹅背上，同时也是那首拉丁文颂歌的作者从天马背上俯
视所看到的那个地球。"[22]

"我并不遗憾，我接受了这样的教育，而不是另一种教育，这是介于
圣经、童话和科学世界观边缘的教育。"上了年纪后他曾这样强调说。
（《文学库》，页 157）他在七岁到十岁期间阅读过的书籍"激发了他的
想象力，成为他对故土崇拜、对家乡眷恋的关键。也许正是由于这一切，
米沃什的作品中描写了残存的立陶宛异教与自然世界的关系，对自然
世界中神性的感知；描写了在老树上、坟冢和岩石、泉水、河流，甚至在
某些动物身上的附有神性的力量"[23]诚然——当他跪在立陶宛乡村
希文陶布罗希奇教堂冰冷的地面上时，小男孩看着教堂彩色玻璃上光怪
陆离的变化，信赖地重复着"我们的父"，应该说，那时他感觉到了某种
最原始的说不出的：神的在场。

神一定存在于空气中，她抚摸我，拥抱我。

她用青草的气味、黄莺那笛子般的嗓音，
燕子的叫声对我说话。

如果那时候能教会我各路神灵的名字，
我会轻易辨认出他们的相貌。

（《诗集　第五辑》，页278）

从他儿时用过的物品能明显地看出他童年的爱好。彩色铅笔、黑板、婆罗洲的邮票、用布缝制的小猴子、用胶合板做的松鼠、植物图集[24]以及神父送给他的深蓝色、青铜色和金色三色组合的圣母像[25]——这些物品都是他的挚爱，而欲望和喜悦又让他感到羞愧，因为他只想把这些物品留给自己保存。像嫉妒的情人那样，他只想把自己珍爱的物品藏在无人能触及的地方。米沃什将把最重要的情感隐藏起来，这最初表现在他禁止自己做一件事："有一次他想画一把弓箭，突然停了下来，把画纸撕碎了。因为他特别喜爱弓箭，所以他突然想到，人如果要是特别喜爱什么，就不能表露出来，就应该绝对保密。"（《伊萨谷》，页66）

那个时候他已经会欣赏女性身体的妩媚、娇柔和多情——无论是看到嘉布蕾拉还是莱娜，或者是遇到邻家同龄女孩："我们一起走在乡间小道上，我们走过了一座小桥，桥的栏杆是桃木的，对此我记忆犹新。后来就发生了一件事。我看着她裸露在外的细长手臂和纤细小手，突然间涌出一种从未有过的莫名冲动，一种难以名状的特异感觉和欣喜若狂，让我感到窒息。我当时不知道，这就是爱情。"（《米沃什词典》，页222）而这种欣喜若狂的感觉在美的瞬间过后反而变得愈加强烈。这一切都源于他的敏感和纯粹，从而生成了几条诗意线：人的脆弱和死亡以及美

让他感到更加悲伤沉闷,随着时间的流逝,这种朦胧的感觉与厄洛斯①
和塔纳托斯②相遇。而这一切又神秘地成为十岁小男孩在后来的文学
作品中的象征意义,在去看望姨妈的路上,他在十字路口看见一座小教
堂:"在小教堂的入口处堆了一些砖头,我不小心踢到了它们。结果看
见下面有一具年轻女子的尸体,她身上穿着一条用色丁布③做的连衣
裙,脚上穿着拖鞋,她被埋在那里。后来我一晚上都在做关于她的梦。
莫名其妙地,时间就过去了⋯⋯我脑子里觉得她就是一位公主。"(《旅
行世界:对话莱娜塔·高尔琴斯卡》,页131)[26]

"年轻时做的很多事和经历让我们一生都难以忘怀。我的心曾受
到过伤害,本应是一个完全的悲观主义者,我之所以热爱生活,那是因为
我自认为这是我的感官赐予我的早期礼物。"(《米沃什词典》,页253)
尽管"地上天堂"仅赐予米沃什十几个月的儿童期,但其价值不可低估。
孩子在花团锦簇的花园里享受到母亲的关爱本身就是一幅夸张的象征
性画面,但也真实地反映了诗人的人生体验。那时他觉得非常幸福,因
为没有人跟他竞争,与同龄人没有任何交往,也许那些人里面会有人在
某些方面比他更好呢。没有人去评判他,他也不需要任何伪装,他就是
他——至少在多年后他承认——他不需要承担亚当和夏娃所承受的罪
名:"罪过是与别人用他们的眼睛看我们时的意识相关联的。[⋯⋯]无
过错在很大程度上是我不需要在任何人面前考试。我不需要去想他比
我更好,而我比他差。"(《旅行世界:对话莱娜塔·高尔琴斯卡》,
页129)[27]塞泰伊涅,而不是任何来自维尔诺、华沙、法国、加利福尼亚

---

① 希腊神话中的爱与情欲之神。
② 希腊神话中的死神。
③ 一种通常有光泽的表面,但却有暗沉背面的纺织品。色丁是一种以经线为主的织造
技术,使织物的交织点保持在最低水平。

的住所,是他经常挂在嘴边的最好的家,在他的记忆里就是他的世界轴 31
心,是他在大地上的位置。[28]当他在巴黎痛苦孤独地生活时,他必须为
获得创作的力量而艰苦奋斗,对诗人的安泰俄斯①进行自疗的最好办法
就是回忆在"伊萨谷"时的童年。进入暮年后他要进行一次立陶宛朝圣
之旅,这次旅行让他获得一次无与伦比的体验。

> 河边一片草地,郁郁葱葱,还没有收割,
> 在六月阳光照射下完美的一天。
> 我一生都在寻觅她,我找到了她也认识了她:
> 这里长满了儿时熟悉的花草。
> 我眯着眼睛享受着光的照耀。
> 一种气味笼罩着我,一切幻觉都停滞在那里。
> 我突然觉得,我要消失了,我激动得流下了眼泪。

(《诗集　第五辑》,页 23)

注释

[1] 另参:"我记得第一次见到这些奇特的鸟儿的情景。就比如金黄鹂,那
漂亮的颜色还有银笛般的声音,简直是造物奇迹。"见《米沃什词典》(克拉科夫,
2002),页 254。

[2]"我承认我出生在波兰的庄园引起了一些不和谐的结果。反映在我自
身的矛盾性上,我自己就不明不白,更不用说在两种语言之间纠缠不清,还有说
一种和大多数人不同的语言带来的羞耻感。于是在我的身体里形成了一种
特质,在很多知识分子身上,即使不那么出名的,也能找到这种特质的痕迹,我们
会暗示自己,在参加宗教圣餐礼时与他人保持距离。我还得承认我做过的梦,

———————————

①　希腊神话中的巨人。

在梦里我的双重性被治好了,尽管短暂,可我与自己和解了,不再纠结于内在的矛盾性。"见《文学库》(克拉科夫,2004),页163。

[3] 独立的立陶宛战前最后一任外交部部长尤欧扎斯·乌尔伯塞斯出生在塞泰伊涅,切斯瓦夫·米沃什年轻时在巴黎与他相识。再后来,安塔纳斯·瓦里奥尼斯出生在为万茨家工作的一户人家,九十年代他当上了立陶宛驻波兰大使。

[4] 这所学校所在的建筑是唯一一座未被塞泰伊涅的集体所有制破坏的建筑,但庄园及其附属的小村庄已被夷为平地。重建的小别墅"鸽舍",也就是仓库房,现在是切斯瓦夫·米沃什故居基金会所在地。

[5] 距塞泰伊涅六千米的奥皮托沃克镇有座红砖巴洛克教堂,是教会会众主要的活动场所,那里还保留着用俄文记载的切斯瓦夫·米沃什的洗礼记录。

[6] "帕夫丽娜,她的房间在仆人间后面,一扇窗朝向果园,/ 那里我把在猪圈边捡来的最好的纸片,/ 用大拇指塞在两腿之间潮热的软便上,/ 第二扇窗朝向水井(我喜欢丢个水桶把住在那里的绿青蛙吓跑)。/ 帕夫丽娜,天竺葵,冰冷的土地,/ 硬板床上有三个枕头,/ 铁质的耶稣受难像和圣像画 / 以三叶草和玫瑰做装饰。/ 帕夫丽娜早就死了,但她还在。/ 我要让别人相信,这不只是我的想象。"见《诗集　第二辑》(克拉科夫,2002),页320。

[7] "塞泰伊涅,考纳斯省,库纳特家族产业,内韦日斯河畔庄园,距凯代尼艾十四俄里。一家生产羊毛制品、稻草制品和扎科帕内风格服装的工厂。工厂只用本地工人和国产原料。"见《立陶宛和白俄罗斯导游册》,拿破仑·鲁巴统筹(维尔诺,1909),页188。

[8] "在我们立陶宛那里,所有的裙子都是在家里自己做的。我记得,我和妈妈去过一个小伙子家(他说双语),在那里选颜色,'我们把这个放在经线上,那个放在线盒上'。华沙字典把线盒解释为'一种织布机',显然错了。"摘自切斯瓦夫·米沃什写给斯坦尼斯瓦夫·巴兰查克的信,1991年2月3日。(斯坦尼斯瓦夫·巴兰查克档案室)

[9] 2000年9月在斯德哥尔摩,瑞典翻译家安德斯·波德加尔德招待米沃

什尝尝花楸果酱,米沃什"回想起小时候的味道,塞泰伊涅的味道"。见《回忆切斯瓦夫·米沃什》,页212。

[10]"我对空间的想象完全不是城市化的,只有村庄或者小镇。"见《米沃什矛盾自画像:对话亚历山大·菲乌特》,页336。

[11]"黑水池。我知道它——他接着说道——它也知道我。但我喜欢的榛子树却不认识我了。我在公园里找了它很久。我小时候还用它棕色的嫩枝做过几把弓。现在,我找不到它了。是不是他们把榛子树都砍了?——他一边问一边环顾四周,然后又一次走进公园深处。"切斯瓦夫·米沃什到访塞泰伊涅时一位女记者这样写道,1994年7月14日。参阿尔维达·巴约尔,《切斯瓦夫·米沃什的最后一次立陶宛之行》,《维尔诺杂志》,2004年第9期。

[12]米沃什把这段故事写在《伊萨谷》里。阿尔维达·巴约尔认为,玛格达莱娜的原型是芭芭拉·拉巴乔斯卡伊特。参阿尔维达·巴约尔,《切斯瓦夫·米沃什的最后一次立陶宛之行》,《维尔诺杂志》,2004年第9期。

[13]参《在塞泰伊涅》,《诗集　第五辑》(克拉科夫,2009),页78。

[14]参:"我很大一部分诗歌创作受到插画、素描和图片的影响,特别是我小时候在祖父的图书馆里看到的书里的画。那些插画大多是1830年至1840年间所作。"见《旅行世界:对话莱娜塔·高尔琴斯卡》(克拉科夫,2002),页357。

[15]比如约瑟夫·斯特鲁米沃著三卷本《北方花园》,还有约瑟夫·格拉德·威仁茨基的《经济技术草本志,暨述本国的树木、灌木和野生植物,谈其在经济、手工、工场和家庭药用中的用途、毒性和有害性,以及装点花园和乡村居所的可行性办法。适用于乡村客栈和居家屋》。

[16]《戏剧作品》,两卷本,约瑟夫·伊格纳齐·克拉舍夫斯基编(华沙,1875)。

[17]托马斯·梅恩·里德,《船舱底层,即小水手在黑暗中的旅行》,扬·汉钦斯基译(华沙,1871)。

[18]收录于诗集《河岸边》的《尤斯蒂娜宽衣解带》,写的就是该小说的女主人公。见《诗集　第五辑》,页41。

［19］"课本上的这些描写让我初步认识了阶级制度,没过多久我就开始反抗它。1944 年和 1945 年华沙被夷平后,我仍感觉波兰处于十九世纪的状态,心里很不是滋味。但我又能做什么呢,这种制度上个世纪就禁锢着我们,难道未来就会被启用被淡化吗?"见《文学库》,页 163。

［20］"我出生的那个房子里,墙上挂着一把谢米拉兹基雕刻的'尼禄火把'。"见《时间旅行》(克拉科夫,2004),页 56。

［21］佐菲亚·乌尔巴诺夫斯卡,《着魔的古乔》(弗罗茨瓦夫,1989),页 46。

［22］切斯瓦夫·米沃什,《在瑞典皇家学院的演讲词》,斯德哥尔摩,1980 年 12 月,见《从我的街道开始》,页 480。

［23］莉莲·瓦利,《爱野天鹅吧》,玛格达·黑戴尔译,载《普世周刊》,2001 年第 26 期。

［24］"我喜欢那个用破布头缝的小猴子,用胶合板做的小松鼠。喜欢植物图集。金黄鹂。黄鼠狼。"见《路边狗》(克拉科夫,1997),页 134。

［25］"圣母对他来说就像燕子,燕子在马厩上筑巢,甚至在马厩里的干草梯子上筑巢。深蓝色的裙子,青铜色的面庞周围镀上了一圈真金。他把这个圣母像藏在日历里。打开日历,快翻到有颜色的地方,他就高兴起来。"见《伊萨谷》(克拉科夫,2000),页 47。

［26］参《公主》一诗,《诗集　第五辑》,页 301。

［27］另见:"我是魔法王国里的一个孤独孩子。每天清晨到黄昏我就会发现这个王国。我弟弟那时还是小婴儿,我不在意他,我也没有别的同龄伙伴。于是我就成了一个成天在花园的树木间奔跑的小亚当。树在我眼里比实际上还要高大,恶魔的嘲笑声也无法压制我的直觉和想象。"见《时间旅行》,页 264。

［28］"尽管我收集了两大洲里很多国家的大地风物图,可我的想象力无法为它们做出太多区分,最多是标出它在某个村子的某棵树或者某座小山的东边、南边、西边和北边。"见《诗集　第三辑》,页 138。

第三章　好坏血缘

> [母亲]给托马什留下的是永不磨灭的
> 美丽印象，为了保持这种印象，他望着她，咽
> 下爱慕的口水。他几乎不记得自己的父亲。
>
> 莫非魔鬼是因为这里的水才喜欢上了
> 伊萨谷？据说，伊萨谷对那些生于斯的人有
> 特别的影响力。他们的表现与众不同，行为
> 古怪，他们的蓝眼珠、浅色头发和略微发福
> 的身体仅仅是他们具有北欧人健康体魄的
> 表象。
>
> 切·米沃什，《伊萨谷》

"回想起来，我的想象力更多的是来自我对母权制的认同。妇女是用最结实的织物制成的。"切斯瓦夫·米沃什说。(《欧洲故土》，页78)在他的各种回忆中可以明显看到，对他来说，在他的童年中起过关键作用的都是妇女：仅次于母亲的是他的外婆尤瑟法·塞鲁奇，她对这个小

家伙产生了特别的影响；其次就是库纳特家族出来的祖母斯坦尼斯瓦娃，父亲排在末位。当全家都住在维尔诺时，情感时常会有变化，特别能感到谁更亲近更热情，特别能感觉到强悍的妈妈和偏弱疏远的父亲之间的差别[1]，同时也能看出他在家中的地位，彰显了形成诗人个性两极化发展的特性。他自己曾说，他继承了两个不同家庭血缘的基因：首先是来自塞鲁奇和库纳特（而"库纳斯"在立陶宛语中的意思是"身体"）家族厚实、健康、清醒、勤奋的血缘，与稀薄、羸弱和喜好幻想空想、抑郁、甚至带有米沃什家族易患精神疾病的血缘相结合，从而形成了米沃什复杂的性格，后来作家在自己的《救赎》一书中曾讲到这个问题。他觉得这两种血缘结合的方式很有意思，悲观失望抑郁的血缘和生存能力极强的血缘居然能结合得这么好。他身边最典型的例子就是他的叔叔维托尔德·米沃什，他生性脆弱，一生落寞，而与他形成强烈对比的是性格强悍的外婆尤瑟法·塞鲁奇。

33　　　每当孩子们用自己的眼光观察成人世界时，他们能觉察出，在这些年纪大的人中谁最有威望，值得效仿。我很快就发现父亲一家属于弱势，母亲一家属于强势。[……]我是一个有雄心壮志、内向并好思考的孩子，我认为（似懂非懂）顽强、沉着、关注自己，同时还有点虚伪，是人应具备的特点，也就是说，做一个多面人，在别人看来好像是在做戏，又不是真的在演戏，这只不过是充分运用自己外在的特质，内里却不会轻易改变。我认为生活肤浅、过得沉重、不善管理、没有储备才是不可原谅的缺点，同时意志薄弱、浅尝辄止、易动感情都是表面现象。一般来说我不喜欢多问，只是以周围的大人为榜样，所以发现父亲这边的人给我的印象不好，因此跟他们的关系就很一般。但是外婆丽斯是特殊材料制成的人，城府很深，一看她就能知道，她对一切都深藏不露，深不见底。[2]

她身材高挑瘦削，瓜子脸，外孙给她起了个外号叫"丽斯"，因为她"长得有点像[⋯⋯]印第安老妇人（满头黑发，淡褐色的眼睛）或者像森林里的动物，也就是狐狸①"。[3]小男孩把她比喻成动物，大概是因为小男孩觉得，具有动物的特点就象征着力量、独立、不畏强暴，在"不该如何如何"这样的话语中就潜藏着这些意思。她在客人面前、在家人面前从不会说一句客套话，甚至在家人聚在一起时，她也会很不客气地对待大家，至少在小切希眼里，她的举止很粗俗。"每到五月末，她就会跑到河边洗澡，夏天她甚至一天会跳到河里洗几次澡，每当她在秋末看到刚刚结成的冰，就会用脚踢它，[⋯⋯]每当她高兴的时候，就会跑进厨房大口大口喝锅里的酸奶，大口嚼着腌制的酸黄瓜或者用醋腌制的酸菜——她喜欢吃口味重的东西，比如说辣的和咸的。[⋯⋯]她不喜欢穿胸罩，也不喜欢穿内衣和束身衣。冬天她最喜欢站在火炉旁，撩起长裙，烘烤屁股——她只要这样站着，就意味着准备好跟家人聊天了。"（《伊萨谷》，页22）

　　他无意识地观察并学习着这些风俗，可以肯定地说，如果他儿时是跟着父亲这边的家人生活，他的生活就不会是这样的：至少不会有自卑感，不会胆怯，至少不像在刚去塞泰伊涅生活时那样怕见人，因为在那个偏远的地方很少举办"贵族"参加的活动。他是在完全没有约束的环境中成长的，所以也就没有培养出一种在公共场合的社交能力。这里还有更深一层意思：他不自信，没有等级概念，因为他的很多同龄人和同学都接受过没落贵族的文化教育，所以很明显，与这些人相处时，他不得不提出这样的问题，我"无法确定我的阶级地位，因为我从未接受过贵族文化的教育[⋯⋯]我的祖父们从未接受过贵族的传统。特别是在立陶宛我们居住的地方，都是些被人称为老土的人。也就是说，住在那里的

①　波兰文狐狸的发音就是丽斯。

人都是按照自己习惯的生活方式生活,不需要循规蹈矩。就像我的外公和外婆那样根本就没有规行矩步过"。(《米沃什矛盾自画像:对话亚历山大·菲乌特》,页155)

同时,他接受的宗教教育也不是非常正统的教育。在宗教改革期间,库纳特家族的人属于卡尔文斯基贵族,在十九世纪初还保留了一些贵族传统。尽管那时米沃什的祖父已经是天主教徒了,但他从未进过教堂。在《伊萨谷》中,当托马什得知自己的祖先是雅利安人时,他们在瑞典大洪水时代①必须在信仰宗教和忠于自己的国王雅努什·拉吉维沃之间做出选择,托马什很清楚,他了解自己的民族和宗教信仰,如果历史能改写的话,那他就会出生在立陶宛的新教家庭。正因为此,外婆尤瑟法总是会把自己关在屋里祷告,她对宗教表现得非常虔诚,她不希望人们认为她很刻板;但"首先她相信魔法、魂灵和来世。[……]当她得知有谁看见了鬼,或者某位邻居的房子不适合居住,她脖子上戴的项链就会发出某种声响,水桶里的水就会涌出来,那时她就表现得特兴奋。每一次从另一个世界显示出某种动向,她就会很高兴,因为这证明,人不是独立生活在地球上,而是群居在地球上的。在发生的各种事件里,她都能感到神力发出的警告和警示"。(《伊萨谷》,页23)

这一切并不意味着贫穷的塞泰伊涅丢弃了贵族的传统。塞鲁奇家族世代是立陶宛人,在十六世纪的县志中就有这样的记载,在庄园里挂着西蒙·塞鲁奇的画像,他曾在斯坦尼斯瓦夫·莱什琴斯基②统治时期

---

① 波兰-立陶宛联邦十七世纪中期的一个历史时代,其中包括一系列战役。广义上讲,这个时代以1648年的赫梅利尼茨基起义为始,以1667年的安德鲁索沃休战为终,这样俄波战争与第二次北方战争中的波兰阶段便也处在这一时期。狭义上讲,大洪水时代指的是瑞典帝国对联邦的入侵与占领时的这一阶段,这样便只包括第二次北方战争中的联邦阶段(1655-1660年),这也被称为"瑞典大洪水时代"。

② 斯坦尼斯瓦夫·莱什琴斯基(Stanisław Leszczyński, 1677-1766),曾是波兰-立陶宛联邦国王。

官至国王的私人秘书,参议员和维捷布斯克省①城堡的大管家,还曾荣获过白鹰奖章。此外,西蒙还参加过"一月起义",在"一月起义"失败后曾被囚禁几个月,跟二婚的妻子生有一个女儿,一八七一年她成了孤儿,因为父亲西蒙从国外回国治病途经德国时,在德国境内发生的铁路交通事故中丧命。[4] 他的女儿名叫尤瑟法,嫁给了风度翩翩而又谨小慎微的齐格蒙特·库纳特,他是十三世纪立过战功的将领斯科曼达家族的后裔,那时莱谢克二世(黑公爵)②在战胜了波罗的海地区的一个叫亚奇温格的异教徒部落后,他请这位将领的儿子来到自己的庄园并授予他斧头纹章。十八世纪和十九世纪之交,在波兰的苏瓦乌基地区③,他继承了遗产,生了三个儿子:斯坦尼斯瓦夫,后来攻读法律、哲学和经济,在"十一月起义"④之后移民国外,在波兰人在法国开办的巴廷顿高中担任教师;米科瓦伊,起义军官;还有泰奥菲尔,他于一八五三年在波兰东北部塞伊内市附近的克拉斯诺格鲁达这个地方得到了一笔财产,他育有两个儿子,一个叫布罗尼斯瓦夫,另一个叫齐格蒙特。齐格蒙特在华沙总校⑤攻读农艺专业,毕业后他告别留在克拉斯诺格鲁达的哥哥,只身去了波兰北部更远的地方,后来在塞泰伊涅娶妻生子,定居在那里。

35

"他从来不喝酒也不抽烟,本应跟当地人那样,穿着高筒皮靴或者马靴在田里劳作,可他偏偏独具匠心,穿着长裤,把裤脚卷至膝盖上边,脚上蹬着一双系鞋带的高腰鞋。[……]他喜欢安静独处,阅读与种植

---

① 十四世纪设立,1795 年瓜分波兰时撤销的立陶宛大公国行政区划和地方政府。

② 莱谢克二世(Leszek Czarny, 1240/1242-1288),波兰皮亚斯特王朝谢谢拉兹公爵、文奇察公爵、伊诺弗罗茨瓦夫公爵、桑多梅日公爵及波兰最高公爵克拉科夫大公。

③ 波兰东北部周围的一个小区域,与立陶宛接壤。第一次世界大战后,该领土在波兰和立陶宛之间引发了争议。

④ 1830 年至 1831 年,也被称为"军校士官革命",是俄罗斯波兰领地的一次武装起义,目的是解救瓜分波兰后俄罗斯帝国所统治的波兰人,为波兰人争取民族独立。

⑤ 1862 年至 1869 年间用波兰语授课的学校。

植物相关的书籍。"(《伊萨谷》,页 18)他与那些刻板的"边陲地区的贵族"完全不同,是一个聪明、沉稳、安静的人,不喜欢喧闹,但酷爱击剑,属于那种理想的实证主义者。他感觉到自己的孙子与他有相似之处,但他从来没有对他说过。他对周围所有的人,包括那些附近的农民和犹太商人都彬彬有礼,在邻居的眼里,他是一个'十八世纪的贵族'"。[5]三十年代他去世后,周边村子来了五千人参加他的葬礼。[6]当他的孙子还在上学时,每次来看望自己的祖父,对干农活从来没有一点兴趣,而且对家族史也不感兴趣——只是着迷于他那时的现代装束——多年后他激动地写道:"他精致完美的外貌并没有掩盖他的性格,在那里他没有显露自己的聪明才智和纯真善良。每每想到我的遗传基因,我就会有片刻的轻松感,每当想起我的祖父,我就会感觉到我一定遗传了他的什么,也就是说我不是一个毫无价值的人。"(《诗集 第五辑》,页 90)

尤瑟法和齐格蒙特·库纳特育有两个女儿——大女儿叫玛丽亚,小女儿叫维罗妮卡·泰克拉,小女儿出生于一八八七年,对她们的母亲来说,克拉科夫才是适合波兰人生活的中心,她们两个人在第一次世界大战前都在克拉科夫的教会学校上学。维恰"为人率直,充满活力,有时候会很调皮,让老师们感到不满,但很快也能得到她们的谅解"。当她还是小姑娘的时候,"她凭着自己的想象力和活泼的性格[……]时常会搞出一些儿童恶作剧",长大成人后"喜欢交际,玩游戏,舞也跳得很好"。[7]玛丽亚嫁给了兹齐斯瓦夫·尤莱维奇,住在离她家不远的波季奈①村。维罗妮卡嫁给了比她大四岁的丈夫亚历山大·米沃什,他暑假时来到离塞泰伊涅不远的亲戚家度假,遇上了维罗妮卡。他大概是看上了她礼貌优雅和活泼开朗的性格,对她一见倾心——因为从他们留下来

---

① 波季奈(Poginai),立陶宛乡村,"二战"前属于波兰。

的照片上看,她体态健壮,更像农民而不是"贵族",她并不是传统意义上的美女。

一九〇九年七月四日,他们在离凯代尼艾东北部的内韦日斯河附近的小村庄奥匹托沃克[8]教堂举行了婚礼,在塞泰伊涅举办了婚宴,据当时新郎的朋友说,"婚宴一直持续到第二天凌晨"。 36

> 凯代尼艾的犹太人乐队选了非常好的舞曲,他们演奏的舞曲包括华尔兹、行列舞、波尔卡、匈牙利和克拉科夫舞曲,而我们跳得"大汗淋漓",每小时得更换一次衣服上配的硬领子,尽情喝着大桶里装着的度数不高的果酒和格瓦斯还有柠檬酒,没喝太多葡萄酒和伏特加。新娘和女士们根本没沾一点酒——不会像今天的女士们那样豪饮。我还记得,当地的牧师主持了婚礼,他是半个立陶宛人,波兰文说得很糟糕。在晚上举行的婚宴上他讲了一段话,用夸张的语调祝福新婚夫妇——他把新郎比作太阳,把新娘比作月亮,因为月亮围着太阳转,最后他特别强调,要新娘多关心自己的丈夫……"当疲惫不堪的丈夫坐在桌前享用午饭的时候——你要用'餐纸'为他擦拭额头上的汗水!"……当然我们大家都忍不住笑出声来,后来好长一段时间我们都不断会问瓦齐·米沃什①——是否用"餐纸"擦拭过丈夫奥莱希②额头上的汗水?[9]

不久以后,他们搬到里加居住,因为亚历山大在里加大学读完道路和桥梁建筑学后毕业,他们共同享受着这所大学所在城市的生活——就像他们儿子的名字一样——尽情享受着"泡酒吧"的生活。从他们那个时候

---

① 瓦齐是维罗妮卡的昵称。
② 亚历山大的昵称。

的照片上可以看出,坐在维恰身边的丈夫,看上去比她年轻,从他稚嫩的脸上能看出与妻子相比显得很弱小,似乎可以从妻子那里寻求保护。

"我和哥哥都很喜欢他们"——后来安杰伊·米沃什写道。[10]在切斯瓦夫眼里,妈妈非常聪明、考虑周全、宽容、好交往并愿意帮助别人。尽管他还没长大,但他还属于比较传统的孩子,有时对她表现出的那种打情骂俏、卖弄风情、"抛媚眼、撒娇、挑逗"表示过不满[11],而在上大学时,他以年轻人那种夸张口吻批评她说:她"几乎是平庸与浅薄相交。缺乏自我控制、节制和风度。农民们把她当自己人,而让我感到厌恶"[12],与此同时,他却非常依恋她。他记得,在他很小的时候他就不允许任何人说他妈妈的坏话——"孩子们无意地唱着歌谣,跳着。每当我说母亲、母亲的时候,他们就开始大声乱叫:母亲-破布①。我当时就抓住这样喊叫的小男孩,并狠狠地踢了他"(《旅行世界:对话莱娜塔·高尔琴斯卡》,页134),直到他不停地告饶,并念圣经中的祷告词"感谢你赐给我的一切恩典,更紧密地跟随你"(《诗集 第五辑》,页78)为止。他首先非常尊敬她的信仰[13],尽管她每天去教堂虔诚地祈祷忏悔,但也没有影响她日常的生活,不过为此落下严重的关节病,因为每天清晨舞会结束后,她会径直去教堂祷告,在祷告时,她脱掉鞋子,放松一下双脚……"给人的感觉她很大大咧咧马虎轻率,给人以假象,戴着一副轻浮的面具,喜欢逢场作戏,掩盖自己的真实面貌,在与人交往方面以最小的代价成为人们眼中希望看到的那种模样。她这样做可能是因为对自己缺乏自信和管家的能力或是出于自我炫耀:'我自己知道的,就不能跟别人分享。'在这种表面现象之下掩盖着倔强、认真和坚定的信念,我们所承受的苦难是上帝给予的,我们应该毫无怨言地承受。"(《欧洲故土》,页77)

在儿子眼中,父亲头上就丝毫没有这样近乎圣洁的光环。他毕业于

---

① 波兰文用 tka 这样的词尾押韵。"母亲-破布"波兰文为:matka-szmatka。

维尔诺的理科高中,果戈理是他的偶像,家里人管他叫狗蛋儿,这让人觉得有些滑稽,而又不太严肃,他比较幽默,据说特别喜欢用俄语讲笑话,歌唱得好,舞跳得也很棒,常常是聚会的中心人物;他的这些优点根本不是他的长子所具备的特点。"他其实是一个大孩子,有些神经质,特别喜欢旅行;生活中点子少。但是对工作非常热情投入(因为他是工程师)。说他点子少,是由于他过于轻信别人,因此常常被人愚弄。"[14]——三十年代米沃什描述的父亲,与十年后描述的有些不一样:"他不会趋炎附势,所以升迁很慢,也没有什么挣钱的本事,就是因为在他与人争斗中不会去维护自己的权利,此外他不会为了达到自己的目的去阿谀奉承、玩权术、耍阴谋、耍手腕,更不会摇尾乞怜,他觉得要是那样做就是卑劣庸俗。如果他觉得被人欺骗或捉弄,他就会远离这些人,去别的地方寻找工作。每当他出去旅行,遇到极端的天气他就会亢奋异常,因为他觉得这才是一种奇遇。"[15]喜欢旅游是他们父子两代人的共同爱好,他在去西伯利亚之前,去过瑞典,大概也去过丹麦和荷兰(小切希非常喜欢他在阿姆斯特丹运河拍的照片),他后来还去了巴西。他除了爱好旅行奇遇以外,因为早年失去父亲,心理受到创伤,过早地成熟了,过早地承担了家务和照顾弟弟及妈妈的责任,同时还觉得妈妈更宠爱弟弟维托尔德,可弟弟有时做的事让他感到很丢人。

　　亚历山大·阿莱克斯·米沃什一八八三年生于里加,他继承了祖先贵族的良好传统和卢比奇纹章,没有留下财产。米沃什家族最晚从十六世纪开始就一直居住在立陶宛,因为诗人对家族一位成员在一五七八年签订过的一项合同非常感兴趣。最早他的家族是住在立陶宛考纳斯市附近的文佳格瓦县附近的塞尔宾,离塞泰伊涅不远,也许在那里留下了一个叫瓦布诺沃的庄园家产,根据他们家谱的记录,可以追寻他们的祖脉最早来自塞尔维亚(因为附近的山上,有一个坟冢叫塞尔维亚人墓地),他们可能是通过德国柏林和法兰克福迁徙到奥得河附近的塞尔维亚索布人,最后定居在立陶宛。骑兵安杰伊·米沃什于一六○五年在吉尔霍尔姆战役①中负伤，两百年后，约瑟夫·米沃什把家产留给了弟弟们，自己只身来到东部的第聂伯河，在著名的波兰贵族萨皮耶哈家族的大庄园找到了一份管家的工作。当贵族的财产面临俄国人没收的威胁时，公爵给管家们留下了两个富有的庄园：德鲁亚和柴莱亚。就这样，在一八二五年左右又出现了另一个家族，这个家族与那些中等贵族相反，成为内韦日斯河畔最富裕的家族，不久后约瑟夫家族又诞生了两个儿子：艾乌盖纽什和阿图尔。再后来这两个儿子又分出了两支：一支住在德鲁亚，拥有十字军在德鲁亚地区建的城堡，还有道加瓦河②河畔库尔兰③、维捷布斯克、维尔诺等省界内的众多房产；另一支住在小镇柴莱亚，掌管着莫吉廖夫省④的辽阔森林。

艾乌盖纽什居住在德鲁伊，毕业于多尔帕特市医学院，他是医学院波兰学生组织——"波侨"的创始人之一。每次出门打猎前，他就把妻子关在粮仓里，结果回来几天后才想起这件事，所以在这个家庭出轨时有发生。

他们兄弟俩时常做出一些很反常的事情，而且想入非非。常常在第聂伯河畔追逐我的另一些表兄弟。他们试图以最大努力在追逐富有的同时填补他们的无聊和空虚。他们其中的一个人去世之后，在他的五个房间的天花板里藏有各种礼帽和靴子——还有很多其他贵重物品。此外，他们到处炫耀自己的贵族身份，他们不能忍受这样

---

① 发生在 1605 年 9 月 27 日的这场战役是波兰-瑞典战争中的主要战役之一，战斗以波兰-立陶宛军队的决定性胜利而告终。

② 发源于俄罗斯瓦尔代丘陵，流经俄罗斯、白俄罗斯和拉脱维亚，最终流入波罗的海里加湾。

③ 位于现在拉脱维亚西部的一个旧地名。

④ 俄罗斯帝国的一个省。

的说法,说他们与当时赫赫有名的塞尔维亚王朝米洛什·奥布雷诺维奇家族有亲属关系。艾乌盖纽什为此还写信给在圣彼得堡的沙皇高官:"莱舍克·皮亚特雷伊陛下,我想特别说明,我们拥有贵族卢比奇纹章称号,但与来自塞尔维亚的米沃什家族没有任何亲属关系。"(《欧洲故土》,页35)

　　他的儿子也叫艾乌盖纽什,因为不愿意改变自己的信仰,便结束了自己在俄国军队的生涯,大半辈子把自己关在城堡里,长时间坐在钢琴前弹奏乐曲,过着孤独寂寞的生活,他死后,根据很多人的说法,他还到处闹鬼,让人心惊胆战。他的第二个儿子——也叫约瑟夫——生有一男一女,女儿叫艾米莉亚,儿子叫亚当,他们那时已经定居在华沙,家境由盛而衰,逐渐破落。切斯瓦夫·米沃什与奥斯卡·米沃什的后代与这些亲戚有交往,他后来这样评价自己与这些亲戚的关系:"我的家庭与德鲁亚的米沃什家族的这一支没有任何来往[……]我们戏称亚当和艾米莉亚是'国家民主派'。"(《寻找祖国》,页148)

　　因为不喜欢柴莱亚这支明显带有沙文主义特质的家庭,于是诗人比较愿意接近德鲁亚这支,他们的祖父叫阿图尔·米沃什,曾经在"十一月起义"部队中担任陆军中尉,曾获得"军事美德"[①]奖章。在奥斯特罗文卡[②]战役中失去了一条腿,但仍顽强战斗,当他在台阶上被沙皇的将军抓住后,还没来得及等这位将军说话,就狠狠地用拐杖打了这个抓他的家伙,结果这家伙从华沙饭店的楼梯滚了下去。与许多其他米沃什家族的人一样,他也喜欢旅行和迅速作出决定,于是他后来在意大利与一

39

_____

　　①　是波兰面对敌人时的英雄主义和勇气的最高军事奖章。它由波兰国王斯坦尼斯瓦夫二世于1792年创建,是世界上仍在颁发的最古老的军事奖章。

　　②　波兰的城镇,距首都华沙约一百二十千米,由马佐夫舍省管辖,始建于十一世纪。

位女歌唱家纳塔莉亚·塔希斯特罗结婚。她是意大利米兰斯卡拉大剧院乐团指挥的女儿，尽管她出身于富裕的罗马市民家庭，但是波兰贵族家庭并不接受她，于是这对夫妻没能住在柴莱亚，而是搬去维尔诺居住。他们的儿子叫伏瓦迪斯瓦夫·米沃什，因为父母亲去世得早，他的怪异表现和个性远远超过了自己的父亲。兹基斯瓦夫与华沙的一个犹太女人结婚，生下了奥斯卡·米沃什，后来成为诗人和神秘主义者，多年之后成为米沃什的艺术和精神导师，后来他曾担任独立后的立陶宛的外交官。

居住在内韦日斯河的这支考纳斯分支的家族生活没什么大起伏，但遇到的问题也不少，后来他们的后代跟波兰人、立陶宛人和德国人混血。[16]切斯瓦夫的祖父，也就是阿图尔，作为齐格蒙特·谢拉科夫斯基①的副官参加了"一月起义"，起义失败后他被判了死刑，结果那些旧礼仪派②决定违背教规，起草一份书面声明，证明塞尔宾的主人在起义期间从未离开过自己的庄园。后来他跟里加一位医生的女儿，叫斯坦尼斯瓦娃·沃帕钦斯卡的女子结婚，她的妈妈来自具有波兰血统的德国家庭冯·莫尔——他们的一位远亲是艾米利亚·普莱特③，她妈妈的家也是来自冯·莫尔家族，小切希后来听到关于住在英博登地区的莫尔家族，那里是他祖母的出生地，也是里加汉萨同盟④德国中产阶级居住的地方，那里有非常著名的歌剧院和马约里度假区，在那里，富裕人家的子弟

---

① 齐格蒙特·谢拉科夫斯基(Zygmunt Sierakowski, 1827-1863)，波兰将军、"一月起义"领导人。

② 或称"旧教徒派""旧信徒派"，正教会官方称之为"分裂派"，是俄罗斯东正教的一个异端分支。

③ 艾米利亚·普莱特(Emilia Plater, 1806-1831)，波兰贵族女士、革命家，曾参加过1830年11月的波兰起义。

④ 十二世纪至十三世纪中欧的神圣罗马帝国与条顿骑士团诸城市之间形成的商业、政治联盟，以德意志北部城市为主。

结伴去海边沐浴。阿图尔有两个儿子——一个叫亚历山大,一个叫维托尔德——阿图尔很早便去世了,生活能力差的寡妇不得不变卖财产以偿还债务。生活的重担很快就落在了亚历山大肩上,而被妈妈宠坏的"神童"维托尔德让亚历山大非常失望——因此在他还很年轻的时候发生的那些事,让他感到生活很失意很失败。

维托尔德在高中上学时曾被学校开除,后来去当了兵,表现很不好,时常开小差胡思乱想,复员回家后在生活中也找不到自己的位置,很有可能时常在一些票据上模仿哥哥的笔迹签字……"维图希①在三十六岁患肺结核死亡之前,一直是一个无所事事的人,他曾在波兰的边境保护军团②服过役,在犹太人贩卖皮货的公司里工作过,还试图成立过一个滑稽表演剧团,并在赫利俄斯剧院举行了首演,我那时作为一个十四岁的小孩跟家人去看了演出,但是我无法忍受他们在演出时所使用的那些不堪入耳的粗俗语言,观众们对此并没有很大的反应,我为有这样一个家庭成员而感到羞愧,可我的父母非但不觉得可耻,反而还能在那里大笑,他完全像块油渍沾在那里,但没引起人们注意。"(《从我的街道开始》,页34)这来自切斯瓦夫·米沃什的回忆,长大成人后的切斯瓦夫·米沃什把他小时候对叔叔的困惑变成了深深的仇恨和恐惧,他担心自己会受到来自叔叔"坏血缘"的影响。

写于一九三八年的《算计》[17]一文,很大程度上是一篇自传性的小说。小说描写了一个孩子眼里的成年人,大都是戴着面具在社会中行事,其实在这个面具下面隐藏的是他们的脆弱无能、内心恐惧和不自信。十几岁青春期少年最早是以维托尔德为榜样从科斯图希[18]那里学到了

---

① 维托尔德的昵称。

② 波兰军队,成立于1924年,旨在保卫该国的东部边界免受苏维埃武装入侵和当地土匪的袭击。其他边界则由单独的常规边防卫队、国家安全机构管辖。

冷漠和没有同情心："我第一次经历了那种要高于别人之上的痛苦，我明知道叔叔的脆弱和摇摆性的特点，却偏在他不经意间做出某种姿态和手势时，我嘲笑了他。"米沃什认为他的叔叔就是他的反面教材，对他是警示也是噩梦，多年后这位诺贝尔奖得主毫不掩饰地写道：

> 我一生都在反思他，直到今天。有一次，我跟妈妈去嘎瓦杜希①湖区的达普凯维奇家度暑假，维图希突然出现了，说要住在我们这里，那时他身无分文，没有地方可去。我们只能瞒着周围的人，因为他那时已经患了肺结核，一年后他去世了，我们作为他的亲人也只能做这些了。他没有工作，没有任何职业，也没有老婆孩子，所以也没有什么人能照顾他管他，他瘦骨嶙峋，虚弱无力，只能靠吃素食维持生活，什么也做不了，能做的唯一一件事，就是坐上小船去钓钓鱼。可他对我青春期的敏感神经产生难以想象的影响。他让我对失败感到畏惧和恐怖，以至于我过分地追求精致完美和勤奋努力。为此我也形成了力求稳健和坚忍的固执性格。对失败的恐惧促使我想尽一切办法去谋生挣钱，后来我不得不靠在波兰电台的工作挣钱糊口，再后来就是在美国的大学挣钱养活自己和家人。某种程度上，是可怜的维图希获得了一系列的荣誉和奖章，甚至包括诺贝尔奖[……]。另外，如果维图希一生只是因为患了肺结核而身体虚弱，但他还能表现出坚忍的自信，有生活热情，或者有某种哲学或宗教的信仰的话，我就不会对他产生任何恶感，不会蔑视他。

> 他的头脑过于平庸，只会重复从别人那里听到的话。同时，他也是我家里唯一一个只会重复波兰民粹主义口号的人。当然，我很同情他所受的苦，但同时也认为，他很空虚，没有思想，只能像生病的动

41

---

① 位于波兰苏瓦乌基地区的带状湖泊，是该地区第二大湖泊。该湖位于波兰东北部。

物一样受煎熬。我知道,我对他的评价不够公平,有谁能真正潜入别人的灵魂深处呢? 但是每当我看到维图希,我就会有一种恐惧——那就是看到人麻木的心灵对成年人的影响,也许是对所有人的影响,一般来说就是对那种普通人,特别是对那些在年轻时还有过激情的人造成的影响。所以我决定,自己一定不能成为那样的人,要让自己永葆精神,至少到今天,我已经八十九岁的时候,我做到了这一点。每每在反思维图希时,我就会觉得,我深深地遗传了米沃什家族的基因,因此我要以一种特殊的努力来弥补这些不足。[19]

受基因的遗传和影响……因此《算计》这篇小说的主人公承认:"我祈祷,我真的祈祷过,我乞求上帝,给我力量。"也许在给我们展示切斯瓦夫·米沃什人性特点的同时,也意味着在他心中深深地隐藏着他对重蹈维图希命运的担心,或许是担心会患上精神疾病。关于这一点,切斯瓦夫·米沃什在《乌尔罗地》中有更清晰的描述。《乌尔罗地》记录了作者晚年时对自己一生的回忆,从来自柴莱亚的亲戚们受躁狂症的侵扰开始写起,到如何走出这一阴影笼罩下的抑郁,展现出来自立陶宛塞鲁奇和库纳特家族的勤劳勇敢和积极向上;他自己曾这样说过——他一生都是在骑着自行车奔跑,为的是保持平衡,因此他的脚一直都得踏着脚蹬子往前走。(《波兰对话:1979-1998》,页654)

他认为维托尔德的失败应该归咎于他的母亲,因为她一直觉得自己良心在受谴责。可小男孩眼中的外婆丽莎却完全跟奶奶相反,外婆约瑟夫·塞鲁奇表现得更加淳朴自然;而奶奶斯坦尼斯瓦娃·米沃什总要表现出她是文明的代表,也就是说,她的刻板表现反衬出她的懦弱和活力不足。在跟两个孙子美丽的合影上,我们看见她穿着一条黑色长裙,是个瘦弱的老太太,脸上带着贵族忧郁的表情,她试图教会小切希表现"文明",教他宗教、历史,谆谆教诲他要记住"一月起义"和与沙俄占领者的斗争。他试图摆脱她的敏感,因为他看出了"她的脆弱。尽管她非常善良。[……]他相信,不管家里的什么人只要在清晨,无论是五点还是六点到她的房间,就能看到她坐在床上,大声地几乎是吼叫似的祈祷,眼神迷茫,泪眼蒙眬,两行泪水挂在脸上。[……]托马什特别想找机会惹奶奶生气伤心,气气她"。(《伊萨谷》,页72)后来他们搬到立陶宛一起住,一个风华正茂、年轻有为、充满活力的年轻人,不愿意跟奶奶一起慢慢走路散步,于是他本应该分担奶奶的忧愁,反而惹奶奶不高兴,"'科斯图希会死在监狱里'——我听到她偏执地说,'最好让科斯图希在监狱里待着,至少那里还有吃的。'奶奶[……]听完我的话,满脸涨得通红,手也在颤抖。'我知道科斯图希在你爸爸的票据上做了手脚'——听到她这样说,我大叫着,跑出了房间。[……]从半掩着的门缝中,我看见她坐在沙发上,又瘦又小,圆圆的身形,用手绢蒙着脸,大声地几乎是吼叫着做祷告"。(《年轻思想的冒险》,页321)在《算计》中也有这样一段描写,所以很难确定这种关系到底有多大真实度。不过可以毫无疑问地说,在一九三〇年九月九日斯坦尼斯瓦娃·米沃什死于苏瓦乌基的时候[20],她的孙子受到良心谴责,痛苦不已,他在日记中写道:"亲爱的奶奶,我曾对你说过,我就是个卑鄙可耻的人,可现在你已经躺在灵柩里了。卑鄙可耻,卑鄙可耻呀。上帝呀,人怎么非要这样做啊。一直要在对真理的极大渴望和行为准则、行为准则和行为准则之间钻营。[……]经常要以这种审美为出发点,让这种场面不断交叠重复,甚至在这里。"[21]

他希望自己能摆脱懦弱并获得力量。但是在他心里总是会出现无助的奶奶斯塔夏①饱受煎熬的身影,使他对人生苦难更加敏感,后来他在诗中对容易受伤的心灵写下了切身感悟:

---

① 斯坦尼斯瓦娃的昵称。

除了天堂,在别的任何地方我都无法生存。

这源于我的遗传失调。

大地被铺满玫瑰的刺扎伤了
每每当太阳隐身于云朵之后,
我感到悲伤。

(《诗集　第五辑》,页 192)

注释

[1] 从性格上来说,在创作一部关于青春成长的自传体小说《伊萨谷》时,作者一般会将父亲的形象完全抹掉。伊莱娜·格鲁金斯卡-格罗斯谈到,在米沃什和约瑟夫·布罗茨基身上都有类似的情况:"在米沃什和布罗茨基描写自己的父母,特别是在写到父亲的时候,把本应该突出的长者权威故意弱化掉。两位父亲都叫亚历山大,两个人都没有留下坚如磐石或者'强悍男人'的形象,相反儿子们认为他们并不具有威胁,也不想引发冲突。他们以更生动的笔触、更感恩的情感书写自己的母亲,描写她们教育自己说话、读书和写字。也许父亲对他们来说只是某种职业,无法给予他们强大的支持,也不能成为成长过程中的'男人'榜样。[……]也许还有另一种解读[……]:政治家会在父亲的言传身教上建立起自己的权威;但诗人的细腻更多来自母亲,来自母亲的语言和她们讲述的'童话故事',还有言谈间的共情和慈悲。"见伊莱娜·格鲁金斯卡-格罗斯,《米沃什和布罗茨基:磁性的土地》(克拉科夫,2007),页 38。

[2] 第一稿自传体散文的素材《想尽一切可能去写作》创作于 1951 年,未出版。(拜内克图书馆)

[3] 同上。

[4] 在阿莎芬堡(德国)附近。扬·杰林斯基认定西蒙·塞鲁奇死亡的确切日期和地点:"在哈恩高地一辆货运火车的十九节车厢脱车,并在弗隆霍芬

撞上了维也纳快递。一个俄国人和一个匈牙利伯爵当场死亡,一个旅客因伤势过重死亡。伤者中还有匈牙利的财政部长。"见扬·杰林斯基,《曾祖的精神》,载《波兰观点》(《新周报》增刊,纽约),2004 年 8 月 27 日。

[5]原文为法语"Un gentilhomme du XVIIIe siècle",乃奥斯卡·米沃什的说法,意为"十八世纪的贵族"。

[6]切斯瓦夫·米沃什曾认为其祖父死于 1935 年,但安杰伊·米沃什认定为 1933 年 7 月。

[7]摘自雅尼娜·哈伊达什,即维罗妮卡·米沃什的姐姐玛丽亚·尤莱维奇的女儿,写给本书作者的信,2005 年 9 月 14 日。

[8]邀请函已留存。维拉和亚历山大的婚礼由塞鲁奇家族科米亚特−库纳特一支的齐格蒙特和尤瑟法以及沃帕钦斯基的米沃什家族的斯坦尼斯瓦夫发出邀请。"科米亚特"这个前缀原是赠予亚奇温格人的首领使用,将为姓氏增添高贵的语调,但到米沃什祖父这一辈已经很少使用。

[9]亚历山大·伯尔哈特的回忆录(手稿)。摘自兹比格涅夫·法乌特诺维奇,《晚风——切斯瓦夫·米沃什与苏瓦乌基》(格但斯克,2006),页 31。

[10]《安杰伊·米沃什的故事》,载《苏瓦乌基》,2001 年第 14 期。

[11]切斯瓦夫·米沃什,《想尽一切可能去写作》,未出版。(拜内克图书馆)

[12]摘自切斯瓦夫·米沃什写给雅罗斯瓦夫·伊瓦什凯维奇的信,1930 年 12 月 20 日,波兰科学院文学研究院图书馆,索引号: 手稿 Zb. Wł. 169 / 1。后: 馆藏米沃什和伊瓦什凯维奇的通信被收录进: 切斯瓦夫·米沃什、雅罗斯瓦夫·伊瓦什凯维奇,《战后人物像》,芭芭拉·托伦切克编,罗伯特·帕别斯基统筹,《文学笔记本》(华沙,2011)。

[13]"妈妈相信,她向黎明之门圣母的祷告能保护我们免于担惊受怕的死亡。也许她有道理……"见《安杰伊·米沃什的故事》,载《苏瓦乌基》,2001 年第 14 期。

[14]摘自切斯瓦夫·米沃什写给雅罗斯瓦夫·伊瓦什凯维奇的信,

1930 年 12 月 20 日。（波兰科学院文学研究院图书馆）

[15] 切斯瓦夫·米沃什，《想尽一切可能去写作》，未出版。（拜内克图书馆）

[16] "波兰、立陶宛和德国混血，以我为例，曾很普遍。"见《欧洲故土》，页 34。

[17] 切斯瓦夫·米沃什，《算计》，载《垂直线》，1938 年 6 月 12 日；《年轻思想的冒险》（克拉科夫，2003），页 311–323。

[18] 康斯坦蒂的名字也会让人联想起死神。

[19] 切斯瓦夫·米沃什，《我的自传素材》，未出版。（克拉科夫切斯瓦夫·米沃什档案馆）补充说明一点，正是在嘎瓦杜希湖畔与这位濒死亲戚共度的时光令米沃什创作了《晚风》一诗，落款为"1934 年于克拉斯诺格鲁达"，该诗被收入诗集《三个冬天》；另外，热加里村的农舍主人实际名为彼得·达普凯维奇。

[20] "1930 年 9 月 11 日早十时发生在苏瓦乌基市。伏瓦迪斯瓦夫·杰恩凯维奇，道路管理员，三十一岁，和亚历山大·乌尔巴诺维奇，教师，五十五岁，两人常住地为苏瓦乌基市，并证明，同年 9 月 9 日晚八时三十分斯坦尼斯瓦娃·米沃什死于苏瓦乌基市。其遗孀 1863 年嫁于该退伍军人，生于立陶宛的英博登，常住于苏瓦乌基市，七十六岁。女儿亚历山德拉和玛丽亚，玛丽亚与沃帕钦斯基结婚。斯坦尼斯瓦娃·米沃什已确认死亡，该卷宗已宣读，并由我们和他们签字确认。民事卷宗，神父 B.（签字不可读）、亚历山大·乌尔巴诺维奇、伏·杰恩凯维奇"，1930 年死亡卷宗录，244 号。苏瓦乌基民政局。感谢兹比格涅夫·法乌特诺维奇帮助获此记录。

[21] 摘自切斯瓦夫·米沃什写给雅罗斯瓦夫·伊瓦什凯维奇的信，1930 年 12 月 20 日。（波兰科学院文学研究院图书馆）

第四章　床底下的手榴弹

　　"我出生在立陶宛中部，我比我的伟大导师亚当·密茨凯维奇更有权利写'立陶宛，我的祖国'。"《寻找祖国》的作者这样说。[1]他心中的波兰地图与我们当代人习惯看到的地图完全不同。他在世界观形成的青年时期是在维尔诺度过的，那里有向东方多民族文化开放的根基，在那里聚居着罗马天主教徒、东正教徒、犹太人和鞑靼人的后裔，他们对遥远的克拉科夫有着神秘般的幻想，几乎不知道华沙和波兹南。他出生的地方归沙皇统治，一个世纪以来，这个地方一直是沙俄帝国的一个组成部分，对他的曾祖父和祖父来说，他们的生活中心是维尔诺、里加和多尔帕特，在维尔诺大学被撤销后，他们在后面两座城市甚至在更远的圣彼得堡完成了学业。他的至亲们认同自己是波兰人，但与此同时，他们也知道自己是立陶宛大公国的后继者，同时也承认在那里的生活与在立陶宛和波兰王国王冠领地①的生活明显不同。他们不希望丢掉来自卢布林

_____

　　①　自波兰王国统治之始建立，在波兰-立陶宛联邦灭亡（1795年）时撤销的受波兰直接管辖的土地的名称。领地区分成联邦的不同国家，例如普鲁士公国、立陶宛大公国和（转下页）

同盟①的感觉和习俗，至少不会在他们这一代消亡："我的家庭由不同宗族组成，他们来自苏格兰、威尔士和布列塔尼。他们认为立陶宛大公国'好'，波兰'不好'，因为若没有立陶宛人、立陶宛国王、诗人以及政治家，哪里还有波兰呢？在我们这些当地人的思想感情里，特别是在我们这个角落生活的人们心里，还留存着对过去生活的记忆碎片。'从那里来的'波兰人，也就是来自民族中心的人，人们认为他们很平庸，不严谨，都是骗子[……]。波兰人的特点是热情，而立陶宛人的特点是坚持和顽强。"（《欧洲故土》，页110）米沃什在谈到这一点时曾说，他一直在思考，他的坚韧、稳重和勤奋应该受益于他生怕别人说他是波兰人这一点。[2]

这一传统首先来自他母亲这边，母亲的祖辈——与大多数贵族和中产贵族一样——在几个世纪以前他们就是波兰人[3]，但与立陶宛人有很多联系。同时还对"小祖国"有很深的感情，也就是与内韦日斯河河谷有着千丝万缕的联系，尽管因为历史动荡他们多次迁居，但她在那里度过了大半辈子，参加过各种家庭聚会、婚礼和教堂洗礼……延续着十九世纪初波兰第一共和国多民族国家融合的思维方式。也就是说，这里的"本地人"，接近波兰文化和语言，当然也了解立陶宛文化。米沃什记得："有一次我坐在马车上，听见他们用波兰语聊天，那是在离波兰国境不远的独立的立陶宛国土上——他们说：'这里是我们的，那里是波兰人的。'"（《米沃什矛盾自画像：对话亚历山大·菲乌特》，页148）

在二十世纪初的现代化进程中，在旧制度的框架下，在那里两个民族并存，母亲还常给诗人灌输立陶宛当地的爱国主义[4]，正如约瑟夫·

44

（接上页）库尔兰公国在与波兰结成联邦时交给波兰的土地，并予以这些土地不同程度的自治权。

①　1569年7月1日成立的一个波兰-立陶宛联邦，波兰-立陶宛由原来的君合国（共主邦联）转变为选王制的政合国。

毕苏斯基提出的联盟主张,也就是梦想恢复波兰-立陶宛联盟那样,从政治角度看这些都是不合时宜的,是失败的;无论是大多数波兰人,还是已经波兰化的少数当地人,还是希望独立的立陶宛人,都不希望回到过去的传统。维罗妮卡·米沃什自己就有两本护照,切斯瓦夫作为孩子,理所当然具有立陶宛公民的身份,而亚历山大就得自己选择哪种身份。

　　一九一八年十一月,波兰恢复独立,在维尔诺的波兰志愿者自卫队被改编成波兰的一支正规军部队——切斯瓦夫的父亲参加了其中一支部队,为上尉军衔,后升至工兵旅少校。尽管苏俄大军已经临近立陶宛,而波兰和立陶宛一直还在为维尔诺归属问题争吵,不能达成一致,在赶走苏俄军队后,波兰人于一九一九年四月占领了维尔诺。为了实现联盟的主张,波兰军事组织①采取了一次冒险行动,但没能攻下考纳斯,这是波兰军事组织策划的一次行动,试图建立一个与波兰合并的新政府。立陶宛的情报机构粉碎了这次行动,抓捕了这次行动的领导者。在被捕的三百六十九名波兰军事组织的名单中有亚历山大·米沃什,为此考纳斯当局决定禁止他踏入立陶宛领土,也就是过去米沃什家族拥有财产的地方,首先是塞泰伊涅。

　　那时亚历山大所在的部队驻扎在维尔诺,维罗妮卡再次随丈夫上路了。一九二〇年春,他们就像美国移民那样赶着马车,带着保姆和羊走在路上,喂小儿子的奶源就是这只羊,马车上还蒙着布:"妈妈背着我,从她的背上望去,我看到我们的马车蹚着河水走,马车走到河中间时,响起一声长长的口号声,那是呼叫马喝水的哨声,[……]大家在干草堆上或者在森林里的篝火旁露营。斧子砍下的干柴烧的火冒着红光,上面放着一把壶在烧水,头顶上的松树枝发出沙沙声。"(《欧洲故土》,页60)

---

①　毕苏斯基于1914年创立的一个军事组织。

全家人顺利到达维尔诺,在纳德布热日奈伊大街租了房子,这个地方就在圣雅各教堂旁边,住在这里的那段时间给小切希留下的只是痛苦的记忆,因为他做了扁桃体切除手术,在那里开始去学校上学——他的学习有些跟不上,因为突然从军队生活转到学校学习,这个小家伙根本就弄不懂为什么要去学校上学。

"嘴里含着小圣饼,舌头小心地舔着嘴里的圣饼,他无法想象这圣饼象征着耶稣的身体。这改变了他,至少他这一整天都非常安静,非常礼貌,谁都能看出来他的变化。特别是神父的一句话一直回响在他的耳边,神父说:'人的灵魂就如一个小房间,应该好好打扫,才能迎接尊贵的客人。'他在想,这张小圣饼也可能会被含化,但在他的灵魂里它会重新生长,并会立在那发着绿光的杯子里。"(《伊萨谷》,页48)⋯⋯六月,已经八岁的小男孩参加了人生中第一次圣餐礼,对一个孩子来说,在接受"无罪之水"(《诗集　第五辑》,页14)时,他更喜欢教堂里为孩子们准备的可可粉冲的饮料和甜面包。他父亲军装领子上的银蛇装饰带在绿色之间闪着光,他所在的部队正驻扎在蔬菜园中。(《诗集　第三辑》,页244)

平时在平静的大人们中总能听到些欢声笑语,而现在常听到的却是一些不安的声音。波兰和布尔什维克的战争还在继续,七月,红军部队再次接近维尔诺。波兰部队不得不再次撤退,随部队撤退的还有大批居民,他们对不久前布尔什维克占领军实施的"白色恐怖"还记忆犹新。与五年前一样,切希也经受着担惊受怕的痛苦。他在心里向最神圣的圣母玛利亚背诵着祷词:"远处炮火的光照亮了满是尘埃的道路,引起了人们一阵阵恐慌。挤满人的大车小车和马车从内门奇内①的炎热的道路上走过,留在这里的只有灾难。"(《诗集　第三辑》,页245)他还记得

----

①　立陶宛的城市,位于首都维尔诺东北二十千米。

停在那里的坦克和在恐慌中奔跑的战士,后来他在诗里这样写道:"在郊区,各家房门紧锁,房子静默在那里,坦克停在那里。每一具钢盔下流淌着鲜血和汗水的尸体已经发臭。如果在一小时之内修不好坦克,人们就跪着,双手因为发烧而颤抖。沙尘中淌着矿物油。时间流逝。"(《诗集　第一辑》,页18)他的家庭再次被分开了。维罗妮卡带着儿子们要回塞泰伊涅,偶然见到了被炮火炸毁了的装载着波兰装甲车的列车。"我表现出了两面性。人们和物品都被甩到沟里去了,我趴在地上一边祈祷一边哭泣,同时又抬头想看看到底出了什么事……在一块凸起的地带上站着一些马匹,它们没受伤,于是我抓住深沟那里露出的一根断了半截的树根,还想看看那里究竟发生了什么事。"他后来回忆道。(《欧洲故土》,页62)从中可以看出艺术家的一些个性,无论遇到怎样的危险和恐惧,他都有能力做出判断并履行职责。

46　　　　苏俄人根据条约[1]一方面将管理城市的民权转交给了立陶宛人,另一方面又要求他们把管理立陶宛的权力交出来,由苏俄人接管。直至八月发生了维斯瓦河的奇迹[2],促使立陶宛军队出现了转机赶走入侵者。十月,在国际联盟的压力之下签署了临时停战协议,由立陶宛人管理自己的城市。与此同时,更大的风暴也在酝酿着,也就是所谓的卢茨扬·哲里果夫斯基将军[3]的起义,十月九日,在他率领下的立陶宛白俄罗斯第一师攻占了维尔诺。他宣布在立陶宛大地上也就是在表面上成立了一个独立的立陶宛中部地区国家,即"中部立陶宛共和国",而他的

---

① 指《苏俄-立陶宛和平条约》,又称《莫斯科和约》,是苏俄和立陶宛在1920年7月12日签订的一份和约。苏俄签订此条约的目的是换取立陶宛在苏波战争中采取中立。和约规定苏俄承认立陶宛独立,并划定了立陶宛和苏俄的东部边界。

② 又称"华沙战役",是波苏战争中的决定性战役,这场战争开始于1918年第一次世界大战结束后不久,持续到1921年《里加条约》签订。

③ 卢茨扬·哲里果夫斯基(Lucjan Żeligowski, 1865-1947),俄国军队上校和波兰军队将军,他在起义期间占领了维尔诺及其周围地区,宣告所谓的立陶宛中部地区的崛起。

军队却继续深入立陶宛民族腹地，一直打到了凯代尼艾附近。那时波兰军队肯定炮轰了波德科莫日奈克："成吨的炮弹震耳欲聋。这天清晨我起床下地，匆匆穿上内裤，跑到窗边……我周围到处在号啕大哭，我感到万分震惊，还没回过神来，炮筒已经瞄准了我们的建筑物，最后我清醒地意识到，炮弹根本没有击中我们。"（《欧洲故土》，页61）当时军队的状况决定了立陶宛人的命运，因为欧洲的外交行动根本没有可能促使敌对的双方讲和。

逐渐长大了的切希把"中部立陶宛共和国"的邮票贴到了信封上，那时约瑟夫·多夫布尔-穆希尼茨基①将军来家里做客，为此他做了一个庄严的演讲："他们是在为祖国和民族复兴的战斗中流血牺牲的英雄。我为他们敬献了一束花，那些军人和男人们为我叫好，我一口气念完了我的演讲稿，将军握了握我的手。"他的父母肯定为他感到自豪，而他却为自己这么公开大胆地炫耀自己而羞愧不已，因为他完全是为了得到维图希答应给自己买一张地理地图才这样做的："我演讲完后比我没做这事之前感到更羞愧，当天晚上我十分遗憾并愧疚地躺在床上。"[5]一九二二年初，"中部立陶宛共和国议会"在大多数立陶宛人、犹太人和白俄罗斯人的强烈反对下，通过了加入波兰的决议。立陶宛国家承认考纳斯为临时首都，并断绝了与波兰的外交关系，直至一九三八年。

这一事件的发生促使居住在塞泰伊涅的居民不得不做出选择。维罗妮卡不能再与父母住在一起——因为遇到了财产分割的威胁，就像她在波吉涅时那样，她的妹妹不得不离开自己的丈夫。跟许多波兰人那

---

① 约瑟夫·多夫布尔-穆希尼茨基（Józef Dowbór-Muśnicki, 1867–1937），俄罗斯军队少将，波兰军队中将，1917 年至 1918 年担任在俄罗斯的波兰军团将领，1918 年至 1919 年任波兰武装力量总司令。

样,他们不得不离开这个地方,迁居到维尔诺,也就是说他们不得不住在
对波兰人不开放的边境以外,他们去探望父母的家都是违法的。米沃什
上高中后,暑假时要跟母亲一起去立陶宛探望祖父母时,他们来到了
一个所谓的绿色边界地带,也就是防守较弱的边防地区,母亲维恰很有
勇气,她觉得有必要冒这个险,且不会出现危险。

> 首先必须到达一个位于密林深处的处在边界线上的小村庄,那
> 里居住着一些偷渡者。然后在他们居住的那个地方制订一个穿越
> 边境的计划,也就是怎样收买那些边防人员或者怎样绕过那些边防
> 哨卡。因为有一段时间两个国家划分了一个中立地带,有谁敢越过
> 这个地带,双方的人都可以对他们开枪射击。那些陪伴我们的专门
> 做这些事的人身上都带着枪支,必要时他们可以清除那些让他们觉
> 得不舒服的人。有一次一个年轻的小伙子身穿一件短皮衣,正带我
> 们走着,突然他拿出卡宾枪单腿跪在丛林里准备射击,当恐惧解除
> 后他小声说:"哎,一只鹿。"我不止一次地被类似的事情吓得心惊
> 肉跳。还有一件特别吓人的事,那时我才十岁,我被立陶宛的边防
> 人员抓住了,他们把我关在猪圈里,一个人孤独地被关了整整一天。
> (《欧洲故土》,页78)

随着时间的推移,边防警戒越来越严了,那时拥有两本护照的人可以
去立陶宛,也就是说,可以先持波兰护照到拉脱维亚,然后从拉脱维亚持
另一个证件去立陶宛。

米沃什家族选择了波兰身份,所以引起了双方民族主义者对他们的
仇恨。[6]而对于成长中的青少年来说,由波兰文化主导的维尔诺并非唯
一参照点。暑期旅行不仅增进了他对立陶宛的情感,同时也增加了他的
恐惧心理,这一切都促使诗人在孩童时代积累了丰富的人生经验。正因

为如此,他对政治和国家边界问题非常敏感,这一切又丰富了他对世界及其复杂性的认知,感受到了历史妖魔论的影响,因为那时白俄罗斯人、立陶宛人、波兰人和犹太人都在历史上的立陶宛大公国的疆土上共同生存过,后来各民族之间互相仇恨,同时还要接受布尔什维克的统治。

> 我一直都被灌输着爱国主义的思想——不仅来自学校,还来自"波兰普鲁士占领区军队组织"里的老师们,通过阅兵、波兰学校矩阵①,或是在以托马什·赞②命名的图书馆里,在整个维尔诺波兰社区"可爱的小城"中都是如此,同时还被灌输着仇恨那些给他们带来威胁的布尔什维克、立陶宛"苏俄条约时期的"人和犹太人的思想,因为犹太人欢迎布尔什维克的到来,并在五月一日的时候在电线杆上悬挂红旗——在以后的段落中还会出现描写这段回忆的片段。但是后来又心存疑虑,事实可能不是这样,因为在这里,除了波兰人以外,还有别的民族,也就是说,"我们的人"可能是立陶宛人、犹太人,但他们可能会把波兰人看成是外人。[……]与此同时又意识到,波兰人的傲慢、波兰的排犹主义、立陶宛的狂热[……]亲俄的犹太人——可能都意味着应该如何定义群体关系。(《猎人的一年》,页80)

童年很快就过去了。"托马什醒得很早,因为他觉得有些冷[……]窗户 48
上有两个拳头那么大的窟窿,周围的玻璃也都裂成了碎片。他立即起身跑到弥希奶奶身边大叫着:'有人在半夜里从果园里用石头砸坏了我的

---

① 在波兰王国开展业务的文化和教育组织,于1905-1907年和1916-1939年在整个波兰第二共和国开展活动。
② 托马什·赞(Tomasz Zan, 1796-1855),波兰诗人、矿物研究人员和博物学家。

玻璃。'不过应该不是用石头砸的。因为他们找了很久,结果爷爷爬到托马什的床底下后,在一个角落里找出了一个黑色的东西[……]形状有点像加长的鸡蛋,但很重。它的里面好像缠绕着一个锯齿形的领子。在朝花园方向的窗户下面还看到了脚印和火柴。"(《伊萨谷》,页77-78)历史好像回到了地下天堂,在波兰人庄园里的窗户下找到的、握在立陶宛人手中的手榴弹意味着牧歌的结束。齐格蒙特·库纳特对周边的村民来说,他属于"自己人",但是他的女婿——属于侵略者。因此最保险的对策就是离开这里,但要感谢圣母的救命之恩,手榴弹本来为的是杀死他们,结果它奇迹般地没有爆炸。这样的时刻在切斯瓦夫·米沃什一生中惊人地出现过多次,真的就好像有超自然的保护神存在一样……

注释

[1] 切斯瓦夫·米沃什,《致立陶宛的朋友们》,载《选举报》,2000年10月7日-8日。

[2] "我们家有过波兰人,'加冕波兰人',但只是昙花一现,我们却始终顽固不化,对此不屑一顾。我多少知道,这对我产生了一些影响,我完成了学业拿到了文凭,不用违背让我恶心的教条,也就不会受到我是'加冕波兰人'的指责。"见《米沃什矛盾自画像:对话亚历山大·菲乌特》,页157。这不只是米沃什个人的感觉,二三十年代的维尔诺人非常不愿意提及波兰流传过来的文化知识,并把波兰称为"硬塞过来的国家":"维尔诺人突然就不喜欢这些客人了,不只是因为他们占据高位,还因为他们并不真诚——'我吻着手,自己的手;——我献上腿,笔直站着'。"见雅努什·杜宁-霍尔卡维奇,《过去的不是现在……即我在维尔诺的年少时光》(罗兹,1990),页7。

[3] "巴托雷统治时期的文献显示,那时不仅在我祖先的居所,而且在凯代尼艾镇上的其他庄园都说波兰话。什么时候开始不说立陶宛话的,不清楚。"

摘自《寻找祖国》（克拉科夫,2001）,页41。

[4]"爱国主义是它的又一特征,并不指向民族或者国家——非常巧妙地产生了变化。反而向我灌输了'家'的爱国主义,也就是家乡爱国主义。"摘自《欧洲故土》,页77。

[5]切斯瓦夫·米沃什,《算计》,《年轻思想的冒险》,页316。

[6]"两次世界大战之间的波兰,教育问题受到民族民主主义的影响[……]。我想,哪怕在维尔诺出现了一个不大的小圈子,宣称维尔诺是首都,也更容易吸引我家这样的民族民主家庭,特别是我母亲,她深爱着立陶宛,那时让我深受触动。说不定我会去一所假想中的高中,还会用立陶宛语写诗。"见《寻找祖国》,页206。斯坦尼斯瓦夫·斯托马面临过同样的窘境:"许多年来,直到1928年的高考,我试过所有可能出走的方式——穿越里加,穿越普鲁士,还有穿越各种非法通道,这些冒险并不令人愉快。[……]这种在敌对国家之间求生的窘迫方式,非常难熬。租户手上的财产贬值了,当然也就很难在维尔诺正常上学。如果我,家里的独苗,通过了考试,我就得做出非此即彼的选择:波兰还是立陶宛。[……]在精疲力竭的犹豫不决后,我决定选波兰。[……]留在立陶宛意味着要拯救祖国,但却关上了或者说是锁死了学习波兰文化的道路。"摘自斯坦尼斯瓦夫·斯托马,《艰涩的历史课》,页30。

第二部分　年轻人和他的秘密 1921–1929

第五章　无花果树做的房子

城市啊，我永远无法离开你。

长街很可爱，但我如象棋中的一个子儿退却。

我逃到了一个迅速运转的地方。

但我一直在那里：布包里总是装着很多书，

眺望着圣雅各布教堂后面棕色的山峦，

那里有匹小马在晃动和一个人儿推着犁耙，

当然他早就不在人世了。

这是真的，无人能懂这个社会和城市，

能懂卢克斯和太阳神影院的电影、哈尔佩尔额和塞加拉的门牌。

在圣耶尔斯卡大街上的步行街名叫密茨凯维奇街。

不，无人能懂。谁也没弄懂过。

但当生活只有一个希望时：

在某一天只会显示出清晰度和透明度，

那时就只会是遗憾。

切·米沃什，《城市啊，永远无法离开你》

51　　米沃什家后来定居维尔诺,生活暂时安定下来,不像诗人早期生活那样如万花筒般不断变化。"为了立足,不再走下坡,必须消耗自己很多能量。[……]在我周围甚至缺乏统一的规则、统一的社交食谱和在餐桌上明确的规范行为。差不多遇到的每个人都迥然不同,不仅在于其自身的某些特异性,也在于他们作为集体的、阶级的或是民族之代表的特异性。有的人生活在二十世纪,有的生活在十九世纪,还有的生活在十四世纪。到了成年,我身边一直带着一个移动的和扭曲的博物馆。"多年后他这样评价道。(《欧洲故土》,页80)在十岁的时候他尚无能力感受到这么异常的复杂性,只不过是很自然地接受了周围的世界,带着装满书的书包穿行于小城市的狭窄街道,他管这个叫"毕苏斯基的维尔诺"。

　　立陶宛大公国的首都位于两条河交汇的美丽丘陵地带,据传说,它是由杰迪米纳斯①建立的,那时他在这个地方梦见了一只金属狼,在维尔诺北方的森林之中还曾有过一座建于十三世纪的巴洛克古典教堂和建于十六世纪的大学,到二十世纪初那些中世纪的建筑几乎都不见了。如今我们只能在介绍维尔诺建筑的书籍里看到那些对建在密密麻麻的

52　街道和弯弯曲曲的小巷里的各种宫殿门面和无数教堂大钟、残留的城墙和巴西利亚修道院建筑、在古城"大门上方闪闪发亮"的黑圣母像、犹太人居住区和罗萨墓地的描写,维尔诺现在是一座被埋没在自己过往历史中的城市,是一座生活节奏缓慢的省城。"清晨,最早是一辆四轮的拉粪马车(上面有一个长长的大桶)穿过城市的大街小巷,身着粗布衣服的人坐在马车的侧面赶着车。之后每当各家的女佣出去买牛奶时,街上的打狗人手持着套索,挥舞着拴着绳子的长棍在大街上抓捕野狗,行人

---

①　杰迪米纳斯(Giedyminas,约1275-1341),1316年至1341年间的立陶宛大公,也被视为立陶宛历史上最为重要的人物之一;他建立了立陶宛大公国并开疆拓土,其薨时,立陶宛疆土已南滨黑海,北达波罗的海。他是维尔诺城的奠基者,也是后来统治波兰-立陶宛联邦的杰迪米纳斯王朝的奠基者。

那时只能驻足不前，听着他们大喊大叫抓捕狗，狗吠声和人叫声交织在一起，打狗人还不断挥舞着拳头。"[1] 到了晚上，"大城市中心住宅楼房里的人能听到的几乎都是农村才能听到的各种嘈杂声，狗吠、鸟鸣、公鸡打鸣，远处还能传来火车的轰鸣声，这告诉我们它已经走远了，走向了远方的世界"[2]……

"一战"结束后，维尔诺城市人口只有十二万，成了人口稀少、典型的农业区的中心，工业只有食品加工业、木材厂和造纸厂。小切希踩着那些铺在地面上的木板子去上学，那些木板就像琴键一样铺在地上，板子下面的泥水溅到裤子上，有时他蹭上马车，被赶马车人用鞭子赶跑；有时他会站在街上注视着"阿尔博"——老式的小公共汽车，以及"皮古泰克"——二十世纪初最早的以汽油为动力的维尔诺有轨车。他瞪大眼睛站在雅布翁兄弟百货公司的橱窗前看着里面在节日期间摆设的移动电动玩具，他每年去维尔诺的书店买教科书，但他买不起位于古城大街的普哈切夫斯基文具店里的昂贵水彩。在安托科尔斯基码头惊奇地看着旅游船开往附近的崴莱克，看那些木筏把木材运送到木材厂，他喝着两兄弟教堂的水管里流出的冰冷泉水，而在春季的卡鸠克集市上去品尝斯玛尔贡斯基产的百吉饼。在那些小木屋和他家楼房附近的附属建筑物之间，他与犹太姐妹雅士卡和宋卡一起玩捉迷藏，还大声叫着仙女"楚儿楚儿"（Czur-czura）的名字；冬天，他趴在雪橇上用双腿蹬着地在马路中间玩耍；夏天，他跟高中同学一起去郊外旅行，还了解了浪漫主义精神，因为他们参观了普特卡曼尔家族的宫殿，密茨凯维奇就是在那里遇到了他心爱的玛雷拉。

他后来写道："不能太夸大省城的特异性——犹太人的商贸街跟世界上其他地方的商贸街都差不多，也到处是广告牌，每个小商铺的门口也都挂着各种各样的彩色招牌，招牌上面画家们画的狮子和老虎跟法国画家卢梭画面里的一样，当然还有手套、长袜和胸罩。电影院门口的海报上都是用灯光照射着的色彩鲜艳的爱情场景。"(《欧洲故土》,页 71)电影就像一个现代影印本照片,"电影放映机发出响声,播放着关于葛丽泰·嘉宝、鲁道夫·瓦伦蒂诺的梦想"(《诗集　第五辑》,页 284),这对于未来诗人的想象力影响很大。"一战"结束后不久,维尔诺很快就有了六家电影院,最大的有声电影院是位于维尔诺大街上的太阳神影院,橱窗里有很多奢侈品和好莱坞或者是伊甸园的广告,以此来吸引观众的注意力,影院还播映了"甜蜜的爱情生活大片"或者"波兰的超级情欲片"[3],在二十世纪维尔诺人同样可以看到这样的影片,如弗里茨·朗①的电影《马布斯的遗嘱》、戴米尔导演的影片《十诫》和影片《宾虚》以及《白影》等。他与其欧洲和美洲的同龄人一样肯定都会在看了卓别林和哈罗德·劳埃德以及约瑟夫·弗兰克·"巴斯特"·基顿在喜剧片中扮演的角色后开怀大笑,享受了道格拉斯·范朋克执导的冒险片,欣赏了加拿大演员玛丽·毕克馥和美国电影演员莉莲·黛安娜·吉许和希尔维亚·希德尼的表演。希尔维亚·希德尼如今已经是被人们遗忘的女演员,她曾爱上过嘉宝。[4]他通过各种杂志的介绍了解了遥远的世界,同时通过去不同的电影院增长了见识,后来他还去了位于奥斯特洛布拉姆斯卡大街上的文化教育城市影院,在那里看了很多教育片,例如《深海居民》《在波罗的海捕鱼》《印度:童话和奇迹的世界》。"那里简直就是另一个王国,因为维尔诺所有中学生都会聚集在那里看电影。整天人头攒动拥挤不堪。那还是无声电影的时代。电影院里离屏幕不远的地方有一个屏风,屏风另一边有一个人坐在那里弹钢琴。还时常会听到这样的嘘声:'秃头,快弹呀。'"(《米沃什矛盾自画像:对话亚历山大·菲乌特》,页 203)几年之后,那个藏在屏风后弹琴的人就已经没有存在的必要了,因为出现了第一批"有声电影"——加里·库珀饰演的影片《堕天

---

① 弗里茨·朗(Fritz Lang, 1890-1976),生于维也纳,知名编剧、导演。

使》和波兰影片《杜尔思卡女士道德的堕落》。

　　一九二一年春,亚历山大·米沃什在博德古尔纳街 5 号[5]的 2 号楼里租了一处带花园的住宅。多年以后,在这栋楼里,泰奥多尔·布伊尼茨基①被枪杀,当时米沃什一家四口和祖母斯坦尼斯瓦娃就住在这栋楼的底楼,大概还有用人或者是保姆,他们雇用这些人,是因为家里需要有人帮助取木柴烧热壁炉并做饭,为的是让未来的诗人能够——正如他们所说的那样——"在丑陋的无花果树做的房子里好好长大"。(《诗集第三辑》,页 148)

　　选择维尔诺是明智的——这里有学校和大学,比较容易找到工作,他们的近亲和远亲也住在这里,例如赛莉娜和普热梅斯瓦夫·帕夫里科夫斯基一家(过去正是米沃什从他们居住的弹药大街 6 号通过绿色边界到达被占领的华沙的)。帕夫里科夫斯基是一名从沙皇军队退役的陆军上校和狂热的邮票收藏家,有时他会把稀有的邮票送给当时还在上高中的米沃什,因为米沃什经常去犹太人的商店买洪都拉斯和危地马拉的邮票,但经常因为钱不够而买不起自己最喜爱的邮票。[6]也许就是米沃什上大学时常去弹药大街的缘故,他还记得自己曾在那里写过的几首小诗,不管怎样,帕夫里科夫斯基家一直很喜欢他,他在与他们见面打招呼时,时常开玩笑说:"有那么多像蛇一样的手伸出来欢迎我。"[7]那些欢迎的人包括玛丽亚·帕夫里科夫斯卡,她过去曾在塞泰伊涅给八岁的米沃什读过显克微支的《三部曲》……每次去这个亲戚家,话题总离不开贵族的纹章、财产和家族之间的关系等,一开始米沃什认为谈论这些很无聊,后来他对继承贵族的遗产心生反感:"我不喜欢我所属的这个阶级[……]我不愿意承认:我是贵族。"(《寻找祖国》,页 63)[8]

54

---

　　①　泰奥多尔·布伊尼茨基(Teodor Bujnicki, 1907–1944),诗人、文学评论家。

米沃什家并不是靠他父亲的收入生活,而是靠奶奶微薄的退休金维持生计,奶奶是"一月起义"者的遗孀,尽管她的退休金非常低,但那时人们整体生活水平都很低,所以也没有觉得生活太艰苦。他作为高中生一直穿着波德科莫日奈克地区制的粗纺亚麻衬衫,为了让他能多穿几年,为他定制的衣服一般都很大。他总是跟着奶奶一起去犹太居住区的商店买布料、里子布和扣子:

> 索拉·克沃克女士嘴边的汗毛很长还戴着假发,
> 她坐在收银台前,训斥着十二位女店员。

> 而德国人居住的大街上商店的柜台上处处都是布料卷,
> 为了死亡做准备,也为了争夺耶路撒冷。

(《诗集　第三辑》,页48)

那时,在立陶宛很多人家里都没有自来水,需要从院子里的水井打水,因此就连解决最简单的卫生问题都比较麻烦。"我身上很脏也很臭,但自己并没有觉出来[……]在我们家里其实有一个金属浴缸,但是为了烧热水,就得烧柴火,那就非常麻烦了。"(《米沃什词典》,页57)最简单的办法就是每周末跟着父亲去位于鞑靼人大街的澡堂泡澡,在那里,"从水龙头接一桶冷水泼身子,把桶放在一个架子上,足够高还得禁得住,光着身子的男人们一边用树枝抽打自己,一边哇哇地叫着"。(《诗集　第五辑》,页40)

"我自己的身份与人们所理解的资产阶级身份不符。我觉得,必须知道自己是谁,不仅生活贫困,而且还不得不限制最基本的生活需求,物质生活十分原始,让真正的无产阶级都感到目瞪口呆。主要原因是:家境败落[……],出于某些无能,甚至是不愿意去争夺财产(因为很明显,社会地位并非取决于财富），加上第一次世界大战之后客观上经济发展的停滞"——他在《欧洲故土》中这样评价，同时也表明他个人的重要特点，也就是说，终其一生，他一直在追寻名望和在女人心目中的地位，而对发财致富并没有太大兴趣。

> 我时常久久地把鼻子贴在书店或者自然制品商店橱窗的玻璃上，心里清楚，我根本买不起那些我想要的东西，尽量学着不要太抠门，但是要学会控制诱惑。我一旦特别想得到什么东西，但一想到还得自己挣钱才能买，那我就不太情愿这样做，购买欲望就减少了。如果我兜里还有最后一分钱，我就更愿意躺在床上，那样身体会减少能量消耗，因此可以省去午饭和晚饭。也许这在很大程度上是我个人的骄傲，但肯定跟我所受的家庭熏陶有关系，即贵族不轻言钱财，因为贵族子弟要么本身就继承了遗产，要么有继承的权利，至少我深信，人要是只为了挣钱而挣钱，就会丧失做人的尊严。（《欧洲故土》，页42）

诗人的父亲知道应赚钱养活自己的妻子和两个儿子，因此他就不可能闲躺在床上忍饥受饿。这位退役的工兵少校最早在里加的建筑公司工作，后来跟人合伙成立了一个桥梁建筑公司。但是无从得知，他在桥梁建筑方面是否赚到了钱，但账上肯定有了一笔款项，也不知道是否因为他非常相信自己的会计，还是会计有可能卷走了现金跑到阿根廷[9]，反正亚历山大·米沃什破产了，于是他试图尽一切所能到别的大陆去赚钱，二十年代他去了巴西。他之所以远走，也是因为受了当时宣传的影响，只要走出去，遍地是黄金，而这位经验丰富的工程师一定是充满希望，他作为设计师和探索者值得出去冒险，相信自己一定能在这个具有异国情调的大国得到发展。很显然，这次铤而走险失败了，亚历山大很快回到了波兰——主要原因是他承受不了孤独和离开妻儿的痛苦，也许他带回了一些资本，因为他在维尔诺郊区置办了一个不大的家产。"俄罗斯地域广袤,人与人之间发生摩擦的机会少一些,只要曾经在那里生活过的人,后来都会在人口稠密、拥挤不堪的文明大城市里感到不适应。而我父亲正是这样的人。后来他定居波兰,总是不停地抱怨没有激情,一切都不顺心并感到抑郁。"(《欧洲故土》,页50)父亲一蹶不振,而儿子却觉得有事情做了:在小男孩眼中,他是一个具有雄心壮志的男人,那时他刚过四十岁,从一个旅行者和猎人变成了疲于奔命的官僚,他一定是个失败者,"他越来越不愿意出去打猎,这意味着他非常失败,陷入泥潭无法脱身,尽管他还活着,但是已经死了,不停重复着防御性姿态,可是已经没用了"[10]——他在三十年代曾这样写道,后又在诗中这样写道——他对父亲的描写从未像描写母亲那样花那么多的篇幅——下面的几句诗既像坦白又像告别:

> 自己的父亲去过北冰洋、萨彦岭,还在巴西生活过,
>
> 本应成就一番事业,
>
> 结果当了一名县城里的工程师
>
> 走在泥泞的道路上享受饮酒的快乐。[11]

(《诗集 第三辑》,页149)

注释

[1] 切斯瓦夫·米沃什自传体散文素材,《我应该写下来》。(拜内克图书馆)

[2] 雅努什·杜宁-霍尔卡维奇,《过去的不是现在……即我在维尔诺的年少时光》,页12。

[3] 参安娜·米科尼斯,《两次战争期间维尔诺的电影生活,1919–1939》,《房子上方》,2004年第4期。

[4] "我非常兴奋地去看葛丽泰·嘉宝的电影。很长时间来那都是我的情色梦。"见《米沃什矛盾自画像:对话亚历山大·菲乌特》,页204。

[5]　现在是帕卡尔奈斯街。"博德古尔纳街 5 号的房子(根据家庭相册里的照片,也许是 9 号)可能是我祖父瓦莱利安·塔拉谢维奇 1910 年建造的。他们一家只在那里住了两年。1912 年他们搬到了弯曲街(现丘尔廖尼斯街),就在附近,又自己盖了一幢房子。我在那里度过了占领时代的童年。"摘自艾娃·斯坦普尼亚克写给本书作者的信,2005 年 10 月 28 日。

[6]　参未完成的自传体散文素材,《地球是一个极尽欢愉之地》。(拜内克图书馆)

[7]　摘自 1980 年耶日·高德沃德写给切斯瓦夫·米沃什的信,写于高德沃德的婶婶玛丽亚·帕夫里科夫斯卡去世后。(拜内克图书馆)

[8]　他非常迫切地拜访祖母的朋友,一开始和祖母一起,后来就自己去。安娜·德鲁日诺在维尔诺教了四十年波兰语,还当过亚历山大·米沃什的老师。"安娜老师个子矮,是个小矮子,头很大,脸很丑,鼻头上有一个明显的脓包。她对自己的教师职业持严谨和光荣的态度。她年轻的时候通过传授不被沙皇看好的语言来表达自己的爱国热忱,讲授关于波兰浪漫主义诗歌的知识。"她和姐姐"租下河岸街边的一个房间,我去拜访过那里,虽然我也不知道为什么要去。也许是家庭的责任感吧,就像看望亲戚那样。拜访并非没有别扭:姐妹俩来自过去的时代,都很老,很穷,很无助。而我二十岁,正青春,我所受的教育让我有了优势,因此怜悯、同情并慨叹世间造物弄人。后来我再也没有见过这两个老太太,在历史长河或者说是时间的冲击中全无防备。"见《米沃什词典》,页 117。

[9]　切斯瓦夫·米沃什十年后遇到了这个会计的儿子——哲姆布如斯基。

[10]　切斯瓦夫·米沃什,《布鲁嫩的星期天》,载《文化》,1954 年第 3 期,再版收录于《形而上学的停顿》(克拉科夫,1995),页 33。

[11]　这段摘自诗集《波庇尔王及其他》中的《梦境集》,的确令人浮想联翩:"地狱车站的大厅,阴风习习。/ 敲敲门,门开了 / 我死去的父亲在门后出现,/ 他年轻、英俊、可爱。/ 他向我伸出手。我躲开他,/ 我跑下旋转楼梯,没有尽头。"见《诗集　第二辑》,页 311。

第六章　痞子猫

　　"有个叛逆的小家伙常从遥远的塞泰伊涅来到奶奶家,奶奶给他穿上用家纺布做的新西装——而且肯定是在凯代尼艾的犹太裁缝铺制作的。他在《伊萨谷》一书中这样评价自己,[……]'托马什长着一副鞑靼人的大平脸'。托马什就是那个叫切斯瓦夫的化名。'小白狗'是一九二一年来到这个设在小博湖兰卡的学校的。我觉得他就像只痞子猫,头发总是像刺猬似的立着,脾气很暴躁,这只痞子猫甚至还很喜欢别人抚摸他,而且他嘴里时常小声嘀咕着什么,隐藏着自己的'力量和身份'。"——这是十岁的米沃什给小学同学博格丹·乌尔巴诺维奇①[1]留下的印象。在这个时期的照片上,从他胖乎乎的脸上看出来的的确是那种比较严肃和紧张的表情,不管怎么说,在他脸上一点都看不出笑容或者小孩调皮捣蛋的样子,如果有的话,照相机镜头总会捕捉到一点的。他小时候头发剃得很短,总是穿着深色短上衣,衣服的扣子一直扣到颈

---

　　① 博格丹·乌尔巴诺维奇(Bohdan Urbanowicz, 1911-1994),波兰画家、建筑学家,华沙艺术学院教授。

下,或者他穿着校服,在这所学校他上了整整八年学。"能去上学对我来说是人生的重大转折,因为那时我还从未经历过社会的酸甜苦辣——我可以这样说——那时学习对我来说一直就是一种个人行为。妈妈在我们的各种迁徙的途中教会了我阅读、书写、算术。然后就是在春季的月份里,我为前来给我考试的老师打开长满杂草的院子的大门。"(《欧洲故土》,页74)考试是在一九二一年六月二十日,我那时的分数是——但可以看那位老师的兴趣所在——宗教课5分,波兰文口笔试分别得了4分,数学得了3分。[2]因此我考进了以齐格蒙特·奥古斯塔国王名字命名的国立第一中学的一年级学习,那时我们家住在波乌发沃瓦山大街与小博湖兰卡大街的交界处。

维尔诺不大,去哪儿都很近,因此从我们家住的高坡地去学校的路也不远。先得穿过雅欣斯基大街,然后到港口大街和小博湖兰卡大街——路有些陡,我还得一路小跑,"伸着舌头大喘粗气",我必须在早上八点之前赶到学校,不能迟到,因为校工八点就关校门,上课之前所有同学还都得站在学校的走廊里高歌"当朝霞升起的时候……"如今,那所米沃什记忆中宽大的有大玻璃的两层楼的沙皇学校,其建筑物周围已经楼房林立,学校对面是建于三十年代的一栋学生宿舍楼,米沃什将会住在这里,在二十年代,那里没有很多建筑物,到处是绿草坡和泥地,这里成了课间休息时学生们打闹玩耍的地方。那时还可以去犹太老太太开的小商店里转转,那里有各种甜食。诗人回忆说:"我总是很激动地想,她能给自己的孩子和孙辈攒到一点钱……在那里我们买点心吃,还有一些糖果。"(《米沃什矛盾自画像:对话亚历山大·菲乌特》,页198)

塞泰伊涅天堂般的花园离他越来越远了,现在他得日复一日地单调重复拉丁语语法里的变格变位,没完没了地演算算术题:"在学校好像受罚一样,有一道计算题是:有个游泳池,里面的水被放掉了,一会儿又

58

往里面放了水,请计算一下。这简直是一件可怕的事情!"米沃什回忆道,自己在中学一年级时不会跟同龄人打交道,总是跟同学们格格不入,好在他把精力专注于内心体验,因此从字面意义上或者从象征意义上来说,他构建了一个独立的世界,就像猫那样不轻易显示自己的"力量和身份",坚持走自己的路:"课上在讲授着什么内容,而我在自己的本子上画着梦幻般的土地、国家和植物。完全处于与世隔绝的情境中。"(《米沃什矛盾自画像:对话亚历山大·菲乌特》,页197)

　　"我就这样总是与班里的同学格格不入并保持距离。"有一次他在与莱娜塔·高尔琴斯卡①的谈话中特别强调了这一点。(《旅行世界:对话莱娜塔·高尔琴斯卡》,页112)在他成长的阶段,他的智力发展与别的同学有很大的不同,他那时愿意和比自己年长的同学交流,如泰奥多尔·布伊尼茨基和斯坦尼斯瓦夫·斯托马②。最早他体验到的人生经历让他感到很不适应,因为多年来他一直是跟着父母、祖父母和其他成年人在一起,现在突然来到人群中,失去了那种娇宠,不得不去为争取自己的社会地位而斗争。在很早的时候他就有过这种与众不同的感觉,那就是既自卑又自傲,甚至对别人要求很高,在我们论述他的异类表现的时候,其实也展示了米沃什的两面性,中学八年学习期间,他尽力做出与同学们搞好关系的姿态,正如他所说——很大程度上与他们只是保持表面上的关系,并没有真诚投入自己的情感。

　　在他周围众多同学当中,诗人只记得十几个人的姓名。其中有"卢德维克·希里文斯基,在他的记忆中,希里文斯基给他留下的记忆最清晰,作为一个十二三岁的孩子,他能记起他们在一起的每一个细节",

---

　　①　莱娜塔·高尔琴斯卡(Renata Gorczyńska, 1943-),波兰记者、政论家、文学评论家、作家和翻译家。

　　②　斯坦尼斯瓦夫·斯托马(Stanisław Stomma, 1908-2005),波兰法律学家、政论家。

因为"我们在低年级的时候整天形影不离［……］，我们互相送对方回　59
家，不愿意分开"。(《猎人的一年》，页146)他们总是要躲避那对令人
讨厌的姓坎普夫的双胞胎兄弟，同时也非常厌恶那个叫切斯瓦夫·阿尔
西莫维奇的同学："对他的厌恶［……］应该说是出于某种嫉妒，因为阿
尔西莫维奇的腿细长，一脸古铜色，篮球打得很好，让我这个长着胖乎乎
脸庞的人很嫉妒。结果大家在学校的学习小组争论问题时拳脚相加打
了起来。"(《米沃什词典》，页26)他还记得后来在他们的波兰语学习小
组里有个叫兹比格涅夫·伏莱耶夫斯基的同学，还有前面提到的博格
丹·乌尔巴诺维奇、沃齐米日·斯特拉辛斯基、艾乌盖纽什·梅耶尔以
及耶日·扎瓦茨基和他漂亮的妹妹。"这对兄妹的父亲曾是银行行长，
有座豪华的大房子，打了蜡的地板闪闪发光，我穿着一身土布做的衣服，
在那里觉得很不自在。"(同上，页126)有一次，米哈乌·扎伯沃茨基
(我们也叫他米德拉什)[3]，还有扬·马里诺夫斯基(外号是杨茨"大睾
丸，小鸡鸡")，我们一起逃课，到涅里斯河①里游泳，要不是他们，我差点
被淹死："他们给了我很大的帮助，也就是说，他们游到我身旁，时不时
伸手托着我，让我漂起来，避免呛水，一直坚持游到最后。"(同上，
页350)他还记得一个小名叫"阿里克"的俄国同学，他的大名叫亚历山
大·普罗塔谢维奇，"我平生第一次经历上帝的残忍"："这个可怜虫，他
生病那年大概十五岁，后来再也没有回到学校。因为他瘫痪了，患的可
能是脊髓灰质炎，那时这种病还不叫这个名字。我很喜欢他，还去看望
过他。［……］他痛苦地忍受着病痛的折磨，人都要崩溃了，在他的房间
里能反复听到的话就是'为什么'。"(同上，页27)

　　"阿尔弗雷德大帝在梵蒂冈的阴影下做着什么?"(《诗集　第二

---

　　①　尼曼河主要支流，发源于白俄罗斯，流经立陶宛的维尔诺市，全长五百一十千米。

辑》,页104)……一九四九年,米沃什给切斯瓦夫·耶希曼①写了一首诗,题为《祝酒辞》,在这首诗里描写了部分中学同学的命运,因此诗里面还提到了他的同班同学爱德华·博罗夫斯基②和帕什泰特,也就是扬·麦伊什托维奇③,他的姐姐嫁给了克萨维里·普鲁申斯基④,在当时保守的年轻人中又分裂出一个像英国保守党那样的小圈子,这些人都是波兰富有的贵族家庭的继承人,这些人对正在成长的米沃什来说一直都是个谜。当然,按照出身,他可以成为他们当中的一分子,可他在这个圈子里总觉得自己是个局外人,尽管不是敌对分子,但跟他们总是针锋相对,很难融合。"那些民主和社会主义的思想倾向来自哪里? 我完全可以说: 自己是贵族家庭的后代,而且我的政治观点应该符合我的出身。"他后来这样说道。(《米沃什词典》,页80)尽管从爱德华的姐姐伊莎贝拉·博罗夫斯卡的回忆中可以看到,他完全有可能这样选择,从当时的情况看,至少从社会地位上来说,他可以有选择,但也可以是虚构的选择: 因为那时在维尔诺存在一个贵族绅士的圈子,他们还继续享受着打猎、旅游、互相串门的生活,而那些生活在城市的没落贵族或者可以说是那些知识分子,他们有思想,懂艺术,政治上很困惑,与前者的生活大相径庭——米沃什家就属于后者。第二次世界大战结束后,博罗夫斯基被波兰政府派往驻梵蒂冈代表处工作,负责移民工作,也正是通过他,不久前还是共产主义波兰的外交官的米沃什试图借助教会的帮助获得前往美国的签证。[4]

　　上中学时米沃什有四位关系非常亲密的同学。莱昂·什莱戴尔在

①　切斯瓦夫·耶希曼(Czesław Jeśman, 1912-1987),波兰法律学家、散文家、移民政论家。

②　爱德华·博罗夫斯基(Edward Borowski, 1909-1987),波兰外交家、系谱学家。

③　扬·麦伊什托维奇(Jan Meysztowicz, 1910-1997),波兰法律学家、散文家和英文文学翻译家。

④　克萨维里·普鲁申斯基(Ksawery Pruszyński, 1907-1950),波兰法律学家、记者、政论家和文学家、外交家。

上大学的时候加入了一个波兰诗人小组,这个小组是当时文坛人士互相争吵的战场,他甚至与当时同属波兰诗人小组成员的耶日·普特拉门特①厮打起来,"二战"时他曾在伏瓦迪斯瓦夫·安德斯②的部队当兵,还企图自杀过。斯泰凡·扎古尔斯基,外号"大象",过去他们曾划独木舟一起去巴黎旅行,现在他是除米沃什之外的同学中唯一一个阅读《文学消息》的人(对别人来说这有些过于现代):"他是伊格纳齐·扎古尔斯基律师的儿子,这位律师曾是俄国社会民主工党党员,[⋯⋯]很多波兰左翼分子还都跟犹太人有婚姻关系,大象[⋯⋯]的母亲就是犹太人。[⋯⋯]他个子很高,背有点驼,动作也不十分灵活,胸口和肚子上长满了浓密的汗毛。但与大象相处很容易,因为他很幽默,总能把人逗笑。"(《米沃什词典》,页 348)而斯坦尼斯瓦夫·科夫纳茨基"只有一个爱好,那就是跟世界上许多业余爱好者那样,做短波发射和接收设备,然后把对话录在里面,以此来传递信息"(同上,页 181),而他的妻子万达后来还在美国见过米沃什。跟伊格纳齐·希维安茨茨基③一样,切斯瓦夫·米沃什在五十年代离开了自己的家人——妻子和儿子——把他们独自留在美国。不过现在我们还是再回到他们的中学时代吧,那时他们经常在位于罂粟大街的希维安茨茨基的家中见面,他们从半开着的窗户伸出手去摘花,打邻家院子里的乌鸦,随着他们逐渐长大,才把这种娱乐变成文人间的会面。

组织去教会的集体活动打破了学校单调沉闷的生活——乐队走在队列最前边,他们都穿着校服,戴着像法国人那样的平坦圆顶的帽子,当

---

① 耶日·普特拉门特(Jerzy Putrament, 1910-1986),波兰作家、政论家,波兰人民共和国议会议员。

② 伏瓦迪斯瓦夫·安德斯(Władysław Anders, 1892-1970),在苏联成立的波兰军队总司令,政治家。

③ 伊格纳齐·希维安茨茨基(Ignacy Świecicki, 1911-2008),波兰武装力量空军上校,"二战"老战士,传记家,工程师。

支撑帽子的硬纸壳掉出来后：我们就再把帽子变成别的形状戴在头上——我们还参加过很多爱国主义的会议。还曾有过非常尊贵的稀客来我们学校：伏瓦迪斯瓦夫·密茨凯维奇（诗人密茨凯维奇的儿子）、斯坦尼斯瓦夫·沃伊切霍夫斯基和约瑟夫·毕苏斯基总统。在城市里，人们把希望都寄托在波兰军队的指挥部上，在这点上，米沃什一家与大多数居住在那里的波兰人并无二致。男孩子还记得一些具体细节，一九二二年四月，毕苏斯基来学校参观，当时还是一年级学生的米沃什记得，"这个人留着胡子，身穿灰色军装"（《米沃什矛盾自画像：对话亚历山大·菲乌特》，页200），还摸过他的脸。

61　　　　最早在齐格蒙特·法德罗维奇①的领导下（说实话，那时的"立陶宛中部共和国"议长通过决议使立陶宛归属波兰人），后来是以扬·哲勒斯基为代表的中学老师群体，其中有几位老师对米沃什影响很大——神父莱奥帕德·霍姆斯基和拉丁语老师阿道夫·罗哲克——甚至可以说是他们塑造了他。诗人在自己的作品中特别提到要感谢当时读过的法文课本，以及教这门课的亨里克·伯尔哈特老师（学生们感激地给他起了个外号叫"袜子"）——这是让米沃什认识到反犹太主义在智识上低劣的最早课程之一。"在我们的城市里，五月一日被称为是犹太人节。那时人们高举着红旗和标语上街游行。[……]法语老师[……]疑惑地看着我，用手指指着我的口袋，我那时十二岁，头发蓬乱地走到他的桌子前。'你那里有什么?'我的口袋里露出的是叉子、弹弓，'有人管这个叫投石器。''你带着这些东西干什么?''想打犹太人。'——我用男人刚毅的声音回答他。从他眯缝着的眼睛里射出一种冷光，像看着动物那样紧盯着我。我感到浑身发热，我觉得我的脸一定像红菜头那样红。"（《欧洲故土》，页110）男孩

---

①　齐格蒙特·法德罗维奇（Zygmunt Fedorowicz, 1889-1973），波兰动物学家，"二战"期间担任维尔诺地区政府代表。

子感到很羞愧,意识到自己表现不好,跟叔叔维托尔多说了这件事情,叔叔是这个家里唯一一个接近民族主义观点的人;因此米沃什每每想到反犹主义时就会很鄙视叔叔维图希。

　　卡查诺夫斯卡[5]当时给低年级学生讲授波兰语,等学生的水平都比较接近以后[6],她根据伊格纳齐·赫沙诺夫斯基①所编的课本讲授波兰文学史,后来他还通过贡布罗维奇学到了更多波兰文学前辈的诗歌。对米沃什来说,对他一生影响最大的是另一位波兰语老师玛丽亚·斯塔宾斯卡-普日贝特科,因为在她的课上大家可以激烈争论,到了高年级时他还结识了来自维尔诺大学的副教授斯坦尼斯瓦夫·赛文斯基,他在中学讲授哲学知识入门,同时还是研究诺维德②的专家,后来米沃什上大学时跟他结为好友。赛文斯基的女儿回忆说,她的父亲在米沃什还上中学的时候就说米沃什是一位非常聪明的学生,他对诺维德非常感兴趣。[7]米沃什上八年级的时候,当赛文斯基在文化讨论小组[8]讲到诺维德的诗集《与我同行》(*Vade Maecum*)的时候,米沃什特别积极地参加了这次讨论或者争论——但是这位教授哲学入门知识的老师并没有给他机会敞开说。

　　　　既然我们大家那时都根据逻辑异口同声地说出了三段论格的
　　转换:巴尔(bar)-巴(ba)-拉(la),采(ce)-拉(la)-仁特(rent)。但
　　也看到了逻辑错误的问题,这种知识运用在我们的哲学和政治讨论
　　中,为的是威胁对手、逼退对手,如果对手推论中有误,例如虚假的循
　　环论证,也就是虚假的循环推理,那就不得不回到原点。曾经发生这

---

　　①　伊格纳齐·赫沙诺夫斯基(Ignacy Chrzanowski, 1866-1940),波兰文学史家,雅盖隆大学教授。

　　②　齐普里安·卡米尔·诺维德(Cyprian Kamil Norwid, 1821-1883),波兰诗人、剧作家、画家和雕塑家。

样的事情,当以这种方式结束讨论时,有人就发现在这里的错误与白俄罗斯关于白鹳歌谣中的错误有相似之处,因为在这个歌谣中说白鹳吞下了蛇。白鹳看着,蛇尾露了出来。它跟以前一样再一次吞下了蛇。它开始变得特别烦躁,于是把自己的喙插入屁股里,大声说:"你出不来啦。"就这样,用拉丁语说,用我们波兰语说并用白俄罗斯的民俗来讲,我们扼杀了一个比循环论证更有诗情画意的名称:白鹳把喙插进屁股里。(《路边狗》,页 208-209)

安东尼·兹德罗耶夫斯基那时教他们地理,学生们给他起的外号是大猩猩,教他们历史的是狄迪亚,而伏瓦迪斯瓦夫·科瓦舍夫斯基老师,学生们笑话他讲话带有很重的俄语口音,在他们快毕业时,他强迫未来的左派作家认真学习沙俄哲学家彼得·克鲁泡特金的著作《法国大革命》。而米沃什并没有像他的同学斯泰凡·岩德列霍夫斯基①那样成为罗伯斯庇尔式的人物,后来在三十年代初,岩德列霍夫斯基的许多观点完全变成了激进的无政府主义。因此无论是他上过的音乐课,还是在手工制作实践课上学到的如何制作装饰盒和装订书的技能,后来他都没有用上。如果我们可以对他在手稿上画的各种小花或者面孔忽略不计的话,也可以看出他动手能力不是很强,没什么艺术才华,他们曾经有过三位绘画老师鲁德米尔·希兰金斯基、卡齐米日·科维亚特科夫斯基和斯坦尼斯瓦夫·雅罗茨基教他们绘画,看样子他也没学到什么,但从他们那里,他获得了艺术史方面的知识。斯坦尼斯瓦夫·雅罗茨基老师披着斗篷,戴着插着羽毛的帽子,一副贵族的打扮,与此同时,他还是童子军的辅导员,也是米沃什平生第一次接触过的男同性恋者:"有一天下午,我对他的喜爱戛然而止(每周四他都会在自己家里举办茶会,那时他上

---

① 斯泰凡·岩德列霍夫斯基(Stefan Jedrychowski, 1910-1996),波兰经济学家、政治人物。

击剑课和讲解艺术的课程），他在沙发上坐到我身边时，把手放在了我的生殖器上来回抽动。从此以后，我就非常憎恨他。"（《欧洲故土》，页 76）

跳马、平衡木、蹦床、爬梯、摔跤垫和登山绳——这都是扎切尔卡——也就是扎切夫斯基老师在体育课上让我们做的各种练习，这些对米沃什班里的同学来说尽管有些难度，但也是大家得到锻炼提高的极好机会，而对米沃什来说则是一种煎熬："因为我不会做这些。当然也不是说我体能不行，我只是自己觉得害羞不自信。否则我完全可以做得非常好。因为羞涩和自信心不足，我成了倒数第一名，也就更加自卑。"（《米沃什矛盾自画像：对话亚历山大·菲乌特》，页 197）他根本不是那种笨人，他非常愿意参加学校组织的各种训练活动，从他那张保存下来的全班同学的合照可以看出，他身穿校服，体格健壮，他没有理由自卑。重要的是，在这里，我们看到的不是他的身体，而是他的心理：

63

> 不是所有的同学都很自傲。[……]一个自我意识很强的孩子毫无疑问愿意当领头人。但过于担心自己在游戏和体育方面成不了第一名，结果反倒名落孙山成了最后一名。在这种情况下孩子就只能退缩，幻想着创建另一个比较封闭的世界，一个可以替代的世界。[……]现在回忆起来，我在十岁到十五岁这个阶段一直处于幻想之中，这种内心的五味杂陈、错综复杂的感觉影响了我的一生，让我感觉很受伤。尽管那时我每天都去上课，还加入了童子军和自然爱好者学习小组[……]，但也应该说那时我还是比较有特点的，一边是自我封闭，一边又戴着面具，以表现出自己是个正常人。[……]我幻想中的世界应该是一个人人拥有自己权利的、无痛苦的、稳定的世界。[……]我画了很多画，还画了一些根本不存在的国家的地图，以此来填充我的想象的空间。我之所以这样回避现

实，是因为我特别希望自己与别人一样，跟别人一样平等。（《科学花园》，页 17–18）

在我们眼前站着一个非常敏感而又十分容易受伤，但同时又非常自傲的男孩，他为了弥补自己的失败和过失——这些基本上都是他臆想出的——试图寻求一些补偿：先是强迫自己成为受老师喜欢的人，后来变成一个叛逆孤傲的人，最终觉得"球场太野蛮"而选择了文学。他这种无情的选择让人想起前面所述的内容，比起体育课，他更爱自然课。

注释

[1] 博格丹·乌尔巴诺维奇的回忆录，收录于《维尔诺齐格蒙特·奥古斯塔国王中学——老师和同学们的回忆》，莱舍克·扬·马里诺夫斯基编（比得哥什，1999），页 142。

[2] 考试卡以及亚历山大·米沃什递交的儿子的入学申请均被保存下来。（克拉科夫切斯瓦夫·米沃什档案馆）

[3] 拜内克图书馆馆藏致米哈乌·扎伯沃茨基的信中提到，米沃什的母亲参加了学生家长委员会并为学生分发早餐。

[4] 参本书作者与伊莎贝拉·博罗夫斯卡的对话，凯尔采，2004 年 7 月。

[5] 米沃什每次都会想到她。在此处引用的回忆中，维尔诺中学老师和同学的姓氏并未出现。

[6] "我们班有好几个大个子，他们上课迟到，不太会波兰语，因为他们准备投奔俄罗斯，此外他们多出身于维尔诺本地人家，波兰人对他们本就有所怀疑。他们在课上读着：'这是个园丁和他的婆娘。'因此说，他们没有'夫妻'的概念。"见《米沃什矛盾自画像：对话亚历山大·菲乌特》，页 193。

[7] 参本书作者与斯坦尼斯瓦夫·赛文斯基的女儿尤利娅·赛文斯卡-克里舍夫斯卡的对话，罗兹，2005 年 5 月。亚历山大·雷姆凯维奇也回忆说："塞文斯基在我们班里就像个大哥哥，他的学识远高于中学水平。"见《关于热加雷

的对话,扬·布鲁德尼茨基与亚历山大·雷姆凯维奇的对话》,载《诗歌》,1981 年第 5–6 期。

　　[8] 几乎从那时起,米沃什就把"普罗米希迪奥娜"(诺维德诗作)当作是"外来民族"……见论文提纲,"这是我们存在的事"。(拜内克图书馆)

第七章　穆霍瓦夫斯基博士

被撕裂的兔子的哭声充斥着整个森林，

充满哭声的森林里一切如旧毫无变化。

因为某个个体的死亡只是一件私事

每个生物要尽自己所能处理好自己的事[……]

每当蜡被融化在耳朵里，蝴蝶变成针叶状，

被鸟吃掉的昆虫、受伤的蜥蜴

躺在轮轴中间

在死亡前的痛苦中颤抖。

切·米沃什，《太阳从何处升起从何处落下》

64　　　米沃什在中学低年级时曾废寝忘食地一口气读完了一本书，书名为《森林人的夏季》，作者是罗杰维楚夫娜①。他在本子上画了一张理想国家的精确地图，这个国家以自己茂密的森林与世界上其他国家分割

---

① 玛丽亚·罗杰维楚夫娜（Maria Rodziewiczówna，1864-1944），波兰作家。

开来,那里"没有田野和道路,唯一的交通工具是河流和人工渠里的独木舟"(《米沃什词典》,页58),在野牛、麋鹿和熊出没的领域只允许那些热爱大自然的少数成年人进入。他翻阅了很多地图,阅读了扬·什托茨曼①绘制的鸟类分布图、植物学教科书以及关于保护濒危动物的书籍和父亲订阅的《波兰猎人》杂志里有关与偷猎者斗争的文章,还制作了大量的植物标本。他画的大自然的素描越来越精准,他还把那些诸如Emberiza citrinella(黄鹀)、Turdus musicus(白眉歌鸫)以及其他鸟类的拉丁文名字和各种鸟类存在的痕迹都一一记在脑子里[1]——直到晚年还能清楚地说出林奈乌斯的动植物分类。在他房间墙边摆放的鱼缸里,鱼儿快活地游着,鸟在笼子里欢快地唱着,老鼠在笼子里跑着,在一个大瓶子里还装着一只从郊区池塘里抓来的浑身发光的法螺,天花板上飞着一只巨大的有着红黄色眼睛的猫头鹰。"它飞得很轻盈,只是能感觉到一股气流过去了。它在空中拉屎,溅得到处都是(这种犯罪行为很快就会用布消除,以免招老人们生气),就像壁炉里发出低音炮的声音。"(《伊萨谷》,页103)

　　有一件有趣的事是,米沃什在上完第一节阅读和讲解《塔杜施先生》的课后,他首先对作者在书中关于自然的不准确的描写表示了不满。那时,这位中学生确信自己一定会成为一名自然学家,也许是鸟类学家,为此他跟同学莱奥波尔德·帕茨-波马尔纳茨基②像阅读《福音书》那样反复认真阅读了沃齐米日·科尔萨克撰写的《大自然与猎人的足迹》一书,(《时间旅行》,页259)[2],还学习了怎样掌握制作鸟类动物标本的技艺:"先是切开鸟的胸部和腹部,再从皮肤的边部用刀子将皮

① 扬·什托茨曼(Jan Sztolcman, 1854-1928),波兰动物学家、旅行者、鸟类学家和猎人。
② 莱奥波尔德·帕茨-波马尔纳茨基(Leopold Pac-Pomarnacki, 1907-1992),鸟类学家、作家,长期在国家森林工作。

和肉分开,这样会容易些,到了尾部就会麻烦些——因为不能切断羽毛,在腿旁边切开后——爪子上的皮会比较容易脱开,就像脱袜子一样捋下来,然后再把头骨里面的脑子和眼睛掏出来——这里的操作会更难一些,弄不好会把脸弄破以至于缝不起来。这一切都完成后,里面擦上灰烬,填充上亚麻丝,皮很快就会干了。之后可以把鸟的形状塑成坐姿,当然还得用铁丝固定住,还得用玻璃扣子做眼睛。"(《伊萨谷》,页132)学校教室里还有一些特殊的仪器,生物物理办公室里也有特别的仪器,办公室里还有一台专门由斯泰凡·巴金斯基掌管的显微镜,他在那里解剖水蛭和青蛙。巴金斯基是大学副教授和生物组织学家,他在高中讲授生物,同时还是自然爱好兴趣小组的辅导员,不久后成了米沃什的辅导员。

那时他对父亲打猎的事情也很着迷。父亲让他用沾了橄榄油的亚麻丝擦洗一支单口径贝尔丹步枪,让他帮助准备子弹,他就这样跟父亲一起去打猎,刚开始他们猎捕野兔和野鸭。"这座城市四周都是森林和湖泊,与大自然息息相关。在这种环境下,我的父亲也充满活力,他没有什么别的事情可干,将全部精力都放在了打猎上。"(《欧洲故土》,页77)劳东卡(Raudonka)[3]这个地方特别适合打猎,它位于马里亚姆波尔和查尔尼查两村之间,占地好几公顷,又是去亚舒城的路上,距维尔诺只有十六千米:"我经常乘坐马车去亚舒城的车站,亚舒城被森林环绕,左边是凯代尼艾庄园的黑森林,那里曾经有熊出没。"(《米沃什词典》,页273)维罗妮卡·米沃什把夏天度假的一个小房子里的一间屋子出租给来这里度假的人——一九二五至一九二六年,赛文斯卡教授与女儿尤利娅在这里住了一年,她们记得诗人的母亲是一位"相当严格的人",还很吝啬,不管怎么说还收了他们高额的租金,但是他们对小切希的印象很好,他是一位可爱的小男孩,总是穿着短裤,非常喜欢打猎,有时还喜欢搂着年轻的女佣,尤利娅的保姆。[4]从那里可以直接去一个叫热嘎力诺的村子,或者坐车去图尔杰尔赶集,或者就在周边逛逛,有时还会碰到毒蛇。附近就是立陶宛著名的路德尼茨卡大森林,那里有很多毒蛇和松鸡,马鲁舍夫斯基兄弟就住在离那里不远的地方,他们属于没落贵族,是捕猎的同伴。多年后米沃什在《伊萨谷》中描述了对他们的印象,这座森林给他留下的最好纪念,就是他脸上留下的伤疤——当牧羊人与狼搏斗时,十四岁的米沃什手里拿着一把引擎盖锁手枪,在他开枪后,由于反冲力太大,弹壳碰到了他的眉间[5]——因此他写下了一首非常美的诗——《遇见》:

> 清晨我们驱车穿过冰封的田野,
> 红色的羽翼升了起来,仍然是夜晚。
>
> 一只野兔突然从我们面前跑过,
> 我们当中的一个人用手指着它。
>
> 这是很久以前的事,今天他们早已不在人世,
> 那只野兔,那个做手势的人。
>
> 我的爱,他们在哪里,他们去向何方
> 手的光,跑动的线路,田野的喃喃低语
> 我问,不是由于悲伤,而是出于深思。

(《诗集　第一辑》,页148)

　　观察猎狗们嬉戏,教它们猎狩动物,追捕松鸡和黑琴鸟,长久体验着狩猎带来的残酷的狂热:“唯一的方法,就是冒险和诱捕动物。忘记自己是谁,让自己具有鹰的灵魂,努力表现自己。‘噼噼啪啪’,那家伙很兴奋,行动十分迅速。它在颤抖,这就够了,为的就是让托马什注意到

它。他盲目地在那里瞄,并没有看见那里有什么灰色斑点,只是凭自己猜测。开枪之后,鸟落在了地上,蜷缩着,四处乱滚,扑腾一下就不再动了。托马什走近小鸟,树枝打在了鸟的脸上。这是第二只鸟了,他又打死了一只鸟——窃喜。"(《伊萨谷》,页214)

"我父亲枪法非常准,而我却不行,也许是因为我的自尊促使我的自我神话成为泡影。也出于其他原因,我对自然不再感兴趣了。也许是因为我在学校里作了一次关于达尔文及其进化论的演讲,打那以后,我就认为自然王国本身就是一个巨大的屠场,大自然既吞噬自己,也被吞噬(natura devorans et natura devorata)"(《时间旅行》,页260)——他到了晚年,曾回忆起自己年轻时那些带有戏剧性的生活瞬间。后来他在自传中描写了自己狩猎的失败,他认为,那样的生活与"男性"世界的生活不符,他没有追随父亲的足迹,那时这意味着"他将永远不会成为一个完整的男人,他个人想象力的大厦倾倒在废墟之中。他作为森林公民,朝这个方向走着,渴望适应这一切,而具有讽刺意味的是,他总是无法去做自己特别想做的事,总能听见一种声音'不''不行',他应该成为什么样的人?他是谁?"(《伊萨谷》,页232)他看到自己扮演着与邪恶共谋的痛苦角色,他是发现残酷世界秩序的凶手。在积极参加爱好自然兴趣小组活动的同时,他又在课外阅读了约瑟夫·努斯包姆-希拉罗维奇①的著作《通往知识之路》以及《生物学进化思想》——还在上中学四年级时他就对达尔文主义有了很深的理解。因此可以说,关于达尔文的有关知识并不是"天真"的:尽管他自己也做了类似的观察,而所谓"物竞天择,适者生存,弱肉强食"的科学理论向他揭示了自然世界中无限痛苦之谜。从此以后,伴随着他的就永远是两种情感:鸟类的翅膀一闪而过产

---

① 约瑟夫·努斯包姆-希拉罗维奇(Józef Nusbaum-Hilarowicz, 1859-1917),波兰动物学家,进化论者和进化观念的传播者,利沃夫动物学派的创始人。

生的激动人心的喜悦和小鹿遇到大自然王国赋予的它将被杀戮的铁的规律之前的那种眼神。知识向自然规律的创造者——上帝抑或是魔鬼——提出这样的问题：

> 雌性螳螂在她的雄性伙伴与她交配时吃掉了他，蜘蛛埋伏起来为的是吃掉苍蝇，黄蜂把蜘蛛咬死，大黄蜂三次伸出自己的触角三次刺中蟋蟀的中枢神经系统，然后把它拖走，以便幼虫在它还活着的时候把它撕成碎片吃掉，在分吃它的时候要保证它身体的重要部位一直处于不死的状态，这样可以保证幼虫在完全吃掉它之前它的最后一块肉还是新鲜的。还有白蜂、灰蜂，它们的幼虫附着在叶蜂的身体上，吸光它，吞下它，之后吐出饱含鲜活幼卵的新鲜液体，然后再巧妙地弄干，以此保持幼卵的活性、新鲜，直到吃完最后一口。[……]这是世界上怎样的一幅画呀！简直就是一幅大屠杀的画面。生存的规则太残酷了，最野蛮，最可怕，最没人性；为生存而战，弱肉强食；一个生物吃掉另一个生物，自己吃掉自己；如果上帝还在，那他只是一个无情的智者。[6]

上帝只是一个无情的智者！——这是米沃什引用直觉大师劳伦斯·杜雷尔①小说中的一个经典句子，尽管米沃什从其他一些关于大自然的书中也学到过类似知识。他首次读到的相关书籍是埃拉兹姆·马耶夫斯基著的青年读本《穆霍瓦夫斯基博士——昆虫世界的奇幻冒险》，这本书出版于一八九〇年。作者是波兰考古学家、博物学家和哲学家，因此他能深入浅出地向青年人介绍自然界的相关知识。在书中，

---

① 劳伦斯·杜雷尔(Lawrence Durrell, 1912-1990)，英国海外小说家、剧作家、诗人、旅行作家，代表作有《亚历山大四重奏》。

年轻的自然爱好者如饥似渴地阅读了昆虫学家的冒险故事,还欣赏了那些美丽的插图(他记得,博士非常鄙视那些没有激情的人),昆虫学家服用魔药之后,变成了小蚂蚁生活在塔特拉山的大自然中,莎草对它们来说变得像参天大树,而蜘蛛——成了它们危险的敌人,它们去帮助另一些比它们还小的旅行者。诗歌《太阳从何处升起从何处落下》的作者描写了那段时期的经历,诗人心中的那个渴望为狩猎献身,想成为一名真正的、身手不凡的男孩的希冀正在慢慢死去:

> 向我们年轻时的老师们致敬
> 这是我对你,我的先生来自大自然的问候,
> 巴金斯基穿着绑腿裤追踪逐迹,
> 游刃于滴虫和变形虫之中,
> 你脑袋上垂着毛茸茸的头发
> 躺着休息,思考着各种问题,
> 你的眼镜在金丝镶嵌的
> 镜框中看见
> 我在向你许愿。
>
> 你是永恒的,
> 穆霍瓦夫斯基博士,你是英雄
> 让我进入美妙的昆虫之地探险。
>
> [……]
>
> 你怜悯那些穿着甲壳素大衣
> 和透明盔甲的昆虫,

让我儿时的想象力

一直留存至今,痛苦的哲学家呀。

(《诗集　第三辑》,页 131,133–134)

那时他十四五岁。他对那时的经历记忆深刻:面对被打死的松鼠那黯然的目光、被烧毁的蚂蚁窝残留的废墟,穆霍瓦夫斯基博士很无助很震惊,这就是达尔文残酷的力学,阿里克——脱离了孩童的玩具世界,十分痛苦。在森林里徜徉的快乐时常伴随着旧式手枪落满灰尘的痛苦。米沃什长大成熟了,能够面对关于世界的残酷、邪恶之源、死亡之序的问答。

注释

[1] "'Podiceps cristatus'(凤头鹏鹏)和'Emberiza citrinella'(黄鹀)这两个单词让我着迷,尽管它们拼写后意指某种鸟类。这两个词也许还会让人有片刻灵感,那种顿悟之感。我想,像我这般处于青春期的人,总会明白一点,词语比现实要弱化许多。"见《米沃什词典》,页 255。

[2] 他们两个人去过另一个同学家玩——米哈乌·诺维茨基的家,在亚舒城后面的路德尼茨卡森林的尽头:"冰冻的土地,红蓝色的日出日落,霜冻,小村子,炸煎饼了,说白俄话,打猎,就我们自己在别墅里,我觉得那是某个财主的资产。我们四个人,因为还有一个女孩,某个维尔诺中学或者职校的学生,她有一双黑眼睛,脸色苍白,笑声嘶哑(我都没看清她的脸),当我和帕茨在场的时候,她和诺维茨基打情骂俏,完全不把我放在眼里,我还是个小屁孩。"见《从我的街道开始》,页 14。也许正是这段经历让米沃什在诗中写道:"能说什么呢? 什么都不用说。／ 烈火近干柴。纳斯特卡炸着煎饼。／ 十二月。破晓前。在亚舒城附近的小村庄。"见《诗集　第五辑》,页 202。

[3] "用这个词指小河里被染红的水,因为 raudonka 在立陶宛语里是

'红色'的意思。"见《米沃什词典》,页 273。

[4] 参本书作者与尤利娅·赛文斯卡-克里舍夫斯卡的对话,罗兹,2005 年 5 月。

[5] 见论文提纲,"这是我们存在的事"。(拜内克图书馆)

[6] 劳伦斯·杜雷尔,《先生,即黑暗神父》,耶日·普罗科皮乌克译,《世界文学》,1989 年第 4 期。

第八章　摩尼教毒果

> 那时……那时一切都在我心里
> 有吼叫也有呼喊。吼叫和呼喊
> 春日岁月的植被深深地刺痛了我。
>
> 切·米沃什,《占卜》

> 因此我们所有人的身体和我们的事情都受魔鬼支配,这样生活在这个世界上,我们的主宰和上帝就是这个世界。因此在它的统治下有供我们吃的面包,供我们喝的饮料,供我们穿的衣服,甚至还有空气和供我们生活所用的一切。
>
> 马丁·路德,《加拉太书注释》①,第三章

　　与学校环境表面融合的那段时光也许结束了,伴随而来的是成熟期的典型叛逆与世界观的危机交织在一起,这种浑然一体情绪的大爆发,

---

① 著于 1535 年,路德最喜爱的作品,总结"因信称义"的神学。

让十六七岁的米沃什从过去最好的学生（"我与同龄人相比应该说算是比较博学的。因为我的语言能力很强，也是受波兰老师卡查诺夫斯卡喜爱的学生"〔《米沃什矛盾自画像：对话亚历山大·菲乌特》，页181〕）一下子变成了最坏的学生，校长在学生册中的评语栏写道："调皮捣蛋，在走廊和教室里打架斗殴"，后来甚至威胁要将他从学校里开除。[1] 打架和烧纸背后掩盖的是他的反抗情绪和对学校当局及其权威的极大仇恨。[2]

在中学学习期间，米沃什退出了童子军，这也是他第一次明确地表明自我意识的觉醒和自己的事情由自己做主的愿望。他和大多数同学一样都属于鹰隼小队[3]的候补成员，他们集结在一起，学习打领结、点营火，非常兴奋能在帐篷里过夜，得到百合花饰铜章①后激动不已。同时本能地不喜欢那些空洞的爱国宗教口号和严格的组织纪律，不喜欢被强制站在列队中和"报数"。"我知道必须得这样，而不能是别的样子，但是为什么一定要这样，而不是那样呢？有什么戒律，有什么宣誓吗……鬼才知道！〔……〕也许我或多或少了解一点那些天主教徒的心态，但并不理解。因为必须得是这样。除了必须得这样以外，让我心绪不宁的是我情不自禁地要问——为什么？"（《米沃什矛盾自画像：对话亚历山大·菲乌特》，页180）他一直在回避自己提出的这个问题（尽管——他后来给伊瓦什凯维奇写道——在中学三四年级时"他厌恶遵守童子军的纪律，简直恶心透了"[4]），但最终还是清醒地做出了一个叛逆的决定。在波兰语课上他公开反对讨论《火与剑》②，他认为这样讨论是浪费时间，这也许就是他成熟和独立思考的又一个例证。

他之所以能做到这一点，应该得益于那时他已经开始了独立生活。

---

① 百合花饰的三片花瓣象征服务他人、为神尽责和遵守童子军规矩。
② 《火与剑》是波兰小说家亨利克·显克微支于1884年创作的长篇小说。

一九二六年底他家搬到了苏瓦乌基,已经长大成人的小伙子自己留在了立陶宛,无人直接管束他,他租住在毕舍夫斯基一家位于维乌尔斯基大街的房子里,受这家主人意识形态倾向的影响,他不得不转变观念,倾向于极端的波兰民族主义意识形态政治运动的观点[5],"我那时十五岁,摆脱了家的束缚,生活失去了样板,因此变得野性十足。表现得要么很疯狂要么很像耶稣教徒。犯了很多错!但是,如果有人问我,我的回答是,我更喜欢我所走的这条荒谬之路"。(《诗集　第二辑》,页113)但他与那些父母的乖孩子、表现良好的同学恰恰相反。他把父母的话当耳旁风,他的偶像是他的两位老师。"进入大学后,我阅读了托马斯·曼的小说《魔山》,我觉得这本书写的就是他们。"(《欧洲故土》,页84)他一边回忆一边解释说,书中描写的那位耶稣教徒纳夫塔(Naphta)就是他的老师霍姆斯基神父的化身,那位人文主义者登布里尼就是他的老师天主教徒罗哲克的化身,而他就是书中年轻的主人公汉斯·卡斯托普。

遵照当时必须遵循的典型教育大纲,维尔诺的高中生要花很多时间学习拉丁语。花了大量的时间掌握了拉丁语的基本知识之后,在中学五年级的时候,有一位曾在克拉科夫受过高等教育的加里西亚人阿道夫·罗哲克来给他们班上课,这是一个并不总是很有耐心的愤世嫉俗的人。米沃什b班的同学塔德乌什·卡斯普仁茨基这样回忆道:

> 他总是爱拿我们的姓名开玩笑,比如他管沙托巴叫"三角帽"[①],管拉基文叫"杠主"。[……]他中等个子,总是有意识地模仿古罗马人的样子做着各种手势。[……]他常常把两手交叉在胸前

---

① Szatoba 姓的发音有"三角帽"的意思,就像我们的姓"汤",既可以是姓,也可以是汤的意思。

在班里来回走动或者轻轻坐在长椅边上。他给我们讲罗马人的生活习俗,在我们高年级的时候还给我们讲了古代文学:古罗马著名的历史学家李维乌什的《罗马史》,罗马帝国恺撒大帝的《高卢战记》,古罗马诗人奥维德的作品《变形记》和古罗马著名诗人贺拉斯的《诗艺》等作品。在给我们上翻译课时,他特别强调译文要讲究信、达、雅,文体一定要美而且典雅,不能用"大话",而是要"用词庄重";不能说"在战役中死亡",而应说"在战役中牺牲"或者说"就义"。[6]

他讲授的课几乎成了翻译辅导课,有时他会跟我们坐在一起花费数小时修改已经译好的部分段落。这不仅让米沃什学到了很多古典文学方面的知识,同时还教会了他专注和尊重译作并不断达到完美(多年后米沃什用同样的方法给美国伯克利大学的学生们讲授了《战后波兰诗歌》〔*Postwar Polish Poetry*〕)。某种程度上,这一切甚至还对米沃什自己的创作产生了影响,注重"诗韵,避免平铺直叙"(《欧洲故土》,页89),因此他很注意与浪漫主义诗歌的夸张手法保持距离,随着时间的推移,他也更加注重诗歌实现清晰表达的要求。

教师的个性也很重要,这位教师在高中建立了一个剧团,并成功地导演了亚历山大·弗莱德罗伯爵的戏剧作品《贝内特先生》和扬·科哈诺夫斯基①的作品《拒绝希腊使者》,同时他还担任了学生自治组织的辅导员,在这个组织里,包括米沃什,他是"辩论者和不守规矩的调皮捣蛋的人"之一(《欧洲故土》,页90),他们努力遵守民主的基本规则,但同时也意识到,他们不可能因为自己独善其身就可以说服别人。罗哲克是

---

① 扬·科哈诺夫斯基(Jan Kochanowski, 1530–1584),文艺复兴时期波兰诗人、剧作家,波兰文学语言之奠基者。

社会主义者,但他很幼稚,按照他学生的看法,他跟登布里尼一样,受了
"对人类理性、集体共同努力获得成就和人类共同进步的乐观信念"的
影响。(《欧洲故土》,页90)与此同时,他也是一个不可知论者,在业余
时间研究了宗教历史中的批判精神,不过那时他并没有将研究成果与学
生分享,他认为耶稣在年轻时曾经住在埃及的亚历山大,在那里结识了
一位希腊哲学家并了解了佛教,等他回到自己的地方,庞提乌斯·彼拉
多[①]救了他[7]……但是罗哲克的信仰中夹杂着愤怒与狂热,所以总是愤
世嫉俗。他所信奉的理性主义的传统完全没能在第一次世界大战的战
场上体现出来,他认为信任是人类才具有的独立思考能力,它应该能超
越痛苦,建立一个美好的世界并能消除恶。

　　在舞台的一边正在上演保卫维尔诺自由精神之战,一个穿着罗马大
袍的人文主义者在慢慢行走,而在另一边出现的是穿着黑色法衣的驻校
神父。米沃什班里的大多数学生,尽管他们当中有犹太人、穆斯林和福
音派信徒[8],每周至少有两次宗教课,不仅要学习圣经,同时还要学习宗
教礼仪、教会历史和教义,讲授宗教课程的神父对学生们成绩的评定对
他们是否能获得相关证书影响很大。在以齐格蒙特·奥古斯塔国王命
名的中学讲授宗教课程的是莱奥帕德·霍姆斯基神父,学生们给他起了
个外号叫"仓鼠"[②]。

　　"他圆脸盘,一副病态的样子,留着齐脑门的刘海,典型的神父肢体
动作,眼睑总是低垂着","特别爱当宗教裁判员"。(《欧洲故土》,
页85)米沃什完全是根据自己的感受,而并没有用任何文学夸张的手法

72

---

① 天主教译为般雀·比辣多,是罗马帝国犹太行省的第五任总督(26-36年在任)。由于
总督的职责,他是罗马皇帝在犹太地的最高代表。

② 他的姓的发音与仓鼠的发音很相近。

给我们描绘他的画像。对宗教课不太感兴趣的斯托马对"仓鼠"的描写是这样："他绝对不是吉罗拉莫·萨佛纳罗拉①——他就是一个很平常的人,在政治上倾向于极端的波兰民族主义意识形态政治运动的观点,为此让我感到不爽。但他不是排犹分子。他主张不以貌取人。[……]但是他对男女生之间情感问题的处理却非常严格且不近人情,学生们极为不满。"[9]学生们知道,他在学校里的位置很重要,不能得罪他,可他对学生们要求过于严苛,特别是对学生们纪律和道德方面的要求有些过分。卡斯普仁茨基回忆说："在我们的楼里也有女中的同学[……]夏天天气热的时候,女生们就在院子里上课。从我们的窗户往外看,有时能看见女生们上体育课,她们身穿白上衣搭配短裙,身材苗条。结果暑假过后[……]学生们回校后发现,那些窗户外面被钉上了监狱窗户上装的那种木栅栏。"[10]尽管那些木栅栏有时候会被卸下来,但仍然不能填补青春期男孩青春萌动的渴望。[11]结果齐格蒙特·法德罗维奇就搞了一出闹剧,"他是高年级班的男同学,因为跟神父发生了冲突企图自杀,幸好没有造成悲剧"。[12]

"有一次课间的时候,一位同学在黑板上画了电池和电线,然后给同学们讲解物理题。'仓鼠'正好走过这里,突然推开门,他最喜欢做这种事,瞄了一眼用粉笔画的圆圈和圆锥曲线。他突然脸色变得通红,立即跑到校长办公室去报告,说发现黑板上画着生殖器。"(《欧洲故土》,页86)……如果放到今天我们就会挥着胳膊对他喊叫,然后说个黄色笑话一带而过,可对那时正处于青春期的男孩子们,特别是对一向崇拜他的米沃什来说,觉得难以容忍他的这一举动。"仓鼠"就是这样不辞辛苦地在生活的各个方面挑我们的刺,企图发现罪孽和邪恶,对此我们几

乎防不胜防,他对人性的看法与信念跟罗哲克完全背道而驰——他认为人本身就罪孽深重,无恶不作。他认为人本身是弱者,不能管控自己,因此就应绝对墨守成规,遵从一切礼仪规则,这样才有希望摆脱邪恶。因此他要求所有学生参加弥撒——最好是参加在学校礼拜堂举行的弥撒,避免跟女生接触,专注身、心、灵的信仰并要去告解室忏悔,忏悔后还要让聆听过忏悔的神父签字,并把签字的文本交给他作为证据。

与那些叛逆的年轻人在宗教审判所见面总会引起冲突。米沃什开始与说教者争论,认为天主教教理有很多地方阐述得并不是很清楚,不久后他又公开表示,如果忏悔后还要上交神父签字的书面文本,这样就失去了忏悔本应具有的自愿意义,这就是从众行为,触犯了他的心灵自由,从此他拒绝参加这种神圣恩典的忏悔礼仪。(在其命运中具有讽刺意味的是,诗人去世后,经家属同意并为安抚极右势力,与米沃什保持联系的神父公开确认他是虔诚的天主教徒,米沃什一直就是在他所在教堂的告解室忏悔……)"全班同学的表现都不很积极[……]这位神父变本加厉,'仓鼠'的过度敏感简直到了无以复加的地步,尽管我悄无声息地坐在那里,有时会打断他的话提个问题,还没等我把问题问完,他就对我大声喊叫说:'你怎么是这副表情,给我出去!'"(《欧洲故土》,页96)

对于大多数学生来说很稀松平常的一项校规,在米沃什看来却是最私密的一件事。质疑之火在他心中熊熊燃烧,他不停地检视罪孽并期冀坦白,追求"获得美德的感动"。(《欧洲故土》,页82)他与苦行僧交流,而苦行僧并不认为宗教是爱情与私密的法则,而是顺从天意。

在清晨去教堂领受洗礼的那个午夜十二点是否能吃点东西,而不是空腹去,这算是罪过吗?没遵守斋戒将是罪孽深重,或只是一般罪过吗?[……]如果没有领受过洗礼的孩子去世了,就意味着他们既进不了地狱也上不了天堂吗?这种种疑惑令人感到恐惧。

可以说"仓鼠"是恪守《圣经·旧约》的神父。我是一个很严谨的
人，一直生活在罪孽感中。

米沃什成年后讲述了自己处于青春期时在精神方面的种种心理挣
扎，从他后来的生活中也能看出这一点。

这主要涉及两性生活方面的问题。对他们来说天主教还是很
宽容的，但是这位神父的大多数学生都觉得他对他们的要求过于不
近人情，他们怀疑自己每一次的性行为都会是罪恶，尽管他们已经
举行过教堂婚礼。他们只能在摩尼教中找出路：一边与多位女性
发生性行为，一边又要克制自己，因为神父要他们遵从的行为标准
是他们做不到的。(《欧洲故土》，页98)

多年之后《欧洲故土》的作者在介绍这位天主教教理主义者时说，
他向外界展示的是波兰版的天主教，而不是与上帝的亲密关系以及善待
别人的道德标准，他代表的只是对教会和祖国这个"集体生物"的被动
服从，信仰本应注意内心体验而不是表面作秀，如果只是停留在表面上
的信仰，那么宗教只能在最低程度上影响个人的道德规范，如果人们只
停留在表面上礼拜日去教堂做礼拜，那么转身就会继续过伪善的生活。
米沃什后来对这个人物和他周围的大多数人下的定论是，他们精神贫
乏、平庸，都是淫荡的动物，当时在还只有十几岁的米沃什的内心生发了
极大的仇恨：

我们作为中学高年级的学生，本应在学校的小教堂参加宗教仪
式，但有几个月我们都要去圣乔治教堂做弥撒。能去圣乔治教堂的
人都是那些所谓的精英。从教堂出来后，他们会站在那里互相打招

呼聊天，军人们见到他们会敬礼，医生和律师们见到他们会鞠躬致敬，在这种场合，那些穿着毛皮大衣、戴着礼帽的妇女显得非常高兴。我走在人群中或者站在路边，内心充满仇恨。我认为，人只有对大自然、狩猎或者文学作出贡献，或者全身心地去做点什么事，人生才会有意义。而这些人简直就是一帮猴子。他们的人生有什么意义？他们为什么活着？我觉得我绝对优越于他们，于是很蔑视他们。与这些动物一起参加宗教仪式是降低了我的身份。宗教是神圣的，他们的上帝怎么可能也是我的上帝呢？［……］为了提高自己的身份，我应该宣告我是无神论者，以便脱离开这个毫无尊严的圈子。必须摧毁作为社会习俗和强制人们服从的宗教。正像大家所看到的，我与"仓鼠"的斗争使最佳的也是最坏的文学主题融为一体。尝试独立、厌恶一切虚伪、捍卫良心的自由与心理上的傲慢、坚信自己优越于别人和处境艰难地为贞操而焦虑的情绪并驾齐驱。（《欧洲故土》，页94）

他在青春期自由不羁地成长，很容易伤害并冒犯他人，他自认为，其他人都是乌合之众，应该对他们施教："我就像个潜在的屠夫。其实每个人在内心里都有一个屠夫，总是把别人当物品来对待。把诱惑转化成社会进化定律，不是没有理由的。于是一些人就会与适应这条发展线上的乌合之众同流合污。而他以自己的理智穿透这条线，成为自由的、高于所有奴隶的人。"（《欧洲故土》，页95）但他的坚守又让他感到内心不安。因为自觉优越于其他人，同时又觉得良心受到谴责，沉浸在罪恶感之中，希望自己能悔改，受到鞭挞，为此赎罪。在《伊萨谷》中，托马什做斋，以戒性欲，作者在这部小说中把自己形容成恶魔的俘虏，应该受到诅咒。几年后，他在《霍姆斯基神父》一诗中这样写道：

75

　　那时我祈祷谴责之光

　　彻底泯灭，像翅膀一样的双手

　　在微风中轻抚着我的脸庞。

　　你，总是意识不到自己教学的结果，

　　身穿旧法衣尽自己所能

　　掩盖人们的不良行为

　　　　　　　　　　　　　（《诗集　第一辑》，页108-109）

　　米沃什在学习宗教冲突历史的同时，最热心了解的是宗教异端史和那些被焚烧的异教徒的历史，天主教没能解决他的"恶源自何处"的问题，也没能解决神义论①的问题。因此他觉得上帝的善与现实中的恶并存可以证明道德的急剧堕落以及人在巨匠造物主②的权杖之下只能屈从于受染体。

　　你是否还记得那本教会出的历史教科书？

　　甚或它页面的颜色，走廊里的气味。

　　以前你信奉诺斯替主义③、马吉安派④

　　秘密偷尝摩尼教毒果。

---

　　① 神学和哲学的一个分支学科，主要探究上帝内在或基本的至善、全知和全能的性质与罪恶的普遍存在的矛盾关系。

　　② 又译作黛米乌尔，在柏拉图、新毕达哥拉斯、中柏拉图、新柏拉图主义哲学中，指的是一个类似工匠的存在，它负责创造并维持物质世界，在早期基督教的诺斯替教义中，巨匠造物主是次等神明，他创造了有缺陷的物质世界，住着与圣善的至尊上帝相对抗的邪恶势力。

　　③ 或称灵智派，"诺斯替"一词在希腊文中意为"知识"，诺斯替主义是希腊哲学晚期的一种思想，强调神秘知识和挑战神的权威，逐渐泯灭了人类的基本意识，被正统宗教如基督新教、天主教等所不容。

　　④ 马吉安（约110-160），拉丁语为Marcion，早期基督教神学家，第一位《新约》编辑者，自立马吉安派，第一个被基督教会判为异端的派别。

俘虏们在我们明媚的祖国摔倒在地上，

因失败把躯体奉献给了

黑暗执政官①。他有房子和权利。

连维尔诺布伐沃瓦山的鸽子

都属于他，而你自己也一样。火过来吧，

火光——和火势会毁掉世界的经纬线织物。

（《诗集　第三辑》，页170）

　　这首《太阳从何处升起从何处落下》里提到的那本教科书正是
罗曼·阿尔胡托夫斯基②神父撰写的《天主教会简史》。米沃什也许翻
阅过这本书，该书共三百多页，再版七次，其实该书内容更适合现在神学
院低年级学生阅读，而不是正处于青春期的中学生阅读。该书阐述的是
一些传统的观点（"教会能持续到世界末日，而它所传授的信仰与道德
真理是颠扑不破的"[13]），它不是悬在异教徒头顶上的利斧，而只是一部
欧洲精神文化共同体的简史。[14] 米沃什最先学到的是诺斯替教派，他认
为，这就是一本异端史，他在精神上很接近诺斯替教派[15]、摩尼教派和
阿尔比派③的思想，这些教派"必须统治所有人，被当时认为是恶毒的巨
匠造物主，它诋毁上帝，致使上帝得不到重视，只能待在属于自己的领域
内，作为人们祈望的对象不能承担任何责任。[……]所有这些祈望被
自我清理得越厉害，人们对上帝的对抗者也就是所谓的造物主就越关
注。[……]身体的痛苦与理想抱负共存，通过天主教获得心理的平静
与青春期年轻人的极端思想倾向背道而驰。这种极端思想倾向希冀的

76

---

　　①　古希腊城邦雅典民主政治的一部分，雅典国政的担当者。

　　②　罗曼·阿尔胡托夫斯基（Roman Archutowski, 1882-1943），波兰教授兼天主教神父。

　　③　阿尔比派（Albigensi），法国十二至十四世纪的宗教和社会运动，其学说类似摩尼教，
宣扬贫困观念，反对神职人员的经济霸权，认为战争是邪恶的。

是一切都能和睦相处：但愿一切都是要么这样要么那样"。(《欧洲故土》,页92)

卡斯托普自由的选择就是他自己的选择,即要么这样要么那样,尽管他与神父公开发生冲突,并且他宣称自己持无神论观点,但实际上他还是支持天主教的教理的。尽管后来他有可能在支持罗哲克或者霍姆斯基之间做出选择,但实际上他的观点更接近神父的观点,他认为人文主义者对自然理性的信仰是幼稚的,对大自然中产生的邪恶无法给出答案。尽管"仓鼠"是荒唐和肤浅的,但他"还是以一个反自然的支持者身份出现的。他行使了其他权利,与敌人也就是这个世界之王①进行了斗争"(《欧洲故土》,页92),也就是摆脱受污染的大自然,米沃什精神的驱动力就是在文化中为我们寻找到高于一切的避风港。米沃什回忆道："在高中毕业考试的前一年,我们之间的关系非常紧张。毫无疑问是他意识到,我不会被他的力量摧毁。当他不再给我施加压力时,我就自觉地去忏悔。除社会习俗之外,在生存面前需要采取的忠实的行动必须服从自愿原则并符合个人意愿。我向自己保证,永远不会与波兰天主教签约——其实没必要用这种词语——也就是说我不会屈从于这些猴子。"(同上,页102)

他是在一个比较宽松的、非情绪化的家庭环境中长大的,

父亲对宗教的冷漠并没有影响到母亲,她总是表现得非常虔诚且热情高涨,因为她是虔诚的天主教徒,但并非特别注重各种表面仪式。对她来说,一切都是互为因果和天注定的,在她神秘崇拜中隐藏的秘密是信奉异教徒神秘主义的存在,在维尔诺很多人都是这样。世

---

① 根据《千禧圣经》的说法,为世俗之王,世界之王是基督在《约翰福音》中对撒旦的称呼。

界对她来说是一片圣土,尽管只有进坟墓后才能解决这个难题。她用这样一句话表达了自己宽容的态度:"每个人都会尽己所能赞美上帝",但是也很难让她承认,天主教是唯一的真理。她对天主教中天堂和地狱的僵化分类挥着胳膊说:"我们知道什么?"(《欧洲故土》,页100)

现在可以看出米沃什的一些特点,他命运多蹇、爱妄想、很疯狂,同时还发现他有笃深的宗教信仰激情,这令我们更容易想象出他很像基督教在最初几个世纪或者宗教改革时期的人物,在激烈的神学争执时期,许多人会为了捍卫自己的观点而不惜牺牲生命,而不像生活在我们这个世纪的人们,对宗教漠不关心并持怀疑态度。

跟其他同学相比——正如他自己所说——他觉得自己是"偏离常轨"的,对事物的感触比其他同学更激烈、更狂野、更冲动,为了给他的感受找到知识上的确认,他试图在那些涉及秘教、哲学和宗教的书中而不是生物学课本上寻求答案。"我读过梅特林克①的著作,他的书在二十年代的波兰非常流行。还有一个丹麦作家叫盖勒鲁普②,是诺贝尔文学奖获得者,他的书描写了印度教、玄学和转世的问题。"(《旅行世界:对话莱娜塔·高尔琴斯卡》,页58)很快他又通读了叔本华的著作,还通读了威廉·詹姆斯的杰作《宗教经验之种种》,兴趣十足地读完了希波的奥古斯丁③的《教派》一书,作者在书中表达了对时空变化过程的思考,

---

① 莫里斯·梅特林克(Maurice Maeterlinck, 1862-1949),比利时诗人、剧作家、散文家,1911年诺贝尔文学奖获得者,其作品主题主要关于死亡及生命的意义。

② 卡尔·盖勒鲁普(Karl Gjellerup, 1857-1919),丹麦诗人和小说家,和同胞亨利克·蓬托皮丹一起获得了1917年诺贝尔文学奖。

③ 罗马天主教会官方称希波的奥古定或圣奥思定,俗称圣奥古斯丁(354-430),罗马帝国末期北非的柏柏尔人,早期西方基督教的神学家、哲学家,曾任大公教会在阿尔及利亚城市安纳巴的前身希波的主教。

坚信人类本身是有缺陷的,只有神的恩典才能拯救人类,没有神的恩典人就如入"荒芜之地"。也许米沃什觉得他自己与这位以前曾是摩尼教徒的奥古斯丁有过同样的欲望,他特别认同圣奥古斯丁提出的人必须进行非同寻常的反省的理论。

> 我想肯定地说,我没有什么特殊的需求,我不认为,我的全方位的饥渴不是不可以得到满足的。也就是说,我承认现实比我所能感受到的更加深刻,能让我了解更多,促使我认识到我是更忠于受到伊曼纽·斯威登堡①思想影响的母亲还是维尔诺。我无法抑制我的自信心:即存在着切断一切线路的闪光点,在我做出否认的瞬间,我更加无法集中精力,我努力的目标就变成了泡影。这种自信也与此有关。我觉得自己很强大,我对我一生能实现什么目标根本不在乎,能做到什么是上天的安排,是可遇而不可求的。时间在我面前展现得就像一场大雾,如果做得好,我就可以穿过它,冲过它,那时就会明白一切。(《欧洲故土》,页100)

"否认、信任和彻底怀疑对人来说就像马会奔跑一样简单"——后来他一直重复布莱兹·帕斯卡的这一思想。信任危机以及与高中神父的冲突把米沃什抛到了安全线之外,宗教观念较为薄弱使他站到了波兰天主教徒的对立面,某种程度上把他引向了新教的思想,首先使他坚信,信仰完全是个人的事情,而与上帝的对话必须是不带有任何偏见的。"最好是站在无神论者一边,实实在在地享受让其他人无法接近我内心的喜悦,这比与那些'猴子们'臭味相投要强许多。"米沃什说,"与'仓鼠'的

_____
① 伊曼纽·斯威登堡(Emanuel Swedenborg, 1688-1772),瑞典科学家、哲学家、神学家和神秘主义者。

斗争强化了我与生俱来的孤独、叛逆和表里不一的特点,或者说自欺欺 78
人,抑或是玩一场错综复杂的游戏。"(《欧洲故土》,页103)我们再来补
充一下,这一耶稣派的特征在他提出"凯特曼"①的概念时帮了大忙。他
对宗教的热情很快传到了大学,可他周围的好友们却觉得他只不过是
"外邦人"②(同上,页90),他与法语诗人奥斯卡·米沃什的相遇成了他
人生的一个转折点,他渐渐回到了教会的怀抱,但他自始至终坚持反对
教会的右翼政治观点。最重要的是,他这种无论在多大程度上表现出来
的宗教热情一直是他艺术创造的基础,由于这一点米沃什成为二十世纪
波兰文学中独树一帜的人物。"在高中[……]我发现一方面物理课和
生物课讲得不一致,而在另一方面这些课与宗教课上讲的内容相互矛
盾,这些不一致为我的诗歌指出了方向,也使我的人生与当代人截然不
同,抑或他们绕过了宗教,抑或宣布自己无神论者。"(同上,页101)在当
代波兰伟大作家中有谁是以这种方式与自己神父的教理告别的?[16]

> 伟大的虚无精神,
> 这个世界之王有自己的办法。
>
> 我不想为他服务。我独自努力
> 为的是延迟他的胜利。
>
> 上帝为了照耀自己天使般的民众,
> 主宰一切,但不急于采取行动。

---

① 在伊斯兰教、塔吉亚语或塔奇亚语中,其字面意思是"审慎,恐惧",是在遭受迫害时
对宗教信仰和实践的预防性模仿或否认。它具有通过沉默或遗漏来模仿的更具体含义,也是
米沃什在《被禁锢的头脑》中提出的概念。
② 犹太人对异教徒使用的术语中的犹太人。

有人每天都采取重大行动

而并不告知自己的教会。

我曾在学校的小教堂向他宣誓，

那时霍姆斯基神父却踮着脚走过去熄灭了蜡烛。

（《诗集　第四辑》，页84）

注释

[1] 齐格蒙特·奥古斯塔国王中学教育委员会警告决定。（克拉科夫切斯瓦夫·米沃什档案馆）

[2] 米沃什七年级的成绩：宗教——及格，波兰文——优秀，拉丁文——及格，法文——及格，历史——及格，数学——不及格，化学物理——及格，美术——及格。

[3] 而伊格纳齐·希维安茨茨基回忆起自己的这位同学："米沃什不踢球，也不善于打排球比赛，不喜欢做操。如果参加童子军的话，他没有和其他同学一样报名候补鹰隼小队，而是去报名候补游动哨。"见伊格纳齐·希维安茨茨基，《苏斯奎汉纳来信》（华沙，2006），页41。

[4] 摘自切斯瓦夫·米沃什写给雅罗斯瓦夫·伊瓦什凯维奇的信，1932年4月22日。（波兰科学院文学研究院图书馆）

[5] "我在毕舍夫斯基家里借住了一个学年。她一边喝茶一边和所有人说：我负责'饮食'，他读'晨报'，非常民主。由此我读到一些斯坦尼斯瓦夫·别恩科夫斯基的文章，都和《文学消息》针锋相对，也反对犹太人和共济会。"见《从我的街道开始》，页272。

[6] 塔德乌什·卡斯普仁茨基的回忆，收录于《维尔诺齐格蒙特·奥古斯塔国王中学》，页111。

[7] 参《米沃什矛盾自画像：对话亚历山大·菲乌特》，页195。提到阿道夫·罗哲克战后的命运，米沃什曾回忆道："战争一打响，他就宣布'向帝国效

忠'。"见《文学库》,页166。这句话在2005年收到的艾娃·斯坦普尼亚克的信中也提到了,罗哲克在1948／1949学年曾在莫郎戈瓦教她波兰文:"罗哲克——效忠帝国?!谁都记得战后是怎么对付德国百姓的——都够得上犯罪了。但这么个人,能安定地居住在马祖里地区,住在成千名从维尔诺搬迁过来的人之中,其中还不乏认识他也记得战争年代的人。就算他确实不可理喻过,那他没进监狱也太神奇了吧,可他还能上课,在两所中学任教?[……]我给米沃什写过信,详细讲了自己的困惑。[……]收到信后诗人也许也着急了,担心自己的言论并不客观。他还提到了一封罗哲克写的信,可是那时信不在他身边,因此他和我都怀疑——这中间也许有误会。我们的老师本来就喜欢开玩笑,这句'向帝国效忠'肯定不会发生在战时;说不定是他定居西德又拿到德国国籍时的自我解嘲——但肯定是后来的事,战后的事。"

[8] 1929年参加中考的四十七名八年级学生中,四十四名信罗马天主教,两名福音派,一名东正教。(克拉科夫切斯瓦夫·米沃什档案馆)

[9] 斯坦尼斯瓦夫·斯托马,《艰涩的历史课》,页45。

[10] 塔德乌什·卡斯普仁茨基的回忆,收录于《维尔诺齐格蒙特·奥古斯塔国王中学》,页99。

[11] "我们除了开拉丁语的玩笑外,也会谈到白俄罗斯人,而且毫不避讳。提到白俄罗斯人,我们常常会说一些好笑又淫秽的故事,故事主人公多为会说话的动物,熊、狐狸,最多的还是野兔和河狸。"见《路边狗》,页208。

[12] 齐格蒙特·法德罗维奇的回忆,收录于《维尔诺齐格蒙特·奥古斯塔国王中学》,页37。

[13] 罗曼·阿尔胡托夫斯基,《天主教会简史》(华沙、利沃夫,1923),页1。

[14] "我把萦绕在我们心头的波兰和其他国家的历史分割成许多编年史的片段信息。但首先必须要对整个欧洲的历史做到心中有数。因此我今天认为,对想要保持'欧洲意识'的人来说,进入天主教学校是非常有益的。"见《欧洲故土》,页91。

[15] "他们遵循着自己的物质科学行事:一些人,抵制物质,恶之源,过着

原始的生活;而另一些人却不知廉耻地沉迷于罪恶。"见罗曼·阿尔胡托夫斯基,《天主教会简史》,页36。

　　[16]《霍姆斯基神父,多年后》一诗收录于诗集《不被包容之地》。莱奥帕德·霍姆斯基出生于1885年,毕业于圣彼得堡精神论坛,1919-1931年任中学传教人,"二战"期间被德军逮捕,苏联占领期间坚持担任维尔诺附近的比亚瓦瓦克教区神父,逝世于1983年。

第九章 "很遗憾,我不能签字"

受良心折磨,不愿去竞争……许多作家一生都把想象力和文学当成 他们的避风港和主权世界。米沃什在低年级时曾收集华沙"格罗索瓦图书馆"出版社出版的书籍,放学后他就去附近的波兰学校矩阵(简称"波兰矩阵")①图书馆去享受"快乐的承诺":借阅托马斯·梅恩·里德的《在森林漂浮》、儒勒·凡尔纳的《喀尔巴阡城堡》,他最喜欢凡尔纳小说中的一个人物——尼莫船长;还喜欢看吉卜林和杰克·伦敦的小说,后者的半自传体小说《马丁·伊登》对未来的这位敏感作家产生了很大的影响;他醉心于阅读库柏②的作品。"我看过他的一本译作的青少年版,精彩极了。全书贯穿的是一个主人公的故事[……]。从他年轻时写起,一直写到他老去。看了很令人感动。启发了我的想象力。"他在小说中捕捉到的多姿多彩的冒险经历促使他的敏感达到了一个新的高

---

① 在波兰王国开展业务的文化和教育组织,曾于 1905 年至 1907 年和 1916 年至 1939 年在整个波兰第二共和国开展业务。

② 詹姆斯·菲尼莫尔·库柏(James Fenimore Cooper, 1789-1851),最早赢得国际声誉的美国作家之一。

度。"在这部五卷书的第一卷中〔……〕是关于湖泊的描写。湖中间有一座浮游的房子,那里住着一个老海盗和他的两个女儿,一个叫尤蒂塔,一个叫柯拉。在我的想象力中,湖中心浮游的房子的停泊处成了我用于塑造空间的中心点。"(《米沃什矛盾自画像:对话亚历山大·菲乌特》,页336)时间冲走了我们脸上的青春与美丽,冲走了来自世界的房子——米沃什诗歌中非常重要的话题就是渴望孤独和描写在灰熊峰①的痛苦经历;令人惊异的是,他小小年纪就能理解库柏作品《皮裤》中的古老冒险经历。

　　米沃什的奶奶也时常让他去图书馆借阅图书,为此他又从各类书籍中汲取了丰富的知识。十二三岁时他还羞于翻看当时的知名作家玛丽亚·什培尔库夫娜②的《报春花与罪孽》一书,但是他阅读了玛丽亚·罗杰维楚夫娜(他非常喜爱她的《森林人的夏季》一书——"如果今天我们来评价这本书的话,应该说,对于被可怕的老女人式的夸张情感宠坏了的年轻人来说,这的确是一本好书。还可以证明我是在邪恶的文学中成长起来的")的小说以及其他一些波兰前东部领土③作家的小说,例如:约瑟夫·魏森霍夫④的小说《黑貂和小姐》,这本书讲述的是:"跟裸体女孩在湖里洗澡稍微刺激了一下我的情欲,但并没有那么抓住我,因为她在跟王国的猎人拉耶夫斯基搞罗曼蒂克。"(《猎人的一年》,页205)而
80　《灰烬》⑤中海莱娜自杀的场面"抓住"了他,甚至更强烈一些:"有一本从

---

　　①　指米沃什后来在美国的定居地。

　　②　玛丽亚·什培尔库夫娜(Maria Szpyrkówna, 1893-1977),波兰诗人、作家。

　　③　波兰语 Kresy,本义为"边疆",也指波兰-立陶宛联邦历史上的东部边界,位于波兰东部历史边界附近的一片区域,该地区现分属乌克兰、白俄罗斯和立陶宛。波兰最后一次拥有这片土地是在波兰第二共和国时,是第二共和国于1920年从乌克兰、白俄罗斯和立陶宛手上得到的,直到第二次世界大战时波兰才失去这片领土。在波兰第二共和国时期,这些领土大体与寇松线以东的波兰领土相当。

　　④　约瑟夫·魏森霍夫(Józef Weyssenhoff, 1860-1932),波兰小说家、诗人、出版商。

　　⑤　波兰著名小说家斯泰凡·热罗姆斯基的长篇小说。

法文翻译过来的小说结尾讲述的是舒安①的故事,舒安指的是那些法国大革命期间在旺代的反革命叛乱分子。主人公被绞死在绞刑架上,但这并不意味着他的情感冒险行动就此结束。至今我对书中的最后一句结尾语记忆犹新:'在头被砍下的那一刻他还在叫着:阿米欧!'"(《从我的街道开始》,页36)这在他的回忆里非常具有讽刺意味,同时也充分展示了他的想象力,死亡前的情绪是恐怖并夹杂着诱惑[1],不久后他在伊瓦什凯维奇的作品中发现了这样的情节,并对此大加赞赏。

在最乏味的课上他就翻阅有关平克顿侦探的故事书,在他的书架上还放着很多从旧书店里买来的带黄颜色封面的各种课外读物,那些都是楚克汉德尔(Zuckerhandl)公司出版的。他还在位于维尔诺大街的书店买回来很多新的教科书,其中有地理地图,此后他就特别乐意上这种想象力之旅的课程,还在地图上标记出那些想去的地方[2]——对这位未来的作家来说这是不错的练习。到了高年级以后,约瑟夫·康拉德取代了杰克·伦敦,同时在以托马什·赞命名的图书馆的阅览室里,他翻阅了大量在华沙出版发行的文学杂志。在学校的文学史课上,他学习了斯坦尼斯瓦夫·特莱姆拜茨基的长诗《索菲夫卡》、安东尼·马勒切夫斯基的《玛丽亚》、尤留什·斯沃瓦茨基②的《思想时刻》和《克里米亚十四行诗》[3],在家里他还通读了奥斯卡·米沃什的《米格尔·马纳拉》,所有这些经典书籍或者学校的浪漫主义课外读物,包括那些当代文学作品都可以在书店里买到,其中包括伊利亚·爱伦堡③、鲍里斯·皮利尼亚

----

① 指法国大革命期间在布列塔尼和马耶讷省爆发的叛逆农民运动。法语中该名称词源为模仿猫头鹰声音的哭声。

② 尤留什·斯沃瓦茨基(Juliusz Słowacki, 1809-1849),波兰浪漫主义诗人,被誉为"波兰现代戏剧之父"。

③ 伊利亚·爱伦堡(Ilja Erenburg, 1891-1967),苏联犹太作家及新闻记者。

克①、瓦连京·卡塔耶夫②、厄普顿·辛克莱③、埃米尔·路德维希④和斯蒂芬·茨威格的作品。

不过玛丽亚·斯塔宾斯卡-普日贝特科老师给他们讲授的文学课对他影响不大,在她的课上,这些高中生调侃密茨凯维奇在《塔杜施先生》里面的一些表达方式:"难道我们仁慈的老师斯塔宾娜⑤不是更漂亮吗,她就像女儿的父亲、儿子的母亲那样总是转着眼珠子对学生苦苦说教或者表示失望"……"我们觉得,对作家随意做些评论是一件好玩的事情,但老师对此感到不爽:'写作风格生硬,过于口语化,不严谨。'米沃什总是喜欢跟她争论,并在同学们身后小声嘀咕,说她的坏话。那时就听到她大声指责:'哎哎,是谁在课上说话呀?'"[4]学生们给她起的外号是"泰丽迈娜"⑥,因为学生们都觉得她是一个典型的教书匠:既严厉又严格,只知道规行矩步地教学,文学课成了叙述陈旧见解、老生常谈的课程,她还要求每个人死记硬背:"要求学生们照猫画虎非常机械地重复她所讲的内容来回答问题。"[5]

她喜欢诗歌并对显克微支作品风格欣赏有加,崇尚古典作品,这一点上她与米沃什有相似之处,尽管那时每个年轻人都必须通晓浪漫主义,在波兰文化传统中浪漫主义占了上风,此外在维尔诺,人们言必称密茨凯维奇和斯沃瓦茨基,但米沃什在很大程度上仍坚持不能过度夸大古

---

① 鲍里斯·皮利尼亚克(Borys Pilniak, 1894-1938),苏联作家,苏联文学奠基人之一,曾在二十世纪二三十年代的苏联文学史上占有重要地位,他丰富的文学创作对苏联文学起到了承前启后的作用。

② 瓦连京·卡塔耶夫(Walentin Katajew, 1897-1986),苏联作家,小说、戏剧和电影剧本的作者。

③ 厄普顿·辛克莱(Upton Sinclair, 1878-1968),美国著名左翼作家。

④ 埃米尔·路德维希(Emil Ludwig, 1881-1948),德国-瑞士作家,以名人传记和历史著作闻名于世。

⑤ 斯塔宾斯卡老师名字的爱称。

⑥ 泰丽迈娜是《塔杜施先生》的女主人公,一位时髦的女士,她的美丽和着装吸引了人们的注意,对于乡村庄园来说实在是太精致了。她是一个成熟的女人,有着乌黑的头发、黑色的眼睛和苍白的肤色。

典文学，随着时间的推移，他甚至认可了西蒙娜·薇依①，承认距离即是"美的灵魂"。[6]总的来说，米沃什与女教师之间的关系不是很融洽，女教师可能根本没有发现米沃什在文学方面的才华[7]，老师不会引导学生，只期待他们学会生搬硬套、生吞活剥。于是她的这位学生就会在课堂讨论中激烈地反驳她，不按照她所讲的内容去广泛论述，结果她总是只给他 3 分，外加评语"电报风格"式写作。"我不愿意屡屡重复课上讲的平庸内容。我对此感到羞愧耻辱，因此我就用半张纸写下一点自己的真实感受和想法。"（《米沃什矛盾自画像：对话亚历山大·菲乌特》，页 194）有一天出现了转机：米沃什突然意识到——将来他可能会去当政府公务员或者外交官——"因为他们不会要求我写出自己的真实想法。我应该彻底改变我的学习方法，我就只当一个好学生，怎么教，就怎么学，于是我开始耍滑头。这不是我要写的，是他要我写的。没必要那么努力写出自己的真实思想并说真话，因为对此负责的是他，而不是我"。（《米沃什词典》，页 301）[8]他认为测试只不过是考考语言的应用水平。此后他开始频频得 5 分，尽管在斯塔宾斯卡讲完关于维斯皮安斯基和卡斯普罗维奇的课程后他仍不同意她的观点。自相矛盾的是，他不喜欢高中的波兰文课程，但他还是在报刊上发表了自己的第一篇与女教师所讲观点不同的文章。

"记得[……]我在尤留什·卡丹-班德罗夫斯基②主编的华沙杂志《真理之声》上面阅读了作为文学课程的补充材料，他为在校学习文学的年轻人认真细心地准备了很多文章。在那份杂志上——大约是在

---

① 西蒙娜·薇依（Simone Weil, 1909-1943），法国犹太人、神秘主义者、宗教思想家和社会活动家，对战后欧洲思潮影响至深。

② 尤留什·卡丹-班德罗夫斯基（Juliusz Kaden-Bandrowski, 1885-1944），波兰散文作家，波兰军队的步兵上尉。

一九二七年或者一九二八年——我第一次看到约瑟夫·切霍维奇[1]写的诗歌,过目难忘。上面还刊登过我给杂志编辑部写的信,这是我首次发表的文章。"(《米沃什词典》,页353)"《真理之声》是波兰激进主义组织的杂志。这份周刊"发行于一九二六至一九二九年间,周日的增刊反映的是毕苏斯基的思想。那里刊登的主要是一些政治文化方面的文章,作者有马切利·布卢斯·拉法乌、埃米勒·布莱伊泰尔、塔德乌什·布莱扎、约瑟夫·查普斯基和他的妹妹玛丽亚以及帕维乌·胡尔卡-拉斯科夫斯基。一九二七年十二月,该杂志周日增刊的文化栏目改名为"文学真理之声",主编是卡丹。该期刊登了沃依切赫·邦克、约瑟夫·切霍维奇、斯泰凡·伏鲁科夫斯基、卢德维克·弗雷德等人撰写的文章……在尤里安·普日博希[2]寄来的诗歌旁有一段拒绝发表的批语[但一九二八年三月,尤里安·普日博希"在切申[3]收到的回复是:我们没有收到!!!"]。

编辑部很少收到读者来信,也找不到"切斯瓦夫·米沃什"的名字,因此只能猜测,这位当时的高中生可能用了笔名。在一九二八年一月一日那期杂志上发表了一篇题为"来自维尔诺的——叫斯坦尼斯瓦夫·布热佐夫斯基"的文章,写道:"早已有一场暴风雨席卷全球,旧世界完结了,新世界诞生了。我们这里,正是在我们这里呈现出非贵族的、波兰的乃至欧洲的新景象。请你们不要回头看,放眼未来吧。"应该说这是一篇极好的处女作,该信的全文看上去很成熟——不过在那份杂志的增刊上还有一篇题为"青年波兰传奇"的文章,这位十八岁的年轻人可能没阅读过。在后来一期的杂志上卡丹又刊登了一篇题为"战斗的文学

---

[1]　约瑟夫·切霍维奇(Józef Czechowicz, 1903-1939),两次世界大战期间的波兰前卫诗人。

[2]　尤里安·普日博希(Julian Przyboś, 1901-1970),波兰先锋派诗人、散文家和翻译家。

[3]　切申(Cieszyn),波兰城镇,位于波兰南部奥尔扎河左岸,与捷克接壤的边境。

教堂"的文章,那篇文章指出了波兰语教学中的明显错误:在那些未来的老师们的脑子里储存着过往几个世纪的大量信息,但他们根本没有传授当代文学的知识。这些缺乏教授当代文学知识的老师来到高中课堂,根本无法与学生们进行交流,无法与学生们讨论他们渴望了解的当代文学的问题,更糟糕的是,这些教员作为波兰文学专业的毕业生既不会教学生独立思考,也不会教学生妙趣横生的写作方法,那学生们怎么才能获得相关知识呢? 这篇文章引起了学生们的兴趣。二月十二日,有一位学生写道:"我们的波兰语老师都是来自遥远时代的猛犸象。我们不需要他们! 他们只允许我们记住米科瓦伊·莱伊①和扬·科哈诺夫斯基、密茨凯维奇和显克微支。"后来这封信的作者又提出了一个观点,认为斯泰凡·热罗姆斯基好于显克微支,他写道:在写了一篇风格独特的论文之后,他受到了严厉的训斥,后来为了避免麻烦,他就换了种方式写,"摘自我父亲的笔记(题目还是原来的题目)",他预言未来的年轻人一定会取得胜利:"我们的小说一定会成名,会摆在商店的橱窗里,语言生动鲜活! 很遗憾,我不能签字。为此我只签了缩写Ż-a。"这会是米沃什吗? 从一方面看,讨厌显克微支,与波兰语老师有麻烦并且言辞激烈,似乎可以解开我们的疑惑;可从另一方面看,斯坦尼斯瓦夫·普日贝舍夫斯基②和斯泰凡·热罗姆斯基这些姓名后来他从未提及,借口说是从父亲的笔记里抄写下来的,这也不大符合米沃什的性格。[9]估计米沃什可能会利用自己家族的贵族纹章……因为这封信发表于一九二八年三月四日,落款是"A. L-cz",也许这就是来自米沃什家族的族徽——卢比奇——或许他那时用了自己父亲的名字。[10]尽管我们不敢完全肯定,但

---

① 米科瓦伊·莱伊(Mikołaj Rej, 1505-1569),文艺复兴时期波兰诗人、散文作家与翻译家。

② 斯坦尼斯瓦夫·普日贝舍夫斯基(Stanisław Przybyszewski, 1868-1927),波兰作家、诗人、剧作家,青年波兰时期的小说家。

从这封信的风格和口吻来分析,很可能就是年轻的米沃什的声音——厌弃效仿范例,拒绝平淡无奇。

是的,是这样的,正如Ż-a同学所写的那样。我们很清楚这一点。难道这不是一回事吗:赞同稍微脱开范例——不好;赞同效仿范例,遵循远古的表达方式和词汇——好。

83 谈什么"新的"、当代文学受到如此排斥,是啊,在学校的所有课上遭到唾弃,如果去看看浪漫主义文学的境遇就更会清楚。他们给高中高年级学生提供的是什么样的波兰语专业的毕业生。

难道我们不清楚,学习密茨凯维奇、斯沃瓦茨基的杰作就是为了做习题以求烂熟于心,还有别的吗?

我们跟着波兰语老师读了这首诗,又读那首诗,绞尽脑汁分析具体句子,甚至连逗号句号都不放过。

我们知道"正在发生什么","格拉热娜说了什么",有时候……甚至我们知道"作品的中心思想是什么"……

更广泛的深刻含义是什么?

我们只会这样回答问题:"米日和查迪尔达赫是什么关系?""米日和查迪尔达赫的区别在哪里?""怎么与下一首诗做比较?"波兰语老师的职责是分析十四行诗句中不同的表达方式,并告诉我们"密茨凯维奇的艺术风格是写作技巧的巧妙运用",这简直太棒了!

我百分之九十的同学毕业后对文学都没有兴趣。因为从来没人教给他们怎样欣赏文学,只教会他们分析诗歌里面的句子。

切斯瓦夫·米沃什在杂志上发表的那篇文章的第一句话就表达了他的心声,他曾忠实地坚信诗歌,与此同时又十分痛苦地体验着孤独:"我们必须像《徒劳无功》①中描写的那样与知识进行抗争。迷失自我,与刊物里的文章达成共识,艰难地获得至简大道,最终达到自己的目的。"[11]

注释

[1]"我读着关于死亡的书,欣喜若狂,畅快淋漓。"见《旅行世界:对话莱娜塔·高尔琴斯卡》,页18。

[2]"要知道,地图教科书能做到,我们想到一个地方,面前就有地图。这是我最喜欢的课。当然,这堂课的神秘度也非常强。"见《米沃什矛盾自画像:对话亚历山大·菲乌特》,页338。

[3]见论文提纲,"这是我们存在的事"。(拜内克图书馆)

[4]芭芭拉·乌尔巴诺维奇的回忆,收录于《维尔诺齐格蒙特·奥古斯塔国王中学》,页142。

[5]塔德乌什·卡斯普仁茨基的回忆,收录于《维尔诺齐格蒙特·奥古斯塔国王中学》,页108。

[6]战后玛丽亚·斯塔宾斯卡-普日贝特科在弗罗茨瓦夫第一初中和全科高中任教,她的学生包括安杰伊·别尔纳茨基和雅采克·特日纳戴尔等人。"普日贝特科娃老师(永远不要叫她玛丽亚·普日贝科特!)举止优雅,她说话温柔细致,这么多年过去了,她的头略微右倾,还有些颤。她的课始终以这句话开头:'波兰文学分为三大历史阶段'。十八世纪仍使用古波兰语,直到塔德乌什·米库尔斯基出现,成为走向我们近代的转折点。她特别钟爱古典主义,因此带出了她维尔诺的学生,切斯瓦夫·米沃什,我深有体会,非常合乎情理。"摘自安杰伊·别尔纳茨基写给本书作者的信,2005年11月12日。

[7]"尽管米沃什是我们初中最杰出的学生,他的波兰语老师却没有预言他能成为作家。她战后自己告诉我的。她看出了高乌比耶夫的文学天赋。"见《关于热加雷的对话》,出处见前注。

---

① 热罗姆斯基的小说。

[8] 这些经验他曾试着在 1972 年写入几首未完成的诗里。他在这里替换了班上很多同学的姓氏,因为:他们没写过以前的老师,只有他:"我,(那个)勉强超过及格线的人 / 她用红笔在卷子上批道: / '电报体'。"(拜内克图书馆)有意思的是,这首诗——其实是他的秘密——却是写给切斯瓦夫·米沃什的美国学生的。

[9] 三周后他"单纯地"解释说:"我们渴望现实和转变! 是时候结束墨守成规了。我们可不想成为讣告,这个优点我们受够了。给我们更多光芒,因为我们疲于阅读乏味的卡德乌贝克的《编年史》和《霍京战争》。"但值得怀疑的是,当时纠结的米沃什会承认自己是"乡巴佬"吗?

[10] "假名'A. L-cz'是否来源于米沃什-卢比奇家族的族徽和称呼的缩写呢? 字母 A 也许和他父亲的名字(亚历山大)有关。切斯瓦夫·米沃什,卢比奇族徽,亚历山大的儿子,所以是亚历山大·卢比奇。"扬·杰林斯基解释说。见《米沃什的处女秀,异彩纷呈》,载《普世周刊》,2005 年第 17 期。如果写于 2005 年并刊登于《普世周刊》的这段话反映的是米沃什初登文坛的文学史线索,杰林斯基还写过另一封信,就此问题进行探讨。现在,本书作者经过谨慎考虑,也同意这个观点。

[11] A. L-cz,《大学生的声音》,载《真理之声》,1928 年 3 月 4 日。

第十章 俄罗斯轮盘赌

　　当他激情洋溢、心情愉悦地乘着夜间火车去看望住在苏瓦乌基的家
人时,突然觉得自己有些古怪。第二天一大早,他睡眼惺忪醒来,火车已
经到站,过去的生活仿佛浮现在眼前,几年过后他试着描写当时的感觉,
忽然想起了雅罗斯瓦夫·伊瓦什凯维奇的小说《狼女》开头的描写,于
是他只写了几页:在空虚中挣扎的英雄回到了自己的家,见到了兴奋之
情溢于言表的母亲、喝得微醉的父亲和弟弟到处布满无线电设备的房
间……[1]他在给伊瓦什凯维奇的信中说:“父母责怪我虚伪、冷漠,他们
说,我对一切都无所谓、不在乎,还说我不爱他们,说我智行浅薄、强词夺
理、固执任性、情感纠结、自我矛盾。但我真是无法与他们讨论纯形式的
问题,因为他们议论的话题和熟人的事情我实在不愿意听。”[2]

　　亚历山大·米沃什借酒浇愁愁更愁,只能认命,选择了刚刚腾出的
一个岗位,这是苏瓦乌基市道路交通署的主管职位,也就是一个县级工
程师的职位,负责该市的道路维护。[3]他从一九二六年十二月一日接手
了这个职位,在这之前他在市中心靠近一条大马路的花园大街16号的
楼房内租了四间一套的住房[4],附近有一个大花园,还有两座教堂。

维罗妮卡负责操持家务,照顾身体每况愈下的婆婆。安杰伊就读于附近的一所高中,他跟哥哥性格完全相反,继承了父亲的特质,喜欢去常年开门的鸠赛克体育馆(Dziusek)运动,之后又爱上了各种体育竞赛运动——滑翔运动、跳伞运动、帆船运动……

后来米沃什在节日或者暑假时常去苏瓦乌基,他觉得苏瓦乌基只不过是一个省城,那里永远"过节就是喝酒,要么就是举行有乐队奏乐的隆重葬礼(葬礼是一件非常特殊的事件,能够聚齐各阶层的人,是一个仅次于剧院的文化娱乐活动)"[5],就这样,我的家庭融入了新的环境。米沃什夫妇常去莱舒尔沙·奥贝瓦泰尔斯卡宫殿消遣,并结识了很多人,其中包括博古米乌·克里彭多夫医生和塔德乌什·罗伊凯维奇骑兵上尉,安杰伊还曾在后者家住过一段时间。一九三五年,父亲在格宛波克又找到了一份新的工作,这个地方离波苏边界很近。亚历山大负责一个建筑委员会的工作,在苏瓦乌基附近修建了一个机场,同时还是一所学校大楼建筑委员会的监理,又在县里担任了几个月的建筑师的职务[6],一九三四年底荣获了国家功勋银质奖章。他行走在用碎石铺就的马路上,负责监督修路工程,尽管没能实现他的远大抱负,但总比坐办公室强多了。他头戴空军帽,眼睛上架着大墨镜,脸被风吹得通红,驾驶着福特公务车或者骑着带拖斗的哈雷戴维森牌摩托车,长时间奔跑在公路上,有时候他还会带上儿子跑趟塞伊内,他们在犹太人驿站还有个自己的"歇脚处",那里的鱼非常好吃。他有时会走得更远,到达东普鲁士地区,从那里可以带回兴登堡牌纯净水。高中毕业考试之后,切斯瓦夫·米沃什去了波兹南①,参观了一个全国展览,对米沃什来说,普鲁士之旅是他人生第一次接触到西方:"过了边境之后看到的是沥青铺就的大马

①　波兹南(Poznan),波兰中西部的一个城市,"一战"结束前曾是普鲁士王国和德意志帝国波森省的首府,战后割予波兰。

路,那里的酒馆、旅馆取代了驿站,村民和富绰的农民坐在那里,酒足饭饱,穿着体面,抽着雪茄,喝着白兰地。"(《米沃什矛盾自画像:对话亚历山大·菲乌特》,页287)他和父亲最愿意做的事就是去附近库纳特家族的房产处。尼娜姨妈请他们"去克拉斯诺格鲁达喝酒"。[7]

克拉斯诺格鲁达这地方属于切斯瓦夫·米沃什外祖父的兄弟——布罗尼斯瓦夫·库纳特的房产,他娶了弗洛伦蒂娜·格热高舍夫斯卡。这对夫妇育有两个女儿,也就是诗人的姨妈,一个生于一八八八年,叫嘉布蕾拉,小名艾拉;一个晚前者十年出生,叫雅尼娜,爱称尼娜。为了显示贵族的富有,她们家在第一次世界大战之前就开始到比亚里茨①、巴黎和威尼斯等地旅游,同时还把金钱投向砍伐壮丽的森林。美丽动人的艾拉拍了不少照片,画家鲁道米尔·雅诺夫斯基还为她画了很多肖像,是维尔诺"哇"业余演出团的明星,所有男人都把眼光投向了她,一九一五年她嫁给了身强力壮的工程师伏瓦迪斯瓦夫·利普斯基。雅尼娜精力充沛,性格外向,热情开朗,这位养马女仿照波兰布尔什维克战争期间的爱情冒险故事装扮成男人,加入了枪骑兵,而且差点在哥萨克的剿杀中丧命,她与涅曼托夫斯基上尉有过一段浪漫恋情,但当她发现丈夫要卖掉他姑姑在父亲去世后分得的财产时,便立即抛弃了他。[8]

尽管利普斯基努力使农业现代化,但由于农产品价格日益下降,农业税日益增高,克拉斯诺格鲁达已经没有利润可赚。于是他决定改变这里的营利方式,把这里变成暑假度假地——主要是接待来自华沙的知识分子,那时苏瓦乌基地区的一个导游建议他:"庄园可以接待二十个度假客人。根据书面预订函(塞伊内邮局)给阿乌古斯托夫派了车。庄园

---

① 比亚里茨(Biarritz),位于法国西南部比利牛斯-大西洋省、比斯开湾沿岸的一个市镇,十八世纪以来,成为欧洲王室成员度假疗养地。

86 附近是一百三十二公顷的森林(云杉和针叶松),田野里还有一块花岗岩巨石。"同时还为三百年的椴树和建于十七世纪的庄园做了广告。[9]尽管庄园郁郁葱葱,地理位置很好,但它并不供人居住,应该说是由尼娜管理的一个专门喂养奶牛、山羊和猪的农场。尼娜与周围农民相处得还算不错,从未过分表现得"高人一等"。尼娜的儿子扎扎,于一九二三年出生于齐格蒙特,时常用汽车把农民的孩子们拉到家里,还在窗台上摆上收音机,让他们的家长听新闻。在主要建筑旁修建了一层附属建筑,里面是客房,客人们能从栗树林荫道直接到达霍乌内湖边,游泳、划船,晚上在院子里玩桥牌和纸牌,客人们享用着当地的树形蛋糕①,在钢琴伴奏下跳舞,弹奏者正是利普斯基,留声机的音乐伴着他们跳探戈舞。从一九二七年的照片上可以看出,在克拉斯诺格鲁达庄园墙上挂满了画,在放有一架钢琴的房间背景的衬托下,客人们摆出各种姿势:照片上有亚历山大·米沃什和他的大儿子——那个一眼就能分辨出来的年轻人,尽管仔细看可能会有些怀疑,这个穿着高筒靴、身穿制服的男子的形象看上去比十六岁的男孩要老成许多。因为米沃什四年后在庄园前拍的一张照片显得要比那时年轻很多——照片上米沃什站在亲友中间高举着双手,英姿勃发。

他来过这里多次——上学的时候他常与父母和弟弟来这里度暑假,一九二七年他们全家第一次到这里度暑假。那时供度假者住的庄园的房子破裂了,米沃什一家就租住在位于什普利舍克附近的一处茅屋或者可以说是农民达普凯维奇在热嘎力诺[10]农村的房子。作为高中生(后来作为大学生)他也曾自己去过"亲戚家享受"[11],住在阁楼上。漫步在大森林和周围的湖边,划着小船,听着鸟叫,捕捉野鸭和鹧鹆。"切希

---

① 在波兰语-立陶宛语中的意思是传统的吐口水蛋糕。它是由黄油、蛋清、蛋黄、面粉、糖和奶油制成的,在烤箱中的旋转炉子上或在明火上蒸熟。

小的时候就很喜欢踢足球,与村子里的孩子们玩耍。长大了一点,就拿着鱼竿去钓鱼。钓上来的大多是鲈鱼,这个湖里的鲈鱼多极了。他也特别喜欢划船;有时候他一天都不回家,父母亲就坐卧不安,不知道他出了什么事。他带着书本在森林里待了很长时间,认识了很多植物,还自己做了一个植物标本室;再长大一些,他就去打猎,但我从未见他打回来什么。"他们家的管家这样回忆道[12],在我们印象中他就是《诗论》中的那个"鲈鱼鳃"。因此狩猎奖杯越来越少,剩下的只有瞬间的记忆,就是树木中间的那个闪着蓝白色光的裙子:"带点的布裙,我只知道她这些 / 悄悄地跟着枪手走在森林的灌木丛中 / 我遇见她跟米哈乌躺在 / 铺开的毯子上。/ 一个丰满的女子。/ 大概是一位军官的妻子。/ 她的名字应该叫佐霞。"(《诗集 第五辑》,页52)

身不由己的自我矛盾的现象——少年正在与非现实的世界作斗争(令他感到惊悚的是这种"疲惫的感觉[:]譬如这是树,可我不能承认这是真树,到达一定高度——我无法用言语形容这个感觉。就像树木、石块、街道包括人一样"[13])。情欲的诱惑,但又十分胆小懦弱,没有受过严格的良好教育,有时甚至坐在桌前手足无措,到了度假的地方,假日浪漫的情窦初开,闲来无聊的妇女们却已经找到了在世界上立足很稳的男人们,跟他们谈论时尚、冗长且没有艺术价值的小说和狐步舞。他们根本没有把他放在眼里,尽管有时他们脸上露出某种甜甜的微笑,他总是感觉非常自卑,比别人低一等,没有"正常"的尊严,但又会马上感到自己优越于他们:

> 不难高于他们之上,因为他们都死去了。
>
> 我与他们一起坐在桌边,那是一个战前的夏日。
>
> 整个旅游酒店。我能跟他们一起
>
> 做我想做的,甚至观察。

一个十六岁的少年做着怎样不正当的游戏。

傲慢，而又令人厌恶地胆怯，

他只会沉默、傻笑，

因为无法跟他们谈论叔本华。

他难道不是一个正常的人？令人怀疑。

不过这些人也有点道理，既然"他们了解生活"，

即在温文尔雅的轻声细语下面是恶魔的地域。

（《诗集　第五辑》，页 175）

　　在这些掩饰中上演的是一场青春戏剧，剧情可以在散落于诗人屡次提及的作品中重构。一九二六年七八月，也许是在一九二七年，在那些前来度假的人中有一位红发女郎伊莱娜非常引人注目，她没有带丈夫来，而是独自一人来到克拉斯诺格鲁达，她教小切希跳探戈，这给他留下了深刻印象，领他跳舞的是一位"面带笑容的成年妇女 ／ 让年轻男子感到神秘的女人"。（《诗集　第五辑》，页 39）她可能在玩一个不负责任的游戏，想引起他的注意，而他——以男孩的激情爱上了她。倒霉的是，来到旅游饭店的还有另外三个来自华沙的高中毕业生：一个叫米哈乌·帕夫沃夫斯基（也许他就是先前的诗中的那个人）；另一个叫兹齐斯瓦夫·维西涅夫斯基；第三个叫爱德华·科兹沃夫斯基，他就是前来度假的画家米奇斯瓦夫·科塔尔宾斯基[14]画像上的那个人。

　　他们只比米沃什大两三岁，但他们之间有着天壤之别："到现在为止，在我的内心，每时每刻都充满了妒忌，当［……］我看到这三个长得帅气、身体健壮、来自华沙的人时。"（《猎人的一年》，页 37）点滴的痛苦酿成了恐怖的预感。有一天清晨他起床后，也许当时他打算去森林里散步（这是偶然，还是思念？），他走到她房间的窗前，忽然看见爱德华从她的房间里走出来——他是幸运的情人。他妒火灼心，觉得眼前的世界太

邪恶了,简直无法忍受。直到晚上他都无法抑制悲伤的情感,独自在自己住的阁楼里喝下一杯烈酒后,拿出左轮手枪,上了几颗子弹,转了一下弹巢,枪口对准太阳穴,扣动了扳机。[15]

　　我们无法再现他当时的情绪,但我们可以感受到那种令人震惊的瞬间,"变成了"现实还是"没有"? 这个过程用了多长时间? 也许他在扣动扳机的时候手抖了,也许子弹打空了,也许金属声震动了那颗惊愕的心。

　　左轮手枪没有打响。讽刺的是,多年之后,在五十年代,爱德华自杀了,他和妻子无法忍受政权的压制,打开煤气中毒死了。一九五七年米沃什写了一首诗,诗中没有直接用情敌的真名,弦外有音地表达了多年来难以抑制的痛恨之心以及胜利之情——他认为这首诗过于私密,当时没有立即发表。

先生告诉你,无人知道力量是什么

也不知道柔弱可以转变成胜利。

我有这样的经历,很无耻地承认这一点,

当我听说兹贝舍克自杀的当天,我知道我胜利了。

事情是这样的:很久以前,暑假期间

就像今天这样在月影的照耀下

玉兰花开了,散发出甜甜的香味

星光闪闪,离开学的时间还很遥远,

先生你完全了解这些。

我住在阁楼上,楼下的留声机隆隆作响

"米隆加①探戈的音乐,我梦寐以求的探戈",

"仿佛在金笼子里睡觉的黑豹",

或者整个晚上欢跳着狐步舞。

阳台一片黑暗,他们在椴树下窃窃私语。

而我茕茕孑立,形影相吊,迷惘苦闷,失落悲哀。

我怯怯乔乔,垂着眼睛喃喃自语含糊其词。

我的意志力降到了谷底[……]

89 幸运不会眷顾我,幸运属于那个兹贝舍克。

他很帅。一双有力的双手,暴着青筋。

虎背熊腰、阿波罗式的脑袋,

很小,说话咄咄逼人。

无拘无束。飞扬跋扈。一群女孩围着他们转

嘲笑我和爱德克、卡罗尔。

突然她出现了。红头发的性爱狂,

那时我不会这样说她——只是今天这样评价她。

她身上铃兰花的香气,浓香四溢

沁我心扉,我混混沌沌,开始梳洗

头发梳了中分,散发着发蜡的臭味。

她觉得很好玩——说我像小狗。

---

  ① 南美洲,尤其是阿根廷、巴西、乌拉圭一带的一种风格近似于探戈的流行舞曲的音乐形式。

先生你知道吗，我人生从来没有，只有这一次

我为爱情如此绝望、妒忌。

当那个清晨我在树后看见

兹贝舍克从她的窗户爬出。

不是妒忌，应该说是恐惧

世界是如此这般残酷无情。

当那次阁楼随着音乐声震动

在他们的探戈舞步中我喝下了一杯烈酒

就像那天清晨，站在树后

看见兹贝舍克从她的窗户爬出那样

我给我的老式左轮手枪上了子弹

我转动了弹巢。就像在法庭。

一定是个白痴。反正是一死了之。

枪口对准太阳穴，扣动扳机。枪没有响。[16]

不过这个故事还没有讲完。悲剧还吸引着我们去了解当晚是如何继续上演的，探戈的旋律透过吱吱作响的地板缝隙传到房间里。如果不是她突然进来，看见桌子上放着的左轮手枪，那么那个暑假就只会是年轻男人玩耍的天下。

让少年去反对不可抗拒的法律吧，左轮手枪

握在年轻人的手中，过去他们是拒绝这样做的。

那时——不是这样么？——女人用手捂住我们的眼睛，还

　送了一个礼物：露出棕色的大乳房，脱下裙子露出了下

腹一团黑毛。

90   心跳急速加快！因此可以说这只是我的好运气，没有人
          知道，没有人了解她金贵的身体。

                                    （《诗集　第四辑》，页278）

是谁赠予了米沃什她金贵的身体作为礼物？我们能从米沃什诗集《珍珠颂》里面看到一首诗，带有塞尚一句重要的座右铭——世界，真是可怕：

那位妇女名叫嘉布蕾拉。我可以描述她
身穿带海军衣领的白色长裙
或者作为老年妇人露出的是没有牙龈的牙齿。
她站着，皮肤呈金光闪闪的橄榄绿色，满头黑发。

这是艾戴克，半个世纪前的田径运动员。
一只手撑着臀部，像偶尔在艺术画册上复制的
他自己的肖像画那样。

这是米奇克，就是给他画像的那个人。烟熏得发黄的手指。
卷着烟纸，思考着如何下笔。

[⋯⋯]

力量、心灵手巧、美丽，力量高于一切，
在酒吧里跳舞，步履轻盈

他最受人们的赞赏。

他的动作非常协调,怡悦开心,

无论世界怎样,他们都快乐满足。

要像他一样,当弯腰做扔铁饼动作时,

宛如脱缰的骏马,清晨从窗边

露出 Z 先生妻子的一头红发!

心中充满嫉妒,十六岁的少年只会那样。

(《诗集 第三辑》,页 231-232)

这段诗旁还有作者自己的一段评论:

三个人的名字都是真名,不能随意写,[……]如果说起嘉布蕾拉的话,她的存在几乎就像他出生地所在的那条河的河水流动得十分湍急那样,第一次见到她时他才三岁,那时她已经是亭亭玉立的少女。在他眼里她宛如铺在群青①或委罗内塞②油画的绿地上的金色网袋,像装在陶瓷碗里略带酸涩的蜂蜜糖片,她的颈美得犹如乐器顶部的弯度——但她从未想到随着时间的流逝他还一直对她念兹在兹。(《诗集 第三辑》,页 233-234)

写自己和爱德华以及嘉布蕾拉可能不只是偶然,他肯定不会以这种强烈的情感描写一个普通姨妈,尽管如果我们童年遇到她也会赞美她的俏丽,但我们不会记得那么清晰:"像艾拉曾穿过的宝蓝色的裙子 / 她皮 91

---

① 一种蓝色颜料,主要成分为双硅酸铝盐和钠盐以及其他一些硫化物或硫酸盐,出现在自然情况下生成的近似成分的青金石。

② 委罗内塞(Veronese, 1528-1588),意大利文艺复兴时代的画家。

肤散发出来的是淡雅的清香味。"（《诗集　第五辑》，页 102）米沃什在六七十年代曾写过一本科幻小说，题为《帕纳塞斯山》①，其中一条主线涵盖的就是自传的内容——主人公之一就是他自己。小说里的奥缇："我刚刚走出童年，正处在叛逆的年龄。我觉得，我永远都不会想去跟其他人一样，我处于病态的虚幻状态，尽管我什么也不缺。当有人夸我是个帅小伙时，我可能会感到非常诧异。"我比较佩服比我年长一点的爱德华（多年之后他自杀了），他身体强壮，天生喜欢运动，女孩子们都围着他转。事情发生在艾斯塔巴和多莱拉斯家：艾斯塔巴"喜欢竞技，身体微胖，心眼很好"，而他的妻子"从早到晚不闲着，她觉得这是她家，所以就不停地收拾、做饭，她家的园子，一部分做了马厩。［……］她把我当儿子对待，时不时地把我叫去谈话，反倒让我觉得更加郁闷"。于是她决定以另一种方式帮我。

　　为什么晚上多莱拉斯来到我的房间，她大胆地说，让我亲吻她的脖子，她把睡袍脱下来，里面什么也没穿吗？她为什么决定把我带入神秘的爱情中去呢？［……］她是可怜我这个悲情少年吗，用这种方式让我尝到一点点甜蜜，还是她认为这种小事不足以被说成是对艾斯塔巴的背叛，或许是她厌恶了整天忙碌的日常生活？也许，尽管我并没有任何期许，但也许会有人觉得我是一个帅小伙？［……］她身条之美令我销魂，好几个月我都无法自拔，背地里高兴得大叫。［……］她的皮肤呈橄榄绿色，紧致光滑，说出来的话并不甜美，反而有些尖刻。我们在家里、在森林里、在工具房里做爱，如果下雪了——我们就在马厩里做爱，如果听到冰冷的雪地上有脚步声，就合盖一条旧毛毯，依偎在一起。[17]

---

① 2013 年由波兰政治出版社出版。

这纯属文学虚构,不过不难想象,这里的很多细节描写很像是嘉布蕾拉·库纳特和伏瓦迪斯瓦夫·利普斯基夫妇。也许诗人后来用法文写的句子"我的初恋激情"(《米沃什矛盾自画像:对话亚历山大·菲乌特》,页153)指的就是他的姨妈,这不仅与他第一次在塞泰伊涅见到她的情形有关,也不仅与柏拉图式的爱情有关。他们之间是否有过罗曼史? 持续了多长时间? 她对他来说是怎样的人? 早在一九三四年他就为她献上了一首题为《歌曲》的诗,难道这首诗描写的就是关于她个性的神秘画像? 有多少是从他的个人经历变成他当年所写小说的开头? 那部小说开头写的是三十九岁的女主人公莱娜与姐姐一起住在湖边的房子里,她有一个儿子和她不爱的丈夫,一个运动员,他配不上她这个知性和开朗活泼的女子,她身边的人如同灰烬:"一切都会烟消云散,只有我是万古不灭的?"为此她感到生存的愉悦,"火在胸中燃烧"——是为年少的情人吗?[18]

92

一九六二年,当嘉布蕾拉·库纳特在波兰北部城市索波特去世后,切斯瓦夫·米沃什写了一首《致 N. N. 的挽歌》:

> 难道是你我的错? 不算大的过错。
> 难道是你我的秘密? 小小的秘密。
> 当他们用手绢掩住脸颊,用手画着十字时
> 远处传来狗吠声,星星闪着光。
>
> 不,不是因为太远
> 不是因为那天或者那晚你没有来看我。
> 我们一年年地成熟起来,直至弄明白
> 正如你理解的那样:冷漠。

(《诗集 第三辑》,页106)

注释

[1] 模仿中学同学斯坦尼斯瓦夫·科夫纳茨基的房间？切斯瓦夫·米沃什，1934-1935 年笔记本。（拜内克图书馆）

[2] 摘自切斯瓦夫·米沃什写给雅罗斯瓦夫·伊瓦什凯维奇的信，1930 年12 月20 日。（波兰科学院文学研究院图书馆）

[3] 兹比格涅夫·法乌特诺维奇研究了切斯瓦夫·米沃什一家的苏瓦乌基的历史以及诗人与苏瓦乌基民众的关系，研究成果如：《晚风——切斯瓦夫·米沃什与苏瓦乌基》(2006)，《致米沃什，苏瓦乌基-克拉斯诺格鲁达》(2006)。

[4] 现在的卡齐米日·哈迈尔什米特神父街 10 号。

[5] 摘自切斯瓦夫·米沃什写给伏瓦迪斯瓦夫·塞贝瓦的信，1932 年 3 月30 日。（华沙文学博物馆）

[6] 1931 年 6 月至 1932 年 2 月。也许这个决定早已下达，约 1931 年 10 月20 日米沃什写信给伊瓦什凯维奇道："我父亲被裁员了，钱没了。"摘自切斯瓦夫·米沃什写给雅罗斯瓦夫·伊瓦什凯维奇的信，1931 年 10 月 20 日。（波兰科学院文学研究院图书馆）

[7]《安杰伊·米沃什的故事》，载《苏瓦乌基》，2001 年第 14 期。

[8] 布罗尼斯瓦夫·库纳特死于 1922 年 10 月 25 日，他的太太死于 1940年 5 月 1 日。两人都被葬于塞伊内墓地。"二战"后庄园被收归国有，交由森林部门管理，后慢慢荒芜损毁。某段时期其房间可能对外出租，维艾斯瓦夫·梅希里夫斯基曾经租用度假。见格热戈日·拉科夫斯基，《充满矛盾的地方》，《大道》，1990 年第 11-12 期。很多关于克拉斯诺格鲁达的信息皆由玛乌戈日塔和克里什托夫·赤热夫斯基整理归档，他们在此运营着一个文化中心——"艺术、文化、民族——边界"，并在库纳特庄园创建了切斯瓦夫·米沃什国际对话中心。

[9]《奥古斯托夫-苏瓦乌基湖区：夏季风景旅游指南》，约瑟夫·维泰克编（华沙，1937）。

[10] 见彼得·达普凯维奇，《达普凯维奇家族》，《塞伊内年鉴》，2006 年，

页 336。

[11]　见罗穆阿尔德·卡拉希,《"伊萨谷"的踪迹》,《马里哈河畔的房子》
(华沙,1986),页126。

[12]　瓦茨瓦夫·柴罗博斯基的回忆,参罗穆阿尔德·卡拉希,《马里哈河
畔的房子》,页135。

[13]　切斯瓦夫·米沃什,《我应该写下来》。(拜内克图书馆)

[14]　后来成为切斯瓦夫·米沃什多年的朋友和资助人。他们可能相识于
1926年夏天,那年米沃什十六岁,正在创作爱德华的肖像画,如"年轻人的肖像
画"和"穿着灰色毛衣的小伙子"。这些画在华沙起义期间焚毁,如今只能通过
黑白相片和画家自己的笔述略知一二。米沃什在假期寄出的信中说:"我画了
一幅爱德华的大肖像画。他表情厌恶又悲伤。要是有更多时间就好了。也只能
如此:最终作品了。"摘自写给佐菲亚·兰姆普雷希的信,1926年8月28日,引
自卡塔热娜·卡里什,《米奇斯瓦夫·科塔尔宾斯基(1890-1943)——艺术创作
编年概述》,由安杰伊·奥尔舍夫斯基教授指导的毕业论文(斯泰凡·维辛斯基
大学,2001)。

[15]　"我经历了一场爱情戏,我想饮弹自尽。我参与了一次俄罗斯轮盘
赌,也就是说转了弹巢。"见《米沃什矛盾自画像:对话亚历山大·菲乌特》,
页164。自杀的尝试还出现在未完成的小说《帕纳塞斯山》中,其中一个角色认
为:"倾向非常明显,如果他只在枪里装上三颗子弹,他希望表现姿态,而不是结
果。他扣动扳机,机会有限,也就是说他只是参与而已。因此他朝太阳穴开枪,
只是为了听到'扳机'的声响。"(拜内克图书馆)

[16]　拜内克图书馆。

[17]　切斯瓦夫·米沃什未完成的小说《帕纳塞斯山》。(拜内克图书馆)

[18]　未完成的文章《莱娜生命中的第三十九个冬天》,存于切斯瓦夫·米
沃什,1934-1935年笔记本。(拜内克图书馆)

第十一章　俱乐部成员之中

　　　无论是在家里,周围的环境中(当然家也属于其中一部分),还是在班里的大多数同学中,存在的令人痛苦的分裂感和心灵上的孤独感终于不治而愈了,因为同学们加入了学校的一个秘密学生组织,在那里大家找到了精神上的共同点。如果想提高小说阅读的激情,把米沃什自传变成一部启蒙小说的话,那么就让书中的主人公揭开二十世纪的所有秘密,但必须注明,这本书一定要进入共济会①俱乐部。

　　根据"PET"组织的传统,它的前身是十九世纪的波兰青年"ZET"组织,也就是在被瓜分期间波兰的一个统一的学生联合会。一九一八年之后,这种独立的地下组织活动让路给了旨在培养未来精英的教育组织,某种程度上还保留了一些活动的秘密特色,以保证其精英特质,并为其活动增添一些特有的风韵。其实"ZET"组织在建立初期的活动是与民

---

　　① 起源于公元前4000年,1717年成立了英格兰第一个总会所,早期为石匠工会,有独特仪式,后来发展成世界组织,成为权贵交流的俱乐部。

族运动相关联的,在二三十年代其政治背景与"PET"组织是有区别的。米沃什认为,在维尔诺,"PET"组织受共济会遥控,起主导作用的是其中一位女成员的父亲,叫斯泰凡·艾伦克罗伊茨,法学教授,波兰社会党①活动家,"托马什·赞"[1]俱乐部成员。如果事实如此,那么就会出现非常有趣的相悖的事实,也就是说这群年轻人本应在共济会的监督下成长,结果反而成了与天主教"复兴"有关的、对波兰教会做出了杰出贡献的人。

从米沃什的回忆中可以看出,如果他是在一九二八年加入的"PET"组织,可以说他那时可能没有与其他城市来的小组成员见过面,或许他没有参加与他们的见面会。根据历史学家的说法,早些年"在波兰曾经有过几个这样的小组:来自卢布林、华沙、波兹南、谢德尔采等地;他们在全波代表大会上见过面[……]。同时,他们还发表过共同的思想宣言,口号是'自己为民族和世界'",在"PET"组织的基础上,大学里成立了一个叫"阿尔法"(Alfa)的组织。[2]这是在二十年代下半叶维尔诺的学生们成立的组织,主要参与者有艾米莉亚·艾伦克罗伊茨(她的父亲通过以齐格蒙特·奥古斯塔国王名字命名的中学的校长干预了这件事,当霍姆斯基神父得知他们成立了这样一个组织,他要求宣布这个组织是非法的并要求惩罚相关学生),汉娜和佐菲亚(未来的希腊-波兰语词典的编纂者)·阿伯拉莫维楚夫娜两姐妹,她们是卢德维克·阿伯拉莫维奇的女儿,父亲是共济会成员,也是《维尔诺评论》的出版人,这份刊物主要宣传"本土人"②的思想,这些人继承了波兰-立陶宛大公国的传统,

94

---

① 波兰的一个左翼政党,自其 1892 年成立至 1948 年为止一直在波兰政坛占据重要地位。该党在 1987 年复立,至今仍在。

② 指在维尔诺地区的讲波兰语的知识分子,他们在二十世纪初反对根据种族和语言划分前波兰-立陶宛联邦为民族国家。

他们是安东尼·高乌比耶夫①、切斯瓦夫·兹果热勒斯基②、莱奥卡迪亚·马乌诺维奇③。马乌诺维奇是未来的波兰天主教大学教授，不久后与"热加雷"④的沃依切赫·东布罗夫斯基、泰奥多尔·布伊尼茨基及其弟弟博莱斯瓦夫、约瑟夫·希维安茨茨基（他是后来的《维尔诺快报》编辑），还有他的弟弟伊格纳齐以及爱德华·博罗夫斯基等建立了联系。维尔诺的"PET"组织"主张自由主义和宽容"并"厌恶民族主义"（《米沃什词典》，页 303），它不是一个政治组织，应该说是由部分青年知识分子自发建立起来的一个友好组织，寻找与他们志同道合、超脱于平庸的同龄人。介绍米沃什加入这个组织的人叫斯坦尼斯瓦夫·斯托马[3]，比米沃什大三岁。

他们的相识是因为两家是邻居——斯托马家离塞泰伊涅只有十五千米，他们时常走动，互相串门。在维尔诺，他们上的是同一所中学，时常在课间休息时见面，有时候在斯托马家见面，他家住在路德维萨尔斯卡大街 7 / 7 号，在他家阳台上，他们嘲笑那些从这条街上走过赶往学校上课的教授们。斯托马考上大学法律系后，就跟年轻的同学一起讨论莱昂·派特拉热茨基的书和亨利·马西斯的著作《西方的防御》，这本书在当时风靡一时，主要论述了斯宾格勒防止天主教和拉丁传统以及西方哲学（准确地说是罗马哲学）遭受亚洲哲学入侵的观点，因为当时曾有人认为，欧洲精神复兴的唯一源泉是远东哲学的影响。亨利·马西斯表明阻碍西方和东方文明合成的乌托邦主义的根本矛盾首先源自人的

---

① 安东尼·高乌比耶夫（Antoni Gołubiew, 1907-1979），波兰天主教作家和新闻工作者、历史学家。

② 切斯瓦夫·兹果热勒斯基（Czesław Zgorzelski, 1908-1996），波兰语言学家，专门研究波兰启蒙与浪漫主义文学的历史，密茨凯维奇作品的编辑。

③ 莱奥卡迪亚·马乌诺维奇（Leokadia Małunowicz, 1910-1980），波兰古典语言学家，研究古代基督教的学者。

④ 维尔诺方言，原意为"干树枝、草丛"，波兰诗人团体，建立于 1931 年，被称为"维尔诺先锋队"。该团体出版了同名杂志《热加雷》。它的成员假定文学是社会参与的，其工作的特点是左翼激进主义、反法西斯主义和灾难主义。

地位及其与外部世界的关系。如果考虑到米沃什三十年代早期的政治倾向的话,那时他很可能非常悲观地看待欧洲的政治神学①思想,大约十年之后,他将会猜测:"但有谁知道,我一直不喜欢加利福尼亚非常崇拜的东方智慧,不过这也不能单纯解释为我第一次接触这类信息时只有十七岁。"(《从我的街道开始》,页26)大学期间意识形态的选择促使斯托马和米沃什分道扬镳,但此时米沃什作为高中生收到"PET"组织的邀请,还是十分自豪的,觉得自己"属于那些有尊严的和选拔出来的人"。(《欧洲故土》,页125)

　　在这些保存至今的照片中(看得出来,地下组织也不是很严肃的组织),米沃什站在穿着搭配得体的年轻队员们中间,他们中间有斯坦尼斯瓦夫·斯托马和伊格纳齐·希维安茨茨基,还有亚历山大·博罗夫斯基、古斯塔夫·诺沃德沃尔斯基、博莱斯瓦夫·布伊尼茨基和三位女生:雅尼娜·高德莱夫斯卡、哈利娜·多曼斯卡和玛丽亚·凯朱纽夫娜。但最重要的是,他为自己是"PET"组织的成员而备感兴奋,觉得自己与众不同:"在我这个年龄完全没有女生的陪伴,这是由于我的胆小怕事和教育制度造成的,可我有一个惊人的发现:就是她们也在感受,也在思考,这一点我是很不习惯的"(《欧洲故土》,页125),为此——他也谨慎地承认——他与同龄人的交往仅仅是同学之间的简单交往,情感交往走的是另一条道。他终于觉得能被人接受了:自我证明并不"偏离常轨",因为他愿意跟别人交往,大家都一样,都在与同样的问题抗争,某种程度上都有相似的爱好,能够感受到人与人之间的温暖,因为他们都同病相怜,都是租房或者租住小旅馆的举目无亲的孤独之人,都处于人生的叛逆时期,非常需要彼此之间的交流。

　　"我们年轻人,大都受到良好的教育,包括思想教育。我们必须承

<hr>

①　政治哲学和实践神学的一个分支,它的神学观念和思维方式中包含政治、社会、经济和文化等。

受一切并生存下去。[……]我们彼此之间有说不完的话。为此建立了真诚的友谊。"斯托马写道。[4]他们还阅读了大量书籍,看了很多戏剧首演,那时维尔诺的文艺生活还是非常丰富的。一九二五至一九二九年间活跃着一个由尤利乌什·奥斯特尔瓦①创立的"莱杜塔"实验剧团②,米沃什曾跟斯托马一起去看这个剧团的演出,斯托马回忆说:"我们曾经一起去看过几次同样的演出。[……]因为我们买到了当时最好剧目的最便宜的票,都是站票,在第一幕开始后我们就一直盯着剧场一层和包厢看是否有空座位。第二幕开始前我们就跑去坐到那些空位上看演出。遗憾的是空座位一直有,而且越来越多。[……]莱杜塔制造的的各种智识气氛和道德冲突开始减弱。后来为了符合消费趋势,剧团开始了娱乐性的演出。"[5]……不过在剧场大厅里,米沃什赶上了观看斯沃瓦茨基的悲剧《马泽帕》③和高乃依的悲剧《西拿》以及维斯皮安斯基的悲剧《婚礼》《法官》和《解放》,还有热罗姆斯基的戏剧《我的鹌鹑跑了》。他还看了易卜生、皮兰德娄、弗莱德罗和沙尼亚夫斯基④的剧作,特别是奥斯特尔瓦导演的在户外演出的《坚贞不屈的王子》给他留下了特别深刻的印象。一九二九年,在亚历山大·泽尔维罗维奇接任了维尔诺剧院院长的职务后,剧院上演了下列剧目:《先人祭》⑤《十一月之夜》⑥《仲夏夜

---

① 尤利乌什·奥斯特尔瓦(Juliusz Osterwa, 1885-1947),波兰演员兼剧院导演,共济会成员,历史上最伟大的波兰演员和剧院导演之一。

② 该剧团成立于1919年的华沙,是波兰的第一个戏剧实验室。

③ 该五幕悲剧写于1839年下半年,在巴黎创作完成。它于1840年最早在巴黎上演,1847年曾在布达佩斯上演。

④ 耶日·沙尼亚夫斯基(Jerzy Szaniawski, 1886-1970),波兰作家,波兰文学学院成员。

⑤ 《先人祭》是密茨凯维奇的重大戏剧成果。作为一部弥漫着难以定义的情绪的戏剧作品,它在波兰文学中开了先河。在1901年之前,它都是作为一部戏剧诗的杰作,此后,现代舞台戏导演才敢尝试把它搬上舞台。《先人祭》由戏剧改革家斯坦尼斯拉夫·韦斯扬斯基首次列入波兰戏剧的保留剧目。之后,它成为某种民族神圣戏剧,有时候会因其对观众的强烈影响而被审查当局禁演。它是浪漫主义最复杂和最丰富的作品之一。

⑥ 维斯皮安斯基的戏剧,描写的是波兰"十一月起义"的历史。

之梦》和布鲁克纳①的《罪犯》。"导演和舞台布景的前卫风格、反自然主义的思想观念很早就教会我们"惊奇"正是舞台的本质所在。那里演出过古典艺术[……]梦幻般的波兰浪漫主义悲剧[……]，甚至包括德国魏玛时期作家的残酷的报告文学作品。"(《欧洲故土》，页72)多年后米沃什说，在维尔诺他把注意力更多放在了二十年代末和三十年代初上演的剧目上，除了几个特别的剧目，那些曾经上演过的法国或是美国的剧目后来都没有给他留下什么特别深刻的印象。[6]

　　"PET"组织定期举行会议，成员们准备了讲稿，同时还共同起草了类似于知识期刊的刊物，名为《绿皮书》，或许是因为集体起草的——又叫《七十士译本》②：每个人用一句话写出自己的观点和想法并对以前的条目加以评论。从那些保存下来的早期《绿皮书》的片段[7]来看——遗憾的是，那时米沃什尚未加入"PET"组织——无疑也能看出他们的思想观点具有连续性，因为共同兴趣创造了这种环境的年轻人说："对我们所有人来说，无论观点如何，属于哪个阶层，它都是具有创新精神的组织，'PET'给予了我什么？给予了家庭和学校没有给予过我的东西。[……]从那时起，我就开始过着有意识的生活。"

　　在《绿皮书》的范畴内，天主教徒和无神论者能在一起交流，甚至号称泛神论者的泰奥多尔·布伊尼茨基也给《绿皮书》撰稿，他喜欢阅读拉罗什富科、梅特林克、王尔德、莱奥帕尔迪③、戈蒂耶④、维斯皮安斯基、

---

① 费迪南德·布鲁克纳(Ferdinand Bruckner, 1891-1958)，奥地利-德国作家和剧院经理。

② 取自新约时代通行的《圣经》希腊语译本名称。

③ 贾科莫·莱奥帕尔迪(Giacomo Leopardi, 1798-1837)，意大利诗人、散文家、哲学家、语言学家，意大利浪漫主义文学的重要代表。

④ 泰奥菲尔·戈蒂耶(Theophile Gautier, 1811-1872)，法国诗人、小说家、戏剧家和文学评论家。

文森特·鲁托斯瓦夫斯基①、斯宾诺莎等人的作品……在这个组织内，占主导地位的人物既是爱国主义者，同时又是民主主义者，他们坚信信仰自由的权利，主张民族包容："取得的初步成就：宗教包容。那为什么我们不将其扩展到社会和国家领域？为什么对他人缺乏宽容和同情心，我们就会让自己偏离爱国主义的美好情感，逆变成沙文主义和民族主义？"在各种意识形态选择中，寻求从当前的道德或文化危机中脱颖而出的方法——从保守主义到左翼主义占上风，所讨论的话题范围之广，正如人们所说，年轻人是永不妥协的：

> 话题广泛：这有可能吗？有这个必要吗？什么时候？或许这是社会的要求？——是道德需要吗？谎言——可能是"高贵的"吗，还是可允许的？恶的问题；与恶作斗争。集体的恶；社会的恶。理智与情感；哪一个在精神生活中能起更大的作用？客观真理：存在吗？个人的本质，自由意志就是本质，就是善与恶的关系。青年的价值。自然与文化。向道德和美学致意。人类发展的方向与文化。孤独。艺术。美——是什么？美是天性。是否存在客观的美？[8]

布伊尼茨基成年之后尤其对美学和艺术感兴趣，他在"PET"组织里还有一个外号"拖拉机"，能在阅读斯坦尼斯瓦夫·布热佐夫斯基的文字中找到乐趣。他母亲在银行大街1／6号的住房成了他们小组成员会面的一个据点——大概筹备"热加雷"组织期间也是如此。

---

① 文森特·鲁托斯瓦夫斯基(Wincenty Lutosławski, 1863–1954)，波兰哲学家、教授，通晓多种语言，也是社会活动家。

多莱克①攻读的是历史,但对文学特别感兴趣。作为"乖孩子"和年轻的获奖诗人,他在维尔诺越来越受欢迎,对米沃什来说,多莱克就是他的第一位导师,也是他长长的人脉链上的第一环,他们之间多有共识并能相互启发,这也使得他们之间的情感错综复杂。尽管米沃什在表面上与很多人保持交往关系,可他还是认为其中也有很多值得交往的好朋友。这可能是因为他与家庭成员之间的感情比较淡薄,但他作为"我"是诗人,一定会非常努力地维护好与别人的关系,几年后他也开始希望布伊尼茨基对他有所回报。那时多莱克是他崇拜的偶像:"尽管我从未说过,甚至从未写过我对多莱克的热爱有多深[……]。因为布伊尼茨基是诗人,是我的榜样,他的水平之高令人印象深刻,于是每每到访银行大街对我来说都是一件特别隆重的事情。"(《米沃什矛盾自画像:对话亚历山大·菲乌特》,页 184)

多莱克房间一角的布置很像布罗茨基在圣彼得堡的房间那样,用柜子和帘子隔开,在那里,米沃什沉迷于阅读各种诗歌。他们一起读过《斯卡曼德》②杂志上刊登的诗歌和《文学消息》,一起读了尤里安·图维姆③的作品《血液中的话》和《第四册诗集》,伊瓦什凯维奇的诗集以及其他"斯卡曼德"诗社诗人的诗歌,其中包括斯坦尼斯瓦夫·莫沃多仁涅茨④、蒂图斯·赤热夫斯基⑤和亚当·瓦岑克⑥、加乌琴斯基⑦以及纪尧姆·阿波利奈尔等人的诗歌,同时还包括扬·卡斯普罗维奇的《赞美

---

① 泰奥多尔的爱称。

② 诗歌月刊,位于华沙,于 1920 年至 1928 年出版,后于 1935 年至 1939 年复刊。

③ 尤里安·图维姆(Julian Tuwim, 1894-1953),波兰犹太裔作家,两次世界大战期间最受欢迎的诗人之一。

④ 斯坦尼斯瓦夫·莫沃多仁涅茨(Stanisław Młodożeniec, 1895-1959),波兰诗人。

⑤ 蒂图斯·赤热夫斯基(Tytus Czyżewski, 1880-1945),波兰画家、诗人、艺术评论家、形式主义理论家。

⑥ 亚当·瓦岑克(Adam Ważyk, 1905-1982),波兰犹太裔诗人、散文作家、翻译家。

⑦ 康斯坦蒂·伊勒德福斯·加乌琴斯基(Konstanty Ildefons Gałczyński, 1905-1953),波兰诗人。

诗》和《神曲》。"有些诗集封面的颜色我还记忆犹新,对那些诗歌仍念念不忘,但不知道为什么,我总会把这些诗歌与经济危机前十年的景象联系在一起,因为是那次经济危机把我变成了悲观的诗人。其中有一首当时读过的诗我至今牢记于心,说实话,那首诗在我今天看来并无多大价值。那首诗的作者是安东尼·斯沃尼姆斯基①,而诗的标题是"艺术",听上去比较高雅。我记得其中的诗句:'铜声中出现的是木质的敲击声,／ 当手上拿着盾牌,脚下睡着猎犬 ／ 你把帐篷支在集市上。'"(《文学库》,页120)

注释

[1] 参《米沃什词典》,页303。

[2] 克里斯蒂娜·雅科夫斯卡,《"七十士译本",即绿皮书》,塔德乌什·布伊尼茨基交给本书作者的打印稿。

[3] 因此每一次米沃什都描述道,伊格纳齐·希维安茨茨基认为他是"偷偷潜伏"。参伊格纳齐·希维安茨茨基,《苏斯奎汉纳来信》,页44。

[4] 斯坦尼斯瓦夫·斯托马,《艰涩的历史课》,页48。

[5] 同上,页56。

[6] "我长居国外最大的损失就是没有戏看。美国没有戏剧。没有适合我的——某种程度上适合其他人,但不合我的口味。我看过各种各样的表演,但没有共鸣,就好像根本没看过。巴黎的戏剧也一样,我只记得三个看戏的晚上:一次是战前皮兰德娄和鲁德米拉·皮托耶夫的表演[……];战后的《等待戈多》——也许主要是因为我对观众笑声的愤慨;还有布莱希特的《高加索灰阑记》,因为它的节奏,很长时间都是步行。见《猎人的一年》,页352。

[7] 保存着"五本八十页的笔记本,记载着不同的内容。日记横跨三年,第

---

① 安东尼·斯沃尼姆斯基(Antoni Słonimski, 1895-1976),波兰犹太裔诗人、剧作家、小说家、专栏作家,歌舞表演的创始成员。

一篇写于 1924 年 10 月,最后一篇写于 1927 年 12 月。托伦哥白尼大学教授佐菲亚·阿伯拉莫维楚夫娜将这些笔记本一直保存至 1988 年自己逝世。现在的所有者为塔德乌什·布伊尼茨基教授"。见克里斯蒂娜·雅科夫斯卡,《"七十士译本",即绿皮书》。摘自《绿皮书》。

[8] 同上。

第十二章　赫拉克利特河的声音

> 儿时当我虔诚地祈祷时，我常热切地乞求上
> 帝，让我过最贫穷的日子——让我成为这个世纪
> 被鄙视之人——为的是让我死后永世流芳。
>
> 尤留什·斯沃瓦茨基致母亲

失去了一代人。包括城市和民族。
但有些晚了。现在燕子飞到窗边
举办了几秒钟的仪式。这个男孩，是否已经怀疑，
美永远不在这里而是一直在欺骗？
现在他看见了自己的县城。人们在收割牧草。
道路弯弯曲曲，忽高，忽低。森林。湖泊。
阴云密布的天空上露出一束斜光。
随处可见穿着粗布衬衫的割草人，
人们穿惯了染成深蓝色的裤子。
他所看到的，就是我眼前所见到的。但他很刁滑，

他看着，似乎记忆可以马上改变一切。

他乘着马车又转身回来，因为想保存更多，

当用碎屑安排好一个完美的世界之时。

切·米沃什，《太阳从何处升起从何处落下》

米沃什不再谈论戏剧了，而是积极参加各种讨论会，如饥似渴地阅读大量书籍，愈加受到诗歌的感召。他记得高中毕业那年，他与同学们关系比较融洽，由此憧憬着："这对我来说应该是一个值得期待的一年。[……]记得特别清楚，我向往着无限美好的未来，徜徉于城市中，走在离我家不远的用木料铺就的人行道上。"（《旅行世界：对话莱娜塔·高尔琴斯卡》，页11）同时，他也开始认真考虑自己的命运安排："说不出为什么，但我信心十足，相信自己将来会是一名伟大的诗人。当然，我缄口没对任何人说。"[1]

离他的第一次文学尝试已经过去很长时间：在高中三年级的时候他（自己？还是跟同学们一起？）就写了一些讽刺短文[2]，那些散文和小诗肯定都是模仿斯塔宾斯卡的风格。因此，作为十三岁的少年——他一方面爱好大自然——但同时也愿意写作。作为写作者，在接下来的几年学习中，他尝试过更多的写作，一九二八／一九二九学年是他在高中学习阶段的转折期，也正是那时他加入了"PET"组织，同时因为他与布伊尼茨基成了至交，他潜在的诗歌激情被激发出来。那时米沃什租住在克莱茨卡女士在陡坡街开办的小旅店里，他暗恋着同样在那里租住的一位女演员，她大概是"莱杜塔"剧院的，叫雅德维嘉·科索茨卡。他在走廊里还时常会遇到正在攻读法学的奥斯特罗夫斯基，这个"秃顶男人，法学协会的成员，自以为聪明，喜欢打情骂俏"；还有波兰文学系女生伊莱娜·奥希文奇姆斯卡，她喜欢整夜整夜不停地在纸上写着什么。米沃什住在苏瓦乌基时也写了很多文章，他弟弟回忆说："他常常在桌前一坐就到半夜两三点。我记得,我总在那个时辰醒来几次,每次都看见他面前摆着人脸素描,旁边还画着各种植物作陪衬。"[3]有趣的是,他只是在那个时期习惯于夜间写作——后来就改在凌晨创作了。

他的耳边时常会响起波兰语系女生朗诵《克里米亚十四行诗》的声音——"蓝色的天空和水,金色的颜色——是阳光照耀下的草地或月光的颜色"[4]——尽管他非常明白,他在文学领域开始写作纯粹是出于情感遭到过创伤,但在诗歌方面,他追求的是另一种经典模式。他与大多数年轻作家完全不同,他是按照学校拉丁语课老师讲授的办法创作[5],不仅希望能充分表达个人情感,同时也在学习写作方法,了解写作技巧:努力创建对景物客观的描写风格,其中有一篇描写秋季豆荚的文章曾在学生们组织的独立写作比赛中获奖(是在学生兴趣小组的范围内,还是在"PET"组织范围内?)。这些尝试的主要灵感不是来自图维姆,也不是阿波利奈尔,而是参考了约阿希姆·杜·贝莱①的法文教科书以及十六世纪比埃尔·德·龙沙②创立的十四行诗诗人圈,准确地说,他的十四行诗《有谁像尤利西斯那样幸福》:"尤利西斯幸福地完成了一次促使他成名的航行"……他用手指打着节拍,数着音节,但万万没想到的是,会有一种力量支撑着他,是奥德修斯的命运给了他力量,因为他回到了自己的伊萨卡岛③,或者说回到了伊萨谷就再也没有回来,用诗人贝莱的话说,他成了无家可归之人:

---

① 约阿希姆·杜·贝莱(Joachim du Bellay, 1522-1560),文艺复兴时期的欧洲诗人,七星诗社成员,1549年发表了最早的法语彼特拉克体十四行诗。其著作包括拉丁语诗歌和讽刺诗文。

② 比埃尔·德·龙沙(Pierre de Ronsard, 1524-1585),法国诗人,他在1552年写下了著名的十四行诗《爱情》。

③ 希腊伊奥尼亚群岛之一,伊萨卡岛在荷马时代已经闻名,据说是荷马史诗中的英雄奥德修斯的故乡。

有谁像尤利西斯那样幸福,游历了那么多美丽的国家

或许就像这个在海中追逐宝藏的人那样

以便今后获得丰富的经验和喜悦,

回到祖辈的家,重归过去的习俗。

遗憾的是,当我早起看到,村庄的

烟囱冒着炊烟,我感到十分悲伤

在我看到贫寒的茅草屋顶前

我会认为它比王国更珍贵吗?

（波兰文翻译：伏瓦迪斯瓦夫·科西切尔斯基）

他暂时还没想那么远。现在正是毕业班在校度过的最后一个五月, 100
马上就要高中毕业考试了,他对这次考试感到惶恐,直至多年后还做噩
梦。他的学习状况较之前好了很多,但还是解不了正方形边上的点和棱
锥体夹角度数的几何题,因此就去抄同学的作业。[6]一九二九年五月七
日、八日、十日三天举行了高中毕业考试,考试委员会的主席是维尔诺大
学教授马里安·马索纽斯,八年级的两个班共有四十七位同学参加了考
试。米沃什考了波兰语、法语和数学,一周后口试他回答了有关历史和
数学的提问。他的宗教课因平时成绩优秀而免考。最终,他成绩单上的
各科成绩分别是:宗教——良,波兰语——优,法语——良,历史——
良,数学——及格。[7]

现在,在苏瓦乌基的扎西采饭店举办的宴会上,他人生中第一次这
么痛快地开怀畅饮——喝了很多冰凉的玛切尤伏卡草药酒[8],但是让他
更感惬意的是去立陶宛鲁德尼茨卡森林度暑假[9]。米沃什直到晚年还
与一些高中同学保持着联系,高中老师的课让他积累了丰富的知识,使
他多年后能在美国最好的大学之一讲授波兰文学。[10]从他高中毕业的

照片上可以看到,坐在他旁边的是赛文斯基、霍米克、斯塔宾斯卡、伯尔哈特……从身形上看,他们已经步入成年。而长着大脑袋的胖男孩切斯瓦夫·米沃什看上去还显得很天真。

　　小伙子米沃什那时还知道贝莱的另一首十四行诗,就是复述了罗马名言,米科瓦伊·山普-沙日恩斯基①把这首《罗马墓铭志》的诗翻译成了波兰文吗?[11]

> 罗马就是罗马唯一的纪念碑,
>
> 罗马战胜了罗马,它没有被别人摧毁。
>
> 唯有台伯河②之水流向海洋。
>
> 留下了罗马文明。啊,只有变化永存!……
>
> 而那些永存的,都会被时间摧毁,
>
> 那些随时间消逝的,在永恒中倔强地变化。
>
> （波兰文翻译:米奇斯瓦夫·雅斯特伦③）

　　如果是这样的话,那他很可能就在高中毕业论文里引用过这首诗,因为这个世界古老首都的画面,将只会是他的一个回忆,人类历史变迁和台伯河水奔流不息的画面也非常符合他的想象力,与"赫拉克利特河"的主题完美匹配。后来他在自己的随笔中根本没有过多考虑所谓

101

----

　　① 米科瓦伊·山普-沙日恩斯基(Mikołaj Sęp-Szarzyński, 1550-1581),文艺复兴与巴洛克时期的波兰诗人,既用波兰语也用拉丁语写作。

　　② 台伯河 (Tybr),位于意大利中部,罗马位于该河口上游二十五千米的东岸,台伯河因为罗马提供水源而闻名于世。古罗马城建立于此河畔,因而该河享有"罗马文明的摇篮"的美名。

　　③ 米奇斯瓦夫·雅斯特伦(Mieczysław Jastrun, 1903-1983),波兰犹太裔诗人、散文家。

"密茨凯维奇诗歌中的过错和惩罚",也没有去考虑"与密茨凯维奇的关系和向自己的民族发出悲叹"等问题,而是选择了以"延续和证明亚当·阿斯尼克①的思想"为主题:"过去不会像自然现象那样再回来 / 但人也不会以从前的方式——死亡; / 变更的只有地点、时间和姓名 / 使自己获得焕然一新的形态。"《深渊之上》系列诗中的一个片段触动了他的敏感神经,半个世纪之后他评论说:从青少年甚至可以说从孩童时期开始,我就对小说中描写的人和事物的流逝特别敏感。[……]每个人"今天"在"昨天"离开的秘密,每个人的"现在"会逝去,被"过去"取而代之,我们站在河岸边,看着河水涌动,这既是我们熟悉的,又是我们迷恋的风景,我们站在河岸边。这就是我们所有人的宿命[……]所要表达的人类共同体的情感。(《诗集　第四辑》,页168)

首先,为永葆青春,他选择了文学、艺术,保持着想象的空间。当他已经不再着迷于鸟类时,他就撕毁了他在鸟类分布图上画的图,可当他从塞泰伊涅回到维尔诺时,他又开始怀旧:"我还在上学的时候,在密茨凯维奇《先人祭》的第四部(讲述的是古斯塔夫回到自己家乡的故事)和斯沃瓦茨基的《数小时的思考》的影响下,我的发明就是想象出一种甜美的忧郁,我什么时候会记起在我身后发生的事情。或者说得准确一些,我的这项发明早于我浪漫的阅读,也就是说我天生就具备这种忧郁,按照爱伦·坡的说法,这才是真正的诗歌基调。早上我在上学的路上看着涅里斯河对岸的山坡,脑子里就想着要去失落的天堂,塞泰伊涅,其实我也没想到,也就是在那时,我们开始成长起来了。"(《猎人的一年》,页114)最终他明白了,他必须在成人世界面前找到避难所,因为他不想成为胜者。"就是通过文学这个杠杆,我的精神和思想永远年轻。"[12]

事实是文学的杠杆将赋予他无穷的力量,不断思考,思想永远年轻,

---

① 亚当·阿斯尼克(Adam Asnyk, 1838-1897),波兰诗人、剧作家。

但在他的文字表述中,竟是以孤独与流亡作为"代价"。[13]也正是在一九二九年春,他的人生开始出现转机,命运的波澜将很快给他带来惊喜和痛苦。

102　　　　生命难以形容,但尚可承受。
　　　　谁的生命? 我的吗,有何意义?

　　　　小息时,递上来一块用纸包着的三明治
　　　　我站在墙边沉思,

　　　　[……]

　　　　如果他们说,我只听到了赫拉克利特河潺潺的流水声,
　　　　我就会说,够了,因为我已经厌倦了这种听。

　　　　　　　　　　　　　　　　　(《诗集　第三辑》,页162)

注释

[1] 切斯瓦夫·米沃什,《我应该写下来》。(拜内克图书馆)

[2] "还是中学低年级学生时,我开始出版讽刺杂志,这本杂志当然是手写的,包括诗歌和散文,但受到同学们的疯狂追捧。[……]这是我第一次尝试作为作者。非常早期。"见《米沃什矛盾自画像:对话亚历山大·菲乌特》,页199。

[3] 安杰伊·米沃什的回忆,引自罗穆阿尔德·卡拉希,《马里哈河畔的房子》,页127。

[4] 切斯瓦夫·米沃什,《密茨凯维奇》,载《触角》,1939年6月4日-10日。《年轻思想的冒险》,页286。

[5] "拉丁文课上的奥维德对我初次尝试写诗影响深远。"见《岛上生活》

（克拉科夫,1997），页38。

[6] "数学我压根不会,都是抄同学的。他让我抄,我们有默契。"见《米沃什矛盾自画像：对话亚历山大·菲乌特》,页201。考试的时候,米沃什坐在斯坦尼斯瓦夫·米库托维奇、爱德华·莱奇科、瓦茨瓦夫·布朗诺夫斯基和爱德华·博罗夫斯基旁边,但我们无法弄清楚,是谁帮助米沃什中学毕了业。

[7] 1929年5月29日签发的中考证明(可见米沃什于1929年6月27日领取的原件)连同学校档案中的考试证明文件,复印件存于克拉科夫切斯瓦夫·米沃什档案馆。

[8] 扎西采饭店位于密茨凯维奇街25号。"比如在扎西采饭店有一种自制芳香酒,店主人马切依·凯乌穆奇从不全拿出来。"摘自塔德乌什·沃帕莱夫斯基,《起起伏伏》(华沙,1966),页102。

[9] "中考之后我们去了鲁德尼茨卡森林,有斯塔希·科夫纳茨基、伊格纳齐·希维安茨基、博格丹·科派齐和我。在鲁德尼克附近,庄园主人非常热情地招待了我们,给我们提供住宿,请我们吃早餐,但我们黎明时分离开,可能有些粗鲁了。我们在麦莱查克湖洗澡,蚊子把我们咬了个遍。后来我们到了雅舒纳的庄园。庄园主(索乌坦家族)不在,我们只喝到豆蔻酸牛奶。"见《米沃什词典》,页273。

[10] 值得注意的是,齐格蒙特·奥古斯塔国王中学培养出了两位诺贝尔奖得主——除了切斯瓦夫·米沃什,还有1977年获得药学奖的生物化学家安杰伊·沙利。

[11] 多年后米沃什把这个作品并入《墓志铭》一诗,收录于诗集《纪事》。见《诗集　第四辑》(克拉科夫,2003),页162。

[12] 切斯瓦夫·米沃什,《布鲁嫩的星期天》,载《文化》,1954年第3期,再版收录于《形而上学的停顿》,页33。

[13] "我受浪漫主义诗歌的教育长大,我有一种直觉,也祈祷如此,我要成为一名先知,要承受孤独和流放。"见《旅行世界：对话莱娜塔·高尔琴斯卡》,页15。

第三部分　黑色阿里尔[①]1930-1934

---

① 圣经起源的男性名字。它源自希伯来语"上帝的
狮子"。在《旧约》中，它被用作耶路撒冷的替代名称。

第十三章 "我在学习上花的时间非常少"

高中毕业了，该考虑下一步的事情了。他不想留在塞泰伊涅当个庄园主，也靠不上父母的关系，留给他的选择不是去政府行政部门找份工作，就是从事教育，或者做一个自由职业人。他自己选择了大学的专业，不需要满足父母的期待，甚至可能会违背他们的意愿，因为他选择了波兰语言文学专业。他是否梦想着去接受"诗人学校"的培训？一九二九年十月十八日他给维尔诺的斯泰凡·巴托雷大学人文学系写了一份入学申请[1]，但很明显结果让他有些失望。因为那时的舆论普遍认为，考取波兰语言文学专业的人基本上都是那些"希望嫁得好的女孩，或者就是那些刚刚开始写诗的人。[……]那时想出嫁的女孩简直多如牛毛"。[2]

二十世纪二十年代末在维尔诺有两位具有特别影响力的知名人物：一位是文化史学家和哲学家马里安·兹杰霍夫斯基，另一位是斯坦尼斯瓦夫·皮贡①。到一九三二年又出现了一位，即曼弗雷德·克里德

---

① 斯坦尼斯瓦夫·皮贡（Stanisław Pigoń, 1885–1968），波兰文学史家、编辑、教育家。

勒①。[3] 那时米沃什已经开始学习法律,听过克里德勒的课,也听过兹杰霍夫斯基的课。他认为他们讲的课根本不能与现代产生共鸣,他们抱怨世界的恶,这些看法毫无疑问对米沃什产生了影响,因为不久前他还对异端的摩尼教充满好感。多年后,他用很长篇幅描写了兹杰霍夫斯基:

> 春日的午后,燕子高声叫着盘旋地飞着,一束阳光照耀在长椅上,我面前有一位骨瘦嶙峋、皮肤泛黄的老人,他正与年轻人交流着,对那些活着的并承受痛苦的人们表示同情。他说:"如若人们把这个世界作为一个整体来思考的话,无序就等于无理智,人们不是用理智来教我们:世界不是上帝创造的。人们、自然和历史都大声疾呼,没有上帝……但这种声音被淹没在一片和谐的赞歌和颂歌声中,这是人们发自灵魂深处的永恒的伟大的呼喊,不相信上帝的人就如干涸的大地一样。上帝还在。但上帝存在的事实——超出了外界所占据的思想范围。这是一个奇迹。"生死把这个作为自己的经验告诉了我们。他从未改变自己厌恶非理性的世界——他几乎相信——诺斯替主义者的巨匠造物主的恶占了上风。[4]

106 现在他不再愿意在女生多的"婚姻系"学习了,因为他意识到,自己既不愿意做文学史家,也就是像他后来重复着加乌琴斯基的话那样——不愿做"昆虫腿研究员",也不愿意当高中老师。"我那时对什么感兴趣?"——多年后他思考了这个问题后说——"我感兴趣的不是约瑟

---

① 曼弗雷德·克里德勒(Manfred Kridl, 1882–1957),波兰文学史家。

夫·科热尼奥夫斯基①的小说《词语搭配》，不是《莉拉·维奈达》②的象征意义，也不是东正教的斯拉夫语语法。我对二十世纪感兴趣，我可以留在人文学系，如果我能在那里讲授阿波利奈尔、马克斯·雅各布③、托马斯·曼的作品或者讲解《试婚》，这是当时等同于性解放的一个宣言。"（《乌尔罗地》，页179）但害怕讲课时卡壳对他起了很大的作用："我刚高中毕业，还没脱离孩童时期的嬉笑打闹调皮捣蛋阶段，上学时我常笑话教我们的老师，给他们起外号，一想到今后我要成为他们当中的一员，我觉得我可能无法忍受这一切，于是我就对此丧失了信心。[……]因此在开学两周后我就转学法律了。"（《米沃什矛盾自画像：对话亚历山大·菲乌特》，页212）

其实他很快就决定转系了，从保存下来的学生手册上的签字来看，他在十月二十九日就转到了法律和社会科学系学习了。[5]在深粉色学生手册[6]的另一页上贴着他的照片，照片上的小伙子梳着大背头，性感的嘴唇，面带微笑地看着我们。他清晰的面部轮廓显得活力十足。他的容貌让法律系和波兰语系的女生都觉得他是一个令人猜不透的男生，但是男生们却愿意拿他开玩笑，有一点可以证明，那就是高中的男同学马莱克念了一段多莱克·布伊尼茨基所写的一封信的片段，信中回忆说，在他们举办的舞会上，"米沃什装扮成了大猩猩的样子"。[7]

在一本厚厚的斯泰凡·巴托雷大学学生名录[8]上，我们找到了切斯瓦夫·米沃什，学号607，入学日期写的是一九二九年十二月十二日。

---

① 约瑟夫·科热尼奥夫斯基（Józef Korzeniowski，1797-1863），波兰诗人、小说家和剧作家，被认为是浪漫主义戏剧的主要作者，社会现实主义和心理小说的先导，实证主义小说之父。

② 尤留什·斯沃瓦茨基于1839年撰写并于1840年在巴黎出版的历史学著作改编的五幕悲剧。

③ 马克斯·雅各布（Max Jacob，1876-1944），法国诗人、画家、作家和评论家。

根据那些男女同学的姓氏排序,可以看出当时一年级学生大约就有五百名;在那些人名里有:伏兰齐舍克·安采维奇①、瓦茨瓦夫·布朗诺夫斯基②、雅德维嘉·克里斯蒂娜·瓦什凯维奇、耶日·扎古尔斯基③、斯泰凡·扎古尔斯基……法律系基本全是"男生",女生很少,为此——多年后作家写道——那些女生都非常优秀。还有很多穷人家庭出身的犹太学生,对他们来说,如果能从事律师行业,是非常理想的毕业选择,有很多学生还不想考虑自己未来的生活。因为四年的大学学习内容五花八门,出人意料地丰富多彩。"本应教刑法,结果改教了人类学、社会学,法哲学史改成了哲学,统计学改成了高等数学。"《欧洲故土》的作者回忆说。(《欧洲故土》,页129)有一位毕业的女生解释说,老师们这样做是希望未来的法律工作者们"不应该只是那些缺乏想象力、戴着厚厚眼镜的专业人士,同时应该是掌握了所有知识——包括社会、政治和心理等知识的全面人才"。[9]维尔诺流浪汉学术俱乐部④的问卷表格上的问题是:"你在哪个系学习?你是几年级学生?你每天学习几个小时?"当时还是法律系一年级的学生切斯瓦夫·米沃什的回答是上哲学课,以及哲学讲座课的特点是"我在学习上花的时间非常少,我愿意改正"。[10]但他在大学的学习情况究竟如何呢?

　　哲学论文写作导师塔德乌什·柴若夫斯基教授师从卡齐米日·特瓦尔多夫斯基⑤。米沃什去听过他的本体论和认识论的讲座课。年轻

---

　　① 伏兰齐舍克·安采维奇(Franciszek Ancewicz, 1905-1964),波兰和立陶宛律师、记者、苏联学专家。

　　② 瓦茨瓦夫·布朗诺夫斯基(Wacław Bronowski, 1885-1954),波兰画家、图形画家、版画家和编剧。

　　③ 耶日·扎古尔斯基(Jerzy Zagórski, 1907-1984),波兰诗人,《热加雷》杂志创立者之一。

　　④ 一个男性学术协会,于1923年成立于维尔诺斯泰凡·巴托雷大学(USB)。据创始人说,这是为了制衡两次世界大战期间在波兰大学中运作的过于"僵硬"的学术公司而成立的。

　　⑤ 卡齐米日·特瓦尔多夫斯基(Kazimierz Twardowski, 1866-1938),波兰哲学家、逻辑学家。

的诗人还选修了兹杰霍夫斯基关于莎士比亚的讲座课以及马里安·马索纽斯教授的美学课,当然他把主要精力还是放在了学习法律知识上。一九二九 / 一九三〇学年他修习了"古罗马国家制度史"以及"罗马私法"(伏兰齐舍克·博索夫斯基教授的讲座课),"古代波兰法院法"和"立陶宛大公国制度史"(斯泰凡·艾伦克罗伊茨教授的讲座课),"西欧国家制度简史"(伊沃·雅沃尔斯基教授的讲座课),还有"法律理论"课(斯泰凡·格拉塞尔教授的讲座课)。

　　大学学习比较艰苦,因为没有任何教科书,学校的讲堂比较小,学生们挤坐在一起,各种杂音盖过了老师们讲课的声音,因此学生就只能在考试之前拼命背讲义。那时三个月为一个自然学期,每学年结束时——举行口试,老师给出考试范围。因为有些人支付得起学费,只要申请都能进大学学习,教授们也就尽量让学生都通过考试。但罗马法的考试比较严格,要通过考试淘汰部分学生,有将近一半的学生考试不及格,其中包括米沃什,暑假过后他通过了补考,得了 3 分,到学年结束,各科考试都没有不及格的了。升入大二后,米沃什选修其他法律课程,包括宗教法和政治法,其中政治经济学还得了 5 分。到了三年级,他最害怕的是考米奇斯瓦夫·古特科夫斯基教授的统计学和维克多·苏凯尼茨基[1]教授的法哲学,后者的夫人是维尔诺的律师,不久将要为米沃什的同学们在政治法庭上做辩护人。后来成了著名的苏联学专家和美国斯坦福大学教授的苏凯尼茨基还记得自己这位极具应变能力的学生:"米沃什说,他想谈论奥斯汀[2]和盎格鲁-撒克逊理论家的问题。那时在波兰很少有人研究他们,'各种课上'他们都很少被提及。我手拿冒着热气的杯

108

---

　　① 维克多·苏凯尼茨基(Wiktor Sukiennicki, 1901–1983),波兰律师、历史学家、苏联学家和法学理论家。

　　② 约翰·奥斯汀(John Austin, 1790–1859),英国法律理论家。

子听了他几分钟的陈述,又补充问了几个问题,这样在罗马法考试上我给了他5 + ,我记得这是一次特别的考试。多年后我听米沃什说,他根本就不记得我的这次考试,还说他那时根本不懂英文,对奥斯汀也没有兴趣。"[11]对米沃什来说,布罗尼斯瓦夫·弗卢伯莱夫斯基讲授的刑法是最有意思的,有人说这位教授是后来的画家安杰伊·弗卢伯莱夫斯基的父亲。尽管他要求学生们死记硬背刑法条款,但同时还给他们讲哲学、社会学,解释人类社会建立刑法制度的历史。[12]在大学的最后一年,作家还选修了社会学以及民法、商法和票据法等课程……

毫无疑问,社会学、哲学以及人类学知识对他今后的发展意义重大。纯粹的法学案例让他感到乏味,他把兴趣放在了管理社会行为机制方面,对人及其改变解释和驯化世界的方式更感兴趣。社会学很好地与他的政治兴趣与参与的活动相辅相成,与逐渐成熟的维尔诺作家直接影响现实的需求相辅相成——这当然与热加雷成员主要以年轻的法律工作者为主并非巧合。"尽管我不喜欢我的法律专业教育背景,但我必须承认,它对我帮助很大。"多年后米沃什在给兹比格涅夫·赫贝特①的信中这样写道,以督促这个年轻的诗人系统地学习。[13]米沃什认为,大学所学的知识使他更加注重思维的缜密,同时他还假设,自己如果选修了古典语言学是否会更好,他的诗歌是否会从生活中汲取更多养分。或许这并不偶然,因为除了《道德论》的作者有法律专业教育背景外,贡布罗维奇和赫贝特也都毕业于大学法律系,好像二十世纪的作家都必须超越文学专业教育背景的范围。

尽管年轻的诗人有法律专业教育背景,但他并没有在这方面发展的雄心壮志。他是斯泰凡·巴托雷大学律师学术组织的成员,因为每个法

---

① 兹比格涅夫·赫贝特(Zbigniew Herbert, 1924-1998),波兰诗人、散文家和剧作家。

律专业的学生基本上都可以成为其成员，米沃什加入这个组织是因为它有自己的阅览室，那里有很多杂志供学生写论文参考，并对那些家庭生活水平较低的学生给予很多帮助。理论上说，那时大学教育是免费的，但学校还是有各种名目的收费项目——注册费、图书馆借阅证费、教具使用费等不一而足，很大程度上学生及其家长都觉得钱袋被掏空了。"如果得不到学校当局和兄弟互助会①的帮助，[……]如果母亲没能从家庭收入中节省一些钱资助自己的儿子或者女儿，那么一般来说这些学生就得挨饿。当然他可以去当家教补贴自己，但找到这样的活儿也并非易事，[……]所以他就努力听所有的课，在温暖的图书馆看书，知识的渴求压过了身体的饥渴。"安娜·岩德列霍夫斯卡②这样回忆说。[14]正如米沃什回忆的那样，他非常幸运有一双补了又补、缝了又缝、洗了又洗的袜子穿，还能靠写些文章和小诗挣点外快，但他羞于申请各种补助，只申请了减免各种学生费用，同时还在大学四年级时提出了减免学费的申请。从他的申请中我们可以看出，诗人的父亲"每月收入约是波币四百兹罗提，但每月收入并不平均"，米沃什每月写"报道"能收入波币五十兹罗提，家里给他补贴二十兹罗提，就这样他也不得不申请贷款，因为他每月的花销估计是八十兹罗提，尽管这样，他的申请没有获批。[15]

那时学生得自己解决吃饭和住宿问题。在便宜的小餐馆的牌子上画着叉子扎着鲱鱼的广告，在那里花五十到六十格罗什③能吃顿午饭。刚开始他是在老学生宿舍里面开的食堂用餐，食堂名为"门萨"，后来又在布法沃瓦山的学生宿舍里面开的新食堂用餐；从保存下来的照片上看，食堂大厅里挤满了穿着学生制服的年轻男学生，从身形上看很少有

---

① 十九世纪中叶在波兰大学中创建的学生自助组织的名称。
② 安娜·岩德列霍夫斯卡（Anna Jędrychowska），波兰翻译家。
③ 波兰货币的分币。

身材苗条的女生。食堂餐桌上摆着水杯,旁边是盛着汤的盘子,还有面包,这些食品可以填饱这些年轻人的胃。[16]学生兜里没有多少钱买酒,在流浪汉学术俱乐部用牛奶遮挡啤酒箱,因此米沃什既不常去扎西采饭店也很少去金色椴树那里,尽管回忆他的文章中曾有他去过犹太人酒馆买酒和鲱鱼的记录。但我们无从得知,他是否经常去维尔诺的其他酒馆——那里曾"遗留下很多苏俄驻军城市的特点,[……]军官和学生们先是去酒馆喝酒,然后去找女人"。(《米沃什矛盾自画像:对话亚历山大·菲乌特》,页 269)他甚至在给雅罗斯瓦夫·伊瓦什凯维奇的信中委婉地说过去妓院的经历[17];我们可以从他未曾发表的一篇文章中看到这样的描述,"河边街区的妓女海尔恰非常便宜,因此可以供那里的工人、我们大学生享用,她把客人引到一个房间的套间里,那是他们家主人用晚餐的地方"[18]。因为学生宿舍的房间不够分配,大多数学生不得不在外租住私宅,当然米沃什也不例外。在学生登记册上可以看到,他上大一时的居住地址是齐格蒙托夫斯卡大街 8 号 3 室,大二时居住在高中大街 6 号 18 室,大三刚开始时居住在女士大街 23 号,后来一直到大学毕业的居住地址是新学生宿舍(也就是布法沃瓦山街 4 号)。从《米沃什词典》一书我们得知,上大一时他与瓦茨瓦夫·布朗诺夫斯基合租一间房:"我们在思想上无任何共通之处,现在我想,我跟同学们一起合租房子,其实没有什么交流,打个比方说,就是大家合住在一个空间里,但各有各的心思。"(《米沃什词典》,页 83)

斯泰凡·巴托雷大学在教育方面建树卓越,到两次世界大战期间,该校共培养了三千一百一十名大学生,学校成立过七十一个不同的组织。[19]最大的组织是兄弟互助会[20],这个组织收取会员费,同时也能收到一些捐助,他们用这笔钱补贴食堂并借给有需要的学生。兄弟互助会也在不断扩大影响力,为那些有抱负的学生在学术上获得更大突破提供可能性。在那些意识形态色彩比较浓重的组织中处于主导地位的是

"全波青年会"，还有支持毕苏斯基思想的"斯泰凡·巴托雷大学学术青年军团"以及天主教青年学术协会"复兴"（这个组织的积极分子是安东尼·高乌比耶夫和斯坦尼斯瓦夫·斯托马）。还有很多社会组织，其成员一手高举红旗，一手拿护手刺剑，参加大学生游行，他们还可以在职业发展方面帮助其他人，来自爱沙尼亚多尔帕特大学生协会的"波罗尼亚公约"组织曾邀请米沃什加入，但是这个组织里的击剑训练和啤酒"献祭"①、年轻人人为的官场化，最重要的是他们的民族主义和排犹主义观念——这一切都让米沃什十分畏惧[21]，参加这样或那样的组织都不符合他真正的需求。在进入大学不久的那段时间他就只加入了一个组织，用我们今天的话来说，就是有点嬉皮士的流浪汉学术俱乐部。

注释

[1] 正式开学的时间为 1929 年 10 月 11 日，此时已是一周后。这份申请和切斯瓦夫·米沃什在大学期间的其他课程文件，均被保存在立陶宛国立中央档案馆，学生档案夹：切斯瓦夫·米沃什，编号 1057，索引号：USB 档案 F. 175 VI Ca 1494 号。

[2] 耶日·普特拉门特，《半个世纪：青春》（华沙，1969），页 145。

[3] 斯泰凡·巴托雷大学人文学系的故事后来由泰莱莎·达莱茨卡整理写入《1919-1939 年维尔诺的波兰文人作品》（克拉科夫，2003）。

[4] 草稿《地球是一个极尽欢愉之地》写于 1956 年。（拜内克图书馆）托德特列本这个姓氏一定会让人联想到 1863 年后凯代尼艾的所有者、俄罗斯的托特列边家族。米沃什为"临近终点"的作者写了一首诗《兹杰霍夫斯基》（《诗集第五辑》，页 132）和一篇文章《兹杰霍夫斯基的宗教信仰》（写于 1942 年，收录于《现代传奇》〔克拉科夫，2009〕，页 105–123）。

---

① 一种社交聚会，其主要目的是使参与者陶醉于醉酒。其间，会伴随着一些仪式，例如敬酒或参加仪式的歌唱，这是其参与者所属文化的典型特征。

［5］系院址位于大学街 7 号,可也会在城堡街 11 号和伟大街 27 号上课。

［6］编号 3363。

［7］塔德乌什·布伊尼茨基,《维尔诺随笔:论文和小品》(克拉科夫,2002),页 212。

［8］"斯泰凡·巴托雷大学学生名录 1928-1937",三处,维尔诺大学图书馆,索引号:F97 - BU1。

［9］艾乌盖尼亚·古莫夫斯卡,《我在斯泰凡·巴托雷大学学习法律》,收录于《维尔诺母校作品。维尔诺大学建校四百周年暨复校七十五周年纪念册》,卢德维克·别赫尼克、卡齐米日·普豪夫斯基编(克拉科夫,1996),页 105。

［10］维尔诺流浪汉学术俱乐部档案,亚历山大·斯莱布拉科夫斯基所有。

［11］维克多·苏凯尼茨基,《传奇与现实:回忆二十年代的维尔诺斯泰凡·巴托雷大学》(巴黎,1967),页 42。

［12］这让米沃什热情地阅读着《刑法学》《惩罚社会学》和《惩罚法律与道德》等书籍。

［13］摘自切斯瓦夫·米沃什写给兹比格涅夫·赫贝特的信,无确切日期(1959 年或 1960 年),收录于兹比格涅夫·赫贝特、切斯瓦夫·米沃什,《通信集》(华沙,2006),页 17。

［14］安娜·岩德列霍夫斯卡,《迂回和直接》(华沙,1965),页 51。

［15］立陶宛国立中央档案馆,斯泰凡·巴托雷大学档案,奖学金决定,索引号:USB 档案 F. 175 VI Dc 3 号。

［16］老食堂为学院滑稽剧提供了素材——作者很可能是普特拉门特——模仿米沃什的笔触写了一首《反对他》:"我是一家又脏又差的食堂 ／ 为来自欧洲的行者提供小吃。／ 大学的一块补丁。／ 我的大排用叉子穿成串,／ 你们得用拳头砸开。／ 这里有绝望。这里有遍地饥饿的呐喊,／ 这里有冰冷、尘土、贫穷和痛苦。／ 在黑烟中升起腾腾热气,／ 日日夜夜在食堂弥漫。／ 黑衣人在腐烂的小屋里愤怒地咆哮,／ 但还是把晚餐塞进喉咙:／ 给叛军小子们红菜汤,／ 献给长官蘑菇炖牛肉,／ 女服务员吃的都是烤肉。／ 桌子瘸了腿,好几个月了 ／ 三条

腿的椅子都看不下去了,／每天都得撕咬这些厚厚的生肉／这是门学问,活儿可不好干。"

［17］摘自切斯瓦夫·米沃什写给雅罗斯瓦夫·伊瓦什凯维奇的信,1931年2月1日。(波兰科学院文学研究院图书馆)

［18］根据拜内克图书馆藏的零零散散的回忆文件显示,最贫穷的站街妓女索费仅五十格罗什。

［19］关于大学学生组织的信息可参考瓦勒德马尔·舍乌科夫斯基,《维尔诺流浪汉学术俱乐部》(维尔诺,1999)。

［20］1929／1930学年注册该社团的学生有2 139名,所以占绝大多数。该社团不接受犹太学生,犹太学生另有一个社团——大学犹太学生互助会。

［21］维尔诺最"欺负犹太人"的工厂,及"波莱西"厂的厂长斯坦尼斯瓦夫·扎拉科-扎拉科夫斯基,战后被军事检察官在政治案中检举。诗人可能因此事产生了《诗论》的灵感,其写道:"他是国家激进阵营的党派继承人"……

第十四章　鸡　蛋

　　"我从未有过当领导的念头。从未有过。我一直就是普通一兵。这就是我的思想。"多年后他仍坚定地说。(《米沃什矛盾自画像：对话亚历山大·菲乌特》,页229)也许在他的潜意识里,当领导付出极大,没时间像作家那样字斟句酌,必须迅速做出决定。不管怎么说,他加入了一个协会,组织里人人平等,但他们当中也出了一些杰出人物,在两次世界大战之间的维尔诺和战后的波兰发挥了重要作用。[1]

　　维尔诺流浪汉学术俱乐部实行的是民主制,只是在与大学当局对话时他们指定维嘎(在二十世纪中期,维嘎就是瓦茨瓦夫·科拉别维奇①的爱称)去交涉。米沃什认为这个流浪汉学术俱乐部就是——把政治观点以及观念不同的人聚在一起——给他们提供一个"说话"的地方。俱乐部成员并不是要按照那些小资产阶级或者一般公司职员的生活方式作斗争,而是反对那些对一切冷漠无情以及取笑别人的人。大学里的

---

　　① 瓦茨瓦夫·科拉别维奇(Wacław Korabiewicz, 1903-1994),波兰记者、诗人、旅行家、医生和人种学收藏家。"维嘎"(Wyge)是他名字的谐音,同时在波兰语里也是"老手"的意思。

大多数兄弟会组织都很神秘,但据雅谢尼查①回忆说:有人这样评论流浪汉学术俱乐部不足为奇——"有些人认为它是淹没在最不道德的各种共济会中的变相组织,而另一些人则认为,它只不过是聚集了一批天真童子军的幼稚可笑的俱乐部"。[2]

首先可以说,这是一个游山玩水的俱乐部。在一次流浪汉学术俱乐部的聚会上,他们用三明治包装上的绳子把自己拴在一起,依次排着大队走,为的是让每个人都能拉着绳子。这样在街上走影响了交通,甚至还挡住了坐在出租马车里的维尔诺警察局局长。为此——他们设计了俱乐部的标志——深红色(日出日落的颜色)的统一绳结,还有就是像朝圣者用的拐杖和绣着花草的贝雷帽。新成员戴的是绣着红草的贝雷帽,普通成员戴的是——绣着黄草的贝雷帽,而俱乐部领导——戴绣着金色草的贝雷帽。新会员的加入要像加入共济会那样举办仪式:预备会员必须在深夜到森林里去寻找这几种灯——绿灯代表希望,红灯代表火红的爱情,蓝灯代表精神之光。最后这个人被捆绑着,头上顶着一个袋子,走回茅草屋,在那里接受"洗礼",从而成为合格的流浪汉学术俱乐部成员。[3]

他们开会的地点被称作洞穴,在米沃什时代,设在布尔萨学院的一层。[4]大多数情况下,会议由他们自定讲座主题和讨论话题,邀请老会员讲课,其中包括介绍一些新书和新电影。流浪汉学术俱乐部每年举办一次舞会,舞会特别有创意,非常滑稽幽默;还组织大游行。在"国内产品周"时,他们戏仿那些让大家购买国产商品的宣传:身穿低胸上衣和超短裙的女孩举着标牌,上面写着"无人喜欢穿法国长筒袜的性感美女"。[5]

112

---

①　莱昂·莱赫·贝纳尔(Leon Lech Beynar, 1909-1970)的笔名,波兰著名历史学家、历史作家、散文家和记者。

一九二六年,流浪汉学术俱乐部筹备了一场杀死蛇怪①的街头表演(带着活动翅膀的巨龙喷吐着火焰),一年后又举办了"焰火游行"。在维尔诺之外,俱乐部会员还举办了一些小型活动。科拉别维奇回忆说:

> 让我记忆犹新的是,我们那次去苏瓦乌基米沃什的家,那是他父母的住处。我们一起组织了一场下省演出,还去看望得了重感冒在家休息的米沃什。他从床上下来,在睡衣外又披上了毯子,用绝顶好喝的自酿果酒招待我们。我们把他的酒都喝完了,唇齿留香,在他家待的时间比预计的长了一些。大家都喝多了,突然觉得时间不早了,该走了,因为明天还要去比亚维斯托克②演出。结果卡齐米日·哈瓦布尔达把装有演出台词的资料夹忘在了米沃什家,我们只能靠脑子里记住的一些台词即兴表演。[6]

俱乐部把大多数时间用于组织旅行和体育活动,俱乐部中最积极的一个小组叫"从未浪费过一个周日"。冬天去安托科尔城区滑雪,可米沃什不会滑雪;夏天去特拉凯③郊游或者到维尔诺周边游览,还组织露营,有时候沿着早些年"费罗马特"协会④成员的足迹去探寻:波纳雷⑤、亚舒城、鲁德尼茨卡大森林。这大都是一天的行程,但有些俱乐部的成员曾从维尔诺远游到切申。他们还喜欢在维尔诺河和周边湖上泛舟,组织过皮划艇比赛。有时候还会一起到很远的地方旅行,最远的一次去了

---

① 音译为巴西利斯克,在希腊和欧洲的传说里是蛇类之王,能以眼神致人死亡。

② 比亚维斯托克(Bialystok),波兰东北部最大城市,波德拉谢省首府,接近白俄罗斯边界。因此,在此城市也形成了一个白俄罗斯少数民族居住区。

③ 特拉凯(Trok),立陶宛城市,位于维尔诺以西二十八千米。

④ 费罗马特(Filomatów)意为知识爱好者。这是一个秘密的学生组织,1817 年至 1823 年活跃于维尔诺帝国大学。

⑤ 波纳雷(Ponary),维尔诺左岸行政区,在两次世界大战期间是一个安静的度假小镇。

土耳其的伊斯坦布尔。后来,诗集《不被包容之地》①的作者在给伊瓦什凯维奇的信中说,他很想去参加这次历险,但因囊中羞涩没去成。他还说,他们计划组织几次皮划艇游莱茵河,过几个月后去游巴黎[7],真去了巴黎的话,那他就不会是维尔诺大学流浪汉学术俱乐部的成员了。

米沃什第一次听说维尔诺大学流浪汉学术俱乐部是念高中的时候。他看见一帮年轻人从大卡车上下来,统一戴着贝雷帽,这让他联想起文艺复兴时期的学者。他们外观之美让这位高中生十分羡慕并很想模仿。后来他认识了一个叫斯泰凡·岩德列霍夫斯基的年轻人,一个"年轻的浮士德——陶醉于世界的美丽,他愤世嫉俗、博才多学、积极进取"(《被禁锢的头脑》,页197),他们成了志同道合的朋友。米沃什下定决心,只要上了大学,他就申请加入流浪汉学术俱乐部,结果他于一九二九年十月二十六日成了俱乐部的一员。[8]接受"洗礼"后,紧接着就跟着他们去了密茨库尼②旅游。第二年五月跟莱赫·贝纳尔,也就是后来的帕维乌·雅谢尼查一起出去旅行。从他早些时候填写的俱乐部调查表可以看出,米沃什作为法律系学生没有打零工,也没有姐妹(那时,俱乐部成员如果谁有姐妹就会非常受欢迎,因为可以帮助别的女孩找朋友)。

有一个签字很有意思,就是在诗人名字后面的括号里还写着他的昵称,如大写的Ja③。流浪汉学术俱乐部的所有成员都有昵称,而后来的《三个冬天》诗集④的作者则给自己起了一个昵称叫Jajo⑤(有时候拼写成"Ja-yo",有时候拼写成"Yayo"[9]),不过不清楚这个昵称出于什么考虑。第一种可能是年轻的法律工作者长着一个椭圆的大脑袋,因为在三

----

① 米沃什发表于1984年。
② 密茨库尼(Mickuny),立陶宛的一个小镇,位于维尔诺附近。
③ 即"我"的意思。
④ 米沃什于1936年出版。
⑤ 即"鸡蛋"的意思。

113

十年代早期给他画的漫画主要突出的是大脑袋,而且在学校滑稽剧演出活动中也把米沃什画成洋娃娃状,上面写着食谱:现在最需要的是"一个大鸡蛋,而不是大鼻子"。[10]第二种可能更有意思:根据雅谢尼查的说法,米沃什"在准备好做一项工作时,他就会着急地大喊:'我!我!'①结果情急之中把后面的辅音发成了'O'"②。[11]作家本人在耄耋之年也清楚地表示,那时他经常想到的和说的就是自己,所以特别喜欢用"Ja"这个词,这个外号可能就是这么来的。不过总用"我"这个表述不是太好,所以时不时就变换一种说法用了"Jajo"——这正好符合上述他在表格上的签字。与此同时,在流浪汉学术俱乐部的"紧急情况"联系人名单上,我们找到了米沃什[12],他排在第六位,旁边也有两个手签的昵称:"Jajo(Ja)"。

在维尔诺流浪汉学术俱乐部成员中,"鸡蛋"最初跟布伊尼茨基也就是多莱克接触最多,他们常常在波兰语学生见面会上碰面。渐渐地他们的关系变得有些疏远,他更多地受到号称"罗伯斯庇尔"的波兰年轻诗人岩德列霍夫斯基的影响。朋友之间关系的转变不仅仅是一种伙伴关系的转变,还有另一层意思。多莱克首先是一个诗人,而且是年轻人中的一个活宝,是参与学校各种活动的积极分子和艺术团的小品演员。岩德列霍夫斯基因为参加学校的一个重要活动而被大家誉为雅各宾派领袖,他还鼓励米沃什积极参与其他一些活动,比如政治活动。大学期间他们合作非常默契——无论在学生的讨论会上,还是在知识分子俱乐部或者流浪汉学术俱乐部的活动中,而后来《被禁锢的头脑》③的作者在这部著作中对自己的同学表示了钦佩并赞扬他才智过人。他们甚至合

① 波兰语发音是 Ja。
② 听上去就好像波兰语的发音 Jajo。
③ 1953 年出版。

写过文章,每次的签名都是"米沃什岩德列霍夫斯基",尽管题为"个人记事"的文章还带有非常明显的年轻人的矫饰和稚气未脱的特点,但值得注意的是,这篇文章记录了年轻人精神迷茫的状态,同时混杂着他们内心的焦虑以及满足自己精神自律的需求,嘲讽自己想要在世界上占有一席之地的愿望。[13]尽管从建立这个俱乐部一开始,他们并没有想参与政治,但政治一天也没有离开过他们。[14]当斯坦尼斯瓦夫·斯特隆斯基①来到维尔诺讲演时,当时他是民族民主运动②选举出的议员,毕苏斯基派的年轻人在演讲大厅里高声呼喊捣乱,想要搅乱这次演讲,其中就有米沃什和岩德列霍夫斯基,而年轻的民族民主派与耶日·普特拉门特和卡齐米日·哈瓦布尔达(他在俱乐部的昵称是"玛尔霍武德",是全波青年会主席)都支持演讲人,都想把这些捣乱的人赶出会场。

在流浪汉学术俱乐部里还有一些名字会出现在作者的自传《冻结时代的诗篇》③中。比如约瑟夫·马希林斯基(昵称"阿聂尔卡")④曾提醒米沃什不要放弃诗歌的前卫性。此外,米沃什在波兰被占领期间曾躲避在安东尼·博赫杰维奇(外号"四分卫")⑤在华沙的家中;自由欧洲电台工作人员维克多·特罗希奇安科(外号"小杯子")发誓与他为敌……一九三〇年二月,"罗伯斯庇尔"和"鸡蛋"站在维尔诺的大教堂前,为学校的滑稽剧团做广告[15],而五月二十五日他们与布伊尼茨基、雅谢尼查和切斯瓦夫·莱希涅夫斯基(外号"捷克人")——就像我们在照片上看到的那样——赤裸着身子在涅里斯河里游泳,后来他们被巡警抓住,跟

---

① 斯坦尼斯瓦夫·斯特隆斯基(Stanisław Stroński, 1882-1955),波兰语言学家和政治家。
② 波兰民族主义意识形态的政治运动。
③ 米沃什于 1933 年出版的首本诗歌集。
④ 约瑟夫·马希林斯基(Jozef Masilinski, 1910-2002),波兰诗人、文学和戏剧评论家、翻译家、戏剧导演和社会活动家,维尔诺"热加雷"成员,月刊《戏剧》(1938-1939)编辑。
⑤ 安东尼·博赫杰维奇(Antoni Bohdziewicz, 1906-1970),波兰导演兼编剧。

巡警争论起来,结果每人被罚二十五兹罗提,并以违反公共道德和不尊重警察为由被告上了大学法庭。法庭宣判无罪释放他们,但系主任因为岩德列霍夫斯基情绪过于暴躁给了他警告处分。

另外一个插曲发生在一九三○年五月,从中可以看出流浪汉学术俱乐部在当时纷争中的立场。在波胡兰卡区①泽尔维罗维奇大剧院上演了费迪南德·布鲁克纳的剧作《罪犯》后,无论是剧中的艺术表现手法还是对当时法院所持偏见的批评,特别是对剧中表现的道德情节(同性恋和堕胎)等都引起了人们的抗议,认为本剧"亵渎了维尔诺精神"。[16]结果在一次演出中,警察冲进了剧场。《词语》杂志的领导斯坦尼斯瓦夫·卡特-马茨凯维奇要求捍卫艺术自由,那时流浪汉学术俱乐部给编辑部写了一封信:"我们谴责报刊的装腔作势,因为它一方面容忍极具色情特点的艺术,另一方面又赞同艺术为富人服务,一旦遇到艺术表现社会深层问题,报刊又反过来批评艺术脱离传统观念,号召大家睁大眼睛维护传统道德习俗。"[17]一个参加过抗议活动的人回忆说:"有几十个人在这封信上签了字,而且还写上了自己的地址,说我们不信邪,就让警察来抓我们吧,我们根本没有被警察吓倒[……]泽尔维罗维奇大剧院[……]给我们发来了参加艺术演出闭幕式的邀请函,演出之后相关讨论一直持续到第二天凌晨。"[18]

米沃什在青年时代追随俱乐部精神,还经历过一次最扣人心弦的历险,那是在他大学二年级放假后,他与岩德列霍夫斯基和斯泰凡·扎古尔斯基一起去度暑假。一九三一年五月,在巴黎附近的万塞讷举办了一个以殖民地为主题的博览会,会上建了一座植物园和佛塔并设计了一个1:1比例的柬埔寨吴哥窟大厅。近八百万人参观了这个展览,毫无疑

---

① 维尔诺的一个区名。

问,这也引起了维尔诺大学生的关注,他们决定走一条最长的路线即水路到达法国首都。因此他们向波兰外交部申请补助,以便有资金购买皮划艇,结果外交部没有批准,于是他们乘火车去了瑞士,从那里徒步旅行到巴黎。[19]后来,还是有人资助他们,让他们先到了捷克斯洛伐克,在那里他们可以租到便宜的船。就这样,苛刻的"罗伯斯庇尔"、仁慈的"大象"(也就是扎古尔斯基)和四处张罗的"鸡蛋"终于在七月初上路了。[20]多年后诗人在《欧洲故土》里描写了他们的冒险之旅,但行程中的一些具体路线对如今的我们来说可能已经成了一个谜。他们大概是从维尔诺乘火车出发到华沙,然后在那里转乘火车去布拉格的。不过他们并没有急着赶路,在捷克的"一个地方停留了一小段时间——在那里了解了一下周围的情况,还结交了两位来自利托米什尔①的女性朋友:库比切克和杜什卡"。[21]年轻的波兰人对捷克小城的整洁和富有感到惊讶,这与曾经自比布拉格的维尔诺那沉闷与肮脏的形象形成了鲜明对照:"我们呼吸着布拉格城堡区的清新空气,沉醉于欢声笑语和音乐以及在各种窄巷子中的葡萄酒庄里,周日挤在穿着巴塔牌高跟鞋的女士们中间尽情地游览着这座城市。"(《欧洲故土》,页175)

当同学们徒步去阿尔卑斯山巴伐利亚段旅行时,米沃什独自在捷克待了几十天。他买了皮划艇,又用火车把皮划艇运到博登湖附近的林道②,然后在布拉格闲逛,陶醉于"疯狂的情色氛围中"。(《米沃什矛盾自画像:对话亚历山大·菲乌特》,页288)他为自己看上去是一张娃娃脸而感到不爽,同时还要不断与自己的懦弱作斗争。他不仅不会调情,还得尽力遏制自己第一次进火车餐厅时的紧张情绪,在外国人的别墅

116

---

①　利托米什尔(Litomysla),捷克的城镇,位于该国东北部。

②　林道(Lindau),德国巴伐利亚州的城市,位于博登湖东岸的岛上,德国、奥地利和瑞士三国的交界处,是德国南部"阿尔卑斯山之路"的起点。

之间他要找的不是住处,而是森林,以便在树下给自己安张睡觉的床。他乘火车去巴伐利亚,先在比尔森①下车,然后穿农田,一路吃香肠,啃面包,顺便在农民家帮忙干点活儿,挣点路费。他穿过边境,终于到达林道,找到了已经抵达那里的朋友。他们一起去火车站取回皮划艇,冒着倾盆大雨,在博登湖湍急的湖水中划着皮划艇,半夜时分到达对岸的康斯坦茨②。

"接下来几天的旅行让我们惊喜连连。湖面越来越宽,到了莱茵河时,河水犹如突然凸起的一面有弹力的镜子。我们每划动一次船桨,皮划艇就会被弹起来。尽管雨中行舟并没有让我们感觉到一丝疲劳,可雨还是一直不停地下。[……]到了河水的转弯处,我们觉得有种神秘感,划出河水的转弯口时,我们被眼前的景色惊呆了。应该说,我们到了一个十分迷人的国度。"(《欧洲故土》,页179)这些旅行者并没有只沉醉于美景,他们没有停下来,但划得慢了一些,为的是不让自己掉进沙夫豪森③白色瀑布的深渊之中。后来的几十千米路程他们遇到了一些麻烦,在科布伦茨地区的一个十分困难的水域,他们有些束手无策了,因为水下的礁石把皮划艇下面划出一个洞:"'大象'坐在皮划艇上,突然冰冷地说了一句:'完蛋啦!先生们!'他甚至都没来得及看一眼自己是怎么掉到河水中的,尽管他穿的长裤没系皮带,但老天长眼,裤子没有掉进水中,只是身上的毛衣全湿了,不过'罗伯斯庇尔'完全没有听到他说话的声音,因为那时船尾已经沉进水里,船里进了很多水。'鸡蛋'被抛向了高处,用他自己的话说,是他自己跳出去的。"[22]

---

① 比尔森(Pilzno),位于捷克波希米亚地区西部,距离布拉格约九十千米,是比尔森州的首府,也是该国第四大城市。

② 康斯坦茨(Konstanz),位于博登湖西端,德国的西南角,毗邻瑞士,是一座有两千年历史的古城。

③ 位于瑞士联邦沙夫豪森州的首府。沙夫豪森州是瑞士最北部的州,与德国南部巴登-符腾堡州接壤。

瓦尔茨胡特-廷根①附近一个水上巡警队的警察把这几个不幸的游客救了上来,从照片上我们可以看到:在警察中间放着那些捞上来的随身物品,还站着三个垂头丧气的人——清瘦的岩德列霍夫斯基半裸着身体,与他的同伴"大象"正好相反,"大象"肌肉饱满,浑身是泥。中间站着的是头上戴顶帽子无精打采的米沃什。装有个人证件的背包和一大笔钱——六百兹罗提都沉到了莱茵河底,这笔钱里至少有一半——我们相信——是伊瓦什凯维奇给米沃什的。没办法,他们只得从警察那里借了一些德国马克,重又回到莱茵河对岸的瑞士,以便去波兰驻苏黎世领事馆补办证件。办证件需要几天时间,在这段时间里他们就靠吃奶酪、喝喷泉的水活下去,夜晚露宿在森林中的空地上。他们肯定给父母发过电报请求帮助,因为他们不想就此罢休,也不想立即回家。最终领事馆给他们办好了新护照[23],并借给他们一点钱,以便他们能顺利到达斯特拉斯堡,那里也有一个波兰驻外机构。后来,诗人的母亲又借给他一笔钱并寄到了巴黎。住在塞泰伊涅的维罗妮卡得知儿子的遭遇后,把适量的钱寄到了立陶宛驻巴黎的大使馆。一九三一年八月一日,奥斯卡·米沃什在给大使馆的秘书尤扎斯·乌尔比斯的信中写道:很遗憾,他的一位年轻亲戚一直没有去立陶宛大使馆寻求帮助,"几个外交机构给了他一点餐费(可惜都是波兰的外交机构),我的侄子才得以顺利到达斯特拉斯堡"。[24]

后来,几位年轻的朋友又回到了瓦尔茨胡特-廷根,继续徒步旅行——先是走到了黑森林,住在那里的青年旅社,遇到了一些正在寻找德国远足者运动起源的青年人,这是德国纳粹主义最早的雏形。在一个很小的地方过边境时,海关官员认为他们是流浪汉学术俱乐部的成员,不允许他们过境去法国,让他们绕道走瑞士的巴塞尔,结果扎古尔斯基

117

————————

① 德国巴登-符腾堡州的一个市镇。

和岩德列霍夫斯基继续徒步走,而米沃什因为脚掌被磨破,买了去斯特拉斯堡的火车票。从火车车厢的窗户往外看去,诗人开始以为他第一眼看到的是葡萄酒酒庄,结果再仔细一看,才看出那是孚日山脉①的斜坡的一大片白色十字架,是"一战"牺牲者的墓地。而他第一次了解"甜蜜法兰西"是通过参观斯特拉斯堡最著名的哥特式建筑的主教座堂②,同时在那里也看到了衣衫褴褛的波兰工人们挤在一起,徒劳地寻找着能挣钱的活儿。"我们评论着法国的美,它的美让我们无法用语言形容我们激动的心情。[……]在任何地方都不可能享受到这里的这种自由的氛围,[……]但自由的代价时常是对沉默和羞辱的命运无动于衷。"(《欧洲故土》,页185)他们感到非常不舒服,尽管他们穿得有些穷酸,可他们也属于优越的阶层——领事接待过他们,邀请他们吃过饭,还给了他们路上的盘缠。不久他们还乘火车去了巴黎——三等硬卧车厢。

　　黎明时分他们在巴黎圣拉扎尔站③下了车,穿过拉马德莱娜大街,到了协和广场、杜伊勒里花园、塞纳河和拉丁区,领略着这座城市的传奇之美。"在空旷的协和广场看着凯旋门和花园树木之间银白色的地面,我们觉得心胸开阔了许多,树枝像大羽毛穿出迷雾。杜伊勒里林荫大道上空无一人,只有一对恋人坐在长石板上。[……]阳光从雾气蒙蒙的河水后面露出了笑脸。"(《欧洲故土》,页186)他们在离意大利广场不远的埃卢瓦大街找到了住宿的地方,意大利广场直通美国慈善机构救世军人民宫,也就是所谓的庇护所,那里住着各色人等,还有严格规定,要为所有人提供便宜早餐,并为那些参加晚间祈祷的人提供免费晚餐。从

---

①　位于法国东部,跨越阿尔萨斯、洛林两地。

②　用砂岩建造,有著名的斯特拉斯堡天文钟以及中世纪莱茵兰地区黑白木构架建筑的街景——特别是沿着伊尔河的小法兰西区以及主教座堂周围中世纪风格的街道和广场。

③　法国国铁在巴黎的七大列车始发站之一,位于巴黎西北部的第八区,同时也是欧洲第三繁忙的铁路车站。

这个地方他们去了万塞讷，带着好奇与耻辱的矛盾心情，他们参观了法国人按照其殖民地土著的建筑风格建造的露天博物馆，在那里，人们看法国殖民地的原住民就像看附近动物园中的猴子和长颈鹿那样。但对年轻的诗人来说，此行最有意义的还是他与奥斯卡·米沃什的会面。

作家晚年时回忆说，他第一次看到奥斯卡·米沃什的名字是在一部由布罗尼斯瓦娃·奥斯特罗夫斯卡①翻译的《诗集》的封面上，当时这本书就放在维尔诺家里的客厅。他基本没怎么看过这本书，只是因为自己有这样一位著名的诗人亲戚住在巴黎并用法文写作而感到十分骄傲。他诗歌中的怀旧情感是否激发了小切希今后写诗时的想象力？不管怎样，他们一直有书信来往，他的这个"来自巴黎的叔叔"一直给他回信并给他寄了很多书。[25]现在叔叔又给他在信中夹寄了支票，这样这位小旅行者才得以在巴黎的一个大型百货公司莎玛丽丹百货公司买了一套西服，像个出身富家的年轻人去了枫丹白露。从那个黑鹰饭店的房间里就能听到附近动物园里非洲鸟类叽叽喳喳的叫声和鸟拍打翅膀的嘈杂声。奥斯卡有一双浓眉，额头饱满，深陷的双眸透着棱角分明的冷峻，"眼皮耷拉着的时候看上去很疲劳，等他睁开眼，一双黑眸宛如猛禽的眼睛，很像黑色的热熔岩或者［……］正在燃烧的火炭发着光。通过他的黑眸，通过他坚毅和骄傲的双眼，我们好像看到了浩瀚的沙漠，由此联想起圣经中的画面"。（《欧洲故土》，页191）

> 周游列国之人在无懈可击的举止之下掩盖的是
> 自己对一切生物的同情。
> 也许有些人已经看见这一点，但肯定
> 小小的鸟类们也以这种方式得知并告诉我们，

118

---

① 布罗尼斯瓦娃·奥斯特罗夫斯卡（Bronisława Ostrowska，1881-1928），波兰诗人。

> 在公园的林荫大道上,在他的允许下可以落在
>
> 他的头上和肩膀上,吃他手里的食物。

(《诗集　第五辑》,页 319)

来自欧洲边疆的蛮子到达欧洲神话般的心脏时,他感觉到了什么?他的印象是自己进入一个管理规范的现实国家,与此相比,那个随处是桦木林和到处是宽阔泥泞的乡间小路的世界似乎令人感到迷茫。可从另一方面来说,西方富足国家的民众对米沃什的国家和他们的经历一无所知。米沃什在给伊瓦什凯维奇的信中写道:从瑞士回来以后,我们非常"鄙视埃文达芝士①国度的'自由'",他还补充道:"看到西方强于我们的地方,我很明白,他们享受着安逸富足的生活,在重要的事情上不会像我们这样产生灵感。"[26]

在这封信中他还写道,他与叔叔处得像朋友,赞扬叔叔才智过人,是叔叔劝他回到立陶宛的。"我对他说的理由心悦诚服。也许因为我是'波兰人',其实我也不是百分之百的波兰人,但波兰人总是在心理上认为他们高于立陶宛人,但这次从国外回来后,我的这种波兰人的优越感降低了几十个百分点。"但是未来的《寻找祖国》②的作者当时在维尔诺并不敢炫耀自己与奥斯卡的关系。因为奥斯卡呼吁立陶宛应对维尔诺实施法律管辖权,在这一点上,具有左派观点的诗人与这位来自巴黎的富有贵族意见相左。不管怎样,奥斯卡·米沃什在给朋友的信中还是给予侄儿非常高的评价并提出很有远见的看法:

119

---

　① 瑞士著名芝士,产自瑞士中部伯尔尼州埃曼塔地区。埃文达芝士是世界上最大的芝士之一。

　② 米沃什于 1992 年发表的散文集。

按照我的标准,我的这个侄儿是个好人,他是我曾祖父弟弟的后代。我本来想,出现在我面前的可能是一个丑八怪,肯定很像我们这个超级混血(**肮脏的资产阶级**)家族的人,这个家族的人曾经当过主子和斗士。超乎我的想象,当我见到这个眉清目秀的十九岁的年轻人时,我马上断定他是一个热情洋溢的诗人,头脑清醒(**很稳重**),他对我特别尊重,他认为要保持尊贵王国智慧的、天主教和贵族的传统,同时他还有点共产主义的思想——这一点非常必要,以便能在我们这个不可思议的时代做些有成效的工作——总之一句话,我把这位年轻小伙子(**年轻的骑士**)视为自己的儿子。[……]尽管我非常不喜欢自己的家庭,但我又很欣慰,我们这个来自十三世纪的古老家族因为他的存在而后继有人,他一定会给这个家族(终于!)带来荣光。[27]

这次旅行给米沃什带来了什么?冒险的经历满足了他的好奇心,也许他会对能沿着自己父亲的足迹去远足,继承"吉卜赛人的血脉"而感到心满意足。[28]当然,他更清楚了他们与西方世界的对立,因为他看到竖在入口处的牌子"禁止茨冈人、波兰人、罗马尼亚人和保加利亚人入内"(《欧洲故土》,页184)……而流浪汉学术俱乐部呢?还有早先的"PET"组织——加入这些组织让他获得了友情,同时也给他上了一堂具有讽刺意义的不能盲目从众的课。后来他发现这一切对他来说都太微不足道了。一九三〇年十月中旬,布伊尼茨基和岩德列霍夫斯基退出了流浪汉学术俱乐部。"为什么?发生了什么事?"科拉别维奇惊讶地问。阿莫尔①像小孩子那样红着脸回答说:"没什么了不起的。那就是说我们看不到继续留在这里的意义了呗。我们又接受了新的社

① 阿莫尔(Amor)是布伊尼茨基绰号,即爱神丘比特。

会任务。"[29]很快,米沃什就去追随他们的脚步:流浪汉回归到知识分子的行列。

注释

[1] 俱乐部成立于 1923 年,在运营的十六年里有一百二十个人参与活动。

[2] 帕维乌·雅谢尼查,《纪念册》(华沙,1993),页 107。

[3] 参瓦茨瓦夫·科拉别维奇,《诱惑》(华沙,1986),页 234。

[4] 在 1930 年 3 月拍摄的"狮子洞"照片上,可以看到在一个没有家具、地板破损的房间里,有十几个穿着整洁西装、打着领带的年轻小伙子。有米沃什、雅谢尼查、科拉别维奇、布伊尼茨基和岩德列霍夫斯基。翻印收录于瓦勒德马尔·舍乌科夫斯基,《维尔诺流浪汉学术俱乐部》,页 67。

[5] 瓦茨瓦夫·科拉别维奇,《诱惑》,页 226。

[6] 摘自兹比格涅夫·法乌特诺维奇,《晚风——切斯瓦夫·米沃什与苏瓦乌基》,页 48。

[7] 摘自切斯瓦夫·米沃什写给雅罗斯瓦夫·伊瓦什凯维奇的信,1930 年 12 月 11 日。(波兰科学院文学研究院图书馆)

[8] 在曾任流浪汉学术俱乐部主席的切斯瓦夫·海尔曼的档案中,保存着一张标记着日期的"活动"照片,是吸收新会员的活动。参塔德乌什·布伊尼茨基,《流浪汉的颂歌,维尔诺流浪汉学术俱乐部圈子的诗歌和长诗写作》,收录于《1920–1940 年维尔诺的诗歌和诗人研究》,塔德乌什·布伊尼茨基、克日什托夫·别德日茨基编(克拉科夫,2003),页 121。同年 11 月在科拉别维奇家里拍的照片上也有米沃什的身影,和十几个人围坐在一张摆满小吃的长桌前边喝边聊,聊着同学间的那点事儿。照片翻印收录于贝娅塔·塔尔诺夫斯卡,《切斯瓦夫·米沃什战后作品中的诗歌地理学》(奥尔什丁,1996),页 XV。

[9] 1931 年 7 月 28 日写给安娜·斯塔夫斯卡的信,摘自塔德乌什·布伊尼茨基,《维尔诺随笔:论文和小品》,页 208。另见米沃什的文章《个人编年史》,收录于《年轻思想的冒险》,页 23。

[10] 滑稽剧十一,1933 年,收录于《维尔诺大学滑稽剧》,马莱克·奥莱谢维奇编(比亚韦斯托克,2002),页 337。

[11] 瓦勒德马尔·舍乌科夫斯基,《维尔诺流浪汉学术俱乐部》,页 73。

[12] 地址为齐格蒙托夫斯卡大街 8 号 3 室(电话号码:6–79)。收录于贝娅塔·塔尔诺夫斯卡,《切斯瓦夫·米沃什战后作品中的诗歌地理学》,页 XVII。

[13] 这段内容出版于 1931 年 3 月 19 日的《词语》。如果不算写给《真理之声》的信,这可以算作切斯瓦夫·米沃什的首个出版作品;《年轻思想的冒险》,页 23。

[14] 后来流浪汉们的命运依然丰富多彩。有一个经典的相遇场景 1948 年发生在雅谢尼查(在俱乐部里外号叫"酒神")身上,那时他因为投靠"乌帕什基"部队被捕,并被公共安全部政治局审讯。"我走进副局长亨里克·赫梅莱夫斯基——俱乐部里的外号是 Fu-Czu——的办公室。当时立刻就明白了,最好的解决方式是装作不认识彼此。我这么做了,他也这么做了。"见帕维乌·雅谢尼查,《纪念册》,页 111。多年后,酒神和 Fu-Czu 又碰面了,在"行千里"也就是科拉别维奇展出从埃塞俄比亚带回来的十字架的展览上。科拉别维奇长大后,在巴西和乌干达当过医生,参加过自然探险队,写过旅行书。科拉别维奇死于 1994 年,米沃什曾对耶日·图罗维奇提起此事:"我不知道,你知道吗,最近瓦茨瓦夫·科拉别维奇死了,就是你那个流浪汉学术俱乐部的'行千里'。他九十岁的时候做了一件特别奇怪的事(也许他总是这样奇怪?),他提到了一本书,书中说,根据一些手稿——可能保存在西藏的某座佛寺里——确认,基督在印度待了十八年(三十岁之前),后来回到巴勒斯坦被钉在十字架上,但没有死在十字架上,而是被自己的追随者救下,然后返回了印度。"见 1994 年 4 月 9 日的信,耶日·图罗维奇档案室。

[15] 见切斯瓦夫·海尔曼的照片收藏。翻印收录于贝娅塔·塔尔诺夫斯卡,《切斯瓦夫·米沃什战后作品中的诗歌地理学》,页 XVIII。

[16] 芭芭拉·奥斯特洛夫,《亚历山大·泽尔维罗维奇在维尔诺(1929–1931)》,收录于《戏剧性的维尔诺》,米罗斯瓦夫斯卡·科兹沃夫斯卡编(华沙,

1998），页 171。

［17］《词语》，1930 年第 104 期，摘自泰莱莎·达莱茨卡，《1919–1939 年维尔诺的波兰文人作品》，页 167。

［18］帕维乌·雅谢尼查，《纪念册》，页 93。

［19］参切斯瓦夫·米沃什写给雅罗斯瓦夫·伊瓦什凯维奇的信，1931 年 7 月 1 日。（波兰科学院文学研究院图书馆）

［20］并不是米沃什在《欧洲故土》里写到的 6 月份，因为 7 月初他才将上述写给伊瓦什凯维奇的信从苏瓦乌基寄出。

［21］摘自切斯瓦夫·米沃什写给雅罗斯瓦夫·伊瓦什凯维奇的信，1931 年 9 月 12 日。（波兰科学院文学研究院图书馆）

［22］摘自写给安娜·斯塔夫斯卡的信，1931 年 7 月 28 日。布伊尼茨基提到的是某个旅客的书信片段。摘自《维尔诺小品》，页 208。这封信有助于确定灾难发生的日期，是几天以前，应为 7 月 20 日。另见斯泰凡·岩德列霍夫斯基的回忆："我们没有仔细研究过路线，也不知道莱茵河涨水了。我们并不安全。小船解体了，在我们身下被冲走了。我不会游泳……我看见，我的背包漂过来（包里塞着内衣，充满了空气），于是我抓住它，用另一只手划水，就这样划到了岸边。扎古尔斯基顺着水流游泳，一会儿就上岸了。我们的证件没了，钱也没了，我们必须和苏黎世联系。德国警察帮我们联了。在苏黎世我们没有找宾馆，就在城外凑合了一宿。填表没花多长时间，领事很友善地为我们服务。给我们发了临时证件。但我们来苏黎世的费用必须得结算。德国水警给我们开的账单上有电话费、预支款、伙食费。防风外套还坏了。我们发现，我们没有足够的钱去巴黎玩了。造成我们决定步行去斯特拉斯堡。事实上，我们穿过了巴伐利亚和符腾堡之间的黑森林。我们在法国边境遇上了麻烦——在巴塞尔附近少有人走的通道上我们被法国边防拦下，不让我们通过——他们依据老文件条款，不允许流浪汉进入法国。我们不能去法国，就得穿越瑞士边境，在巴塞尔又被拦住了些时间。米沃什磨破了脚掌，我们给他买了去斯特拉斯堡的票，让他在斯特拉斯堡等我们。我们和斯泰凡·扎古尔斯基则步行通过阿尔萨斯到了斯特拉斯

堡。我们一路上经历了各种险境,后来我们再想去莱茵河方向玩时,马其顿防线就会把我们拦下。"贝娅塔·塔尔诺夫斯卡和斯泰凡·岩德列霍夫斯基的对话,即《我们曾无限地游历……》,收录于《维尔诺流浪汉学术俱乐部的热加雷成员》,见《热加雷:文学团体的文化圈》,塔德乌什·布伊尼茨基、克日什托夫·别德日茨基、雅罗斯瓦夫·法赞编(克拉科夫,2009),页80。

[23] 取自一张米沃什的照片,照片上微笑着的小伙子身着有大口袋的卡其色衬衫。翻印收录于安杰伊·扎瓦达,《米沃什》(弗罗茨瓦夫,1996),页39。

[24] 明达乌加斯·科威特考斯卡斯,《与切斯瓦夫·米沃什在〈新鲁穆瓦〉杂志的合作》,收录于《诗歌与诗人》,页331。

[25] 参切斯瓦夫·米沃什写给雅罗斯瓦夫·伊瓦什凯维奇的信,1931年4月3日。(波兰科学院文学研究院图书馆)奥斯卡·米沃什的信件在华沙起义期间烧毁了,参《欧洲故土》,页41。

[26] 摘自切斯瓦夫·米沃什写给雅罗斯瓦夫·伊瓦什凯维奇的信,1931年9月12日。(波兰科学院文学研究院图书馆)

[27] 摘自奥斯卡·米沃什写给莱昂·格伦巴赫-沃格特和他太太的信,1931年11月11日;参《乌尔罗地》(克拉科夫,2000),页116。

[28] "从在西伯利亚和巴西'连滚带爬'的父亲那里,我继承了流浪的气质。"摘自切斯瓦夫·米沃什写给雅罗斯瓦夫·伊瓦什凯维奇的信,1930年12月11日。(波兰科学院文学研究院图书馆)

[29] 瓦茨瓦夫·科拉别维奇,《诱惑》,页247。另参贝娅塔·塔尔诺夫斯卡,《流浪汉的颂歌》,收录于《1920-1940年维尔诺的诗歌和诗人研究》,页121。

第十五章　采扎雷·巴雷卡①的自卑

120　　国家政治和经济形势的恶化让二十岁的年轻人很快成熟起来，他们不再向父母"吐舌头"、做鬼脸了。布伊尼茨基和岩德列霍夫斯基加上沃依切赫·东布罗夫斯基、斯泰凡·扎古尔斯基以及他的表弟耶日和切斯瓦夫·米沃什一起成立了一个组织，叫"知识分子俱乐部"。甚至不久后对他们当中的一些人来说，评论诗歌就成了他们特殊的政治任务。目前只是吸收一些观点不同的大学生，他们是一些重视思想交流而不受组织纪律约束的人。"这是个所谓的知识分子俱乐部：大学政治活动家（在我们这里，民族民主运动派的人与两次世界大战期间波兰政府的支持者或代表们一起喝酒，一起讨论问题——跟华沙的大学生组织不同）。"一九三〇年末米沃什这样写道。[1]这个俱乐部的成员们开会的地点设在法律工作者小组所在的大厅，有时还会在咖啡店里。最开始组织的会议是在当时鲁德尼茨基开的一家广受欢迎的咖啡屋里举行的[2]，不久后会议地址就固定在位于国王大街的一个便宜饭馆里，这个便宜饭馆

---

① 波兰著名作家热罗姆斯基的小说《早春》的主人公。

"就在离大主教办公地点不远的地方。那时的知识分子都是博伊①的狂热崇拜者。这个便宜饭馆的名字叫'在教堂发誓勇当处女'"。一个俱乐部成员的妻子这样解释说。[3]俱乐部第一届会议由耶日·扎古尔斯基主持,但实际的领导者是岩德列霍夫斯基。[4]"我跟他配合特别默契,"米沃什自夸说,"如果在讨论会上有人辩论不过我们,他就别想轻易走出去。"[5]几个月后,因为俱乐部组织比较松散,就分出了一个创建《热加雷》杂志的小组,在那里时常进行激烈的讨论,他们都是些进步的天主教徒、自由主义者、毕苏斯基的支持者和社会主义者。不久后他们将经历一次意识形态的蜕变,从而促使他们当中的一些人或多或少进入了政治舞台的左边。

诗人念大学的那个年代正是大危机阴影笼罩下的年代,特别是维尔诺,那里是当时波兰最贫穷的地区。流浪汉学术俱乐部成员出门旅行时,他们途经的那些地方,人们居住在茅草房里,只能靠用荨麻煮汤喝维持生活。[6]在维尔诺,他们看到支付不起房租成群结队被赶出家门的人和缕缕行行的乞丐们。在由亲共产主义思想的亚历山大·瓦特②编辑的《文学月刊》上,他们看到一篇论述波兰贫穷的文章,同时还阅读了一部已经翻译成波兰文的美国社会小说《屠场》,作者是厄普顿·辛克莱。社会急剧的两极分化让他们感到非常内疚,正像小说《早春》的主人公感受到的那样:"巴雷卡的自卑心理我们都有"——多年后斯托马这样说。[7]在年轻人当中,很多人倾向左派思想,政府为了分散他们的注意力,成立了一个国家

121

---

　①　塔德乌什·哲兰斯基-博伊(Tadeusz Żeleński-Boy, 1874-1941),波兰著名翻译家、文学和戏剧评论家、作家、编年史家和散文家。

　②　亚历山大·瓦特(Aleksander Wat, 1900-1967),波兰裔作家和未来派圈子的犹太诗人,盎格鲁-撒克逊、法国、德国、俄罗斯文学的翻译者。参与创立了波兰的未来主义,并与他人共同安排了"波兰第一届未来主义表演"。

学术工作协会——青年军团（布伊尼茨基、岩德列霍夫斯基和耶日·扎古尔斯基都是这个协会的成员）。那时允许他们创建杂志，还派年轻的负责人去国外学习，由国家支付奖学金，希望他们能在国外安心学习，少参与政治——亨里克·戴宾斯基就被派到了罗马，"罗伯斯庇尔"被派去了斯特拉斯堡进修。不过在他们两个人身上，结果都事与愿违。

　　无论是共产主义者还是民族民主主义者，这两个群体的力量都在不断增强。在民族民主主义者中间又产生了越来越多的极端右派活动家。三十年代中期他们模仿法西斯主义模式创建了很多组织——其中一个是全国激进阵营"法兰加"①。人们普遍认为，议会斗争方法以及自由市场经济机制收效不高。于是人们提出了各种截然不同的竞争建议——从无政府主义到独裁主义，而对很多人，特别是年轻人来说，每项建议都比腐朽的民主要好很多。米沃什在念大学二年级的时候阅读了托马斯·曼的小说《魔山》，他觉得自己很像故事中的主人公汉斯·卡斯托普[8]，但在登布里尼和纳夫塔的纠纷中，他站在后者一边，"他总是站在纳夫塔这个著名的恐怖分子一边"。（《诗集　第三辑》，页148）他在给伊瓦什凯维奇的信中写道，他不可能加入共产党，但与此同时还强调说，他也鄙视温和的议会左派："从理论上来讲，资本主义的沼泽让我们感到很疲乏，——但是我们又不想成为共产主义者，当然更别提什么成为波兰社会党党员了。"[9]共产主义理论家们反击说：共产主义的支持者们非常高兴看到苏维埃俄国波澜壮阔的变化，波兰的衰弱与"世界上第一个社会主义国家"迅速发展的强烈对比给很多人留下了深刻印象，苏维埃俄国实现了电气化、工业化，建起了钢厂和工厂，修建了巨大的水力发电站，还修建了人工渠。当然他们根本不知道或者尽量不去想建造这些工厂花费了多大的人力成本，是人们牺牲了多少个不眠之夜才换来

---

　　①　极右翼的法西斯波兰超民族主义组织，其主义源于"二战"前的法西斯主义。

的。然而人们很容易相信,付出了高昂代价的试验必定会带来惊人的结果,在文化领域亦是如此。《文学消息》①出版了以苏维埃为主题的专刊,刊登了爱伦堡、皮利尼亚克和巴别尔的文章。电影院播映了普多夫金②非常有创意的新电影《亚洲风暴》(这部电影给米沃什留下了非常深刻的印象,他谈到这部电影的表现形式和展现历史灾难的手法时说:"也许我什么时候也能写出这样的诗歌,也许我会这样活着。"[10])。那时还举办了宣传画展。与文盲作斗争和波兰无可比拟的书籍印刷数量令作家怦然心动。正如一位记者描写一九三三年十一月的一次"周三文学会"活动时所说:"米沃什先生说到这一点,他说书籍,特别是好的书籍我们的大众在这里都看不到,他还特别以苏维埃为例,说那里书籍的印刷数量高达上百万,并在全国发行。"[11]与此同时,我们在米沃什那时撰写的题为"人民兄弟情谊"的文章中看到他的评论:在波苏关系暂时回暖的过程中,我们看到,在试图拉近与我们东部邻居的关系时隐藏着一股悲观的情绪。尽管他跟同学们分享了左派观点,但他在俱乐部的讨论中说,他对目前局势不抱任何幻想。他能了解斯大林国家的一些情况,得特别感谢一个人,那就是普拉纳斯·安采维奇(真名为伏兰齐舍克·安采维奇,立陶宛语称呼他为 Draugas,就是"朋友")。

在米沃什念一年级时,"有一个坐在后排的又高又壮的人发言。他一头乱麻似的卷发,戴副眼镜。试图用俄语和德语混着来表达自己的想法"。(《旅行世界:对话莱娜塔·高尔琴斯卡》,页43)米沃什就是这样记住了这个安采维奇的,后来他们成了好朋友,那时他住在米沃什所在的学生宿舍的楼下,他们共同准备考试,一起出去喝酒,结识了很多立陶

122

---

① 1924 年至 1939 年在华沙出版的社会文化周报。

② 弗谢沃洛德·普多夫金(Wsiewołod Pudowkin, 1893-1953),苏联电影导演、编剧、演员,蒙太奇学派理论家。

宛人、白俄罗斯人和犹太人。他的这位同志一九〇五年出生于萨莫吉希亚①，作为在考纳斯的大学生，他已经是当时很出名的文学评论家，并担任社会主义大学生联盟的主席。他那时跟安塔纳斯·温茨洛瓦②是好朋友，后来他成为立陶宛苏维埃社会主义共和国国歌的词作者，再后来米沃什在卡兹斯·博鲁塔③的帮助下翻译了他的诗歌。一九二六年军事政变后，安采维奇出国去了爱沙尼亚的里加以及维也纳，最后定居在波兰。他是波兰立陶宛政治移民协会的创始人之一，创立了具有社会民主思想的双月刊《向前》，后又加入了波兰社会党。法律系毕业之后，供职于维尔诺东欧科学研究所，出版了自己的博士论文，题为《斯大林主义的国家观念》。尽管他很激进，但他却是一个非正统的马克思主义者，同时坚决反对极权主义。他常常与米沃什谈论莫斯科的恐怖，与此同时给米沃什灌输了很多观点，说服他相信马克思主义对人类分析的正确性，相信马克思主义关于经济和历史阐述的哲学立场。[12]一九三四年，米沃什从巴黎给伊瓦什凯维奇寄了一封信，信中他以很轻松的口吻描写了他心智的解放："过去我似乎知道很多东西，但都似是而非，现在我发现了很多新东西。你知道，我血脉中有野蛮人的根基，几年中在与立陶宛的一位小伙子结为好友之后，我就变得更像个野蛮人了，因为我们俩在很多方面都有相同之处。"[13]多年后华沙被占领，他们学生宿舍左邻右舍的同学们再见面时，Draugas 为帮助米沃什弄到"立陶宛护照"付出了艰辛的努力。在这之前，他还帮助米沃什登记居住在犹太社区，那里号称是立陶宛的耶路撒冷。

　　"维尔诺是犹太人文学和科学领域的中心，而不仅仅是政治和欧洲

---

　　①　意为"低地"，立陶宛五大历史地区之一，位于立陶宛西北部。

　　②　安塔纳斯·温茨洛瓦（Antanas Venclova, 1906-1971），立陶宛和苏联的政治人物、诗人、记者和翻译家。

　　③　卡兹斯·博鲁塔（Kazys Boruta, 1905-1965），立陶宛诗人、作家和政治活动家。

生活的中心。遗憾的是,维尔诺人,准确地说就是那些——大多数非犹太人对此并不知晓。"《维尔诺快报》报道说。[14]二十世纪生活在立陶宛大公国前首都的不同民族,他们彼此之间的接触都是非常表面的。在波兰人眼中,白俄罗斯人似乎都是叛徒或者不晓得自己曾有波兰血统,犹太人似乎都是店主或者共产党员,因此在他们看来,他们跟犹太人不是生意上的竞争对手就是危险的政治敌人。很少有超越种族的关系,不同民族之间很少有通婚现象。"很多人都相信,犹太人过节的时候一定要吃蘸了非犹太人血的薄饼。维尔诺曾经号称是信奉犹太教的雅典,在这里,希伯来语和意第绪语学科以及文学在这里蓬勃发展,关于这一点我很久以后才知晓。"一位在维尔诺、姓氏是波兰文词尾的人多年后这样回忆说。[15]切斯瓦夫·米沃什说他在战后才弄明白当时维尔诺犹太人的宗教思想和生活方式,因为那时他在纽约读了一些在维尔诺狭小的犹太印刷厂印刷的书籍。作为孩童,他曾在一些商店里买过邮票,在那些商店的墙上挂着大卫星罐,让大家为支持建立犹太国往里面投币,但是他从来没有往里面投过一分钱,因为他既不知道有这样的国家,也觉得这样做没什么意义。他高中毕业班里的学生是清一色的天主教徒,念大学时犹太学生有自己的学生会,在一般年轻人的头脑中,他们对"犹太人"都有一种刻板印象。在这种背景下可以清晰地看出未来的《鲜花广场》①一诗的作者对犹太人完全没有任何偏见,应该说他对极端右翼的思想是有抵触的。

　　在两次世界大战期间,民族问题对政治方向的选择产生了很大影响。对年轻的犹太人来说——一方面他们渴望从正统的家庭中解放出来,另一方面他们也了解部分波兰人对他们支持共产主义即新的社会组织怀有厌恶或敌对情绪。因为在三十年代,绝大多数波兰学生都倾向于

---

① 写于 1943 年。

民族民主运动思想,但一小部分持自由主义观点或者左派观点的学生与犹太学生有些合作,比如,大多数波兰学生都认为岩德列霍夫斯基、戴宾斯基和米沃什身上带有"犹太共产党"的印记。当然这并不意味着知识分子俱乐部或者流浪汉学术俱乐部比较了解犹太人——这种障碍是很难逾越的,因为与排犹的人作斗争要比与犹太人认真谈话容易得多。尽管如此,他们还是逐渐地有了些接触:例如一九三三年二月五日他们组织了"叛逆诗(无产阶级诗歌晚会)"朗诵会。在这次朗诵会上朗诵了下列诗人的诗作:卡兹斯·博鲁塔、伏瓦迪斯瓦夫·布罗涅夫斯基[①]、楚赫诺夫斯基[②]、布鲁诺·雅谢斯基[③]、弗拉基米尔·马雅可夫斯基和米沃什,参加诗朗诵会的有立陶宛诗人、白俄罗斯诗人、犹太诗人和波兰诗人,而"小裁缝"也就是施韦里希,他是社会主义学术"邦德"小组成员,"毫不夸张地说,他前所未有地吸引了人们的注意,他使恩斯特·托勒尔[④]的意第绪语的诗变成了有节奏的舞蹈"。(《欧洲故土》,页 117)[16]在维尔诺荣格文学艺术小组[⑤]成员中,米沃什认识了来参加晚会的流浪汉学术俱乐部的查姆·戈瑞德[⑥]和亚伯拉罕·苏茨克维尔[⑦]。这次小心翼翼地、试图互相了解的晚会是在怎样的气氛中进行的?我们从米沃什当年的一位女同学多年后给他的信中可以看出来:"给你写信是想告诉

124

----

① 伏瓦迪斯瓦夫·布罗涅夫斯基(Władysław Bronieweski, 1897-1962),波兰诗人和翻译家、革命家、爱国士兵和自传诗歌的作者。

② 马里安·楚赫诺夫斯基(Marian Czuchnowski, 1909-1991),波兰诗人、作家、记者。

③ 布鲁诺·雅谢斯基(Bruno Jasieński, 1901-1938),波兰诗人、散文作家和剧作家。

④ 恩斯特·托勒尔(Ernst Toller, 1893-1939),二十世纪二十年代最出名的德国剧作家之一,德国表现主义剧作的重要代表作者。

⑤ 于1927年至1943年活跃在维尔诺的文学小组,该小组的创造力特点是:主张意第绪主义意识形态,与中欧和东欧的犹太文化传统保持联系,不愿接受犹太复国主义,适度追求前卫艺术潮流。

⑥ 查姆·戈瑞德(Chaim Grade, 1910-1982),诗人和散文作家,二十世纪著名的意第绪语作家之一。

⑦ 亚伯拉罕·苏茨克维尔(Abraham Suckewer, 1913-2010),文学和艺术专家,以色列的意第绪语大众化人士。他的诗被翻译成英语、法语、日语和波兰语等。

你,我是怎么记住你的。在希尼亚戴茨基阶梯教室,你带着一帮工人和学生往前跑,驱赶那些民族民主派闹事的人,因为他们也想举办由不同民族参加的诗歌晚会。那时你的表情像狼一样凶恶,你圆睁着眼睛,龇着牙,手扶着椅子背,像狼一样嚎叫着,你装得很像。"(《猎人的一年》,页243)

虽然在米沃什上大学时期还没有让犹太学生跟其他学生隔开坐,但排犹情绪已经高涨。一九三一年十一月,在维尔诺发生了"犹太尸体"冲突。医学院的学生在解剖室学习解剖刚从城市太平间收到的尸体,因为没有人来收这具尸体,因此这类尸体一般都是"雅利安人"的,因为犹太人社区会为那些信仰《创世记》的人提供葬礼资助。这给全波青年会试图拒绝犹太人进入斯泰凡·巴托雷大学学习提供了一个借口,所以这个组织的人对犹太学生拳脚相加。在这些手持棍棒的施暴学生中有耶日·普特拉门特,在那些少数保护犹太学生的波兰人中有切斯瓦夫·米沃什,在大学校园里他被那些民族民主派的学生围住,当他呼吁大家要讲人道主义时,那些人对他喊叫道:"这话回家跟你奶奶说吧。"为了给这位友好的同学解围,犹太屠夫和搬运工们出动了,他们开始扔石块。结果有一块石头落在了一个叫斯坦尼斯瓦夫·瓦茨瓦夫斯基的学生头上,几个小时之后他去世了。城市街头出现了反犹骚乱:由两千人组成的人群砸了犹太人的商店,他们闯进了犹太教堂,并进攻了犹太学生协会的办公室——这次骚乱中有近两百人受伤。[17]一年后,米沃什发表《组诗的信息》时,正赶上维斯皮安斯基的剧作《齐格蒙特·阿古斯特》首演,他描写了自己社会意识的崩溃:"反犹太人骚乱和同时上演的《齐格蒙特·阿古斯特》在我心里引起了巨大反响。在这里出现了同类现象。当然,小人掌权只能做昏庸的事。打!因为是犹太人。称颂,因为是维斯皮安斯基的作品。了解当今真相的同时还要承受惊吓——这可真是太难了。"[18]

　　三十年代后半期,大学里的情况更糟了,开始将犹太学生与其他学生隔开来坐,要求实行(用拉丁语说是)"限数"①的规则,结果这个规则后来就变成了(用拉丁语表示说)"无数字"②,全国激进阵营好战的恐怖分子们向那些所谓的不可靠的教授进行人身攻击。"使用蜡烛熏、用指节套或其他钝器打人,在维尔诺、华沙和利沃夫的大学内已经成了家常便饭。在维尔诺有八名犹太学生被打成重伤,其中两人就是斯泰凡·巴托雷大学的学生。[……]斯泰凡·巴托雷大学校长办公室玻璃被打碎,因他拒绝接受全国激进阵营年轻人的请愿书。"一位文学史家说。令人非常惶恐的是,仇恨与宗教信仰搅在一起:"在上述各种事件发生后(1936 年 11 月),在维尔诺供奉的光明山③圣母玛利亚画像旁又挂上了一块铜牌。在《小日报》上记载了[……]抹黑④犹太人的一些事件。[……]"[希特勒]总理同意,只要是德国人——即高级种族的人,他就愿意当他们的教父——他们毫不掩饰地写道。"[19]毫无疑问,米沃什当时认为,真正有信仰的人不应该暴露自己的信仰,以免被民族主义天主教徒"强拧"去与他们为伍。[20]排犹主义促成了部分维尔诺青年人公开表达自己的左派观点,比如普特拉门特和耶日·什塔海勒斯基⑤,早在一九三一年十一月他们还支持右派,瓦茨瓦夫斯基去世的事件成了他们改变自己立场的转折点。激进主义思潮在不断扩散,理智思维的人逐渐消失,在这个过程中,法律系学生亨里克·戴宾斯基成了英雄的象征。

---

　　① numerus clausus,出于政治或纯粹实际原因而限制大学生人数的原则,两次世界大战期间在波兰、俄罗斯、美国、德国、匈牙利和罗马尼亚实行。

　　② numerus nullus,二十世纪三十年代,一些波兰大学和其他一些中欧国家实施了禁止接受犹太人进入高等学校的措施。

　　③ 位于波兰琴斯托霍瓦的天主教修道院,波兰最重要的朝圣地,亦是许多波兰人的精神首都。

　　④ 一种政治或选举学术语,指以未经证实的言辞攻击对手,包括造谣中伤、歪曲其说法、将部分事实加油添醋、以谎言进行人身攻击,而使对手声誉及可信性受质疑。

　　⑤ 耶日·什塔海勒斯基(Jerzy Sztachelski, 1911-1975),波兰医学家和共产主义者。

他是一个十分帅气又绝顶聪明的好孩子,具有天赋异禀的口才——最早是通过天主教学术青年"复兴"协会①走上了从政之路。这个组织与基督教民主党有联系,秉持国家主义立场,在维尔诺主要由那些能够将天主教与社会敏感性和奉献精神相结合的学生组成。其中有约瑟夫·希维安茨茨基、切斯瓦夫·兹果热勒斯基、安东尼·高乌比耶夫和斯坦尼斯瓦夫·斯托马,戴宾斯基当选为维尔诺"复兴"协会主席,并在一九二九／一九三〇学年成功地将几个不同组织的竞选人并入贫困学生青年自助选举委员会候选人名单——毕苏斯基组织和左派组织,流浪汉学术俱乐部和天主教徒与"复兴"协会——同时,他赢得了兄弟会的选举。一九三一年十一月,在我们前面说过的发生在维尔诺的骚乱中,戴宾斯基以平民之身展示了极大的勇气,在群众集会上劝说人们接受犹太人加入兄弟自助协会。后来,在兄弟会的下一次选举中(1932 年 3 月)全波青年会赢得了大选直至"二战"爆发。一九三三年切斯瓦夫·米沃什参加竞选,结果输给了来自国民经济集团的斯坦尼斯瓦夫·雅尼茨基。[21]戴宾斯基越来越往左派靠拢:从一个积极参加社会活动的天主教徒,通过参加学习马克思、恩格斯和列宁的课程,成为正统的共产党员,支持西乌克兰共产党的一个共产主义政党。他从一个秉持与热罗姆斯基一样温和观点的人物走上了反对波兰国家独立的非法的共产党组织活动家的道路。"采扎雷·巴雷卡变得越来越左,行进在共产主义的红旗下。"斯托马描述了这一现象。[22]米沃什会成为这样的人吗?

　　诗人自己也有服从集体情感的倾向,与典型的艺术家需要掌声那样,他在晚年回忆说,逃离苏联管制下的维尔诺,之后离开贝鲁特②统治

126

----

① 成立于 1919 年的学生组织。

② 博莱斯瓦夫·贝鲁特(Bolesław Bierut, 1892-1956),波兰共产主义领导人,斯大林主义者,波兰工人党创始人之一,波兰统一工人党中央第一书记,波兰人民共和国第一任总统,后任波兰国务委员会主席、部长会议主席。

的波兰使他避免了为斯大林唱赞歌。作为一个人,他很重视隐私;而作为诗人,他将很快捍卫创作者的独立性,使其免受政治学说的诱惑。他是一个非常复杂的人,因为他既对马克思主义和黑格尔的观点感兴趣,同时又受到自己成长环境的影响,使他对社会异常敏感并对排犹主义非常愤慨,当然还有更深层的也是更多的个人原因。如果看一下他在一九三二年评论约瑟夫·沃博多夫斯基①作品的文章中说的一句话,"他毫不隐讳地像世界上最优秀的诗人们那样批评了这个民族"[23],可看出他是通过这种方式传递出比文学批评的方式更多的消息。这个世界的秩序顺从于生物学定律和为生存而斗争,正如我们所了解的,这让他感到厌恶和抗拒。多年之后他这样分析说:"难道这样去考量普通人的政治倾向,就能得知他们的先天特征和特点吗? 那么我对资本主义的厌恶就可以或多或少地说是我对自然的厌恶。而原因就是我感觉受到了威胁、对弱肉强食的厌恶、怜悯,这三种情感交织在一起,像一团乱麻分不开。"(《猎人的一年》,页58)从某种角度来看,信仰共产主义思想将是对这些焦虑的回答——实现用理性控制世界并超越生物学定律的梦想。因此,米沃什特别喜欢年轻的莱昂·纳夫塔,他认为共产主义是反对自然的思想革命;马克思主义为对世界的混乱有所反应的人提供了认识这种混乱结构的工具。

127　　因此,对自然的反叛可能会导致对革命的渴望,因为革命拒绝资本主义丛林法则以及民主秩序,取而代之的是,革命将合理地分配财富和任务,由具有聪明才智的人带领其他人,甚至会违背他们的意愿,实行开明的专政,走向美好的明天……通常情况下,少数自认为注定要领导人类的人同时也会遭到后者的拒斥。米沃什可能意识到了这一点,也这样描述了自己,同时也在贡布罗维奇,首先是在奥斯卡·米沃什身上看到

---

① 约瑟夫·沃博多夫斯基(Józef Łobodowski, 1909-1988),波兰诗人、散文作家和翻译家。

了这样的画面。他觉得自己才华出众,比别人更敏感,同时又渴望过普通人的生活,更好地立足于世界;他认为自己比别人好,但很少自我中心主义;他不像那些庄园主的后代那样背叛自己的民族,对于这些人来说,他们无法忍受尘世的世界,怀念过往的生活。这就是我们简单几笔勾画出的他的画像。选择走"左派道路"是因为需要与另一些人保持联系,因为他们与大多数人观点不同,同时也希望摆脱自己所处的环境——与那些年轻的犹太人一样寻找逃脱犹太人所处的环境:"在心灵深处我觉得,他们的和我的选择走左派道路的方式都是一样的,是为了表现自己与众不同。正如他们在犹太隔离区,而我在立陶宛大公国那样,我仿佛是在布满灰尘的纪念品之间行走。"(《欧洲故土》,页118)他认为采扎雷·巴雷卡的自卑、安采维奇对他的劝说以及来自日拉尔杜夫①纺织女工对自己命运的关心都不比他憎恨波兰民族主义更重要,正如作家喜欢说的那样,大多数人受民族主义的伤害不浅。"我周围大多数朋友受民族主义伤害的背景基本都是相同的,于是选择走左派道路某种程度上就是我们这些受害人的一种结盟。"(同上,页117)在这些结盟者中,最出名的评论家就是米沃什,同时他也是"社会诗歌的黑色阿里尔"。[24]

注释

[1] 摘自切斯瓦夫·米沃什写给雅罗斯瓦夫·伊瓦什凯维奇的信,1930年12月11日。(波兰科学院文学研究院图书馆)

[2] 如今,文人咖啡屋位于格迪米纳斯街1号(规划)。

[3] 安娜·岩德列霍夫斯卡,《迂回和直接》,页43。

[4] 参马莱克·扎莱斯基,《第二先锋派的冒险》(弗罗茨瓦夫,2000),页72。

---

① 日拉尔杜夫(Zyrardow),波兰的一个城镇,距华沙四十五千米,始建于1830年,"二战"期间被德国占领。

[5] 摘自切斯瓦夫·米沃什写给雅罗斯瓦夫·伊瓦什凯维奇的信,1931 年 10 月 20 日。(波兰科学院文学研究院图书馆)

[6] 参伊莱娜·杰维茨卡-什塔海勒斯卡的回忆,摘自雅罗斯瓦夫·库尔斯基,《流浪汉与横幅》,《选举报》,1999 年 11 月 18 日。

[7] 斯坦尼斯瓦夫·斯托马,《追求希望》(巴黎,1991),页 18-23。

[8] 直到几十年后的 1978 年,他们再次相遇,那时在场的哥伦比亚大学学生问他们最喜欢的书是什么,米沃什回答是托马斯·曼的书。

[9] 摘自切斯瓦夫·米沃什写给雅罗斯瓦夫·伊瓦什凯维奇的信,1931 年 2 月 11 日。(波兰科学院文学研究院图书馆)

[10] 摘自切斯瓦夫·米沃什写给雅罗斯瓦夫·伊瓦什凯维奇的信,1931 年 1 月 2 日。(波兰科学院文学研究院图书馆)

[11]《维尔诺快报》,1933 年 12 月 1 日。摘自雅哥达·海尔尼克-斯帕林斯卡,《维尔诺的周三文学会(1927-1939)》(华沙,1998),页 204。斯坦尼斯瓦夫·马茨凯维奇,这位相信君主制的《词语》日报的保守编辑,发表了众多对苏维埃俄国怀有浓厚兴趣的报道。尽管对苏维埃有很多极端的批判,"但马茨凯维奇注意到它是这一时期一股巨大的洪流和从零开始的崭新力量,以革命手段创造并奠定了新兴人类文明的基础。他的报道恰逢我们国家深陷衰退和停滞状态之际,展现了建设的契机和意识领域的大型操作案例。但同时,这些报道引发的'早春'危机,与作者的意愿和初衷背道而驰"。见斯坦尼斯瓦夫·斯托马,《追求希望》,页 18。

[12] 参切斯瓦夫·米沃什,《谈谈伏兰齐舍克·安采维奇》,载《文化》,1964 年第 7-8 期。

[13] 摘自切斯瓦夫·米沃什写给雅罗斯瓦夫·伊瓦什凯维奇的信,1934 年 12 月 19 日。(波兰科学院文学研究院图书馆)

[14]《在犹太作家家里做客》,载《维尔诺快报》,1929 年 4 月 17 日。摘自尤安娜·利赛克,《维尔诺荣格:犹太人艺术家团体》(弗罗茨瓦夫,2005),页 195。

[15] 雅努什·杜宁-霍尔卡维奇,《过去的不是现在……即我在维尔诺的年少时光》,页 4。

[16] 参尤安娜·利赛克,《维尔诺荣格:犹太人艺术家团体》。

[17] 瓦茨瓦夫斯基的葬礼以及谁是葬礼组织者——是全波青年会还是兄弟会——的争论可以单独写上一段。根据《词语》1931 年第 261 期刊登的信件,信件为全波青年会对戴宾斯基的指责进行了辩护,切斯瓦夫·米沃什等人都签了名。米沃什参加了 11 月 11 日的暴风雨集会,集会上人群曾高喊:"戴宾斯基像犹大一样出卖了村长的身体,换得三十个银币!"

[18] 切斯瓦夫·米沃什,《组诗的信息》,载《垂直线》,1932 年 12 月;《年轻思想的冒险》,页 61。

[19] 阿格涅什卡·斯塔维亚尔斯卡,《革命的俘虏,米沃什自己》(下),《选举报》,2001 年 12 月 31 日,2002 年 1 月 1 日。

[20] 即使思想来源完全不同的圈子也不能解决这个问题。斯坦尼斯瓦夫·斯托马于 1931 年 11 月在《词语》上发表了一篇题为"逆流尼加拉瓜"的文章,大胆表态反对骚乱,并承认,三十年代那些天主教的"进步"阵地,如维尔诺的《复兴》杂志,无法指明,信奉犹太教的波兰人和其他社会大众如何改善关系,同时又对以色列建国的理念感到理所应当,因为这位波兰的犹太移民创造了美好愿景。见斯坦尼斯瓦夫·斯托马,《艰涩的历史课》,页 59-73。

[21] 参瓦勒德马尔·舍乌科夫斯基,《维尔诺流浪汉学术俱乐部》,页 124。

[22] 斯坦尼斯瓦夫·斯托马,《追求希望》,页 18-23。

[23] 切斯瓦夫·米沃什,《卢布林活着》,载《垂直线》,1932 年 12 月;《年轻思想的冒险》,页 65。

[24] 斯坦尼斯瓦夫·贝莱希,《最后一位维尔诺名流:关于热加雷圈的诗歌》(华沙,1990),页 226。

第十六章　周五肉饼

沿着城堡大街,越走越近
什么也没有,只有一朵云
在波兰语兴趣小组,
原创社之上。

切·米沃什,《无名之城》

那时维尔诺的知识分子俱乐部还没有什么影响力,通过查看流浪汉学术俱乐部成员的名单、知识分子俱乐部会议参加者名单、大学小品艺术团文章作者和《热加雷》编辑团队——我们遇到了一群志同道合的年轻人团队,他们都在寻找生活的道路。各类人的世界观都刚刚形成,面对老年人,他们只能以温和的幽默和自嘲来感化他们。[1]

我们再回过头去看看流浪汉学术俱乐部的问卷。米沃什不仅参加了法律工作者小组的活动,同时也参加了波兰语兴趣小组的活动——"他担任的是广播和新闻议程的负责人,同时是活动积极分子"。他在波兰语兴趣小组上倾注的时间更多些:在这个小组,他负责(这是对作家很有用的修辞学组）每周二、周四值班，"每周日十一点，周一七点负责波兰语答疑，如果有需要每周还会增加几个小时"。一九二九／一九三〇学年，斯坦尼斯瓦夫·皮贡是波兰语兴趣小组主席，但是对米沃什来说，他的继任者曼弗莱德·克里德勒更为重要，因为他开创了维尔诺波兰语研究，特别侧重对文学作品结构的研究。他对维尔诺整个一代波兰语学者都起到非常大的影响——他的学生中有伊莱娜·斯瓦文斯卡[①]和玛丽亚·莱娜塔·马耶诺娃[②]、切斯瓦夫·兹果热勒斯基和兹比格涅夫·伏莱耶夫斯基。[2]米沃什当时作为学生，与这位教授有过很多联系。"我记得我跟克里德勒教授的亲密接触是，有一次我与教授及其家人和伊莱娜·斯瓦文斯卡一起去特拉凯旅行。"他回忆说。（《米沃什词典》，页188）[3]曼弗莱德·克里德勒为米沃什与伏莱耶夫斯基合编的《社会诗歌选集》撰写了前言，他还是费罗马特奖委员会主席，一九三四年米沃什第一本诗集《冻结时代的诗篇》[③]荣获此奖。

未来的诗人经常去人文学系和波兰语兴趣小组所在的大楼，在那里，他最感兴趣的就是去修辞学组。[4]当布伊尼茨基担任了这个小组的组长后[5]，积极参加这个小组活动的有米沃什，耶日和斯泰凡·扎古尔斯基兄弟，还有亚历山大·雷姆凯维奇[④]。那时这个小组的活动达到了巅峰。与此同时还出现一种挑战的口号，誓与当地有名望的文人抗争，年轻的诗人希望自己跻身于文学界，给令人窒息的省份氛围中输入新鲜的空气。每周一举行例会，而这些刚刚开始文学创作的人十分乐意经常

129

---

① 伊莱娜·斯瓦文斯卡（Irena Sławińska, 1913-2004），波兰戏剧专家、历史学家和文学理论家。

② 玛丽亚·莱娜塔·马耶诺娃（Maria Renata Mayenowa, 1908-1988），波兰文学理论家。

③ 1933年出版。

④ 亚历山大·雷姆凯维奇（Aleksander Rymkiewicz,1913-1983），波兰诗人。

见面。布伊尼茨基的家再次成为访客的天堂，号称是"周五肉饼"聚会。年轻的知识分子们有时候还会喝点伊尔莎，就是半杯啤酒兑半杯白酒一起喝，在一家叫"十二以下"的餐馆吃三明治，去那里的人一般不是出租马车车夫就是妓女。"红色的毛茸茸的小屋甚至还挺舒适，要是没有臭虫和出租马车车夫爆粗口打口水仗的话。来这个叫'十二以下'的餐馆的还有天主教学术青年协会'复兴'的男生们，除非作为特殊待遇才能带一个交往特别深的女生进来，让她看看这座城市的夜生活。在'周五肉饼'聚会上除了天主教学术青年协会'复兴'的成员们，还有那些对诗歌和诗人感兴趣的大学生。不过在这样的聚会上几乎没有吃过肉饼，但是好客的布伊尼茨卡女士，也就是朵尔卡的母亲，总是会用茶和三明治来招待开会的人。"安娜·岩德列霍夫斯卡解释说。[6]

讨论十分激烈。与会者谈论了文学报刊发表的文章和新出版的书籍。一九二九年十一月的会上就雷马克《西线无战事》一书进行了激辩。这次会议之后，一位研究人员说：

> 一位与会者，他叫维塔里斯·马里舍夫斯基，发表了一篇文章，指责玛丽亚·哲乌斯卡在自己的讲话中夹杂着非爱国主义的内容，说哲乌斯卡在讨论中用了一句话说"我讨厌各种勋章"。波兰语兴趣小组学生法庭，组成人员有耶雷米·德拉甘、莱昂·显克微支、伏瓦迪斯瓦夫·阿尔茨莫维奇、切斯瓦夫·米沃什以及伏瓦迪斯瓦夫·加修里斯。判决如下：马里舍夫斯基的题为《我们大学图维姆的支持者》的文章原谅了哲乌斯卡的讲话内容，并公开向她表示歉意。但是哲乌斯卡在自己的讲话中反过来犯了不谨慎的错误，用这种表述表达了对战争的消极态度，认为战争是一种绝对的邪恶，没有什么能证明它的正义性——无论是以捍卫祖国还是以保全个人生命的名义都不能。[7]

在一次会议上,米沃什谈论了斯坦尼斯瓦夫·伊格纳齐·维特凯维奇①的纯形式理论。天主教学术青年协会"复兴"的成员还在格罗德诺②、苏瓦乌基、比亚维斯托克、里加等地组织了各种活动并创建了戏剧部,由莱昂·博尔特凯维奇担任负责人。这个小组的负责人还有普特拉门特、耶日·扎古尔斯基和米沃什。米沃什可能还参加了剧目《一年级》的彩排演出,这部剧主要反映年轻的大学生们开始自己独立的生活。[8]

　　"一九三一年我在维尔诺只见过多莱克·布伊尼茨基一次。我那时在他编剧(还有其他几个人)的大学生剧组里演出。我不大记得那个剧团,也不大记得布伊尼茨基本人,我们完全被淹没在各种文件里。但我记得他满头黑发,人很活泼。"伊瓦什凯维奇回忆说。[9]多莱克真是个天才,能很快把各种台词变成押韵的小诗,他特别适合进入"时事新闻"和大学生剧团。木偶剧团的演出大约是在三圣节③[10],这个剧团是流浪汉学术俱乐部和天主教学术青年协会"复兴"的成员于一九二九年创立的,后来《热加雷》的一些成员加入,并由多莱克领导。在米沃什档案中留存了一九三一／一九三二学年剧团演出的部分节目单,在节目单上诗人这样记录着:"无疑这些台词出自布伊尼茨基之手。我被安排在分配组,就是分配剧团收入的——布伊尼茨基大声叫喊说,整个剧本差不多都是他写的,于是他几乎把剧团的所有收入都拿走了。"[11]

　　一九三〇年至一九三三年二月初或者三月他们又举办了自己的首演。[12]剧团的剧本是《热加雷》编辑部的人写的,台词政治性很强,以滑稽的编年史形式写成,取名《行走的维尔诺》。一九三二年剧团演出的

①　斯坦尼斯瓦夫·伊格纳齐·维特凯维奇(Stanisław Ignacy Witkiewicz, 1885–1939),波兰作家、画家、哲学家、剧作家和摄影师。
②　白俄罗斯格罗德诺州首府,位于涅曼河畔,邻近波兰和立陶宛,是国际交通和白俄罗斯国内交通的枢纽之一。
③　又为主显节,基督教的一个重要节日,为每年的1月6日。

剧目与上次剧目同名,作为这个剧目的第二部分,描写的是发生在维尔诺的排犹骚乱事件和与兄弟会的斗争,而主演是亨里克·戴宾斯基(饰演的是谭·雷克·格姆宾斯基)和"罗伯斯庇尔"(饰演的是门德雷霍夫斯基)。一年后又演出了梅德瓦夫·柴斯沃沙(或者叫涅斯瓦夫·梅德沃沙,又或者叫奥斯瓦夫·梅德沃沙)编剧的《洋娃娃》。米沃什给剧团写的剧本很少,经常成为其他作者喜剧小品的主人公,有时还是作者们嘲讽的对象。[13]

　　为了让这种游戏继续下去,他们创造了一个虚构的作者,叫阿隆·皮尔马斯,他的名字"阿隆"(Aron)是犹太人常用名,姓氏"皮尔马斯"是立陶宛语,翻译过来就是"第一"的意思。用这个笔名,《热加雷》的人写了很多滑稽作品,尤其是布伊尼茨基和米沃什。米沃什用"皮尔马斯"的笔名,在远征巴黎时就曾写下一首诗作为回应,诗名是《我在捷克旅游》(1934),主人公写道:"我,犹太人和立陶宛人的合成品。"[14]一九三五年一月,他在《维尔诺快报》上发表的文章《工作坊里的四段诗》是关于犹太-立陶宛艺术家最有趣的作品,是模仿"热加雷人"风格写成的。《热加雷》成员将一位年轻女士毫无文学价值的诗按照自己的风格进行了改编:"普特拉门特执导审美,布伊尼茨基说话琐碎,米沃什积极参与,雷姆凯维奇讲色情故事,扎古尔斯基搞撒旦崇拜,马希林斯基感到耻辱和自相矛盾——她向我皮尔马斯鞠躬,而不会向马路鞠躬。"[15]

　　但是……"米沃什是否有幽默感和诙谐感呢?当然有,他有足够的幽默感陪伴我们说笑话,但不像布伊尼茨基和加乌琴斯基那样。他过于严肃地看待世界,看待艺术家对世界的责任。"多年后耶日·扎古尔斯基自问自答。[16]无疑,他似乎必须这样,作为刚刚起步的作家,他不想甚至可能也不会让自己很琐碎。在他伟大的作品中基本上没有轻松、纯粹打趣逗笑的诗歌,或者五行滑稽诗,或者其他文学游戏。米沃什很有幽默感,但某些情况下他又非常致命地过于严肃,太看重每个词,因此不能作游戏之词来对待。他不会轻易下笔,因此也不会随意选择自己创作的题材,也就是所谓的具有更危险特征的题材,以防这种题材浪费他的才华或被用于意识形态宣传——像在布伊尼茨基和加乌琴斯基身上发生的那样。"他是一个具有学习天才的年轻人,但他的天才被剥夺了,／其他人也很有才华,比如说他的朋友泰奥多尔。"他在《太阳从何处升起从何处落下》一诗中如是写道。让亚历山大·菲乌特①感到诧异的是,米沃什对他说:"我真的没有才华,在这件事上如此,我从来无天赋可言。[……]只是勤奋。"(《米沃什矛盾自画像:对话亚历山大·菲乌特》,页 223)

很容易想象他们是既充满希望又很沮丧的年轻群体。知识分子俱乐部原创社出版过三套诗歌集[17],这是典型的年轻人根据记忆中的高中课本和小说中学到的风格创作的诗歌:"浪漫主义传统、感伤主义和悲情、未来主义崇拜就是赞赏体育运动,具有健康体魄,这是生活的希望。'以科学、技术、体育和异国情调为主题的时尚'。"[18]几乎没有迹象表明,这个创作小组通过写一些轻快的诗歌,可以培养出真正的杰出人物。原创社发生转变的重要转折点是两位从华沙回来的新成员耶日·扎古尔斯基和切斯瓦夫·米沃什,他们把了解到的先锋派文学成就介绍给了原创社。这对布伊尼茨基影响很大,促成他们很快跳出了原创社相对狭窄的框架。

最后再回顾一下维尔诺流浪汉学术俱乐部的问卷调查,第四个问题是"你有何兴趣和才华",米沃什作为申请人的回答是"文学评论和哲学"。他还非常诙谐地补充写道,当然非常切题——"责骂自己"。在这里,他肯定不是想做自我批评,而是坚定地捍卫自己的论点,与某些人发生争论和大声辩论以及批评时,为的是让大家都能记住他。岩德列霍夫

---

① 亚历山大·菲乌特(Aleksander Fiut, 1945-),波兰文学史家、文学评论家、散文作家。

斯卡回忆说:"他对'复兴'协会的批评是毫不留情面的。[……]嘲讽那些毫无经验的年轻人和胡编乱写的人。甚至在大学和城市颇负盛名的——多莱克·布伊尼茨基也不例外——也听到了很多尖酸刻薄的话。"[19]一个流浪汉学术俱乐部的成员模糊地记得,在波兰语兴趣小组的一次会上(大约是在一九三〇年初的一次会议上),米沃什指责"复兴"协会的成员们"年轻妄为、自私自利和只关注形式"。未来的诗集《冻结时代的诗篇》的作者要求,诗歌应该涉及社会问题,"诗歌应该具有广泛的社会乃至全球视野,充满道德动力并具有冲破美学纽带的力量"。[20]

但约瑟夫·马希林斯基对米沃什气势宏伟的演讲的记忆与别人有些不同:

> 在"复兴"协会的会上来了一个叫米沃什的人,一位新人。[……]没给大家展示任何一首自己的诗作,就在讨论会上大谈什么:一潭死水,省城,而在世界上别的地方很久以前就开始建造城市,召开集会,大规模生产机械设备。那些人非常优雅地回击了米沃什,我也没能多说什么,因为我来这个地方的时间也不长。米沃什觉得自己比他们强,见过世面,继续按他的思路批评。我也受不了了,加入争辩,以米沃什的方式向那些笨蛋解释,接着又补充了几句,为米沃什辩护,但没能打平手。我们肩并肩一同离开了这个艰难的场所,在楼梯上他建议我去他那里住。——我说,很遗憾,因为我看了看他这身装扮——我太穷了。但我们可以用"你"相称呼。[21]

不排除马希林斯基更真实地再现了当时争论的气氛。因为那时米沃什还是一个羽翼未丰的年轻人,刚上了几个月的大学——甚至那些俱乐部成员只比他大一两岁,他们不得不对他睁一只眼闭一只眼。特别是大家看到他那划艇人的健壮体态、肌肉发达,流浪汉学术俱乐部人那种崇尚体育的精神,看得出来他着迷于《巨人传》……一眼就能看出他那时的喜好。[22]"正在茁壮成长的十九岁青年"让比他年纪大的同学们感到吃惊的是他对他们作品"非常有节制的评价"。"正是他,我们当中最小的人,肯定也是能写作的人中间最小的一位! 他坚定地说,他是俱乐部的诗人的代表,是波兰语兴趣小组原创社的顶梁柱,毫无疑问他极具才华,谈到泰奥多尔·布伊尼茨基(绰号阿莫尔)时,说他的写作特点是太过轻松。"[23]

最明显的是多莱克对米沃什来说不再是完美无缺的权威,尽管那时"米沃什还没有名气,在整个维尔诺是人就知道布伊尼茨基"。[24]他们的关系是一个从亲密发展到互相吸引最后到失望的故事。在米沃什刚上大学的时候,他与多莱克的亲密关系对米沃什来说还是一个进入文学圈的通行证。"我的附庸风雅仅限于总是想跟布伊尼茨基坐在一起。当然得说实话——坐在旁边的可能还有几名记者——对我来说,作为一名大学生能陪同某位文学家、作家这样的事实本身就能让我感到很振奋。"诗人这样倾诉。(《米沃什矛盾自画像:对话亚历山大·菲乌特》,页 275)妮卡·克沃索夫斯卡①回忆说,其实这里说的是能跟布伊尼茨基同桌,那时一进门右手边有一张桌子,扎古尔斯基和安采维奇都坐在那里。[25]正是当时在维尔诺大学生杂志《维尔诺母校》②担任领导职务时,布伊尼茨基发表了米沃什的两首诗《构造》和《旅行》,这两首诗成为米沃什发表的诗歌处女作。[26]

逐渐地,他们俩地位基本拉平了,年轻的很快又超越了年长的。

133

---

① 妮卡·克沃索夫斯卡(Nika Kłosowska, 1908-2001),波兰移民政治学家兼翻译家、传记作者。

② 《维尔诺母校》(Alma Mater Vilnensis),由斯泰凡·巴托雷大学的科学协会于 1922 年至 1935 年在维尔诺出版。

一九三一年成为重要的转折点。

在"复兴"协会邀请来诗歌晚会的参加者眼里,布伊尼茨基是最知名的人物。当他朗读了自己著名的诗《马雅可夫斯基》后,试图让大家投票表决赞扬他的诗,人们积极地给予了热烈的掌声。然而,渐渐地,米沃什和扎古尔斯基与众不同的诗歌开始吸引了人们的注意。特别是米沃什的个性、他无与伦比的诗歌的暗示性将他拔到了一个非常特殊的位置——作为那些事件的参与者,他打开了人们的眼界。——当米沃什用平静而又低沉的声音朗诵自己题为《祖国》的短诗时,铿锵有力,"掷地有声",但没有荒诞的怪异,从人们有些惊讶和凝神聆听的脸上可以看出,这就是一个真正的"新"事件。[27]

耶日·普特拉门特大概也是这样回忆的:"我第一次听到他的诗《祖国》,我觉得非常好。"[28]《祖国》开头是这样的:"我们走上沙石路,我们压坏了草地。它们疼痛。/ 乐曲在森林里狂响。看上去像是被泼了硫酸。"一九三一年一月,米沃什在"周三文学会"上朗诵了这首诗——不久之后,《热加雷》就创立了,布伊尼茨基同意充当新组织的教父。[29]

也正是在这个时期,阿莫尔成了一家之主。与多莱克的友情本应以情感和智力方面的亲密关系为基础,成为艺术家之间的友谊;他结婚后,米沃什认为他背叛了自己。布伊尼茨基的儿子描述说:"米沃什的贪念威胁到了[……]父亲。"[30]米沃什要求继续像以前那样交往,继续像以前那样频繁见面。多莱克给米沃什写了一首诗——"他的心已经被自己的爱情占据"。当然这并不意味着他与不久前还是自己弟子的人彻底中断了联系。直至一九三七年,在米沃什搬离维尔诺前,他们还经常见面,但是这种关系的深度和情感气氛却与从前大为不同了。

　　与此同时,两个人的生活还在继续,而一群刚入门的作家为在维尔诺文学界赢得一席之地而奋斗。著名的周三文学会在康拉德神殿旁边的巴西利亚修道院里举行:在那里举办了系列新书介绍和戏剧首演、诗歌朗诵,邀请了很多艺术家来参加,会上阅读、演出了"从著名作家到刚刚崭露头角的"作家及艺术家的作品,其中包括图维姆、卡丹-班德罗夫斯基、玛丽亚·东布罗夫斯卡①、卡罗尔·伊热科夫斯基②、卡罗尔·席曼诺夫斯基③、莱昂·席勒④,还有……切斯特顿⑤等人的作品。那里铺着波斯地毯,摆着沉重的长凳和橡木椅子,大厅很舒适,坐得下大约四十人,不过有时参会的人不多。在朗诵或讨论休息时,有茶水和从甜品店里买来的甜食:"在上甜食之前还能听到楼管像过去俄国警察那样的喊叫声:'你去告诉安吉娜,让她去甜食店。——这是多少啊,今天就要半斤,因为今天没来那么多人。'"[31]

　　米沃什和很多人一样都愿意去奥斯特罗布拉姆斯卡大街看热闹。一九三一年一月,米沃什——与布伊尼茨基、哈瓦布尔达以及扎古尔斯基一起在康拉德神殿——扮演了新的角色,作为"最年轻的维尔诺文学界新人"。年轻一代奔赴战场,而在耶日·扎古尔斯基领导的大学小品洋娃娃剧社里有人威胁说:"扬·莱宏⑥、威仁斯基⑦、安东尼·斯沃尼姆斯基和卡登,让他们写去吧,他们就要过时了,我们一定能行。"

---

　　① 玛丽亚·东布罗夫斯卡(Maria Dąbrowska, 1889-1965),波兰女作家,曾四次获得诺贝尔文学奖提名。

　　② 卡罗尔·伊热科夫斯基(Karol Irzykowski, 1873-1944),波兰文学和电影评论家、诗人、散文作家、剧作家。

　　③ 卡罗尔·席曼诺夫斯基(Karol Szymanowski, 1882-1937),波兰作曲家、钢琴演奏家。

　　④ 莱昂·席勒(Leon Schiller, 1887-1954),波兰戏剧和电影导演。

　　⑤ 吉尔伯特·基思·切斯特顿(Gilbert Keith Chesterton, 1874-1936),英国作家、文学评论家。

　　⑥ 扬·莱宏(Jan Lechoń, 1899-1956),波兰诗人、散文作家、文学和戏剧评论家。

　　⑦ 卡齐米日·威仁斯基(Kazimierz Wierzyński, 1894-1969),波兰诗人、散文作家。

注释

[1]　集体游戏,即跳着不同的茶点舞。可以在照片上看到游戏的参加者。1930 年 2 月 23 日天主教"复兴"协会聚会上,盛装的宾客中可以看见戴宾斯基和布伊尼茨基的身影。三天后举行的学院滑稽剧活动上,岩德列霍夫斯基和雅谢尼查彼此拥抱。两个地点,都能看到胖胖的、一脸孩子气的米沃什。切斯瓦夫·海尔曼的照片集,翻印收录于贝娅塔·塔尔诺夫斯卡,《切斯瓦夫·米沃什战后作品中的诗歌地理学》,页 XVIII。

[2]　尽管——根据后者的回忆——讲座课的第一印象平平(但在学院滑稽剧中却恶搞说:"密茨凯维奇从坟墓里坐起来,/斯沃瓦茨基灰着脸,科哈诺夫斯基面目狰狞,/诺维德打蔫了,是谁干的呢?/曼弗莱德·克里德勒!曼弗莱德·克里德勒!曼弗莱德·克里德勒!"),可"通过更直接的接触,比如在小组研讨时,克里德勒展现出完全不同的形象。我们对文学和文学研究方式的新现象的兴趣与他产生了共鸣。在研讨的短时间里就形成了严肃的研究方案,即结构主义方向。克里德勒不仅极大地拓展了我们的视野,还着手深化研究困扰自己的问题,并进一步加强理论上的思考,后来还创立了'文学研究中的整合主义'理论"。见兹比格涅夫·伏莱耶夫斯基,《关于热加雷和薪火成员的几段回忆,并先锋者有很多吗?》,载《诗歌》,1981 年第 5-6 期。

[3]　很难确定,米沃什的记忆保存的是一幅较大的景象,还是分别记住了现实中的家庭游乐史。但更可能的是,1934 年 5 月波兰文学家圈和哲学家圈集体出游时,众多参与者在照片中留下了永恒的形象。除了克里德勒和他的家庭,还能看到斯瓦文斯卡、普特拉门特、斯托马和塔德乌什·柴若夫斯基教授。米沃什——穿着(全黑的)无袖短衬衫,戴着白帽子——站在克里德勒身后。也许在此次游玩时还拍过别的照片,照片上普特拉门特裸露的胸膛上打着的领带夺人眼球。旅行的兴奋被如实记录下来,但我们仍记得米沃什此前的一张照片:笑容灿烂,充满年轻活力,跑向河边或者湖边,手里拿着一个长棍子当桨。照片收藏于华沙文学博物馆。翻印收录于贝娅塔·塔尔诺夫斯卡,《切斯瓦夫·米沃什战后作品中的诗歌地理学》,页 XX。

[4]　成立于 1927 年的这个小组,大部分成员都不是波兰文学系的学生(后来文学系也不再担任该小组的领导)。"帮派"是个非正规的文学艺术团体,负责筹备在学生中非常受欢迎的搞笑小报《现实报》(*Żywą Gazetkę*),每双周出一期,简称Ży-Ga。泰莱莎·达莱茨卡看到了这个小组的创作者中的年轻活力,也看到了初涉文坛的作者对如今维尔诺文学等级环境的反叛精神,于是重整了该小组。见泰莱莎·达莱茨卡,《维尔诺的波兰文人作品》,页 176。"不要刻板的无趣,和华而不实的文风,／别粉饰悲伤的诗歌和时间,／更别为干枯花瓣的生命号啕大哭。"(同上)伏瓦迪斯瓦夫·加修里斯坚决要摆脱后青年波兰的霸权主义,可他不知道,真正的革命者角色将由下一代原创社的成员担当。

[5]　保留下来的行动草案证明:"主要的焦点集中在形式和技术问题上。文学认识理论问题的争论。意识形态问题也和文学历史问题结合起来。原创社今年关注戏剧理论和电影制作的问题,并与文学圈一起合作搞戏剧团。在外部。参与斯泰凡·巴托雷大学的创作活动。向《季刊》投稿,组织'欢乐入学考试'类型的聚会,去年聚会主题是'大学生的痛苦',还有《现实报》、滑稽剧等。社团还像前几年一样要组织几场作家见面会,发行自己的小册子,还要试着在校园里组织竞赛或者说是写作比赛。原创社与各院校的类似组织都建立起了联系,不只是维尔诺!"见塔德乌什·布伊尼茨基,《在原创社和"热加雷"之间》,收录于《维尔诺小品》,页 134。

[6]　安娜·岩德列霍夫斯卡,《迂回和直接》,页 38。

[7]　泰莱莎·达莱茨卡,《维尔诺的波兰文人作品》,页 162。

[8]　同上,页 169。

[9]　雅罗斯瓦夫·伊瓦什凯维奇,《页边上的肖像画》(华沙,2004),页 27。

[10]　以木偶的形式表演大学滑稽剧的想法由米奇斯瓦夫·科塔尔宾斯基于 1921 年在维尔诺首创。二十年代早期这位画家在斯泰凡·巴托雷大学担任教授,米沃什在克拉斯诺格鲁达与他结识。

[11]　拜内克图书馆。

[12]　此处引用的滑稽剧段落由马莱克·奥莱谢维奇收集、统筹并作序收录

于《1921-1933 年维尔诺大学滑稽剧》。

[13] 布伊尼茨基这段被保留下来的文字讲述了霍莱尔扬·瓦尔凯维奇（也就是《词语》的编辑瓦莱利·哈尔凯维奇）的梦魇故事，说他为了在斯莫尔贡的夜晚不邀而至康拉德小室，扮作女人，还撞上了米沃什——"热加雷成员，革命者和特别可怕的年轻人"。"我喜欢你，姑娘，疯狂喜欢——米沃什喊道——你行行好，我已欲火难耐，你必须是我的人！在这！马上！——霍莱尔扬试着挣脱，但米沃什紧紧抓住他，把他拖进了康拉德小室！要不是他秃顶，他的头发都会吓得竖起来。在康拉德小室！米沃什！挑逗着！在康拉德小室……啊啊……啊……太可怕了！他想喊，却不能喊。没有人看他。米沃什打开小室的门。哦耶！"摘自塔德乌什·布伊尼茨基私人档案。

[14] 在 1934 年的《维尔诺快报》上可以看到皮尔马斯的广告，自诩为"维尔诺第一家作家合作社'维尔诺德拉姆'"："1933 年这家有限无责任公司成立后得到了耶日·普特拉门特、阿隆·皮尔马斯和斯泰凡·扎古尔斯基的大力支持。挖掘文学人才，安排出版并预约作品。公司操作迅捷，价格便宜且服务可靠：戏剧、诗歌、情书、讣告、讲演稿、桃色新闻等都接受。色情和前卫题材提价一半。有自由裁量权。量大有折扣。"见《维尔诺快报》，1934 年第 288 期。摘自马莱克·扎莱斯基，《第二先锋派的冒险》，页 93。皮尔马斯甚至挺过了团队解散的风波，因为后来在《维尔诺快报》上出现了约瑟夫·马希林斯基编辑的"文学专栏"，再后来，1938 年至 1939 年该专栏登载于《喜剧》杂志。

[15] 阿隆·皮尔马斯，《工作间诗四首》，《维尔诺快报》，1935 年 1 月 27 日。

[16] 耶日·扎古尔斯基，《热加雷和后来……》，载《诗歌》，1981 年第 5-6 期。

[17] 1927 年的《原创社：伏瓦迪斯瓦夫·阿尔茨莫维奇、泰奥多尔·布伊尼茨基、卡齐米日·哈瓦布尔达、瓦茨瓦夫·科拉别维奇、齐格蒙特·兰德菲什、斯泰凡·索斯诺夫斯基的诗》，两年后《拱门下：伏瓦迪斯瓦夫·阿尔茨莫维奇、齐格蒙特·法勒科夫斯基、玛尔塔·阿鲁赫娜·科拉托罗娃、齐格蒙特·兰德菲

什、斯泰凡·索斯诺夫斯基的诗》和《天空中的棒子：泰奥多尔·布伊尼茨基、卡齐米日·哈瓦布尔达、安娜·科姆皮勒斯卡、瓦茨瓦夫·科拉别维奇的诗》。

[18] 塔德乌什·布伊尼茨基，《维尔诺小品》，页136。斯泰凡·纳皮耶尔斯基为《天空中的棒子》结集成册贡献了自己的点子："维尔诺新人们的诗集要以自己特有的表现吸引人们的注意，要走上一条与粗糙的波兰现代诗歌不同的道路。"见斯泰凡·纳皮尔斯基，《在诗人家中》，载《文学消息》，1930年第12期。摘自贝娅塔·塔尔诺夫斯卡，《流浪汉的颂歌》，收录于《1920-1940年维尔诺的诗歌和诗人研究》，页120。

[19] 安娜·岩德列霍夫斯卡，《迂回和直接》，页43。

[20] 摘自贝娅塔·塔尔诺夫斯卡，《流浪汉的颂歌》，收录于《1920-1940年维尔诺的诗歌和诗人研究》，页121。

[21] 约瑟夫·马希林斯基，《米沃什的矛盾心理》，载《诗歌》，1981年第5-6期。

[22] 亚当·扎加耶夫斯基在米沃什的葬礼上回忆诗人"笑声洪亮"。（《回忆切斯瓦夫·米沃什》）

[23] 帕维乌·雅谢尼查，《纪念册》，页114。

[24] 切斯瓦夫·海尔曼的回忆。摘自贝娅塔·塔尔诺夫斯卡，《流浪汉的颂歌》，收录于《1920-1940年维尔诺的诗歌和诗人研究》，页121。后来1932年的《词语》刊发读者问卷调查"谁堪称'维尔诺的贡献者'"。在"作家"名录的第一行是该报的主编——斯坦尼斯瓦夫·马茨凯维奇，他得到1 157票。泰奥多尔·布伊尼茨基得到20票，切斯瓦夫·米沃什——2票。参泰莱莎·达莱茨卡，《维尔诺的波兰文人作品》，页65。同时和扎古尔斯基相比，米沃什非常丢脸，特别是1931年3月在以约瑟夫·毕苏斯基元帅命名的"国家创作"诗歌竞赛中，他取得了《波兰报》的追随大奖。就算是今天看来，这个奖也颇为怪诞。在维尔诺，扎古尔斯基拥有首都得奖者的光环。这只能证明对作家市场的培育已经走向工具化，而几个月后获奖者成为著名作家，却根本不是凭借"国家创作"的《英镑衰落的颂歌》。

[25] 妮卡·克沃索夫斯卡,《这些年留给我什么?》,载《文化》,1978 年第 1-2 期。如果按照科拉别维奇的说法,多莱克就是米沃什创作的助产士。"行千里"在 1953 年从非洲寄给《被禁锢的头脑》的作者的信中问道:"你还记得那会儿,就在走出'诗歌比赛'的大厅时,你坐在多莱克身边向他要字典,想找你要用在诗里第一行的外国词吗? 你们本来是要搞笑的,结果却成了。"(拜内克图书馆)我们知道,米沃什其实很早就开始写诗,但这位同学的回忆却凸显出,在米沃什智力发展和创作中出现了一个丘比特(阿莫尔)。

[26] 用铅笔手写的《旅行》保存在布伊尼茨基档案室。见塔德乌什·布伊尼茨基,《维尔诺小品》,页 206。

[27] 兹比格涅夫·伏莱耶夫斯基,《关于热加雷和薪火成员的几段回忆,并先锋者有很多吗?》,载《诗歌》,1981 年第 5-6 期。

[28] 耶日·普特拉门特,《翻过这一页后》(华沙,1956),页 25。

[29] 几年后在 1937 年 12 月 6 日《维尔诺快报》刊登的文章《胜利者的胜利》中他这样描写自己:"耶日·扎古尔斯基、切斯瓦夫·米沃什、耶日·普特拉门特。这些第一排的小伙子在攀登'美丽的卡利俄佩山'时将我远远落在后面,但我不能像竞争者那样嫉妒地对待他们。相反,我为他们的成长、他们的成功而高兴。我骄傲,我曾是他们某种意义上的教父,把他们带到'世间':作为'维尔诺母校'的文学长官,我印制了他们的第一批作品,我加入了各种各样的滑稽剧,我甚至有种自负感,认为我为组织马茨凯维奇的《热加雷》做出过某种贡献,因为母亲我拉他们入了社)。"摘自塔德乌什·布伊尼茨基,《维尔诺小品》,页 206。

[30] 塔德乌什·布伊尼茨基,《维尔诺小品》,页 207。

[31] 雅哥达·海尔尼克-斯帕林斯卡,《维尔诺的周三文学会(1927-1939)》,页 23。

第十七章　利维坦军团[①]

命运再次召唤米沃什在生活中扮演布伊尼茨基的角色,他收到了一份邀请函去参加周三新诗人的朗诵会。"他们选了米沃什[……]。一共选了两个人,其中还有我,"耶日·扎古尔斯基回忆说,"我们三个人把卡齐米日·哈瓦布尔达拉来参加会议。拉他进来不是因为他的艺术观点,而是因为他是一位勇敢的拳击手并属于政治斗争对立阵营中的一员。"[1]一九三一年一月二十八日举办了这次朗诵会。岩德列霍夫斯基开场发言,除了说些年轻人应该加强联系的话之外,根本就没有宣布任何纲领性的东西,甚至他还认为这跟他毫无关系。他说:"我们没有纲领,如果害怕有人打击我们的话,那我们每个人都可以单独去创建组织,现在能把我们连接在一起的只有我们的精神和我们一起就读过的波兰大学——作为我们的共同土壤。[……]我们要观望、抓住并吸收周围的一切,为的是生活并创造性地改变艺术。"很快,这些晦涩的措辞就在

---

① 利维坦是希伯来圣经中的一种怪物,形象原型可能来自鲸鱼或者鳄鱼,在希伯来语中有"扭曲""旋涡"的含义,在天主教中是与七宗罪中的"嫉妒"相对应的恶魔。

《热加雷》杂志的第一期上刊登出来。

　　未来的《三个冬天》的作者大概朗读了四首诗，其中有我们已经知道的《祖国》以及《可笑的小丑诗歌的片段》。还有两首诗据《词语》杂志记者说是《最简单的诗》和《给画家的诗》[2]，从目前保留下来的诗中很难找到这两首。朗诵会持续的时间很长——大约到晚上十一点才结束，中间休息之前还朗诵了一些比较"轻快"的诗歌。[3]参加诗朗诵晚会的大约有七十人，主要是一些年轻人和少数上了年纪的人，比如《词语》杂志的评论员耶日·维舍米尔斯基。米沃什曾描写过他，认为"他是我们当中最有才华的人"。（《猎人的一年》，页167）与此同时，在后来的"热加雷人"举办的各种会上还把克萨维里·普鲁申斯基带来参会[4]，与这位知名记者见面对米沃什来说具有特殊的意义。普鲁申斯基一边听着米沃什念诗，一边评论说："命运的宠儿。"后来诗人给伊瓦什凯维奇的信中说："是否能一辈子都可以依靠命运的宠幸活着，只是从一个句子写到另一个句子——而没有对事物的全面看法。我是一个大孩子，我会批评自己，不过无论如何我都渴望做成大事，这对我来说是唯一有价值的理想。"[5]十年后他又解释说："让我很受触动的是，尽管这意味着我是'命运的宠儿'，但总是有'玩世不恭的命运'的阴影伴随左右。才华横溢的二十岁年轻人——尽管普鲁申斯基可能什么也不想说，但我那时并没有想到，命运将会跟我开个玩笑，而且势必要捉弄我一番，我对这样的预言忐忑不安。"（同上，页166）

　　听众的感觉怎样？一九三一年一月三十日的《维尔诺快报》报道说，有少量当地爱国人士参加，"这次朗诵晚会给大家留下了非常好的印象，因为听到了某种新颖、鲜活、有趣的东西，像'四马战车'文学派的作品那样"。[6]从这篇文章中还可以看出，与他的同学们相比，米沃什那时还居于人们喜欢的中等水平，因为他的"诗过于复杂，矫揉造作，用词怪异、讲究，眼光独到，敢于暴露残酷和丑陋的事情。《立陶宛》[应该是

《祖国》]是一首令人惊叹的长篇诗作,把当晚诗歌朗诵会引向了一个高潮"。一月三十一日《维尔诺日报》发表了一篇激烈批评米沃什诗的文章,文章说:"米沃什先生在寻找诗歌的新颖和独特性,但他的诗写得过于苍白。"[7]这些话很容易令我们想象在八十多年前的清晨,那些参加朗诵会的人一大早起床去买报纸,迫不及待翻看报纸的情形。他们写了点什么? 关于我写了些什么? 米沃什在得知批评他的诗歌"过于苍白"时——戴着他被各种杂音掩盖了的羞怯的面具——他有何感想? 在信中他为自己辩护说:"你想想看,在文学家协会举办了诗人朗诵会[……]我觉得他们没能完全理解我的诗——因为他们大都是一帮昏庸老朽之人,而更糟糕的是——他们大多是一帮枯槁的昏聩老女人。"[8]

但是那些刚刚起步的作家的作品引起了评论家和维尔诺《词语》杂志编辑、保守派政治记者斯坦尼斯瓦夫·卡特-马茨凯维奇的兴趣。在一月举办了周三朗诵会之后,他决定在杂志上发表那些羽翼未丰的文学青年的作品。于是他建议与他们开展合作,但他没有立即实施自己的计划。米沃什在二月一日给伊瓦什凯维奇的信中说,他正在筹建一个"诗人刊物",他的初步纲领是:"1. 挖掘人才——将一半波兰人、一半立陶宛人、一半乌克兰人的精神转化为创造力 = 总的来说就是挖掘和发现边疆人才;2. 计划将波兰文化向东方扩展以及进行文化的相互渗透;3. 与波兰民族民主运动的精神分裂症进行斗争。"[9]从他后来的另一封信中我们看到,他的计划完全落空——因为没能从"省里"获得任何资助。一九三一年春《词语》杂志的编辑向布伊尼茨基提出建议,邀请他参与一个新的文学副刊的创建,于是布伊尼茨基就组建了一个由下列人员组成的编辑组,他们是:米沃什、高乌比耶夫、岩德列霍夫斯基、扎古尔斯基、安东尼·波赫杰维奇、讽刺小说作家沃依切赫·东布罗夫斯基、塔德乌什·贝尔斯基①和塔德乌什·高吉舍夫斯基②。与多莱克商谈了"创立一个刊物——作为艺术界人士的自由论坛"[10]，三月的一个周日

137 晚上，他们在卡特家举办了小组成员见面会，在那里不但有茶水招待，还准备了晚餐。正如编辑在邀请函中写的那样，"必须确定月刊的名字"。[11]

四月一日，这个未来的编辑组举行正式会议，讨论布伊尼茨基介绍的给刊物起名字的几种方案——建议——应该具有"本土特色"——就用"热加雷"这个词。[12]尽管布伊尼茨基几次都没有参加会议，但《欧洲故土》的作者说，是他先向布伊尼茨基提出用"热加雷"这个词，后来布伊尼茨基热情采纳了他的建议，可大多数参会者记得这个倡议是多莱克发起的。[13]不管怎么说，"热加雷"就成了这个刊物的正式名称——《词语》杂志的编辑这样说——这个"具有挑逗性质的词语"是一个十分有趣的选择：首先有一种激起了异国情调的感觉，同时非常接地气，还与干瘪瘪的"文学新闻"或者与技术专业的"操舵"一词完全不同。那这个词到底是什么意思呢？这个词在立陶宛语中（来源于"zagaras"一词）主要是维尔诺或者维尔诺周围地区使用的方言，表示干枝，换言之是易燃材料。意思是可以从篝火中找出被烧焦的棍棒或转移火苗。"也就是某种火炬、用于点火的干柴！因此其隐喻之意就可以是：蜡烛、火炬、火星（某种火焰）。"普特拉门特解释说。[14]但可以只是"干杉树枝狠毒地刺进跋涉在森林灌木丛中人身上的一根毒刺"。[15]根据马茨凯维奇的说法，这也意味着是横躺于水底的木头，可以刮坏小船底部。扎古尔斯基还说，也可以是有助于将水草推走的水中木杆……[16]但是不管怎样，

① 塔德乌什·贝尔斯基（Tadeusz Byrski，1906-1987），波兰剧院导演，波兰广播剧院的先驱。

② 塔德乌什·高吉舍夫斯基（Tadeusz Godziszewski，1904-1977），波兰雕塑家、文物保护专家。

"热加雷"的创作者们是否想表达,他们想让即将熄灭的火炭继续燃烧,重启火焰并燃烧"旧"诗,让他们的刊物像多刺的树枝一样,不能让你安然绕过。事实是,所谓的"文学号角"很快就会比密茨凯维奇预期的吹得更响亮。

号角一开始并没有吹响。一九三一年四月,维尔诺报刊的读者们看到了报纸发行的第一期文学副刊[17],报纸的全名叫"热加雷。每月在报纸中夹一份副标题叫'行走的维尔诺'的副刊"。而编辑是布伊尼茨基和高乌比耶夫。在副刊的第一版,作家们发表了他们的宣言:

> 行走的维尔诺,是刚刚起步的一代人。发表的文章都是他们自己选择的。
>
> 我们开创的不是小组、学校、专业。把我们连结在一起的是共同奋斗的目标,而不是口号。事实是,我们写作或者绘画,而不是以一种或另一种方式书写和绘画。
>
> "行走"的同时,我们走过去,并遇到了一系列必须解决的问题。因此这就是我们对"老人们"的评判。
>
> 我们不是一群封闭的人。我们期待与甚至我们目前还不知道是否存在的那些人合作。我们欢迎他们与我们一块儿起跑。

除了这份宣言外,该副刊还刊登了布伊尼茨基和扎古尔斯基的诗,以及米沃什的诗《祖国》和《可笑的小丑诗歌的片段》(后一首诗的发表大约未经米沃什首肯)。在后来发行的第二期中,诗人发表了他的诗作《致被驱逐者的诗歌》和《关于祖国的另一首诗》,与此同时,他又成了高吉舍夫斯基笔下漫画的主人公,这是为他的《可笑的小丑诗歌的片段》配的插图……在这张插图上,"他是一位身上散发着芬芳的百合花香,

138

头上戴着亮晶晶的红色高顶礼帽的先生”，到“阿多尔夫工匠”处预订棺木。插图上这位穿着燕尾服的花花公子环顾着昏暗的作坊，举起手做着打招呼问候的手势，看见手拿酒瓶喝得醉醺醺的骨瘦嶙峋的工匠蜷缩在一个角落里……

同样，在这第二期里我们还找到了米沃什的另一首诗《致你们》，一首具有纲领性宣言的诗，反对浪漫、故作姿态的“年轻人”——一帮犬儒主义的和指手画脚的“老人”，他们围着年轻人转，巴结讨好年轻人，试图赢得他们的欢心。《诱惑》具有色情特征——这是一首以男孩眼光写的诗，他对那些沙龙中无聊而又放荡的女人感到恐惧。（难道这里说的不是对克拉斯诺格鲁达假期的回忆吗？）年轻人期望在精神和智力上有所改变，但他们自己似乎并不相信反抗的有效性——作品本身阐明了具有说服力的观点，这些观点在米沃什以后的作品中经常出现，但都会以更加猛烈的方式表达，在这里，这首诗的本质似乎暴露了内在的情感困境：

> 而我们一直还在思索那无情的飓风
> 会在某一时刻刮倒罪恶之塔
> 我们在思索那些可以教育好的人们
> 给他们不屈不挠严肃的生活，并像石头一样简单。
>
> 我们已经跌倒了。还向着东方。
> 我们转着眼珠。但是地球
> 已经无法满足我们的饥饿感。
> 我们就是这么该死的一代人。

（《诗集　第一辑》，页37）

马茨凯维奇没有给编辑们支付工资。不知为什么，是因为作者们得
到了稿费还是因为报纸让他们出了名，使他们有望得到更多读者关注？
"我们觉得，我们有了一个论坛。"扎古尔斯基解释说。[18]然而米沃什本
人在一九三三年和一九三四年之交才参加编辑工作，他进入编辑团队之
时，正是"热加雷"刚刚成为独立的报纸标题之时。发行了两期之后，高
乌比耶夫退出编辑部，他声称，《热加雷》激进的观点让他觉得自己与该
刊的观点渐行渐远。之后戴宾斯基加入编辑部，并对刊物进行了一次彻
底改革。除了米沃什、布伊尼茨基、扎古尔斯基和岩德列霍夫斯基以外，
编辑部又吸收了下列人员：上面已经提到过的沃依切赫·东布罗夫斯
基；约瑟夫·马希林斯基——诗人、文学评论家、战后克拉科夫《文学生
活》编辑；安东尼·波赫杰维奇——后来的广播节目制作人、广播剧导
演；还有就是普特拉门特取代了因为持"地域民族主义"观点而被开除
出编辑部的哈瓦布尔达。

耶日·普特拉门特在编辑部扮演了从属的角色。"在编辑部的会
议上我们审议了是否发表他的作品，我提出了反对意见，因为我认为他
的作品空洞且'陈词滥调'，"米沃什回忆说，"我们认为，也许他的小说
会有前途，不过我们以居高临下的姿态对待这个想凑近我们团队的
人。"（《战后即刻》，页345）明显可以看出他们这种居高临下的态度，例
如，在他那部苍白的小说《夜晚，婚后的一昼夜》连载于《热加雷》，也就
是"垂直线"专栏上（1932年11月）之后，编辑们做了一些牵强附会的
评论。甚至伊瓦什凯维奇晚年还写了更有意思的回忆：一九三六年他
到了维尔诺，他写道："我一直跟米沃什在一起。那时我们约好了去特
拉凯和特拉凯湖区去旅游。[……]等我到了之后，米沃什对我说
[……]——一会儿会来一个年轻的小伙子，他负责划船，如果需要的
话。我们只管聊天好了。果真，在湖边有一位表面上很亲切的苗条小伙

子在那里等我们。他穿得很一般,衬衫的后背上破了一个洞。'你看,就是那个家伙。'米沃什说,'别怕,他不会碍我们的事。'那个小伙子走到我们跟前,自我介绍说:'我叫普特拉门特。'"[19]他的这个回忆会令读者们感到好笑,因为普特拉门特不光是小说《波乌丁》①的作者,同时还兼任波兰作家协会的领导职务,又是波兰统一工人党中央委员,怎么说他都行,可就是不能说"不会碍我们的事"这样的话。不过那时是三十年代中期,图维姆也用讥讽的语调描写了他:"可惜了纸张 / 和墨水 / 还有纸 / 和普特拉门特。"一九三七年米沃什把他介绍到波兰电台工作,为此他很感激米沃什以及他的新女伴。战后形势发生了根本的改变,普特拉门特作为波兰爱国主义协会的共同创始人回到波兰国内,他的军衔是少校,波兰第一师军官。那时米沃什得求助他给予保护。

"我们'男人'之间的讨论已经过了多年,在那时的讨论中,我曾明显带有恶意地将火柴盒扔到了他的汤里;因为普特拉门特脾气暴躁,结果我们拳脚相加打了一场。"米沃什回忆说。(《被禁锢的头脑》,页192)不过小说《缺乏信仰之人》②的作者把这件事情描述得很详细。根据他的说法,决斗一共有三个主人公:无力防御的受害者、攻击者和崇高的防御者。攻击者一定是米沃什,受害者是莱昂・什莱戴尔,因为他在一旁对米沃什作为艺术家的举动表示佩服,结果米沃什反倒讽刺并挑衅他,把火柴盒扔进了受害者的盘子里,结果受害者很受伤,这时普特拉门特开始拉架,命令米沃什立即出去,他们一起回到宿舍,他还命米沃什脱光衣服(小说的情节明确暗示诗人是同性恋),穿上运动服,之后他们开始拳打脚踢:"我的拳头非常准地打在米沃什漂亮的鼻子上,可他那长着小息肉的鼻子依然像他年轻时一样那么美,那么显年轻。"[20]

---

① 创作于 1969 年的小说,展示了一场没有悲痛的战争及其对人类心理的负面影响。
② 普特拉门特发表于 1967 年的小说。

现在我们已经不可能了解清楚,火柴盒到底是在谁的盘子里漂游……[21]这是普特拉门特在米沃什逃到西方后抹黑他的文章,也是为在《被禁锢的头脑》中描写的伽玛形象报了私仇。当然,米沃什为了掩饰自己的弱点或者抑郁也向他发起挑衅、进攻。[22]有趣的是,普特拉门特对米沃什及其精神力量对周围人的影响是既崇拜又仇恨,可谓集"爱恨情仇"于一身。当我们查阅诗人简历时,我们经常遇到很多崇拜、崇敬诗人而愿意向米沃什提供帮助的人,这些人当中有妇女,也有男人,当然首先是伊瓦什凯维奇。不过艺术家有意无意地总是会很好地利用这个礼物:与米沃什打交道或者要让他理解你的思想,必须给他足够的理由说服他——而不是靠拳击,即与他针锋相对地激烈斗争。

戴宾斯基加入了《热加雷》,并在一九三一年九月发表了一篇题为《死神的游行》的文章,随着时间的推移,这只是"艺术家们"(包括米沃什)和"政治家们"(包括普特拉门特)分道扬镳的开始。《死神的游行》给这份刊物定下了强烈的社会政治基调。戴宾斯基代表年轻人说:"他们想像斯巴达人那样以坚韧不拔的精神力量,像中世纪的人那样以狂喜和禁欲主义的态度为某些事物服务。[……]无论是描写地主阶级的悲剧和背叛的小说还是形而上的神经质,大都已经无法满足他们的胃口。"他在勾画大危机、失业工人的绝望、饥饿的画面的同时,又与那些大公司唯利是图的投机做了对比,并强调说:"如果自由资本主义是最好的经济运行系统的话,那么作为土崩瓦解的文化就应该与其作斗争,不过没什么可怕的。自由资本主义,换言之就是自由竞争,早就该进坟墓了。"他这篇具有暗示性的文章给人的印象是,它带有亲共产主义意识形态的宣传口号,尽管它并不是戴宾斯基的警告,但西方包括波兰在内无论如何是无法抵挡苏维埃的扩张的,这种扩张的声音听起来很有力:"日内瓦日益变得无聊,而红色的郊区日益变得可怕。在克里姆林宫,斯大林缓慢地拨动着世界革命钟表的指针。还有五分钟,四分钟……三分钟……就十二点了。"

米沃什对戴宾斯基评价不高,认为他是一个情感表达十分夸张的演讲人,就像"黑琴鸡一样在求偶时发出特殊而高亢的叫声"(《从我的街道开始》,页227),在历史大灾难来临之前对麻木不仁的恐惧以及对激进思想的拼命寻求,与他的观点很相近。一九三一年春他说:"我们讨论了当时我们所处的社会形势[……]结果我们得出结论认为,我们几乎坚定了自己的观点,我们是观察员,期待发生任何可能的剧变,任何可能。"[23]确切地说,这句话就是针对文章《死神的游行》来的……戴宾斯基讲话用的是第一人称复数,跟《致你们》的作者米沃什一样。年轻人感觉很撕裂,与此同时,他们认为问题的重要性和识别身份的必要性都表明刊物应该超越艺术问题,以一种全新的社会参与观点来评论世界。

在整个团队中,米沃什属于最容易屈服于革命气氛的人——正如布伊尼茨基开玩笑说的那样:"洗去红色的斑点 / 革命的吟游诗人,应该是米沃什自己。"[24]这里肯定首先涉及诗人的个性:既然布伊尼茨基属于温和的人,而岩德列霍夫斯基和戴宾斯基是严肃认真地要从政,特别是在社会经济层面,可他们都认为《祖国》的作者给他们的感觉是他厌恶参加政治活动,他厌恶周围的世界并愿与其保持距离,对未来的秩序没有一个清晰可辨的看法。米沃什是从艺术家的角度出发来铲除暴力,但较少考虑他的编辑部同事们给他指出的如何"建立一个新的社会结构"的问题。可以肯定地说,社会问题对他来说不是主要问题(肯定不是最重要的问题),他的内心深处思考的应是其他一些问题。因此《热加雷》编辑部的活动愈是激进,米沃什表现得愈是冷淡。他在那时发表的作品,其中部分——尽管这是一个更复杂的问题——是他的诗歌。

在最初发表的文章中他言辞犀利地抨击道:"那些整天把博爱挂在

嘴边上的人,崇拜无法控制的情感——其实这都是些资产阶级文化艺术 142
最典型的现象。[……]难道那位作家于一九三一年撰写的那些琐碎的
事情不就像妓女们在船快下沉时还安然擦着口红吗?"(《年轻思想的冒
险》,页29)他的批评就是他表达文学思想的工具,因此很难不认为"非
资产阶级"艺术的想象力是建立在特质基础上的,并且特别需要自我控
制,不愿透露自己隐秘的观点,正如维特卡齐所说的那样——"处于不
愿暴露灵魂深处隐秘的困境"。但是这种不情愿不会引起自己内心的
恐惧吗?

　　一九三一年十月,就在他写下这些摧枯拉朽的句子时,他回答了
《狄奥尼西亚》一书作者①的来信:"我已经不再关注情欲问题了,我有很
多更重要的事情要做,而不会再去关注这些小事情。我感觉到(当然还
有很多人)我们这个时代的灾难,并看到可笑的个人间的相互倾轧。"
五天之后,他在给伊瓦什凯维奇的信中进一步解释说:"我梦想创立一
所文学学校,并能制定一个切实的规则:诗歌——智力的组织,它肯定
会开始以顽强的方式与任何狂喜作斗争。"又过了十天,在另一封信中,
他明确表明其观点:"艺术作品的唯一标准是其如何扮演社会角色。
[……]够了,所谓的一切自由平等。必须恢复狂热主义。"[25]从稍后的
陈述可以看出,年轻的艺术家在阅读了马克斯·雅各布和洛特雷阿蒙②
以及俄国的构成主义作家的作品后,有时候也会中毒:"我们认为莱希
米安③是我们的榜样,他应该属于那类特殊人群。"[26]

　　一九三一年十二月,在他发表的带有侮辱性的文章《钉子肉汤》中,
他的狂热主义达到了高潮。[27]其出发点是强调波兰作家缺乏应该遵守

---

①　指伊瓦什凯维奇。

②　洛特雷阿蒙(Lautréamont,1846-1870),法国诗人,最早的象征主义者之一。

③　博莱斯瓦夫·莱希米安(Bolesław Leśmian,1877-1937),波兰诗人和犹太裔散文作家,
两次世界大战期间文学的主要代表,文学批评家。

的道德原则,因为他们"对社会现象看法不一致。只是纯粹的过度情绪化"。面对时代的灾难必须明确表明自己的立场。"艺术家的责任是造就人。[……]词语间的关系和选择词语本身,运用某些隐喻,使用这样或那样的节奏或韵律——所有这一切都会对读者的思想产生巨大影响,甚至在确定政治信仰的同时给他们的思想打上深深的烙印。"必须对作品的政治方向给予明确评价,他要把人们引向何方,艺术是"人们为争取舒适生活而奋斗的工具。[……]艺术品的创作者必须有清晰明确的目标。这个目标是培养出在不久的将来符合社会需要的人才"。

那些一眼看上去就非常简单的句子对米沃什来说并非毫无意义。短暂并迅速地与左派调情,不仅是出于政治立场,更多的是出于内部需要赋予文学更高的地位。他对战后的美国没有什么好感,认为美国低估了知识分子,对艺术缺乏审美和兴趣,他与耶日·盖德罗伊奇①对文化在美国社会所占有的位置进行辩论……当作家刚走上这条路时就曾公开反问:"艺术何时可以成为教育人的基础? 迄今为止艺术只是彩色的气球,高高飘在惊讶得张大嘴巴看它的人群之上。"艺术家应该能影响现实,而不是只引起短暂的兴奋,因此:"理智专政——取代情感专政","社会学——替代生物学"。这些说法很多都像是社会主义现实主义的宣言,而米沃什首先想表达的是,要用知识影响读者。[28]让我们来补充一点,这种想法与一种思想非常接近,即任由鞭子抽打,也不可能把一个白痴变为天使。

"热加雷人"互相激励着往前走。接连好几期都刊登了多篇文章,激烈批评旧传统和旧文学流派。年轻人指责"青年波兰"②的前辈们把

①　耶日·盖德罗伊奇(Jerzy Giedroyc, 1906-2000),波兰著名出版商,政治人物和移民活动家、回忆录作家,在两次世界大战期间与年轻的保守派阵营有关。

②　1890年至1918年间的波兰文学、音乐和艺术的现代派,这种艺术潮流的名称类似于"青年德国"或"青年斯堪的纳维亚半岛"。

他们带入死胡同，斯卡曼德①的前辈缺乏创造力，也就是所谓的第一代先锋派只注重表面形式，正如岩德列霍夫斯基所说的那样——"现代人的血液在工作坊的脉搏中涌动"。扎古尔斯基写了一篇很不成功的文章，题为《英镑衰落的颂歌》。一九三二年《死神的游行》的作者再次发声……他在《拉开幕布》和《第二次拉开幕布》这两篇文章中——当时在波兰的媒体界反响很大——描绘了建立在工业国有化、土地改革、国家垄断、雇员之间收入平均分配基础上的工团主义社会组织的蓝图……由大土地所有者提供财政资助的《词语》杂志不能成为支持土地集体化的讲台。为了副刊能继续存在，马茨凯维奇提出最后通牒，即副刊只能刊登文化主题的文章，结果遭到编辑们拒绝，因此一九三二年三月《热加雷》不复存在。于是年轻人转到了与毕苏斯基左派有关联同时也是他们竞争对手的《维尔诺快报》，主编是卡齐米日·奥库里奇。从五月开始继续在"垂直线"专栏发表文章，为了不让读者怀疑，在第一版的最下面还用大写字母写了一句话："《垂直线》就是《热加雷》的延续"。

　　他们的要求越来越分明，艺术家不能逃避政治或者经济，而艺术必须经受社会的考验。那么米沃什的新诗——《小说和肇事者》满足了人们的期许吗？诗里的词是关于"军事国家"，无产阶级的反抗，当"国徽被风吹坏时"，红旗的颜色是"浪漫的玫瑰"，听上去就像是工人革命的预言。但萦绕于诗人情感中的主人公根本不是战士，而是作为局外人提出了一些哲学问题，而他将成为革命偶然的受害者。同样，他的题为《向金钱致敬》的作品也是多层面的，其中涉及的反资本主义或反物质主义的推理，戳穿了即将到来的所谓"不合逻辑的真相"，这种不合逻辑的真相比所谓的历史正义更接近末世论。《热加雷》的编辑对这首诗的

144

———————————

① 1916 年至 1939 年间一个十分活跃的富有诗意的波兰诗人团体。

结尾一致表示不满意。

对米沃什而言,发表一些宣布自己思想观点的文章显得更容易,就像他在一篇题为《两个谎言和公司》的长文(《垂直线》第三期,《年轻思想的冒险》,页55-60)中尖锐地批评《文学消息》报,按照米沃什的说法,他们是大土地所有者,因此只对一种事情感兴趣:"爱情、金钱和名誉。"《死神的游行》的作者也没有躲过《文学消息》的批评,大概一起被批评的人还有博莱斯瓦夫·米钦斯基和卡齐米日·维卡①。更早一些的批评来自维特卡齐和塔德乌什·派伊派尔②。米沃什的批评一直就非常尖锐且不惜笔墨:"如果他们能够以某种方式消除他们施加的影响,那么新文化工作就事半功倍了。这份报纸的大门仅仅是为了做生意而敞开的,遮挡了明亮的地平线。"大地主阶级的目标要么转向右派和民族主义(经常是发生在波兰人身上),要么转向——考虑到《文学消息》的作者和读者——主要是犹太知识分子选择的资产阶级自由主义。其特征是"无纲领的纲领。思想的折中主义。[……]基于公认的唯美主义美学仅仅是某种怪异和变态的美。势力(波兰——欧洲丑陋的后院)。情色。弗洛伊德主义"。因此贫穷的贵族憎恶可怕的资产阶级,倾向于与工人(虽然对他们根本不了解)结成同盟,并让自己相信,"无产阶级化的知识分子比起资产阶级来,他们与事实上的无产阶级有更多共同之处",因为资产阶级文化"反对人类个体的文化,而这种文化是在与有利于消费主流文化进行全面的决定性斗争的社会基础上进行的",我们仍然处在《钉子肉汤》一文所概述的一系列问题之中……同时再次强调厌恶人体生理学。诗人在晚年将会写下"恶魔般的矮人搅动着我的内心,我知道他们,并对他们挥着胳

---

① 卡齐米日·维卡(Kazimierz Wyka, 1910-1975),波兰文学史家、文学评论家,"二战"后在克拉科夫雅盖隆大学任教授。

② 塔德乌什·派伊派尔(Tadeusz Peiper, 1891-1969),波兰犹太诗人、艺术评论家、文学理论家,波兰诗歌先锋派运动的先驱之一。

膊说：与生活一起 ／ 流逝"。(《诗集　第五辑》,页34)在成年之初,他如此惧怕这些矮人——至少以公开声明的方式表明——要遵守革命道德准则。

两个月后,米沃什发表的文章提到了《诗歌资料》一文。(《垂直线》,1932年12月;《年轻思想的冒险》,页61-64)维尔诺发生的排犹事件以及大多数知识分子对他们的冷漠态度促使他看清了社会中一部分人的——民族主义和排犹主义——右倾思想,并让他看到了未来历史事件的无底深渊。因此他在《垂直线》上发表的文章阐述了两个令他感到陌生的世界：一方面是小市民的民族主义,另一方面是——幼稚的自由的资产阶级。"年轻人",他认为,应该同时与这两个阵营进行斗争。在他早期发表的文章中他并不迷恋来自东部边界以外的社会实验,而首先是表达对市民阶级的强烈不满。但无论如何,《两个谎言和公司》的作者想到的是右派大学生协会练习击剑的年轻伙伴,民族民主派的人,他希望波兰没有"外来族",还有贡布罗维奇刻画的人物"来自维尔柴的女医生",还有博伊和斯沃尼姆斯基——这些人于他已成过眼云烟,不久后历史将把他们扔进著名的垃圾堆里。未来属于其他人：工人、年轻的激进知识分子、初出茅庐的作家,他们将会给发着霉味的博物馆的文学大厅通风,让真理和生活走入这里。

那时在大学里我没有宣布自己是马克思主义者,不仅仅是为了体面,因为我还没有读过《资本论》。我靠的是嗅觉不是理智[……],本能警告我不要跟任何临时生物,带有十九世纪痕迹的"各种主义"沾边。[……]我谴责资本主义制度,不要让自己冒险陷入哲学的困境,接触那些对我来说是可疑的东西。当我阅读那些神圣的书,例如费尔巴哈的《基督教的本质》、恩格斯的《反杜林论》和列宁的《唯物主义和经验批判主义》,像文学家那样走近他们,想象着他们留的胡

子和用过的东西,一定包含着很多幽默。(《欧洲故土》,页132)

——他回忆说。马克思主义的经典让他了解了克鲁泡特金的无政府主义以及他的"自由人们的共产主义",更了解了布热佐夫斯基。多年后,他在评论自己的《钉子肉汤》时解释说:"毫不妥协源自斯坦尼斯瓦夫·布热佐夫斯基的理念,卡罗尔·伊热科夫斯基曾指出'苦难是注定无用的鞭笞'。"(《年轻思想的冒险》,页6)

当然,在一九三一年春,未来的《蝎子中的人》①的作者在给伊瓦什凯维奇的信中写道:"我通过翻看布热佐夫斯基的书来度过每一天,我觉得他很英勇并多产。"[29]也许在他面前的桌子上摆的是两年前在维尔诺出版的由罗曼·兹朗博维奇②整理的布热佐夫斯基的文集《思想与方向》。他是一位传奇的思想家,要求文学介入马克思主义,文学应为社会服务,要求人们应该有行动和工作,但他远离正统观念,是"热加雷知识分子"守护神。他帮助人们摆脱了来自各方的压迫感,这对社会来说是非常必要的,因为这种感觉让他们感到痛苦:"对我来说,真正巨大的身体或精神痛苦和羞辱是来自教派,"约瑟夫·维特林③回忆说,"'我只不过是一个作家,我没有任何影响'。"[30]

在《维尔诺快报》的增刊上可以看到,米沃什需要表现出自己与他们观点相左。戴宾斯基("恺撒你好,那些将死的人向你致敬",《垂直线》第三期)用了笔名,以相当有说服力的方式大声呼唤:"知识分子,如

---

① 关于斯坦尼斯瓦夫·布热佐夫斯基的研究,可见捷克文学团于1962年在巴黎文学研究所出版的切斯瓦夫·米沃什的文章,文化图书馆,第77卷。

② 罗曼·兹朗博维奇(Roman Zrębowicz, 1884-1963),"青年波兰"时期文学艺术评论家、美学家,波兰文化遗产的倡导者和宣传者。

③ 约瑟夫·维特林(Józef Wittlin, 1896-1976),波兰小说家、诗人和翻译家。

果不想被大财团利用,成为他们的工具,[⋯⋯]就必须考虑自己的社会立场,并做出清晰、明确的决定。或者——利维坦军团,毫无思想,或者——创建一个有理想的创作中心,争取良好的社会地位。"利维坦军团?尽管这种表达是直接针对波兰工业者协会"利维坦",但不难注意到,他用的"利维坦"这个词引自圣经,像戴宾斯基(和米沃什)那样,不喜欢三十年代波兰社会的不公正社会关系,认为这种关系不仅与左派倾向有关,而且还与基督教(也许是诺斯替主义)有关。不管怎么说,《热加雷》正在逐渐接近教条主义,为此,戴宾斯基的生平再次显现出象征性的意义。一九三二年夏在波兰卢布林召开的"复兴"组织全波代表大会上发生了激烈的冲突,维尔诺年轻领导人及其支持者愤然退出这个组织。五月,成立了第二个"知识分子俱乐部"(简称 KAL),俱乐部的特色不是以文学艺术为主,而是以政治为主。该俱乐部组织的成员有从"复兴"组织中分裂出来的人,有波兰独立社会主义青年联盟(ZNMS)①的成员(例如岩德列霍夫斯基或者杰维茨卡两姐妹),还有不属于任何组织的那类人,如布伊尼茨基、扎古尔斯基和米沃什——后者将提出要求,其中包括要学习胡塞尔并为乔伊斯的《尤利西斯》辩护。[31]戴宾斯基开始担任领导,要求严格遵守纪律,为此"屡次责骂米沃什缺乏纪律观念"。[32]艺术家越来越难展现崇尚独立的风骨,"此外,还不得不屈从于政治。当然,最近发生的一些事还证实了这样一个事实,尽管他非常不喜欢某人,但也不能明确表明自己站在谁的一边。特别是现在,当戴宾斯基[⋯⋯]正在恢复《热加雷》并且几乎是在恐吓、强迫大家合作。因此尼采信徒的灵魂正处于严重的(危险之中?——这个字母看不清楚),并且还不能反抗,因为正如《启示录》所教导的那样,所有人都必须遭受魔鬼的谴责。[⋯⋯]尽管心里很不舒服,但也别无他法,我们已经

147

---

① 波兰青年学生组织,活动于 1917 年至 1948 年,并于 1946 年至 1952 年流亡。

失去话语权了,不能说我们**看不起**".[33]

至一九三二年底,无论是《热加雷》组织还是其活动家们以及那些陪伴他们成长的迷茫的诗人在意识形态上的分裂已经非常明显。耶日·维舍米尔斯基在《词语》杂志上发表了关于"米沃什的诗歌和《垂直线》"战略的一篇文章,并指出,正如《反对他》一文的作者不得不满足周围人的要求。要求还在增加,因为《热加雷》有的时候被称作"燃烧的木材、干柴和浪漫的年轻人"。米沃什偶尔在《垂直线》上发表文章,因为这里发表的文章包含"数学、设计,经济具有决定性的优势,还有社会学和政治学的内容".[34]甚至尽管他们的论点有些过于笼统,但涉及的问题确实很重要,岩德列霍夫斯基担心组织因此解体而坚决反对这些论点,并提出抗议,后来在《垂直线》第五期上发表了泛泛的论证文章。于是该杂志走向自己短暂历史的黄昏。阅读发表在自己报纸上的文章的同时,他肯定也已经明白,年轻的作家们走过了怎样的生活道路,《维尔诺快报》的编辑决定与他断绝联系。维尔诺大杜鹃滑稽电台以喜剧小品的方式对此做了精辟的总结:

班长:先生,你的口号是什么?

米沃什:你是谁?小干柴。

你有什么标记?白斑。

你住哪儿?集体合住。

你干什么?写奇怪的文章。

谁引导你?斯塔希·马茨凯维奇。

谁对你评价好?哈尔凯维奇本人。

他去哪儿避难?去母亲那里。

他拥抱了谁?奥库里奇先生。

你在哪里印刷?独立!

你感觉怎样? 永垂不朽![35]

这个作品发表得非常及时,当其作者(很可能就是布伊尼茨基)跟朋友们一起决定让《热加雷》刊物东山再起时——这次将作为独立的刊物——他们不断地要与书报审查部门斡旋,以保证他们刊物的清白。但是一九三二年十二月他们终止了与奥库里奇的合作,直至第一期独立月刊在第二年的十一月出版发行用了十几个月。那时米沃什在华沙发展的设想失败了,刚刚返回斯泰凡·巴托雷大学,以便继续大学三年级的学业。一九三三年春米沃什发表了他的处女作诗集《冻结时代的诗篇》和——包括斯泰凡·巴托雷大学波兰文学兴趣小组的作品——耶日·扎古尔斯基的作品《拱桥》以及布伊尼茨基的作品《盲目》。

148

与此同时,米沃什正在编一本书,这本书应该印证了许多维尔诺艺术家的文学和政治信仰,证明他们的要求在卢布林、克拉科夫或者切申的年轻人当中得到了理解和回应,同时试图建立一个主要是反对斯卡曼德的联盟。这本书名为《社会诗歌选集》。

一九三二年米沃什写给伏瓦迪斯瓦夫·塞贝瓦①的信中请他把他的诗作寄给自己。米沃什认为他的诗作"应该直接或间接地成为建设社会机制的基础"——编辑希望他能在十二月二十日之前将自己的诗作寄到编辑部。[36]《社会诗歌选集》最终在第二年的春天或者秋天由在维尔诺的波兰出版印刷厂"LUX"印刷出来了。这本书的编辑是米沃什和兹比格涅夫·伏莱耶夫斯基,后者说:"这是米沃什的主意,当然他还是负责整个事情的领导。他呼吁诗人们积极给出版社和编辑部投稿,并

---

① 伏瓦迪斯瓦夫·塞贝瓦(Władysław Sebyła, 1902-1940),波兰诗人、波兰军队步兵预备役的贵族、卡廷惨案的受害者。

根据明确的小组重点把他的呼吁发给了那些热爱《热加雷》和对《热加雷》友好的诗人。但在此次出版的书中没有收进布罗涅夫斯基的诗作，因为'热加雷人'认为，他的作品过于浪漫主义，革命精神不够……"[37]

　　在这本书中可以明显地看出因缺乏编辑经验而出的一些漏洞（一些人的姓名出现了字母编辑错误，例如"雅里安·普日博希"以及"尤里安·普雷博希"），本书不过五十多页，因为在一九二四至一九三三年这段时间受时代限制，整本书只能按照主题分类。正如编辑在该书后记中所写，这本书"不是在为天才作家打广告，而是提出各种问题引人思考，它是真正集体协作的产物，展现了当代波兰人的生活"。因此，我们打开书就能读到这样的诗句："膨胀的街道中流动着现象的溪流。"（马里安·别哈勒①，《陌生的祖国》）还有一首写到前不久发生的大战，他作为"皮包骨头的男孩——来自背着沉重包袱的波兰"的经历（普日博希，《回路》）。还有两种悲剧性冲突：一种是个人悲惨的死亡；一种是士兵为国捐躯，在已故的士兵胸部挂着勋章，他们的死具有政治、社会和军事意义，可以作为爱国主义教材。还有一些诗描写城市建设的高速发展，实行工业化，这些诗中包括普日博希具有总结性的一首诗——"我们充满快乐的能量：／变成火焰、火星、安培和圆"（《火车头之歌》），还有描写"英镑贬值"以及在大都市丛林中船工失业和死亡（"在华沙的若立波什区②，穷人在这里被吞噬"——切霍维奇大声疾呼）的一些诗。诗人们看到穷人的世界已经变成仇富聚集地，面对这种情感的爆发，约瑟夫·沃博多夫斯基带着敬意和挑战给元帅写了一首诗："毕苏斯基同志，在波兰革命的前夕我将用我的鲜血把你的名字写在盾牌上。"……我们还能看到诗人的犹豫不决，因为他不知道"弃笔之手，是否可以牢

① 马里安·别哈勒（Marian Piechal, 1905-1989），波兰诗人、散文作家、翻译家。
② 波兰首都华沙规模最小的行政区，位于华沙市区北部。

牢握住步枪锁"（布伊尼茨基）。艺术家是否会成为偶然的受害者，革命爆发后会不会——像米沃什愿意做的那样——"在自己家狭窄的楼梯上／躺着一具僵硬的尸体"？无产阶级的气势占了上风，愿意扮演这个角色的不是一个人，而是危险的群众（"我们只是肉身／想吃掉其他的肉"——斯泰凡·伏鲁科夫斯基），这些危险的群众令人想起比人类形象更具视觉冲击力的几何图。

　　令敬业的艺术家们感到尴尬的是，他们在大多数情况下与革命无产阶级的联系相当少，因此抛弃了富裕的社会阶层的生活，强调自己"出身于一个古老的卢布林的小市民家族，目前完全无产阶级化了"（切霍维奇），"出身于手工业者家庭"（伏鲁科夫斯基），"出身于城市无产阶级"（库莱克①），或者——如果找不到合适的指标——就说自己"出身于劳动知识分子家庭"，布伊尼茨基、扎古尔斯基和米沃什都是这样描写自己的出身（编辑也是这样对外介绍他们的）。在米沃什的笔记中，他还特别提到了自己的出生地，他用立陶宛语写着："塞泰伊涅，立陶宛。"然而塞泰伊涅的财产属于独立的立陶宛，他用立陶宛语写出他的出生地听起来有点挑衅意味，或者至少想强调他的出生地与别人有区别。

　　从今天的角度来看，绝大多数作者在这本书中发表的文章早已属于历史文献。曼弗莱德·克里德勒受学生之邀撰写《增加严肃性》的前言时，为了鼓励年轻诗人大胆发表作品，他不得不考虑面对某些年轻诗人（其中最大的是普日博希，那时他已经三十二岁）对文学批评抱持怀疑观点和某些年轻诗人在思想上以及个人表现出的诚恳态度方面找到平衡，因为是他们"创建了有趣而发人深省的时代文献"。因此他强调说，不断追求新的隐喻和句子的长短有时会导致模棱两可，但是在他看来，这些已经发表的作品也算是复兴诗歌的一种有趣尝试。不过博莱斯瓦

___

① 雅鲁·库莱克（Jalu Kurek，1904–1983），波兰诗人。

夫·米钦斯基在华沙"ZET"双周刊上发表的题为《贫民化还是知识分子的贫民化?》的文章中,对《社会诗歌选集》的作者们进行了毫不留情的批评,指责他们是"四马战车①美学","贫民化加夸夸其谈"导致其与读者失去交流,首先是在艺术领域发表了一些怪异的文章。年轻诗人们"表现出惊人的肤浅特质",这是盲目追求当代"个人主义悲剧"的结果,换言之就是个人与社会运动的碰撞。在文章的下面还能看到注释,这些批评不涉及切霍维奇、沃博多夫斯基和米沃什……[38]

与此同时,维尔诺一个叫"条纹"[39]的小组加入《热加雷》,壮大了其队伍,并于一九三三年十一月发行了"《热加雷》第一期独立月刊文学刊物"。[40]从最早发行上千份——可能还比较乐观——缩减到六百份。刊物的主编是来自"条纹"小组的阿纳托尔·米库乌科,编辑部成员有布伊尼茨基、戴宾斯基、米奇斯瓦夫·科特里茨基、马希林斯基、米沃什、普特拉门特和扎古尔斯基。"我们恢复了《热加雷》(我们恢复了这个名称,因为马茨凯维奇已经不再有权干预,至少得治一下这个混蛋小子)。目前我们只发行了一期(11 月),不再是附在别的刊物上的增刊——而成了独立的刊物。书报审查对我们仍很严厉。"米沃什回复马里安·楚赫诺夫斯基说。[41]是什么引起审查机关的关注,导致没收甚至引发了对编辑人员的调查(不过又中断了)?

问题出在刊物刊发的扎古尔斯基题为《引自热罗姆斯基》的文章,描写的是关于在波兰虐待囚犯的问题,还有两篇米沃什的文章:《人民的兄弟情谊》和《维尔诺在等待》。第一篇文章描写的是关于波兰-立陶宛城市间的纠纷问题,"不久后那些母亲为已经长大的儿子们订阅

---

① 1927 年至 1931 年间华沙的文学团体,以华沙杂志《四马战车》为中心,属于第二先锋派。

《无神论者》杂志,学校收到命令要悬挂毕苏斯基元帅的画像——斯大林和伏罗希洛夫①的画像,但当局称,这侮辱了东正教的宗教崇拜对象"。第二篇文章《维尔诺在等待》描写的是:"作家本应谎报维尔诺居民的统计数字。但这些指控基本上毫无根据,因此无法确认犯罪事实,检察官决定中止调查,但是该事件影响了社会文学月刊的信誉,国家当局把该月刊列入左翼杂志行列,为此也影响了编辑团队的一些成员,包括切斯瓦夫·米沃什。"历史学家解释说。[42] 还有一首米沃什的题为《语录》的诗被禁:

> 没有宽恕的时刻来临了
> 用手捂住嘴挡住参与者的尖叫声
> 这就是沸腾的赞美诗
> 在战役无声的恐惧中喃喃低语。

> 正如莱蒙托夫经典诗歌也受限
> 他的愤怒游荡在游戏温柔的气氛中,
> 我们高声尖叫赞美鞭子
> 在衣服上钉上鹰、斧头和镰刀。

这首诗似乎暗示着现代性迫使艺术家赞美当局,无论是在苏维埃的俄罗斯还是在表面上民主的波兰。这种对比是非常危险的,因此米沃什后来没有再提《语录》这首诗。不久后米沃什又发表了一首题为《关于书》的诗,从这首诗里可明显看到他已经远离那种带有煽动情绪的语调和先锋

---

① 克利缅特·伏罗希洛夫(Klimient Woroszyłow, 1881-1969),苏联领导人,著名的政治家、军事家和国务活动家,曾于斯大林死后出任苏联名义上的国家元首七年。

派的风格。正如维舍米尔斯基预计的那样——青年诗人远离了团队认为正确的东西。

不久后米沃什又遭到了约瑟夫·马希林斯基的责骂。他指责米沃什放弃了理想。在电台直播的密茨凯维奇晚会上米沃什发言说:"以维尔诺先锋派的名义向最伟大的诗人致敬","随着年龄的增长,我们开始回归密茨凯维奇",同时还公布说,现在是时候"回归以拉丁语为样板的美丽的诗歌传统"。"人们激动欢快地鼓掌,不用再担心新诗的'麻烦和困难'。"马希林斯基愤怒地说,"我们所有人都会以某种方式变成熟,米沃什干吗这么着急,急于成为才华横溢的传记作家。"[43]一九三三年和一九三四年之交,米沃什决定扔掉"革命先知"的面具,这令他周围的部分人感到难以接受。马希林斯基在一篇文章中加进了自己写的一首诗,题为《踩踏出的一条小路》,作为模仿米沃什的一首新诗,它嘲笑米沃什的野心:"我告别了未经清洗的维尔诺 / 诗人之城,废话之城 / 而你们——未被利用的女人 / 而你们——社会建构主义合唱团 / 这里从远处飘来了更广的呼吸, / 我终于可以休息啦 / 不再看你一流的诗歌 / 不再去触摸你的臀部。"

环境压力产生的影响与期望大相径庭,米沃什的脱身想法愈发强烈。我们从一九三四年三月举办的周三文学诗歌朗诵晚会上米沃什的诗中可见端倪。该诗听起来很像是对马希林斯基对他的指责给予了直接的回应,并试图让反对者意识到诗歌的现代性并不是教条地复制某种技巧,"如果有谁真的想成为一名现代诗人,就必须从自己的写作技巧中汲取经验,而且必须精通各种写作技巧,而不是一味地坚持所谓的前卫。同时必须从这些不同的写作技巧中发明出属于自己的技巧"。[44]一个月后,在给伊瓦什凯维奇的信中,他展示了自己非常明确的态度,他说:"我已经步入一个全新的时期,完全不会去考虑教条主义式的态度,我真的已经不再在乎那些所谓的类似于废话的行文措辞和基本态度了。

我已经忍受不了那些对举止粗野的小人低三下四的媚俗态度,我告诉自 152
己,我远远高于他们。我非常憎恨这个畜生,同样也十分憎恨我自身带
有的那种平民的特点。"[45]

　　"热加雷人"共同参加的最后一项活动是他们在华沙举办的一个有
年轻作家参加的聚会,聚会的主题是"先锋诗歌的入侵",此次活动于一
九三四年三月十日在卡罗瓦大街的一个大厅里举办,参加者是来自全波
兰的先锋派诗人,从广告上我们可以看到以下姓名:来自卢布林的
有——康拉德·别勒斯基、约瑟夫·切霍维奇、约瑟夫·沃博多夫斯基、
布罗尼斯瓦夫·米哈勒斯基、亨里克·多明斯基;来自克拉科夫的
有——扬·布冉科夫斯基、马里安·楚赫诺夫斯基、雅鲁·库莱克、斯坦
尼斯瓦夫·边塔克、尤里安·普日博希;来自维尔诺的有——泰奥多
尔·布伊尼茨基、约瑟夫·马希林斯基、切斯瓦夫·米沃什、耶日·普特
拉门特和耶日·扎古尔斯基;来自华沙的有——亚当·瓦岑克。

　　参加"先锋诗歌的入侵"聚会的人们将此次会面视为建立年轻人文
学联盟的纽带("我们觉得我们都是战友"——马希林斯基回忆说),就
像他们一起编辑了《社会诗歌选集》那样。所有诗人都反对保守的读者
或者听众,每个人都想改变华沙人自鸣得意的那种观点。他们期待出现
某种丑闻——以此来吸引人们的注意力,可他们大失所望。尽管参加聚
会需要购票入场,但是前来参加晚会的人有很多知名人士,其中包括:
卡齐米耶拉·伊娃科维楚夫娜①、卡罗尔·伊热科夫斯基和希维亚托派
乌科·卡尔平斯基②。晚会上掌声不断,无人退场也无人吹哨,只是《每

---

　　① 卡齐米耶拉·伊娃科维楚夫娜(Kazimiera Iłłakowiczówna, 1892–1983),波兰诗人、散文
作家、剧作家和翻译家。
　　② 希维亚托派乌科·卡尔平斯基(Światopełk Karpiński, 1909–1940),波兰诗人和讽刺
作家,毕业于华沙政治学院。

日信使画报》(肯定算不上什么拥有艺术创新的刊物)报道说:"听起来很危险的'先锋诗歌的入侵'的主题,不过真是一次极好的聚会[……]而且,与此同时,拉近了我们与'先锋派'的距离,某种程度上那些诗会的海报和邀请函也变得不那么令人感到陌生和冷漠了[……]那里没有发生任何出乎我们意料的事情[……]同时他们还用了很多丰富的词语表达了对祖国的情感。毫不夸张地说,如果可以这样说的话,在第二首诗中我们就遇到了这个词。因此祖国一方面是我们神秘的灵魂,同时也是号召我们拿起枪走上战场的号角。"[46]真令人失望!先锋派的姿态和政治行动显然已经被人们接受,"愤青"们也可以在沙龙中接受他们了。

不过米沃什对沙龙中的这些人评价并不高。在首都待了几天之后,他说:"在这个非斯拉夫化的华沙,我每走一步都能感觉到自己优越于他们,也许在智力上不那么优越,但至少在种族上如此。我觉得很奇怪,也感到恶心——文学家们会去谈论那些对我来说不值得谈论的东西。"[47]这次访问是友谊的开端,在"先锋诗歌的入侵"聚会后的第三天,他送给约瑟夫·切霍维奇一本自己的诗集《冻结时代的诗篇》,上面写着赠予"伟大的诗人"。

与此同时,《热加雷》作为诗人团体已经分崩离析。刊物的编辑部欠印刷厂老板一百五十兹罗提,部分欠款由扎古尔斯基和雷姆凯维奇自掏腰包——不足的部分印刷厂老板表示不要了。[48]但经费问题只是《热加雷》结束活动的一个原因。除了智识和意识形态差异以外,时间的变迁和创作者的成长也是重要原因。岩德列霍夫斯基在波兰驻法国的斯特拉斯堡领事馆谋到了职位,而布伊尼茨基去了东欧科学研究所工作。戴宾斯基获得奖学金,去了罗马和奥地利进修。米沃什不久也大学毕业,并在那年秋天去了巴黎。经历了风雨和压力之后,给他留下的只有一份感伤。"我很想再经历《热加雷》的那段生活。可我担心,这段生活会在我的头脑中慢慢消失,会被我忘记,如果不能再继续组织活动的话。

但你们真的就不会再去想这些了吗？从目前的状况来看,斯卡曼德诗人社团很平庸,而先锋派诗人却纠缠于自己的杂事无法摆脱。"米沃什在给马希林斯基的信中说。[49]但以集体表达自己思想观点的活动不会再有了。

三十年代初米沃什读的布热佐夫斯基和克鲁泡特金的书比那些共产党员多得多,因此可以说,他是一个无政府革命主义者,疑心很重,与托马斯·曼《魔山》中斯塔夫这个人物很相像,"我们时代的秘密和正当理由不是个人的解放和发展。这些人需要什么,想要什么,想要的就是——恐怖"。[50]换言之,如果以审判员的角色去批评别人的话,那时的米沃什还不具备这个资格,因为他自己发表的作品十分有限。一九三一至一九三四年米沃什发表的或者未发表的文章总共不过十几篇,包括《钉子肉汤》和《两个谎言和公司》,总量与戴宾斯基写的随笔相差无几。一九三四年春,米沃什很多文章的语言及风格开始与以前大不相同,政治味道已经不那么浓厚。他在三月的《热加雷》上发表的是论述立陶宛文化的文章。米沃什和安采维奇共同撰写了《关于文学的谈话》,其中出现了一些令人惊讶的宗教调子:"立陶宛的革命主义很有趣。看起来像是一场纯粹的宗教叛乱。十字架成为所谓社会工作的不可分割的配件。你们文学的象征是要本着基督教信仰的精神寻求道路和真理。宗教就像一个粉笔画的圈,你们是不会从里面走出来的。你们走不出基督教良知的这道门槛。"(《年轻思想的冒险》,页84)

这些话与发表的其他声明相辅相成。随着米沃什翻译完成他的亲戚奥斯卡·米沃什的作品 *Talita Cumi*①,明显可以看出他超越了纯粹的信息。可以说,在经历了非常激烈的反抗期之后,包括一九三一年和

154

---

① 阿拉姆语,耶稣的母语,这句话原载于《马可福音》,意思是"女孩,起来"。

一九三二年之交的这段时间,切斯瓦夫·米沃什躁动不安的精神能量开始寻找新的出路:

> 我不敢说,我能理解《米格尔·马纳拉》①的作者:因为缺乏信仰,我理解不了。但可能会钦佩,宛如从高山上看到远景中真相的眩光。我感到些许遗憾,数百万人胆敢妄称自己接受了天主教徒的第一次启蒙!既遗憾又同情那些在不断重复天主教话语时感到安慰和喜悦的追随者们。他们说这些话的时候想到的是笑话、梦境和爱情。如果严格遵守天主教的教规,那么动物世界将会被彻底消灭吗?因此这样更好,让像奥斯卡·米沃什这样的天主教神秘主义者成为那些有限的革命诗人的老师⋯⋯一些记者嘲笑革命和神秘主义的结合。如果神秘主义和革命主义只是同一种自我饱和的形式,那么就需要一颗超越时间界限、内心界限的心?[⋯⋯]可以远离神秘主义,但必须给予神秘主义者应有的评价和尊重。清醒的人有相似的立场和看法,有些人会愿意放弃更多而加入此行列。(《年轻思想的冒险》,页 87)

注释

[1] 耶日·扎古尔斯基,《热加雷和后来⋯⋯》,《诗歌》,1981 年第 5—6 期。在别处同一个作者写道:"波兰职业作家协会维尔诺分会在康拉德小室组织周三文学会活动。去年华沙'四马战车'四人组在这里自娱自乐。现在老作家们想直接面对本地的年轻人。当然他们给布伊尼茨基发出了邀请函,他也选择了站队。[⋯⋯]书评很友善。当然在本土爱国主义的影响下我们的作品比'四马

---

① 奥斯卡·米沃什的戏剧作品。米格尔·马纳拉(Miguela Manara, 1627–1679),西班牙贵族,将一生和个人财产都献给了宗教。

战车'要有高度得多,但也同时强调,他们更会列举。夜晚给了我们力量,从那以后我们成立了一个文学团体(更像是诗人团体),然后与哈瓦布尔达渐行渐远。"见耶日·扎古尔斯基,《时空旅行中的小品》(克拉科夫,1962),页163。

[2] 后一首诗显然不是(米沃什的)《小宝贝》,因为《小宝贝》直到1934年才出现在笔记本里。米沃什在准备下一本诗集时,用了1930年写的《给画家的诗》并标注为未曾出版,同时也加入了《小宝贝》一诗。(拜内克图书馆)

[3] 结尾"布伊尼茨基破译着自己那篇精彩的'恶搞'和其中巧妙融合的模仿桥段,就好像有许多诗人以'小猫先生生病了'为题在书写韵脚。哈瓦布尔达先生写过几个风趣、讽刺小段和从《现实报》娱乐版的摘抄。还有耶日·扎古尔斯基在绝妙的《一九五五年来的花花公子》一诗中展现了一幅未来男人逗趣又可怜的景象。"见《词语》,1931年1月30日。摘自雅哥达·海尔尼克-斯帕林斯卡,《维尔诺的周三文学会(1927–1939)》,页137。

[4] 最有可能发生在1933年4月5日星期三,在有布伊尼茨基、米沃什和扎古尔斯基参加的作家之夜上,《结构》的作者朗读了奥斯卡·米沃什翻译的作品。而1933年时普鲁申斯基恰好短居维尔诺。

[5] 摘自切斯瓦夫·米沃什写给雅罗斯瓦夫·伊瓦什凯维奇的信,1934年4月15日。(波兰科学院文学研究院图书馆)Bałowien' sud'by,俄文,意为"命运的宠儿"。

[6]《维尔诺快报》,1931年1月30日。摘自雅哥达·海尔尼克-斯帕林斯卡,《维尔诺的周三文学会(1927–1939)》,页138。

[7]《维尔诺日报》,1931年1月31日。摘自雅哥达·海尔尼克-斯帕林斯卡,《维尔诺的周三文学会(1927–1939)》,页136。

[8] 摘自切斯瓦夫·米沃什写给雅罗斯瓦夫·伊瓦什凯维奇的信,1931年2月1日。(波兰科学院文学研究院图书馆)

[9] 同上。

[10] 摘自安娜·考姆皮勒斯卡-岩德列霍夫斯卡致编辑部的信,见《诗歌》,1981年第7期。

[11]"尊敬的先生,我诚挚地请尊敬的您于 3 月 29 日星期天晚七时莅临位于齐格蒙特街 6 号的我的私人住宅喝茶,畅谈为提携维尔诺最年轻的文学和艺术家出版月刊一事。在和布伊尼茨基和高乌比耶夫协商后,我们认为,我们的第一期要在复活节出版,这是我的主意,当然以后亦可能发生变化。星期天我们要确定月刊的名字,选出两位编辑委员会成员,还有其他出版事项。此致敬意和问候。斯坦尼斯瓦夫·马茨凯维奇。"邀请函保存于沃依切赫·东布罗夫斯基档案室。摘自雅努什·克里沙克,《救赎灾难主义》,页 186,并附信件复印件。

[12]保存在沃依切赫·东布罗夫斯基档案室的《〈热加雷〉编辑委员会会议纪要》,摘自雅努什·克里沙克,《救赎灾难主义》,页 205,并复印件。

[13]在与《词语》决裂后,扎古尔斯基"向马茨凯维奇致敬"并写下一段简短的"热加雷"历史,他写道,名称来自"泰奥多尔·布伊尼茨基的提议",又根据扎古尔斯基关于《行走的维尔诺》的描述进行了补充。多年后安娜·岩德列霍夫斯卡和普特拉门特回忆说,"布伊尼茨基用维尔诺方言破坏了这个词"。见耶日·普特拉门特,《半个世纪:青春》,页 178。接着马茨凯维奇回忆录的读者们发现,他自己找到了"卡特"一词:"这个称呼是我自己想出来的,我喜欢它那泉水般的发音,因为在维尔诺方言中它的意思是水上的树枝或树干,有时还指小木舟或者木筏。"斯坦尼斯瓦夫·卡特-马茨凯维奇,《希望的年代》(伦敦,1945),页 144。

[14]耶日·普特拉门特,《半个世纪:青春》,页 178。

[15]安娜·岩德列霍夫斯卡,《迂回和直接》,页 59。

[16]耶日·扎古尔斯基,《热加雷和后来……》,《诗歌》,1981 年第 5–6 期。

[17]"热加雷"时期可能是米沃什作品讨论最充分的时期之一,探讨其作品的文章包括:斯坦尼斯瓦夫·贝莱希,《最后一位维尔诺名流:关于热加雷圈的诗歌》;雅努什·克里沙克,《救赎灾难主义》(第二版增印,1985);安杰伊·杰涅维奇,《行走的维尔诺——热加雷》(华沙,1987);和马莱克·扎莱斯基,《第二先锋派的冒险》(弗罗茨瓦夫,1984,第二版增印,2000)。

[18]耶日·扎古尔斯基,《热加雷和后来……》,《诗歌》,1981 年第 5–6 期。

［19］ 雅罗斯瓦夫·伊瓦什凯维奇，《页边上的肖像画》，页120。

［20］ 耶日·普特拉门特，《翻过这一页后》，页34。

［21］ 关于此事埃米尔·帕谢尔斯基却不这样看，她引用了当时的同学斯坦尼斯瓦夫·瓦夫仁切克的话写道："我问了几个和我并不相熟的同学，问他们还有明天要上报纸的内容吗。戴宾斯基说，应该告诉把切斯瓦夫·米沃什当选学院运动联盟拳击部主席的消息写进校史。整个大厅哄笑起来，非常亲切的感觉。第二天米沃什带着付印的'要求'站在我面前，什么都没说［……］又过了几天我才知道，［……］是普特拉门特在某人那里说了米沃什的坏话。米沃什找到了'诽谤者'的家，把他狠狠揍了一顿。"1931年11月5日在《维尔诺快报》的校园记录上和《维尔诺日报》上出现了一则消息："学院运动联盟拳击部已开始一周两次的正常训练。热情的社长正是远近闻名的米沃什。"帕谢尔斯基认为："在这段关系中有两个故事：米沃什的拳击活动和1931年秋季普特拉门特使坏——因为这段恩怨，彼得·斯卡尔加的童年在很长一段时间内都是孤单的。"见埃米尔·帕谢尔斯基，《伽玛和欧米茄：耶日·普特拉门特与切斯瓦夫·米沃什的关系史》，由尤安娜·佩什内教授、博士后指导的博士论文（弗罗茨瓦夫大学，2009），页106。

［22］ 他回忆这段时期："我清楚地记得，我那时非常抑郁，动不动就发脾气——因为我总是对人发脾气。"见《波兰对话：1999-2004》（克拉科夫，2010），页365。

［23］ 摘自切斯瓦夫·米沃什写给雅罗斯瓦夫·伊瓦什凯维奇的信，1931年3月8日。（波兰科学院文学研究院图书馆）

［24］ 塔德乌什·布伊尼茨基，"维尔诺城中可怕的十八幅讽刺画"，摘自阿格涅什卡·斯塔维亚尔斯卡，《革命的俘虏》，出处见前注。

［25］ 摘自1931年10月15日和20日，及11月1日切斯瓦夫·米沃什写给雅罗斯瓦夫·伊瓦什凯维奇的信。（波兰科学院文学研究院图书馆）

［26］ 切斯瓦夫·米沃什，《乘渡轮》，载《垂直线》，1932年6月；《年轻思想的冒险》，页47。

［27］切斯瓦夫·米沃什,《钉子肉汤》,载《热加雷》,1931 年 12 月;《年轻思想的冒险》,页 31。

［28］有意思的是,米沃什领先于他的导师岩德列霍夫斯基,后者的文章(《与派特拉热茨基相关,艺术中的个体与集体》)后来才发表于《垂直线》合集。

［29］摘自切斯瓦夫·米沃什写给雅罗斯瓦夫·伊瓦什凯维奇的信,1931 年 3 月 18 日。(波兰科学院文学研究院图书馆)

［30］摘自马莱克·扎莱斯基,《第二先锋派的冒险》,页 56。

［31］见埃米尔·帕谢尔斯基,《伽玛和欧米茄:耶日·普特拉门特与切斯瓦夫·米沃什的关系史》,博士论文,页 67。

［32］安杰伊·杰涅维奇,《行走的维尔诺——热加雷》,页 38。

［33］摘自切斯瓦夫·米沃什写给雅罗斯瓦夫·伊瓦什凯维奇的信,1932 年 4 月 22 日。(波兰科学院文学研究院图书馆)也许“最后一次事故”是指 2 月份全波青年会在“兄弟会”选举中获胜的事。Naplewat’,俄语,意为“看不起”或“唾弃”。

［34］维什(耶日·维舍米尔斯基的笔名),《切斯瓦夫·米沃什的犹豫》,载《词语》,1932 年 11 月 23 日。

［35］摘自塔德乌什·布伊尼茨基,《维尔诺小品》,页 212。

［36］信从维尔诺寄出时已是下半年,因为米沃什用的是斯泰凡·巴托雷大学位于布法沃瓦山街的学生宿舍地址。诗歌集选诗的标准是“诗中体现了对社会生活现象的兴趣”。类似的写给雅鲁·库莱克的信收录于《先锋派作品资料》,特德乌什·科瓦克编(弗罗茨瓦夫,1975),页 202。

［37］兹比格涅夫·伏莱耶夫斯基,《关于热加雷和薪火成员的几段回忆,并先锋者有很多吗?》,载《诗歌》,1981 年第 5-6 期。

［38］博莱斯瓦夫·米钦斯基,《贫民化还是知识分子的贫民化?》,载《字母 Z》,1933 年 10 月 1 日,翻印收录于《文字、小品、文章、书信》,安娜·米钦斯卡挑选和统筹(克拉科夫,1970),页 280-284。

［39］与《维尔诺快报》增刊相关的大学生群体叫这个名字,政治上归属于

波兰民主青年协会,代表治愈性的左派,强烈反对国家主义,反对教权主义,要求社会公平正义。

[40] 编辑部的地址为"维尔诺,布法沃瓦山街 4–406 号",也就是学生宿舍,后来才更改为"大朴哈兰卡街 33–5 号"。

[41] 摘自切斯瓦夫·米沃什写给马里安·楚赫诺夫斯基的信,1933 年11 月24 日,翻印收录于雅努什·克里沙克,《救赎灾难主义》。

[42] 瓦勒德马尔·舍乌科夫斯基,《维尔诺流浪汉学术俱乐部》,页 128。

[43] 约瑟夫·马希林斯基,《先生们,请安心》,载《热加雷,文学》,1933 年12 月,第 2 期。

[44] 第 217 次周三文学会报告(1934 年 3 月 21 日)出版于《维尔诺快报》,1934 年 3 月 23 日。摘自雅哥达·海尔尼克-斯帕林斯卡,《维尔诺的周三文学会(1927–1939)》,页 211。

[45] 摘自切斯瓦夫·米沃什写给雅罗斯瓦夫·伊瓦什凯维奇的信,1934 年 4 月 18 日。(波兰科学院文学研究院图书馆)

[46] 马莱克·扎莱斯基,《第二先锋派的冒险》,页 174。

[47] 摘自切斯瓦夫·米沃什写给雅罗斯瓦夫·伊瓦什凯维奇的信,1934 年 3 月 14 日。(波兰科学院文学研究院图书馆)

[48] 见《关于热加雷的对话,扬·布鲁德尼茨基与亚历山大·雷姆凯维奇的对话》,《诗歌》,1981 年第 5–6 期。

[49] 塔德乌什·布伊尼茨基,《维尔诺小品》,页 174。

[50] 托马斯·曼,《魔山》,第二卷,扬·乌科夫斯基译(华沙,1972)。

第十八章 "真空悬索桥"

155

"真空悬索桥"这个词是由一位翻译新手写下的,那时他在巴黎小住了几个月,其间与奥斯卡·米沃什重聚,由此他的人生和诗歌发生了重大转折。与此同时,欧洲边界的社会和政治局势——时代观察家写道:"把追寻'神秘启蒙'的人们推向了愤青的位置。大多数情况下,这意味着把他们推向了左派,尽管真正的革命左派,尤其是共产主义革命者,以怀疑的眼光和保持适当距离来对待**同路人**。"[1]因此,颓废诗人或者神经过敏的人反而蜕变成了革命诗人,抛掷语言炸弹并对未来怀有希望,既然资产阶级社会对他的艺术漠不关心,那么他就会在工人群众中间找到感兴趣的人……十年之后,米沃什对这一复杂的过程进行了解构:"一九二八至一九二九年我其实是站在乐观战斗这一方的,而不是站在悲观气馁那一方。后来的那些年月对我来说是非常艰难的,也许我一直在寻找出路。年轻时我把对社会转变或戏剧性结果的经历都记入了《冻结时代的诗篇》这部诗集,尽管我们已经注意到,书的题目'冻结时代的诗篇'就包含了冰封和寒冷的意思。"(《旅行世界:对话莱娜塔·高尔琴斯卡》,页12)

> 这是一个广袤而又贫瘠的大地
>
> ——对从莫斯科到柏林去旅行的人来说
>
> 是法国资本殖民地的
>
> 开发实验区。
>
> 这个国家给我们——献上的是卡宾枪上放着的花圈。
>
> 我们对这个国家
>
> 挥舞着
>
> 拳头。
>
> 这里一片贫穷。这里有饥饿的群众的呼喊声。
>
> 这里是失望,紧锁着喉咙。
>
> ……在黑暗的烟雾中和在恐怖的时刻
>
> 夜以继日
>
> 日拉尔杜夫
>
> 机器声在轰鸣
>
> (《诗集 第一辑》,页14)

这是我们在他这本诗集中看到的一首题为《反对他》的诗歌。难道对 156
米沃什来说,积极参与社会就是为了摆一个舒适的姿势吗?这位年轻的
维尔诺人从未去过罗兹[①]和日拉尔杜夫,对于那里纺织女工的命运,他
都是通过阅读帕维乌·胡尔卡-拉斯科夫斯基的报道才获得相关信息
的。[2]但他非常清楚,反对资本主义,按照马雅可夫斯基阶梯式的风格写
诗非常时尚,将会赢得晚会听众的欢迎。当然这并不意味着,我们这位
年轻诗人要在"文学股市"投机的意思,另外他也知道,他没有体验过工

---

① 罗兹(Lodz),波兰第三大城市,也是罗兹省的首府,位于波兰的中部,波兰重要的纺织
工业重地。

人们的愤慨，因此对他们的同情心也只是肤浅的。《欧洲故土》的作者承认，在他眼中，"社会诗歌"的确"切断了所有艺术的生命源泉，新闻式的诗歌也只能填补自己在工人与警察发生冲突时的空白"。（《欧洲故土》，页139）如果写这样的诗歌是有意识在做的游戏，那么只能说这是非常令人失望的游戏，因为它只能成为历史发展中一个充满恐惧的故事，只能表达诗人因无法说出真相而感到的无助，从而变成一个"绝望的弄臣"。（《从我的街道开始》，页168）"如果我们曾是先锋派，那就会为文学感到羞耻。当我们开始登上社会左派的踏板，才会松口气"——年轻人在当时的苦苦寻觅中因为找不到出路而苦闷纠结，他们解释说："对文学作品的羞耻感，来自不纯净的良心——因为这些年轻人理解不了古典文学作品，同时也觉得没有这种需要——因为他们出身非贵族家庭，每天要为日常生活操心，不会像贵族那样悠闲自得，但他们'雄心勃勃，渴望被认可，渴望平等和公平'。［……］波兰三十年代第二先锋派的主要优点是'不安和疑虑'，因为没有一种固定的诗歌格式，选词用词时常变化，灵活性非常强。［……］我不喜欢文学。文学应该是曲线的，超脱的，摆脱自身习惯——为的是最终再一次成为文学，而不是交际游戏。"[3]正因为常常不能自圆其说、自我矛盾，这就构成了米沃什诗歌的基本元素，使他的诗反而铿锵有力。因此他有一种完成肩负任务的使命感，同时也想参与其中，从而让自己承担了无限的责任，关注文化的未来。在他与宣布保持沉默的切霍维奇进行辩论时，他慷慨激昂地发问："难道持之以恒地对社会施加影响不是作家应该承担的道义责任吗？"[4]

大学年度出版物《维尔诺母校》刊登了许多斯泰凡·巴托雷大学教授和学生的文章，其中大部分是波兰文学专业学生的，当然也是米沃什在杂志上发表处女作的好地方。他的诗歌《构造》和《旅行》发表在

一九三〇年第九期上。但是因为印刷问题,实际出版时间是一九三一年
初。[5]如果我们假设这两首诗记录的是一个十九岁男孩的感受,那么我 157
们可以看到这是未来《神学契约》的作者走上诗歌之路和精神变革的一
个令人印象深刻的起点。如果说他在晚年会觉得自己是"教区居民"共
同体的一员——他们都置身于双重痛苦之中并处于高举圣体显供台进
入祈祷仪式的高潮——不如说《构造》展现的神圣的弥撒仪式只是一出
戏剧表演,而其主人公则超脱于仪式之外:

> 钟声钟声在敲响
> 赞颂耶稣赞颂耶稣
> 　赞颂耶稣
>
> 幕布"呲"的一声被撕开
> 你们看吧——我们是在剧院里。

(《诗集　第一辑》,页31)

敲响的钟声并非宣告耶稣复活给信徒们带来的喜悦,而更像是具有
摧毁力的炸弹的爆炸声。我们应该越过死亡深渊的基督桥梁[6],它可能
会断裂,在宗教标志隐藏的虚无中断裂。这个画面激发了诗人的想象
力,这一点在他后来写的一封信中得到了证明:"我想做个正直的天主
教徒。这座真空悬索桥令我印象深刻[?]。桥的构造是封闭的、自给自
足的,不会像哥特式建筑那样努力诱使人们看到外部世界的真相。至少
应该创作一首如此封闭而客观的诗歌!!!"[7]
　　许多年过去了,米沃什会赞颂天主教弥撒仪式,以此作为一种工具,
让我们能够超越弱点,在一瞬间——以我们自己的礼貌和嘲讽——从高
举圣体显供台的弥撒仪式走向精神的现实,去感受某种也许是对上帝的

不确定的感觉。《旅行》一诗中的男主人公（或者女主人公）毫不掩饰地承认他们没有信仰："所有高高举起酒杯的仪式都是谎言 ／ 空虚主宰着我们 ／ 奔向遥远的命运。"（《诗集　第一辑》，页32）语气本质上是虚无的，否定了超越——借用西蒙娜·薇依的隐喻——引力的可能性。不存在任何"超越"，只存在物理学和生物学，最终都是"奔向遥远的命运"，雄心勃勃的游戏，虚荣的集市。也许正是因为面对这种最深层的虚无主义而感到绝望，年轻人"转身投向了社会"。

158　　　　一九三一年春的一个周日，他得知，我们的《热加雷》第一期正好出版了，收录了我的诗作，但我非但没有感到自豪，反而觉得十分羞愧。不过我还是早早起床，跑到报亭去买报纸。但当我看到那些买报纸的人们都是：从雅各布教堂走出来的年长女人、一群蓄着胡须的男人，身上露出那种居住在兹维耶日聂茨豪华木屋别墅的光环。看到这些我愈加感到羞愧。[……]我很清楚，这对我来说是什么：治疗缺憾和伤痛，是自卫。为了公开露面吗？所谓的公开不就是在与我类似的人面前露面，在一般人面前露面，我又认为没有这个必要。从那时起留给我的就只剩下与众不同了。刊物只有很小一部分人阅读——它是一个非常小众的刊物，但印数——还不算少。[8]

——多年后米沃什这样回忆说。后来，即他晚年回到克拉科夫后，他说，他更愿意在那些发行量不大的月刊或者季刊上发表诗歌。

一九三三年春，当《冻结时代的诗篇》——他的第一部诗集走出印刷厂时，他当然不必担心过分宣传——因为这部诗集只是一本像学生笔记本那样非常薄的浅棕色小册子，在当时算中等印数，共印刷了三百册[9]，总的来说印数还是足够的。后来耶日·普特拉门特也出版了诗集《森林之路》，只卖出去了……两本。多少年后发现，销量最好的还是耶日·图罗维奇①的书。[10]跟今天情况相似,米沃什的大部分诗集,都是他在签名后送给了朋友和熟悉的诗人。米沃什还把《冻结时代的诗篇》……赠送给了切霍维奇、伊瓦什凯维奇以及玛利安·楚赫诺夫斯基——赠言为"赠给伟大的革命诗人"。[11]印刷厂那时挣的主要是广告费,书上印着出版社地址"维尔诺大街15号",但也许这只是印刷厂办公室的地址。在米沃什留存的名片上,印刷厂地址位于鞑靼人大街的一栋楼里,"我自己选字号、纸张和封面,都是手工打字,我觉得,那时还没有生产出任何排字机,我还记得印刷机出纸的情景"。(《寻找祖国》,页235)出版方是波兰文学兴趣小组,而当时这个小组的活动家伏莱耶夫斯基回忆说:"是我们三个人一起去'彩霞'印刷厂取回了米沃什的《冻结时代的诗篇》和扎古尔斯基的《拱桥》这两本书的。我拿到的是由他们两人分别签名的第一本赠书。米沃什在赠给我的书上写的是'赠给艺术赞助人,希望你继续无偿提供纸张'。"[12]

这本书的销售虽没有什么盈利,但书本身受到了关注,这才是最重要的。不久后波兰职业作家协会②维尔诺分会以及波兰宗教事务和公共教育部创立了一个费罗马特奖,奖金为一千兹罗提。评委有曼弗莱德·克里德勒、米哈乌·鲁西奈克③、伏瓦迪斯瓦夫·阿尔茨莫维奇、斯泰凡·斯莱布尔内④、斯坦尼斯瓦夫·洛伦兹⑤、卡齐米日·鲁特斯基⑥

---

① 耶日·图罗维奇(Jerzy Turowicz,1912-1999),波兰新闻工作者和公关人员,曾就职于《普世周刊》(1945-1953 / 1956-1999)。

② 波兰创意协会和作家工会,由第一任主席斯泰凡·热罗姆斯基于1920年在华沙创立;1949年改名为波兰作家协会。

③ 米哈乌·鲁西奈克(Michał Rusinek,1904-2001),波兰作家、文学活动家、剧作家、诗人。

④ 斯泰凡·斯莱布尔内(Stefan Srebrny, 1890-1962),波兰古典语言学家、翻译家、古代戏剧专家。

⑤ 斯坦尼斯瓦夫·洛伦兹(Stanisław Lorentz, 1899-1991),波兰艺术史学家、博物馆学家,华沙大学教授,1935年至1982年在华沙国家博物馆任馆长。

⑥ 卡齐米日·鲁特斯基(Kazimierz Rutski, 1911-1976),波兰演员、剧院导演。

159　和玛丽亚·斯塔宾斯卡-普日贝特科(米沃什的中学老师)。曼弗莱德·克里德勒和斯泰凡·斯莱布尔内提名《冻结时代的诗篇》,但因评委意见不一,最终结果是,米沃什和塔德乌什·沃帕莱夫斯基①同时获奖。一九三四年六月二十日举行了颁奖仪式,曼弗莱德·克里德勒在颁奖仪式上发表讲话:"米沃什属于真正的、清新和出类拔萃的年轻一代中的天才诗人",他的诗歌世界"含有强烈的社会元素,抗拒当今世界的野蛮粗俗并具有崇高的反抗精神","他对社会的关心和对社会不公表达的痛苦,促使他愿意观察和倾听"。[13]

关心与痛苦……不只是某种程度上与政治和社会敏感度有关,其中还包含着更深层次的含义,因为《冻结时代的诗篇》的主人公生活在混乱和危险的年代,他无法看得更远,只能看到自己身上的东西,听到脉搏的搏动和心跳,在他周围能感受到的只有实在的、物质的和能触摸得到的东西。因此在那首《清晨》中,望着不允许他看到任何隐藏维度的世界,他只能看到星系令人不安的旋涡,诞生和死亡的画面。不可能寄希望于得到上帝的恩赐,人就是自然的一部分,跟动物、植物或者石头的命运一样,不可能寄希望于话语、许诺和希望。死亡——正如他在《年轻男子的死亡》一诗中所写——没有令人感到它是一种过渡,而是不可逾越的疆界、真实的衰变。

主人公的眼光无法穿透世界的表面,现实是残酷而严峻的,天空就像骑士的盔甲。《故事》一诗中有一个片段极为重要。在这首诗中,社会-政治层面与哲学-生存层面交织在一起。诗的结尾是革命,但国家的衰亡反映在不确定的世界结构之中。"天空在清晨崩裂,无耻地露出太

---

① 塔德乌什·沃帕莱夫斯基(Tadeusz Łopalewski, 1900–1979),波兰诗人、散文作家、剧作家、俄罗斯文学翻译、广播剧导演。

阳之肉"——崩裂令人想起伤痕,皮肤撕裂暴露出肌肉和鲜血;巨大的肉块在世界上蒸发,甚至不仅只有光被拟人化了。但物质化了的肉身已经丧失精神的秘密。无论如何,即使米沃什让一个男人在石质或铅质的地球外壳中设法找到了裂痕,但他不会通过这个裂痕看到"某一个亮点"。这个亮点,在《眼睛》一诗中,是被一个长达十年视力低下、即将失明的老人观察到的。从一束阳光的缝隙中喷出黑暗,引起对空虚和虚无的恐惧。正如《剃须刀》一诗中所写的那样:"我的嘴在吮吸 / 大地的蚂蟥立即死去 / 坠入虚无的水域,大脑为之震惊。"这种威胁不只是与自我死亡有关——整个世界正在走向混乱和衰亡。《春》描写的是一九三二年的伤害和耻辱,"这些人们露宿于街头"的现实本身已被摧毁。与此同时,在一首题为《向金钱致敬》的具有宣传意味的诗中,人类的生活不仅仅是"阶级"斗争,同时也是人类在与所有人自身有限的力量抗争。所谓人类命运的真相逃避理性,是随着时间流逝的"不合逻辑"的经验。在一部作品中,混杂着对宇宙虚无的感觉以及揭示以金钱为主导的资本主义制度的虚无。因此人们面对灾难的恐惧,实际上是产生了对信仰的恐惧,世界是如此残酷,只能对它做最后的判决。

160

用什么可以消除恐惧?《剃须刀》重新给出了答案:爱情,准确地说是性行为——肉欲的发作暂时可以掩盖(空虚的? 危险的?)天空,它可以起到像"教堂礼仪帷幕"的作用,"幸运的是,可以用皮肤和肉体掩盖天空 / 女人精神犹存"。同样,尽管他在《故事》一诗中较谨慎地写道:"把妇女分成不同种类的时代已经过去。"我们从米沃什三十年代直接表达出来的犬儒主义可以看出:"我的性经验其实并不那么丰富,这些经验从未成为我人生经历的主因,即便成为我生活的主因,那也可以说非常罕见和短暂。我很想完全删除它,将其仅视为出于卫生的考虑。但这些事情十分复杂,令我极度烦恼,这意味着我也会'坠入爱河','陶醉'以及不常发生的事情,让我情不自禁地坠入爱河。那时我就会相信,这是虚伪的,是谎言。——因为我是犬儒主义者,我的上帝呀[?]最好让我感觉到,当我经常在事后洗浴时就决定要在一段时间内成为宗教隐士和苦行僧。"[14]总的来说,爱情的话题在切斯瓦夫·米沃什早年诗歌中的主人公身上是不大可能详尽描写的,因为这需要付出或者说有某种特殊的机遇。其特点是"我"和他人之间的关系极度紧张,包括一系列感知:考虑到情感的不和谐乃至厌恶甚或仇恨。不和谐的主因是信仰,一些人放弃自由思想,一些人需要提出问题和质疑,探索世界和人类命运的意义。从米沃什的诗歌中可以观察到,从他所厌恶的一些主题中不难看出他童年时代生活的阴影:这是一个无辜的小男孩,他厌恶成年人之间在高谈阔论性问题时发出粗鲁卑鄙的笑声,似乎人类的现实生活只有饥饿、性欲和金钱。

　　这里隐含的不是傲慢吗?《致被驱逐人之诗》的主人公向他的爱人倾诉:"如果我不相信慈悲的上帝 / 他用双手遮挡住眼睛 / 那我一定会相信魔鬼,尖刺 / 扎入太阳穴。[……] / 我知道清晨时有人在等我 / 我悄悄地离去 / 在我身后的黑麦中发出噼啪声 / 因傲慢而痛苦。"撒旦(魔鬼)迷恋于自己的暴力、愤怒、强大的意志,挑战人们拒绝"亵渎神灵的祈祷"。米沃什笔下的魔鬼是"黢黑而又易怒的",至少顿时会令人想起约翰·弥尔顿的《失乐园》中那位堕落的大天使,并成为诗中主人公的"好兄弟"……因傲慢而痛苦的他们,与希冀保持个性有关,与自私有关。在他面前有一位无助的姑娘,她渴望拥抱自己的情人。从凝视魔鬼的眼睛到用冷酷的魔鬼般的眼神去看世界是十分类似的比喻。在米沃什的散文诗歌《卢拉》中,艺术家的看法类似凶手的行为,破坏了他所见事物的主观性。母爱的关心,人类世界微妙的存在会因自己的爱情而受挫。"如果妈妈爱抚我时,她就会将睡梦放在我的被子下,[……]但她并不知道[……]我梦想有一个用人皮做的鼓"——这是我们在《跳蚤剧院》中读到的句子。毫无疑问,这两首诗并非米沃什早期发表的最好诗歌,有人会非常严肃并冒险地去看待诗中所描写的画面和恶魔,从而忘记这只不过是一种挑衅、自我讽刺,是自己玩的游戏或者本能地接受了维特凯维奇在二三十年代之交所写的痛苦的怪诞小说中涉及的妖魔艺术。因此,米沃什让我们触摸到一个非常重要的维度——恶的诱惑,轻慢的危害。

在生活中占主导地位的生物学最终会把人引向空虚,时间与末世论的未来没有任何关系,它是恶质病、陷阱、毁灭——正如作品名称所展现的那样——冻结。他甚至自己也无法反抗不在场的上帝。精神的平庸就是生存和艺术的灾难。那么还有希望吗? 那就必须回到《神学契约》里去看看,那里描写的是孩童形象。在《大陆》一诗里描写了一个玩耍的孩童与河水上面断裂的浮冰的画面——是反映了充满希望的画面。尽管主人公遭遇了挫折,但生活没有终止,对他来说,这不是增加他痛苦的缘由。世界本身仍在发展、重获生活的喜悦、在人生轮回中恢复情感——诗中一切都有种解放作用,缓解了焦虑。《结束》一诗重现了这种直觉。世界忘却了死难者,在他腾出的空间里很快会被某种具体的东西所替代:鸟的叫声和孩子们杂乱的跑步声。但它并非预期的苦涩,而是我们有了共识、宽恕和爱情。"大地呀,带着自己虚弱的城市继续走吧。/ 在你我之间有一个充满困惑的空间。/ 我看见它萦绕在你头顶上,跟在你身后: // 我吃光了松木桌上冒着热气的食物,/ 孩子们走在的高高低低的山路上去学校 / 他们走着。"这是非常具有米沃什风格的描写,多年后,他的《笔记:莱曼海岸》(《诗集 第二辑》,页162)一诗中也有关于孩子走路去上学的描写:那时,在这些孩子中就有诗人的儿子……

在与某种傲慢的抗争中,米沃什主人公的精神渴望明确性、简单和信仰。为使自己免于磨难(哪怕是在瞬间),唯有战胜自爱,走出"我"——才会走到另一个方向,走向世界。他很快就感受到这一切。一九三四年他在巴黎撰写的《这就是我所写的》一诗是他成名作中最早的证明。这首诗如此之美,值得全文抄录:

我所写的东西,突然成了

胡闹。我找不到词语来形容。

我双肘支撑在石质的栏杆上,

看着这个巨大、脉动的世界。

河水流淌着,船帆拨开了云雾,

西边失去了知觉。所有美丽的国家

一切生物,我贪求的一切

宛如一块大大的月亮升入天空。

我看着奇怪地移动着的灯,

数着天上的星星

我喃喃自语:我与消失的世界同去。

任何语言都无法形容美。

我看到了内心的广阔山谷

我可以这样说,在我的睡梦中,

我带着插翅的理想

穿越了一个国家。

(《诗集　第一辑》,页 51)

注释

　　[1] 马莱克·扎莱斯基,《第二先锋派的冒险》,页 87。fellow traveller,英文,意为"同路人"。

　　[2] 帕维乌·胡尔卡-拉斯科夫斯基,《日拉尔杜夫县纪事》,载《文学消息》,1932 年第 23 期。

　　[3] 切斯瓦夫·米沃什,《关于羞愧与攻击》,载《文化》,1962 年第 7-8 期。

　　[4] 切斯瓦夫·米沃什,《想要更多》,载《维尔诺快报》,1936 年第 81 期;《年轻思想的冒险》,页 155。

[5] 那本笔记本上满是熟悉的名字——安娜·科姆皮勒斯卡、布伊尼茨基、哈瓦布尔达和扎古尔斯基各有两首诗,科拉别维奇写了流浪汉们前往伊斯坦布尔的旅程,岩德列霍夫斯基写了从维尔诺到切申的徒步之旅。

[6] 基督教礼仪中并没有这一用法,米沃什这样用,据他自己解释,是考虑到谐音。参《诗集 第一辑》(克拉科夫,2001),页249。

[7] 摘自切斯瓦夫·米沃什写给雅罗斯瓦夫·伊瓦什凯维奇的信,1930年12月11日。(波兰科学院文学研究院图书馆)

[8] 切斯瓦夫·米沃什,《关于羞愧与攻击》,载《文化》,1962年第7-8期。

[9] "米沃什《冻结时代的诗篇》印制了三百册。扎古尔斯基的《桥的边缘》,如在标题页背面看到的那样,有十册印制在无木纸上,带编号、作家的亲笔签名和照片,还有三百五十册印在木浆纸上。楚赫诺夫斯基的前三本诗集——《苦难的早晨》《妇女与马》《玫瑰报道》分别印制了一百册、一百五十册和一百五十册。沃博多夫斯基的诗集《与祖国对话》,尽管作家凭此获得了波兰文学院青年奖,但当时只印了区区一百二十册……伏瓦迪斯瓦夫·塞贝瓦在回顾年度出版情况时提到:可以想象,诗集的买主大多是诗人自己。"见马莱克·扎莱斯基,《第二先锋派的冒险》,页147。

[10] 《对米沃什的第一反应是抛弃诗歌:扬·马尔克斯对话耶日·普特拉门特》,《诗歌》,1981年第5-6期。

[11] 该赠言1933年4月8日写于维尔诺。翻印收录于雅努什·克里沙克,《救赎灾难主义》。

[12] 兹比格涅夫·伏莱耶夫斯基,《关于热加雷和薪火成员的几段回忆,并先锋者有很多吗?》,载《诗歌》,1981年第5-6期。

[13] 切斯瓦夫·米沃什,《"我的维尔诺守护者":致曼弗莱德·克里德勒的信(1946-1955)》,安杰伊·卡尔赤编(托伦,2005),页67。

[14] 摘自切斯瓦夫·米沃什写给雅罗斯瓦夫·伊瓦什凯维奇的信,1931年1月2日。(波兰科学院文学研究院图书馆)

第十九章　魔鬼的秋千

"请求更多的原谅"，"一个不太纯洁的年轻人赠给纯洁的诗人"，"来自学生的书"——这些分别是米沃什在《冻结时代的诗篇》《社会诗歌选集》《三个冬天》上写给雅罗斯瓦夫·伊瓦什凯维奇的赠言。[1]那时面对《狄奥尼西亚》①的作者，米沃什觉得自己至少在最初还是不能让师傅满意的熟练工——也许是在伊瓦什凯维奇对《冻结时代的诗篇》做出反应的影响下……他写出了这样一行诗句："我的老师，悲观而又傲慢。"[2]尽管他们年龄差别较大，但有一条很强的纽带把他们连在一起，《卡西达》②一书的作者是为数不多的，甚至可能是唯一一位能理解年轻的米沃什内心酸楚的人……

"绿色的喷着人造火花的闪电 ／ 电车，／ 持久的轰鸣声，／ 宛如快速模式 ／ 快速的双腿。／ 而你？而你呢？我的狄奥尼西亚"——这

---

① 伊瓦什凯维奇的诗集，1922 年出版。
② 伊瓦什凯维奇的散文诗集，1925 年出版。

是《狄奥尼西亚》诗集开篇几句话,这本诗集彻底打动了米沃什,那时他年仅十七。在他自己早期的诗歌中可以听到这些回声:"是你这样伟大吗。/ 把我变成一个疯子。/ 仿佛我就是一个恶棍 / 红色的云朵在漂浮?/ 是你这个疯子缠住了我吗,/ 让我爱上伟大的虚无,/ 是你要把我 / 扔进无底深渊,/ 走向高峰?"——伊瓦什凯维奇在"青年波兰"时期写下的这些诗句走进了正在成长的年轻人的内心。米沃什回忆说:

> 如果我们要把气质分为阿波罗式和狄奥尼西亚式的话,那么我很难把自己归为第一类。而我在书中遇到的这个狄奥尼西亚,是一个很撕裂的也让自己很撕裂的施虐狂与受虐狂,这强烈地吸引着胆小的少年[……]但是他在理解的基础上十分赞赏这种写法,因为在波兰的诗歌中还从未出现过这种写法。[……]兰波的精神盘旋在这些水面上(对我来说伊瓦什凯维奇就是兰波,因为我还没读到过其他人的诗)。[……]我在伊瓦什凯维奇身上发现了猛烈的跳跃、不合节律的节拍:解放。这并不是什么以艺术方式写出的"美好的诗歌"。斯坦尼斯瓦夫·马茨凯维奇曾经描写过"热加雷人":"像野猪一样穿过灌木丛快速奔跑,就是快速奔跑。"《狄奥尼西亚》的作者也像野猪一样穿过灌木丛快速奔跑。(《从我的街道开始》,页 167-168)

因此,现代的培训班加快了速度,与此同时狄奥尼西亚式的性行为也加快了速度[3],加快了的人生经历的速度不仅表现在文学方面,同时体现在性爱经历上。"伊瓦什凯维奇的诗集篇幅尽管有限,但纸质很好,那带波纹的封面对我来说,不是一本书,而是崇拜对象。因此这本书就摆在跟他早些年买回来的那些爱不释手的、色彩丰富的植物图和鸟类学图的书架上。"(《猎人的一年》,页 203)很多年以后米沃什还描写了

164

《狄奥尼西亚》这本书："如今只要看到第一版印刷的灰色封面,我就会发抖。这是初恋。"(《从我的街道开始》,页 167)终于,进入晚年后,他提出了一个十分重要的想法:"还有别的可能性。也就是说,我为他的诗歌提供了在他的诗歌中从未出现过的东西,我将自己的情欲、贪婪、音乐传递给了诗歌。"(《猎人的一年》,页 218)我们还记得,他在十六七岁时曾特别喜欢冒险,几乎把自己带到死亡的边缘。

他的着迷超越了时间并冲破了当时的等级制度,因为《八行诗》①的作者在当时被认为是仅次于图维姆和斯沃尼姆斯基或者莱宏的斯卡曼德诗派的重要人物。"在维尔诺举办的图维姆诗歌朗诵会吸引了很多听众,但伊瓦什凯维奇的诗歌朗诵会令我感到羞愧,"《猎人的一年》的作者回忆说,"我当时还是个中学生。除了我以外(我当时不敢去接近他),在波胡兰卡剧院的大厅里还坐着五六个人。"(《猎人的一年》,页 202)几年以后,年轻的维尔诺人在考虑进入文学游戏的同时,于一九三〇年十一月三十日贸然给他喜爱的伟大作家写了一封信。正如伊瓦什凯维奇回忆的那样:"信很有意思,很感人也很有智慧,于是我给他回了一封信。几周后,年轻人就坐在了斯塔维斯科②的餐桌前。我们的友谊就此开始了,我们开始通信,互相赞美,我们那刻骨铭心的关系也就此开始了,直到今天这根扎痛人的刺不是扎在心里,就是扎在手心上……"[4]

这封信的确很感人,他还对伊瓦什凯维奇表达了敬仰之情:

尊敬的先生!

我特别崇拜您。您的每一首诗对我来说都是一种天启。因此我

---

① 伊瓦什凯维奇处女作诗集,出版于 1919 年。
② 斯塔维斯科(Stawisko),波兰地名,面积十八公顷,1928 年至 1980 年间属于作家伊瓦什凯维奇家产,1980 年成为伊瓦什凯维奇博物馆所在地。

给您写信,希望您对我的作品给予评价。我完全不知道,我这些作品写得是否够好,或者说只是某种文化的证明——我真的不清楚。

我的朋友们说,这些诗写得不错。但我自己怎么知道,这些话是否仅仅出于礼貌讲的呢。

请先生您来评判一下,对我来说,您就是我最好的朋友,是我的导师。我认为您的意见对我来说具有指导作用,看我是否可以继续严肃地对待我的文学作品。我是法律系的大学生(大二),今年十九岁,来自立陶宛——关于我就介绍这么多吧。

奥斯特洛夫斯卡已经将奥斯卡·米沃什的神秘剧《米格尔·马纳拉》译成波兰文,奥斯卡也是我的亲戚。先生您一定明白,他一直为我的梦想加油。

165

我很少能进入欣喜若狂的状态。一般来说我写的信都很平淡,这令我疲惫不堪。每当我看到《狄奥尼西亚》书中的紧张情节时,我都会屏住呼吸。

我给您寄去我的诗《构造》和《旅行》,这两首诗很快会在《维尔诺母校》上发表。不过我做的这些事都很愚蠢,在没有得到您的评价之前,我完全不知道自己的作品是否够好。[……]

顺致敬意!

永远爱您的
切斯瓦夫·米沃什[5]

毫不奇怪,十二月三日他就收到了回复[6],信中邀请他去斯塔维斯科,维尔诺的大学生很快回复说,很遗憾,他无法成行,因为"囊中羞涩"。(1930年12月11日)伊瓦什凯维奇说可以借钱给他。于是切斯瓦夫·米沃什于一九三一年一月平生第一次来到华沙。这次造访并没有令他特别愉快。

波兰首都可能会让省城来的年轻人不知所措。正如其他来自维尔诺的居民说,乘长途火车一路走来:"差几分钟到五点,火车抵达华沙[……]那时天还很黑,可城市里已经车水马龙。经过一个睡眠不足的夜晚[……]这里人来人往,有轨电车擦出的火花,各种车辆,人群,恶意地开着玩笑的路人,这一切让他感觉陌生,他很排斥。再加上雪后到处飞溅着令人讨厌的泥泞,人行道满是肮脏的融化的雪水,潮乎乎的湿气和来自维斯瓦河的冷风扑面而来。"[7]伊瓦什凯维奇的府邸建在一座大公园里的富人庄园,足以吓到租住小旅店的人和承租别人房间的人。而同性恋先生的家,与司机的隐秘恋情,营造了一种双重气氛,当然也令人觉得不太舒服。最重要的是,这位羽翼未丰、原则性很强的青年来到一个世故的自命不凡的爱讽刺的沙龙世界,在那里,机锋、辩才、人脉以及对社会规则的了解都举足轻重。安娜·伊瓦什凯维奇[①]那时正在那里朗读普鲁斯特的作品,她的宗教和文学水平远在这位年轻诗人之上。他的自卑感令他感到无地自容——也许只是他的想象——这加剧了年轻人的反叛。[8]

几天后,米沃什带着挫败感回到了维尔诺。尽管他们已经改用"你"来称呼对方,但崇拜作家的年轻人并未因此感到轻松,也许他那时已经开始思考,并将他的想法写入《两个谎言》一诗……那时他的诗已经开始对伊瓦什凯维奇的周围环境进行批评,不过暂时还没完全暴露自己的秘密:"在华沙的逗留——给我留下的只有羞辱——我一直努力与自己的信念作斗争,您照顾我是出于慈悲还是另有所图。"(1931年2月3日)不久后,雅罗斯瓦夫就来到维尔诺回访了他(一九三一年二月十日他来观看学校滑稽剧团的第九届首演式),这次访问后,他的年轻朋友——他们的关系迅速发展,进入了随意交往的状态——的情绪有了很

---

① 伊瓦什凯维奇的夫人。

大改变:"我觉得我自己已经有足够的力量、主意、逻辑结构,并且很高兴,我还有很多人生梦想去实现"(1931 年 3 月 8 日),"同样,他还请我帮忙将他的一首诗发表在某份'重要刊物'上(1931 年 4 月 15 日)"。

"每个时代都有自己的风格,甚至在一些细小事情上,有些事在别的时代是不大可能实现的。我本来有机会在一九三六年五月与小切希·米沃什在维尔诺巴西利亚修道院大街的康拉德小室发生性关系。那是一个有夜莺伴唱的美好月夜。在一八二四年或在一九五四年那简直是不可思议的事情。"雅罗斯瓦夫·伊瓦什凯维奇在一九五五年一月的日记中这样写道。[9] 几年后,读完《欧洲故土》之后,他感到很伤心,对其作者提出了许多批评,并补充说:"幸亏他的来信我都保留下来了——从这些来信中可以得知,一九三〇年秋天他第一次来到斯塔维斯科的情景('我特别崇拜您!'),是谁替他支付了莱茵河旅游的费用,是谁帮助了岩德列霍夫斯基,为何驻斯特拉斯堡的领事会对他们那么好(在我给外交部发了电报之后)——他的那次旅行是在谁的特别关照下得以顺利完成,小切希在我布鲁塞尔的家小住了两周,周末他去佐吾特①休假,他和我一九三六年五月去维尔诺等都意味着什么。"[10] 因此他不仅惊人地用了"发生性关系"这样的词,同时还有很多事实表明,《狄奥尼西亚》的作者对米沃什的关心已经超出应有的距离。那么读者可以提出具有挑衅性的问题:两位诗人是否有过同性恋的浪漫史?

米沃什最早的信(甚至从信的频率上来看)肯定包含了很多歇斯底里的情感表达,即近乎痴情的话语。"我真的不知道,怎么来表达我对您的感激和爱。[……]如果可能的话,我会写一本关于您的书,题为《我的最爱》"(1930 年 12 月 11 日);"与您的通信交往对我来说,是我

---

① 佐吾特(Zoute),位于比利时西佛兰德省部的疗养胜地。

生命中最有意义的一件事"（1930 年 12 月 20 日）；"不管怎么说，有几首
［诗］受到伊瓦什凯维奇的赞赏，这就是一种成功了。当然是作为最初
发表的成果来赞赏，也就是说对于十九岁的青年这些作品已经很好了
（我不是兰波……），"其实我从未像现在这样幸福过。兴奋和进入某种
167　期待的状态（很像图维姆小说中的女孩，真他妈的！）"（同上）；"你知道
吗，你是我眼中最尊贵的人，因此这些天我一直在责骂自己——我总是
自己一个人待着，我知道这一点——这很可笑——我到处寻找友谊，一
旦知道我会找到朋友，我就会自责，这也就是为什么我后来成了一个对
别人冷漠、麻木、怀疑、悲哀的人，我不能对朋友敞开心扉"（1931 年 2 月
1 日）；"我一直想着你，想象着你坐在办公桌前，在家，在街上，在火车
上"（1931 年 2 月 11 日）；"你现在在哪儿呢——是否还在巴黎？我收到
了你的来信。如果可能的话，给我写信吧——这对我来说，就是你赐予
我的最好礼物。每次收到你的来信，很长一段时间内我的内心都会非常
平静"（1931 年 4 月 3 日）……或许"抑制得太过分——因此梦里多次出
现——一种美好的自卑感。在一次梦境中还出现了一件很特别的事，有
你，有我自己，而第二次呢，在你身上梦见了女性的某些元素。这完全是
一个噩梦，为此我感到万分痛苦，激情的梦境对现实产生了很大的影
响——那个造物亲吻了我，抚摸了我——是你那妇女的化身——而在另
一个梦中的一个片段是：我与一个男人发生了性关系，那是一个由男人
变的女人，我与她共度了几夜。第一个梦很美好，第二个梦——很可
怕——这个题材对弗洛伊德主义者来说是耸人听闻的"。（1931 年 3 月
8 日）直到一九三一年春，激情慢慢褪去，而在给雅罗斯瓦夫的信中开始
出现批评他的言语，最重要的是这与《热加雷》第一期的出版时间相
对应。

　　米沃什回忆说，后来他又去华沙住了几个月，那时伊瓦什凯维奇带
他参加了一些有文学界人士出席的见面会，这本应给他的发展带来好

处,结果人们反而疏远并羞辱了这位年轻诗人,因为他们把他当成了作家的情人。在艺术圈同性恋现象很普遍,部分是赶时髦。《冻结时代的诗篇》的作者……结识了席曼诺夫斯基,并与切霍维奇成为好朋友,后来与安德热耶夫斯基①结交。正如他自己回忆的那样:"这个圈子里的人的交往方式大家都很清楚,以市中心拿破仑广场上的小便斗为集合点,然后去城市的公共澡堂——我有时会与 B 一起去,他还会以同样的方式介绍我认识其他男孩。"那个 B 就是他在巴黎享受奖学金时结识的化学家博莱斯瓦夫·博赫维奇②,他也是耶日·安德热耶夫斯基的朋友。

　　另外作家的女儿玛丽亚·伊瓦什凯维奇坚信,自己的父亲与米沃什之间的爱与恨确实非常强烈,但绝对不可能包含性爱元素[11],米沃什本人也明确写道:"我不属于这类人,但在我的朋友中间有很多人是同性恋,当然也有人说,我就是他们当中的一员,但'不是有意识的',事实是,不知何故我没有意识到,但并不影响我们之间开诚布公的交谈。"（《从我的街道开始》,页 279）上面是引自米沃什一些信中的片段,当然还必须考虑到米沃什写信时的精神状态,他是因为紧张还是因受挫、怀疑、良心自责抑或痛苦而写下了那些信?

　　那个年轻人在几个月后发表的《致被驱逐者的诗歌》里想要表达的是,他正与自己冷漠麻木的心作斗争——这是出自内心的还是别人强加给他的冷漠麻木呢?"我什么都不能拥有——甚至不能拥有任何真正的感情。这更令人讨厌,这是某种不成熟。冷漠,不知足——但不是维特凯维奇式的——因为缺乏过于激烈的生活经历。作为审美视野的物质经验,既是渴望自己得到实际的生活经历,同时也是追求普通情感的经历。"（1930 年 12 月 11 日）"冷漠无情并没有促使我写

----

① 耶日·安德热耶夫斯基(Jerzy Andrzejewski, 1909-1983),波兰作家、编剧。
② 博莱斯瓦夫·博赫维奇(Bolesław Bochwic, 1907-1955),波兰化学家。

出任何诗。我不会写色情诗,这很蠢。这是一种纯粹的理想的冷漠。哎呀,所有这类爱的谎言都太低级了!"(1930 年 12 月 20 日)"也许我属于那种患了某种色情审美缺失症的人,因此艺术对我来说十分重要——不过实际上'健康的社会'需要这样的人。"(1931 年 1 月 2 日)因此毫不奇怪,"'写作'的问题对我来说非常重要。只要我抓住了这样的感觉,我就不会放弃,因为写作是我实现人生理想的唯一手段"。(1930 年 12 月 11 日)

反映在艺术家心中的魔鬼的碎片?专注于自己、情感所经受的所有苦难,包括与他人的关系都只会提升创造力,正如米沃什在其第二任妻子卡罗尔去世后所写的那样——"所有的抒情诗人 / 像他知晓的那样 / 一般都会有一颗冷漠的心"。(《诗集 第五辑》,页 271)米沃什在"二战"前出版的小说《特里顿》[12]是他最有意思的自画像作品之一。书中的主人公——高中生泰奥多尔,希望自己具备某种特殊的本领,使自己强于同龄人。他专注于对自然的研究,尽管他非常喜欢蚕、竹节虫或特里顿,但实际上这个男孩(因为动物的美能激起情欲的欲望)并不是爱它们,而是更爱自己。在我们上面引用的他给伊瓦什凯维奇信里的片段,就会令我们想起,作家在这里想说的是,厄洛斯是一个无情的喜新厌旧的人。泰奥多尔有意识地希望,特里顿——失去新奇的魅力的同时——会悄然死去,以便给新的令人着迷的东西腾出空间。他让它们死去,尽管良心会受到谴责:"有罪,有罪,你这个残酷的家伙。[……]太阳非常欢快地滑过栏杆的弯头,滑过桌子腿。燕子的叫声高高地飞向晴朗发光的天空。先伸直一条腿,然后再伸直另一条腿。站立起来。跨过原野,跑过大地去索取新的礼物、新的喜悦。"

169　　　　这个故事以微观的方式记录了残酷,即残酷的色情关系,也表明泰奥多尔和唐璜之间几无区别,不断抛弃妇女,但与此同时是否表明我们离十九岁的年轻诗人所不齿的艺术家的自私已经近了一步?在他的情况下,这里也包含着这样的声音,即有必要分析和评价他的感受和不当行为。他年轻时就意识到这种必要——他在信中写道:"根据所谓的科学依据,我的'良心不容背叛',所以我经常谴责自己在说谎"(1930年12月11日);或者他在尚未发表的一首诗中呐喊:"上帝呀,我很卑鄙、很卑鄙,上帝呀上帝上帝"[13]——一直陪伴他到生命的尽头是:"只有我的天性,只有我的本性是有罪的,我所患的疾病在道德神学中被称为'良心不容背叛',也就是说必须反思自己的不良行为。我的人生充满愉悦和失望、理性与疯狂、善与恶,如果每根针刺都像刀子割伤后,伤口并没有发生变化,甚至没能留下疤痕,那么我的生活足以作为可流传的传记资料。"(《乌尔罗地》,页34)

"一般来说,我对自己还是肯定多于否定,或者说很中性"——他在给雅罗斯瓦夫·伊瓦什凯维奇的信中承认说(1930年12月20日),同时还描述一种结合了自我价值感低、无限的自负和反思自身罪孽的受虐快感的心理机制。"因此消极被动的状态可以持续数周,我不与冷漠麻木——作斗争,不与人争辩,不说话,不想说话。这可能就是病态。我想,如果我还会继续活下去的话[……],我可能会信仰新天主教,否则我的性格会迫使我的行为更激进。哎呀,这个天主教的受虐狂。我只有在那个时候会感觉很好,如果我有罪孽感,如果我能直接说出自己道德低下的所作所为。我曾经逛过妓院,为的是去体验苦涩——这能打开一条路。"一九三一年二月一日他这样写道。四个月后,他写出了更加动人的片段:

> 你的来信促使我摆脱了一点傲慢——痛苦的骄傲,自己遭受苦难的骄傲。因为我觉得一切都太难了,现在依然如此。这是世界上最常见的诱惑——雅罗斯瓦夫——我相信魔鬼,我真的相信——魔鬼一直就伴随我左右——从童年时期就吸引着我——我很理解乔

治·贝尔纳诺斯神父①[……]以痛苦的骄傲而感到兴奋和满足,之后是毁灭性的最终的邪恶的受虐快感,喃喃自语,一切都平等了,安静下来了,而我的痛苦都是孩童式的和可笑的。我不会祈祷,因为我并不神圣——我没有任何武器。[……]

应该少些孤傲,少些轻慢。你知道吗,雅罗斯瓦夫,我要拯救自己。[……]也许我能顺利去忏悔。

170

如果什么时候我能写出好的东西,我就会给我的诗集取名《致被驱逐者的诗歌》。

也许这样真的很好,我们不再见面。这样很好。(1931 年,具体日子看不清楚,大约是 5 月 1 日)

对他来说诱惑首先将是他无法遏制的自爱,因此在一九三一年,他开始通过写作崭露头角。在这期间,米沃什给伊瓦什凯维奇寄去几首诗,其中就有《致被驱逐者的诗歌》,该诗最初的标题毫无掩饰也很直白,叫《与他对话》("他"就是魔鬼),另外几首没有标题的也没有发表过。在未发表的诗歌中,撒旦再次作为他忠实的朋友出现,逼人去做违法的爱。"当我看着那些爱得太多的人的眼神,我就想打死他们,亲吻他们的嘴唇。// 去晃动他们的僵尸 / 在即将来临的黎明之前呆呆地看着他们 / 那时撒旦在诱惑我 / 是它高高地盘旋在我头顶之上 / 我每个指头不放过任何一处地摸遍它全身 / 销魂之后冰冷如霜。"[14]救赎"被驱逐者"就只剩下写作了:"我必须成为一个伟大的人,他妈的,如果不能像图维姆那么有名,那也应该跟他一样伟大。我已经感触到等级的价值,我千万遍地对所有丑态毕露的色情生活表示鄙弃,这有悖于人

---

① 乔治·贝尔纳诺斯(Georges Bernanos, 1888-1948),法国作家,有罗马天主教和君主主义倾向。

的尊严。除了宗教、诗歌,让糟粕见鬼去吧。"(1931年4月9日)除了纸
张,除了创造力的空间,似乎一切都只能等待磨难。

> 你了解——我的狐疑、我缺乏对人的信任,这都太可怕了。为
> 此我相信,没人会喜欢我或者赞美我——你的来信——我也不敢真
> 的相信——你真的喜欢我。[……]
>
> 你不知道,多么难以笃信一切,因为到处是面具,甚至那些表示
> 喜欢我们的人也不例外。我可能永远也不会得到真正的爱情——
> 因为我宁愿沉迷于柔情而不是感情,也就是说有谁对我的感情是出
> 于爱情而不是出于对穷人或者弱者的怜悯。我觉得,我完全处于边
> 缘状态——我很脱离现实——我生活在幻觉之中。他们应该把我
> 关进疯人院,因为在我心里总有一些病态的想法。
>
> 我对我思虑过的一切事情都十分厌倦,憎恶自己写过的诗,厌
> 恶我外在的东西——一切都是煞有介事,装腔作势、无病呻吟、矫揉
> 造作——所有抒情的感觉都枯竭了。上帝呀,真的太难了——我真
> 想躺在冰冷的十字板上——而现在一无所有——干旱。唯一能拯
> 救我的就是写作。(1931年2月3日)

对米沃什来说,他与伊瓦什凯维奇的相遇正是在他人生处于低谷期。那
时他十分需要友谊,需要知识分子的引导去实现自己的文学理想,因为
这一切不仅是父母不可能给予他的,而且也是同学们无法给予他的。就
在前不久他还处于受到来自"PET"组织的同学们赞扬后的狂喜之中,很
快他就成熟了,"抒情的飞跃和孩童似的飞跃已成过眼云烟[……]。有
两种选择:要么朝自己脑袋开枪,要么束住双手禁止自己思考"。(1931
年7月1日)但现在阳光如魔鬼般灼热,使白天变长,甚至好像天都不会
黑下去。诗人在生命的最后时刻写道:"在自己幽深的抑郁之中我认识

171

了这个毫无希望的世界，／ 而世界的灰色，宛如来自被浮云笼罩住阳光的天气。"（《诗集　第五辑》，页318）

难道把他们联结在一起的是——亲密、隐秘、复杂纠结的——友谊？当然，变化无常的情绪可能是一个借口，使他们跨越了友谊的底线。特别是今时今日，很难不让我们这么去联想，如今同性恋作为社会中的存在已被高度认可，人们早已不再对此过于批评。另外，我们也明显看到米沃什自己很直白地说了这件事，但事实上伊瓦什凯维奇写得很含糊，甚至我们还引用过"发生性关系"那句话，也许这意味着男性身体潜在的性取向和道德败坏。到三十年代中期两位诗人之间的交往已经比较疏远，比他们开始交往时的频率低了很多。在米沃什被带去参加伊瓦什凯维奇的作品见面会时，米沃什就坦率地说："年轻一代文学家对政治持怀疑态度，希望为将来做点什么，于是就特别希望能在雅罗斯瓦夫·伊瓦什凯维奇这样的作家身上找到他们正在寻觅的东西：不是政治，不是意识形态，而是文学。"[15]诚然，他那时觉得自己已经成长为他崇拜的大师的艺术伙伴，而不是以前的那个羽翼未丰的年轻人。他在信中对伊瓦什凯维奇的批评意见与《行走的维尔诺》创刊不期而遇。[16]也许我们可以做出这样的假设：年轻的作家在寻找激情时，下意识地不想逃离雅罗斯瓦夫"颓废"的影响，他宁愿理智地成为《热加雷》的干柴，也不愿要这种虚无的甜蜜。关于这一点，他在十年后撰写的诗歌《为雅罗斯瓦夫·伊瓦什凯维奇诗歌之夜的诗选》中写道：

> 尽管你的诗歌非常优秀，
>
> 包含着诸多悲观内涵，
>
> 但崇拜者走不出病态。
>
> 就是这样的，很遗憾。难道你
>
> 会屈从于甜蜜的解脱的诱惑。

走进虚无？如果这是真的，

在我们物种的梦想中

只会留下巨大的空虚的笑容，

我们是分开的虚无

宛如无国界的海滩上的一块分泌物，

不过荣耀最终归于那些

坚持反抗的男人

反对毫无价值的死亡。

（《诗集　第五辑》, 页 125）

　　阅读年轻人给大师写的信，能看出他一直试图寻找"愁肠百结"的友谊，他们之间的友谊一直持续到《天气图》①一诗的作者去世，包括米沃什逃离波兰人民共和国的这段时间。同时，在七十年代他们的友谊有了"伟大的进展"，发生了比人们猜测的色情情节更重要的事情，《猎人的一年》的作者在这本书中让我们看到他少有地表现出不寻常的开放性和真诚的描写片段。[17]

　　"我在照片上的面具要么是刑事犯的面具，要么是傻子的面具——这证明我并不是非常帅的金发郎。朋友们都说，有时候我的表情很像中国的邪恶之神。"一九三○年底他这样写道，并非完全不带矫情的元素。但肤浅与深刻、一个人在公共场合所说的与他实际所想的之间的辩证关系，特别是"为何要这么做"这一问题，对他的生活和写作而言都是最为基本的层面。在某一次维尔诺的周三文学会上，他就提了一个关于诗歌的问题，"他面带神秘的微笑说：'我怎么朗读——是用隐喻的还是革命的腔调？'"[18]因此，多年后他意识到，读者对他作品的期待与他自己的才能和信念之间是有区

---

①　伊瓦什凯维奇的诗，1963 年发表。

别的。多年后他对此开诚布公地说:"我曾认为,我所知道的一切,不是为了飞翔和呐喊,也不是为了讲述给人们听。有一个神秘的领域,一个人类生活潜匿领域的存在。顺便说一下,不久前我在歌德那里发现了同样的事——人不应该把他所知道的事情毫不隐讳地展露出来,但在人与人的交往中,表面上还是要适当有所表露。我认为,这可能把人引入不道德的境遇,我猜想,其实在战前我就使用了这个在战后许多人都在运用的方式。"(《米沃什矛盾自画像:对话亚历山大·菲乌特》,页283)

凯特曼? 笛卡尔的 larvatus prodeo,意即"戴着面具前行",难道米沃什在战前通过阅读雅克·马利坦的书就已经明白这个道理了? 智者们都很难揭示密茨凯维奇"无法昭示"的真相?《被禁锢的头脑》的作者认为,在生活的大部分时间里,他一直就隐藏在面具之下,这涉及他生活的不同层面,包括为争取自己的社会地位而斗争,通常被他视为在有意识地玩游戏。最终有一些原因致使他在战后至少很长一段时间内被共产党视作"自己人"。在可能的情况下,他尽量避免直言不讳,不能露出真面目。因此面具也是他在后来的诗歌中描写的一种手法:"我对存在的狂喜赞美 / 只能是更高级风格的练习, / 而下面这个是我不愿意说出的名字。"(《诗集 第五辑》,页83)诗人会将自己的知识与他人分享吗? 既然他已经掩饰了自己的情感,那么真正驱使他的就是不愿别人陷入绝望的智者的担忧吗? 他傲慢、自信,认为其他人无法让自己变得更成熟而去容忍世界的恐怖? 也许他同时也担心,自己无法被别人理解而遭受嘲讽——正如他所描写的那样——在美国长期生活,他努力让自己伪装成"正常人",让自己情绪稳定,对自己的中产阶级生活感到很满意? 面具在他的生活中就是某种让他控制内心混乱的一种形式,就是避免自己落入许多亲戚所遭受的悲惨命运的形式,仅表现出或多或少的一点疯狂,正如奥斯卡·米沃什所说的那样——"米沃什式的疯狂"。

173

注释

[1] 米沃什于同一天，即 1933 年 11 月 23 日，第一次写了两首诗，并把它们寄往哥本哈根。那时伊瓦什凯维奇在哥本哈根担任波兰共和国的外交官。

[2] 作品《谈谈弟弟》首次刊印于《热加雷》，1934 年 3 月，标注的成文日期为 1933 ／ 1934 年，应该是写于给伊瓦什凯维奇寄出《冻结时代的诗篇》和《社会诗歌选集》之后。

[3] "这是贪婪，是从诗歌中得到对世界感受的贪婪。我从体肤获得，而非通过头脑。"见《米沃什矛盾自画像：对话亚历山大·菲乌特》，页 66。

[4] 雅罗斯瓦夫·伊瓦什凯维奇，《页边上的肖像画》，页 94。

[5] 摘自切斯瓦夫·米沃什写给雅罗斯瓦夫·伊瓦什凯维奇的信。(波兰科学院文学研究院图书馆)在本章后续部分，我还会列明信件的日期，为简洁起见我也会滤掉某些信息，比如：提到米沃什当时阅读的书籍，包括科克托[①]、康拉德、曼、黑塞、叶赛宁、普希金、维特卡齐，"不好消化的伊热科夫斯基，一点儿弗洛伊德，远近闻名的布雷蒙德——poésie pure(纯诗)和与之格格不入的瓦莱里"……还有米沃什保存的未出版信件，其中有一些片段，包括"还有我还在作诗时—— ／ 但我已经明白，我就快写出来了 ／ 在昏昏欲睡的烟熏火燎中死亡——／／流淌过年轮，穿过森林和果园 ／ 词汇如鱼鳍般堆砌—— ／ 知道泛起鱼肚白的波浪，／ 资产阶级诗人的湿滑尸体"。再补充一点，亚历山大·菲乌特专门写过关于这些书信的文章，即《写给信徒们的信中的热加雷员》，收录于《热加雷：文学团体的文化圈》。

[6] 遗憾的是，这一时期雅罗斯瓦夫·伊瓦什凯维奇写给切斯瓦夫·米沃什的信未被留存。

[7] 耶日·普特拉门特，《半个世纪：青春》，页 238。

[8] 参《猎人的一年》，页 208。

[9] 雅罗斯瓦夫·伊瓦什凯维奇，《1911–1955 年日记》，阿格涅什卡和罗伯特·帕别斯基编(华沙，2007)，页 450。

---

① 让·科克托(Jean Cocteau, 1889–1963)，法国作家、电影导演、编剧。

［10］雅罗斯瓦夫·伊瓦什凯维奇，《1956-1963 年日记》，阿格涅什卡和罗伯特·帕别斯基编(华沙，2010)，页422。

［11］取自本书作者与玛丽亚·伊瓦什凯维奇的对话，华沙，2005 年4 月。

［12］《特里顿》，载《喜剧》，1939 年第6 期；《年轻思想的冒险》，页324-334。

［13］《再清算》一诗保存于泰奥多尔·布伊尼茨基档案室，1933 年米沃什看到了这首诗，并在自己的作品中引用："我白白写下沉重有男人味的词语 / 徒劳地卖弄辞藻和韵律 / 我知道我将被投向无尽的烈火 / 像深爱的棕和永恒的黑 // 我得在圣像祭坛前如十字形躺下 / 在阴暗世界的气息中在灯影摇曳间 / 看见屏幕燃烧成泡沫 / 看见朱红色的空间消散。"(拜内克图书馆)

［14］2003 年彼得·米赤奈尔在斯塔维斯科发现了该作品的打印稿，复印件保存在克拉科夫米沃什档案馆。也许在三十年代的笔记本里，米沃什把它描述为"来自科克托"——诗的铭文来自这位诗人。

［15］雅哥达·海尔尼克-斯帕林斯卡，《维尔诺的周三文学会(1927-1939)》，页258。这一夜发生在1936 年5 月20 日，而《狼少女》的作者此时正在维尔诺逗留。于是他和米沃什结伴前往特罗克游玩，和普特拉门特一起划船。

［16］"雅罗斯瓦夫！也许，你把我看成傻子，不屑与我为伍。如果是这样，那好吧。但我还是希望并非如此。曾有些瞬间，我把你当作敌人也因此对你粗鲁以待，但却充斥着对生活的怒火和怨气。但你是小资，和所有三十岁以上却没有成为先知的人一样"(1931 年4 月9 日)；"我宁愿，你是维尔诺的一个流浪儿，宁愿你少一点儿成熟和伟大，宁愿你不要'返回欧洲'。无论如何，你的'资产阶级身份'(有着特殊的意义，因此你能'轻松拖延些时日')让你有些不被理解"(1931 年4 月21 日)。在这两封信中，米沃什都强调了伊瓦什凯维奇杰出的艺术感，还说"根据你的批注我对诗做了修改"。

［17］直到多年后米沃什才以类似的公开方式向约瑟夫·萨吉克神父提及非常隐私的事。

［18］约瑟夫·马希林斯基，《米沃什的矛盾心理》，载《诗歌》，1981 年第5-6 期。

第二十章 "当我停止数数时,就去测量每一步"

我去了她那里,拿着一枝含苞待放的玫瑰。

我去了,因为这就是我全部的旅行

迷宫似的电梯,从一个通道走到另一个通道,

在某些患有幻觉症的阔太的陪同下。

（《诗集 第五辑》,页181）

这是十九岁的男孩写的诗,诗中描写了见到大学女友时的梦境,与这位女友,他除了聊"善与美"外,可能还有更多的什么,尽管如今看来是个半虚幻的故事,那是个姓皮奥赖维楚夫娜的法律系的女学霸,同时也是波兰语兴趣小组的成员,只能说"别了"——"无稽的影子 / 总是忘记你的第一个名字"……"爱情并不是诗的题目"——米沃什对尤利娅·哈尔特维格①说。[1]事实上,在他所有描写情感的作品中,我们几乎

174

---

① 尤利娅·哈尔特维格(Julia Hartwig, 1921-2017),波兰诗人、散文作家、法语和英语文学翻译。

很少能找到一个腼腆的年轻男子寄给自己爱慕的女同学的作品。在他的作品中,我们常见的是关于那些过去的爱情的描写,常常以回忆的语调去描写已发生的爱情,描写爱情结束,爱情是挽歌。尽管《俄耳甫斯和欧律狄刻》①的作者曾经回忆说,他的生命力与诗歌的力量相辅相成,他经常因为爱情、再一次的见面与奔放而创作出很多作品。对写传记来说,爱情是一个很难描写的题目,试图捕获什么,描写和理解这些爱情或许是一种错误的尝试。我们试一试去追踪八十年前的情感……

"尽管那时在华沙以外已经赫赫有名的加乌琴斯基常去维尔诺,但我们对他并不着迷,而是很崇拜米沃什,因为他很快就名列第一了。我们相信他的才华。他很有魅力,非常浪漫,当然也很帅气,这对那些年轻的女性崇拜者来说意义非凡。"一位维尔诺剧院研究院的女听众回忆说。[2]米沃什越来越出名,脱去了孩童的稚嫩变成了一个脸蛋胖乎乎的成年男子,很多女子都愿意接近他——尽管他还有些自卑,但或多或少他都卷入了与一些女性的短暂的感情纠葛。

175　　　开始时那些情感还比较暧昧,渐渐地有些情感就变得十分明朗。雅德维嘉·杰兰切库夫娜,爱称久拉,是克日什托夫·卡米尔·巴赤恩斯基②姐姐的侄女,她是否跟米沃什同在法律系学习? 大概是吧。但可以肯定的是科里玛———一位非常漂亮、长着一双大眼睛瓜子脸的女孩——作者曾在《救赎》一书中描写过她:"她是一位非常漂亮迷人的女子,我们曾有过情感上的交往。[……]她毕业于波兰语专业,后来结了婚。她写过很成功的散文。"[3]我们再补充一点,这里说的是比米沃什大两岁的波兰语系的女生,叫克莱曼蒂娜·索沃诺维奇,后来成为记者、作

---

① 米沃什诗集,2002 年出版。
② 克日什托夫·卡米尔·巴赤恩斯基(Krzysztof Kamil Baczyński, 1921-1944),波兰诗人。

家,写了很多青年读物……是达涅·奥勒布雷赫斯基①的母亲。

后来他在大学一年级的暑期去了克拉斯诺格鲁达,回来后在秋季学期通过了补考。暑假期间图拉来到了休养地——"完全是柏拉图式的感情。我那时特别胆小。而她——非常纯洁,水晶般的纯洁"。[4]因此我们之间没有卿卿我我——而是一起去参加体育活动:到森林里闲逛,后来去了维格雷湖②附近游玩,又去了霍乌纳湖区划船——他游到了湖对岸,尽管那时很冷,但他要证明自己样样行。结果扁桃腺发炎,心脏出现杂音——生病的同时很难让他不去想什么隐喻。[5]在日记中他描写了自己伟大的期待,也许他在自己面前,为有一点"柏拉图式的爱情"而感到羞愧:"我能否试想一下,一旦我离开图拉,我的心情是否会一落千丈。真愁人。生活毫无意义。她觉得,不过也许并不是她——能给我带来真正的欢愉与快乐[?]。但她的气味,她的气味一直折磨着我。图拉呀,我觉得,当我停止数数时,就去测量每一步,当我像一个反复无常的小孩子的时候——那就是说——我爱上了你。但真的好像有了这样的感觉。这是罗马法则(好美的陶醉,如果我割断它——那就如功亏一篑——),图琳卡③,你乳房的气味——一切都让我的心感到备受煎熬。"[6]而十年后在美国马萨诸塞州的北安普顿的小城,那是什么时候?一九四六年,米沃什作为驻纽约领事馆的随员来作关于欧洲作家经验的报告?或许在十年以后,他在美国著名的女子文理学院曼荷莲学院附近讲了一学期课?不管怎么说,在那里他找到了已经是心理医生的她,"那时她叫图拉·博古茨卡,她还有其他几个姓,现在我已经记不清了"。(《米沃什词典》,页102)

---

① 达涅·奥勒布雷赫斯基(Daniel Olbrychski, 1945-),波兰著名影视剧演员。

② 维格雷湖(Wigier),波兰湖泊,位于波兰东北波德拉谢省,湖中有十九座岛屿。

③ 图拉的爱称。

妮卡更活泼、聪颖而且勇敢……

一九三六年冬,在"文学死胡同"的一个房间。这条街尽头的一扇大门离家很近,密茨凯维奇在那里居住的时候写下了《格拉热娜》一书。[……]在门里靠左边的地方,是通向一位可怕的老妇人房间的楼梯,她家的工艺品架、绘画、扇子都好像是一九一四年以前的老样子。我的房间在楼梯旁——窗户深深嵌在厚厚的墙壁中。用木柴烧壁炉。一个巨大的橡木床。立陶宛老用人叫阿尔日别塔。在我租住过的所有房子中这个地方最温馨,很像一八〇〇年左右的德国大学生宿舍。尤其给人慵懒、暖和、安全、幽静的感觉,因为几乎听不到街上传来的杂音。我决定不离开那里。老用人不停地往壁炉里添加被劈成柴的橡木或者桃木。冬天很寒冷,下雪,冰天雪地,烟雾缭绕。我就是要描写这一切。但我并没能在这里住很久。首先是因为在这个舒适的橡木床上长满了臭虫。其次,这个地方离圣安娜高耸着尖顶的哥特式教堂和维尔尼亚河不远,在没有提前通知我的情况下,"青年波兰"时期出生的可爱的女士让我搬出这个地方,对留妮卡在这里过夜一事颇有微词,我甚至都不记得是不是出于情色的目的留她过夜。我觉得,就是这个原因,惹得这个圣洁的阿尔日别塔特别生气。[7]

在《冬天的钟声》这首诗中可以看出,米沃什对阿尔日别塔的描写用了些很生硬的词语。而妮卡在十年之后过着另一种生活,从另一个大陆给米沃什写信说:

我现在想起来了[……]好像有一次我在你那里过了一夜——我们都睡着了,而你的女房东大声谴责说:"切斯瓦夫先生,和一位年轻女子,你们这是干什么呀?"那位年轻女子就是我。可我们之间什么也没发生。那时候你非常帅——在你的胸口上还长着一撮三角形的金发。我想:"这就是诗人得到上帝恩典的标志。"但是我很害羞,并没有告诉你。[8]

妮卡·克沃索夫斯卡[9]……才十七岁就出嫁了,生了两个孩子,后来她不愿整天打扫屋子和烤制点心,于是报名去了维尔诺社会科学学校学习,与戴宾斯基和安采维奇一起听维克多·苏凯尼茨基的论文课。布伊尼茨基当时正好在附近的东欧科学研究所当秘书,"总是满脸阴郁的普特拉门特"也常去那里,而"米沃什那时已经小有名气","具有能够将灾难与世界的美丽融为一体的眼光。早已号称是我们的诗人公爵了,尽管那时他自己还没有意识到这一点"。[10]妮卡很年轻,喜欢学习,但也喜欢划艇,坐雪橇沿着陡峭的街道玩耍,喜欢在饭馆和舞厅里伴着《秋天的玫瑰》的探戈音乐自得其乐——"在那里,从每晚五点到八点,只要买杯咖啡喝就可以跳个够。一般情况下,每当我们花光钱包里的所有钱以后,我们四五个人就会去那里。米沃什、扎古尔斯基、多莱克很少去,因为他们不喜欢跳舞;'阿涅尔卡'马希林斯基舞跳得特别好;齐格蒙特·克鲁舍夫斯基也非常会跳舞,他在这些神经质的人当中是唯一一个心理很平衡的人"。[11]多莱克不喜欢跳舞,但有时间给她作了一首小诗:"在芳香的五月的最后一天 / 让全波兰人尽皆知吧 / 给我们带来快乐的 / 就是我们的妮卡·克沃索夫斯卡"……

在照片上一眼就能从剧院研究院的工作人员和大学生中认出她来——身材苗条,面带微笑,但也有些胆怯。[12]她"蓝眼珠,浅棕色头发,满脸雀斑"(《时间旅行》,页212),不过她觉得——"《热加雷》的诗人应该是高个子,绿眼珠,浓浓的横眉立于白色的前额上。但后来观察了一下,这些人里面只有米沃什是这个长相;别的人都很一般,既不帅也不

177

丑"。[13]于是乎,他们两人长时间地坐在离切蓝德尼克区不远的长椅上聊天,她对他说,——从他的姓氏中她发现,这个"米沃什"既可以作为姓也可以作为人名,也许他情窦初开,因为有时候"曾发生这样的事,他[切斯瓦夫]时不时会装得不认识我,例如约了我去剧院,但又装着不认识。过了一段时间他又跟我说话,好像什么也没发生似的。很明显他的情绪发生了变化"。[14]但有的时候,他们也一起去散步,漫步在贝尔纳尔迪斯基花园时,米沃什会给她采一朵玫瑰花或者大丽菊——这么多年过去了,记不太清楚了——有时还会在秋季朦胧的清晨和春季月色照耀下的夜晚一起去维尔尼亚河畔散步……还在一九三四年,他刚写完《对话》一诗,诗中"光和摇曳"与惩罚感交织在一起,纠结彷徨,"寒冷的空中花园"既没有鲜花也没有激情,只剩下残冷的光影。

米沃什还在巴黎的时候曾给她写过信,她在波兰驻俄罗斯使馆做了几个月的外交实习生离开莫斯科后——给米沃什带去了一本名为《第二次诞生》的书,还有鲍里斯·帕斯捷尔纳克的诗集。[15]后来她与丈夫定居在白俄罗斯的小城斯洛尼姆,二十年代末离婚后回到华沙,又在那里与米沃什见面,一起去咖啡馆和剧院。他们最后一次见面是在一九三九年——在挖防空壕的时候。她后来被俄国人抓走,关在了卢比扬卡大楼①。她还写过一本书——《苏联民族政策》。后来她去了哈萨克斯坦,进过集中营,在瓦迪斯瓦夫·安德斯的部队服役打仗,再后来去了意大利、英国、布宜诺斯艾利斯,她的第二任丈夫姓斯塔尼茨基,第三任丈夫叫亨利·沃尔曼,夫妇俩一起移民到了墨尔本,她于二〇〇一年在墨尔本逝世。她曾在巴黎的《文化》杂志上发表过一篇简短的回忆文章:"我想写的东西一直存在心里,我们维尔诺消失了。就像'沉没的大教堂'那样,维尔诺的数百座教堂的塔尖消失了,与它们一起消失的是清晨教

---

① 苏联克格勃总部常用代称,包含了莫斯科卢比扬卡广场附属监狱。

堂钟声的回响……"[16]

　　一九三六年初,还是因为妮卡,米沃什离开了在"文学死胡同"的住房,搬到了巴西利亚修道院大街,"那里是波兰职业作家协会所属的一栋楼,准确地说,在同一个走廊里曾经关押过'费罗马特'学生组织的几位成员。在那里还举行过'周三文学会'活动。除了大厅以外,大约在那里建了几间牢房,因为那里有几个单间小屋子。一九三六年春,允许我在那里住几周。不过本来这里就有几间备用的房间,我以前也曾经在醉酒后去那里住过。我记得那是一个春天,因为我记得从窗户往外望去时教堂花园里的风景,那里的浆果或者灯笼果树丛的叶子刚刚露出绿色的小芽。我还记得那时我自惭形秽的样子,我提出很多问题,如我是谁,我应当走什么道路"。[17]那时候米沃什患了感冒,躺在床上,平生第一次阅读司汤达的《帕尔马修道院》。当时他还不知道:"今后将经常回忆起这本书,因为这是我阅读过的最令人钦佩的书。"(《一个人的职责》,页147)

　　春天来了,同时也有一位金发女郎、维尔诺剧院研究院的女大学生、波胡兰卡剧院的女演员来到了我身边。她叫伊莱娜·古尔斯卡,时年二十六岁,不久后她就在席勒导演的《先人祭》里面饰演天使,在《未婚誓言》和《女士与骑兵》中分别饰演了柯拉拉和伏鲁兹雅。在"周三文学会"活动上,她朗诵了里尔克以及切霍维奇的诗。每次演出后,她都害怕自己单独回家,因为总有人跟踪她,并掏出手枪威胁她,这些都是愿意为她献身的粉丝,所以那些在学院和《热加雷》"周三文学会"上认识她的人都会陪护她回家。"因此当时我和切斯瓦夫建立了伟大的友谊,发展成为年轻人快乐的、幸福的同时也刻骨铭心的经历,"她在回忆录中写道,"我将会永远记住,他是一个身材匀称,穿着九分长裤,略带软绵绵的维尔诺口音,非常帅气,才华横溢的——那时已经是很棒的——诗人。"[18]

178

"如此美丽的春天,像是很久前的那个春天 / 他还没去周游世界,"一九三六年诗人在一首非常优雅的诗《缓慢的河流》中写道,"幸福与伊尔卡带来的平衡。"[19] 他称呼她索巴克,意思是"小狗",除了那条九分长裤以外,他还有一件带白点的蓝色西装上衣——而她则穿着跟他的上衣布料相同的演出服。[20] 那年夏天,天气很热,他们在河边做爱。她向朋友们宣布她恋爱了,还在头发上系上一个红色的蝴蝶结。米沃什记得这段恋情,这让他度过了一段平和、安宁和非常惬意的时光。他们的关系结束后,伊莱娜很快就在利沃夫订婚了,之后就搬去华沙,成为演员和社会学家多别斯瓦夫·达梅茨基①的妻子,再后来成为马切伊和达米安两个演员儿子的母亲。她的孙子马泰乌什在电影《早春》②中饰演了一个重要的角色采扎雷·巴雷卡。这个角色将诗人的记忆带回维尔诺时代,让诗人记起了伊莱娜的模样,在诗中我们得以窥见一二:

> 我的十八岁女友在回忆录中写道
> "我没有时间发愁,也没有这个必要。"
> 她的美言让我坚强起来。

> 涅里斯河在放光,月儿圆圆,在 AZS 码头后
> 我们做爱。而这个瞬间不止一次让我心满意足,
> 虽然我的生活充满苦涩。

> 她在主的面前唱歌跳舞!

---

① 多别斯瓦夫·达梅茨基(Dobiesław Damięcki, 1899-1951),波兰演员、导演和社会学家。
② 根据热罗姆斯基的小说《早春》改编的电影。

> 只不过就是为了表明,抱怨毫无用处,
>
> 就像我亲爱的、所向无敌的伊莱娜说的那样。

(《诗集 第五辑》,页 111)

注释

[1] 摘自伊莱娜·格鲁金斯卡-格罗斯,《米沃什和布罗茨基:磁性的土地》,页 131。

[2] 雅德维嘉·巴多夫斯卡,《维尔诺和米沃什》,载《诗歌》,1981 年第 5-6 期。

[3] 安杰伊·扎瓦达,《米沃什》,页 39。

[4] 兹比格涅夫·法乌特诺维奇,《切斯瓦夫·米沃什说"我没期待过这样的礼物……"》,载《风景》,1989 年第 42 期。

[5] "整个夏天我都假装[……]摆脱阴影,同时一直去霍乌纳湖里游泳,以至于我得了强烈的心绞痛,心脏还有杂音。这是我完成了伟大而令人难以置信的壮举。总是,在寒冷的天气里游泳,等等。哎,我因为失恋游泳。因此人类才会精于体育吧。"摘自《米沃什矛盾自画像:对话亚历山大·菲乌特》,页 210。

[6] 摘自切斯瓦夫·米沃什写给雅罗斯瓦夫·伊瓦什凯维奇的信,1930 年 12 月 2 日。(波兰科学院文学研究院图书馆)

[7] 切斯瓦夫·米沃什,《我的自传素材》,未出版。(克拉科夫切斯瓦夫·米沃什档案馆)

[8] 摘自妮卡·沃尔曼写给切斯瓦夫·米沃什的信,1986 年 8 月 3 日。(拜内克图书馆)

[9] 切斯瓦夫·米沃什为她写过一篇优美的短文《妮卡》,载《艺术季刊》,2002 年第 2 期。

[10] 妮卡·克沃索夫斯卡,《这些年留给我什么?》,载《文化》,1978 年第 1-2 期。另参"你总是'奥林匹欧'一般,尽管你只有二十一岁。你总是招来各种抹黑,一些还来自某些热加雷成员。可能因此我总是相信,通过你和他人

努力,你一定会成为什么"。摘自妮卡·沃尔曼写给切斯瓦夫·米沃什的信,1964 年 9 月 9 日。(拜内克图书馆)

[11] 妮卡·克沃索夫斯卡,《这些年留给我什么?》,载《文化》,1978 年第 1-2 期。马希林斯基的外号源于他光滑的皮肤。

[12] 照片来源于塔德乌什·布伊尼茨基档案。翻印收录于安娜·苏普鲁纽克、米罗斯瓦夫·亚当·苏普鲁纽克,《1919-1939 年相片中的维尔诺斯泰凡·巴托雷大学》(托伦,2009),页 321。

[13] 妮卡·科沃索夫斯卡,《这些年留给我什么?》,载《文化》,1978 年第 1-2 期。

[14] 摘自 1967 年 8 月 21 日妮卡·沃尔曼写给切斯瓦夫·米沃什的信。(拜内克图书馆)

[15] 在巴黎文化辩论大会的客人中亦有帕斯捷尔纳克。米沃什写道:"我早就知道他写的小册子《第二次诞生》(*Wtoroje rożdienije*)。我很喜欢他的诗,有些诗给了我一些启发。那时我还有一件事不明白,诗集的名字是什么意思。今天我们知道了,它是指'第二次诞生'。帕斯捷尔纳克宣告,是通过共产主义获得重生。但他的诗与此毫无共同之处,都是关于音乐、风景等等。我不知道,这藏着一个机关——他要展示的是,苏联的生活非常美好。"见莱娜塔·高尔琴斯卡,《巴黎群像》(克拉科夫,1999),页 223。也许诗人的记忆弄错了时间,因为大会于 1935 年春天召开,妮卡离开莫斯科——根据她的记忆——是在当年秋天。另外,她在维尔诺收到的米沃什从巴黎寄来的信,明显是在出发去苏联之前。

[16] 妮卡·科沃索夫斯卡,《这些年留给我什么?》,载《文化》,1978 年第 1-2 期。La cathédrale submergée,法语,意为"沉没的大教堂"。

[17] 切斯瓦夫·米沃什,《我的自传素材》,未出版。(克拉科夫切斯瓦夫·米沃什档案馆)

[18] 伊莱娜·古尔斯卡-达梅茨卡,《赢了生活——女演员的纪念册》(华沙,1997),页 45。

[19] 切斯瓦夫·米沃什,《我的自传素材》,未出版。(克拉科夫切斯瓦

夫·米沃什档案馆)

[20]"你还记得那件小事吗？我们两个共用一块料子,深蓝色带小白点的料子,我做了一条裙子,你做了一件西装。"摘自伊莱娜·古尔斯卡-达梅茨卡写给切斯瓦夫·米沃什的便条,1983 年 8 月 17 日。(拜内克图书馆)参:"我穿得最好,我一向如此。我一生都喜欢好好穿衣,直到今天。一件可拆卸羊毛披肩的大衣,这还是我以前在库宁的裁缝师那里缝的。裙子用一块深蓝色带小白点的料子做成,纯羊毛的,一针一线缝制。拖鞋来自卡巴赤尼克的店。"摘自伊莱娜·古尔斯卡-达梅茨卡,《赢了生活——女演员的纪念册》,页 38。

第二十一章 "如果早期的爱恋成为现实"

亦如深邃湖水之底的一块可怜的石头
漂亮的手,美丽的心从不会触碰那里,
就像在内心最悲伤的角落安息
在沉睡的软泥中回忆爱情的痛。

奥斯卡·米沃什,《九月交响》,

翻译:切·米沃什

"一九三六年夏。生活很美满,日子很惬意。[……]我本应感到非常幸福。我找到了工作,酬劳不少,完全能满足我的生活所需,还有一个可爱的情人陪伴,应有尽有。不过我还是觉得,这仅仅是某种停歇,只是让我与我以前的生活、我的痛苦、我的极大罪孽和过失间隔一段时间。就像一个未知的复杂问题到来之前,把一只飞蛾引到蜡烛之上。"[1]……米沃什曾在多种场合以不同方式讲过自己命运的动荡转折,他几乎总是提到,他一生痛苦不断,以至于过了十年之后说起来还满腹酸楚。其中一个转折(即便不是最重要的)就是他"作为男孩时经历过的真实而悲惨

的爱情故事"。(《欧洲故土》,页 246)

　　雅德维嘉·瓦什凯维奇生于一九一〇年七月一日。母亲伊莎贝拉操持家务,父亲安东尼是妇产科医生,最早与别人合开一间私人诊所,后来担任圣雅各布医院的妇产科主任,是维尔诺第一位做剖腹产手术的医生。他一定在各方面发展都很顺利,从他所住的港口大街 10 号的房子就可以看出来——那是一座带花园的大楼房。而在郊区,也就是在绿湖附近,他还买下了六十公顷的农庄,有时候会接待前来度暑假的客人,这给他带来了可观的收入,不过目前暂时还只接待来自维尔诺的朋友。他们在那里一起游泳,跟他们喜欢的狗——雅德维嘉·阿木克一起玩耍。他们一起去美丽的森林采摘蘑菇。瓦什凯维奇的大女儿玛丽亚毕业于华沙农业总校,嫁给了齐格蒙特·弗哲希尼奥夫斯基,战后回到波兰,定居在索波特。他的二女儿雅德维嘉毕业于维尔诺纳扎莱塔奈克高中,后来在库西尼查①家庭培训班学习了一年,一九二九年报名去法律系学习。[2]她因持民族民主派的观点,与父亲发生了争执。她主张女性解放、个性独立,既坚强又聪颖,痴迷尤利乌什·奥斯特尔瓦,对"普通人"不 180屑一顾……上大学期间她与父母一起住在港口大街的房子里,估计她住在一层,那栋楼就在大学生宿舍旁。多年后她给米沃什写信说:"你来港口大街的房子吧,到我们这里的高大的房间里来吧,这里还有壁炉,一起回忆我们那些无忧无虑的日子。"[3]她知道,他会记得,因为几个月前她可能在《普世周刊》上读到过:

　　　　整个夏天的执拗梦想,

　　　　J. W. 如果这属于我的福分

---

　　① 库西尼查(Kuznica),颇受欢迎的波兰海滨度假胜地,属波兰北部滨海省海尔半岛。

那也都是为了你。太倾心于你了。

这是什么，没有回声。

太失落了。

避开可能摸到的一切

花言巧语与理解。

早前对我的评价，

就是为了让我回到你们的阴影下

回到港口大街和扎瓦尔纳大街的一角。[4]

　　他们是何时认识的？两个人都通过了大学一年级考试，但他们最初的接触可能是在一九三一年，那时他刚从法国回来。"切斯瓦夫夸口说，他家来自亚基温格部落①，"斯泰凡·岩德列霍夫斯基的夫人回忆说，"但我觉得，他之所以与雅德维嘉来往亲密，是因为他爱上了某位雅佳②。"[5]他最早在当年五月给伊瓦什凯维奇的信中提到过一个叫雅佳的女人："可笑的是，居然会发生如此冒险而又惊天动地的事，鬼知道有一位女孩会把我带进可怕的情色之中。"[6]他那时正在阅读《魔山》，魔山"也在不同的身份中成长。我把汉斯·卡斯托普爱上的俄国女孩科娃乌迪亚·查乌查特当成了 J. W."。（《猎人的一年》，页134）不管怎么说，总是细雨蒙蒙的天气——我们知道，是记忆和纸张以及后来的智慧挽救了这块记忆的碎片。"男人与女人关系的基础首先应该是来自感官的吸引、原始的性吸引力，这不是脑子里臆想出

──────────

　　①　在十六世纪已经灭绝的波罗的海人，与普鲁士人和立陶宛人（有时被视为普鲁士部落之一）密切相关，目前主要位于波兰东北部，说普鲁士方言。

　　②　雅德维嘉的爱称。

来的东西。如果还有可能的话,这种吸引力是来自'一见钟情',就像在维尔诺那种细雨绵绵的天气一样,我与'罗伯斯庇尔'乘出租马车送你回去时那样。"[7]

我看着几张留存下来的照片。这张肯定是他高中毕业时学生名册上的照片,他稚气未脱,头发剪得很短,表情却格外引人注意。后来就是那张他们在巴尔奇亚的照片,遗憾的是上面没有注明日期,他们两个人相拥着靠在围栏上。米沃什给人的感觉是,他正在对别人讲述着什么,做着手势,面带微笑,踌躇满志的样子,她也一样,眼睛盯着镜头,可能是想要拍出一张好看的照片。他后来的正身照片拍得很好,大约拍摄于一九三八年:她虽然年轻,但看上去已经是成熟妇女了,精致的脸庞,正值人生最美的巅峰。[8]她蓝灰色的眼珠,让他觉得"绝对是日本人的眼睛"。他自己也不清楚为什么会这样想,只记得,还在孩童时,他就想娶一名叫雅德维嘉的女人。[9]他这首诗肯定是写给她的:"她深棕色的头发,几乎呈栗子色, / 肤色像我们这里的贵族妇女。 / 眼珠灰色,有点发蓝, / 眼睑时常呈绿色 / 有点东方美。但脸颊不太像 / 因脸庞较长。 / 只有两眉的弯度更像是日本人。"(《诗集 第五辑》,页20-21)这是他的回忆:"湖水表面泛着光波,湖边无杂草, / 我与X女郎一起艰难地走出那里, / 为的是在跳舞时共用一块毛巾擦拭。"(同上,页20)肯定是她足够勇敢,才能穿过有门卫看守的大门:

> 我记得我有幸住在学生宿舍的四楼。[……]至今我也不明白,我不具备超自然的能力,守门人怎么就没发现我们,穿过有人守卫的大门,或者守卫吃了迷魂药。不管怎么说,我不想以她的名义说什么,不过她真的就进了我的房间,我们在这个小小的房间里愉快地度过了让我们快意的美好时光。(《米沃什词典》,页23)

在塞尔吉乌什·皮阿塞茨基①的自传小说中,他的妻子叫雅德维嘉,但在小说中用的是假名海莱娜·扎莱夫斯卡:

在灰姑娘的家。她的姐姐莉迪亚特别会讨父亲的喜欢。她出嫁后生下了儿子,于是成了家中的皇后。她的丈夫卡罗尔,在莉迪亚的支持下,也跟她一起挤兑海莱娜,于是她失去了在家里应有的地位,最终海莱娜被迫另寻出路。

有一天,有两位知识分子模样的人来到卡罗尔家做客。其中一个人叫纳尔茨兹,他在跟海莱娜聊天时,对她表示好感,夸她漂亮,并努力接近她。[……]他不但给她写诗,写情书,还美言夸赞她,对她海誓山盟要"白头到老"。最终他达到了目的,把海莱娜变成了自己的情人……可在她的脑子里,她对他毫无猜忌,以为自己已成为他的妻子。[……]

过了一段时间,海莱娜得知自己怀孕了。纳尔茨兹那时正在维尔诺。她把怀孕的消息告诉了他,请他遵守诺言,尽快与她完婚。可纳尔茨兹过了很久没有给她回信。她提出见面的要求,并提出了具体的见面时间,结果他为了躲避海莱娜,去了华沙。海莱娜来到维尔诺,又找到他在华沙的地址。她又只身前往华沙。费了很大的周折与他在华沙火车站见了一面。她乞求他,希望他尽快跟她结婚。纳尔茨兹保证他爱她,会跟她尽快结婚。可当海莱娜回到维尔诺之后,他给海莱娜写了一封十分无情的信,信中说,他不希望他们再有交往,不愿再为此耽误自己的前程;还说,他不知道她怀的是谁的孩子,因为她在维尔诺跟一些男同学也有交往;还补充说,他将要

① 塞尔吉乌什·皮阿塞茨基(Sergiusz Piasecki, 1901–1964),波兰作家、政治记者、情报官员、内务军士兵。

出国待很长时间。

海莱娜悲痛至极,甚至想到了自杀。最终在自己一位女朋友的帮助下,找到了接生婆帮她流产。那天,海莱娜在家里发着高烧,病得很重。家人把她送进了医院,在医院做了手术。海莱娜的生命保住了,但在家里的境遇却十分糟糕。家人把她当杀人犯来对待。她不得不离开维尔诺,在县城找到了一份职员的工作。战争爆发后,她重回维尔诺。家人很欢迎她回来,因为那时家里的长工及其妻子都离开了家,家人把她当壮劳力使唤。海莱娜也拼命干活。他们让她干最重的活儿。当他们听说布尔什维克要来,他们来后会把很多人流放到远方,于是人们能逃的都逃了,能躲的都躲起来了,只留下海莱娜看管农庄……[10]

这部分描述有多少真实的成分?应该说大多属实。米沃什常去巴尔奇亚,至少在刚开始与岩德列霍夫斯基一起去过那里;后来他才去了华沙,再后来去了巴黎。他在大学毕业后曾在卢茨克①工作,尽管那是在一九三七年。不过在这里没什么可隐瞒的,米沃什其实就是那个纳尔茨兹。

在给雅德维嘉的信中提及的阿涅尔卡又是谁呢?[11]他们的孩子真的没出生吗?他为此会觉得"罪孽深重和有过失感吗"?这是皮阿塞茨基在六十年代写的书,是在米沃什遭到严厉批判之后,因此他很有可能在故事中添油加醋。与此同时,在瓦什凯维奇给米沃什写的信中从未提及这种事。毫无疑问,离开"J. W."对《救赎》的作者来说,可以说他一生都对此怀有愧疚感。

很明显,他们在大学毕业前还曾有过交往——一九三四年八月,刚

---

① 卢茨克(Luck),位于乌克兰西北部斯特里河畔的城市。卢茨克在历史上曾由波兰统治,目前波兰也在卢茨克设有领事馆。

毕业的硕士生给伊瓦什凯维奇写信说,不久前他还去过巴尔奇亚。[12]也许那是他新生活的起点?半个世纪后他吐露了过去爱情的秘密:"回首往事,我完全不能理解我那时的生活,甚至包括那个雅德维嘉,我对阿涅尔卡让也十分失望,雅德维嘉成了我的回忆,而你们肯定也都不能原谅我。[……]一九三四年夏于巴尔奇亚。我一直有很多疑问,我为什么要这样做,为何做这些事?一定要这样吗?难道我没有足够的理由再次对现实产生幻觉吗?等等。而你却非常坚强,如今在一个男人与女人之间和解了,如今我所看到的与我年轻时大不一样了。"[13]

183　　他肯定想逃避"常规"——因为他害怕组建了家庭、有了稳定的工作之后,会影响他发挥诗人的天赋。一九三一年也曾有过这样的情况,他写信时引用了《狄奥尼西亚》作者的话:"我相信魔鬼,我真的相信——他一直与我形影相随[……]魔鬼向耶稣表明,世界上所有的宝藏都在天上,最美的诗歌节奏、最美的散文,而之后[……]魔鬼把我带到地上,告诉我,资产阶级除了钱没别的。"[14]四年后,他用非常平和的语调给伊瓦什凯维奇写信说:"我还根本没有结婚的意愿,我无法想象,我走进那种整天忙于生活,只知道赚钱养家的生活环境——这都不是我现在想要的——空虚的焦虑和恐怖——我发现自己几乎所有的本能都消失殆尽了,当然还想继续生存下去,也许还会有类似形而上的激情。"[15]再后来,当他跟雅尼娜·岑卡尔斯卡在一起的时候,他要寻求的是超乎物质的精神上的沟通。

　　他想远离稳定,想继续往前走,想有一种将飞蛾引向蜡烛那样的改变。他像小时候课外书中的主人公那样,像穆霍瓦夫斯基博士那样,本来正准备结婚,结果在皇家浴场见到罕见的昆虫,就跟着昆虫跑,手里拿着礼帽,本应拿网兜去抓,结果忘记了自己的未婚妻,不过米沃什在这里当然指的是文学。因此他拒绝爱的痛苦,实际上好像魔鬼的诱惑已经实现,之后在很长时间内,如果有可能的话,他的性关系都是很"机械的",

没有投入真正的情感,因为这都不是他真正的目标。"我在爱情关系中使用的是纯粹摩尼教的方法,性交只是身体上的互惠交换,我寻找像我这样无家无室的人,愿意与我在床上或草地上翻滚,事后回到中断的谈话中,就好像这之前什么事情也没发生一样。与性行为的距离越大,依恋就越少,这样就更好。[……]当然,我会平等对待妇女,但我还是觉得,性应该超越身体的乐趣(路西法①的傲慢和轻率,就是身体的敌人),我自己欺骗了自己。"(《欧洲故土》,页217)

在当丈夫和父亲之前他逃到了法国,跑到具有崇高精神追求的奥斯卡·米沃什身旁,尽管有仁慈女神们的陪伴,但他总是对过去的事情耿耿于怀:

> 我的才智与我作为人的发展很不成比例。我在孩提时代非常自恋,不过我很清楚,我一直承受着良心谴责的重负。因为自私而感到失望,其实这很可怕——尽管我很不愿意把这些说出来——这一切也使我在巴黎无法摆脱巨大的压力。这不仅是青春的忧郁。我所承受的罪孽不是我想象出来的。有谁知道,这是否因为我无法解决好个人的问题,从而导致我几年来从马克思主义者那里获得了对"历史阵痛"的信仰,而以灾难性的眼光看待一切。濒临灭绝是一种甜蜜的感觉:一切都解脱了,个人的命运失去了意义,我们所有人都是平等的。因此,预言找到了肥沃的土地。几乎变成了跨性别、无焦虑、无陶醉的人,我陷入了后悔不迭的亢奋,从而促使我忘却了个人的绝望。(《欧洲故土》,页199)

184

---

① 基督教与犹太教名词,通常指被逐出天堂前的魔鬼或者撒旦,路西法同时也是七原罪中的傲慢之罪。

早在一九三五年回到波兰之后，他就曾向朋友们吐露心声："你知道吗，在维尔诺和维尔诺的农村我好像经历过凤凰涅槃一般，经历了某种中了邪似的良心谴责。有谁会想到，在我身上会发生这样的事。"[16]到了晚年他承认："我知道，我绝对是发疯了似的爱上了雅德维嘉·W。那是我忍受着内心极大痛苦的一次失败。[……]我觉得，我跟 W 是没有缘分的朋友，没有基督徒圣爱的爱情，也许你想说，那是我身上最大的[罪孽?]肿瘤。"[17]

她——尽管过了多年——原谅了米沃什："我只想让你永远记住，你从来都不坏，但你总是非常孩子气，并且[……]太年轻"[18]，"从传统观念来看，甚至最挑剔的人也无法指责你与我的关系，因为你对她和自己都不够忠诚[……]依我看，你从巴黎回来以后，你选择了唯一一条对自己有利的道路——可能是这样，既然你已经走上了你目前所选择的道路"[19]。他们最后的会面不在一九三四年，而应该是一九三五年，那时他写了一首诗《夫妻塑像》："你在哪里，潜在怎样的深水中，／ 爱情，来自水的底部，／ 当我们冰冷的嘴巴安静下来 ／ 冰已经挡住了激情的火焰?"（《诗集　第一辑》，页 96）正如莱娜塔·高尔琴斯卡总结的那样："其实这并不是夫妻塑像，而是某对夫妻的墓碑。"（《旅行世界：对话莱娜塔·高尔琴斯卡》，页 26）但是雅德维嘉·瓦什凯维奇的儿子坚信，他的母亲在卢茨克工作的时间肯定不会早于一九三七年，因为去华沙与米沃什见面之前，她还专门做了一条新裙子……[20]

不确切的时间顺序反而可能最为重要，要的恰恰就是那种直觉的力量和选择的时刻。因为他们本来有可能结为夫妻。如果是那样，米沃什肯定会跟妻子一起留在维尔诺，在那里经历战争，肯定会遭受流放，而米沃什在出版了《三个冬天》后就来不及再出版任何书了。鬼魂在大教堂的厚墙中低声细语，似乎是让每个人遍尝他的痛苦，否则可能就会是另一种情形：

你,克劳迪娅,与他们一起给我写信:

"你对我来说,总像是个孩子,也许诗人所有的胡作非为
　都可以被原谅,也许诗人们最终都是这样的人,尽管有
　缺陷,依然会爱。"[21]

我是这样的人,能看见桃树林,看见我们两个人都在树林 185
　中,看见摆在邻居晚餐桌旁的长凳。

似乎在我们婚礼的宴席上,但后来没有留下任何生活的
　故事。

(《诗集　第五辑》,页155)

后来,雅德维嘉的生活如何?[22] 她大学毕业后在维尔诺地方法院申
请到一份工作,用领到的第一份工资买了一台收音机,生活很独立。后
来又在位于卢茨卡市的省政府农业和农地改革部当职员。战争爆发后,
她回到维尔诺,还去了巴尔奇亚,帮姐姐一家在农庄干活。一九四一年
六月,她得知苏联人要把大批本地人流放到远方,她在最后一刻收到来
自维尔诺的警告:因此没来得及吃完午饭,就跑到了湿地深处藏了两
周,想着在德国人来到这里后再回家。

妇女们救了我们,她们大声喊叫着:"快点
赶紧走!"——然后她们带着孩子们,猛跑
从家里沿着这条路,穿过桤木树丛来到湿地。
士兵们走出小树林,包围了房子,
他们把卡车停在森林里,以免被人发现。
"他们没有松开拴狗的链条,
如果他们放开狗,狗肯定会把他们带到我们这里。"我们

的国家

就这样被占领了，那里长着灰毛柳、藓类及各种植物。

长长的列车开向东方、亚洲。

带着那些人的哭喊声，因为人们知道再也回不来了。

（《诗集　第四辑》,页268）

这之后不久,她的生活中出现了一个叫塞尔吉乌什·皮阿塞茨基的人,他当时任驻扎在维尔诺的波兰救国军(AK)的司令,负责审判通敌者,并在"情报部门"工作,负责伪造证件。他化名玛卡莱维奇,藏身于与巴尔奇亚邻近的农庄,帮瓦什凯维奇一家喂马,与雅德维嘉产生了恋情。当他要回维尔诺时,她——再次与父亲发生争执——要求与他一起走。一九四二年他弄到一本用立陶宛文写的结婚证,上面写着他的名字约瑟夫·玛卡莱维奇还有雅德维嘉·克里斯蒂娜·瓦什凯维奇,这很可能是一个假结婚证,因为,后来雅德维嘉在给米沃什的信中回忆说,她并不想嫁给皮阿塞茨基,因为他们的关系不能合法化。但不管怎么说,他们的儿子伏瓦迪斯瓦夫于一九四四年六月十七日降生了。在苏联军队炮弹轰炸时,在她家港口大街的地下室为儿子举行了受洗仪式。次年二月,皮阿塞茨基——又以扬·托马舍维奇的身份——获许与妻儿一起离开维尔诺回到波兰,但不久后他就藏在联合国善后救济署卡车下面逃到了西方。她带着儿子以及自己的父母于一九四六年定居在华沙以北的城镇吉日茨科——身份是雅德维嘉·托马舍维奇。《红军军官笔记》[①]的作者以斯泰凡尼亚祖母的身份从伦敦给雅德维嘉寄卡片,雅德维嘉承担了赡养母亲和抚育儿子的任务:"有一段时间我切身感受到什么是饥饿,感受到克努特·汉姆生描写的那种饥饿,切身体会到什么是物品稀

---

① 塞尔吉乌什·皮阿塞茨基的小说,1957年在伦敦首次出版。

缺、行动受限与自我克制。"[23] 她变卖了自己的首饰和斯坦尼斯瓦夫·伊格纳齐·维特凯维奇给皮阿塞茨基画的肖像。因为担心被关押,她从未暴露过她在战争期间的经历,她的儿子也是在她去世后才得知她的故事的。她的孙女后来写了一本书,描写的是"塞尔吉乌什·皮阿塞茨基生活和作品中的女人们"。

她是否用第一份工资买的那台收音机收听到了《夫妻塑像》的作者——因为那时米沃什在维尔诺广播电台工作——的声音?她知道她以前的情人逃跑的事情——因为那时人们谈到他时都用"叛逃"这个词——,但她是否知道——她儿子的父亲——在文章中谴责她,说她是"米沃什的甜蜜盟友"?在米沃什获得诺贝尔奖之后,他们开始有通信来往,她还在米沃什到波兰访问时去看望过他。米沃什承认:"这许多年,我无时无刻不在想念你。"[24] 他还计划在南斯拉夫与她见面,但这个计划未能实现,因为当她得知这个消息后,可能过于激动,患了心肌梗塞。从这位迷人、勇敢、聪颖、博览群书、雄心勃勃的女子写的那些信来看,她很可能会成为米沃什真正的伴侣——她会对他的诗歌给予评价和赞扬,一旦需要的话,她可以督促作家:"我不高兴了,我很生气,你不能总是固执地沉迷于你异想天开的那种悲伤之中,这太不现实了,在我们这里会毫不客气地说'这是魔鬼的生活'。在世界上有数千人在读你的诗,他们爱戴你,而你总是做得太少。此外你根本没有什么生活经历,你只知道写作并认为,你已经在身后留下了美和才华。[……]**祝你健康幸福**——一定要这样。J。"[25] 一九八九年九月十一日,她在格但斯克一家医院与世长辞。"她非常坚强,从不怨天怨地、满腹牢骚,默默承受着一切。"[26]

这只是在诗中痛苦的存在,"为过去的时光 / 为不完美的国家"。 187
这里:

> 如果早期的爱恋成为现实，
>
> 如果他能幸福地走过港口大街
>
> （其实没有通向任何港口，
>
> 只是通向锯木厂后面的湿漉漉的木头）。
>
> 如果我能作为议员去官员们所在的城市
>
> 如果我们能与费拉拉[①]结成同盟。

（《诗集　第三辑》,页162）

也许还在这里：

> 这座城市可爱而幸运，
>
> 总是开满红牡丹和晚白果木花，
>
> 高耸的巴洛克塔尖冲入云霄。
>
> 五月长假回来,花瓶里插满鲜花，
>
> 窗外可见上学时常路过的街道
>
> （强烈的阳光照耀在城墙上落下的阴影）。
>
> 一起在湖上泛舟。
>
> 在柳树丛岛度过了爱恋之旅。
>
> 在圣乔治教堂订婚并结婚。
>
> 后来参加兄弟情谊受礼仪式。
>
> 我沉迷于音乐家、演说家和诗人们的各种巡回表演
>
> 人头攒动,在街头上看舞龙表演。
>
> 每周日我坐在教堂里为捐献者专门准备的长椅上
>
> 穿着带金链子的长袍,手持同胞们赠送的礼物

---

① 费拉拉（Ferrara）,意大利东北部艾米利亚-罗马涅大区的一座城市,费拉拉省的首府。

我老了,我知道,我的孙辈们会忠诚于这座城市。

如果真可以这样。但风带走了我

把我带到了大海和大洋的那边。告别了,我失去的命运。

告别了,带给我痛苦的城市。别了,别了!

(《诗集 第五辑》,页96)

注释

[1] 切斯瓦夫·米沃什,《我的自传素材》,未出版。(克拉科夫切斯瓦夫·米沃什档案馆)

[2] 立陶宛国立中央档案馆,斯泰凡·巴托雷大学档案。单独的学生名册:雅德维嘉·瓦什凯维奇,索引号:USB 档案 F. 175 VI Ca 1677 号。

[3] 雅德维嘉·托马舍维奇的明信片,1983 年 12 月 1 日。(克拉科夫切斯瓦夫·米沃什档案馆)

[4] 切斯瓦夫·米沃什,《在赛伦》,载《普世周刊》,1983 年第 41 期;《诗集 第四辑》,页 50。

[5] 安娜·岩德列霍夫斯卡,《迂回和直接》,页 40。

[6] 摘自切斯瓦夫·米沃什写给雅罗斯瓦夫·伊瓦什凯维奇的信,1931 年 5 月 21 日。(波兰科学院文学研究院图书馆)

[7] 摘自切斯瓦夫·米沃什写给雅德维嘉·托马舍维奇的信,1984 年 9 月 24 日。(克拉科夫切斯瓦夫·米沃什档案馆)

[8] 摘自雅德维嘉·托马舍维奇写给切斯瓦夫·米沃什的信,1986 年 4 月 2 日。信中的照片拍自"E. 和 B. 兹达诺夫斯基照相馆,维尔诺",背面写着"战前,约 1938 年"。(克拉科夫切斯瓦夫·米沃什档案馆)

[9] "当我还是小孩子时,我想要娶一个日本太太。对我来说,你就是那个日本女人,我是这么想象的,尽管我去东京的行程还没有确定。"摘自 1987 年切斯瓦夫·米沃什写给雅德维嘉·托马舍维奇的信。(克拉科夫切斯瓦夫·

米沃什档案馆）

［10］塞尔吉乌什·皮阿塞茨基，《变成狼的男人》（弗罗茨瓦夫，2000），页206。

［11］因为肯定不是约瑟夫·马希林斯基的昵称，也不是泰奥多尔·布伊尼茨基的女儿。

［12］摘自切斯瓦夫·米沃什写给雅罗斯瓦夫·伊瓦什凯维奇的信，1934年8月7日。（波兰科学院文学研究院图书馆）

［13］摘自切斯瓦夫·米沃什写给雅德维嘉·托马舍维奇的信，1982年8月18日。（克拉科夫切斯瓦夫·米沃什档案馆）

［14］摘自切斯瓦夫·米沃什写给雅罗斯瓦夫·伊瓦什凯维奇的信，1931年5月1日。（波兰科学院文学研究院图书馆）

［15］摘自切斯瓦夫·米沃什写给雅罗斯瓦夫·伊瓦什凯维奇的信，1935年12月7日。（波兰科学院文学研究院图书馆）

［16］摘自切斯瓦夫·米沃什写给雅罗斯瓦夫·伊瓦什凯维奇的信，1935年9月13日。（波兰科学院文学研究院图书馆）

［17］摘自切斯瓦夫·米沃什写给雅德维嘉·托马舍维奇的信，1987年9月17日。（克拉科夫切斯瓦夫·米沃什档案馆）

［18］摘自雅德维嘉·托马舍维奇写给切斯瓦夫·米沃什的信，1986年4月15日。（克拉科夫切斯瓦夫·米沃什档案馆）

［19］摘自雅德维嘉·托马舍维奇写给切斯瓦夫·米沃什的信，1982年7月29日。接引用片段："另一件事，对我来讲这几年过得了无希望。战争让此事被无限拖延，不仅如此，我很伤心，那时（即1941年）你在维尔诺，却不想见到我。"（克拉科夫切斯瓦夫·米沃什档案馆）

［20］雅德维嘉·托马舍维奇的儿子伏瓦迪斯瓦夫·托马舍维奇将此信息转告给本书作者。

［21］参雅德维嘉·托马舍维奇写给切斯瓦夫·米沃什的信，1986年6月6日："不管你的年龄和智慧如何，你对我来说始终是个孩子（也许诗人会将这种

状态保持到死吧),那个我会包容一切恶作剧,就算有缺点和鲁莽的毛病,我也爱的人。"(克拉科夫切斯瓦夫·米沃什档案馆)

[22] 见雷沙德·戴迈尔,《塞尔吉乌什·皮阿塞茨基(1910-1964):生活和创作》(华沙,2001);克日什托夫·波莱豪恩斯基,《带枪人的生活:塞尔吉乌什·皮阿塞茨基传记、创作和文学传奇》(华沙-弗罗茨瓦夫,2000);艾德蒙德·什柴西尼亚克,《大熊星座恋人》,载《新日报》,1990 年 11 月 21 日;艾娃·托马舍维奇,《大熊星座:塞尔吉乌什·皮阿塞茨基生活和作品中的女人们》(华沙,2003)。

[23] 摘自雅德维嘉·托马舍维奇写给切斯瓦夫·米沃什的信,1982 年 7 月 29 日。(克拉科夫切斯瓦夫·米沃什档案馆)

[24] 摘自切斯瓦夫·米沃什写给雅德维嘉·托马舍维奇的信,1981 年 10 月 24 日。(克拉科夫切斯瓦夫·米沃什档案馆)

[25] 雅德维嘉·托马舍维奇寄给切斯瓦夫·米沃什的明信片,1987 年 9 月 22 日。(克拉科夫切斯瓦夫·米沃什档案馆)Z żyru biesiatsia,俄文,意为"祝你健康幸福"。

[26] 摘自玛丽亚·弗哲希尼奥夫斯卡的女儿伊莎贝拉·莱伊沃达写给切斯瓦夫·米沃什的信,1990 年 7 月 12 日。(克拉科夫切斯瓦夫·米沃什档案馆)

第二十二章 "时左时右"

你的青年时代不幸而愚昧。

你从省城来到大城市。

雾气蒙蒙的电车窗外

人头攒动的人群中的贫穷无处不在，

当你来到某个住处，却囊中羞涩。

一切都十分昂贵，价格太高。

这里的人一定看到了你的种种不适

和你不时尚的打扮以及窘境。

切·米沃什，《青年时代》

188　　　"太难了,总是思念远方,我的耳畔回响的总是维尔诺死气沉沉的声音,我不得不去习惯大城市车水马龙的街道和喜欢安静的人厌恶的嘈杂声;这也许能证明我的某种无助和思想观念陈腐——我必须克服这一切。"一九三一年初米沃什这样说。[1]尽管在第一次去斯塔维斯科回来后感到很失败,但想要逃离省城的想法一直没有变。

在斯泰凡·巴托雷大学法律系上三年级时,期末考试要考米奇斯瓦夫·古特科夫斯基教授教的统计学,大多数学生特别害怕这门考试,当然,其中包括未来的《三个冬天》的作者。他那时——肯定是经过伊瓦什凯维奇的一再劝说——想转学到首都继续学习,这也许能解决他的诸多问题:首先可以躲过考试的暗礁,逃避爱情的纠结,与此同时还可以——谁知道呢——给自己的生活和发展注入新的动力。从他一九三一年九月写给朋友的一封信中可以看出他这一计划的端倪,但经费不足一直是影响他实现计划的大问题——"我的父亲被裁员了",一个月后他写信说:"所以我很缺钱。"(1931 年 10 月 20 日)[2]十一月,米沃什开始打算不离开维尔诺了,因为那时他在电台找到了一个打工的机会,与此同时他还坚决拒绝接受任何资助:"你的来信吓了我一跳,为此我不再想搬去华沙了。因为你说,你愿意给我提供奖学金。那你必须得明白,这不可能,我是不可能接受的。[……]我还不觉得自己这么高大,值得让你为我奉献,你想想看,我怎么可能让别人如此慷慨地掏腰包为我提供奖学金资助我学习呢。"(1931 年 11 月 1 日)

后来,他的经济状况有了改善,因为十二月十一日他从斯泰凡·巴托雷大学行政部门拿到了一些他需要的文件证明。四天后,他将这些资料寄到华沙大学法律和政治学系,请他们承认他的学分。[3]一月十六日[4],他收到录取通知,请他"填写选课表"[5],表格有几十项需要填写,但种种迹象表明,米沃什作为学生在那里上课的时间并不长。

189

"很难在陌生的城市立足"(《诗集 第二辑》,页 186),在那里他待了不足三个月,但他还是于三月三十日从苏瓦乌基给伏瓦迪斯瓦夫·塞贝瓦写信,建议在《字母 Z》双周刊上发表他的诗:"离开华沙时我买了一份'Z1'。我爱不释手,因此贸然给你们写信,希望我的诗歌能在上面发表。当然我知道这样做很荒唐,竟然胆敢烦请先生您看我的无聊诗作。但我别无他法,我想这不会占用先生您很多时间,尽管我生性谦卑,但我认为,我的东西比那些拼命要挤进'Z'的可爱的小人的作品要好很多。"[6]四月,他从维尔诺给伊瓦什凯维奇写信,信封上写的是波兰电台当地分部的地址,信中还描述了他的文学部的头儿——维托尔德·胡莱维奇的刻薄尖酸。[7]四月二十二日,他给——肯定是通过邮局——华沙大学校长[8]写了申请,希望授课老师能晚一些时候给他在记分册上签字,并解释说:"1.因为经济拮据不得不离开华沙回到农村;2.在农村患了流感,无法回华沙,无法亲自请老师们给我签名,请他们准许我不上课。"六月,他又写申请,请将他的考试时间推迟到秋季学期:"我来到苏瓦乌基市找征兵委员会,结果患了盲肠炎。"[9]

很难说,他是真的患病还是找借口拖延他在大学学习的时间,但很明显他是以这种方式拖延时间,为他能做些别的事情争取时间,因为他在七月给伊瓦什凯维奇写信说,他翻译了奥斯卡·米沃什撰写的立陶宛童话,还不无高兴地讽刺说:"我得知,在维尔诺有一帮年轻人为我写的诗发狂,哈哈哈哈。"[10]结果十二月十二日,他没通过艾乌盖纽什·雅拉[11]教授的考试。学生们都特别恨这位教授,因为他的要求太严——说实话——他只会要求学生们死记硬背他的教科书。在这种情况下,米沃什必须上很多讲座课,因为他缺课太多,亚历山大·赫兹①回忆说:"我想起一个上大学时的笑话。雅拉教授不愿意给学生在记分册上签名,但学生们上课时并不知道这些。一位学生问:'教授先生,我一直坐在大教室的柱子那边[……],因此教授先生可能没看见我。'雅拉说:'奇怪,今天你

190　已是第七位跟我说,你是坐在柱子旁的人。那里怎么容得下这么多人。'"[12]米沃什超强的记忆力没能改变《法律哲学史》的作者雅拉的决定,《三个冬天》的作者不得不离开华沙大学。[13]

---

① 亚历山大·赫兹(Aleksander Hertz, 1895-1983),波兰社会学家,波兰社会党的支持者,华沙民主俱乐部的联合创始人,第二波兰共和国期间华沙的共济会小屋成员。

为什么会是这样,米沃什在维尔诺上大学时一切不是都很顺利?难道真的是因为在华沙无法维持生活,难道真的是因为生病而不能去上课吗?一定是因为这个偌大的、陌生的城市让他感到无所适从。也许还因为法律系的那些刚愎自用且大多来自富裕家庭的同学们让他感到胆怯并迷失了方向。"我过了一段低人一等的生活,"多年后米沃什解释说,"对我来说,在华沙的这一年是耻辱的一年。考试不及格是一场可怕的悲剧,让我觉得自己抬不起头来,在我的书中,我从来都不想提这些事情,尽管这不是什么令我一生都无法承受的耻辱(笑)。现在我可以心平气和地谈我在华沙居住的那一年的事情了。我只不过觉得,那时我真的是身心俱损,身无分文,穷得叮当响。"(《旅行世界:对话莱娜塔·高尔琴斯卡》,页 22)

后来有了一点钱,他就和高中同学斯坦尼斯瓦夫·科夫纳茨基一起合租一间房,米沃什还住过位于纳鲁托维奇宫旁的大学生宿舍,学生们喜欢在那里搞恶作剧,把酒瓶子从窗户扔到院子的井里。他那时主要接触的人跟在维尔诺接触的人差不多——持左派观点的人、爱好文学的人士,还有一部分是犹太女生。他还结识了学生会活动家塞尔吉乌什·米诺尔斯基、法学工作者和"生活"大学生青年组织活动家齐格蒙特·高特里布、诗人和文学翻译家阿图尔·哲切查以及扬·希别瓦克(诗人,后来娶了安娜·卡敏斯卡为妻)。希别瓦克写道:"那时候我们组织举办了几次所谓的无产阶级诗人协会的诗人聚会。[……]这都是半合法的活动。我们一直坚信有必要传播诗歌。"[14]参加这些诗人聚会的有卢茨扬·申瓦尔德①、莱昂·帕斯捷尔纳克②、斯坦尼斯瓦夫·耶日·莱茨③,还有努西姆·波姆塞④。但米沃什来肯定没有时间参加在华沙的

---

① 卢茨扬·申瓦尔德(Lucjan Szenwald, 1909-),波兰诗人、共产主义活动家。
② 莱昂·帕斯捷尔纳克(Leon Pasternak, 1910-1969),波兰诗人、讽刺作家、犹太政治活动家。
③ 斯坦尼斯瓦夫·耶日·莱茨(Stanisław Jerzy Lec, 1909-1966),波兰诗人、讽刺作家和格言家。
④ 努西姆·波姆塞(Nuchim Bomse, 1906-1954),波兰犹太籍诗人。

文学艺术及知识分子组织的各种重要活动,甚至没怎么参加维特凯维奇的讲座课。其实维特凯维奇课上所讲的内容很快便成为米沃什感兴趣的话题。后来他这样评论自己说,他是"一个反应迟钝、少不更事的听课者"(《猎人的一年》,页209)[15]……如果他来到华沙,就是想向这座城市展示一下类似拉斯蒂涅①在巴黎的冒险,结果在第一轮首都胜利了。但他并没有荒废在这里度过的时光……

191 　　"时左时右,／不上不下,／政治就是游戏,／而诗歌令生活走下坡路。//让每周四为我鼓掌吧,／告诉我和米哈乌,／时左时右。／怎么才能养活自己,怎么?"[16]这是一九三三年木偶奥斯瓦娃·梅德沃沙在大学生耶稣诞生剧演出时唱的歌。[17]每周四肯定就是知识分子俱乐部的聚会,那个告诉他的人可能就是国家文化基金会的主席和发起人斯坦尼斯瓦夫·米哈勒斯基[18],这个基金会是为学者和艺术家提供奖学金的机构。米沃什后来承认:"我感到很羞愧,这边是左派,那边是国家文化基金会,因此我好像是个两面派。"[19]他与米哈勒斯基一起结识了米奇斯瓦夫·科塔尔宾斯基。那时他与妻子尤利娅住在学院大街3／36号,对年轻诗人来说,这是一个很安全的地方。"我花费全部奖学金对他给予的支持表示感谢——包括用于去巴黎的奖学金——因为他介绍我认识了艺术科学界的人士,每当我到华沙就吃住在他家。[……]他还帮助了很多年轻人,利用自己个人的影响对那位又固执又有点奇怪的国家文化基金会主席施加影响;那位主席是一位持右派观点的保守分子,他十分迷恋科塔尔宾斯基家族的自由派并认为他们的开放思想颇具魅力。"(《欧洲故土》,页224)年轻的维尔诺人开始去上米哈勒斯基每周的讲座课,这样能保证他获得奖学金用于创作,估计在一九三三年他得到了奖学金,他希望首先能用这笔奖学金去巴黎深造。

_____

　　① 巴尔扎克《高老头》中巴结权贵、不择手段地攀高枝的家伙。

一九三二年是他奔波于华沙、苏瓦乌基和维尔诺的一年,这也跟服兵役有关系,幸运的是他在军事化国家中躲过了服兵役。五月三十日,他收到苏瓦乌基征兵委员会的通知,他被征为步兵或骑兵的 A 级兵。借此机会,他与"军事独裁者发生了第一次摩擦——与征兵委员会主席发生了口角——为此他开始折腾我——我光着上身被罚站了半个小时,我紧咬着嘴唇站在一张绿桌子前面,少校先生在桌子另一边抽着烟,假装没看到我"。[20]因为离开华沙大学后,他在十二月收到了华沙市地方军事委员会的传唤——那时他正住在维尔诺——结果没有去成。所以国家警察第七警局给他位于赫沃德纳大街的住所发了信,结果管辖派出所回复说,切斯瓦夫·米沃什——亚历山大的儿子并非居住于此地,现居住在哪里不详。后来他又回到了斯泰凡·巴托雷大学学习,又拖延了一年去服兵役。大学毕业之前,未来的法学硕士不得不开始担心他的宿舍将会变成军营,但他一直默默地寄希望于:"他们不会[让我]待很久,因为我有一个无可救药的心脏瓣膜。"[21]一九三四年八月,他接到一封通知他被分配到某部队的信,但他一直拖着没去军事事务部报到。[22]他的理由肯定是他已经获得了奖学金要出国留学。这件事情直至他从巴黎留学回来才了结,他在给伊瓦什凯维奇的信中说:"在那些天里,我必须得去服兵役,但是被征兵的年轻人太多,所以把多余的人转到了预备役。"[23]

192

"有太多受过教育的士兵",他后来猜测,把他转为预备役可能是出于他同情左派观点的缘故。他补充说:"军事当局或许是对的,因为我可能会是一个腐蚀分子。"(《猎人的一年》,页 266)因此在三十年代末他没有去部队参加行军,而是做了几天所谓的替代工作,例如在华沙普拉加区挖战壕。"我们在一位军士的指挥下进行了各种清理工作:清理街道的树叶、垃圾等。那谁是那些多余的人呢? 主要是华沙的和犹太人的无产者们;我基本上也是和他们在一起劳动。[……]那时已经临近复活节,在炙热的太阳照耀下我们清理着……我总是干得很多,而他们却指着我的鼻子说:'哎,你干吗这样!你为啥那么使劲儿干活?'"(《米沃什矛盾自画像:对话亚历山大·菲乌特》,页294)

他在华沙的一切都很失败,在维尔诺他还是很有发展前景的,于是他回到了大学的怀抱。一九三二年秋他重读了大学三年级[24],不久就住进了大学生宿舍,那里是维尔诺为数不多比较现代化的地方之一。安娜·岩德列霍夫斯卡回忆说:"那里阳光明媚,窗明几净。打了蜡的地板还散发着蜡的香味,还有盆栽的绿油油的云竹,教室里和阅览室里摆着轻盈的现代的书桌。"[25]他先后曾跟医学系的同学耶日·什塔海勒斯基以及伏瓦迪斯瓦夫·雷恩查①合住一间房子。前者后来在波兰人民共和国时期担任卫生部长,在波兰被占领期间,米沃什曾为后者开办的地下公司收购手稿。在大学毕业那年,他分到了学生宿舍的单间,小房间内有一张床、一张小书桌,窗户外是东正教教堂,在走廊里紧挨着他房间的是带淋浴的卫生间,这个舒适的小房间能让他专注于创作,对他来说这是"生活中的理想之选"。安采维奇也跟他住在同一层:"我们的生活非常原生态,但很愉悦,我们一起准备考试,那些考试对我来说都是非常怪异的学科,考完试我们就去旁边的卫生间洗澡,我们在那里大声叫喊、唱歌。"[26]

这期间,他还阅读了斯泰凡·纳皮耶尔斯基②撰写的选集《从波德莱尔到超现实主义》③,还了解了现代诗歌和立陶宛翻译家卡兹斯·博鲁塔的作品。无论在艺术上还是生活上他都逐渐成熟起来,心情很平

---

① 伏瓦迪斯瓦夫·雷恩查(Władysław Ryńca, 1910-1975),波兰律师、出版商。
② 斯泰凡·纳皮耶尔斯基(Stefan Napierski, 1899-1940),波兰籍犹太诗人、翻译家和散文作家。
③ 1933年出版。

静,好像为了接受新任务聚集了能量。他的作品让人们长出了一口气。在他的作品中,他居高临下俯瞰大地,大地是如此之大之美,面对这一切,个人的悲剧显得微不足道。其实这些作品都发表于一九三三年初的那几个月,但后来把《春》这首诗的日期错写成了一九三二年。诗人带着距离感写道:"太难了 / 成为数百万人中的一员 / 真难 / 明白,你的生活就像一粒尘。"(《诗集 第一辑》,页47)一年以后,他又创作了《歌》,他对自己的大师说:"有一只手引领着我,我完全不由自主,或许就是这只手引导我向上,或许某一天我会来不及说一声就会失去他。"[27]

193

"愚钝,自鸣得意,理论,风,心理需求。写作是最小的荒谬。这就是年轻人的情绪,做好充分准备去见证历史,"大学毕业那年他这样写道,"如果我今年能顺利毕业[……],那我很可能会飞到国外去,伊瓦什凯维奇的资助能帮我出去。但更肯定的是,我会待在国内,不断成熟,聆听国庆节的鼓乐齐鸣,观看阅兵仪式。"[28]他听了伊瓦什凯维奇的建议,在外交部申请到去领事馆实习的工作。[29]他还通过了最终考试,于一九三四年七月二日获得了法学硕士学位。[30]他考虑再三,还是希望能在法律部门工作,应该让法学毕业证有用武之地,于是"我向国家的一些法律机构提出申请,找了所有的关系,希望他们能接受我实习的请求"。(《米沃什矛盾自画像:对话亚历山大·菲乌特》,页294)与此同时,他还向相关部门提出申请,希望能出国留学,并得到奖学金的资助。克里德勒还给他写了评语,基金会给他寄来决定书,批准他的申请,他开始计划去巴黎学习。切斯瓦夫·米沃什的生活道路总是跟他的计划相悖,法律系另一位毕业生兹比格涅夫·赫贝特挖苦道:"他没能很好地利用在法律系学习的成果,只是名义上的律师。"

注释

[1] 摘自切斯瓦夫·米沃什写给雅罗斯瓦夫·伊瓦什凯维奇的信,1931 年 1 月 2 日。(波兰科学院文学研究院图书馆)

[2] 他还曾试过向母校申请奖学金,但很可能没有收到。

[3] 华沙大学档案馆,索引号:RP39526。在保存的文件中还有一份 1932 年 10 月 19 日《波兰监督报》的声明:"切斯瓦夫·米沃什的有轨电车乘车证 39526 号丢失。"

[4] 目录照片(相册编号 39526)上的面孔看起来相当冷漠,与紧张、精力旺盛和草草而就的签名感觉截然相反。

[5] 我们在类似于可以买到打折车票的学生证上查到的地址是:赫沃德纳大街 39a / 13 号,可真正上课的地址是:弗洛尼亚大街 82 / 30 号。

[6] 摘自切斯瓦夫·米沃什写给伏瓦迪斯瓦夫·塞贝瓦的信,1932 年 3 月 30 日。(华沙文学博物馆)最后《跳蚤剧场》一诗刊发在《字母 Z》上。早在一年前布伊尼茨基、米沃什和扎古尔斯基就一起请求过塞贝瓦帮忙:"尊敬的编辑先生,我们中有个人和尊敬的您聊过,因此我们向最近一期的《四马战车》投稿一些自己写的诗。如果,尊敬的编辑先生,您没有从寄来的诗里选中合适的作品付印,请您尽快告诉我们您的决定,我们也会以'惊喜'的态度看待您的批评。"摘自 1931 年 2 月 21 日的信。(华沙文学博物馆)也许"有个人"指的是切斯瓦夫·米沃什,因为他在《四马战车》上发表过《年轻人的房子》和《男人的脸》。

[7] 摘自切斯瓦夫·米沃什写给雅罗斯瓦夫·伊瓦什凯维奇的信,1932 年 4 月 22 日。(波兰科学院文学研究院图书馆)

[8] 这里用的地址是:格鲁耶茨卡街 40 / 48 号。

[9] 在第三年法律系读完后向考试领导委员会递交的这份申请,落款日期为 1932 年 6 月 5 日,报销日期为:1932 年 6 月 20 日。学生另附一张证明,由苏瓦乌基的尼·斯塔罗波尔斯基医生确认,切斯瓦夫·米沃什术后应注意饮食,并"避免学习"(致华沙大学领导的医生证明,签发日期为 1932 年 6 月 4 日)。

[10] 摘自切斯瓦夫·米沃什写给雅罗斯瓦夫·伊瓦什凯维奇的信,1932

年 7 月 12 日。(波兰科学院文学研究院图书馆)

[11] 艾乌盖纽什·雅拉(1881-1973),律师,作品有《法律概论》(1920)和《法哲学史》(1923)。

[12] 亚历山大·赫兹,《迟来的美国信》,汉娜·布钦斯卡-嘉莱维奇编(华沙,2004),页180。另见:"法律系的教授里有一位派特拉热茨基先生,我越和他斗就越喜欢他;他的竞争者里有雅拉,令人头疼的教授,他的教科书可得牢牢记住。"见耶日·盖德罗伊奇,《四手自传》,克日什托夫·波米安统筹和编后语(华沙,1999),页23。

[13] 1932 年 10 月 22 日。文件被邮递退回,有米沃什的签名可供证明,签收日期为 1932 年 11 月 3 日。

[14] 扬·希别瓦克,《友谊与仇恨》(华沙,1965),页248。

[15] 谈到 1932 年 1 月 21 日的这场"关于知识主义在文学中意义"讲座,斯坦尼斯瓦夫·伊格纳齐·维特凯维奇在职业作家和记者协会的波兰工会大厅演讲时,批评波兰知识分子在哲学上的无知。波莱斯瓦夫·马钦斯基就此写道:"我认为在现有的创作者中进行知识化改革是有一定问题的。人才,如果有——除去那些贵族的、不多的、可怜的例外情况——也已经被'斯卡曼德'的破坏性活动还有普遍的'向钱看'给带坏了。"摘自《波兰对话:1999-2004》,页 354。

[16]《维尔诺大学滑稽剧》,页 296。

[17] 在一张拍摄于舞台小窗户边的照片上有米沃什和普特拉门特。照片保存在塔德乌什·布伊尼茨基档案室。翻印收录于安娜·苏普鲁纽克、米罗斯瓦夫·亚当·苏普鲁纽克,《1919-1939 年相片中的维尔诺斯泰凡·巴托雷大学》,页247。

[18] 斯坦尼斯瓦夫·米哈勒斯基(1865-1949),1928 年至 1939 年间任国家文化基金会会长。

[19] 切斯瓦夫·米沃什,《我的自传素材》,未出版。(克拉科夫切斯瓦夫·米沃什档案馆)

［20］摘自切斯瓦夫·米沃什写给雅罗斯瓦夫·伊瓦什凯维奇的信，1932
年 7 月 12 日。（波兰科学院文学研究院图书馆）

［21］摘自切斯瓦夫·米沃什写给雅罗斯瓦夫·伊瓦什凯维奇的信，1934
年 4 月 15 日。（波兰科学院文学研究院图书馆）

［22］摘自切斯瓦夫·米沃什写给雅罗斯瓦夫·伊瓦什凯维奇的信，1934
年 8 月 7 日。（波兰科学院文学研究院图书馆）

［23］摘自切斯瓦夫·米沃什写给雅罗斯瓦夫·伊瓦什凯维奇的信，1935
年 9 月 13 日。（波兰科学院文学研究院图书馆）

［24］那时他有健康方面的困扰，于是请求学校将他的考试延期到三年级
后的那个秋天，同时附上了医生证明。证明由马里安医生（姓氏无法辨认）写给
斯泰凡·巴托雷大学皮肤病和性病学助理教授，内容为：“切斯瓦夫·米沃什
先生已在我处治疗了一个月，病因为由流感引起的前列腺病变。”1934 年初，
他请了一个月病假，回克拉斯诺格鲁达的农村休养。

［25］安娜·岩德列霍夫斯卡，《迂回和直接》，页 74。

［26］切斯瓦夫·米沃什，《谈谈伏兰齐舍克·安采维奇》，载《文化》，
1964 年第 7–8 期。

［27］摘自切斯瓦夫·米沃什写给雅罗斯瓦夫·伊瓦什凯维奇的信，1934
年 8 月 7 日。（波兰科学院文学研究院图书馆）这段时间，米沃什多次表现出
温顺的姿态，将自己的情绪暂时收了起来，与命运妥协，有一些成熟的谦卑。
同时他在一首没有出版的诗中写道：“我完全明白该期望什么 ／ 创作出优美罕
见的东西 ／ 否则就找不到平静 ／ 在艰难时代难有伟大的转折。［……］于是责
任让我写下 ／ 遗忘将战胜的东西。”无名诗，约作于 1933 年，应该是一首长诗的
开头，该诗未写完或未保存完整。原件藏于泰奥多尔·布伊尼茨基档案馆，复印
件藏于拜内克图书馆。

［28］摘自切斯瓦夫·米沃什写给雅罗斯瓦夫·伊瓦什凯维奇的信，1933
年 9 月 9 日。（波兰科学院文学研究院图书馆）

［29］摘自切斯瓦夫·米沃什写给雅罗斯瓦夫·伊瓦什凯维奇的信，1934

年 4 月 15 日。(波兰科学院文学研究院图书馆)

[30] 立陶宛国立中央档案馆,斯泰凡·巴托雷大学档案。领取文凭的毕业生名单,索引号: 斯泰凡·巴托雷大学档案 F. 175 ap. 2 VI E b. 123。序号 870 为切斯瓦夫·米沃什,文凭签发时间为 1934 年 7 月 2 日,领取时间为 1934 年 7 月 4 日。三天后米沃什来到维斯瓦河畔,并给伊瓦什凯维奇寄去了一封信。他和谁一起去了波兰的另一端? 战前,他和耶日·安德热耶夫斯基、斯泰凡·纳皮耶尔斯基再一次短暂地去了维斯瓦河畔。

第四部分 第一次移民的国家 1935-1939

第二十三章　"巴黎城中的一名自信学生"

穿过笛卡尔大街，

我来到塞纳河边，年轻的野蛮人在旅行中

一个羞怯的人来到了世界之都。

我们来自八方，来自雅西和科洛斯堡，

　　来自维尔诺和布加勒斯特，来自西贡

　　和马拉喀什。

为记忆里家乡的习俗感到羞愧，

在这里不能对任何人说：

击掌呼叫服务员，赤脚的女孩跑过来，

哼着歌分配食物，

主人和仆人严肃地合唱并祈祷。

我把多云的县城抛在身后，

赞美着迈入万能的渴求的城市。

　　　　　　　　切·米沃什，《笛卡尔大街》

197　　　维尔诺、苏瓦乌基、克拉斯诺格鲁达、巴尔奇亚,那时他第一次游览了他向往已久的克拉科夫[1],维斯瓦河,还有扎科帕内……[2]那年夏天应该很长,而且充满活力,他焦躁地期盼着——秋季的出行。最终在一九三四年九月末或者十月初,切斯瓦夫·米沃什上路了,一个月后他给伊瓦什凯维奇写信说:"我没有去服兵役,而是来到了巴黎",他用法文注明写信的日期——"一九三四年十一月七日",还说出了自己的一个小秘密——他靠做波兰语家教能挣些外快。[3]微薄的奖学金仅够维持生活,所以他还给《维尔诺快报》写稿子挣些稿费[4],也许是靠这个他能"吃上一顿很好的午餐(在俄国人开办的餐厅,那里有一些黑人服务员,他们说的俄语夹杂着乌克兰口音)",与此同时他还结识了一些新朋友。[5]一九三五年秋收前,他跟《垂直线》杂志的编辑部发生了争吵,要求他们支付他撰写的《二十三周年赞美诗》[6]的稿费,总共七十兹罗提,他还请伏瓦迪斯瓦夫·塞贝瓦给予支持:"我没办法逼迫他们,但我很需要钱,先生您最清楚巴黎奶酪的价格。"

　　与此同时米沃什希望他这位作家朋友"拯救完整无缺的肝脏,治愈波兰文学中的克汀病。我因为邦克气得患了病,"他接着写道,"这就像是芒刺,扎得越狠、越深,我就越会小看他。波兰的问题一直困扰着我,尽管我无法脱开脐带,但也不能在肮脏的把戏面前学会冷漠麻木,一定要发

198　声。"[7]他很反感地评论《文学消息》的决定,因为《文学消息》为天主教诗人沃依切赫·邦克撰写的《蓝色的负担》颁了奖(两千兹罗提)。他还非常冲动地说出了自己的情况:"我是与民族共同体一起成长起来的年轻的个人主义者。"在巴黎他整整待了一个学年——这是他长这么大最重要的一个阶段,也是最大范围书写自己人生的篇章。人生充满了各种体验和不断的思考,他已经适应新的环境,尽管复仇女神很久没有让他忘记自己——一九三五年春他才想起:"总的来说,这是我内心比较平静地度过的一段时间;但还有些个人困惑,结果到了秋天压抑感就向我袭来。"

（《米沃什矛盾自画像：对话亚历山大·菲乌特》，页279）

他是在巴黎的巴蒂尼奥勒区拉曼德大街11—15号度过这个郁闷的秋天的。那里曾是十九世纪波兰一所学校的大楼——米沃什的祖辈斯坦尼斯瓦夫·库纳特曾在这所学校当老师[8]——现在是供奖学金生们住的宿舍。总能听到不间断的小号声，那是附近一个居民在练习。他们还用烟熏尝试消灭臭虫。不管怎么说，至少有时——那肯定是在喝了葡萄酒后——他们会快活些。米沃什与罗曼·马切耶夫斯基——未来的《安魂曲》作者，后来为英格玛·伯格曼的电影配曲的作曲家，不过那时他还刚刚起步——他们一起在夜间跑到外面的小区里，为的是祭拜一位领导的普通雕像。他们要在那个铜质小人下面的石头上刻上一句话："流浪中的波兰年轻人感谢自己的捐助人"，他们还声音嘶哑地大声念着荒谬的咒语："燕八哥的尿是现实干燥的胸膛里可怕的毒药……"

第二年年初，米沃什的经济状况有了很大改善，更适合去拉丁区住年轻文学家的公寓：那个公寓由一位叫马拉特卡的女士管理，她就是住在瓦莱特大街21号的瓦尔莫林太太。他住的那个地方在先贤祠附近，离美丽的圣斯德望堂①不远，在这个教堂里有巴黎的主保圣人圣女热纳维耶芙的棺木，当然还有——肯定也是他最感兴趣的——法国革命家、记者让-保尔·马拉、让·拉辛和布莱兹·帕斯卡的棺木。每天清晨出门他就到先贤祠广场，皮埃尔·高乃依雕像的目光向他致意，那里还有温暖、宏伟的索邦大厦和圣女热纳维耶芙图书馆大厦（在那里至今还保存着奥斯卡·米沃什的档案）。那时他觉得，他身处数百年来世界文化的中心。后来又过了许多年，尽管他已经生活在遥远的美国，但仍然带着向往与渴望，给住在巴黎的一位朋友写了一首诗：

---

① 法国巴黎第五区的一座天主教堂，位于圣女日南斐法山，靠近先贤祠。

199

　　　　　请代我问候巴黎的每条大街

　　　　　并问候在卢森堡花园里的喷泉，

　　　　　问候塞纳河，我至今仿佛还能看到

　　　　　大教堂的穹顶和沉睡的小船。

　　　　　我不知道，那座蒙田的雕像是否仍矗立在那里，

　　　　　在那张用白色大理石雕塑的白色的嘴上

　　　　　一位姑娘戏谑地用粉笔给他涂上了红色

　　　　　然后跑掉，并低头戏谑地微笑着。

　　　　　向这个角落和索邦的小广场

　　　　　致敬

　　　　　　　　　　　　　　　　（《诗集　第二辑》，页50—51）

　　他居住的这个小旅馆与法国小说中描写的一模一样——像是吝啬的女老板和迷人的房客们精心称量出的一份扁豆汤。老安东尼·波托茨基①[9]也曾是在这里居住过的波兰人之一，他是"青年波兰"的活代表，这一时期文学史的作者，那时他身边还有一位来自俄国的年轻女性移民照顾他：她是一位画家和执着的共产党员，米沃什时常与她在餐厅里讨论政治问题。她叫万达·霍达谢维奇-格拉博芙斯卡，曾经与卡齐米日·马莱维奇②、伏瓦迪斯瓦夫·斯特哲敏斯基③和斯摩棱斯克至上

---

① 安东尼·波托茨基（Antoni Potocki, 1867-1939），波兰作家、文学评论家。

② 卡齐米日·马莱维奇（Kazimierz Malewicz, 1879-1935），俄罗斯至上主义创始人，构成主义几何抽象派画家。

③ 伏瓦迪斯瓦夫·斯特哲敏斯基（Władysław Strzemiński, 1893-1952），国际知名的波兰先锋派画家。

主义小组成员卡塔热娜·科布罗①都有过交往。三十年代初她曾与巴黎艺术刊物的出版商扬·布冉科夫斯基在一起,后来又成为费尔南·莱热②的生活伴侣和财产继承人。[10]

　　一九三五年二月,在大学建筑物的墙上,在左派们以及"国王万岁"的君主主义者们(不喜欢国王的巴黎人把"国王万岁"中的一个字母做了变更,就成了"烤肉万岁"③)的镰刀斧头旁边经常出现极端右派的口号——"外国佬滚到茅厕里去吧"(Aux chiottes les métèques)。为此爆发了学生抗议,他们走向圣女热纳维耶芙图书馆大厦举行示威活动,反对极右派的口号,这令米沃什回想起了波兰排犹主义大游行。不过在甜美的巴黎,一切过程都非常平静,没有胡乱打斗以及打砸玻璃窗的现象。"作为'小市民'的我很猎奇,尽管这样,我还是让自己无礼地嘲弄了巴黎的种族主义者们"——他把这里的消息发送给了《维尔诺快报》。[11]不久前,布罗尼斯瓦夫·弗卢伯莱夫斯基的学生非常愿意以社会学的方法记录下观察到的一切,不仅是在咖啡馆的各种聚会。"关于政治的讨论很有意思,但那些无赖开始读诗(他们用滑稽的语调朗诵)——令人恶心",作为维尔诺餐馆的常客伊瓦什凯维奇这样描写巴黎和平咖啡馆里文学晚会的场面。[12]与此同时,米沃什与朋友马秋希(是马切耶夫斯基吗?)也去工人舞厅跳舞,还有一位神秘的挪威女郎乌拉。那时米沃什把波兰人和法国人的观念做了比较,他发现,不需要玩得很开心,奇怪的是,他们把舞厅变成喝酒打架的地方。[13]

　　他去过几次位于勒瓦卢瓦区④的波兰工人避难所,在那里还有另一位奖学金生、诗人兼翻译家伏沃基米耶日·莱维克,他在那里的行政办

① 卡塔热娜·科布罗(Katarzyna Kobro, 1898-1951),俄罗斯籍波兰前卫雕塑家。
② 费尔南·莱热(Fernand Léger, 1881-1955),法国画家、雕塑家、电影导演。
③ 法文"国王万岁"为 vive le roi,"烤肉万岁"为 vive le rôti。
④ 法国法兰西岛大区上塞纳省的一个镇,位于巴黎市郊西北部。

公室打工——他是波兰语专业的博士,后来在波兰国家出版社担任了多年的编辑——可以肯定地说,米沃什与他及其未婚妻玛丽亚·斯特哲莱茨卡一起度过了一九三四年的元旦。"在这里我们一起怀念祖国……"一九三五年他又以"发自巴黎的信"为题在维尔诺的报刊上发文。"酷暑炎热,到处是烟和汽油的臭味,棚屋墙下的绿荫很刺眼——都是用纸做的人工树。勒瓦卢瓦变了。那时正值秋冬之际——已经习惯了宛如黑暗地狱的车库和工厂,晚上煤油灯一闪一闪的,在空荡荡的咖啡馆前门卫张着大嘴打着哈欠。而夏季巴黎的天空很脏。未变的只有城墙和铁门,以及这里挂着的'波兰移民'的牌子,还有失业者长满胡茬的脸。"[14]他的描写,采用报告文学直接的观察以及诗意的比喻,非常同情波兰农民和工人的命运:他们很无助,借酒浇愁,对法国人充满仇恨。

他又重新找到了工作的热情,从那些街区回来后他写道:"那里是工业文明的贫瘠地狱,是一个生而具有傲慢灵魂并死于傲慢的地方。在这里长生不老的想法本身就是一种侮辱。"只坐几站地铁就足以重新找到对屈辱的命运无动于衷的"香榭丽舍大街的华丽。如果用我的话说,整个世界都可能陷入痛苦的大火之中,我很高兴它将轰然倒下。如果有这种可能的话,应该将那些珠光宝气的女人从豪华轿车中拉出来,踹她们的屁股,命令她们用四肢去爬行!我将会为那些被关进集中营的人报仇(这或许是以正义为幌子保护自己?),我不会认为用机关枪瞄准巴黎的和平咖啡馆是反道德的行为"。(《欧洲故土》,页203)在《欧洲故土》一书中他特别强调,"我至少没有想过,苏联的坦克会碾过巴黎的奥斯曼大道",但他朦胧地在头脑中思考过"神权共产主义,就像耶稣会人士于十七世纪在巴拉圭建立的国家那样"(同上,页204),《勒瓦卢瓦之歌》将是他对道德谴责的绝妙回声:

上帝呀!护佑勒瓦卢瓦吧!

看一眼被烟熏死的栗树吧，

赐予弱势和醉酒的人一点幸运吧，

你强大的手掌在炉火中箍紧他们。

201

他们整天都在偷摸、抱怨，

他们现在在木板床上舔着自己的伤口，

当夜幕降临于巴黎，

他们将脸埋在凶手的手心里

上帝呀，护佑勒瓦卢瓦吧！

[……]

黑暗。沉默。能听见远处桥下潺潺的流水声。

大风从该隐树上呼啸而过。

在高于地球的上空，高于人类的部落，

看不见对勒瓦卢瓦的任何护佑。

（《诗集　第一辑》，页 144）

　　这首诗在波兰被占领后才得以发表，而且是在地下出版社出版的小册子里发表的[15]，作者好像害怕用诗意影射政治或幼稚，其实这里完全是将人道主义的热情熔于宗教之火，向造物主控诉世界的不公……

　　一九三五年春他又搬家了，搬到几百米之外位于拉普拉斯大街 4 号的拉普拉斯中心饭店，也就是在巴黎综合理工学院对面。在位于这条狭窄的中世纪街道上的小旅馆里，居住的主要是在这里的医学院留学的波兰犹太人。他们在窗户上晾晒衣服，建筑物的上空散发出食物的浓烈气味。"我学着在煤气炉上做牛排,学习自由泳。但无法写作,甚至连写信都很难。"他在五月给伊瓦什凯维奇的信中说,同时还补充道:"我有点遗憾,年轻时结交了一帮高喊各种学说口号的人,不过我也是想做得更好罢了。"他还写下了人们对毕苏斯基死亡的反应,"也令我非常感动"。[16]

　　博莱斯瓦夫·波赫维奇住在这个小旅馆里,是他的邻居。波赫维奇正在写论述化学的博士论文,他是一位让米沃什着迷的同性恋者[17],当然,与他结交也让米沃什在巴黎结识了更多的艺术家。诗人那时第一次接触了齐格蒙特·米奇勒斯基[18],战后此人曾为米沃什的诗歌谱曲。他遇到过卡罗尔·席曼诺夫斯基。他告诉伊瓦什凯维奇,马切耶夫斯基带他去钢琴家海莱娜·卡赛利亚家喝茶时,他见到了画家约瑟夫·拉伊恩费尔德①和芭蕾舞哑剧《哈尔纳西》②的作者——席曼诺夫斯基并对他表示了敬意。[19]由于马切耶夫斯基的介绍,米沃什还进入了利勒波普家族,认识了他的妹妹菲丽西亚,著名钢琴家卡齐米日·克朗茨的妻子;玛丽亚——兹比格涅夫·乌尼沃夫斯基③的妻子;哈丽娜——指挥家阿图尔·罗金斯基④的妻子以及阿涅拉·米奇斯瓦夫斯卡⑤,她是爱德华·拉琴斯基⑥的妻子,后来她与法国波兰《文化》杂志主编盖德罗伊奇合作办杂志。克朗茨一家那时候住在巴黎,马切耶夫斯基的生活比较悠闲,他有极高的音乐天赋,他对那些人说:"'你们只相信莱宏和威仁斯基,我现在给你们带来的诗人,早晚会超过所有人。'而卡基克说:'我已经

---

① 约瑟夫·拉伊恩费尔德(Józef Rajnfeld, 1908-1940),波兰犹太裔艺术家、画家。

② 卡罗尔·席曼诺夫斯基在 1923 年至 1931 年间创作的作品。

③ 兹比格涅夫·乌尼沃夫斯基 (Zbigniew Uniłowski, 1909-1937),波兰散文作家。

④ 阿图尔·罗金斯基(Artur Rodzieński, 1892-1958),波兰指挥家。

⑤ 阿涅拉·米奇斯瓦夫斯卡(Aniela Mieczysławska, 1910-1998),波兰移民活动家。

⑥ 爱德华·拉琴斯基(Edward Raczyński, 1891-1993),波兰外交官、政治家和作家,1979年至 1986 年间流亡国外。

厌烦了你说的那些天才。你给我们带来的都是些蠢货。''你可别这样说,在你还没有读过他的诗之前。'——他肯定行。就这样,他把米沃什介绍给了他们。"[20]菲丽西亚那时是约瑟夫·潘凯维奇①画室的学生,后来米沃什还在周日参观卢浮宫后闲逛时见到了约瑟夫·查普斯基。见面时查普斯基正评论着自己看好的一些油画。后来去潘凯维奇家喝茶时,米沃什很可能认识了画家莫伊热什·吉斯令②和康斯坦蒂·布兰德③。

米沃什在波兰驻巴黎大使馆做文化随员时结识了莱宏,认识莱宏对他来说别有深意。《深红色的诗歌》的作者首先对米沃什来说是"青年时代神秘的诗人",后来才被人格化——他对斯卡曼德派说的典型的句子是——精神狭隘。"我在巴黎认识了他,但并不喜欢他[……]我认为他并不是明慧之人,也许他猜到了这一点。"(《米沃什词典》,页193)"我内心对他的那种附庸风雅的表现感到恐惧,但我马上察觉出,这可能都是虚假的。"(《米沃什矛盾自画像:对话亚历山大·菲乌特》,页278)米沃什非常讨厌"诗人的附庸风雅",他后来反复说过这样的话,莱宏在战后的许多年曾非常抵制诗集《救赎》的作者,在他出版的《日记》和私人信件中可见一斑。尽管这样,莱宏还是在自己纽约的住宅中珍藏了一本有米沃什签名的《三个冬天》,签名是"向扬·莱宏先生致以崇高敬意并感谢其友好的关照"。[21]莱宏这位斯卡曼德派作家,他不仅看到年轻诗人的创作才华,同时也可能把他当作爱的对象,不过他从未向米沃什表白过,那时的年轻诗人并不像后来那样态度鲜明地批评他。在华沙很多人期待莱宏写出新的作品,可他无能为力,幸运的是他被派

---

① 约瑟夫·潘凯维奇(Józef Pankiewicz, 1866-1940),波兰画家和图形艺术家。
② 莫伊热什·吉斯令(Mojżesz Kisling, 1891-1953),波兰犹太裔画家。
③ 康斯坦蒂·布兰德(Konstanty Brandel, 1880-1970),波兰画家和图形艺术家。

到了法国巴黎做外交官。作为老一代文学家,他本可给年轻作家提供更多东西,而不是仅仅教他怎样左右逢源、处事机巧圆滑。"不久前我在卡塞利那里与莱宏见了面,我们后来又去咖啡馆聊了好几个小时,我很感谢与他的这次见面。过去我对他印象不好,现在我觉得他是我应该尊重的艺术家。我觉得他很诚恳,讲了很多自己的事,让我学到了很多。"一九三四年十二月他在给伊瓦什凯维奇的信中说。[22]"我给莱宏看了很多我自己写的诗,他很喜欢,为此我非常兴奋。因为他,他妈的,莱宏是一个非常严厉的批评家——我希望,'格雷奇'①能出版我的这些诗"[23]——一九三五年二月他补充写道(《斯卡曼德》文学双月刊——

203 是米沃什最重要的合作者之一吗?——实际上就在这一年共选了他的五首诗),为的是能在六月给出一个结论:"我特别喜欢莱宏"。[24]在莱宏客厅里摆着一本来宾留言簿——一九三五年六月二十九日米沃什在上面写下了临别赠言——"小狗向伟大的诗人表示敬意"。[25]这句话是否有不同的含义?"伟大"是完美的意思,还是像莱宏自己说的那样——是他要结束在巴黎的生活?那么他所表达的致敬词是出于诚恳还是故弄玄虚,抑或是为了摆脱情感上的某种苦难局面呢?也许这是他采取的一种冷战术,尽管米沃什在多年后承认,他一直没让莱宏察觉出来,因为"在轻狂少年对他表示毕恭毕敬的假象下面一直隐藏着对他讥嘲的笑"。(《欧洲故土》,页211)

米沃什肯定避免了一些复杂的心理矛盾,因为叔叔介绍他认识了非波兰圈的艺术家们,这也是他的同龄人无法企及的,这样他能在不同的文学圈子中游刃有余。他觉得这里的一切都充满了异国情调,正如他描

---

① 全名米奇斯瓦夫·格雷哲夫斯基(Mieczysław Grydzewski, 1894-1970),波兰犹太裔历史学家、专栏作家、记者,《斯卡曼德》文学杂志编辑和《文学消息》编辑。

写的那些多姿多彩的情节一样:"我与奥斯卡·米沃什走在圣日耳曼伯爵大道上,迎面走来一位披着希腊斗篷的男子,他光脚穿着凉皮鞋,看上去很不寻常。那位古希腊打扮的男子热情地与我的叔叔打招呼,[……]原来他是雷蒙德·邓肯,也就是伊莎朵拉·邓肯的哥哥。"(《米沃什词典》,页121)奥斯卡·米沃什记得伊莎朵拉是谢尔盖·叶赛宁的情人:而对米沃什来说,他正是因为读过这位俄国诗人的诗,后来自己才创作了一首题为《一个年轻人之死》的诗。叶赛宁肯定是个人物,因为后辈人称他是诗歌界的詹姆斯·狄安①,但对奥斯卡·米沃什来说,他就是一个令人切齿的野蛮人。

年轻的米沃什逐渐进入欧洲文化。他结识了比利时神秘主义派诗人让·德·博舍尔②以及属于这个圈子的艾略特、乔伊斯和安德烈·布勒东,还有大都会的鸡尾酒调酒师爱德华·罗迪蒂,他是塞法迪犹太人③。他既是诗人也是翻译家,多年后他们在伯克利结为好友,后来他成为米沃什诗歌的英文翻译。[26]与此同时,他还结识了卡洛斯·拉罗德④——他属于法国左派诗人、导演,也是"理想主义剧院"(Thêâtre Idéaliste)的创始人,在他改编的剧目中包括奥斯卡·米沃什的作品《米非波设》。与此同时,米沃什还与让·卡苏⑤结为好友。卡苏既是作家,也是文学批评家,还是未来的巴黎国家现代艺术博物馆的创办人,多年后他将波兰雕塑家安娜·希莱辛思卡的作品介绍给他——就像罗迪蒂

---

① 詹姆斯·狄安(James Dean, 1931-1955),美国著名电影演员。
② 让·德·博舍尔(Jean de Boschére, 1878-1953),比利时著名作家和画家。
③ 遵守西班牙裔犹太人生活习惯的犹太人,由于长期生活在伊比利亚半岛上,生活习惯与其他分支颇为不同。"塞法迪"一词意为"西班牙的",是犹太人称呼伊比利亚半岛的名字。
④ 卡洛斯·拉罗德(Carlos Larronde, 1888-1940),法国诗人、戏剧家。
⑤ 让·卡苏(Jean Cassou, 1897-1986),法国作家、博物馆策展人、艺术评论家、翻译家和诗人。

那样——在五十年代将准备与文化自由大会①合作。在他撰写的《法国文学青年》一文中,米沃什引用了与让·卡苏的对话内容,这是在看完卡苏的题为《地窖里的陌生人》(*Les inconnus dans la cave*)的色情和虚无作品之后。米沃什还为卡苏关于巴黎公社的《巴黎大屠杀》(*Les massacres de Paris*)[27]一书写了一篇书评。换句话说,就是在一九三六年,在他发表文章时,他是否某种程度上认同了卡苏书中主人公在革命爆发之际的感受?——"我现在才刚刚感到自己摆脱了过于安静和过于痛苦的恶魔的折磨,[……]生命的双重性消失了。羞辱自己的信仰和仇恨一去不返"。[28]不管怎么说,在一九三九年九月,他找到了这种解脱的感觉。

　　要不怎么说米沃什命中注定多磨多难历经坎坷,在这年九月,他遇到了另一个巴黎的同学:

　　　　一九三五年在巴黎举行的

　　　　保护文化作家大会上,

　　　　我的同学叫甘特尔,来自马尔堡,正在欧洲旅游,

　　　　他嘲笑。斯特凡·格奥尔格②的崇拜者,

　　　　他写了一首关于骑士道德的诗

　　　　随身携带了袖珍版的尼采的书。

　　　　后来他可能死于斯摩棱斯克。

　　　　　　　　　　　　　　　　　　(《诗集　第四辑》,页 211)

---

　　①　1950 年 6 月 26 日至 30 日在柏林举行的知识分子会议上创立,呼吁建立一种独立于意识形态的文化。

　　②　斯特凡·格奥尔格(Stefan George, 1868-1933),德国诗人、翻译家。

　　君特·埃腾是一个"金发胖子",是伊瓦什凯维奇的熟人,也是刚刚开始从事写作和文学研究的德国作家,同时还是博赫维奇的情人,通过博赫维奇,米沃什认识了他。"巴黎的外国人都过着与世隔绝的生活,在这种情况下我学会了高度评价他并非常喜欢他。他对我来说就像一部音乐作品。[……]我不知道,是因为他绵软的发音,还是因为他灵魂的内在语调。在他的最后一封信中,他非常严厉地自我批评,并为嘲讽自己的所作所为而高兴。但这并不一定是发自内心的。我敢肯定'甜蜜法兰西'并没有给他带来好处。先生您一定有自己的看法。而我能看见斯拉夫人与德国人之间随处都可以找到互补的巨大可能性。"[29] "年轻的纳粹"给伊瓦什凯维奇的信中写道:"我非常高兴,先生您写的关于切希的事情。我也非常喜欢他——尽管他对我并不太好。法国带坏了他。但愿他在欧洲的北方变得好一些。他时刻准备报复性地毁灭他最好的一面:不惜一切代价将自己的热情(天真幼稚)变为那种法国人早已习惯的装腔作势(根本没有什么架构),并希望把这一切转变为自己的风格。为何波兰年轻的花朵不想在波恩留学,而只愿在巴黎留学呢? 在莱茵河畔他们一定能像鲜花一样美丽地绽放!"埃腾在另一封信的最后加上这样一句话:"请代我向切希问好。我不想从他的记忆中消失。"[30] "甜蜜法兰西"以及他那令人着迷的古典风格应该不会对米沃什产生不良影响,斯拉夫人与德国人对话的梦想很快就破灭了。三十年代中期的形势实际上还是很明朗的,在争议的过程中很可能还可以发现智力或精神上的相似之处:"与君特的相识还是让我很不安,主要是因为我们在很多问题上的想法一致,尽管我们仍相互缺乏信任,'年轻的纳粹',他吟诵了自己的诗,听起来宛如剑与剑的撞击声。"(《欧洲故土》,页204)他们都具有中世纪骑士甘愿流血牺牲的精神。他们两个人一致的想法主要包括:都对民主秩序持悲观态度,同时相信那些热烈追随民主制度的人也都是被蒙骗的。米沃什在巴黎召开的保护文化作家大会上再次意识到这一点。

对"反叛青年"来说,这就是一次"反法西斯的大会"——大会于一九三五年六月二十一日至二十五日在位于巴黎圣维克多路的互助之家(Maison de la Mutualité)举行。参会的代表来自十几个国家,其中有阿道司·赫胥黎、安德烈·纪德、安德烈·马尔罗、路易·阿拉贡、伊萨克·巴别尔、伊利亚·爱伦堡、鲍里斯·帕斯捷尔纳克……苏联高举反法西斯大旗,希冀在共产国际的领导下切断欧洲左翼的羽翼,而参加大会的米沃什对此心知肚明。他看到:"这是苏共在'保卫文化'的幌子下玩的把戏。"那时他已经非常清楚地了解了这两种主义要玩的把戏(他在《欧洲故土》中回忆道,他对训练有素的呆板的德国足球队球迷们伸出手向希特勒表示问候的姿势感到非常恐惧[31]),关于这两个国家之间和解的悲剧性困境,他写道:"是这样的一次大会:烟雾腾腾,通过了集体决议,审议通过了法案,掌声;镁光灯不停地闪烁,让人感到目眩,这也让我感到万分不安。对那些想在集权国家寻找拯救文化的人来说,他们在现代世界根本找不到根基——还有另一个痛苦的时刻。"[32]捍卫人道主义价值观的演讲声让他感到非常微弱、不着边际而且非常虚伪。正是在这里他遇到了那位他崇拜的德国神话般的骑士,这位德国人赠予米沃什自己的诗集,书上的赠言很独特:"生活高于造物主的法律"①……[33]

> 安德烈·纪德、阿道司·赫胥黎以及苏联作家们郑重地对自由、和平以及对人的尊重等问题发表了讲话,那时大厅里与他们相呼应的是四处洋溢的和平主义,这令我感到十分恶心。君特用手捂住脸,笑得脸都歪了。这里的气氛令我联想起了另一次在波兰召开的会议。那时我和我的那些持马克思主义观点的同学坐在一起,我

---

① 原文为法语:Au dessus de la loi le Créateur a posé la vie。

们嘲笑了那些发言者老处女似的用语的表达方式。我与君特保持
一致足以让那些像满口无牙的含糊其词表达自己观点的人以及那
些只看着烟幕通过表决宣言和决议的人感到愤怒。最终他的愤怒
与我一样：对文过饰非的愤怒，他宁愿他们使用的语言是赤裸裸的，
如他想象的那样更诚恳一些、更激烈一些。（《欧洲故土》，页205）

在巴黎的数月带给他的是灾难性的经历，但更是感觉得到的真实的心理
压力。"我记得那些你从巴黎寄来的信件，"多年后妮卡·克沃索夫斯
卡回忆说，"当然是我们三人在一起阅读你的来信：多莱克、耶日和我。
你有一封信是专门写给我的。多莱克为你信中的一句话感到窒息——
无论是怎样的形而上学——你写道——男人没有女人是很难受的。我
们都觉得你可能是搞错了地址。因为这封信是写给扎古尔斯基的，充满
了溢美之词。"[34]一群兴高采烈的女学生漫步在圣米歇尔大道上——
"现在哪里有七十岁呀？"（《猎人的一年》，页315）一位老年人叹了口气
说——此时他已经有过男欢女爱的经历，已不会像在华沙普拉加区的街
头遇到色情勾引时那样窘迫，尽管如此——伊瓦什凯维奇解释说——在
巴黎他没有陪同学们去过位于拉曼德大街的"妓院"。[35]在拉丁区闲逛
时他是否遇上过什么人，让他满足了感官上的饥饿？

　　在一篇他未写完的散文中我们看到："回忆我的愚蠢和不幸：在一
个咖啡馆前摆着一条长凳，坐在那里可以看见卢森堡花园，自从我在这
里亲吻过她后，有成千上万对人坐在那里，对我来说她应该是挺有名的
人。"[36]他用同样的语言，在《怎能忘记》这首诗中描写过这位妇女。这
首诗他于一九五八年创作完成，写于蒙日龙，但在获诺贝尔文学奖之后
才发表：

甚至当我坐上91路公共汽车，

206

路过丁香园咖啡馆前的长凳

它被巴黎冬天的雨水冲刷过多次。

在那里曾经的亲吻、星星，诸如此类。

（《诗集　第二辑》，页 257）

早在他一九五一年①于巴黎出版的《白昼之光》中我们就找到了这样的两首诗：

叶子覆盖住了时间

圣路易岛②

在黑暗中拭去亲吻的痕迹

在紫雾弥漫的时刻

在水上，在绚丽夺目的灯光下。

床单从洗衣机

拿出到篮子里，从此洗去了

她口红的痕迹

睡觉时头枕过的印记。

（《诗集　第二辑》，页 133–134）

207　还有发表于一九五二年的《华沙浮士德》，在这首诗里他再次提到卢森堡花园：

---

① 疑为 1953 年。
② 巴黎塞纳河上的小岛，位于巴黎的中心。

你看，

在这里，就在这个花园里我牵过她的手，

她的身体宛如燕子的身体

手掌在里面颤动。死亡。

我甚至不知道，是否可以说出来，

卡戎①的船把她带进了黑暗，

因为铁丝网、令人作呕、鲜血。

(《诗集　第二辑》,页137)

　　散在雪地上的微弱脚印看上去好像留在结霜的玻璃上鸟的爪印。是否从这些线条中闪过犹太女人的影子，其生命结束在了集中营？可能我们永远无法得知真相。但有可能，无论悲剧的结局如何，在巴黎这一定会是一段痛苦的关系，因为米沃什在草稿中有这样的记录："对我来说干谁都一样／反正完事了就会跟以前一样后悔"，"哎呀，多么令人难过的爱情游戏"。[37]

　　"在试图控制自己内心烦乱的同时，我强制自己，给自己订了计划，最好的方法就是循着已经订好的路线走。"他直至临终前还回忆起自己采用的与苦恼作斗争的方法。(《欧洲故土》,页204)住在拉普拉斯中心酒店，每周两次去附近的蓬图瓦兹游泳池游泳。他得经过库雅斯街、圣米歇尔大道和卢森堡公园才能到达那里，从那里再到位于覆盆子大道的法国文化协会。在那里他学习法文，写论文，参加各种考试，然后才可以获得"现代法国研究高级文凭"；最后还可以去巴黎天主教学院听关于托马斯主义哲学的讲座课。

---

① 希腊神话中冥王哈迪斯的船夫，负责将死者渡过冥河。

有的时候他还会去听音乐会,尽管音乐对他来说从来就不那么重要。有时候晚上他还会跟马切耶夫斯基一起去夏特莱剧院[38],为此他写道:"我假装去听音乐,其实我把注意力完全放在对夏特莱剧院的研究上,我买夏特莱剧院最便宜的票,坐在最高层,在那里可以俯瞰整个剧院。在剧院的下面举行的是一种奇怪的仪式,就是两根琴弓震动发出的,类似于风穿过弯曲的谷物发出的声音。"(《欧洲故土》,页 207)他在马切耶夫斯基面前假装听音乐,但又不想让他看出这一点。他对绘画感兴趣,喜欢这种视觉想象力,希望看到更多更好的绘画,他觉得伟大诗人密茨凯维奇的诗所表达的诗情画意能使他产生共鸣,而不像斯沃瓦茨基的诗,表达得更像音乐。他一定会本能地与奥斯卡·米沃什一样,坚信音乐太过情感化,语言的艺术必须与之分离开来。随着时间的推移,他把这一信念写进了《诗论》:"引诱了诗歌几个世纪的是 / 音乐似的押韵,梦境、乐曲。/ 诗歌无助地穿越了干燥、尖锐的世界。"(《诗集 第二辑》,页 171)

去剧院对米沃什来说更为重要,但因奖学金有限,没能常去剧院看演出。"首先,我的预算会彻底崩溃;其次,在盒子般的舞台上不停地说话和打手势让我感到无聊。让我感兴趣的是各种面具和语言,就是介乎于剧院和芭蕾舞团之间的演出。"(《欧洲故土》,页 207)后来米沃什到了维尔诺电台工作,他很快把创新形式的实验艺术在电台节目中推广开来,那时他还在奥斯特尔瓦领导的莱杜塔实验剧院兼职,但没有做更多的创新实验。更重要的是,他对演员的表演更感兴趣,这证明他感兴趣的是隐藏、面具和装假——以及演员面部表情的变化。在巴黎他至少看了一次表演,且一直记忆犹新,尤其是乔治·皮托耶夫①在戏剧表演中展现的寻找非自然主义的表达方式。这位俄裔演员、导演,也就是皮托

---

① 乔治·皮托耶夫(Georges Pitoëff, 1884-1939),法国亚美尼亚剧院的演员和导演,也是翻译。

耶夫,改编了皮兰德娄的剧本《今晚我们即兴表演》。这部剧的主演是鲁德米拉·皮托耶夫①,她是著名的女演员——正如法国的文艺批评家们所写的那样——"她风情万种、妩媚动人",《欧洲故土》的作者形容说"她可能是我们这个时代最伟大的演员"。(同上,页207)米沃什在《插图周刊》发表文章评论这场演出说:"我不能不讲一个场景,即演员们上演的一出古老的婚礼场景:在演出休息期间姐妹们在换衣服,米莫要上台了,那是一个十年以后要发生的事情[……]盛宴临近了——一个人手里拿着粉饼,另一个人拿着口红,第三个人拿着一件黑色的大衣。他们给她化妆,在她头上喷了银粉使头发变白——完全辨不清她们是姐妹俩还是演员。他们与她告别时泪流满面——鲁德米拉·皮托耶夫一句话也不说,一动不动地站着,她的脸显得越来越疲惫,这张脸在年轻人中变得越来越老,身穿浅色衣服风度娴雅的形象令人震撼。"[39]他后来多次提到这一场景:"怜悯和悲剧的威胁从未如此强烈地让我感到沁人心脾。最终,这成了我不断沉思的话题:毁灭性的衰老和个人的本质与国家的体制。也许所有诗歌就是这样。"(同上,页208)

试图毁坏的是哪些画呢!至少,是他最看重的那幅画吗?一九三五年初米沃什去卢浮宫看了"写实画展"。画展主要表现卡拉瓦乔以及荷兰画派对十七世纪法国绘画的影响。"写实绘画"这个词有可能就是他自己作品的座右铭——尽可能多地从能看得见的世界不停地尝试捕捉和某种救赎。约瑟夫·潘凯维奇的思想与米沃什的个人直觉十分吻合,因此他与一组人一起听着讲解,漫步在卢浮宫长长的大厅之中,欣赏着乔治·德·拉·图尔、让-巴蒂斯·卡米耶·柯罗、克洛德·洛兰的画作,还有彼得·勃鲁盖尔的《盲人的寓言》,以及博斯、扬·范·艾克和荷兰的静物画以及风景画,还参观了由巴黎小皇宫美术馆举办的意大利画

209

————————
① 鲁德米拉·皮托耶夫(Ludmila Pitoëff, 1895-1951),法国女演员。

家的画展(多梅尼科·威涅齐亚诺、丁托列托、提香、拉斐尔……)。还有来自格勒诺布尔市①博物馆的收藏品以及雅各布·巴萨诺、格雷考·埃尔、加纳莱托、雷诺瓦、皮埃尔·波纳尔、安德烈·德兰、亨利·马蒂斯以及毕加索的绘画。

米沃什回到维尔诺之后在《垂直线》杂志上发表了两篇关于巴黎画展的评论文章,主要是依据他在卢浮宫漫步时的记忆,同时也包括他在比利时访问时参观弗兰德斯绘画艺术②展的回忆。"可以与汉斯·梅姆林③结为好友,也可以屈服于彼得·勃鲁盖尔以及他儿子的可怕魅力。勃鲁盖尔的崇拜者们大饱眼福,因为整个大厅只有他的巨幅画《盲人的寓言》,还有他的其他画如《绞刑架下的舞蹈》以及《疯狂的梅格》等。但最令人震撼的是那幅《伊卡洛斯的坠落》以及几幅海洋绘画(真的!)。"他评论着,又重点强调说:"在他们当中含有清醒也含有一些神秘的东西(但很多评论与他完全不同),那个写实就是过度曝光并反射出完全自由的想象图像。"[40]因此他特别关注画布,随着时间的流逝,波兰的诗歌就留在了上面,对于长了翅膀的年轻创作者来说,这可以作为与自我保持距离的教训。同时他也特别强调了自己的立场,他的辩护可能就是他在三十年代下半叶在公开发表的演说中做出的最重要的表态:从宗教角度看问题与政治毫无关系,与"混沌的概念"和作为不被理解和欺骗的神秘主义完全无关。神秘主义并非完全与现实相悖,只要后者不是被无知地理解——读者和艺术画廊的参观者给我们讲解了奥斯卡·米沃什的文章。还有一些其他的与观看了《盲人的寓言》的绘画有关的反响,那就是

---

① 格勒诺布尔(Grenoble),法国东南部城市,奥弗涅-罗讷-阿尔卑斯大区伊泽尔省的一个市镇。

② 十五世纪早期至十七世纪弗兰德斯地区(今比利时西部、法国北部、荷兰沿海部分地区)美术的通称,代表人物有勃鲁盖尔、鲁本斯、凡·戴克等,对欧洲美术的发展有很大影响。

③ 汉斯·梅姆林(Hans Memling,约1430-1494),德裔荷兰派画家。

他在一九三五年秋写的一首诗,题为《致彼得·勃鲁盖尔》。(《诗集 第一辑》,页56)与此同时,诗的作者回到自己的祖国后给伊瓦什凯维奇写了一封信:"漫步在维尔诺,我发现了一些全新的事情:这里的云朵与安德烈亚·曼特尼亚①画上的云彩一模一样,像萦绕在教堂尖顶上的花环。"[41]

在引用的文章中,他还描写了与潘凯维奇见面时他们一起去看了勒奈恩三兄弟②和德·拉·图尔兄弟的画作:"前所未有的新鲜气质[……]。从展览中获益匪浅——赞美和道德科学。"也许科学就是对现实的尊重,接受悲惨的世界秩序,转向外界,而不是专注于内心。也可以理解成他对初次接触凡·高画作的回忆:

210

在我反抗某种不合规范的过程时,我浑身犹如被电击过一样。"这画画得太乱了,天空不能这么画!"人们很容易会给我的这种惊叫打上小市民迷信的标签。但说到印象派和立体派,我很清楚,即涉及现代艺术理论时,我其实积累了相当多的知识,我认为在我的这种惊呼声中还隐藏着更多的东西。对于一切有思想的作品,我都会带着激情说好或是不好。我不反对任何流派和专业,但是在同一个流派和专业中,对我来说有些人是脱离苦海,另一些则要遭受谴责。这取决于他们内在的东西是否和谐,我内心感受到了什么,如果让我掌握政权,我可能会是一个很危险的人,我就会是"堕落艺术"的毁灭者,即使我以自己的方式理解了,但与政治家的庸俗思想毫无任何关系。但要让我大声表达我厌恶什么爱什么那就有点太难了,因为我无法清晰地定义它们,为此我就采用了一种惯例,根

---

① 安德烈亚·曼特尼亚(Adnrea Mantegna,约1431-1506),意大利画家,也是北意大利第一位文艺复兴画家。

② 分别指路易(Louis)、安东尼(Antoine)和马蒂厄·勒奈恩(Mathieu Le Nain),十七世纪法国画家。

据该惯例,现代的就是非常好的,对凡·高产生的瞬间的愤怒只能是在私下说说并且羞于启齿。(《欧洲故土》,页208)

的确,与其说他在与同龄人的交谈中接受了这些惯例,不如说他肯定不可能在潘凯维奇面前掩饰自己的不安。潘凯维奇反对浪漫主义在艺术中的传承,因为崇拜传统的绘画、崇拜意大利的文艺复兴以及荷兰人的绘画,对那些古老的艺术家们来说:

> 先生啊,喝什么样的果汁,就会得到什么样的健康,就会产生什么样的物质和元素!如今甚至在塞尚那里,您也找不到这种物质,也许正因为此,物质太丰富了。因此就是一个不知名的画家画了这个,如很多人那样就这样画了!那时候有学校,有手工作坊,所有关于艺术方面的知识和科学都被认为是有害的,从而会导致错误的抽象化和天真的假象。我开始怀疑,如今是否需要艺术,意即是否有存在的理由。我们其实是为了自己的绘画乐趣而作画。是否有足够的动力创造能够生存的作品?[42]

奥斯卡·米沃什也可能会重复这些说法,其实——尽管他对现代艺术更感兴趣——他在巴黎度过的短短一个月的时间里,是他的亲戚培养他形成了自己的审美,从那时起,他就在记忆中储存了与自己比较亲近的画面,根据自己的标准评定那些画的价值。

211 　　潘凯维奇给年轻诗人的建议对米沃什也很有帮助。他特别提醒米沃什注意画面上的光的表现手法,让他注意洛兰和荷兰人在画布上光的画法,特别强调天空的光照明亮程度的差异以及地面物质的阴暗密度的表现手法(米沃什后来在关于小鸟的诗歌中写道:"大地对它们来说是什么? 湖水的黑暗。/ 黑夜永远地吞噬了大地,而它们 / 就像在黑色的波浪上那样飞跃在灰暗之上 / 光拯救了房子和岛屿。"《诗集 第一辑》,页204)是潘凯维奇教会了正在发展中的艺术家掌握观察的方法并准备在不久后介绍他第一次接触意大利人。多年后米沃什也说过:"与潘凯维奇交谈让我学到了很多。"甚至他还强调:"作为诗人,我要像感恩文学那样感恩绘画。"[43]一九四六年他在接受采访时解释说:

绘画的表面、颜色、光和画本身——都能表达出它与人的现实关系,那是在诗歌中难以捕捉到的;[……]绘画的主题及其处理方式对于画家而言极具意义并极具代表性,特别是对其精神内涵和艺术内涵十分具有代表性。[……]我自己喜欢的画家有马奈和德加,因为对我来说,他们具有深邃的精神内涵。[……]在他们的画面上能感受到在习俗背景下、在时代背景下人体学研究的大趋势,与此同时还表达了一种非常人性化的东西,对生理生活的节奏具有某种特别的、讽刺的意味。[……]看德加的画会有非常亲切的感觉。[……]从他画面上的舞女和熨衣女工身上能感受到艺术家与人的关系——同时包含着难以言喻的讽刺和慈悲,客观性和主观性。[44]

这个后背。浸于恒久的厄洛斯之物,
双手为繁茂的、红色的
头发梳着大辫子,辫子垂在脑后,
大腿和下面另一只脚的脚掌。
因为坐着,张开弯曲的膝盖,
手臂的运动露出乳房的线条。
这里,毫无疑问,在一个世纪和一年之中
她们过去了。怎么去接近她?
怎么去接近那个身穿黄色睡裙的女人?

[……]

我们人类性交充满苦涩的味道

因为熟悉的触摸,贪婪的嘴,

臀部的形状和关于不朽灵魂的教诲。

穿上衣服,离开。像大海的波浪不停翻滚、变化。

只有红色的毛发在深渊中闪光。

(《诗集 第五辑》,页 141)

212 ——我们在《德加的粉彩》中读到这样的描写。感觉和压痛——是我们可以形容的。那么奥斯卡·米沃什说出了这种感觉,爱恋的"人们,古老恋情 / 被慈悲利用,孤独和愤怒"。

拥有神圣的视野,至少他可能在过去某些大师的画布上感受到那种视野,与圣托马斯的思想完美融合在一起,清晨在位于阿萨斯街的天主教学院上的课中加深了印象。这节课由拉勒芒神父教授,他在黑板上画了一个同轴轮,表示众生的等级。不久后,米沃什开始在他的艺术评论文章中使用源自托马斯主义的哲学概念,文中涉及更多的是个人价值,而不是创造力的价值:是关于抗击空虚的解药。"对我这一代人来说,小心翼翼地学习托马斯主义是一种趋势,但不能说他们是为了追求时髦,"他从一个成熟的男子和作家的角度写道,"值得学习了解托马斯主义,甚至哪怕是表面上了解一些也值得。鉴于这一点可以理解为,怎样愉快地赞美世界——例如巴赫和莫扎特他们是怎么成功的。在建筑施工过程中,有一个程序是将水泥注入地面,如果水泥不夯实,那就打不好基础。而圣托马斯的哲学体系正是这水泥。"[45]

影响会扩大,米沃什将利用托马斯主义的水泥。尽管这是一种很特别的方法,在波兰被德国占领期间,米沃什撰写的《世界》系列诗中的《天真的诗》将托马斯主义哲学与讽刺相结合。不过目前他正在学习里尔克用法文撰写的诗,同时还在阅读保罗·瓦莱里的诗歌《海滨墓园》。那时这位经典诗人尚在世,但他对瓦莱里提出的诗歌"纯洁性"以及音乐性的观点进行了批评,无论是在他当时写的新闻通讯中[46]还是在几十年后书写的诗歌中:

> 巴黎城中的一名自信学生
> 是来自一个叫"任何地方"的边疆的居民,
> 他得到了一张法兰西学术院
> 著名诗人朗诵会的门票。
>
> [⋯⋯]
>
> 他的听众,也就是这位学生,
> 那时正好在别处:
> 头发因惊恐竖了起来,
> 耳朵听着众人的叫喊声,
> 跑到冰天雪地里
> 那里的冰霜犹如铁丝网
> 成为他朋友与敌人的
> 不幸的魂灵。
>
> 不过他还足够明慧
> 为了向诗人表示

213

佩服他在不愉快的环境中

礼貌地努力去接受：

努力去适应

这些势利眼们以及他们的掌声

同类相食者和本世纪的战争。

因为发言者只是伪装，

他是他们中的一员，与他们在一起。

其实他是在自己的孤独中

呆坐着并数着音节。

对建筑感兴趣

对各种水晶感兴趣

尽量回避那些

普通人的事情。

——他在《朗读》一诗中这样写道。（《诗集　第五辑》，页10）他迫使我们去反思，我们是否真正预感到了大屠杀、死亡、战争，他内心的这种预感十分强烈，或者说，他与法国诗人"非人类"的完美十音节诗的相遇，是否强化了米沃什末日预言的紧张感，还是成了加速他精神转变的催化剂？也许是这样吧。不管怎么说，在这一时期他还给伊瓦什凯维奇写了一封非常重要的信——有一部分已经引用过——信中说："随着我发现的东西越来越多，我对以前所知道的事情的盲目感就会减少许多。［……］马克思主义以及对一切人的尊重是可以从外部衡量的，［……］所有这些善意如何都落到谷底——生活的大小是无法估量的，必须感谢引领我们的双手。至暗时刻对我来说是非常有害的，但也存在着一种真正的意义。我对法国人没有什么同情，也毫无钦佩之情，但是他们没有想到的是,对我来说,除了各种课、博物馆和书籍之外,还有一种内心的工作,一如既往,它不归功于我们自己,它是我们获赐的。"[47]

当然——他完成了工作。有次对话可以证明这一点,声音很温柔:"耶日:你们还记得对马克思主义的那种痴迷吗?我们那时还为出版著名杂志《路障》筹钱呢!我们相信通过革命拯救世界。如果我们当中有谁生了一个女儿,那就会得到一个具有社会主义特点的名字。扬(笑着说):好像是在哪里下了一场雪,过去的雪在哪里呢?"[48]这段对话大约是在一九三四年和一九三五年之交,或许是因为泰奥多尔·布伊尼茨基的第一个女儿阿涅拉的降生,其实这是为将要降生的孩子起名字的一次演出场景。这是一个小品,也是一次对话,主要描写的是一个生日——私人——滑稽情节,是泰奥多尔及其妻子以及他们的朋友——康斯坦丁、扬、耶日、托马什的对话。有些人的名字与现实中的真人名字有点对不上:托马什是米沃什读过的伊瓦什凯维奇的小说《红色盾牌》中的人物,后来米沃什在《伊萨谷》这部自传性的书中也用了托马什这个名字。与此同时,我们倾向于认同耶日这个名字就是扎古尔斯基,这令米沃什回想起他的童年。那么康斯坦丁就是那位当时住在维尔诺的多莱克的朋友加乌琴斯基,还是与他在"皮尔马斯"酒吧一起喝过酒那几个人,或许是诗人记录下的自己的反思和疑问?扬解释说:"他与泰奥多尔不同,不想结婚,因为他害怕自己一个人来承担所有的邪恶与危险。"但康斯坦丁却讽刺地说:"我嫉妒那些人,对于他们来说,资本主义世界的衰落解开了所有秘密。"当然,过于严肃认真地对待已经创作好的这个小品可能也是言过其实,但至少某种程度上展示了不久前演过的那部小品的精神,因此很难不会注意到结尾那句话的严肃性:"当所有人都很盲目时,我们维护了一点时代的真理";"我们当时不会相信,但我们会拒绝谎言";"我们真的会吗?"

幸运的是这部作品取自保存下来的一部笔记。[49]米沃什大致是在

214

巴黎当奖学金生时做过该笔记，因此我们有机会看到他当时的工作状态。这是一部他未完成的作品的草稿（"我很高兴生活在一个毁灭的时代 / 让我看到战争给世界带来的恐怖灾难，可任何谎言都遮不住他可怕的脸"），其中有来自民间歌曲的歌词[50]，前言选自一篇文章并引用了圣经文句。这大概就是他听拉勒芒神父讲课的笔记，在这里与他在克拉斯诺格鲁达庄园的生活相吻合。诗歌后续版本的目录——肯定是为设计一部书用，结果随着时间的推移就成了《三个冬天》这部书——其中带有批判性的"激情"注解，米沃什几乎将其所有发表过的作品都收进了《诗歌……》。我们另外还找到一个笔记："达伊诺——不纯洁的意图"，在笔记的旁边还有一张肖像画——看上去像是因为生气而紧绷着的脸庞。

他看着这个笔记，后来在回忆性的自传中提到了他给伊瓦什凯维奇写的一封信，从中可以看出，他在巴黎的数月一直不停地创作，还大量地阅读和参观。但最重要的是他的内心发生了变化。在爱情中所受的伤痛在多大程度上愈合了，肯定与和雅德维嘉·瓦什凯维奇分手后作出的最终决定有关。胆小的年轻人逐渐远离过去，诗人开始意识到自己的目标和价值观。外省人第一次接触到西方世界，为自己后来在战后移居巴黎铺平了道路，他结交了很多熟人，也获得了自信，这将在以后发表的跟法国有关的文章中体现出来。巴黎这座城市有自己特殊的历史，华丽、不公、优美随处可见，但他从自卑走向了成熟，拓宽了视野。与此同时，他的叔叔给予他高度评价，告诫他不要太崇拜文学市场上那些所谓的名人。他在维尔诺留下的回忆，迅速发展的现代化巴黎以及奥斯卡·米沃什的悲观主义，这一切都变成了他的创作激情："那些在东欧人口中提起的名人的名字他已不再另眼相看，奥斯卡·米沃什教育了他，就像给他猛烈一击。而今天在我看来，这一击是有目的的。东欧人面对文化中心的虚伪态度其实源自他们的自卑：他们只会模仿，而不敢反对；只想接受他们光的照耀,而不是做好自己。正是由于他的存在,也正是因为他给我的治疗,也多亏了这种治疗,我蔑视波兰那些所谓的先锋派的圣徒,我跳出了他们的圈子,用耳朵捕捉到了巴黎新奇的东西。"(《欧洲故土》,页209)

注释

[1] 在去往维斯瓦河畔的路上吗?米沃什将1934年确认为第一次到克拉科夫的时间,并对这个城市一见钟情。参《波兰对话:1979-1998》(克拉科夫,2006),页26。

[2] 参:"维斯瓦河畔之旅对我产生了一定的影响,那个假期我第一次去巴比昂山和扎科帕内镇远足。那里是波兰景色集大成之地。"见《米沃什矛盾自画像:对话亚历山大·菲乌特》,页337。

[3] 摘自切斯瓦夫·米沃什写给雅罗斯瓦夫·伊瓦什凯维奇的信,1934年11月7日。(波兰科学院文学研究院图书馆)

[4] 准确地说是约瑟夫·马希林斯基编辑的"文学专栏"。

[5] 他读过未受审查的《查泰莱夫人的情人》俄文版才知道这些。摘自切斯瓦夫·米沃什写给雅罗斯瓦夫·伊瓦什凯维奇的信,1935年1月11日。(波兰科学院文学研究院图书馆)

[6] 切斯瓦夫·米沃什,《二十三周年赞美诗》,载《垂直线》,1935年第1期——《三个冬天》诗集中的诗作为赞美诗出版。有意思的是,在这一期的《垂直线》中,欧根纽什·岑卡尔斯基刊发了自己的文章《波兰电影的崭新道路》。他是切斯瓦夫·米沃什未来的妻子雅尼娜·德乌斯卡-岑卡尔斯卡的前夫。

[7] 摘自切斯瓦夫·米沃什写给伏瓦迪斯瓦夫·塞贝瓦的信,1935年3月23日。(华沙文学博物馆)

[8] 在克拉斯诺格鲁达的家族图书馆保存着他的书。

[9] 从波托茨基那里米沃什第一次听到了约瑟夫·毕苏斯基的演讲,于是在《诗论》中写下:"我在历史里停顿片刻";《诗集 第二辑》,页190;参《大洲》(克拉科夫,1999),页301。

[10] 瓦莱特大街的疗养院在二十年代末三十年代初成为"众多艺术家和波兰人的栖息地,其中有亨里克·斯塔热夫斯基和立陶宛诗人尤扎斯·提斯里亚瓦"。见扬·布冉科夫斯基,《在克拉科夫和巴黎:印象随笔》(华沙,1968),页84。

[11] 切斯瓦夫·米沃什,《在厕所里》,载《维尔诺快报》,1935年2月24日;《年轻思想的冒险》,页98。

[12] 摘自切斯瓦夫·米沃什写给雅罗斯瓦夫·伊瓦什凯维奇的信,1934年11月28日。(波兰科学院文学研究院图书馆)

[13] 参切斯瓦夫·米沃什,《气质,巴黎来信》,载《维尔诺快报》,1935年3月10日;《年轻思想的冒险》,页105-107。

[14] 切斯瓦夫·米沃什,《这里你可以呼吸到祖国……巴黎来信》,《维尔诺快报》,1935年7月7日;《年轻思想的冒险》,页114-116。

[15] 扬·塞鲁奇(切斯瓦夫·米沃什),《诗》,日期不明,地点不明(华沙,1940)。

[16] 摘自切斯瓦夫·米沃什写给雅罗斯瓦夫·伊瓦什凯维奇的信,1935年5月27日。(波兰科学院文学研究院图书馆)

[17] "我已经不像几年前(十二年了!)那样疯狂地爱着你了,但你已成为我心中最亲密的人。"1946年8月19日波赫维奇从哥本哈根给米沃什写信说。(拜内克图书馆)

[18] "我第一次听说他是在1934年,那时我住在拉曼德街上的房子,在音乐厅正在上演米奇勒斯基的一两部赞美曲——那时他还是娜迪亚·布朗热的学生。我还记得:'跳舞的房间,桌子 / 四匹马,第五匹麝牛'是布鲁诺·雅谢斯基《关于雅库布·舍拉的词语》中的歌词。为了让加里西亚伯爵选中这部剧,我们在维尔诺的1935年和1936年之交的冬天没少费口舌。后来我们见过几次,主要是在巴黎,也通过信,我还去过加利福尼亚的奥亚伊看他,那时他在那里度假并作曲。"摘自《猎人的一年》,页95。

[19] 摘自切斯瓦夫·米沃什写给雅罗斯瓦夫·伊瓦什凯维奇的信,1934

年 11 月 28 日。(波兰科学院文学研究院图书馆)

[20]《纽约的斯卡曼德人》,采访菲丽西亚·克朗措娃,载《横截面》,1990 年第 2342 期。另见菲丽西亚·利勒波普·克朗茨,《折返》(比亚韦斯托克, 1991)。

[21] 参亚历山大·扬塔,《关于莱宏选集中的作家题词》,收录于《空无一人》(华沙,1977),页 272。

[22] 摘自切斯瓦夫·米沃什写给雅罗斯瓦夫·伊瓦什凯维奇的信,1934 年 12 月 19 日。(波兰科学院文学研究院图书馆)

[23] 摘自切斯瓦夫·米沃什写给雅罗斯瓦夫·伊瓦什凯维奇的信,1935 年 2 月 18 日。(波兰科学院文学研究院图书馆)

[24] 摘自切斯瓦夫·米沃什写给雅罗斯瓦夫·伊瓦什凯维奇的信,1935 年 6 月 13 日。(波兰科学院文学研究院图书馆)

[25]《扬·莱宏的客人留言》,贝娅塔·多罗什统筹(托伦,1999)。

[26] "那是 1934 年秋天某日的清晨时分。我从拉曼德街的波兰留学生宿舍出发,走到附近巴蒂尼奥勒大道上的克利希地铁站,乘地铁在马勒塞尔布下车,在马勒塞尔布广场边找到了写着'立陶宛解放军'的牌子。奥斯卡·米沃什正等着我。他和我说,一会儿会有一位来自君士坦丁堡的希腊诗人过来和我们一起吃早餐,他用法语和波兰语写作。完全是语言现象。那个年轻人来了后,我记得,我们三个人走着去了一家饭店,具体什么店我已经记不清,可能是意式的波卡蒂餐厅,歌剧院边上的,因为奥斯卡总是在那里请客。"摘自《米沃什词典》, 页 269。

[27] 1948 年波兰文版本的名字是"血泊中的巴黎"。

[28] 切斯瓦夫·米沃什,《让·卡苏作品》,载《卡片》,1936 年 5 月 25 日;《年轻思想的冒险》,页 158-167。

[29] 摘自君特·埃腾写给雅罗斯瓦夫·伊瓦什凯维奇的信,1936 年 3 月 12 日,见佐曼·利兹,《波德会:雅罗斯瓦夫·伊瓦什凯维奇与斯特凡·格奥尔格》,玛乌戈热塔·乌卡谢维奇译(波德科瓦莱希纳,1998),页 175。

［30］摘自君特·埃腾写给雅罗斯瓦夫·伊瓦什凯维奇的信，1936 年 3 月 12 日，摘自佐曼·利兹，《波德会》，页 173。

［31］"如果那时我怀疑，已经发生的，和该发生的就会发生，那我会压抑住承认预言合理性的声音。刚刚在萨尔区举办的法德对抗足球赛更让我确信这一点。乘大巴来观赛的德国人坐满了三分之一的看台。究竟是体育竞赛还是假想的战争？他们高喊点球，挥舞着带纳粹标志的旗子——实在应该抵制这种显而易见的意图。"摘自《欧洲故土》，页 206。

［32］切斯瓦夫·米沃什，《反法西斯大会》，载《反叛青年》，1935 年 7 月 20 日；《年轻思想的冒险》，页 117-120。

［33］参《现代传奇》，页 193。

［34］摘自妮卡·克沃索夫斯卡-沃尔曼写给切斯瓦夫·米沃什的信，1964 年 9 月 9 日。（拜内克图书馆）克沃索夫斯卡在 1978 年第 1-2 期《文化》上发表的《这些年留给我什么？》一文中回忆说，米沃什从巴黎写来的信"我很认真地看过，他在信里详细地描述着，他看到了什么经历什么，有些信写得很高兴"。

［35］"波兰人就是波兰人，我认为，我不会改变这个看法，我觉得他们坏得很，我不和他们为伍。"摘自切斯瓦夫·米沃什写给雅罗斯瓦夫·伊瓦什凯维奇的信，1934 年 12 月 19 日。（波兰科学院文学研究院图书馆）

［36］论文提纲，《这是我们存在的事》。（拜内克图书馆）

［37］切斯瓦夫·米沃什 1934 年练习本。（拜内克图书馆）

［38］"马切耶夫斯基太可爱了，我们一起去听音乐会，最常去夏特莱（四楼，三法郎，舞台看起来就像在井里，只看得见乐团的秃脑门）。不久后巴克豪斯来了，这是个有趣的贝多芬弹奏家，他们很无聊，每周六都唱拉威尔的《堂吉诃德致迪尔西内》，特白痴的演唱，音乐厅里充满激情，震天响。"摘自切斯瓦夫·米沃什写给雅罗斯瓦夫·伊瓦什凯维奇的信，1934 年 12 月 19 日。（波兰科学院文学研究院图书馆）

［39］切斯瓦夫·米沃什，《皮托耶夫剧院的皮兰德娄》，载《插图周刊》，

1935 年 3 月 10 日;《年轻思想的冒险》,页 101-104。

[40] 切斯瓦夫·米沃什,《三场展览》,载《垂直线》,1935 年 12 月 21 日;《年轻思想的冒险》,页 140。

[41] 摘自切斯瓦夫·米沃什写给雅罗斯瓦夫·伊瓦什凯维奇的信,1935 年 9 月 13 日。(波兰科学院文学研究院图书馆)上一封信里(1934 年 12 月 19 日),米沃什把伊瓦什凯维奇和司汤达相比,很有意思:"我漫步在卢浮宫,感受着绘画中的《红与黑》,我总会想,这个配色好。而那些宁愿看电影的波兰人,起码要看普多夫金的。"

[42] 约瑟夫·查普斯基,《约瑟夫·潘凯维奇:生活和作品,谈谈艺术》(卢布林,1992),页 157。

[43] 玛丽亚·哲平斯卡,《诗人谈绘画,对话切斯瓦夫·米沃什》,载《艺术观点》,1946 年第 1 期。

[44] 他害怕被指控为社会现实主义,于是又说道:"我并非要将绘画主题分成高低上下,也并非要说服艺术家去创作历史政治类作品。这类构图创意往往排在绘画之后,多少由艺术创作的需要决定。"(同上)

[45] 切斯瓦夫·米沃什,《布鲁嫩的星期天》,载《文化》,1954 年第 3 期,再版收录于《形而上学的停顿》。

[46] 切斯瓦夫·米沃什,《瓦莱里和恋人们,巴黎来信》,《维尔诺快报》,1935 年 2 月 3 日;《年轻思想的冒险》,页 94-96。

[47] 摘自 1934 年 12 月 19 日切斯瓦夫·米沃什写给雅罗斯瓦夫·伊瓦什凯维奇的信。(波兰科学院文学研究院图书馆)

[48] 切斯瓦夫·米沃什,散文草稿《她会看见》。(拜内克图书馆)

[49] 在看得见生产厂家"BRULJON"的笔记本封面上,米沃什手写下"studja"①和"1934 年"(根据位置形状判断)。笔记本内页光滑,他用黑色或者蓝色墨水书写,有时用红铅笔划重点,有时也标注一些特点鲜明的草图——多为寻

---

① 米沃什将波兰文"学习"一词中的 i 相应改成了 j。

找答案的思考导图。在此摘取一段写在本子里的诗："你这个悲伤的破坏之源，／梦境之都，多么悲伤。／ 集会上火焰冲天，浓烟滚滚，／ 风，拍打着画布。"他一直记着这个片段，后来把它用在了落款为"1942 年于华沙"的《徘徊》一诗中。该诗相应片段为："你多么悲伤，沉默之都，／ 梦境之源，多么悲伤。／ 集会上火焰冲天，浓烟滚滚，／ 风，拍打着画布。"见《诗集 第一辑》，页 170。

［50］"对齐吧，上帝，头与尾，／ 你得整整齐齐！／ 带来吧，上帝，我的爱人，／ 带来黎明！"；"一圈，一圈 ／ 太阳来了"——也许这是他和科塔尔宾斯基见面时写的，因为科塔尔宾斯基经常哼唱后面那段歌词。见切斯瓦夫·米沃什，《单独的笔记本》，收录于《诗集 第三辑》，页 234。

切斯瓦夫·米沃什的父母：来自库纳特家族的维罗妮卡和亚历山大·米沃什

亚历山大·米沃什（左五）在停泊在叶尼塞河口的"正确"号船甲板上，弗里乔夫·南森（挪威极地探险家）居照片中间，摄于1913年

在塞泰伊涅。左一：维罗妮卡·米沃什,旁边是她的妹妹玛丽亚·尤莱维奇,保姆怀抱着的是——小切希

维罗妮卡与四岁的儿子在塞泰伊涅的公园

来自沃帕钦斯基家族的斯坦尼斯瓦娃·米沃什与其两个孙子切斯瓦夫和安杰伊

来自塞鲁奇家族的尤瑟法·库纳特与其女儿维罗妮卡

两岁和十岁时的切斯瓦夫·米沃什

中学时的米沃什

在克拉斯诺格鲁达庄园的客厅里。右一：亚历山大·米沃什和雅尼娜·涅曼托夫斯卡。钢琴旁坐着的是：伏瓦迪斯瓦夫·利普斯基，摄于 1927 年

克拉斯诺格鲁达。切斯瓦夫·米沃什居中，举着双手。左一：弗洛伦蒂娜·库纳特。右三：尼娜姨妈，就是来自库纳特家族的雅尼娜·涅曼托夫斯卡，约摄于 1931 年

艾拉姨妈,就是来自库纳特家族的嘉布蕾拉·利普斯卡

爱德华·科兹沃夫斯基,少年米沃什的情敌,米奇斯瓦夫·科塔尔宾斯基的铅笔画。选自照片《身穿旧毛衣的小伙子》,该画于华沙起义期间被烧毁

在克拉斯诺格鲁达庄园前客人们的合影。左一柱前:来自库纳特家族的嘉布蕾拉·利普斯卡

高考前的切斯瓦夫·米沃什

八年级时的切斯瓦夫·米沃什（站立，左六）

……高考后（站在最后一排，左一）。坐着的人当中有莱奥帕德·霍姆斯基神父（左三）和玛利亚·斯塔宾斯卡-普日贝特科

"PET"组织成员。切斯瓦夫·米沃什站在左三,他旁边是斯坦尼斯瓦夫·斯托马和伊格纳齐·希维安茨茨基

高考后……

维尔诺流浪汉学术俱乐部成员在自己的"洞穴"中。最后一排左四：切斯瓦夫·米沃什，摄于 1930 年 3 月

在瓦茨瓦夫·科拉别维奇家中。左五：切斯瓦夫·米沃什，摄于 1929 年 11 月

在涅里斯河中裸泳，结果被警察捉住罚款。他们当中有：泰奥多尔·布伊尼茨基、斯泰凡·岩德列霍夫斯基、切斯瓦夫·莱希涅夫斯基、切斯瓦夫·米沃什和莱赫·贝纳尔，也就是后来的帕维乌·雅谢尼查，摄于 1930 年 5 月 25 日

维尔诺东欧科学研究所成员。左四：尼卡·克沃索夫斯卡。左五：伏兰齐舍克·安采维奇，绰号"Draugas"

在维尔诺的鲁德尼茨基
咖啡馆内

三十年代的
切斯瓦夫·米沃什

奥斯卡·米沃什

雅德维嘉·瓦什凯维奇与切斯瓦夫·
米沃什在维尔诺附近的巴尔奇亚

波兰电台维尔诺播音组。左一：切斯瓦夫·米沃什

1935 年雅尼娜·岑卡尔斯卡的身份证件照片

塔德乌什·尤利乌什·克朗斯基　　1942 年的切斯瓦夫·米沃什

耶日·岩德列霍夫斯基、切斯瓦夫·米沃什与卡齐米日·维卡,摄于 1941 年

在波兰驻华盛顿大使馆。左二：切斯瓦夫·米沃什；右二：扬卡

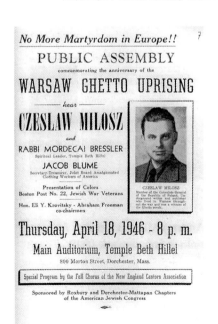

为纪念华沙犹太隔离区起义，切斯瓦夫·米沃什的诗朗诵海报，时任波兰驻纽约领事馆文化和新闻官员，摄于 1946 年

雅尼娜·米沃什在波兰驻华盛顿大使馆内

约瑟夫·维涅维奇大使夫人、切斯瓦夫·米沃什以及外交部长夫人纳塔莉亚·莫哲莱夫斯卡在华盛顿开罗俱乐部中,摄于 1947 年

安杰伊·米沃什与切斯瓦夫·米沃什在索波特栈桥,摄于 1949 年

第二十四章 "整个宇宙都围绕我们转"

与巴黎叔叔的谈话[1]给予米沃什的不仅仅是一种带有批判意识的距离感,即疏离年轻时紧跟时代潮流、与时俱进、紧抓一切时兴事物的强烈需求。多年后,《乌尔罗地》的作者把他与叔叔的见面与某种特殊情况进行了比较,并比喻道:这就好像有人"在田野里发现了一个宝藏并将该宝藏继续放在一口锅中埋着,因为找到的财富已经毫无价值也没有任何用处"。(《乌尔罗地》,页86)

获得政府基金的奖学金生出于礼貌,理应去拜访波兰驻法国大使馆,但他却很少去,因为他忍受不了——就像他感觉到的那样——那里奸猾虚伪的气氛。他反而经常光顾位于马勒塞尔布广场14号[2]的傅尼耶酒店里的立陶宛驻法国代表处,不过他在表面上不敢炫耀——因为"波兰和立陶宛那时还没有建交,弄不好很容易被扣上叛徒的帽子"。(《欧洲故土》,页194)他认识了当时的议员佩特拉斯·克利玛斯①和立

---

① 佩特拉斯·克利玛斯(Petras Klimas, 1891-1969),立陶宛历史学家、外交官,1918年立陶宛独立法案的签署人之一。

陶宛代表处的秘书、他的老乡尤欧扎斯·乌尔伯塞斯①。但更多时候，他会坐在叔叔的办公室里，或者与他一起去离歌剧院不远的意大利波卡蒂餐厅吃饭。

　　在与《米格尔·马纳拉》的作者的交谈中，他们已经不大谈论三十年代的事情了，而更多地谈论奥斯卡·米沃什于世纪之交在巴黎的利拉斯与一些法国诗人的聚会，参加聚会的有儒勒·拉弗格②、保罗·克洛岱尔③、阿尔弗雷德·雅里④和阿兰-傅尼耶⑤，后来还有娜塔莉·克利福德·巴尼⑥、庞德、艾略特和乔伊斯。聚会地点为卡利斯塞酒吧，大约在一八九五年，让·莫雷亚斯⑦和王尔德曾为拜伦、雪莱和"纯诗"等话题在那里发生过争吵。王尔德那时说："这就是莫雷亚斯：诗人，而这是米沃什：诗歌。"那时还只有十四岁的男孩看到了一本《诗选》，上面有跟自己一样的姓：奥斯卡·米沃什，该书作者委托布罗尼斯瓦娃·奥斯特罗夫斯卡译成波兰文，封面上写着"'避难所'出版公司出版，1919年波兹南"。他以前看到这本书时，只是为有这样的亲戚感到高兴，而现在看到则十分自豪，希望今后自己也能写出这样的书，署上自己的名字。他看了"青年波兰"的绘画，聆听了令人陶醉的、美丽而悲哀的表达对埃及雕像无限热爱的诗歌，多年后他在卢浮宫找到了这个雕像："尽管可笑

---

① 尤欧扎斯·乌尔伯塞斯（Juozas Urbšys, 1896-1991），立陶宛军官、政治家和外交官，立陶宛外交部长。
② 儒勒·拉弗格（Jules Laforgue, 1860-1887），法国象征主义诗人，自由诗歌的发起人之一。
③ 保罗·克洛岱尔（Paul Claudel, 1868-1955），法国诗人、剧作家、散文家。
④ 阿尔弗雷德·雅里（Alfred Jarry, 1873-1907），法国象征主义作家，其戏剧内容怪诞、形式洗练、手法夸张，影响了后来的先锋派和荒诞派戏剧。
⑤ 阿兰-傅尼耶（Alain-Fournier, 1886-1914），法国作家，他最著名的作品《美丽的约定》被认为是法国文学经典。
⑥ 娜塔莉·克利福德·巴尼（Natalie Clifford Barney, 1876-1972），美国剧作家、诗人和小说家，是住在巴黎的侨民。
⑦ 让·莫雷亚斯（Jean Moréas, 1856-1910），希腊法语象征主义诗人。

和悲哀——爱——有灵魂，／ 女王立于奇怪的画中 ／ 生活在自己的中间带有狮鹫翅膀的宫殿中，／ 数千年前的卡罗玛玛①。"米沃什接受了《米格尔·马纳拉》这部神秘剧，剧中主人公仿佛回到了《唐璜》时期的宗教生活——这是"除了《先人祭》以外，没让我感到可笑的第一部用诗歌写成的悲剧，这部悲剧与斯沃瓦茨基的悲剧完全不同"。(《乌尔罗地》，页 91)他联想到无所事事的撒旦，想到了那个完美无缺的年轻姑娘吉罗拉玛②，想到了人们走在两股道上，一种人被罪孽牵着鼻子走，而另一种人追求圣洁。[3]这些问题他都会在一九三一年写的信中表达出来，不过目前他还只是处于巴黎咖啡馆的沙发上接受启蒙教导的灌输阶段，并为此喜不自胜。

《米格尔·马纳拉》的作者深信，他所生活的这个时代即将终结，这是个颓废昏暗的时代，这个时代产生不了伟大的诗人，因为只有荷马、但丁、歌德、莎士比亚才配得上"集体想象力的创造者""人类与上帝之间的媒介"这样的称呼……他的反现代派的思想仅仅是基于艺术概念上的价值观及其秘密、形而上的敏感以及为人的精神服务的理念。艺术就是宗教，如果它是宗教的，那么它就是以超乎唯物主义的方法理解世界，因此艺术就与现实有千丝万缕的联系："神圣的文学会试图回答人们提出的一些关于哲学上所有存在的基本问题，因此我们认为，与精神和身体运动的联系比任何形式的联系都紧密，艺术繁衍运动并给运动指出道路。"[4]目前在波德莱尔或者马拉美的作品中，诗歌只限于个人情感和审美实验。撇开与信仰、哲学、科学和政治的关系，"纯诗"——就是当时现代性的学说——这确实是将诗人与"伟大的人类家庭"区分开

---

① 卡罗玛玛(Karomama)，古埃及的大祭司，被冠以阿蒙"神之妻"。

② 吉罗拉玛(Girolamy, 1469-1483)，红衣主教罗德里哥·迪波吉亚(后来的教皇亚历山大六世)的私生女，来自一个不知名的母亲。

的原因,也就是说这是"不被诗人们'认可的诗歌',毫无例外是我们所有普通人的诗歌,甚至这样的诗,诗人们都不会去读"。[5]

　　这些评论显然与刚刚起步的维尔诺作家的不深刻但强烈的直觉相吻合,因此这一切促成了他做出自己的艺术选择。而在后来的"抗拒不了的诗歌"的斗争中,他又向读者推荐"有用的书籍",尤其是在他自己的著作中,切斯瓦夫·米沃什会寻找一种诗歌模型,将诗歌从主观性的死胡同中解放出来,重新将诗歌置于人类世界的中心,恢复诗歌长期被遗忘的尊严。[6]尽管他对新纪元的千年不寄予厚望,这个新的千年在世界大灾难之后,将会带来精神的复兴,"诞生一个真正的具有激情的诗人,那就是现代版的诗人荷马、莎士比亚或者但丁,这位诗人会抛弃小'我',即经常是空虚的、总是狭隘的小我,会比任何时候都更深入地走近劳动群众,劳动群众也比过去任何时候都更积极,更愿意学习和吸收新鲜事物,与此同时,他们的内心也会充满更多的痛苦"。[7]人们的这种希望很明显地可以从战后波兰社会对诗歌表现出的热情略知一二,那时只要出版一些诗集,"几个小时之内就会在书店售罄"。(《诗的见证》,页36)与奥斯卡·米沃什的交谈构筑或加强了《冻结时代的诗篇》的作者的信念,即相信诗歌是最高境界,出乎意料的是,他对日益增强的马克思主义力量产生了不同看法。"一方面他相信马克思主义者触及本世纪最重要的问题,对他们提出的理论不能漠然待之……"(同上,页41)

　　令我惊讶的是,我意识到本世纪发生的事件至少类似于古代世界终结时那样,我经历的肯定只是其中的一些,在三十年代后期由伊热科夫斯基主持的那些关于斯卡曼德或先锋派诗学以及政治喜剧之争论,文学辩论仿佛是我梦境中的过眼云烟。

——他在《乌尔罗地》中写道。他继续补充说,也许也算是一种解释,他

今后最大的愿望就是不做别的事,只专注于文学:

> 我为战前自己写的言辞激烈的诗歌感到惊讶:这种激愤的言辞传达的内容和我自己想表现的失望之情完全不成比例。"只专注于文学"就意味着将对过于悲剧性的要求做一些让步。很可能就是因此我改变了自己的职业,去伯克利当教授,这是逃避文学的一种尝试。当然,在写作上,我偏离了最高的要求,在少数儿首诗中,我开始让大家了解什么是真正有价值的东西。(《乌尔罗地》,页 29)

宝藏埋在地下,在暗地里中发光……米沃什在巴黎逗留的最后一段日子里写下了一篇文章,题为《隐秘和自私》——讲述了在他二十四岁生日那天与奥斯卡·米沃什的谈话——仿佛他再也无法掩饰焦虑、挫折、空虚和愤怒:

> 我们的双脚踩在有一堆书的角落里。这里居然有这么多令人毛骨悚然的事情。诗歌,论文,小说。最令人憎恶的东西就是知识分子徒劳的努力。人类轻松获得成就的年代已经结束了。结束了,结束了。[……]然而地球是健康的,地球正在等待新的发现,尽管以前的矿井早已不复存在。今天无人能预计到的一个新时代即将来临,那些今天能预测未来的人,他们撒谎,因为新的时代不会是他们所能理解的,与他们的想象不会一样。
>
> ——我知道,你是预言家。不过你别再反复说这个了。我什么 219
> 事情都知道。我也知道,在我身后站着其他年轻健康的人种——这
> 一人种还未能表达出他们想表达出的一切。
>
> ——关于你说的这个人种我已经都跟你说了。他们不希望自

我表白。**事情完成了**[①]……

——**欲望沉默了**[②]。今天是我的生日。世界上无人对此感兴趣。我有一个愿望。哎呀,这个香槟太甜了。真的只有苦涩才能消除渴望,但不会浇灭它。

——但你必须创作,写吧。工作吧。既要生活也要工作。你有足够的时间去思考你的恐惧。[……]

——我思考呀?写给我们国家那帮白痴?对他们来说,艺术唯一的标准就是时尚。他们甚至都不知道,他们有多么丑陋。如果我想说出,我对他们这些人有什么看法的话,那么就不会再有人愿意出版我的书籍。我可能就不得不去从政,那就更加令人讨厌。

——但,你得工作呀。你现在也只能这么说说。

——是啊,我的箱子里装着一堆无用的毕业证书。[……]还有一些所谓的作品准备出版,如果我自己能预料到,这会给编辑们带来愉悦,或者他们会支付很高的稿酬。白俄罗斯的虚无主义?也许还有更多的什么。那我宁愿把自己锁闭在真正的艺术灵感中。

——一切都安静下之时,年轻诗人的美梦也就这样结束了。他之所以能获得这样的灵感,就是因为他在写作。除了写作以外——各种喜悦都会消失殆尽。

书啊,书啊。[……]我青春的渴望都被我踩在了脚下。柜子和兹罗提都是为了书写诗歌所用,而你们在哪里呀?命运无常……我回到家,撰写艺术评论。无人阅读它,无人能解读它。我可以放弃它。再见。[8]

---

① 原文为法语:Les choses sont accomplies。
② 原文为法语:Les désirs se sont tus。

年轻的诗人觉得,他已经认识到了很多问题的重要性,但无法向别人述说。他认为自己已经积累了经验——但回到维尔诺之后不得不又戴上面具。可他的朋友们都认为他可能是疯了。奥斯卡·米沃什放弃争取文学桂冠的态度本身表明,他有着先知或福音派门徒的热诚,即放弃一切就是为了追随上帝的声音。《三个冬天》的作者在艺术上已经取得了很多人无法比拟的成就,他还从未到达终点,但——即使在上面引用的文本中——悲观主义的因素仍然存在,对叔叔的信任持保留态度。最终,他听了太多关于否定自己所处时代的评论,但他认为这个时代并不像人们所说的那样,这个时代是不会完结的。因此他走了一条曲线,并且尽量不暴露自己的计划,作为"普通人和负有罪孽之人",他"做了自己应该做的事情,但也会时不时透露一下自己对未来的憧憬和计划"。[9]

　　"我认为,这个人的传记是非常重要的, ／ 与所有圣人和预言家的生平一样, ／ 因为超越了非常重要的文学现象"(《诗集　第五辑》,页 248)——米沃什在晚年这样写道,并再一次在《熟练工》一诗中向自己的亲戚致敬。[10]奥斯卡·伏瓦迪斯瓦夫·米沃什于一八七七年降临到这个世界,出生在塞莱伊镇[11]的一座房子里。他的父亲伏瓦迪斯瓦夫是他生活的那个时代非常引人注目的冒险家,坐热气球旅行,吹嘘驾着熊拉的大车,从巴黎修道院带走修女,晚年陷入暴虐的躁狂症,整日担心有人跟踪他,整日在膝盖上放着斧头等待敌人的到来……他爱上了米利亚姆·罗森塔尔,一位希伯来语老师年轻的女儿。他把她从华沙带到了塞莱伊,想让她做他唯一的儿子的母亲。父母到处旅行,敏感而又渴望爱情的孤独男孩整天在大宫殿的花园里闲逛,十分痛苦地表示——他曾经这样写道——他很排斥并感觉到自己地位低下:"我感觉到自己生命等级的低下,甚至连我父母的身体都很虚弱,他们躁动不安,被剥夺了真爱,但当他们从天而降仿佛上帝那样朝我走来时,却浑身闪着光。

[……]我的身体和灵魂都遭到一些莫名其妙的诅咒。[……]整片美丽的云朵及流淌的河水,一群在古老的林荫大道上的小鸟和草坪上的蚂蚁们都是自由的,都在朝某个方向移动,生活在召唤它们。我只是向着我梦寐以求的迷人城市爬行。"[12]后来的熟练工的儿时花园则是另一番幸福景象,因为切斯瓦夫·米沃什是在梦中和艺术中寻求补偿。他们两个人,首先是奥斯卡——他认为自己是立陶宛人——他们都是"叛逆者",都超越了自己的环境、自己的社会阶级及其思想形态的规范。奥斯卡是因为他有一半犹太人的血统而紧张焦虑,切斯瓦夫是因为自卑和过于敏感,作为侄儿,他不但认真听叔叔说的话,同时也非常相信叔叔说的,"在欧洲再找不到像波兰贵族这么愚蠢和残酷的人了,他们只因为一些琐碎的小事就会自相残杀、内斗不止"。(《欧洲故土》,页38)

奥斯卡在十一岁时去了巴黎最好的简森德赛利中学学习,后来去了卢浮宫东方语言学校攻读希伯来语,研究古埃及人和亚述人。他抛售了家产到欧洲和北非各国去旅行,过着年轻富翁(手握沙皇股票,但资产在一九一七年革命后被没收)的生活。他以悲观和怀念的语调写了很多颓废诗歌,能明显看出,他是一个"纵欲、暴虐和不幸的人","唐璜主义者、异教徒,对自己孩童时代讲希伯来语的家庭充满仇恨,就像对'拿撒勒人'的仇恨那样,总是嘲讽抽象的存在"。[13]一九〇一年一月,在世纪之交的冬天,他口中叼着香烟,用手枪对准自己的心脏开了枪。请来的外科大夫不愿意给他做手术,因为他确信自杀者很快就会死去,而这个人——简直出乎自己的预料,也许是为了实现更崇高的计划——活了下来,眯缝着眼睛"注视着清晨医生手上的尘埃, / 他不[想]再多看一眼"。[14]

"二战"期间,他在法国的奥赛新闻社工作(在那里遇到了爱伦堡,他阴沉着脸说,很快就会发明一台诗歌打字机,而留给诗人的将是一根上吊的绳子,因为他们将成为一批多余的人)。后来他走上了为争取立陶宛独立而斗争的道路,成为在国际联盟捍卫维尔诺权利的代表团成员,并就职于外交部门……无论做何工作他都非常认真努力,谦恭虚心,这种**爱**——就是他所描写的爱自己的亲人——是他内在精神发生本质转变的表现。一九一四年十二月十四日至十五日,他看见——不久后他对卡洛斯·拉罗德说——"精神的太阳""耶和华的天使";有一种神秘的启示,这可能最容易与著名的帕斯卡幻觉进行比较:"火。亚伯拉罕的上帝,以撒的上帝,雅各的上帝,不是哲学家和学者的上帝。确信。知觉。喜悦。安宁。耶稣的上帝。**看到我们的上帝和你们的上帝。**"奥斯卡·米沃什这样解释自己的幻觉,他认为这种幻觉就是自己成为预言家的尊严,是上帝的副手,准确地说是——斯威登堡的接替者,他是"第六个宗教阶段的开创者。"[15]

切斯瓦夫是否告诉过自己的亲戚,他也曾试图自杀过一次?作为一个抛弃了暴风雨式的爱情、摒弃了政治热情以及只会讲学生笑话的年轻人,他听了叔叔的话,并对他解释说,他已经感知到一个新的时代开始了。他从正在阅读的《启示录》中发现,三十年代将会爆发战争,月亮的一小部分会掉在俄罗斯,给它带来损害,英国将会因火灾和水害而遭受损失,而美国——将会被大火烧毁,一九四四年将发生大火,世界末日即将来临了吗?随着时间的推移,经过多年的思考,也是在第一颗原子弹爆炸之后,他觉得预言已经开始得到证实,除了自己的叔叔以外,还有布莱克、斯威登堡、密茨凯维奇……因此这群艺术家和神学家——简单地说——他们反对世界后启蒙时代的去神话化现象,反对对科学与艺术的想象力不加区分,使人完全屈从于生物学和物理学的力量。而那时,正值三十年代中期,在博卡地亚的咖啡馆喝咖啡时,他听着《启示录》,想象着《启示录》中的一匹棕马是否象征着当时波兰正在兴建的港口城市格丁尼亚?他还清楚地记得,不久前他在犹太区的一个死胡同里、在大

222

学图书馆的台阶上发生的让他脸红的事情,因为那时奥斯卡·米沃什从巴黎给他寄来了他的著作《圣约翰写的启示录》,一共两本,请他将该书亲自交给一位基督教和犹太教的杰出思想家。而他——为了完成这一使命——将该书交给了维尔诺的一位拉比和马里安·兹杰霍夫斯基。那时他心里肯定产生了一种无法言传的与叔叔心有灵犀的感觉,因为他的叔叔至今从未有过任何疾病的迹象,他是一个清醒而精确的神秘主义者:"在他生命最后的十年中[……]他发表的文章的内容超出了斯沃瓦茨基关于自己最疯狂的构想,这些构想只能产生于大脑患病的作者笔下。与此同时,在他的外表和与他谈话的内容里,在他的职业生涯中从未表现出任何神志混乱、精神恍惚。[……]那时他正在从事卓有成效的外交工作,我没有发现任何暗示他会像荷尔德林和凡·高那样出现精神分裂症的迹象。"(《乌尔罗地》,页257)

批判性解释《启示录》已经是奥斯卡·米沃什生命最后阶段的事情了,之前他曾发表了两篇论证文章,或者"形而上的诗歌":《阿尔斯·玛格纳》(1924)和《解决问题的方法》(1927),这是一九三一年奥斯卡在切斯瓦夫·米沃什看望自己时送给他的。切斯瓦夫·米沃什阅读了多遍,试图读懂它们,但他产生了非常严重的抵触情绪,多年后他承认说:"这两篇文章夸大了我的整体发展,或者可以更准确地说,我通过不断阅读它们向自己提出问题,由此确定了我自己的方向。"(《乌尔罗地》,页210)《米格尔·马纳拉》的作者超越了爱因斯坦的构想,深信牛顿的物质、时间和空间的基本统一性的概念是错误的,深信这三者组成的"普遍运动"与过去、现在和未来的统一也是错误的(这里说的是否取材于切斯瓦夫·米沃什诗歌中"永恒的瞬间"?),深信宇宙的起源是物理的现象,也就是说上帝缩小了自己的一个过程,在这一过程中上帝的精神之光发生了变化而产生了巨大爆炸。鉴于这种血缘,这种"有生命的宇宙物质"(同上,页228),我们一起参与了宇宙的运动("整个宇宙都围绕我们转"[16]），在世界的基本原则中，这种血缘储存着我们祖先的记忆，像亚当和夏娃堕落之前的现实及分离。

《世界的轴心》——是普遍运动的中心点，与之有千丝万缕的联系——就是爱情，其中包含肉欲、本能，是唯一走向超越的标志。人类的爱情——米格尔·马纳拉说——可以如此伟大，即人可以创造出天使，可以与上帝面对面交谈。他自己在他深爱的吉罗拉玛去世之后，献身于修道院，过上了宗教生活，整天祈祷、冥想。在奥斯卡·米沃什的诗歌故事《爱的启蒙》中也有一个主人公遭遇了同样的命运，他在威尼斯的舞台上经历了自己人生最大的也是唯一真正忠贞不二的爱情，但最终还是离开了克拉雷萨-安娜莱娜，因为"在伟大的崇拜中，人类的存在只能是一种媒介。真正的爱情就是渴望现实；但除了上帝，不存在任何现实"。[17]

> 我读了布罗尼斯瓦娃·奥斯特罗夫斯卡翻译的《米格
> 尔·马纳拉》，
> 那时我只有十四岁。因为本应就是这样。
> 因迷恋吉罗拉玛让我遭受不幸，
> 让我相信必须寻找完美的爱情，
> 灵魂的浪漫亲情，
> 为此几乎少有人能获得这种满足。
>
> 在他忠贞不二的爱情中，
> 我嗅到神秘主义的味道，
> 将一个真实的女人幻想成完美的女人。
>
> （《诗集 第五辑》，页253）

——米沃什出人意料地这么公开说自己，说到雅德维嘉·瓦什凯维奇，也许他是奥斯卡·米沃什间接的受害人，他这样写道："他促成了我在文学方面取得了'成就'，坦率地说吧，就是让我过分地追求过高的精神理想，从而导致我与生活的脱离。"[18]残酷的书籍……不幸的是，浪漫的理想化似乎非常明显地与肉欲联系在了一起，并融入了年轻的米沃什的灵魂，使他遭到创伤以及无法满足的心结，这种心结促使他更情愿在表面上、似乎是偶然、无须付出感情地与女人们发生关系——这使她们无论如何都无法实现自己的梦想。那么当时叔叔的那些话语是否与他的灵魂产生了共鸣？他坚信，他不应该受到这种关系的束缚，因为还有更重要的任务需要他去完成。他是否读过《来自塔尔苏斯的沙维乌》这一神秘剧本，是否用心琢磨过该剧本的名字：上帝为达到自己的目的而选择负有罪孽感之人的深奥思想？他思考着关于火的问题："在圣保罗信中燃烧的火，在预言家嘴唇上发光的炭火"，他思考着并不浪漫的爱情，"因为背负罪孽之人忏悔后产生的强烈而神秘的渴望吗"，这最后一句是选自几年后米沃什在诗朗诵会上的一句话，那时尤利乌什·奥斯特尔瓦正在华沙的莱杜塔剧院准备《米格尔·马纳拉》的演出。诗人承认他的亲戚"起到了通过诗歌在神与人之间进行沟通的作用"，说他是能看见"今天犯了错误的人无法洞察的一些事，我们或多或少都属于这样的人"。他还说，也许是为供自己所用："我们每个人在这里的停留迫使我们做一个假设，即我们每个人都承担着某种使命，而且必须完成这一任务，为的就是去行动，只有行动才有意义，只有行动才是合理的。"[19]所有这些问题似乎都能在《基督教神父》一诗中让我们看到，多年后米沃什在其中向我们展现了他经历的精神之路——不自信，总是有各种诱惑，而首先是通过寻找上帝，找到现实的、可触摸到的、真实的诱惑：

> 我无法将他与我脉动的血液区分开
> 我所感觉到的虚妄，在幽冥的祈祷中得以修正。

我不是神,但是一个明白事理的人

是被召唤去跳酒神舞的人。

一个不顺从、不听话,某种程度上对地狱充满好奇的人,

很容易受到最新想法的诱导。

他听到周遭:去经历吧,去认识吧,

大胆去做吧,做一个从错误和罪孽中解脱出来的自由人吧。

而我想认知一切事物并理解一切

而黑暗让我自我放纵。

(《诗集 第四辑》,页 84)

　　我们真的还记得这段话吗? ——"像奥斯卡·米沃什这样的基督
教神秘主义者将会成为⋯⋯为数不多的诗人的教员"。[20]从狂热的革命
者走上渴望上帝的神秘主义之路竟然如此之短,仿佛这种暴风雨般的能
量找到了一条新的出路:忏悔的罪孽之人在寻找希望黯淡的信仰之路
上充满了波澜起伏。与奥斯卡·米沃什的见面彻底改变了切斯瓦夫的
生活——也正是在三十年代中期,他的作品中出现了很多宗教内容,超
越了所有反教权和反小市民的偏见。因此,他将成为(有时候公开的、
有时候秘密的)更高层次存在的信仰的捍卫者,并希望我们所知的世界
不是唯一的世界,数亿人不可思议的人类的存在不会在虚无的黑暗的水
中消亡,他们之中不朽的分子将会留在时间的另一端,等待最终的再生。
由于有了叔叔的劝导,他相信,他是可以成为天主教徒的,但不只是为了
表面上参加宗教仪式来展示自己,也没混杂波兰民族心胸狭窄、好内斗
的信条。宗教——后来他这样写道——"对我来说已经不是一种全民

参加的仪式了"。

225　　　奥斯卡·米沃什对人类未来的复兴,以及对时间、精神和物质的神
圣统一的信念,将会是希望的源泉之一,隐藏在他学生时代的诗歌深处,
这一希望绝不会让他绝望,这就是金星之光——是奥斯卡在其生前最后
一首诗中提到的——他的《诗论》再次闪耀光芒,"带来了比死亡和自然
更持久的礼物"。《晨星赞歌》的作者于一九三九年三月二日逝世[21],
幸运的是,他没有等到自己预言的实现,就已经成为永恒之人,在他
那里,人们已经不会有过去、现在和将来,因此可以唤醒以往的熟练工的
那些话语:

我像阅读圣经那样看完了《亲情》,

得知,时间和空间都有自己的开端,

它们与所谓的物质出现在同一种光中,

正如夏特勒和牛津的学者们推测的那样

通过上帝之光转为物理之光。

这完全改变了我的诗歌,让我有时间冥想

超越一切走出黑暗

(《诗集　第五辑》,页257)

注释

[1] 家谱研究学家们给出的结论表明,两位米沃什之间确实存在某种亲戚
关系。还记得,在米沃什写给伊瓦什凯维奇的信里,维尔诺的大学生暗示过"一
位巴黎的伪叔叔",并在书中使用了"叔叔"和"侄子"的称呼。《欧洲故土》中:
"他将我看作是侄子,不是完全亲密的那种,因为我们的血缘有点儿远。"摘自
《欧洲故土》,页41。

[2] 现为"卡努鲁广场 14 号"。

[3]《给疯魔者的诗》的作者是否还记得:"没有找到上帝只是小事一桩,／但失去撒旦会引起巨大的荒谬和无趣[……]。是的——我失去了撒旦,先生们!撒旦抛弃了我 ／ 而我在老年无趣的隐居所啃着苦涩的面包?"摘自奥斯卡·米沃什,《奥秘》,伊莱娜·斯瓦文斯卡编(卢布林,1999),页 18。

[4] 奥斯卡·米沃什,《关于诗的几句话》,切斯瓦夫·米沃什译。摘自《诗的见证》(克拉科夫,2004),页 29。

[5] 同上,页 35。

[6] 他甚至参考了圣经诗文,按照奥斯卡·米沃什的意愿,这该是未来诗歌的模板。

[7] 奥斯卡·米沃什,《关于诗的几句话》,见《诗的见证》,页 30。

[8] 切斯瓦夫·米沃什,《隐秘和自私》,载《维尔诺快报》,1935 年 7 月 21 日;《年轻思想的冒险》,页 121-122。

[9] "他,如果和所有人做得一样,也就是指,如果他在'文学'刊物炮制大量作品,获得声誉,也许还有一把大学教椅,那他就不是那个独孤的天才,就不是二十世纪的斯威登堡。他不懂任何游戏,听任自己的召唤。所以我的狡猾是一种害怕失去好名声的卑鄙行为吗?不能排除。但伴随着它的还有'被金属声鼓噪的世俗性'和如辛勤劳作怕失业的工人般的那种谦卑。"摘自《欧洲故土》,页 212。另见:"我还没有准备好当一个滑稽的堂吉诃德,我能做的只是为犯错的骑士们解释和辩论。因为西蒙娜·薇依不可谓不是堂吉诃德[……]。奥斯卡·米沃什也不会不是堂吉诃德吗?他选择了同代人眼里的失败角色,并会得到后世的承认。"摘自奥斯卡·米沃什,《亲情》,切斯瓦夫·米沃什译(克拉科夫,1993),页 16。

[10] 切斯瓦夫·米沃什把这位亲戚写入《欧洲故土》《乌尔罗地》《诗的见证》《猎人的一年》《寻找祖国》等书,还在发表诺贝尔文学奖获奖感言时提到了他。

[11] 位于今白俄罗斯境内。

[12] 奥斯卡·米沃什,《奥秘》,收录于《科学花园》(克拉科夫,1998),页228。

[13] 切斯瓦夫·米沃什,《奥斯卡·米沃什其人其文》,玛格达莱娜·海德尔译,载《文学笔记本》,2003年第81期。

[14] 奥斯卡·米沃什,《囚车》,收录于奥斯卡·米沃什,《爱的启蒙(奥斯卡·米沃什的单身日记片段)》,阿图尔·敏哲热茨基译并作序(克拉科夫,1978),页13。

[15] "1914年冬,奥斯卡·米沃什常常在夜里读书,就算他还不知道他将得到什么样的'神谕',但过不了多久,他就会在斯威登堡的文字中找到定位,他会把自己当作斯威登堡的继承人。就像我说过的那样,斯威登堡把人类文明分为几个'宗教'阶段——即连续不断的人类文明演进——基督教是第四阶段。这一宗教的衰落引发了精神世界的诸多状况,却不为人眼所见:在斯威登堡笔下,最后的审判发生在1757年,圣灵被放逐,1770年6月19日他开创了第五个宗教阶段。而奥斯卡·米沃什把自己看作又一位代理神和开创者,但是人们对此却毫不知情,第六个宗教阶段,始于1914年12月14至15日。"摘自《乌尔罗地》,页258。

[16] 奥斯卡·米沃什,《亲情》,页52。

[17] 奥斯卡·米沃什,《爱的启蒙》,页164。

[18] 摘自切斯瓦夫·米沃什写给雅德维嘉·托马舍维奇的信,1982年8月18日。(克拉科夫切斯瓦夫·米沃什档案馆)

[19] 切斯瓦夫·米沃什,《米格尔·马纳拉的秘密》,载《垂直线》,1938年5月1日;《年轻思想的冒险》,页226–232。

[20] 摘自奥斯卡·米沃什的诗《女孩,起来!》,原诗与翻译一同刊载于《热加雷》,1934年二三月号;《年轻思想的冒险》,页86。

[21] "还是在战前,1939年3月奥斯卡·米沃什过世后,一位巴黎律师为了他的遗产继承一事到华沙来找我,因为他没有留下遗嘱。他留下一幢枫丹白露的房子,一些书,还有点儿钱。那时比我和他的关系更亲近的是一对兄妹,

亚当·米沃什和艾米莉亚·米沃什,都是'德鲁亚'一族的,但都和他没有联系。战后我才知道,他们在华沙活了下来,但我请他们授权我寻找他死后的书籍和钱时,他们没有同意。后来的家族就好像分成了自由派和'顽固派',他们的波裔法国朋友最后接管了遗产。"摘自《战后即刻》(克拉科夫,1998),页240。

第二十五章 "在世界黑色草地上"

> 但我的
> 身体与灵魂,仿佛就是一根绳索,
>
> 绳索在响。是什么让我内心如此颤抖,
> 啊,是什么在颤抖并在我内心哀鸣
> 仿佛扬帆起航的帆船轮轴上的绳索?
>
> 奥斯卡·米沃什,《H》,
> 切斯瓦夫·米沃什译

226　　　还应该换一种方式再叙述一下在说巴黎那几个月的生活,尽管无须用言语过多描述,在万花筒中看到的成百上千的画作与卢森堡花园中的雕塑融于一体,微风低垂着浮在加瓦杜斯湖面上,沾满烟尘的小鸟的翅膀——形成了模糊和不断变化的图像,尽管这些图像不是随意排列的,但也并不凌乱。仿佛刻在人的大脑里的图像,糊里糊涂地徘徊在香榭丽舍大街上。"保持着受外部刺激的敏感,所有细节带着它的颜色和密度印在我的内心,与此同时我宛如一个梦游神,一部被外来力量驱动的机器。这种力量在体内的某一处翻腾着,一会儿是我自己,一会儿又不是我自己。除了屈服于这种力量,别无选择。我只能让所有的经历跃然纸上,因为它们似乎都变成了魔法咒语,非常顽固,让我无法摆脱。我写得并不多,但数周里我一直生活在一个单调的节奏之中,因我并非有意识地去改变这种节奏,因此也难说这是好是坏。我宛若游走在唯灵论表演中的载体。"(《欧洲故土》,页206)

他从前和之后都从未有过类似经历。他采取的创作方法将是不紧不慢地写诗,首先是先一行一行写好,然后在多少天内让自己的意识沉淀下来。现在,当他写完《兵工厂的大门》或者《鸟》——"技法上几乎是超现实主义的"——因为,"这两首诗膨胀得快要破裂了,多少天就反复写一行,我无法继续写下去[……]太难捕捉灵感了。精力有些过度集中[……]以至什么事情也干不了",最终,所有这些聚集在灵魂深处迸发的情感、图像、节奏短语等,正如奥斯卡·米沃什所言,是从另一个更高的现实中提取的物质,均将洒到纸上,最终像熔岩一样结块。《二十三岁赞歌》就是这样产生的,这首诗"几乎是不经考虑在达蒙尼①的影响下信手拈来写成,我还清楚地记得,这真是一气呵成写出的。达蒙尼口述,我写"。(《旅行世界:对话莱娜塔·高尔琴斯卡》,页17)

他羞愧于分享这些经历,不愿过多地跟别人谈论《二十三岁赞歌》这件事,为此他在给伊瓦什凯维奇的信中写下了这样一段话:"我写了一首足够伟大的诗,但我不想发表在《垂直线》上,也许我会直接用法文发表在《南方笔记本》或者别的杂志上,因为我为自己是波兰人而感到羞愧。"[1]最终,这首诗还是发表在了一九三五年一月的《垂直线》上。[2]

---

① 在古代文学中是指一种内在声音,按照传统,它给哲学家苏格拉底提供了警告信号,以防止他做出错误的决定。苏格拉底认为这些迹象的作者是神灵,他没有具体说明。

关于这首诗他可能还对别的人说过，雷沙德·马图舍夫斯基[①]记得他是在一九三六年夏认识米沃什的。当时他问米沃什关于他写的《兵工厂的大门》的事，"他不经意地看了我一眼——我觉得——傲慢地并带点讥讽的眼光。当然他很礼貌，但是与我保持了距离。——我在这首诗里想表达什么？——略带讥讽地问了我这个问题。我只不过就是写了一首诗，没别的"。[3]

《三个冬天》是切斯瓦夫·米沃什的第二部诗集，他在巴黎当奖学金生时没有全部发表。这部诗集中的部分诗写于一九三四年春天（其中包括《歌曲》《对话》《霍姆斯基神父》），部分是他从巴黎回来后写成的（例如《鸟》以及与自己相关的《夫妻塑像》和《云朵》），部分还要更晚一些（如《洛基》，也就是创作于一九三六年夏天的《缓慢的河流》）。那段时间他多次与奥斯卡·米沃什见面交谈，这种非凡的艺术"压力"让他的这部诗集十分独特，正像——扬·布沃斯基[②]所说的那样——为下一步的诗歌创作打下了基础。[4]读者们在阅读《三个冬天》这部诗集时可以瞬间感受到某种混沌，感觉到他们能理解诗中的复调诗以及各段的意思，但抓不住整首诗的精髓，并开始迷失在密集的图像和类比之中。但当我们打开诗集《鸟》那卷时，当我们选择阅读更多诗歌时，难道我们真的觉察不出我们有身临其境的感觉，感受不到诗歌的完整性吗？在一片迷茫悲哀的空间中，与其相连的是冰雪覆盖的北方和阳光普照的南方，"梦想中的学生"想要寻找真相、"各种概念的真实含义"，想要知道自己是谁。鬼魂、亡灵仿佛就是盘旋在头顶上的飞鸟，他们会像《先人祭》那样评论一个"坏孩子"，因为他不会去爱，在他血液中流淌的只有

---

① 雷沙德·马图舍夫斯基（Ryszard Matuszewski, 1914-2010），波兰文学评论家。

② 扬·布沃斯基（Jan Błoński, 1931-2009），波兰文学史家、文学评论家、散文家、翻译家、人文科学教授。

"寒冷",而从他身上展现出来的一切——"就是死"。因为,即使注定失败,这首诗中的主人公也会心存感激:"也许你会是最后一位受惩罚者,/是被允许进入荆棘之底的人,/ 就像但丁在黑豹面前捍卫自己的信仰那样—— / 幸福的罗网永不会再缠绕你。"他是最后一个没有丧失精神、没有坠入幸福陷阱之人。

异常强烈,尽管展示出种种复杂的感觉,但这是暂时的和肉欲的经历。如在《 *** (你,强烈的夜晚……)》一诗中,女人是黑暗物质的代表,与地球紧密相连的力量——尽管在绝好的诗《歌曲》中——奥斯卡·米沃什将它译成法语并发表在《南方笔记本》上——女主人既想要触摸"尘世"又想逃离它,乞求上帝:"让我摆脱地球的贪婪之嘴吧。"她还问是否能够抓住不朽的时间粒子:

> 啊,如果我体内能留存哪怕是一粒永不生锈的种子,
>
> 哪怕就是一粒种子,并能够生存下去,
>
> 我就可以在晃摆的摇篮中睡觉
>
> 走向黑暗,走向黎明。
>
> 直至慢动作停止
>
> 现实突现
>
> 展示出自己新颖的面庞
>
> 宛如大地盛开的鲜花、铺满大地的石子。
>
>
> [……]
>
>
> 我内心除了恐惧别无他物
>
> 除了黑暗波涛的奔腾别无他物。
>
> 我就是消失在黑暗水底的风,

228

是永不回头行走的风，

是世界黑色草地上吹来的尘埃。

（《诗集　第一辑》，页 68-69）

　　《兵工厂的大门》中那位脱去美貌的妇女死了，成为"一抔土"，踏入疯狂花园的阴影中。而《晨曦》中正在走向衰老的妇女悲观地默默照着镜子，带着强烈的慈悲与友善之心，从这一切之中产生了一个最激动人心的诗歌的召唤："太少了。一个生命太少了。／ 我想在悲伤的星球上活两次，／ 在孤独的城市之中，在饥荒遍地的农村，／ 看着一切恶，看着人体的肢解，／ 去观察受支配的法律／ 时间，宛如呼啸着的风带着晨曦在我们头顶上方猛刮。"在《三个冬天》里，世界上有诸多东西，变化多端，消失在空虚之中或者停留在时空之外，也许雷沙德·普日贝勒斯基①是对的，他曾特别强调这一画面："在米沃什早期的诗歌中充满冰冷之感。[……]宛如溪水中的冰块，永不解冻，瞬间冻结。寒冷对水无损，对时间和生存无损。只是改变这一切的物理状态。在无动于衷的永恒状态中留住流淌的小溪"[5]，在有远见的人身旁，有更多死者的影子等待着他们繁衍的"后代"。阅读《挽歌》时，我们触摸到诗人诗歌的核心，多年后诗歌作者自己也承认了这一点："死亡的秘密就是有可能或者不可能与过往不可数的人群的存在或与过往的后代的存在的交流。"[6]

　　时空在相互交融，曙光在百无聊赖的城市飞腾，菲利普·拉金完全可以描述这样的景色。但再翻过几页，世界已经走向自己的终结——一切都完结了、过去了，给《法庭审判》的主人公们留下的只有陷入空虚、

229

---

　　① 雷沙德·普日贝勒斯基（Ryszard Przybylski, 1928-2016），波兰散文学家、波兰和俄罗斯文学史家。

被熊熊大火燃烧过的世界,一旦法庭(这个称呼具有古老波兰的意义)不再能解决民事问题,因为一切都已被遗忘,那么在我们面前只有《启示录》中描述的世界末日大爆发的最后场景。该诗集以《霍姆斯基神父》一诗作为结尾,在这首诗中,年轻的主人公转向一位严厉的神父,这位神父厌恶人类的感官欲望,俗世间处处散发着地狱的臭味,年轻人——想承认神父是对的,并以摩尼教的执着精神拒绝"神圣的虚无形式",并向他表明:"我们在第二次吵架之后已经握手言欢, / 知道,人们的幸福不是永恒存在的。"

是什么让这些诗中的主人公们感到十分痛苦? 时间掏空了我们,是虚无让我们感到窒息吗? 我的精神让我内省,并告诫自己要遵守"十诫"的法律条文,我遵守"十诫",那么上帝是否会原谅我呢? 我还会受到谴责吗? "我是感性的人,陷在自身罪性的捆绑中。我不明白我做了什么,因为我并没有做我想做的事情,但我憎恨的也正是我自己正在做的。[……]因为[我内心里]内在的人按照上帝的律法享乐。但我的肢体感知到的是另一种律法,我肢体的律法战胜了头脑中的律法,我的肢体告诉我要反对对人自由的束缚,因此我就违反了宗教的戒律。我这个不幸的人啊! 谁会把我从行将死亡的身体中解脱出来?"(《千禧圣经》7,页 14-24)——他可以歇斯底里地跟着圣保罗小声说。无法摆脱对错综复杂的污垢的缠绕、无法不对原罪进行思考——"按照托马斯·曼的布登勃洛克家族的类似原则。他按照家族的旨意当上了艺术家"(《旅行世界:对话莱娜塔·高尔琴斯卡》,页 21)——但也记住了无法掩饰的罪过。在《夫妻塑像》之后,在失去爱情的墓碑后面,随之而来的是奇妙的、对自己充满悔恨与厌恶的《云朵》。这首诗最初的名字是《唤醒》,仿佛诗中的主人公们从沉睡中醒来,用清醒的眼光看到了自己与自己的暴虐行为:

云朵,我可怕的云朵,

仿佛心跳,仿佛悔恨地球上所有的悲伤,

云,白色的和沉默的云朵,

我用充盈着泪水的眼睛在黎明时分望着你们

我知道,我心里美滋滋的,欲望

和残酷,还有鄙视的种子

为了沉睡,它们发出了讯息,

而我的谎言却是最美的颜料

230　　掩盖了真相。那时我垂下眼帘

感觉到狂风穿透我

灼热、干燥。啊,你们怎么那么可怕

你们是世界的守望者,云朵! 让我去睡吧

让仁慈的夜晚拥抱我吧。

(《诗集　第一辑》,页98)

　　"与人保持距离是非常重要的。很自然,在这部诗集中看到了我当时感受到的个人悲剧。我觉得,我个人漫长的成长经历就是一种不断克服与人格格不入的经历,不过这花费了我十年的光景。如今在我的诗里已经有了更多更温暖的东西,我也更容易与人相处了。"米沃什在八十年代对莱娜塔·高尔琴斯卡说。(《旅行世界:对话莱娜塔·高尔琴斯卡》,页14)因此,应当严谨,专注于自身,因为审视自己的罪孽完全不会影响另一个人。但也要跟随女性导引的脚步越过这个圈子,就像在《不被包容之地》①这部诗集里那样。就像在《三个冬天》的某些诗中那样,会出现感官、身体和血液的声音。

----

① 1984年出版。

"太阳穴里发出干瘪的沙沙声响 / 我听着自己的血液声。/ 这就是永恒的歌,只要我还是 / 光和运动!"——他在《对话》中说,导师劝告学生,让他转身离开死亡:"你不过是圣歌现场琴弦中振动的那根弦。"因此"二十三岁"的诗人在《赞歌》中仿佛宇宙在他的血管里旋转,超越时空,感受到与存在于我们这个世界的上帝同在:"在你我之间无任何人, / 给予力量","说到骄傲,密茨凯维奇在鞠躬,"后来米沃什略带嘲讽,解释说,"有一种与上帝珠联璧合的心醉神迷,上帝就是世界,感觉到与上帝特殊关系的那种喜悦。[……]《赞歌》就是企盼升天的一种祈祷。而这个天就是整个世界的具体表达、唯物主义、性爱,以某种方式转移到了另一个维度"。(《旅行世界:对话莱娜塔·高尔琴斯卡》,页16-18)

许多年他都没有参与过世界泛神论的讨论。《三个冬天》的另一条线浮出水面——这条线更多地引起了读者的恐惧,也引出了更多的历史故事,展现了一个更容易令人记住的灾难性标签。确实,在这一卷的诗歌中大屠杀即将来临。团团黑云被风吹催促着在世界的上空盘旋,"三推进船的引擎"在咆哮——诗人的想象力与被人遗忘的第一次世界大战、革命的画面交织在一起,一九二〇年的斗争与对赫胥黎和维特凯维奇(一场灾难也可能是"道德的衰退")图书的回忆交织在一起,首先是与感觉、直觉、梦境交织在一起。人们需要具备某种特殊的直觉才能,从德国啦啦队的行为中了解到战争总有一天会到来,并在第二天夜晚梦见大屠杀:"在那期间,我时常梦见光在追踪着我,然后飘走。我因遇到这种致命的辐射和光束刺激而丧命。这就是令我恐怖的噩梦主题:逃跑,被光、火焰、剑一样刺穿的射线所追逐。"(《旅行世界:对话莱娜塔·高尔琴斯卡》,页20)

"一大清早,我二十岁那年的感觉又回来了,不,不是一样的感觉,因为那时对那种死亡的恐惧、死亡的怪异感可能更加强烈。"一九六二年米沃什在给耶日·安德热耶夫斯基的信中这样写道。这封信彻底展示了米沃什敏感的面目，因此值得我们再花时间论述一下，不过在这里先摘录一下他描写的片段。

　　我与波兰的关系。一九三九年前我有过一种恐怖，有过一些焦虑不堪的恐怖，逃避现实的自卑。这是什么呢——尽量努力去做，为的就是找到答案，其实我也不知道。这一切有多少写进了我的"灾变论"中？怎样回答这个问题？是知识分子对欧洲的向往吗？可能不是。是太想拼命钻营，想腾飞和获得声誉吗？也不是。今天以及很久以前，从我在巴黎那时起，我就很少获得过人们的认可和赞誉，而贡布罗维奇为此取笑我，他就是这么坏。因此一直被否定，直白地说吧，就是特别可怕，甚至一想到这些就会觉得肚子不舒服。在白俄罗斯度过的几个晚上，在那块大地上，光对我来说完全就是恶魔（尽管看上去很漂亮），有一年春天的礼拜日我在布格河边——也是这样，我经历过很多这样的恐怖时刻，对我来说是那样可怕——可对别人来说，他们可能完全没有我这种感觉，对他们来说这就是普普通通的一天。不想提华沙，因为华沙对我来说一直就是个令人反感的省城，到处都是目光狭隘的农民，闭塞得令人窒息，一提起我参加过的有白俄罗斯人或者在西威彦齐亚内镇①的教师宴会，那些醉酒后张牙舞爪、表现得很像果戈理笔下的人物，让我多年后一想起还觉得毛骨悚然。我的经历的关键点，就是我想逃离波兰，因为波兰对我来说太可怕了，一九三四年去巴黎之前，这种想法在我头脑中占了上风，当然，表面上看我去巴黎只是一次享受国家文化奖学金的正常出行。[7]

---

　　① 西威彦齐亚内镇（Swieciany），立陶宛维尔诺和奥克斯托塔地区的小城市，位于维尔诺东北约六十千米。

这次逃离的结果是痛苦、恐惧、罪孽、幻影和喜悦的一次非凡组合，因此改变了他的诗集，"我也不知道该怎么为诗集起名——我觉得该是《三个冬天》(也就是 1934-1936 年)——最初我给这本诗集起名叫《诗歌之书》。也许你能帮我拿个主意？"[8]——米沃什问伊瓦什凯维奇，同时还对他说，雅德维嘉·莫尔特科维奇——华沙著名出版社和书店的老板，没有肯定会出版这本书，但还是收下了这本书，因此诗人要自己支付出版的成本费用，自己修订并与印刷商讨价还价。显然，在与"图形"艺术印刷厂谈判的过程中，他设法找到了另一家出版商，因为最终，这本在灰色封面上烫印着字母的诗集由波兰职业作家协会于一九三六年十二月一日出版，和《冻结时代的诗篇》一样印制了三百册。

"在该书出版后还出现了一个小插曲，在很大程度上与某种政治气氛有关，尽管他的这本诗集没有涉及任何政治问题。一些年轻的知识分子评论家在这本诗集中发现了《启示录》的密码，从这种密码里嗅出某种抗议和终结的味道，这令波兰共产党人非常高兴。例如塞韦林·波拉克①在《新四马战车》杂志上发表了一篇非常理性的评论文章——"这是即将到来的世界末日恐怖的密码。让我得出这样的论断，即灾难即将来临"(《旅行世界：对话莱娜塔·高尔琴斯卡》，页 35)——他后来回忆说。的确《三个冬天》给他的诗歌带来了很高声望，引起了各种评论家的关注和对他诗歌的不同理解，至少让他们注意到或感受到他们正在处理一个空前绝后的事件。

"切斯瓦夫·米沃什目前正处于十字路口，如果可以这样表述的话——换句话说就是站在了人生十字路口的入口处。他迷失在对世界的无知中，在现实的抵抗中不知所措，困扰他的当下问题升华为所谓的永恒

---

① 塞韦林·波拉克(Seweryn Pollak, 1907-1987)，波兰语言学家、诗人、散文作家和翻译家。

问题——生与死、爱情,他从现实世界逃到抽象和思想的世界。他面对头顶上空的宇宙,害怕命运无常,害怕死亡前的恐惧、人类的虚无,害怕人生无所作为。"上边提到的那位波拉克分析道。[9]与此同时,伏瓦迪斯瓦夫·塞贝瓦在波兰电台上也明确评价说:"我认为,《三个冬天》画面的美感、新颖性和新鲜度足以成为最近这个时代最杰出的诗集。"[10]

"苦涩青春的火焰在米沃什成熟艺术作品的大理石上噼啪作响。墙上的火焰凝结了,火的噼啪声使火舌和光影都凝固了。火的爆炸声像音符杂乱无章地搅在一起。"[11]——卡齐米日·维卡强调,诗集内在的对立性以及诗集中所有的紧张冲突都清楚地表明,这就是波兰诗歌未来的形式,完全不同于斯卡曼德派的诗歌以及先锋诗歌的尝试。"这是与世界的直面交锋,身披象征主义的长袍,怀揣着密码以及晦涩难解乃至无法读懂的字符;这是双手的挣扎,触手可及,就像紧张的双手手臂的肌肉,不断重复的古老的雅各之战。"斯泰凡·纳皮耶尔斯基做了非常完美的评价。[12]与此同时,年轻的古斯塔夫·海尔灵格-格鲁金斯基①虽认为评论不太有说服力,可直到一九三九年才补充说:"我们的时代![……]当一切最终都变得更好时,米沃什的诗歌将成为他们艰难斗争的凄美证明。"[13]当然,对《三个冬天》的作者来说可能最好的,能理解诗人直觉的最重要的评语,是来自他的朋友约瑟夫·切霍维奇的一段话:

> 米沃什的诗歌与波兰年轻的抒情诗歌有天壤之别,这来自他们面对的两个世界的知识分子的态度:这两个世界似乎都触手可及但又看不见。围绕着对这些范畴真实性的巨大恐惧诞生了《三个冬天》

① 古斯塔夫·海尔灵格-格鲁金斯基(Gustaw Herling-Grudziński, 1919-2000),波兰作家、散文家、文学评论家、记者。在苏联占领波兰后,他试图越过德苏分界线而被内务人民委员部逮捕。在波兰的整个共产主义时期,他一直作为波兰政治移民流亡国外。

这本诗集。诗人很痛苦、过于成熟、苦涩并对世界的重要性充满理解之情,理解它的冷漠、恐怖和残忍。存在论是以早期严冬的形式向他展现出来的。众所周知,地球以美丽的色彩和声音吸引着人们,但是面对生命的意义这些又都意味着什么?〔……〕曾有人说过,如果没有上帝,那就必须发明一个上帝。这是真的!对诗人来说,除了在神的面前创作没有别的路可走。如果一个人不像与神独处时那样去写,他的写作就没有任何意义。空洞的游戏就是写异样的东西。这种可怕的游戏就会陷入空虚。[14]

在《三个冬天》的读者中至少还有一个人,能完全感觉到米沃什诗歌的意义所在。他就是年轻的评论家卢德维克·弗雷德,他曾对同事斯泰凡·基谢莱夫斯基①说过一番话。"大约是在一九三八年〔……〕他说切斯瓦夫·米沃什是目前在世的最伟大的波兰诗人,他的才华完全可以与密茨凯维奇媲美。"[15]

注释

[1] 摘自切斯瓦夫·米沃什写给雅罗斯瓦夫·伊瓦什凯维奇的信,1934 年12 月19 日。(波兰科学院文学研究院图书馆)

[2] 切斯瓦夫·米沃什,《二十三岁赞歌》,载《垂直线》,1935 年第 1 期。

[3] 雷沙德·马图舍夫斯基,《我与米沃什的见面》(克拉科夫,2004),页 12。

[4] 扬·布沃斯基,"前言",收录于切斯瓦夫·米沃什,《"三个冬天":关于诗歌的声音》,莱娜塔·高尔琴斯卡、彼得·克沃乔夫斯基编(伦敦,1987),页 60。

---

① 斯泰凡·基谢莱夫斯基(Stefan Kisielewski, 1911-1991),绰号"基谢尔",波兰作家、作曲家和政治家。

［5］雷沙德·普日贝勒斯基,《关于弟弟》,收录于切斯瓦夫·米沃什,《"三个冬天":关于诗歌的声音》,页 88。

［6］切斯瓦夫·米沃什,《维格雷湖边》,载《文化》,1984 年第 10 期。

［7］摘自切斯瓦夫·米沃什写给耶日·安德热耶夫斯基的信,无确切日期(1962 年)。(华沙文学博物馆)

［8］摘自切斯瓦夫·米沃什写给雅罗斯瓦夫·伊瓦什凯维奇的信,1936 年11 月 3 日。(波兰科学院文学研究院图书馆)

［9］塞韦林·波拉克,《辔绳上的启示》,载《新四马战车》,1937 年第 3 期。

［10］伏瓦迪斯瓦夫·塞贝瓦,关于诗歌新颖性的广播讨论的手稿。(华沙文学博物馆)

［11］卡齐米日·维卡,《火焰和大理石》,载《垂直线》,1937 年第 21 期。

［12］斯泰凡·纳皮耶尔斯基,《切斯瓦夫·米沃什:三个冬天》,载《雅典娜》,1938 年第 1 期。

［13］古斯塔夫·海尔灵格-格鲁金斯基,《切斯瓦夫·米沃什的诗歌边界》,载《垂直线》,1939 年第 8 期。

［14］约瑟夫·切霍维奇,《梦想的学徒:关于切斯瓦夫·米沃什的诗》,载《垂直线》,1937 年第 3 期。再版收录于切斯瓦夫·米沃什,《切霍维奇:两次战争之间的诗》;约瑟夫·切霍维奇,《梦想的学徒:关于切斯瓦夫·米沃什的诗》(卢布林,1981;克拉科夫,1999),页 53–57。

［15］斯泰凡·基谢莱夫斯基,《"兵工厂的大门"和周边》,收录于切斯瓦夫·米沃什,《"三个冬天":关于诗歌的声音》,页 71。

第二十六章　海关官员

"我最后一次见到奥斯卡·米沃什是在我离开巴黎的前一天,那时
他站在地铁歌剧院站的台阶上。[……]在我们握手告别时我问他:'谁能在这场战争中生存下来,你说过,这场战争将于一九三九年爆发,并会持续五年?''你会生存下来的。'与他告别后,我又回身看了一下他远去的削瘦身影,然后把票放进了打票机。"(《欧洲故土》,页209)

在巴黎住了整整一个学年,这对切斯瓦夫·米沃什来说应该具有某种避难以求安稳的性质,就像《魔山》的主人公在疗养院休息了一段时间那样,让他忘记了种种纠缠不清的苦闷。固定的上课节奏,适度但有保障的收入,大都市为他提供的各种新的机会,使他欣慰地感受到自身的变化和发展。维尔诺等待着他的是生活的不确定性、必须作出决断、寻找工作,还得担心即将到来的灾难,最终使他感到在西方肯定会更容易生存。那么,难道他没想过不回国并像很多同胞那样留在巴黎吗?他后来回忆说,他曾考虑过这个问题,不过——被否定了吗?是对实际生活的行动犹豫不决吗?——他真的没有往那个方向去努力。炎热的夏天很快就过去了,必须准备回去的事了。"我就像受到了惩罚那样回到

了维尔诺，"他对莱娜塔·高尔琴斯卡说，"就像看到了宇宙大灾变时的受难者那样。"[1]

　　他至少是尽了最大努力挽回来一些……六月，他给雅罗斯瓦夫·伊瓦什凯维奇写信说，他想去布鲁塞尔看看，《红色盾牌》①的作者当时担任波兰驻比利时大使馆的秘书。友人很快领会了他的想法，于是在一九三五年七月，米沃什至少在比利时小住了两个星期。[2]他与伊瓦什凯维奇一起参观了正在那里举办的世界级展览，他可能没有更多关注"小矮人之城"或"跳降落伞"[3]，而是全神贯注地欣赏荷兰的绘画和勃鲁盖尔的作品，甚至受到这些画面的感染。来到迷人的布鲁日②[4]，他们一起去了诺克勒祖特[5]的湖边休养地。在那里逗留的时间足够长，米沃什也就提早告诉埃腾，并给了他波兰驻比利时使馆的地址。埃腾在七月底按照这个地址给米沃什寄去一张带有德国童子军画面或者带有希特勒青年团英俊成员照片的明信片，不过米沃什显然将其遗忘在了伊瓦什凯维奇的住宅那里。[6]

　　也许他根本就没有把那张明信片留在布鲁塞尔，因为八月初他已经回到了波兰：肯定是先去了苏瓦乌基（几个月后他的父母搬到了格宛波基耶，在那里亚历山大·米沃什找到了一份县城工程师的工作），最后回到了维尔诺。在那里，他先是住在学生宿舍，后来就频繁地更换住处。一九三五年和一九三六年之交的冬天他搬到了位于文学死胡同 11 ／ 7 号的租屋里，那个房子就在密茨凯维奇撰写《格拉热娜》时住过的房子的旁边。一九三六年春——因为妮卡在他那里过夜被发现了——他不得不住进位于古老的巴西利亚修道院的文学家协会的宿舍。夏天，他搬到了一位生物学教授的夫人维尔琴斯卡出租的房子里，他租的那间屋子

235

---

① 伊瓦什凯维奇 1934 年出版的小说。
② 位于比利时西北部，在欧洲也被誉为"北方的威尼斯"。

是维尔琴斯卡女士在维尔诺郊区建的别墅小楼,位于蒙特维沃夫斯卡殖民大街。

　　过去的一年中,他自己和他在维尔诺周围的人们都发生了许多变化。至少他与这些人的友谊还是足以使他成为"诽谤文学"合作者中的一员,这是《维尔诺快报》的一份滑稽增刊:不管怎么说,在一九三六年一月的画作上可以看得很清楚,定格在那个新年(跨年夜)令人陶醉的宴会上的情景,在这个宴会的画面上有"约瑟夫·马希林斯基、亚历山大·雷姆凯维奇、斯泰凡·扎古尔斯基、泰奥多尔·布伊尼茨基、耶日·普特拉门特、切斯瓦夫·米沃什、阿隆·皮尔马斯、耶日·扎古尔斯基和雅尼娜·科瓦尔斯卡的双腿"[7]……即使是在省城举办这样廉价的活动,他们也感到经费不足,因此他对寻找工作越来越不耐烦,因为在给伊瓦什凯维奇的信中他更多是在诉说他的苦痛。"我无处展示我的才华,因为无人需要我写的东西[……]我这个年龄的人每月连一百兹罗提都挣不到。"一九三五年九月他这样写道。[8]他还要求给他回信时寄到他朋友科塔尔宾斯基家的地址。他住在他们家,希望能在首都找到一份工作。后来的另一封信发自克拉斯诺格鲁达,为此我们得知他曾尝试在国家博物馆、波兰艺术宣传研究所和波兰电台工作。"我哪里会知道,他们是否会接纳我——维尔诺让我感到有些恐惧,在那里真的没有一个我可以开玩笑的人。"[9]从巴黎这个"可爱的城市"回到涅里斯河畔后,他觉得在这里遇到了很多现实问题,特别是这几个月来遇到的现实困难越来越多。十一月中旬,埃腾在从马尔堡给伊瓦什凯维奇写的信中问道:"关于切希我想告诉您,他不能去参军,他目前正在维尔诺找工作,也许这对他有益。不久前我收到了他给我的一封长信。"[10]他的信里说的"不能"表明,米沃什对这位德国"骑士"毫无隐瞒地表示了他不想参军的意愿。十二月初,没有成为军士的他对《狄奥尼西亚》的作者表示遗憾地说——没有别的可能——他可能会与《垂直线》杂志合作,尽管这

236

份杂志口碑不好,人们指责该杂志的编辑在拍"萨纳齐亚①的马屁"。[11]
信中米沃什还感谢他在博尔曼那里"替自己求情":(博尔曼)"建议我
去给法院写简报。我一月一日开始去做这件事,也就是我结束了在电台
的实习之后。"[12]如果《文学消息》的发行者说话算数,且米沃什愿意接
受他们的建议的话,那么这将是诗人简历上最滑稽的一页……从信中我
们也得知,在电台工作的第一个月他的身份不过是实习生。

　　维尔诺电台的发展首先应该归功于维托尔德·胡莱维奇,在城市低
迷的氛围中,他带来了大波兰团结与积极向上的精神。他是诗人里尔克
的翻译和朋友,并与莱杜塔合作,是文学家协会当地分会的主要发起人。
这个分会叫"维尔诺艺术协会理事会",他主持董事会,并将贝尔斯基拉
入董事会。胡莱维奇是当时维尔诺的特色人物之一,他骑着摩托车穿行
于维尔诺的大街小巷,后座上还带着一个漂亮女乘客(总是引起人们玩
笑式评论:"用前晃一晃"〔《米沃什词典》,页155〕),毕竟人们都认为他
是外来者,因此他成了新闻界抨击的对象。新闻界的批评甚至还导致了
他与卡特-马茨凯维奇拔剑决斗,上级为了掩盖这一丑闻,将胡莱维奇调
到华沙工作。从那时起,电台的领导人频繁更换,几个月之内就换了好
几个,在胡莱维奇之后是塔德乌什·贝尔斯基[13],在任期间他聘用了米
沃什和帕维乌·雅谢尼查。播音员安东尼·博赫杰维奇还介绍贝尔斯
基加入"热加雷人"的圈子,而米沃什在上大学期间已在电台打工。在
当时的维尔诺,电台是极少数能够提供有趣的工作体验和体面收入的机
构之一:撰写五页向全波兰播送的稿件就能挣到七十五兹罗提,这足以

----

　　①　指治愈运动,波兰在两次世界大战之间的一场政治运动,开始于约瑟夫·毕苏斯基
1926年5月政变前,他于政变后夺取了政权。"萨纳齐亚运动"得名于毕苏斯基所希望的使波
兰政体实现道德上的"治愈",运动一直持续至1935年毕苏斯基去世,此后运动逐渐分裂。

解决一个大学生的基本生活问题。现在年轻的诗人米沃什已经成了编制内的职员，当上了贝尔斯基的文学顾问兼秘书，开始了他的职业生涯，直到战争爆发。他虽然避免了职业作家生活不稳定的命运，但不得不做很多行政工作：每天最美好的时光都是在办公桌前度过的，他梦想把一九三六年早上的时间延长一些，在此期间——因为他对自己的要求是哪儿也不去——整天就是写，一行一行地写诗，写下了《缓慢的河流》一诗并翻译了波德莱尔的诗《阳台》。

米沃什每天尽量早些，担心去电台上班迟到，那时电台也正好刚搬到新的地址——密茨凯维奇大街22号。这是他平生第一次如此享受舒适的生活，所挣的工资只比贝尔斯基少一点（他那时刚刚担任广播项目经理，每月工资高达七百兹罗提）。他那时还单身，没有什么家庭负担，所以还可以攒下一笔钱存起来。但与此同时，他的内心备受分裂感的折磨，觉得自己就是一个做行政的职员，浪费了生命——正如他在《欧洲故土》中对这段时间的感受所描写的那样——甚至他就像是一个人人都讨厌的海关官员，整天做的都是毫无意义的工作，不像农民或木匠那样工作很见成效，他们每天都能看到工作的具体成果。米沃什认为，他整天不是画各种统计图表，就是画广播节目的持续时间和播放时间的统计图表，或者与那些拖稿的作家通信联系，或为华沙管理层撰写新的讲话稿等。

不过后来他还想起一些事情。那时他不仅处理了一些行政工作，还与贝尔斯基合作搞了一些创作，为听众准备了电台想象力剧院的广播剧，就像以前跟斯泰凡·巴托雷大学的教授曼弗雷德·克里德勒和斯泰凡·斯莱布尔内的合作那样。在这期间，在维尔诺一共播放了十七部广播剧，其中有两部是米沃什写的。[14]一九三六年一月六日，电台播放了由米沃什翻译并改编的"法国马克思主义哲学家、作家亨利·列斐伏尔"的《大赌注》,十月十五日播放了法国作家路易·吉尤①的《家庭之夜》,他是著名小说《黑血》的作者(米沃什在《垂直线》上发表过评论这部小说的文章[15])。米沃什对那段时间最深刻的记忆就是与加乌琴斯基的一次短暂见面。一九三四至一九三六年,他曾在维尔诺和扎齐什居住过,并与电台有过合作,还与滑稽报刊《维尔诺布谷鸟》有过合作,同时与泰奥多尔·布伊尼茨基结为忘年之交。加乌琴斯基总是逾期交稿,所以有一天,米沃什以节目播放组秘书的身份,穿着西装打着领带,亲自跑到磨坊大街去他的住处找他,结果发现"波希米亚主义"②的悠闲代表正赤裸地躺在沙发上,手里拿着一本贺拉斯的书。第二天加乌琴斯基就来到电台,费了很大周折找到了贝尔斯基,交给他一封信,"之后转身走了,这封信的内容是:'尊敬的塔德乌什·贝尔斯基先生,遗憾的是,我无法完成电台跟我预约且已经支付稿酬的广播剧的稿件,在我生病卧床时,您委派的职员米沃什到我的住处看到了这一情况'"。[16]

　　作为他后来出版的《被禁锢的头脑》的主人公之一,也许是欠缺写作的灵感,让这本书未来的作者在精神困境中备受挣扎,这倒并不是因为每天生活单调乏味,而是因为必须将其野心与现实相结合,为此他感到自己正在经历失败。"我在这里当上了一名职员,在这个省城里,也正是这个城市让我感到压抑得透不过气来。[……]我在这里连个朋友都没有。"(《欧洲故土》,页217)当你追寻他的命运线时,你就会情不自禁地去思考,这条线在很大程度上就是一个痛苦的箍,由他亲手造就且不止一次,很少能与自己调和。从巴黎回来后的那段时间里,他是不是又变得让人难以理解,给人带来苦涩,令人咬牙切齿?在给伊瓦什凯维

---

　　① 路易·吉尤(Louis Guilloux, 1899–1980),法国作家。
　　② 指称那些希望过非传统生活风格的艺术家、作家与任何对传统不抱持幻想的人的一种生活方式。

奇的信中他这样写道：

> 你知道我需要友谊，需要更广范围的爱［……］为此我自己在反复思考——我与一位姑娘在肉体上发生了关系——但是我能觉出，她很不喜欢我内心的各种焦虑。她认为这一切都是故弄玄虚、虚妄夸张——而我不知道，这样清醒的观察是理性，还是过于傲慢无礼呢？哎呀，每当我想在自己的内心世界找到真正有尊严的生存感时，恐怖就占了上风。难道这不是形而上的旋风，通常是来自平庸的滑稽表演中的一首令人泪流满面的歌吗？这位姑娘不信任**过多的**情感也许是有一定道理的。[17]

有谁会去考虑，在这种不断变换的焦虑中有多少成分是在寻找某种“真正的东西”，有多少成分是“痛苦”，就是艺术家的自我，不可避免地迷失于故作高深、说服他人和自我创新的丛林中？最终，米沃什后来的两位妻子都尽力帮助他，避免他想入非非，让他享受正常的现实生活……

一九三五年即将结束，而我们这位维尔诺电台的工作人员反复说：“极度孤独，渴望友谊。当时波兰人的生活状态是：一方面是绝对的军事独裁，另一方面那些反对军事独裁的人，因为群龙无首而失去与之抗衡的力量。年轻人的荒谬幼稚令人哭笑不得。同时也找不到任何政治或者社会团体来共同对抗军事独裁。”[18]给伊瓦什凯维奇的信件——正如我们看到的——是非常珍贵的资料，它代替了私密的个人日记，可以说米沃什没有记日记的习惯（如果不去计算他在特别年轻时写的那些短暂的日记）。在他们这些来往的信件里，能明显地看到米沃什个性的复杂，看到他的聪明才智及各种弱点，也能理解他需要与人交流、需要友情，同时也能看到他在生活中的某些不确定性和摇摆。“我的贡献就是，我在麦克风前朗读了康拉德的小说《青春》和《潟湖》的片段。让白俄罗斯人因绝望而腹泻吧"[19]——他在下一封信中以讽刺的口吻揭示了一个人复杂的情感,也就是自相矛盾的感觉,而面对图书馆书架上日益增长的作者名单,他对自己的处境感到羞愧。一九三六年二月,他计划去华沙两三周:"我特别高兴,我有时间做一些更理性的事情,同时还能去看你。"[20]

239　　　　他去华沙的计划大约是实现了,因为他给伊瓦什凯维奇写的下一封信是在四月份——书信中断了,似乎米沃什没有精力或不想再维持这样的关系:整个夏天就寄去了一张普通的明信片,从中我们可以看出,暑假的部分时间他想在帕乌力诺夫的波赫尼查度过。也许这个夏季的数月他都把精力放在了《三个冬天》的创作上,也就是最后修订,考虑如何出版诗集,以便有足够的精力写一些内容充实的信? 也许是因为与伊莱娜·古尔斯卡建立关系给他带来的喜悦影响了他写信? 不管怎么说,直到秋天他找到一份有编制的工作,他的情绪又开始不稳且多变,各种杂念充斥头脑,令其难以自拔:"我摈弃自己,因为我是个懦夫。我要待在维尔诺,因为我找到了一份'工作',也许这就是某种退化的表现。在这里写作不是一件好事,我不喜欢别人强迫我做事。通过阅读并为这个机构写一些毫无效用的东西,当然这非常可笑,这一切得归功于在电台的工作。"[21]

十一月,米沃什到了西威彦齐诺,在清晨与学生的见面会上("非常愉快能对学校的学生们说"),"热加雷人"也参加了,其中与学生们见面时间最长的是普特拉门特。他给学生们机会作自我反省:"一位令人喜欢的好男孩,婚姻似乎对他产生了非常积极的影响。在这种情况下,突然有种苦涩和孤独的感觉袭上头来,就像孤独的男人染上了各种瘾那样。"[22]十二月,他去格宛波基耶与父母共度圣诞节,在与父母分吃圣饼时,他对自己的命运感到越来越沮丧:"到维尔诺后我心里产生了一点小小的危机感:在空荡荡的住房里感到寒冷、饥饿、孤独……我觉得自己写的那些东西毫无价值,使自己陷入了困境,非常遗憾,我本不是那种喜怒无常的人,但是这种缺少自由的感觉令人备感沉重和百无聊赖,'包法利夫人'对此深有体会,与此同时,我十分憎恨那种束手束脚的机械工作。[……]现在我觉得,我想当一名挣年金的人①,我开始羡慕这帮人。"[23] 他可能觉得自己是一个堕天使,写作的最大障碍就是缺少时间、厌恶自己、怨恨环境,但他必须与之相融:"在这里我写不出诗来。我写散文的速度很慢,但是毕竟有一些进展,每当我写完一个章节,我就会感到欣喜无比。也许我会放弃我的散文,把散文变成一部厚厚的小说。"他说的是什么样的散文?但他的描述与我们所知的两部战前小说均不符——也许就是他本打算在巴黎开始并要完成的那个"克拉斯诺格鲁达"的故事?

一九三六年,他与维尔诺剧院年轻的女演员建立了关系,在情感和肉体上的满足使他遭受了怎样的挫折?"我希望自己有能力获得爱情与友谊。但我怀疑自己是否有这方面的才能,我甚至对此感到很失望。[……]什么是权宜之计?也许生活就是权宜之计——因为不同的、真正的权宜之计是生活在别处。"(《猎人的一年》,页88)生活在别处,那肯定不是在电台的办公桌旁,甚至不是呼吸五月大学生体育协会帆船基地迷人的空气……也许他当时只与贝尔斯基一家保持了比较亲密的关系。不管怎么说,他在贝尔斯基夫妇那里得到了某种关心照顾,但这也只能是(这已经足够)局限于短暂地坐在一起吃吃饭、聊聊天,在自己比较亲近的人周围,也就是爱着别人的人那里找到某种温暖:"如果说他们给了我友谊,不如说他们给予我的是关心和照顾,我认为这归功于我的文学才华,他们很欣赏我的文学才华,而不是我人格上的优点。我对

240

---

① 是指从其投资中获得年金和收入的人。

他们非常尊敬并很有好感,但他们过于平静和平衡的表现让我当时很不适应。"(《欧洲故土》,页217)

塔德乌什·贝尔斯基既是演员也是导演,曾是莱杜塔人,他颇有教育和团队精神,并且非常勤奋,创办了想象力剧院,并成功导演了《苏格拉底的防御》《浮士德》《隐藏的普罗米修斯》和《上帝复活的奥秘》等广播剧——正如我们所看见的,当时的电台并不是那种"可笑"的机构。贝尔斯基的妻子伊莱娜·贝尔斯卡是维尔诺艺术协会理事会的戏剧研究所(该机构很快被撤销)负责人,研究所当时位于奥斯特罗布拉姆斯卡大街9号,在那里讲过课的人有:米奇斯瓦夫·什帕凯维奇①、康拉德·古尔斯基、斯泰凡·斯莱布尔内、亨利·戴宾斯基未来的妻子佐菲亚·维斯特法莱维奇、约瑟夫·马希林斯基[24]以及贝尔斯卡。后来人们回忆说:"她[贝尔斯卡]是一位非常完美的女人。我们都非常喜欢听她讲课、与我们彩排,首先是因为她对大家要求既严格,又孜孜不倦,而且很有耐心。[……]与此同时,她还非常公平并能觉察到我们需要什么。"[25]米沃什有时也会来到排练厅,因此学生们也会朗读他的诗。[26]

贝尔斯基夫妇无论是在战前还是在战后都是戏剧界公认的才华横溢、完美无瑕的人物,他们在许多省份的舞台上创作了大量木偶剧,特别值得一提的是,他们还是兹比格涅夫·赫贝特的监护人。他们的情绪总是非常稳定,从没大起大伏,他们尽力理解《三个冬天》的作者情绪的多变,不过他们在艺术和政治、宽容自由主义、排斥右翼思想和民族炫耀以及意识形态等问题上观点相似,米沃什是这么形容塔德乌什的——"他是我的诗歌屈指可数的读者之一,并认为我是杰出的诗人"。(《猎人的一年》,页88)贝尔斯基非常喜欢《米格尔·马纳拉》,最终导演了这部广

---

① 米奇斯瓦夫·什帕凯维奇(Mieczysław Szpakiewicz, 1890-1945),波兰演员、导演、讲师,戏剧积极分子。

播剧并在电台播放,贝尔斯基夫妇两人都决定成为隐形天主教徒,隐瞒自己的信仰,避免被指责为民族主义者,避免随波逐流。那时米沃什也是这样的人,因此晚年时他写道:"我非常钦佩贝尔斯基夫妇。他们是我的道德榜样,直至今天仍是如此。"(同上)

注释

[1] 莱娜塔·高尔琴斯卡,《巴黎群像》,页225。

[2] "切希在我布鲁塞尔的家里待了两周,周末期间去了佐特。"见雅罗斯瓦夫·伊瓦什凯维奇,《1956-1963年日记》,页422。另参:约瑟夫·拉伊恩费尔德看到伊瓦什凯维奇时写道:"米沃什到布鲁塞尔来看我,在我家住了几个星期"后,于1935年8月17日从圣吉米尼亚诺寄信给雅罗斯瓦夫·伊瓦什凯维奇说:"你想象不出,我有多希望能和你共度一段时间,我有多嫉妒米沃什。可惜我没有他那么积极的优点。"摘自《青年艺术家的肖像:1928-1938年约瑟夫·拉伊恩费尔德写给雅罗斯瓦夫·伊瓦什凯维奇的信。附收件人的评论》,帕维乌·赫兹、马莱克·扎冈切克编(华沙,1997),页143。

[3] 参切斯瓦夫·米沃什,《三场展览》,载《垂直线》,1935年12月21日;《年轻思想的冒险》,页141。

[4] "巴黎继美国之后让我想起了战前见过的朦胧布鲁日",摘自《欧洲故土》,页307。

[5] 差不多三十年后《救赎》的作者才登上巴黎双年展。

[6] 君特·埃腾写给米沃什的便条附在切斯瓦夫·米沃什1935年7月29日写给雅罗斯瓦夫·伊瓦什凯维奇的信后。(波兰科学院文学研究院图书馆)米沃什肯定从伊瓦什凯维奇那里得到了这位比利时诗人的诗集,并写了一篇文章——《比利时的诗人们》,将诗集推荐到《垂直线》上。见《垂直线》,1936年1月11日;《年轻思想的冒险》,页146。

[7] 约瑟夫·马希林斯基,《"诽谤文学"的午餐》,载《维尔诺快报》,1936年第1期。摘自埃米尔·帕谢尔斯基,《伽玛和欧米茄:耶日·普特拉门特与切

斯瓦夫·米沃什的关系史》，博士论文，页24。

[8]　摘自切斯瓦夫·米沃什写给雅罗斯瓦夫·伊瓦什凯维奇的信，无确切日期，可能写于1935年9月13日-27日。（波兰科学院文学研究院图书馆）

[9]　摘自切斯瓦夫·米沃什写给雅罗斯瓦夫·伊瓦什凯维奇的信，1935年9月27日。（波兰科学院文学研究院图书馆）

[10]　君特·埃腾写给切斯瓦夫·米沃什的信，1935年11月14日，摘自佐曼·利兹，《波德会》，页171。

[11]　实际上他在这本周刊上发表了一系列文章，从首篇《法国事件》开始，后来凭借《算计》获得杂志举办的写作竞赛奖。

[12]　摘自切斯瓦夫·米沃什写给雅罗斯瓦夫·伊瓦什凯维奇的信，1935年12月7日。（波兰科学院文学研究院图书馆）

[13]　1936年3月起由利沃夫调来的尤里乌什·派特里担任该职务。

[14]　见扬·切霍维奇，《米沃什与广播剧》，载《题目》，1999年第2-3期。

[15]　切斯瓦夫·米沃什，《黑血》，载《垂直线》，1936年1月11日；《年轻思想的冒险》，页145。

[16]　塔德乌什·贝尔斯基，《电台、广播剧：回忆》（华沙，1976），页178。

[17]　摘自切斯瓦夫·米沃什写给雅罗斯瓦夫·伊瓦什凯维奇的信，1935年9月27日。（波兰科学院文学研究院图书馆）surabondance，法语，意为"过多的"。

[18]　摘自切斯瓦夫·米沃什写给雅罗斯瓦夫·伊瓦什凯维奇的信，1935年12月7日。（波兰科学院文学研究院图书馆）

[19]　摘自切斯瓦夫·米沃什写给雅罗斯瓦夫·伊瓦什凯维奇的信，1936年1月21日。（波兰科学院文学研究院图书馆）

[20]　摘自切斯瓦夫·米沃什寄给雅罗斯瓦夫·伊瓦什凯维奇的明信片，1936年2月27日。（波兰科学院文学研究院图书馆）

[21]　摘自切斯瓦夫·米沃什写给雅罗斯瓦夫·伊瓦什凯维奇的信，1936年11月3日。（波兰科学院文学研究院图书馆）

[22]　他还说12月初他会到华沙——也许是为了处理《三个冬天》的分配

问题。摘自切斯瓦夫·米沃什写给雅罗斯瓦夫·伊瓦什凯维奇的信,1936 年 11 月 24 日。(波兰科学院文学研究院图书馆)

[23] 摘自切斯瓦夫·米沃什写给雅罗斯瓦夫·伊瓦什凯维奇的信,1937 年 1 月 13 日。(波兰科学院文学研究院图书馆)

[24] 他用最新的诗讲课。战后马希林斯基成了扬·布沃斯基和康斯坦蒂·普泽那的中学老师。

[25] 伊莱娜·古尔斯卡-达梅茨卡,《赢了生活:女演员的纪念册》,页 34。

[26] 参兹比格涅夫·奥辛斯基,《他叫我们为兄弟剧院:伊莱娜和塔德乌什·贝尔斯基与耶日·格罗托夫斯基的艺术友谊》(格但斯克,2005),页 23。

第二十七章 "些许神奇的真相"

睿智的朋友们失神地张望着,

当我,这个无趣的鲁特琴演奏者,经过他们的桌旁。

可当他们玩起象棋,争执判罚的时候,

我想,他们乐在其中。

切·米沃什,《太阳从何处升起从何处落下》

241　　　一九三六年的维尔诺,弥漫着强烈的无力感,政治上的种种事件循着不可阻挡的逻辑,恰如滚动的石块蓄力加速,即将引发一场史无前例的大雪崩(这幅画面后来一直萦绕在米沃什心头)。米沃什此时兴致勃勃地关心着与苏联有关的事情,与同伴不同的是,他并不相信法国有能力抵挡住希特勒的势力。从本质上说,他对西方世界不屑一顾。"一边是希特勒德国和四马战车。另一边是俄国。中间的右派,令人厌恶,未来注定会失败。中等阶层——民众和社会主义者,被共产主义的同情者推到侧翼边缘,很难发挥作用。在我们这一代人的眼里,用议会手段解决问题简直可笑至极。我不会说,我已经明确预见了这部分欧洲大陆的困境——不是希特勒取胜,就是斯大林掌权。[……]更恰当地说,我当时的状况犹如走不出的梦魇:我们想跑,但我们的双腿灌满了铅。"(《欧洲故土》,页138)米沃什感觉自己像个不知该如何落子的棋手,在生存和政治的僵局中无所适从。于是他在多篇文章中不断地捍卫艺术的独立性,如在《致文化保卫者的信》中高声抗议那般。

"奥斯特罗布拉姆斯卡9号,俱乐部的辩手们愤怒地咆哮,/ 他们争论着一些名字:马克思,索雷尔,维尔弗雷多·帕累托……/ 我指责这样的俱乐部,俱乐部却问:——你想在俱乐部做什么,/ 头顶荷兰乌云的理发师吗,没用的诗人?"一九三五年,加乌琴斯基这样写道。米沃什与近期的密友——戴宾斯基或岩德列霍夫斯基之间,存在着诸多根本性差异,尤其在政治方面。但在艺术修养方面,米沃什很肯定地表示,他们非常相似。他绕开了意识形态的焦点,说他们"在列宁专著中汲取信念,非常勇敢和坦率。以茅草敝顶的国家在沉睡和被动中寻求革命和第聂伯河的思想。[……]在双重火力的夹击下,我的回应异常激烈,但我仍像以往那样在他们之中寻找着友谊的位置,因为我看重与他们的友情——可他们却越来越鄙视我"。(《欧洲故土》,页135)这种情况既不属于艺术家与激进派的矛盾,也不能归结为诗人的洞察力与同事们的循循善诱之间的冲突。最终,直到五十年代米沃什在巴黎"选择了自由",仍旧没有采取约瑟夫·沃博多夫斯基提到的明确而坚决的姿态。一九三五年,沃博多夫斯基在脱离左派的公开信中写道:"我们离开去寻找正义和真相,因为它们并不存在于在旧世界中。在招募点他们没有告诉我们真相。他们只想让我们改换另一套行装罢了",以此谴责自己对外在环境的随波逐流。[1]他的行动只不过是小打小闹,更多的是冲动,并非有某个明确的纲领;另外,因为对完全孤立的恐惧,还有家族因素、环境因素以及保持一致的世界观,他并没有表现出对意识形态的反对。在胜利者披上制服的时代,他对世界文明演进的判断水平相当薄弱,以至无法决定该接受右派还是法西斯阵营,或是选择另一边的共产党。于是他留在了边缘地带,但仍与早前组建了知识分子俱乐部的人保持密切联系。充满信念和目标的美好时代终结了,"有人阅读和评论着马克思主义经典。当出现一串不合时宜的笑声时,权威的地位就会以眼神的形式展现出来,一双突然下垂的眼睛,句子也中断了。他们高唱革命歌曲,创造出我后来非常熟知的那种既甜蜜又十分妖魔化的气氛"。(同上,页 136)

　　青年军团、波兰民主青年协会、社会主义独立青年协会以及所谓的第二代知识分子俱乐部等官方组织的成员中,有一些想要"创造新的'下一个现实形态'"的年轻人。[2] 他们逐渐发展成为一个共产主义团体——"前线"学院左派协会,成员包括卡齐米日·派特鲁塞维奇①、斯泰凡·岩德列霍夫斯基、杰维茨卡姐妹——玛丽亚(也就是穆塔)和后来嫁给了耶日·什塔海勒斯基的伊莱娜[3]、伏瓦迪斯瓦夫·雷恩查,还有不久后因煽动共产主义而被捕入狱的扬·卡帕瓦。其中一些人在战后波兰成了为创立共产党做出贡献的人。亨里克·戴宾斯基从意大利返回维尔诺后,也加入了这个团体。早在一九三三年,"前线"成员们就已经与莫斯科秘密支持组建的波兰共产党取得了联系。他们不仅遵守党的纪律,而且承认,他们要与地主们进行斗争。据安娜·岩德列霍夫斯卡回忆:"多莱克·布伊尼茨基、耶日·扎古尔斯基、切斯瓦夫·米沃什没有加入'前线',他们留在了政治上更接近共产主义的第二代知识分子俱乐部。他们认为自己是'前线'成员们的朋友,他们也确实是成员们的朋友。"[4]

①　卡齐米日·派特鲁塞维奇(Kazimierz Petrusewicz, 1906-1982),共产主义者、波兰人民共和国政府成员、生物学家、波兰科学院院士、华沙大学教授。

短居巴黎的经历让米沃什与他们保持着安全距离,且未被指认为"前线"的朋友。一九三五年二月,他幸运地躲过牢狱之灾。那时检察官指控"前线"的领导层妄图"以暴力改变波兰国家制度并割让部分领土"[5],在"第十一诉讼案",也就是著名的学院左派诉讼案中,岩德列霍夫斯基、什塔海勒斯基、派特鲁塞维奇、杰维茨卡姐妹等人被推上了被告席。在初审中,大部分被告被无罪释放。该案轰动一时,公共舆论呈现两极分化,其中自由派(并不知道"前线"与波共的关系)依据法律赋予的信仰自由权坚定地为"前线"成员们辩护。有意思的是,尽管案子未结(庭审过程断断续续地拖延到"二战"爆发),岩德列霍夫斯基、什塔海勒斯基和派特鲁塞维奇一直留在斯泰凡·巴托雷大学任教。与此同时,未受到指控的亨里克·戴宾斯基开始发行新杂志——左倾的双周刊《直接》。该杂志在全波发行量达到两万册,编辑部成员包括岩德列霍夫斯基、派特鲁塞维奇、玛丽亚·热罗姆斯卡①和达耐克·斯卡尔仁斯基(他们那时都已申请入党)。后来,杂志里被白纸粘贴遮掩的未过审页面越来越多,直到一九三六年六月被维尔诺的镇政府关停。编辑们随即推出下一本杂志——《卡片》。《文学消息》精彩地评论说:"维尔诺人不好对付,维尔诺和立陶宛一样顽强 / 直接把卡片丢在桌子上。"米沃什也是《卡片》的合作者之一,他为杂志供稿,甚至还宣称杂志的名字是他取的:"我应邀参加过一次会议,《直接》被毙掉后他们要为新的杂志取名。这个刊名,'卡片',是我的提议,跟'热加雷'一样来源于我粗陋的立陶宛词汇库。'卡片'②在立陶宛语中指'一代人',和波兰语意义完全不同,正好可以产生美妙的多义效果。"(《猎人的一年》,页232)后来他又补充说,"Karta"的立陶宛词义为"一次",与杂志短命的历史完美契

---

① 玛丽亚·热罗姆斯卡(Maria Žeromska, 1913–2001),波兰画家。

② 指"Karta"这个单词。

合。[6]一九三六年七月,在发行了三期后,该杂志被关停。那时候还有一件诉讼案,即"直接"案,被告包括热罗姆斯基、普特拉门特、戴宾斯基和岩德列霍夫斯基——后两位被判处四年监禁。米沃什回忆说:"尽管警察没抓我,但我还是有点儿担惊受怕,其实我和这个团队并没有走得太近。我和他们的关系都已写在我的文章《致文化保卫者的信》中,这篇文章稍有点儿偏右。我坐在庭审大厅里,紧握着双拳,强压住对政治制度的怒火。另外,我还为自己一直以来的局外人身份感到羞愧,我从来没被组织安排过工作。我并不知道他们和共产党有关系,但我猜他们是共产党。"[7]

自一九三五年八月发表随笔为伊瓦什凯维奇新书《红色盾牌》辩护开始,米沃什发表了一系列文章,《致文化保卫者的信》是其中最令人拍案叫绝的宣言。米沃什认为,文学本身能够跳出各种流派的意识形态学家对"恢复困难真理"的执着追求,体现出"反对教条主义地将生活模式化"的功能。[8]米沃什坚定地强调,作家不是记者,诗歌、故事和小说要反映的是现实的深层次结构,不能将其看作新闻报道和舆论工具,"真实的观点在逻辑上很难表达,它很脆弱,看起来微不足道"。同年九月,他描绘了"法国文学青年"的形象,着力强调其缺乏自欺欺人的性格,并反比了波兰人和德国人的"蒙骗"态度——"抛开人为的浅薄不谈(德国人有着日耳曼式的'优越感',波兰人展示出的多为无产阶级姿态),在这里没有人会失去理智而被轻易蒙蔽。[……]法国青年会苦苦思索,宣传的教义是否与个体的良心相符"。[9]十二月,米沃什提到了《海滨墓园》的作者在一次新闻调查中明确反对教士参与政治:对"那些相信充分体现作者个性的文学作品同样是解决欧洲难题的最佳途径的人来说,保罗·瓦莱里这一大胆的反对意见对他们是巨大的鼓励和宽慰"。[10]

充分体现作者个性的文学作品越来越少了。三十年代中期是招兵买马的阶段——在左派这边,共产党的记者及其忠诚的伙伴要求"亲爱的同志们"摆正位置,要求他们在无产阶级和法西斯者之间做出选择。一九三五年,在斯大林战略的支持下尝试建立广泛的欧洲人民战线(波兰共产党在波兰宣称"左派没有敌人"),同时他们还说服了一些左右摇摆的人放弃中立立场,转为明确支持反法西斯阵营(在反法西斯的概念下,整个"没落的"资本主义世界都被吸纳进来)。在左派的刊物上,包括《直接》(10月20日,第6期),刊登了一篇由布罗涅夫斯基、楚赫诺夫斯基、戴宾斯基、岩德列霍夫斯基、普特拉门特、斯特鲁格①、申瓦尔德、瓦斯莱夫斯卡②、瓦特和瓦岑克签署的"理解"宣言。宣言提出"所有独立作家和艺术家要团结起来[……]捍卫进步、和平和文化"。宣言指出,"所谓的文学'非社会化'更容易造成[……]文化的纳粹化"。

米沃什认为自己有义务对这一号召做出回应,《致文化保卫者的信》的结尾恰恰表达了他支持宣言的态度,他在此处指出:"法西斯主义会损害文化发展,有必要采取一致的反对行动。"[11]但该文的整体论调却与上述结论不尽相同。长远来看,也许当时米沃什自己尚未意识到也并未想过,《致文化保卫者的信》实际上是在与倒向共产党一边的左倾团体告别。他的这种说"不"的勇气在进步的环境下被认为是政治正确的表现,但在一九五一年他勇敢地宣告"不"并逃亡时,却遭到大多数波兰移民的反对。在《致文化保卫者的信》中,我们能听到二十五岁的作家发出的呐喊,他更加确定了自己的信念并不是某种策略使然,而是出于自己的判断。他承认说:"我写过几次诗,它虚华的艺术价值让我沉醉,心旌荡漾(总的来说,抖机灵并非难事)。"

---

① 安杰伊·斯特鲁格(Andrzej Strug, 1871-1937),真名塔德乌什·加外茨基(Tadeusz Gałecki),波兰社会主义政治家、宣传家,波兰独立活动家。

② 万达·瓦斯莱夫斯卡(Wanda Wasilewska, 1905-1964),波兰-苏联小说家、记者、左翼政治活动家。

这里我只想到左派行为的一个方面,即他们对文化议题的态度。谁也说服不了我,我该怎么做。这种态度很是蛮横,即使我的左倾同学们给我戴上了一顶糟糕的无政府主义知识分子的帽子,我也要这么说。他们忘了,他们经常挂在嘴边的纪德、马尔罗、吉尤、盖埃诺①等,也是如此。[……]读过波兰年轻的马克思主义者们写的文学和艺术文章后,不禁会去想象他们的下场,有朝一日人们会把当今的艺术称为艺术全面衰落期:他们努力传播变节和阶级背叛,他们会不厌其烦地审查,是否有人偶然没用大写字母拼写"神"这个单词。在大范围地修正后,他们的手上没留下什么,只剩几本万达·瓦斯莱夫斯卡的书。

这是个痛苦的判断。与此同时,米沃什并没有质疑未来体制转型的有效性,相较于评判总体方向问题,他更谴责"歪曲事实"的行为。他以不喜欢小资产阶级生活方式的姿态继续发表宣言,表现得并不像一个担心民主自由的公民,而更像是一位看出艺术自由受到威胁的创作者。

对于渴望宣告反对法西斯主义的人文主义者来说,他们的初衷根本摆脱不了为工人或者小农阶级预设的条框。人文主义者一旦决定加入争取新社会形态的阵营,他一定会受到自身观点的诱导[……]。他憎恶资产阶级,这个阶级,它的生活方式、道德观与习惯让他恶心。如果他选择社会革新,那么正中下怀,他们将摧毁他憎恶的对象,赋予他更美好更纯洁的生活真理。人文主义者所热爱的,如今看来都无足轻重,必然会被取缔——普世教育是虚构的;艺术压根不存在;数百万的人都弄不清,人文主义者眼里存在的

①　让-玛丽·盖埃诺(Jean-Marie Guéhenno, 1890–1978),法国作家。

意义是什么。于是,原本夹着密茨凯维奇和但丁的人走上了一条全新之路,他并没有预见到,他将在这条路上与忠诚却迟钝的追随者们会合,这些人指责他太过经典,也指责他太喜欢……普希金。"嘴唇和杯沿之间"的悲剧之旅就这样开始了,从未来的视角来看,人文主义者必然品尝不到这段秘密征途的所有美味。

"嘴唇"与"杯沿"之间的比喻,反映的是不公正且必然失败的社会制度与左倾极权主义之间的困局……这里同样预示了战后会出现的矛盾,到那时再看伟大的文学作品,哪怕是有进步思想的,也不会符合社会主义现实主义的标准。

几个月后,米沃什在《卡片》上发表了《维斯瓦河和涅曼河边的对话》,明确反对当权者的主张,宣示了对真相的追求。对波兰日常生活的理性判断促使他大声疾呼:"扩音喇叭里,飘扬的旗帜下,隆重的庆祝活动中:都是谎言、谎言。污秽的说唱表演,记者笔下喋喋不休的论述,甚至在孩童口中:都是谎言、谎言。"[12]这是一个知识分子而不是激进分子的呐喊,反映了他对冷淡回应《致文化保卫者的信》的党的教条主义者的极大不满。那时,卢茨扬·申瓦尔德公开回复米沃什:"如果没有总的论调告诉我们要充分相信你们的诚意,那么很难不去想象,你们的大部分观点可能都来自邪恶的革命敌人——来自沃博多夫斯基。"[13]"扬·保罗·涅姆拉瓦",很可能就是时任《直接》文学部主任的普特拉门特[14],也曾毫不犹豫地表示:"世界逐渐分裂成两个阵营:一边是进步与文化的世界,另一边完全相反,是反动与无知的世界。所有聪明的人都会选择进步的阵营。"遗憾的是,米沃什不在其中,他犯了"脱离无产阶级"的错误,"但他是一个聪明人,他看到了现有制度的腐朽,不可能会选边站到法西斯主义那边去。但他必须要证明自己行为的合理性,于是他创造出一套无阶级差别的诗人、人文主义者哲学。而这套哲学从客观上促成他憎恶的人从中获益,尽管他的意愿并非如此"。[15]在这些毫不客气的指责中,我们还听到了普特拉门特关心米沃什的特有腔调。他召唤米沃什"改邪归正"并不能让人们安心,但他相信,就算米沃什犯了错,他仍属杰出人才,仍属于"我方"内部事务,要赦免他的话——应该以父亲的严厉语气狠狠责骂他,然后才能让他回归正途。

不久前"命运的宠儿"的评语并不是对米沃什的唯一判词,内部圈子(他也算是创始人之一)在抨击他的时候,往往将政治和美学两方面结合起来,指责他背叛先锋派的理想,观点反复无常,且又走回经典流派的老路。米沃什肯定密茨凯维奇和拉丁诗歌代表人物的言论引发了强烈的后续反应,马希林斯基就是一个例子。无论是一九三四年马希林斯基获得官方认可的文学奖并在《斯卡曼德》上发表诗歌,还是后来安托尼·斯沃尼姆斯基在年初的《消息》上公开提出的反对意见——"楚赫诺夫斯基和库莱克认可米沃什的'诗歌天分'纯属废话"[16],都没有显示出一点儿和他有交情的影子,年轻人和"革命派"更是与他渐行渐远。安纳托尔·米库乌科直白地写道:"今天已没有人把米沃什称为革命诗人[……]。卡帕瓦被关进监狱,而米沃什幸运地……找到了自己,'走得更远了'。"[17]

一九三五年尤里安·普日博希在《诗人周围》杂志上发表了一篇文章,对米沃什稍做区分:"那些一直和我们走在一起的维尔诺最优秀的人,和那些卢布林来的、受切霍维奇伟大诗歌影响的人——米沃什、扎古尔斯基、沃博多夫斯基和[其他人],他们回到了伪经典主义那昏沉的废墟上。扎古尔斯基和沃博多夫斯基用辞藻华丽的长诗填满《斯卡曼德》的页面(起码米沃什的诗看起来并非如此),标志着新诗歌调头——走向衰落。"[18]米库乌科在接下来发表的《悲哀的引用》(同年11月发表)一文中提到,没有什么救得了老先锋派诗人,"被神秘主义和经典模式所困的米沃什还是'他自己'吗"?[19]一九三六年,米沃什刻意没去参加在维尔诺举行的楚赫诺夫斯基的作家之夜活动[20],他向伊瓦什凯维奇抱怨说:

在维尔诺这里,"他们把我包围了"。我惊恐地发现,在波兰保持孤傲是不可能的。"米沃什听命于法西斯主义""米沃什是伪经典""米沃什被神秘主义和经典模式所困"——这些恶言恶语还算是轻的,更糟糕的是,当他们看到泥泞的街道、人们的穷困潦倒、政府的愚蠢时,还是没有真心和勇气去谈纯粹的艺术,丧失了应有的道德准则。[⋯⋯]看到我的"同龄人",我抑制不住地恐惧。那么我真的要远离他们吗?[⋯⋯]那时我想,其实还是我的错——因为渴望,因为并不认识这些人,才导致我写出那些枯燥的文字和无聊的经典主义诗节。[21]

从隐居巴黎到重回旋涡中的波兰,这段经历令他相当痛苦。有人向潘凯维奇打听塞尚在普法战争期间做过什么,他回答说塞尚当时大量作画。没过一会儿,他就被指责有意识形态问题。于是,他明白了,艺术家的使命是拯救晨星的光芒。他清楚,社会需要的仅是一张海报,是可以绣在战旗上的几个直白的单词⋯⋯遵循自己内心的真理需要做出牺牲——米沃什想起了伊瓦什凯维奇给他讲的安东尼奥·波拉约洛①画的《多俾亚和天使》②,现在他明白了个中道理。受这幅画影响,他还写了一首诗——《夫妻塑像》,不久后他就会看到其中的自己。前往意大利的旅途中,米沃什写道:"于是,要付出艰苦的努力,才能在熊熊烈火中保住些许神奇的真相,甚至还要身披长袍跟随在波拉约洛的天使身边。"[22]

注释

[1] 约瑟夫·沃博多夫斯基,《悲伤的债》,载《文学消息》,1935年第43期。

---

① 安东尼奥·波拉约洛(Antonio del Pollaiolo, 1429-1498),意大利文艺复兴时期的画家、雕塑家。

② 绘画故事来自《旧约·多俾亚传》。

摘自雅努什·克里沙克，《救赎灾难主义》，页148。

[2] 安娜·岩德列霍夫斯卡，《迂回和直接》，页83。

[3] 米沃什在《猎人的一年》中回忆了杰维茨卡姐妹："她们来自非常虔诚的罗马天主教家庭，却在共产主义里找到了新的宗教信仰，就像戴宾斯基的妻子佐菲亚·维斯特法莱维奇一样，她的姐姐以前还是修女。"摘自《猎人的一年》，页242。1968年杰维茨卡成了反对派，有一阵子她支持劳工保护委员会，还是团结工会秘密活动的一员。

[4] 安娜·岩德列霍夫斯卡，《迂回和直接》，页122。战后米沃什向外交部提交简历时，暗示过自己"前线"会员身份——他根据新政权的要求需对简历稍作改动。

[5] 摘自马莱克·扎莱斯基，《第二先锋派的冒险》，页97。

[6] 切斯瓦夫·米沃什，《我的自传素材》，未出版。（克拉科夫切斯瓦夫·米沃什档案馆）

[7] 同上。

[8] 切斯瓦夫·米沃什，《熟悉的原理和艺术家》，载《反叛青年》，1935年8月20日；《年轻思想的冒险》，页125-129。

[9] 切斯瓦夫·米沃什，《法国青年文学》，载《周三文学会》，1935年9月；《年轻思想的冒险》，页130-135。

[10] 切斯瓦夫·米沃什，《谈谈欧洲精神》，载《垂直线》，1935年12月14日；《年轻思想的冒险》，页137。

[11] 切斯瓦夫·米沃什，《致文化保卫者的信》，载《直接》，1936年1月20日；《年轻思想的冒险》，页147-154。

[12] 切斯瓦夫·米沃什，《维斯瓦河和涅曼河边的对话》，载《卡片》，1936年6月20日；《年轻思想的冒险》，页168-171。

[13] 卢茨扬·申瓦尔德，《回应切斯瓦夫·米沃什》，载《千斤顶》，1936年5月15日；《年轻思想的冒险》，页346-350。

[14] 他告诉过阿格涅什卡·斯塔维亚尔斯卡，见《年轻思想的冒险》，

页 480。

[15] 扬·保·涅姆拉瓦,《"迟钝的追随者"回应"人文主义者"》,载《直接》,1936 年 3 月 5 日;《年轻思想的冒险》,页 337–345。

[16] 马莱克·扎莱斯基,《第二先锋派的冒险》,页 143。

[17] 同上,页 143。

[18] 同上,页 223。

[19] 安纳托尔·米库乌科,《悲伤的报价》,载《直接》,1935 年 11 月 20 日。

[20] 见马莱克·扎莱斯基,《第二先锋派的冒险》,页 216。

[21] 摘自切斯瓦夫·米沃什写给雅罗斯瓦夫·伊瓦什凯维奇的信,1936 年 1 月 21 日。(波兰科学院文学研究院图书馆)

[22] 同上。

第二十八章 "而锡耶纳在光芒中枯萎"

249

受世俗现实的制约,在天使引领下寻找艺术和真相变得越来越难。米沃什陷入两难之境,本为寻求生活保障才选择在国家机关工作,现在看起来却也不那么牢靠了。"诉讼案在城里制造出一种政治迫害的气氛,还间接造成了在波兰广播电台的广播喇叭里喊出揭发所谓共产党小组的口号,"米沃什回忆道,"揭发信甚至刊登在方济各会所属的《小日报》上。让犹太人和白俄罗斯人在广播里发声竟然也成了亲'共产党'的证据。这肯定是电台内部人写的揭发信,我怀疑是特罗希奇安科干的⋯⋯"[1]

维克多·特罗希奇安科和米沃什一样,毕业于齐格蒙特·奥古斯塔中学和斯泰凡·巴托雷大学法律系。他也曾是流浪汉学术俱乐部的成员,并在三十年代担任广播员。他的人生经历极具波兰特色——他是作家,参了军,"二战"时从苏联内务人民委员部监狱逃脱,是右翼民族党的流亡者中的地下活动者,在华沙起义中担任救国军军官,后又做了德军战俘营的战犯、流亡者,最后成了慕尼黑自由欧洲电台的工作人员。

他是勇敢的军人,满肚子坏心眼的政治家,或者说是阴谋家。他想整自己的上司——自由欧洲电台波兰部主任扬·诺瓦克-耶吉奥兰斯基[1],于是与波兰军队内务部门的代表勾结,向他们提供谣言和污蔑他的线索。[2]他对米沃什的中伤,一定程度上让米沃什在一九三六年和一九三七年之交身处险境,也直接造成米沃什后来与自由欧洲电台交恶。尽管他中伤米沃什源于世界观相异,但从个人角度来看,《猎人的一年》的作者认为特罗希奇安科算不上诗人,并坚决反对与自己合作的杂志刊登他的诗作。更重要的是,几个月后,即一九三七年年中,波兰陆军总参谋部第二分部的分析报告指出,告密信中的一切完全经不起推敲:"波兰广播电台本身存在意识形态错误,也有知识分子的自由思想作祟,表现出想要终止一切积极向上、充满活力的民族扩张的行为。[……]电台被一群在种族上或组织上关联密切的人[……]控制着。有必要立即变革并实施无差别的雅利安人和爱国者类别的筛查……"[3]

在维尔诺的广播喇叭里,米沃什不只被怀疑为左倾分子,还被说成是"贝尔斯基的人"。贝尔斯基是节目组的领导,也是一位坚定的自由主义者,他对列强、民族主义者和教会极其不满。在他的主持下,一位犹太人曾在广播里发表对宗教问题的看法;他播放过一段取自《拉沃尼哈》[2]的白俄罗斯合唱歌曲,后来"维尔诺全城"都在哼唱;他还邀请《直接》编辑部的成员参加节目。后来,贝尔斯基还受邀前往苏联参加戏剧节。这些行为让电台领导伤透了脑筋。贝尔斯基回忆道:"一九三七年一月左右,从戏剧节回来后,我和太太邀请朋友们到我的广播间里聚聚,聊一聊对俄国的印象。米沃什没有参加这次聚会。会后他把我拉到另

250

---

① 扬·诺瓦克-耶吉奥兰斯基(Jan Nowak-Jeziorański, 1914-2005),波兰记者、作家、政治家。

② 《拉沃尼哈》是白俄罗斯民间舞曲。

一个房间，十分酸楚地告诉我，我们大难临头。省长受到某些人的挑唆对我非常不满。［……］米沃什消息灵通。［……］派特里①台长找我谈话，并告诉我说，省长要求将我的名字从广播节目的名单中剔除。"[4] 在谈话时，贝尔斯基拒绝了台长提出的使用化名的建议。后来，经过与总部多次交流，他从胡莱维奇那里收到自三月一日起担任首都波兰广播电台总导演的任命书，随即就和太太迁往华沙。

"消息灵通"的米沃什，经过预判，开始想办法自己解决去首都工作的问题。"最近的一些经历，让我的命运永远不可能和广播电台再有交集。"米沃什在二月中旬给伊瓦什凯维奇的信中写道。信中，他详细描述了当时的形势和维尔诺恐怖的气氛：

> 从某种角度来说，留在省城会简单些，但从另一些角度看，会很艰难。让人头痛的无疑是那些城市协警和所谓的保安，也就是安全部门的人。《小日报》上刊发了多篇羞辱波兰电台，特别是维尔诺电台内的"犹太共产党人"的文章。是那种指名道姓的辱骂。同时在"新闻行动"中以其他方式压制维尔诺电台的"共产党"，主要是贝尔斯基。他之所以遭人厌恨，是因为他不让形形色色的市井之徒手执话筒，无情批判本地（非常糟糕的）戏剧，还让犹太人从中渔利。台长胆小软弱，还有"列强"心态，也难怪他总能听到某些团体具有"左派倾向"的言论，他慢慢相信，贝尔斯基和我至少是共产国际举足轻重的代表。最近还发生了一件不可思议的事：省长（台长必须每周向省长汇报节目单）提出将贝尔斯基的名字从节目单上去掉。此前有人给我们看过一份名单，名单上写着永远不得获准在电台工作的人。

251

---

① 尤里乌什·派特里（Juliusz Petry, 1890–1961），波兰作家，广播电台台长。

第二天,米沃什又在这封信上补充道:

> 昨晚的事又有新的进展:也就是说,按照省长的意见,他们把
> 我和贝尔斯基开除了。不开除我们他们就得搬到别的城市去。
> [……]那种感觉就像强迫一位年轻的、能写出复杂作品的文学精
> 英去阿谀奉承少数派——尽管这么做能给他带来荣耀。很遗憾,只
> 要我还有"骨气",我就做不到。[5]

"帮我流亡 / 用足够卑劣的方法, / 这里的省长,名字是博奇安斯
基①",米沃什在《祝酒辞》中简短地写道。这位卢德维克·博奇安斯基
上校于一九三五年当上维尔诺省长,统管多民族的维尔诺人政府。他的
外号是"铁腕傻瓜",对少数族裔常施以非常手段。他解散了白俄罗斯
文化公司和白俄罗斯经济文化机构,关闭了上百个东正教教堂和礼拜
堂,他将不安定的白俄罗斯和立陶宛少数民族活动者从维尔诺驱逐出
去。他试图彻底限制立陶宛族裔的自由,清算了教育机构,还利用各种
手段掌控了维尔诺的报刊出版。[6]一九三九年九月,当他在波兰-罗马尼
亚边境为表达对雷兹-希米格威②元帅临阵脱逃的抗议,向自己的心脏开
了一枪[7],似乎想证实他具有罗马人的气概,但却因此导致边境地带本
已糟糕的外交关系更加恶化。他的所作所为还让米沃什丢了工作,但米
沃什因此幸运地离开了维尔诺。当时米沃什还纠结过是否要接受马莱
克·艾依盖尔(也就是斯泰凡·纳皮耶尔斯基)的建议。艾依盖尔刚在
首都创建了一本新杂志,希望聘请《三个冬天》的作者来做秘书,可米沃
什却担心被人说成是吃闲饭的。[8]事实证明,这种担心纯属多余。如果

---

① 卢德维克·博奇安斯基(Ludwik Bociański, 1892-1970),曾任维尔诺省省长。
② 爱德华·雷兹-希米格威(Edward Rydz-Śmigły, 1886-1941),在德波战争中任波军总司令。

252　说米沃什是波拉约洛画中的多俾亚,那么这时牵住他命运之手的天使就是波兰电台的经理哈利娜·索斯诺夫斯卡——她决定将他招至麾下。在迁居华沙之前,米沃什还去了几个美丽的小城旅行……

　　没有确切资料显示,米沃什是何时开始计划去意大利旅行的。伊瓦什凯维奇肯定劝说过米沃什去探索美丽的西西里岛,他还为这个年轻人规划了一条详细的路线。而参观意大利确实算得上是对艺术和欧洲人文教育的有益补充。四月底,米沃什把自己不多的行李运到华沙后[9],正好有一段空闲时间。他给自己搞了一本护照("中等身高,金色头发,蓝眼睛,圆脸"——外貌描述上这样写着),坐上火车,期待着能从单调乏味的生活中抽离片刻。火车穿过维也纳和克拉根福,离南方越来越近,也离令人窒息的——米沃什认为能导致司汤达综合征①——地区越来越远,终点是潟湖湖畔的城市②。

> 当火车从阿尔卑斯山隘转出来的时候,
> 我想起了涅曼河上的高桥。
> 望着灰蓝色的珍珠潟湖,
> 在湖畔的光芒中苏醒。
> 在这座小城,旅者,会忘记,自己是谁。
> 在忘情水中我看到了未来。

　　　　　　　　　　　　　　　　(《诗集　第四辑》,页51)

---

①　1817年,法国大作家司汤达来到意大利,在佛罗伦萨终日沉醉于欧洲文艺复兴运动时期的大师杰作。一天,他到圣十字教堂参观米开朗琪罗、伽利略和马基雅维利的陵墓,刚走出教堂大门,突然感到头脑纷乱,心脏剧烈颤动,每走一步都像要摔倒。医生诊断这是频繁欣赏艺术珍品而过于激动所致,这种因强烈的美感而引发的罕见病症从此被称为"司汤达综合征"。

②　指威尼斯。

——米沃什在《不被包容之地》中写下这段诗,不是为了描述在威尼斯的观感,而是要思考个人命运和人类世代传承的秘密。沉醉于意大利之美的作家非常多,他们把意大利当作梦想中的天堂,但米沃什并不在此列。作为托马斯·曼的忠实读者,威尼斯一定给他留下了深刻印象,可他的回忆里并没有大运河①的空间变换及其闪烁着宇宙光芒的画面,却有着岸边更朴实的生活体验。

> 我向来渴望兄弟般的情谊,渴望与人们打成一片[……]一起叫喊,看热闹,热情地相聚,但我从来没有体验到能达到这种程度的感觉,也许在捷克的布拉格,有那么一刻,让我产生过无以名状的冲动——一个未来的伯克利大学的讲师,无聊地与"手持酒杯站着的人"争辩着,试图说服客人们理解伟大的贡布罗维奇的"废话"。我还很清楚地记得一个叫弗朗西斯科·菲赛罗的人,在三等包厢里坐在我对面的弗朗西斯科直接对着瓶子嘴喝葡萄酒。他用袖子擦了擦瓶口,递给我,什么都没说。然后还切了几块奶酪给我。我们短暂的友谊就这样开始了。他是梅斯特雷②的铁路护路员,他的家在威尼斯外的工人村,跳蚤多得惊人,我亲身经历了,因为他请我去了他家。

253

这个偶然遇到的"向导"带米沃什走遍了各个酒馆,告诉他烹制"海鲜"的各种方法,教他区分葡萄酒,还带他逛了便宜的妓院。

> 我敢说,这个迷人的女孩,她的兴奋和真诚绝对不是装出来的。有那么一会儿,她幽默地拍着肚子,让我和她之间除了性还产生了

---

① 指贯穿威尼斯城的运河。
② 威尼斯的一个区。

一些别的乐趣。我们之间是人与人的关系,彼此满足。就算半小时后我把她抛在脑后也没什么关系。敞开的窗户上,咸臭的海风吹在透明的纱帘上。每一个外国人都是"德国人",她也把我当成是德国军舰上下来的水手对待。而那在锚地停泊的德国军舰就像是希特勒和墨索里尼调情的标志一般。

——《欧洲故土》的作者这样写道。从青春期的冒险过渡到更严肃的思考,我们眼中的情色,却也是他笔下的欢愉与禁锢:

> 多年后我又一次突然爱上了意大利人,就发生在托农①到阿纳马斯②的长途汽车上,也就是在法国一侧的莱芒湖边。一个喝醉酒的意大利老妇一边唱歌一边大笑,露出一口坏牙。乘客们尴尬地移开视线。她用手指指着自己分开的双腿间,发狂的笑语中提及——La bestia è morta③,她叫过,痛苦过,也胜利过,胜利地摆脱了动物性冲动的支配,性既救不了我们,也无法构陷我们,性就是性。(《欧洲故土》,页223)

还是在威尼斯,在利多岛④,米沃什度过了人生中最快乐的一段时光。他遇到一个像戴安娜那样苗条的年轻德国女孩,头发像提香画里画得那样漂亮,她的美让他久久难忘,十多年来一直刻在脑海之中:

> 在炽热的亚得里亚海海滩上,我看见

---

① 法国东部城市。
② 法国东南部城镇。
③ 意大利文,意为"野兽死了"。
④ 威尼斯东南方的一个沙洲。

一个漂亮女孩,那时正值两次战争之间,

我多想在逝去的时光中揽住她。

裹在身上的丝绸裙子显示出她苗条的身形 254

(人造织品出现之前的款式),靛青色的

可能也是天青色的。眼睛,紫罗兰色,

金色的头发,偏点儿红色;贵族之女,

也许有骑士血统,自信地走着。

(《诗集 第四辑》,页 208-209)

五月初,米沃什从佛罗伦萨给伊瓦什凯维奇寄去一张明信片,告诉他已经去过了帕多瓦和博洛尼亚,下一站是阿西西①,但"佛罗伦萨和位于这里的乌菲兹博物馆也许是整段旅程中最美好的地方"。[10] 在阿西西——据米沃什在《欧洲故土》中的回忆——《小日报》那些文章的主角从未有过"朝圣圣方济各神父的想法,事实上,圣方济各被完完全全抛在脑后。我对翁布里亚山谷中的小村落和特拉西梅诺湖兴致盎然,从山顶望下去,景色至美。我寻找着小船,对我来说,船形的东西往往能令人回忆起过去的一切。经人类的手塑形的木材总比石头离历史更近一些。而我恰好就出生在一个树木繁茂的国家"。(《欧洲故土》,页 222)船的比喻具有一定的象征意义。米沃什本身对纯粹艺术层面的建筑或绘画并无兴趣,因为其中缺乏人的内容。他更愿意在建筑或者绘画中寻找人类存在的踪迹,寻找生活在我们面前那"不被包容之地"的人们的踪迹。毫不夸张地说,米沃什表现得有点儿像波德莱尔笔下刻画的巴尔扎克,他还把这段巴尔扎克的轶事写在了以绘画为灵感的长诗《在耶鲁》中——这首诗写于一九四六年,这段轶事他在此前的访谈中提及过:

———————

① 意大利城市,方济各的诞生地,他于 1208 年在此创立方济各会。

　　他们说,巴尔扎克(提到这位天才,难道有人会不恭敬地聆听他的故事吗,哪怕只是芝麻大的小事?)有一次站在一幅描绘冬天的油画前,画里阴郁的霜冻背景中有几间茅草屋和一些穷苦的农民。巴尔扎克盯着一幢烟囱冒着青烟的小屋喊道:"太美了! 他们能在这间茅草屋里干什么呢? 想什么呢? 担心什么呢? 担心收成不好? 还是担心要付租子了?"

　　想笑别人,就笑巴尔扎克吧。我不知道,是哪一位画家获得如此殊荣,打动、震撼、激荡了这位伟大小说家的心灵。但我认为,他用自己独有的纯真给我们上了一堂很好的艺术评论课。通常情况下,我在评论画作时,考虑的是画家的意图和想法,然后再转变为自己的思考……(《诗集　第四辑》,页236)

255　　他津津有味地饱览各种形状和色彩,追寻美丽的风景,还不知疲倦地带着写满笔记的小本子参观一个又一个画廊。"在帕多瓦大学的方形庭院里,我仔细浏览记载着文艺复兴时期在此学习的学生姓名的布告栏,骄傲地找到了几个波兰人名字。博洛尼亚的城市风貌很容易勾起我的乡愁,它和我家乡的风貌非常类似。在佛罗伦萨期间,我爬到山上的菲耶索莱镇去拜访一位波兰书匠。他的工作室只有一个房间,看不到一台机器,也看不到任何机器文明的痕迹。他用手工制作精装书,工艺美轮美奂。"这位书匠名叫塞缪尔·弗雷德里克·蒂斯基维奇,他拥有波拉卡邮票出版社。米沃什在佛罗伦萨期间,还曾去斯坦尼斯瓦夫·布热佐夫斯基的墓地扫墓,并拜访了他的遗孀。在罗马,他拜访了画家爱德华·马图什查克[①]。在罗马城外的圣吉米尼亚诺镇,"十几座中世纪塔楼从绿色植物丛中突然冒出来,就像一只长有许许多多手指的手"。

---

　　①　爱德华·马图什查克(Edward Matuszczak,1906-1965),波兰画家。

（《欧洲故土》，页 222）米沃什在这里拜访了和英国同伴一起住在贝拉维斯塔旅馆的约瑟夫·拉伊恩费尔德。"我们一边喝着红酒，一边看着黑夜中在山谷和葡萄园飞舞的萤火虫。拉伊恩费尔德，一头黑发，圆脸盘，非常讨人喜欢，让我感觉很愉快。"（《米沃什词典》，页 264）对东道主来说，"这次来访令人非常开心"———一九三七年六月二十五日，拉伊恩费尔德在巴黎写给伊瓦什凯维奇的信中肯定了这一点。[11] 伊瓦什凯维奇以前和拉伊恩费尔德提起过米沃什，他们俩被这个年轻人的左派思维逗得哈哈大笑。"你注意到了吗，如今的艺术家比任何时候都更具有'反社会'特征。尽管米沃什总是胡说八道，但他打拳击总比他学'社会经济学'要强吧？"[12] 现在，米沃什也愿意承认"反社会"的因素，所以他能彻夜长聊艺术话题。也许就在这次聊天中，米沃什知道了康斯坦丁·居伊①的作品。拉伊恩费尔德称赞了这位漫画家的理想，认为他是"超越伟人的人"。[13] 战前，米沃什还翻译过波德莱尔的著作《现代生活的画家》，他后来才意识到，这次翻译让他明白了"文明演变的过程都是人为的，是伪装的，如表演一般"。（同上，页 67）通过阅读这本著作，他还认识到，"这是一本反自然的书。波德莱尔的悲观主义完全站在卢梭和他的继任者们的对立面，反对他们关于蛮荒人类本属善良的幻想。[……]我们全人类都是反自然本能的思想产物。这种思想为我们创造了善与美"。[14]

意大利绘画也给了米沃什最深刻的艺术体验。他去看了波拉约洛的《多俾亚和天使》[15]，这对他来说可能象征着大师与学徒之间的联系，因为那时他与《男人的阴谋》的作者②的友谊尚不明朗。而杜乔、西蒙 256

---

① 康斯坦丁·居伊（Constantin Guys，1802–1892），出生于荷兰，逝世于法国，水彩画家和插画家。波德莱尔在他的《现代生活的画家》中对居伊多有论述。

② 《男人的阴谋》是伊瓦什凯维奇于 1930 年发表的小说。

尼·马蒂尼、萨塞塔等老锡耶纳画派①大师的作品,如他所写,"让我感到脚下的地面消失了"。(《欧洲故土》,页 222)米沃什遵从伊瓦什凯维奇的建议去了奥尔维耶托②,其主教座堂里西诺莱利③画的几幅湿壁画令他极为震撼——二十二年后,他建议兹比格涅夫·赫贝特也去那里看看。西诺莱利所绘的《伪基督来临》在米沃什看来更像是现代作品,这幅画形象地表现了谎言的无所不能,还有伪装成善的邪恶。"伪基督以基督的形象出现,用手指向心脏,火焰便从那里喷涌而出。他善良的笑容更像是讽刺的鬼脸,尽管可能只是观看者的观感而已。但在画面的一个角落里,施刑者跪在受刑者的胸口上,用绳索勒死他们或者高举屠刀。这里发生的一切都揭示了伪基督的真面目。"(同上)看上去,伪基督的心充满慈悲,但他的背后却站着撒旦——这才是现代救世主形象的精髓,而他穿着红色或者棕色的长袍则显得一切与己无关。卢卡·西诺莱利和弗拉·安杰立科④这两位艺术家,只能无助地看着这幅谋杀的场景,成了奥尔维耶托湿壁画的沉默看客。⑤ 大半年后,米沃什以此画为例,"'多么苦涩的色彩!举世闻名的恐怖!但画的就是我们呀!魔鬼的政权。伪基督的羽翼。兄弟把绳索套在亲人们头上'! [……]在画的角落里,在画的边缘,两位沉默的艺术家并没有加入欢颂伪神的典礼,他们哀伤地在一边看着,只是看着,就像我们今天一样看着"。[16]

对文学学徒和米沃什的年轻朋友赫贝特来说,意大利,特别是奥尔

---

① 锡耶纳画派是指意大利锡耶纳地区的画家,尤指十三世纪晚期和十四世纪该地的画家。锡耶纳城位于意大利中部,邻近佛罗伦萨,十四世纪时银行业较发达,政治、经济上都是佛罗伦萨的主要对手,艺术上也形成了可与佛罗伦萨分庭抗礼的锡耶纳画派,并以其装饰线条为标志。但到十五世纪时,随着该城的衰落,其画派也一蹶不振。

② 锡耶纳附近的中世纪小城。

③ 卢卡·西诺莱利(Luca Signorelli,约 1445-1523),意大利文艺复兴时期的画家。

④ 弗拉·安杰立科(Fra Angelico,1395-1455),意大利文艺复兴早期画家。

⑤ 普遍认为这幅画左下角的两个身着黑衣长袍的形象,一位是画家自己,一位是弗拉·安杰立科。

维耶托附近的锡耶纳,是受神护佑的地方,是艺术和感官刺激题材的文章写作的灵感源泉。对一九三七年出版了自传文集《另一种生活》的伊瓦什凯维奇来说,"塞杰斯塔的神庙"①、"奥尔维耶托"和"锡耶纳城下农田里的晚秋之夜",描写的不仅是美学体验,更是生存挑战。锡耶纳城那令人窒息的美并没有治愈《三个冬天》的作者,没有让三十年代以来一直伴随他左右的忐忑不安之心得到抚慰。他把意大利看作一个可以转变为现实的梦,但这个梦我们却无法梦到。米沃什并不想在艺术杰作的永恒空间中放松下来,只有抛弃梦境才能成就灵感,他更在乎内心的痛楚,更珍视有理想的感觉。于是,他写了一首诗——《锡耶纳》,意境足以媲美锡耶纳城本身:

在这个完美的梦境中,血不再流淌,
触碰到剑的瞬间,定格成一个标志,
在这个完美的梦境中,晦暗的角落,
天使们无暇顾及。
还有黄金裹缠着毒蛇
一切都在这里发生,无一错过。

257

我们所渴求的理想,在此无声无息,
因为他们更愿意为大理石花朵祈祷。
理想在此无声无息。雕刻的字母
在脚下永存。我们,却如一束光
在太阳下颤抖。

---

① 取自文集中文章的题目。塞杰斯塔,意大利西西里岛上的一个小镇,以美丽的古希腊神庙遗址闻名。

就好像呼唤黎明的鸟——终鸣。

[……]

葡萄园里的蓝烟。不想要的话
就须每天忍耐，像毛虫似的
低下头，去乞求，
获得血肉、幸福和爱恋。

烧红的斧头，
在废墟边缘的渣土路上喘息，
带篱笆的工厂大院里荒草丛生，
悲伤化作一缕光，冲破
金属屋顶，冲向变幻的天空。
伤痛，卑微的命运，难以招架。

[……]

而锡耶纳在光芒中枯萎，就像玫瑰
被高处奔流而下的洪水冲落。
而在光芒中枯萎的锡耶纳不再记得
她绚烂的色彩，她的传说。
鬼魂的喧嚣沉寂下来，战斗之门就要打开。
星辰啊，护佑我们吧——获得幸福和安宁。

（《诗集 第一辑》，页 146–147）

注释

[1] 切斯瓦夫·米沃什,《我的自传素材》,未出版。(克拉科夫切斯瓦夫·米沃什档案馆)本书作者寻遍波兰和立陶宛的图书馆也找不到《小日报》的版本,该报专门有几个版面介绍维尔诺本地发生的事件,即用今天的话来讲——报业维尔诺化。在波兰国内版面并不刊登维尔诺的新闻。

[2] 帕维乌·马赫采维奇,《代号勋章》,载《共和国报》,2004 年 9 月 19 日。

[3] 马切依·约瑟夫·科维亚特科夫斯基,《波兰华沙广播电台的一九三九年九月》(华沙,1984),页 13。

[4] 塔德乌什·贝尔斯基,《电台、广播剧:回忆》,页 191。

[5] 摘自切斯瓦夫·米沃什写给雅罗斯瓦夫·伊瓦什凯维奇的信,1937 年 2 月 15 日。(波兰科学院文学研究院图书馆)

[6] 九月失败后立陶宛人"发现并于 1936 年 2 月出版了一份涉及'行政当局针对波兰-立陶宛少数民族的清除活动'的秘密纪念册。博奇安斯基实行了一些针对定居在波兰的立陶宛人的镇压政策,包括清除学校和文化设施,禁止拥有收音机,屏蔽考纳斯县的广播节目,关闭某些出版物,加大行政和司法压制。由司法部向法官施压,通过粗暴的审判结果。他也没有漏掉神职人员,直接和他们取得联系,让立陶宛教区没有立陶宛人神父,把他们都迁到波兰。针对波兰出版业,他调整了《维尔诺快报》的主编,清退了'民主派'记者,资助自己政府的报业,收紧对保守派的《词语》和国家民主派的《维尔诺日报》的管制,关闭了自由派的《维尔诺观点》。他还把维尔诺市和周边二十三千米区域设置为边境地区,以此达到有权迁出该地区不受欢迎者的目的。"见泽诺维乌什·波纳尔斯基,《朋友:伏兰齐舍克·安采维奇传记素描》(卢布林-多伦多,2004),页 22。

[7] "在库季桥上,卢德维克·博奇安斯基上校决定不能折辱,因为在他看来,主帅在战场上脱逃是非常屈辱的事。[……]他站在希米格威车前,阻止它继续前行。希米格威下车问他这是干什么。"这是军队的荣誉。"博奇安斯基回答说。[……]他从枪套里拔出手枪,对准自己胸口,冲着心脏开了枪。在片刻震惊过后,元帅命令将他的身体放到车上,然后继续前进。后来到罗马尼亚后,

博奇安斯基活了过来。子弹擦着心脏穿过。"摘自达留什·巴里舍夫斯基,《荣誉之桥》,载《直言》,2004 年 9 月 19 日。

［8］摘自切斯瓦夫·米沃什写给雅罗斯瓦夫·伊瓦什凯维奇的信,1937 年 2 月 15 日。(波兰科学院文学研究院图书馆)

［9］"边塔克有点自鸣得意,因为我夸了他的文章,而坐在这儿等出国护照的米沃什,(不正经地)夸赞着他的诗。"摘自约瑟夫·切霍维奇从华沙寄给斯坦尼斯瓦夫·柴尔尼克的信,1937 年 4 月 20 日。见约瑟夫·切霍维奇,《书信集》,塔德乌什·科瓦克编(卢布林,1997),页 364。

［10］摘自切斯瓦夫·米沃什寄给雅罗斯瓦夫·伊瓦什凯维奇的明信片,大约是 1937 年 5 月 6 日。(波兰科学院文学研究院图书馆)

［11］《青年艺术家的肖像》,页 173。

［12］摘自 1932 年约瑟夫·拉伊恩费尔德写给雅罗斯瓦夫·伊瓦什凯维奇的信,收录于《青年艺术家的肖像》,页 54。

［13］参雅罗斯瓦夫·伊瓦什凯维奇,"序",收录于《青年艺术家的肖像》。

［14］切斯瓦夫·米沃什,"前言",收录于夏尔·波德莱尔,《现代生活的画家》,尤安娜·古宰译(格但斯克,1998),页 6。华沙起义期间,米沃什翻译这篇文章的手稿被焚毁了。

［15］也就是说,如果这幅画的位置没有变过,那么那时它也在萨巴达美术馆展出了——米沃什当时也在都灵。

［16］切斯瓦夫·米沃什,《关于沉默》,载《雅典娜》,1938 年 3 月;《年轻思想的冒险》,页 199-207。阿格涅什卡·斯塔维亚尔斯卡认为,文章中融入的诗肯定是米沃什某个未完成作品的片段。

第二十九章 "在我回不去的祖国"

这里既不是西方,也不是东方,

有点儿像,你站在门口的感觉……

　　　　　耶日·列伯特[①],《唱歌去华沙》

　　一九三七年夏,切斯瓦夫·米沃什在华沙定居下来。米沃什清楚地 记得几年前在首都发生的那些出丑的事,但现在他已经有足够的能力去解决,"因为我的事业颇有起色,尤其是当我克服最初的害羞并开始自嘲后,事业发展得更加顺利。将勤奋工作和无礼蛮横结合起来对某些有进取心的野心家来说也许是最好的策略,但我从未有过这样的计划,我只在乎怎么才能打发掉明天。一年后我惊讶地发现,我居然赚了很多钱,而且越来越多"。(《欧洲故土》,页225)

　　他寄住在博莱斯瓦夫和哈利娜·米钦斯基夫妇家,他们那时正好获

---

　　① 耶日·列伯特(Jerzy Liebert, 1904-1931),波兰诗人。

得奖学金出国学习了。他们的公寓位于萨斯卡肯帕区①东布罗夫斯卡大街 11／3a 号,对忙碌的单身汉来说,这可是个舒适的住所。生活并非波澜不惊,女主人后来回忆:"我告诉过他要给我们的老鼠朋友喂食,它每天早餐时都会出现,把掉在桌子下的面包渣吃光。一个月后,我们收到了切斯瓦夫的来信,他说我们的老鼠可不是一只,而是一窝,他不得不设陷阱灭鼠。都怪我的近视眼……我们从法国回来后发现,房间干净整洁,只是我的小办公桌[……]上满是一圈一圈的圆印子,因为切希把刮胡子用的装着热水的金属杯直接放在了上面,我可不能饶了他。"[1]米沃什中午喜欢在赫热街吃便餐。他很熟悉华沙的酒吧,在要伏特加时会点"郊区""长途"或"特快"②。周五他常去音乐厅听音乐会,然后在伊瓦什凯维奇面前显摆,后来也在米钦斯基那儿卖弄,炫耀他懂音乐。他定期去军团游泳馆游泳,他的自由泳游得比斯沃尼姆斯基、威仁斯基和威尼亚瓦③都快……其实他没有多少闲暇时间。清晨他要写作,十一点到办公室,下班已经是晚上八点或十点了——非常辛苦,也非常无聊。

　　波兰广播电台那时正蓬勃发展,不仅建成了新广播站,到一九三九年长期听众还首次达到一百万人。可对很多作家来说,波兰广播电台是他们收入的幸运来源。电台最具特色的节目来自哈利娜·索斯诺夫斯卡。她是一位哲学出身的自由主义者、聪慧的四十岁知识女性,曾是独立活动家和毕苏斯基传统的支持者,但也痛苦地经历了该阵营的惨败。三十年代中期她加入广播电台,后来当上了节目副经理。[2]"索斯诺夫斯卡非常爱国,真诚,没有政治偏见,精力充沛,精于统筹,管理风格大气。所以一点儿也不奇怪,她能把电台里的所有男性都整治得服服帖

259

---

①　华沙的街区。

②　华沙俚语,指酒的类型。

③　博莱斯瓦夫·威尼亚瓦-德乌果守夫斯基(Bolesław Wieniawa-Długoszowski, 1881–1942),波兰将军、外交官、诗人。

帖。"(《大洲》,页338)她是一位"非常优秀的组织者,还是一位细心的经理人,具有出色的才智和个人文化素养","她的思维和专业知识比上级略胜一筹",她还采取"大胆且独立的人事管理政策"。[3]该政策以反对日益高涨的民族主义和超级大国意识形态为目的,在这一开明政策的支持下,电台才能继续播放卢茨扬·申瓦尔德等左翼作家的作品,老维尔诺人——切斯瓦夫·米沃什和塔德乌什·贝尔斯基也才能够留下来工作。贝尔斯基回忆说:"我对总台节目经理皮特·古莱茨基做了汇报。[……]我想表现得体面一些,于是我对他说,我很抱歉给经理层带来这么多麻烦。古莱茨基打断我说:'等一下,先生,别说这些没用的,您支持了省长博奇安斯基上校不喜欢的作品,所以我们把你接到这里。这,才是全部的原因。'[……]哈利娜·索斯诺夫斯卡是古莱茨基的副手,那时他正好在休假,但[……]她在胡莱维奇身边极力主张让我来华沙。还有米沃什。索斯诺夫斯卡专门为米沃什的到来设置了一间小播音室。"[4]

实际上,贝尔斯基去了他家附近的文学部,和维托尔德·胡莱维奇、扬·帕兰多夫斯基、齐格蒙特·基谢莱夫斯基和安东尼·博赫杰维奇等人共事。而神秘的《三个冬天》的作者则先被分到位于杰尔纳街的广播站。[5]令他沮丧的是,他要在那里编写国际新闻。接着又去了节目规划办,和电台领导们在同一幢楼里办公,就在东布罗夫斯基广场附近。他又成了坐蹲办公室的人——在评估现有节目和设计新节目的同时,要努力保持自己的进取心,还要费尽心力准备每月的总结报告。报告涉及的范围相当广泛,必须了解播音室的工作,并总结"省台和两个华沙台一天内广播的二百五十六个节目,制作包含五千三百二十八项内容的三百三十三份检查表"。[6]还得参加在索斯诺夫斯卡办公室的会议,会一开就是几个小时,一同开会的还有和他一个办公室的雅尼娜·弗沃达尔凯维奇①（几年后他们在纽约再次相遇）、塔德乌什·乌恩凯维奇②（作家和科普知识的普及者，后来成为《问题》杂志的编辑）、钢琴家亚当·什帕克、塔德乌什·舒勒茨（论文《文学里的音乐》〔1937〕的作者），有时候约瑟夫·切霍维奇也会来——在米沃什的帮助下，一九三九年他也被电台聘用。一个接一个的发言枯燥乏味，而米沃什和给他起了"奶牛"昵称的切霍维奇两人，一边面无表情地记着笔记，一边写打油诗："加速要缓慢，罗马人常言，这样下去大家要疯癫"；"你明天吃什么，不如今天就吃，喂饱皮囊很重要，而你只是一只蛾子"；"奶牛产奶不说话，一旦说话，就不产奶"……会议休息的间隙他们会去附近元帅大街上的熟食店买一些小吃回来，然后再匆忙饮一杯五十度纯酒，"在官腔十足的极度无聊的会议中间放松片刻"。（《米沃什矛盾自画像：对话亚历山大·菲乌特》，页304）

米沃什的生活逐渐步入正轨，已经买得起更好的衣服了。尽管他很勤奋，但特别爱挖苦人，还有点儿高傲自大。索斯诺夫斯卡很欣赏他，米沃什对她也有一种感性的共鸣，他们之间能够坦诚地聊些政治话题。在维尔诺期间，米沃什入不敷出，现在却小有成就，但同时他也整天提心吊胆，害怕丢掉电台的工作变成穷人。如果他遇到几年前的自己，他也许会对那个洋溢着青春热情的年轻人讲起那段卡瓦菲斯的语录——他后来不止一次提起过：

> 一个年轻的诗人来看我。他穷困潦倒，以文学写作为生。我感觉他很局促不安，尤其是当他看到我住着舒适的房子，看到我还雇了仆人，为他端茶倒水，看到我那套量身订制的西装外套的时候。他说：生活如此残忍，为了谋生就必须抓住期刊订阅客户和买书的人。

---

① 雅尼娜·弗沃达尔凯维奇（Janina Włodarkiewicz, 1901-1958），波兰演员。
② 塔德乌什·乌恩凯维奇（Tadeusz Unkiewicz, 1906-1959），波兰出版人。

　　我不想让他这样想,于是我对他说:我对他的艰难处境表示同情,但告诉他,我为现在这样的奢侈生活也付出了相当大的代价。为了得到这样的生活,我放弃了自己的意愿,成了一个国家公务员(多可笑啊!),每天任无价的时间流逝(这还不算劳累和疲惫造成的时间浪费)。损失,多么大的损失,多么大的背叛![……]在工作期间我的灵感出现过好几次,很难得有空画面,不费吹灰之力的好文章甚至唾手可得,但我不得不放弃它们,因为不能耽误手头的工作。当我回到家时,经过休整,我努力找回那些灵感,但它们早已荡然无存。太对了。就好像艺术在对我说:如果你背弃了我,成了叛徒和混蛋,那就去选择悲哀的舒适居所,选择悲哀的漂亮衣服,选择悲哀的社会地位,你只配安于这些东西。[7]

　　一九三八年,伊瓦什凯维奇出版了一本小说《误差的激情》,题献给米沃什。米沃什认为,小说把他描写得很可笑。故事的主角之一名叫莱欧波尔德·卡尼茨基,"这个年轻一代中最有趣的诗人"靠着下三滥的文章和各种奇怪的营生捞取生活费,还好色,幻想娶到名作家的女儿,于是想要杀死自己的私生子……把孩子扔到河里淹死了。遭到勒索后,良心非常不安,最后选择自杀。在这本不太成功的书中,米沃什清楚地看到了自己的命运、妥协和追名逐利的野心。他和伊瓦什凯维奇大吵了一架,后来又写信向后者解释:

　　卡尼茨基的形象触动和伤害我也许是件好事。[……]这个形象最大的意义在于,他曾按时起床,完成需要完成的工作,不考虑个人是否幸福,默认了这就是现实和命运,但"一举成名"已经不可能发生了——尽管二十年来他一直相信"一举成名",相信爱情和私奔,相信稀奇古怪,相信好名声。然后另一种意义出现了,那是"另

261

一种生活"的支流，在平凡的表象之下流淌，目的是成为一个普通人，他注定和别人毫无二致。这是个转折的时刻。结束反叛期很难，因为在反叛期我们和一切甘于"另一种生活"的自满为敌。这个卡尼茨基，从外部看到了自己的命运；从人的行为的角度，以其他人的眼光来看，他仍在反叛和丢脸。我们寻找着让我们"恢复元气"的东西，内心始终对稀奇之事抱有一线希望。因此我才有了被羞辱的感觉，因此我才说《激情》是一本不道德的书。这种对日常的、卑微的外部形态的反叛，是我最大的罪过，是让我难以心安理得的地方。[8]

后来米沃什把这段时间称为自己思想和艺术的僵化期，并解释说，因为恐惧和能力不足，他那时还不会描述"艰涩的知识"。[9]"我的流亡生涯也许可以从一九三七年离开维尔诺时算起，而适应华沙生活并不一定比适应法国和美国生活更容易。"（《从我的街道开始》，页161）在他笔下，华沙更像是"荒唐的巴比伦"（《大洲》，页290），放荡的暴发户与穷人比邻而居，欧洲的文雅只浮于表面——反而带着那种亚洲式的冷漠，亚德里亚的光芒照射中配的只有廉价的农家果酒……其实耶日·斯坦波夫斯基①、切霍维奇也都对华沙写过类似的评语，切霍维奇还把华沙比作索多玛。[10]斯沃尼姆斯基甚至看透了华沙城的本质："我们生活在[……]一个滑稽搞笑胡闹的假希腊。少数人衣着得体，谈吐沉稳智慧，剩余的人全都是堕落者，如同尚未开化的穿着苹果树皮的平斯克人，物神崇拜者，民主激进者，军人，工装者，江湖术士，还有上百万的农民，多如沙漠中的沙子司空见惯。"[11]米沃什在《一九三七年的诗》中描绘了一片被上帝抛弃、被风吹干的蛮荒之地、该隐之地，缺乏博爱，令人悲悯和情感冷漠的人们。战后，米沃什创作了一首《在我的祖国》，读者们

---

① 耶日·斯坦波夫斯基(Jerzy Stempowski, 1893–1969)，波兰散文家、文学评论家。

在这首优美的诗里读出作者告别波兰之意,诗中论及他远离真实的生活,谈到良心上的谴责,还有被抛弃的维尔诺-立陶宛祖国:

> 在我回不去的祖国,
> 有一个巨大的森林湖,
> 宽广的白云,层层叠叠,秀美至极
> 我还记得,我看到过自己。
>
>
> [……]
>
> 在我的天堂梦里那是荆棘湖,
> 我弯腰看见湖底
> 闪着一道我的生命之光。它,令我恐惧,
> 就在那里,死亡将成为我的千姿百态。

(《诗集 第一辑》,页142)

注释

[1] 哈利娜·米钦斯卡-凯纳罗娃未公开的回忆,被耶日·提莫舍维奇2003年2月7日写给切斯瓦夫·米沃什的信里引用。(克拉科夫切斯瓦夫·米沃什档案馆)

[2] "二战"期间以及希特勒占领时期,哈利娜·索斯诺夫斯卡(1894-1973)一直从事地下活动,还因此在1947年被捕并被判了好几年。

[3] 马切依·约瑟夫·科维亚特科夫斯基,《这里是波兰华沙广播电台……》(华沙,1980),页155。

[4] 塔德乌什·贝尔斯基,《电台、广播剧:回忆》,页194。

[5] 在诗人的美国档案里保存着1940年完成的这首诗的片段,写在公司专用纸的背面:"波兰电台股份公司 / 节目部经理 / 杰尔纳大街25号"。(拜内

克图书馆)

[6] 马切依·约瑟夫·科维亚特科夫斯基,《这里是波兰华沙广播电台……》,页398。

[7]《康斯坦丁诺斯·卡瓦菲斯的笔记本》,齐格蒙特·库比亚克译,《普世周刊》,1993年第41期。

[8] 摘自切斯瓦夫·米沃什写给雅罗斯瓦夫·伊瓦什凯维奇的信,1938年4月9日。(波兰科学院文学研究院图书馆)就在三天前万达·泰拉科夫斯卡给伊瓦什凯维奇写了一封信,谈及与米沃什之间关于《激情》主题的对话:"我和他摆明您的阶层与他本身的并不相同。他攻击您那本精彩的书根本就毫无意义,一点儿也不聪明[……]。这是周期性的自私狭隘的贵族思想在作祟,简直是迂腐的原则。而精疲力尽的雅罗斯瓦夫[……]是这么善良,不仅不会记住这位朋友的坏毛病,也不会贬低他——正相反,还写了一封热情洋溢的推荐信——因为他要照拂米沃什,尽管米沃什很折磨人。——如果我把这两种友谊的表现放在一起比较,我看到,米沃什非常烦恼和担心,他向我问您的地址,决定给您写一封信。"摘自1938年万达·泰拉科夫斯卡写给雅罗斯瓦夫·伊瓦什凯维奇的信,《考纳斯文化杂志》,2006年第1–2期。上述信中提到的地址是指1938年伊瓦什凯维奇旅居西西里岛时的地址。

[9] 参《科学花园》,页184。另见:"没有人懂过我的诗,或者,也许更重要的是,我认为,没有人会懂它们,因为我感到完全彻底地被孤立了,越这样感觉,越离1939年更近。"摘自《科学花园》,页79。

[10]"华沙其实没有意义。它是索多玛。如果我在卢布林就能得到同这里一样的工作条件和住宿便利,那么我这个星期就会回来。我在华沙的梦里惆怅。"见约瑟夫·切霍维奇写给卡齐米日·米耶尔诺夫斯基的信,1934年5月3日,摘自安娜·马祖莱克,《切斯瓦夫·米沃什与约瑟夫·切霍维奇:卢布林背景下的友谊》,载《音调》,2006年第1期。

[11] 安东尼·斯沃尼姆斯基,《讲坛上的异教徒》(华沙,1934)。摘自《二十岁的旅程》(克拉科夫,1999),页319。

第三十章 老大哥

> 对他好一点,你们,鸟儿和树木。
>
> 从此守护约瑟夫在卢布林的墓地。
>
> 切·米沃什,《诗论》

"以前热加雷小团体的名号就已经够让我心烦的了,但华沙更糟, 在这里我竟被贴上了最具才华的青年诗人之一的标签。此外,和《文学消息》的争吵中,我既没有在杰米安斯卡咖啡馆①里感受到一丝丝出风头的畅快,更别提得到马佐夫舍大街②的恭敬礼待了[……]。如今他们常取笑我任性,我不过就是在有人惹我时我会发飙,还有我表现得有些神经质,但奇怪的是,那家咖啡馆和它所在的那条街道都已经过气了,可我那令人尴尬的自大却保留了下来。"半个世纪后,米沃什的回忆清晰地勾勒出自己那副老顽固的形象。(《猎人的一年》,页180)因为《三个

---

① 杰米安斯卡咖啡馆是两次世界大战之间著名的艺术家聚会场所。
② 华沙市中心的一条路,两边书店、画廊林立,杰米安斯卡咖啡馆也在这条街上。

冬天》的成就,米沃什的创作才能被捧得很高,而通常来说,艺术家在情感上越需要认可,其疑惑和郁闷的程度就越深。

那些年他加入了波兰作家协会[1],在《雅典娜》《嘲笑鸟》《物尔朋》《倡言》和《垂直线》等杂志上发表过作品——一九三八年因短篇小说《清算》获得《垂直线》杂志奖。他是波兰文学院青年奖呼声颇高的候选人之一,一九三七年该奖由约瑟夫·沃博多夫斯基斩获[2],一年后得奖的是斯坦尼斯瓦夫·边塔克[3]。一九三八年春,米沃什在莱杜塔剧院宣讲“奥斯卡·米沃什”的作品。次年二月,在“当代诗歌的现实传统”系列讲座中,他排在切霍维奇和加乌琴斯基之后发言。在莱杜塔剧院举办的这次早间文学活动上,由古斯塔夫·海尔灵格-格鲁金斯基作开场白(他那时是民主和左翼的《耕耘休耕地》周刊的编辑),伊扎·法兰斯卡①、玛丽亚·维尔琴斯卡②[4]和耶日·克莱赤马尔③等演员朗诵诗歌。“‘最年轻的’、初中和高中的年轻人明显比前几天早晨少得多,在场观众看上去都有点儿老态,”《垂直线》的记者报道说,“是否可以推断,米沃什的诗,因更贴近老一辈人的精神困惑和难题,对现在登上现实舞台的年轻一代来说,已经有些过时了呢?”[5]

米沃什结交的知己和文学同僚主要是“主流”之外的人。他去利沃夫拜会了左派标志性人物塔德乌什·荷伦德④和卡罗尔·库雷鲁克⑤;在华沙结识了兹比格涅夫·乌尼沃夫斯基。在乌尼沃夫斯基英年早逝后米沃什专门在电台做了一期节目为他送别,并在其中回忆了自己与

① 伊扎·法兰斯卡(Iza Faleńska),即伊莎贝拉·奈曼(Izabela Neyman, 1904-1992),波兰女演员。
② 玛丽亚·维尔琴斯卡(Maria Wiercińska, 1902-1976),波兰女演员、导演。
③ 耶日·克莱赤马尔(Jerzy Kreczmar, 1902-1985),波兰教育家、剧作家、导演。
④ 塔德乌什·荷伦德(Tadeusz Hollender, 1910-1943),波兰诗人、翻译、讽刺作家。
⑤ 卡罗尔·库雷鲁克(Karol Kuryluk, 1910-1967),波兰记者、政治家、外交官,在纳粹大屠杀中拯救过犹太人。

《共同房间》的作者之间的相似点——即童年的经历：他们都在战争中认识了世界，并总能跳脱固有思维和惯例看到世界赤裸的一面。米沃什、贝尔斯基、米钦斯基和斯坦尼斯瓦夫·迪加特[①]一起在酒窖里讨论过实验戏剧[6]，与斯泰凡·伏鲁科夫斯基和卢茨扬·申瓦尔德促膝长谈。他还很喜欢伏瓦迪斯瓦夫·塞贝瓦。他仍在寻找自己的诗歌形态——不仅要不同于图维姆或威仁斯基的建议，还要有别于派伊派尔或者普日博希的范例。他从长诗《我母亲的厨房》的作者申瓦尔德和"写出越来越形而上的诗和内容"的塞贝瓦身上汲取到灵感。"我想，他对剔除虚华净化诗歌的追求强烈地影响到我。他想写出赤裸裸的诗。"（《旅行世界：对话莱娜塔·高尔琴斯卡》，页50）他认识了年轻的评论人卡齐米日·维卡和卢德维克·弗雷德，共同构思并慢慢打磨出一个全新的诗歌阵容（弗雷德评论过切霍维奇、扎古尔斯基、雷姆凯维奇、希维尔什琴斯卡[②]、边塔克的诗集，还有《三个冬天》）。该阵容极大影响着战后波兰诗歌的发展。米沃什还参与了《钢笔》季刊[7]的创建，按照弗雷德和切霍维奇的设想，这本季刊本应成为这些诗人的宣传阵地。

在立陶宛与波兰建交后，一九三八年八月，米沃什去了趟考纳斯[8]，并在那里结识了《新鲁穆瓦》周刊的朋友们。该周刊将现代艺术与基督教传统相结合，宣传克尔凯郭尔、别尔嘉耶夫和马利坦等思想家的思想。它的主编是评论家、散文家尤扎斯·凯留奥提斯[③]。从相识到成为知己发展得非常快——该杂志刊发了米沃什的照片和题词"致《新鲁穆瓦》，切斯瓦夫·米沃什，一九三八年八月六日于考纳斯"，此外还有一篇以他为题的文章《著名波兰诗人切斯瓦夫·米沃什（-米拉休斯）在立陶

---

① 斯坦尼斯瓦夫·迪加特（Stanisław Dygat, 1914-1978），波兰作家。

② 安娜·希维尔什琴斯卡（Anna Świrszczyńska, 1909-1984），波兰诗人。

③ 尤扎斯·凯留奥提斯（Juozas Keliuotis, 1902-1983），立陶宛作家。

宛》。文章的匿名作者再三强调,在切斯瓦夫·米沃什的作品中"感受到米拉休斯①和但丁的影子。他如今已经是波兰青年诗人。他选择的诗路很可能会成为整个诗界未来的康庄大道"。[9]米沃什和凯留奥提斯不仅美学观点相近,政治观点也趋同。他们一同参观了考纳斯博物馆,用法文畅谈,彼此分享对密茨凯维奇的痴迷。米沃什认为他有些理想主义,但凯留奥提斯看重的是文化合作的前景,他后来回忆说:"米沃什没有沾染波兰的民族主义和帝国主义思想。我身上也没有立陶宛的民族主义习气。"[10]诗人把录有立陶宛歌曲的唱片带回波兰,希望有机会能在广播中播出。他给考纳斯的周刊编辑部寄去了《三个冬天》、伊瓦什凯维奇的小说还有《钢笔》样刊,还写了一篇详细的概述性文章——《观立陶宛文学》。[11]不久后,凯留奥提斯到访华沙,并在《新鲁穆瓦》上刊登了米沃什诗歌的译文。[12]战争期间,这段坚不可摧的友情对作家来说尤为重要……

与此同时,《三个冬天》的作者与斯泰凡·纳皮耶尔斯基展开合作。纳皮耶尔斯基是杰出的双月刊《雅典娜》的发行人,他尊敬米沃什,把米沃什视为诗人(他在耶日·盖德罗伊奇的《政治》周刊上,利用自己的文学版面刊登了米沃什的诗),但又表现出某种奉承的迷恋。"如果他放出风声说我是他的情人,说是他写了我所有想写的诗,我都不会奇怪,不管怎么说,他都在杂志上刊登了我的诗作,"米沃什向伊瓦什凯维奇吐露说,"我只是对他的做法有些疑惑,他总强调年轻诗人都有一个最令人不齿的缺点——好大喜功,他也确实因此侥幸成功了很多次……但不要以为我和他已成为朋友。因为如果他说:切斯瓦夫先生,噢,我们两个都是外来户,都有外国血统——这并不代表他认为我们这段关系是严肃的。"[13]纳皮耶尔斯基是一位诗人、评论家,继承了家族财富并资助了

---

① 指奥斯卡·米沃什。

许多青年作家,很明显,他与米沃什的气场相吸。后来,耶日·安德热耶夫斯基曾这样回忆米沃什的气质:"年轻时他就是个鹤立鸡群的人,也就是人们常说的耀眼的人。他确实引人注目,并非只因为外表,还在于他散发出独特光芒,使他平凡的相貌变得美丽。"[14]直到占领时期,米沃什和安德热耶夫斯基的友情才变得非常亲密。他们之所以能结识,还归功于米钦斯基——这位杰出的散文家、《灰烬与钻石》的未来作者曾在右翼周刊《桥上直送》的专栏中与米沃什的名字同时出现。

一九三九年一月,安德热耶夫斯基凭借天主教小说《心灵规则》荣获波兰文学院青年奖。在颁奖宴会上,卡丹、伊热科夫斯基、威仁斯基、米钦斯基和马西连·马丽亚·国柏神父①聚在一起,佐菲亚·纳乌科夫斯卡②说道:"米沃什是个杰出的青年诗人,一张男孩的脸,但不苟言笑,谈吐睿智却不吸引人。"[15]几天后,安德热耶夫斯基来到维斯瓦河畔,纳皮耶尔斯基和米沃什去看他。他们一起登上巴拉尼亚山③,一路上"几个酒馆喝下来,西里西亚的热葡萄酒让我们头脑有些昏胀"。(《猎人的一年》,页260)他们给伊瓦什凯维奇寄去了明信片,讽刺地提及一九三八年十月波兰侵占扎奥尔杰地区④的事:"亲爱的雅罗斯瓦夫,您谦逊的学生和您理念的追随者从重新收回的古皮亚斯特王朝⑤的土地上向您致意,恭请留念,希冀能得到未来院士的青睐。"[16]二月十日,教皇庇护十一世⑥薨逝的消息传来,米沃什像很多同代人一样感受到了即将来临的灾难信号(米沃什为此写过一首诗,但后来遗失了)。那时在马利坦的影响下,米沃什立即与受这位法国神学家思想启发的天主教季刊

266

---

① 马西连·马丽亚·国柏(Maksymilian Maria Kolbe, 1894-1941),天主教殉道圣人。
② 佐菲亚·纳乌科夫斯卡(Zofia Nałkowska, 1884-1954),波兰散文作家。
③ 波兰南部的高山。
④ 如今为捷克的领土,波捷两国在"一战"后一直对此区域有争议。
⑤ 指波兰历史上第一个王朝,自公元962年至1370年。
⑥ 教皇庇护十一世(1851-1939),第二百五十七位教皇。

《物尔朋》取得了联系。该季刊的编辑部位于华沙郊外的拉斯基村,由伏瓦迪斯瓦夫·科尔尼沃维奇神父①负责。米沃什与安德热耶夫斯基还一起去拉斯基参加了沉思静修,但两位作家都没能沉静下来,"我们承认,禁欲和虔诚地专注于灵修竟让我们产生了喝酒和吃生牛排的怪异食欲"。(《战后即刻》,页18)

"二战"爆发前的几年里,博莱斯瓦夫·米钦斯基和约瑟夫·切霍维奇在米沃什的生活中发挥着至关重要的作用。三十年代中期,在切霍维奇的介绍下,米沃什认识了自己的同龄人、哲学家和诗人、新颖的论文集《地狱之旅》的作者米钦斯基。米钦斯基思维活跃,与艺术家和知识分子圈中多人交好。正是经他介绍,《被禁锢的头脑》的作者第一次见到了塔德乌什·尤利乌什·克朗斯基②。这位受过良好教育的塔塔尔凯维奇③的学生,能够阅读柏拉图原文,还能和维特凯维奇讨论各种话题,让米沃什这个电台公务员相形见绌。他后来回忆说:

> 在华沙的时候,我和奈拉[阿涅拉——米钦斯基的妹妹]还有博莱克的关系并不是非常亲近。我这个维尔诺来的乡巴佬,尽管强装自信,但实则胆怯,因为某些天性并非能够轻易改变。[……]他们不止一次地问过我,是不是认识斯坦尼斯瓦夫·伊格纳齐·维特凯维奇。在他们那儿,这就是一道高门槛的标识。我也没去寻找进入贡布罗维奇的圈子[……]尽管我带着崇拜通读过《费尔迪杜凯》④。野小子,内向,对我内在的力量缺乏洞察,也许那时我还曾

---

① 伏瓦迪斯瓦夫·科尔尼沃维奇(Władysław Korniłowicz, 1884-1946),波兰天主教神父。
② 塔德乌什·尤利乌什·克朗斯基(Tadeusz Juliusz Kroński, 1907-1958),波兰哲学家。
③ 伏瓦迪斯瓦夫·塔塔尔凯维奇(Władysław Tatarkiewicz, 1886-1980),波兰哲学家。
④ 贡布罗维奇作于1937年的小说。

因为学了法律懊悔过,我要是攻读了人文学就好了。确实,认识法文、读过法文书应该能够弥补一点缺憾,但所谓缺憾,不过都是不自信和无妄的野心罢了。(《时间旅行》,页240)

哈利娜·米钦斯基这样回忆米沃什:"我觉得他是个暴躁的金发顽主,有些左,对毕苏斯基政府奉行的少数民族政策持批评态度。我可是崇拜毕苏斯基长大的,因此我对他很不满,后来博莱克不得不打断我们的争吵。"[17]

这个时代,伦理宗教价值观和人类个体的尊严受到极权主义意识形态的严重威胁,"暴躁的金发顽主"和米钦斯基对此有着相似的观点。他们在政治和艺术上的观点越来越相像[18]——曾经的左派先锋开始调头研究基督教和传统经典,研究但丁、歌德和乔托;而年轻的哲学家则非常嫌恶华沙大学的反犹风气和各中学兴起的青年民族主义风(从法国回来后他曾在中学教书),与《桥上直送》分道扬镳。

《桥上直送》于一九三五年创刊,不久即成为当代波兰最重要的两个文学周刊之一,并成功地赢得了右翼知识分子和作家们的青睐。米钦斯基在该杂志上发表文章,甚至出版发行了自己的散文集,他希望借此构建出一个不同于《文学消息》的渠道,严肃地辩论文化和宗教问题。一九三七年,值《地狱之旅》发行之际,《桥上直送》的主编斯坦尼斯瓦夫·皮阿塞茨基①摆酒设宴,并在席间寻找新的作家(其中收获最大的人当属加乌琴斯基,他献诗说:"给那些,嘴里含着水的人, / 普鲁斯特大叔的读者们, / 斯卡曼德派,伪君子们, / 各种说着双关语的人 / 派来,送上,上帝的天使, / 长刀利刃的夜")。米沃什也受邀参加了这

_____

① 斯坦尼斯瓦夫·皮阿塞茨基(Stanisław Piasecki, 1900-1941),波兰右翼活动家、政治家。

场宴会[19]，但他拒绝了合作的建议，尽管他意识到，这个新建立的右翼平台已经准备好要取代当红的《文学消息》。同一时期，米沃什还认识了博莱斯瓦夫·皮阿塞茨基①。他是极端右翼团体"民族激进阵营——方阵派"的领导人，战后创建了"帕克斯"协会。米沃什当时的女朋友安娜·沃伦措夫（她后来狂热地爱上了安杰伊·特哲宾斯基②）介绍他们相识。米沃什提到，"我们的关系很短暂，思想上相差十万八千里。她是民族激进阵营的人，对领导人，也就是博莱斯瓦夫·皮阿塞茨基相当崇拜。她坚持认为，每个人都必须感受领导人的感召力，我只好同意去见他。这个金发野兽，沉稳，散发着力量，但并没有打动我，但我能理解他后来的一些遭遇，比如为什么他能在狱中给谢罗夫③留下深刻印象，促使后者决定释放他"。（《米沃什词典》，页48）

　　一九三八年"赠金丑闻"爆发，多个波兰作家和艺术家被曝光，指责他们资助从德国流亡过来的犹太人。一时间，《桥上直送》刊登了多篇粗暴指责捐赠者的反犹文章，伊热科夫斯基、安德热耶夫斯基和米钦斯基等人因此从周刊辞职。在物资匮乏的境遇中，米沃什拉了博莱克一把，他说服哈利娜·索斯诺夫斯卡把米钦斯基招进电台工作。另外，直到"二战"爆发前，他们一直在开会讨论创建一本新的文学哲学类杂志。该杂志本来拟由米钦斯基领导，米沃什、安德热耶夫斯基和塞贝瓦等人参与编辑，由扬·塔尔诺夫斯基——这位富有的贵族、艺术家们的朋友和赞助人投资。尽管《地狱之旅》的作者死于"二战"期间，但米沃什和米钦斯基一家的联络并未中断。一九五一年，当米沃什决定与华沙政府断绝关系时，奈拉借着他的关系在巴黎认识了盖德罗伊奇。多年后，博

268

---

　　①　博莱斯瓦夫·皮阿塞茨基（Bolesław Piasecki, 1915-1979），波兰民族主义政治家、作家。

　　②　安杰伊·特哲宾斯基（Andrzej Trzebiński, 1922-1943），波兰诗人、散文家、剧作家。

　　③　伊万·谢罗夫（Iwan Sierow, 1905-1990），克格勃主席、苏联陆军大将。

莱斯瓦夫和哈利娜的女儿安娜·米钦斯卡①成了又一与他交往的纽带。她是自己父亲创办的杂志的编辑,也是关于维特凯维奇和亚历山大·瓦特研究论文的作者,米沃什一直对她照拂有加。

　　米沃什与切霍维奇的友谊更加温暖,也更直接。还在上中学时,切霍维奇的诗和天马行空的想象就让米沃什深深着迷。两人在一九三四年"前卫诗人盛典"(切霍维奇是该活动的发起人)期间相识,见面多次。《那边的民谣》的作者那时尚在波兰教师工会出版的《小火焰》杂志编辑部工作[20],和他的"小斯泰凡"②一起住在位于斯穆里科夫斯卡大街4号的宿舍。米沃什到访过这间两居室的半地下室公寓(甚至还在墙上挂着的基里姆挂毯前面无表情地留过影[21])。他后来回忆道:"他的庄园位于远郊,好像在农村似的,没有华沙城里那种乌七八糟的斜眼和怀疑的目光。一群年轻作家来到他的家,偎在沙发垫上,还向他借五块钱买酒。这里别有洞天,很有田园般的感觉,安静善良的主人来者不拒。没钱没名在这里根本不算什么,原则性的争吵更不会被任何人小瞧。因此每个来这儿的人都像找到了更直接、更简单的生活乐土。"(《大洲》,页328)在华沙时,米沃什也去过那间著名的位于多布拉大街9号楼里的"合住房"。约瑟夫·沃博多夫斯基、斯坦尼斯瓦夫·边塔克、亨里克·多明斯基③、布罗尼斯瓦夫·米哈勒斯基和瓦茨瓦夫·莫罗佐夫斯基④等与切霍维奇有过联系的作家都住过这间屋子。《冻结时代的诗篇》的作者这样回忆莫罗佐夫斯基:"年轻英俊的小伙子,有点儿贪吃,非常自大,因此没留下什么好感,当然他根本也不在乎,他对自己刚刚成

---

① 安娜·米钦斯卡(Anna Micińska, 1939-2001),波兰作家。
② 指切霍维奇的情人,切霍维奇是同性恋。
③ 亨里克·多明斯基(Henryk Domiński, 1913-1940),波兰记者。
④ 瓦茨瓦夫·莫罗佐夫斯基(Wacław Mrozowski, 1912-1967),波兰诗人。

型的诗歌的价值深信不疑。"[22]罗曼·科沃涅茨基①见识过米沃什豪饮的样子,他回忆说:"我可记得,他毕业后是怎么去的巴黎。他们在这间屋子里喝了顿大酒。喝了很多伏特加。那是夏天,非常热。米沃什脱了衣服。切霍维奇拿着压力瓶,把苏打水浇在他身上。"[23]

切霍维奇那时计划创建一本介绍现代西方文学的月刊——《共谋》,与《斯卡曼德》竞争。该杂志参考《南方笔记本》的式样和 I. F. A.原则。"I"代表非理性主义(是清醒的非理性主义,不是癫狂的);"F"代表形式主义(但不否认非形式主义的价值);"A"代表无政府主义(并非夸张的无政府主义,只是不遵守一些社会秩序,而不是反对它们)。[24]编辑团队之间以共济会会员的绰号相称:切霍维奇是"立陶宛王,百科大帝",多明斯基是"哈布斯堡大公领主",约瑟夫·马希林斯基是"纵队总司令",边塔克是"大医师",普特拉门特是"万无一失的圣约翰",扎古尔斯基是"嘲笑亲王",而米沃什是"老大哥"——也就是鼓动大师。

梦想着"王权"、当上先锋派的精神领袖并把《斯卡曼德》排挤到一边去的"百科大帝"成了越来越多青年作家崇拜和模仿的对象。与此同时,他也遭到更多的激烈抨击。《文学消息》和他们的头号评论家卡罗尔·维克多·扎沃金斯基②指责他缺乏写作才能,切霍维奇便以嘘声抗议(米沃什为这位老朋友辩护,还写了一篇文章《想做更多》劝他不要这样做)。但他们还指控他"行不道德之事",影射他的同性恋倾向。[25]一九三六年春,这些负面影响与右翼媒体阵营针对波兰教师工会(万达·瓦斯莱夫斯卡亦在其中工作)宣传共产主义(出版了介绍苏联模式的《普沃梅克》杂志)的声讨结合在一起,直接导致切霍维奇丢了工

---

① 罗曼·科沃涅茨基(Roman Kołoniecki, 1906-1978),波兰诗人。

② 卡罗尔·维克多·扎沃金斯基(Karol Wiktor Zawodziński, 1890-1949),波兰文学评论家。

作和房子。切霍维奇想尽办法留在了《垂直线》编辑部,生活又安定下来。后来米沃什把他"挖到"了电台。刚开始他只是所谓的节目控制员,过了一阵子才成为节目规划办的正式员工。[26]他在位于纳尔布塔街11号的新家举办"周四文学会"活动,"二战"前他还一直负责"诗歌综述"书系。该书系由霍艾希茨克①的出版社出版——这家出版社也发行过普日博希、边塔克、布冉科夫斯基、伊瓦纽克、塞贝瓦和楚赫诺夫斯基的作品,但策划好的米沃什诗集没来得及问世。

耶日·扎古尔斯基承认,切霍维奇是"导师,指导员,[……]护佑我们成长"。[27]切斯瓦夫·米沃什虽然不是切霍维奇诗歌的模仿者,但他同样认为,这位卢布林诗人的作品对他的诗歌创作产生了深刻影响,特别是让他的诗文结构更为松弛。米沃什为他写了一首《摇篮曲》,收录在《三个冬天》中。最重要的是,米沃什认为自己与他在关于艺术的责任和创作的思考方式上不谋而合。切霍维奇不只看到眼前短暂的景象,他更强调要发挥想象的作用,指出想象的源泉"必须是纯粹的"。[28]他认为文化的最高层次和目标是——将人类从凡俗和生物性中解放出来。米沃什那时边读边译艾略特的诗,为布莱克、斯威登堡和雅各布·波墨②深深着迷。这些人,后来都走进了他的"乌尔罗地"里。"在一首诗里,"文学史家扎莱斯基写道,"他把人类称为'追逐孤独者'。这个比喻绝妙地点出了《那边的民谣》的作者掩藏在温柔的音乐咒语中的恐惧。"[29]同样的恐惧也萦绕在米沃什当代的作品中。

"一九三八年的某天早上,我给切霍维奇讲了我的梦。我看见一幢房子,一面是玻璃墙,一个蒙古人在墙后拉着小提琴。是他,切霍维奇,可我听不到琴声。我没敢说出的是,这幢房子在梦里叫逝者屋,崩溃的

270

---

① 费尔迪南德·霍艾希茨克(Ferdynand Hoesick, 1867-1941),波兰出版商、作家。

② 雅各布·波墨(Jakob Böhme, 1575-1624),德国哲学家、基督教神秘主义者。

迹象已经刻在了那个蒙古人的脸上。我只能这样解释——我预知他行将死亡。"(《大洲》,页341)在约瑟夫·切霍维奇发表的最后一本诗集《人类的音符》中,有一首题为《悲伤》的诗,诗中有一段著名的预言:"我们所有人都有异彩纷呈的人生 / 我会开枪自杀,死上几回 / 要么是拖着犁脚踩犁沟的时候 / 要么死在律师的卷宗下 / 呛入气体憋死 / 在毛茛花①丛中睡去 / 或者死于孩子的熊熊火把 / 或者死于扔到地摊上的炸弹 / 或者被纵火者吊起来 / 我终会变成名单上的黑十字架。"一九三九年九月九日,切霍维奇在卢布林被轰炸时死去。那时候切斯瓦夫·米沃什也逃离了华沙,但还没来得及去找这位朋友。

　　米沃什一生都惦记着这位朋友,他告诫卢布林人说:"你们要记住约瑟夫的墓,因为,不缅怀自己诗人的城市——将慢慢消逝。"[30]他真诚地写下一段箴言:

> 我努力描写,你现在的情形,在不属于我的另一方天地,在夜晚的光亮里。

> 深色头发的男孩穿着蓝色步兵军服,戴着鹰标的帽子还系着绑腿。

> 因为二十世纪你当过两个星期的兵,表演你作品的演员们恰是这种穿着。

> 在东布罗夫斯基广场边的那间地板吱吱作响的办公室塌

---

① 此花有毒。

毁之前,霍热查①赶排出了这部戏。

在你被炸弹炸死前,舒勒茨被关进奥斯维辛,什帕克吃了 271
枪子儿,因为他拒绝去难民营,弗沃达尔凯维奇在纽约
心脏病发作。

所以我并不奇怪你以这身打扮伴在我身旁,不管是我在语
言实验室录制你的诗时,还是今天,我听到这些诗的
时候。

生命被夺走,土地被欺凌,还有罪恶,但你纯洁的音符留在
了深渊之上。

(《诗集 第三辑》,页248-249)

注释

[1] 保存下来的会员卡制作于1937年,后来续期过。

[2] 纳乌考夫斯卡等人支持米沃什参选:"青年奖颁给了沃博多夫斯基,还
不算是最糟糕的(我心目中的候选人是:布莱扎、乌尼沃夫斯基和米沃什)。"
1937年1月25日记,收录于佐菲亚·纳乌科夫斯卡,《日记IV:1930-1939》,
汉娜·基尔赫内尔编(华沙,1988),页175。

[3] 博莱斯瓦夫·米钦斯基在给父母的信中评论过1938年波兰文学院的
决定,这位《地狱之旅》的作者也曾希望获得该奖:"如果是米沃什得到了这个奖
那还好点儿——但你也建议不了什么。"摘自博莱斯瓦夫·米钦斯基写给玛丽
亚·安德里奇和卡齐米日·米钦斯基的信,格勒诺布尔,1938年2月,收录于

---

① 维拉姆·霍热查(Wilam Horzyca, 1889-1959),波兰导演、剧院经理。

博莱斯瓦夫·米钦斯基，《文字、小品、文章、书信》，页 454。

[4] 玛丽亚·维尔琴斯卡在电台广播里读过米沃什的诗后，诗人于 1937 年 7 月 24 日给她寄去一封信，信中除了表达感谢还提请她注意，在朗读他的诗歌时有个"聪明"的技巧，即应该符合"冷淡好过虚伪"的原则。（玛丽亚和艾德蒙德·维尔琴斯基档案室，波兰科学院艺术学院，特别收藏，索引号：1209，册号：17）感谢耶日·提莫舍维奇教授提供此信复印件。

[5] A. R.，《米沃什在莱杜塔的早晨》，载《垂直线》，1939 年 2 月 5 日。一个月后在《密茨凯维奇的早晨》中与先锋派渐行渐远的米沃什强调说，《先人祭》的作者应该是艺术对话中的一员，"读起来就像一个现代诗人，就在我们中间"。参 A. R.，《密茨凯维奇的早晨》，载《垂直线》，1939 年 3 月 19 日。

[6] 参兹比格涅夫·奥辛斯基，《他叫我们为兄弟剧院》，页 33。

[7] 读者们只拿到了第一期（出版于 1938 年）。第二期的制版于 1939 年 9 月被毁。

[8] 他后来回忆说，他并不是出差去立陶宛的作家代表团中的一员，可他以私人身份去了，还回塞泰伊涅看了看。在从凯代尼艾寄出的给伊瓦什凯维奇的明信片上，他这样写这次旅行："没有人，大公园荒草丛生，房子，慢慢陷进地里"，他还说道："我要在这里待到 8 月 15 日，会短暂去一下考纳斯和帕兰加"。参切斯瓦夫·米沃什写给雅罗斯瓦夫·伊瓦什凯维奇的信，明信片无确切日期，应该是 1938 年 8 月初。（波兰科学院文学研究院图书馆）

[9] 明达乌加斯·科威特考斯卡斯，《切斯瓦夫·米沃什与〈新鲁穆瓦〉杂志的合作》，收录于《1920–1940 年维尔诺的诗歌和诗人研究》，页 333。

[10] 尤扎斯·凯留奥提斯，《我的自传回忆》（维尔诺，2003），页 516。本书中该引用片段由阿格涅什卡·斯塔维亚尔斯卡翻译。

[11] 切斯瓦夫·米沃什，《观立陶宛文学》，载《雅典娜》，1938 年 11 月；《年轻思想的冒险》，页 251–260。在这篇短文中，米沃什还提到了《新鲁穆瓦》杂志，称它"在富有天赋和文化涵养的作家尤扎斯·凯留奥提斯的编辑下，成为最重要的文学艺术类周刊"，同时表达"专题设置在多个角度上与法国'精神'集团

的专题接近,是天主教主义的、反极权主义的、民主主义的。试图为如今仍非常功利性的立陶宛思想界,注入无私的思想,并指出一条哲学思辨的道路"。见《年轻思想的冒险》,页 258。

[12] 尤扎斯·凯克斯塔斯的译文刊登于《新鲁穆瓦》,1939 年第 11 期、第 33-34 期和第 45 期。凯克斯塔斯这位左派诗人,在苏联吞并立陶宛后被送往劳改营,战后去了布宜诺斯艾利斯,并在那里翻译出版了米沃什的立陶宛文版诗集,取名为《意识时代的诗歌》(1955)。在保存下来的信件中,他回忆过 1939 年与米沃什在华沙相见的经历:"这个难忘的夜晚,当您在自己家里读了我的诗,我的那些那时根本无法出版的诗(我陪着您走回了您家。我们去欧罗巴餐厅本来是去要见凯留奥提斯的,他和考纳斯记者团过来旅游,但没见到)。"见尤扎斯·凯克斯塔斯写给切斯瓦夫·米沃什的信,1953 年 8 月 31 日。(拜内克图书馆)

[13] 摘自切斯瓦夫·米沃什写给雅罗斯瓦夫·伊瓦什凯维奇的信,1935 年 9 月 27 日。(波兰科学院文学研究院图书馆)

[14] 耶日·安德热耶夫斯基,《影子游戏》(华沙,1987),页 121。

[15] 这段话写于 1939 年 1 月 25 日,收录于佐菲亚·纳乌科夫斯卡,《日记 IV:1930-1939》,页 377。

[16] 摘自切斯瓦夫·米沃什写给雅罗斯瓦夫·伊瓦什凯维奇的明信片,1939 年 2 月 15 日。(波兰科学院文学研究院图书馆)在一封占领时期写给安德热耶夫斯基的信中,米沃什回忆了自己的屈辱,在吞并扎奥尔杰地区时,他没有办法拒绝撰写广播通告。参《现代传奇》,页 162。

[17] 哈利娜·米钦斯卡-凯纳罗娃的回忆摘自耶日·提莫舍维奇写给本书作者的信。

[18]《地狱之旅》成了米沃什在占领时期的写作灵感。

[19] 这次宴会的照片被保存了下来。照片上正在致辞的米沃什站在日本钢琴家智香晴子身旁。翻印编号 23,收录于佐菲亚·克拉乌佐法,《我的生命之河》(克拉科夫,1979)。

[20] 在波兰教师工会的杂志上还能找到米耶切斯瓦夫·科塔尔宾斯基、

安娜·希维尔什琴斯卡和文森特·布莱克的文章。

［21］藏于卢布林切霍维奇文学博物馆。

［22］瓦茨瓦夫·莫罗佐夫斯基,《波希米亚人》(卢布林,1963),页95。

［23］对话罗曼·科沃涅茨基,收录于约瑟夫·简巴,《谈谈约瑟夫·切霍维奇》(卢布林,2006),页56。

［24］摘自瓦茨瓦夫·莫罗佐夫斯基,《波希米亚人》,页96。另参约瑟夫·切霍维奇1934年3月18日写给斯坦尼斯瓦夫·柴尔尼克的信("我愿意以进取的性格和定居华沙的优势来开始领导先锋派。关于我组织的星期五晚上的'前卫诗人盛典'得到了'劳动国家'技术帮助的消息,您肯定在报纸上看到了。我们的收入用来资助奖学金。我现在正在搞一本文学杂志,《大道》类型的月刊,只是纯文学。我招募卢布林协会的人,训练维尔诺人,带人到克拉科夫[普日博希非常听话,楚赫诺夫斯基也是,边塔克由我直接带到华沙]。我让他们充满活力——不再害怕")和1934年6月写给塔德乌什·荷伦德的信("'热加雷'社员都是一群狂热之徒,因为他们认为,只有维尔诺才是文学的拿撒勒,也只有《热加雷》能成就一本通行波兰的杂志")。见约瑟夫·切霍维奇,《书信集》,页257、276。

［25］切霍维奇的青年崇拜者在这次攻击事件中砸坏了《文学消息》编辑部的玻璃,在当时被普遍理解为是国家激进阵营的人发起的攻击事件,这也成了博莱斯瓦夫·米钦斯基关闭《桥上直送》的原因之一,在他看来,他要对这次恶作剧负起道义责任。参《大洲》,页337;《岛上生活》,页230。

［26］摘自1938年10月20日约瑟夫·切霍维奇写给布罗尼斯瓦娃·科沃丁斯卡的信:"我后来有了工作,有一份真正的合同。我已经在波兰电台的控制下工作了两周。事实上,他们把一个可爱的工具放在了我家,我必须每隔一天就听听华沙一套电台放出来的所有节目,听听他们说了什么(不算音乐)。这个活儿很累,因为从早上七点到晚上十一点一刻,如果是星期六和星期天——就更长了。"见约瑟夫·切霍维奇,《书信集》,页414。

［27］耶日·扎古尔斯基,《让我们兴奋起来》,载《维尔诺快报》,1936年

第 60 期。摘自安娜·马祖莱克,《切斯瓦夫·米沃什与约瑟夫·切霍维奇:卢布林背景下的友谊》,载《音调》,2006 年第 1 期。

[28] 参约瑟夫·切霍维奇在《诗人周围》做的社会调查中的回答,1935 年第 4-5 期。摘自约瑟夫·切霍维奇,《书信集》,页 297。

[29] 马莱克·扎莱斯基,《第二先锋派的冒险》,页 159。

[30] 安娜·马祖莱克,《切斯瓦夫·米沃什与约瑟夫·切霍维奇:卢布林背景下的友谊》,载《音调》,2006 年第 1 期。

第三十一章 扬 卡

我寻找着，

你，我的爱，很久，很久，为了，

让镜中的自己和你一起老去

世界都失去了光鲜，那不过是缪斯的呓语。

切·米沃什，《做主人》

272   年轻的诗人就快三十岁了。他第一次开始认真反思过往，感受到的却大多是沮丧和不被人看好的忧郁。至少在一九三七年创作的诗中他是如此抒发感慨，书写对挥霍岁月的思考，还有扑灭了"青春伴侣的光芒"（《诗集 第一辑》，页120）的情绪。《头脑》描写了一个迷失的人，就因为自身的冷漠而备受负罪感的折磨，尽管"更纯洁的爱情需要承受苦痛， ／ 而不是绝望于，爱情来得还不够"。（《诗集 第一辑》，页119）[1] 不久后的《单音调的歌》则更加直白："灵感不会重现， ／ 在某个潮热的夜晚， ／ 我明白了，我是孤独的。［……］这才是伟大的成熟吗， ／ 有些睿智，有些悲伤， ／ 不在乎私人生活？［……］然后我总是，或幼稚或苍白地，／ 问，难道有个公正的人 ／ 不想让我幸福吗?"(《诗集 第一辑》,页149)米沃什写下这些诗句之时还不知道,他很快就会遇到自己的人生伴侣。

　　雅尼娜·德乌斯卡比米沃什大两岁[2],出生在马佐夫舍省的苏哲拉村,那里也是斯泰凡·维辛斯基的故乡。也许这位未来的红衣主教年少时也曾在湖上泛舟嬉戏,故意推翻女孩子们的小船。扬卡①的妈妈切斯瓦娃(娘家姓什柴尔宾斯卡),来自一个贫穷的贵族家庭,精力充沛,脾气有点暴躁。扬卡的爸爸卢德维克·德乌斯基,皮肤白皙,身材纤瘦,留着浓密的胡子,是个铜管吹奏手。在米沃什的回忆中,他谦逊、温和、人情练达。他们一家住在沃沃明市②涅查瓦街1号的小房子里,生活拮据。扬卡有一个哥哥塔德乌什和一个姐姐亨利卡。[3]和他们一样,她很早就开始打工赚钱。她在波兰电台人事部找到一份工作,并按照人事部的要求完成了华沙大学法律系的学业,拿到了硕士文凭。扬卡是一个苗条的金发女郎,有一双灰色的眼睛,从证件照片上看并不算特别漂亮,但却英气十足。事实上,家里人也认为她很有抱负,对所追求的目标非常执着。

　　她对戏剧和电影感兴趣,结交了许多怀有左翼前卫理想或者同情共产主义的年轻电影人。她和万达·雅库博夫斯卡③、斯坦尼斯瓦夫·沃尔④、耶日·扎日茨基⑤、耶日·托埃普利兹⑥共同创办了"起点"艺术电影爱好者协会和"圈子"电影社团。她与那些比她出名的会员们分享交流对波兰当代商业电影摄制的嫌恶,共同分析普多夫金的理论,钟情纪

273

---

① 扬卡是雅尼娜的昵称。

② 波兰城市,位于华沙以东二十千米。

③ 万达·雅库博夫斯卡(Wanda Jakubowska, 1907-1998),波兰电影导演。

④ 斯坦尼斯瓦夫·沃尔(Stanisław Wohl, 1912-1985),波兰编剧。

⑤ 耶日·扎日茨基(Jerzy Zarzycki, 1911-1971),波兰电影导演。

⑥ 耶日·托埃普利兹(Jerzy Toeplitz, 1909-1995),波兰电影学校的联合创始人。

录片拍摄,并期待为"发挥电影的社会作用"而战。一九三四年,她和将会"激励"这个圈子的导演欧根纽什·岑卡尔斯基①[4]结了婚(他已经有过一次天主教婚姻,所以此次婚礼遵照东正教礼仪),一年后陪他去伦敦公费留学。在伦敦居留期间她认识了著名画家费利克斯·托波尔斯基②。[5]她还和丈夫一起加入了电影作者社团,出版杂志,放映实验电影。[6]

尽管他们有过充满激情的热恋,但这场婚姻显然并不成功,至少米沃什是这样想的。一九三七年底一九三八年初,当扬卡在东布罗夫斯基广场边的电台办公楼里认识年轻的诗人时,他们的这场婚姻已变成纯粹的形式关系。米沃什后来承认:"她是个理性的人,但还是犯了错,和我走在一起。我的诗集《三个冬天》让我在诗人圈里声名鹊起,但它的成功免不了会引发疑问,它的作者为这些精彩的诗付出了什么代价。本质上,我是一个激情难长久的人,幻觉和妄想亦如此,根本就不是做丈夫和父亲的料。"[7]但也许,离开前卫导演,与冉冉升起的诗人明星结合,能够满足她的艺术野心? 她也是知识分子,同样喜欢文学创作,但水准一般,肯定达不到"令人叹为观止"的程度……

毫无疑问,她深爱着米沃什,她会用一生来证明,他家就是她的家。米沃什也终于意识到:"扬卡现在占据了我思考的中心,我也曾小心翼翼地去试着发现,是什么让我如此着迷和无法自拔。"(《猎人的一年》,页263)一九三八年春,与两位作家关系都很好的万达·泰拉科夫斯卡③在给伊瓦什凯维奇的信中这样描述米沃什的精神状态:

① 欧根纽什·岑卡尔斯基(Eugeniusz Cękalski, 1906-1952),波兰导演。

② 费利克斯·托波尔斯基(Feliks Topolski, 1907-1989),出生于波兰的表现主义画家和插画家,主要在英国工作。

③ 万达·泰拉科夫斯卡(Wanda Telakowska, 1905-1985),波兰艺术家,华沙工业设计院的创始人。

他比任何时候都感觉良好；电台的工作不错，他升了职，只是内心对于文学创作的悸动让他有些焦虑。他们建议他去瑞士工作——以宣传为目的，可他拒绝了。科塔尔宾斯基说，这是因为一个姑娘，他现在正在热恋，不想去华沙以外的地方任职。虽然我认为没必要担心他的心理状态，但正如他自己所说的，他已再难平静。我特别给他指出破坏绅士原则的危害，特别是会对他个人和别人造成伤害——肯定会给自己招来很多"脏水"，我只想用这些话把他稍微拉回现实。是啊，他迷人、英俊、亲切，像小猫一样惹人怜爱，只是有点"不着调"。她就是他的威日霍斯瓦娃[8]——她能把他从我们手上抢走吗？我们等着吧——在他这个年龄爱情像猩红热病，危险但短暂，不会转变成慢性病。几个月后我们再正常看待他吧，现在的他什么也听不进去！！！[……]我真希望[……]能更好地了解这个小伙子，他显然比我想象的更难捉摸。[9]

"小伙子"确实难以捉摸，他和扬卡交往的动机本身就让人捉摸不透。一开始他只是想与她做灵魂伴侣，不发生肉体关系，实现比普通的人类恋爱更高层次的精神契合。他也担心过自己会落入"俗套"，并因此失去作诗的天赋。他可能也想过为之前发生的肉体关系（比如与雅德维嘉·瓦什凯维奇）赎罪。他晚年时吐露说：

搬到华沙后我有过很多臆想，认为自己恨女人，认为性是可恨的，因为它伤害过我，认为现实生活和所谓的数学世界的必然性都可以归结为一个词——性。相当程度的厌女症症状。还有，现在我的笑声非常空洞，几年后——也就是二十六岁时，我还以为自己的性功能衰退了。我爱上扬卡是为了寻找"纯粹的爱情"、精神伴侣，而这段爱情太过执着，我也准备好以肌肤之痛铭记她的名字，根本

274

没去考虑纠正最基本的那个错误。[10]

他被爱情冲昏了头脑,甚至为这段爱情设置了大胆的"道德归宿","民间的"从一而终的习俗在其中发挥了某些作用,另外以他对马利坦天主教教义的迷恋,他也必须表现得体并从善如流。"我认识科尔尼沃维奇神父,"米沃什回忆说,"我和扬卡,一起和他谈了我们的问题,但并不顺利。扬卡其实破了例,因为她并不信任神职人员。"(《猎人的一年》,页259)这次谈话说了什么? 宗教吗? 扬卡不仅反教权,而且——按照米沃什的说法——她不信教,这对他来说,特别是在当时,的确是个问题。那么谈了打破神圣婚姻观吗? 我们知道,扬卡后来离婚的方式是非常隐晦的。

275

　　在取得扬卡家人的同意后,他们不再理会外界烦扰,一起过起了日子,显然岑卡尔斯基也没有施加任何阻挠。他们住进了扬卡的新家,位于不久前刚刚规划并迅速建成的迪娜斯街上。[11]米沃什认识了电影圈的年轻人,如斯泰凡·西默松①和弗朗西什卡·西默松②夫妇。他开始写影评[12],甚至想过写一个关于约瑟夫·康拉德的电影剧本。他的剧本摘要的语言非常有个人特色:"他离开波兰,然后再也没有回来过。[……]从乌烟瘴气的烈士起义传统、阴谋和对祖国独立的幻想中解脱,抵达欧洲,并在那里作为实实在在而自由的人开始生活。"[13]扬卡此时却想要放弃自己的导演梦。尽管她从没有真正成为炽热地爱恋着诗人丈夫的妻子,但她仍然围着米沃什的需求打转,她对他的才能深信不疑,尽力去成为他作品的第一位读者和提出意见之人。

----

　　①　斯泰凡·西默松(Stefan Themerson,1910-1988),波兰儿童文学作家、剧本作家、电影制作人。
　　②　弗朗西什卡·西默松(Franciszka Themerson,1907-1988),英籍波兰裔画家、电影制作人。

根据朋友们的回忆,那时那个温暖、真诚、渴望被接受的男人被一个特别冷淡的女人拴住,她的健康理念束缚了他的非凡活力和他对女人、玩乐、唱歌、喝酒的一贯追求。她把他留在纸堆里,不容商量[14],"可爱,[……]非常聪慧,但专横得很"[15]。她不仅妒忌米沃什的天赋(刚开始时是毫无理由的妒忌),更震惊于他那火山爆发般的能量。她头脑清醒,不喜欢美学的慵懒,有一点刻薄,也许她害怕受到伤害,一直与周围环境保持距离。在她未来丈夫的朋友之中,她只认可其中两位——约瑟夫·切霍维奇和耶日·安德热耶夫斯基。前者与她相识于战前。后者在占领期间与她关系非常亲密。两位作家都是同性恋,所以和扬卡的关系并不带有感情色彩。"她非常聪明,她是唯一一个能让耶日坦然接受意见的人",安德热耶夫斯基还觉得"从她的无聊笑话、讽刺和吹毛求疵中受益匪浅"(《战后即刻》,页19),米沃什回忆说。她吹毛求疵,往往还要加上尖酸刻薄的用词,让她没得到朋友的好感,也就不奇怪在战时她得了一个"毒舌"的外号。[16]

两个并不十分般配的人携手相伴近半个世纪,彼此奉献,也彼此伤害。"确实,当我们年轻时,我们并不相信,这些七零八碎的不幸会触达我们更高级的思维。"(《诗集 第五辑》,页156)

注释

[1] 诗人原想把《烟囱》和《头脑》两首诗放在《乡村笔记本》中,同时再收录《遇见》和如下这首未发表的作品:"巨大的四月山谷。这里没有我, / 尽管树叶在我的脚下周旋。/ 巨大的四月山谷。已经没有我们, / 就算我们想来成婚。/ 巨大的四月山谷。茂盛的大地。/ 幸运垂怜所有错过的人。"(拜内克图书馆)

[2] 生于1909年3月30日,卒于1986年4月17日。

[3] 姐姐亨利卡·高什琴斯卡卒于1985年,哥哥塔德乌什卒于1966年。

他的女儿艾丽兹别塔·德乌斯卡-卡丘莱克(卒于2005年)这样回忆爷爷(卒于1958年):"高个子,又瘦又老,还有又长又卷的胡子",回忆奶奶(卒于1954年):"是个美人,一头漂亮的金色卷发盘成发髻。人很精神"。感谢艾丽兹别塔的儿子诺贝尔特·德乌斯基-卡丘莱克提供上述信息。

[4]岑卡尔斯基(1906-1952)的形象来自尤兰塔·莱曼的专论《欧根纽什·岑卡尔斯基》(罗兹,1996)。

[5]参费利克斯·托波尔斯基,"后记",收录于《流逝:朋友们口中的雅努什·明凯维奇》,安东尼·马利亚诺维奇、伏瓦迪斯瓦夫·明凯维奇编(伦敦,1989),页51。

[6]1937年"成立了电影作者社团,并开始在斯普兰蒂德影院放映实验性电影,星期天下午;他们还发行自己的杂志,印在特别贵的豪华纸张上。欧根纽什·岑卡尔斯基,我很早就认识了他(在《雅典娜》社的时候),还有他的妻子雅尼娜,他们在合作社工作很卖力"。摘自塔德乌什·贝尔斯基,《电台、广播剧:回忆》,页199。

[7]切斯瓦夫·米沃什,《我的自传素材》,未出版。(克拉科夫切斯瓦夫·米沃什档案馆)

[8]伊瓦什凯维奇的《红色盾牌》的主角亨里克·桑多梅尔斯基王子爱上了新城的公主威日霍斯瓦娃,而她是自己哥哥博莱斯瓦夫·肯杰日威的妻子。

[9]摘自万达·泰拉科夫斯卡写给雅罗斯瓦夫·伊瓦什凯维奇的信,1938年4月6日,见《考纳斯文化杂志》,2006年第1-2期。

[10]摘自切斯瓦夫·米沃什写给雅德维嘉·托马舍维奇的信,1982年9月24日。(克拉科夫切斯瓦夫·米沃什档案馆)

[11]在寄给雅罗斯瓦夫·伊瓦什凯维奇的信里还保留着一张切斯瓦夫·米沃什的名片,在名片上标注米钦斯基夫妇的住址那里,诗人写着"迪娜斯街8-8号"。确切地址并不清楚,因为后来他1938年12月29日从华沙寄出来的信件上,地址印着:迪娜斯街6／10号。

[12]参《年轻思想的冒险》,页261-267。这段时期,按照拉法乌·万格日

尼亚克所写(《米沃什与戏剧》,《对话》,2000 年第 1 期),米沃什出版了一些和戏剧有关的短文,如探讨"巴拉迪娜"的舞台制作(《"巴拉迪娜"的国度》,《戏剧》,1937–1938 年第 5 期)、探讨莫里亚克的"阿斯摩太"(《莫里亚克》,《戏剧》,1937–1938 年第 6 期)和探讨伊瓦什凯维奇的"化装舞会"(《给雅罗斯瓦夫·伊瓦什凯维奇的信》,《戏剧》,1938–1939 年第 4–5 期)。

[13] 切斯瓦夫·米沃什,《海洋是我的终点》电影剧本摘要,三十年代打印稿。(拜内克图书馆)

[14] 这也证实了她准备要离开广播电台,因为她听说因政治信仰问题耶日·普特拉门特就要丢了播音主管的工作。

[15] 斯泰凡·基谢莱夫斯基,《日记》(华沙,2001),页 356。

[16] 取自本书作者与玛丽亚·伊瓦什凯维奇的对话,华沙,2005 年 4 月 7 日。

第三十二章　落到人间

相比面包，人类更需要艺术与诗歌。
它们是精神生活的食粮。[①]

雅克·马利坦,《回复让·科克托》

　　若论起时间分配,除了必须完成电台的工作汇报和谈恋爱以外,米沃什在华沙期间用于写作的时间并不算少。他写过几首优美的诗,如《遇见》《锡耶纳》和《勒瓦卢瓦之歌》,但他那时主要将精力放在散文创作上——写过两篇短文:其一宽泛地介绍了奥斯卡·米沃什的作品;其二翻译了波德莱尔关于康斯坦丁·居伊的回忆性概述。他刊发过几篇重量级的评论,表达自己对艺术意识形态化的反感。他反对艺术枯竭导致的迷信化、谜题化和——几年前他提出过的"投机性目的",反对强行解构艺术作品,并在其中刻意寻找新的隐喻。

---

　　① 此处引文原文为法语: L'art et la poésie sont plus nécessaires que le pain à la race humaine. / Ils la disposent à la vie de l'esprit.

　　直到很久后，他才清晰地意识到，他那时不该在这样的文字中游走流连，却不去寻找更纯粹透彻的表达方式。他本应该"呐喊"，警醒世人意识到即将到来的战争和恶魔般的极权主义威胁，而不是去考虑宗教和诗歌的关联。正如他自己所说，他走进了思维的死胡同，一方面他记得奥斯卡·米沃什的告诫，预见到履带坦克在马佐夫舍平原上横行的危险；而另一方面却不愿记得"我所做的一切，都是为了忘记"（《欧洲故土》，页206），"贫乏的生活，充满了负罪感：我没有完成写作或者始终坚持追求自己的理想，却局限在办公室里［……］眼睁睁看着，解决不了任何问题。那时，每一种让人忘忧的麻醉剂都是良药"（《大洲》，页338）。

　　他看不到任何政治解决的途径。在右派的含糊其词和共产主义的日益强大之间没有路可走。"我和索斯诺夫斯卡坦诚地聊过，波兰在意识形态领域一片虚无，除了极端的民族主义之外，只剩下马克思主义可选。"[1]执政党在一九三八年选举前提出的口号是——"如果你想要一个没有犹太人的波兰，／ 那么就去投票吧"[2]，与此同时，国内还有人认为龙骑兵们能够征服柏林。在米沃什看来第二共和国已经处于一片混沌，毫无现实精神，如同图维姆在《歌剧院的大厅》中痛苦地申述：万能的世界"精神"，不能用金钱衡量的世界满是末世景象。米沃什当时的文字较以往更加激愤、更加悲怆，但也更集中于自身。最后，他带着一定程度的自负写下《化身》这首诗，并用诗表达基督的观点，认为人类躯体与诗人的未来密切相关，诗人以清晰的灵魂游走世间，在有罪的物质中，不愿研究密密麻麻的人群——"可怜人拥有不公正的力量，／ 我和他们一起，他们每日裹挟着我。／ 我正侍奉虚假的信仰，人造的神灵"。（《诗集　第一辑》，页118）[3]

277

　　放弃象牙塔——此时这幅画面占据了米沃什的大脑。在刚刚创刊的《钢笔》杂志上，他发表了一篇随笔《落到人间》。[4]提到佛陀和耶稣的形象时,他写道:"看向自己内心喜怒哀乐的眼光不久就会失神,而这些过程的唯一性和非重复性也将引发质疑。自我关爱的瑕疵越来越大,直至撕裂成一道深深的裂缝,而裂缝的边缘还在不安地寻找着联通的桥梁。"(《年轻思想的冒险》,页216)也许在米沃什看来,逃到"自我艺术的云层"中,或者接受所有人共同的命运并摆脱个体独特性的妄念,是极度夸张的表现。"带着不满和抵触,我降落到伤痛的人间。在第一次创伤后,我花费了很长时间增强防卫能力,直到一道透明的屏障升起,用鄙夷的冷漠将我和别人分隔开。"(同上,页216)他补充说:"怜悯悄悄地在检查者、观察者的犀利眼神中滋生出来,再也不曾离开。我越认真地观察,就越容易发现那里极具相似性,而不是本来我想找到的差异。于是我的矛盾变成了关于这种相似的矛盾。所有人的彼此相似是对神性因素的最大威胁,橄榄园中的耶稣在发现了人们都怀有对苦难的恐惧后,也痛苦不堪。"(同上,页217)

　　他好像又退回到最初写诗时常有的精神状态,着力强调对不堪、备受生存折磨、陷在霉臭的蜗居和"精液与体液的潮湿中"(《年轻思想的冒险》,页218)的人间景象的蔑视。关键问题并不是美学层面的,而是精神层面的,即迷失在现代国家中的个体灵魂,变成了车间中的零部件,变成了不自由的追随者。"哪里才能为人的优等性提供庇护呢?这些人胆怯地认为,人必须为有别于动物承担相应责任。有灵魂的人被嘲弄着,被一脚踢开,被铺天盖地的口号声压倒,他们沉默着,找不到言语去述说凌辱与伤害。流放、关集中营的惩罚降临头上,成批的间谍监视着他们。"(同上,页221)这些句子十分危险,因为队列整齐行进的人群——不管是举着弯曲的十字架还是红星的旗帜——所引发的恐惧,与作者意识中对人类的彻底不信任正好关联起来,非常容易将他划入默默无闻的众生之列。他带着极度的自我悲怆写道:"我的第一本诗集是[……]一次自我毁灭的尝试,我试着变成大众中的一个普通人,除食物与和平之外,再未渴望其他权利。[……]我现在是他们中的一员,不再有意义,我和大家一起举起双臂欢呼迎接领导者;我还可以轻蔑而轻率地杀人,只要我相信,我的死和他人的死不过只是让人类巨龙身上少几块鳞片罢了。"(同上,页223)

　　落到人间,于是成了痛苦的转变,是为精神优先而战,还是一场与自我的较量,而它的终点,用奥斯卡·米沃什的话来说,一切就在对未来的希望之中。"爱人的秘密并不在于自降身段,而在于发展自身人格的力量,在于清晰地认识到,每一次的人格碰撞,人的人格同等重要、相似而又不同,因为个体性、相互吸引的特征是人格永恒的目标,只有通过恰当的尝试才能洞悉它的美。爱别人需要' 被怜悯、孤独和怒火耗尽的,原爱' 。"(《年轻思想的冒险》,页224)[5]

　　恰恰以这种艰难的爱为基础,米沃什展开了对自我清高的艺术的攻击。一九三八年三月,他发表《可能是众神的黄昏》一文[6],指出现代作家缺乏暴露内心的勇气,无法坚持对那些最重要主题的追求,在影射和模棱两可中迷失了自我,结果"不可思议地让艺术走向枯竭"。(《年轻思想的冒险》,页211)几个月后,他在《今日"诗歌"谎言》一文中延续这一话题,并告诫诗人们:"在你们发表诗歌之前,要考虑好,这首诗是否能对那些和自己以及世界斗争的人有所助益,哪怕帮助一个人也好。"(同上,页241)[7]同年秋天,在回答善辩者时,他解释说,他并非要说教,而是想传承文化遗产,像杜乔和乔托那样在与前辈的对话中创作出作品,避免不断推陈出新的冲动。艺术不能降为提供伦理意见或者以服务社会为目的,当然也不能仅仅服务于个人,因为那样的话——米沃什引用马利坦的话说——就毁了自己,相当于"天使的自杀"。[8]

　　"对于被威胁的人来说,没有比诗人更糟糕的律师了。在他们看来,词语缺乏洞察力和公信力;他们相信,在个体' 诉讼' 中只能指望' 漂亮的句子'"。米沃什可接受不了这样的想法——他作品的研究者补充道,"实验性的讼师们并非[……]形式上的无辜信徒,[……]他们的审美观为剥离文化的精神价值铸牢了基石。"[9]在一九三七年未发表的诗中,他开篇写道,"你是我美丽的祖国,欧罗巴",并为信徒们奉上了优美的句子——"我看见你们,艺术家们,你们忘记了 / 人的真相是简单的,需要简单地把它表达出来。/ 你们不是在和兄弟们分享力量,你们传播的是羸弱, / 因此你们的名字将从后代的记忆中抹去"。[10]他痛斥纳乌科夫斯卡的小说《恼火的人们》在"传播羸弱",因为他看到了其中的虚无主义迹象——人类世界在小说中被描述为"昆虫的地狱",在外力作用下将人的本质降低到机体层面,并通过这种方式越过边界,"而另一头是无尽的虚无"。(《年轻思想的冒险》,页 272)[11]在另一篇文章中他直言:"了然无趣和悲伤的世界非常可怕,它不承认神的恩泽"(同上,页 182);而这些言辞中的某些说法,被他后来用在了针对贝克特和拉金作品的论战中。

无论是在人类周围的意识形态世界,还是在作家的作品和良心里,无处不在的谎言让米沃什备受煎熬。尽管他没有权利引导艺术作品成为习作模式,并将它与作家自身的人格属性相分离,但他以巨大的开放性和连贯性捍卫着人类意识中的宗教愿景,并通过他的艺术创作赋予其意义。[12]在双联诗《晚之门》(《诗集 第一辑》,页 125)和《晨之门》(同上,页 128)中他指出,让人类超越嗜血、贪婪和充满仇恨的"食人者"的,就是超越自身的崇拜、爱慕和祈祷的能力。同时他也吐露出对精神变革、对在第二个人身上发现神迹的渴望,他渴望遇到这个人,"比渴望死亡和枯萎更加强烈"。这一时期他最重要的议论文以一句戏剧性的呼吁开篇——"不要再沉默。不要一直沉默下去,不要对恶意的本质不加揣摩而酣然入睡,并放弃所有除食物、爱和休息之外的人类需求,但不要去创作那种既抓不住一切又去背叛,还不能承受伤痛重负的艺术"。

(《年轻思想的冒险》,页199)[13]他觉察到身边(尤其是自身!)的宗教渴望,但人们对信仰的需要常常只是足够简单且快速的精神体验罢了,因为教会无法承担引导者和慰藉者的角色,信仰需求得不到充分满足,而艺术家们又浪费了预言的天赋,在人类的需求面前关上了无望之塔的大门。

米沃什梦想回到信仰、伦理和艺术不相矛盾且相得益彰的状态,那样,美就无须以自私和非道德的行为为代价。为了指出创作的首要目的是阐明真相,而不是满足创作者的个人喜好,米沃什重提托马斯主义①的美学理论(马利坦曾为他阐释过该理论的现代含义)。他希望艺术的屈尊能够获得回报,并认真内省:"我用每一个词语抚慰自己,因为这是一场内在的争斗,与我的虚弱衍生出的假想敌作战,与无法履行誓约的罪过作战,在彻底想清楚之前,它们就会败下阵去。"(《年轻思想的冒险》,页207)在随笔《高兴与诗歌》[14]中他大声宣称:"诗歌是一门关于内心生活的学科"(同上,页275),寻求的并非表面的美,而是要找到"活水之源",且只有通过基督教教义才能获得圆满。正是因为他看到了精神的焦灼,看到了追名逐利与内心平静、夺权与投降、高高在上的睥睨与跪地敬畏之间的拉锯,他才要宣告艺术应让位于信仰,应放弃自爱,致力于实现更高的目标,聆听赎罪的需求,呼唤公众深刻悔过。精神上的激情亦必不可少,米沃什在品评贝尔纳诺斯的《乡村牧师日记》时指出,理解宗教的过程是无止境的。他认为,这部小说谈到的"神圣问题,有别于欢快的纯化论者的保证,是从痛苦折磨中滋生出来,跨出一步即是无尽黑暗,无底深渊"。(同上,页182)小说的主人公在精神上"追求忘我境界,全身心服从,彻底牺牲,或者获得彻底的恩泽"。带着强烈的个人

___

① 指新托马斯主义,将托马斯主义的各种理论,如四因学说、关于上帝存在的各种证明、类比理论、关于哲学与神学关系的理论等,用新的方法阐释,使之适用于新的时代。

色彩,米沃什又在另一篇杂文中补充道:"贪婪和急躁裹挟着我们现代人,从一条教义到另一条教义,从一个真理到另一个真理,我们,对今天我们所参与的恶行无法苟同。那么因此就能萌生出希望,萌生出宽恕的幼芽吗?"(同上,页 185)[15]

米沃什参加了《桥上直送》组织的社会调查——"一九三七年我读过的最有意思的书是……"[16]他列出三个答案:法国哲学家路易·拉韦尔的《自我意识》①、两篇马利坦的研究论文——《艺术与学术》(1920年首版发行,波兰语版书名为《艺术与智慧》,1936 年出版)和《诗歌与散文的边界》(1935 年发行)②。拉韦尔在书中强调,人类存在应该依托于精神的发展,特别是与他人的关系。马利坦的作品"关注的恰恰也是同样的问题,即内在秩序和个性发展问题。他们的智慧源于[……]自发的内在学习,让我们也要顺应比思想更笃定、更具革新性的力量,也就是人类天赋使命的力量"。(《年轻思想的冒险》,页 197)这几本书不仅鞭策米沃什顶住了意识形态的大水漫灌,同时也让他明确了艺术质量与作者精神态度之间的关系。

281　　三十年代后期,这位有着强烈信仰需求的雅克·马利坦与妻子拉伊萨约定,如果他们在一年内没能找到人类生活的意义,那么就一起自杀。马利坦改信天主教,成为现代托马斯主义的代表人物之一,他引领了教会变革之风,并把这股风潮带进了梵蒂冈第二届理事会。对米沃什来说,马利坦的作品既证实了天主教教义与现代思潮结合的可能性,又将他从民族主义的意识形态中解放了出来。米沃什经历的思想变革某种程度上类似于他的初中同学斯坦尼斯瓦夫·斯多姆。他的这位同学在谈到认可天主教教义的"实时性"的作家时提到了兹杰霍夫斯基(他看

---

① 《自我意识》(*La Conscience de Soi*),1933 年首版发行。
② 《诗歌与散文的边界》(*Frontières de La Poésie et Autres Essais*)。

到了世间普遍存在着根本性的恶,无法将其合理化,但同时又解释不出什么才是现实的信仰归宿)、布热佐夫斯基(结合了左派的敏感和对天主教教义的尊重,并能够将肤浅的遵循宗教仪式与灵魂深处的信仰区分开来)、纽曼(《三个冬天》的作者更愿意提到奥斯卡·米沃什,而不是纽曼)和马利坦,还谈到了马利坦的个人人性与"整体人文主义",还有宗教的精神作用而非政治作用。尽管马利坦认为人类被赋予了不死的灵魂并不断走向超越,但他并不否认人类与自然世界、历史、经济或者自身心理的联系。他特别强调精神优先不可褫夺;无论是因为生物法则,还是国家和意识形态,都不能将个体的人置于任何确定性的体系之中。这一论述在极权主义机制越来越大行其道的情势下意义非凡。神学家马利坦还说,文明演进只有和文化结合起来才恰如其名;艺术家要试着抓住先验之谜的亮光,同时展现唯一的独特的存在;诗人灵感的基础是对人和世界的爱,而艺术家自身"超越了所有,但也是一个人,他看得比别人更深入,他会在现实世界中发现精神的光芒"[17]——这些话与《三个冬天》作者的想法正好吻合。在《酒神赞美诗》(《诗集 第一辑》,页121)中,米沃什指出,诗人应找到自己心中对世界的爱,这样才能写出真实的、不含谎言的词语,让孩子可以"指着树说'树',指着人说'人',指着星星说'星星'",我们也能够说出一切"我们的嘴巴想表达的东西"。在《一九三八年二月二十日》(同上,页124)中,未来的"名望之王"将会审视诗人们的作品,看看其中是否写出真相,是否体现了世界的神圣性,是否埋下过希望的种子。"于是我们,只要我们相信真实的时间, / 相信借来的超自然之力,相信所见的恩泽, / 我们也许可以再用活水受洗, / 这样,当圣子来临之时,他就会拂去眼睛上的荫庇……"

注释

[1] 切斯瓦夫·米沃什,《我的自传素材》,未出版。(克拉科夫切斯瓦夫·

米沃什档案馆)

　　[2]　见玛丽亚·东布罗夫斯卡,《日记:1915-1965》,塔德乌什·德莱夫诺夫斯基编(华沙,2009),卷四(1937-1941),页91。

　　[3]　参:"在《化身》这首诗中,所有的地点,都是指当时的华沙,即写这首诗的1937年。华沙就像《珍珠颂》里的埃及,是对救赎的强烈向往,向往着钉上十字架的制度,或者钉上十字架的意愿。非常悲伤的诗,因此我并不喜欢它。"摘自《旅行世界:对话莱娜塔·高尔琴斯卡》,页18。

　　[4]　切斯瓦夫·米沃什,《落到人间》,载《钢笔》,1938年4-6月刊;《年轻思想的冒险》,页215-225。

　　[5]　《落到人间》中提到的信仰问题既让人大吃一惊,也引发了长期效应。左派评论家伊格纳齐·菲克对此毫不留情地攻击,在《天使的罪过,以切斯瓦夫·米沃什为例》(《垂直线》,1938年9月11日;《年轻思想的冒险》,页368-378)一文中将米沃什说成是以自我为中心的守旧分子,他写道:"与米沃什的'纯洁性'相比,尼采那狂妄自大的'巨人症'可谓崇高的社会美德。起码在那里无价值的人还能为超人的创造性思维提供肥料。[……]泰特马耶尔的颓废至少还沿着人类创造的感官体验,米沃什的阉割却只能带来叫唤的阉马。"菲克还认为米沃什是一条意识领域的变色龙,就算不是机会主义也随时准备换色,在知识分子的易挥发性和脆弱性之间摇摆,要不就是放飞自我逃离现实。这段充满恶意和意识形态专断主义的指责,在米沃什心里埋下了痛苦的种子。菲克的文章"点燃了我的怒火,就像以往那样,就像某人掀开了我们痛苦的秘密。[……]从那时起我的内心充满了挣扎,并陪伴我度过许多年月。我猜想,思想和言语不应该屈从于物质的压力,因为与物质的纠缠是它们无法承受的,它们会不得不转化为行动,也就意味着,它们将破坏自身的力量。另一方面,我完全有理由担心非物质化以及思想和言语的摇摆。只有牢牢抓住不断变化的有形物质,并以此为杠杆,让它在社会中调整移动,那么政治,也可能因此得到挽救","他让我增加了对'天使性'的恐惧,另外也可能刺激了我,敦促我紧紧抱住人民波兰的大腿"。摘自《欧洲故土》,页142。

[6] 切斯瓦夫·米沃什,《可能是众神的黄昏》,载《维尔诺快报》,1938 年 3 月 13 日;《年轻思想的冒险》,页 208-214。

[7] 切斯瓦夫·米沃什,《今日"诗歌"谎言》,载《耕耘休耕地》,1938 年 7 月 5 日;《年轻思想的冒险》,页 233-241。米沃什的文章挑衅意味过重,以至于《耕耘休耕地》的编辑部认为需要强调自己并不赞同"米沃什先生所表达的任何观点"。接着又登出了两篇辩论性文章,分别由扬·亚历山大·克鲁勒和古斯塔夫·海尔灵格-格鲁金斯基执笔,后者认为:"米沃什的诗歌发展道路是纯粹、明确和美好的,他对自己的创作持有认真严谨的态度,他的作品点亮了我们对宗教信仰最隐秘和最私人化的思考。"见《年轻思想的冒险》,页 352。

[8] 切斯瓦夫·米沃什,《防范未知之事》,载《晨间快报》,1938 年 10 月 9 日;《年轻思想的冒险》,页 242-250。

[9] 斯坦尼斯瓦夫·贝莱希,《最后一位维尔诺名流:关于热加雷圈的诗歌》,页 270。

[10] 拜内克图书馆。

[11] 切斯瓦夫·米沃什,《卑贱者的地狱》,载《垂直线》,1939 年 4 月 9 日;《年轻思想的冒险》,页 268-274。

[12] 其他成员也表现出类似的反对机械化、反对反形而上学的诗歌文化观点。比如耶日·扎古尔斯基,他在夜里读着米沃什的《防范未知之事》时写道:"波兰诗歌界陷入两个越来越泾渭分明的阵营之间的争辩已有些时日了。[……]。一边就是我们现存的希腊文-拉丁文-波兰文构建的文化世界,忠于欧洲文明演变的精神基础和人文环境[……];另一边的世界则不同,是机制主义、唯物主义的世界,单方面推崇形式,良心消失不见。这些先锋性的野蛮行径在文学作品中常常打着'形式主义'的幌子。"见《晨间快报》,1938 年 10 月 9 日。摘自安杰伊·杰涅维奇,《行走的维尔诺——热加雷》,页 192。

[13] 切斯瓦夫·米沃什,《关于沉默》,载《雅典娜》,1938 年 3 月;《年轻思想的冒险》,页 199-207。

[14] 切斯瓦夫·米沃什,《高兴与诗歌》,载《垂直线》,1939 年 4 月 30 日;

《年轻思想的冒险》,页275–284。

　　[15] 切斯瓦夫·米沃什,《斗志昂扬的教会士兵》,载《垂直线》,1937年3月25日;《年轻思想的冒险》,页180–187。

　　[16] 切斯瓦夫·米沃什,在"1937年我读过的最有意思的书"的调查中的回答,《桥上直送》,1938年2月20日;《年轻思想的冒险》,页197。

　　[17] 雅克·马利坦,《艺术与智慧》,卡罗尔和康拉德·古尔斯基译(华沙,2001),页86。

第三十三章　血红的星

空荡荡的夜班火车,呼啸着穿过田野,驶过森林。一个年轻人,即以前的我,不可思议地和我一模一样。他在硬板床上蜷缩着双腿,因为车厢很冷。他打着瞌睡,却又听得到对面来车的交错声,桥梁的回声,跨距的节拍声,火车头的汽笛声。他醒了,揉了揉眼睛,看见飞扬的松花之上有一片深蓝色的天空。那里闪烁着,低垂着,一颗血红的星。

切·米沃什,《单独的笔记本:
茵陈星》

距"二战"越来越近。战前最后一年发生的事具有某种象征意义。一九三九年二月,米沃什观看了维拉姆·霍热查导演的约瑟夫·切霍维奇的戏剧《明日时光》。该剧诗意般的效果,如同男主角——那个因预感到死亡而饱受折磨的士兵男孩的梦一般,完全出乎观众意料,也让剧作者遭到铺天盖地的批评。同样在二月，米沃什和扬卡一起参加了由莱昂·席勒制作的桑顿·怀尔德①的戏剧《我们的小镇》首演。格罗佛角的居民口中满是"对命运的深思，对生命的无奈"。(《波兰对话：1979-1998》，页643)这不是未来《旧金山海湾景象》的作者第一次接触美国文化，但这一次——他自己认为——对他未来的创作产生了巨大的影响。

三月底，米沃什和广播电台的同事一起参加了防空演习。五月，约瑟夫·贝克②发表了关于波兰民族的著名演说，米沃什听到他说，波兰人民"明白要不惜一切代价换取和平"，"决不允许自己的裙子被扯去一颗纽扣"。米沃什抑制不住激动的情绪，异常兴奋地(米沃什和耶日·斯坦波夫斯基讨论这个话题时，他的态度吓到了对方)表示："脓包即将破裂。"(《猎人的一年》，页262)四月，他和博莱斯瓦夫·博赫维奇一起去波利西亚③游玩，住在护林员的小木屋，以抓松鸡为乐。在返程途中他可能溜去了卢布林，在那儿，新手作家耶日·普莱希尼雅罗维奇④的妈妈用自家酿的葡萄酒招待他和切霍维奇。这次或者稍早之前的拜访留下了一张照片，照片中米沃什正摸着主人的腊肠狗——诺拉的头。某个周日，军团游泳馆里还放着《鸽子》和《恋爱的小偷》⑤时，米沃什看到一个男孩溺水而亡，"意外。也许是天意使然，这样他就不会因为腹部中枪慢慢失血而死，也不会在奥斯维辛遭拳打脚踢。我们已经习惯把一切归咎于意外。只不过，这是更高层次的思考，当我们说到别人的时候我们才会这样说。一旦放到自己身上，则想得到护身符，获得圣母的特别关照"。(同上，页99)

283

---

① 桑顿·怀尔德(Thornton Wilder, 1897-1975)，美国小说家、剧作家。

② 约瑟夫·贝克(Józef Beck, 1894-1944)，波兰政治家、外交官。

③ 位于北乌克兰和南白俄罗斯之间的一块历史区域。

④ 耶日·普莱希尼雅罗维奇(Jerzy Pleśniarowicz, 1920-1978)，波兰诗人、斯拉夫文学翻译家。

⑤ 当时的流行歌曲。

七月十日他开始休假。他去了维尔诺,在那儿患了重感冒,为了养病,他回到格万博克镇的父母家。小镇上,在巴洛克式的教堂与低矮的房屋及看不到头的货摊之间,"甚至犹太人都说着白俄罗斯话,伤寒正在大流行,农民们穿着软皮做的鞋,家藏成罐的卢布金币——那里是盛产亚麻的富裕地区。一旦政治局势恶化,他们就抛售掉波兰兹罗提,买下小镇上的所有东西:老磨机,自行车,留声机,摩托车,伏特加"。[1]八月,他去了涅希威日市①附近的一座圣保禄修道院,然后再前往巴兰诺维奇市②。在博莱斯瓦夫·博赫维奇的兄弟布鲁诺的庄园里,扬卡正在等他。早晨的庭院弥漫着森林的芬芳和烹煮的咖啡香气。他们乘着主人的新奔驰车出去玩,一起读着《红色》上连载的贡布罗维奇的《魔鬼》片段。米沃什还给博赫维奇的小侄女写了一首应景的小诗:"可怜的佐菲亚,浑身哆嗦 / 一直擦着侄子们的头: / 布鲁诺叔叔! 你心里在想什么? / 布鲁诺叔叔! 坐到草坪上,坐在我身边! / 但博莱克一整天 / 都在给邦巴娃写信 / 他一边写,一边流口水,下身僵硬…… / 可怜的佐菲亚! 她还不了解丈夫……"[2]

> 我在这里很好,今天已经是八月十四日了,还没看到战争的影子,确切地说,谁也不相信它会发生。[……]我很久都没这么舒服的感觉了——这里安宁而富足。在波兰很少享受到这般悠闲自在的时光。这里有茂密的森林,森林里有舒适的别墅,砖砌的,两层楼,带浴室、电话,院子里种着漂亮的水果和玫瑰花,一排云杉做院墙[……]。人并不多,地方很宽阔,有鱼和野味,令人心旷神怡。前天傍晚,我们从科索瓦(沿布雷斯特、别廖扎、巴兰诺维奇)回程时,车子差点儿撞上一头野猪。

① 白俄罗斯城市。
② 白俄罗斯城市。

——米沃什在给伊瓦什凯维奇的信中写道。他还提到了在格万博克镇遇到亚历山大·雷姆凯维奇的事,并讲述了自己在当时的氛围中不断加剧的震惊情绪:

> 我们在谈话中谈到波兰,谈到贵族,谈到传统,谈到骑士精神的意义。很坦诚。是的,波兰作家或者知识分子总是站在庄园里来看农村,这样可不行。你了解我对白俄罗斯的同情,我从"热加雷"时期就怀有民主联邦的幻想。但如果将传统骑士和乡下的农民贵族[……]、农村"火枪手"、边境保护团①、来白俄罗斯[字迹不清]区域演习的坦克营划到一边的话,那与其对峙的就是民俗、痛苦的歌、语言、马克西姆·坦科②等,而纪律严明和没有个人自由的文明演进往往会占据上风[……],这就是说,或多或少意味着,就像在伊万诺维奇村和科索瓦村有了人行道和鲜花盛开的花坛那样。白俄罗斯的问题并没有得到周全的考虑,它不一样,胁迫贵族出身的农民成为边疆管理者是行不通的,很难做到的,应该将白俄波兰化,只是,怎么办?

看起来米沃什是幸运的,精力也很充沛。他有很多计划——他想在秋天出版一本集合自己的诗、译自奥斯卡·米沃什的诗和研究波德莱尔论文的集子,还想和米钦斯基、安德热耶夫斯基一起出版一本散文集,"所有事情我已准备就绪"。[3]

"夜很舒爽,星光闪烁,但有一颗异常鲜红的星,让我们不安。火

---

① 边境保护团是波兰的一个军事组织,成立于 1924 年,目的是保卫该国的东部边界,由内政部而不是国防部指挥,成员来自各地。

② 马克西姆·坦科(Maksim Tanka, 1912–1995),白俄罗斯记者、诗人、翻译家。

星。"(《猎人的一年》,页262)在这颗星星深沉的光亮中,一列火车驶过,满载着兴高采烈的新兵从巴兰诺维奇驶回华沙。米沃什在斯塔维斯科度过了战前的最后一个周日。在《狄奥尼西亚》的作者看来,这个周日犹如"告别二十周年①:斯坦尼斯瓦夫·巴林斯基②把二十年来的歌曲弹了个遍,梅萨尔③和莱多④先跳了一曲探戈《来》,而万达·泰拉科夫斯卡搭伴安东尼·索班斯基⑤跳完了所有摩登舞步"。[4]

米沃什没有被动员去参军。九月初的夜晚,他在迪娜斯街的屋顶上值守,那里堆放着消防用的沙子和水。他对当时的场景记忆犹新,多年后他把这一场景写进《诗论》,佐证了诗歌灵感的源泉也许是事物本身,也就是雅克·马利坦想的那样,对任何世界的爱;还证明了在世界毁灭前写给伊瓦什凯维奇的最后一封信中提到的观点——"我开始特别好奇各种人身上发生的事,听他们的故事、观察他们让我极其愉悦"。[5]三个直白的诗节展现了诗人的敏感:

> 如此美丽的夜。巨大的、明亮的月
>
> 用自己的光芒填满四周,这
>
> 只会发生在九月。拂晓之前。
>
> 华沙城一片安宁
>
> 阻塞气球像熟果
>
> 悬浮于黎明前银色的天空。

---

① 指波兰1919年复国到"二战"爆发的1939年,正好是二十周年。

② 斯坦尼斯瓦夫·巴林斯基(Stanisław Baliński, 1898-1984),波兰诗人、作家、外交官。

③ 卢西纳·梅萨尔(Lucyna Messal, 1886-1953),波兰女演员、歌手、歌剧舞者。

④ 约瑟夫·莱多(Józef Redo, 1872-1942),波兰歌手、歌剧演员。

⑤ 安东尼·索班斯基(Antoni Sobański, 1898-1941),波兰记者、作家、社交家。

塔姆卡街上的女孩敲着鞋跟，

低声揽客，他们走到杂草丛生的

广场，值班人听到了声响

（他，隐藏着，在阴影中默守）

他们在黑暗的床单上发出低弱的笑声。

值班人不知道，怜悯之感从何而来。

他不会表达他们共同的命数。

塔姆卡街的雏妓和工人。

就要面对东升旭日的恐怖。

（《诗集　第二辑》，页 206）

注释

[1] 摘自切斯瓦夫·米沃什写给雅罗斯瓦夫·伊瓦什凯维奇的信，1939 年 8 月 14 日。（波兰科学院文学研究院图书馆）

[2] 摘自博莱斯瓦夫·博赫维奇写给切斯瓦夫·米沃什的信，1988 年 6 月 27 日。（拜内克图书馆）

[3] 摘自切斯瓦夫·米沃什写给雅罗斯瓦夫·伊瓦什凯维奇的信，1939 年 8 月 14 日。（波兰科学院文学研究院图书馆）

[4] 雅罗斯瓦夫·伊瓦什凯维奇，《页边上的肖像画》，页 94。

[5] 摘自切斯瓦夫·米沃什写给雅罗斯瓦夫·伊瓦什凯维奇的信，1939 年 8 月 14 日。（波兰科学院文学研究院图书馆）

第五部分　弱者的声音 1939–1945

第三十四章　行李箱里的勋章

一队孩童从我们身边经过，

雨水没有抹去女人

脸上最后一片玫红，

他们这样走着，

一队红衣，一队白衣

这是洗礼，是圣礼的佑护。

杀戮既已开始，就只有杀戮，

人人都在撒谎，人人都在撒谎。

　　　　切·米沃什，《九月的诗》

　　"我已无法再现［……］九月一日，当时的爆炸声，我们还没当作是
轰炸。值守的消防队更愿意去听从别的指令。可能是太多失败的创伤，
影响到了人的意识，令记忆的经验不太情愿返回现实。"（《猎人的一
年》,页 266）奥斯卡·米沃什的预言实现了，诗人的预感应验了。然而
战争开始之日，依然在心理上予人极大震撼，人的意识不愿意去接受已

经很明朗的一切事务。无论如何,心情还没到最坏,英国和法国向德国宣战了。人群聚集在位于新世界大街的英国大使馆前欢呼。雅努什·明凯维奇[1]说了一句:"柏林之后,步履蹒跚,此处是死,彼处也是死。"[1]

　　然而第二共和国就像纸牌屋一样倒下了。九月四日夜晚,从首都撤离了一部分国家机构。九月五日,新任命的宣传部长米哈乌·格拉仁斯基[2]宣布了后续将要撤离的政府部门名单,其中包括作为"重要精神武器"[2]的波兰广播电台。电台给员工提前发放了两个月薪水。员工们将向卢布林和利沃夫方向进发,希望能在巴拉诺维茨发射台建立最高领导人的战时广播电台。撤离时间定在下午四点,在东布罗夫斯基广场排起长长的车队,大轿车、载重车和小轿车,还有各种转播设备车和顶上安装着喇叭的宣传车。撤离行动"由波兰广播电台秘书长、非在役的中校工程师齐格蒙特·卡拉法-克劳伊德克拉夫特指挥。他身穿军服,军刀、军靴上的马刺和身上的勋章啪啪作响,如临典礼一般。有人忍受不了这种军事炫耀,当面向卡拉法指出:'逃亡当中,您是否可以把勋章装在行李箱里呢'"。[3]华沙人开始觉得被领袖们出卖了,政权的出走,越来越像是恐慌的大逃亡。一天后,波军元帅爱德华·雷茨-希米格威离开了首都,乌米亚斯托夫斯基上校开始征召已经超过兵役年龄的男人们向东进发,这引起了真正的恐慌。而此时,在广播电台大楼前面,正在上演一出出个人悲剧。塔德乌什·贝尔斯基拒绝把妻子和两个孩子留下来,因此拒绝加入撤离队伍,耶雷米·普日博拉[3]还有许多其他的电台人员同样拒绝撤离。在将要离开的人员中,包括哈利娜·索斯诺夫斯卡、约瑟夫·切霍维奇和切斯瓦夫·米沃什。当中没有雅尼娜·岑卡尔斯卡。

288

---

①　雅努什·明凯维奇(Janusz Minkiewicz, 1914–1981),波兰讽刺作家、记者。

②　米哈乌·格拉仁斯基(Michał Tadeusz Grażyński, 1890–1965),波兰军官,社会和政治活动家,哲学和法律博士。

③　杰瑞米·普瑞博拉(Jeremi Przybora, 1915–2004),波兰诗人、演员。

要在这极短的时间里做出决定,米沃什是否因为恐慌而没有考虑清楚这个决定的后果呢,还是因为与扬卡之间牵绊的关系,影响了他的情绪——这种情绪对他前途的影响目前尚不明朗? 难道是直到战争爆发所带来的分离,才使他留恋这段感情? 他们这层关系很显然并不广为人知。(是扬卡与岑卡尔斯基之间婚姻关系的原因? 应该还不止?)诗人在一九四〇年六月从维尔诺致信雅罗斯瓦夫·伊瓦什凯维奇,信中文字显示他的朋友那时不仅不认识扬卡,甚至也没听米沃什本人提起过:"我现在向您提出特别热切的请求。[……]如您已从耶日·安[德热耶夫斯基]处所知,在华沙的扬卡女士,是我在世上最亲近的人,连接我与她的是爱情和友情。耶日非常了解她,他可以告诉您扬卡是怎样一类人。[……]我就像对朋友那样对您提出请求,请帮助她,照顾她。"[4]然而任何的帮助都未曾发生,扬卡本人不情愿接受伊瓦什凯维奇的帮助,说他的小说不道德,也可能还担心小说的作者"带坏"了米沃什。

在一九三九年九月,扬卡·德乌斯卡仍是欧根纽什·岑卡尔斯基的妻子,所以很难评价他们之间的关系。广播电台撤离队伍出发的当天,她还在沃沃明市的父母家里,可能是和自己丈夫在一起。[5]回华沙后,她没找到米沃什,她决定等他,因此放弃了与岑卡尔斯基的亲戚一道去匈牙利的机会。[6]她所爱的人,经过整夜的行进,此时已到达卢布林市。一路上挤满了逃难的人群,广播电台的员工们在这里停留了几天。一辆装载了广播设备的车被安排前往前线(是为了播放宣传公告?),米沃什自愿报名参加了该小组,出发上路。结果该任务仅仅只是为了确定在战火燃烧的利沃夫周围是否可能完成广播任务。他们几个广播电台员工尽可能在田间的道路行进,以躲避德军部队。他们于九月九日,在导致切霍维奇死亡的大轰炸几小时之后,回到了卢布林。[7]"广播电台的领导层决定,切斯瓦夫·米沃什前往利沃夫,安东尼·博赫杰维奇去维尔诺,博莱斯瓦夫·米钦斯基去巴拉诺维茨。"[8]当时的这项决定,必是在闪电战的战火中做出的,完全不可能意识到最终结局将会是在流亡的路上再也无法回头。米沃什当时打算穿越波兰东部战线,到达利沃夫城周围,他觉得也许能够在那里的一位同事的老家休整一段时间。这时候,他"明白了,一切都将会自动地走向扎莱什奇克大桥①,于是此时他才对自己说,我不要"。(《猎人的一年》,页267)

此前不久,他描写了无所不在的宣传谎言,现在有了切身感受:"蹬着自行车,在被炮火轰炸的大路周围找寻掩蔽所,在持续不断的爆炸间隙进入梦乡。"[9]在他眼前,剧院精美的装饰在坍塌,戏装在燃烧,无助而赤裸的演员们无处可去。国家之弱,正在剧烈地变得更弱。部长们和部门头子为争夺逃亡时用的珍贵汽油而争吵不休。精英们的集体遗弃行为激起了义愤。然而,也有了解脱,因为"荒谬终于结束了","并由已经凝固了的自欺、幻想和自我背离的自由,做了填补"。(《欧洲故土》,页233)要想到,在欧洲的家乡,虽然多数波兰人不相信纳粹将获得最终胜利,然而在当时,至少有超过一半的人,意识到历史的进程已不可逆转,欧洲东部的命运将会发生剧烈改变。尽管,恐惧和不安时时伴随着他,但他还是获得了从各种妥协和"官方的枷锁"中解脱出来的感觉。[10]就这样,生活出人意料地变得简单了一些,除了听从命令,就是满足一下最基本的需求。在这段时间,安德热耶夫斯基有着类似的感觉,他"把战争的爆发视为一种'净化'的时刻",他在"沦陷的头几个月体验到了前所未有的平和、专注和平衡"。还有亚历山大·瓦特,后来回忆道,"当炸弹纷纷落下,有一种结,被打开了,丢弃了。不是解脱,而是消失在了理智、精神和道德的层面,并且只存在于行动的层面,只能由直觉和冲动激发出来"。[11]

在利沃夫,米沃什遇到了"坡托茨基大篷车",是这个贵族之家的流亡车队,其中有扬·塔尔诺夫斯基。他是著名王族的后代,这位旅行家

---

① 在德涅斯特河上。

和大收藏家后来当了马奇克将军①的助理。后来他移居苏格兰，成为大地主，是当时艺术圈里知名的"华沙的道林·格雷"。[12]扬和《三个冬天》的作者米沃什一样，不想逃离波兰。他有自己的菲亚特汽车和汽油储备，于是他俩决定一起冲回华沙，先是沿着东部边界向北，寻找可以穿越的机会，然后途经波莱西大湖区。

九月十七日，"一大群像蝙蝠一样低飞的飞机在头顶飞过，让我们感觉应该是发生了什么。很快，我们得知，是苏联的坦克正在向我们开来。我俩没有交谈，扬直接调转方向，往回开"。(《猎人的一年》，页267)他们穿过那些乌克兰百姓正在欢迎红军部队的村庄，心中明白，这回是彻彻底底失败了。[13]他们到了扎莱什奇克边界大桥，经过切尔诺夫策，在汽油将要用尽时，一位年轻的罗马尼亚人过来帮助他们，他不久前刚刚在安杰伊·米沃什的指导下，在帆船训练营学习过驾船。他们选择了小路，以免被警察拦截而被关进流亡者集中营，一路辗转，终于到达布加勒斯特。

在当时的罗马尼亚，大约有两万五千名波兰军人，还有同样多流亡到此地的波兰平民，有几十名将军，雷茨·西米格威元帅，政府成员和伊格纳齐·莫希奇茨基总统②。迫于德国、苏联和法国的外交压力，罗马尼亚政府直接进行了干预，拒绝让这些波兰人继续过境前往法国。在此情形之下，莫希奇茨基辞职，职位由留在巴黎的伏瓦迪斯瓦夫·拉奇凯维奇③继任，后者任命伏瓦迪斯瓦夫·西科尔斯基将军④担任波兰政府总理兼军队总司令：于是，成立了波兰流亡政府。而这些波兰军人在罗马尼亚政府的默许下，大批逃离了集中营，流亡此地的平民也渴望前往

290

---

①　斯坦尼斯瓦夫·马奇克(Stanisław Maczek, 1892-1994)，"二战"时著名的波兰第一装甲师的指挥官，后任盟军司令部波兰陆军军兵团指挥官，在盟军解放法国时起到重要作用，击溃了十四个德军师。

②　伊格纳齐·莫希奇茨基(Ignacy Mościcki, 1867-1946)，波兰化学家、政治家。

③　伏瓦迪斯瓦夫·拉奇凯维奇(Władysław Raczkiewicz, 1885-1947)，波兰政治家、外交官。

④　伏瓦迪斯瓦夫·西科尔斯基(Władysław Sikorski, 1881-1943)，波兰军事和政治领导人。

西方,去当时看起来似乎还不可征服的法国。一九三九年和一九四〇年之交,罗马尼亚首都是世界上最有意思的城市之一。

> 在这里,拥挤而喧闹的不仅有波兰的流亡者,还有所有最强大国家的间谍及其使者。在北方,几天之前还存在过一个波兰,胜利者同盟的第三帝国和苏联,刚刚在那里握手言欢。罗马尼亚正忧虑地关注着这结成对儿的两个国家。紧挨着在南面的是巴尔干,是欧洲一小块任何事情都可能发生的地方。每天都有成百上千个代表各种势力的"旅游者"穿越山谷进入这里。这里可以无需任何手续就能租用各类战舰,开向无须了解的方向。人们在这里可以无来由地出现,也可以毫无踪迹地消失。[14]

流亡生活成了某种潮流,波兰人委员会在美国的帮助和支持下,有十几种流亡报纸出版,流亡书籍和读物纷纷出炉。同时,激烈的政治斗争此起彼伏。以斯坦尼斯瓦夫·科特[①]部长为首的新政权的代表们,开始对战败责任进行报复性的清算。

米沃什有关布加勒斯特停留时期的回忆非常少,诗人直截了当地表明,不想回顾那段时期。这必定与他那时的屈辱感有关。资料显示,在当时危险的清算过程中,他是社会少数享有特权的一员,既作为一名左翼,又作为知识分子对此进行反抗。因为他认识塔尔诺夫斯基,起初,米沃什的"放逐"至少还是在一个绝对舒适的环境中进行的。他住进了弗洛雷斯库家族的别墅,索绍·亚努大街 24 号,在城市的高档区,房主是

---

① 斯坦尼斯瓦夫·科特(Stanisław Kot, 1885–1975),波兰历史学家、教育家、政治家,二十世纪二三十年代克拉科夫大学历史教授,波兰农民党的主要领导人,在 1939 年法国成立的波兰流亡政府任部长。

名高级军官,派给米沃什的勤务兵会把早餐送到他房间。[15]米沃什获得了罗马尼亚当局向流亡难民支付的每天一百列伊的津贴(由波兰黄金储备转移支付),这足以维持简单的生活,可能他还成功地从家里弄到一些钱,于是流亡的米沃什没有经历什么贫困。至少以他自己的感觉,良心上有点过不去。于是,他以某种更强大的力量去抨击当时的权势,虽然他也知道,自己即便有艺术直觉和思想洞察力,但还是要服从于内心对安宁和平静的需求,用来曝光九月之前的宣传谎言。作为市民,他目睹自己的这个"超级大国"迅速崩溃后内心产生的仇恨,掺杂着对自己本身的厌恶,还有某种遭到背叛的感觉。他回忆说:"我从来没有像现在这样'红左',像现在这样反对救世主义运动,我希望谁都没有阅读过我的那些文章,那些回忆文章是大众性的约稿,但是过于左倾了,为的是让他们能够接受。"[16]那么,他是否参与过,哪怕是间接参与了西科尔斯基拥护者举行的反救世主义运动呢?总之,为了与自己的思想保持协调一致,米沃什离开了弗洛雷斯库家,另外租了房子[17],与曾经的波兰共产党员、历史学家齐格蒙特·莫维纳尔斯基①合伙,此人后来当过波兰广播电台节目部主任和华沙的波兰-苏联研究院院长。

米沃什那时肯定还见过他一个初中的同学——斯坦尼斯瓦夫·科夫纳茨基,此人是当时波兰大使馆和英国议会之间的联系人。他还参加了一些文学活动,作为作者之一,他与卡齐米耶拉·伊娃科维楚夫娜、约瑟夫·沃博多夫斯基和耶日·别特尔凯维奇②一起创作了一本诗歌合集,甚至还向罗马尼亚读者介绍了自己的作品。一九三九年十一月,在《今日》(Azi)周刊的首页,诗人保罗·帕乌③发表了一篇专门推介米沃

---

①　齐格蒙特·莫维纳尔斯基(Zygmunt Młynarski, 1904-1963),波兰历史学家。

②　耶日·别特尔凯维奇(Jerzy Pietrkiewicz, 1916-2007),波兰诗人、小说家,一生大部分时间都流亡英国。

③　保罗·帕乌(Paul Păun, 1915-1994),罗马尼亚和以色列的前卫诗人和视觉艺术家,用罗马尼亚语和法语写作,并创作超现实主义抽象画。

什诗歌的文章。("他经受了一场在他自己作品中预言过的灾难。其中你看不到,被从床上直接提起,扔进逃亡洪流的恐惧和茫然。好像这一切,他已经用诗歌的能量知晓,并经历过了……在波兰,他是社会主义诗人和天主教诗人。今天,我们已很少关心这个层面上的是非对错。只要在他的诗歌中,革命和启示,击中同一个圣像,就已足够"……)还有由他翻译而未发表的诗作《大流亡》。[18]译作无疑是从法文翻译过来的,新的译本由罗马尼亚文翻译为波兰文。这是该作品的三个段落:

292

就是他们,带着各部落的纹章,

体味着外国话奇怪的发音,

褴褛的欧洲先知,这就是大流亡。

团成绳子,窝进袋子,由一城到又一城。

[……]

犹太老太太,给了我一片面包

我们目光片刻相遇,就这么一瞬,

令我第一次注视,

人之于人,可以成为什么。

[……]

雅尼娜,你这最美最纯的向导,

你护佑着我,对抗时间的谎言,

当天界之光普照,

你的微笑,赦免了我的生命。

雅尼娜,无论你在哪里,是死是生,

你听得到我,你知道:

你不怕,发生的一切,

因为我们自由,解脱了一切牵绊

只相信失去了信念并怀疑的人;

我们是播种和收割者的兄弟,

那些,知道白天和夜晚的平安的价值的人。

国家可以过去,可以倒闭,被煎烤的是恶棍们的政权,

可是地球,天空,孩子的摇篮,将伴我们世世生生。[19]

（波兰文翻译：伊莱奈乌什·卡尼亚）

　　作品包含了即将在他后来一系列诗歌创作中反复出现,并用于尝试捕获战争经验的所有元素。当我们今天再看这份罗马尼亚周刊的首页,诗人的一张小照片让我们眼前一亮,与切斯瓦夫·米沃什的其他任何照片都不像。上面看到的是一张悲剧般神经紧张的脸,没有一丝微笑的影子,是一个与抑郁作斗争的男人,正集中力量紧紧盯着我们。此前,他从未在一首诗中,像这样直接提到某个特定的女人,包括她的本名,并指明其角色是向导,更别说是维持着作者存在的某人……其实伴随着他的,是因为扬卡而产生的一种不间断的良心上的自责。他与她保持着通信联系,并得知她因为相信自己仍然在国内,而放弃了离开的可能。他想无论付出什么代价都要去与她会合,于是不再计划回到华沙,而是相反,和她一起移民去西方。他放弃了广播电台队伍开往法国的车上的位置[20],还放弃了塔尔诺夫斯基给他提供的乘车去萨格勒布的机会:座位让给了奈拉·米钦斯卡(她随外交部一起撤离来到罗马尼亚)。就这样,她后来转到了巴黎,在那里找到了博莱斯瓦夫和哈利娜,他们俩分别是经过维尔诺和瑞典到巴黎的。可能受到关于他们这几个人经历消息

293

的影响,米沃什制订了一个充满风险的计划——要在维尔诺和扬卡相聚,当时维尔诺刚被苏联①转交给立陶宛。青年之城维尔诺被红军占领区分割,这是按照《莫洛托夫-里宾特洛普条约》②而划分的……

"自我封闭在内疚感中,是抑郁症的症候,也是转为精神分裂症的门槛。今天,我不会把当时的状态视为正常。"这是米沃什临终前写的,也许间接地指明了他从来不愿意详细描述他在罗马尼亚那段插曲的根本原因。[21]他当时可是非同寻常地活跃,充满了实现目标的决心。我们在《猎人的一年》中读到——"我给一个朋友写信,《新鲁穆瓦》杂志的编辑凯留奥提斯(我俩是这家杂志社的同事),说我想到立陶宛去,他回信给我并寄来一份**完全通行证**(sauf-conduit),一种护照性质的替代物"。(《猎人的一年》,页268)尤扎斯·凯留奥提斯和他的杂志,是米沃什在一年前就认识和了解了的,但是与这家位于立陶宛考纳斯地区的周刊进行合作的愿景,应该还是在布加勒斯特时他们之间的法文通信中产生的。[22]为米沃什出具必要证件的关键人物是尤欧扎斯·乌尔伯塞斯,他曾是立陶宛驻巴黎使馆的秘书,米沃什在探望叔叔奥斯卡时与他相识。一八九六年乌尔伯塞斯出生于塞泰伊涅村,并且认识(米沃什的外公)齐格蒙特·库纳特,他的外交生涯与文学爱好紧密联系,熟知《新鲁穆瓦》杂志圈子。他于一九三八年成为立陶宛外交部长,凯留奥提斯于是求助于他。我们后来在凯留奥提斯的自传中读到米沃什"写了一封又一封信,发了一封又一封电报,请求为他解决前往立陶宛的许可,他的父母住在立陶宛",乌尔伯塞斯"没要任何文件,仅凭我个人写的证明,就给他签发了立陶宛公民证书和签证。就这样,这位立陶宛出生的波兰优

---

① 从波兰。

② 即《苏德互不侵犯条约》,由纳粹德国外长里宾特洛普与苏联外交人民委员莫洛托夫于1939年8月在克里姆林宫签订。

秀诗人,得到了立陶宛公民身份和前来立陶宛的许可"。[23]原文所用的词"派司"(pasas),可以指身份证,也可以指护照。在这里无疑是指护照,按凯留奥提斯所说,上面"写着米沃什是立陶宛人和立陶宛公民!这样他既得到了立陶宛的公民身份,也得到了立陶宛的民族身份"。[24]

米沃什的朋友在重述六十多年前的事情时,下意识地把波兰作家写进了立陶宛文化,并扭曲了事实,其说法与米沃什本人表达的根本不符。米沃什反复说过,自己仅仅是使用了安全通行证,这种通行证的功效并不超越"南森护照"(过去无国籍者或难民使用的旅行证件)——他当时还无法获得"南森护照",因为波兰仍然被当作国际法上的主体,他依然是其公民。这只是一种可以保证持有人在签发国安全居住的通行证件。米沃什还指出了途经苏联的风险:"这是彻头彻尾的疯狂,也是极度的冒险,分分钟他们都会把我赶下火车带走,这种安全通行证连护照都不是。"[25]另一方面,一九三九年十一月前后,在从布加勒斯特写给博莱斯瓦夫·米钦斯基的信中,他没有写到"安全通行证",而是直接说"护照"。这封信表现出作家正在焦虑中挣扎,期盼着扬卡的最终决定,并且厌倦于对当下群体情绪的服从。[26]

说实话,一九三九年米沃什拿到立陶宛护照,看起来会更简单,比使用"通行证"更符合逻辑而且更安全。这并不表明其波兰性的"蒸发",而只是他为摆脱罗马尼亚陷阱所利用的一次机会。然而,其后果在于,虽然作家回忆起来总说是一个安全通行证,但他在维尔诺还必须下功夫去办立陶宛身份证(和城里多数居民一样),然而在立陶宛的外交部档案中缺少相应的文件,对此无法做出过多的论断。

无论他使用什么证件,都必须获得苏联的过境签证,他通过旅行社申请,必须通过苏联的"国际旅行社"去办理,他在这家旅行社购买了火车票。等待持续了好几个星期,这段时间里广播电台的同事们已经到了法国。告别,"于我意味着与战前波兰告别。[……]我犯下了一个大错,把我的旅行证件给我的一位广播电台的同事瓦格纳看了。他后来到处宣扬。于是,结果就变成,为回到立陶宛,我得到了苏联的关照,正好其后立陶宛就被苏联占领,时间被混淆,没人记得[当时]立陶宛还是中立国"。[27]这个插曲成为一系列事件的源头,导致后来很长时间内对米沃什接受"立陶宛护照"的攻击,也导致他因置身于战时波兰社会的命运之外而受到攻击。在指控者看来,毫无疑问,把那种有关作家早期归属于岩德列霍夫斯基或普特拉门特圈子的指摘联系在一起更加有利——这两人很快就都成为苏维埃新政权的热心帮手。立陶宛在一九四〇年初还是独立的国家,就这样进入其国土无异于"背叛"。完全属于另一码事的是,起码在布加勒斯特时,米沃什确确实实没有考虑过为保卫波兰的独立而去参军或是参战。

　　从他给米钦斯基的信里可以得出结论,米沃什在一九三九年十二月底拿到了苏联的签证。次年一月踏上了前往维尔诺的漫长路途,要经过基希纳乌①、基辅、童年记忆中的奥尔沙、维捷布斯克②和拉脱维亚达因堡③。旅程持续了好几天,充满痛苦经历的创伤,就如先前与安采维奇的几次谈话中所表露的那样,还有许多文章和书中所叙述的,全程都是预先体验的恐怖味道。后来的回忆中处处闪现出米沃什对于可能会因沿途各地法规不同而遭到逮捕的恐惧。他被裹挟在各地火车站的拥挤人群中,还不得不在火车上抢座位。途经革命俄罗斯旅程中的痛苦场景:"那些高挂墙顶的扩音器发出刺耳的声音。对着缓缓移动的人群叫喊着, / 成堆的皮袄、行李、包袱, / 行囊和被服在某处铺成了一片草原—— / 那么,如果你透过词语的表意, / 如果使你想起另外的几张

①　摩尔多瓦首都。
②　白俄罗斯东北部地区。
③　今天的陶格夫匹尔斯市。

卡片，／那些饥饿的流民，你何处得以知晓？／在这第十八年，童真的双眼／相遇了。"[28]苏联官员们交谈着"有关《莫洛托夫-里宾特洛普条约》让苏联获得的领土，有关这两位奇境中的爱丽丝，对其中最贫穷乡土印象的对话，而他们的自豪感并不友好，包含着嫉妒和愤怒"。(《欧洲故土》，页174)在基辅火车站，苏联的安全特工盘问了他。在那儿，一个波兰农民家庭引起了他的注意：

> 丈夫、妻子和两个孩子。他们坐在篮筐和包裹上。妻子在给小孩子喂奶，脸色黝黯、满是皱褶，挂着黑色胡子的丈夫，从茶壶往杯子里倒茶，递给了大儿子。他们用波兰语压低声音说着话。我久久地看着他们，突然感到泪水从我脸上流下。[……]这是人间的家庭，像是一个小岛，漂浮在缺少了那种平常人性的人群中。倒茶的手，动作专注而温柔地把茶杯端给孩子，关切的话语，我从他口型上读了出来，他们在群体中维持着自己的空间，保持着自己的个体独立，就是这个震动了我。[29](《被禁锢的头脑》，页276)

他在给伊瓦什凯维奇的信里写道："这个基辅，环境完全是但丁式的终极地狱。"在信里，他写到了"九月事件"如何造成了他与波兰共产党人的分歧。"需要指明这一点，以便理解这令人无比厌烦、冷酷悲哀的、爬虫的地狱[……]。只有兹杰霍夫斯基和几位信奉天主教的诚实作家才明白那些现象的本质。也许还有塞利纳①。因而，我不能完全打消对自家爱好者们的怜悯。因为接下来欧洲的悲剧将更为可怕。"[30]

296

---

① 路易·费迪南·塞利纳(Louis Ferdinand Céline, 1897-1961)，法国作家，"塞利纳"这个笔名来自他祖母和母亲的名字。塞利纳被认为是二十世纪最有影响的作家之一，通过运用全新的写作手法，使得法国及整个世界文学走向现代。

他极为强烈地认识到，"最大的不幸，发生在人身上的最大的不幸，是成为苏联公民"。[31]这一认识使其很快做出决定，逃离刚刚并入苏联的维尔诺。而对但丁笔下地狱般的基辅的记忆，同样也将构建出更加微妙的感受，这种情结可称作是对人类个体的尊重，也即米沃什反对把人仅仅看作可塑群体的意识形态。

注释

[1] 参耶日·安德热耶夫斯基，《日复一日：1972–1979 年文学日报》（华沙，1988），页 299。

[2] 摘自马切依·约瑟夫·科维亚特科夫斯基，《波兰华沙广播电台的一九三九年九月》，页 75。

[3] 同上。

[4] 摘自切斯瓦夫·米沃什写给雅罗斯瓦夫·伊瓦什凯维奇的信，1940 年6 月 23 日。（波兰科学院文学研究院图书馆）

[5] 来自欧根纽什·岑卡尔斯基的回忆。参尤兰塔·莱曼-扎伊采克，《欧根纽什·岑卡尔斯基》，页 94。斯坦尼斯瓦夫·沃尔也回忆说："我给岑卡尔斯基打电话，那时他还住在佐立波茨区。切斯瓦夫·米沃什接了电话说：'杰奈克和扬卡（那时还是岑卡尔斯基的妻子）去卢布林了。'"（同上，页 95）也有可能他弄错了事实，但也反映了当时的状况，即扬卡还没有离婚。

[6] 欧根纽什·岑卡尔斯基单独去了卢布林和杜布诺，然后抵达布达佩斯，从那里中转前往巴黎和伦敦。接着战争岁月又把他带到了纽约。1946 年 12月他从纽约返回波兰，带着自己新婚的第三任太太。

[7] "那时我穿着某件由随机的零件拼凑起来的制服，并寻找着切霍维奇。如果我找到了他，也许我就和他一样了。"米沃什在给克日什托夫·普莱希尼雅罗维奇的信中写道。摘自克日什托夫·普莱希尼雅罗维奇，《耶日·普莱希尼雅罗维奇和切斯瓦夫·米沃什》，《剧本》，2006 年第 30 期。

[8] 哈利娜·米钦斯卡-凯纳罗娃，《感激不尽》（华沙，2003），页 120。

［9］切斯瓦夫·米沃什－米拉休斯，《战火中的思考》，载《新鲁穆瓦》（维尔诺），1940年第8期。这篇文章并非以波兰文发行。本文段落取自达努塔·巴拉塞蒂亚的译文。

［10］参《米沃什矛盾自画像：对话亚历山大·菲乌特》，页305。

［11］参安娜·赛诺拉吉卡，《安德热耶夫斯基》（克拉科夫，1997），页44。

［12］哈利娜·米钦斯卡－凯纳罗娃，《感激不尽》，页181。

［13］在切斯瓦夫·米沃什的档案中保存着一张当时苏联士兵分发的传单，米沃什标注其获于萨尔内市。（拜内克图书馆）

［14］马莱克·哲布罗夫斯基，《布加勒斯特：在大使馆》，《历史笔记本》（巴黎），第171期。

［15］参切斯瓦夫·米沃什，《我的自传素材》，未出版。（克拉科夫切斯瓦夫·米沃什档案馆）

［16］同上。

［17］肯定是在艾罗乌鲁伊街33号，这个地址出现在米沃什1939年12月写给博莱斯瓦夫·米钦斯基的每封信上。（拜内克图书馆）

［18］另外："大流亡"，看起来是罗马尼亚文翻译的一处错误，因为在诗文中没有体现。

［19］切斯瓦夫·米沃什，《伟大的移民》，载《今日》，1939年第35期。此处要向塔德乌什·杜比茨基教授表示感谢，感谢这位《罗马尼亚的波兰难民（1939–1945）》（华沙，1995）的作者曾把他推荐给《今日》周刊，还给保罗·帕乌递过条子（同时也推荐了罗曼·维博尔斯基）。另外还要感谢伊莱奈乌什·卡尼亚，是他翻译了切斯瓦夫·米沃什这首诗。

［20］参："我这样来到布加勒斯特。他们建议我去那里继续在同一家公司从事同样类型的工作。但是我觉得这些人恶心透了，整个虚伪的体制也是。［……］于是我就不去［……］。所有的一切都和康拉德的关系网有关，每一个环节。我表现出了极度的个人主义顽固性，还有对集体主义潮流的蔑视，也许在当时是个巨大的错误。"见切斯瓦夫·米沃什写给雅罗斯瓦夫·伊瓦什凯维奇的

信,1940 年 5 月 28 日。(波兰科学院文学研究院图书馆)

[21] 切斯瓦夫·米沃什,《我的自传素材》,未出版。(克拉科夫切斯瓦夫·米沃什档案馆)

[22] "在 1939 年最后几期的《新鲁穆瓦》上,杂志的固定合作者名单中出现了以立陶宛文书写的切斯瓦夫·米沃什的名字。"明达乌加斯·科威特科斯卡斯在《与切斯瓦夫·米沃什在〈新鲁穆瓦〉杂志的合作》一文中提到,该文收录于《1920–1940 年维尔诺的诗歌和诗人研究》,页 337。

[23] 尤扎斯·凯留奥提斯,《我的自传回忆》,页 445。本书中摘录的片段由阿格涅什卡·斯塔维亚尔斯卡翻译。

[24] 同上,页 519。

[25] 摘自切斯瓦夫·米沃什写给博莱斯瓦夫、哈利娜、阿涅拉和安娜·米钦斯基的信,信是寄给安娜·米钦斯卡的,1994 年 2 月 8 日。(国家图书馆,手稿部,索引号: akc. 16828 / 16)

[26] "我的遭遇很离奇——要是不那么蠢的话。在我要出发去立陶宛的那天(你可以想象下——我克服了多大的困难才拿到护照和苏联签证),我收到一条华沙送来的消息,让我继续忍耐并在布加勒斯特待命,因为大局,还有德军能否途经意大利撤退还没有明确。说实话,我已经忍耐到头了。我放弃了去巴黎工作的机会——于是我认为前途已一片黯淡。有一种可能,那就是去考纳斯——从某种角度来说是可行的。但还有一种可能,去法国——我只能等——至少有操作性——此外我什么也不能做。给我写信吧——尽最快速度——告诉我还能不能在巴黎找到一份工作——因为我担心,我去那里时已经有点晚了。唯一的机会就是能遇上些什么人——可完全是白日做梦。我对别特尔凯维奇和望科维奇这种文人之流无法抑制的厌恶让我过得很艰难。我对自己并没有看得太高;我的不适可能源于自尊心作祟。总的来说时代不适合我这样的人。如果我也有羊群本能——这是根本——并和所有人一样的话,我会更加理性,但我做不到! [⋯⋯]博莱克,如果可能,赶紧帮我办一张能去巴黎的法国签证。去问问法国的大使馆需不需要一个波兰代表。我想做替补。[⋯⋯]如果你为我争

取到这样的机会,就给我打个电话[……]。以防万一我必须在一月离开布加勒斯特。"摘自切斯瓦夫·米沃什写给博莱斯瓦夫、哈利娜、阿涅拉和安娜·米钦斯基的信,信是寄给博莱斯瓦夫·米钦斯基的,原件上无日期,后来被写上"1939年12月"的字样。(国家图书馆,手稿部,索引号:akc. 16786／1)信件原文用法语书写,我用了安娜·米钦斯卡的译文。另参:历史学家泽诺维乌什·波纳尔斯基认为,"米沃什不能用安全通行证去立陶宛。那时边境只允许少量过境活动,通行证只发给指定地区人员和边境地区的居民"。见泽诺维乌什·波纳尔斯基,《切斯瓦夫·米沃什的立陶宛护照》,载《新速递》(多伦多),2005年4月1日-15日。因此确难判断米沃什当时的想法,他写下"不可能的谎言系统"帮他"实现了非常梦幻和疯狂的开车去立陶宛的计划"。摘自切斯瓦夫·米沃什写给雅罗斯瓦夫·伊瓦什凯维奇的信,1940年5月28日。(波兰科学院文学研究院图书馆)

[27] 切斯瓦夫·米沃什,《我的自传素材》,未出版。(克拉科夫切斯瓦夫·米沃什档案馆)

[28] 写于1940年的未发表长诗,第一行为"谁带了钢笔"。(拜内克图书馆)

[29] 兹比格涅夫·赫贝特在1966年3月4日写给米沃什的信中对这段写在《被禁锢的头脑》中的描述如此评价:"《被禁锢的头脑》中最优美的片段,恐怕西方世界没有一个人会懂,就是,你说在一幢臭气熏天的苏联别墅里,一户波兰人家:关切地倒茶。"摘自兹比格涅夫·赫贝特、切斯瓦夫·米沃什,《书信集》,芭芭拉·托伦切克编(华沙,2006),页60。旅行苏联的印象还记录于《诗歌六讲》(《诗集　第四辑》,页210)中的"第三讲"。

[30] 摘自切斯瓦夫·米沃什写给雅罗斯瓦夫·伊瓦什凯维奇的信,1940年5月28日。(波兰科学院文学研究院图书馆)

[31] 切斯瓦夫·米沃什,《我的自传素材》,未出版。(克拉科夫切斯瓦夫·米沃什档案馆)

第三十五章　战火中的思考

　　泰奥多尔·布伊尼茨基在一九四〇年二月七日维尔诺的《每日报》上写道:"维尔诺知名诗人切斯瓦夫·米沃什几天前来到考纳斯,他从罗马尼亚途经基辅和列宁格勒长途跋涉而来。"[1]由以上表述可以看出,未来《救赎》的作者是在一月至二月之间抵达立陶宛的。因为首先,在他到访考纳斯之前,他在波德科莫日奈克的父母家里短暂停留。那里依然是战前的世界,妈妈掌管着田庄,她姐姐玛丽亚·尤莱维奇住在塞泰伊涅,也拥有坡基纳繁盛的庄园。不需要太久,米沃什就将再也见不到父母了。

　　弟弟安杰伊在战争爆发前就来了格文博卡,想参军,但在混乱中为部队补充人员的那位军官没给他分配职位。于是他与亚历山大和维罗妮卡一直等到八月十七日:"早上五点,父母所住木屋的窗户被大力敲打,我们被吵醒了。老城派来的看门人大声喊道:'工程师先生!市长先生下令马上逃跑!布尔什维克来啦!'我们听到了布尔什维克的坦克行驶在石头路上的轰鸣声,正在从东面往城里开进。我们跳下床:父亲穿着睡袍,母亲穿着睡衣,我穿着运动短裤。我们一起身就往停在车库里的汽车那儿跑。[……]我们迎着已经开进城里的坦克逃了出去,留下了所有东西。"[2]他们开着帆布车顶的老福特,后备厢里放着装了家里银器的箱子,先到了维尔诺,住在亲戚家,然后回到塞泰伊涅。虽然当时亚历山大的身份不受待见,但他们还是被放过了边界,边界那边的立陶宛女人还"用黄油大面包和热茶招待了这几个逃亡者"。[3]极有可能因为这样迅疾的逃离,安杰伊和切斯瓦夫·米沃什的父亲才躲过了枪杀或驱逐。当时维尔诺的多数波兰知识分子都遭此厄运。[4]

弟弟负责照看生病的父母,同时与其他人一起,例如苏瓦乌基的水手朋友塔德乌什·罗伊凯维奇,建立起秘密的波兰独立组织,帮助波兰军官们逃离立陶宛拘留营,帮他们穿过瑞典前往法国。克拉斯诺格鲁达城堡是转移路线上的据点之一,雅尼娜·涅曼托夫斯卡作为交通员,行走在维尔诺、考纳斯和华沙之间。在维尔诺,波兰独立组织与卡齐米日·库哈尔斯基牧师制作假证的工坊有着联系,工坊后来被救国军接收,切斯瓦夫·米沃什一路上所拿到的伪造的通行证有可能就是由此而来。在德国占领时期,安杰伊住在波波夫斯卡大街14号租来的房子里,他把维尔诺集中营逃出来的犹太人转移到路德尼茨卡森林区,还将塞维林·特罗斯和妻子一起转移到华沙,他哥哥为他们找了藏身的地方。给予犹太人的帮助多年后使米沃什兄弟获得了以色列犹太大屠杀纪念馆授予的"世界民族义人"的称号。

298

与此同时,米沃什一家在一九四〇年二月到达考纳斯[5],与凯留奥提斯相见:"感谢对切斯瓦夫的帮助。大家一起到了帕藏伽餐厅吃午餐,品尝了立陶宛大麦炖肉汤。"[6]很快在《新鲁穆瓦》杂志的页面上出现了翻译成立陶宛语的这位波兰诗人的两首诗作:在第8期上是 *Apmastymai Apie Gaisru Sezona*,即《战火中的思考》[7];第22/23期是《奥斯卡·米沃什的观念》。四月的头几天,杂志编辑部迁到维尔诺后,米沃什和布伊尼茨基以及约瑟夫·马希林斯基等人一起登记成为"新鲁穆瓦"俱乐部的成员。这是政治人物、记者、作家和科学家们参与讨论的平台。

接收维尔诺,需要立陶宛人与城区及周边的波兰人达成谅解。绝大多数波兰居民认为当下新出现的立陶宛军队和行政机构属于一种过渡性的占领。在这个波兰共和国曾经唯一的孤岛上,整个地区仍然维持着平常的"战前"生活,物资充裕,活跃着各种波兰组织,又新涌入数千名战争难民。立陶宛人害怕波兰人过多,开始考虑要把一部分波兰人迁走。然而民族间的对抗行为,首先出现在急于在学校和公共生活中强制推行的立陶宛化。在此背景下,逐步发展到政权的压制和不时出现的暴力事件,例如暴徒们对参加波兰弥撒的民众进行攻击。[8]那些倾向于妥协、接受维尔诺历史上曾属于立陶宛并且在城市市区波兰成分居主导的社群处于少数。一方面,他们的代表是约瑟夫·马茨凯维奇和泰奥多尔·布伊尼茨基领导的《每日报》,呼吁回归战前的"国民"思想,并激烈抨击波兰复兴运动①。另一方面,包括围绕《新鲁穆瓦》周刊的群体在内,希望通过维尔诺与立陶宛之间审慎的融合,创造出一个现代的文化中心城市。一位当代专家的研究结论表明,周刊的总编辑正是切斯瓦夫·米沃什,他与亲立陶宛的奥斯卡·米沃什的亲缘关系,他的政治观点和在新闻出版方面取得的成就,这些因素都使他最适合于充当《新鲁穆瓦》周刊团体与《每日报》之间的协调人角色。[9]

虽然难以推测,这是不是有意设计出来的结果,还仅仅是一般观点上的相似,或者是社会亲缘关系[10],在一九四〇年的头几个月里,米沃什实际上还是出版了那两本书,也帮助凯留奥提斯与波兰作家群建立了

_____

① 1926年5月约瑟夫·毕苏斯基上台后所主张的波兰政治运动,宣扬国家利益至上,反对议会民主制度,支持独裁政府体制的政治思潮和政治运动。

联系。即使相信后者的记忆,米沃什当时还住在这家立陶宛杂志社在维尔诺的编辑部里。[11]他忠诚于自己早先的抉择:"对我来说,'本地的国人'真的要比正统的爱国波兰人更加亲近,而作为希望维尔诺归于立陶宛的奥斯卡·米沃什的亲戚,我不能对立陶宛占领维尔诺怀有敌意。"(《猎人的一年》,页231)当时《新鲁穆瓦》杂志正在印刷《战火中的思考》,这使他的表达方式更容易让立陶宛读者接受,而不用受到调适文章风格的束缚("在去年的九月,我度量了整个波兰——由南到北,由北到南……"),当中的表达超越了爱国主义激情,叩问了根本的价值和曾经的"欧洲精神"的坠落。

这次战败,在他眼里成为对社会生活中真理的一项鉴定。这是失去国家保护下的公民对自身的觉悟,即"人是被遗留在敌意世界的孤独存在。于是起点仅仅是思考如何救助自己。胆小?平庸?可能是,但你们不认为这是迷惑于集体主义教条和疯狂的现代世界所给出的教训吗?或许,这恰恰事关重生与自由的胚胎"。这是个大胆的推论,很大程度上受了他对现有精英们衰落的满足感的激发。带着类似中学校园时代的情绪,他打量着那些聚集在教堂前的"猴子",或是那些巴黎式的、被他留意到的中产阶级的轻蔑目光,米沃什写道:"华沙的富人区,过去那里满是贵重物品、裘皮、轿车、各种小计谋、咖啡馆里的各地方言,那里打造了无数人的艺术、政治和军事生涯;那些在政府部门、团体和学院里,那些由国家分出的一个个小隔间、走廊和铁栅栏里的可怜的神明;那些庇护者和被关照者,介绍信远比天分更重要,哪怕是天才;这全部是普鲁斯特式的二等世界,自有其魅力,因此不值得洒下泪水,往往每隔一段时间,历史之手就会毁灭、破坏、风化这一切。"回归到本源和象征的赤裸,才可能有机会"重获生活的日常,事物平常的价值,被集体性偶像崇拜狂妄贬低和取消的价值"。战争,因而并不仅仅强迫人为生存而战,同样也让我们重新找回了情感的分量,去除了利益的爱情的价值,最简单

300

的行动的意义——抬起受伤的头颅,递给他水壶,话语中加入同情——哪怕是只持续一小会儿——"植入体验净化的心灵并成为作家的灵感"。米沃什希望表达出,大轰炸的烈火将成为"洪流"般的净化之水①,这不仅仅是他的社会学分析,更是他最个人化的情感表达。

经过"思考……",他在《每日报》上发表了《责任》[12],其中引用了康拉德的小说《海盗》,展现海盗如何看着兄弟"献身于失败且无望的事业"。小说的精华在于截取了米沃什关于忠诚的概念,是被理解为比意识形态口号或民族利益之类抽象概念更原初的东西,是"基本的、不可分析的人类生活的根本元素,像是天空和大海的景色,如是信仰和爱"。无论是忠诚还是责任,都不能被完全合理化,对此,用宣传口号或虚无主义口号去替代情感和价值观的政治体系和哲学体系都已经尝试过了。因此,核心问题不是公民或国民,而仅仅是人;不是正在坍塌的虚假的国家大厦,而是与他人建立起的兄弟关系;是爱、情感、忠诚,也许还有信仰。虽很难说,这在一九四〇年时实现的可能性如何,但米沃什在战争流亡岁月提出的这种有关理智和情感的结论,不可称之为过分。

类似的感受米沃什也写进诗作当中,比如首次使用了广阔的史诗形式,好像只有这种形式才能够容纳普罗大众的体验、图像和思绪。这部他没发表的诗歌以"无论谁拿起笔"[13]开头,展现了面对成千上万的死亡和痛苦,诗歌语言的无奈。回顾作者当初的想法,可参照其诗歌《落到人间》。"九月战争"的失败,激发了诗歌中人物角色的愤怒,激发起抗拒几个世纪以来波兰不幸命运的强烈渴望:"你们不要对我谈波兰。不要再跟踉跄爬行,那具在我身后的尸首,火中燃烧着身上的长衫",尤其是在这不公的国度,这里"用扫射就可以直接消灭的乡村,却用了饥

---

① 《旧约·创世记》:"耶和华见人在地上罪恶极大,于是宣布将使用洪水,毁灭天下地上有血肉有气息的活物,无一不死。"

饿"。然而,暴君们的践踏与亚洲遭遇,重新拨动了浪漫的琴弦,掺杂着
亡灵的拥抱,以及徒劳的逃亡意识。最令人惊讶的,是与其他人相联结 301
的感受,这或许是第一次在米沃什的作品中出现可称为其亲近的人:

> 倚着墙角站立,一位年迈的,白发
> 妇人,弯着腰擦手,用手帕,
> 日光渐落,接上了她蓝色眼睛中的目光。
> 这是母亲平静的脸,布满了皱褶,
> 忧伤中的柔和。当她的双眼
> 转向你,疲惫地沉默着,
> 你瞬间抓住了这一切。目光闪动的刹那,
> 其间却已经历不可思议的喜悦,暗淡的火焰,
> 娓娓的哀伤已将内心攫取。你会坠入绝望吧
> 这些将遗忘的岁月,这,在你深处,曾是
> 怯懦,是耻辱。这正是爱——
> 你想要呼喊,想要叫喊,却不相称,
> 想要言说,却将嘴闭紧。想要聆听,
> 却又离去。爱曾在她与你之间,
> 但你俩的思念,被永别截断,
> 如两颗死亡星球的一闪。

> [……]

> 祖国是小事。那么在地球上什么才是
> 大事? 当小事与小事叠加,
> 就应该去为小事建起祭坛,

就该让热泪以其名义抛洒。

故而不是逃离,而是重返祖国,回到"自己已变冷的家",因为"命运只有一个,你的,那个最悲伤国度里最悲伤的那个"……浪漫的,自己胎记上携带的诗歌,不可免于悲悯,有可能,这就是为什么米沃什没有决定将它出版,作品虽然保持着用语的统一和说服力,并比《九月的诗》更具有一致性,如《在疯狂的一九三九年》(《诗集 第一辑》,页154)一样,诗人最终还是决定只出删节版。[14]面对无限的恶行,这部作品成为作者以良知展现的总结。作者揭示了战争失败的残酷现实,其真相曾一度被宣传家所蒙骗。同时,他写出了乌托邦式的希望:"永恒的和平,只有善意的人民,只有那些想要得到大地真相的人民,才会享有。正如一粒粮食来自一粒种子,邪恶将会从善良之中分离。"最终,美好的结局赋予了对华沙的身份认同,这在米沃什此前的作品中是未曾出现过的,仿佛华沙所经历的苦难,已将其变为注定彻底毁灭的、悖法的巴比伦,然而这是更为珍贵的家园:"穿过了匈牙利的山脉,苏联荒凉的乡土 / 我们向你走来。[……]想象中最美丽的城市 / 也是现实中最悲伤之城。"

正如烈火消灭了浮华、骄傲和不公的世界,也揭秘了这个都城的真实面目:"那里曾有座如此奇异的城市,充满真诚微笑和相互仇恨的一座城市,遍布贫困和奢华,欢笑和嘲讽的城市,每有机会就取笑,以笑话去掩盖自己的悲剧。[……]谎言隐藏得很深,难以读懂真相[……]的城市。"[15]引语来自米沃什对希维亚托派乌科·卡尔平斯基的追忆,后者在非正常环境中死于一九四〇年五月一日,葬礼上聚集了维尔诺的作家群体。[16]数天前,在艺术家签约大厅举行了双方诗人共同的作者纪念之夜[17],此时,《三个冬天》的作者提出一个反问,这个反问将决定他在德国占领时期的立场,出于维护其男性品格的立场,在沉默的语气中做出了表述:"让人恐惧的是有天分的人越来越少[……],当和平来临,最有创造力、成熟到可以创作出优美作品的人却是缺失的,从事文学的只有乳臭未干的小年轻或衰弱不堪的老人,这个时候会发生什么? 文学气质中将不会再有男子气概。这只有那些三十到四十岁之间的作者才能够从自身发掘出来。"[18]虽然他后来还以不同方式记录这段时期[19],但在维尔诺的几个月里,米沃什参加了当地的文学生活,抗议正产生的"临时性"的诗选专辑,他以转化的主题"跳出那些书写狂们"[20],意图使人信服:现在不是创作"民族"诗歌的时候,而是写作"普世"诗歌的时候[21]。他的作品不仅在《每日报》上发表,也发表在了竞争对手——被认为是"爱国者们"机关报的《维尔诺快报》上。其中一篇文章在对二十年代的文学进行评价时,认为它将成为灾难性的作品[22],预言未来将产生"纯朴、信仰善良的力量和人们之间的兄弟情谊。将会是基督教的重生。但前提只能是,国家荣誉的捍卫者不再发出愤怒的声音,对真理众说纷纭或冷嘲热讽"。

但随着时间的推移,刻板的印象和误解还是被强化了。在维尔诺,这首先涉及每况愈下的立陶宛与波兰的关系。波兰的战争难民被立陶宛的大部分舆论视为"殖民"威胁,也是对立陶宛人就业机会的争夺,这是不受欢迎的。结果,一九三九年十一月底通过了关于维尔诺和周边居民的公民法,"就像编织起了一个只有相对少数人才能通过的细密筛子",因为"授予公民权需要一系列条件的制约"[23],哪怕城里的固定居民也很难得到公民身份。其中许多人面临身份被划为"外国人"的威胁,这样可能就意味着失去工作,甚至被迁移到立陶宛的其他省份。米沃什解释说:"我不想被划入难民之列,办完各种手续并得到了一张立陶宛身份证,上面民族一栏写着:波兰人(lenkas)。"[24]他通过了筛选,因为他出生在立陶宛考纳斯,而且母亲保留着立陶宛的公民身份。当时他是否也利用了与乌尔伯塞斯的个人关系? 这可以在当时诗人写的一封信的段落中间接地看出："我把家从官场的麻烦中解救了出来,他们这会儿在乡下,装作主人。"[25] 那个"身份证"或"国内护照"(vidaus pasas)[26],自然算是一种接受立陶宛公民身份的行为,后来将会成为对米沃什"非波兰化"的指控之一,然而,在当时的维尔诺,申办新的立陶宛证件却是生活当中至关重要之事。

米沃什自然会去塞泰伊涅拜访父母,但他大部分时间都在维尔诺。流亡记者联合会在齐格蒙托夫斯卡大街设立了一家寄宿学校,从华沙过来的瓦茨瓦夫·罗果维奇①和妻子,罗曼·布兰德塔斯特②,还有卢德维克·弗雷德等人住在里面。[27] 他还加入了希维亚托派乌科·卡尔平斯基和雅努什·明凯维奇一伙,他们围着一名"奶头"在混,即从首都逃出来的犹太富豪费利克斯·费伯,他提供着全天的酒局。"一般是上午十一点开始。[……]诗人 J. 和 S. [……]用大玻璃杯豪饮伏特加,杯子永远是满的,聚会不间断地持续一整天,直到后半夜。第二天早晨又需要开喝还魂酒,然后再开始下一轮。这样的时间,无意义且无希望,在无法遮蔽的现实当中,靠着酒精转化。"(《欧洲故土》,页 237)他们如同生活在"泰坦尼克号"上,明白纳粹分子或共产党人进入维尔诺的结局不可避免,讲着讽刺元首的笑话,悄悄在家里喝威士忌,抽英国香烟并嘲笑德国人,或聊着有关苏联兵从芬兰小屋偷窃布谷鸟钟的故事,他们谈论恐惧,就像是说起伏特加和丰富的性生活一样。然而,对米沃什而言,当时的酒精并没起到什么作用,不能让他忘却思念和焦虑。"我严格要求自己[……]。是远在华沙的亲人使得我这样,是对她的忠诚,对于一切事物与一切事物之间的关联,我有着一种神奇的观点。"(同上,页 238)"他认为,性行为意味着接受并认同前提条件:'你想活,就会有死。'多

① 瓦茨瓦夫·罗果维奇(Wacław Rogowicz, 1879-1960),波兰小说家、翻译家。
② 罗曼·布兰德塔斯特(Roman Brandstaetter, 1906-1987),波兰作家、诗人和剧作家。

少次,他让自己的行为处于险境,他确信任何对自己不好的事情都不会发生,要是不选择站在生活一边的话,而性行为正是其象征。如此,他令自己长期处于危险,并对自己施以长久的克制。"(《诗集　第五辑》,页 326)这是他后来在诗作《安提戈涅》中所写的。

他把大部分精力用在尝试把扬卡从华沙弄来,然后一起上路。他最想去法国。二月他写信给哈利娜·米钦斯卡,探询"团聚"的可能:

> 我在立陶宛呢。活得像个疯子。这可是体育精神啊。我去了基辅。还去了维捷布斯克。现在是考纳斯和维尔诺。接下来我有可能出发,经斯德哥尔摩到巴黎,这对于一般人而言已经不可能了。[……]
>
> 谢谢你努力帮我去搞签证。我已经在考纳斯收到签证了。[……]非常盼望最终能来巴黎,开始写作,可是我还需要些具体的信息和指点。你给我的信上说博莱克每个月可以拿到两千五百法郎。你觉得如果我来找你,我能得到相似的数目吗?这是否很难,也就是说,是不是作为作家,就有权得到这些钱呢?还是也需要花好几个星期在各处衙门口去奔波恭候,要去做那种我讨厌的事情呢?
>
> 你要是能够通过我们的朋友在我身无分文来到巴黎的时候,保证提供支持,我将非常非常感谢你。能指望在巴黎找到工作吗?以前(在布加勒斯特)我曾得到一个在电台工作的机会,我没去。要是搁现在我就会接受,因为情况已经变了。对那些可以帮到我的人,你可以提我叔叔奥斯卡的名字,他在巴黎文坛很有名。[28]

这种对于普通人而言无法获得的可能,必是与米沃什在考纳斯逗留时发生的一件事有关。(波兰在巴黎的)流亡政府的内部,由亚当·茹乌托夫斯基教授领导的委员会确定了米沃什适于服务军队,于是,他得到了法国签证和一张从里加到斯德哥尔摩的机票。后面的行程,是从已经中立的瑞典,穿过布鲁塞尔到巴黎。他真的计划要参加军队?都已经到了西方,却再次和他深爱的人分开吗?上述信件并不能证实这一点。他也许只是想趁机离开?无论如何,为了将来的生活伴侣,他必须另外再弄一张票,这特别难。在立陶宛的旅行社,可以花几百美元购买,此前米钦斯基就做到了。然而,这项计划还需要扬卡来下决心,米沃什与她通过在维尔诺和华沙之间往来的邮差或走私者进行联系,需要跨越"绿色边界"。飞斯德哥尔摩的航班定在了四月初[29]:"我等待着,感到绝望,但扬卡却没有做决定。德国人发现了经过斯德哥尔摩的航班去向,航班被取消了,我被卡在了这里。"[30]

305

与此同时,在相对安全的庇护下,维尔诺已经变成了陷阱:一九四〇年六月十五日,红军终结了立陶宛的独立地位。如果自传记录是准确的,那么在维尔诺被占领的时候,米沃什正坐在鲁德尼茨基的咖啡馆里:

> 街上突然出现被钢铁碾压般的紧张感,我和其他人一样感到好奇。人们从桌边起身,顿时都呆住了,看到了布满灰尘的大坦克,看到了上面的炮塔,上面的苏联军官正友好地挥着手。[……]对于消息并不灵通的观察者而言,当天并没有发生什么。晚上只有大喇叭在嘶喊,行进的巡逻队慢慢走过,都是由亚洲兵组成的部队[……]。然而老百姓们,除了几百个小年轻共产党员爱好者之外,已经得到了消息,因为周围的波兰各省在这之前已经被占领了。身上对恐惧的感受,几乎是一个小时比一个小时更为剧烈。(《欧洲故土》,页240)

七月中旬,在恐怖气氛中进行了选举(米沃什回忆说,他把那张被诅咒有涂鸦的选票扔进了票箱),伪造的投票结果通过了,成立所谓的新的人民议会,很快批准了立陶宛国并入苏联的决议。[31]

　　"我如果不逃离维尔诺,会发生什么? 在《维尔诺真理报》上,像布伊尼茨基那样? 或是去对付北极熊? 他们可都认识我。"(《猎人的一年》,页233)多年后,米沃什这样清醒地评说在当时新政权下他所面临的合作与逃亡之间的两难选择。新政权内有他不久前的朋友:斯泰凡·岩德列霍夫斯基和伊莱娜·什塔海勒斯卡。几年后,国家军事法庭以"与苏联合作,损害波兰利益"的罪名,对岩德列霍夫斯基、戴宾斯基、布伊尼茨基和阿纳托尔·米库乌科判处死刑。最具争议的判决还是被执行了:一九四四年十一月二十七日,泰奥多尔·布伊尼茨基在自己家中被执行枪决。出于对苏联公民命运的认识和对扬卡的热切需要,米沃什避开了那些可能与布伊尼茨基殊途同归的选择题。他被维尔诺的居民认为是与共产统治者关系亲密的人,令他们恐惧并暗中嫌恶,他做到了面对邪恶的游戏保持笑容,假装心满意足,但同时又悄悄地计划逃走。他在靠近波兰战前社会党人的圈子里活动,他们成立了自由组织,由瓦茨瓦夫·扎古尔斯基领导——他是诗人耶日·扎古尔斯基的兄弟。当中还活跃着兹比格涅夫·米赤奈尔[①]和伏瓦迪斯瓦夫·雷恩查、伏瓦迪斯瓦夫·马里诺夫斯基[②]、阿图尔·萨勒曼(斯泰凡·阿尔斯基)[③]、费利克斯·格罗斯[④]、玛丽亚·莱娜塔·马耶诺娃。他们建立了地下印刷厂,并与瑞典的社会党人和著名经济学家奥斯卡·兰格[⑤]有着联系,后者当时正在美国,是芝加哥大学的讲师。其时,米沃什与他们的

306

---

　　① 兹比格涅夫·米赤奈尔(Zbigniew Mitzner, 1910-1968),波兰新闻工作者。

　　② 伏瓦迪斯瓦夫·马里诺夫斯基(Władysław Malinowski, 1899-1962),波兰历史学家、新闻记者。

　　③ 斯泰凡·阿尔斯基(Stefan Arski,也叫 Artur Salman, 1910-1993),波兰记者、社会活动家、共产主义活动家。

　　④ 费利克斯·格罗斯(Feliks Gross, 1906-2006),波兰裔美国人、社会学家。

　　⑤ 奥斯卡·兰格(Oskar Lange, 1904-1965),波兰经济学家和共产主义政治家。

联系显然只是一般交往，因为最终当自由组织的队伍进入华沙时，扎古尔斯基评论说：在维尔诺，"因为他与斯泰凡·岩德列霍夫斯基、耶日·普特拉门特以及与泰奥多尔·布伊尼茨基的联系，我们没有把他放在考虑范围内"。[32]然而，正是在这个组织的成员中，他找到了越境逃亡的勇敢向导和同伴——佐菲亚·罗果维奇，她是作家和翻译家瓦茨瓦夫·罗果维奇的妻子。维尔诺历史的研究者写道："是迷茫，因一九四〇年六月立陶宛陷落［……］，还有红军的进入所引发的混乱，使得人们更加勇敢，并愿意去冒险，试图逃亡，越过德国占领下的'绿色边界'［……］。他们难得地成功了，这在八月份一般是不可能的：花钱找的向导竟带着客户进入苏联边防军的伏击圈。"[33]那些准备要冒险的人当中，有自由组织的成员们。早在三月时，扎古尔斯基就曾前往华沙，米赤奈尔曾多次尝试穿越这条路线，最后一次还是在立陶宛被兼并之后。佐菲亚·罗果维奇也是一样，这位五十多岁、精力充沛、勇敢无畏的女士，作为联络人，通过走私，携带文件和金钱穿梭往返，顺便把维持家庭开支的钱挣回来。

正是和她一起，米沃什决定偷渡。他携带两份假的苏瓦乌基居民通行证，作为自己所出的份子，这可以让他们经过东普鲁士，进入德占的总督管理区。苏瓦乌基线路是从维尔诺到普鲁士的较短路线，鲜为人知，也相当危险。要先偷渡到德占的苏瓦乌基，然后用通行证从那里乘火车去普鲁士，再一次进入德意志帝国区域，最终到达总督管理区。这个冒险计划后来变得更为复杂，因为发现，为筹得支付各段向导的钱，佐菲亚·罗果维奇决定再收编一位来自琴斯特霍瓦的富有药剂师。队伍的扩大已经在客观上增加了危险："佐菲亚戴着头巾，背着个旧背包，看上去像个乡村女教师。而我，腰缠麻袋，长着土生土长的脸，与常人无异。药剂师白面团似的灰白脸上长着一双迷茫的小蓝眼睛，用怯懦而怀疑的目光打量着我们。这个好吃懒做的胖子，简直像从漫画中走出来的资本家。他拎着一个拴在链子上的大箱子。"(《欧洲故土》,页245)这个多出来的人没有假证件,使得他们不能开车四次穿越边界,只能徒步。

米沃什在帕夫里科夫斯基家的公寓度过了在维尔诺的最后一晚,然后于一九四〇年七月上路。他们三人乘火车到卡尔瓦里亚小城,从那里开始步行,绕过苏联人民内务委员部军营,在边境穿过维热伊纳和希普利什卡北面的沼泽,到达一处小村庄。他们在阁楼里躲了两天,盯着窗外街上巡逻兵的刺刀。终于出现了一个机会:村子里的一次聚会转移了边防军的注意。星期天晚上,他们在田野里躲了几个小时后,幸运地溜到边境另一边,在前面村子里找到一个小伙子,用卡车把他们送到了苏瓦乌基。他们在那儿的藏身之处是小伙子位于郊区的家里。"人性的完美是很难达到的,可在小屋这个住家,这个年轻的车夫和他正在喂养婴儿的妻子,对我来说,已经在眼前证明,完美人性的达成是可能的。这当中无时无刻不在恐惧与责任之间挣扎着,是他们所认定的,对自己所亲近之人的责任。"(《欧洲故土》,页251)米沃什当时没有意识到苏瓦乌基的多数男性已经被掳走当劳工,或者已经被屠杀了,他开始在这个熟悉的城市里闲逛,发现了一些新的现象:"那是一个令人恐惧的地方。在瑞士药房里的一个年轻瑞士人,穿着药剂师大褂,当我进去的时候,他挥舞双手,像是看到了鬼魂。"[34]米沃什当时还不知道,他在克拉斯诺格鲁达的表弟扎扎刚刚被捕。扎扎两年后死于萨克森豪森集中营。

车夫帮助他们赶到下一站,夜里穿过了东普鲁士边境,在拉茨卡这个小地方附近有位事先约好的波兰农民,为德国农场主工作,他把他们带到了奥特尔斯堡,即什特奇诺市。他们从那里乘火车到达维伦贝格小镇,现在叫维尔巴克小镇。没想到在那里,他和药剂师一起被抓了,假证件起到了作用。米沃什幸运地用证件使两人通过了检查,没有引起怀疑。下一个联络人在克莱因莱斯奇宁村等待着,他叫马祖尔·杰拉德·德普图瓦。这个告密者把他们交到了宪兵手里。米沃什后来回忆说,被带到宪兵队时,他吞掉了自己的立陶宛护照,因为上面的内容和通行证不符。然而,幸运之神却意外地帮助了他们,"巴伐利亚胖子"指挥官不仅没有下令搜查他们,也许仅仅是因为惯常的懒惰,或者是已经被收买,反而放了他们。他们快速穿过后面的边境,再次进入帝国境内。到达奥斯特罗文卡时,他们在接下来的小村庄找到了过夜的住处,米沃什在那里被盖世太保打了一巴掌,因为作家还不知道,见到德国人时应该摘下帽子,退到一边。命运再一次关照了他,穿黑风衣的军官没有想到去检查他的证件。接下来,还有最后一段旅程。

308　　　　我从来没有走过这样的绿色边界,虽然我小时候走过的那些,加在一起会有很多。[……]在阳光照耀的松树林里,在麻袋和行李的重压下,弯着腰的一群男女,鱼贯前行,他们不时伏在树后,在苔藓上爬行,或是奔跑在四面八方的枪声中。都是这些农民走私者运送食物去华沙贩卖。[……]然后,这群人全都挤上火车,笼子里鸡在叫,鹅在叫,长椅下猪在叫,他们在谈论价格,谈论宪兵,廉价的烟草散发着臭味。此时,我们已经在加里西亚总督的辖区了。(《欧洲故土》,页257)

经过十个月的时间和数千千米的旅程,米沃什再次来到华沙,他忠于扬卡,也忠于诗歌的使命,在流亡中,他将会完成完全不一样的诗歌。正如他后来所写,"落入殖民地黑奴的行列"使他"获得了最高的自由"。(《欧洲故土》,页258)

注释

[1] T. B.（泰奥多尔·布伊尼茨基笔名）,《波兰文化地图补》,载《每日报》(维尔诺),1940年2月7日。该文章是对前一篇《波兰文化地图》(1940年1月

28 日发表)的补充。布伊尼茨基写道:"在维尔诺远近闻名的切斯瓦夫·米沃什现在正在布加勒斯特。他正在努力尝试回到维尔诺,谁知道呢,也许不久后能得到完美结局。"

[2] 安杰伊·米沃什,《银色家庭》,载《苏瓦乌基》,2001 年第 14 期。

[3] 同上。

[4] 参安杰伊·米沃什,《我的哥哥》,载《普世周刊》,2001 年第 26 期。几个月后,苏联人侵立陶宛并为农场工人分庄园主的田地,内务人民委员部来到波德科莫日奈克,准备逮捕"庄园主"。很多附近的农民赶来保护维罗妮卡和她的家人,保护他们免受牢狱之灾。就在那个时候米沃什的父母搬到了维尔诺,直到1941 年德军进攻俄罗斯才返回波德科莫日奈克。

[5] 也许他们滞留在维萨利斯宾馆,因为后来有一封寄给雅罗斯瓦夫·伊瓦什凯维奇的信就写在宾馆信笺上。

[6] 尤扎斯·凯留奥提斯,《我的自传回忆》,页 519。

[7] 参见第三十四章注 9。

[8] 维尔诺立陶宛-波兰历史研究员阿格涅什卡·斯塔维亚尔斯卡注意到一段话,米哈乌·罗迈尔在自己当时的日记中写到"立陶宛民主主义者丑恶的集体主义激进行动",他还提到,在国际化的维尔诺对少数族裔的立陶宛人和犹太人实施血腥镇压,"客观证明了,波兰人在历史上常以这种行动方式作恶,因此才有了和他们有关的俗语:你打仗用的武器——让你死亡,还有:播种风的人——才能收获风暴"。见米哈乌·罗迈尔,《日记》,1940 年 4 月 28 日,页 245。(维尔诺大学图书馆,手稿部,F75–13)

[9] 参明达乌加斯·科威特科斯卡斯,《与切斯瓦夫·米沃什在〈新鲁穆瓦〉杂志的合作》,收录于《诗歌与诗人》。

[10] "我不认为我在乎波兰和立陶宛之间的紧张局势。凯留奥提斯组织了多次波兰和立陶宛的会谈,请了很多波兰和立陶宛的代表人物,希望能够缓解紧张局势。考虑到他和我之间的友谊,他也应该安排我舒缓类似的紧张。[……]事件的严重性和恐怖性让波兰和立陶宛的关系举步维艰,而我也许只是

耸了耸肩。"摘自《猎人的一年》，页 230。

[11] "我让他住在编辑部里，给他了一个单间，还买了沙发，因为他无处可去，也无以为生。"参尤扎斯·凯留奥提斯，《我的自传回忆》，页 520。

[12] 切斯瓦夫·米沃什，《责任》，载《每日报》（维尔诺），1940 年 3 月 28 日。再版于《标志》，1997 年第 12 期。

[13] 切斯瓦夫·米沃什，《无论谁拿起笔》，出处见前注。

[14] 结尾一段，作为一首独立的诗《城市》。（《诗集　第一辑》，页 160）很可能1940 年他在维尔诺着手写作《九月的诗》，而题为"我们已相隔遥远"的作品是这首组诗的早前版本，后者还带有"纪念约瑟夫·亨里克"（即切霍维奇）的题注。这首诗藏于塔德乌什·布伊尼茨基档案室。参安娜·马祖莱克，《切斯瓦夫·米沃什与约瑟夫·切霍维奇：卢布林背景下的友谊》，载《音调》，2006 年第 1 期。《九月的诗》全文由打印稿结集成册，藏于耶日·图罗维奇档案室，本文引用片段即来自它。

[15] 切斯瓦夫·米沃什，《关于希维亚托派乌科·卡尔平斯基》，载《维尔诺快报》，1940 年第 100 期。

[16] "我们中的一个同志，诗人 S，突然死了，这正是我们担惊受怕的情况，就好像他的思想也让别人害怕一般。S 三十岁。在性爱中死亡，注射的结果，一个富婆在床上亲手给他注射的，随后妓女没有采取最佳姿势。［……］我们把他带走，浩浩荡荡的游行穿过整座城市。他的名字在波兰出版界的读者群中非常有名，葬礼很体面。"（《欧洲故土》，页 239）葬礼于 1940 年 5 月 4 日举行。

[17] 后来《每日报》刊发的评论提到，米沃什"是一位反思性抒情诗人。他并不追求炫目的形式效果，却深深打动了听众和读者的心"。摘自 T. B.（泰奥多尔·布伊尼茨基笔名），《卡尔平斯基和米沃什之夜》，载《每日报》（维尔诺），1940 年第 92 期。这个夜晚指 1940 年 4 月 22 日。

[18] C. M.（切斯瓦夫·米沃什笔名），《关于希维亚托派乌科·卡尔平斯基的突然死亡》，载《维尔诺快报》，1940 年第 98 期。

[19] "我读不了书也写不了字，也无法开展那些偶尔令人发笑的讨论，我

能做的只有,虽然从不成功,努力在植物或者动物身上找到安宁。"见《欧洲故土》,页238。

[20] 参《致编辑部的信》,《每日报》,1940年第114期。亚历山大·马里舍夫斯基、雅努什·明凯维奇、兹比格涅夫·米赤奈尔和瓦茨瓦夫·罗果维奇等人也在此信上签了名,反对杂志社将具有倾向性的推荐函编入在维尔诺出版的《华沙诗集》。

[21] 参《关于热加雷的对话,扬·布鲁德尼茨基与亚历山大·雷姆凯维奇的对话》,载《诗歌》,1981年第5—6期。

[22] "今天才看到,这种很少表现为依赖现实的文学作品,变幻莫测,绚丽多彩,恰如持续发展一般,散发着预言的光芒。"见切斯瓦夫·米沃什,《复杂的线索》,载《每日报》,1940年第51期。

[23] 彼得·沃索夫斯基,《立陶宛的波兰事件(1939–1940)》,华沙,1985年,页113。

[24] 切斯瓦夫·米沃什,《我的自传素材》,未出版。(克拉科夫切斯瓦夫·米沃什档案馆)1940年3月19日,切斯瓦夫·米沃什向斯泰凡·巴托雷大学校长提交了一份申请,请求正式确认其获得了大学文凭。(也许是为了把文凭证明加入获取身份证的申请材料中?)申请用立陶宛文写成,可大学管理层在回复中使用波兰文和立陶宛文拼写米沃什的姓氏——"Miłosz - Milašius(米拉休斯)"。后来米沃什自己也开始使用这种双语形式。值得注意的是,此后他按照叔叔奥斯卡的样子将自己的姓氏立陶宛化(从"语法上"来说,立陶宛化的姓氏应该是"米沃沙司")。

[25] 摘自切斯瓦夫·米沃什写给雅罗斯瓦夫·伊瓦什凯维奇的信,1940年5月28日。(波兰科学院文学研究院图书馆)1940年5月立陶宛政府重新安置了波兰军方和学生团体。

[26] "那时候只有护照的概念,'身份证'过了许多年才发明。在立陶宛政府的语境设置下,关于护照一事使用的是'pasas'这个单词。还区分为'国内护照'(vidaus pasas)和'出国护照'(užsienio pasas)。"摘自彼得·沃索夫斯基写给

本书作者的信,2006 年 1 月 16 日。

[27] 参米奇斯瓦夫·克热普科夫斯基,《占领期间记者回忆录(维尔诺,1939-1941)》,《历史笔记本》(巴黎),第 45 期。

[28] 摘自切斯瓦夫·米沃什写给博莱斯瓦夫、哈利娜、阿涅拉和安娜·米钦斯基的信,信是寄给哈利娜·米钦斯卡的,1940 年 2 月 15 日。(国家图书馆,手稿部,索引号:akc.16786 / 1)信件原文为法语,本文中使用了安娜·米钦斯卡的译文。

[29] "4 月初我本来要去斯德哥尔摩和布鲁塞尔,票和证件都有了,可他们都拿走了。"摘自切斯瓦夫·米沃什写给雅罗斯瓦夫·伊瓦什凯维奇的信,1940 年 5 月 28 日。(波兰科学院文学研究院图书馆)

[30] 摘自切斯瓦夫·米沃什写给博莱斯瓦夫、哈利娜、阿涅拉和安娜·米钦斯基的信,信是寄给安娜·米钦斯卡的,1994 年 2 月 8 日。(国家图书馆,手稿部,索引号:akc.16828 / 16)

[31] 照顾过米沃什的人都受到了苏联的镇压。乌尔伯塞斯部长于 1940 年被捕,在西伯利亚度过了十三年;凯留奥提斯于 1952 年被捕,被判四年劳改。

[32] 瓦茨瓦夫·扎古尔斯基,《囚禁中的自由》(伦敦,1971),页 132。

[33] 斯坦尼斯瓦娃·莱万多夫斯卡,《"二战"期间维尔诺的日常生活》(华沙,2001),页 36。

[34] 摘自切斯瓦夫·米沃什写给兹比格涅夫·法乌特诺维奇的信,1988 年 9 月 21 日,载《苏瓦乌基》,2004 年第 27-28 期。

第三十六章　最后一块钱定理

"你们工作吧,写作吧,思考吧,就像卡罗尔·伊热科夫斯基向作家们建议的那样,被占领时期简直就是一段平白得来的时间,你可能再也没有这种机会,能离开你的生活并专注于你的内心。战后,文学交流将会重新开始。"[1]无论这种论断多么令人震惊,但未来的几年将是米沃什生活中极为成功的时期,甚至可以称之为幸福的岁月,尽管还处于恐怖的年代。他精力充沛,与所爱的女人一起生活,让他感觉有如长上了翅膀。从某种意义上说,他感到解放了,不需要像前一段时间那样,要维持物质的条件,那时面临的挑战是要去满足基本的需求,但有了扬卡,他们完全可以应付这一局面。这种情形,有助于将注意力集中在最重要的事情上:诗歌,工作,思考。[2]当然,作为希特勒分子们潜在的重要猎物,他也害怕,但恐惧并不会束缚他。他学习了一门新语言,很快就开始用它进行翻译,广泛深入地阅读,编选文集,写作戏剧和散文,最重要的是,他在诗歌创作上取得了最重要的突破。

米沃什是在一九四〇年七月底或八月初到达华沙的,他在迪娜斯街找到了扬卡。[3] 不久后他们就不得不从这里搬走——占领军设置的德国街区逐渐扩大,波兰人很好的石头建筑被遗弃在街边。大概是一九四一年初,尚未正式结婚的[4]米沃什和女友——只带着一件家具,一张结实的沙发床,搬到了位于马佐维茨卡大街和克莱迪托瓦大街角上安东尼·博赫杰维奇的房子。他们改动了客厅大门,把单独分出来的一间屋子租出去。房间里经常会组织一些地下活动,门外精打细算的房东总不忘提醒他们交租。[5]博赫杰维奇曾在当时华沙极有名的咖啡馆"阿丽亚"[6]当咖啡师,老板是米奇斯瓦娃·奇维克林斯卡,咖啡馆名字的意思是"女演员之家",在里面可观赏到米拉·吉明斯卡①、安杰伊·帕努伏尼克②、文森特·鲁托斯瓦夫斯基等人的演出,他们在两架钢琴上改编表演了两百多部作品。与咖啡师的结识带来的好处将会在后面描述。耶日·安德热耶夫斯基写道:"安东尼,整天在自己的工位上给自己杯中倒酒,不时小抿一口昂贵的白兰地,每次我和切斯瓦夫[米沃什]进来的时候,那种饮品就会摆上不少,我们坐吧台边上,喝起那些昂贵的酒品,不亚于有钱的银行家,真的很棒,大概不需要我再解释。"[7]

当年六月,德军开始攻打苏联时,华沙的很多德国军官都上了东部前线,空出来不少房子。米沃什因为在波兰城市管理机构和国家地下组织里有熟人,得到了位于独立大街(当时德语名叫南北大道)131／134号的四方大厦里的住房。这个位于二楼、带厨房的三居室也给扬卡的父母留出了栖身之处,德乌斯卡女士"管起了做饭,虽然她很有个性,但我们四个人的日常生活还是达到了和谐"。[8]周边建筑甚少,这座单独的石头老建筑有着老木头窗户,周围是一些工厂。他可以漫步于郊区的景色中,也可以去田野散步,修身养性[9],在被占领时代结束后,他学会了

---

① 米拉·吉明斯卡(Mira Zimińska, 1901-1997),波兰演员。

② 安杰伊·帕努伏尼克(Andrzej Panufnik, 1914-1991),英籍波兰作曲家、指挥家。

"过群居生活,与大家一起分担恐惧与不幸,分享快乐和希望。群体包括所有人：街坊和邻居,大家一起去地里采挖冻土豆,当中也有聚在街角抽烟的那些人,有永远被外面的围捕吓傻的理发师,有刚刚在起义之前的不幸时刻生下孩子的女店员。其中那些在街角售卖卷烟的,开始都是些小孩子,随着春天、秋天和冬天的过去,他们变成整天在眼前晃荡游玩的大个子少年"。虽然已是地处边缘,但也无法摆脱噩梦的世界——附近成片地堆起被枪杀者的矮坟。看门人因为传言给了犹太儿童食物而受到威胁[10]："一个十二岁的老手和一个八岁听指挥的小马仔。每天准时挨着楼求助。[……]我们也高兴了一回,那次,那个年纪小的被一名经过的军官抓住,趁军官从枪套摸枪的时候,挣脱出来,逃进了院子,跳进一个垃圾桶,从里面盖上盖子藏了起来。德国人搜查了整栋房子,气急败坏,最终还是没找到那个小家伙。"[11]在从未出版的随笔《欧洲的孩子》中,我们还了解到,楼上安装了印刷机,发出的噪声让人无法入睡("我与上面的印刷工厂毫无关系,那是为别的政治派别服务的,想到我会死于与我的观点完全不同,全是垃圾废话的那帮人出版的刊物,我就怒不可遏")[12],起义爆发后还能看到的烟友卡罗尔,头戴法国老式头盔四处乱跑,想要速死的样子。

311

　　显然,广播电台的人都不能回去工作了,必须找到新的收入来源,与多数知识分子一样,承担共同的命运,包括那些还维持着合法工作的人。微薄的工资不足以维持生计,而按人头计算凭票证才可得的那点可怜的食物,也必须要靠在黑市上的采买来补充。由于走私者、集市和贿赂体系的存在,城市供应运转良好,但有时,黑市的东西能让外行惊掉下巴(例如,从德国人手里偷偷摸摸买下几个满载的车皮,里面竟全是乌龟),不时还会被"宰一刀"。在特别困难的情况下,有些作家只能选择与德国人合作(做出这种决定的人特别少),或者找新的挣钱办法：卖掉自己的藏书,在餐馆打工,开店(例如佐菲亚·纳乌科夫斯卡,开了家烟店),拉板车(例如很有写小说天分的斯泰凡·基谢莱夫斯基),或者索性做点小买卖。米沃什当时写信安慰朋友:"生活条件很难描述,总的来说,我们这儿的一切肯定不像人们想象的那样,物质生活总体来说并不差,我个人到目前为止还没感受过短缺。"[13]而在一九四一年的诗歌《废墟之书》中,他描述了在占领时期赚到的第一笔收入:

> 阴暗的大厦,入口处横七竖八的木板
> 阻止人们进入,只会让你待在门外,
> 如果你往里走。门厅像是
> 洞穴,墙壁似乎湿漉漉的
> 常春藤缠绕着墙,四处散乱的线缆就是常春藤。
> 往后,表面上长出红黄色的砖,扭曲的金属
> 立柱像剥落的树干,手电筒的微光
> 沿着它流淌。
>
> [······]
>
> 这里得小心走。当你头往上斜看,
> 吱呀呀的重量下,支撑杆已经弯曲
> 你看到层层叠压的上面,断裂处
> 废弃的幽光。

(《诗集 第一辑》,页 165)

斯塔希茨王宫在"九月战争"中被炸毁,在废墟下发现了法国文化中心的藏书。华沙大学图书馆立即展开抢救,提供了报酬很低但却合法的工作。米沃什和斯坦尼斯瓦夫·迪加特一起在倒塌的砖堆下挖书,装

到大马车上:"我在阳光下热身,伸展身体躺在大木箱上,我感觉自己沉浸于迷人的城市丛林,其中伴随着恐怖的浪潮和不时传来的枪声。冬天,有时我们去工人家里,喝他们的自制酒取暖。"(《欧洲故土》,页264)有时,这会带来相当严重的后果,诗人当时的哥们儿马里安·托博罗夫斯基[1]回忆说,走在普瓦夫斯卡街上,他们遇到一个孤零零的盖世太保,不安地打量着这两个步履蹒跚的男人:"米沃什扯着嗓子大声用俄语唱着《国际歌》,而我则扯着嗓子不着调地唱着《马赛曲》。"[14]

在被占领的最初几年,华沙大学图书馆成了切斯瓦夫·米沃什的避风港。图书馆还留着一些过去与作家交好的工作人员,如馆长亚当·莱瓦克[2],住在米沃什家同一栋楼的扬·科索诺加[3],还有爱书的约瑟夫·胡台克。在他们后来的记忆中,搬运书籍的工作似乎没有尽头。德国人把华沙大学图书馆与国家图书馆合并,创建了华沙市立图书馆,负责人是威廉·维特和他的顾问——德意志血统的尤里安·普里科夫斯基。大概是为了让德国人在华沙安稳地扎根,他们制订了一个庞大的重组计划,将图书馆各处建筑分类划分,摆放通用书和学术类书、波兰文书籍和古籍、图录或地图。[15]"相当于平移阿尔卑斯山的意图"(《欧洲故土》,页264)完全是乌托邦式的想法,被波兰员工破坏了,他们害怕被解雇并担心藏书被毁灭。最终德国当局终止了该计划,可是他们在很长一段时间里,一直雇用着穿着看门房大褂的米沃什,往木板箱里装书。他们只能用胡萝卜汤和电烤箱烤的土豆填饱肚子。在华沙大学图书馆大厦里,诗人首先靠借大堆大堆的书解决他在其他方面的饥饿,他后来写道:"我当时觉得全人类文明,就像一块巨大的奶酪,我就在这奶酪里面,真

---

① 马里安·托博罗夫斯基(Marian Toporowski, 1901-1971),波兰文学评论家。

② 亚当·莱瓦克(Adam Lewak, 1891-1963),波兰历史学家、图书馆专家。

③ 扬·科索诺加(Jan Kossonoga, 1894-1972),波兰图书馆学家。

是一场盛宴!"[16]阅读大量法文读物,为米沃什后来的散文创作提供了充分的养料,米沃什在作品里引用过罗歇·凯卢瓦①、马克斯·舍勒②、约翰·赫伊津哈③等人的作品,还有尼采和纪德的作品……[17]

那些饥饿而不知疲倦的图书馆工作人员,以巨大的奉献精神抢救藏书,并努力收集当时的地下出版物。其中一些人还参加了抵抗运动[18],在一排排的古书后面的封套里,有时掩藏着武器。米沃什在《诗歌六讲》中曾提到那些在起义中牺牲的人,例如"雅德维嘉小姐"[19],他写道:

313

面对现实,我们该如何? 如何表述,她在哪里?
似未升天,却已消殒。未曾被计算的生命
从未被提起。

[……]

而我,在此,失忆的教师,
教导你们,痛苦会过去(因为是别人的痛苦),
仍在脑海中挽救雅德维嘉小姐,
娇小的,驼背的,职业图书馆管理员,
她死于那座大厦的避难所,
都认为牢不可摧,却也塌陷,
且无人能够挖穿,压牢的墙体,

---

① 罗歇·凯卢瓦(Roger Caillois, 1978-1913),法国人类学家、社会学家。
② 马克斯·舍勒(Max Scheler, 1874-1928),德国现象学哲学家。
③ 约翰·赫伊津哈(Johan Huizinga, 1872-1945),荷兰语言学家、历史学家。

挖掘和敲打的声音,听了好多天。

[……]

一个人,真正的敌人,是被归纳。
一个人,真正的敌人,是所谓历史,
用翻番的数字来吸引人吓唬人。

[……]

雅德维嘉小姐,小小的骷髅,
和她心脏曾经跳动的地点。这就是我要述说的一件
对抗必然,对抗法则,对抗理论的事。

(《诗集　第四辑》,页 211–212)

图书馆的菲薄收入,当然还不够维持生计。扬卡先是在亚斯纳大街的波德科古特酒吧的咖啡店找到了一份工作,这里在一九三九年秋天被改造成了一家体育酒店,服务员中还有雅努什·库索钦斯基[1][20]。在这地方,他们曾经出售安德热耶夫斯基和斯泰凡·奥特维诺夫斯基[2]的书。扬卡和米沃什还做起了"倒爷":在敦刻尔克惨败后,她把威士忌和"玩家""伍德宾"品牌的香烟弄到了市场,而《三个冬天》的作者则去寻找想要购买香肠和女士内裤的顾客。能带来更大

---

[1]　雅努什·库索钦斯基(Janusz Kisocinski, 1907-1940),波兰中长跑运动员,该国首枚奥运会金牌得主,民族英雄。

[2]　斯泰凡·奥特维诺夫斯基(Stefan Otwinowski, 1910-1976),波兰散文家、剧作家。

利润的是倒卖黄金：米沃什的一个朋友在马尔沙韦科夫斯卡大街开了一家小首饰店，扬卡是为他买进首饰的人之一。他们把贵金属熔化，做成有利可图的手镯。最艰难的是秋天，需要购买并储备煤和土豆。而安德热耶夫斯基打造的"最后一块钱定理"，总能起到一点作用，该理论认为，当你口袋里只剩下一块钱的时候，必定会出现要花大钱的地方。这种情况还是发生了，虽然时不时需要寻找财路或是借钱，米沃什总是还有一处尚未还清的……又对上了。为了得到政府基金的补助，他找人联署保证书。他突然想到了斯泰凡·波托茨基，又被称作普茨克的，在资助雅努什·明凯维茨：

314

> 韦索瓦夫人开了门，把我带到王座大厅，无精打采，普茨克喝得烂醉，躺在床上，慈悲地听着我述说[……]。这位阁下不时地挠自己的腋窝，然后闻他的手指。在这种情形之下，现场解释自己的请求听起来很荒谬，既然我找了，对方却没兴趣。我对羞辱很敏感，结尾说出了要命的句子"来吻我的屁股……"。[……]第二天，一位先生来拜访我，自称是伯爵的马仔，说我侮辱了妇女，也即韦索瓦夫人，波托茨基先生感到有义务与我决斗。[……]这就是马仔们上门来的目的，沟通和对话？我已经不记得了，忘记是请谁来帮我的，好像是斯泰凡·基谢莱夫斯基。不管怎样，争端[……]友好地了结了。我送了一大束花给心灵受伤的韦索瓦夫人，表达我的忏悔，后来是否得到担保，我也不记得了。[21]

后来他获得一笔借款，直到华沙解放后才还清。诗人在去世前不久还提过这件事，如果他没记错，那是一笔不小的数目，两万兹罗提，在当时能让他和扬卡维持十几个月的生活。米沃什还获得了地下政府的资助，是由雅罗斯瓦夫·伊瓦什凯维奇代表政府分发的[22]，其助手是安德热耶夫斯基,勇敢地向需要帮助的人伸出援手(同样也帮助华沙以外住在克拉科夫和利沃夫的人),为他们提供维持生活的款项。

一九四三年作家的处境有了改善,当时市场上出现了一些出版商,准备购买手稿,以期将来发行赚钱。他们都是老公司和新企业家的代表,投资有望获得超额回报的书籍。其中之一是干劲十足的兹比格涅夫·米赤奈尔。战前他是社会党党员、记者、讽刺作家和《大头针》杂志的创办人。米沃什在维尔诺与他认识,并在地下自由组织里短暂共事过。米赤奈尔当时打算在战后成立"维斯瓦出版社",并且为此设立了总价值约为两百万兹罗提的基金[23],购买了超过两百部著作的版权,向一百多位作者支付了预付款,分别是五千到一万兹罗提,最低的金额也够作家生活几个月的。[24]当时几乎所有可被称为作家和学者的,都与"维斯瓦出版社"合作,包括米沃什,他以"爱德华·马利什"和"B. B. 库什卡"的名字与"马里安·扎瓦茨基"即米赤奈尔签订了出版散文集《现代传奇》和诗歌系列《世界》的协议,还签订了再版前期诗歌集的协议。[25]伏瓦迪斯瓦夫·雷恩查也进行着类似的运作。他曾经和米沃什合住一间大学宿舍,现在雇了过去的老同学作为与作家们联系的经纪人。米沃什回忆到雷恩查时说:"我们一起在维尔诺大学学习法律时,他是个高个子,话很少,非常安静,一个贫血的青年[……]。他有明显的左倾倾向,同时表现得非常虔诚。作为组织者和战术家,他很受赏识,在左翼自由派阵营里担任各种职务。然而,当时没人发现他有着重新进化的能力,即西部野蛮商人的天赋。"(《欧洲故土》,页269)作为自由组织和波兰社会党——自由、平等和独立派的成员,他于一九四一年接受地下政府的委派,在德国人占领的维尔诺成立了一家运输公司——"雷沙德·迈特和 S-ka"公司。该公司业务繁忙,在维尔诺、明斯克和华沙之间运营起正规的商贸业务,同时,由于向德国当局行贿,并与各派别的游击队合作,还可以进行货币交易、走私武器和运送秘密文件,并帮助维尔诺隔离区的犹太人逃离。在华沙,雷恩查将巨额利润的一部分投资于书籍。[26]作为他的中间人,米沃什与其他作家和诗人签订协议,其中包括塔德乌什·布莱扎、扬·布热赫瓦①、莱奥波德·布赤科夫斯基②、雅罗斯瓦夫·伊瓦什凯维奇、扬·多布拉琴斯基③、斯坦尼斯瓦夫·迪加特、斯泰凡·基谢莱夫斯基、佐菲亚·纳乌科夫斯卡、斯泰凡·斯莱布尔内、耶日·维舍米尔斯基以及卡齐米日·维卡。诗人还主持安排了米赤奈尔跟雷恩查的谈判,一次具有超现实主义意味的探索,试图“将一个不存在的出版社与另一个同样不存在的出版社合并。像往常一样,当谈到在一个不存在的岛屿上的宝藏时,耗时良久”。(同上,页271)

　　“这些私底下对金钱的争夺,令我们感到好笑,因为我们三人,即W[雷恩查]、他潜在的合伙人和我,都属于同一个社会党组织,这个在战争爆发后成立于维尔诺的活跃团体。”(《欧洲故土》,页271)米沃什做出这个补充时,心中所想的是地下自由组织。一九四〇年九月,米沃什到华沙不久,就和耶日·安德热耶夫斯基一起加入了自由组织的行列,这从瓦茨瓦夫·扎古尔斯基的回忆中可以清楚地看到:“我决定亲自和他们进行一次原则性谈话。他们在特隆巴茨卡大街1号安德热耶夫斯基的房间等我。[……]谈话持续了近三个小时。没有发现我们在观点上存在明显分歧。我确信他们的忠诚,接受了他们的宣誓。他们将承担在年轻作家群体中的宣传工作。我保障秘密文学刊物出版所需的复制印刷和编排整理等方面的条件,给他们技术援助。米沃什推荐了候选人

---

　　①　扬·布热赫瓦(Jan Brzechwa, 1898-1966),波兰诗人、作家和律师,主要以对儿童文学的贡献而闻名。

　　②　莱奥波德·布赤科夫斯基(Leopold Buczkowski, 1905-1989),波兰作家、诗人、画家、图形艺术家和雕塑家。

　　③　扬·多布拉琴斯基(Jan Dobraczyński, 1910-1994),波兰作家和出版人。

岑卡尔斯卡,现居国外的著名电影导演的妻子。她的公寓[……]将会是他们组织部门活动的理想基地。"[27]

《三个冬天》的作者并不打算做个严格意义上的地下活动家(他甚至说:"我什么都没做,我还保持着与维尔诺的个人联系")。[28]然而,与自由组织相关的是接下来"立陶宛护照"的历史现实。据《欧洲家庭》杂志的报道,在销毁东普鲁士护照之后,米沃什到华沙时没有任何身份证件。直到中学朋友的妻子万达·科夫纳茨卡(她当时是普拉加区一家冶金厂的文员)为米沃什开具了一个身份证件,证明他曾是这家工厂的雇员。证件是假的,如果他被德国占领当局抓捕,该证件可以保护他,证明他是对帝国有用的工人。证件上的日期是一九四一年五月八日,写的地址是克莱迪特大街 1-18 号,是博赫杰维奇家的地址。诗人此前没有正式的身份证件吗? 他如何得到食品分配卡呢? 波兰城市市政当局那时发放了所谓"临时证件"(只需要两名证人的证词,就可能实现城市居住身份合法化),到一九四二年才被德国的身份证件取代。此外,作为图书馆的员工,米沃什应该得到了雇用证明,何况他曾直接将这项工作描述为"为了中午的菜汤和身份证件的活计"。(《米沃什词典》,页 177)[29]

然而,一九五六年在写给巴黎《文化》杂志社的信里,他对身为立陶宛公民在占领期间却躲在波兰的指责做出回应,信中写道:"战争开始时,维尔诺及其周边地区被并入立陶宛。一九四〇年春天给当地居民发新护照时,我的护照上'国籍'一栏里是'波兰'。后来在华沙,我应'领导'的要求保存了立陶宛证件,当时'领导'负责将微缩胶片送往伦敦,现在他是波兰统一工人党了。可是,我当时一次都没在德国人面前用过这个证件,现在我也没法说,是因为有了这个证件的保护,我免遭德国抓捕的这种说法是否合理。"[30]他是否把护照偷运到了华沙,还是只提供了一个复杂故事的简短版本? 许多年后,他谈到了与伏兰齐舍克·安采维奇的会面:"一九四〇年秋天,他从柏林来华沙处理房产。他劝说我去柏林看望他。当

317

被问到如何能够做到时，他回答说：'别胡扯，我们的领事馆虽然关闭了，但所有的印章都还在。我会把安全通行证寄给你。'我问我社会党自由组织的领导，兹比格涅夫·米赤奈尔，我是否可以接受邀请。他说：'接受吧，得有人去柏林，运送缩微胶片。'就这样，我有了立陶宛的旅行证件，若被德国人抓捕可以用作保护，但是也不敢肯定，因为这证件并没有在德国人那儿做过登记。"（《米沃什词典》，页41）

安采维奇在战争爆发后成功地逃离了波兰到达考纳斯，然后得到《立陶宛新闻》日报驻柏林记者的工作。后来他继续与其他报纸合作，包括瑞典的和丹麦的，在柏林一直待到一九四二年六月，直到后来被驱逐，才回到立陶宛。[31]后来在一封给米沃什的信中，他提到了那次去对华沙的访问，可惜的是，他没有提到"旅行证件"的问题。[32]后来的故事被兹比格涅夫·米赤奈尔的儿子重新描述为："父亲也负责[……]安排与西方的联络。他通过联络信箱，从国内把报告、信件和报刊送出，并用来向国内转钱，联络信箱设在柏林，位于瑞典驻'满洲国'使团的大使馆。属于自由组织的切斯瓦夫·米沃什甚至还是柏林的联络员。立陶宛的朋友向他提供了带有立陶宛驻柏林领事馆的印章，倒填日期的身份证件[……]。但米沃什并没有成为自由组织的信使，当时找到了另一个人来任职，他怀揣更为有力的证件来履行这一职能，而且是完全真实的安全通行证。这就是库比茨基，被称为库巴，是波兰出身的德意志帝国公民，他经常去柏林看望住在那里的母亲。[……]库巴在一九四一年的头几个月开始为自由组织工作。他往来于柏林，所带走和带回的东西都经他父亲的手。首先是钱。这些都是大笔的经费，专门提供给自由组织，给波兰社会党——自由、平等和独立派，给工党，给武装斗争联盟总指挥部作为经费。"[33]瓦茨瓦夫·扎古尔斯基没有彻底说明米沃什与安采维奇之间的联系，不排除是因为米赤奈尔与他的矛盾越来越大而最终在一九四一年中期被自由组织开除，所以米赤奈尔没有将此事告知他。

其次，从安德热耶夫斯基的报告中可以看出，米沃什仍然持有立陶宛护照，只有在持有护照的基础上，他才能得到安全通行证，这样才有可能前往柏林。《灰烬与钻石》的作者为他的朋友辩护说：

> "立陶宛护照"对他一点保护作用都没有，因为他从来没用过此类证件。他只是有当时立陶宛当局发的一种证明信，用于证明是立陶宛公民，而且上面用的是已经不存在的立陶宛驻柏林领事馆的无效印章。这类证明信充其量只能糊弄一下街头的抓捕，分散某些希特勒凶手的警觉。米沃什还是持有过类似这样的证件的，正如由我告诉那些与伦敦波兰流亡政府相关代表共事的一些人那样。他们当时负责波兰文学和波兰作家的个人事务（比如物质条件和立场），我们可以说，这是符合道义的。他们同样了解波兰国内地下左翼自由组织的实际情况[……]。当时，波兰人的道德戒律数不胜数[……]。使用外国护照，纯粹是为了保障个人的安危。切斯瓦夫·米沃什在华沙是以立陶宛护照为登记依据的，而且米沃什须随身携带这个护照来应付所有要用到立陶宛公民证明的糟糕情况，从当时的道德要求角度看，这完全是两个不同的米沃什。因此，我为这有利于第二个米沃什的立场确证，因为这是事实，也是他在波兰被占领期间道德无瑕的证明。[34]

318

多亏安采维奇才拿到的证件，是"（一张大纸，带有照片）我保存着，应该可以在各种抓捕时自保。我不想，也无法在德国人那里去登记这个证件，因为根据他们的规定，外国人都应该进行登记，而我的证件完全不是外国公民身份证件。这就是我'立陶宛护照'的真相。[……]虽然我的旅行证件没有在德国人那里登记，但我还是希望它是在某处登记过的，我在市政当局的朋友们把一份写有我名字的证明档案卡片放了进去,注明是旅行证件,用了立陶宛名字,米沃休斯"。最终,米沃什本人在生命结束前所写的《我的自传素材》中做了论断。同样值得怀疑的是那位耶日·扎古尔斯基[35]的妻子玛丽娜,米沃什曾给她看过这个证件,她却在华沙到处散播谣言。在雅努什·明凯维奇写给米沃什和迪加特的打油诗中,揭示出了问题的根源:

斯塔希①与切希同行华沙

切希告诉斯塔希:

——波兰,伟大啊,老兄……

斯塔希接道:非常伟大!

[……]

再看他们的面容

打着波兰的烙印,

偷偷上来个喷着唾沫星子的德国佬:

"请出示证件!"

319　　这没让他们惊慌,

他们从内衣的兜里掏出:

切希——是立陶宛护照……

斯塔希——是法国护照……[36]

若论米沃什曾经持有两份安全通行证的历史——其中一份是使他

---

①　即斯坦尼斯瓦夫·迪加特。

能够从布加勒斯特到维尔诺的,另一份则是去柏林有力的安全保障——现在看来,应该承认两份安全证的来龙去脉都很错综复杂,而缺乏档案证据使得我们无法详尽验证。[37]但这并非表示不真实。此外,在占领期间,《三个冬天》的作者在维尔诺就得到了注明为波兰国籍的护照,或是由并不存在的立陶宛大使馆正式签发的旅行证件,当米沃什决定不缺席华沙的地下文化生活的时候,这已经不重要了。正如当时阿道夫·希特勒扼要地表态:"对波兰人而言,只能有一个主人,那就是德国人,不得同时有两个主人,因此波兰知识界的所有代表人物都必须被处死。"[38]

注释

[1] 摘自博格丹·科热涅夫斯基,《"阴谋"事件》,收录于斯泰凡·基谢莱夫斯基,《阴谋》(华沙,1995),页6。

[2] "理清自己,抽出时间,把自己安置于社会生活之外,安置在能够重新开始的地方,思想是自由的地方,因为彻底地开展地下工作,因为一切都是被禁止的"——《权力的攫取》主角之一彼得·科文托对德国占领下的生活的思考。

[3] 不久他还要拜访一位远房亲戚,瓦茨瓦夫·帕夫里科夫斯基,因为他要收取维尔诺家乡寄来的一个包裹。更重要的是,在最近几年里他也必须见见克拉斯诺格鲁达的婶婶们——嘉布蕾拉和雅尼娜。伏瓦迪斯瓦夫、齐格蒙特·利普斯基被捕后,德国人把财产也抢走了,她俩就逃到了华沙。她们在战争中活了下来,参加了起义,后来去了克拉科夫,在那里又找到了米沃什。

[4] 正式的简历上显示,雅尼娜·德乌斯卡和切斯瓦夫·米沃什的结婚日期为1944年1月——该日期并不正确。

[5] "安东尼,狡猾又贪心,他有一家照相馆,还养着一个红彤彤的松鼠女儿。"米沃什开玩笑地说,被奈拉·米钦斯卡看在了眼里。松鼠女儿就是后来杰出的摄影家安娜·贝娅塔·博赫杰维奇。摘自切斯瓦夫·米沃什和雅尼娜·米沃什给阿涅拉·米钦斯卡和扬·乌拉托夫斯基的信,信是寄给阿涅拉·米钦斯卡的,1942年6月28日。(移民档案,托伦哥白尼大学,扬·乌拉托夫斯基

档案)

[6]"阿丽亚"(Arria)的拼写中有两个"r",这个名字取自一位古罗马人的妻子,她以自杀为丈夫鼓劲。参切斯瓦夫·米沃什,《毫厘误差》,载《文化》,1984年第12期。后来耶日·瓦尔道夫回忆:"特别成功——我要说——也受到华沙知识分子圈的追捧,阿丽亚餐厅和咖啡厅,隐藏在拿破仑广场通往马佐维茨卡大街入口深处的一间老贵族的小庭院里,由米奇斯瓦娃·奇维克林斯卡打理,在咖啡机边负责打咖啡的是艾娃·班德罗夫斯卡-图尔斯卡。"见耶日·瓦尔道夫,《我的影子》(华沙,1979),页161。

[7]耶日·安德热耶夫斯基,《影子游戏》,页123。

[8]切斯瓦夫·米沃什,《我的自传素材》,未出版。(克拉科夫切斯瓦夫·米沃什档案馆)

[9]"去年夏天扬卡养了一株捕蝇草,给它做了一个窝,又喂它吃苍蝇(扬卡能在空中抓到苍蝇,我可不会)。但捕蝇草和燕子,我们也有一只燕子,它们不会自己捕食,因为父母没教。最后我们把捕蝇草移到了(华沙)工业大学的花园里。它长得很大,很肥,像小鸡挥动翅膀一样摇摆,事实上,其他的捕蝇草开始喂它了。"摘自《猎人的一年》,页349。

[10]1944年米沃什夫妇住在这间屋子里时,塔德乌什·贝尔斯基——因为"黝黑"的样貌——被这位看门人当成犹太人给赶走了。

[11]切斯瓦夫·米沃什,《在华沙城边》,载《横截面》,1945年第16期。

[12]切斯瓦夫·米沃什,《欧洲的孩子》,文章未完成(1947–1948)。(拜内克图书馆)

[13]摘自切斯瓦夫·米沃什写给博莱斯瓦夫、哈利娜、阿涅拉和安娜·米钦斯基的信,信是寄给阿涅拉和哈利娜·米钦斯卡的,无确切日期,可能写于1944年初。(国家图书馆,手稿部,索引号:akc.16786／1)

[14]发生在德国攻打苏联之后。参马里安·托博罗夫斯基,《屋顶:华沙回忆》,收录于《好文化之战:华沙,1939-1945》,斯坦尼斯瓦夫·洛伦兹编(华沙,1970),卷一,页340。

［15］见万达·索科沃夫斯卡，《大学图书馆(1939–1944)》，收录于《好文化之战：华沙，1939–1945》。

［16］摘自切斯瓦夫·米沃什写给扬·布沃斯基的信，1963 年 4 月 3 日。(雅盖隆图书馆，手稿部)另参："陷入丛林中。以前，小时候，有手绘的鸟类路线图和想象中的各国地图，后来，长大了，陷入文学作品、名字和脸庞交织在一起的蓝绿色书丛里。[……]这些纸堆令人着迷，也许明天就会发现什么，秘密或者希望。不幸的是所在的时代，所有人都背负着对生命的恐惧，每个人都必须赤身裸体地奔跑，就像从树皮上爬下来的昆虫被扔到了石头片上。而他，立刻，尽快地，潜入到这片丛林的阴影中，这里不仅给了后代一个庇护所，还比任何世界都更加真实。后来他向一位外国人解释说，他就这样挺过了战争岁月，战胜了恐惧，而无论现在，还是曾到过那里的人，在历史上或者自然中是否都没有留下踪迹？"见《路边狗》，页 153。

［17］"我的这种阅读类型可能对应着贡布罗维奇在旺斯说过的一番话，当时他以自己的习惯主导着一场哲学对话：'奇怪，我们说法语时，你的表达是准确的，当我们转为波兰语，你就含混不清。'"摘自《米沃什词典》，页 135。

［18］博格丹·科热涅夫斯基说，这样做是为了在为图书馆获取被捕者——很多是地下工作者的藏书时，保护秘密资料的安全。在他看来，维特博士在努力睁只眼闭只眼："在警务长警惕的眼神里，对波兰人为什么如此热衷于收集优秀地下活动者的收藏从来就没有兴趣。[……]他肯定老早就参悟了自己的人生哲学，都是不安年代教给他的——在危险的职位上如果不是事关个人安危，那最好闭上眼睛。因此他甚至都没有往心里去，我敢肯定，盖世太保手中的被捕者的藏书连同藏在书页中的波兰档案将重回波兰人手里。"摘自博格丹·科热涅夫斯基，《书与人》(华沙，1993)，页 122。

［19］在切斯瓦夫·米沃什的档案里，有一首写于 1949 年的未发表的诗，首句是"面对现实，我们该如何"，该诗题献为"纪念雅德维嘉，小驼背，华沙大学图书馆的员工，1944 年和房子里的居民一起被活埋在避难所"。(拜内克图书馆)

［20］参托马什·沙罗塔，《被占领时期华沙平凡的一天》(华沙，1978)，

页 286。

[21] 切斯瓦夫·米沃什,《当我被要求接受单挑时》,载《普世周刊》,2004 年第 21 期。

[22] 参雅罗斯瓦夫·伊瓦什凯维奇,《战争年代的斯塔维斯科》,收录于《好文化之战:华沙,1939-1945》。

[23] 关于这段历史米赤奈尔的儿子彼得在《我的父亲:反叛者》(《历史笔记本》〔巴黎〕,第 125 期)一文中的描述最为翔实。战后创立一家独立的出版社已无可能,米赤奈尔就把手稿还给了作家们,这样预付款就成了实际意义上的赠款,也因此确实帮不少作家活了下来。

[24] 参耶日·希维安赫,《第二次世界大战期间的波兰文学》(华沙,1997),页 30。

[25] 藏于文学博物馆。1943 年 8 月 14 日签署的《散文》合同确定了新书发行量(最少 1 500 册)以及稿费(第一版书价的 15%),还明确了米沃什会收到 6 000 兹罗提。雅罗斯瓦夫·伊瓦什凯维奇因为有几本书要出版,米赤奈尔一次性支付给他 50 000 兹罗提。见马莱克·拉基文,《伊瓦什凯维奇:灾难后的作家》(华沙,2010),页 157。"父亲曾回忆,他带着伊瓦什凯维奇的手稿从斯塔维斯科返程途中,火车上纳粹突然来抓人,所有乘客都被赶到普鲁士科瓦站,并要举起双手。手稿掉到地上。宪兵捡起来翻了翻又把它扔回地上:狗屎!父亲设法溜走了,还带上了手稿。他后来和伊瓦什凯维奇讲过这段经历。《名望与荣誉》的作者听完后平静地问道:'现在您该怎么回答他呢?'"见彼得·米赤奈尔,《我的父亲:反叛者》,载《历史笔记本》(巴黎),第 125 期。

[26] 战后雷恩查创立了名流出版院(1946-1950),出版过雅罗斯瓦夫·伊瓦什凯维奇的小说和塔德乌什·加伊茨的诗。

[27] 瓦茨瓦夫·扎古尔斯基,《囚禁中的自由》,页 132。事实上耶日·安德热耶夫斯基记住的是另一个日期:"左派地下组织'自由组织',〔……〕也许在 1941 年,要不就是第二年,我们和米沃什加入进来,一起向耶日·扎古尔斯基的哥哥瓦茨瓦夫宣誓,他后来成了我的同事。"见耶日·安德热耶夫斯基,《影子游

戏》,页 254。

[28] 取自本书作者与切斯瓦夫·米沃什的对话,华沙,2001 年。

[29] 在向外交部提交的工作申请书上,米沃什写道,占领期间他持有图书馆颁发的工作证明。该申请书再版收录于安杰伊·扎瓦达,《米沃什》,页 111。

[30] 切斯瓦夫·米沃什,《致编辑部的信》,《文化》,1956 年第 2 期。

[31] 安采维奇后来在考纳斯当起了律师。当苏联红军靠近边境时,他决定逃跑。第一次尝试失败了,出狱后随立陶宛难民潮一起抵达德国,在吕贝克任中学老师,一直到战争结束。1948 年移民到加拿大,成为立陶宛社会民主联盟的创始人之一。1964 年 4 月 16 日自杀身亡。他的传奇生活被泽诺维乌什·波纳尔斯基详细撰写为文——《朋友:伏兰齐舍克·安采维奇传记素描》。

[32] "我不知道,你从哪里得知,我'多年被德国人所蒙蔽'。1940 年我在华沙最后一次见到你时,我记得,我对你还有海尔巴切夫斯基教授很清楚地交代了我对德国和俄罗斯的观点。"摘自伏兰齐舍克·安采维奇写给切斯瓦夫·米沃什的信,1953 年 1 月 21 日。(拜内克图书馆)

[33] 彼得·米赤奈尔,《"自由"的秘密》,《历史笔记本》(巴黎),第 159 期。

[34] 耶日·安德热耶夫斯基,《影子游戏》,页 254-256。

[35] 占领时期,由于前热加雷成员扬·多布拉琴斯基和维克多·特罗希奇安科参加国民党的地下活动,他与他们失去了联系。

[36] 题献给扬·米耶尔诺夫斯基,"送给扬希的关于切希和斯塔希的小诗",该内容由彼得·米赤奈尔提供给本书作者。

[37] 米沃什的两封信并没有彻底说明这件事。他给盖德罗伊奇的信中写道:"我在维尔诺拿到了护照,和所有居民一样,国籍一栏为'波兰'。如果盖世太保还在设置绿色边境,抓到我,我就得把它吃了[……]。1940 年秋天,我在华沙遇见了安采维奇,他对我说,在柏林的立陶宛领事馆有护照申请表,他可以给我寄一本新的,这样我就能保护自己免受围捕。米赤奈尔[……]像水蛭一样把这份文件带在身上,给了我让我藏好[……]这样我就有了这本护照,虽然我从来没有用过,也没有从它身上寻求过一点好处,却引起了同事们的嫉妒。"(1955

年 12 月的信,文学院档案馆,迈松拉斐特)给文森兹的信中写道:"已经没有人敢再提起维尔诺了。1940 年春天居民们(我也在内)拿到了新的立陶宛护照。这本护照没有给我带来过一点益处。占领期间,我和拉法乌同志,也就是米赤奈尔——他为波兰社会党工作[……]待在一起的时候,他想出一个主意,利用这本护照把微缩胶片带到柏林的瑞典领事馆[……]。这个主意没成功,因为我对德语一无所知,我对我的国籍也是,一个不存在的国家的护照根本没有用。我带着它只是为了防止被举报,但它帮不了什么忙。华沙有不少这样的拿着立陶宛护照的维尔诺人。"(1956 年 1 月 23 日的信,切斯瓦夫·米沃什档案室,迈松拉斐特)第一封信提到了两本不同的护照,第二封信中提到了一本,还用这本护照走私越境。

[38] 托马什·沙罗塔,《被占领时期华沙平凡的一天》,页 98。

第三十七章　米兰达岛

> 我们却还活着，只因为我们是作家，
> 所以我们努力写作。虽然事实上，我们
> 的人越来越少，被运去了集中营或是被
> 枪杀。对此无能为力。我们在浮冰之
> 上，正在迅速融化。
>
> 切·米沃什，《被禁锢的头脑》

320

在被占领期间，文化生活不仅没有僵死，甚至还强化了它作为一种波兰民族纽带和身份认同在公共社会所展现的形式意义。作家们对民族的承诺和勇气，以及地下政府组织的扩张，文化活动项目的规模不止一次大到令人震撼，如玛丽亚·维尔琴斯卡策划的"诗歌广播节目"活动[1]，有七千多名观众参加。还有为记录德国的恐怖占领和抵抗运动而举办的地下电影拍摄课程。这项课程由安东尼·博赫杰维奇和耶日·扎日茨基主持，有时也由雅尼娜·岑卡尔斯卡主持，她在救国军里的代号为"尤安娜"。[2]人民对占领当局认可的电影院和剧院比较抵触。

米沃什后来"承认"说,在那个时期,他去了一次电影院,"我得看看'他们是怎么做到的'。[……]闵希豪森男爵式的故事。这样一个主题,多亏了导演的才华。即使这样,这也不是一部好电影,而是坏到成为希特勒政权下德国艺术彻底崩溃的例证"[3],当中演员们的表演也无法和谐入戏。

"在维尔诺的时候,我就一直生活在戏剧圈里。[……]在华沙也是一样"(《米沃什矛盾自画像:对话亚历山大·菲乌特》,页98),诗人这个说法,其中也包括战争时期。他去聆听过集体朗诵的《米格尔·马纳拉》,这是贝尔斯基在一九四一年四月组织的活动。同年十二月,贝尔斯基还举办了雅罗斯瓦夫·伊瓦什凯维奇最新翻译的法国小说家让·季洛杜的作品《厄勒克特拉》①的朗诵会。[4]一九四四年,他还推崇赞美过达努塔·沙夫拉尔斯卡②、扬·切西尔斯基③和年轻的安杰伊·瓦皮茨基④的表演,他们在救国军剧院演出了"以中世纪法国滑稽剧形式改编的密茨凯维奇的《特瓦尔多夫斯卡太太》……还用歌曲演唱情景剧。其动作、韵律、诗歌引发了满场的欢笑"。[5]同样,最重要的是米沃什和扬卡,还有耶日·安德热耶夫斯基三人在一九四三年一月一起去了华沙郊区的亨利科夫,在修女们为未成年妓女开办的工厂里观看了莱昂·席勒表演的《牧歌》。"啊,这才是悲剧。华沙维斯瓦河畔区和华沙格洛霍夫区的圣母,比意大利的那些圣母更具有人性,在受难之时,更显平静。剧中的圣约瑟因伤寒瘟疫而剪去头发,面容上带有常年贫穷和饥馑的痕迹。就如一群围观的学童,吸溜着鼻子;又如气急败坏、盯着女孩们跳舞

321

---

① 厄勒克特拉是希腊神话中阿伽门农的女儿。

② 达努塔·沙夫拉尔斯卡(Danuta Szaflarska, 1915-2017),波兰女演员,曾参加华沙起义。

③ 扬·切西尔斯基(Jan Ciecierski, 1899-1987),波兰演员。

④ 安杰伊·瓦皮茨基(Andrzej Łapicki, 1924-2012),波兰电影演员。

的牧师。"[6]米沃什后来很快又再次提起该剧。这次演出给予他的震撼
如此强烈,几十年后他还一再回想。剧中童真无邪、模仿着小老鼠嗓音
的圣母,被卖给了德国士兵,小圣母以戏剧艺术的精髓,向德国兵展示了
"一位圣人,凝聚了凡人的多样性和可塑性,使每一个个体和各自自身
所承载的全部经验与天赋,都具备了容纳最高层次的美德到庸常的邪恶
的能力"。(《猎人的一年》,页368)更为突出的是,它"并非希腊悲剧,
并非莎士比亚杰作,并非浪漫主义戏剧,却给了我一生最强烈的戏剧体
验,这是来自华沙近郊街头的贫穷女孩的表演,是民间舞台,是一场耶稣
诞生的情景剧,基督诞生剧"。(同上,页366)

　　米沃什还与地下的戏剧委员会合作,该组织由莱昂·席勒、埃德蒙
德·维尔琴斯基①、斯泰凡·雅拉奇②和博格丹·科热涅夫斯基③等人创
建,后者同样也在华沙大学图书馆担任搬运工,并在辛苦的图书整理过
程中与米沃什碰过面。委员会得到了伦敦波兰流亡政府的支持和帮助。
根据流亡政府的要求,他们组织了艺术和翻译方面的培训和竞赛,伊瓦
什凯维奇推进了翻译方面的工作,塔德乌什·加伊茨④、耶日·扎威依
斯基⑤、安德热耶夫斯基和耶日·扎古尔斯基等人为此进行了创作。委
员会还为战后的戏剧改革制订了计划。诗人米沃什参加了多次讨论,甚
至准备了一个"诗歌研究所方案",拟通过与广播电台、剧院及电影公司
合作为其提供诗歌文稿,用于播出或表演。[7]这个方案的第一个案例是
米沃什在一九四三年创作的《序言》,这是他唯一一部戏剧作品。作品
讲述战后一位诗人与国家领导人之间的高调对话,在埃德蒙德·维尔琴

① 埃德蒙德·维尔琴斯基(Edmund Wierciński, 1899-1955),波兰舞台剧导演、演员。
② 斯泰凡·雅拉奇(Stefan Jaracz, 1883-1945),波兰演员、戏剧制作人。
③ 博格丹·科热涅夫斯基(Bohdan Korzeniewski, 1905-1992),波兰导演、戏剧评论家、翻译家。
④ 塔德乌什·加伊茨(Tadeusz Gajcy, 1922-1944),波兰诗人、救国军军人。
⑤ 耶日·扎威依斯基(Jerzy Zawieyski, 1902-1969),波兰剧作家、散文作家。

斯基心目中,波兰获得自由之后,该剧要在华沙大剧院进行首演:优先于斯坦尼斯瓦夫·维斯皮安斯基的《雅典卫城》。

维尔琴斯基还说服米沃什重译莎士比亚的《皆大欢喜》。导演在艺术上的选择并非偶然,其意图是以莎剧中篡位者的退出和流亡公爵重归王位,对应当时波兰流亡政府的回归。可是,历史发展的走向不同。对于译者来说,当《浪漫森林之歌》唱起"鸟儿啦啦啦,呖呖呖:这是春天里爱人们的声音"(《路边狗》,页50),而"诗情画意的莎士比亚在束缚中首先要做的便是自我救赎"(《欧洲故土》,页267)。当他拜访斯塔维斯科的伊瓦什凯维奇居住的庄园时,不仅朗读了译文片段,而且还像玛丽亚·伊瓦什凯维奇所记得的那样,双手竖在头顶假装是鹿角,开心地唱起:"不要为这鹿角感到害羞,我亲爱的兄弟,鹿角鹿角,鹿角万岁!"[8]他还要大家相信,最好是一边跳着舞,一边翻译这部戏。[9]当时他对奈拉·米钦斯卡说:"我想这样做的效果很好,最大的乐趣是唱歌,我和扬卡,还有雅罗斯瓦夫夫妇,大家一起哼唱:'奥,奥利维尔!我的奥利维尔!日日夜夜,我想念你!'(每次唱'奥'音时,脚下就得转个圈。)"米沃什用更严肃的腔调接着说:"假如我能活到秋天,我打算去希腊,在接下来的战争岁月找点事情。华沙的生活是怪诞的,而越是怪诞,你就越想把精力放在书上。"[10]

一九四二年,米沃什花了几个月从事翻译工作,重在打磨自己的法文译笔,并全身心地研究十九世纪利昂·乌尔里希①的波兰语译本。米沃什的翻译能力提高很快,最重要的是,用到了所学的知识。米沃什在三十年代末开始自学英语,这段时间他和扬卡一起有规律地上课:先是在耶日·托埃普利兹(也就是电影《起点》里的图夏,后来罗兹电影学院

---

① 利昂·乌尔里希(Leon Ulrich, 1811-1885),波兰诗人、翻译家,翻译了莎士比亚的全部戏剧作品。

的创办人）家，后来一位英国女士玛丽·斯科利扎林每周来他们的公寓做家教。[11]毫无疑问，米沃什也考虑到了战前切霍维奇所做的翻译尝试，并明显感觉到对外界新潮流影响的需求，于是他从华沙大学图书馆的书架上借来罗伯特·勃朗宁、埃德加·李·马斯特斯①、威廉·布莱克、约翰·弥尔顿或艾略特的书进行研读，替代了此前阅读的波德莱尔、兰波、马拉美或瓦莱里等。[12]这些书很快就在米沃什的作品中产生了清晰的印记，尽管影响并不是直接的，"不能说是模仿，因为作者的经历完全不同，比如《荒原》[……]，就是在城市上空笼罩着犹太隔离区燃起的烟火时所阅读的，真的是非同寻常的阅读体验"。（《欧洲故土》，页269）一九四三年底一九四四年初，他一直在翻译艾略特那首著名的长诗，他以一种显而易见的艺术直觉，重新在波兰语言中再现了"空想之城"的形态，被迷雾遮蔽的景象在他口中发出叹息："这么多，／我没想到，死亡毁灭了这么多。"（《路边狗》，页57）

　　在华沙被占领的四年间，米沃什无数次参加作家聚会。他和"可爱的红猴子"斯泰凡·基谢莱夫斯基[13]经常在位于福克萨尔大街16号的波兰笔会餐厅见面。他们在那儿喝着象征性价格的一盘盘燕麦汤，对几代作家评头论足。首先是早已白发苍苍的文森特·科拉伯-布热佐夫斯基②或玛丽亚·什培尔库夫娜，她的书米沃什的祖母读过。基谢莱夫斯基曾记叙过一九四三年的"圣饼"事件，那时《三个冬天》的作者米沃什与卡罗尔·维克托·扎沃金斯基之间爆发了一场激烈的争论，后者谈到米沃什的诗作风格是前卫的，这激起了"诗人的愤怒，他因反对而大发雷霆，叫喊着说这是无稽之谈和诽谤，说自己与先锋派无论过去还是现在都毫无关系"。[14]

323

---

① 埃德加·李·马斯特斯（Edgar Lee Masters, 1869-1950），美国诗人。
② 文森特·科拉伯-布热佐夫斯基（Wincenty Korab-Brzozowski, 1877-1941），波兰诗人。

原来的先锋派作家,如今却参加了雅罗斯瓦夫·伊瓦什凯维奇的讲座[15],还频频出席著名的雅盖隆大学校长遗孀卡齐米拉·莫拉夫斯卡举办的沙龙。与野蛮的德国不同,在沙龙里可以聆听里尔克作品译文的朗诵。他还在佐菲亚·纳乌科夫斯卡家里参加"每周二"活动,该活动也曾在塔德乌什·布莱扎、雷沙德·马图舍夫斯基、耶日·安德热耶夫斯基或者耶日·扎古尔斯基的家中举行。后来扎古尔斯基回忆说:"除了各式各样的作家之夜、比赛、朗诵和讨论之外,还举办过几次诗歌大会[……]。我记得参加者有米沃什、希维尔什琴斯卡、多布罗沃勒斯基①、克日什托夫·巴赤恩斯基。重要的是,克拉科夫人与他们建立了联系,其中包括耶日·图罗维奇、卡齐米日·维卡、塔德乌什·科维亚特科夫斯基②、沃依切赫·朱可罗夫斯基③。"[16]米沃什与扎古尔斯基一起举办了"切霍维奇之夜"的纪念活动,与安德热耶夫斯基、塔德乌什·荷伦德及斯泰凡·奥特维诺夫斯基一起,点评并推介文学新秀。

他已经是"老大哥"了,对于"战时一代"的许多作者而言,他已是大师。安杰伊·特哲宾斯基[17]是《艺术与民族》杂志的固定作者之一,于一九四二年三月写道:"我走在大街上,朗诵着米沃什的《催眠曲》。"这家杂志的作者们与米沃什在政治观点上根本不同,但同时却对他产生了情感,其中不乏嫉妒和钦佩。一方面,他们会对他发起挑战,斯坦尼斯瓦夫·马尔查克-奥博尔斯基[18]回忆说:"我们还会跟他玩一些恶作剧,比如在凌晨四点给米沃什打电话,强烈要求他解释他的诗歌在意识形态上服务于谁";另一方面,他们还表现得不屑于已经认识他,正如特哲宾

---

① 斯坦尼斯瓦夫·雷沙德·多布罗沃勒斯基(Stanisław Ryszard Dobrowolski, 1907-1985),波兰诗人、散文家,华沙起义战士。

② 塔德乌什·科维亚特科夫斯基(Tadeusz Kwiatkowski, 1920-2007),波兰著名散文家、讽刺作家、剧作家、电影编剧。

③ 沃依切赫·朱可罗夫斯基(Wojciech Żukrowski, 1916-2000),波兰著名作家、诗人、剧作家、电影编剧、国会议员。

斯基在这场长期争论终结时所承认的那样，"在我们文学的现实当中，真正客观的实际是什么"。[19]然而，米沃什的诗歌早已与《三个冬天》时期相去甚远，他也不喜欢塔德乌什·加伊茨和他们那帮人的诗歌，无论是什么，在米沃什眼里都夸张地变成了一种"隐喻的腹泻"。（《米沃什矛盾自画像：对话亚历山大·菲乌特》，页59）比他小十几岁的年轻作家中，他比较愿意接近的是讽刺作家塔德乌什·博罗夫斯基①，当时其诗集《大地不论何处……》（1942）中的名句"在我们死后，留下的将是废铁 ／ 还有失聪的嘲笑我们的，一批一批的后代"，被米沃什看作是一个重要事件。[20]此外，他非常认可克日什托夫·卡米尔·巴赤恩斯基[21]，这虽然不是一位很有成就的作家，却可以成为一个非凡的艺术现象。

后来，米沃什向博格丹·查伊科夫斯基②解释说：请您想象一 324下，在华沙的那些恐怖气氛中，一位天才突然诞生。而此类由文学所塑造的天才的诞生，证实了我们的观念，即应该如何去实现它。请您想象一下阿里尔，青年时期的、超凡的斯沃瓦茨基，或是因哮喘病的缘由而诞生的普鲁斯特。在我认识了巴赤恩斯基，去他家里拜访时，他正住在母亲家里，总是在喘，成天躺在床上，在床上写作。他在后期质变成为战士，更加令人惊奇的是意志的胜利。我立刻感觉到，他的诗是真正的诗，虽然极其脆弱，就像是刚刚从玻璃熔浆中提取出来的一样。（《科学花园》，页171）

然而，与《三个冬天》的作者会面，对年轻的诗人们来说具有非凡的

---

① 塔德乌什·博罗夫斯基（Tadeusz Borowski, 1922-1951），波兰诗人、散文作家、出版家、奥斯维辛和达豪集中营幸存者。

② 博格丹·查伊科夫斯基（Bogdan Czaykowski, 1932-2007），波兰诗人、文学评论家、翻译家，加拿大温哥华英国哥伦比亚大学教授。

意义。巴赤恩斯基的同龄人尤利娅·哈尔特维格说："在华沙被占领时期,对我而言最重大的文学活动就是与米沃什见面。卡敏斯卡的舅妈是岑卡尔斯卡夫人[22],她当时是米沃什的妻子,于是我从汉卡那里得到了他们的地址,然后就去了那里。[……]我敲了门,开门的是米沃什,穿着居家的衣服,他们夫妻俩大概正在晒太阳。他给我递上了茶和点心,我请他看我的诗。我很紧张,但他表现得很温和。我没有指望他夸奖,因为我的诗不是他天性喜好的那种。他瞄了我的诗稿,大概是说:'啊,是关于爱情的……爱情不是一个可以写进诗的主题。'这让我惊呆了,过了好一会儿,才理解了他的意思。"[23]我们此前已经谈到过,米沃什这种有关爱情的冷淡表述,正如诗人的记忆,在分别与尤利娅·哈尔特维格和安娜·卡敏斯卡会面时,口述了《更远的地方》一诗的段落:

> 两位十七岁的女诗人来访。
>
> 其中一个是她。她们还在上学。
>
> 从卢布林来见大师。就是我。
>
> 我们坐在华沙俯瞰旷野的家中,
>
> 扬卡端上茶。我们吃着松脆的茶点。
>
> 我不想说,旁边的空地里躺着被枪杀的尸体。

(《诗集　第四辑》,页 247)[24]

在这些见面中,总会拿出新的作品出来,并常常就作品激烈争辩,也会闲聊、取乐,甚至相互给予心灵上的支持。要知道,人都是生活在逐渐消融的浮冰之上,一天天有人坠落,离去,被捕,被送往集中营,被枪杀。面对震耳欲聋的恐惧,酒喝得远比战前要多,先是伏特加或私酿,过去流行的"一两一杯的酒"这会儿被"好几两一杯的酒"替代,傍晚就开始喝,以便在宵禁前赶回到家。纳乌科夫斯卡在回忆一九四三年圣诞节时在亚当·毛尔斯贝格尔①父母家的聚会时说:"他们先是喝酒,围着一张大桌子站着喝,消灭掉圣诞节前的'小金鱼',然后横七竖八躺在沙发上,懒洋洋地狂聊。一个男的和一个女的或是一个女的和两个男的聊。[……]米沃什表面上虽不情愿,但其实兴致盎然,有安德热耶夫斯基[……],特别是布莱扎。"[25]次日,玛丽亚·东布罗夫斯卡在《每日报》上写道:"夜里十二点与科瓦尔斯基去找旺德茨卡。那里藏着烈性伏特加。安德热耶夫斯基刚喝第一杯就醉了,他完全失去了知觉,嘴里嘟囔着,唱着歌[……]。我和耶日先生往回走。安娜(依然完全清醒)先前就偷偷溜去了米沃什夫妇那儿,在那里他们又开始喝。"[26]对扬卡的爱显然没有妨碍米沃什对安娜·科瓦尔斯卡的爱慕,安娜也记录了下来:"昨天在旺德茨卡家与米沃什和耶日一起。[……]米沃什很多次表现得很温存,没有令人不快,但完全没有必要"[27],而东布罗夫斯卡则坦言"与米沃什调情"。[28]

玛丽亚·布兰迪斯回忆说,那时的米沃什英俊、叛逆、满腹狐疑,并且尖酸刻薄,但同时又是"开放的"、热情的、温暖的、性感的和"肉欲的",这样一来他的尖刻往往就在哄堂大笑中消散了。[29]他给所遇到的人留下了很深的印象,可以感觉到他的个性和风格。安娜·希维尔什琴斯卡写道:"你进入我的记忆 / 年轻而俊美,就像是光。/ 多年后 / 我在电话里听到你的声音。/ 于是我的和你的青春 / 降临于我。"[30]而在玛丽亚·伊瓦什凯维奇的回忆中,米沃什那段时间里表现得欢快而自然,总是"为了开心"而喝醉,米沃什在她父母家里,和安德热耶夫斯基一起随时都能跳起哥萨克舞。[31]两人的"表演",还能更多。他们在

———————

① 亚当·毛尔斯贝格尔(Adam Mauersberger, 1910-1988),波兰历史学家、文学评论家、作家、翻译家。

耶日·瓦尔道夫①的宴会上,用牙齿咬着刀,勇敢而鲁莽地诠释拉威尔的《波莱罗舞曲》。[32]而在华沙市中心的克拉科夫郊区大街,他们则表演着复杂的舞蹈编排,用雨伞的打开和收起来丰富舞蹈的表现力,例如,表达《雨中之歌》[33]的时间错位。一九四四年七月,雷沙德·马图舍夫斯基来参加米沃什的命名日聚会,他记得米沃什如酒神狂欢似的跳着舞,唱着他的《牧歌》,并且和斯泰凡·基谢莱夫斯基进行了贡布罗维奇笔下的那种"表情决斗"。[34]类似的一次比赛游戏,是和耶日·安德热耶夫斯基一起,对此,扬·科特②进行了独特的描述:"我看到他们并排跪着[……]。他们一起以头撞地,然后数一、二、三! 再抬起头,调整着脸上的表情,模仿各种人还有公众人物的表情,做着无辜的表情和淫荡的表情,将军的表情和百姓的表情,少女的表情和鸡奸犯的表情,还有伟大历史人物的表情:贝克的表情,希特勒的表情,斯大林的表情。还有父亲和国王的表情。好像米沃什做的最后一个是上帝的表情,于是紧接着,耶日摔躺在地。"[35]

相似的幽默感和讽刺腔调,以及在战争年代里日益增长的对地下政府思想氛围的批判,使得米沃什与耶日·安德热耶夫斯基相互靠拢,最终走在了一起。加上扬卡,他们三人几乎不可分割。[36]他们一起读巴尔扎克,甚至讨论说,或许可以先在被占领的华沙出版自己的报刊。这个刊物在一九四〇年里出了几个月,每次都是用复写机做十几份。据帮忙叫卖刊物的塔德乌什·索乌坦③说,刊物的名称是《文学仓库》。杂志内容完全是安德热耶夫斯基和米沃什两人写的,用不同的笔名发表,

---

① 耶日·瓦尔道夫(Jerzy Waldorff, 1910-1999),波兰作家、音乐评论家、出版家、社会活动家。

② 扬·科特(Jan Kott, 1914-2001),波兰戏剧理论家和评论家、诗人、翻译家、散文家、文学评论家、马克思主义者,牛津大学、耶鲁大学和加州大学伯克利分校的教授。

③ 塔德乌什·索乌坦(Tadeusz Sołtan, 1921-1996),波兰出版人、文学评论家、编辑。

上面的小说和文章在文学聚会中常常被大家拿来讨论。[37]这位未来《灰烬与钻石》的作者，比米沃什更喜欢社交，他担负了社会工作，当年被普遍认可。在与德国占领当局的关系方面，他是一位德行至上的圣人。他的表现堪称勇敢，不惧威胁：他公开拒绝跟与德国人合作的扬·埃米尔·斯基夫斯基①握手。在他那些大胆狂放、纵情酒精的事迹当中，有一次是在火车车厢里手舞足蹈地用法语大唱"我是戈培尔，我宣布全面开战"。[38]他谨慎的伙伴后来回忆说："情况很危险，因为旁边就是德国人专用座席，于是我拉着他，在下一站跳下车，结果我俩在雪地里摔得四脚朝天。"(《从我的街道开始》，页467)安德热耶夫斯基很幸运，几乎是有着免死牌的护佑，一九四〇年九月十九日早晨，他们从斯塔维斯科回来，毫无警觉地下了火车离开火车站，慢悠悠往家走，完全没有意识到，一场大围捕正紧紧跟在他们后面。诗人打开自己寓所的门时，就听到楼下传来了喧嚣声。他透过窗户看到德国人在抓捕站在门口的看门人。当时，他们抓了两千个男人："就是他们，被抓去建造奥斯维辛集中营。要是当时我被抓去，我想，我一定活不下来。"(《猎人的一年》，页349)

为了给作家们送达分配的补助，耶日·安德热耶夫斯基常常远离华沙，其中至少有一次是米沃什陪同他远行。[39]一九四一年八月，他们一起前往平楚夫城附近的赫罗布什村作家约瑟夫·莫顿②的家里，共同经历了一次完全不同的艰辛旅程。"我们不得不在岩德瑞尤夫通往平楚夫的窄轨铁道上等了一整夜[……]。车站的候车室只让德国人使用，我们被指点去了站房后面十几米处的一个小店。推开门，里面的臭气令人窒息，鼾声此起彼伏。人们像麻袋一样躺在地上，还分割出了好

327

---

① 扬·埃米尔·斯基夫斯基(Jan Emil Skiwski, 1894-1956)，波兰作家、出版家，战前最杰出的文学评论家。

② 约瑟夫·莫顿(Józef Morton, 1911-1994)，波兰作家。

几层。此时,一向优雅整洁的耶日,按照其爱挑剔和苛求的喜好,发现了我这来自北立陶宛萨莫吉希亚落后地方的人,他对我那种在不舒适环境中随遇而安和麻木不仁的姿态很是嫌恶。因为我躺在这堆乱七八糟的人当中立刻就睡着了。我睡足醒来,而他却坐在角落的长凳上度过了不眠的一整夜。"(《从我的街道开始》,页 462—463)农村式的抵抗力很适合这个"奶牛"(安德热耶夫斯基给米沃什起的这个绰号,显然是从切霍维奇传承而来的),后来,他睡在莫顿家谷仓里的情形与此前如出一辙,但对于《心灵负荷》的作者来说,这却是一种折磨:"他睡着了,呼吸,像天使一样。而我,躺在他旁边,熬过两个不眠之夜。噩梦一般漫长的夜。虽是八月,且日出尚早,我睡不着觉。因为干草中爬满了跳蚤[……]。我实在无法理解。他,正如我,白皮肤的金发男人。为何这些可恶的小混蛋们都来找我,却不找他!"[40]

他们坐窄轨火车,先到克拉科夫附近的考其梅若夫村,再步行走去市里,炎炎夏日,走在田野的路上,四周空旷,见不到任何的黑制服,只看见依然自由的吉卜赛人的马车营地。米沃什记得,这是他生命中最幸福快乐的日子,这一痕迹很可能保存在了他一九四二年写的《牧歌》当中。彼时的克拉科夫在他看来平静而安全,仿佛是从噩梦中分离出来的一部分。他们来到沃布佐夫斯卡街上的美术家咖啡馆,在其几乎可以算是"巴黎"的花园里,骄傲地认出了躲藏在女侍者中的犹太女人——亚当·瓦岑克的太太。安德热耶夫斯基参加了几个聚会,晚上在火车站附近的酒吧喝朗姆酒喝到烂醉,幸好还是赶上了到克瑞舒维策的火车,赶上了卡齐米日·维卡家的晚餐。

> 而晚餐之后(夜宵?),我们三个走到房子后面,坐在篱笆花坛边上,相互间作了一次特别理性的交谈,但用的是维斯皮安斯基的语言。

——你还记得这种夜晚？

——我疯病很重。

——脑袋里还有灰？

——生活让人无聊。

——快逃,快逃!

——波兰,是啊,可是啥样儿的?

——哭了,叫了……

——我总是不够。

——让翅膀飞吧!

——给谁大象,给谁猫?

——我还是去暗处吧?

——听到没? 臭声哪儿来的? [……]

　　我们的力量,维卡、米沃什和我的(还有很多其他的),首先最重要的在于,我们能够嘲讽我们那些国家的神话,而其时,是在波兰命运已被粉碎的时刻。逃出地牢的人,笑得最欢。[41]

328

　　在克瑞舒维策停留的这几天,有一张照片被保存了下来。照片上三位作家坐在锯木厂边的板材堆上。作为刻画《三个冬天》入木三分的作者,这位批评家现在被要求去评论新诗,相较于地下报刊通常只专注于临时事件,注重强化精神和宣传,米沃什的愿望更着重于维持更全面的智识生活。不久后诗人就回忆说:"战争的第一年,我满怀热情地阅读各种秘密出版的地下报刊,第二年只是靠兴趣有选择地去读,后来就不太情愿了,再往后,就只是极偶然地拿起来看看。——漫无边际的愚蠢,那些匿名记者写出来的东西,将读者置于黑暗,直到今天仍将他们牵绊在黑暗的记忆之中,特别是当他们回想到,那么多人被'小报'害死。"[42]两者都想既出版书籍,又能成熟且不惧"诋毁神圣"地讨论国家的神话。然而,没有空间去进行这样的讨论,其替代的形式很快转换为米沃什与安德热耶夫斯基的书信交流。他们三人再访克拉科夫,"那里因为纳粹的某个节日,满街都是红黑色的纳粹旗帜"。安德热耶夫斯基回忆中所记载的,必定表达出了他们共同的感受:"我们从格罗兹卡大街走到斯卡乌卡大街,一片死亡的寂静模样和气息。这时我明白了,为什么小年轻康拉德·科热尼奥夫斯基①要从坟墓和民族苦难的黏稠空气中逃离。"[43]

对米沃什而言,最重要的聚会地点还是斯塔维斯科。他告诉奈拉·米钦斯卡:"雅罗斯②是我们的鼓舞者:他们家的宴会(美酒、丰盛的美食、管家、聪敏的交谈[⋯⋯]客厅的咖啡和对朋友们际遇的回顾),是一种解脱,逾越了战争的现实;是虚幻的,就像是远古时代的幻想影片。"[44]因为卖掉了在波德科瓦莱希纳的土地,伊瓦什凯维奇夫妇这些年来得以成功保持着大多数作家都无法企及的生活水准。"虽然有时也需要即兴发挥,但他们那时已开创各种创意菜肴[⋯⋯]例如'文学鸡排'(食材得用又瘦又硬的鸡)、'斯塔维斯科炖豆子'[⋯⋯]'伊瓦什凯维奇芦笋肉',等等。"[45]一九四二年二月,他们还是可以为雅罗斯瓦夫和他的女儿玛丽亚一起开生日派对,那几乎是一场盛大的舞会,五十位客人到场,喧闹狂欢。客人们后来乘坐雪橇到火车站,拉雪橇的马上挂着铃铛:"米沃什、安德热耶夫斯基、罗曼·雅辛斯基③三人喋喋不休,是唱着歌离开的。"[46]雪白的桌布、精美的瓷器和红酒杯,就像乘船前去维斯瓦河畔的卡齐米日小镇旅行一样[47],这在当时可不仅仅是一种"资产阶级"的情趣,而是几乎已经被大家遗忘的正常生活的记忆或标志。位于华沙郊区的斯塔维斯科庄园从未受到

---

① 即约瑟夫·康拉德。
② 即雅罗斯瓦夫·伊瓦什凯维奇。
③ 罗曼·雅辛斯基(Roman Jasiński, 1900–1987),波兰钢琴家、作家、音乐评论家。

盖世太保的干扰,这里为许多逃离的人提供了庇护所,也为更广泛的群体提供了片刻的解脱。这里组织了很多次作家之夜和音乐会,最积极的来宾当中包括安德热耶夫斯基、巴赤恩斯基、迪加特、科沃涅茨基、毛尔斯贝格尔、帕兰多夫斯基、边塔克、维拉姆·霍热查、雅辛斯基、鲁托斯瓦夫斯基、帕努伏尼克……差不多每个星期天,切斯瓦夫·米沃什都会来。"在这里讨论华沙的地下活动,交流对匿名地下出版物的看法,尽管我们都知道作者们的名字,大家沟通有关作家、演员、音乐家、博物馆和图书馆命运的信息。这里也挑选作品举行小型诵读活动,雅罗斯瓦夫朗读了新作,其他人也朗读了各自的作品,我也读了。"(《猎人的一年》,页212)

　　《猎人的一年》的作者特别记得在一九四二年的某一刻,伊瓦什凯维奇读了《塞吉莫尔平原之战》,他在书中看到了自己未来选择政治方向的预言:"当时他选择了公开和有计划的合作。[……]这部小说的主人公形象[……]能够做出所有牺牲,违背了一个个体的状态应该首先关心自身利益这种情况。而他们英雄主义之下的真实名字并没有意义。他们的信仰,他们的欲望,不会留下任何东西,时间会把一切都带走,灰烬将掩盖他们的痕迹。"(《猎人的一年》,页213)十年后,伊瓦什凯维奇找到了米沃什诗作《西西里或米兰达岛》手稿,精美的手书,风格讲究,并题赠托尔夸托·塔索。这首诗是米沃什给伊瓦什凯维奇妻子的命名日礼物。"一整天,我都感觉被净化在那首诗里,如同清晨醒来直接走入放满紫罗兰的浴缸里沐浴。这是多么美好的诗人,其魅力不可能去定义,是我们这饱经磨难的世界最伟大的诗人之一。"《桦树林》的作者这样写道[48],在他们身处地狱深处的一九四三年,米沃什思考无私的美与欢乐的词语所支配的艺术力量:

深蓝大海,白色岛屿晨曦微露。

飞鸟看见岛上的小橄榄树林

330

女仆阿尔忒弥斯骑着毛驴，

走在葡萄园间回家的路上。

她的主人是米兰达。家就在小山上。

骑骡子的人来到大门前，

双手合拢在嘴上，长长的呼喊，

回音又产生了回音：米兰达，米兰达。

森林浓绿上方，火山口

闪耀的太阳马车滚滚驰过天空。

米兰达从光辉里走出。她秀发上的环

深色长裙随着身体，光彩变幻。

客人已走上楼梯

她引领他们，拍手喊道：嘿，阿尔忒弥斯，

拿酒来，拿右边那瓶。

（《诗集　第五辑》,页142)

注释

[1] 也就是关于特定主体的辩论夜。从1941年到华沙起义前，维尔琴斯卡制作了十三期专题广播（包括"诗歌中的华沙""密茨凯维奇""诗歌或战争""诗歌和孤独"），共一百五十场访谈。每一次专题开始前都有一堂先导课，一般是雷沙德·马图舍夫斯基负责。米沃什当然也参加过这些访谈，也可能担任过演讲者的角色。见托马什·沙罗塔，《被占领时期华沙平凡的一天》，页380。

[2] 雅尼娜·岑卡尔斯卡加入了武装斗争联盟救国军总部新闻宣传局电影部。课程曾在特莱斯照相馆举行，博赫杰维奇把它开在斯塔什伊茨宫的底楼。博赫杰维奇和扎日茨基后来在华沙起义中担任摄影师。见斯坦尼斯瓦夫·奥兹迈克，《战时需要的波兰电影》（华沙，1974），页161。

[3] czmi.（切斯瓦夫·米沃什笔名），《区委书记》，载《波兰日报》，1945年

第 26 期。

[4] 在舞美师泰莱莎·罗什科夫斯卡家里。

[5] 切斯瓦夫·米沃什,《梦幻主义》,载《复兴》,1945 年第 33 期。摘自拉法乌·万格日尼亚克,《米沃什与戏剧》,载《对话》,2000 年第 1 期。

[6] 同上。米沃什把到访亨里克家,以及关于撒玛丽亚本笃会修道院院长、曾经的女演员斯坦尼斯瓦娃·乌明斯卡的生活故事宽泛地写入《猎人的一年》。(页 352)

[7] 拉法乌·万格日尼亚克,《米沃什与戏剧》,载《对话》,2000 年第 1 期。

[8] 取自本书作者与玛丽亚·伊瓦什凯维奇的对话,华沙,2005 年 4 月。

[9] 参安娜·斯塔涅夫斯卡,《马切依·斯沃姆琴斯基与威廉·莎士比亚》,载《脉搏》(伦敦),1983 年 3 月。

[10] 摘自切斯瓦夫·米沃什和雅尼娜·米沃什写给阿涅拉·米钦斯卡和扬·乌拉托夫斯基的信,信是切斯瓦夫·米沃什写给阿涅拉·米钦斯卡的,1942 年 6 月 28 日。(移民档案,托伦哥白尼大学,扬·乌拉托夫斯基档案)

[11] 米沃什把玛丽·斯科利扎林的复杂命运写在《米沃什词典》中。(页 43)在诗人的档案里保存着一本占领时期的笔记,里面以不同的英文时态记录着生活例句。(拜内克图书馆)

[12] 米沃什在战前就对艾略特感兴趣,并不是受到切霍维奇影响,而是自己看到了瓦茨瓦夫·博罗维的论文《漫谈新“帕西法尔”:托马斯·斯特恩斯·艾略特的诗》(1936)。

[13] 在占领时期米沃什与斯泰凡·基谢莱夫斯基结下友情。他回忆说,他喜欢和斯泰凡一起喝酒,有一次喝酒正酣(1943 年或者 1944 年米沃什的命名日)差点儿把这位新兄弟勒死。参切斯瓦夫·米沃什写给尤安娜·普鲁申斯卡的信,1977 年 1 月 10 日。(拜内克图书馆)米沃什还为了雷恩查从斯泰凡那里买下小说《阴谋》的手稿,斯泰凡某种程度上成了他写作生涯的教父。战后米沃什把斯泰凡介绍给耶日·图罗维奇,推荐他成为《普世周刊》的作家。

[14] 斯泰凡·基谢莱夫斯基,《“兵工厂的大门”和周边》,收录于切斯瓦

夫·米沃什,《"三个冬天":关于诗歌的声音》,页73。

[15] "给卡罗尔·利平斯基和他的同志们上的第一堂课讲的是现代波兰诗歌。[……]课堂选在佐立波茨区一处非常优雅的别墅,在小小的图书室里上课。二十人参加,有耶日·安德热耶夫斯基、克日什托夫·巴赤恩斯基、米沃什,还有卡罗尔的青年男女同事。"摘自雅罗斯瓦夫·伊瓦什凯维奇,《日记:1911-1955》,页185(1942年1月20日记)。

[16] 耶日·扎古尔斯基,《热加雷和后来……》,《诗歌》,1981年第5-6期。

[17] 安杰伊·特哲宾斯基,《纪念册》,帕维乌·罗达克编(华沙,2001),页76。罗达克认为,《摇篮曲》是他"最为喜爱的一首由'战时一代'的诗人(包括瓦茨瓦夫·博雅尔斯基在内)创作的作品。他的基本灵感——战争和恐惧环境中的成长——被克日什托夫·卡米尔·巴赤恩斯基接受并用在《波兰男孩的悲歌》中"。(同上,页277)

[18] 摘自亚历山大·科平斯基,《有个性的人:谈切斯瓦夫·米沃什与安杰伊·特哲宾斯基之争》(华沙,2004),页58。

[19] "对米沃什的了解我比以往任何时候都更全面。曾经米沃什的想法让我厌烦透了。特别是他对民主和形而上学的赞美让我摸不着头脑。但今天,我已经通过个人对话、访问和非官方的传奇故事了解了这个'二十世纪文学'的世界,我愿意去认识米沃什对我们的文学现实中客观存在的民主和形而上学的那些更加重要的思考。他并非公认的伐木工人[……],亦并非铁轨电焊工,不是有轨电车司机,最多是个拳击手——但这也算是一种性格。我常常想到他。我知道,无论今天,无论何时,我对他的感觉都不会变。我们甚至不需要和他交谈。但我们可以,甚至不必看到对方——相对无言。有性格的人往往彼此沉默。"摘自安杰伊·特哲宾斯基,《纪念册》,页173。

[20] 参《被禁锢的头脑》,页139。

[21] 米沃什在维尔诺时就认识这位年轻诗人的父亲——斯坦尼斯瓦夫·巴赤恩斯基。不知道在1942年6月3日举行的巴赤恩斯基和芭芭拉·德拉普赤恩斯卡的婚礼宾客中(安德热耶夫斯基是证婚人之一)有没有切斯瓦夫·米沃什?

[22] 欧根纽什·岑卡尔斯基的姐姐玛丽亚和塔德乌什·卡敏斯基结了婚,生下了安娜·卡敏斯卡。尽管扬卡和丈夫离了婚,卡敏斯卡却一直和她保持着联系,并习惯叫她"舅妈"。

[23] 《最大的幸运,最大的痛苦:雅罗斯瓦夫·米科瓦耶夫斯基对话尤利娅·哈尔特维格》,载《高跟鞋》(《选举报》增刊),2005 年 3 月 26 日。尤利娅·哈尔特维格那时在华沙秘密学习哲学和文学:"在科塔尔宾斯基的课上,我和后来的哲学家——克莱门斯·沙尼亚夫斯基和耶日·派勒茨一起听课。教授们与众不同,个性迥异。塔塔尔凯维奇是礼貌与优雅的沙龙风格,总是穿着考究,谈吐优美而清晰,很棒的波兰人。科塔尔宾斯基以他的严谨、强势的体态和浓密的胡须博得大家的尊敬。奥索夫斯卡教授则是她所讲授的课程——伦理学的人性化身。很难想象有别的人可以代这门课。而克日赞诺夫斯基最与众不同之处是他的讽刺。他的课我和两位诗人——云和野夫,也就是斯特罗因斯基和加伊茨一起上。如果我和他们能多上一些课,也许我会试着和斯特罗因斯基交朋友。"

[24] 《读安娜·卡敏斯卡的"笔记"》一诗也被米沃什收录于诗集《更远的地方》。见《诗集　第五辑》,页 248。

[25] 佐菲亚·纳乌科夫斯卡,《日记 V:1939–1944》,汉娜·基尔赫内尔编(华沙,1996),页 506。

[26] 玛丽亚·东布罗夫斯卡,《日记:1915–1965》,卷五,页 79。

[27] 安娜·科瓦尔斯卡,《日记:1927–1969》,帕维乌·康杰拉挑选、统筹和注释(华沙,2008),页 71。

[28] 玛丽亚·东布罗夫斯卡,《日记:1915–1965》,卷五,页 80。

[29] 取自本书作者与玛丽亚·布兰迪斯的对话,巴黎,2005 年 5 月。

[30] 安娜·希维尔什琴斯卡把《回忆》一诗放在 1981 年 11 月 7 日写给米沃什的信里:"这么多年后与您相见让我感慨万千,也有很多非文学的因素使然。我想起了自己的青春。"(拜内克图书馆)

[31] 取自本书作者与玛丽亚·伊瓦什凯维奇的对话,华沙,2005 年 4 月。

[32] "这也许是舞蹈,但肯定和舞蹈编排的基本原理不符——可这段舞蹈

美妙又激动人心。"见耶日·安德热耶夫斯基,《影子游戏》,页123。另见:"我最近想起战争年代过的那个命名日,我在莱加梅教授那儿买了伏特加,希望这笔买卖帮到他,因为他靠贩私酒维持生计,可他又做不好。一小时后,我的客人们酩酊大醉,这个酒出人意料的浓烈。后来彼得·派尔科夫斯基和兹比格涅夫·图尔斯基在钢琴上四手联弹拉威尔的《波莱罗舞曲》,耶日·安德热耶夫斯基、安泰克·博赫杰维奇和切斯瓦夫·米沃什脱掉上衣、叼着刀子伴舞,最后,在拉威尔的终章和弦伴奏下,安德热耶夫斯基跳了起来,把手吊在烛台上。"摘自耶日·瓦尔道夫,《我的影子》,页45。

［33］参耶日·安德热耶夫斯基,《影子游戏》,页122。

［34］参雷沙德·马图舍夫斯基,《我与米沃什的见面》,页34。

［35］扬·科特,《自传评述:心脏病发》(克拉科夫,1995),页102。

［36］事实上,作家的女儿阿格涅什卡·安德热耶夫斯基认为,她的父亲非常喜欢和赞赏扬卡,而他和米沃什更多是同僚之情,而非友谊。取自本书作者与阿格涅什卡·安德热耶夫斯基的对话,华沙,2005年5月。

［37］卡米尔·卡斯派莱克认为,扬·斯特热莱茨基、卡罗尔·利平斯基和塔德乌什·索乌坦帮助安德热耶夫斯基誊写和分发杂志。参《欧洲故土》,页386(注释263)。

［38］Je suis Goebbels, je declare la guerre totale,法文,意为"我是戈培尔,我宣布全面开战"。

［39］《清晨》一诗(《诗集　第一辑》,页185)肯定是这段旅途的另一线索,诗中落款为"什兰巴克,1942年"。另外还要算上安德热耶夫斯基在战时写给米沃什的信:"沃依切赫·扎瓦达从什兰巴克给你写信,切斯瓦夫,还是几个月以前寄往纽约然后又被退回了。我听说,你想给他寄一个包裹。这个扎瓦达还活着,还住在什兰巴克(哈尔克罗瓦邮局)。"见《战后即刻》,页70。

［40］耶日·安德热耶夫斯基,《影子游戏》,页123。

［41］同上,页124。

［42］切斯瓦夫·米沃什,系列文章《用彩色墨水》,载《横截面》,1945年

第 2 期。另一件事,从地下军人的视角,当时米沃什的职业看上去很有异国情调。在伦敦发行的《波兰日报和波兰士兵日报》1946 年 1 月 24 日那期上安杰伊·波米安-多夫蒙特回忆道:"我曾参加一些文学会议。一次在耶日·扎古尔斯基先生位于佐立波茨区的家里,米沃什先生自己讲了俄罗斯占领下他在维尔诺的故事。他这种诚实对待主题的态度,对具有激进观点的作家来说一点都不难,这给我留下了很深的印象。还有一次,米沃什先生解读了安德烈·纪德犀利的《论文》,另有一次,安德热耶夫斯基解读了自己的《呼吁》。在查普斯基位于查茨基大街的房子里,瓦尔道夫夸张地朗读了耶日·普莱伊斯的作品,随后的讨论中我亲耳听到了'伟大的新人会者'——伊瓦什凯维奇的声音。所有这些会议都是高水平的,伴随着巨大的狂妄,但却是一群美丽的灵魂,就让人感觉,波兰未来的命运就在他们的言辞、结论和计划当中。我不想他们误解我。我完全赞赏这些会议对波兰文化的意义。但从生活上他们和波兰地下党,就好比斯特拉顿的公务员和在蒙特卡西诺浴血奋战的波兰士兵,并没有共同之处。"

[43] 耶日·安德热耶夫斯基,《日复一日》,页 335。

[44] 摘自切斯瓦夫·米沃什和雅尼娜·米沃什写给阿涅拉·米钦斯卡和扬·乌拉托夫斯基的信,信是切斯瓦夫·米沃什写给阿涅拉·米钦斯卡的,1942 年 6 月 28 日。(移民档案,托伦哥白尼大学,扬·乌拉托夫斯基档案)后来伊瓦什凯维奇回忆说:"占满了!切希回来了,先去了岑卡尔斯卡的家,然后去了斯塔维斯科,和安德热耶夫斯基、鲁托斯瓦夫斯基一起,翻译莎士比亚——然后去了克拉科夫,解放后的文人大会,到处都是切希、切希。"摘自雅罗斯瓦夫·伊瓦什凯维奇,《页边上的肖像画》,页 94。

[45] 雅罗斯瓦夫·伊瓦什凯维奇,《战争年代的斯塔维斯科》,收录于《好文化之战:华沙,1939-1945》。

[46] 雅罗斯瓦夫·伊瓦什凯维奇,《日记:1911-1955》,页 196。

[47] 米沃什一家陪同伊瓦什凯维奇一家。见《日记:1911-1955》,页 172。

[48] 雅罗斯瓦夫·伊瓦什凯维奇,《日记:1956-1963》,页 185。

第三十八章　怒　者

普鲁申斯基在他关于西班牙的书中,论及一位年轻的巴斯克诗人,他在内战前线翻译索福克勒斯的《安提戈涅》。这位诗人明白,与民族的文化隔断,哪怕只是一年,也会受到惩罚。哪怕后世的人们将会忘记我们的血脉,但也不会忘记《安提戈涅》译本的好。

切·米沃什,《凝视的距离》

我以锋利的生活钻石刀切割世界的表面!
如果死时太年轻,我愿死在睡梦里
思想不知敏捷者统治大地。
于是便有了,不应太早死去的道德。

切·米沃什,《道德》

331　　那几年,切斯瓦夫·米沃什写道:"我配得上获得桂冠(我宁愿不是死后),我在学习,而岁月在流逝。"[1]像是玩笑,又像是和缓的胁迫,但也相当认真地对自己成长中的诗作有了意识,他正日益被视为那一代当中最出色的诗人。[2]一九四〇年九月,他准备出版新的诗集。用机器复写出来,然后油印出二十八页一册的《诗集》,黑色精装封面上可见作者曾祖父的名字"扬·塞鲁奇"和注释"手稿图书馆出版社'布瑞斯克',利沃夫1939"。在被占领的华沙,这是第一本秘密出版的此类书籍。印数是四十六册,其中一部分必定是作者赠送出去的,另一部分由他自己或是熟悉的书商销售。[3]而关于这个出版社的成立,他的合伙创始人耶日·安德热耶夫斯基有着如下回忆:

> 安东尼·博赫杰维奇来帮助我们。他做好了油印和纸张的加工处理工序。[……]米沃什用一个普通的锥子给纸张打眼。我自己裁剪黑纸。雅尼娜用装饰花样的缝线把书册钉起来。从安全角度看,这处位于迪娜斯街的房间里看起来像是要自杀似的。工作台上,沙发上,书桌上和地板上,散乱的书页到处泛着白光。米沃什因为粗糙的装订而痛苦挣扎。雅尼娜扎破了手指,而我没能用剃刀把所有书页裁成合适的尺寸。但可能这就是在被占领期间,我们所度过的最快乐和最开心时光的原因。我们创造的东西小而卑微,但却是用我们自己的双手,对抗着现实的噩梦。[4]

虽然此书以《九月的诗》开篇,诗选更大程度上是对《三个冬天》出版以来所经历的岁月的总结,而不是一个新篇章的开始。其中包括战前的诗作。而作品《嬷嬷,给我水,赦免我罪》[5],转向了致仁慈修女的独白,是米沃什还在巴黎时所写,在当时华沙读者的耳中,必定能回响起当下现实的声音:

> 快关闭门窗,那边来了日耳曼的凶神

跳进我的河流,风暴昏沉,

从前只有小渔网上的渔夫

立于鹈鸰和逐飞成环的燕阵。

黑色的战车犁过牧场,

旗帜之火,闪电为红

是床边的墙。

(《诗集　第一辑》,页 143)

　　一年后,也就是一九四一年秋天,散文家和出版人泽农·斯凯尔斯基[①],他当时是"波兰独立"组织成员和该组织刊物《明天》的编辑,来找"扬·塞鲁奇"。他决定成立一家地下出版社,正在找可以出版的文字。米沃什向他介绍了自己刚刚读过的雅克·马利坦的笔记《穿越灾难》(*A Travers Le Désastre*),该书对法国失败的原因进行了分析,反对叛国的维希政府,反对声称民主制度难免失败命运的极权主义宣传。马利坦在移民纽约期间出版了随笔集,该书被塞进一名荷兰商人的行李而运到了华沙,并经由拉塞克和玛丽亚·查普斯卡的圈子辗转落入米沃什手中。诗人米沃什想把这本书翻译出来,他对该书的作者本人很有兴趣,也认为此书能够帮助缓解那些眼见法国失败而深感失望的波兰人的伤痛。斯凯尔斯基接受了这个提议,"并监督印刷工作,在满是德国人的大街上,胜利般地挥舞着长长的校样"。(《科学花园》,页 172)就这样,一九四二年初[6],该书第一个波兰文版本《失败的道路》出版了,发行量达到惊人的一千六百四十本,一个半月内就卖出了一千三百本。米沃什在"序言"中力图说明"马利坦的工作对我们的重要性不仅是在于解释了法国灾难发生的机制,而且同样努力地提供了对当下世界形势某种理性的

333

---

① 泽农·斯凯尔斯基(Zenon Skierski, 1908-1961),波兰语言学家、作家。

思考。而当前,最困难的是争取对自身民族的罪恶和缺陷进行清醒且无情的谴责,与此同时,并不因此而怀疑其本身的价值"。[7]

这种"理性的语气"对于当时的社会,对于那些本该能够解读其精神状态的人,即艺术家们来说,都是很难得的。米沃什一定很清楚这些。在翻译的同时,他还为斯凯尔斯基准备了诗集《独立之歌:波兰战时之歌》。它出版于一九四二年四月[8],后来被公认为是地下书籍印刷装帧的最大成就之一,彩色的封面,上面是卷起的羊皮纸,一把里拉琴,还印有悲泣的枯枝和剑,恰如该书编辑隐藏于化名"Ks. J. Robak"①中的悲怆,他尽可能地掩藏自己。在一百二十多页的篇幅里,米沃什汇集了十几位作者的诗,以莱奥波德·斯塔夫②的诗作开篇,包括了图维姆、斯沃尼姆斯基、布罗涅夫斯基、塞贝瓦、希维亚托派乌科·卡尔平斯基、罗曼·科沃涅茨基、安娜·希维尔什琴斯卡和耶日·扎古尔斯基的作品,最后以青年诗人巴赤恩斯基结尾。该书选材广泛,很有代表性(米沃什忽略了华沙诗人中那些最年轻的,例如加伊茨)。编者后来回忆说,他当时的困难在于熟人之间流转的手写作品太多了。"我从麦勒希奥尔·望科维奇③的家属那里收到图维姆的《波兰花朵》的节选,来源于作者从葡萄牙寄给他们的信件。而我得承认,它令我惊奇不已,甚至猜不出作者是谁。其他流亡诗人的诗歌作品也找到了一些[……]。华沙诗歌不是问题,直接从作者手中拿来就行。当时我拜访了斯塔夫:他真是亲切、优秀而友善。"(《科学花园》,页172)这种安排,就像《社会诗歌选集》那样,是主题性的,每个部分之前还有评论,而且比米沃什过去通常使用的语气要稍高一些,因为他希望让人难以分辨出这本书的

---

① 罗拔克牧师,波兰诗人密茨凯维奇的长诗《塔杜施先生》中的角色。
② 莱奥波德·斯塔夫(Leopold Staff, 1878-1957),波兰诗人。
③ 麦勒希奥尔·望科维奇(Melchior Wańkowicz, 1892-1974),波兰作家、记者、出版人。

编者。[9]

第一部分,《暴风雨的前兆》回顾了战前的诗歌对于灾难的预感(其中包括布罗涅夫斯基的《以刺刀为兵器》)。在导言《人类的控诉》中,米沃什写道:"只有人的苦难才是衡量世界的尺度"(《独立之歌:波兰战时之歌》,页 26)[10],并提醒人们注意,用词语来捕捉战争的实质是不可能的。在《静静的一瞥》(其中也包括了巴赤恩斯基的诗,开始于"哦,城市,耶路撒冷哀伤的城市")中,他指出要反对对胜利的虚无主义,以挽救价值的必要性,保持距离和复仇的必要性:"难道这样就对吗?是我民族的悲剧造成了我当前的悲剧,带给了全球和基督文明的悲剧?"(同上,页 42)在《信仰之歌》中,他宣布回归一九一八至一九三九年间那些似乎已经过时的浪漫主义伟大课题。最后,在《去波兰途中》,他描述了流亡海外的移民和国内社会情况,并尖锐地指出:"所有决定波兰未来形态的重大变化,都发生在这里,在广大的民众中间,夸大流亡国外的移民的作用,是一种幻想。"(同上,页 94)《独立之歌》不单单是专门汇集战争诗歌的选集,还是实现了编者构思意图的一部选集。米沃什自己评价说,这是地下出版物当中,同类几本书里水平最高的,虽然同时也是"有用"程度最低的,因为它秉持了艺术的水准,而非一味满足社会的期待。事实上,这并不是一本在失败时刻用于天真地平复心脏的书,但其中至少有一些诗经受住了时间的考验。也很难不注意到,战争经历一定程度上影响了诗人们在和平时期沿用的语言。

就该问题而言,当时切斯瓦夫·米沃什自己的创作也并不例外。他在选集里发表了自己的新作《我今天走过花园、平原、低地》和《坏儿子们之歌》。他后来承认:"数百万生灵在日常悲剧的重压下,词语破碎了,散落了,词语迄今所有的成形方式都已变为徒劳。当时普遍的、情绪化的胡言乱语,令我很羞愧,不得不责备自己,究竟写了多少遍,去讨好期待这些胡言乱语的人的东西。因此我厌恶我的一些诗,那些在被占领的华沙成为流行的诗。"(《欧洲故土》,页268)可能他心中所指的,就是近于集体情绪的《坏儿子们之歌》,他们向祖国母亲恳求:"我们渴望在你怀中死去。"(《诗集 第一辑》,页242)今天读来,至少有一部分是米沃什在一九四〇至一九四二年创作的诗歌,其缺憾似乎不在于缺乏情感上的自律,而在过度的美,过分靓丽的挥洒,正如诗人后来所说,是"被和谐污染",是给人以美感,但不能捕捉可怕的现实。比如说程式化的《废墟之书》《彷徨》(同上,页170)或一九四〇年的《河流》,其中就是这样,后者形容维斯瓦河的波浪"嘶嘶巨响 / 迎风颤抖,呼喊陌生的语言 / 红黑的旗帜",而夜晚,当"大门 / 白云的大门已经开向蔚蓝的花园":

> 听到了歌声。走过来了。已越来越近
>
> 队伍,蹒跚着疲惫的步伐,
>
> 背着铁锹,穿过秋日的灰烬
>
> 渐渐离去。褴褛,肮脏,冷漠
>
> 脚步跟着车辙的印记。歌声在他们头顶上跳动,
>
> 被撕破的脸,发出的命令不会改变他们。
>
> 他们唱着歌,眼睛望向沉默的深处。
>
> 前方的看守发号施令,甩着长鞭
>
> 掌心松垂。幽暗的河水
>
> 枪管从西方,在臂膀后泛着银光。

(《诗集 第一辑》,页162-163)

335

受辱囚犯的形象,浮现在我们眼前,又消失不见,枪管银光的美蒙蔽了双眼,这是一种令人羞耻的愚蠢语言。同样,还有两年后的《旅程》,提出了一个关于战争体验的梦境问题,主人公在其中寻找超越恐惧的可

能性,并眼睁睁看着孩童在周遭的残骸中颤抖。他徘徊于"柔光之中",而"华沙城下有一片闪光的大海,／马佐舍夫省的温暖海洋,珍珠般的沙滩／紫葡萄的云彩当中敞开了幕帐／火焰穿透了初升的太阳"。(《诗集　第一辑》,页 173)他这个时期的诗歌常常呼唤出歌曲、戏剧的主题,似乎摇篮曲的旋律可以逃避恐惧,似乎不仅是在翻译莎士比亚之时,他在自己的诗歌创作中似乎也在找寻着某种神奇的成功魔杖,来搭建一个远离异族占领噩梦的岛屿。好像是被一片无际的荒野包围,那里人类的问题没有答案,那里"没有启示的神柱,没有摩西的灌木／没有视线边缘的枪声"(《平原》,同上,页 168),他乞求,"愿诗歌发射出金色的子弹／愿从此离开去往其他光明的大地"(《清晨》,同上,页 185)。

　　米沃什在一九四一年底给卡齐米日·维卡的信中说:"您寄来的那些对我诗歌的批评,使我很痛苦。[……]我认为,这些批评相当正确,但就一般意义而言:总而言之,这针对的是概括起来的'这代人'的诗歌。最难堪的公理在于,感觉上,只有一部分人值得拥有生存的荣耀。"他补充说:"在世上,我越来越没有因为自己的位置而感动的能力,而这也许是抒情的条件。[……]我也不具备为集体的位置而感动的能力[……]。但是,我全部的努力都是为了人文的构建,为各种思想建立命题和反命题。大动荡的时代不适宜怨言和挽歌。呐喊听起来也就像是小蚊子的嗡嗡作响",然而诗歌的责任是"用语言作为工具传达某些现实的思想感知,关注尽可能宽广的领域,创造一处杂草不多的花园,而不是创造布满美丽石头的花丛"。[11]但此时,工作还只是刚刚完成。即使是作品《华尔兹》中那段关于痛苦的著名诗句:"有如这痛苦的极限,／后面快乐的微笑就会开始,／人,就这样经过了,被遗忘了,／他曾想要努力什么,为的什么"(《诗集 第一辑》,页 189-190),深刻地触及奴隶和屠杀的世界,并潜入人们可能尚无意识的世界。就好像你只能在蛇发女怪戈尔贡①眨眼的瞬间看见毁灭。坚持睁大着那双眼睛，米沃什学着把非人的世界放入诗中。诞生于一九四二年的《诗歌地带》，唤起了对陈腐的"诗性"的想象，但此时已经是为了否定它：

> 这片土地总是与痛苦相连
> 只有悲伤才能开启它的大门。
>
> 如你品尝到了失败，说明已体验到了岁月的
> 成熟，看尽了废墟与灰烬，
> 吹残了你的思绪如风
> 它的慈悲最纯，
>
> 如果往后你不想再说什么，
> 是因你曾问为何，是否值得
> 吓人的塑像，石化的十字架
> 漆上颜料吧，
>
> 你知，她已近，你也不会远。

（《诗集 第一辑》，页 180-181）

诗人米沃什正处于思想困苦的路上。他与扬卡及斯坦尼斯瓦夫·迪加特一起参加了塔塔尔凯维奇的哲学研讨会。一九四二年八月，他开始与安德热耶夫斯基以通信方式就人文广泛交流。[12]他在信中声明，

---

① 希腊神话中三个长有尖牙，头生毒蛇的女妖，美杜莎是其中之一。本章章名"怒者"（gniewosz）原指波兰民间传说中一种具有超自然能力的蛇，字面意思为"怒者"。

"不说谎"是首要目标,要与所有类别的神话保持距离,认定要"去除不属于爱国主义衡量标准的其他标准"。(《现代传奇》,页195)在这场巨大的文化灾难中,知识分子的任务不是提供慰藉,而是去寻找受意识形态谎言胁迫的人性基础,重新发现"健康意识的种子"(同上,页184),一种基于怀疑的道德标准。"我不是任何所谓'思想'的发明者,无论如何绝不是目前正在流行的那些。[……]我想要的只是:成为人"(同上,页166),发展自己的思想,在维尔诺出版的散文集《责任》中所表露出的思想,更加强调宗教元素的不可剥夺,因为把人交给他自己之时,人道主义假定的个体已彻底自由,悖论之下,极权主义的萌芽将会产生。他同时在为下一本书做准备,即《现代传奇》,这是一本散文集,揭示在欧洲极权主义文化中产生的思想潮流。这项工作是在一九四四年一月完成的[13],当中表达出这样一种信念:"同一种文明创造的是可怕的战争、掠夺和耻辱,但同样也产生出人类的团结、工会、保险和普及教育的理念。为了从该文明中根除负面的影响,需要在其根基上切除什么吗?[……]不。"(同上,页157)正如安娜·科瓦尔斯卡感觉到的,对米沃什而言,与发现希望的源头相比,更容易做的是祛除神话。安娜是首批读者之一:"米沃什的散文给我留下了深刻的印象。最重要的是,他有着像猎鹰一样敏锐观察各种问题的智慧。但该书也卷起了一阵寒风。那些被青睐的思维方式、价值观、精神世界的秩序,都被打得粉碎,想要生存的人,必须重新开始。毫无解脱,绝不容易。"[14]

尽管后来他自己并非毫无理由地批评该书的结论过于令人费解,但由此书可见,他在人文方面的成熟、博学和语言上的明晰已经洗掉了过度的美。在《岛屿传说》中,米沃什以《鲁滨逊漂流记》为出发点,分析一些错误观念的表述,例如:我自己是无辜的;罪恶的根源在于环境、社会、文明等。他的《城怪传说》,借巴尔扎克之口,将臣服于宿命论的人类,划入与现代城市丛林中其他居民作战的生物种群。他下一部作品以

337

司汤达笔下的于连·索雷尔为例,揭示"认为宗教和道德都仅只是人类自己的发明,而大地是邪恶的,觉得有权向懦弱和邪恶的群体宣战"。(《现代传奇》,页56)由此将诞生某种无限自由的团体,以及将自己的意志强加于他人的权利,凌驾于善与恶之上;诞生出尼采式的超人,凌驾于不被征服的赤裸裸存在的理性之上。他警醒奥斯维辛集中营里疯狂实践的"超人"思想,断定:"对西方来说,这种生命崇拜的变种已经证明是最危险的。他们把对真理的蔑视与毁灭者的创造狂热结合起来,正如复仇者于连·索雷尔一样反人类,反世界。"(同上,页68)《完全解放》是米沃什以最高涨的论战激情书写的,其中的反面角色受安德烈·纪德笔下的尼采所启发,是一位"腐烂作家"。这种腐烂,伪装在美丽外衣之下,最具毒害性和破坏性的思想潮流,为世界性的灾难做好了准备。纪德的创作充满着被魔鬼嘲笑的天使的善良,当他展示伊甸园中禁忌的苹果时,说:"明白了善与恶,你们将像神一样"(同上,页74),认为自己是至高无上的权威,或是贫穷的凡人,臣服于隐藏在其潜意识中的力量,追寻将导致灾难的"力量"或"热情","这隐藏的力量,是魔鬼和幽灵,一不小心就会从理性的镣铐中逃出,造成毁灭地球的大灾难"。(同上,页74)该书的关键章节用于阐述意志取代理性,以实用主义追求真理而导致的悲剧后果。用米沃什的话说,非理性是非道德的起点。为尝试捕捉"战争经历"[15],作者还指出,一个对文明、对人类普世价值和对民主秩序失去信念的社会,很容易任由自己的神话去反击侵略者的神话,而非理性和真理:

> 一个在全方位被废墟的视野所封闭的、被打垮的欧洲的代表[……],也许不会去努力走出这个被诅咒的圈子,并愿意根据摧毁和破坏的情况,针对性地修整自己的经济。此时,仇恨敌人并试图找寻什么与其进行对抗的愿望,就会跟随着他的行迹,并抗拒与其

338

相悖的想法。但是,在相同的尺度之下:以自己的负担去反对敌人的负担,还去崇拜它,认为它的成功和力量是行动的最高标准。[……]这种心态,促使自己的国家,成为个人被焚烧的祭坛,允许其摆脱全部的高贵和英雄主义的资源,尤其是只要继续进行压迫,这祭坛就将同时成为全人类受难的祭坛。然而,胜利必然会带来二元性,并提出所有目的之中最本源的问题。假如这种氛围具有普遍性,我们的大陆很快就会面临由狂妄自大而产生的新的危险,并让那些已经深受其害的国家卷入其中。(《现代传奇》,页101)

　　这些反思和警醒,使米沃什与当时社会上相当一部分人所持的观点相对立。他在重新构建自己被占领时期的回忆录时,说出了当时在"地下"生活的主流中所传播的一些反馈意见:愤怒,这是由充斥政治幻想和支持阴谋崇拜的报纸所激发起来的,而且他还不止一次地不得不向死亡妥协。重要的文化工作安排极少,米沃什同样对当时流行的康拉德作品很不满,说他是"浪漫的歌唱",从而冒犯了对方。作为要通过真理考试的科目,米沃什和扬卡选择了清醒的巴尔扎克。

　　他后来在重新构建被占领时期文学之夜的气氛时写道:"那时对文化的兴趣非常浓厚,偶尔你能看到穿工作服的男孩在电车上读柏拉图。然而最重要的可能是听众的反应方式,当他们聚在了一起,这就是集体敏感,是一种对当下爱国之声的敏感度[……]。在当时那种环境下,根本不存在任何意识的空间,在那种形势的影响下表达所有这些氛围就意味着回归,回到上个世纪那种相当奇特的民族主义和弥赛亚救世主义。"(《大洲》,页428)米沃什此时的关键词是"浪漫主义",用其取代了神话和受难民族的理性主义。在随后几年里,这将成为他创作中持续存在的攻击目标。我们最早看到的其中之一是他在一九四二年所写的讽刺诗《致一名华沙作家》[16]:"无力,浪漫,被驯服的你 / 只能用心和奉

献来了解世界 / 仍要把你交给铁器的时代 / 就这样命令你来背负 / 如此多年的重负。"轻视理性，使"文学人"的作品就像"一束玫瑰 / 成为大围捕的牺牲"，诗人建议自己的主人公："你最好去服务你的民族 / 要是你对波兰的精神少一点胡言乱语［……］要是你有本事触及根 / 欧洲变畜生的根。"于是，我们可以补充一句：米沃什写完了《现代传奇》一书的所有章节。

博格丹·苏霍多尔斯基①的著作《我们何去何从》同样引起了米沃什的反感。这位《当代文化问题指南》(1943)的作者，试图将五花八门的思潮汇编起来，通过消除其间的龃龉，创造一种确保文明灾难不被重复的综合体。被占领时期结束后米沃什所写的一段文字评论其为"感人的善举和烦人的无奈"，但他没有发表，也许是因为此处他指责的不仅是其思想的浅薄，还有着对华沙起义悲剧结局的间接责任，而在属于"新"政权的媒体圈子里发表这样的评论，可能会被解读为一种政治举动。"当时所有自称为个人主义者的人也都是这样想的［……］。他们捍卫人的个性，拒绝法西斯，但也不想要民主。［……］这些敏感的人写下的篇章，希望将历史直接转化到蓝色的维度，文笔畅达，意欲填补华沙的悲剧命运。而从实践中看来，还必须熟悉那些对手。"[17]米沃什不想人为地缓和这些对立，他肯定是在某次地下秘密聚会上所读的一首诗《在某本书里》当中，坚决地写道："不幸的温和的民族，他们在思想上只走出了半步， / 为了这个界限，他们不惜去浪费鲜血。［……］出离愤怒的智慧，和出离智慧的愤怒，价值相同 / 意味着毫无价值。"(《诗集第一辑》，页214)智慧不能在愤怒面前退缩，不能对导向邪恶的愚蠢闭上双眼，而当时的证言不仅谈到唱着歌的和快乐的米沃什，还谈到一腔怒火

340

---

① 博格丹·苏霍多尔斯基(Bohdan Suchodolski, 1903-1989)，波兰哲学家，文化和科学史家，波兰议会议长。

的米沃什,他曾经在玛丽亚·维尔琴斯卡组织的一次朗读会上因为夸张的"民族的"气氛而发火。其后,诗人给组织者写信说:"这次争吵之后,我感到非常抱歉,我的所作所为令人厌恶,放任了粗鲁的本性。[……]我的观点总是极端、夸张而鲜明的,请理解,这也是我行为的必要基础。"[18]许多人都用罗曼·科沃涅茨基给米沃什起的绰号来称呼他:怒者。[19]

那几年,米沃什最重要的争论,是针对民主(希特勒借此获取了权力)、暴力的正当性和神话精神中的浪漫主义,他的对手是《艺术与民族》杂志所聚拢的一批年轻诗人。米沃什后来写道:"我赞成民主(他们憎恶这一点)、形而上学[……],而至于理性主义路线,这在当时明显具有政治含义。"(《科学花园》,页171)他不无自嘲地指出:"假如我是一个学生,我会屈服于纳夫塔的诱惑,屈服于来自左派的势力,那么对于这些年轻诗人,我会在塞特姆布里尼①形象中觉醒。"(同上,页166)

一九四二年三月二十一日,米沃什在塔德乌什·加伊茨、瓦茨瓦夫·博雅尔斯基②和安杰伊·特哲宾斯基等人的面前宣读了他关于纪德的文章,引发了激烈的争论。"米沃什令我失望。他那篇文章之后的讨论有一种滑稽的苦涩。这不是个明智的人,[……]毫无疑问他坚信某些事情,但他被责任感、现实感所支配。[……]总体而言令人感觉不适。我们表现得很不尊重。"这是特哲宾斯基在同一天所记录下来的。[20]两个月后,他就此再次谈道:"这是一个如此不理解非理性主义的令人抓狂的哲学盲点。"[21]年末《艺术与民族》出版了小册子《我们假装身在别处》,原来上面的敬献落款"C. M."("切斯瓦夫·米沃什"的简写),改成了"知识界诸君",意即那些被指责为无法应对当今的挑战,华

①　和纳夫塔一样,塞特姆布里尼(Settembrini)也是托马斯·曼《魔山》中的人物,他们认为只有国家概念而没有人的概念的现象是一个民族智性和道德的衰败,宣称纳粹德国已经不配称作"国家",而是"白痴营"。

②　瓦茨瓦夫·博雅尔斯基(Wacław Bojarski, 1921-1943),波兰诗人。

丽地躲进文化和形而上学空间的人物。特哲宾斯基间接承认："说到
'神圣'和'绝对理性'，是的，力量、暴力、制造痛苦，难以被认为是好事。
然而在某些情形下，我们必须求助于这些来保卫自己的生命、自由和尊
严。无论是作为个体还是国家，我们都有充分的权利去这样做。"[22]

"与这些年轻人的交谈并不成功。在他们看来，我们是'人道主义
绅士'，而'民主'这个词，对他们而言，听起来真的就如没牙老太太的
唠叨，早就听够了。"这是《救赎》的作者的回忆。(《战后即刻》，页92)
对他而言，这些都与他自己完全不相关：什么民族主义的诱惑，还有斯
拉夫帝国的波兰精英所领导的，却是其敌手们，延续了民族激进阵线联
盟的那些民族联盟的委员所推进的补偿美梦。提到布热佐夫斯基(米
沃什十年前所做的)，特哲宾斯基确信"文学中的文字时代已经结束"，
而"文学中的行动时代必须开始"。就像玛丽亚·雅尼昂所写的，"想要
以力还力，以波兰帝国主义反击德国帝国主义"，因为"并非每种力都是
邪恶的，波兰帝国的力是正义的"。[23]当懵懂和善意归属于每个二十来
岁的诗人和抵抗运动的战士时，"民族联盟领导层在其所有的宣示中将
更少顾虑。博莱斯瓦夫·皮阿塞茨基在其创构的'波兰民族的伟大思
想'中发布：'波兰帝国主义的本质是为世界利益服务。其力量基于自
身道德动机不可动摇的确定性。'约瑟夫·华尔沙夫斯基神父①[……]
在现代世界的混乱中[……]发现了积极的立足点：种族的真理，血缘和
土地的真理，最后是民族的真理，'它连接并合并人类族群的生物本能，
成为一个人类生物族群本能的共同体'"。使其不屈从于两种疑虑："与
犹太共济会诅咒人类的阴谋作战的必要性，以及由斯拉夫帝国'驱逐'
所有的'异族成分，特别是对犹太人的特殊对待'"。[24]米沃什与华尔沙
夫斯基神父见了面，他是未来起义的牧师，一九四二年出版的《普世主

341

———————

① 约瑟夫·华尔沙夫斯基(Józef Warszawski, 1903-1997)，波兰哲学家。

义：民族社会哲学概论》的作者。这次见面被米沃什视为一种动力，有利于使自己摆脱战前心态，使其诗歌摆脱"浪漫救世主义风格"："一九四三年春天[……]他邀请我们，几个文学家，去参加华尔沙夫斯基神父的讲座[……]。我们几个，耶日·安德热耶夫斯基、我，还有耶日·扎威依斯基。这是专门为我们几个人（扬卡不想参加）做的讲座，在拉科维耶茨卡大街尽头的耶稣会传教士修道院举行[……]。"华尔沙夫斯基牧师以数学方法证明了上帝的存在，他将自己的模型在黑板上进行了推演。但只有开头几次讲座是这样的。然后，他就转入政治，我们几个面面相觑，吓坏了。他表演了一场真正的憎恨民主派人士和自由派人士的音乐会，直至尖叫：'杀！''杀！'"[25]

切斯瓦夫·米沃什与《艺术与民族》的诗人们对于参加抵抗运动在态度上也有着根本不同。被送往奥斯维辛的风险，并没有阻止诗人米沃什参加讨论或是出版书籍，但是他极不愿意参与破坏活动或宣传活动。多数人（就如他的许多同事，例如伊瓦什凯维奇）都认为这是浪费人命、不负责任的轻率行为。华沙的青年人崇尚勇敢，准备为波兰的重生做出自我牺牲。可是悲观必定激起厌恶，甚至远离民族主义。索乌坦提到过一次讨论："米沃什在精彩的演讲中，让我们印象深刻的是他对于个人全方位参与当下斗争的态度有着不同看法。这一态度却[……]是我们这一代几乎所有年轻和更年轻的作家所赞成的。米沃什以他自己那种旁观的视角来看待这些伟大的残酷斗争，是中立的视角，是位诗意的评论者。"[26]在起义爆发之前，瓦茨瓦夫·博雅尔斯基在向哥白尼纪念碑献花时受了致命伤。几个月后，特哲宾斯基在集体处决中被枪杀。起义的街垒中，加伊茨和斯特罗因斯基①被击毙。在起义爆发的第四天，德国狙击手的子弹射杀了当时波兰诗坛最大的希望——克日什托夫·卡

①　兹齐斯瓦夫·斯特罗因斯基（Zdzisław Stroiński, 1921-1944），波兰诗人、救国军战士。

米尔·巴赤恩斯基。

　　而今，已经不太容易从远距离来回顾这场流血，在向其纯洁性致敬的同时，要承认，其中有疯狂的影子，那些死亡本应避免。在米沃什编辑的诗集中，一首由安娜·希维尔什琴斯卡创作的诗写道："尽管许多人会死，／也许是我，也许是你，／可民族不死。"米沃什不想成为那个死去的人，在所有场合他都有勇气承认这一点。玛丽亚·布兰迪斯回忆起他一次激昂的长篇演说，他反对"粪土的一代"，坚信必须自我拯救。[27]后来他自己写道："心怀恐惧，如随时会爆炸的子弹。"（《米沃什词典》，页307）在被占领时期，他告别了米奇斯瓦夫·科塔尔宾斯基，他告诉朋友们："我战前认识的人至少有一半已经死了。"[28]他看着讣告栏上那个他所欣赏的人的照片[29]，看着在他家附近进行的集体处决，看着盖世太保走近推着婴儿车散步的夫妇，把男人带走，看着那个犹太女孩，"她肯定不到二十岁，她的身体已经长大，美好，快乐。她在街上举着双手，挺着胸向前跑着，紧张而痛苦地尖叫着，'不！不！不！'［……］在这抗拒的呼喊声中，党卫军自动手枪的子弹追上了她……"（《被禁锢的头脑》，页211）然而，他相信，他的命运是不同的，他是一台设备，一个比自己力量更强大的工具："我同样设想，要是我还没完成生命中注定要去做的工作，我就会活着。［……］我不停地听到有话语和节奏［……］我不得不屈服于这些咒语［……］我行走在大地，似乎感觉不到自己的存在。那时，我筑起了自己的茧，此时有种感觉，可怕的华沙对于我的成熟是必要的。正派得体，决定了我可以不去做超越我力量的尝试，而要救赎，相信上帝。心怀感激。"（《米沃什词典》，页308）

　　他不想成为被扔进水沟的石头。他渴望智慧和愤怒，以及救赎。如此，才能写出《诗论》中的这些诗句：　　343

　　　　这些二十来岁的华沙诗人

他们不想知道，这个世纪的事情

应该赋予思想，而不是操弄投石机的大卫。

[……]

哥白尼，那雕像是德国人还是波兰人？

在雕像前摆放了鲜花，博雅尔斯基倒下了。

纯洁，没有目的，那是受害者的失误。

特哲宾斯基，一个新的波兰尼采，

他死时，他的嘴已变得如同石膏，

他记得，那堵墙壁和迟缓的云朵，

一双黑眼睛注视的刹那。

巴赤恩斯基用额头撞向了步枪。

起义惊起了远处的鸽子。

加伊茨，斯特罗因斯基，他们已经被升起。

在爆炸护佑的红色天空。[30]

（《诗集 第二辑》，页 216–218）

米沃什在一九四二年年中向奈拉·米钦斯卡透露："我已变得不那么神秘，已更加理智和怀疑，"又补充说，"我和尤利乌什·克朗斯基相互点燃了深厚的友情，他滴酒不沾，继续开以前那些老教授的玩笑，沉湎于智慧。"[31]米沃什在战争前就认识了这位塔德乌什·尤利乌什·克朗斯基，他因智敏超群而自称为"老虎"。除了米沃什，他还与博莱斯瓦夫·米钦斯基、扬·科特有来往，后者也是伏瓦迪斯瓦夫·塔塔尔凯维奇主持的研讨班的参加者。哈利娜·米钦斯卡回忆说："米钦斯基出于宽容的善意，称克朗斯基为'撒旦'，把他当成是某种试纸，每当朋友们写出好作品时,就会用这种试纸来擦拭、搅拌,然后他就起哄,还自夸说每试必成。"[32]而这个作弊的小计谋,假装的小把戏或是小游戏,差不多出现在了所有关于克朗斯基的回忆录中。他装成"弄臣",通过动作、漫画、模仿来表达观点,成为一名借助即兴情景来进行社会观察的演员,在这些场景中,所出演的角色包括他后来信任的学生:科瓦科夫斯基,巴赤科①、贝林②。科特写道:"他是最狡猾的辩论家,他将每一次探讨都引向最出人意料的结论。"[33]康斯坦蒂·莱加梅③说:"他还有一项天赋,就是会惟妙惟肖地模仿那些华沙哲学家讲话的模样,以至于很快就没人知道,他自己真正讲话的样子了。"[34]而雷沙德·马图舍夫斯基解释说,在克朗斯基眼中总有两个真理,一个是针对一般人的,另一个是针对知情者的,即使多年过去,他还能表演机智的哑剧[35],扮演过去的老朋友,大声赞扬"太好了,太好了",同时在一旁低声嘀咕"惨不忍睹!!!"……

在被占领期间,克朗斯基夫妇(塔德乌什的妻子伊莱娜·克朗斯卡,是一位哲学家和古典语文学家,是罗曼·英伽登④的学生)住在格罗特格尔大街,靠制作香烟并在黑市上销售为生,他们几乎不出门,因为妻子是犹太人,他也有一半犹太血统。米沃什通过斯凯尔斯基与他们重新联系上,因为克朗斯基为他的波兰出版公司准备了《法西斯主义和欧洲传统》[36]。很快,他们和扬卡一起成了四人好友。他们的共同之处包括:都不喜欢战前的波兰和左派,还有,就像他们圈子里的马图舍夫斯基所说的,全都"害怕共产主义"。[37]毫无疑问,这样的共同点都充斥着他们个人的创伤经历和憎恶情绪。"老虎"不仅痛恨民族主义或反犹主

---

① 布罗尼斯瓦夫·巴赤科(Bronisław Baczko, 1924-2016),波兰哲学家,二十世纪五十年代末和六十年代华沙学派思想史的领军人物。

② 帕维乌·贝林(Paweł Beylin, 1926-1971),波兰社会学家。

③ 康斯坦蒂·莱加梅(Konstanty Régamey, 1907-1982),波兰-瑞士作曲家、音乐评论家、印度学家。

④ 罗曼·英伽登(Roman Ingarden, 1893-1970),波兰著名现象学哲学家。

义,而且还痛恨一般理解下的波兰心态(或者像米沃什所说的：老波兰)[38],他接受的是十八世纪开明的理性主义。他相信理性,但在这位天生的黑格尔派的眼里,他似乎选择了统治世界最高力量的形式,并要与此相适应的生活,从而把自己从苦难中拯救出来。这位理性之人(等于道德之人)在被占领的华沙研读希腊语的福音书和柏拉图,因为此时最高的力量(即历史、天意或命运)会保护他。但他从不批评俄国,因为现在站在俄国一边的是时代胜利的洪流。同时,克朗斯基害怕遵从于自身的"超级绝对化的价值观",并且"至此,人不再是价值的衡量标准,但人的存在仅是为了[……]某个单一的价值"。[39]这种价值对法西斯主义来说,就是种族;对民族主义来说,则是国家。他在浪漫主义中看到二十世纪悲剧的根源,即可理解为"主观主义和异化价值名义下人与人关系的非理性趋势"[40],激烈地纠缠于波兰救世主义的表现形式。特别是那些在战争期间活跃的对国家的神化,这不可避免地会导向对个体的消灭。

那些更了解克朗斯基的人声称,他的思想在玩笑、戏弄中闪耀,但在写作中却隐逸而艰辛,仿佛他不仅是"一位哲学家",更是"生活在哲学中",他回到了最初的哲学家形象,那种在山中哲学对谈中进行游戏的哲学家。思想里的一些抽象假定,并不能解释为什么"老虎"如此迷恋于《救赎》的作者。更接近这种迷恋的,是一个看起来完全荒诞的文本："酸黄瓜主义"。[41]这个词来自米沃什在一九四四年底一九四五年初所写的一篇搞笑文章,当时他正在格瑞策的耶日·图罗维奇家里做客,这种说法想必是用来形容喧闹和令人哄堂大笑的朗读。法国哲学家皮埃尔·本杰明·科尼钦是在波兰一向不为人知的作者(也因为波兰人在某一点上陷入了知识分子的僵化,似乎无法接受"酸黄瓜主义",只有加乌琴斯基和贡布罗维奇是例外),他以"强大的现代思想潮流",创作有大批作品,例如《蚊子捕捉法,即辣椒法》《实用育儿法,即波兰人》和《大气植发,关于哲学家》。在书写密集的十三页打字稿上,除了好的笑话和坏的笑话之外,还有更严肃的内容,比如把"酸黄瓜主义""老虎主义"之类的推向世界。[42]

正如从"酸黄瓜主义"的思想基础可联想到超现实主义,当布勒东和他的朋友们发起那场运动时,"海德公园的演说者们仍然在大街上演讲,在那里还有民主议会,情侣们仍然在地铁里热吻,不用担心会落入围捕"。如今"在大变革的新天空下,思想需要更加饱满、成熟、强大,更加邪恶。超现实主义者渴望打破传统意义上寄生的信仰和迷信。当他们替换上了战争的技术,他们会做出什么? 他会混淆,谁会想要认为'酸黄瓜主义'是一种嘲弄的学派。这是摒弃了悲伤的学派,是愤怒的学派"。战争使人意识到,将会有利于捕捉绝对现实的艺术家的成长,这只是白日梦,我们只能在完全清醒状态中,面对与我们为敌的世界规则"装傻":"让我们赞美有意识装傻的时代,让我们赞美人文主义者和传统派。[……]为所有各个类别的,以为自己的尖叫声响彻天堂的浪漫主义者感到羞耻。"温顺的科尼钦弟子同样知道,"灵魂的救赎,只有摆脱过去才有可能实现",而接受了大师的方法,就能让人摆脱崩塌、伤感,带来灵魂无尽的青春,不断延缓思想活力的衰老。因此,真正的"酸黄瓜主义者"永远不会回头看向身后,不会对过去念念不忘,会拒绝湿漉漉的多愁善感,它是空洞的,是一把"切割世界的锋利剃刀",并将因此而幸存,挺立在历史的风暴中。米沃什滑稽地模仿尼采式的狂热,向科尼钦呼唤:"做我的信徒意味着要永远迅猛和激荡,因为幽默、背信弃义和愤怒是心灵激情的面貌,它像鱼一样穿梭,不能与大地的生命调和。"而鱼,这时似乎是接近米沃什立场的象征形象。在故事情节发生在格希策市的小说《寓言的结束》中,扬·约瑟夫·什切潘斯基①描写了

346

---

① 扬·约瑟夫·什切潘斯基(Jan Józef Szczepański, 1919-2003),波兰作家、记者、散文家、电影编剧、翻译家、登山家和旅行家,波兰作协主席和作家联盟主席。

两位主角：一位是游击队员，痴迷地关注温和的纯种骏马；另一位是以米沃什为原型的逃离华沙的诗人——维尔果什，他确信阿拉伯纯种马注定要灭绝，只是在断续的繁衍中幸存，是"打扁的肉和生命"，而鱼，才是贪婪且贪吃的。[43]如科尼钦所说："历史是一条宽阔、充沛、奔腾不息的河流"……

"老虎"，还有受他影响的米沃什，《现代传奇》的作者，一起建立了文化反对派，其中一方面是具体、实质、理智和真理，另一方面是非理性主义、天真的生命主义、浪漫主义、导向不幸的抽象白日梦。克朗斯基在一九四三年的文章《政治的想象》中，描绘了这些被剥夺者的肖像，他们相信"自己所成长的体制，传统的绝对有效性和可持续性，面对敌人时，是束手无策和毫无防备的"。[44]作者的示例包括未能阻止希特勒获得权力的魏玛共和国，然而还可以推测，他同样想到了地下组织中那些指望着要把战后波兰重建为一九三九年之前模式的领导人。米沃什在回忆中这样描写克朗斯基：

> 憎恨生活不好的人。不仅是赤贫的那些[……]，还有面对众多对手的，那些波兰的爱国者。在重大灾难中，必须努力活得好，而这是救赎的唯一保证。什么意思呢？就是说，不要去犯以违背合理的普世架构进行思想的罪。犯罪，会落入妄想，会使非持久价值绝对化，会贬低我们的思想，会导致我们陷入因果秩序的数学圈套。[……]波兰成为大国勾结的牺牲品，在欧洲可谓独一无二。但正因如此，他可以用怜悯和恐惧的目光观察波兰，并理解这悲剧的规模。(《欧洲故土》，页276)

在伦敦的波兰流亡政府的政客们，救国军的军官们，以及牺牲的士兵们，不懂得去"理解"，也就是说，从历史的形态中解读，这必然会带来起义的荼毒。马克思主义提供了可以理解的工具，于是开始了最冒险的行动，成了导致苏联共产党胜利的客观必然性的部分，米沃什似乎在某种理智的程度上接受了这些，尽管其中对于苏联的道德评价与克朗斯基不一致。这不仅是源于个人的经历，而且还由于诗人所能获取的丰富信息，来自在柏林的"白"俄移民的《新语》周刊，所提供的信息绝对没有丝毫幻想成分，可是，这些消息克朗斯基并不打算接受。假如"老虎"喜欢引用"黑格尔看到拿破仑进入耶拿时所说的'骑在马背上的理性'"[45]，那他很快就会赞同，为粉碎华沙的"理性"，苏联的坦克开了进来。但是站在"理性主义者"一边来说，对于更加习惯于怀疑的米沃什，有一个生活选择的维度，因为在当时这意味着：至少不要站在失败者一边。

于是，对于新的政治现实是否不仅"真实"，而且同时"美好"，在战后都面临着激烈的斗争：现在，无论克朗斯基还是肇事者，或仅是催生者[46]，米沃什的变化在诗歌上都结出了转折的硕果。他自己称之为解放，他充分意识到，战前波兰的世界已经彻底结束，作为一位艺术家，他有权不屈服于社会影响的压力，或简单说，不屈服于环境。他诗歌的责任不是顺应读者的期望，告诉他们想要听的，而是自己的主权、敏锐的洞察力和智慧。哪怕这种智慧带来伤痛。他的新诗就这样诞生了，其

怜悯、同情和愤怒都有了目标。[……]生活中第一次度过了自己被治愈的节日。治愈了无能为力，那种当世上和我们自己的一切都如此模糊和狭隘，以至于勇气出现了匮乏，失去了如钻石切割玻璃般的锋利。他从这种无能为力当中得到了治愈。我过去写作"社会"主题的诗歌，被其中的谎言折磨，却创作"干净"的艺术，谎言对我的折磨一点也不少。只有现在，矛盾才消失了，这样，诗歌才获得

了最大程度的个人化,真正像人存在的情形,包含了讽刺的负载,这使其得以客观。在我身上已经发生了什么事情,这因我对自身的严苛要求而发生,即在已经过去的社会中,此前曾以细致的集体审查所禁锢我的,我已经毫不在乎,同样对我而言,那浮夸和救世主义的前世,我已经根本不在意了。一直钳制着我的道德纯洁,必须抛弃,并且宣告,它所认为的终结并不是传统的,更不是文学的和艺术的终结。(《欧洲故土》,页278)

注释

[1] 摘自切斯瓦夫·米沃什和雅尼娜·米沃什写给阿涅拉·米钦斯卡和扬·乌拉托夫斯基的信,信是切斯瓦夫·米沃什写给阿涅拉·米钦斯卡的,1942年6月28日。(移民档案,托伦哥白尼大学,扬·乌拉托夫斯基档案)

[2] 玛丽亚·布兰迪斯在和本书作者对话时提及当年对米沃什的评价。对话于巴黎,2005年5月。

[3] 耶日·瓦尔道夫拿到的那本书现藏于文学博物馆。

[4] 耶日·安德热耶夫斯基,《影子游戏》,页145。

[5] 收录于诗集《救赎》,以类似于"片段"的更短版本出版。

[6] 切斯瓦夫·米沃什撰写的序言落款时间为1942年1月,伏瓦迪斯瓦夫·巴尔托舍夫斯基认为该书的出版时间是同年3月初。参《华沙1 859天》(克拉科夫,2008),页320。波兰文版本早于地下发行的法语版本。

[7] 切斯瓦夫·米沃什,《从做翻译开始》,收录于雅克·马利坦,《失败的道路》,华沙波兰出版社,无确切日期(约1942年)。摘自切斯瓦夫·米沃什,《寻找:1931-1983年报章拾遗》,康拉德·皮伏尼茨基(克日什托夫·科普钦斯基笔名)编(华沙,1985),页29。

[8] 发行了1 600册,另有10册白垩纸版本。封面由斯坦尼斯瓦夫·昆斯特设计。

[9] 参:《无敌之歌:一本秘密选集,华沙,1942年,切斯瓦夫·米沃什编》

(*The Invincible Song. A Clandestine Anthology*, *Warsaw 1942. Edited by Czeslaw Milosz*,安阿伯,1981),页 xvi。

[10] 摘自重印版《无敌之歌》。

[11] 摘自切斯瓦夫·米沃什写给卡齐米日·维卡的信,1941 年 11 月29 日。(拜内克图书馆)

[12] 部分原因是,搬家后他们不能每天见面讨论,但可以肯定的是,这之后他的观点更加明确了。切斯瓦夫·米沃什回忆说,这段时间安德热耶夫斯基住在别拉纳区,但根据作家安娜·赛诺拉吉卡的自传,《心的命令》的作者和自己未来的妻子玛丽亚·阿伯加罗维奇 1943 年 3 月才搬进施罗格街 87 号的房子。这幢楼里还住着玛丽娜和耶日·扎古尔斯基夫妇。附近是机场,扎古尔斯基据此认为,此地安全有保障,因为不受德国空军的飞行员待见的盖世太保很少出现在这里。参:耶日·扎古尔斯基,《三个星座》,载《新书》,1981 年第 5 期。在扎古尔斯基家举办过自由党的"诗歌部"会议。贝尔斯基一家也住在附近(直到 1944 年 5 月),附近还藏着莉迪亚和扬·科特一家。

[13] 那时他给哈利娜·米钦斯卡写信说:"我花了这么长时间看书,有时候看得头昏脑胀,可能我正在变成博学的人,也许还会变成圣人。冬天我往往情绪低落,但当我计算成果时又会发现,我做了大量工作,也步入内心提升的通道。这也是种倔强——没有制裁也没有奖励。哈哈!也许你会感兴趣,我最近研究了一下维特卡齐,甚至写了一篇文章讨论他的美学理论,他以非常具有活力的视角看待美,没有为现实的幻想留下任何空间。其他空闲时间里,我匆匆看完了一整本哲学书,当然不是那种严格意义上的哲学书,我对严肃哲学没什么兴趣。"摘自切斯瓦夫·米沃什写给博莱斯瓦夫、哈利娜、阿涅拉和安娜·米钦斯基的信件集,信是寄给哈利娜·米钦斯卡的(邮戳日期为 1944 年 1 月 13 日)。(国家图书馆,手稿部,索引号:akc.16786 / 1)

[14] 安娜·科瓦尔斯卡,《日记:1927-1969》,页 78。

[15] 并在此试验中运用托尔斯泰的作品。米沃什在其他章节如《传奇》中,还加入了威廉·詹姆斯的"宗教经验"和实用主义,"兹杰霍夫斯基的宗教

论",以及关于维特卡齐的内容。

[16] 切斯瓦夫·米沃什,《致一名华沙作家》(1942)。(拜内克图书馆)

[17] 切斯瓦夫·米沃什,《华沙随想》,载《选文 II》,2001 年第 3-4 期。

[18] 摘自切斯瓦夫·米沃什写给玛丽亚·维尔琴斯卡的信,无确切日期(约 1944 年)。信纸背面是一封雅尼娜·岑卡尔斯卡写的信,落款日期为 1944 年 6 月 2 日:"尊敬的、亲爱的女士,我很抱歉把信写在纸的反面,请您原谅。我想,他这次发脾气有很特殊的原因。我希望,您能宽宏大量地原谅我们。"(玛丽亚和埃德蒙德·维尔琴斯基档案室,波兰科学院艺术学院,特别收藏,索引号:1209,册号:17)感谢耶日·提莫舍维奇教授提供此信的复印件。

[19] 参:"不可能同时办到,尽管某人努力为之,/ 做约特文基人的后代和奥斯卡的亲戚;/ 不能把小美人鱼的嘤嘤歌声 / 和以色列壮士的激昂怒吼联系在一起;/ 不能写作,阴影还没有进入男人的岁月,/ 写诗歌——如密茨凯维奇,写散文——如蒙田。// 附言 / 如果你不把我的化名当成可怜的小钱,/ 为什么你要皱眉头呢? 我根本没有惊慌失措:/ 在我面前不要从米沃什变成怒者,/ 因为我的三分钱没有一分是坏的。/ 别人欢呼,我沉默;他们为你—— 你知道吗? —— / 他们随手花着假币,又还想要别的!"摘自罗曼·科沃涅茨基,《谈切斯瓦夫·米沃什》。(华沙文学博物馆)

[20] 安杰伊·特哲宾斯基,《纪念册》,页 74。

[21] 同上,页 99。

[22] 亚历山大·科平斯基,《有个性的人:谈切斯瓦夫·米沃什与安杰伊·特哲宾斯基之争》,页 104。

[23] 玛丽亚·雅尼昂,《战争带出的未知》,收录于玛丽亚·雅尼昂,《哭声一片:关于战争的随笔》(华沙,1998),页 57。

[24] 艾丽兹别塔·雅尼茨卡,《安杰伊·特哲宾斯基:"波兰的新尼采"? 从他的日记及与切斯瓦夫·米沃什的辩论角度谈第三次编辑〈艺术与民族〉》,载《选文 II》,2001 年第 3-4 期。

[25] 切斯瓦夫·米沃什,《我的自传素材》,未出版。(克拉科夫切斯瓦

夫·米沃什档案馆）

[26] 摘自亚历山大·科平斯基，《有个性的人：谈切斯瓦夫·米沃什与安杰伊·特哲宾斯基之争》，页122。

[27] 取自本书作者与玛丽亚·布兰迪斯的对话，巴黎，2005年5月。

[28] 摘自切斯瓦夫·米沃什写给博莱斯瓦夫、哈利娜、阿涅拉和安娜·米钦斯基的信件集，信是寄给阿涅拉和哈利娜·米钦斯卡的，无确切日期（可能写于1944年初）。（国家图书馆，手稿部，索引号：akc.16786／1）

[29] 1941年3月地下军对通敌的演员伊戈·赛姆执行了判决。德国人怀疑朵别斯瓦夫·达梅茨基是暗杀执行人，悬赏杀死这位演员和他的妻子伊莱娜·古尔斯卡。

[30] 米沃什在1958年完成的《民谣》一诗（《诗集　第二辑》，页298）中提到了塔德乌什·加伊茨的形象。这首诗感人至深，题献给耶日·安德热耶夫斯基。

[31] 摘自切斯瓦夫·米沃什和雅尼娜·米沃什写给阿涅拉·米钦斯卡和扬·乌拉托夫斯基的信，信是切斯瓦夫·米沃什写给阿涅拉·米钦斯卡的，1942年6月28日。（移民档案，托伦哥白尼大学，扬·乌拉托夫斯基档案）

[32] 哈利娜·米钦斯卡-凯纳罗娃，《感激不尽》，页247。

[33] 扬·科特，《自传评述：心脏病发》，页81。

[34] 康斯坦蒂·莱加梅，《博莱斯瓦夫·米钦斯基（1911-1943）》，收录于博莱斯瓦夫·米钦斯基、耶日·斯坦波夫斯基，《书信集》，安娜·米钦斯卡等人编（华沙，1995），页36。

[35] 和本书作者的对话中提到此事，华沙，2004年10月。

[36] 直到战后才出现在市面上，收录于塔德乌什·克朗斯基的《思考黑格尔》（华沙，1960）一书。

[37] 取自本书作者与雷沙德·马图舍夫斯基的对话，华沙，2004年10月。

[38] "克朗斯基吸引着我，因为他的半犹太血统和对波兰反犹主义的抵触让他从外部看待这种波兰心态，即他看到了怀有这种心态的人看不到的（这种

心态还把华沙起义的不幸强加给整个国家)。"摘自切斯瓦夫·米沃什和雅尼娜·米沃什写给阿涅拉·米钦斯卡和扬·乌拉托夫斯基的信,信是切斯瓦夫·米沃什写给阿涅拉·米钦斯卡的,1989 年 2 月 16 日。(移民档案,托伦哥白尼大学,扬·乌拉托夫斯基档案)

[39] 博洛尼斯瓦夫·巴赤科语,收录于塔德乌什·克朗斯基,《思考黑格尔》,页 480。

[40] 同上,页 481。

[41] 耶日·图罗维奇档案室。

[42] 还有一则科尼钦的劝告:"不要被这些大部头的书所迷惑,他们证明的是,这些书或者陀思妥耶夫斯基的其他著作揭示了人类灵魂深处的永恒秘密,确切地说,他从上个世纪中叶起就揭穿了俄罗斯知识分子的秘密。"这也可以算是克朗斯基关于弗朗茨·卡夫卡作品主题的阐述。

[43] "怎么这样说呢! 你听:鱼。沉默的,贪吃的家伙。肥大而光滑,耀眼的鳞片。鱼:多么紧致、结实,肉如此,生命也如此。fish 就差远了。最多指的是又小又扁的东西。鲈鱼、鳊鱼,粗糙了些,在泥里翻腾,在岸边的菖蒲丛里沙沙响。——他比画了一个平滑溜走的手势。——约拿的鱼能叫 fish 吗? 肯定不行。因为它得吃了他呀。[……]最后还有 poisson。可能发生吗,poisson 吞掉……可能吸了吸吧,对吗?"什切潘斯基这样描述维耶勒高什说服米沃什的场景。摘自扬·约瑟夫·什切潘斯基,《传奇终结》,收录于《鞋和其他的故事》(克拉科夫,1983),页 167。米沃什在《酸黄瓜主义》一文中对克朗斯基表达:"我们的语言属于感官领域,如果离感性越远,语言就会不断变弱。当我说出 poisson 这个单词或者 fish 时,就好像我妈妈用悦耳的斯拉夫方言说:鱼——我感受到了舌头在口腔里的爱抚。但当我说先验主义或者现象学这些词——我没有一点感觉。"

[44] 这篇文章在起义中被烧毁,其内容由伊莱娜·克朗斯卡重新组写。见塔德乌什·克朗斯基,《思考黑格尔》,页 460。

[45] 帕维乌·贝林,《回忆》,收录于塔德乌什·克朗斯基,《思考黑格尔》,

页 489。La raison à cheval,法文,意为"骑在马背上的理性"。

[46]"也许就在我遇到克朗斯基时,我感受到了我对他的学识非常敏感,因为他所说的恰恰就是我在想的,也是我害怕承认的。"摘自切斯瓦夫·米沃什,《我的自传素材》,未出版。(克拉科夫切斯瓦夫·米沃什档案馆)

第三十九章 "那可怜的基督徒看着犹太隔离区"

> 城市的街道上进行着顽强的战斗,有人躺倒在机枪射击的火力之下。望着石头砌成的路面,看到一个有趣的景象:路面的石块看着像是刺猬竖起的棘刺,这是子弹击中了路石的边缘,使其移动位置倾斜了起来的样子。这一刻嵌入了诗人和哲学家的意识当中。[……]诗歌,依托于这种赤裸裸的经历,使那一天能够摒除幻觉,完整地保存下来,成为人们的精神食粮。
>
> **切·米沃什,《被禁锢的头脑》**

一九四三年春天,米沃什写了二十首系列短诗《世界》。其中《天真的诗》[1],自然引起了当时听众的惊奇。[2]耳中回响着枪声和恐惧的尖叫,他们听到的这首作品,用有规律的十一音节诗句谱写,持续押韵,描绘了他们周遭现实地狱的汹涌场景,与此同时,想起童年记忆中挂在儿童床上面的照管着孩子们道路的守护天使。

那就是哥哥和妹妹从学校"穿过橡树林"回家一路上的世界：有着白色围栏的小门，一旁是闪烁着"小灯笼"的"金黄色茉莉花"，木头的扶手承载着几千次触摸的记忆，还有个小走廊，从这里通向铺展开"树林、水塘、田野、大路"的景观。这里，妈妈在往盘子里盛汤；这里，爸爸在钻研"无所不包的思想"典籍，这给他带来了通向和平的智慧，从书里他可以给孩子们指点欧洲。可是"在看着就像是手掌心一样明明白白的，晴朗的一天，／ 还弥漫着好多大水后的雾气，／ 这是人，狗，猫和马的家"。周围那些"看不到顶的大树"，再往上是高高的"鸟的王国"。战争只会在《伊利亚特》的插图中呈现，死亡只会带走藏在书中的小飞蛾，连魔鬼也会开心地笑，就像餐厅里装潢的雕塑。孩子害怕楼梯上像野猪脑袋模样的影子，恐惧的感觉，会被妈妈点燃蜡烛的火焰驱离。夜里当小女孩和小男孩困在了森林里，眼里看不到父亲，恐惧就会告诉他，"黑暗将会永远持续"，可转眼间，慈爱的声音就会把黑暗驱散。

我来啦。哪来的这毫无缘由的害怕？　　　　　　　　　　349

黑夜即将过去，白天不久就会来。

你们听到了吗：牧人吹奏的喇叭

星星在玫瑰色云雾上正在黯淡。

小路很明显。我们走在边缘。

下面的村里，正有钟声响起。

篱笆下的公鸡正在迎接光明

大地的浮烟，丰饶而快乐。

这里还有黑暗。像河水涨起的激流

黑雾包裹着大片的蓝莓。

而黎明的光柱已经射入水里

敲响了太阳的钟声。

（《诗集　第一辑》,页205）

　　这就是孩子眼里看见的世界,也是世界应该有的样子,是给予人类的一个家园。世界应该充满圣洁的秩序,如同诗人构建起意义的大厦,去对抗围绕着他的恐怖,以存在对抗虚无。也不能排除,米沃什写《世界》的初衷某种程度上是展现他所阅读的东方诗歌的格律[3],或是受到战前就很出名并已翻译出版的特拉赫恩①的影响。在他的诗中,童年的描绘如同天堂,而成年世界的残酷也被隐含在了其中[4],这方面更重要的是威廉·布莱克的《天真之歌》。然而,其中更重要的,是两个同时出现的举动:探寻自己的深层次记忆,触及存储其中的安全感、信任感和愉悦感;某种托马斯主义哲学的理性选择,将世界的真实,富有存在感地展现出来,不论我们认知能力如何,都给予我们进入一个更高层次神圣现实的途径。诗人自己也承认:"我的《天真的诗》[……]是一篇形而上学的论文,是学校黑板之色彩和形状的再现,在那黑板上拉勒芒神父②绘制了其托马斯主义循环。"(《欧洲故土》,页279)在这个循环的圆圈里,米沃什也把诗抽离出孩子们的视野,奉献给三种神圣的美德:爱、信仰和希望。

希望存在着,若有人信,

---

① 托马斯·特拉赫恩(Thomas Traherne, 1637?-1674),英国宗教诗人和作家。

② 路易·拉勒芒(Louis Lallemant, 1588-1635),法国耶稣会传教士。

大地不是梦,而是活的身体,
视觉、触觉和听觉都不会骗你。

[……]

有些人说,眼睛让我们迷茫
什么都没有,仅只是好像
这些人真是没有希望。

他们在想,当人转身,   350
身后的世界立即消失,
好似被小偷的双手抓去。

(《诗集 第一辑》,页 202)

《太阳》,桂冠之诗,写完这首诗后,米沃什用看似天真的话语带给我们"纯粹的艺术,也就是被认可的艺术"。艺术在两难之中参与人世的要求,面对无穷而充满了现实存在的世界,表现出了谦卑退让:

谁想用彩色模样描绘世界,
那请他永远不要直视太阳。
因为他看到的记忆会失去,
眼泪只有在眼中才会炙热。

请跪下,脸低向草地
看着大地反射的光芒。
那里能找到所有我们曾抛弃的:

星星、玫瑰、黄昏和黎明。

（《诗集　第一辑》，页 205-206）

要向世界鞠躬，在其中寻求上帝的回声，把这个世界看得比"我"自己的声音更重要，你所需要的就只有爱。因为：

意味着，要看看你自己，
就像看我们身外的事物，
因你只是万物其中之一。
谁能这样看，哪怕不自知，
心灵的各种悲伤皆可治愈，
小鸟和大树皆会说：朋友。

（《诗集　第一辑》，页 202-203）

　　"《世界》本可以是《贫瘠的土地》。这两部诗集都源于战争的毁灭，如若艾略特所指即所是，那么米沃什所指，即应是、如是、何所'是'。"这是海伦·文德勒的评论。[5] 米沃什的《贫瘠的土地》也是《经验之歌》，可成为《弱者的声音》系列。当然还有《世界》，他精心选择的副标题"天真的诗"，紧扣着现实赋予这些诗歌的反讽主题。米沃什的诗，正是在那段时期第一次大量出现反讽，其中，必然不能没有克朗斯基的影响。在"道德"和"诗意"的《诗论》创作时期，克朗斯基的影响支配着他的诗。他偶尔也能摆脱，作为证明某种无论如何要隐藏自己的声音，他不会放弃对自我的主导。但现在，反讽意味着摆脱自己的位置，如对历史的沉思。例如，当时米沃什阅读希罗多德的光景。米沃什翻译韵律优美的艾略特和莎士比亚诗歌的经验，阅读罗伯特·勃朗宁和埃德加·李·马斯特斯的作品，也许还有观察"老虎"塑造的角色和他自己的戏剧演员的

魅力,使他得以将与作者本身或近或远、关系复杂的、称之为形象的
"人",引入自己的诗歌。"人物"的力量在于能够表达许多形象的声音,
有时完全与我们不同,并避免了来自作者的评论。

在《弱者的声音》中,米沃什的语言发生了根本性的变化,不再有此
前悦耳的"诗歌性",他的用词,犹如残酷地对待人类的大地一般赤裸,
直截了当,不再哀婉。[6]《世界末日之歌》(《诗集 第一辑》,页207)稍
带讽刺味道地将恐惧引入日常生活。《某公民之歌》(同上,页208)在我
们眼前揭示了一个与诗歌作者关系暧昧的人物,释放着对从前拥抱世界
的渴望与现如今对自己生活的恐惧,由因循守旧而愤世嫉俗,其最终,只
能面对生存的问题。《可怜的诗人》涉及对于贫瘠的语言无法表达对世
界的思考,对于游荡在被剥夺希望的时代中的人类的思考:

> 一些人在绝望中自保,甜蜜的绝望。
>
> 就像浓烈的烟草,就像一杯在失败时喝干的伏特加。
>
> 另一些人怀抱愚蠢的希望,粉红得恰如春梦。
>
> 还有些人在崇拜偶像的国度,找到了平安,
>
> 可以持续很长时间,
>
> 那也长不了多少,超不过十九世纪的蔓延。
>
> (《诗集 第一辑》,页210)

那时,米沃什心中再一次出现了斯坦尼斯瓦夫·伊格纳齐·维特凯维
奇。他的自杀宣告了即将到来的人类牲畜化的时代,形而上学的遗忘,
非个体的人类胜利,也就是赫贝特笔下的"物质化"时代。《咖啡馆》传
来的,是被救赎的声音,还是——谁知道,还有多久,生不如死,在最简单
的字里行间引出恐惧迫害的画面:

352

    咖啡馆那台桌，

    冬日中午,花园外冰霜闪烁,

    我一人独坐。

    [……]

    窗玻璃上冬雾如旧,

    无人走进。

    一抔灰烬,

    泥灰溅起的污浊

    别脱帽,别高兴地说:

    去喝杯伏特加。

(《诗集 第一辑》,页 212)

六首《阿德里安·泽林斯基之歌》(《诗集 第一辑》,页 218),是懦夫的独白,但他也是"我们中的一员",他想活下来,却找不到安慰,找不到谋杀区(在那里我们死得就像被踩踏的蚂蚁)之外的现实迹象。佳作《郊区》,不啻战争中城市外围的图像报道,准确地说是米沃什所熟悉的独立大街的周边,同时,在没有刻意疏离的评论的阴影下,作品通过人物主角们的声音和极简主义形象的力量,揭示维特凯维奇所惧怕的那种能在现实中获胜的人性,那种"凶恶而有效"的、令人毛骨悚然的冷漠。就像野蓟和茅草一般,不停地蔓延于比艾略特的伦敦更为荒蛮贫瘠的华沙干涸的大地。

    拿牌的手放下

    在炙热的沙坑,

太阳褪色西沉

在炙热的沙坑,

费莱克掌管银行,费莱克给予我们,

光亮穿过黏着的扑克,

到炙热的沙坑⋯⋯

破碎的烟囱阴影。稀疏的草。

血色的红砖,依旧开启城市。

赭色的瓦砾,线缆在车站结缠。

生锈的车,像干瘪的骨架。

闪亮的泥坑。

一个空瓶子被掩埋

在炙热的沙坑,

雨滴已蒸发

炙热的沙坑。

亚内克掌管银行,亚内克给予我们,

我们玩耍,七月和五月过去了,

我们玩过了第二年,我们玩过了第四年,

光亮透过污黑的扑克

到炙热的沙坑。

血色的红砖依旧开启城市,

犹太人屋后面的一棵松树,

通往旷野终点零散的痕迹。

泥灰,火车车厢还在运转,

353

冤屈，在那些车厢里呜咽。

拿起曼陀林，曼陀林

你会奏出所有

手指在琴弦上叹息。

一首美好的歌曲，

贫瘠的大地，

喝干的大杯，

再多已无需。

你看，路上走着开心的女孩，

软木拖鞋，梳着刘海，

过这儿来，女孩，和我们玩玩。

贫瘠的大地，

太阳西下。

(《诗集　第一辑》，页 216–217)

　　"一九四三年的春天，一个美丽宁静的夜晚，华沙郊区乡村的夜晚，我们站在露台，听到隔离区传来的哭喊。[……]那哭喊声凝冻了我血管里的血液。那是成千上万被屠杀者的哭喊。划过被吓得沉默的城市，穿过处处烈火的红光，在漫无边际的星空下，飞入花园里亲切的幽静之中，这里的植物努力地呼出氧气，空气散发清香气味，人们觉得，生活是美好的。在寂静的夜色之中，有一种特别残忍的东西，花园的美丽和人类的罪恶暴行，同时触动着心灵。我们之间没有互相对视。"他战后不久写道。[7]犹太隔离区的起义爆发于四月十九日。六天后，是复活节星期天，米沃什夫妇去别拉纳区拜访耶日·安德热耶夫斯基。电车在克拉辛斯基广场停了下来,在那里他们看到一座旋转木马,它的椅子映射出犹太人隔离区的高墙,人群在围观……很多文章都写到了有关这一旋转木马的争论:当时它是否真的原来就在那里,为什么德国人决定要在那儿设置一个欢乐小城,而不是在别的地方? 特别是,那群华沙市民是否笑着观看屠杀犹太人?[8]虽然看来很可能只有一小群人在那儿玩,而他们边上站着的是被动的观看者,也可能是吓坏了的人群。可就是他们,居然在漂浮着衣服、燃烧的烟尘当中,在死亡的尖叫当中,坐在旋转木马上玩。大屠杀并不容易让波兰社会完全忘记反犹主义……也许就是在同一天,米沃什写了一首《鲜花广场》(*Campo di Fiori*)①,他在诗中首先回顾了乔达诺·布鲁诺的受难之死,和当时在现场围观的、漠不关心的罗马人,然后写下了这些著名的诗句:

> 我想到了鲜花广场
> 在华沙的旋转木马旁,
> 在晴朗的春天晚上,
> 伴随着跳跃的音乐。
> 隔离区墙后的集体处决
> 在跳动的旋律里消音
> 一对对飞升
> 在晴朗的高空。
>
> 有时那些房屋燃烧的风,
> 带来熏黑的风筝,
> 人们在风中抓下这些纸片

① 意大利语,鲜花广场位于罗马,在古罗马斗兽场附近。

坐着旋转木马。

从那些燃烧房屋吹来的风，

吹起了女孩的长裙

快乐人群欢笑着

华沙美丽的星期天。

[……]

而我当时在想，

那些孤独中死亡的人。

（《诗集　第一辑》，页 191-192）

在援助犹太人委员会"热戈塔"①的倡议下，这些诗句一年后被收入诗集《来自深渊》，而后出版，成为反对灭绝犹太隔离区最著名的波兰诗歌之声。然而，多年之后，米沃什自己称这首诗是不道德的诗，因为是站在观察者的立场去写死亡。（《旅行世界：对话莱娜塔·高尔琴斯卡》页 66）的确，在这首感人的诗中，是有这样一个瑕疵，特别是在结尾部分，太美，某种形式上离噩梦太远[9]：

355　　直到一切成为传奇

经过多年

在新的鲜花广场

诗人的诗句将点燃反抗。

有人走来,观看,同情这痛苦和孤单,但是也有人回避,无辜,纯洁。要加入共恶的地步,哪怕只是被动地在一旁保持沉默,则需要用到《弱者的声音》的语言。《那可怜的基督徒看着犹太隔离区》是该系列作品中最重要的、对丧失人性的强迫性描绘,它将我们带入至暗的人心,带入大屠杀的世界。在这首诗里,主角是那个已经死去、已经朽溃的人,已经被碾碎的"我",背负着罪责,害怕指控。

蜜蜂在营建肺片状的巢,
蚂蚁在营建白骨状的穴,
扯碎的纸,橡胶,帆布,皮肤,麻布,
棉线,布料,胶片,头发,蛇蜕,电缆,
房顶,屋墙在火中坍塌,地基被火焰席卷。
只剩下砂石碎砾、被践踏的大地,和一棵没叶子的
树。

慢慢地,爬行的鼹鼠卫士穿过土洞。
额头安着红色的小灯。
触碰着掩埋了的尸体,数了数,接着钻,
水汽的霓虹之下,人的骨灰各不相同,
每个人的骨灰都有不同颜色的彩虹。
蜜蜂营建出红颜色的路径,
蚂蚁营建起在我身体内的迷宫。

我害怕,我真的是很害怕鼹鼠卫士。

他眼皮肿胀得像是祖师，

在烛光下久久端坐

研读着厚厚的物种典籍。

告诉他什么，我，新约的犹太人，

两千年来等待着耶稣的回归？

我破碎的身体会将我送入他的视线

将我计入死神的帮手：

未行割礼的那些。

（《诗集　第一辑》，页 213–214）

356　近半个世纪后，扬·布沃斯基在一篇著名文章《那可怜的基督徒看着犹太隔离区》里，列举出了切斯瓦夫·米沃什的这些诗篇，并提出一个问题：波兰人对于在我们土地上发生的大屠杀是否要承担共同责任？文章所引起的讨论，成为至今尚未完成的记忆工作的开端。以及指控。"我们能摆脱吗？我们能消除吗？我想不行，因为从根本上讲这存在于我们自身之内。我们自己就是害怕鼹鼠的人，那些洞穿我们良知的鼹鼠。我同样也认为，我们不会将其驱离。而忘记过去，或者对其采取抗拒的态度，至少我们是不会将其赶跑的。我们必须彻底坦率、彻底诚实地面对有关共同责任的盘问。"米沃什对波兰战前的反犹主义了解至深。

他被引导而参与了种族灭绝吗？不。当你读到战前写的有关犹太人的文章，当你发现波兰社会有诸多仇恨时，你有时会惊讶地发现，在这些文字之后并没有行动跟进。没有跟进（或者极少跟进）。上帝阻止了那只手。是的，是上帝，若是我们没有参与这一罪恶，那是因为，我们仍然还有一点点是基督徒，在最后一刻，我们意识到,这些行为是多么邪恶……但这并不能免除我们的共罪。堕落,对波兰土地的亵渎,已然发生,我依然有责任予以扫清。虽然,在这个墓地里,已经仅能容纳一件事,即看清我们过去真相的义务。[10]

注释

[1] 这首诗以手稿的形式,以笔名 B. B. 库兹纳标注,由米沃什按照此前签署的合同交给了兹比格涅夫·米赤奈尔。这本诗集在华沙起义中幸运地保存下来,后来还发行了精装版,也就是原稿的复刻版。见切斯瓦夫·米沃什,《世界:天真的诗》(克拉科夫,1999)。《世界》在《创造》杂志(1945 年第 2 期)首发,后来又收录于《救赎》(《诗集 第一辑》,页 194–206)。

[2] "米沃什阅读着这些优美的诗集,他那温柔的'宇宙'冥想似乎并未受到艾略特的影响。我对他说,他喜欢阅读这些诗行,胜过记住全部内容"——这是否就是安娜·科瓦尔斯卡在 1944 年 6 月 18 日的日记中提到的《世界》呢? 参安娜·科瓦尔斯卡,《日记:1927–1969》,页 79。

[3] "我读着斯塔夫的《中国排箫》。对我来说这才是诗歌的典范。"摘自《米沃什矛盾自画像:对话亚历山大·菲乌特》,页 59。

[4] "我们事实上有些夸张地嫉妒特拉赫恩的时代,那是英格兰革命和内战时期,还有着激烈的宗教斗争,但在《世纪》中并未体现。"摘自《科学花园》,页 47。另见《路边狗》,页 25–27,页 352。

[5] 海伦·文德勒,《世界已经完美》,米哈乌·鲁西奈克译,收录于切斯瓦夫·米沃什,《世界:天真的诗》,页 xi。

[6] 1944 年初米沃什在给哈利娜和阿涅拉·米钦斯卡的信中写道:"我现在的状态很好,工作非常顺利。也许,确实需要从一些事情中解脱出来。我不再仇恨浪漫主义和所有形式的哲学唯心主义,和普通人一样,我想,如果我活着,就要好好玩耍,就要将所有浪漫唯心的玩意儿好好地踢开。我不是很想寄出自己的诗,因为我认为,脱离了现实内容可能会释放错误的关系画面,这并非我意。"

随信附上了《世界末日之歌》，只不过这首诗那时的标题是很有个性的"世界末日之恶搞曲"。摘自切斯瓦夫·米沃什写给博莱斯瓦夫、哈利娜、阿涅拉和安娜·米钦斯基的信件集，信是寄给阿涅拉和哈利娜·米钦斯卡的，无确切日期（可能写于 1944 年初）。（国家图书馆，手稿部，索引号：akc. 16786 / 1）

[7] 切斯瓦夫·米沃什，《在华沙城边》，载《横截面》，1945 年第 16 期。

[8] 托马什·沙罗塔总结了这些争论，从根本上证实了米沃什的故事。他的文章是《克拉辛斯基广场上的旋转木马，暨"高兴的人群笑了吗"？关于华沙人对隔离区起义的态度之争》，文章收录于托马什·沙罗塔，《克拉辛斯基广场上的旋转木马：战争和被占领时期的学术短文》（华沙，2007，页 149–169）。另参：米沃什后来声明："我平常日子从来不去佐立波茨区，我也不知道那里的情况。但复活节的星期天我和扬卡去了别拉纳［……］。有轨电车在克拉辛斯基广场边停了很长时间，我看见了旋转木马和上面的一对对情侣。我也听到了议论，谈到难民营墙后发生的事，像是：'哦，倒了。'"摘自《文学库》，页 64。

[9] 扬·布沃斯基把对此的看法写进《那可怜的基督徒看着犹太隔离区》一文，刊登于《普世周刊》，1987 年第 2 期。再版收录于扬·布沃斯基，《那可怜的基督徒看着犹太隔离区》（克拉科夫，1994）。

[10] 同上。

第四十章　诺亚方舟

当我们逃离燃烧的城市，

从第一条田野的路上回望

我说："就让青草掩蔽我们的踪迹，

就让吼叫的先知，在火中安静，

就让死者，告诉死者发生了什么，

我们注定繁衍一个新的暴力族群，

免于邪恶和在那儿打盹的幸福。

我们走。"火焰之剑为我们剖开了大地。

切·米沃什，《逃亡》

　　一九四四年八月一日，刚吃完扬卡母亲做的中饭，米沃什夫妇走到拉科维耶茨卡大街和独立大道拐角处的电车站。他们这趟出门，是去克朗斯基夫妇那儿。他手里拿着艾略特的《诗集》，想要和"老虎"谈谈《荒原》翻译的细节。拉科维耶茨卡大街上那些德国碉堡里的机关枪火力将他们压制在原地，他们这才明白，起义爆发了。他们匍匐着向前，试图找个藏身之地,直到天亮,他们才到达一个安全的地方。这是凯尔采大街 16 号石筑大楼,齐格蒙特和斯泰凡尼亚·波尼亚托夫斯基夫妇住在里面,他们是玛丽亚·东布罗夫斯卡的朋友,家里经常举办文学聚会。现在那里已经变成一个庇护所,借着战斗的间隙,扬卡把她的母亲也接了过来(她的父亲那段时间在沃沃明市)。

> 在躲起来的两个星期里,不缺燕麦粥、土豆,甚至咖啡。我在主人家的书架上翻出关于战前波兰社会学研究的著作——《年轻一代的农民》,弥补过去我曾忽略它的缺憾。[……]子弹不时在泥灰的墙上刻画出长长的图案,一片片墙皮掉落下来。特别有失体面的是一打开水龙头,就像是地下室的喷泉。原则上可以容纳两个人的一间屋子,却装下了我们十一位,这座房子里的所有男人。这发生在党卫军的大坦克碾压的轰鸣声正接近的时候。女人们把一张铁板扣在我们上面,下面立刻开始要窒息的感觉[……]。我们当中的一个,有一天被党卫军抓住并且杀死了,他当时举着双手,在一群和他一样不幸的人当中,在坦克前面跑着,被当成进攻起义军街垒时的人盾。(《欧洲故土》,页 282)

358 当德国开始烧毁周边的建筑时,八月十三日,石筑大楼里的部分居民决定逃走,他们穿过园地和田野到了位于奥肯切机场附近的育种工厂,霍瑟尔兄弟公司未完工的建筑里。他们藏在顶层的大麻袋当中。从那儿可以看到燃烧的城市全景,而就在下面,很近的地方,是弗拉索夫①的士兵,他们在战斗、屠杀和强奸的间隙,学骑自行车作乐。"当时不幸

---

① 安德烈·弗拉索夫(Andriej Własow, 1901-1956),苏联红军集团军司令,1942 年被德军俘虏后投降,1945 年建立领导了十余万人的反斯大林俄罗斯解放军。

在那里的伙伴当中，写入我记忆里最清晰的是齐格他们认识的奥库里奇先生。从姓氏上看得出来，他出身于贵族，来自边境地区，职业是政府官员。他说：'我一辈子都在逃避他们。记得我七岁时，我在明斯克城郊穿着长外套逃过冰面。'想想这个奇异的事情，从中我们可以得出意义深远的结论。这里是德国人，危险迫在眉睫，而他[……]却只知道一件事：布尔什维克来了。"（《猎人的一年》，页50）看来从城市郊区似乎很容易穿到界限之外。然而，米沃什夫妇和扬卡的母亲一起被抓了，并被关到了奥肯切的临时集中营，德国人把那儿的一个废弃锯木厂改成了集中营，并从那里把囚犯送往普鲁士。米沃什写了一张求救的字条，交给了在围栏外附近转悠的孩子们。其中一个完成了任务，送到了霍瑟尔大楼，留在那儿的奥库里奇他们派人出来寻求帮助：一名派去的修女经过长时间的谈判，成功说服一名德国军官，释放了这位诗人和他的家人。[1]

他们一起步行到了皮亚斯托夫区，藏在伏瓦迪斯瓦夫·雷恩查家的一处似乎完全废弃的别墅里，在那里他们还经历了一场一般性的抢劫："那些匪徒很年轻，无关政治，拿走了钱和贵重物品。"（《猎人的一年》，页215）米沃什只有简单的财物，扬卡已成功地把必要的物品拿出去了，没引起袭击者的注意。可是周围地区的危险同样还来自不断的抓捕，于是他们决定继续逃，沿着电车线，经停了斯塔维斯科镇。他们穿过了格罗基斯克、瑞拉尔朵夫，终于通过了斯凯尔涅维采，然后到达了雅尼斯瓦维采村，他们到那儿的时候是九月初，要找住房和工作，为一个农民挖土豆，在《欧洲故土》中，作家称这个农民为"基尤"。

> 我卷了支烟，用口水粘上烟卷，
> 然后把从小木屋里捡来的火柴握在掌心，
> 为什么不划火柴？为什么不用打火石？
> 风在吹。正当午我坐在地头，

想啊想啊,身旁堆着土豆。

(《诗集 第一辑》,页230)

359 其时,他思考着几个世纪以来嵌在这土地里的农民,他们一视同仁地对待游击队,对待逃离苏联监禁的难民,对待长久的邻居——那些现在躲在森林掩蔽处的犹太人。他们保持沉默,但明显越来越高兴,即将到来的是贵族和庄园主们的世界末日。有关城里的官家发生大屠杀的消息,似乎被他们忽略了。"一到那里,就不开心,思维模式格格不入,有许多穿高筒靴的低等年轻人和爱国的女士。很快得知,玛丽亚·罗杰维楚夫娜也在那里找了避难地[……],而且她刚刚去世[……]。本想去参加葬礼的,但我听到消息时已经太晚了。"(《猎人的一年》,页215)附近的一处庄园被称作铁庄园,《森林人的年代》的女作者于十一月六日在从属这座庄园的来奥努夫守林人的房子里去世了。这也使诗人后来如此尖刻地描述其铁庄园之行:

破碎华沙的一个逃亡者,找到庇护所

在一处庄园。他在飘窗、壁橱、搁架的后面

翻箱倒柜地遇到了藏书房

大概让人想到卡拉·穆斯塔法①的时代。

他想要钥匙。响声哗啦哗啦。让他无法忍受,

很久很久地搜寻,才得到了回答:

(原来庄园的家族显赫,敬畏上帝)

---

① 卡拉·穆斯塔法帕夏(Kara Mustafa Pasha, 1634 / 1635-1683),奥斯曼帝国的大宰相和军事统帅,1683年进攻奥地利,攻入维也纳城时,被波兰国王扬·索别斯基三世带领的波军打败。

钥匙丢了。什么时候丢的？"一战"期间。

（《诗集　第二辑》,页 118）

进不去图书室并不是华沙逃亡者的唯一问题。马佐维茨卡的小村只是个临时居所,还必须找更舒适、更安全的地方。作者自己回忆说,当时交好的卡齐米日·维卡和不久前认识的天主教出版家、他诗歌的忠实读者耶日·图罗维奇及他的妻子安娜,他们住在克拉科夫附近的高西采。图罗维奇夫妇在被占领期间曾经拜访过米沃什,他们甚至将米沃什未出版诗集的副本带去高西采(同样还有安德热耶夫斯基的小说)[2],他们拥有一处美丽而清静的庄园。诗人后来回忆说:"我当时必须克服某些顾虑。图罗维奇是天主教徒。好吧,但他是个正派人。"(《时间旅行》,页 195)于是他开始向维卡和图罗维奇写信寻求帮助。[3]他在九月二十一日晚些时候写道:"尊敬的女士和先生,我和妻子在乡下,状况尚好,我们有件最为重要的事情。[……]如果没有什么变化,我们打算去克拉科夫或扎科帕内附近地区过冬,为此,我们可能会去您那儿或是莫尔斯丁处停留一段时间。[……]切盼告诉我一些情况:1.您附近的大致条件是否有可能接受;2.是否有希望找到一个居所。我们对此寄予厚望,目前在这里,在完全没有书籍、条件很原始的环境之中维持下去,非常困难。"[4]这封信走了很长时间,回信大概丢失了,于是,作家接下来在十月五日("我们的情况越来越糟,没有地方可以弄到钱,弄到什么衣服,难以起身,因为食物实在太少了")和十月九日("我们住在一个非常安静的村庄里,但在这里找不到任何活儿维持生计,冬天在这里需要囤积东西,计划的冬季出行杳无音讯")又连续寄了信。[5]最后,当然是收到邀请了。米沃什夫妇南下,到达时已是十月底。诗人随后在鲁博瑞查附近制作了身份证件,当然要感谢他与东道主的关系,上面写的日期是十一月一日,证件上职业一栏填的是**会计**(Buchhalter)。[6]

360

鲁博瑞查在克拉科夫附近,其地属的高西采村是佐菲亚·凯尔诺娃①的产业。她第一次婚姻所生的女儿安娜·冈修罗夫斯卡,嫁给了耶日·图罗维奇。他是一位具有坚定反民族主义观点的青年天主教活动家,与斯坦尼斯瓦夫·斯托马和安东尼·高乌比耶夫是朋友。他是复兴组织的成员,是马利坦喜欢的哲学系学生,也是记者。战争爆发后,这对年轻夫妇住在高西采庄园——当时被称为诺亚方舟,吸引了越来越多的亲戚和朋友住进他们水库岸边庄园里各楼层的一个个小房间。斯泰凡·舒曼②在一篇幽默的纪实文中写道:"方舟里的房间各有不同,／二楼有个双人房／特别棒,安静,得要过了每日的喧嚣／如若不在水库,哪里还能找到幸福?!／喷泉支撑起了歌唱,／这里,耶日与安娜独自交谈,／这里,耶日与安娜互表心迹,／五花八门的表白,已与方舟远离,／这里,他赞美沃博多夫斯基,／这里,安娜给儿子将尿布缝起,／香烟将这里的世界遮蔽,／因为这是,耶日们的神庙缪斯"[7]……阿尔弗雷德·雅里和无数作家的诗在这里被朗读。图罗维奇参加了塔德乌什·坎托尔③秘密剧场的演出,忘情地收藏书籍,在地下报刊发表作品,并为创立天主教社会文化周刊制订方案。而在其不动产中,则藏匿着游击队员、犹太人,甚至还有一名澳大利亚伞兵。

在高西采庄园,两座建筑毗邻而立:一座十九世纪砖砌的现代建筑,有点破旧,里面住着图罗维奇夫妇;还有一座有两百年甚至年头更久的松木别墅,是米沃什和家人的居所。[8]起义后,华沙人来到这里找寻避难的地方,两座建筑里住满了人,有时会有三十个人来吃午餐。当中也

361

---

① 佐菲亚·凯尔诺娃(Zofia Kernowa, 1889-1971),波兰诗人、散文家、出版家、独立运动活动家、波兰第一军团情报官。

② 斯泰凡·舒曼(Stefan Szuman, 1889-1972),波兰教育家、心理学家、医生、艺术家。

③ 塔德乌什·坎托尔(Tadeusz Kantor, 1915-1990),波兰演员、剧作家、戏剧导演、偶发戏剧创始人、设计师、美院教授。

有不少年轻人,米沃什原本要给他们讲授文学,可那会儿不是最好的学习时期,上了几节课就停了下来。诗人的另一项才能受到孩子们的崇拜,每次孩子们叫他,他就会做出吓人的表情:不用求他多久,他就"露出大牙齿,睁大失神的眼睛,大声咆哮"。[9] "米沃什给人危险的印象,而他妻子,机灵而智慧,表现得尖锐"[10],这是达努塔·什切潘斯卡所记,而她丈夫则把雅尼娜·岑卡尔斯卡描绘成佐菲亚,诗人维尔果什的"假太太",一位讥讽和愤世嫉俗的人物,她"会是个有魅力的人,假如没有狡猾的尖鼻子"。[11]继而,在米沃什的自传体小说中,扬卡用的名字是卡洛佳,她对卢伯维尔庄园里的居民"轻蔑地嗤之以鼻":"——真是个动物园。诺亚方舟。——我们应该感谢他们。——就是说啊!不然能把他们怎么样,它们有股'邪气'。"[12]在该文中(一伙来自华沙集中营的知识分子,来到被大家都阅读过的圣托马斯会士学者斯尼斯瓦夫·莫罗哥维什[13]先生处做客)还提到,正如在现实中,米沃什与图罗维奇之间有一根思想精神上相互理解的纱线把他们联结在一起。智识上的观点和文学上的所爱,他们的观点高度一致。高西采庄园的夜晚,餐厅里亮着煤油灯,图罗维奇朗读所有自己喜欢的客人们的诗作,米沃什亲自表演,而正在庄园访问的斯坦尼斯瓦夫·斯托马,听着朗诵《诗歌的土地》,不时从椅子上跳起来大喊:"太棒了!"[14]这段时间,诗人写了很多作品:如之前所引述的《酸黄瓜主义》,一部分未完成的戏剧作品(很显然是在一场农民起义爆发前夕,乡村晚间集会的场景),更多的是新的诗歌作品。这些手写作品,还用画笔描绘出首字母,形成了一本小诗集《半波斯式的诗》。

这本小书(在一九四五年一月十日出版了一册,米沃什题献致"欧洲保护大象兄弟会成员耶日·图罗维奇先生"[15])包含十首前后一致、韵律相互关联的诗。《珍珠、星星和大地》[16],为人类的痛苦和明天的不确定性寻找解药,建议(以及不久前所出系列诗集《天真的诗》里的作品)与自身保持距离,感受世界之美,它的美可以在其最细小的部分看出,而无论时间与各种精微变化——"对那些,平和的光中展现的,奇迹 / 注视,而不祈盼,因我快乐"。世界正处于转折的边缘,什么都已经无法传达《我对过去时间的抱怨》(《诗集 第一辑》,页 225),而《命运》(同上,页 223)令我不要回头再看。在《告别》(同上,页 141)中[17],逃离燃烧的华沙,就像撤离特洛伊,难民最清楚,回归已不可能,过往必须留下并永远封闭。最后,《道德》(《诗集 第五辑》,页 431)教导年轻人,对于年轻人的多愁善感,应该首先用如钻石一般尖锐的思想来处理。两首献给扬卡的诗:《致晚安》(同上,页 432)和《祝愿》,不仅表达了美好的柔情,而且也留下了在战争结束那段日子里因陪伴米沃什而充满喜悦的清晰痕迹——我们经历了,现在我们可以进入一个新的、必定更好的时代:

> 此行伴着一腔热血的真诚
> 穿过我的国度,烈火、战争、风波和饥饿,
> 愿我们的心不再受控于他人的呼唤!
>
> 让我们在夏初,齐膝涉水,
> 他们说,大罐畅饮般汲取天国之光
> 听着,人类还活着,我们的快乐就会存在。

(《诗集 第一辑》,页 224)

图罗维奇夫妇的一位长期房客回忆说:"在高西采庄园的故事当中,有一件被深深地印在了我的记忆里。女主人的一个朋友来到庄园,是个名叫扬·约瑟夫·什切潘斯基的游击队员。安娜女士还记得他与米沃什的争吵,米沃什竭尽全力向扬解释,他不打算去战斗,因为他必须

熬过战争：他的任务是写作，而非战斗，他如果死了将毫无用处，而他的写作对于波兰更为重要。"[18]与战士什切潘斯基的争吵很快也发生在另一位作家身上——苦涩的《波兰之秋》的作者，争吵不仅涉及艺术家如何做才对国家和社会有用的问题，还涉及波兰未来的形态和对"荣誉"一词进行理性解释的难题。米沃什自传体小说的主人公博格丹，心中渗透着对地主乡绅阶级的鄙视，而恰恰是他们之中的那些代表，前来给他提供了保护（只有作为知识分子的朗格维乌斯得到了宽恕）。事实上，博格丹很高兴即将到来的布尔什维克将消灭这个不合时宜的世界，浅薄的思想与致命的价值观相关，就像博格丹所认为的，值得憎恶："仇恨就是甜蜜！它可使你彬彬有礼地对待你的女邻居，并戏弄她，正如人们所说，同时还想着折断她的脖子。"尽管这种仇恨主要是博格丹为了自保，使他永远与他自己出身的阶层分开，不让他们再拉回到阶级-民族的召唤中，而且，用贡布罗维奇的话说，就是"操蛋样儿"。米沃什回忆自己在高西采庄园度过的日子，在那里迎接一九四五年的新年："我喝了酒，出了洋相，为的是抑制思考，可是白费，意识一直清醒，意识已经无法应付这样一个怪诞的局面，将它变成了磨人的噩梦。永恒的波兰性格，波兰庄园，永远消失之前的，清算之日最后一分钟的世外桃源，我带着自己的羞耻和雄心逃离庄园又返回其中，一个标记在于，无论我想还是不想，都属于这里，想要摆脱令我不快的道德和绝对化价值观的宗教尝试，是无济于事的。"（《猎人的一年》，页102）[19]他觉得自己又一次落入不久前克朗斯基帮助他摆脱的困境，同时心里知道，这个波兰庄园及其象征的社会思想已进入尾声。他建议高西采的房东罗穆阿尔德·凯尔诺夫尽快卖掉土地，把贵重物品搬去克拉科夫。可是这个提醒，也许被他们当成了玩笑，没有听进去，反而还买下了附近的土地。他们不能理解，延续至今的秩序，很快将会被彻底消灭。

说到土地，地主阶级的世界即将完结，《传奇终结》的主人公沙雷也意识到了这一点。救国军的指挥官踏入格雷涅维奇庄园,被那里遭受的残酷行径所震惊。对于各类领导人所宣称的政治宣言和计划,他已经没有信念,他剩下的仅有与其他同道团结一致——那些处境相同的留在"林中"的战士们,并隐约感到,即使与德国的战斗是一场失败的战斗,也不可不去战斗。为什么? 他无法回答这个问题。他在住满难民的庄园里认识了科学家希钦斯基[20],还有"看着特别年轻,几乎是孩子气"的诗人米奇斯瓦夫·维尔果什,他常常不情愿地看着"在沙发上饶舌的老夫人们",轻声地戏弄她们:"嘎嘎,嘎嘎,呱呱,呱呱"……新年晚会让沙雷想起法语课本上的插图,贵族们革命爆发前"在火山上跳舞",奥金斯基的波罗乃兹舞曲变成了圈圈舞,僵死的仪式参加者根本完成不了:"维尔果什虚张声势。躲闪着身边满脸乌云的美人鱼,鼓着胸脯闷闷不乐,扯着根本不存在的胡子,扯到不可思议的长度,最后还在手指上绕了起来。后来,大家都相互鞠躬致礼时,他不怀好意地用脚画地,无意中描出黑人大草原上的亵渎意图。"[21]

364　　三位主角讨论的出发点和小说的关键主题是扬·爱弥儿·斯基夫斯基。面对红军的逼近,他想与德国人谈判,结成反俄联盟。所有谈判者中无人支持这项合作,沙雷感到震惊和愤怒。维尔果什和希钦斯基认为,虽然斯基夫斯基的行为是错误的,行动的时机不对,但至少其中包含某些想法(虽然并不正确),特别是当伦敦流亡政府正处于不知怎样表达自己立场的时候,只有"没有灵魂的积极",其旋律已经不再与现实有任何联系。维尔果什认为,既然波兰人,作为一个民族是巨人之间的侏儒,他们就需要有"侏儒的智慧":

> 德国正在输掉战争。我向您保证,如果可以的话,一年,或许更长时间,他们就愿意改变自己对我们的政策,假如能有机会。当然,不会是根本性的,也不是真诚的,但是对我们来说,每一次喘息都是

救命。必须抓住这种机会。这正是侏儒的智慧。冲突、枪战和所有其他英雄主义行动给我们带来了什么？起义带来了什么？带来了什么？毁灭和废墟，此外什么都没有！直接说就是展示了难以置信的愚昧无知；残暴的愚蠢……这已经是犯罪。是的，是犯罪。[……]获胜或者死亡！他尖叫[……]带着讽刺的伤感。我们的政策应该是这样。[22]

希钦斯基又提出了另一项批评，我们很容易会想到这个角色的原型就是克朗斯基：“我们不具备实践思维的传统。我们只有采取不切实际行动的传统。我们生活在把国家存亡的责任仅限于‘政府精神’的环境里的时间实在太短。救世主义由此取代了政治理论。对局势进行清醒评估的技能，变为相互的伤害、夸张的抗议、绝望的行动的倾向。神秘主义信仰所认可的一切变为某种绝对化的正义的化身。自吹自擂，举止优雅，成了二十世纪机器化时代当中浪漫的神秘剧。”[23]请你，我们一起在这个小城堡召集：那些负责发动起义的救国军指挥官，那些波兰的伞兵部队，他们在战前被抱残守缺的神话和习惯所贻误，那些有意识地渴望英勇牺牲的还不成熟的小伙子们，召集那些个政府的代表，他总是喜欢召唤美丽的失败，而不是美丽的胜利。你们期待波兰的复兴，从大海到大海①，期待安德斯将军的归来和获胜后的阅兵游行，但是你们从未考虑过，用什么方法去实现它……这些论点难以反驳，沙雷无论如何也无法做到，希钦斯基的胆怯程度也不在其下，他在起义期间与妇女和儿童一起躲在地窖，因为他认为自己的聪明才智太珍贵了，不能去送死。沙雷试图表达的所有论点似乎都无力面对“理性”的批评，未能突出“荣

365

---

① 指原波兰从波罗的海到黑海的疆域。

誉"一词,也没有呼应"康拉德式"的义务。① 可是也很难解释,为什么我们会如此强烈地厌恶希钦斯基。

高西采庄园的这个除夕夜,对波兰现代史具有深刻的象征意义。诺亚方舟仍在历史风暴的激流中漂浮前行,但片刻后,就会粉碎,海浪会将其抛向不友好的海岸,而不久前的同行,将会翻个底朝天。他们自己提出的问题,大概也仅仅只能警醒他们自己,因为做出的决定,绝对是最为个人的。会有人敢于宣判,一个伟大的作家应该在战斗中(他并不相信其目的和成功)奔向街垒而英勇献身,还是应该在后方保护好自己,其后给数十万读者带来真正的支持和安慰?

《传奇终结》深深触动了米沃什,但他直到生命的尽头,才与扬·约瑟夫·什切潘斯基和解。而米沃什与图罗维奇保持的友谊,历经所有政治选择和历史变迁。很快,这位年轻的出版人就要开始创建《普世周刊》,这将是整个共产主义集团中唯一一家与权力和审查制度周旋交涉并获得正式出版的自由报刊,至今仍保持着独立思想的立场。米沃什回绝了与他的合作,他害怕被人民波兰判罪为"天主教徒"的命运,那样最好的下场也是进入"隔离区"。[24] 但是任命下达了,作为最受信任的人,修改《救赎》,而当这部诗集进入印刷厂时,作者已经到了伦敦,将奔赴驻美国的外交机构。图罗维奇依然是米沃什最亲密的朋友和诗歌作品最敏感的读者,他们在余生中将保持通信和会面。当历史再次允许时,米沃什将成为《普世周刊》最重要的作者,并将在报社同仁中见到扬·约瑟夫·什切潘斯基。图罗维奇的智慧和善举永远留在米沃什的诗里:

> 二十世纪八十年代,在罗马,比邻孔多蒂街,
> 我们坐在格雷科咖啡馆,与图罗维奇

---

① 波兰裔英国籍著名作家约瑟夫·康拉德作品所塑造的文学人物的道德错位。

或多或少，我大约说起：

你我时常见面，你我相识很深。

许多政府倒台，许多国家消失，

人类思想的喀迈拉将我们包围，

人们死去，或被囚禁。

[……]

何不让文学将自己赎回，

如若不作颂歌、赞歌

何不阳奉阴违？而你赢得了我的钦佩，

因你所为，远不止天才，甚是对胃

坐于此位的，曾经的同侣。

当时我不明白，为何要忍受缺德的折磨。

何以饮恨良知，如今，我终于理解。

随着年龄，或是二十世纪的流逝

智慧和善行的天分，会越来越美丽。

366

（《诗集　第四辑》，页 159）

　　一九四五年一月十七日，高西采庄园的客人们看到了从远处开来的部队。在能分辨出军服之前，他们听到了士兵们说话的语言。是德国人，还是俄罗斯人？所有人都以为是听到了德语，但米沃什说："不，我听到了斯拉夫话。"[25] 结果，诗人的耳朵没错，很快这位《三个冬天》的作者将承担起翻译的任务，然而其中的一名什么军官差点要下令枪毙他，质问道："你怎么会俄语？你是间谍！"行进的红军穿过各家庄园、教堂和农田的土地，好像周围都有："原来在这里的德国人，就像雪崩中掉落的小雪块。"(《波兰对话：1979–1998》，页 778)[26] 米沃什当时与最后一批德国国防军中的一名军人———辆被围困的坦克车的指挥官在一起抽烟，对方描述了一名德国俘虏被处决的情形，展示了两种文明相遇中一个不平凡的场景：

> 在一个农民宅子的大房间里，靠墙的长凳上坐了十几名苏联士兵和士官。我跪在地上，穿着破旧的便装裤，手里拿着一铁盒烟草，把碎的烟丝卷成烟卷。[……]我们的眼睛都望向房间的中央，那里站着一个可能不到三十岁的男人，穿着一件白色的羊皮大衣，长着一张莱茵地区才可以看到的那种漂亮的脸。德国俘虏，征服者，现在落在他们手里。[……]他身后是整洁的房子、浴室、挂着彩球的圣诞树，几代人精心栽培的葡萄园和约翰·塞巴斯蒂安·巴赫的音乐。[……]说他愚蠢，或者谁要愿意，说他天真。而事实并不仅限于他自己站在那里，面对他们很多人，他没有武器，他们全副武装。不，他们的精神密度，那些沉默的人，在他之上形成了这个法庭，因为他从来没有和像他这样的人一起组成过这样的紧张压力，当时几乎是心灵感应，过程中无需信号和语言，把个体完全融入当中形成一个完整的团体。他自己曾经总是需要说话、喊叫或唱歌的。他们当中，也许是半文盲，只有些轮廓不清的知识。[……]我发现自己没有仇恨。[……]他们也不恨他。他因为害怕，就像一只被困在笼子里的动物，不知是谁，当中一个站起来递给他一支烟，这个手势意味着和解。另一个走过来拍了拍他的背。然后，士官走近他，慢慢地，清楚地，对他一番长篇大论地宣读。[……]他声音中带着怜悯，甚至亲切[……]，使俘虏平静下来，害羞地微笑，是感激。当其中一个士兵从长凳上似睡梦中一样站起来，尽管没有下任何命令，把俘虏带出了房间，他们又恢复了先前无精打采的冷漠，体力不支的人们继续休息。过了几

367

分钟后,卫兵回来了,拖着一件白色羊皮大衣,扔到自己的袋子旁边,坐下,卷了一支烟。在吸出的烟雾中,在吐在地板上的唾沫里,包含着他们对人类生命脆弱性忧郁的反思:"都是命"。(《欧洲故土》,页 158-160)

　　几天内,高西采庄园储存的所有东西就被抢了个精光。告别的时间到了。米沃什一定记得革命时期那些喝醉的哥萨克。其实没有必要再去回忆,住在庄园里的人明白,伏特加必须藏起来,于是就连"告别酒"都不能喝到真酒的味道:"扬卡·米沃什邀请庄园里所有年轻人到她的房间。[……]她说:'我们要分手了,为了让你们开心,等切斯瓦夫得了诺贝尔奖,我们一起喝杯兄弟酒。'"[27]

　　一月的早晨,米沃什夫妇动身去克拉科夫。他们要步行二十千米的路程。在田野里,积雪覆盖着身穿绿色制服、系着皮带扣的尸体,扣子上面打着"Gott mit uns"①。切斯瓦夫穿着从图罗维奇那里借来的军靴。[28]一个月后,高西采庄园的主人被赶出了庄园,但"历史的精神"展示了慈悲:没有人被枪毙,给了他们二十四小时收拾行李……

注释

[1] "1944 年 9 月我能从奥肯切的监狱出来全要感谢奥库里奇夫妇发动的宗教人士的帮助,他们也藏在霍瑟尔的种子仓库。"摘自切斯瓦夫·米沃什,《致编辑部的信》,载《文化》,1956 年第 2 期。

[2] "你记得吗,我那时还不认识你,就向你申请到独立大街采访,然后你教了我'旋律',就是莱加梅认为《世界末日之歌》'有点儿单调'的旋律。然后在回克拉科夫的火车上我一整晚都在嘀咕着这段'旋律',生怕忘了。"摘自安娜·

---

① 德语,意为"上帝与我们同在"。

图罗维奇写给切斯瓦夫·米沃什的信,1959 年 1 月 15 日。(耶日·图罗维奇档案室)根据馆藏的图罗维奇的笔记记录,1941 年 12 月这位《普世周刊》编辑第一次到华沙拜访米沃什,1943 年春天第二次去米沃什家,同年 10 月安娜·图罗维奇拜访了米沃什。

[3]　也许他那时搬到了邻村,因为信件地址为"布瓦什赤卡村的博雷斯瓦夫"。耶日·图罗维奇档案室收藏了一张明信片,是卡齐米日·维卡于 1944 年 10 月 4 日寄给这位《普世周刊》未来编辑的。他解释说,因为找不到米沃什"登记"的住处,只好求助于图罗维奇。

[4]　切斯瓦夫·米沃什于 1944 年 9 月 23 日或 25 日将此信寄给耶日·图罗维奇。(耶日·图罗维奇档案室)

[5]　切斯瓦夫·米沃什于 1944 年 10 月 5 日或 9 日将此信寄给耶日·图罗维奇。(耶日·图罗维奇档案室)

[6]　这份证件收藏在米沃什档案室。(拜内克图书馆)

[7]　耶日·图罗维奇档案室。

[8]　"亲爱的耶日,今天发生了些不好的事,因为我们登记注册的'老庄园'被宪兵队占了,'新庄园'现在聚集着一帮怪人,还不清楚,因为这些和其他原因我们能不能在高西采村待上很久——图罗维奇夫妇非常亲切,在这里对我们非常好,但这事不取决于我们,也不取决于他们。"(《战后即刻》,页 28)1944 年 11 月7 日米沃什在给耶日·安德热耶夫斯基的信中说。很显然,问题成功化解,因为米沃什夫妇又在高西采村停留了两个多月。

[9]　扬·约瑟夫·什切潘斯基,《传奇终结》,收录于《鞋和其他的故事》,页 167。

[10]　达努塔·什切潘斯卡,《在高西采村》,收录于《回忆切斯瓦夫·米沃什》,页 157。

[11]　扬·约瑟夫·什切潘斯基,《传奇终结》,收录于《鞋和其他的故事》,页 145。这位作家的眼睛绝妙地捕捉到"宽泛"的性格特点中的差异,米沃什豁达、爱开玩笑,他的伴侣刻薄、冷漠:"在他那张有一点少年肥的脸上,有一双又

大又圆又明亮的眼睛,传达着善意和天真的好奇,带给别人微笑,像小狗的眼睛那样充满爱玩的兴致。但水中女神却阴沉寡言,紧着鼻子闻着玻璃杯里的东西。"(同上,页166)另:"看看!"维尔果什举起手指警告道,"我建议你对弗朗赤科瓦的这位女性公民客气点。后天她肯定当选农场委员会的主席。我无论如何都会好好地向她行礼……——别开玩笑了——佐菲亚干巴巴地打断他,向沙利那边靠了靠,满脸疑惑地看着他。"(同上,页169)

[12]　男主人公其实就是米沃什,文中的名字是博格丹。"要书写的主题"这部未完成的小说提纲写于六十年代早期,未出版发行。(拜内克图书馆)

[13]　"我在想维尔诺的伊莱娜·贝尔斯卡剧院大厅和里面学生们的姓名。如果他们还在维尔诺生活? 我还不知道,谁才是最有才华的人,也许是莫罗哥维什。"米沃什回忆道。摘自《猎人的一年》,页145。从这里他想到了故事主人公的姓氏。

[14]　取自本书作者与斯坦尼斯瓦夫·斯托马的对话,华沙,2004年5月。

[15]　后来诗集的题献("致J. T. 先生")为:"摆弄无所事事的钢笔,接受这些轻浮的游戏吧 / 别把沉睡的狮子当成猫去嘲笑。/ 诗人更好的天性出现之前 / 够了,别再说: 这是好作品。"摘自切斯瓦夫·米沃什,《半波斯式的诗》,高西采,1945年1月。本段摘自再版,由标志出版社出版于切斯瓦夫·米沃什九十岁生日之际(克拉科夫,2001)。

[16]　后来米沃什把它们连成一首整诗,题为"轻浮的对话"(《诗集　第二辑》,页291),并收录于诗集《波庇尔王及其他》。

[17]　后来出版的标题为"逃亡"。

[18]　亚当·博涅茨基神父,《有时候他并不知道,这没什么》,收录于《回忆切斯瓦夫·米沃什》,页76。

[19]　米沃什在八十年代写下这些词语时,是否有意识地想起了"被滥用的"克朗斯基的价值观。

[20]　他的原型是社会学家米奇斯瓦夫·霍伊诺夫斯基。

[21]　扬·约瑟夫·什切潘斯基,《传奇终结》,收录于《鞋和其他的故事》,

页 156。

[22]同上。另参:"维尔果什和沙雷的对话根本不可能。让他们分开的,恰恰是应该连接他们的——失败感。维尔果什不能理解沙雷的看法;沙雷也不能明白维尔果什。维尔果什心里有这一个卡珊德拉,她的预言都会成真。她的怒火不是因为打败了她的国家的亚该亚人,而是那些不愿意听她预言的特洛伊居民。沙雷就是一个特洛伊人,他会奋战到底。"摘自亚当·米奇尼克,《波兰荣誉作品:监狱记录》(华沙,1991),页 133。

[23]扬·约瑟夫·什切潘斯基,《传奇终结》,收录于《鞋和其他的故事》,页 198。

[24]最后——多年后他也老实承认了——"1945 年宣告自己是一位天主教专栏作家,也因此表明不再信仰马克思主义,这意味着要承受驱逐和死在劳教所的可能性"。摘自《时间旅行》,页 197。

[25]感谢耶日·图罗维奇传记的作者托马什·菲亚乌科夫斯基提供这段轶闻。

[26]"最不可思议的一群穿着制服的人。他们都是一群——傻瓜、疯子、白痴。我有一本莎士比亚的《暴风雨》,封面是皮的。他们没见过皮封面,有一个士兵抢走了它。第二个士兵找到了一瓶阿司匹林。他知道这是药,他把药片全倒出来吞了。古龙水被立刻喝光了。如果仔细想一下,这不是军队,只是打游击的人,一帮子傻瓜和白痴。女人们走到第一排。我看到她们在厕所——用报纸把胸垫大。没有胸的女人不算女人。这一切完全令人难以置信。"摘自《旅行世界:对话莱娜塔·高尔琴斯卡》,页 81。

[27]达努塔·什切潘斯卡,《在高西采村》,收录于《回忆切斯瓦夫·米沃什》,页 157。

[28]还带着借来的枕头和被子。扬卡的妈妈很可能是那时与他们分开的,她回到了沃沃明市。

第六部分　魔鬼的聚会 1945-1951

第四十一章 “我们是卢布林来的”

——你，最后的波兰诗人！醉了，他拥抱我
先锋派的朋友，穿着军大衣，
在东方经历了战争，在那儿理解了。

[……]

我知道，我要去说被征服者的语言，
不会比其他的更持久，家乡的习惯，
烛火和一年一度抚慰人心的圣诞颂歌。

切·米沃什，《一九四五》

371

王室旧都克拉科夫幸免于战争的大规模破坏，吸引了成群的逃亡者
进城。他们是从破碎的华沙赶来的逃亡者，当中还加入了从集中营解放
出来的囚犯，很快，又加入了来自东部的迁居人群，还有从西欧回来的，
那些从德国的军官战俘营解放出来的军官，以及被德国抓走的“劳工”

囚犯。战前城里约有二十万居民,现在住着五十万人。他们痛苦地揭示
出战争所造成的道德后果:耻辱,无情,杀气。光天化日的抢劫和强奸。
残存的犹太居民常常会遭受敌视:住房和商店被新的主人霸占,一九四
五年八月甚至发生了暴乱和屠杀。[1]有好几个月,克拉科夫的绿地和广
场里住满了扎营的士兵。在老城广场和圣玛利亚大教堂之间,立起一个
架子,上面悬挂着巨大的苏维埃元帅们的肖像:朱可夫,科涅夫,罗科索
夫斯基。很快,目瞪口呆的克拉科夫人还将看到展示救国军的宣传画和
海报标语:都是"令人反感的邋邋遢遢的侏儒形象"。"解放者们"遵照
内务人民委员部的命令,在老城广场、古城门及有代表性的宫殿建筑里
分别设立了据点,制造了大规模的袭击、强奸和逮捕行动,动静大到连波
兰共产党当局都开始悄悄鼓励波兰士兵要保护平民百姓免遭俄国人的
伤害。在原来的废墟之上,在匆忙的狂热之中,人民饱受折磨,因此很难
说忍受和平要比忍受战争更容易:

372

        大地上最纯洁的民族,被电光审判,
        平常的一天,茫然而艰难。

        对孤寡没有怜悯,对老人也无情,
        孩子手中一点点的面包渣,都被偷抢。

        [……]

        戴着皱巴巴帽子的民族,背负其全部的财富,
        向西又向南,行走着,寻找居处。

        没有城市,没有纪念碑,没有雕塑,也没有绘画,

只有诗人们口口相传的话语和占卜。

(《诗集 第二辑》,页 18-19)

米沃什在《猎人的一年》中提到:"我们在克鲁普尼查大街,和布莱扎夫妇在一起。"(《猎人的一年》,页 128)但他在后来的一次谈话中又明确说,刚到克拉科夫的那几天是和扬卡在另一个地方度过的,而不是在克鲁普尼查大街 22 号那个著名的文学之家。米沃什认识塔德乌什·布莱扎和他妻子佐菲亚还是在战前的维尔诺[2],那是一次偶然的际遇。布莱扎很快出版了清算第二共和国的作品《耶利哥之墙》①,他与克拉科夫的皮肤科医生、雅盖隆大学讲师卡齐米日·博查尔及其夫人安娜是好朋友(对朋友来说,她是"灵魂"和"阿努霞"),这是一对很受欢迎的夫妇,他们好客的家被命名为"灵魂宾馆"。[3]博查尔夫妇告诉他,在他们石头大厦的四层,还有一套德国人撤走后空置的公寓,要想占下,需要去房管局把公寓分列出来。米沃什后来回忆道:"我突然想到某位穿着波兰军装的军官,他从东线回来。结实的小个子,腰上挂着的大刺刀拍打到小腿。亚当·瓦岑克! 我们冲到一起拥抱起来。我们一起走向房管局,那里已经被人群挤满了,很容易辨认。一个臂上缠着白红两色袖标的公民,为了让人群散开一些,不时地向空中放几枪。瓦岑克挤开人群走到前面,喊道:'我们是卢布林来的。'这就足以进入大楼,走上楼梯,踏入办公室。"(《战后即刻》,页 464)瓦岑克,曾经的先锋派诗人,现在是第一方面军的政委,代表着新的政权,官员们不敢回绝他任何东西;那时他不无讽刺地说,感觉自己像"克拉科夫国王"。[4]

就这样,布莱扎夫妇和米沃什夫妇就成了圣托马斯大街 26 号石头大厦 11 号四居室公寓的住户,走到老城广场三分钟。在同一栋楼里还

---

① 《旧约》记古城耶利哥城墙高厚不可摧毁,但被耶和华帮助下的以色列人攻陷。

373 　住着九十多岁的卢德维克·索勒斯基①,他从窗口观察过米沃什,后者像个演员似的舞弄着铁熨斗。米沃什此时肯定没有想到,将来有一天他的一部分晚年时光会在克拉科夫度过……他们生活得很简朴,在书房的架子上,诗人一开始只摆了华沙起义后买的《三便士歌剧》[5],而在年底,他离开波兰时,扬卡仔细清点了留在公寓的财产:两包羊毛、一条毯子、一盒纱线、一小罐猪油、一袋豆子和一块洗衣皂[6]。此时,正如米沃什后来承认的,革命的时光和新的制度使作家失去了对物质的关心。"金钱突然停止了计数。[……]战前,你无法靠文学生活。而这会儿突然就可以生活了,甚至靠文学还可以生活得很好[……]。那么还要怎么去抗拒?"(《波兰对话:1979–1998》,页783)他本人,事实上并没有等到"人民波兰"大手笔付款的时候。[7]

　　一位作协活动家[8]回忆说:"刚一解放,切斯瓦夫·米沃什便登记成为联合会成员[……]。那时他是个非常帅气的男人,加之上天赋予的低沉、性感的嗓音,女人们都为他疯狂。他让人联想到一只小熊:高个儿,宽肩膀,总是带着微笑,立刻就能博得别人的好感。"一月二十九日,在没被烧毁的克拉科夫老剧院大厅,举行了波兰职业作家联合会克拉科夫分会第一次全体大会,会场里坐满了从战争杀戮中得救的作家,他们衣着怪异,平日经常食不果腹。他们一起回忆并列举了已经死去的文学家们,带着痛苦和悔恨加入了被拯救的喜悦,表达着势不可挡的渴望,如今终于可以过上正常的生活。晚上,一些被选中的人前往法国宾馆会见政权的最高代表:博莱斯瓦夫·贝鲁特,民族团结临时政府总理爱德华·奥索布卡-莫拉夫斯基,文化和艺术部副部长扬·卡洛·温德,以及(最后但并非最不重要的)苏联将军萨蒂沃夫。桌子上摆着三明治,但是你得先听完开场

---

①　卢德维克·索勒斯基(Ludwik Solski, 1855–1954),波兰伟大的戏剧和电影演员,一生中演出超过一千个角色。

讲话才能动。终于,"奥索布卡-莫拉夫斯基总理从他的位置上站起来,只说了这样一句: 现在,先生们,请拿起酒瓶。我们纷纷向酒杯和三明治伸出手去。一部分被挑选出来的人做了发言,讲出的那种话既不是祝酒词,也不是声明。[……]发表讲话的有: 画家切斯瓦夫·哲平斯基①和尤金·艾比舍②,音乐家兹比格涅夫·德瑞维耶茨基③和卡祖罗教授④,科学家瓦莱里·哥特尔⑤和塔德乌什·莱尔-斯普瓦文斯基⑥,文学家代表切斯瓦夫·米沃什和尤里安·普日博希,等等"。[9]

艺术家与新政权的合作基础就这样建立了起来。在克拉科夫,创建了由卡罗尔·库雷鲁克领导的《复兴》周刊,创立了新的报纸《波兰日报》。该报由耶日·普特拉门特领导了几个月(在他定居华沙之前),也曾由负责《读者》杂志的出版公司和创刊者耶日·博莱依沙⑦经营。[10] "举办了各种戏剧首映式、政府晚会等。重要的是,谁获得了邀请,谁没有。这本来是无所谓的事情,但是,布莱扎在这里,他被邀请了,而我没有,这样一来我必须坦白地承认,我会感到痛苦。我所列举的这个细节有助于理解政府与文学之间的联系。"(《猎人的一年》,页128)米沃什后来曾这样回忆这一令他痛苦的疏漏,到四月他因整体创作成就获得文化部奖的甜头时,

374

----

① 切斯瓦夫·哲平斯基(Czesław Rzepiński, 1905-1995),波兰画家、教育家,色彩主义绘画的代表人物。

② 尤金·艾比舍(Eugeniusz Eibisch, 1896-1987),杰出画家,波兰色彩主义绘画开创者。

③ 兹比格涅夫·德瑞维耶茨基(Zbigniew Drzewiecki, 1890-1971),波兰著名钢琴家、教育家。

④ 斯坦尼斯瓦夫·卡祖罗(Stanisław Kazuro, 1881-1961),波兰作曲家、指挥家、音乐史家、教育家、哲学家。

⑤ 瓦莱里·哥特尔(Walery Goetel, 1889-1972),波兰地质学家、生态学家、古生物学家、教授、社会活动家。

⑥ 塔德乌什·莱尔-斯普瓦文斯基(Tadeusz Lehr-Spławiński, 1891-1965),波兰语言学家、学者和教授。

⑦ 耶日·博莱依沙(Jerzy Borejsza, 1905-1952),波兰共产党活动家、作家,波兰共和国斯大林主义时期的共产党报刊和出版集团领导人。

可能多少忽略了过去的尴尬。

一月的最后一天,在老剧院的舞台,举行了第一次诗歌晨读会:观众挤满了大厅,以风暴般的掌声嘉奖了诗歌的作者们,要签名的,亲吻的,以及在拿不出别的东西的情况下,赠送盆栽鲜花的。维斯瓦娃·辛波斯卡①还记得:"给我印象最深的是切斯瓦夫·米沃什。大多数诗人朗读的时候,声音不清晰,出错,结结巴巴[……]。此时米沃什突然出现了,模样就像是愤怒的小天使,朗读的声音好听极了。我记得,我当时就想:这是位伟大的诗人。"[11]"愤怒的小天使"精力充沛地参与了文化生活的重建。春天,他确定要参加《创造》月刊的创刊大会,他从一开始就成了编辑团队的成员。[12]夏天,他在克鲁普尼查大街的文学之家朗读系列诗歌《弱者的声音》和《世界》的段落节选,还组织了一次与阿图尔·桑达乌尔②的见面座谈会。[13]而八月底,在第一届波兰职业作家联合会代表大会上,当候选人投票选举主席时,他一定是把自己的票投给了(获胜的)雅罗斯瓦夫·伊瓦什凯维奇,并支持大会通过的最终声明:言论自由("在不侵害民主制度根基的范围内")[14],并且与西方建立文化关系。他观看了"青年平面美术家群展"[15],也很欣赏蒂图斯·赤热夫斯基的《动物界死亡》的舞台表演和滑稽剧院推广的木偶剧事业,夸赞了奥斯特尔瓦在罗兹波军剧院推出的《幻想》。然而,他对坎托尔在克拉科夫所做的户外展览作品《熙德》,提出了质疑:"我是纯洁风格的支持者,这表明我不愿意看到波兰年轻人尝试改造经典剧目和那可笑的绘画构思。"[16]

"在波兰,有许多违心的酗酒酒局、胡言乱语和起哄。他们当中包括所有那些不太希望抛头露面的人,好像是书上的那些,各种各样的,有趣

---

① 维斯瓦娃·辛波斯卡(Wisława Szymborska, 1923-2012),波兰诗人、作家、翻译家,1996 年获诺贝尔文学奖。

② 阿图尔·桑达乌尔(Artur Sandauer, 1913-1989),波兰文学批评家、散文家、翻译家、教授。

的和引人入胜的人。[……]这当中就有编辑,他们以严格和严肃的名义,去切断读者的那些有趣且令人兴奋的讨论。[……]人们担心,我们民族本身就有饮酒、胡言乱语和起哄的悠久传统,再经过德国式私酿酒和宣传的大洗礼,我们将变成面对城市和乡村的废墟眼都不眨,只会到处修修补补敲敲打打,所有的空闲时间手里都拿着酒杯和扑克牌在废墟上度过的民族。"这是米沃什对《横截面》杂志所做的警示。他还用自己独有的方式补充说,这也是对国家"重建"时代,和需要去采取行动的要求:"我不是禁酒的人,我也不会把酒洒在衣服上。自从最后一个德国兵离开华沙和克拉科夫之后,我就一次也没有喝过酒。只不过是因为没有时间。人生短暂,工作很多。"[17]

375

注释

[1] 米沃什自己当时最有可能在华沙,但是并没有多少佐证,因为他作为见证者并没有描写过战后克拉科夫的现实或事件。

[2] 布莱扎写过有关维尔诺文学的文章。"他是个非常可爱的人"——米沃什在给伊瓦什凯维奇的信中评价说。摘自切斯瓦夫·米沃什写给雅罗斯瓦夫·伊瓦什凯维奇的信,1934年3月14日。(波兰科学院文学研究院图书馆)

[3] "滑雪健将,摩托车手,聊天专家,他喜欢人群,人们也愿意围在他身边。[……]如果还要补充的话,他还是一位优秀的医生,是克拉科夫穿着最得体的人[……],他受到大家的追捧。还要多写一点儿关于他的太太,阿努霞,漂亮又苗条,我毫不迟疑地说——她是一位模仿天才,绝妙地模仿别人,而且模仿得完全不重样[……]——要全都说出来,这样才能明白,在正常年月博查尔家的影响有多大。"摘自塔德乌什·布莱扎,《内利:谈谈同事也说说自己》(华沙,1983),页78。

[4] 同上,页85。另:"卢布林来的客人有边塔克、普日博希和瓦岑克。他们是在卢布林重建的文联代表团成员。他们带着文化部的授权书、一些钱和一

整套关于住宿、任命、合同的神奇表格。(同上,页79)

[5]　参:"我非常喜欢文学杂志,有一整套《复兴》——它们对我来说就是书籍,因为我的藏书只有两本,一本是刚从华沙出来时在斯凯尔涅维采买的《三便士歌剧》,另一本是我在前德的住处找到的希特勒的《我的奋斗》。"摘自切斯瓦夫·米沃什,《用彩色墨水》,载《横截面》,1945年第2期。但米沃什在别的地方也写过,其中一本书是盖伊的《乞丐的歌剧》。

[6]　参《战后即刻》,页517。

[7]　某段时间他收到了国家财政发的津贴:"他们把我列入所谓的贡献者名单,实际上就是一种形式,每个月可以领三千兹罗提的国家津贴。"摘自切斯瓦夫·米沃什写给父亲的信,无确切日期(约1945年12月初)。见切斯瓦夫·米沃什,《家书》,载《艺术季刊》,2008年第3期。

[8]　塔德乌什·科维亚特科夫斯基,《圆形监狱》(克拉科夫,1995),页264。切斯瓦夫·米沃什的档案中保存着一张波兰职业作家协会的会员证,发证日期为1945年11月1日,这很有可能是强制替换战前证件的日期,而其他同时期的证件,如"850号注册证明"的落款日期为1945年3月15日。米沃什曾出现在克拉科夫军事征兵／注册委员会,记录显示,他被登记在波兰福利委员会(照顾流浪者部门)克拉科夫分会。(拜内克图书馆)

米沃什在此时期——和其他文人相似——曾被调查卡廷事件的检察官聆讯,问确切原因,为谁干活……波兰人认为,这一罪行是俄罗斯人干的。"作家们[……]应该要去澄清,为什么会发生,在占领期间波兰人[……]不想听莫斯科的解释,而更愿意相信被仇恨的占领者讲述的1943年发生在波兰军官身上的惨案。他们还询问了一些用文字支持过占领者的人的情况——比如扬·埃米尔·斯基夫斯基。主要是问费尔迪纳德·高艾泰勒的情况,因为他同意去卡廷森林屠杀地看一看。"摘自斯坦尼斯瓦夫·玛·扬科夫斯基、雷沙德·科塔尔巴,《1945年卡廷事件的作家》(克拉科夫,2003),页9。1945年9月27日米沃什的证词记录被保留下来,他的证词——值得强调的是——非常审慎。要知道在那时宣称相信苏联要为卡廷事件负责无异于自杀,米沃什既保持了尊严,也竭力让审讯变得不那么顺畅。关于高艾泰勒他说,高艾泰勒"对德国人的仇恨毋庸置疑,基于这个原因,他是个完全自信的人。[……][高艾泰勒的]采访内容,登在黄色小报上,我不记得。事实上,那只登了他的名字,至于其他就是德国宣传巧妙地利用了他的名字罢了,他个人做了什么贡献我无从判断"。(同上,页 217)

[9] 塔德乌什·布莱扎,《内利:谈谈同事也说说自己》,页 92。

[10] 米沃什有一张《读者》杂志克拉科夫分部的证件(291 号,有效期至 1945 年 4 月 1 日)。该证件证明了他以"编辑部合作员工的身份"被雇用,且"该员工不可以被指派其他工作"。(拜内克图书馆)

[11] 安娜·毕孔特、尤安娜·什辰斯娜,《维斯瓦娃·辛波斯卡的羞怯》,载《高跟鞋》,《选举报》增刊,2004 年 1 月 17 日。辛波斯卡此前在餐厅遇见过米沃什,看到了作家并不那么伟岸的一面:"服务员给他拿来一份猪排配圆白菜,而他狼吞虎咽地吃完。我记得那幅画面:伟大的诗人,天使,嘴里啃着猪排,让我深感震惊。我知道,诗人也得吃饭,但就吃这种大众菜吗?我还无法马上接受。"

[12] 参威斯瓦夫·席曼斯基,《克拉科夫的〈复兴〉与〈创造〉(1945-1950)》(弗罗茨瓦夫,1981),页 91。

[13] 同上,页 41。

[14] 摘自玛尔塔·菲克,《雅尔塔后的波兰文化:1944-1981 编年史》(华沙,1991),页 48。

[15] 指塔德乌什·布热佐夫斯基、塔德乌什·坎托尔、耶日·诺沃谢勒斯基和耶日·斯卡尔仁斯基。

[16] 切斯瓦夫·米沃什,《克拉科夫的高乃依〈熙德〉》,载《复兴》,1945 年第 37 期。另参《幻想曲》,载《复兴》,1945 年第 33 期。这一时期米沃什对戏剧的评论,拉法乌·万格日尼亚克在《米沃什与戏剧》(《对话》,2000 年第 1 期)一文中多有描述。

[17] 切斯瓦夫·米沃什,《用彩色墨水》,载《横截面》,1945 年第 2 期。

第四十二章　华沙的鲁滨逊

　米沃什在被占领的华沙创作《序言》时，灵光闪现，他把故事背景设置在被完全摧毁的首都，当中满是"穿军装市民"的鬼魂。他想象出一场战后的冲突，发生在一位政治家和一位诗人之间。冲突的力量，是由民族共同体的鲜血凝成，是生存下去的生物欲望，是抗拒对于死者的记忆和人类最珍贵的观念："文字在遭鄙视，文字在被遗忘！［……］不要使这样的文字被忽视！不要！／ 如若火刑之柱由这片土地迸发 ／ 那些逝者将要起诉，我们的背弃。"[1]现在看起来，当初那些倒在华沙街垒上的逝者，将要被铸进遗忘的模具，并被严密封闭起来，对此，需要与政治家进行一场双重意义上的博弈。

　　如果谁当初［……］不抱幻想，那唯一合乎道德的正确立场是至少不做帮凶。我的左派同事们，一九四〇年在维尔诺就已经与苏联积极合作，对此我当时就发表过严厉的批评。［……］一九四五年，这些同事随着红军一起出现在波兰，形成很有影响的"维尔诺帮"。各种事件的发展证明了他们战前的政治选择是对的，这我必须承认,然而这并不意味着,我会知道怎样与他们进行真诚坦率的交谈。[……]当时我准备利用我维尔诺的人脉,但同时保持着耶稣的"在思想中留有余地"(reservatio mentalis)。我不会为了任何珍宝和利益而加入波兰工人党,但是,我与他们存在共同之处,即我的反右痴迷症和恐惧症,对此我不必撒谎。(《战后即刻》,页8)

进行这一博弈其实是为了离开波兰,但对米沃什来说,他在文学市场上的作用一定也非常重要。在旁观者看来,特别是现在看来,当时的他,充满了创造力和新能量,这在平常情况下可能已经超出了他的精神能力。不久后,他去维洛泊尔大街以前《每日信使画报》的新闻大楼拜访了耶日·普特拉门特。普特拉门特还是穿着制服,坐在总编办公桌的后面。很快,在《波兰日报》最初的某期上,出现了以"他们落入了轻蔑的黑暗"……[2]开头的诗作,这是《序言》开场的咏唱段。正如米沃什后来所承认的那样,它是在没有戏剧背景的情况下,印在了新政权的机关报上。这首作品出人意料地表达出语义双关的特点,展现出暴力的企图尚未结束:

他们落入了轻蔑的黑暗,

377

[……]

那些谎言的推广普及者,
那些非法意志的使者,
他们背后是城市燃烧的痕迹,
他们头顶是瓦砾的皇冠。

[……]

走过轻蔑的黑暗

谦恭的人群会跟在他们身后。

即将结束的暴力的企图，

这是所有企图中最为可怕的企图。

（《诗集　第一辑》，页226）

　　我想知道，在报刊的编辑与未来合作者的谈话中，是谁建议由米沃什接手一个常设的副刊专栏，并且这对诗人来说意味着什么：是一份收入来源，一个小小的政治姿态，还是对诗歌的褒奖?[3]无论如何，在"游览"（署名：czmi）和"文学游乐会"两个系列中，他发表了三十多篇作品。他在作品中描写了战争大屠杀时期的书籍，并呼吁读者："当你在废弃的房子里看到书时，请立即交给图书馆部门，这样[……]它就不会被用来垫锅了。"[4]他接着教育作家们说，近些年来，读者早已经历太多不懂得检验文学真理的事情："你们的写作必须做到不裹足，不作假，不争斗，不动摇。"[5]他痛苦地认为："波兰一窝蜂都是小偷。有金钱的小偷、公共财产的小偷、功绩的小偷、时间的小偷、权利的小偷。"[6]他确信，如果没有其他武器，起码可以用开玩笑的方式，去抑制那些在历史转折中丧失与自身的距离的人。他很高兴滨海的波美拉尼亚（Pomorze）被并入波兰："我的朋友，一个猎户村的十三岁牧羊人，梦想成为一名水手，这下他的人生梦想可以成真了。"[7]在对波兰人移民出国的评价方面，他表示出怀疑，并努力作出权衡（"生活的道路上，你只是一个古董，然而其价值还不足以把你放进博物馆"）。[8]他用更冒险的话语来表现那些不想"加入"重建过程的人："当历史在继续，被其主流抛弃在浅滩上的是干草、枯叶和垃圾，有时也会有金沙颗粒。[……]当他写完地下战斗的章节时，在波兰社会上已经能看到星星点点的混乱运动。他认为这是只懂得战斗，而不懂得建设。需要祝福他们，不是那些已经过去了的垃圾和枯叶，而是金沙，要使他们找到自己的位置，不再是不快乐的分子。方法只有一种：就是发挥思想的力量，运用智慧，并更靠近对历史沉思的认识。"[9]

378

总体说来，米沃什在这些专栏里表达了自己熟悉的观点，即他两年前在地下讨论中所坚持的观点。但其中一部分观点现在已经带有宣传欺骗的音调，尤其是考虑到这些观点还发表在"当局"报刊上这一事实。[10]通过对那种假装的言论自由所进行的算计，所谓结论就是，他可以批评官员，但批评不能涉及对地下政府士兵的那些逮捕行动。他本人后来评说，自己不应该对移民问题表述得那样尖酸刻薄，即使这些话在客观上是正确的，却不必要地伤害了社会的感情。对于他的活动已被操纵一事而言，即使在当时，他某种程度上也已经意识到了。可能他把这种意识表达在了这样的语句里："为什么密茨凯维奇将男子汉时代称为失败的时代？因为在男子汉时代，我们已经开始明白，需要为所有行为付出代价。"[11]

毫无疑问，当他写关于文学的作品时，尤其是在与远远早于官方正式提倡社会主义现实主义之前就想将其纳入教条规则的那些人争论时，他更相信正确性，而不怎么会信口开河。为了说服语言干枯的思想家米奇斯瓦夫·雅斯特伦，"无论是散文还是诗歌，必须再次联结到被个体象征主义、面目不清的形式主义与历史定义的个人存在之间破损的纽带当中"。[12]他解释说，文学如玻璃般脆弱，很容易被消灭，特别是当文学被要求与现实进行认同时，不可避免地要将人为的元素强加于文学，然而，"谁剥夺了文学出错的权利，谁就会将文学窒息致死，就像奥赛罗掐死黛丝狄蒙娜一样"。（《大洲》，页15）[13]类似的反教条主义的判决，是他在回答扬·科特时提出的，后者要求文艺要集中描述战后的社会变革:"用抹杀整个时代来消灭文学是项不讨好的任务。[……]对此我要提出异端邪说:在知识充沛的地方,诗歌不再有必要。诗歌的存续,仅止于某个时代关于自身的激进认知,但要付出无数次盲目尝试的代价。"[14] 他抗议集中计划的出版运动,认为这将扼杀主动性,并将极大减少新书的数量:"我会招呼所有拥有什么出版计划的人,对他们大喊:做吧,出版吧,再版吧,甚至是我自己都认为不太重要的书[……]。我想让年轻一代的思想由知识塑造,而不是由无知塑造。我想要的是,他们本以为某位作家是个蠢货,而读完他的作品后,却感到不可思议。"[15]

379　他的反对意见还包括对国民与艺术接触的限制,"正确的"作家取代优秀的三流作家:"莎士比亚和密茨凯维奇、委拉斯开兹和提香,是每一个人的财富。只有充分享受艺术的权利才能成为我们时代可怕角力的回报。"[16]

二月底,他提出了《波兰科学和艺术损失全集》草案,该草案将成为"起诉法案,用于向世界揭示我们的损失,并在和平大会上提交"[17],以展示死于战争和德国占领的艺术家和学者的形象。春天,他和布莱扎一起筹备了纪念活动,以"充分利用作家的创作和社会潜力",当中包含了他热烈信奉的左倾倾向,即战后已经不可能再回到完全自由的社会模式,国家对文化的管理是必要的,尽管很重要,但应该保证公开并且尽可能民主。

作家在社会上的重要性得到了前所未有的提升。[……]大家一致认为,他们将成为医生,治愈人们在战时被占领期间的精神扭曲,他们应成为未来建设的道德立法者。[……]作家们欣然接受政府代表们对其赋予荣誉的报告,但并不太渴望这么多的荣誉,而是宁愿被利用。怎么用呢?首先在他们的职业中。在他们最擅长的方面,想要说服,请求为文学家们创造工作条件,使他们能够放弃不时承担的新闻记者的工作。作家首先应该被看作是一个有能力生产社会必需品的人,而战前的条件不允许其发展到能够满足社会需要这种产品的程度。[18]

最终他与科特展开了一场精彩的争论,科特轻佻地划定了新的经典出版品,几乎撤除了二十世纪的全部文学作品,还删除了但丁,并建议对《圣经》进行扼要摘选。[19]

> [科特]还说:"[……]我列举两本书,我无法想象一座图书馆没这两本书,其中一本是《圣经》,哪怕是节选本,另一本是《一千零一夜》。"[……]既然要找"好"书,那我不推荐《圣经》,这是本残忍、血腥并让人压抑的书。而且这根本就不是书。这是世界。当中听到有巴比伦河上思念的哭泣,有耶路撒冷圣殿的欢乐呐喊,包含了世界上最非凡民族的故事,一个最先得到我们称之为历史本质的民族。其殉道之旅或许只能用选择来解释。是准备基督来临的几个世纪的成果。在巴比伦的道路上,在埃及的沙漠中,在耶路撒冷的堡垒里面,直到特雷布林卡①,抛洒奉献了大量的鲜血。我想知道,科特是如何看待其节选本《圣经》的。他,扬·科特,坐下来审查《所罗门箴言》,删减《耶利米书》,篡改《以西结书》。这太轻易了,像如此简单地把《圣经》和《一千零一夜》放在一起,就像曾一起叠放在苏丹的后宫一样,是贻笑大方,是玩弄语言。[20]

《失乐园》中被逐出天堂的撒旦尖叫:"永别了,幸福和快乐之地。/ 几百年的故土。欢迎,恐怖,欢迎, / 地下的世界! 你,最深的地狱, / 快

---

① 纳粹在华沙附近的灭绝营,据称共约八十七万犹太人和吉卜赛人在其中遇害。

380

接受新的统领。"（《路边狗》，页76）一九四五年米沃什在克拉科夫翻译弥尔顿的时候很有感觉。［……］"那时我们身居魔鬼的地盘（partibus daemonis），而这正与我们自己的命运有着某种联系。弥尔顿的宇宙观与生存合拍，我认为这很关键"（《大洲》，页16），米沃什后来解释说，这正揭示了他当时翻译的动机有多复杂，当中包含了对艺术的自豪感，对与失败者结盟的恐惧，以及挽救文化的愿望，只要还有一线可能，以及对世界末日事件的深刻参与感，正如罗马帝国的衰落。

　　弥尔顿诗歌的片段来自米沃什当时编辑的《英美诗歌选集》。该书应该是个政治姿态，表达西方文化与即将到来的野蛮之间的对比，更是知识分子的态度，表明某种程度上由于米沃什本人的努力，波兰文化已从与法国的传统关系，重新转向英美国家进行定位。这段时间米沃什开始把翻译工作视为他作品的固定部分。在战后的最初几个月里，他翻译了布莱克、弥尔顿、华兹华斯和勃朗宁的作品，该诗歌选集的合著者和合编者是亚历山大·麦斯因-米耶热耶夫斯基——诗人、翻译家、画家，曾经的地下战士，目前是波兰电台的播音员，不久后成为外交部官员，留在美国，于不同阶段在各种不同的国际组织中工作。他们一起在图书馆收集资料，说服新人（包括切斯瓦夫·雅斯特冉别茨-科兹沃夫斯基）参与新的翻译事业，并聘请了维特凯维奇的遗孀雅德维嘉·维特凯维奇（原姓乌恩鲁格）做打字誊写工作，给身处不幸的困难局面中的她一点帮助。读者出版社接受了该书的出版发行[21]，但由于政治气氛急剧恶化，后来一直未出版。

　　在此期间，米沃什还完成了至少三部很完善的电影剧本。剧本之一反映一位独立社会主义运动组织"希切杰内"资助者的形象，这部悲剧作品围绕彼得·希切杰内牧师①一生中的关键时刻展开，他在一八四四

381

---

　　①　彼得·希切杰内（Piotr Ściegienny, 1801-1890），天主教牧师，波兰独立、社会主义和农民运动活动家，人民领袖，教师，作家。

年号召农民举行反抗沙皇俄国的起义后被囚禁。吸引电影制作者们的，很可能是农民与地主之间的紧张关系。剧中地主担心农民提出要求，向侵略者报告农民图谋造反。[22]文学博物馆还保存了"《特别事件》的资料，是小说稿或剧本"，作品以出人意料的轻松语言，描述了一出误会性喜剧，剧中来自米格达林小城的最后一个强盗决定成为一个诚实的公民，而市长却是伪装的小偷……剧本轮廓的形成肯定受到扬卡兴趣的影响，同样也有当时正在克拉科夫的安东尼·波赫杰维奇的影响。当时在克拉科夫的还有斯坦尼斯瓦夫·沃尔，过去他是斯塔特的成员，现在是第一军团军官，代表波军电影制作公司占据了位于约瑟菲图夫大街16号的德国电影厂大楼，一九四五年五月创建了青年电影工作室。尽管几年后，该机构转移到了罗兹，但其在克拉科夫时期的观众当中就已经包括耶日·卡瓦莱罗维奇①和沃伊切赫·耶日·哈斯②，此外，经常参与工作室项目和讨论的还有什玛格莱夫斯卡③、布莱扎、维卡、米沃什和安德热耶夫斯基等文人。[23]

华沙起义后，安德热耶夫斯基的命运让人联想到艰难流徙的米沃什：他和家人一起辗转于斯塔维斯科庄园、扎科帕内和高西采庄园，最终设法到达克拉科夫。应该是在春天早些时候，两个好朋友都来到华沙，他们想看一看他们的城市还剩下些什么。他们走进焚烧后的瓦砾海洋，上面还漂浮着破碎砖堆上浮升起的红尘。后来，米沃什创作了《在华沙》的诗稿，作为《救赎》的完结篇：诗人把它写在从笔记本上撕下来的纸上，在其中一张纸的顶部写下了一句令人不安的话，并在下面画了线："上帝是公正的"。[24]他们费了很大的劲才找到那座独立大街石筑建

---

① 耶日·卡瓦莱罗维奇（Jerzy Kawalerowicz，1922–2007），波兰导演和电影编剧。
② 沃伊切赫·耶日·哈斯（Wojciech Jerzy Has，1925–2000），波兰电影导演、编剧、制片人。
③ 赛万莱娜·什玛格莱夫斯卡（Seweryna Szmaglewska，1916–1992），波兰作家、儿童文学家。

筑的废墟，"房子被炮弹炸得粉碎。安德烈·纪德的书页在风中滑稽地翻飞。还有封面被踩得稀烂的的各种书籍[……]兰波，法国超现实主义作家，卡夫卡，普鲁斯特。它们在废墟里看起来相当讽刺。[……]我为什么要去找我藏书的残余呢？它们让我充满了厌恶"。[25] 在废砖块里，他挖到了一本封面破碎的《三个冬天》。子弹在上面留下了一个洞，像伤口一样，你可以放进一个小手指。子弹打坏了《飞鸟》内封封底和《关于书》诗集的开头部分（"子弹在我们的头顶上方歌唱"），打断了《白云》的标题[26]……接着，两位作家遇到了钢琴家伏瓦迪斯瓦夫·什皮尔曼①，米沃什在广播电台时就认识他，起义失败后，他藏在华沙，安然无恙地一直等到红军到来。他们听着他的故事，有点不敢相信，作为刚刚改编过鲁滨逊的作者，不禁想到一个关于"一只流落华沙的悲惨动物的孤独生活"的电影策划。这个想法"类似于意大利现实主义作家的提议[……]。其目的在于用好这座被彻底摧毁的大城市景观，并在这一景观中安置一个开始独自生活的人，仿佛文明已经完全结束，并且他最终置身于孤岛"。（《米沃什矛盾自画像：对话亚历山大·菲乌特》，页104）他们带着这个想法回到克拉科夫，并迅速着手写作剧本。

382

　　构思是前卫和实验性的，但仅仅是电影素材还无法维持原意。按照戏剧性的要求，剧中必须引入几个角色。一个相当成熟的剧本版本中共有七个角色：除了主要人物、五十岁的拉斐尔斯基之外，我们还能看到年轻的克里斯蒂娜和安杰伊，同时引入了爱情故事线，安杰伊的弟弟尤莱克和他们的朋友、图书馆员莱昂；最后，还有两名匪徒，他们在苏联军队进城之前杀死了拉斐尔斯基。[27] 有关"华沙的鲁滨逊"[28] 的文档中（因为电影要被这样命名）包含了各种故事大纲[29]、分镜头脚本以及对

---

① 伏瓦迪斯瓦夫·什皮尔曼（Władysław Szpilman, 1911-2000），波兰犹太裔钢琴家、作曲家，2002年罗曼·波兰斯基的电影《钢琴家》改编自其回忆录。

电影人物角色特征的扩展分析和有趣桥段。拉斐尔斯基是个焊接工，"属于正义者。公平、所知意味着正派而智慧，而不是正派且愚蠢。他对平常的情感并不陌生［……］。他的智慧表现在对于情感心知肚明，并知道如何在正确的时段向前推动"。与其相反，安杰伊是救国军的一名战士，他常常推翻上级的决定。"安杰伊的性格并不简单。我们需要考虑他性格中严重的歇斯底里成分。歇斯底里并且自私。绝对的梦想家。他会盲目地奔向心中的理想，随后又因内疚而跌落。这个英俊的年轻人有着孩子般的任性和固执。［……］很大程度上他被周围环境所左右。实际上，他在内心深处知道自己需要一只强有力的手来引导。［……］他多变、冲动，被悔恨折磨，过于积极。但不能责备他软弱。他令人联想到一棵强壮但被扭向各个方向的大树。"我们读着这些文本，可以思考米沃什将多少自己的特点融入这个人物形象。

博赫杰维奇将"……鲁滨逊"的创作送到了罗兹[30]，波军电影厂的头头们就驻扎在那里，四月二十四日在那儿签了合同。一开始，这部电影要由斯塔特的新成员耶日·扎日茨基和雅尼娜·岑卡尔斯卡拍摄。可是扎日茨基病了，被提名为导演的是另一个人，波赫杰维奇，他在写给沃尔的信中（1945 年 7 月）充满怀疑地写道，扬卡"是他们事情上的跳蚤，咬着不放，几滴血总是要出的。［……］最好是让扎日茨基尽快康复，完成扬卡她自己的那个鲁滨逊"。[31] 从米沃什与安德热耶夫斯基之间的通信所暗示的内容来看，两位作家所经历的会谈十分痛苦，完全是一个充满阴谋和游击战的遭遇。扬卡显然必须放弃成为第二导演的梦想，结果这个项目由亚历山大·福特①接手了。更糟糕的是，经过对电影最初构想的一系列修改之后，什么都没剩下，按照时代的精神，要有一

———————

① 亚历山大·福特（Aleksander Ford, 1908-1980），波兰电影导演，罗兹电影学院教授，罗曼·波兰斯基是他的学生。

个社会的全景,其中得有一个苏联伞兵,用无线电指挥炮火。这部电影必须具备足够的宣传意义,才可以让国家决策者们批准两位剧作家的"试验"。米沃什遗憾地说:"[……]我读了我们的剧本,是由沙恩采尔①重写的。不得不说,与这些'专业人士'的品位相比,我们是聪明的。[……]原先的创作思想,'华沙起义'后的空旷场面,鲁滨逊的情节,什么都没剩下。[……]这些材料被用于实现一部殉道类影片,就像二十年代拍摄的那种,充满了'麻风病'的剂量。"(《战后即刻》,页28)扬卡无奈而愤怒地补充道:"应该公开地修理他们。无论是福特还是沙恩采尔,都丝毫不懂电影的概念,我想都没想到,他们竟会这样低级。我不去罗兹,因为去了必会大吵一架,现在还不好披露他们具体的特性。[……]这种情况绝对不能签字。"(同上,页29)

　　项目被搁置下来,到一九四八年才重新开始实施,当时新版的剧本是安德热耶夫斯基亲自写的。米沃什收回了自己的署名,而《……鲁滨逊》已改为新的标题《不羁之城》并再遭改写(连《灰烬与钻石》的作者都无法接受),最终由扎日茨基执导,一九五〇年上映,在艺术上惨遭失败。历史往往是讽刺的。在两位作家签订剧本改编合同的同时,汉娜·马莱夫斯卡在《普世周刊》发表了专栏文章《苏维埃的鲁滨逊》:"该作品必须包含'苏维埃的社会精神'。[……]海浪必须把大众、人群、积极分子们抛到岸上,一名女性积极分子将从他们当中收取会费,放入同样必须被海浪抛起的耐火钱柜,连同积极分子开会的桌布和会议桌一起。[……]最终可以举行全体大会。[……]鲁滨逊,如同轮船遭遇海难,完全可以忽略……"[32]

---

　　① 扬·马尔钦·沙恩采尔(Jan Marcin Szancer, 1902-1973),波兰著名儿童画插画家、平面艺术家、舞台设计师、作家、编剧、导演。

注释

［1］切斯瓦夫·米沃什，《序言》，载《戏剧纪念册》，1981 年第 1–2 期。

［2］切斯瓦夫·米沃什，《他们落入了轻蔑的黑暗》，载《波兰日报》，1945 年第 8 期(1945 年 2 月 11 日)。

［3］《波兰日报》编辑部发给他一张"临时证件"，证明他作为报社员工"不可以被指派其他工作"。(拜内克图书馆)

［4］czmi(切斯瓦夫·米沃什笔名)，《书里有什么?》，载《波兰日报》，1945 年第 17 期。

［5］czmi(切斯瓦夫·米沃什笔名)，《读者》，载《波兰日报》，1945 年第 18 期。

［6］czmi(切斯瓦夫·米沃什笔名)，《贼》，载《波兰日报》，1945 年第 34 期。

［7］czmi(切斯瓦夫·米沃什笔名)，《空间》，载《波兰日报》，1945 年第 68 期。

［8］czmi(切斯瓦夫·米沃什笔名)，《日乔》，载《波兰日报》，1945 年第 20 期。

［9］czmi(切斯瓦夫·米沃什笔名)，《高尚与不幸》，载《波兰日报》，1945 年第 21 期。

［10］斯坦尼斯瓦夫·斯托马在与本书作者的对话中回忆，当时在《普世周刊》圈曾争论米沃什会不会被共产党"收买"。对话发生在华沙，2004 年 5 月。

［11］czmi(切斯瓦夫·米沃什笔名)，《天使般的人》，载《波兰日报》，1945 年第 41 期。

［12］米奇斯瓦夫·雅斯特伦，《除去历史的现实》，载《锻造》，1945 年第 1 期。雅斯特伦批判性地评价世界文学("作品的调调营造出一种奇怪的巴洛克混合风格，还有一点耶稣会士的影像主义和印象派掺杂其中，将社会现实和简单的人的画面作模糊处理")，米沃什的作品亦在其批判之列。

［13］米沃什以"Cz. Miłosz"为笔名发表了"文学游乐会"系列。发表在克拉科夫《复兴》杂志上的第一篇文章对佐菲亚·纳乌科夫斯卡的《生活的结》大为赞赏，称赞她在占领时期仍能与临时性禁令保持距离，并创作出具有知性和艺

术性的深刻文章,延续了巴尔扎克和普鲁斯特的传统。(《复兴》,载《波兰日报》,1945 年第 22 期)几个月后他在《横截面》上,以非常质疑的语气评价卡罗尔·库雷鲁克的杂志:"《复兴》[……]让人感觉是由看不见的人,用看不见的手,在看不见的纸上写的杂志。[……]活人会不时地松开西装,在椅子上调整姿势,微笑着,叼着烟斗吞云吐雾。《复兴》的作者们从来不松开西装,从来不笑,从来不抽烟斗——就是一门心思,不知疲倦,写着自己的长篇大论——是的,我怀疑,他们是魂,不是人,并非没有根据。"摘自切斯瓦夫·米沃什,《用彩色墨水》,载《横截面》,1945 年第 2 期。

[14] 切斯瓦夫·米沃什,《卡珊德拉之死》,载《复兴》,1945 年第 21 期。

[15] Cz. Miłosz(切斯瓦夫·米沃什笔名),《忧虑》,载《波兰日报》,1945 年第 36 期。

[16] 切斯瓦夫·米沃什笔名,《所有人的艺术》,载《横截面》,1945 年第 18 期。在这本克拉科夫的周刊杂志上米沃什还写过关于国家图书馆藏书的文章(《重获财富》,1945 年第 25 期),写过德国人在华沙大剧院大规模执行死刑的文章(《大剧院的大厅》,1945 年第 23 期)。

[17] 切斯瓦夫·米沃什,《策划书》,载《波兰日报》,1945 年第 29 期。这一事件的备忘录保存于华沙文学博物馆。

[18] 摘自耶日·科尔纳茨基,《辩证法尝试》,收录于《纪念账》(华沙,1957),页 186-189。1944-1946 年耶日·科尔纳茨基是国家民族委员会的议员,因此他肯定收到了米沃什和布莱扎给他的备忘录复印件。

[19] 参扬·科特,《图书事件》,载《复兴》,1945 年第 17 期。

[20] Cz. Miłosz(切斯瓦夫·米沃什笔名),《微不足道的思考》,载《波兰日报》,1945 年第 56 期。

[21] 切斯瓦夫·米沃什档案中保存着这份签署于 1945 年 5 月 23 日的合同,签字双方为切斯瓦夫·米沃什、耶日·博莱依沙与出版部经理耶·扎兰姆巴。合同规定了交稿时间为 9 月 1 日前(手写签注,出版社同意推迟到 11 月 1 日)。米沃什应获得市场售价 15% 的报酬,以及三笔各一万兹罗提的预

付款。（拜内克图书馆）

　　[22] 切斯瓦夫·米沃什，《关于希切杰内的电影策划书》（1945）。（华沙文学博物馆）

　　[23] 见《1945-1947 年克拉科夫的优秀小电影。教师-听众-电影》，雅采克·阿尔布莱赫特编（克拉科夫，1998）；斯坦尼斯瓦夫·奥兹迈克，《战时需要的波兰电影》。在华沙安东尼·博赫杰维奇档案馆保存着一本策划书"通信点——克拉科夫波兰电影国有公司及华沙起义工厂"，原本由雅尼娜·岑卡尔斯卡负责领导拍摄。

　　[24]《在华沙》一诗的手稿及这些信纸保存于拜内克图书馆。

　　[25] 摘自 1949 年 4 月 18 日切斯瓦夫·米沃什在美国纽约哥伦比亚大学的演讲——"解读文学"的片段。

　　[26] 这个版本保存于华沙文学博物馆。

　　[27] 参耶日·安德热耶夫斯基、切斯瓦夫·米沃什，《华沙的鲁滨逊：电影短篇》，载《对话》，1984 年第 9 期。

　　[28] 藏于华沙文学博物馆。

　　[29]《战争与和平》给了作家们灵感："对我们经历过战争的人来讲，这是托尔斯泰最感人的小说，这是苦难与屈辱的尽头，在尽头处人的本性得到重生。"

　　[30] 还帮助他们获得了旅行许可。证明由克拉科夫的战争指挥部于 1945 年 4 月 19 日以俄语签发，签发人是内务人民委员部的本地主席涅米罗夫斯基少校，证明切斯瓦夫·米沃什是为波兰电影事业工作的编剧，为完成工作有权到罗兹及其他波兰城市出差，对其应给予便利。（克拉科夫切斯瓦夫·米沃什档案馆）

　　[31] 安东尼·博赫杰维奇信件的抄写复本上，收件人为"亲爱的队长"，那么肯定指的就是斯坦尼斯瓦夫·沃尔队长，1945 年 7 月 28 日。（华沙安东尼·博赫杰维奇档案馆）

　　[32] 此处引用的是女作家的传记作者对该专栏（《普世周刊》，1945 年第 26 期）的描述。见安娜·格朗布，《牡蛎和恩典：关于汉娜·马莱夫斯卡》（克拉科夫，2009），页 124。

第四十三章　魔鬼的契约

> 所有这些，就像是巴尔扎克的新作，或
> 许是"魏特琳①最后的化身"，其耀眼的光环
> 让人想到维特凯维奇两部小说的结局，他在
> 这方面是真正的天才。
>
> 切·米沃什致奈拉·米钦斯卡（1946）[1]

384　　安德热耶夫斯基和米沃什在青年电影工作室里撰写《华沙的鲁滨逊》剧本的时候，房间的窗户外面就是省公共安全办公室的院子。"我们注意到在一楼，在装有铁栅栏的窗户里面，有许多年轻人。当中有些人努力地把脸伸到阳光下晒着，另外有人探出手到铁栅栏外，钩起从相邻监房窗口扔过来落在沙土上的纸团。[……]我们看着他们，沉默着。很容易猜出，他们是地下军队的战士。假如在伦敦的流亡政府返回波兰，这些'地下国家'的战士将获得荣誉，并受到英雄般的欢呼。"（《被禁

---

① 魏特琳，巴尔扎克小说《幻灭》中主角吕西安的情人和支持者。

锢的头脑》，页125）你得承认，这景象当中有些不祥的预兆。两位作家默默地看着那些无辜的男人，拥挤在新国家的监狱里。这两位作家中的一个，很快写出有关此事的一本充满谎言的书。另一位则在接下来的六年里决定不做公开的抗议，哪怕是躲入阴影中。然而，他将奋力逃脱出去。

看来，当初切斯瓦夫·米沃什努力前往驻外外交岗位的目的很可能一开始就只是为了留在西方。而他本人，尤其是扬卡，不仅对苏联公民的生活质量没抱任何幻想，而且从童年起她就有深刻的反俄伤痛。就扬卡来说，他们在高西采庄园的时候就打定了主意。当时她看到红军洪流，劝说切斯瓦夫·米沃什，在还有一点可能机会的情况下不惜一切代价离开。几年后，他字斟句酌地问作家麦勒希奥尔·望科维奇[2]：“您是否认为，我当初在一九四六年离国后，不想立即与他们决裂吗？”他对莱娜塔·高尔琴斯卡说：“我那时没有任何幻想，因为在一九四五年，情况看起来很可怕：事实上是被占领，并操弄些傀儡进行统治。[……]对我来说，首要的是出去，至于下一步怎么办，只能边走边瞧。只要我不在这里被掐着脖子。”（《旅行世界：对话莱娜塔·高尔琴斯卡》，页81）而到了《猎人的一年》，他才在远方发出声明：“出国从一开始就是谎言，因为我唯一的愿望就是离开，以后再看。我母亲甚至在去世之前还在要求我离开这里。”（《猎人的一年》，页278）他当时的精神状态一定要比在职业活动或大多数信件里的积极语气之中所显现的更糟。他只能和最信任的人谈论自己的真实感受。一封他写给伊瓦什凯维奇的短信，可以成为让我们观察到表面之下的探测器，短信在匆忙之中写于一九四五年秋天：“不要向人解释我为何离你而去，就说是生活太沉重太艰难。我无法与他人交流和沟通，噩梦和幻觉充斥着我，激起我天性中的所有恐惧。”（《战后即刻》，页137）他在给父亲的信中提到，只有当他在伦敦停留时，才能让自己的神经放松。但是去美国工作将是一份充满恶魔般讽刺的礼物。他在那里发现,这是一个彻底陌生的国家,在那里永久定居的前景是可怕的。

在一九四五年他还不知道这一点,还在寻找能让他得到驻外职位提名的人情支持,这种工作在当时特别抢手,尤其是因为新任命的外交官去了国外后通常不会回来。耶日·普特拉门特可能给他提供过支持,现在他只是一个"无害的年轻人",但他还是一名政治官员、波军少校,是与高层甚至可能与内务人民委员部有着联系的新贵精英集团的一员。米沃什希望继续得到普特拉门特过去曾经对他的那种尊重或兴趣,并试图玩玩这个游戏。后来,《豹乌丁》①的作者恶意地将其描述为"他那时讨好巴结我"。[3] 年轻时的感情有时并非微不足道,因为"维尔诺帮"支持自己,并在此事上表现出极大的团结,当中吸引了来自维尔诺的各个非党派人士,例如伏瓦迪斯瓦夫·雷恩查和曾经的"热加雷"分子切斯瓦夫·米沃什、耶日·扎古尔斯基和亚历山大·雷姆凯维奇,总而言之,"都是小兔子的亲朋好友"。(《米沃什词典》,页 108)以前的维尔诺青年共产主义者们现在身居高位:岩德列霍夫斯基是航运和外贸部长;什塔海勒斯基是供应和贸易部长,他的妻子是妇女联盟的主席;佐菲亚·戴宾斯卡,她是被德国人杀害的亨里克·戴宾斯基的遗孀,跟博莱依沙两人共同创办了强大的《读者》出版集团。他们都属于最高层级,是与批准办理护照的公安部紧密相关的权力部门,举荐米沃什的正是普特拉门特、戴宾斯卡和耶日·博莱依沙本人。[4]

博莱依沙曾和陷人民于恐惧的雅采克·鲁让斯基是哥们儿。雅采克·鲁让斯基是公安部刑侦局局长,战前的法国无政府主义-工联主义者运动成员,一名波兰共产党囚犯,战争期间在已被苏联占领的波兰利

---

① 耶日·普特拉门特作于 1969 年的小说,表现战争对心智的负面影响。

沃夫任奥索林社①社长,后来成为一名红军士兵,曾参与建立波兰爱国者联盟和波兰人民军第一军,任陆军少校,是波兰工人党党员。一九四四年十月《读者》出版公司成立时,博莱依沙就任总裁。他富有经营管理才能,在当时是自由主义者,相信(或者表现出相信)波兰正通过其特殊道路走向共产主义,他能说服那些"政治不确定"者,引导波兰海外移民返回波兰,而且不必等待他们签署世界观声明。《读者》出版公司的伊莱娜·席曼斯卡回忆说:"他办公桌上的电话机直接联通雅库布·贝尔曼②。有这种电话的人,被恶意地称作'杜宾犬',假如他们是正派的,虽然当中也真有正派的,那么在当时那个日益恐怖的年代,他们能起的作用是毋庸置疑的。在出版密茨凯维奇作品国家版时,'上面'有人提醒说,《先人祭》里的句子'来自莫斯科蛮子手中的自由是恐怖的',不适合四十年代末期的现实。[……]博莱依沙动用了所有力量去说服决策者,保持作品的完整性。"[5]玛丽亚·东布罗夫斯卡对总裁的评价更为负面:"他娴熟地操弄着温和的文化自由主义策略,我更愿意称之为对人际关系的友善[……]。他创建了庞大的出版-新闻-书店-阅读机器,其规模几乎是美国式的。但所有这些活动目的都很明确,就是使波兰文化逐渐而缓慢地苏联化和俄罗斯化。"[6]也许米沃什有点天真地被博莱依沙迷惑了,或者事实上他们之间也存在着好感的纽带,无论如何,米沃什已经是波兰驻华盛顿大使馆的工作人员了,他写给博莱依沙的信超越了官方的惯例。而且他还表明了自己对权力当局的态度,一九四八年年中,他仍然抱着希望,可以保持"忠诚讽刺"的状态:

386

---

① 奥索林社(Ossolineum),1871 年在利沃夫建立的著名图书馆和出版社集团。

② 雅库布·贝尔曼(Jakub Berman, 1901-1984),波兰法学家、共产主义政治家,波兰统一工人党最高领导人之一,中央政法委书记。

　　尽管您给我很多关照，我也有很多次机会与您交谈，我说了些有点傻的事情[……]。我认为，这很大程度上是因为您在这个国家的巨大影响力，就是与人们谈话，这对他们都很重要，这些在我内心中带来巨大的困难。但我真的对您有一种不同的感觉，只是这非常难，因为我害怕真诚，在于它可能带有"巴结"的影子。

　　但我想您会理解我忠诚讽刺的立场。我希望在我们的国家能给它空间，而且在人们真正想做事情的任何地方都有空间。随意抱怨，同时又热爱做事，这是特别波兰的特征，但在某种场合，这完全可能是一种健康的态度。我说的是对解决方案的忠诚，这些方案当然不完美，却是唯一可行的。[7]

387　　一九四五年夏天，米沃什得以再次来到华沙。[8] 八月十九日他拜访了东布罗夫斯卡，分享了他被邀请去意大利或瑞士的消息。[9] 第二天，他给外交部递交了申请书："敬请将我列入外交部派往瑞士的波兰共和国使领馆的工作人员名单。"[10] 波兰驻伯尔尼公使馆不是偶然的选择：普特拉门特很快就要去接手掌管，想让米沃什在身边，肯定也是想盯住他。这位未来的公使在八月二十二日写道："尊敬的部长公民！我想请您把切斯瓦夫·米沃什分配到在瑞士的使馆，我对他很了解，并将最大限度地用好他。我想，他可承担二等秘书的职位，并成为'随员'之一。这无疑是一个非常能干的人，而且在外交方面肯定也会同样优秀，只要能够适当地用好他。"[11] 三天后，建立了"干部表格"[12]，我们从中可以了解到，其中有一行是"一九三九年前所属政党和社会组织"，米沃什填写了"波兰职业作家协会"以及与候选者个人简历相符的"维尔诺'青年阵线'（非法）"。[13] 在"我的推荐人"一行里，有一组熟悉的名字：岩德列霍夫斯基、博莱依沙、什塔海勒斯基，还附加了他当初在布加勒斯特的室友："齐格蒙特·莫维纳尔斯基，波兰广播电台节目总监"。[14] 两个月后正式决定下来了，尽管瑞士计划未能实现,十一月二十二日的协议表明,切斯瓦夫·米沃什作为"在外交部服务的办公室工作合同工"将在芝加哥总领事馆履行其职责。[15]

米沃什当时在部里待了不少时间,那是一个"可怕的机构。首先,它位于苏赫大道,原来盖世太保所在的地方。其次,这是一座十层楼的怀疑与反光镜体系"。(《旅行世界:对话莱娜塔·高尔琴斯卡》,页82)正如他几年后所描述的:"在新任官员们四处张望的眼里,在他们飞舞的目光中,和他们的表情一样,服装和表情怪异的人们,好几个小时等着被接见,他们神情紧张地在肮脏的走廊上走来走去,掰着自己的手指。是害怕。第二批人也和第一批相同[……]表情悲伤,每个人都用各自的方式,下注脱离陷阱。"(《权力的攫取》,页193)普特拉门特和博莱依沙的指示,甚至外交部长齐格蒙特·莫哲莱夫斯基的真诚好意,都全然不能保证他拿到护照。雅库布·贝尔曼是属于国家极少数最有影响力的人物,他后来说:"对于[米沃什]外派,存在着强烈的反对意见,因为他讲话相当随意,我也是会反对的。"[16]秋天,尽管离开波兰的起飞时间已经定了,但还是发生了意外。

玛丽亚·东布罗夫斯卡落款于十一月二十七日的文字中写道:"米沃什,我和他喝了伏特加。或者说,我们各自端着自己的酒喝着。他很忧伤。有人打他的小报告,说他往国外写悲观态度的信,他去芝加哥的事情被撤回了。他解决了这个问题,但花光了所有的钱,身无分文。"[17]这件事也出现在米沃什当时写的一些信里。十一月二十四日写给安德热耶夫斯基的信中说:"道路黑暗。[……]我一直盯着那么多最高级别的混蛋和恶棍,我真的想吐了。"(《战后即刻》,页29)他在写给图罗维奇的信中说:"有人打我小报告,耍了无数小把戏。"[18]这个报告到底是关于什么?是谁写的?此事是否与那些掌管波兰电影业的领导者的"特色"有点关联?扬卡就此曾经在信中提醒过安德热耶夫斯基,米沃什在同一封信中写道:"我们正在等飞机,肯定是不到最后一刻,不会知道是否真的可以成行。"（同上,页27）也许,还是诗人向谁吐露过,说他不打算从美国再回波兰了? 他肯定是贿赂了谁? 他本人在多年后再提到这个时刻,说法又不太一样了:"已经确定要派我到纽约,可是有人突然把我的护照撤了下去。当时我跑去和博莱依沙大吵了一架。博莱依沙当着我的面拿起电话,打给了莫哲莱夫斯基,就这样,问题解决了。"（《旅行世界: 对话莱娜塔·高尔琴斯卡》,页80）让我们在这里保留一点怀疑:这在多大程度上是一种情绪失控和充满风险的情绪爆发,米沃什应该是不会允许自己去与总裁大吵一架的。他当时必须得保持耐心,一点点逐步推动,保持不可或缺的谦卑……

问题成功解决后,十二月三日诗人再次出现在东布罗夫斯卡的《日记》里:"他问,我是否知道,谁在附近可以让他们过夜,因为他们明天早上要飞巴黎。我当然邀请了他们来过夜。他们喜欢斯塔赫,他以自己父爱的全部魅力笼罩了他们。"[19]巴黎无疑是东布罗夫斯卡的误解,从她家去机场是要比从普拉加区去机场更近[20],斯塔赫就是斯坦尼斯瓦夫·斯坦波夫斯基,女作家多年的生活伴侣,一名社会主义者,波兰共济会在二十年代最高等级的活动家之一。在那个最后的夜晚,终于可以坦诚交谈了。斯坦波夫斯基和东布罗夫斯卡同样确信,共产主义在全球的胜利是不可避免的,而前"大头目"决定给这位作家提供一封写给美国共济会会员们的推荐信。"很显然,他对我回国的意图相当怀疑。为此,他指示我,在那里可以找到那边的美国共济会大总管,并写了信。我大概很不明智地从来没有使用这封信。"（《个人的职责》,页176）[21]

389　　诗人后来说:"普特拉门特对我说:'你想要,那就好。但记住,你所签的是一个魔鬼的契约。明白吗? 魔鬼契约!'"（《旅行世界: 对话莱娜塔·高尔琴斯卡》,页80）他心目中的保护者到底是谁呢? 他命令用"荣誉"这个词保证的协议,已经不可以撤回?[22]还是说,为了得到离开

波兰地狱的权利,必须献出灵魂?无论如何,承诺约束的魔鬼,被米沃什多次提到:

> 毫无疑问,考虑到已经发生的事情,这是一个魔鬼的契约。[……]一九三九年后,关在古拉格和被驱逐的数百万人,"卡廷事件",华沙起义,全波兰的恐怖行为,每一件事我都知道。而此时,在西方还有一支合法的波兰军队刚刚遣散,在伦敦有个合法的波兰政府。而我与他们对立,按照官方的论点,他们失败了,而且他们赢不了。撕毁契约,去与他们为伍,是高尚的,要忠诚于无法估量的事物吗?只是在今天,波兰人民[共和国]几十年之后,移民出国的坚定信念才变得有名。而在当时,看起来还是不一样的。雅努什·明凯维奇[……]写了一首诗,在诗中谈到了伦敦流亡政府:"与魔鬼一起,而不是与你",我们当中没有一个人这样认为[……]。我承受了痛苦并责备自己出卖灵魂。(《猎人的一年》,页155)[23]

这种分析真诚到残忍。今天,当我们心中仍然牢记着巴黎《文化》杂志、贡布罗维奇、博布科夫斯基①和海尔灵格书籍作品的美好历史的时候,我们对波兰民族作为战前那样被不公正对待的、失败国家的继承人,对于移民出国态度的深层次嫌恶,这不仅仅是米沃什们所感受到的。棋盘面上似乎没有任何动静。移民们期待着新的战争,在这场战争中,西方凭借其核优势,将成功击败苏联,恢复波兰一九三九年的国土边界。那些不相信战争会爆发的人,有机会近距离观察红军的力量,只好深信历史的宿命论,相信共产主义是一种不可阻挡的自然力量,必将分裂欧洲,将波兰(随着时间变化将包含大陆的其余部分)交给苏联蹂躏。如

---

① 安杰伊·博布科夫斯基(Andrzej Bobkowski, 1913-1961),波兰作家。

果假设这是一个将会持续百年的状况,唯一的选择将是由极右翼重新掌权[24],这个提议的结果就很明确:必须与新的统治者们达成协议,起码是为了减缓苏联机制的扩张,拯救出来一些欧洲的文化和民族认同遗产。在《道德论》当中,包含了诗人著名的诗句:

390

改变正引起雪崩,

后面是滚石的山崩。

就像某人已说过曾经,

你行的,于是扎进崩流。

去减缓它的凶猛,它的残忍,

那样做,也是需要勇敢的英雄。[25]

(《诗集　第二辑》,页89)

然而,加入共产党,因此有机会在自己工作中具备多一点点自由的大学研究院院长和报刊主编们的行为,与出国在使领馆工作,因此在外国人当中享有自己的个人人格和信任,为新政权的行为背书,成为某种遮丑的烟幕,这两者之间有着本质的区别。虽然在一九四五年以后,在驻外使领馆工作过的不仅有普特拉门特和米沃什,还有尤里安·普日博希、斯坦尼斯瓦夫·耶日·莱茨、耶日·扎古尔斯基、塔德乌什·布莱扎或是安东尼·斯沃尼姆斯基(他曾任伦敦波兰文化中心主任),甚至贡布罗维奇也曾在这方面做过努力。[26]在这种背景下,《三个冬天》的作者却并没有放弃自责。我们可以在他写于一九五六年底一九五七年初的一篇未发表的文章中读到:"在国外代表一个已经全然转变为另外一个极权主义外国属下一个省份的国家,是一个坏的、可耻的解决方法,我如今为此感到羞耻。只是在我看来,这种身在国外的策略位置,又无须断绝与国家的联系的做法是最不邪恶的。"[27]

当然,他是从自己的角度看来最不邪恶。而这种角度包含了介入和在场的必需,也有米沃什所感觉到的焦虑,怕被抛弃于边缘某处,怕被遗忘在历史的垃圾里。这种不加入主流文学生活的策略,在未来几年里,被不多的几位作家所选择:汉娜·马莱夫斯卡、兹比格涅夫·赫贝特和他的知性大师亨里克·艾琴博格①、扬·约瑟夫·什切潘斯基、米隆·比亚沃舍夫斯基②、莱奥波德·布赤科夫斯基。米沃什确信"参与"高于从远处的观望,由他的左倾出发,有太多因素不允许他将自己置身于那些还想要等待,并将大部分的写作锁入抽屉的作家群体当中。他更愿付出高昂的代价去行动,他有了(是错误的?)游进雪崩当中的感觉。五十年代早期,新鲜出炉的逃亡者,与当时正在流亡之中的望科维奇互通了信件。望科维奇对恐怖体系的清醒指控,情绪化地答复了他所发现的牵涉颇深的内容:

您问,我是否相信过。不是斯大林主义。但我当然是相信过 391
的。我曾相信,有些事情是可以做的:因为这是真实且诚实的操守,而不是言语。[……]我对效果和目的有感觉,就是我在做的事情,起码是对波兰的年轻一代有其意义,他们认可我。那时我是勤奋工作和恪守纪律的人。[……]那些共产党员(我指的是那些真的,而不是恶棍)因此对我认可,因为虽然我在政治上不是他们中的一员,但对他们来说,更重要的是他自己的生活方式,他的态度是否足够清教化和知性,而不是他的观点。您,和其他波兰人一样,对共产主义有种纯粹情绪化的态度。事实上,像有些波兰共产党那样纯洁的人我从来没有遇到过。我坚决并义无反顾地反对那些教会。

① 亨里克·艾琴博格(Henryk Elzenberg, 1887–1967),波兰哲学家。
② 米隆·比亚沃舍夫斯基(Miron Białoszeski, 1922–1983),波兰诗人、小说家、剧作家。

这边的人类,正面临着不幸的威胁……但那是另一回事。[28]

注释

[1] 摘自切斯瓦夫·米沃什和雅尼娜·米沃什写给阿涅拉·米钦斯卡和扬·乌拉托夫斯基的信,信是切斯瓦夫·米沃什写给阿涅拉·米钦斯卡的,伦敦,无确切日期(约 1946 年)。(移民档案,托伦哥白尼大学,扬·乌拉托夫斯基档案)

[2]《望科维奇和米沃什的书信亮点》,由亚历山德拉·久沃夫科夫斯卡供稿,载《创造》,1981 年第 10 期。

[3]《对米沃什的第一反应是抛弃诗歌——扬·马尔克斯对话耶日·普特拉门特》,载《诗歌》,1981 年第 5-6 期。

[4]"我跑起来,因为普特拉门特要在那边介绍我,但博莱依沙也要带上我——战前他就知道我的名字。[……]不清楚他的背景,也许有比党还高的人,我想象,他是苏联'反间谍'。还有佐菲亚·戴宾斯卡,我在维尔诺时就与她相熟。她、博莱依沙和普特拉门特这几个人,我都能直接说上话了。"摘自《旅行世界:对话莱娜塔·高尔琴斯卡》,页 80。

[5] 伊莱娜·席曼斯卡,《喜悦的礼物:出版人的回忆》(华沙,2001)。

[6] 玛丽亚·东布罗夫斯卡,《日记:1915-1965》,卷一(华沙,1996-1997),页 197。无论是与雅库布·贝尔曼的常年争斗,还是自己孩子们的革命逻辑,都导致博莱依沙很快走到了生命终点。1948 年底他在《读者》出版公司的主席身份被拿掉了,被安排了理论上更高一级却没有实权的职位。这家出版公司也被分割成数个小公司。博莱依沙 1952 年死于华沙。芭芭拉·菲亚乌科夫斯卡为他写了一本书——《博莱依沙与鲁让斯基:论波兰斯大林主义作品》(奥尔什丁,1995)。

[7] 摘自万达·泰拉科夫斯卡和切斯瓦夫·米沃什写给耶日·博莱依沙和佐菲亚·戴宾斯卡的信,1948 年 6 月 6 日。博莱依沙死后,他家里的文件都被公共安全部的人带走了,而藏在《读者》出版公司的部分得以保留下来。如今这

些文件收藏在他的儿子——耶日·弗·博莱依沙教授的档案里。在此感谢他为我提供了十几封切斯瓦夫·米沃什的信件。

[8]《波兰日报》社于 1945 年 7 月 27 日开具了一份证明,证实切斯瓦夫·米沃什是报纸的长期合作员工,可以出差前往华沙和格但斯克。(拜内克图书馆)

[9] 玛丽亚·东布罗夫斯卡,《日记:1914–1965》,卷五,页 156。

[10] 切斯瓦夫·米沃什人事文件夹,外交部档案馆,华沙。

[11] 同上。

[12] 同上。

[13]"现政党和社会组织归属"一栏记录如下:波兰职业作家协会,克拉科夫民主知识分子俱乐部,波法友谊协会。

[14] 有意思的是,在华沙文学博物馆馆藏的外交部入职申请书草稿的背面,米沃什草草写了一首诗,第一句是"诗歌的泉水只在华沙喷涌"。关于时间点的插曲——在后来的文件中有一份的"社会背景"栏里他把父亲填为"国家机关道路工程师(现任)",眼光犀利的公务员用手上的化学铅笔在页边添了一笔:"那以前呢?"(切斯瓦夫·米沃什人事文件夹,外交部档案馆,华沙)

[15] 同上。

[16] 摘自埃米尔·帕谢尔斯基,《伽玛和欧米茄:耶日·普特拉门特与切斯瓦夫·米沃什的关系史》,博士论文,页 191。

[17] 玛丽亚·东布罗夫斯卡,《日记:1915–1965》,卷五,页 174。

[18] 摘自切斯瓦夫·米沃什写给耶日·图罗维奇的信,1945 年 11 月 13 日。(耶日·图罗维奇档案室)

[19] 玛丽亚·东布罗夫斯卡,《日记:1915–1965》,卷五,页 177。

[20] 她住在扬卡姐姐亨利卡·高什琴斯卡家里,住址为:维兰斯卡大街39／11 号。

[21] 在和伊莱娜·格鲁金斯卡-格罗斯的对话中,米沃什却说这封信不是关于他本人,而是关于波兰形式,他只是传个话。参《波兰对话:1979–1998》,

页749。

[22] "每个人都有求于人,他们给了我荣誉。普特拉门特想从我这里得到荣誉之辞。"摘自切斯瓦夫·米沃什,未发表的自传草稿《从漆黑的山洞出发》(1956-1957)。(拜内克图书馆)

[23] 在这里值得提一下米沃什回忆中的与安娜·科瓦尔斯卡见面的场景:"她开始讲发生的一切,连不成句,喉咙也很紧,直到抓住了我西服的翻领颤抖得大哭起来,我的衬衫都湿了,我试着安抚她,不争吵也不安慰。这是最纯粹的怜爱之泪,慈悲。1945年,这个不幸的国家被匆匆安上了一个由暴徒和强盗组成的政权工具,真相从来没有被述说,虚构的故事和童话将真相淹没。直到现在我也不清楚,有多少人和我一样,说服自己为这个可悲的新国家的诞生找到合理化解释,全然忘记自己亲眼看到的事实。也许非常少,文学作品中就很少,取而代之的是,很多的虚无主义。"摘自《个人的职责》,页176。

[24] 参:"我还记得在《锻造》时期的美好岁月(他们所有人都这样想)曾与雅斯特伦聊天,他摊开双手:要么他们,要么民族民主党,说吧犹太共产党。"摘自亚历山大·瓦特写给切斯瓦夫·米沃什的信,1960年9月5日,收录于亚历山大·瓦特,《通信集》,阿莉娜·科瓦尔赤科娃统筹(华沙,2005),上册,页395。

[25] 有趣的是,这里他除了普特拉门特没有感谢其他人,因为只有普特拉门特写信鼓励他采取行动:"这样一来,你就知道还可以做很多事,不要在雪崩中乱了手脚,还要爬出来。它并不是毫无知觉的,也有自己的神经系统,只是要能够找到它。"摘自《战后即刻》,页359。另外一个问题是,两个人在想象影响雪崩走向的预期效果方面有很大差异,矛盾也突出,而米沃什带着这种矛盾写下了上述这段话。在写给克朗斯基的信里,还有一些写于战后初期的信中,米沃什积极评价了他:"他关于影响雪崩走向的说法(即在历史的必然性中个体意志的问题)和我自己的信念相一致。"(同上,页349)另一方面,在就评论诗集《诗论》接受亚历山大·菲乌特和安杰伊·弗劳瑙塞克采访时,他非常冷静地确认:"这是那些入了党并声称要从内部改变它的苟同者们的哲学表达。最后,作品都成了

人民波兰的公务员写的。"摘自《波兰对话：1979–1998》，页 577。

[26] 1947 年他请求外交部的维克托·格罗什将军为布宜诺斯艾利斯使馆聘请一位随员。参安杰伊·科瓦尔赤克，《跨大西洋邮政》，收录于耶日·盖德罗伊奇、维托尔德·贡布罗维奇，《书信集：1950–1969》，安杰伊·科瓦尔赤克编（华沙，1993）。

[27] 切斯瓦夫·米沃什，未发表的自传草稿《从漆黑的山洞出发》。（拜内克图书馆）

[28]《望科维奇和米沃什的书信亮点》，载《创造》，1981 年第 10 期。所引书信写于 1952 年 1 月。

第四十四章　母亲的墓

　　我最亲爱的诸位,尽管我利用各种机会寄信,但我已经好几个月没有你们的消息了。我无法理解,假如有机会过来,你们怎么会在维尔诺待这么长时间。[……]没有你们的消息,你们又不过来,这让我很恼火。时间越晚,就越难操办。我想帮你们安排好,让安杰伊去处理我稿费的事情,因为不排除我可能会出国一段时间,履行外交公务。安杰伊可以在海外贸易、港口行政等部门找到工作,在格丁尼亚很快将开设此类学校。父亲大概也可以在滨海地区或西部某个地方找到活干。我一切都还好,我们在克拉科夫有住房,但我们经常去华沙和罗兹。我求求你们,写信或发电报,你们尽快过来,因为事情很紧急,我都忍不住咬自己的指甲了。

一九四五年八月六日,米沃什从华沙给父母寄去这封信,催促他们。[1] 就像维尔诺的大多数居民,父母的命运也是悲剧性的,充满了危险,而照顾他们的角色再次由小儿子担当。一九四四年春天,当苏联攻到维尔诺附近的时候,安杰伊把父母接出城外,把他们藏在塞泰伊涅不远的一个沼泽地边的农场里。在这之前,他和堂兄莱舍克·尤莱维奇已经开始管理这处产业。有一次他们在莱格米亚兹,帮助藏匿了一位从德国人那儿逃出来的男人,原来他是苏联游击队的一名指挥官,游击队主要由凯代尼艾的犹太人组成。当红军占领维尔诺时,从军官手里拿到的通行证非常重要:安杰伊在一次围捕中出示给内部人民委员部的人看,立刻就被放走了。在一系列的冒险过程中,他设法为父母弄到了回归本国的文件,大概是在一九四五年八月初,米沃什的家人,包括亚历山大、维罗妮卡、安杰伊、库纳特姥姥和仆人约西亚,收拾财产上了车。他们冒着生命危险,在携带的衣柜当中藏匿了一名救国军指挥官及其副官。[2]

他们到达了位于格但斯克以东几十千米的德莱夫尼茨村,在那里建了一个小农场。周边已经没有人居住,德国居民已经逃走或者被赶走了,剩下的极少数人当中,有一个患伤寒的老农妇。维罗妮卡不愿意看她自生自灭,结果很快她自己也病倒了。距离最近的医生,也是个德国人,住在二十千米之外,安杰伊在夜里去接他,用手枪威胁着,强迫他来到德莱夫尼茨村。诊断结果让人放下心来。十一月十八日前后[3],切斯瓦夫和来与未来公婆见面的扬卡到了家,除了维罗妮卡本人,没有人意识到她可能会不久于人世。她当时状态不佳,没有了活下去的意愿。多年后,诗人在一首诗中引用了她的话:"我觉得这一切只是梦。"(《诗集第四辑》,页 206)米沃什的家人希望他离开或逃离波兰。在半自传体小说《权力的攫取》中,主人公的母亲提醒:"快跑。别看着我。你不必在这里开始新生活。我什么都不需要,我能自己应付。快跑,要不就太晚了。"(《权力的攫取》,页 118)

米沃什夫妇返回华沙后[4]才得知,维罗妮卡在十一月二十二日去世了。诗人写信给父亲:

亲爱的,亲爱的爸爸:

　　[……]我对母亲的思念,与对您的思念一样多。我很后悔,当时那个礼拜天我拒绝请牧师来,可能是体温不高,而且我们都不知道是伤寒。我心情很差。那个医生说危险已经过去了,着实不可原谅。我感到有罪,轻视了母亲的病情。现在我才觉得,才认识到她当时精神萎靡,处于不同寻常的不愿活下去的状态。[5][……]我们全都犯了一个错误,议论了死亡,而母亲一直在谈论死亡,她是想象到了,实际上母亲当时的心情真的很差,不想活下去。[……]

我吻你,我亲爱的、敬爱的、可怜的爸爸

爱你的儿子切希

　　他还附上了给外婆的短信("亲爱的,我最亲爱的丽莎!在我们这巨大的悲痛之中,请丽莎记住,她还有一个爱她的外孙,他会永远想念她,等我回来,我们会住在一起……爱您的切斯瓦夫"),还有给约西亚和弟弟的信。从给后者的信中也能看出来,维罗妮卡其实不想离开塞泰伊涅,不想搬到波兰来。[6]

　　不久,亚历山大和安杰伊·米沃什的命运又将与克拉斯诺格鲁达的亲戚们的命运交织在一起。他们从克拉科夫叫回了嘉布雷拉和雅尼娜两位姨妈,还找到了伏瓦迪斯瓦夫·利普斯基,他幸运地从集中营撤离了出来,一九四六年到了格丁尼亚,在渔港管理部门找到了工作。[7]很有可能一开始的时候,米沃什家人们曾打算经营农场,于是在一九四六年夏天,安杰伊告诉哥哥,说他已经在所有自家的土地上播了种,期待着收成。一年后,由于鼠疫,缺少化肥,也许最重要的是缺少人手,他们关闭了农场。亚历山大(就像"一战"之后那样)创办了一家建筑公司,开展的工程包括在德莱夫尼茨村修建轮渡站,而且,他又一次(至少如安杰伊在信里所述)被自己的合伙人欺骗了。最终,他在格但斯克省政府重

394

建处找到一份工程师的工作。此前,伏瓦迪斯瓦夫·利普斯基和亚历山大·米沃什在索波特城占有了之前德国人在维比茨基大街 23 号的别墅,并按照切斯瓦夫的主意用他的名义弄到一片土地[8],诗人还计划从美国回来后与家人住在那里[9]。家里人很担心(很多年后,米隆·比亚沃舍夫斯基在《后德国时期索波特叙事诗》描述了此事),因为原来的德国主人们是服氰化物死的,而牧师用了圣水和香火也没多大帮助,房子里总是有敲门声和类似杂音。对艾拉和尼娜来说,这地方成了请客人打桥牌、喝家酿的地方,以前世界的点点滴滴正被新事物替代并补充完善。

　　米沃什父亲的情况更糟,维罗妮卡死后,他独自面对孤独的生活,在与抑郁和酒瘾的斗争中只取得部分成功。[10] 可能是一段新的恋情救了他,在一九四八年底,亚历山大再次结婚,第二年初,他和第二任妻子奥勒加·博哈切夫斯卡,还有她成年的儿子搬到了克拉科夫。切斯瓦夫和安杰伊显然很难接受父亲这一决定,一是因为对母亲维罗妮卡的怀念,但另一方面可能也认为这是某种"降格"。老去对亚历山大来说并不仁慈,他忍受着切斯瓦夫所表现出的某种冷淡,以及不断的经济困境,安杰伊帮他摆脱了金钱上的麻烦。[11]一九五九年十一月十七日,这名曾经的西伯利亚旅行家和猎人在共产主义的克拉科夫死于心脏病。去世前一年他给儿子的信中说:"当我听到收音机里说你是世界著名的作家,我很感动。我很遗憾,你的书我一本都没有。"[12]

　　在加利福尼亚米沃什的家里,书桌旁的架子上(墙上挂着嘉布蕾拉·库纳特肖像的复制品)摆放着两张母亲的照片。第一张是个漂亮的女孩斜戴着一顶帽子,看起来颇有风情的样子。另一张,年轻的母亲把几岁的儿子抱在膝上,两人都盯着相机镜头。在诗人的生命中,父母的角色是不一样的,维罗妮卡毫无疑问有着更大的意义,当她去世时,米沃什必然产生一种终于成年的感觉,也许是他与自己过去联系的纽带断掉了。他离开了波兰,身后留下了另一种死亡——那是最适宜仇恨的时代,人们死于驱逐和谋杀,统治者漠不关心。是否后来他在生命中感觉到她的在场?安杰伊·米沃什确信,母亲依然一直在保佑着他们。[13]丽莎姥姥曾告诉外孙,曾有东西触碰她的脸,并听到它大声叫出"妈妈"这个词。她说:"我要告诉你我做的梦有多奇怪,就是在她临死前梦到的。我梦到了塞泰伊涅的美好清晨,丁香和其他鲜花盛开,空气中一片寂静[……]这时看到一只小船在内韦日斯河中央漂流,没有舵的船整个被芦苇和水莲覆盖着,我紧紧盯着那条船,看见小时候模样的她躺在船上,沉沉睡去,梦幻般美丽,身上穿着睡莲和野花,直到我无法再凝视她,我用全身力气拉住小船,尽管河水如此平静,水流却把船从我的手中推开,向远处推去,在我的视线中消失。"[14]塞泰伊涅花园的景象在记忆中越陷越深。混乱的事情依然存在,还面临诸多无法确定的抉择。当时"我们的生活飘忽不定,来去匆匆 / 像苍蝇在长明的灯光下 / 电子在空旷的空间错失了电子"。切斯瓦夫·米沃什在一九四九年所写的《母亲的墓》这首诗,其结尾是一个召唤:

> 请助我创造旺盛的爱
> 我与这世界持续不和,
>
>
> [……]
>
>
> 历史的转折,不变的问题
> 无论好与坏,潮流会分割,
> 妈妈请帮我,使我更坚固

(《诗集 第二辑》,页 65-66)

注释

[1] 切斯瓦夫·米沃什,《家书》,载《艺术季刊》,2008 年第 3 期。

[2] 参安杰伊·米沃什,《自传》,载《苏瓦乌基》,2002 年第 20 期;安杰伊·米沃什,《银色家庭》,载《苏瓦乌基》,2001 年第 14 期。

[3] 在 1945 年 11 月 13 日从华沙寄给耶日·图罗维奇的信中米沃什写道:"我高兴得合不拢嘴,我就要回家了,去探望住在格但斯克附近的妈妈。"(耶日·图罗维奇档案室)后来在母亲去世后写给父亲的信里,他回忆起 11 月 26 日在华沙收到了母亲去世的消息,这在上个星期天时谁也不会想到。上个星期天指的是 11 月 18 日。

[4] "从格丁尼亚开往华沙的长途汽车要经过马祖里地区。[……]在如此悲伤的情绪下我们重新夺回这片土地![……]一千米,十千米——一片荒芜。政治上的纠结和怒火对我来说并不陌生,对任何一个波兰人来说亦不陌生。要么耕种这片土地,要么不耕种这片土地,我想,在面对这样一个直白而原始的难题时,纠结和怒火反而不那么重要了。对此慨叹的人,可以好好找找原因。最容易发现的原因是人口短缺。[……]那么马祖里的人呢? 他们在哪儿? 地没有种,房子也空荡荡的。东普鲁士的人,他们从波兰中部来,他们告诉我,马祖里人比德国人还坏,应该把他们全都迁走。难道他们没有热情高涨地这样干吗?[……]格丁尼亚和索波特的那些聪明的德国人懂得变成波兰人,还往往占据高位。马祖里的乡下人在偏见面前毫无还手之力,数次本地活动的尝试都无疾而终。我不知道,在看到克维曾附近的沙漠时,是否为时已晚。"不久后,米沃什在文章《穿过克维曾》(《横截面》,1945 年第 35 期)中这样写道。他还在《波兰日报》上发表了两篇报道:《在鲁瓦法》(1945 年 12 月 2 日)和《维斯瓦之源:在鲁瓦法 II》(1945 年 12 月 16 日)。他把这次旅途的回忆也写在了《鲁瓦法》一诗中:"如何祝愿人呢? 祝他幸福。/ 祝他用双手创造出无法创造的奇迹,/ 不要金子,要耕种出梦想之星。"见《诗集　第二辑》,页 124。

[5] "我想,她的死亡主要是心理原因造成的。妈妈就是不想活了,大家都看得出来。与家里人分离也是原因之一。"在 1946 年 1 月 10 日从伦敦寄出的信

里他写道。摘自切斯瓦夫·米沃什,《家书》,载《艺术季刊》,2008 年第 3 期。

[6] 同上。

[7] 1948 年起改为索波特机器工业公司。伏瓦迪斯瓦夫·利普斯基死于 1978 年。与嘉布蕾拉(死于 1962 年)和雅尼娜(死于 1977 年)类似,安葬于索波特的墓地。约瑟夫·库纳特住在自己的二女儿玛丽亚·尤莱维奇家。二女儿一家此前被遣返波兰,后定居在奥乃塔附近的奥古斯塔村。二女儿死后葬于奥尔什丁的墓地。

[8] "我不知道你们住在哪里,是否还在德莱夫尼茨,还是搬到别的地方去了。我还给雅努什·乌尔班斯基寄过信,寄到格但斯克省文化和艺术局,请他帮忙做点事儿。[……]如果我们回来了,我们大家要住在一起,海边或者华沙。安杰伊也许能帮忙在海边搞到房子,写到我名下——让他去找乌尔班斯基讲一讲,然后也许俩人就做成了。"摘自切斯瓦夫·米沃什在维罗妮卡·米沃什过世不久后写给父亲的信,无落款日期,收录于切斯瓦夫·米沃什,《家书》,载《艺术季刊》,2008 年第 3 期。"按照对你的承诺,在雅努什·乌尔班斯基的帮助下我为你搞到了一幢索波特的房子。位于一个美丽的街区,砖砌的房子,底楼有三个房间,楼上有四个小房间。[……]我们这一支的艾拉和弗瓦迪克、尼娜住在那儿。弗瓦迪克回来了,现在在格丁尼亚工作。楼下的房间住着文化局的布热斯科。我和他一起重新装修了这房子,到现在为止花了大约二十万兹罗提。"1946 年 7 月 16 日安杰伊·米沃什告诉哥哥。(拜内克图书馆)"在米沃什变成'波兰人民共和国的叛徒'后,他们把别墅所有权快速收回了。在叔叔和婶婶过世后,房子被当成德国遗留财产卖掉了。"摘自安杰伊·米沃什,《自传》,载《苏瓦乌基》,2002 年第 20 期。四十年代后期,索波特在战争中受损很小,一直受到艺术家们的追捧。除了米沃什,还有很多人得到了分配的房子,如:伊沃·加尔、马里安·弗努克、马里安·布兰迪斯、尤金·艾比舍、莱舍克·海尔德根、利迪亚·扎姆科夫和马切依·斯沃姆琴斯基。参尤安娜·谢德莱茨卡,《诗里来的先生:兹比格涅夫·赫贝特》(华沙,2002),页 167。

[9] 他从美国给家里寄来了包裹救急,里面装着烟丝、长筒雨靴、雨衣、做

裙子的料子、做鞋的皮子,还有天然"尼龙"长筒袜……

[10]"父亲看上去不错,身体硬朗,可他一直陷入某种压抑的情绪中,也因此总要喝酒,但量并不吓人:两三杯后他就已经'吧啦-吧啦'唠叨起来,然后便睡觉去了。"摘自安杰伊·米沃什写给切斯瓦夫·米沃什的信,1948 年 4 月 17日。(拜内克图书馆)

[11]有时候,可能的话,小儿子也会帮忙——"几个月前我签了诗集的出版合同,《伊萨谷》将在克拉科夫文学出版社出版,我一直在忙着组稿。今天我刚收到消息,审查部门禁止出版我的书。我最遗憾的还是钱的事,因为出书的钱本来要用来帮我父亲的"。摘自切斯瓦夫·米沃什写给斯坦尼斯瓦夫·文森兹的信,无确切日期(1957 年 12 月)。(克拉科夫切斯瓦夫·米沃什档案馆)

[12]亚历山大·米沃什写给米沃什的字条,1958 年 3 月 25 日。(拜内克图书馆)

[13]"有时我会在夜里醒来,自己又不知道为什么。月色明亮,透过玻璃窗前的纱帘煦进屋里一道银色的亮光。忽然房门轻轻地打开了,妈妈的影子站在我的床边。我知道,她来看看我们,我总能感觉到她的存在和爱护。"摘自安杰伊·米沃什写给切斯瓦夫·米沃什的信,1946 年 12 月 11 日。(拜内克图书馆)

[14]摘自约瑟夫·库纳特写给切斯瓦夫·米沃什的信,1947 年 1 月 15日。(拜内克图书馆)

第四十五章　救　赎

　　一九四五年十二月四日是个好日子，DC-3 客机从华沙机场的雪地上艰难地冲向天空，在空中顽强地摇晃着，但飞往伦敦的六个小时里，米沃什夫妇感到越来越放松："我们沉浸在白雾当中，白雾将过去都遮掩了起来。"[1]

　　在从毁灭中逐渐崛起的英国首都，他们在波兰犹太人经营的沃林顿新月广场酒店（Esplanade Warrington Crescent）住了五个星期之久。[2] 如米沃什后来提起的，他在伦敦感觉很好，没感到自己是所谓的令人讨厌的"红色"。他花了很多时间与卡罗尔·埃斯特赖彻①[3] 以及当时《新波兰》杂志的作者安东尼·斯沃尼姆斯基进行讨论，这本杂志刊登了米沃什在被占领时期所写的关于维特凯维奇的文章。几年之后，《三个冬天》的作者仍喜欢复述斯沃尼姆斯基的话："多听听聪明的犹太人老话：尽可能长久地留在国外吧……"（《波兰对话：1999–2004》，页 357）多亏扬卡，诗人

---

　　① 卡罗尔·埃斯特赖彻（Karol Estreicher, 1906–1984），波兰散文家、艺术史学家、大百科全书编撰者、教授。

见到了素描艺术家费利克斯·托波尔斯基,并参观了他在亨格福德桥下的工作室[4],两人还一起跟早在战前便是好友的弗朗西什卡和斯泰凡·西默松[5]见了面,抽空观看了毕加索和马蒂斯的联展。看完展览,他感叹后者"在他边上我总是像个小女孩",而事实上留在米沃什记忆中的只有毕加索:"必须意识到这些画布上所饱含的激情。讽刺、厌恶、嘲弄、愤怒在当中太显著了,十分明显地试图通过形体和色彩呐喊出抗议的尖叫声,以便可以跨过去、克服掉。这是一种扩张绘画语言可能性的尝试,是一种用霍屯督语言演唱索福克勒斯新悲剧的尝试。"(《大洲》,页77)

他们受到女小说家和国际笔会活动家玛格丽特·斯托姆·詹姆森①的关照。一九四五年,她与安东尼·斯沃尼姆斯基及克萨维里·普鲁申斯基一道访问了波兰。在克拉科夫,她显然有点为米沃什着迷了,与他进行了长时间的交谈,形容他"非常克制,但也非常迷人,脸色苍白,相当宽的脸,平嘴唇,几乎就和普希金一样,只是更苍白,笑声更具感染力"。[6]

詹姆森对此行的记忆还包括,这位年轻的波兰人对英国诗歌有着深入了解,对 T. S. 艾略特的尊崇,以及对政治形势的冷静评估。[7]当时,她被赠予波兰的经典礼物,一瓶伏特加,这在当时供应紧张、很少能喝到威士忌的伦敦十分珍贵。米沃什想给他父亲买裤子和烟斗,但都没有成功。她邀请米沃什夫妇共进晚餐,并介绍他们认识她的丈夫,历史学家和英雄老兵盖伊·查普曼。然而,最重要的是,诗人见到了艾略特,后者在他看来是个六十来岁"为人直率又有亲和力的人[……],很关心年轻人的样子"。(《大洲》,页97)米沃什获得了对自己翻译的《荒原》进行免费印刷发行的许可[8],或许他们之间还建立起了好感的纽带,强大到足以使波兰作家请求艾略特,帮他在一九五一年获得美国签证。[9]

397

---

① 玛格丽特·斯托姆·詹姆森(Margaret Storm Jameson, 1891-1986),英国记者和作家,以小说和评论著称。

米沃什与艾略特作品之间的关系并不单薄。他还成功地翻译了对方的其他诗作:《小老头》《空心人》和《燃毁的诺顿》,对最后这首诗的看法他写进了《诗论》,后来还发表了文章《关于艾略特的省思》。(《个人的职责》,页 205-215)另一方面,他从不承认两人的创作有明确关联[10],而艾略特《鸡尾酒会》之类的戏剧作品让他非常愤怒。"你必须成为混蛋,才能写出这类东西,或是为其鼓掌。[⋯⋯]艾略特的最后两部作品发表后,我成了他的死敌。"[11]这是他在一九五〇年写给耶日·图罗维奇信中说起的,没有理由认为他会在写给一位值得信赖的朋友的信中不说出真实想法。然而,另外一个背景是在四十年代末,艾略特成为苏维埃阵营国家主要攻击对象,在弗罗茨瓦夫出席世界知识分子和平大会(1948 年)的苏联代表团团长亚历山大·法捷耶夫指控艾略特在进行"与理性的恶意战争,和非理性主义的宣传",并讲出了那句名句:"要是杂种野狗可以学会在打字机上书写,要是土狼可以拿起笔来,它们创作出来的东西肯定会是像米勒、艾略特、马尔罗和萨特之流所写的那种书"⋯⋯在由米沃什的文章《关于波兰诗歌的现状》(1950,《锻造》第三期)所引发的争辩论文之一当中,诗人能读到:"当沃洛希尔斯基创作关于雅罗斯瓦夫·东布罗夫斯基的诗歌《公社之夜》时[⋯⋯],切斯瓦夫·米沃什却在《创造》杂志上发表了颓废而虚无主义的《道德论》。当布罗涅夫斯基创作出诗歌《五十年代》时,切斯瓦夫·米沃什却在忙于通过翻译反核战先驱艾略特的诗歌来传播推广对波兰诗歌的关注。"[12]在诗人的档案中,保存下来一篇没有完成的文章,他本打算用来回应关于时代精神之责任以及对他的指控:"我坚决反对将艾略特视为贫乏的英美文学内部圈子之外的当代诗人,[⋯⋯]了解艾略特的创作,对我个人而言曾是一个重要的警示信号,尤其是当我跟踪他作品的发展,从他令二十世纪资本主义文明尴尬的纯粹负面的诗歌,到艾略特作为大祭司超脱资本主义和文艺复兴时期的创作发展,直至回顾中世纪的社团主义美好时光的那些作品。"[13]在一九四五年,这样的戏码还难以想象,而米沃什尚能够平静地在费伯书局喝茶,当时他一定同样对艾略特说过自己的新诗集《救赎》。

　　这本诗集是新波兰出版的第五本个人诗集(在瓦岑克、普特拉门特、普日博希和雅斯特伦的诗集之后),印数比米沃什的战前出版物多了十倍,这对作家来说无疑意义重大。他可以继续认为,从前传播文化的愿望正在实现。[14]新出版的这本书超过一百五十页,装帧典雅的书里展现了他作品的不同层次:从《冻结时代的诗篇》(被称为"少年读物")到《三个冬天》,三十年代末的作品和被占领时期早期的诗歌,再到《世界》和《弱者的声音》系列,以及在高西采庄园创作的诗歌。点睛的部分是最新创作的两首诗,它们清楚地表明了他的立场。书的结尾部分是作品《在华沙》,展现了一个国家面临的悲剧,站立在圣约翰大教堂废墟上的诗人,想要将自己从社会、精神的浪漫、波兰责任中解放出来,但在眼下却感觉自己是死者的工具,知道自己无法否认爱情、忠诚和对死者的记忆:

　　　　你曾发誓永远不会
　　　　在葬礼上哭泣。

　　　　[……]

　　　　可那安提戈涅的哭声,
　　　　为找寻自己的兄长,
　　　　这真是无法估量
　　　　的毅力。而心
　　　　是块石头,幽暗的爱
　　　　像只昆虫,封闭其中

在最不幸的大地。

[⋯⋯]

399　这种没有笑的生活很疯狂
有两个重叠的词语
返回到你,死去,
到你,一起参与
要有婚礼。
思想和身体的行为,
盛宴,歌曲。
救出两个词:
真理和正义。

(《诗集　第一辑》,页 229–230)

　　最重要的语句落在《序言》里,写给死者,写给逝去世界的代表,写给已被抛弃的艺术的象征——因为诗中暗示的主角,即华沙起义中的诗人们,都已经死了。作者,经历了灾难的天启,可以用最简明的语言叙说,但写进诗歌,就要设定最高的目标:反对意识形态的疯狂,拯救真理,拯救人类的灵魂:

你,我已无法挽救,
听我说。
要明白这简单的表述,因我耻用别的语言。
我发誓,我心里没有神奇咒语。
我无声地对你说,如云朵或树木。

[……]

什么是诗,所不能拯救

国家还是人民?

官家谎言的集成,

醉鬼的歌,即将撕破某人喉咙,

闺房的读书声。

虽然,我想要好的诗歌,却不会,

虽然,我很晚才明白她原谅的目的,

虽然这是,只是救赎。

(《诗集 第一辑》,页 139)

塔德乌什·布莱扎告诉米沃什,《救赎》"是所有年轻人的圣经,无论懂诗与否"。(《战后即刻》,页 469)也许有些朋友间的夸张。这本书的被接受程度并不完全清楚,证明之一是,一九四五年的克拉科夫市国民议会城市诗歌奖很快颁给了普日博希,而不是米沃什[15],这些都有大量的评论证明。雷沙德·马图舍夫斯基的观点与诗人的意愿完全相反,他写道,诗集作者"试图赋予自身的形象[……]于美学甚至道德的规范。这些努力的结果,图景并不清晰和明确,然而画面却是美丽的"。[16]而亚历山大·雷姆凯维奇显然没有理解《阿德里安·泽林斯基之歌。声音……》当中的讽刺意味,这超出了评论者惯常的智力,在他看来,艺术家与其作品英雄角色之间的距离几乎是一种背叛:"一九三九年和此后祖国的悲剧[……]使自然主义者有了冷眼观察的言语[……]。作家,是思想经历的收藏者,似乎必须站在国家之外。"[17]与此类似,如多米尼克·霍罗丁斯基①尽管已经间接暗示了其结论,他指责米沃什逃避现实,无力共同参与国家的命运:"这种悲剧气质的根源,是你经历战争的方式。你的心中没有哪怕一个字是关于战斗、英雄主义或是英勇献身。"[18]耶日·扎古尔斯基尽管声称这本诗作是"深刻的,本质上非常讲真理的",但他同时认为,这种"诗意的讽刺",如同《可怜的基督徒……》,扭曲了世界的形象,没有带来任何慰藉,代表了"虚无主义"潮流。[19]有趣的是,安德斯军团的士兵康斯坦蒂·亚历山大·耶伦斯基②在阅读中并没有感受到类似问题,他以"最大的尺度"赞赏了米沃什,他敏锐地观察到:"他的诗歌与现代英语诗歌惊人地接近",并在总结中声称"米沃什的诗[……]超越一切的幻觉形象,只有通过对诗意的强烈把控才能说出那些无法用其他方式表达的东西"。[20]这篇出现在第一集团军杂志《火蜥蜴》当中的评论文章,波兰诗人当时肯定没有读到过。在国内,甚至是卡齐米日·维卡,尽管他在《梦游花园和田园花园》中对诗人十分尊崇,但他却无法欣赏《弱者的声音》中的艺术革命,而这首诗分明开创了二十世纪波兰诗歌的新潮流,引领并预言了鲁哲维奇③和赫贝特的成就。[21]

　　米沃什大胆使用诗意的人格和反讽,领先于他当时的时代和读者的感知,而维卡的文章给他带来的效应是引发一场论战。文章《半私密的诗信》出现在由维卡编辑的一九四六年秋季《创造》杂志的专栏上,其核心主题在于,是否以反讽的手法将诗歌向小册子或插科打诨等形式开放。为了避开出版媒体圈子的指责,米沃什指出"现代诗歌的讨厌之处,是有人称之为'缺少现实'[22]"。(《大洲》,页77)米沃什非常明确

---

①　多米尼克·霍罗丁斯基(Dominik Horodyński, 1919-2008),波兰救国军军官、记者、社会活动家。

②　康斯坦蒂·亚历山大·耶伦斯基(Konstanty Aleksander Jeleński, 1922-1987),波兰散文家。

③　塔德乌什·鲁哲维奇(Tadeusz Różewicz, 1921-2014),波兰作家。战后波兰文坛的领军人物,尤其是其荒诞派戏剧在波兰乃至整个西方都产生了很大影响。

地将诗歌同浪漫抒情的忏悔相剥离,他推崇运用早期的传统手法,尖锐 401
地从表象判断出,当局支持的范本与理性主义的清醒相去甚远:"波兰
文学正在进入浪漫主义的复兴。左翼批评家[……]并非人文主义者,
而是伪装的浪漫主义者。"(同上,页90)他召唤英美诗人,艾略特,奥登,
还有年轻的美国人卡尔·夏皮罗①,他们大胆地使用微戏剧模式,讽刺
或哲学式的文学形式。最终,米沃什指出创作家"是用笔去战斗,去对
抗某物或某人"(同上,页80),因为反对邪恶"是每一个诗人的特权"
(同上,页89)。在《信……》中,米沃什描绘了自己的诗歌方案,智识上
保持清醒,讽刺精辟,不回避笑话和讽刺,让自己汲取历史、社会学、哲
学,以所有这一切保持自己对人类不可或缺的地位。

　　一九四五年一月十六日,在告别欧洲之前,米沃什寄给朋友的最后两
封信都是关于《救赎》的。他要求塔德乌什·布莱扎对《读者》社进行干
预,让出版商给他寄作者样书,因为当米沃什夫妇飞离波兰时,诗集还没
有准备好,他请诗人耶日·图罗维奇监督出书和校阅,这是他唯一能够信
任的人,他不会同意对任何一首诗进行审查。[23]在停靠在格拉斯哥附近一
艘船的甲板上,他给图罗维奇写下一封感谢信:"亲爱的耶日,非常意外,
我在离开伦敦之前,《救赎》的样书到了。我对你表示真诚和深切的感谢,
我真的不知道该如何感谢你,在书的校阅等过程中给你添了这么多麻烦。
[……]我们现在站在苏格兰的克莱德河入海处,准备前往纽约。"[24]

注释

　　[1] 题为"伦敦故事"的草稿(1948 / 1949)。(拜内克图书馆)

　　[2] "我和米沃什太太,即扬卡,现在在伦敦。我们的旅行目的地是芝加哥,
我们在这里等船。我希望能在 1 月 10 日左右启程,霉运一扫而空。我想学英语

---

　　① 卡尔·夏皮罗(Karl Shapiro, 1913-2000),美国诗人。

算是我生命中做的一个明智选择。当然这趟行程并非没有公务。我是文化关系处的随员——这个职位走了好几位敏感人士，比如杰出建筑师、克朗茨的朋友马切依·诺维茨基，还有卡塞林。他们已经到了。英国作家们有些事把我耽搁了。"摘自切斯瓦夫·米沃什和雅尼娜·米沃什写给阿涅拉·米钦斯卡和扬·乌拉托夫斯基的信，信是切斯瓦夫·米沃什写给阿涅拉·米钦斯卡的，伦敦，无确切日期（约 1946 年）。（移民档案，托伦哥白尼大学，扬·乌拉托夫斯基档案）

[3] 米沃什可以与他讨论经他编辑并在伦敦出版发行的深度研究作品《1939–1944 年德国占领期间波兰文化的损失》。

[4] 托波尔斯基画了一幅他的讽刺漫画——诗人的脸正在变成一棵树。后来这幅漫画刊登于 1967 年 2 月的《诗人出版物》。

[5] 西默松一家于 1937 年离开波兰。弗朗西什卡回忆说："切希·米沃什送我们去的火车站。"摘自艾娃·库雷鲁克，《追求风雅者的广播俱乐部》，载《选举报》，1999 年 4 月 22 日。

[6] 玛格丽特·斯托姆·詹姆森，《从北边来的旅程：一本自传》（纽约，1970），页 567。该段波兰文翻译：卡塔热娜·雅努西克。

[7] "我希望，你们到了英格兰那边就能理解我们，不会再像以前一样又离开我们。"玛格丽特·斯托姆·詹姆森，《从北边来的旅程：一本自传》，页 574，卡塔热娜·雅努西克摘译。

[8] 该文刊登于《创造》，1946 年第 10 期。

[9] "您 2 月 4 日的来信让我有点紧张。我当然记得很清楚，上次我们在办公室见过，还有后来在华盛顿那次，更加匆忙。这一次我避开与您相见，因为我觉得，以您的处境，如果他们知道您来看我，可能会对您不利。"摘自 1951 年 2 月 15 日 T. S. 艾略特写给切斯瓦夫·米沃什的信，信中《荒原》的作者还解释说，他并不认识什么人能帮米沃什获得到美国的许可。（拜内克图书馆，克莱曼蒂娜·苏哈诺夫译）

[10] 参玛格丽特·斯托姆·詹姆森的描述："他并没有冲动到去模仿艾略特。正相反。他相信波兰作家能够写出新的东西，不是因为他们对地狱有直接

的体会,而是因为当你必须从几乎完全悲剧性的过去中创造出一个超脱于满目疮痍的坟墓的未来时,你就得找到一种新的方式把它讲出来。"摘自《从北边来的旅程》,页569,克莱曼蒂娜·苏哈诺夫译。

[11] 摘自切斯瓦夫·米沃什写给耶日·图罗维奇的信,1950年4月4日。(耶日·图罗维奇档案室)

[12] 格热戈日·拉索塔,《假画》,载《锻造》,1950年第6期。

[13] 1950年未写完的草稿——《她不久前出现在我们的文学杂志上》。(拜内克图书馆)

[14] 如果安德热耶夫斯基提供的信息严谨的话,一年后那三千册《救赎》卖出了差不多一千多册。参《战后即刻》,页62。

[15] 这是因为耶日·扎威依斯基说服了评委会,让他们相信米沃什的诗作不止一次地贬低过新闻行业。参威斯瓦夫·席曼斯基,《克拉科夫的〈复兴〉与〈创造〉(1945–1950)》,页30。"我们不知道,克拉科夫城市诗歌奖是怎么办的,没拿奖竟没有让我焦虑,我反而奇怪,我的呼声那么高,竟还没有成为像普日博希那么重要的人。"米沃什在1946年8月向布莱扎(坦率地?)写道。摘自《战后即刻》,页531。

[16] 雷沙德·马图舍夫斯基,《切斯瓦夫·米沃什的诗》,载《共和国报》,1946年第158期。

[17] 亚历山大·雷姆凯维奇,《米沃什备注》,载《华沙周刊》,1946年第14期。

[18] 多米尼克·霍罗丁斯基,《救赎在哪儿? 致切斯瓦夫·米沃什的公开信》,载《今日与明日》,1946年第8期。对这个问题米沃什在《道德论》的第一行给予回应,而自那时起,米沃什就决定与贝鲁特的波兰决裂。在这一事实正式浮出水面前,这位霍罗丁斯基,派克斯协会活动者,也许是收到了当权者的任务,他给米沃什写了一封私人信件,信中说:"我不知道,你的创作作品是否将会为你的决定付出代价。我不知道,你怎么解决这个矛盾:你可是给所有你的(或者不是你的)华沙敌人回报了一份厚礼,你也把朋友们都伤透了。这些矛盾是道

德上的,更私人化的,我不能多谈。但我必须向你请教一件事,这也是我写此信的主要原因。我不相信在当今分裂世界的巨大冲突中有选择中立态度的可能。但仍有很多层次的处置方式。请原谅这庄严的说辞:我全心全意地向您呼吁,你不要成为反共的个人、移民思想家中的旗舰人物。我恰恰是以对我们祖国命运的责任感作此呼吁。你不曾想和我们割舍这一命运——但这不代表,你就想伤害我们。可你的每一段政治生命都可能成为故意的伤害。你知道,伦敦、马德里或美国之音这些电台会如何利用它们。[……]我乞求你,别帮他们做这些醒醒勾当!"摘自多米尼克·霍罗丁斯基写给切斯瓦夫·米沃什的信,1951 年 4 月25 日。(拜内克图书馆)华沙《文化》杂志的编辑霍罗丁斯基在承认米沃什获得诺贝尔奖之后撰写了一篇文章,回忆了与诗人关于"石块和雪崩"的长谈,《多年沉默后》,载《文化》(华沙),1980 年 10 月 26 日。

[19] 耶日·扎古尔斯基,《伟大的焦虑之诗》,载《普世周刊》,1946 年第 16 期。

[20] 康斯坦蒂·亚历山大·耶伦斯基,《经典流放》,载《火蜥蜴》,1946 年第 1 期。其他移民者,如海尔灵格-格鲁金斯基,解读《救赎》时毫无困惑:"米沃什没有逃离我们这个时代,又回到了艺术上来,他相信艺术的'救世目标'。[……]米沃什的诗歌就好似用经典人文主义的表现手法和冷静的沉稳态度在与我们对话,其包含的失败感、失败本身和失败中的智慧'已永远与艺术家的眼界融合在一起'。"摘自海尔灵格-格鲁金斯基,《国内文学创作》,载《文化》,1948 年第 4 期。

[21] 卡齐米日·维卡,《梦游花园和田园花园》,载《创造》,1946 年第 5 期。

[22] peu de réalité,法文,意为"缺少现实"。

[23] 还留有一份授权书:"我授权耶日·图罗维奇先生在我不在期间处理我的书的印刷事宜,并授权他做校阅,同时请您在这样的考量下允许在一切可能的情况下,让他像我一样查看相关内容。切斯瓦夫·米沃什,1945 年 10 月 28 日于克拉科夫。"(耶日·图罗维奇档案室)

[24] 摘自切斯瓦夫·米沃什写给耶日·图罗维奇的信,1946 年 1 月 16 日。(耶日·图罗维奇档案室)

第四十六章　草垛子

临时车站地上儿童的哭声，

监狱火车机师的忧郁，

两次战争留在额上的红疤痕，

我在铜像的双翅下醒来，

在共济会堂的狮鹫下，

缓慢熄灭雪茄的灰烬。

切·米沃什,《论法的精神》

　　艾丽霞号(S. S. Elysia)是艘小型货船,只有很少几间客舱。[1] 挣扎了十二天,穿过汹涌的大西洋后,乘客们终于可以谈论起幸运了,因为他们在另一艘船上航行的朋友,迷失在了冰山之中。在纽约的码头,社会学家亚历山大·赫兹在等待米沃什,他也是战前广播公司的名人。他热爱美国,热爱其自由和企业家精神。而米沃什的评价却不相同。[2]

　　究竟诗人对他命中注定要去,并经部长级官员签字确认的这个国家知道些什么?大概并不太多。高中时留在他记忆中原始森林的景象,在纽约和华盛顿周围已经找不到了。查理·卓别林。惠特曼。也许是恰好曾在这里的冶金企业工作过的扬卡父亲的故事。从奥斯卡·米沃什的海洋里跑出来的野兽。这种荒谬的感觉，就如以前他在克拉科夫老城广场时，在朱可夫的画像下，看到士兵们唱的"这就是美国，／ 这就是有名的美国，／ 这是一个可爱的国家，／ 地上的天堂"。（《文学库》，页132）假如他被派往巴黎或罗马的大使馆，他的生活境遇将会完全不同。也许他会立即从华沙出发，去自己可以自由沟通，而且在精神上关系紧密的欧洲。而在这里，远隔重洋，他与自己完全陌生的现实环境迎头相撞。

如果你要寻找一个图像来描述他的境况，它看起来可能是这样的：一个人，刚刚挣扎着走过烧毁的城市废墟，他的眼睛闪烁着被屠杀、被施以酷刑和死于衰竭之人的脸，而此时，他降落到这里，子弹未曾触及的，石头峡谷之中，墙上，看到的是四层楼高的香烟广告牌，上面一张年轻人的脸，嘴里喷出真正的烟。在万里无云的天空中盘旋的飞机并不投掷炸弹，而是拉出以"P"开头的彩烟广告，但"P"并不是"和平"（peace），而是"百事可乐"（pepsi）。[3] 下面开过的警车和救护车，警示灯让人误解为华沙的空袭警报。然而这里无人会对战败做出反应，甚至不会用双臂护着头。人们微笑着喝完早晨的牛奶，匆匆忙忙在小店吃完汉堡，然后坐地铁赶着去工作。亲切友善，漠不关心，对新来之人的故事完全不感兴趣。"你可以扪心自问，我们是身在疯子当中，还是身在世界上最理性的人当中；生活是像这里说的这么容易，还是像它表现出来的那么愚蠢"，这不是米沃什的提问，而是两个月之后，另一个抵达纽约的欧洲人，阿尔贝·加缪的疑问。[4] 然而，未来《鼠疫》的作者无法去做出比较，那个必然伴随着波兰诗人的比较：在这个维特凯维奇预言成真的世界里，被"动物化"的人类已经放弃了形而上的欲望。这里我们不打算评判二十世纪中叶的美国文明，我们只是好奇，米沃什是如何看待的："庞大的城市本身便不正常,因为它好像什么都没有发生过一样,没有任何炸弹的碎片,曼哈顿街头的人们,丝毫没有我身体里流动着的、像融化的铅一样的东西。不正常的还有流转来需要处理的荒谬文件,当中有一封是来自苏联阿尔汉格尔斯克劳改营的信,囚犯在波兰的亲戚收到之后寄给了我,请我给他邮寄包裹。[……]橙汁、奶昔和新衬衫是不正常的。同事和领导们不断的谎言是不正常的:我们假装[……]愚蠢和天真。"(《欧洲故土》,页297)

　　米沃什在一九四七年写《酒店大堂沉思录》时,捕捉到了文明的进步和所在国国家教育的可能性,但他却因人际关系的肤浅、历史感的缺乏而烦恼:"我的肌肉为起跳,为内心的起跳而紧张收缩。一成不变的美国处方:'放松,放松就好'①,不起作用。内在的愤怒、反抗、讽刺一直流向放在座位平面的指尖。你想要什么,伙计,说出来? 去吧,点燃世界,咆哮,扫除那些诅咒,而不是放松你的肌肉,不要在午餐后午睡?"[5]两年后,在对哥伦比亚大学的学生们演讲时,米沃什告诉他们,战争的经历,使他在美国的头几个月没能摆脱过去战争的印象,就好像他有一只"几乎是神的眼睛,洞穿了人类欲望的无用和空虚"。[6]对于外界,这种折磨人的体验表现出来并不好:"切斯瓦夫就要崩溃了。你明白吗,看他那圆圆的、不快乐的小眼睛,差不多都模糊了,"扬卡向耶日·安德热耶夫斯基描述道,"一般来说,要是一个人不再想要芝麻蜜糖饼,那他一定是有问题了。"(《战后即刻》,页48)他甚至望着大西洋上里霍博斯湾沙滩上绵延的长腿美女,大喊:"我知道,她们长得像母狗婊子",扬卡给安德热耶夫斯基写信又一次确认,"是的,是真的。看着像是迟钝、固执、软弱的等待公狗的母狗。[……]他没了灵魂,我的大恩人先生,灵魂!!"(同上,页44)

404

---

① 原文为英语,"Relax, just relax"。

在"鸡尾酒会"上平淡无奇的无聊交谈,在剧院和电影院里观众欢乐地陶醉于剧情的时刻,与艺术的接触仅限于报纸上的漫画……

这个数以百万计居民的国家,精神上的贫瘠相当可怕[……]。如果就群体而不是个体来看,只有黑人和印第安人才有活力(创造艺术的能力是生命活力的标志)。[……]美国人靠收音机活着,正常人听两分钟后必呕吐,也还靠电影活着。[……]你也许会说,我过于关注艺术,我是个不正确的学问家。我才不管什么鸟艺术。我指的是其状态、症状,而不是其本身。我指的是那些活着的人,那些感受着和思考着的人,那些尖锐地对待这个世界的人,对他们来说,生命具有生命的价值。这些不幸的美国木偶,像草垛子一样摇动,其内在的痴呆麻木,令人沮丧。(《战后即刻》,页383)

这是米沃什在其中一封信中做的评价。事实上,他应该站在曼哈顿一条街的拐角大声喊:"你们转过身来! 你们把金牛扔掉吧!"但是这种行为不会产生任何效果。正如后来他在翻译艾略特的时候,已经确定了自己将会生活在其中,说道:"那些草垛子人",差不多是有着塑料灵魂的活尸。这些他只写在了大量信件和一首诗《底特律来的人》中,他这样批评美国,按照克朗斯基的建议,是不会去发表的,以免在波兰让人以为,他加入了反资本主义的运动。[7]

"几百万的人,只关心钱。而我不太在意。"(《欧洲故土》,页296)他后来退缩了,补充说,对"资本主义诱惑"不够敏感,是党的上级领导能够信任他的一个特点。毕竟他从小就鄙视"小心谨慎"的价值观,正如他曾承认的,战后"对私有商店、农场和企业的毁灭,我不知道如何从情感上去谴责(并不意味着我会理智地去赞颂),甚至还给我带来施虐的快感"。(同上,页44)过敏般地反感这种"奶牛一样的存在",导致他

有时候得出一些实际上很牵强的结论，比如他试图让安德热耶夫斯基或
图罗维奇相信，他目前置身于一个思想控制方法的完善程度高于苏联的
国家，"像波兰这些国家塑造公共舆论的系统，与美国的完美程度相比，
还是小儿科，安全机构的办法还如同那种十九世纪砸开顽石的时代"
（《战后即刻》，页58），而这里"安全当局的工作方法非常精妙，你根本
看不到，每个公民都有着一份像神学经典一样厚的'档案'"。[8]可事实
上，这个问题应该问，如果成立的话，多大程度上是他提高了自己的判
断，担心信件会被审查，并认为反美的意见可能会改善他在波兰安全部
门的记录，该部门也许不那么精妙，但足够有效。

　　"你们，这些知识分子，你们已经输了。你们想要改变别人的意图
毫无价值。我们赢了，因为我们给了他们想要的，他们读了我们上百万
本书，他们不想要你们，也不会去要你们。"《读者文摘》的编辑弹着雪茄
烟灰对他说。"我想我当时就意识到，我是个普罗米修斯式的浪漫主义
者，被赋予了特殊使命的信念，因为努力要把'吃面包的凡人变成天
使'。这位发出洪亮的沙哑笑声的雪茄男人，猛烈地侮辱了我，因为他
自己不仅抓住了常识，还有着清醒的判断。我还意识到，可惜的是，浪漫
主义的血统把知识分子和共产主义者结合在了一起，而此人的美国不适
合我。"（《猎人的一年》，页158）[9]他还有不多的几处大学飞地：纽约的
格林威治村和米沃什当时刚认识不久的知识分子国际。他终于有机会
见到了托马斯·曼。[10]他与小说家和剧作家桑顿·怀尔德成了朋友，还
认识了在国会图书馆工作的圣-琼·佩斯，认识了左翼但反斯大林主义
的《政治》杂志编辑德怀特·麦克唐纳，认识了《党派评论》的联合创办
人、作家玛丽·麦卡锡。我们今天已经可以说：那个时代的苏珊·桑塔
格，偶尔才会与她的评论家丈夫埃德蒙·威尔逊接触，而与当时的年轻
诗人兰德尔·贾雷尔和罗伯特·洛威尔的接触更为紧密。后面这位，更
是不怕去华盛顿的家里拜访这位"共产主义者"，米沃什还告诉波兰读

者,他们见面时喝过不少红酒:"我攻击了他的诗歌,因为太像我的《三个冬天》。"(《大洲》,页63)[11]

米沃什广泛阅读了福克纳和其他美国作家的书,承认美国有"世界上最好的小说散文,而诗歌=3,戏剧=1"(《战后即刻》,页46),并认为波兰散文家的小说可以毫无伤害地删去一半词句。他经常去看电影,也不拒绝由希区柯克导演,加里·格兰特和英格丽·褒曼主演的《美人计》。扬卡在给安德热耶夫斯基的信中笑话他:"切斯瓦夫这个傻包子,看得太入迷,他让我使劲掐他,他实在再也无法忍受这种情绪了。[……]然后他又说:真傻,怎么会花这么多钱在这种无聊的事情上。"(同上,页50)[12]他还试图了解美国戏剧,结果他很失望,如一九五○年一月他在巴尔的摩观看的《欲望号街车》,他后来指责作者用纯粹野蛮的行为去诱惑和取悦观众:"演出后我不得不喝下两瓶啤酒,才把不愉快的感觉冲淡。"[13]

与在伦敦时相比,他跟当地波兰移民的关系搞得更糟,因为诗人感觉自己在知性上与老一代波兰侨民是完全割裂的。对于最近来的,如威仁斯基或莱宏(他去医院看望过后者),他认为他们还被困在对战前波兰景象的怀旧当中:"他们对这里的任何东西都不感兴趣,什么都不懂,也不试图用诗意的嗅觉去理解,年轻时波兰留下的记忆,对我们来说是非常讨厌和虚伪的,是令人难以置信的死去的和过时的小乡愁。"(《战后即刻》,页141)他肯定是对尤里安·图维姆彼时的艺术形式也有着类似评价,然而与他会面时气氛很热烈,图维姆确定要返回波兰,他甚至很崇拜米沃什的诗歌,在给博莱依沙的信里透露:"我已经很久没有读过像米沃什的《天真的诗》那样美到令人激动的诗作了。以前在波兰我就知道,这是一位多么具有天赋并令人惊奇的诗人。但他的新诗带给我一种爱和春天的眩晕[……]:迷人,坠入爱河,诗意令人感动到发抖。当中积淀了多少的抒情知识和智慧!我觉得米沃什是当今波兰最顶级的诗人。"[14]早在华沙时,这位《波兰之花》的作者就给米沃什寄了一封信感谢他,开头的词句是:"好的,热心的,文雅的,高尚的,正派的,友好的,心爱的,可爱的,善良的,美丽的,伟大天才天赋诗意的,空前绝后致以本人亲切感激的,亲爱的切斯瓦夫先生!"边上还补充道:"请您仁慈地告知《读者百科全书》的编辑,这是一本非常有用、有趣的书,在第七百二十页,在'米老鼠'和'米达斯'之间[原文如此],少了某位波兰诗人的名字……"[15]据说米沃什还坚持,在文学版(一九四八年的第一版做得相当业余)《贝内特读者百科全书》中加入密茨凯维奇的词条,这看起来有点可疑,不过这可能是对图维姆在四分之一世纪后的一首诗的回应:"哦,是的,我不会完全死去,我会被 / 《百科全书》第十四卷所提及 / 周围是成百上千的米勒和米老鼠……"(《诗集 第三辑》,页168)

住在美国"有点像来世的生活"[16],这是米沃什告诉奈拉·米钦斯卡的话。他解释说,他专注于工作,几乎没有社交联系,这同时也有着两方阵营之间正增强的冷战言辞和冷战实践的影响。当时诗人认识的圈子确实相当窄,在纽约领事馆,后来在华盛顿大使馆内的猜疑气氛没能使其人脉圈扩展。米沃什与克萨维里·普鲁申斯基(当时大使馆里的"红色"参赞)共事,然而他没能与之达成更深入的谅解。更近的友谊是与马切伊·诺维茨基[1],杰出的建筑师,刚刚开始其国际职业生涯(与勒·柯布西耶、奥斯卡·尼迈耶等人共同设计了联合国大厦),后终止于一九五〇年——诺维茨基死于一场空难。他与约瑟夫·维特林因共同编纂《密茨凯维奇作品集》而接近。还有亚历山大·扬塔-波乌琴斯基[2],这位诗人兼记者的立场与国内的现实相妥协,他在《文化》上发表的报道作品《我从波兰回来》,激怒了移民社群。在纽约,给予米沃什夫妇最紧密的波兰支撑的是

---

① 马切伊·诺维茨基(Maciej Nowicki, 1910-1950),波兰著名建筑师。

② 亚历山大·扬塔-波乌琴斯基(Aleksander Janta-Połczyński, 1908-1974),波兰散文家、诗人、记者、出版人、翻译家、收藏家。

一小群犹太知识分子,他们在战争开始时成功抵达美国:心理分析师贝霍夫斯基、亚历山大·赫兹和扬卡的老朋友阿涅尔·盖普内尔,华沙商人的女儿,现在是卢茨扬·博罗维克的妻子。据作家后来回忆,他们的家"一向是对我们热情好客的基地"。通过博罗维克夫妇,米沃什结识了纽约公共图书馆斯拉夫收藏部的馆长阿尔弗雷德·伯恩斯坦,他将帮助米沃什组织举办展览和读书活动。米沃什曾写到过他:"一次,我坐在这家图书馆里……他走近我,轻声问我是否知道坐在我旁边的是谁。是克伦斯基,沙皇倒台后第一届俄国政府的总理。"(《米沃什词典》,页79)

社交的诱惑并不大,他仍然专注于工作,只是偶尔在假期时才中断。生活在世界上科技最领先的国家,米沃什在这里寻找着自己顽固的原生本性。为追逐童年的梦想,他去了北方各州,缅因州和佛蒙特州,在荒郊野外野营、骑马、划船,查看海狸,追踪熊和麋鹿的踪迹。他在外部寻找离自己近些的东西、家乡的东西,"美国的树木和植物,散发着森林草甸里干草的气味,柔顺地紧贴着我,使我不再是一个置身其中的外国人"。(《欧洲故土》,页293)大自然至少能让他暂时忘却:在波托马克河的激流之上,就好像家乡的内韦日斯河,处处是鸟儿的欢唱,经历过血腥和个人纠葛的欧洲,离去了。

自然主义者的冒险很快变成这个年轻家庭更为庄重的旅程。一九四七年三月二十九日,在华盛顿加菲尔德纪念医院,米沃什夫妇的第二个儿子经过艰难的剖腹产来到这个世界,起名为安东尼·奥斯卡·扬。[17]诗人告诉伊瓦什凯维奇:"为什么是安东尼?也许是反映了我对小说《月亮升起》主人公的偏爱,也许是因为斯沃尼姆斯基,这种天主教的名字,这名字总比巴尔塔扎或希罗尼姆更好吧,斯拉夫的名字已经够多了。[……]他皮肤很白很粉红,长着浅色头发和蓝眼睛。没有沟通交流,吃、拉屎和睡觉,而且还尖着声哭。各种奇怪的举动。"(《战后即刻》,页142)这个男孩生下来很健康,长得很快("我叫他'心肝'——狗崽子。非常可爱,粉嘟嘟的,又爱笑。这会儿先叫他'普西',也就是小猫"〔同上,页149〕),到一九四七年底,他已经长了四颗牙,会说"爸爸",常从床上掉下来。扬卡,已经不再写电影评论了,要花无数的时间去喂饭、换洗尿布。从此时起,这段时期里的通信中一个不变的主题就是抱怨缺人照顾孩子,不信任来来去去的临时黑人保姆,以及一项原则性的文明错误,这在使馆一位共产党官员的口中听起来特别可笑,说是要废除奴隶制。

米沃什在儿子生下来后很快就写道:"我很好奇,不知道会是怎么样,这是谁。好奇心很折磨我,很想与他讨论萨特,但又害怕。从他的行为举止来看,也许会是一个更好的人,但也可能就是个笨蛋。"[18]很难评估他当父亲的心情,因为按照传统的家庭模式,养育安东尼主要是由扬卡来负责,切斯瓦夫大部分时间都是在阅读和写作的旅途中。闲暇时间,开着贴有"外交人员"标记的雪佛兰,一家人出门去科德角,周围的世界出乎意料地展露出了温柔的景象:"在广阔的,由春天更新了的大地。／ 我的家在一瞬间变成:世界的起点即在其中。"(《诗集　第二辑》,页33)

注释

[1] 感谢扬·杰林斯基提供这艘船的船名信息。

[2] "赫兹爱美国,美国给了他自由,让他没有经历战前的波兰反犹太主义。他赞扬美国宪法,不断宣传将政权分为立法、执法和司法三权分立的稳固性,我并不完全赞同,但也只能小声指责他过于激情澎湃了。"摘自《猎人的一年》,页158。1999年米沃什在克拉科夫也曾介绍过赫兹,后来出版了该讲演内容。见切斯瓦夫·米沃什,《亚历山大·赫兹》(克拉科夫,2000)。

[3] 参切斯瓦夫·米沃什,《纽约笔记》,载《横截面》,1946年第70期。

[4] 摘自阿尔贝·加缪写给雅尼和米歇尔·伽利玛的信,1946年4月20日。见奥利维·托德,《阿尔贝·加缪传》,扬·科尔塔斯译(华沙,2009),页409。

[5] 未出版的草稿《酒店大堂沉思录》(1947)。(拜内克图书馆)值得注意的还有这篇文章中另一段话："绝望中产生的一切,都是我们的独特性。能把'失望的恩典'写入《福音书》吗? 只能肯定一点,失望带来的以及祖国的根基,并不比兴奋更糟糕。"

[6] 米沃什于1949年4月18日在纽约哥伦比亚大学的演讲"解读文学"中的段落。(拜内克图书馆)

[7] 这首诗后来以"无视"为题发表。类似的体会他还曾在未完成的《片段,即爱人们》中提及。该诗以两个年轻人对话的形式展开——一位是刚刚发现身边世界的虚伪的罗伯特,另一位是失望的卓依。卓依问:"为什么你把我拖入这样的困境? / 这并非我愿,是我厌恶的。/ 为什么你会深陷不安? / 我只是一个普通女孩。/ 我想要一个家,孩子们。我想在星期天 / 去公园,躺在绿色的草地上,/ 我不想,生活是其他模样。"(拜内克图书馆)这一定代表了米沃什当时的想法。在完成《道德论》后他给图罗维奇写信说:"我还能再写第二个'论'——色情论,里面写一点儿两个美国年轻人的烦恼。"摘自切斯瓦夫·米沃什写给耶日·图罗维奇的信,1947年9月15日。(耶日·图罗维奇档案室)

[8] 摘自切斯瓦夫·米沃什写给耶日·图罗维奇的信,1947年4月15日。(耶日·图罗维奇档案室)

[9] "作家在这里的角色不一样了,地位也不一样了,这是个非常令人讨厌的二流职业,只有在大学里还能得到一点赞赏。可大学在这里就和世俗的修道院差不多。这不是把诗人捧上天的拉丁美洲。"米沃什在给伊瓦什凯维奇的信中确定地写道,完全不是在玩笑。摘自《战后即刻》,页154。

[10] "我在华盛顿读过他写的关于尼采的文章。我还记得文章诸多细节,还有语气——绝对谴责性地——强调了尼采的梅毒背景,此外就是钦佩和赞扬。大概是1948年的事情。"摘自切斯瓦夫·米沃什写给斯坦尼斯瓦夫·文森兹的信,1959年5月12日。(克拉科夫切斯瓦夫·米沃什档案馆)

[11] 米沃什把这些拜访写进了《猎人的一年》(页286),并将对这位美国艺术家观点的评论性回应整理后写在后来的《致诗人罗伯特·洛威尔》

(《诗集 第五辑》,页 140)一诗中。

[12] 从扬卡的这些信里可以看出她的文学才华、用笔技巧、观察和叙述的能力。遗憾的是,她没有实现所说的与《横截面》杂志的合作:"也许有一天我会开始写一部电影和一部艾勒的影评。我想这么做,但写作实在很折磨人。[……]如果你对我说,要数个小诗用笔磨炼后才能达到流畅写作的话,那我有时候要写点儿什么,因为确实还有些事情可以写一写。"摘自《战后即刻》,页 50。"为什么扬卡不给我们写点儿什么,我们喜欢她的冷幽默。"克朗斯基一家也曾抱怨道。(同上,页 270)

[13] 切斯瓦夫·米沃什,《习惯》,载《弗罗茨瓦夫笔记》,1950 年第 1-2 期。

[14] 尤里安·图维姆写给耶日·博莱依沙的信件复印件,1945 年 12 月 12 日。(拜内克图书馆)彼得·克沃乔夫斯基从《读者》杂志档案中拿到这封信并交给米沃什。

[15] 摘自尤里安·图维姆写给切斯瓦夫·米沃什的信,1949 年 10 月 25 日。(拜内克图书馆)保留原文拼写。

[16] 摘自切斯瓦夫·米沃什和雅尼娜·米沃什写给阿涅拉·米钦斯卡和扬·乌拉托夫斯基的信,信是切斯瓦夫·米沃什写给阿涅拉·米钦斯卡的,1948 年 12 月 17 日。(移民档案,托伦哥白尼大学,扬·乌拉托夫斯基档案)约瑟夫·维特林 1946 年 6 月 29 日写给哈利娜·米钦斯卡的信中展现了这对夫妇的另一面:"我在这儿碰到过许多次切斯瓦夫·米沃什和他的太太。他写的诗和文章非常精彩,人很和善又聪明,但好像——他在新的波兰领事馆里的职位,让他和我的关系——刻意疏远了。"摘自哈利娜·米钦斯卡-凯纳罗娃,《感激不尽》,页 236。

[17] 因此事,米沃什于一年后创作了《诞生》(《诗集 第二辑》,页 34)和《家庭》(《诗集 第二辑》,页 36)两首诗。

[18] 摘自切斯瓦夫·米沃什写给塔德乌什和佐菲亚·布莱扎的信,1947 年 4 月 8 日。(耶日·图罗维奇档案室)

第四十七章 "热衷于做点有用的事"

　　到了美国米沃什才发现,他不是被派往芝加哥,而是在纽约领事馆工作。他和扬卡在麦迪逊广场酒店租下一个房间,但很快就不够用了:"我们都快憋死了[……]后来我们终于搬进了朋友家,租了一套公寓,两个不大的房间,不带家具,价格极高。总得有个地方住吧。我和家人神经高度紧绷。我不知道那边会怎么样,因为那是个顶楼,最高层,太阳直射进来,我们还得弄些家具。好处是有厨房、浴室和电冰箱,这种天气再没有冰箱就没法活了。"[1]这套公寓位于西七十一街 342 号的一栋大楼里,街区很方便,靠近哈德逊河岸,走到中央公园大概十分钟。他们很快就搬到了华盛顿,在五光十色的纽约城后头("我常常去看法国电影和不多的前卫艺术"〔《战后即刻》,页 79〕),这座城市对诗人而言似乎是片沙漠。米沃什夫妇在谢里登街 914 号的一栋典型的美国房子里租下一个两居室的小楼:"带小花园,小安东尼可以与扬卡一起和房东的女儿哈丽特在花园里玩耍,后面就是一条有许多霓虹灯和一家电影院的大街,电影院是夏天唯一凉快的地方,里面有空调。"(同上,页 82)低级别外交官的待遇,只能保障相当简朴的生活,一九四七年夏天,米沃什已是大使馆正式工作人员,能赚五百二十三美元,大使的工资(连同大使基金)要比他高出四倍。扬卡最初在波兰通讯社分社任职,可以补贴家用,但儿子出生后,她不得不放弃这份工作。

在纽约领事馆,《救赎》的作者起步于"文化和新闻处合同制职员"的低微身份,凭借勤奋和强烈进取心,他很快升了职:获得编制,一九四六年十月转调到华盛顿的大使馆,任文化随员一职,并在一九四八年四月一日成为使馆的二等秘书。他还得到了上级的积极评价。一九四八年初,一份通知到了华沙:米沃什"是驻地的一名优秀员工和真正的文化问题专家。他不是典型的公务员,在本职工作上需要控制,否则容易脱离工作轨道。他有很强的沟通和说服能力。政治上还必须加强监督,因为作诗容易偏离实际,但他每天都在进步"。[2] 半年后,领导层表示,米沃什具有"卓而不凡的才智","道德高尚,十分关心政治,是值得信任的",他的工作成果迄今为止"非常好",而且"文学兴趣并没有成为他向杰出外交官发展的阻碍,他须进一步发展和实践自己的组织才能"。

"不必将他拴在办公室的官僚工作当中[……]。让他去创造"[3],这样一个有关米沃什的建议由总部交到了约瑟夫·维涅维奇手里,他于一九四七年初接替奥斯卡·朗格担任大使职务。作为作家的米沃什并不想创造工作上的表现,相反,他精力充沛地在出版、展览和演讲的计划中寻找出路。在这方面,他与当时那些被恐吓、忙于阴谋诡计、写小报告或是梦中做逃跑计划的大多数工作人员不同。真正意识形态意义上的共产党员很少,有些外交官甚至有过类似在底特律工作的塔德乌什·弗雷马尔曾经经历的那种历史,这人在苏联利沃夫,和别的尸体一起被埋葬后,奇迹般地躲过了被处死的命运。其他一些人只是寻找脱离波兰的机会,比如在纽约的领事扬·加莱维奇,他任期结束时,没有回华沙,而是去了乌拉圭,并在那儿"做起了进出口的大买卖,生意风生水起"。

410

（《波兰对话：1979–1998》，页 789）还有，米沃什夫妇认识的扬卡的同事安娜·盖布乌托维奇，她在美国找到了伊格纳齐·希维安茨茨基①，决定留下来。

在领事馆的文化和艺术处，米沃什与刚从波兰过来的作曲家塔德乌什·卡塞林共事。在任期刚开始时，他向安德热耶夫斯基解释说，他希望集中精力"向国内汇报美国的文学、艺术和科学生活"（《战后即刻》，页 34），为波兰机构购买书籍，并做两国出版社之间联系的中介。[4]这些计划很大程度上被证明是幻想，而且作为随员他心里明白，文化开放并不是波兰政治的优先事项。国营出版社可以连续数月不寄发已经订购的书籍和杂志，而美国赠送的书籍，也不会传递到读者手上，只会在国家图书馆库房里落满灰尘，连包装都不曾打开。米沃什所做的工作无法全部列举。他组织安排短片放映会，还有肖邦和席曼诺夫斯基音乐会，参加国际教育重建委员会，组织艾德蒙德·奥斯曼切克②关于"重获土地"美国演讲的一系列会议，举办版画、民间艺术和绘画展览（包括布热佐夫斯基、赛比斯、玛丽亚·雅莱玛、诺沃谢勒斯基、坎托尔、纳赫特-萨姆博尔斯基等艺术家的展览），向国内申请寄来书籍和艺术品的复制品（他强调："只有前卫绘画和前卫雕塑才能在这里引起关注"）[5]以及民间玩具和陶瓷。"真没有别的办法，"他一边无奈地慨叹，一边组织着画展，"哪里展览过像样的儿童画？大使馆还试着推动华沙，要求寄来波兰儿童的战争绘画收藏，表示这些东西将在这里发挥无法估量的作用，结果却只是徒劳。我们使用的作品，还是一九三九年送到纽约展览的，是我们在大使馆的地下室找到的。"[6]他向哥伦比亚大学的学生们讲述"波兰的文化革命和人民民主中

---

① 伊格纳齐·希维安茨茨基（Ignacy Święcicki, 1911–2008），"二战"时担任在英国的波兰空军中尉飞行员，回忆录作者、工程师。

② 艾德蒙德·奥斯曼切克（Edmund Osmańczyk, 1913–1989），波兰作家，《联合国和国际协定百科全书》的作者。

的文学问题"。他在芝加哥艺术学院讲述密茨凯维奇"与人民波兰的联系",他对在马萨诸塞州立学院学习的美国退伍军人讲述有关教育制度的主题。他在华盛顿黑人妇女俱乐部和聋哑人工厂(为他配了手语翻译)介绍波兰。他向做客大使馆的牧师们讲解波兰新教的历史,"形式轻松,穿插大量的历史轶事和笑话"。只可惜已无法知道,当"应一家华盛顿机构邀请,一对身着民族服装的使馆工作人员现场表演波兰民族舞蹈时,如果其中有他的话,他出演了什么角色"……[7]

　　一九四七年八月,米沃什参加了在佛蒙特州布瑞德洛夫(Bread Loaf)举行的一场作家会议,遇见了罗伯特·弗罗斯特等人,他在汇报中强调已经"建立了大量的文学联系,其中包括纽约顶尖的知识分子圈子"。[8]在纽约举行的世界文化和科学和平大会(1949 年 3 月 25 日至 27 日)上,他关照过波兰的代表们,其中包括《锻造》的编辑帕维乌·霍夫曼①、莱昂·克鲁奇科夫斯基②和斯坦尼斯瓦夫·奥索夫斯基③。他与波兰大使馆的刊物《今日波兰》合作,参加致敬帕德莱夫斯基的电台广播节目,调查研究桑顿·怀尔德、约翰·多斯·帕索斯④对波兰进行访问的可能性。尽管由于缺少翻译,无法提供任何波兰的当代戏剧,他还是会见了新建的联合国剧院负责人菲利普·德鲁里。在纽约公共图书馆,他组织了一次书籍和摄影展,大约有两万人观看。[9]还有他自己的诗歌之夜活动,一九四六年四月二十七日举办,主持人是他在美国结识的曼弗雷德·克里德勒。[10]

412

　　他与希望为波兰提供人道主义援助的教友会信徒们合作,并参加了美国犹太代表大会所组织的纪念华沙犹太隔离区起义三周年会议。其中

---

① 帕维乌·霍夫曼(Paweł Hoffman, 1903-1978),共产主义活动家、记者。

② 莱昂·克鲁奇科夫斯基(Leon Kruczkowski, 1900-1962),波兰作家、记者。

③ 斯坦尼斯瓦夫·奥索夫斯基(Stanisław Ossowski, 1897-1963),波兰社会学家。

④ 约翰·多斯·帕索斯(John Dos Passos, 1896-1970),美国小说家、艺术家,主要作品有《三个士兵》《美国三部曲》等。

一次是一九四六年四月十八日在波士顿近郊的多切斯特举办的,特别有意思。在米沃什的正式报告中,我们能读到:"我讲到,在我看来,在解决重建波兰犹太人生活的问题上,现在波兰政府是做得最好的,讲到此处听众鼓起了掌"[11],但《波士顿环球报》的文章显示,这位年轻的外交官同样公开声明说,在华沙起义期间,红军完全出于政治原因没有来支援波兰人,而波兰政府——无论多像傀儡——不得不与"强大的邻国合作"。[12]

他为波兰学生和年轻科学家争取美国奖学金,主要与科希丘什科基金会及其负责人斯泰凡·米耶日瓦合作[13],同时与麻省理工学院和普林斯顿高等研究院合作。后来他敏锐地觉察到:"一部分经国内评选委员会挑选的小姑娘们的到来并没有激发我的热情。只有一种情况,经专门的预审团审查和有关系的人才有机会,而学术条件好的年轻人,如果没有很好的关系,就不能通过评选的筛选,这似乎并非有益。"[14]然而,在报告和备忘录中,有时是批评性的,特别是指出了规定的荒谬:"例如规定食物和衣服可以邮寄,而书籍不行[……]让人很恼火"[15],或是,当他的想法遭遇漠不关心的阻挡时:"我在很有实力的波兰语-英语词典的作者和出版商厄内斯特·利林的帮助下,制订了详细的接待计划。[……]令我感到遗憾的是,尽管大使馆对此事的态度是赞成,但此事在波兰并不被理解。"[16]他没有因为这些失败而生气,对上级也没有完全失去信心,而是重申他的文件和设想:

1. 按照捷克的模式,资助建立一家波兰大学的美国文学系。[……]2. 教育部为美国学生和教师维持奖学金部门并提高这些奖学金的标准。[……]3. 支持波兰学生留学[……]。4. 支持波兰学者访问美国[……]。5. 要求波兰出版商以及文化、文学和科学刊物编辑,将其出版物寄发美国图书馆和科学机构[……]。6. 宣布图书在美国和波兰之间自由流通[……]。7. 取消波兰寄出邮件上的"外汇管制"印章,在这里这是遭人嘲笑的对象,并被解释为审查印章。[17]

最后,他得出了痛苦的结论:

> 波兰的反美态度如果延伸到文化关系问题上,对我们在国外是很不方便的。为什么[……]将某些文化视为禁忌,并在那里鼓吹起妖魔化的元素? 既然从逻辑上理解,国际社会主义经济将会接管整个世界,对此讲英语的国家很难理解。[……]我要提请注意的是,需要采取一些措施来表明波兰人民对美国人民的友好态度。例如,其中一项措施可以是在一所大学当中建立美国文学系。[……]此外,波兰媒体的语气具有强烈的攻击性,[……]删除了对美国比较有利的词语,没有对独立日的纪念活动[……]。在华沙的墙上张贴一对美国旗帜的照片,有时这会比[……]任何其他宣传的效果都好。[18]

他几次回到位于波士顿附近的小镇北安普敦,史密斯学院在这里,战争爆发后来到美国的克里德勒在那里教书。一九四六年六月,他和扬卡在当地的画廊欣赏戈雅、柯罗和毕加索的作品时,一起去拜访过这位教授。后来米沃什又独自前往。讲述《当代欧洲作家的内在体验》的阅读讲座(其中介绍了塔德乌什·鲁哲维奇的诗歌翻译,并反对将捷克斯洛伐克或波兰等这些国家与西方文明分离)[19],但同时,也是为了和他新的女朋友见面。简·杰隆科,波兰移民的女儿,凭借自己的才华和勤奋从底层工人阶级中脱颖而出,毕业于哥伦比亚大学,在顶尖的史密斯学院找到了自己的位置。一段时间里,她是克萨维里·普鲁申斯基的生活伴侣,后来她成为米沃什的情人,米沃什主要以知识智慧、幽默感和讽刺性话语吸引了她。他是这样描述的:

我给她打了电话,她在这个学院里讲有关对乔伊斯、陀思妥耶夫斯基和艾略特艺术的理解课程。我在她身上发现了一些我毫不怀疑的东西。此前,我习惯于把她的波兰出身看作是残余的特征。她是个很智慧的女孩,但我还认为仅限于对英美文学的理解。在这次交谈中,我发现她能够对波兰现代文学做出准确的评判。毒舌般的精准。冷嘲热讽是她很有意思的特点。她很波兰,较少美国化,确切地说,是很华沙,虽然她从来没有去过波兰。必定是出于她抛弃过去的不满足感和想要获得成功的志向。(《大洲》,页68)

简是米沃什在这个时期少数几个可以与之坦诚交谈的人之一,他还通过她了解到了美国的非官方历史,是建立在一代又一代移民的贫穷和奴隶劳动基础上的,并由此成为强国。他们的美国浪漫史很短暂,杰隆科拿到富布赖特奖学金去了法国。诗人于一九五一年在巴黎找到了她,在他出逃之后,两人的关系得到恢复,那时他们的组合主要是为了共同完成一项任务:将《被禁锢的头脑》翻译成英语。

那些年他到处旅行,从华盛顿到加拿大边境,甚至与当初在斯塔维斯科庄园认识的万达·泰拉科夫斯卡一起去了趟加利福尼亚。这位之前提到过的视觉艺术家和木雕艺术家,将艺术生涯奉献给了组织和教育工作,她的激情在于社会的美育。她希望工业产品能够伴有高质量的设计,美学上应植根于民间艺术。似乎在战后的波兰,工业的集中体制和"农民工"的思想意识体系,正是实施她这些计划的理想场所。一九四五年开始,泰拉科夫斯卡在文化部工作,她提出倡议,成立了"生产美学监督办公室"(BNEP)。"BNEP的组织者与本部的会谈已经举行,相同的简写,我们背地里称之为'饥渴情色女郎办公室'[1]。"米沃什的同事、

---

[1] 波兰文中这两个名称首字母缩写都是BNEP。

外交部的博格丹·乌尔巴诺维奇开玩笑说:"泰拉科夫斯卡、斯蒂贝罗娃、希莱杰夫斯卡、乌尔巴诺维奇娃拯救了波兰文化。"[20]一九四八年,万达策划了一个布艺和手工艺品的巡回展览来美国展出。她和米沃什一起在五月和六月之间出发前往加利福尼亚,参观了圣达菲的桃斯印第安村,去了大峡谷和洛杉矶("可悲的地狱,缺乏想象,只有棕榈树,一片空白"〔《战后即刻》,页178〕)。支持这项事业的这位性急的大使馆官员,甚至要找……亨利·米勒。[21]他们在圣巴巴拉附近的洛特斯兰庄园,遇到了伊瓦什凯维奇散文中的女主人公万达·加勒斯卡,她经历非凡——由沙皇时期华沙一个贫穷家庭的女儿,成为加利福尼亚的百万富翁和巴黎香榭丽舍大剧院的老板——足以写成不止一本书。[22]他们与众多的博物馆、美术馆馆长及企业家们见面,按诗人的说法是,他们都表示很感兴趣,要不是华沙官员的怠惰,波兰设计完全可以在世界范围获得成功。[23]而在旧金山时,米沃什还没有预感到,自己将会有近四十年的时间,在自家花园里俯瞰这座城市的全景。此时只有桉树的气味和一种模糊的怪诞感伴随他,这在一首开玩笑的小诗中被成功地记录下来:

> 咆哮的海豹躺着
> 在海洋之上冲浪。
> 群山,海湾,洁白,蔚蓝
> (万达坚持计划至上)。

> [……]

> 记着那气味的苦涩
> 折断的桉树。
> 把它带去波兰

说一说，这里的葡萄美酒。[24]

米沃什回顾了自己在大使馆期间的最大功绩：

> 波兰裔美国人数以百万计，数量可以说是庞大的，同时也是巨大的政治力量，可以推动大学里的斯拉夫研究进行改变，可以不再是现在的样子，现在只是俄罗斯研究。但是，在集体的无能为力、无可奈何之下，又能期待什么呢？哥伦比亚大学的波兰文学系证明，效果微乎其微。俄罗斯语言文学教授西蒙斯[……]，一九四八年找我，希望波兰政府资助成立波兰文学系[……]。他向曼弗雷德·克里德勒提议[……]认为我是支持者。莫哲莱夫斯基[……]明白其中的宣传价值，并获得了所需的款项(在当时很高)，每年一万美元。[……]之前在美国从来没有波兰文学系，现在我做到了。于是地狱解锁了：有好几年，整个波兰侨民的媒体都在高声叫喊共产主义的渗透[……]，尽管他们自己可以资助建立波兰文学系，但脑子里从来没有过这种想法。华沙的补贴结束之后，没几年，波兰文学系就不复存在了。(《猎人的一年》，页178)

然而，哥伦比亚大学亚当·密茨凯维奇波兰文学系创建的历史，却是比较复杂的。

诗人来到美国之初就曾经与纽约大学联系过，他在报告中写道："哥伦比亚大学'波兰圈子'的学生表现出[对现代波兰的]极大兴趣，可惜相关的波兰文学授课教师科尔曼教授对此表示怀疑。"[25]他在大使馆接替了前任职责后，继续提及此事，他与哥伦比亚大学进行的商谈并没有彻底完成。[26]原来维尔诺波兰学者圈的监护人也积极参与了此事。[27]也许并非偶然，米沃什在一九四七年八月应博莱依沙之邀回波兰访问。原来此事已经有了松动,尽管斯拉夫系主任欧内斯特·西蒙斯①显然已决定与波兰外交部领导层,也就是莫哲莱夫斯基进行直接会谈。[28]直到一九四八年五月,才成功达成协议:双方都接受了克里德勒(对美国公众公布的正式说法,是宣布他为哥伦比亚大学波兰文学系主任的候选人),同样,波兰外交部一方确定了拨款的数额,约瑟夫·维涅维奇②大使向大学高层递交了一半金额的支票,即五千美元。

一九四八年六月,大使在报告中强调了米沃什的作用,以及他与西蒙斯和罗曼·雅各布森③的私人关系,后者当时是由捷克斯洛伐克政府拨款建立的哥伦比亚大学托马斯·马萨里克教席的负责人。波兰方面的想法是以密茨凯维奇冠名新机构,并将其成立与庆祝这位诗人诞辰一百五十周年的活动结合起来。维涅维奇大使还要求波兰外交部帮助获取这位作家孙女的贺信,而在当年秋天,大使馆真的收到了玛丽亚·密茨凯维奇的两封信。一封写给艾森豪威尔将军,他同时也是哥伦比亚大学的"校长"。另一封写给克里德勒,其中写道:"我相信,就像一百年前密茨凯维奇本人亲自在贵校法兰西公学院大厅传播波兰文化一样,感谢您的努力,波兰文化当前得以在哥伦比亚大学的大厅里延续传播下去。"[29]

克里德勒原定在九月二十七日发表演讲,但有些波兰小人早就开始破坏生事了。波侨大会向艾森豪威尔正式发报:"我们要求您、总统和哥伦比亚大学监事会拒绝约瑟夫·维涅维奇五千美元的所谓捐款,他是一名当前由苏维埃所控制的波兰政府的代表,[……]因为这一共产主义渗透行为是反美的。"[30]学生们在艾森豪威尔的房子和哥大"哲学楼

---

① 欧内斯特·西蒙斯(Ernest J. Simmons, 1903-1972),美国文学史家。

② 约瑟夫·维涅维奇(Józef Winiewicz, 1905-1984),波兰外交官、记者。

③ 罗曼·雅各布森(Roman Jakobson, 1896-1982),俄罗斯语言学家、文学理论家。

大厅前抗议,举着反对斯拉夫系、克里德勒、西蒙斯和雅各布森的标语"。[31]而波兰侨民的报纸一直在报道有关哥伦比亚大学的共产主义小船,报道有关要让艾森豪威尔进行妥协的阴谋("将军先生完全无过"),和有关"忠于莫斯科的贝鲁特分子提供的犹大美元和贝鲁特分子米沃什的诗歌荣耀"[32],并且呼吁抵制新的哥大波兰文学系。尽管有这些行为,或者说恰恰要感谢这些行为,有三百零五名学生报名参加了第一次课,这是非常好的结果,特别是考虑到此前通常只有十二人去上亚瑟·科尔曼的课,现在他已经在抗议活动下辞职了。[33]该系曾经的成就包括出版近三百页的《密茨凯维奇选集》[34],由克里德勒、约瑟夫·维特林及该书的创意者米沃什共同编撰,米沃什同时还是其中最活跃和要求最高的编撰者。该《选集》的作者中还包括了瓦茨瓦夫·博罗维、切斯瓦夫·兹果热勒斯基和美国资深斯拉夫学家乔治·拉帕尔·诺耶斯。《选集》站在国际视野向读者介绍了《先人祭》作者的创作成就,展示了密茨凯维奇作为诗人的同时,也是一位思想家和政论家,其中还涉及波兰-犹太关系。米沃什作为作者的贡献是历史-传记部分的前言和评论文《密茨凯维奇和现代诗歌》,他在其中强调了密茨凯维奇作品快乐的多相性,以及在浪漫主义和十八世纪古典主义以及欧洲人文主义传统中共通的立足点。然而,到了晚年,这位作家却以一种令人惊讶的客观态度评论道:"骄傲[……]是不应该的,因为在这场吵闹中有着不体面之处。耿直的科尔曼和他的妻子玛丽恩也想要做得好,他们也尝试翻译密茨凯维奇,只不过缺乏'水准'。他们的波兰朋友都是些乡巴佬,根本不知道克里德勒代表着什么。波兰侨民由辛勤的劳动者所组成,他们通常是小村子里出来的文盲,他们脑袋里没有大学,他们根本不知道大学是影响力产生的起点。"波兰文学系成为"阶级的影子:'只有我们,我们这些知识分子,更了解什么才是对你们更好的'"。(《米沃什词典》,页190)

一九五四年底,米沃什还从法国写了封信给曼弗雷德·克里德勒,询问在教授即将退休的情况下,波兰文学系的命运,并直接提出:"您会很生气吗,要是我毫不尴尬地提出做候选人,我有以下优势:**首先**,波兰诗人;**其次**,自由主义者;**第三**,这样的角色安排在政治上的优势,将会有很强的形象效果,例如会在华沙造成什么影响。"他补充说,他认为波兰文学系的任务是"针对正在波兰国内进行的宏大的文学和历史批评工作,创造对立的平衡,他们正在对真相进行极其反常的颠覆,顽固到足以把真理变成谎言。我想,在对这些事情的评价我们的意见是一致的。因此我确信,您会在我的信中读出,我热衷于做点有用的事"。[35] 克里德勒用温暖的语气答复:"这个主意非常好,我,还有西蒙斯都想到了,"但他还有些疑虑,"我们能成功地打破大学的惯例吗,博士学位的要求,特殊的论文,等等? 您会在教育生涯中感到幸福吗?"[36] 惯例可能被打破,诗人对单调的教育工作极为适应。然而,这实现于五年之后,在北美大陆的另一端。

在米沃什写给部里的报告中,佛蒙特州明德学院举办的文学节成了他未完成的一首讽刺诗(在诗中他列数了美国诗人的自怜倾向和该国的反文化主义)[37] 和一篇内容广泛的文章(刊于《复兴》杂志)的焦点。他在其中分享了他提醒一位年轻艺术家的有趣说辞:"诗人必须要有颗炽热的心。你迷失在感觉的不确定性中了。"(《大洲》,页 142)此时,你可以看到米沃什是如何紧密地将"工作"任务与热衷于发表文章结合在一起的。不太愉快的例子是《横截面》上的文章,他严厉地评论移民("这是些可怜的人,充斥着虚荣、绝望和怀旧。没有计划,除了希望爆发核战争[……]。五年、十年之后,他们将变为出土文物"),以及他所写的访问博尔-科莫罗夫斯基记:"一个骑兵军官心智的小男人,我们这里很少会认为这种心智具有哲学深度[……]。的确,[……]他是起义

418

领袖,成千上万优秀的男女青年在起义中丧生,更不用说平民大众了,实在骇人听闻。"[38]然而必须承认,这种惯常的语气,是与他的真实信念一致的,放在这些文章里就显得特别轻描淡写。更重要的是,他小心翼翼地避免公开对美国做出明显批评性的评价,作为一名报道者表现出很是轻描淡写的语气,而他当时在国内发表的文章,给波兰读者带来了美国文化的可靠信息,并反对任何关于模式化套路的看法。

米沃什在《创造》《复兴》和伊瓦什凯维奇主编的《文学新闻》上发表了许多内容广泛的通讯和笔记,全都可以用其中一篇文章的标题来概括:"来自美国人当中的报道"。[39]他在欧洲文学中解释艾略特和奥登的意义,介绍约翰·西阿弟或是罗伯特·洛威尔。他写到福克纳的作品时,赞叹不已,还力推海明威、诺曼·梅勒和亨利·米勒的书。他分享对美国电影的感受(包括迪士尼的《幻想曲》和《小飞象》的故事),认为美国电影包括好莱坞"梦工厂"的机制,结合了道德说教的意图[40],可他认为欧洲电影的水平更高是毋庸置疑的,例如令人震惊的意大利影片《罗马,不设防的城市》。他惊讶于本来挂满"过往大师们"画作的博物馆竟转向了抽象绘画,但同时又为波兰艺术辩护,反对天真地去理解现实主义,预测未来是"创新者们胜利的时刻和实验艺术灭火者耻辱的时刻,即使他们看起来最清醒且合乎逻辑"。[41]他翻译了很多作品,意图明确,想给日益灰暗的波兰诗歌注入些颜色。他翻译了《奥赛罗》,译介了惠特曼、卡明斯和卡尔·桑德堡的诗,以及一些黑人诗人和**黑人灵歌**,这肯定不是没有战术意图的。翻译英语的同时,他还将厄瓜多尔诗人乔奇·卡雷拉·安德拉德、西班牙的费德里科·加西亚·洛尔迦和智利的巴勃罗·聂鲁达的诗歌翻译为波兰文。[42]他本人也认识聂鲁达,事实上却评价一般,但他认为,像《三支物质的歌》(*Tres Cantos Materiales*)这样的诗歌,与社会现实主义的模式不一样,可能由于聂鲁达与共产主义的关联,所以得到了人民政权的准许,这对波兰作家是一种拯救。中国革命诗歌的许多例子,其实也必然是政治的颂歌,其中之一是应《创造》杂志的亚当·瓦岑克请求而翻译的一首毛泽东的诗。[43]

米沃什同样参与了国内的文学生活,也经常以批评家的身份发表意见。他不断为伊瓦什凯维奇的诗歌在"进步"和"现实主义"方面的不足进行辩护[44],在为亚当·瓦岑克编辑出版的法国诗歌选集所写的序言里,他带着距离感去谈论马克思主义精神[45],并在已经十分困难的一九五〇年,公开批评推行社会主义现实主义的后果。他讽刺道:"年轻人[……]自己知道应该成为现实主义者。如何来表明呢? 戴上工人的劳动帽,从牙齿缝喷吐口水,行为举止变得粗野,变为彪形大汉。"徒劳地将"野蛮嫁接于先锋派的成熟思想的树桩子上"是缺乏纪律和缺乏对文字、逻辑和理性尊重的结果。若想要"唯一正确"的内容,"诗歌价值的标准就仅在于作者的意图"。与此同时,"意图是一件好事,但任何与顽固的内容作斗争的人,都知道意图与实现意图之间的距离"[46],他总结时一定是带着绝望的感觉,不得不去解释这些显而易见的事情。就在一年之前,他已经在《祝酒辞》中清楚地写道:

> 今天波兰的诗歌真是特别单薄。
> 闻起来,像调制了煤炭的伏特加。
> 读着各种诗文,我不住地脸红,
> 因为年轻一代的诗人实在差劲
> 他们已经,解脱了诚实劳动的光荣。
> 还是去当篱笆栅栏吧,这些诗人,
> 不如庆幸,已经长成大笨牛一群
> 有着政治的头脑,既乖巧又虔诚。

(《诗集 第二辑》,页 115)

420　　　他经常熬夜，后半夜两点前后结束写作，也就难怪次日开车冲去上班，一路咒骂红灯也难免迟到，参加不了早上的简报会。尽管他忠于职守，可是在办公桌后花掉的时间还是会让他难受，他盼着午餐的休息时间，以便把时间泡在康涅狄格大道上的怀特书店里[47]，大概就是在这样的间隙，他在写给伊瓦什凯维奇的信里说，发现了一个定式："再也没有比整天打电话、写回信更无聊的事情了。"(《战后即刻》，页53)

注释

[1]　摘自切斯瓦夫·米沃什写给亚历山大·米沃什的信，无确切日期(约1946年)，收录于切斯瓦夫·米沃什，《家书》，载《艺术季刊》，2008年第3期。

[2]　切斯瓦夫·米沃什人事档案，外交部档案馆。

[3]　约瑟夫·维涅维奇，《漫长人生路的回忆》(波兹南，1985)，页428。米沃什作为外交部员工的职责被玛丽亚·奇海茨卡记录在《切斯瓦夫·米沃什在美国的外交礼遇》(波兹南，2005)一文中。在此感谢米科瓦伊·莫日茨基-马尔科夫斯基帮助研究外交部档案并将我切斯瓦夫·米沃什写给阿尔伯特·爱因斯坦的信件复印件转交给我。

[4]　在"1946年2月7日-3月30日期间文化和艺术处履职报告——切斯瓦夫·米沃什随员"中记录："我为自己设立了如下目标：1.收集本地美国人和波兰人关于重建国内文化和艺术生活的信息；2.为波兰提供文化领域的宣传材料；3.为国内提供美国文化、艺术和科学生活信息。"(外交部档案室，Z21，W87，T1186号)

[5]　"1947年7月1日-7月31日波兰共和国驻华盛顿大使馆文化随员工作报告，文化随员报"。(外交部档案室，Z21，W86，T1171号)

[6]　切斯瓦夫·米沃什的报告，1947年8月2日。(外交部档案室，Z6，W87，T1362，K31-43号)

[7]　同上。

[8]　切斯瓦夫·米沃什出差布瑞德洛夫参加作家会议的报告，1947年8月

13 日-28 日,华盛顿,1947 年。(外交部档案室,Z6,W88,T1375,K558-560 号)

[9] 参"1947 年 6 月 1 日-7 月 1 日波兰驻华盛顿大使馆文化随员切斯瓦夫·米沃什工作报告"。(外交部档案室,Z21,W86,T1171 号)

[10] 此前米沃什在给克里德勒的信中提及此事,他强调说,他的讲话中不存在任何政治色彩,"因为我只是谈到了波兰文化,并解释了国内作家和移民作家在心态上存在诸多不同,而这些不同点并非政治上的。在这里我能有公务员的身份,我觉得是非常不公平的。那些和我一样的人,如果还都留在波兰,他们会为我是个非共产主义作家而鼓掌,如果在这里就会把我的一举一动都当作莫斯科某个魔鬼部门的部署,而我只要还是个作家,就不在乎政府的头衔"。摘自切斯瓦夫·米沃什,《"我的维尔诺守护者":致曼弗雷德·克里德勒的信(1946-1955)》,页 19。此外,这次见面会的观众构成也反映出米沃什与当时纽约的波兰人圈子的关系:"我的作品会[……]只有波兰犹太人来参加。"摘自切斯瓦夫·米沃什,《亚历山大·赫兹》,页 17。

[11] "阶段履职报告,1946 年 4 月,文化随员切斯瓦夫·米沃什"。(外交部档案室,Z21,W87,T1186 号)在外交部档案中还保存着一幅宣传此次会议的海报。

[12] "切斯瓦夫·米沃什,新波兰政权的领事官员,昨天在派克大厦举行的新闻发布会上称,俄罗斯由于政治原因拒绝在华沙起义期间接管波兰。昨晚,米沃什在多切斯特的贝司·希勒尔会堂举行的纪念华沙难民营起义三周年活动上对超过一千名参与者说,他无法解释俄罗斯选择这一立场的原因。这位刚到美国两个月的外交官否认新的波兰共和国是'傀儡政府'。他总结说:'它是独立的。但如果波兰受到俄罗斯的影响,那就完全可以理解,要与我们如此强大的邻国相处,这样的合作是必要的。'"摘自《波兰官员否认新政权是"傀儡"》,载《波士顿环球报》,1946 年 4 月 19 日。(拜内克图书馆)

[13] "后来米耶日瓦因与我合作遭到波兰媒体的强烈抨击。"摘自"波兰共和国驻华盛顿大使馆文化随员切斯瓦夫·米沃什 1946 年 11 月 1 日-12 月 1 日工作报告"。(外交部档案室,Z21,W86,T1171 号)

[14]"波兰共和国驻华盛顿大使馆文化随员切斯瓦夫·米沃什1947年5月1日-5月31日工作报告"。(外交部档案室,Z21,W86,T1171号)

[15]"我方美国站点文化随员工作注意事项,切斯瓦夫·米沃什,纽约总领馆,1946年4月6日"。(外交部档案室,Z21,W87,T1186号)

[16]"1946年8月1日-9月1日工作报告——使馆文化随员,切斯瓦夫·米沃什"。(外交部档案室,Z21,W87,T1186号)

[17]"波兰共和国驻华盛顿大使馆文化随员切斯瓦夫·米沃什1947年1月工作报告"。(外交部档案室,Z6,W87,T1362号)

[18]"波兰共和国驻华盛顿大使馆文化随员1947年7月1日-7月31日工作报告,文化随员撰"。(外交部档案室,Z21,W86,T1171号)米沃什在此期间在《复兴》杂志上发表了文章《独立日》(《复兴》,1947年第29期),文中回顾了万杰尔斯基和涅姆柴维奇的话,并反思了自己这一类型的社会本能,并由此解释了美国获得独立后并未分裂成诸多独立国家的原因。

[19]该讲座以"在一个美国人眼中"开篇。(拜内克图书馆,米沃什档案)

[20]博格丹·乌尔巴诺维奇,《万达的一代人》,载《波兰民间艺术》,1988年第3期。米沃什的中学同学乌尔巴诺维奇1945年从战俘营返回波兰,不久后成为文化艺术部艺术局局长。在他的档案中保存着米沃什的信件。其中一封1942年2月5日从穆尔瑙寄给米沃什的信中写道:"我工作和学习,和所有在华沙的人一样。[……]我感觉很好,积极地打垮了自己的坏状态。我乐于看到你在研究西诺莱利的画——他是令人震惊的画家。"在乌尔巴诺维奇的回忆录中(《路径与相见》,1988,打印稿)也提到过米沃什的信件:"1950年[……]我收到一封华盛顿来的信。'当然是我给你寄来了沙恩和霍珀的画。我认为,它们对你有用。[……]波兰绘画让我伤心。非常局促,尤其是形式(块状)和颜色。所有绘画的基础,在我看来应该是细节的呈现。但模仿库尔贝是拙劣的,模仿克利和马蒂斯也很糟[……]。我个人欣赏不了模块化的'艺术'……我不喜欢蜡像馆;我根本不喜欢虚无主义,无论它以什么形式体现……我赞赏纯粹的艺术——垃圾只会让我惊颤。"(博格丹·塔德乌什·乌尔巴诺维奇档案,波兰科学院

艺术研究所,特别收藏,索引号:1604)

[21] "我收到了一封电报,落款是一个叫切斯瓦夫·米沃什的人——好像是已故诗人的侄子。后来我又收到一封信,和奥斯卡·米沃什没有一点关系;他提到了华沙艺术画廊的经理要来拜访。相互通信的结果就好像一杯冰凉的水浇在我的头上,浇灭了我对文学诗人的想法。"亨利·米勒,《大苏尔和耶罗尼米斯·博斯的橙子》,罗伯特·苏杜乌译(华沙,2003),页215。另参:"《圣约翰启示录破译版》是一本非常罕见的藏书,我再次见到书中的内容是在奥斯卡·米沃什过世多年之后,在1952年[……]。我先是在小餐馆里偶遇了亨利·米勒,我很惊讶地听到他说,他找这本书很久了。我向他保证给他一本复印件[……]。我没有履行承诺,为此米勒诋毁我。为什么我没履行呢? 这只是一闪而过的念头,但我想,肯定有更深层次的原因[……],我的抵触有某种宗教性格使然——我并不认同米勒的任何一部作品。"摘自《从我的街道开始》,页32。

[22] 其实是见了甘纳·瓦尔斯卡。参《战后即刻》,页205。加勒斯卡在《诗论》中也有出现:"俄国军士带走了铁路工人的女儿。/ 在耶利沙维特格勒把她变成了公爵夫人。"(《诗集 第二辑》,页187)在切斯瓦夫·米沃什的档案里收藏有各种规格的印着"加勒斯卡夫人"的名帖和手写的"万达"字条,还有寄语,女主人希望能有机会再次在自己家招待诗人。(拜内克图书馆)"我很害怕,迷恋米沃什的瓦尔斯卡会不会迷惑他成为自己第七任丈夫。她的家族的全部希望啊。她的眼睛都没有离开过他。"泰拉科夫斯卡在给伊瓦什凯维奇的信中调侃道。(《战后即刻》,页181)

[23] 至少在为《文学新闻》撰写的文章中,他自己也表现得很高兴:"我非常荣幸能欣赏到美学生产监督办公室的照片和样片[……]伟大的艺术作品中每一种要素都在此呈现了出来:民间传统的基础、大胆的形式和预期的动机。如果举行艺术工业奥运会的话,波兰也许能拿第一名,[……]比体育强多了。"摘自切斯瓦夫·米沃什,《美国笔记》,载《文学新闻》,1948年4月11日。"我只是希望,您能明白,这些是很难的事,无法用决斗和荣誉解决,而只有凭这样的作品,才有可能。您看,X机构的命运就在于我能不能在美国为它组织相当数量的

作品展,因为只有证明这个机构的作品有宣传价值,它在华沙才能生存下去,不被解散。"米沃什写给望科维奇的信中解释道,无确切日期(约1952年),可能他指的就是美学生产监督办公室。见《望科维奇和米沃什的书信亮点》,载《创造》,1981年第10期。

[24]《切斯瓦夫·米沃什的诗被写进万达·泰拉科夫斯卡的纪念册》,载《波兰民间艺术》,1988年第3期。由手工工艺转为大规模生产后并无出路,因为一点儿乌托邦式的理念,民间艺术和工艺中心保留了下来,而美学生产监督办公室则被改制为工业设计院,并由泰拉科夫斯卡担任副院长。她负责教学、写书,越来越孤独——激情退却,生活索然。她死于1985年。米沃什为她写过一首诗,在诗中思考瞬息万变和死亡的必然:"这即是衰老。你还能想起 / 我们去旧金山的那次旅程吗? / 我们两个对它可是满怀期待。// 奖章和贡献十字勋章,又能如何? / 当你陷入自己的挫败中, / 孤独,不被需要,还有茫然。"(《诗集　第五辑》,页56-57)

[25]"1946年2月7日-3月30日期间文化艺术处履职报告——切斯瓦夫·米沃什随员"。(外交部档案室,Z21,W87,T1186号)

[26]参"切斯瓦夫·米沃什工作报告",1947年6月15日。(外交部档案室,Z21,W86,T1171,K561-563号)

[27]"以前我曾试图弄清楚,教授您提到的哥伦比亚大学一事到底情况如何",摘自切斯瓦夫·米沃什写给曼弗雷德·克里德勒的信,无确切日期(早于1947年3月7日),收录于切斯瓦夫·米沃什,《"我的维尔诺守护者":致曼弗雷德·克里德勒的信(1946-1955)》,页30。

[28]"哥伦比亚大学斯拉夫系主任西蒙斯教授在波兰讨论了此事",切斯瓦夫·米沃什的报告,1947年11月。(外交部档案室,Z21,W86,T1171号)

[29]摘自切斯瓦夫·米沃什,《"我的维尔诺守护者":致曼弗雷德·克里德勒的信(1946-1955)》,页10。

[30]维涅维奇大使的报告,1948年6月12日。(外交部档案室,Z6,W90,T1399,K18-23号)

［31］切斯瓦夫·米沃什的报告，1948 年 9 月 30 日。（外交部档案室，Z6，W90，T1399，K6–9 号）

［32］波兰人会为米沃什记住这段故事，但暂时——如米沃什后来回忆的那样——"送往华沙的简报很好地反映了我在那边的声望"。摘自《米沃什词典》，页 190。

［33］后来教学开展得很顺利，学生人数达到二十五人到三十人，如果把全部斯拉夫文学的学生都算上，差不多五十人左右。克里德勒的学生包括维克多·埃里希、凯瑟琳·福尔和奥尔加·舍雷尔。教授死后不久，大学管理层关闭了该学科。

［34］亚当·密茨凯维奇，《波兰诗人》，曼弗雷德·克里德勒编（纽约，1951）。

［35］切斯瓦夫·米沃什，《"我的维尔诺守护者"：致曼弗雷德·克里德勒的信（1946–1955）》，页 61。

［36］同上，页 64。

［37］"那些，国家给予你们的一切 ／ 如从手中掉落的神秘玫瑰 ／ 失去了身份，成群的异教徒 ／ 这就是美国，我爱美国。／ 因为这次是流着奶的文明 ／ 才是人类的目标"。（拜内克图书馆）

［38］切斯瓦夫·米沃什，《纽约的波兰》，载《横截面》，1946 年第 66 期。

［39］拜内克图书馆保留着这本关于美国的散文集的设计图（于 1947 年设计）。

［40］参切斯瓦夫·米沃什，《谈谈几部电影》，载《锻造》，1946 年第 20 期。另参 Jan M. Nowak（切斯瓦夫·米沃什的笔名），《美国生活》，载《复兴》，1947 年第 30 期。

［41］切斯瓦夫·米沃什，《抽象与搜索》，载《复兴》，1945 年第 7 期。

［42］当诗人与波兰政府决裂时，聂鲁达把他写成"美帝国主义的间谍"。"后来，在 1966 年的波兰笔会大会上，他向我道了歉。"米沃什补充说。摘自切斯瓦夫·米沃什，《从做翻译开始》，载《文学笔记本》，第 64 期。

［43］米沃什从《白马传：从古至今中国诗歌选集》（罗伯特·佩恩编，纽约，1947）中挑选出这些诗，并从英文翻译过来。（拜内克图书馆）1950 年 5 月 30 日亚当·瓦岑克的来信中，瓦岑克确认收到了翻译稿并要求米沃什翻译毛泽东的作品。

［44］参切斯瓦夫·米沃什，《书评，即别人的赞美》，载《复兴》，1948 年第 4 期。

［45］参切斯瓦夫·米沃什，《波法诗歌》，载《复兴》，1947 年第 37 期。

［46］切斯瓦夫·米沃什，《谈波兰诗歌现状》，载《锻造》，1950 年第 3 期。

［47］这段时间在相当安静的家庭环境中，他阅读了《浮士德博士的悲剧》和阿里斯托芬的喜剧，研究了帕斯捷尔纳克翻译的莎士比亚作品。他买了一部录音机，听了很多音乐。他向伊瓦什凯维奇吐露说："你肯定不会高看我的音乐素养，确实如此。但这音乐打动了我。"（《战后即刻》，页 209）但可惜的是，他并未提及作曲家和作品的名称。

第四十八章　开源情报

"我们不要暴政[……],要是把工业国有化,把一切都集中到国家
手里,那么,哪里还会有自由的痕迹呢? 国家将成为公民生死的主宰。"
(《大洲》,页143)在佛蒙特州布瑞德洛夫大会上,一名与会者向米沃什
这样解释道,说波兰的审查制度漏掉了报告的这一部分,令其极为惊讶。
更常见的情况往往是这样的,就如写给马图舍夫斯基的信中可以看出:
"谢谢您提供了关于这篇文章的信息[……]。我不同意阉割这篇文章
[……]。我把它当作是外交信息的报告。总的来说,我喜欢给外交部
写报告,因为在陈述情况时他们能给予更多自由。"(《战后即刻》,
页404)这些发给部里的报告常常超出大使馆组织的展览活动的范围。
有时诗人也会对美国的政治局势或移民社群社会风气进行分析,他的活
动接近于所谓的开源情报工作。

第一批发往华沙的文件中有一份描述了他所接触的群体,将他们分
为自己认识的美国人和老移民(较低的思想水平,较差的政治和经济能
力),更有意思的还有来自波兰的年轻美国人,即新移民:他们"是波兰
政府天然的敌人,然而[……]在这个阵营的内部,可以观察到某些反对

派"。他利用与朋友们的私人交往来描述他们对"新"波兰的态度：

尤里安·图维姆：他对波兰的社会变革事务充满热情，即将返回波兰。他对我很真诚。他给我的印象是个有严重的神经疾病，濒临受迫害妄想症的人。他和美国人几乎没有任何联系，也没有给美国媒体写过文章，是波侨眼里的老鼠。他住在纽约市，却像身居荒岛，沉迷于普希金。

约瑟夫·维特林：维特林，像所有移民中的知识分子一样，对波兰出版的文学作品有着极为深刻的印象。他认为这些出版物水平很高，对国内作家的创作很感兴趣。他曾表示希望把自己的作品寄给国内刊物。但他有些担心和害怕。他政治上没有决断，一方面他一直与莱宏团体保持联系，但另一方面，他十分赞赏国内所取得的进步成就。因此他是一个有着真诚民主信念的人。[……]

亚历山大·扬塔-波乌琴斯基：政治上与对立阵营联系，但与他可以进行实质性的讨论，他接受波兰进行的社会改革。他表示想去波兰，并询问可否去上一段时间[……]。他在美国扎下根，在印度也有很多关系。他对在波兰出版自己的书很感兴趣：《我曾为生存而欺骗》[……]。其推出的作品发行量之多、销售之快，令文学界印象深刻。

曼弗雷德·克里德勒：他向本地的民主党同事们表述自己的立场，称自己一直期待回国，并且自己的回归取决于国家政治局势的发展。他害怕自己讲授波兰文学史课程的方式会使其承受压力。对与国家的文化合作十分友好[……]。

安东尼·马尔钦斯基：他发动了一场与移民复兴运动的战争。只要他是《天主教指南报》的编辑，该报就会是为数不多的客观而友好地介绍波兰的媒体之一。他在与我和卡塞林先生进行的长谈

中,提出了一系列的宣传设想,但我们认为都与大使馆的指示相悖
(用波兰文出版该报刊的想法)。[1]

在一份带有"绝密"字样的文件中,米沃什描述了与亚当·罗尼凯
尔①的谈话,以及这位移民政治家对梵蒂冈军队组织、马歇尔计划的意
义以及艾森豪威尔未来角色的看法。[2]米沃什还单独分析了艾森豪威尔
在美国政治生活中所起的作用,以及他在哥伦比亚大学成立密茨凯维奇
波兰文学系一事中的情况,认为其地位可能因此受到削弱,此事可以被
解释为他对亲苏同情心的屈服。[3]他曾报告博尔-科莫罗夫斯基对美国
开展访问,并提请注意波兰正在出现的反犹现象:"在波兰发生大屠杀
的这一消息,使得我们现在成为反犹太主义的头号恐怖国家,使得我们
讨论希特勒暴行的权利被剥夺了。我们的反德宣传正在失去可信度,我
个人确信,凯尔采事件②之后,我很难再像今年春天那样发表涉及德国
人对欧洲犹太人的兽行以及波兰政府对犹太人态度的演讲。"[4]

值得强调的是米沃什的正直,他不会像很多官员那样只想着向上级
报告那些与他们期望相符的事实。诗人自己提及,这一点在华沙给他带
来了很好的评价,在华沙他被视为可靠信息的提供者:他根据阅读《纽
约时报》《纽约先驱论坛报》或《时代周刊》而写的报告和他自己的观察,
提供了一个与美国共产党人传达给欧洲的意见相比更为客观的画面。
这位波兰随员对美国共产党人的意见相当怀疑:"在美国的生活中,他
们根本不起作用","他们很大一部分是农民共产主义者,更接近于普通
老百姓,持有亲俄态度,却完全不了解苏联的艰难生活条件"。[5]他引用
诗句掩饰自己,指出美国人对波兰有"兴趣",但同样也怀有"某种敌意,

423

①　亚当·罗尼凯尔(Adam Ronikier, 1881-1952),波兰保守派政治家。
②　1946年7月,波兰凯尔采发生了一场影响深远的排犹暴动,四十二名犹太人被杀害。

他们受到新闻报道的蛊惑,认为这里实行极权主义"[6],而他在一九四六年秋天直言不讳地报告说:"知识分子群体当中对于俄国的同情同样也明显减少了",他分析了这一现象的原因,认为是"反苏"书籍的效应,例如奥威尔的《动物庄园》等。[7]

米沃什详细描述了左翼的世界文化和科学和平大会(1949 年3 月25 日至 27 日,纽约)[8]的进程,认为"这是共产党人与华莱士①所在的自由党人联合阵线、同情者(如爱因斯坦和托马斯·曼)、与美国国务院中执不同政见者,以及反共组织和对斯大林主义不满的'托洛茨基分子'所组织的抗议活动"。他还提出要非常关注苏联代表团成员的发言,并且他保留了一个秘密,即他对从苏联被短暂放出来的德米特里·肖斯塔科维奇感受的真实想法。他认为肖斯塔科维奇并"没有充分利用他每次出场所引发的狂热激情。他的介绍很枯燥,好像是一个好学生写出来的。尽管他说了很多关于形式主义和现实主义的好话(这不是他自己的语言,只是党的官方声明),但他本可以通过使自己的讲话更具有个性来获得更多。他给人留下的印象像是一台机器"。在这些工作成绩中,最严肃的是一份秘密报告,分析亨利·华莱士的竞选机会,他是罗斯福的前同事,一九四一年至一九四五年曾担任副总统,一九四八年作为总统候选人在选举前获得了共产党的支持。[9]在波兰外交部总部中心,人们认为,这个机会是相当大的,而米沃什的报告却完全是另一种声音。米沃什指出,苏联在美国的民意当中非常糟糕,这也影响到"美国人计算出'奴役劳工营'里的人数为一千万到两千万"。米沃什提出了这项信息,并警告说:"我认为减轻那些报告的影响,违背了当前表达真实情

_____

① 亨利·华莱士(Henry Agard Wallace,1888-1965),美国政治家,代表新政民主党人的平民哲学,认为美国与苏联的对抗是危险的鹰派做法,1948 以进步党候选人身份竞选总统,提出与苏联更紧密地合作。

绪的原则。"在最后的结论中,他简短地肯定说"华莱士的机会微乎其微"。果然,哈里·杜鲁门获得了选举的胜利。

　　出于对政治的兴趣和知识分子的独立性,米沃什并没有屈尊在高层推荐的《大众与主流》上刊登文章。米沃什结识了一个群体,是苏联和波兰的大使馆都不喜欢的,他不能暴露其中的熟人。纽约的左派,对上述世界和平会议进行了抵制,并在哲学家和极端托洛茨基分子希尼·胡克的领导下,组织了反对上述大会的文化自由大会。参与组织的其中一人是《政治》杂志的小编辑德怀特·麦克唐纳,他是关键人物,曾是《党派评论》的联合创办人,直到今天,他还在美国的知识界发挥着重要作用。四十年代后半期,该刊对资本主义持批判立场,但同样对苏联不抱幻想。在他的版面上讨论着社会主义,还包括知识分子与宗教的关系,采用的作者包括亚瑟·库斯勒、乔治·奥威尔、让-保罗·萨特、阿尔贝·加缪、索尔·贝娄、玛丽·麦卡锡和尼古拉·乔洛蒙蒂。一九四四至一九四九年,麦克唐纳本人出版了自己的刊物《政治》,米沃什说"自己的大部分政治学教育来源于他"(《米沃什词典》,页 204),并且曾经拜访过刊物编辑部。该月刊(后改为季刊)发表了贝特尔海姆[①]、马克斯·韦伯、卡尔·雅斯贝尔斯、伊格纳奇奥·西隆[②]和丹尼尔·贝尔[③]等人的文章。这是一所优秀知识分子的学校,涵盖了丰富的课题:从"美国生活方式"和大众文化,到黑人社区和同性恋者的社会境遇,战争给

---

　　①　布鲁诺·贝特尔海姆(Bruno Bettelheim, 1903-1990),出生于奥地利的美国心理学家、作家,大部分学术和临床生涯都在美国度过。他的主要研究为儿童自闭症和弗洛伊德精神分析学等。

　　②　伊格纳奇奥·西隆(Ignazio Silone, 1900-1978),意大利政治家、小说家。

　　③　丹尼尔·贝尔(Daniel Bell, 1919-2011),美国社会学家、编辑和哈佛大学教授,因对后工业社会的研究而知名,代表作有《意识形态的终结》《后工业时代的来临》和《资本主义文化矛盾》。

道德和艺术带来的后果,核武器的使用及苏联在华沙起义的作为,及其在共产党接管波兰政权中的行为。多亏他,米沃什认识了乔洛蒙蒂,知道了西蒙娜·薇依,她关于《伊利亚特》的文章刊登在《政治》上,由玛丽·麦卡锡翻译。在冷战的政治舞台上,这个知识分子小群体在寻找"第三条道路",他们无疑是米沃什靠得最近的。当他在法国发现自己成为一个逃犯、"进步阵营"的叛徒时,正是这些知识分子和胡克设立的文化自由大会,帮助他渡过了危机。

注释

[1]"1946年2月7日–3月30日期间文化和艺术处履职报告——切斯瓦夫·米沃什随员"。(外交部档案室,Z21,W87,T1186号)

[2]切斯瓦夫·米沃什关于1947年12月23日与亚当·罗尼凯尔会面的报告。(外交部档案室,Z6,W86,T1351号)

[3]"如果非美活动委员会[……]拓展大学活动,就哥伦比亚大学而言可能要属建立密茨凯维奇学院了。如果拓展都取得了成功[……]艾森豪威尔的地位[……]也许会受到严重损害。其他人会问,挺艾森豪威尔的圈子,会让此事发生吗。在此很难预测。相对于美国大量的团体和利益对峙游戏来说,非美活动委员会的独立性很大。另外该委员会好像非常缺少轰动的题材。"摘自切斯瓦夫·米沃什的报告,1948年9月10日。(外交部档案室,Z21,W83,T1129号;外交部档案室,Z6,W90,T1399,K2–5号)

[4]切斯瓦夫·米沃什,"1946年6月1日–7月15日纽约总领馆业务开展中的思想动态报告"。(外交部档案室,Z21,W87,T1182号)

[5]切斯瓦夫·米沃什,"1946年8月1日–9月1日波兰共和国纽约总领馆业务情况报告"。(外交部档案室,Z21,W87,T1182号)

[6]切斯瓦夫·米沃什,文化艺术事务随员,"1946年4月1日–5月15日纽约总领馆业务开展中的思想动态报告"。(外交部档案室,Z21,W87,T1182号)

[7]切斯瓦夫·米沃什,"1946年8月1日–9月1日波兰共和国纽约总领

馆业务情况报告"。(外交部档案室,Z21,W87,T1182 号)

[8] 切斯瓦夫·米沃什关于 1949 年 3 月 25 日–27 日在纽约参加世界文化和科学和平大会的报告,1949 年 4 月 6 日。(新文件档案室,华沙,索引号:237 / XXII,T553 号)

[9] 切斯瓦夫·米沃什研究报告,"美国如何看待亨利·华莱士",1948 年2 月 2 日。(外交部档案室,Z6,W88,T1375,K41–49 号)

第四十九章 "我们是此地的奴隶!"

随着对美国生活的深入了解,波兰逐渐在米沃什的视野中模糊起来,有关波兰的消息,他只能通过阅读被审查过的报刊和信件获取。他是否曾经在潜意识中推开那些知识信息,从而使他不必考虑自己的处境——那几十年后被他视为"非常危险、不可思议、不合逻辑、违背道德、难以言说"的处境?(《猎人的一年》,页 153)如果是这样的话,他相对平静的状态,在一九四九年的几个星期之内结束了。

这年暮春,在去国三年半后,他回波兰休假。他此次是独行:儿子安东尼太小,无法横渡大西洋,也许是因为扬卡更愿意尽可能远离欧洲这个政治不稳定的地方。飞机降落在巴黎,不久后诗人抵达圣多米尼克街 57 号[1],在镀金、灰泥、大理石和镜子的光辉之中,住着人民民主国家的大使耶日・普特拉门特。[2]在许多方面,这必定是一次愉快的停留。米沃什安排时间和正好来到法国的伊瓦什凯维奇见面并共进晚餐(伊瓦什凯维奇写道,晚餐显然"不成功",因为大使馆的一个讨厌女人紧跟着我们[3])。他和尤利娅・哈尔特维格、奈拉・米钦斯卡还有普特拉门特一起,晚上在"一家存在主义者聚集的俱乐部碰头,这是朱丽叶·格蕾科演出的地方"。当时在大使馆工作的哈尔特维格回忆说:"在这次晚宴上,普特拉门特高度赞扬米沃什,认为他是波兰最伟大的诗人。"[4] 于是在七月初,诗人在返程中,再次回到巴黎,在奥斯卡·米沃什的朗读会上致辞。[5] 使馆在花园里为米沃什举办了宴会。当时的照片保留了下来,宴会上《救赎》的作者在法国左翼和共产党的文学明星当中熠熠生辉,他们中有苏佩维埃尔①,阿拉贡和妻子埃尔莎·特丽奥莱。这些照片不像反共的美国,在当时的巴黎,"红色"的地位意味着,诗人回忆道,很有特权[6]:带着讽刺的鬼脸和渊博的知识,而且可以"来杯伏特加[……]观察着文学和艺术界里的左翼名人,正如何信步[……]在[苏联]外交官的周围,认真倾听着对方所说的每一个字,点着头,像是在老师面前的乖孩子。孔武有力的模样一定对我产生了影响,而我长着一张东方式的,非我所愿的宽脸庞,让我为之羞耻"。(《欧洲故土》,页190)

五月二十四日,作家已经到了华沙。对比是惊人的:他从卢森堡花园的绿树丛中转换到了(像他所感觉的)一个监狱国家,到处都是面露恐惧、对统治者盲目仇恨的人。此外,他们认为他是安全局的官员,因为看到他容光焕发的外表和身上的西式外套。[7] 他住在华盛顿时,听到从前的女同事对他说:"我们是此地的奴隶!"[8] 但实地的感觉完全不一样。

他记得这还是在索波特遇到维尔诺的老相识伊莱娜·奥希文奇姆斯卡时,与她短暂交流中说过的话。同样戏剧性的是他跟父亲和弟弟的谈话,他当时去看望他们,尽管除了与安杰伊在码头上拍的照片外,没有关于他们的任何资料。[9] 三个月之前,刚举行著名的波兰专业文学家联

① 儒勒·苏佩维埃尔(Jules Supervielle, 1884-1960),生于乌拉圭的法国诗人,1949年获法国评论奖,1955年获法兰西学院文学大奖,1960年被法国诗人选为"诗人王子"。

合会(ZZLP)代表大会第四届全会(1949 年 1 月 20 日至 23 日),会上宣扬了社会主义现实主义,"流氓恐怖分子"亚当·瓦岑克对加乌琴斯基的诗歌进行了封杀,并赞扬一部分老作家具备适应党的艺术指导的能力。在被赦免的人当中也有(虽然只是作为"部分诗歌"的作者)[10]米沃什,现在他终于可以看到意识形态在生活中的影响。"我在波兰参加了各种不同艺术领域的代表大会,首次参加了对社会主义现实主义理论的讨论。会场对登记发表演讲的发言者们的态度显然是敌视的。所有的人都认为社会主义现实主义是官方所强加的理论,会导致可悲的结果,俄罗斯艺术的例子已经证明了这一点。[……]通常会有一个勇敢的人,以充满着压制性的讽刺,发起进攻,整个会场大厅以沉默来表达明确的支持。会议领导的答复[……]对无法无天者的职业生涯和未来构成了相当确切的威胁。"(《被禁锢的头脑》,页 33)这可以在例如奥博雷宫举行的全国戏剧会议(1949 年 6 月 18 日至 19 日)上看到,会议期间对博格丹·科热涅夫斯基猛烈攻击,而米沃什试图保护这位被占领时期的伙伴,却没能成功。[11]

　　在什切青,诗人在木兹大街 13 号俱乐部举办了作者之夜见面会,[12]还见到了安德热耶夫斯基,他一年之前搬来这里居住,被分配住在……有八个房间的别墅里,"位置理想,翻新了一番,外面还有大花园"。(《战后即刻》,页 75)国家关照"正确"书籍的作者,至少最初他们认为《灰烬与钻石》是属于其中的,没有花园的东布罗夫斯卡评论说,这"是对波兰青年的讽刺,对整个波兰的讽刺,通常被称为'狗屎和混乱'"。[13]在什切青城边的同一个城区,还住着加乌琴斯基夫妇和沃罗席勒斯基夫妇,正如米沃什当时估计的那样,他们完全脱离了波兰人的现实生活。他同样曾经提醒过朋友,之前就曾在信中评论这部作品:"最有趣的是,你屈服于这本书的力量,你同时也知道它与一九四五年的现实毫无关系。[……]是对现实主义的否定,但是任何想写马克思主义式的当下的人都必须做好准备。"（同上，页 66）也许米沃什出于礼貌而有所缓和让步，实际上，他认为《灰烬与钻石》一开始就是本虚伪的书，这是因为安德热耶夫斯基对书中主人公们的命运漠不关心，对"生活在普夏沃尔卡村的人们的命运"[14]毫无同感，仅仅只是服务于艺术元素的构建。

　　他接下来的旅程是去弗罗茨瓦夫。[15]米沃什去拜访了安娜·科瓦尔斯卡，她后来记录道："他到了。［……］没有什么美国知识分子的样子。他活得很自我。这会儿他在我沙发上睡着了。"[16]告别的时候他们散步，喝了咖啡。[17]不久后作家又去了卡托维兹，参加波兰艺术家协会大会，他记得其中一个象征性的场景：在餐厅里，一名喝醉的安全部门特务强迫客人和他一起喝酒，没人有勇气拒绝。诗人还走访了克拉科夫，六月二十七日与图罗维奇会面[18]，并从那里前往奥尔什丁附近的奥尔内塔：切斯瓦夫的祖母和她的大女儿玛丽亚·尤莱维奇一起住在那里。尤莱维奇夫妇经营着农场，他将他们的意见写进了给望科维奇的信中："我和我住在劳达的同胞们（也是您的）谈过，他们被安置在东普鲁士（例如在奥尔内塔小城和周边安置的都只是劳达人）定居。他们说，到一九四八年底，上帝保佑他们，还要烧炉子生活着[信纸的底部加了一句："但这是什么样的生活，这不是我的土地，这是人类的伤害，是德国的血液"]，政府给了他们化肥，减免各种费用等。［……］可他们现在还在受苦，这是顶级的白痴行为，尤其是在那里最为明显，因为每个人都分配到了同样面积的土地，当某人勤快到干活把自己累死，这会儿成了'富农'，而什么都不做的酒鬼，现在却成了光荣的'贫农'。"[19]

　　转了一大圈，他回到首都，很快便在一个短暂的星期天去拜访斯塔维斯科庄园，对主人家活泼开朗的女儿们大有好感。佐菲亚·纳乌科夫斯卡在七月一日的《日记》中写到，为致敬丹麦共产党作家马丁·安德森-尼克索,专门举行了一次官方的招待会,提到在那里与伊瓦什凯维奇、米沃什以及正在波兰访问的聂鲁达会面。[20]高层领导与表现良好的艺术家们在一起交流,米沃什依然我行我素,在其他客人的眼皮底下与聂鲁达聊天。多年后,他极有可能描述到的就是这个晚上的情景:"我属于表现良好的伙伴,他们衣冠楚楚,居有豪宅,都属于统治波兰的精英阶层。我参加了宴会,其间饮酒、跳舞,在这'最顶尖的圈子'里歌舞升平。天快亮我们才回来,已经是清晨四点钟,夏天,但晚上还冷。我看到吉普车上拉着被捕的人。士兵们,那些卫兵,穿着皮袄,囚犯们,仅穿着夹克,竖着衣领,在寒气中颤抖。"(《旅行世界:对话莱娜塔·高尔琴斯卡》,页309)很难说,为什么这一幕给他留下了深深的印象,其实早在一九四五年,他就看到过救国军囚犯。是厌恶的尺度改变了?离开宴会厅进入冰冷的"现实"世界,无疑就像是给了他无法忘记的一记耳光?正是在一九四九年,也许他是受到这个早晨记忆的启发,写出了这首《安提戈涅》:

> 国王克瑞翁,不会把自己的国家
> 建在我们的坟墓上。他的命令
> 剑的威力,在这里无法立足。
> 死者的力量是巨大的。离开她,没有人
> 没有人安全。即使他周围有
> 一大群间谍和一百万警卫,
> 他们也会找到。

(《诗集 第二辑》,页153)

假如米沃什在波兰多待几天,他就可以在一九四九年七月十日的《锻造》杂志上读到他过去的上级所写的关于自由的文章:以某种方式敬献死者,不可忘记安提戈涅。兹比格涅夫·米赤奈尔从中推断,华沙起义是由救国军领袖们与德国达成了协议而发起的,目的就是最终要演变为针对苏联的联合行动……

诗人于七月四日从华沙飞往法国,十二日,飞机在加拿大新布伦瑞克紧急降落,然后又继续飞行,他回到了美国。在巴黎,他赶上与"老虎"交谈了几次,其间常常发生"叫喊和争吵"。(《欧洲故土》,页 308)

米沃什夫妇与克朗斯基夫妇在一九四六年恢复了联系,那时才得知朋友夫妇在起义中幸存下来,当时被关在德国集中营,现在他们来到了巴黎。这对移民夫妇,开始是"白方"的,很快就靠近了"红色"大使馆。普特拉门特为他们安排了工作。一九四九年,他们返回波兰,克朗斯基得到了大学教授职位。然而在此前,他们与米沃什互通了许多信件,非常真诚,因为他们那个时候还在审查体系之外。至少在开始的时候,他们发现,两人有着共同的论调,基于对"不思考的生活"的共同憎恶,彼此惺惺相惜,而这正是米沃什在美国期间极度看重的。"上帝啊,一个没有文学和修养的世界多么让人恶心"(《战后即刻》,页 255),"老虎"叹了口气,他"对'猪'的仇恨转而针对没有哲学的生活,即针对**感性的普通人**。[21] 人应该被注入哲学,即使是用恐怖手段。"(《欧洲故土》,页 306)"这是启明哲学家们的一个独立的秘密部门[……],他们将给民族愚昧黑暗的生物群'注入哲学'。"玛丽亚·雅尼昂这样评论道。[22] 而米沃什在与"老虎"做朋友的这段最好时期,描绘了一幅只有知情人才能保存的秘密知识的图画,传承过去黑暗的时代,这场野蛮的(说白了,就是苏联)大洪水:

> 给我们,尤利乌斯,什么权威,
>
> 我们欧洲大家庭
>
> 预言的命运,导向了

429

被外来武力的践踏？

[……]

给我们的，尤利乌斯，荣耀的赐予：
用黄金锻造出复活的新模式
虽然转化的时间短暂，
勇士的美酒为未来调制。

（《诗集　第二辑》，页49-50）

当中的因素还包括平常的自豪感，他们互相给予对方最高的评价，而对米沃什来说，克朗斯基还具有"马屁家"的作用，他是一名具备批判能力的读者，他认定米沃什是优秀的，甚至是天才的。最后，作为一名权威，一个智识上的支持者，甚至有一点点可能算是一位继父，就像之前的奥斯卡·米沃什。而"老虎"，诗人概括他"想要对我的灵魂完全掌控，虽然不太成功"。（《战后即刻》，页366）

当你今天去读"老虎"的信，彻底忽略掉开玩笑或者半开玩笑，欲言又止和眨眼暗示这类的上下文关系，你很难不感到恐惧。政治上的幼稚或"一厢情愿的思想"，这种因素当中混杂着极其强烈的怨恨，一种对所有人偏执的仇恨，按照写信者的说法，可能以任何方式去伤害、削弱、触动他的人。**无法言说的恐怖**，是战前我在波兰经历过的那种恐怖，现在我在法国又看到了（前所未有的残酷）。具体说！谁！经历了恐怖？造成了痛苦！是右派，不断地给我带来痛苦"（《战后即刻》，页320），克朗斯基喊道，却不想接受来自红色帝国土地上的数百万人的痛苦声音。"老虎"对所有针对当下现实的评价都没有兴趣，重要的是必须不惜一切代价摧毁清除过去战前的形式，以及对未来的乌托邦式的憧憬，当短暂的妥协阶段过去,一场真正的"人文主义革命"将会开始。最终,"我们对'注入政治'根本不在乎,而是必须强迫大家无一例外地参与人类的文化生活。[……]我们要用苏联的枪托,教会这个国家的人民绝不异化地进行理性思考。[……]应该压制波兰的反智主义、浪漫主义、多愁善感、仇外心理、天主教"(同上,页319),与刽子手的结盟,要比"与知识分子反对派达成的任何协议都好,因为艺术的最大敌人,是诸如塔塔尔凯维奇们[……],而更甚者,是全体诗人,因为塔塔尔凯维奇是天主教徒,是一个捍卫普遍泛化的绝对化的人,捍卫中世纪贵族社会结构的普遍异化的人,不足以取得实际的胜利"(同上,页317)。他在拒绝绝对价值观的同时,还可以提出一些实用可行的建议:"诗人不可以使用类别化的思考,'不偷''不杀'！[……]我想起,扬卡曾问我,要是一个朋友向警察告密背叛自己,我是否认为道德。我说,不是。我回答错了[……]。这正是封建的观点(反动贵族阶级的)。什么样的朋友,背叛了什么样的朋友,交给了什么样的警察?"(同上,页318)

在"老虎"的阴影下,屈服于他的影响或是与之抗争,这个过程米沃什持续了几乎十年,因为克朗斯基也在公开地大声宣扬,并将诗人很久以来就在自己内心深处听到的声音带到最终的结果。"克朗斯基的态度难道不是体现了米沃什的最大诱惑吗？[……]那种居高临下,蔑视那些没有思想的啃面包凡人的诱惑。那种自认为因了解历史的秘密而属于特权集团的诱惑。那种试图以未来的乌托邦来回答人类历史终极目标的诱惑。"亚历山大·菲乌特这样认为,并补充说,这是为了反击"帮助米沃什,首先是去同情受伤害和受侮辱者的诱惑"。[23]事实上,这一番精神错乱的关键时刻似乎是在一九四九年年中,当他第一次回到波兰期间,作家目睹了那些"无法言说的恐怖"。"我看到了眼前无法言说的恐怖,而那真实的本性,我除了说出来,其他什么也做不了"[24],在埃斯库罗斯的《奥瑞斯忒亚》英译本中,卡桑德拉用这句话解释自己的境况。米沃什也面临相同的境况。他创作了或许是他所有作品中讽刺性最强的一首诗,充满了对自身的厌恶:《在一九五〇年新年纪念册上写给自己》。

431

为了能做些什么。我什么都没有,除了这支笔。
哪怕是对于老手,也是件危险的武器。
那人不会听我的,大自然的风会将我吹去,
我听到一个声音,但我不知它从何而来,叫我去哪儿。

所以或许我的关切正被错觉欺骗
而我想要清醒思考,在病中辗转。
而我把影子,当成了真实的形状,
你不帮助别人,只会伤害自身?

但如果我鄙视这种隐藏的力量,
谎言就会发生在所有诗人身上。

*

心中的骄傲,你说,需要诅咒,
人类的灵活当中蕴藏着实验的力量,
观察很有意思,看人如何变化,
哪怕自相矛盾,却不自嫌而亡。

若已身处地狱,你就去做魔鬼,
把可怜的小魂灵推入热锅,悲伤地尖叫。

他们会保佑你，皮亚斯特和瑞匹哈。①

做魔鬼总比做小魂灵好？肯定。[25]

（《诗集 第二辑》，页 156）

这实际上是一种恶魔般的诱惑，安杰伊·维尔内尔②最精准地描述了这种诱惑的本质："就好像他们[克朗斯基夫妇]故意毒害一个年轻朋友一样。使得这种毒药，像是沙子里的一粒珍珠，成长为伟大的诗歌。但米沃什在这方面却有着某种恶魔般的东西。好像他专门故意想要去签订契约，好像他有意识地摄取不好的食物，相信这样他会在自己体内释放出新的力量。""他与诱惑他的恶魔去玩这个危险的游戏，为了[……]创造出杰作。请注意，他赢下了这个赌注，而且是以一种自相矛盾的方式：尽管正是因为受到诱惑和影响，但他最终没有在契约上签名。"[26]确实如此：他虽然费尽心思，在灵魂深处寻求帮助，却没有签字。这首必不可少的"虔敬"的诗，是对世界赞美的产物，是对其美丽和丰富的感知。自己的"祈祷"，便是对这种美的沉思。而在理解上，是"克朗斯基想要毁掉的这个秘密"。（《战后即刻》，页 236）[27]

仿佛从地狱归来，米沃什回来时皮肤晒伤了，精神萎靡了，躯体病倒了。他当时的状况体现在《我这个时代的荣耀之歌》里，因为该诗只有自我疗愈的效果，故而从未出版。这首诗包含无限重复的咒语，我们只引用其中一小段："那些追逐者们 / 带有极大的恐惧 / 那些被追逐者 / 带有极大的恐惧 / 那些写作者们 / 带有极大的恐惧 / 那些被

---

① 皮亚斯特(Kołodziej Piast，约 811-860)，波兰传说中的先人领袖；瑞匹哈(Rzepicha)，其妻。

② 安杰伊·维尔内尔(Andrzej Werner，1940-)，波兰文学评论家、文学史家。

写作者们 ／ 带有极大的恐惧 ／／ 那些计划者们 ／ 带有极大的恐惧 ／ 那些被计划者们 ／ 带有极大的恐惧[……] ／ 那些黑色的小鸟们 ／ 带有极大的恐惧 ／ 那些白色的小羊们 ／ 带有极大的恐惧。"[28]

　　他在找寻某人，帮助他做出决定。他试图从住在华盛顿的诗人圣-琼·佩斯那里挤出些建议，但是这位"自我孤立的移民，孤高自赏，逆流而上，搏击当代，冷眼旁观，任由潮起潮落"。（《欧洲故土》，页315）于是他向阿尔伯特·爱因斯坦求助。米沃什在一九四八年第一次与这位天才物理学家联系，出于工作关系他曾试图说服爱因斯坦参加波兰正在筹备的世界知识分子保卫和平大会。爱因斯坦没有同意出席，但为其撰写了自己的宣言。

　　这场大会于一九四八年八月二十五日至二十八日在弗罗茨瓦夫理工大学举行，有来自四十六个国家的数百名艺术家和科学家出席。这本该成为宣传上的巨作："进步"知识分子在苏联旗帜下聚集在一起宣示，正式提出波兰自主的外交政策，"波兰重获土地法"正式公布。成功的城市和西方"同道"赞成者们的肯定，结果却带来巨大失败，波兰试图寻求妥协立场的努力，被俄国人破坏了，法捷耶夫满口是对西方文化的污蔑。你可以听到他说，萨特像是在打字机上写字的杂种野狗，"毕加索拔下了电话听筒。艾吕雅慢慢地把听筒摘下来，开始叽叽喳喳地唠叨。韦科尔①和费尔南·莱热打算在原地不动。伊雷娜·约里奥-居里②和赫胥黎私下互换名片。博莱依沙看起来就像是在表演中被扎伤的杂技演员"，以上是参会者多米尼克·德桑蒂的回忆。[29]俄国人也不让代表们知道爱因斯坦呼吁国际社会控制核能获取的宣言。苏联即将获得自

---

① 让·韦科尔（Jean Vercors），法国著名作家、插画家和出版人。

② 伊雷娜·约里奥-居里（Irena Joliot-Curie, 1897–1956），居里夫人长女，实验物理学家，发现了中子、正电子、人工放射性和核裂变，1935年与其丈夫共获诺贝尔化学奖。

己的核武器,所以并不支持这样的想法,当爱因斯坦在《纽约时报》公布了宣言之后,此事才以国际妥协而告终。米沃什在他的秘密报告中,介绍了尝试调解和掩盖丑闻的失败,"爱因斯坦写给大使馆的信坚持了明确的语调,他对新闻界解释了所宣布的事件,比较有利于国会,于是事件终于落幕了"[30],但如何面对这位学者,却要困难得多,"我很尴尬地解释说,我对此完全没有责任,并且是诚心善意地行事。爱因斯坦说:'当然,我没有任何抱怨的意思'"(《米沃什矛盾自画像:对话亚历山大·菲乌特》,页111)。[31]

　　大约是在五十年代中期,米沃什又回到梅西大街的家中,当时托尼正好在爱因斯坦女助手的照顾下,在露台上喝着橙汁,而他正处于进退两难的境地。[32]他期待的不仅是一位杰出的科学家,一个证实了奥斯卡·米沃什宇宙直觉概念的作者,而且最重要的是,他想要一位能满足自己父爱需求的人。后来,他给物理学家写了一封信,签着"致以崇高的敬意和儿子般的爱"。[33]他还提到:"爱因斯坦的白发[……],安静的话音与平和的手势,在古老的木制圣母雕像的背景下,直接击中了我的恋父情结,寻求保护者和人生向导的情结。"(《欧洲故土》,页315)然而这次交谈没有任何结果。至少在波兰作家米沃什看来,爱因斯坦无法理解那种无法言说的恐怖在身体和精神智识层面的恐怖程度和规模,他深信这种恐怖不会持续太久,认为对米沃什而言,如果不与祖国切断关系,会是更好的选择,最终,他"是一名人本主义者,当他思想成型的时候,还没有什么能够动摇人们的基本信念,即人是理性的存在"。(同上,页316)未来《被禁锢的头脑》的作者,敏感于历史的恶魔主义,敏感于不受个体意志所决定的力量,离开了普林斯顿大学校园,感到自己又被打回了原形。[34]

　　更让人痛苦的是,他必须接受自己已经陷入某种困境的感觉,当中没有更好的出路,而且与他最亲近的人扬卡也不能分担。当他认为美国是去人性化的世界时,扬卡却索性尽享日常生活的"正常化",虽然也常批评。尤其是儿子出生后,她希望尽可能远离波兰,甚至欧洲,当时人们普遍认为,欧洲很快将被红军淹没。他后来提到,"美国几乎摧毁了我们两人之间在战争年代经过了考验的真诚亲密关系。托尼出生后,扬卡变了,或者是我变得嫉妒了,发生多次争吵,主要是关于美国的"。(《猎人的一年》,页159)两人之间的冲突总是在政治上关键的时刻卷土重来。就像在一九四七年夏天,中东欧国家在莫斯科的命令下,拒绝了"马歇尔计划",扬卡写信给正在缅因州的切斯瓦夫:"法国不知怎样溜了过去,可是可怜的捷克人却和我们一样。看来,事情是要往最坏的方向发展了。"[35] 或是在一九四九年十一月的时候,当时康斯坦丁·罗科索夫斯基成为波兰元帅,扬卡试图说服丈夫与大使馆分道扬镳,劝他不要参与国内发生的一切,但毫无效果。

扬卡想培养孩子,花时间读书,看电影,度假,与朋友们通信。对米沃什来说,生活中若是没有了那种复杂体系的刺激,是完全无法想象的,他不能没有赞美、严苛、社交,不能缺少文学界的知识密码。"对自己个体的重要性信念的需求[……]设定了我对战后华沙政府所保持的忠诚,也决定了我将美国放在首选位置。[……]一九三九年移居国外,是二十年代波兰时期的延续,这当中很少有人知道我这个诗人的存在。"他十分真诚地描述道。正是在华沙,"我存在了,特别是在《救赎》出版之后,特别是当我在进行中的冷战中给自己谋了个职位。在当时这是个秘密:在美国谁都不认识的人,某个什么卫星国大使馆的官员,我擦亮了钢笔,去写作,去翻译诗人们的作品,在遥远的地方,穿上了我最重要的外衣"。(《猎人的一年》,页182)因此,假如我们揭去一层层的论证或是特质,就会在下面发现这位作家的原则,首先是要忠于自己早在一九四九年之前就做出的美好宣示的使命:

为了服务波兰的诗歌,我决定求生,

即使我真的变为毫不足道的微尘

[……]

诗歌是真理。可谁要是将其

从真理上撕下，请为她购置雕银的棺材。

（《诗集　第二辑》，页 114–115）

一九五〇年，当社会主义现实主义的螺丝被命令拧得越来越紧的时候，米沃什在《新文化》杂志第十期上发表了三首诗，分别是《沼泽地》《纪念泰莱莎·扎尔诺威尔①》（《诗集　第二辑》，页 52）和《致演奏肖邦的黑人小姑娘》[36]，后者被认为是社会主义现实主义作品，他后来不再同意重印。这个评价有些夸张了，更多是人为强加上去的，更像是波兰视觉艺术潮流课堂上的命题习作[37]，或是早期非常夸张的——受墨西哥左翼艺术家画册影响的——《人民艺术工作坊》风格（同上，页 143）。同样在一九五〇年，当他已经在巴黎，一些用打字机写出的诗歌标题出现了"戏剧《广岛》的三组合唱"[38]：这是否意味着，米沃什打算去做出某种"善意的姿态"，创作具有意识形态色彩的主题诗歌？在作家的档案中，不知从哪里保存到了一页在底部能看到《人民艺术工作坊》开头部分的纸张，上面是这样的段落："像拖拉机的雷鸣。收割机在麦田里的隆隆声，／库房已不缺面包和面粉。／假如我能像那只夜莺一样轻盈地飞翔，／我将每晚都要飞去为他歌唱，在瓦津基公园，／我愿化作

435

----

① 泰莱莎·扎尔诺威尔（Teresa Żarnower, 1897–1950），波兰画家、建筑师、雕塑家、平面设计师、艺术家，逝于纽约。

一轮纯银的月亮，／ 在华沙贝尔维德宫里为他闪光"；"当谷物挤
［选?］①到华沙 ／ 我要把这谷穗的一束放在贝尔维德宫。／ 当星星的闪
耀照亮了,夜晚天空的时候 ／ 我想,让这些星星,去为他闪耀"。[39]这些
是什么？用了外人作品的记录本？（是他在波兰报刊上读到的一首儿
童诗?）记下了国家的荒诞能够达到的规模,还是切斯瓦夫·米沃什作
品中唯一的、矫揉造作地献给贝鲁特的赞歌？阴性用词和作品风格,指
向了第一个答案。但即使不是这样,你也可以从这个例子和之前的例子
当中看出,他很难屈从于五十年代头几年所要求的诗歌,而他的大多数
同事都处理得很好。他本身应该没有能力去创作证明谎言的诗歌。
"我成为流亡者［……］,憋在了棋盘上,没有任何行棋的位置,除了写作
合规的赞歌之外,可我从来不会去弄那些东西。"他后来向望科维奇这
样解释。[40]然而,也可以提出一个颇具风险和令人不快的问题：假如在
一九五〇年的波兰,在对全社会恐怖不断升级之下,作家要有哪怕一点
点艺术自由,米沃什还会决定决裂吗？

　　只要还有可能,他就会寻找别的解决办法,而不是流亡到美国或返
回波兰。他拒绝了桑顿·怀尔德为米沃什夫妇在某个农场找一处安静
居所的提议,而且这个主意风险很大。桑顿在浏览《政治》周刊时,看到
巴拉圭哈特教派社区的广告,这是二十年代在弗罗茨瓦夫出现的一个宗
教派别(尽管可以溯源到十六世纪)[41],该教派受到纳粹迫害的成员移
民到了南美洲。他们在那里受到原始基督教的启发,创建了定居点,他
们清除原始森林,种田,饲养牲畜,甚至制造砖瓦,建造新建筑。[42]他们大
约有五百人,来自十七个国家,他们在广告上向未来的新成员介绍他们追
求的目标："我们想重新开始,建立一个以诚信为基石的社会。我们已无
力与他人继续在战争和日常生活中争斗。我们想找到真正的友谊。"[43]在

---

　　① 波兰文中"挤"（wyciska）和"选"（wybiera）拼写相近,作者怀疑米沃什此处笔误。

文字后面附有信息,说明如何联系到那些在一九四九年来到美国的该社 436
区成员。作家与他们见了面,保留了关于如何到达"普里马维拉"
(Primavera)定居点的信息。"如果我接受了在巴拉圭的森林里用斧子和
铲子工作的想法,那就更能表明我当初有多么绝望。"(《米沃什词典》,页
250)这些后来米沃什有机会在自己年老时写下来,要感谢扬卡对这项疯
狂计划的反对。绝望是希望的缺席,正如《道德论》当中所写:

> 我不会给你今天的希望,
>
> 不要等待白给的**上帝的休战**(treuga Dei)。
>
> 因为赋予你的生命,
>
> 你没有魔法逃出大门。
>
> 我们走向和平吧,平民。
>
> 我们的面前是
>
>   "黑暗的核心"。

(《诗集 第二辑》,页100)

注释

[1] 波兰大使馆仍在这幢楼内,而如今的地址为:塔列朗街1号。

[2] 从瑞士搬过来的普特拉门特自1947年6月起担任人民波兰驻巴黎
大使。

[3] 确切时间为1949年5月20日。见雅罗斯瓦夫·伊瓦什凯维奇,
《1911–1955年日记》,页293。

[4]《我可以在那里追海》,沃依切赫·卡斯对话尤利娅·哈尔特维格,
《惯用语》,2004年第3–4期。关于《救赎》普特拉门特给米沃什写道:"你的书很
精彩。这些家伙终于要明白诗歌是胡椒上的嫩鸡了。普日博希无甚才华,却管
着另一个孬种,库雷鲁克。科特是令人恶心的贻贝,永远在改换信仰。这两个圈

子掌管的信息,能够破坏波兰诗歌创作领域的一切。我请你,别把他们的建议放在心上,写在纸上,落在行动上。你的诗让我打消了想要组织韵词的欲望——我那根本称不上押韵。就像斯大林嚷嚷的——'普日博希们来了又走了,而(米沃什的)波兰诗歌留了下来'。"摘自《战后即刻》,页354。

[5] 演讲题目是"纪念奥斯卡·米沃什的存在",1949年7月7日在法国思想之家发表。这项大使馆组织的活动还邀请了扬·科特和亚当·瓦岑克参加。参达留什·雅罗什、玛丽亚·帕什托尔,《罗比诺、巴萨勒和其他人:1948-1953年文学作品中的波法关系》(托伦,2001),页114。

[6] Très privilégié,法语,意为"很有特权"。

[7] "我有一件这样的外套,巴宝莉牌,秘密警察的高级官员穿过。我觉得,他们害怕我。"摘自《波兰对话:1979-1998》,页789。

[8] 可能在5月出差波兰期间,米沃什看到了这封信,他后来在《被禁锢的头脑》中提到:"这封信来自一个1949年3月被从波罗的海某国驱逐到西伯利亚的家庭,寄给波兰的亲戚。这是一个妈妈带着两个女儿的家庭。这封信简单干脆地描述着在乌拉尔集体农庄的工作。每一行的最后一个字母被稍稍加粗,如果竖着连读,构成'永远的奴隶'一词。我偶然看到了这封信(我去拜访了那个持信的人,可他对此一无所知)——可能还有很多其他的信,暗藏着绝望的信号,送到了那些做不了什么的人手上,因为他们不能做什么有用的事。从数学角度统计,还有很多这样的信并没有写下来,还有多少写了信的人在饥寒交迫和不堪重负的劳作下,死在了充满敌意的北方?他们只能重复着这些没有希望的词语:'永远的奴隶'。"摘自《被禁锢的头脑》,页260。

[9] 还知道,在索波特艺术节期间米沃什对尼基弗尔非常感兴趣。他回到华盛顿后即着手起草一篇讨论西方艺术僵化问题的文章,并把在索波特看到的以迭戈·里维拉的"进步"姿态为代表的墨西哥艺术作为反例。摘自手稿梗概《这一年我去了波兰》(1949)。(拜内克图书馆)在华沙期间,他还听过几场波兰民间音乐节(1949年5月8日-29日举行)的音乐会。

[10] 参马莱克·拉基文,《伊瓦什凯维奇:灾难后的作家》,页290。

[11] 而科热涅夫斯基却把米沃什的说辞当作对自己的又一次攻击。参《声望与骂名：玛乌戈热塔·舍伊奈尔特对话博格丹·科热涅夫斯基》（文学出版社，克拉科夫，1992）。

[12] 参安娜·毕孔特、尤安娜·什辰斯娜，《雪崩和石块》（华沙，2006），页 39。

[13] 玛丽亚·东布罗夫斯卡，《日记：1915-1965》，卷一，页 260。

[14] 参卡齐米日·维卡写给切斯瓦夫·米沃什的信，1947 年 7 月 26 日。信中说："雅罗斯瓦夫看得很透彻，当读完第一段时他就对我冷冷地说：你看，这个人一点儿也没有被这些悲惨的事打动，他只是远远地听说过而已。他就是这么说的，就好像他看过你的信一样——那封信中你写到，要为对普夏沃尔卡村村民命运的冷眼旁观付出代价。"摘自《战后即刻》，页 105。

[15] 多年后米沃什将这段回忆写进《和平》（《诗集 第二辑》，页 292）一诗，可以说，这首诗对疏离感的研究完全不逊于诗人根据底特律见闻写的那首《无视》。

[16] 安娜·科瓦尔斯卡，《日记：1927-1969》，页 127。

[17] 同上，页 324。

[18] 信息保留在耶日·图罗维奇的日历中。（耶日·图罗维奇档案室）

[19] 《望科维奇和米沃什的书信亮点》，载《创造》，1981 年第 10 期。

[20] 参佐菲亚·纳乌科夫斯卡，《日记 VI：1945-1954》，汉娜·基尔赫内尔编（华沙，2000），中册（1949-1952），页 107。

[21] L'homme moyen sensuel，法语，意为"感性的普通人"。

[22] 玛丽亚·雅尼昂，《克朗斯基-米沃什：思想与诗歌作品的章节》，收录于《去欧洲：是的，但和我们尸体一起》（华沙，2000），页 216。"在此值得一提的是，克朗斯基的理论特点源于十八世纪的传统：阿多诺和霍克海默猛烈批判启蒙运动，指出统治与理性的特性以及理性与犯罪的结合。'在理性范畴内，无法提出反对杀戮的基本论点'；萨德和尼采向全世界大声疾呼，资产阶级社会要隐藏这一真相。克朗斯基的观点则完全相反。[……]恢复理性统治，即使使用暴

力手段,也不会让克朗斯基不安,因为这是历史趋势使然。"(同上,页227)

[23] 亚历山大·菲乌特,《投入老虎的怀抱》,载《选文 II》,2001 年第 3- 4 期。

[24] I see before me unspeakable horror, and yet, of its true nature, I can do nothing else but speak,英文,意为:"我看到了眼前无法言说的恐怖,而那真实的本性,我除了说出来,其他什么也做不了。"

[25] 1949 年 9 月 28 日伊莱娜·克朗斯卡在信中提到这首诗,并与米沃什探讨了该诗的主题思想:"切斯瓦夫,你想象过没有,如果魂灵也在受苦,我倾向于认为,受苦的魂灵并不多,而我不想成为一个魔鬼,所以我总是帮助魂灵。"摘自《战后即刻》,页369。是谁曾挖苦般地"建议"米沃什接受魔鬼的角色?克朗斯基吗?普特拉门特吗?在后来写给安东尼·斯沃尼姆斯基的文章中米沃什回忆,他们共同的好友曾说过:"如果已经进入地狱,那就要成为魔鬼,把魂灵推下沥青河,而不是分解成小的魂灵,让它们在焦河中嗞嗞响。"摘自切斯瓦夫·米沃什,《致安东尼·斯沃尼姆斯基》,载《文化》,1951 年第 12 期。"皮亚斯特和瑞匹哈"可以用来形容米沃什和普特拉门特的关系,在他们的一次对话中,后者不无幽默地提到,斯拉夫式的宴席往往以下毒和谋杀政敌结束。参《被禁锢的头脑》,页 186。

[26] 安杰伊·维尔内尔,《触不可及的高处:扬·约瑟夫·什切潘斯基的写作生涯》(克拉科夫,2003),页 26、141。

[27] 米沃什出逃后自然与住在华沙的克朗斯基中断了书信往来。第一封信直到 1957 年才由雷沙德·马图舍夫斯基带出波兰。两人都写到,友谊比背叛宙斯更重要,克朗斯基还说:"顺便说一句,既然你已经跑了,能不能给我捎点儿高卢索牌香烟。这样我把手指举到鼻子前,还能有些东西。爱你。老虎。"这也许是米沃什最后一次和克朗斯基联系。克朗斯基死于 1958 年 6 月 6 日。米沃什一直与伊莱娜·克朗斯卡通信。她到瑞士探望亲戚时,给米沃什寄去了自己编辑的《哲学经典图书汇》;她还借笔名艾尔娜·兰兹在维也纳的杂志《文学与批评》(1971 年第 53 期)上发表了推荐《旧金山海湾景象》(巴黎,1969)的书评。

[28] 诗人还曾想过为此段落题名为"关于人类文明演化与自然之间的奇异巧合，写于猿猴诞生……周年的小诗"（1949）。（拜内克图书馆）

[29] 摘自安娜·毕孔特、尤安娜·什辰斯娜，《雪崩和石块》，页106。一部分西方代表团成员离开了会议厅，牛津大学的历史学家艾伦·约翰·珀西瓦尔·泰勒，是敢于驳斥的人之一，他还是诺曼·戴维斯未来的导师。"安娜·科瓦尔斯卡听到他说，他把这次大会叫作宣战大会，不是和平大会。他说，在西方他会为俄罗斯辩护，但在这里如果听到同样的诋毁和谎言，他必须大声反对。[……]安娜是不多的为他热烈鼓掌的人之一，当然也是波兰代表团中的唯一一个，尽管在沉默背后所有人都赞同这位教授的话。"摘自玛丽亚·东布罗夫斯卡，《日记：1915-1965》，卷一，页274。

[30] 切斯瓦夫·米沃什的工作报告，1948年10月4日。（外交部档案室，Z6，W90，T1400，K13-17号）

[31] 多次见面后米沃什写下了《致阿尔伯特·爱因斯坦》（《诗集 第二辑》，页147）一诗。

[32] 在1951年2月2日寄给阿尔伯特·爱因斯坦的信中米沃什回忆了他们的相遇，那时他还不知道该怎么办，"是切断与波兰政府的一切关系留在美国，还是接受巴黎的新职位"（克莱曼蒂娜·苏哈诺夫译）。（耶路撒冷希伯来大学阿尔伯特·爱因斯坦档案）1950年7月1日普特拉门特的信中提到了一个巴黎的新职位。

[33] 摘自切斯瓦夫·米沃什写给阿尔伯特·爱因斯坦的信，1951年2月2日。（耶路撒冷希伯来大学阿尔伯特·爱因斯坦档案）Very respectfully and with son's love，英文，意为"致以崇高的敬意和儿子般的爱"。

[34] 另参："我不知道我是否告诉过您，我的朋友爱因斯坦在我生命中的角色。当我茫然不知所措时，我和扬卡、安东尼去了他那儿，对他说了我面临的选择，我和他说了波兰知识分子关系的真实情况，还有他的建议会对我很重要，因为我把他当成父亲一样。他的建议是，还不要撕破脸，要斗争就需要准备大笔资金，而战争摧毁了地球也带来了思想的完全禁锢，就我提到的观点，就算那里已经禁

锢,他说,这种禁锢并不会永远持续下去。我对他说,我会听从他的建议。实际上这是一场决定性的对话,因为我羞愧于打着害怕和个人享乐的名号去做了断。我羞愧于在他面前如此不堪。"摘自切斯瓦夫·米沃什写给斯坦尼斯瓦夫·文森兹的信,无确切日期(约1951年)。(克拉科夫切斯瓦夫·米沃什档案馆)

[35] 摘自雅尼娜·米沃什写给切斯瓦夫·米沃什的信,1947年7月。(拜内克图书馆)

[36] "如果你看见她,弗里德里克先生,/ 键盘上那黝黑的手指 / 和聚精会神地弯腰时那一头卷发,/ 踏板上那苗条的腿 / 穿着孩子般可笑的童鞋。/ 而当大厅突然安静 / 报春花的声音慢慢弥漫开来。/ 如果你看看大厅,半明半暗间,/ 张开的嘴角中牙齿闪着亮光,/ 当钢琴搅动了你的心弦,/ 就如一道斜射的光落在身旁 / 如鸟儿的歌鸣穿过彩色玻璃窗 / 春天来到了一座不认识你名号的城市。/ 如果你看见,这声音飞舞 / 摇摆着浮尘与日光 / 在这张黑色的脸庞上,从这双手掌—— / 你肯定会说,值得一看。"

[37] 米沃什在纽约和泰莱莎·扎尔诺威尔合作过。诗的落款时间写1949年应有误,根据这位女艺术家的简历,她死于1950年。

[38] 后来改为《未写戏剧〈广岛〉的三组合唱》,见《诗集 第二辑》,页28。

[39] 拜内克图书馆。

[40] 《望科维奇和米沃什的书信亮点》,载《创造》,1981年第10期。

[41] 在波兰文学作品中第一次出现"共产者"这个词的时间为1569年,当时"波兰阿里乌斯兄弟派团队成功抵达摩拉维亚参加由极端的新教派胡特尔兄弟派建立的合作社,这样的称呼,是因为团队首领是一位胡特尔派。阿里乌斯派的报告显示,在那里的集体农场生活[……]并非愉悦。让波兰人震惊的是,他们房子的墙壁上有大量隐蔽的小窗户,谈话被轻易窃听;同时告密机构和集体农场长者的特权,创造出一个更富裕、居住条件好于其他人的等级。在体会到领导阶层非凡的经济才干后,波兰阿里乌斯派以近乎愤怒的语气在报告中写道:'他们不是共产者,而是经营者'"。摘自切斯瓦夫·米沃什为BBC提供的专栏文章,1959年12月22日。(拜内克图书馆)

〔42〕也许牧师的观点让米沃什记起了初中的教会历史课本,他曾读到,在十八世纪建立的基督教"国家"巴拉圭,那里的"印第安人获得了基督教文明的所有权益,没有遭受白人的剥削"。见罗曼·阿尔胡托夫斯基牧师,《天主教教会历史概述》,页221。

〔43〕We wanted to begin a fresh and make a society genuine from its bed-rock foundations. We were sick of struggling with other men in wars and in daily business, We wanted to find real fellowship,英文,意为:"我们想重新开始,建立一个以诚信为基石的社会。我们已无力与他人继续在战争和日常生活中争斗。我们想找到真正的友谊。"

第五十章　干瘪的火苗

这个时代的诗人从不露出面孔，

因为会暴露惊悚所凝成的伤痕

切·米沃什，《在罗马的两人》

　　《道德论》恰恰最能反映米沃什当时的心情，这是他在历史时刻，也是精神纠葛时的清晰评判。从今天的角度看，他写给克朗斯基的话令人震惊。其中，在讨论诗歌时，诗人解释道："你提到[……]内心里投降的恐惧。这是一个非常重要的关注点。我认为，波兰的情况是这样的，你只有身在国外，才能从中彻底治愈，也就是说，去吸收马克思主义，就像在某个年龄阶段吸收达尔文主义一样。我希望，在诗歌中存在这样的吸收[……]。是否全部吸纳[……]并不会导致对历史演进的接受，产生engagement[干预]的必要？"（《战后即刻》，页281、284）有趣的细节是：只能在波兰之外吞下这个药丸，即在远离官方传播的地方。更重要的是，当我们今天读《道德论》时，很难理解米沃什当时所要把握的——要与那些开明的共产主义者的潜在教条相一致。更为明显的是对斯大林时代暴行的抵抗。似乎不仅是在其诗歌的主角身上,而且在米沃什自己本身,都有着什么东西发生了裂变,就像是在事实上,如他后来所说,他的智识与克朗斯基同在,而他的良心却在反对他。

因为《道德论》所提出的根本问题,是拯救灵魂,使其不屈服于犬儒主义,不屈服于看似"自然"的谎言……淹没或进攻欧洲的洪水。其雪崩带来了道德的灾难,带来了个体责任的毁灭,让人以为所作的恶,是独立于我们的,是不可以反对的。战争、政治局势的变化、大规模杀伤性武器,这些从根本上都是表象,而更长期、更危险的进程正在更深刻地发生着。人类的天性变了,良心死去了。

> 这不是嘲笑的时机,因为正在繁殖 438
> 精神分裂症的独特品种。
> 假如我相信世界的尽头,
> 并不是说,工具都无法测量
> 原子弹已被造出,
> 紧张症患者却又出现
> 作为一名社会可靠人士
> 他须取得进展。
>
> [……]
>
> 因为精神分裂症,发生裂变
> 为了开花和生根的物种,
> 感觉,是我的举动
> 我完成的不是我,而是别人。
> 扭断某人的脖子是小事一桩,

然后去读天国喜剧，

或为古老的四重奏鼓掌，

或讨论前卫艺术。

以小的尺度，每天如此，

有人说：恶无名字，

我们已被用作工具。

有道理。急着去死。

(《诗集　第二辑》，页94)

《道德论》的创作者恰恰把自己的时代当成世界末日，与此同时，米沃什确信，克朗斯基思想的那些独特之处并不能完全抹杀那并不清晰的乐观预期。"黑暗的核心"在等待着我们，那将是暴力与毁灭的时刻，然而完成血腥而痛苦的转变具有某种意义——诗人写道，但或者也许只是诗人的自欺：

我们的时代即死亡

大清算，

持续这样，我说不出，还有多长，

我们还得去听那些恶棍无赖。

珍视这时代，因为世界经她而改。

总会有点障碍。

(《诗集　第二辑》，页87)

在这种情况下，人所面临的任务是保护其判断的独立性，不屈服于意识形态、神话、人为捏造的信仰和引发上述诗歌片段中提及的"雪崩"的企图。但我们也已经指出，多年后米沃什自己都很难断定这个任务是实际的道德要求,还是由决定合作的人编造理由的华伦洛德主义①。毫无疑问,《道德论》中的干预具有无可辩驳的价值,即使行动的代价是精神失常。"也许只是一位隐居的修士,／ 在奥古斯丁的高塔上读书,／他认为已经可以逃避。／ 但却值得怀疑",诗人这样讽刺道,尽管他实际上已认为自己别无选择,这也清楚地说明了转型的可怕代价。我们能在诗中找到的最善良的举止,就是关心,不唯恶魔是从,而是"普通人",努力保护亲友免遭虚无主义和犬儒主义的伤害:

> 你在剑刃的世界:
> 风骤起,草翻飞
> 枯叶旋,
> 山顶信鸽冲天。
> 狡犬吠,黠儿追,
> 信号用手帕传递。
> 这就是你的世界。他已旦夕之危。
> 政客们已输掉赌局,
>
> [……]
>
> 而社会的驳斥
> 更复杂,当中的元素
> 如流淌的繁星没被发现。

___

① 密茨凯维奇史诗《康拉德·华伦洛德》里的主人公,该作品描述的是 1410 年波兰和立陶宛的军队联合起来在格林瓦尔德大战中击败日耳曼条顿骑士团以及在与俄罗斯的宿怨抗争中自我牺牲的英雄主义。

> 新增的元素
>
> 偶尔会把工作室的墙炸毁，
>
> 那里现在注定发生的事情，
>
> 不过是几个世纪以来的酒在洒滴。
>
> 而结果将完全不同，
>
> 最终会好，我们假设如此。

（《诗集　第二辑》，页99）

"世纪之酒"是社会的基石，是文化形态，在根本上影响着历史的进程。米沃什坚称，在特定的社会里，"体面"是一种理所当然的道德。面对"老虎"的尖锐嘲讽，面对讽刺中那虚幻的理性，他说："我不能放弃对**体面**的强调，而且我断定，普罗大众的**体面**正是悠久文化传统的产物，它能改变雪崩的进程，能在善良的国家形成救赎的源泉，但在邪恶的国家，新的形态会彻底沦落为野蛮和粗俗，引发各种耸人听闻的恐怖事件。"（《战后即刻》，页285）[1]

由此前引用的段落可以看出，在谈到绝对根本的问题时，米沃什选择了一种全新的语言，与《弱者的声音》相比，向前进了一步。他扩展了诗歌形式的边界，试图使其"更有容量"，同时有意识地降低声调，使其与戏谑甚至粗鲁相协调，最重要的是——直白。对《道德论》的反馈很有意思。卡齐米日·维卡自己前后做了两次评判。一九四七年十二月："遗憾的是我们已经再也回不到情景奔放的语言了"（《战后即刻》，页113）；次年三月："我已经被祖国诗人们的各种演出、表演和把戏搞定了［……］，我们要想缩小一点诗歌灾难的程度，只能按你在《道德论》中的方式去做：以人性化的方式，直截了当地、明确地，并承担风险地来谈论自己对世界的态度，而不是隐藏在各种描绘和装饰的灌木丛里"（同上，页116）。《道德论》的确是勇敢的行为，不仅是涵盖于艺术策略中

（正如同有意识的诗歌的散文化），而且也是对波兰政治局势的直接评论。米沃什一九四七年十二月寄给维卡的作品在《创造》月刊编辑部内激起了极大的恐惧，而他当时也确信，他的诗将先被审查制度肢解，再被用作围攻作者和印发其诗歌的刊物的工具。后来，发表米沃什诗歌的一九四八年第四期月刊没有受到审查部门的任何干涉。[2]要知道，米沃什在当中用了一些非常"难以过审"的语句，比如"掘墓人的生活是快乐的。／埋葬制度，信仰，教条，／把它上面的地面整平／用笔、纳甘步枪或铁铲"。多年之后，兹齐斯瓦夫·瓦平斯基①评论道："纳甘步枪是内务人民委员部的借喻[……]。当年在波兰没有人不会遇到这个词，一提到它，就会想到在卡廷波兰军官后脑被纳甘步枪射杀的画面。"这种定论之中可能有夸张的影子，但"《道德论》的出现，确实让人无法理解"。瓦平斯基补充道："我能找到的唯一解释是：文章中包含的典故如此反传统，以至于无法用言语评述，哪怕写评语的那一小撮人也不行。这也能够解释为什么这首诗在媒体上反响平平。"[3]

　　也有可能刊登这首诗是权力机关内部博弈的结果，但缺少支持这一假设的证据。就《道德论》而言，尽管它当时被登载在国家级刊物上，但反响相当平淡。雅罗斯瓦夫·伊瓦什凯维奇在系列专栏《致费利西亚的信》中多次提到它，但显然没能最终形成令人信服的论断。[4]斯泰凡·基谢莱夫斯基更为坚定地说："诗的结果也许值得怀疑，但在思想上、实质上的结果却不容置疑。"[5]这几乎就是全部评语，如果不算维托尔德·维尔普沙②在富有诗意的辩论中那些没头没脑的表达——"我不相信扔骨头的游戏／可我辨认出了：爱的核心"。[6]另一方面，耶日·

441

──────────

①　兹齐斯瓦夫·瓦平斯基（Zdzisław Łapiński,1930- ），波兰文学史家。

②　维托尔德·维尔普沙（Witold Wirpsza, 1918-1985），波兰诗人、散文家、批评家、德国文学翻译家。

斯坦波夫斯基从完全不同的移民角度评论过这首诗："在我面前的是一九三九年以后波兰创作的最优秀的作品。[……]如果有人想知道，波兰的作家们——在他们背负着半个世界的压力和冷漠的岁月里——是如何抵御即将到来的黑暗和孤独，如何在自身最深处找到反抗的力量，可以在《道德论》里找到答案。"[7]

米沃什安抚克朗斯基说："我成功地[……]根除了感伤主义，浪漫主义是瘟疫，不幸的移民是百分之两百的浪漫主义，这是他们彻底堕落和腐烂的标志。但是在波兰，诗人都很浪漫，他们很恶心，普日博希这头驴，丑恶的浪漫主义者[……]伪装成前卫诗人，还有无耻的浪漫主义者雅斯特伦，更不用提可怕的白痴图维姆。"（《战后即刻》，页277）《道德论》的创作受到"老虎"的直接影响，有些段落，诗人按照这位朋友的建议重新写过，这些指点，尤其启发人心，比阅读奥登的《新年书简》或卡尔·夏皮罗的诗歌《诗韵随笔》(*Essay on Rime*)重要得多。战后头几年，米沃什新的诗歌形式逐渐成形，可以说，具备了那种"阳刚气息"。但这种诗歌形式会使战争期间维尔诺的那个《三个冬天》的作者感到不安。而且幸运的是，随着时间的推移，这种道德的、讽刺的、冷静的表现手法并未束缚住他，尽管与"老虎"讨论的某些成果一直体现在他当时的作品中。玛丽亚·雅尼昂指出："让我们总结一下克朗斯基在哪些领域获得了米沃什的青睐[……]：对民族主义、浪漫主义和弥赛亚主义的反感；对存在主义和'虚无主义'的反感（与贝克特对米沃什的评价相比较）；对超现实主义（米沃什在这方面支持西蒙娜·薇依的判断）的反感；对想象力的释放不进行控制的反感和对不够温和的'自我表达'的反感。"在很大程度上，多亏克朗斯基，米沃什也学会了"没有感伤主义、没有浪漫主义-爱国主义情怀的，具体、清醒和明晰的"写作。[8]应该再补充一点，克朗斯基更可能是所有这些转变的催化器，而不是直接的操

纵者,但毫无疑问,米沃什的诗歌(自他一九四五年以来发表的,和有时 442
汇集在《白昼之光》诗集中的作品)反映了这种赫拉克利特式的思想,这
正是"老虎"引为当代艺术典范的:"干瘪的火苗是最聪明最善良的灵
魂。"[9]此外,有趣的是,当与权力进行双重博弈时,米沃什在诗歌中体
现出的思想,似乎在伦理上更为严谨,甚至更为睿智,仿佛不由自主地受
到诗歌体裁本身的影响。

　　这是一九四五年就已经出版的《二十世纪中叶的肖像》,其中可以
察觉到普特拉门特的,还有米沃什自己的特征,但最重要的是,这是对新
政权统治者人格分裂的解读:

> 隐藏于兄弟般微笑的后面,
> 是对报纸读者和政治辩论受害者们的轻蔑,
> 说到民主这个词,他就眨眼,
>
> [……]
>
> 他手放在马克思的著作上,但在家里读福音书。
> 讥讽地看着破损教堂里出来的队伍。
> 背景,是城市马肉颜色的废墟。
> 手指间攥着起义中被杀的法西斯分子的纪念物。

(《诗集　第二辑》,页 17)

　　该作品很好地浓缩了背后的语义,展示了奥威尔式的"双重思维",
就好像产生了一种混合着过往记忆的全新语言。重要的还有,强调了事
件演进过程中的恶魔性维度:"他过去的信仰尚未消失。他有时会想,
自己还置身于魔鬼的权力之中。"在这段时间,他还创作了诗歌《致政治

家》，多年后，被列入明确的"反对派"作品的范围，虽然在写作时，诗人也想到了那些地下活动和华沙起义中的领导者，想到那些匿名的、地下的部队，城市居民的命运都取决于他们作出的决定[10]：

> 你是谁，罪犯还是英雄？
> 你，由夜晚养育。
> 老人和孩子的命运掌控在你手里
> 你的脸被遮蔽
> 如同尘世之上的泥人哥连。
>
> 你会把城市或国家，变成灰烬？
> 停！握在自己心里！不要放手！
> 别对未完成的历史下判决！
> 你的，是天秤，是剑。
> 你，超出了人的关怀、愤怒和希望
> 你来保留或放弃
> 司空见惯。
>
> （《诗集　第二辑》，页20）

443

五年后，米沃什写下诗作《你伤害过的》，既是独白的补充，同时也用诗歌履行自己的道德责任：

> 你伤害了一个普通人，
> 为他的不幸展现笑容，
> 周围聚集着一群弄臣
> 已将善与恶完全搞混，

[……]

别觉得那么安全。诗人会记住。

你可以杀了他,新的又会降生。

你的行为和对话将记录下去。

(《诗集　第二辑》,页 128)

《致乔纳森·斯威夫特》一诗也是如此,它是当代艺术家与假想的《格列佛游记》作者的赞助人之间的一段对话,最后一句用了有名的"我会努力的,我的院长先生"。在当今世界,并不难找慧骃国的野胡,或是对人类痛苦视而不见的由理论家统治的拉普达飞岛国。因此现实的责任,依然在于揭露谎言,捍卫人的生命和尊严。艺术家应该来完成这项职责,尽管怀疑过,犯过错,但他可以说自己:"深不可测的失明 ／ 我的眼睛没戴眼罩。／ 正放射出纯粹的愤怒的光线 ／ 我各种无限的职责。"(《诗集　第二辑》,页 7)米沃什真诚地给伊瓦什凯维奇写信(由一位短期出国的朋友转交,这样他们就不必害怕审查):"我的笔,假如我放下,就会很生气。[……]它带给我这么多的大麻烦,因为没有任何新的斯威夫特[……],不会径直到来。"(《战后即刻》,页 227)

后来,《欧洲之子》(《诗集　第二辑》,页 12)发展了《阿德里安·泽林斯基之歌》中的结构,表现出思想的毒化:理论家的冷酷伎俩和普遍的愤世嫉俗的利己主义,虽然某种程度上是战争的产物,却并没有唤起主人公们的血性。我们这些幸存者们,我们这些人"可以选择是自己死或是朋友死,／ 我们选择了让他死,冷冷地想着:只要能够实现",我们比那些"轻信、热诚而弱小"的人要好,对他们来说,生存本身并不是最高价值。这首诗还指出,时代本身蒙上了更多的政治色彩——暴力披上了善良和必然性的伪装,充斥着阴险狡诈的谎言:"真理的小种子将长

444

出谎言的植物，／ 不要模仿那些说谎者,那些蔑视现实的人。"借助讽刺手法的主导以及具有说服力的形式,作品获得了一种特殊力量,令人震惊地揭露了一个成功的谎言——应验了米沃什多年前在奥尔维耶托大教堂壁画上看到的预言:敌基督来了,穿着救世主的长袍。该诗作于一九四六年,但七年后才在《文化》杂志上发表。于是难怪,结尾为"因对真理的尊重而笑出声 ／ 这笑声,嘲笑着人民的敌人"。

注释

[1] Decency,英文,意为"体面"。1946 年 9 月 30 日米沃什在写给曼弗雷德·克里德勒的信中对波兰社会阶级的态度相当具有批判性:"这是我们的不幸,我们走入了如此糟糕的历史时期,社会分层很不成熟,这会压垮我们。在特定时期缺乏资产阶级让我们现在付出了代价,也就是说,我们有贵族知识分子、乡绅农民和乡绅工人——这一切导致的结果是,历史上从未有过的悲剧。"摘自切斯瓦夫·米沃什,《"我的维尔诺守护者":致曼弗雷德·克里德勒的信(1946-1955)》,页 25。

[2] "他们会因为《道德论》攻击你。也会攻击我!"摘自卡齐米日·维卡写给切斯瓦夫·米沃什的信,1948 年 4 月 6 日。(拜内克图书馆)参兹比格涅夫·拉舍夫斯基,《日记》(伦敦,2004),卷十二,页 486。米沃什并未对《祝酒辞》遭到审查删减进行辩护。

[3] 兹齐斯瓦夫·瓦平斯基,《米沃什的〈战后即刻〉》,载《选文 II》,2001年第 3-4 期。在此补充一点,瓦平斯基对《道德论》的评价甚至比该书的作者更加明确:研究人员认为,米沃什在这里,"不仅仅是'乌托邦的逃脱者'",他还与这个乌托邦——特定的、共产主义的、苏联的乌托邦,通过他的描述,产生了密切的关联。他用康拉德的话作为文章结尾[……],不仅舍弃了当时意识形态的基础,还舍弃了最晦涩也是最普遍的说法——对光明未来的信仰。也许当时他不是一个马克思主义者,但也不可能不接受这种信仰,更不可能——如此嘲讽地笑话它。

[4] 威斯瓦夫·席曼斯基在《克拉科夫的〈复兴〉与〈创造〉(1945–1950)》中详细讨论了这些出版物。细节见该书,页 100–102。

[5] 斯泰凡·基谢莱夫斯基,《理念与使命:写在战后波兰杂文书缘》,载《普世周刊》,1948 年第 24 期。

[6] 摘自威斯瓦夫·席曼斯基,《克拉科夫的〈复兴〉与〈创造〉(1945–1950)》,页 99。

[7] 参耶日·盖德罗伊奇、耶日·斯坦波夫斯基,《书信集:1946–1969》,安杰伊·斯坦尼斯瓦夫·科瓦尔赤克编(华沙,1998),上册,页 179。

[8] 玛丽亚·雅尼昂,《克朗斯基-米沃什:思想与诗歌作品的章节》,收录于《去欧洲:是的,但和我们尸体一起》,页 233。

[9] 参《欧洲故土》,页 300。

[10] 参:"1945 年春我在克拉科夫写下《致政治家》一诗。这一时期,无名的政治活动家在希特勒占领期间四处匿名活动。在波兰——和许多欧洲其他国家一样——人们就算知道了那些统治他们的人的名字,但对这些名字的背景仍一无所知。[……]写这首诗时,我还想到了战争年代的地下政客。以化名为掩护的他们扛起了成千上万人的生存责任。他们所做的决定是极其糟糕的,在街上与他们擦肩而过的孩子并不知道,他错过的是命运。"摘自切斯瓦夫·米沃什,《致政治家》的随诗诗评,载《文化》,1952 年第 10 期。

第五十一章　死亡陷阱

我梦到我换了衣装,置身于华沙,因为我没能赶得上,去对某人说些什么,说我已经被人认了出来,必须永远留在这个奥威尔的城市,在那里,就像我一九五〇年发现的:墙里有窃听器,在所有的眼睛里,都是没有知觉的恐惧。

切·米沃什,《从漆黑的山洞出发》

(1956–1957)

自由,为什么有如此之大的价值? 为什么是人类最高的幸福? 我认为,自由是对人性的否定,是动物的生存状态的属性。

耶日·普特拉门特

致切·米沃什(1946年5月15日)

445　　"我所希望的是,认为我危险的人,能好好写散文和诗歌,并且让人确信,必须温和小心地对我,如果已经想要删除我,那就彻彻底底。在波兰,我无事可做,因为我不是哭哭啼啼的酒鬼,我想在国外生活一辈子,在那里我感觉良好,并且我可以非常有用。"(《战后即刻》,页280)在写完《道德论》后,米沃什向克朗斯基坦言,他并没有预见到,许出去的愿反而更能够实现。相信权力部门会重视一个作家,这想法太天真了……两年后,他已经明显无法掩饰自己的感觉了。在大使馆兢兢业业搞文字并没多大用处,上级的手里捏着对他的责罚书,一九五〇年二月初,部长委员会决定:"米沃什[……]在意识形态上完全是个异类。在他最后一次回国后,他在讲话中对国内的一切生活现象都表现出明显的敌意和夸张的态度。他的妻子是苏联的死敌。通过巴黎召回他。"[1]虽然诗人当时还不知道,有关履职的正式文件就要到了。

一九五〇年六月,朝鲜战争爆发,国际局势急剧恶化。组织结构需要重组,普特拉门特也被召回国内,被委派了新任务:波兰作家协会大会选举他为秘书长。大使短期返回法国,并于七月一日致信米沃什: 446 "我听说您要转往巴黎。[……]我很高兴您能来这里,因为我有点担心您:是否美国的物质繁荣会挡住您看到它在生活其他方面的巨大苦难。"(《战后即刻》,页362)诗人不能肯定,巴黎是否只是去华沙路上短暂停留的一站,但他在通告上明白地读出:你的忠诚是有问题的,是时候勒紧缰绳,仔细考察你了。前去欧洲的时机特别不好:如人们所认为的,世界已经在临战阶段,而扬卡不久前刚怀上了第二胎。安东尼出生后,米沃什夫妇知道,下一次分娩将非常困难,甚至可能很危险,她对米沃什前往巴黎很有情绪。七月七日,维涅维奇大使给华沙发去密电:"米沃什收到了普特拉门特的信,信中告知他将被调往巴黎,他对此反应消极。可以预料,他不想动,哪怕是调到巴黎,因为他受到妻子怀孕和她战争情绪的影响。因此我建议另一种方案,召他到华沙,讨论他的将来,并留住他。当然这样我们要冒着他妻子在这里大喊大叫的风险。"[2]米沃什第二天写信给克朗斯基夫妇,想找到说服普特拉门特的

方法,但显然他也希望收信人可以看到:

> 暴君来信说,"我听说你要搬到巴黎去了"。[……]从那以后他就再没写过信,也许他只是想打探一下。请您注意,这是多么可怕的麻烦。然而,我们很乐意去巴黎,因为我们受够了美国,没有什么能真正把我们留在这里[……],所有的提议之中,也许这是最好的,因为暴君想让我落入陷阱。可现在怎样逃脱呢?你知道,扬卡已经做过一次剖腹产手术了。第二次剖腹产要更难,有过一次剖腹产,第二次分娩就只能这样。[……]现在想象一下,我们必须得走,对我来说,这关系到扬卡的生命和健康。上帝显显灵吧,你们是朋友,请出出主意。我给暴君写了信,说明了一切。但距离这么远,很难说服他的。假如他来这儿亲眼看看,想到我这种情况要被连根拔起,他自己都会觉得可笑。现在可谓一无所有,有人能行个方便,都成了无望的奢念——巴黎的那种怨气这里没有。可是这种心理基础(暴君也持这种观点)是这样的,即这里人人都可以随遇而安。就我而言,这话绝对是错的。事实正相反。[……]我请求你们写信。切斯瓦夫,可怜的鼻涕孩儿。(《战后即刻》,页341)

无论是这一相当绝望的求助请求,还是同时写给普特拉门特的信,都没有收到任何回复[3],他不得不自己采取些行动。七月十三日,外交部中心又收到了一封密电:

> 447　他来找我说明,他在与妻子商议之后,表示如果将他转到巴黎,他将无意请求延长他们在美国的驻留时间。我谨请注意,他是从普特拉门特那里得知的转任方案。因此,我谨提醒,现在需要尽快将他直接转到巴黎,具体如下: 1. 我强烈建议任命他为驻巴黎的文化

随员;2.我请求来一份转任电报,且电报的拟写方式应可展示给他看;3.如果遇到反对的迹象,我会将他送上飞华沙的飞机并由他去与你们商定。我将非常高兴,如果能从大使馆卸下这个"波兰诗歌"的重担。我担心进一步的争斗气氛会对这两位产生影响。

在电报纸的边上有位华沙的官员写道:"与贝尔曼部长商定。"[4]

然而僵局还在持续,米沃什延长了在美国的驻留时间,还没有明确指示,这种情况下他该如何去做。九月五日的密电:"计划本月十四日米沃什离开。他今天来找我,要求把离开的行期推迟两周。我对他的返回表示担心。与他的谈话中不仅看到对于争斗的害怕,而且显示出他对波兰正在追求的目标有着毫无疑问的敌意。这掩饰在对自己家庭的关心上。请告知:1.我们多大程度上在乎米沃什,是否继续与他僵持。2.是否同意他推迟离开日期,这并不排除进一步的强词夺理,或是妻子怀孕,或牙医,要不就是吵架。"副部长斯科哲舍夫斯基答复说:"米沃什之事请等待威尔伯沃夫斯基的到来。"[5]后者是该部的负责人,很快要来美国,并将与米沃什进行原则性的谈话。谈话的整个过程对作家如此有利,以至于认为他已经说服了斯泰凡·威尔伯沃夫斯基相信他不想逃离:"根据诊断出米沃什夫人妊娠并发症的医生的意见,米沃什请求,允许他的妻子留在这里四个星期。米沃什想一九五○年九月二十八日离开这里去巴黎,并且在就职后去华沙与外交部商谈。我们认为,应该予以同意。[……]1.米沃什不想与我们分手;2.妻子表示反对离开,当丈夫将去巴黎,她就会屈服同意。如果与此相反,他们在美国这里可能会出现不希望发生的情况。[……]当米沃什离开,即使没带妻子,接下来他也将被从工作人员名单上删除,并被撤销居留权。"[6]

事实上,他不必撒谎;他其实想不惜一切代价避免在美国"选择自由"。他甚至更愿意被"抓住",但是,是在他独身、没有扬卡的情况下。

她不想让他丢下她一个人,但她知道,如果强迫他移民,会毁掉连结他们
的爱情。于是他们选择了从常识看来是最坏的解决方案:她,孕晚期,
和儿子留在美国;而他,收拾办公桌,九月二十三日结束公务任期。这
样,他的上级就可以庆幸,避免了丑闻和后续的"开小差"。九月二十八
日,威尔伯沃夫斯基向斯科哲舍夫斯基部长报告:"今天,米沃什终于离
开了。我下令十月份支付他妻子三百美元。之前米沃什来找我,请求我
帮助支付他妻子报酬直到离开。我说这由总部决定,我本人会支持他的
请求。我认为,我们应该同意,可以用这种方式获得某种施加压力的可
能性。在与米沃什进行长谈之后,我对事情后面结果的判断相当
乐观。"[7]

　　诗人后来回忆说:"我起码没有欺骗自己,当我在纽约上船时,咬紧
了牙关。"(《欧洲故土》,页317)他于十月五日抵达巴黎,但普特拉门特
的临时代办奥格罗津斯基没有给他委任状。[8]他向华沙寻求指示,并建
议任命米沃什为大使馆文化事务一等秘书职务[9],这正是作家正在担任
的职位。很快得到了正式认可,这在当时的法波关系状态下不仅仅是一
种形式。自从一九四九年法国驻什切青的领事被捕,并对其罗织间谍罪
审判以来,两国关系就像是在战争前线,相互进行了频繁密集的引渡。
"一九五〇年是不祥之年,充满了对于异常行为、审判、绞死无辜者和死
于无法解释情形的指控。这在美国的常驻机构里还感觉不到,但身处当
年秋天的驻巴黎大使馆中,我说道:这真是死亡陷阱啊。"(《猎人的一
年》,页173)大使馆的总部几乎被街垒路障包围,围墙后面和大门都被
铁板覆盖了,端着波波沙冲锋枪(PPSH41)的警卫在周围溜达着。有的
工作人员从未离开过这个享有治外法权的庇护所,因为害怕会被驱逐。
有次几个不听话的人睡着了,然后就被直接拉到机场驱逐出境。奥格罗
津斯基临时代办只好想办法将剩下的人隔离起来。一九五〇年十二月,

448

代办组织了去阿尔卑斯山的集体旅行,这样他的部下就没人能够去法国亲戚家里过圣诞节了。但首先,他把他们中的大多数人安置在杜蒙·杜尔维尔大街 47 号的家里,几十个人住在里面,只有一间厨房和三间浴室。"我都没过脑子想想,就说'很抱歉,但我更愿意自己选住的房子'。[……]楼下的门房女士看得到谁在什么时候进来。[……]我的房间里有一扇通向隔壁房间的小门,听得到所有声音,所以我没能邀请过任何人来我的房间。那扇小门后面住着一对积极的共产党员,记者科齐茨基和他妻子安卡,是伏瓦迪斯瓦夫·布罗涅夫斯基的女儿[……]。他俩都把我指为外国阶级分子。"(同上,页 292)米沃什从这处半监狱的地方走出来,想走到这条街的尽头,去看看此时颇有讽刺意味的美国广场,那里有着拉法耶特和华盛顿两人的雕像。

　　诗人感觉到,对他的雇用是虚构的,但他仍然努力工作。十一月底,他为居住在巴黎的波兰艺术家和科学家们组织了早餐会,他们不想返回人民祖国,但受贫困所逼,来到大使馆寻求帮助,"他们前来,是因为他们没办法,但他们厌恶这样做,而我也感觉到了"。(《猎人的一年》,页 295)十二月初,他在马赛市将约瑟夫·潘凯维奇的遗体挖掘出来并运送回巴黎,按照画家的遗嘱,安葬到了巴黎的巴尼厄墓园。他得到大使馆的同事阿图尔·敏哲热茨基①和齐格蒙特·卡乌金斯基的一点帮助,但必须时刻掩饰好自己的感受。[10]他只可以与阿涅拉·米钦斯卡完全真诚地说话,她哥哥死了,她经历过盖世太保的监狱,目前在巴黎挨饿,等待着一个在里昂市的波兰语教师职位。他在咖啡馆遇到她,交谈总是回到最重要的问题:去不去波兰。阿涅拉很了解战后的波兰,她曾在弗罗茨瓦夫保卫和平大会期间任翻译,对回国强烈反对,米沃什的决定则不一样。按照他过去曾多次重复讲述的故事版本,截至一九五〇年

---

① 阿图尔·敏哲热茨基(Artur Międzyrzecki, 1922-1996),波兰诗人、法文翻译家。

449

末,他一直没有被召回波兰,而他自己原本是想留在波兰以证明自己的忠诚,并且他认为召回一名新任命的外交官是没有意义的,毕竟他可以指望普特拉门特的仁慈。他不知道自己的命运已经被判定,于是他演了一场《孤注一掷》(va banque)。毫厘之差,他几乎输掉了全部赌注。

　　米沃什准备十二月飞离巴黎,但不是去华沙,而是去伦敦,因为他收到安东尼·斯沃尼姆斯基的来信,后者提议米沃什接受大使馆下属的波兰文化中心主任一职。"米沃什被斯沃尼姆斯基告知,可从四月起担任中心主任一职[……],此事已经与总部达成一致。请给出解释。"奥格罗津斯基向外交部问道。斯科哲舍夫斯基告诉他,"这是误会"。[11]答案来得太晚了,或者是米沃什宁愿心里不去接受它,无论如何,还是要飞英国。他后来写道:"在伦敦,卸下当时的紧张压力的同时,我忘了(弗洛伊德),如何关上行李箱。"[12]为了避开德国的盟军占领地区,波兰的外交官经常飞到布拉格,而不是华沙,米沃什也同样。"一个脸上长满雀斑的大块头,穿着捷克安全部队的制服,打开舱门,要求出示护照。飞机场里空空如也,回响着我的脚步声。[……]我叫了出租车。司机群体都有一种天赋,能猜出对什么人可以说什么话,整整半个小时,我的司机将其哀叹和控诉发泄到'他们'身上。我没有回答。[……]没有色彩的街道,暮色中,高耸在城市之上的一座大楼顶上,亮着一颗巨大的红五星。"(《欧洲故土》,页175)

　　十二月二十日他乘火车到达华沙。第二天,他到外交部报到,把护照留了下来,而第一次谈话显然没有任何不好的预兆,他签收了发给他的新的外交部工作证,"职位"一栏里写着"驻巴黎波兰共和国大使馆一等秘书"。[13]当天晚上他去了《不屈的城》首映式。观影时不确定他是否很高兴,因为他拒绝在影片上署名。他很快去找了普特拉门特,后者随后这样记下他们的谈话:"我得出的印象是,这个国家里的一切对他来说,如果不是敌对的,就是怪异的。感觉他距离我们很远。并没有什么需要特别留意,但几天后贝尔曼打电话给我说,根据可靠消息,他们担心米沃什会开小差,问我,我对把他留在这个国家有什么想法,我确定地说,大概没有别的办法。贝尔曼说:我也这么认为。然后挂了电话。"[14]米沃什在巴黎那么谨慎,难道现在面对普特拉门特,就会把自己暴露出来吗? 这似乎不太可能,然而这位作家协会领导人的回忆指出了一个重要细节,就是"那几天",决定就是在那期间做出的。后来,到了圣诞节,公安部的工作节奏慢了下来。

那么米沃什当时去克拉科夫看望父亲了吗?[15]他见过弟弟了吗?圣诞夜他和谁一起过的? 圣诞节的第二天,米沃什来到了斯塔维斯科庄园[16],非常可能,就是在这时候,他在聚会上与纳塔莉亚·莫哲莱夫斯卡、布兰迪斯夫妇和米奇勒斯基见了面。玛丽亚·布兰迪斯后来回忆当时的紧张气氛,记得伊瓦什凯维奇以各种小恶意来责难米沃什,讽刺他是从广阔大世界回来的,并似乎半信半疑地害怕他这位年轻的朋友正在考虑出逃,还想要质问他。她也记得切斯瓦夫·米沃什,挑逗着被他的魅力所吸引的莫哲莱夫斯卡,即外交部长的妻子。[17]他认识她的时候还是在美国,一九四七年秋天,她陪着当时前来参加联合国大会的外长丈夫。这位大使馆随员当时负责照料纳塔莉亚[18],还带她去了华盛顿的开罗俱乐部吃晚餐,当时的纪念照,用绘有裸女舞者的图画装饰的卡纸精心装裱,看得出他们很享受小资阶级的惬意。照片上,微醺的米沃什坐在维涅维奇的妻子和莫哲莱夫斯基的妻子中间,小桌上摆着酒杯,看得出米沃什特别自我满足的样子,而且毫不隐晦地说,带着狐狸般的微笑。难怪,多年之后,他看着这张照片,对他的克拉科夫出版商兼朋友耶日·伊尔格①说:"这是我堕落的底线"……[19]而一九五〇年的此时,伊瓦什凯维奇的客人们返回华沙时:布兰迪斯一家和米奇勒斯基一路上

451

---

①　耶日·伊尔格(Jerzy Illg, 1950-),编辑、出版人、文学评论家。

发着牢骚,于是又去了福克萨尔大街的卡麦拉餐厅,在那儿又遇到了一起坐在小桌旁的纳塔莉亚和米沃什。[20]并不意外的是,在告别莫哲莱夫斯卡后,诗人心情很好,还不想这样结束这个夜晚。玛丽亚·东布罗夫斯卡在十二月二十六日写道:"晚上过了九点,米沃什突然出现了。他已经喝了些酒,这一晚比平时要活跃,我觉得,他令我厌烦的程度要比平时少了头发丝那么一点点。"[21]

我们只能对事件发生的时间顺序进行假设性的重建。这里提及的所有插曲全都实际发生过,但其确切的细节肯定仍是个谜。我们提到,节日过后,米沃什还拜访了克朗斯基夫妇[22],在他们那里,雷沙德·马图舍夫斯基也在座。为庆祝这次会面,他们想在心情气氛完美的当下,一起出门去喝红酒。"结果是,在维尔查与马尔沙韦科夫斯卡大街路口那家小酒馆里没有红酒,只有伏特加。米沃什嘲笑说:好吧,现在你们明白,我为什么不想回波兰了[……]。'老虎'眨着小眼睛,似乎想要火上浇油:你的衣服真好看啊,切希! 看得出来是美国货。我们这儿可真没有这样靓的衣服!"[23]

马图舍夫斯基写道:"我记得他那张得意扬扬的脸,听到他发出的荷马史诗式的大笑。"他接着写到,就在第二天,米沃什得知自己不能再离开波兰了。莫哲莱夫斯基当时心脏病发作,没有上班,他的副手斯坦尼斯瓦夫·斯科哲舍夫斯基实际上在外交部负责。就是他召来米沃什谈话,通知他这个决定,尽管之前有过种种猜疑,但这显然令作家非常震惊。"在我联合会的小房间里[米沃什]陷入了彻底的歇斯底里状态。他不停地想主意,叫喊,绝望,威胁,请求改变决定。"[24]这又是普特拉门特的说辞。也许他的描述被认为言过其实,甚至胡编乱造,但其实不然。我们可参考对于诗人绝对真诚的莫哲莱夫斯卡的记述:

他失去了精神平衡,陷入越来越严重的抑郁。我每天和他见

面,因为他每天都给我打电话,只要听到他的声音,就知道他快要精
神崩溃了。我对他助益极大,奇迹般成功地使他转移了话题。一天
又一天地叙述了新的挫折之后,他终于开始对此事以外的事情有了
兴趣。我道别了这位不再是病人,而似乎已康复的人。不幸的是,
康复的时间没持续多久,复发的时间间隔越来越短。以至于结果有
一天他每隔几小时就打电话给我。我当时发现他毫无疑问已经处
于一种精神抵抗力完全耗尽的状态,濒临最终的崩溃时刻。[25]

他想要回护照再出国,但每天的努力似乎都是白费力气。当时,他
求助于米钦斯基夫妇的一位亲戚尼娜·安德里奇,后者是赛兰凯维奇总
理的妻子;他通过克朗斯基去找了雅德维嘉·谢凯尔斯卡,后者曾是捷
尔任斯基的女朋友,现在是所谓的"革命阿姨"[26]之一;还去找了党的中
央委员会文化委员会的主席巴维尔·霍夫曼,列昂·克鲁奇科夫斯基,
以及其他一些人。所有的努力尝试都没有结果,而最直截了当的一条途
径,外交部长的路线也被关闭了,因为莫哲莱夫斯基正被排挤,而且他的
妻子也绝不想出面去请求他给予任何关照。处在很明显的临床抑郁症
边缘,米沃什度过了除夕夜,他没有参加作协的正式聚会,而是选择了去
帕兰多夫斯基夫妇家的聚会:"帕兰多夫斯基夫妇、瓦特夫妇,这些被抛
弃的麻风病人,还有我,苍白的、颤抖的我。我拒绝了在新年夜去作家协
会,是因为普特拉门特太太非常肯定:米沃什一定会去,他去了那儿,就
意味着投降,而且纠纷也将会在伏特加里淹没掉。"(《猎人的一年》,
页264)终于,命运或是上帝,决定要介入,并且纳塔莉亚·莫哲莱夫斯
卡害怕诗人会发疯或者自杀,与丈夫谈了谈。

丈夫说:"邀请他来我们家吧。"

切斯瓦夫先生今天下午过来[……]叙述了他的情况,没有掩

盖我已经知道的任何细节,对莫哲莱夫斯基的提问做了可靠的解释。他走后,丈夫说:

"也许我可以帮到他。"

幸运的是,他很快就为其他的事情去见了贝鲁特;他也讲到了米沃什的事情,并提出了自己的观点,大致上认为,米沃什不是外交官,而只是作家,假如他想主动在国内与政府合作,他会从中受益,而如果他真的一定想出国,没有必要强行留下他。[……]

"您能保证米沃什以后会回国吗?"

莫哲莱夫斯基回答说:

"我想他会回来。但假如他不回来,我深信,也应该放他走。"[27]

453　　齐格蒙特·莫哲莱夫斯基属于所谓的理想共产主义者。在巴黎拉斐特城堡,耶日·斯坦波夫斯基档案中保存有一份一九四九年或一九五〇年出现的关于波兰人民政权主题的档案:《波兰苏维埃化进程中的表象与现实》[28],档案作者匿名,显然是消息灵通的"内部人员"。内容涵盖了波兰外交部内部的细节。档案中将当时的外交部长描述为一位正统的活动家,并且在莫斯科受到尊重。但是他认为,驻外机构在早期应该使用"战前"的人,要展示国家的象征形象,等等。他还很了解西方的生活方式,有文化修养而且非常聪明,他喜欢艺术家,与人友善。[29]同样,按照米沃什的说法,他绝对是斯大林主义者,但同时却是某种干净类型的:"他去找贝鲁特不是为了让我能够逃跑。他这样做是出于他自己的原则。"(《旅行世界:对话莱娜塔·高尔琴斯卡》,页84)最有意思的是最后的和弦。纳塔莉亚·莫哲莱夫斯卡回忆起一九五一年一月初她与米沃什的最后一次会面,她告诉米沃什,他应该感到自由了,可以凭自己的良心去判定,想不想回国。[30]作家后来对这次交谈补充了纳塔莉亚的几句话,她低声说道:"先生,您只要记住,如果您决定不返回,您将承

担起自己的责任。我问:'是什么?'回答是:'要和那些俄罗斯杀人犯们战斗。'"(同上)

一月十一日,米沃什再次造访东布罗夫斯卡,"他今晚特别紧张不安"[31],犹豫摇摆,现在该怎么办:他当然想离开,但总还是不确定会要逃跑。两天前,他与国家出版研究所签了一份翻译《奥赛罗》的合同,拿到了预付款,甚至在卡罗尔·库雷鲁克的帮助下,他还打算争取在华沙给自己解决公寓住房。[32]注满高脚杯的最后一滴是"一九五〇年十二月,华沙,波兰作协全体会议。[……]听着普特拉门特的演讲,我做出了决定。我想了,更好的选择,是逃走并结束这一切,如果有必要的话,靠自己的写作,大概也比做一个被党的官员像是猫对老鼠一样玩弄你的高薪作家要好。他们要求自己的老鼠去创作杰出的作品,然后自己可以装成狮子,自我膨胀,却同时还鄙视他们,给予他们去鄙视其他那些失宠的人的权利作为酬劳"。[33]实际上,这次全体会议是在一九五一年一月十二日和十三日举行的。针对这一时期的研究人员写道,《救赎》的作者带着"石像一般的脸,听取了普特拉门特关于为实现六年计划共同帮助劳动大众的呼吁,并一个个点他同事们的名字,呼吁他们进行自我批评。米沃什发了言。从国家档案馆新卷馆的报告中来看,他客观地谈到了现实主义,或者说当代诗歌中现实主义的缺席。但是安杰伊·曼达里安①回忆说,在米沃什的讲话里,回响着悲剧性的语气,这是大会上唯一'用人的声音'发声的讲话"。[34]

作协全体会议之际,一月十四日上午十一点半,他在国家剧院大厅举办了"'当代诗歌与散文'文学之晨"活动。安德热耶夫斯基、博罗夫

454

---

① 安杰伊·曼达里安(Andrzej Mandalian, 1926-2011),波兰作家、编剧,五十年代波兰社会主义现实主义标杆诗人,出生于中国上海。

斯基、布罗涅夫斯基、加乌琴斯基、纳乌科夫斯卡、维卡和瓦岑克等人都参加了,瓦岑克呼啸般地朗诵了自己的《可口可乐之歌》:"你们可口可乐喝得很好。/ 你们吸干了我们的甘蔗,/ 你们吃掉了我们的稻田,/ 你们用光了橡胶、黄金、白金,/ 你们可口可乐喝得很好。[⋯⋯]我们,喝希望之水的人们,/ 我们知道,今天你们的意愿延伸到了哪里:/ 你们离开了中国,你们离开了朝鲜,/ 我们将打破你们的可口可乐梦想,/ 我们,喝希望之水的人们。"

> 公众的反响表现出令人惊讶的数学精确性:当包含了政治主张和口号的句子出现时,公众的注意力高度集中,表现更成熟。随后爆发出掌声[⋯⋯]。我内心极其憎恨那种人,他们贬低辱没自己最珍贵的东西,参加集体性的智识牺牲,即一而再、再而三地自我愚弄。也许造成这种辱没贬低的一个主要原因是轻松的童年,这种轻松感笼罩着整个大厅。[⋯⋯]我合计过了,认为唯一适合的,是我翻译的韦切尔·林赛①的诗歌《西蒙·列格里》。[⋯⋯]主题是《汤姆叔叔的小屋》里的一个人物形象的死,一个邪恶的奴隶主(他下了地狱,和魔鬼坐在一起,双方很无聊地一起玩骰子)。心理技巧之一:列格里是美国人,美国人折磨黑人。心理技巧之二:下地狱,由此得出的结论是,所有资本家都下地狱。心理技巧之三:人民群众的粗犷表述方式。我的计算是正确的。掌声非常热烈。(《大洲》,页430)[35]

普特拉门特同样记得,米沃什在"文学之晨"活动上取得了成功,是

---

① 韦切尔·林赛(Vachel Lindsay, 1879-1931),美国诗人,最早吸收民歌和爵士乐进入诗歌创作。

所有参加者当中最成功的一个。[36]但对于一个诗人,米沃什已经清楚地
意识到,自己已经被缰绳束缚得太紧,这对诗人而言是极大的耻辱。[37]
几年后,他在一个类似场合以此为例分析了自己的感受、策略、施展的技
巧,以及掌控主导所有束缚的感觉:"我站在台上,人们的脸在半昏暗的
大厅中转向我。啊,太丢脸了。因为我在演讲中撒谎。我知道,我在撒
谎。但是,首先,我的头脑运作得很清楚:'注意,现在不是玩笑。他们
想让我滚,好吧,我要让他们看看,我撒谎的技术不会比他们更差。'其
次:'如果我要去做,我已经决定要做的事,我必须得付出代价。那我现
在就付出这些代价。'第三,要有一定的冲劲:'停止思考,走上棋盘,接
下来会发生什么,我们拭目以待。'然而,这些理性主义的解释是不够
的。我们必须加上局势的自主发展,假如我喊一声'不',那些窃窃私
语,立刻就会变成'疯狂'的声音。"[38]此时,在国家剧院舞台上读着这
首关于奴隶主诗歌的译文时,他大概已经知道了,这将是他最后一次拒
绝自己说"不"。

剩下就只是告别了。与弗里达·卡里诺夫斯卡告别,她不久前还在
华盛顿工作,并且两人之间有着某种情感上的联结,而此时在所住公寓
的门里面,要祝愿她:"要快乐"。[39]他在布里斯托饭店与哈利娜·米钦
斯卡会面[40],向她坦白说:"打算留在西方,因为妻子要求那样做。"
而她,送了他祝福幸运的红玫瑰。[41]然后,在最后一刻,与安娜·科瓦尔
斯卡道别。一九五一年一月十五日当天,这位女诗人在《日记》中写
下……与米沃什的交谈:"全部时间都在谈他。谈诗歌,谈工作,但也不
只是他的事。[……]他吻了我两次,非常非常温柔地说:'我很幸福,认
识了你。'[……]谈话无关爱情,甚至友情,他没有关心,我是否活着,但
看得出,这对他来说是经历。对我也是。整整一天,我迷迷糊糊并且幸
福地走着。"[42]

今天过后,米沃什就将出现在巴黎。但彼时的感受,在每一次的交

455

谈中肯定都没能表达到位。实际上是什么样呢？我们从作家的档案中可以得知，可惜的是，信稿上没有地址和接收者的名字。这封信肯定是诗人在逃跑后写的，而收件人是某位正在考虑要返回波兰的人。米沃什毫无疑问，应该要劝阻这次回归。而他自己也不想成为一个魔鬼，把正在绝望中哭泣尖叫的小灵魂推进地狱里的油锅：

我看到一九四九年以后发生了很多变化。空气非常凝重。氛围使我想到战争年代。农民们绝望得发疯，知识界的规章制度密而不漏，而且你非得成为百分之百的斯大林主义者，否则就什么都不是。［……］生活条件将会比一九四九年还要困难得多。［……］

至于我，我已经决定了，不再回到那里去了，尽管在那儿我有很多的版税和完全有保障的生活，哪怕这个决定是某种文学生涯的结束。直截了当地说，首先我不能忍受那种一切都必须方方正正的极权主义空气，以及那种所有人在一切事情面前都感觉到的恐惧。如果完整的理想是引进东面邻居的一切，包括最细微的细节，如果波兰马克思主义者们想要达到更好目标的沉默梦想仅是幻觉，那么就必须要考虑，在东边那里的一切都是什么。我和那里的人交谈过，他们的仇恨是巨大的。如果他们认为，数百万无辜人民的苦难，是以未来的名义所要做出的牺牲，那我不赞同这样的信念。［……］这只蛹里永远不会孵出来蝴蝶。波兰的人民，例如，与法国人民相比，很不幸福。［……］无论怎么去说资本主义世界，它都可以改变并产生新的形式，人民群众也不像这里那样手无寸铁。［……］我在国内的这段时间，得出了结论：要竭尽全力，去达到人可以达到的最高境界，以避免变成魔鬼。人甚至哪怕是愚蠢，可是善良且有经验，也不要制造出一种思想的结构，让他在其中就像是铁笼子里的狐狸一样抓挠。［……］但是很难。［……］为了那个虚构的天堂,我绝不会杀害任何一个人。我认为,这是最基本的准则。无论你是用语言文字去杀戮,还是其他,全都一样。[43]

米沃什将在一月十五日离开华沙。晚上他在普拉加区,米罗斯瓦夫·朱瓦夫斯基①家里过夜。朱瓦夫斯基记得这位诗人当时"很不安,一直在房间里走来走去,给人的印象是有什么东西在可怕地折腾着他,想说点什么,但却不太说得出来"。[44]诗人在巴黎生病了,是精神紧张的反应,或者只是装病,因为害怕去大使馆。他后来提起这些日子:"我的状态成了这样,每一次敲门声都让我浑身发抖,巴黎大街上的每个人都让我惊慌失措。"[45]他在临行之前得到保证,如果扬卡或孩子的生命在怀孕后期受到威胁,他将被允许前往华盛顿。莫哲莱夫斯卡提到了这个细节,米沃什在写给爱因斯坦的信中也提到了这一点。[46]一月二十二日,他的第二个儿子彼得来到了这个世界,可作为父亲,虽然收到了来自美国的电报,"立即前来,如果还想见到活着的妻子"[47],他却无法见到。外交部的什么人承诺了米沃什可以去美国,但显然没有打算信守诺言,甚至可能心中还嘲笑这位确信有了保障的作家。这位必定是米沃什在波兰所见到的那些恶魔之一:"被绝对权力彻底腐蚀。我的忠诚变成了他们的笑柄,我感到在他们当中,我[……]就像个傻小子,自愿走进武装到了牙齿的匪徒们的山洞。"(《欧洲故土》,页318)[48]

米沃什再次见到奈拉。他们换了一家咖啡馆,因为诗人认为他们被跟踪了。[49]他们一起去了邮局,在那儿打电话给当时唯一能帮助他的人。他就是耶日·盖德罗伊奇,《文化》月刊的领袖,编辑部位于巴黎郊外的迈松拉斐特。米沃什相信,能在主编那里找到藏身之地。

457

一九五一年二月一日,波兰大使馆秘书走出自己位于杜蒙·杜尔维

---

① 米罗斯瓦夫·朱瓦夫斯基(Mirosław Żuławski, 1913-1995),波兰作家、外交家。

尔大街上的家。奈拉已经在出租车里等待。米沃什坐上车，开往迈松拉斐特。同一天，威尔伯沃夫斯基的办公桌上出现一封密电："一九五一年二月一日晨，公民米沃什离开了自己的公寓，带着所有他能带走的东西，乘出租车离去。毫无疑问，他已经叛逃了。"[50]

注释

[1] 摘自埃米尔·帕谢尔斯基，《伽马和欧米茄：耶日·普特拉门特与切斯瓦夫·米沃什的关系史》，博士论文，页209。该书作者认为，调往巴黎的方法是普特拉门特干预的结果。最初的命令是"立即"调离，即从华盛顿直接回华沙。这和米沃什的想法不谋而合："普特拉门特以冷眼旁观的角度看待我，他明白，不能把我突然从美国带走，于是他建议我去巴黎，这在心理上是很聪明的一步，因为留在国外等待就会有希望。"摘自《猎人的一年》，页165。到1946年年中，普特拉门特"提醒"米沃什，不能与波兰撕破脸："抒情诗是翻译不出来的，不要以你叔叔的例子来欺骗自己：立陶宛语不是波兰语，康拉德或者奥斯卡·米沃什和你也不一样。你现在是并将一直是个波兰诗人。努力冲出我们诗意行省的愿望，这对你来说是最为宝贵的，不要作无谓的追求。"摘自《战后即刻》，页358。

[2] 密电6286号，1950年7月7日自华盛顿发出，维涅维奇致威尔伯沃夫斯基大使。（外交部档案室，切斯瓦夫·米沃什人事档案）

[3] 7月14日普特拉门特从华沙给米沃什回信，建议扬卡在巴黎生孩子，就在讷伊的那所美国医院。见《战后即刻》，页407。克朗斯基的回信未保存下来。

[4] 密电6541号，1950年7月13日自华盛顿发出，维涅维奇致威尔伯沃夫斯基大使。（外交部档案室，切斯瓦夫·米沃什人事档案）各人的出发点各不相同：见利忘义的维涅维奇知道，巴黎不过是一个掩护，是掩盖丑闻和"波兰诗界"出现叛逃者的一种方式——米沃什先去那里，然后扬卡和孩子们再过去，这就为将来可能悄无声息地合理把他们带回波兰埋下伏笔。8月初，驻法国的业务负责人普热梅斯瓦夫·奥格罗津斯基刚到华沙时，他可能真的相信，米沃什不久就

会成为他的职员,并因此改善糟糕的生活状况。"维涅维奇夫妇简直可恶,让我留下来的建议,都是假装的,是为了让我们放松警惕。"扬卡在 1951 年 7 月 15 日写给米沃什的信中说道。(拜内克图书馆)

[5] 密电 8354 号,1950 年 9 月 5 日自华盛顿发出,维涅维奇致威尔伯沃夫斯基大使和斯科哲舍夫斯基部长。(外交部档案室,切斯瓦夫·米沃什人事档案)

[6] 密电 9014 号,1950 年 9 月 21 日自纽约发出,威尔伯沃夫斯基致斯科哲舍夫斯基部长。(外交部档案室,切斯瓦夫·米沃什人事档案)

[7] 密电 9277 号,1950 年 9 月 28 日自纽约发出,威尔伯沃夫斯基致斯科哲舍夫斯基部长。(外交部档案室,切斯瓦夫·米沃什人事档案)

[8] 巴黎馆的"中断期"持续了很久,直到 1954 年才任命新大使——斯坦尼斯瓦夫·加耶夫斯基。

[9] "今天米沃什来了。[……]按照米沃什的说法,威尔伯沃夫斯基已经告诉他,他担任文化随员。我认为,米沃什的职位不能高于曼瑟。我建议任命他为使馆文化事务一等秘书。"摘自密电 9445 号,1950 年 10 月 5 日自巴黎发出,奥格罗津斯基致斯科哲舍夫斯基部长和维勒斯基司长。(外交部档案室,切斯瓦夫·米沃什人事档案)

[10] 他必须与上司保持沟通,告诉上司他要解决一处住所。"米沃什住在杜蒙·杜尔维尔街,他很满意,因为他有一间漂亮的房间,花费还很便宜。他想为即将到来的妻子租一间房子,大概二三月就到,他已经看好了。"摘自密电 10277 号,1950 年 10 月 28 日自巴黎发出,奥格罗津斯基致斯科哲舍夫斯基部长。(外交部档案室,切斯瓦夫·米沃什人事档案)可以看出,米沃什一家那时仍希望能定居法国,扬卡在 1950 年 10 月 21 日寄给米沃什的信中曾建议:"如果你看看这个花园里的小房子,从郁郁葱葱一下子跳跃到灰色的石块,真是扫兴呢。"(拜内克图书馆)

[11] 密电 10277 号,1950 年 10 月 28 日自巴黎发出,奥格罗津斯基致斯科哲舍夫斯基部长。(外交部档案室,切斯瓦夫·米沃什人事档案)

［12］切斯瓦夫·米沃什，未发表的自传草稿《从漆黑的山洞出发》。（拜内克图书馆）

［13］工作证保存于文学院档案馆。

［14］耶日·普特拉门特，《半个世纪：文学》（华沙，1970），页60。

［15］斯泰凡·基谢莱夫斯基写过他的太太与米沃什见面的场景："他来克拉科夫的时候［……］我恰好不在。我太太问他害不害怕有人在这里抓住他。——'怎么会，你肯定，这会发生吗?'——'当然，这完全有可能'。他害怕极了，赶紧跑到华沙去见普特拉门特。普特拉门特说：'你要知道，我们对你有很多看法。你可能已经走不了了。'"见斯泰凡·基谢莱夫斯基，《基谢尔词典》（华沙，1997），页94。诗人自己从来没有回忆过，1950年他是如何离开华沙城的，因此就无法排除，基谢尔的回忆可能把1949年米沃什到克拉科夫和一年半后帮他取护照串起来了。

［16］参雅罗斯瓦夫·伊瓦什凯维奇，《给女儿的信》，安娜和拉多斯瓦夫·罗马纽克编（华沙，2009），页276。

［17］纳塔莉亚·莫哲莱夫斯卡（1912–1992），俄罗斯人，莫斯科高尔基文学院和雅盖隆大学波兰文学专业毕业生，翻译，论文为研究果戈理和契诃夫。她和苏联高层关系密切，与雅库布·贝尔曼亦交好，被认为是一个和蔼友善的人。要强调的是，在米沃什叛逃后，普特拉门特曾暗示，莫哲莱夫斯卡曾是米沃什的情人，但米沃什自己非常明确地说，他们之间除了相互吸引别无其他。参《旅行世界：对话莱娜塔·高尔琴斯卡》，页82。

［18］"莫哲莱夫斯基夫妇在这里玩，我在纽约的家蓬荜生辉，她太有魅力了。"1947年10月24日米沃什在给伊瓦什凯维奇的信中写道。摘自《战后即刻》，页160。

［19］没什么可奇怪的，在华盛顿期间他特别爱照镜子，就好像他要检查一下自己的脸怎么了，然后要写"自画像"一样。后来他真的写了一首《希腊式自画像》："家乡 / 国家、房子和公共政府我都已抛弃， / 不是要找寻利益或者好处。/ 我不是船上的外乡人。/ 一张大众脸， / 收税员、买手、士兵，在人群中

和我没有分别。／我不拒绝把敬意献给应受礼遇的／本地神明。我会在别处偿还，／这些话足以说清自己。"摘自《诗集　第二辑》，页282。

[20] 取自本书作者与玛丽亚·布兰迪斯的对话，巴黎，2005年5月。

[21] 玛丽亚·东布罗夫斯卡，《日记：1915-1965》，卷二，页162。

[22] 更可能的是，米沃什一来就去拜访了克朗斯基。但也可能拜访了多次，马图舍夫斯基的想法也不一定准确，他说拜访后第二天米沃什就拿到了护照。

[23] 雷沙德·马图舍夫斯基，《我与米沃什的见面》，页46。米沃什确实很在意穿着。据安娜·科瓦尔斯卡回忆，她曾和安德热耶夫斯基聊过"许多米沃什和他太太的事，他们不喜欢长得丑、穿得差的人"。（《日记：1927-1969》，页153）诗人自己在后来的采访中谈到，他非常乐意招女人喜欢：他毫不马虎地打领带，在财力允许的范围内，买好的西装。参《波兰对话：1999-2004》，页468。

[24] 耶日·普特拉门特，《半个世纪：文学》，页60。

[25] 纳塔莉亚·莫哲莱夫斯卡，《1950／1951年之交米沃什在波兰》，载《文化》，1981年第3期。

[26] 莱舍克·科瓦科夫斯基教授告诉我这个信息。取自本书作者与莱舍克和塔玛拉·科瓦科夫斯基的对话，弗罗茨瓦夫，2005年。

[27] 纳塔莉亚·莫哲莱夫斯卡，《1950／1951年之交米沃什在波兰》，载《文化》，1981年第3期。

[28] 迈松拉斐特文学院档案馆。

[29] 伊瓦什凯维奇曾极度恭维地回忆他（《页边上的肖像画》，页96），另外，东布罗夫斯卡对莫哲莱夫斯卡也很尊敬。参玛丽亚·东布罗夫斯卡，《日记：1915-1965》，卷二，页433。

[30] 而克鲁奇科夫斯基和霍夫曼那时要求米沃什以荣誉起誓，离开波兰后不会逃跑。参纳塔莉亚·莫哲莱夫斯卡，《1950／1951年之交米沃什在波兰》，载《文化》，1981年第3期。

[31] 玛丽亚·东布罗夫斯卡，《日记：1915-1965》，卷二，页169。

[32] 安娜·科瓦尔斯卡在《日记：1927–1969》中回忆了与库雷鲁克的对话："谈到米沃什时他说，他和米沃什签过多份合同，并按他的要求给总理打电话，问一问他能不能得到房子；赛兰凯维奇答应了。"（页 144）真实的情况是，这次对话发生时米沃什已经出逃，无法肯定这次对话的信息是否可靠。但库雷鲁克签署了《奥赛罗》的翻译合同（拜内克图书馆）。合同签署时，翻译得到了两千兹罗提的预付款。

[33] 文章打印稿的题目为"谈谈这十年"（约写于 1955 年）。（拜内克图书馆）

[34] 安娜·毕孔特、尤安娜·什辰斯娜，《雪崩和石块》，页 185。

[35] 刊登于《文化》1960 年第 7–8 期的《致编辑部的信》算得上是对这个故事的补充。一位居住在伦敦的匿名读者回忆说："我当时就在大厅，疯狂地鼓掌，和那些年轻人一样。是的，掌声非常热烈，但并不是说，美国人受够了黑人，所有资本家都会下地狱。只是突然在这个沉闷的大厅里听到了一首诗。我们很受感动。离开后我们到处找切斯瓦夫·米沃什写的这首诗还有他写的其他的诗，我们借来后自己抄下来。我们那时当然还不知道，作家早已精心又准确无误地盘算过这一切，他把我们当傻子，这全都是'心理技巧'。我们不会再上第二次当。"米沃什在给盖德罗伊奇的信中承认："这位'女读者'对我的抨击是准确的。'在点子上'。但如果我当时没有像黑人那样朗读这个题材的诗，这些年轻人的掌声里就不会有共情，有人鼓掌——已经算在可接受范围内。"摘自切斯瓦夫·米沃什写给耶日·盖德罗伊奇的信，1960 年 7 月 19 日，收录于耶日·盖德罗伊奇、切斯瓦夫·米沃什，《书信集：1952–1963》，马莱克·科尔纳特统筹、作序（华沙，2008），页 412。

[36] 参耶日·普特拉门特，《半个世纪：文学》，页 61。

[37] "我在华沙经历的窥探、窒息和管控，是无法忍受的。这一切都很难描述。因为这还与尊重相关——也就是说，有一种感觉，一个伟大的、重要的、优秀的作家，在幕后被打得鼻青脸肿，却还要他走到台前，接受鲜花和雷鸣般的掌声。"1951 年 5 月米沃什在给约瑟夫·维特林的信中写道。同年 6 月 18 日的信

中他又写道："我是典型的第一梯队诗人明星,因为图维姆已经考虑退休,加乌琴斯基过气了,布罗涅夫斯基是国家文物(被浸泡在酒精里),而雅斯特伦和瓦岑克是共产党,于是需要找一个新的人,可以呼喊'民族前线'的人,尚未被赞美诗歌颂过的人,一个能显示'整个民族是一体'的人。"摘自《"他们可获得我的小恩惠":切斯瓦夫·米沃什致约瑟夫·维特林的信》,编辑:芭芭拉·托伦切克,载《选举报》,2001 年 6 月 30 日-7 月 1 日。

[38] 切斯瓦夫·米沃什,《布鲁内的星期天》,《文化》,1954 年第 3 期。

[39] 弗里达(米哈利娜)·卡里诺夫斯卡曾和米沃什一起在华盛顿的大使馆工作,五十年代早期她担任外交部北美处代主任。她写给米沃什的信中回忆了 1951 年的分别。(拜内克图书馆)弗里达还出现在普鲁申斯基的一篇文章中,他描述他在纽约邀请卡里诺夫斯卡去看画展:米沃什也应该和他们一起去的,"但他不能去,因为他胖了,所以我们不带米沃什了"。参克萨维里·普鲁申斯基,《克里斯塔》,收录于《麦斯海德的卡拉贝拉》(华沙,1995),页 160。

[40] 博莱斯瓦夫死后,她和第二任丈夫安东尼·凯纳尔一起回到波兰。

[41] 感谢耶日·提莫舍维奇教授提供此信息。

[42] 安娜·科瓦尔斯卡,《日记:1927-1969》,1951 年 1 月 15 日。

[43] 切斯瓦夫·米沃什写给未知收件人的书信草稿,无确切日期。材料由米沃什交给卡米尔·卡斯派莱克。

[44] 米罗斯瓦夫·朱瓦夫斯基的演讲被 1980 年 11 月 21 日的"欧洲自由电台波兰报刊观点"引用。(文学院档案室)

[45] 切斯瓦夫·米沃什,《致安东尼·斯沃尼姆斯基》,载《文化》,1951 年第 12 期。

[46] "在离开前,我的上司曾和我保证,我能回到华盛顿陪妻子分娩[……]。我去了巴黎,生活在怀疑和监视的气氛中,他们不让我去华盛顿迎接孩子的出生。我这才知道,他们早就计划将我的家打包直接用船从纽约带回波兰,因为他们把我的妻子划为'政治不可靠'。"摘自切斯瓦夫·米沃什写给阿尔伯特·爱因斯坦的信,1951 年 2 月 2 日。(耶路撒冷希伯来大学阿尔伯

特·爱因斯坦档案）

[47] 纳塔莉亚·莫哲莱夫斯卡,《1950 / 1951 年之交米沃什在波兰》,载《文化》,1981 年第 3 期。

[48] 怀着差不多的心情他向爱因斯坦解释了自己的决定:"过去几个月在巴黎和华沙的经历[……]让我对这些人的好意、意志和意识都失去了信心。[……]用最孱弱的词语去描绘那里发生的事都是不可能的。[……]我不会为他们工作很久。从我自身的生存角度来看,在最糟糕的时刻,我断了和他们的一切关系,不能再维持下去了。是有边界的。您知道,我很努力了。"(译自克莱曼蒂娜·苏哈诺夫翻译的波兰文)摘自切斯瓦夫·米沃什写给阿尔伯特·爱因斯坦的信,1951 年 2 月 2 日。(耶路撒冷希伯来大学阿尔伯特·爱因斯坦档案)

[49] 后来看,事实确实如此,监视他的并不是波兰情报机构,而是法国情报机构。参《猎人的一年》,页 296。

[50] 1020 号信件摘要,发自巴黎,1951 年 2 月 1 日。(外交部档案馆,切斯瓦夫·米沃什人事档案)

Miłosz

Biografia

米沃什传

1951-2004

广西师范大学出版社
· 桂林 ·

（波兰）安杰伊·弗劳瑙塞克 著　乌兰 李江颐 李佳 译

第七部分　自杀的故事 1951-1960

第五十二章 "你是叛徒"

> 我曾经确信,凡行事违背"历史规律"的
> 人,换言之,挣脱了大行其道的"恶"的束缚,
> 选择向"善"的人,都将一败涂地[……]。后
> 来我又发现,人可以改变命运,只要接受输的
> 事实,反而会获得赢的机遇。条件却是要经
> 受住彻底绝望的考验。
>
> 切·米沃什,《大洲》

"我所要说的,可以称之为自杀的故事"[1],这是米沃什在巴黎《文化》月刊上发表的一篇标题颇具象征意义的文章《不》的第一句话,他将脱离祖国的行为称为自行了断,因为诗人不得不就此封笔沉寂。当他写下这些文字的时候,并没有认识到,诗歌天赋能够救他于水火,但在此之前,他必须得饮下一大杯盛满攻击和诽谤的苦酒,因为无论是波兰的海外移民,还是那些波兰的老朋友,都不会对他手下留情。

从离开波兰大使馆住房的那一刻起,过去的三个半月,他都躲在迈松

拉斐特。五月十五日，他终于在《证言》杂志在巴黎的编辑部举办的记者招待会上露面，正式通告了自己出走和留在法国的决定。记者招待会由意大利小说家伊格纳奇奥·西隆主持，他在三十年代初与党决裂，成立了"文化自由大会"以及"自由之友"法国联盟，米沃什后来与"文化自由大会"这一国际组织建立起密切的合作。作为来自"人民民主"国家的文艺家，米沃什第一个公开表达与自己国家决裂的原由，这让他立刻成为媒体关注的焦点。他事先为自己的同胞准备了一份声明，表明政治立场："我不是反动分子［……］我的祖国［……］应该属于波兰的人民，而不属于那些统治者。"他将做出这一决定的道德核心原则阐释为："人不应该撒谎。撒谎是［……］一切罪恶的根源。［……］诗人首要的职责是说真话。［……］谁知道，我的笔能不能在某种程度上为那些哀悼亲人的波兰人或俄国人报仇雪恨呢。"[2]耶日·盖德罗伊奇把这篇讲稿印了几百份，寄给波兰的文学家们（希望其中部分信件能逃过审查），同时安排在"美国之音"的广播中宣读。同样，米沃什本人也上了法国国际广播电台的节目，与安杰伊·赫丘克①见了面。这位记者在多年后回忆说：

　　　我留了下来［……］，想听一听、看一看 W. A. 兹贝舍夫斯基②怎么采访切斯瓦夫·米沃什，这个人前一天刚刚与华沙绝交。兹贝舍夫斯基当时是法国国际广播电台波兰语部的同事，受过良好教育，而且也是立陶宛维尔诺人［原文如此！］，不可能对米沃什怀有任何恶意，或是在态度上咄咄逼人，尽管他昨天在与前华沙政府驻巴黎大使馆文化随员交流时，口气中能感到对"合法"移民的不情愿和轻微的

---

　　① 安杰伊·赫丘克（Andrzej Chciuk, 1920–1978），波兰作家、诗人、流亡记者。

　　② 瓦茨瓦夫·阿尔弗雷德·兹贝舍夫斯基（Wacław Alfred Zbyszewski, 1902–1985），波兰记者、出版人。

蔑视。[……]留在我记忆中的[……]是当时他这一方的冷淡和怨气,以及米沃什平静和专注的面容[……]。我当时就想,等待米沃什的将是移民后将要面对的诸多不愉快和误解:不仅仅是不同的精神心理状态和生活阅历之间差异的冲突,而且冲突也反映在各种恶人的嫉妒上。然而在诗人当时的脸上,我们看到的是,那种对自身立场正确性信念的平静,[……]最主要的是他宣示了一种轻蔑的关注和高傲的缄默,而这一向是对付蠢材们攻击时的最佳态度。我特别喜欢米沃什当时的表情。[3]

对诗人来说,总是保持高傲的缄默和平静并非易事……此时,评述他这个人的文章出现在了《证言》杂志上,而《文化》杂志五月刊则发表了题为"我的诗歌信条"的五首诗和对《不》这篇文章的完整描述,从中可以看出,作者担忧"被标签化",他要冲破移民身份的桎梏,采取行动。对于过往,米沃什在此时表述为:"我原是一名受人尊敬的波兰诗人和翻译家[……]。我的文学声望受到尊敬,我的文学前程有所保障,"然后他很快又补充道,"我忠诚地服务于祖国人民,我恪尽所能地履行我的职责[……]我很高兴,波兰半封建的社会结构已经被打破,工人和农民出身的青年能够进入大学,农业改革已经实施[……]。因此,我原来很有理由继续坚守在走向社会主义道路的波兰国内,直到我被要求[……]接受洗脑。于是我说'不'。"所谓洗脑,就是去赞同并接受正统的意识形态。此前,对那些不准备加入党,又对新制度态度友好的文艺家,即米沃什所称的"善良的异教徒"来说,这并不是强制性要求。"如今众多绝望、痛苦和无助的人必须尊崇"的"新信仰",在这些年里显现为一种准宗教的体系。有许多理由支持这样的洗脑:在"人民民主"国家,作家的地位与西方国家相比,享有无可比拟的声望和舒适度。作为特权阶层的一员,文学家不仅可以享受版税,舒适的住房以及"文艺创作会所"的款待,而且还可以感受到自己被处于资产阶级边缘的城市所接纳,位于体制的中心,"能理解语言即力量"。然而,代价是巨大的,作家必须去扮演宣传者的角色,而"当他正在写作的时候,那些遣送抗议的农民去北极圈某处劳动营的锁闭列车车厢里,响彻着人们想要一杯水的绝望哭喊"。米沃什声称,那些说服自己接受"恶"的作家们,同时也间接地促成最终的"善",并点出要害:"我没能跨过那道门槛。疯了?也许是的。这是自杀,是结束自己的文学生涯[……]。随它去吧。如果自由仅仅是建立在对必要性理解的基础上,那么我,这个可怜虫,就会站在路上,任由轰鸣的坦克和舞动的'历史'旗帜碾压。"

在他成为波兰移民的第一次演讲中,完全不顾所有那些"理性"的策略,这位未来《被禁锢的头脑》一书的作者,不仅没有接受那个被摧残的前共产主义分子的身份角色,而且还异常冷淡地谈及波兰移民:"我对波兰政治移民的态度至少是讽刺的:对于理解波兰正在发生变化的人而言,少数几个派系之间的争端,完全是毫无意义的游戏,这种政客的形象如同杂耍的木偶。"毫不奇怪,他的演讲并没有激发波兰移民的热情,而有关他的文章却如雪片般大量涌现,使他成为热点人物[4],当中不仅牵扯到严肃的指控和无数细小的阴谋诡计,还有讽刺诗人的打油诗[5],甚至出现了一篇《格言中的格言》:"科特维奇、皮阿塞茨基、弗拉格和格雷哲夫斯基,都来中介公司 / 移民的大部队跟上米沃什。/ 接下来,盖德罗伊奇、乌杰姆伯沃、扎兰姆巴—— / 今天一句话——明天耍嘴皮。/ 声音越来越大,气急败坏的玩家。/ 米沃什把手擦。用他,先把——广告打一打"……[6]如果断定米沃什一头撞在了敌对的大墙上,那就太简单了。米奇斯瓦夫·格雷哲夫斯基①作为最早就此发表言论的人之一,他在伦敦的《消息》上语

---

① 米齐斯瓦夫·格雷哲夫斯基(Mieczysław Grydzewski, 1894-1970),波兰文学批评家、编辑、出版人。1940 年起先后在巴黎和伦敦创办《消息》。

气轻蔑地指控诗人狂妄自大,并建议诗人在"长达六年忠诚地服务于奴役制度"之后,目前应该保持"至少六年的沉默"[7],而且他不无道理地认为,假如不是因为米沃什移民西方,像《文化》月刊这样的杂志现在可不会成为他能发表作品的那种期刊。六月,纽约《新世界》负责人彼得·约斯[①]做出十分慎重的评价:"我认为他不应该写那篇文章。他应该保持沉默。他的用词还不成熟,新疫苗还未被吸收,老的毒药仍在毒害着他,这种毒是不会被立刻清除的。读者钟爱真诚和悲怆的题材,被这个不幸的波兰人的爱情悲剧打动。应该将通常对那些即将离世的人所讲的话送给这位天才的、伟大的诗人:'愿我主赐予你自由。'"[8]八月,亚历山大·布雷格曼在伦敦的《波兰日报和波兰士兵日报》上使用了"神笔"一词,并确信,"大多数的难民被敞开双臂迎接",只有前外交官们或前共产党官员们"在移民时有资格被要求清算良心债"……[9]

七月号的《文化》杂志刊登了齐格蒙特·扎兰姆巴[②]和尤留什·米耶罗舍夫斯基[③]对该言论做出的呼应,而切斯瓦夫·米沃什再次针对他受到的指控,以《回复》进行了回应,并首次且是长期以来唯一一次刊发了《被禁锢的头脑》中的一个章节,也就是波兰海外移民读者熟知的"凯特曼"。[④]刊登这些文章在很大程度上反映出该杂志的妥协态度。扎兰

464

---

① 彼得·约斯(Piotr Yolles, 1892-1958),波兰记者,多年活跃于美国波兰侨民中。

② 齐格蒙特·扎兰姆巴(Zygmunt Zaremba, 1895-1967),波兰社会主义运动活动家,1946 年移居巴黎成为波兰社会党中央委员会主席,1964 年成为国际社会主义中心主席和创始人,以及中东欧社会主义欧洲联盟主席。

③ 尤留什·米耶罗舍夫斯基(Juliusz Mieroszewski, 1906-1976),波兰著名记者,《信使报》副主编,社会活动家。

④ 凯特曼(Ketman),米沃什借用的伊斯兰古神学词汇,指威权主义下的一类伪君子,他们能迅速适应新权威下的语言和习惯,改变自己的行为和说话方式,能够训练有素地进行自我辩护并在新道德之下吹毛求疵。凯特曼不仅是指简单的谎言和虚伪,而且更深入地触及灵魂深处。凯特曼欺骗欺骗者,就像自身也被自身欺骗。凯特曼体制"让参与其中的人在分裂的思想中生存,在对自己的角色长时间熟悉之后,变得如此接近这个角色,以至于他再也无法将真实的自己与他所模仿的自己区分开来",他看到欺骗也带来的快乐:最初,凯特曼是一种精神防御,变成一种充满矛盾的生活方式,让那些精于此道的人创造出心灵的私人庇护所,不受妥协的影响,即使妥协将充斥他们终生。

姆巴,一位成就卓越的波兰社会党活动家,他面对各种机械化的谴责,为作家辩护,但是他也对《不》文中的一些观点提出批评。他最为厌恶的是,米沃什的动机似乎仅限于艺术家自由的问题。于是他准确地指出,《救赎》的作者"在新的信仰面前颤抖。他抛弃了这个信仰,但依然屈服在其权威之下"。[10]然而"米沃什事件"和《文化》月刊的观点,越来越清晰地区别于伦敦波兰流亡政府人士们的"坚定"看法。米耶罗舍夫斯基指出,可以认定他与米沃什的很多观点不一致,但无法忽视的问题是,国内与海外移民在世界观上的区别越来越大,只有通过像米沃什这样的人,才有可能理解"在成千上万波兰人灵魂中正在发生"的悲剧。[11]当然,米沃什自己对用词甚少斟酌,这似乎为他招惹来一些反对者,他指责他们没有智识挑战做好准备:"波兰人,如果统治者不强迫他们去学哲学和辩证法,他们就总是躲在堆满词典、族谱、解梦书和日历的垃圾房里",因此,他们许多人"生活在西方,认为'无趣''平庸'和'教条主义'这些不过是一般的形容词,然而在国内读者的认知当中,这些词汇可能招致令人丧命的严重问题('丧命'这个词,我不是当作形容词来用的)。这大约可以解释常常在'西方的'波兰人当中常见的,对在波兰国内的波兰人的意识之中所发生的深刻转变的忽视"。[12]这些转变之中包括了好几十万人政治观点上的转变:"左倾和反斯大林主义倾向"。而米沃什再次强调,他与国家的决裂是被胁迫的结果:"在波兰知识界,人们普遍认为,要想做些有用的事情,必须喝酒,即便难喝得想跑开,因为事情就是这样,这就是现实。广为人知的历史宿命论在于,波兰的事与整个欧洲的事无法分割。我曾经也想喝到最后,就像国内其他人一样,但是我做不到。任何人类的决定都不可能抽象化,这只能用一个理由来解释。对于我的情况,主要的原因就是不可能,这种不可能深入我的道德、宗教和美学反思之中,此处我不再赘述。"

盖德罗伊奇和他少数几位同僚,以极大的善意对米沃什表示出同情[13]，哪怕这位作家因为杂志社无法为他出版诗集的伤痛在作品中多处流露出轻蔑语气，哪怕这位作家忽略了前国家军战士们的悲剧命运。[14]必须要有扎实的智识准备和对环境的沉浸，才可以对米沃什在《凯特曼》中的社会学和心理学分析进行欣赏理解。显然，塞尔吉乌什·皮阿塞茨基缺乏所有这些品质，但他有着强烈的激情和非常个人化的经历。很显然，他清楚地记得自己不久前的伴侣，他儿子的母亲，记得她与诗人令他不快的关系。他在十一月的《消息》上发表了一篇题为《前同路人米沃什》的文章，没有为理性讨论留有任何余地。他在文中声称，服从米耶罗舍夫斯基的论点能使米沃什得以升迁，而"如果一名工人或官员为了谋生［……］去加入波兰工人党，这才是不幸，而米沃什们却想要争取这样的不幸。［……］我们能够想象一个波兰人，他会在希特勒获胜并在波兰强行建立纳粹制度的情况下，代表这个制度去国外担任文化随员吗？"他在对米沃什提出诸多指控之后，将他称为"恐怖的贝鲁特分子精神怪物"，并无意中揭示了自己"捷尔任斯基般冷酷爬行动物的哲学"，并总结说："对波兰国内外与布尔什维克主义斗争的自由世界的事业而言，他是危险的。"[15]冲突愈演愈烈，而且皮阿塞茨基的各种观点并不孤立。[16]莱宏给《消息》的编辑写信说："我认为关于米沃什的文章是新闻业界的某种杰作。［……］如果米沃什还有丁点诚实，就应该去上吊，至少无论如何，去从事体力劳动，以证明他是'与人民一起'的。他的诗歌［……］就像是'遮阳板'一样，人民还是需要的。"[17] 466
而在一九五二年初，雷沙德·伏拉格①认为米沃什是"布尔什维克机构派往西方的特务"。[18]

---

① 雷沙德·伏拉格（Ryszard Wraga, 1902-1968），原名耶日·涅伯日茨基（Jerzy Niezbrzycki），"一战"和"二战"时期波兰军官、作家、苏联学家，曾任美国中情局顾问。

可以想想看,其实整个"米沃什事件"是完全可以不存在的。要是没有掺杂政治因素,以及部分"游戏"参与者的个人意气,诗人可能很快就能回归自己的家庭,在美国一所大学找到工作。一开始谁都没有把米沃什想要见他次子这件事放在心上。盖德罗伊奇认为,出于宣传上的理由,作家最适合生活在美国,因为那里大多数移民并不关心一名他们不太知道的诗人的命运。甚至波兰外交部也特别希望能消除尴尬的杂音,我们从保存下来的密电中得知,最终,奥格罗津斯基请求总部:"请给予指示,是否我应该尝试联系[……]以便与他达成谅解,和平分手,并由米沃什一方承诺,他将会离开法国且不会在新闻界发表声明。"[19]美国对于渗透的恐惧改变了事态的发展,况且米沃什也做不出让自己都觉得丢脸的姿态。盖德罗伊奇也有自己的小算盘,他逐渐认识到将米沃什"甩给"美国是不可能的,于是决定从滞留在欧洲的米沃什身上榨取对自己刊物最大的利益。

米沃什在迈松拉斐特受到非常友好的款待,并很快与维托尔德·贡布罗维奇一起成为《文化》月刊最重要的两位作家,这并非偶然。虽然主编与米沃什在战前从未见过面,但米沃什当年在《反叛青年》[20]杂志发表作品时,主编显然记住了这位富有才华的作者。记忆在一九四六年得到重温,当时他在罗马去锡耶纳的路上,遇到了一位熟识的军官,对方衣袋里正好放着一本《救赎》,他借了过来,立刻通读了一遍,甚至抄下一首诗(但是哪一首?!)。他毫不怀疑一点:"必须不断去寻找富有才华的人。"[21]我们可以试着重建当时"搜索"的过程。住在纽约的阿涅拉·米耶切斯瓦娃在写给总编的信中暗示:"我告诉过您他会来,因为我知道,您对他有强烈的兴趣。"[22]一九四九年二月,盖德罗伊奇亲自出面请亚历山大·扬塔-波乌琴斯基帮忙:"您能够说服他用笔名给《文化》月刊写文章吗?"两个月后,等到的答复是:"他说他很愿意,但是他担心,因为这有可能会让他坏了嗓子。"[23]当年秋天,不屈不挠的主编向维特林打探:"米沃什怎么样?[……]他在巴黎转机时,我很遗憾没机会认识他。实际上,这里仍受到当权者的影响,氛围很糟,我宁愿不去见他,以免让他受到不必要的伤害。他无疑是当今最伟大的天才。"[24] 终于,到了一九五〇年春天,约瑟夫·查普斯基在美国为月刊杂志寻找资金支持时,与这位诗人见过两次面:会面有"试探"的意味,也发出了一个信号:如果米沃什决定转变战线的话,可以从巴黎《文化》月刊方面获得支持。[25]

米罗斯瓦夫·苏普鲁纽克在做"米沃什事件"研究时推测,"米沃什事件"被盖德罗伊奇有意放大了,他抓住了在波兰海外移民生活当中扩大杂志影响的关键机会。[26]毫无疑问,某种程度上,确有这样的成分,但仅仅将对"米沃什事件"的战略动机归因于主编个人就太简单了。与《救赎》的作者的会面无疑提升了《文化》月刊的地位,这是总编战略决策链条中的一环,尤其是在刊登了扬塔打破非黑即白模式的报道作品《我从波兰回来》之后。但同样还应补充一句,盖德罗伊奇对米沃什的经历非常感兴趣,他很受触动,对于诗人——尽管还有许多疑问——他表现出极大的忠诚。最后,随着时间的推移,他意与米沃什克服性格上的复杂差异,建立起某种友谊关系——要知道,那可是相当困难的。

五月的会议之前,主编将《不》这篇文章发给了尤留什·米耶罗舍夫斯基,对方从伦敦回了信,对文章进行了深入的品评:"可以感觉得到,[……]这更像是变节者的悲剧,而不是逆子回归天主教,回归西方民主和文明'怀抱'的喜悦。实际上,他的痛苦归因于他必须不再相信[……]。我们对他那个世界的悲剧一无所知。"[27]盖德罗伊奇回复说:"您的印象百分之百正确。[……]我理解,那个国家,不仅仅是与我们之间,而且是与西方之间已经出现鸿沟,我很荣幸,我正在非常仔细地观察这些事情,而且我并不是'白卫军'。"[28]事实上,无论是盖德罗伊奇,还是米耶罗舍夫斯基,都不是"白卫军",他们也不打算继续停留在波兰移民怀旧的情境之中,其标志性的符号是一九五一年第五期《文化》月刊,上面除了米沃什的声明之外,还刊登了令很多读者震惊的《横渡大西洋》①的节选。当诗人被称呼为"同路人"时,他们都为他辩护,米耶罗舍夫斯基与皮阿塞茨基展开了辩论;盖德罗伊奇认为这一起个案是现代版的"德雷福斯案"[29],并草拟了一份作家和知识分子发起的《声明》,上面包括他们两人在内,决定签名的仅有三十三人。就这样,在一九五一年十二月的《文化》月刊版面上,发表了一篇阐述月刊立场的文章,专门针对逃离贝鲁特总书记的波兰的流亡者:"如果新移民仍然积极地与该政权当局合作,我们有权期待他公开陈述自己的情况。但我们无权要求他们以那种苏联式审判的模式,进行羞辱性的'交代'。"[30]在"签署人"当中,包括了安杰伊·博布科夫斯基、英诺森·博亨斯基神父②、玛丽亚·查普斯卡、约瑟夫·查普斯基、瓦茨瓦夫·伊瓦纽克、康斯坦蒂·耶林斯基、耶日·斯坦波夫斯基、斯坦尼斯瓦夫·文森兹、麦勒希奥尔·望科维奇和齐格蒙特·扎兰姆巴等人。非常夺人眼球的群体,可惜人不多。[31]主编在写给望科维奇的信中承认,"打破格雷奇的垄断并不容易",同时保证,"但我非要打破它"。[32]三年半之后,他才满意地说道:"如果因此出现了'新移民',他不仅要在实质意义上被认可,也要被西方政治家们认可。正是多亏了我们的策略,这位'新移民'才会[……]团结在《文化》月刊的周围。这也正是'米沃什事件'的结果[……]。并且,'那些华沙人'如今已经知道,可以安全地与我们谈事了"……[33]

---

① 贡布罗维奇半自传体讽刺小说,描写了在阿根廷的波兰人移民社区中自我主义和浮夸的风气。

② 英诺森·博亨斯基(Innocenty Bocheński, 1902—1995),波兰著名哲学家和逻辑学史学家、苏联学家,多明我会修士,曾任瑞士弗莱堡大学校长。

一九五一年,仍然没有迹象表明"新移民"会出现。尽管以前有一位离开驻维也纳大使馆去往以色列的斯坦尼斯瓦夫·耶日·莱茨[34],但只有米沃什的出走,成为文学界第一次重大突破。但国内的文学界对该事件的反应——由权力当局所控,也让作家内心五味杂陈[35]——充斥着巨大的敌意,以至于在很长一段时期内阻止了许多可能模仿诗人的事件。

虽然有关"背叛"的消息很长时间都没有被正式报道,但事情很快就传遍了作家圈。[36]二月中旬,玛丽亚·东布罗夫斯卡得知此事。[37]三月初,兹比格涅夫·赫贝特在给图罗维奇的信中嘲讽道:"文联失去了一项有趣的任务:给米沃什找别墅住。"[38]据安娜·毕孔特①和尤安娜·什辰斯娜②的说法,很有可能维克多·沃罗席勒斯基也知道。他在月底的一次青年文学家会议上怒吼道:"切斯瓦夫·米沃在'创作'方面迷恋臭名远扬的法西斯分子艾略特。"关于米沃什,尽管被匿名提及,他也出现在了某些作品里:例如莱昂·帕斯捷尔纳克的《涂色狐狸》和阿尔诺德·斯乌茨基③的《叛徒》。可以说,前一作品为攻击打了头炮:"他们会给你那种自由,你如此想念的自由! / 自由地去擦水桶,自由地用锁链栓紧杂种狗, / 接着! 去抓挠你出汗的怀抱! / 快点,以大西洋精神去写你的讽刺作品! [……]对上清单,你这涂了颜色的游吟诗人: / 昨天是大众,今天是叛徒,明天就是,特务……"[39]

十月底,在国务委员会大厦举行了两天"艺术创作"会议,参加者包括雅库布·贝尔曼和文化艺术部副部长沃齐米日·索科尔斯基,以及大批的作家,当中有安德热耶夫斯基、布莱扎、科特、伊瓦什凯维奇、斯沃

469

---

① 安娜·毕孔特(Anna Bikont, 1954–),波兰作家、记者。
② 尤安娜·什辰斯娜(Joanna Szczęsna, 1949–),波兰记者。
③ 阿尔诺德·斯乌茨基(Arnold Słucki, 1920–1972),波兰诗人、翻译家。

尼姆斯基、瓦岑克、沃罗席勒斯基等。会议对米沃什进行了批判，或更确切地说，这是一场给他戴上叛徒帽子的大批判，是一场确保那些与他接触过的人保持思想纯洁的神秘仪式。为了重现当时的气氛，在此引述几个发言片段。扬·科特：

> 我们必须彻底坦诚地说，在我们周围有一些人，不仅具有小资产阶级的灵魂，而且表现出狗腿子的特性。切斯瓦夫·米沃什竟敢给我们许多人寄来一篇天主教新约使徒书风格的印刷书信，标题是"亲爱的同胞们"。在这篇使徒书诗文当中，他竟敢说，人不应该撒谎，因为谎言是可怕的，是所有罪行的根源。这个人没有提到，在被占领期间，他拿着立陶宛的护照保护自己，让自己的命运与波兰民族命运分离[……]，他撒谎了；多年来，他在我们的外交部门工作，他撒谎了；他来这里，在我们的文学全会上撒谎；他对自己的上级领导撒谎；他对我们撒了谎。我觉得，这个背叛的例子，也是个怯懦的例子，害怕承担责任，害怕面对困难，害怕成为国内的一名光荣作家。这件事令我们反思。而不是令我们为离开的诗人感到遗憾。我们对叛徒没有遗憾，永远不会有遗憾。[40]

安东尼·斯沃尼姆斯基：

> 从国外传来一些言论，反对我们聚集越来越多的波兰人民共同建设我们的工厂、大学、医院这一工作的方针，还呼吁同本国人民开战。这些言论是工人和农民的敌人，是重建首都的建筑师和泥瓦匠的敌人，是设计新工厂的工程师的敌人，是与农村的黑暗作斗争的党的干部的敌人。这些言论与一切破坏活动、相互仇恨、暗杀阴谋等如出一辙。

最后是雅罗斯瓦夫·伊瓦什凯维奇：

> 写作从来就是斗争。与周围环境的斗争很难，但是与自身的斗争更难。我们发现自己处于这样一种境地，一种没有选择的境地。没有躲进象牙塔的可能。没有将自己锁入静室的可能。我们必须抉择。让我们以切斯瓦夫·米沃什为警示，他渴望保留自己的象牙塔，他在越境之后，立刻就在新希特勒报刊上发文，而且与弗拉索夫在同一版面。[41]

各位发言者文体各异的调子所反映出的情感十分有意思，从科特起诉般的语气，到斯沃尼姆斯基的修辞——他必定不相信自己所说的话，但为保安全他不得不发声，还有伊瓦什凯维奇的发言，实际上是与他自己作斗争的表现，无意识中揭示了他被胁迫的事实。

在官方宣传中，不会出现任何细节，米沃什被直接认定为敌人。根据安娜·毕孔特和尤安娜·什辰斯娜的调查记录，党的基层组织对帕维乌·赫兹进行过"审讯"，"审讯"时他很快被问及"与米沃什的关系。该问题可是揭示'谁追随我们，谁反对我们'的试金石。[……]——米沃什是人渣，一个党员对其唯一的反应是向他脸上吐唾沫——雅尼娜·布罗涅夫斯卡打断了赫兹"……[42]加乌琴斯基的《给叛徒的诗》就是一次吐口水行为，这是一首吸引人的作品，优秀的文笔与舆论宣传的修辞术可悲地结合，加之理解上的肤浅，但至少带有一些真正的痛苦，或者是焦虑，回避了去怀疑的意愿，证明他还没有跌入遗忘的深渊：

> 火花在这里编织起灰暗的枝条
> 灼日当空，鸟儿荡起风来；
> 这里维斯瓦河就像灰斑鸠鸟

轻柔地吹拂起飘向月亮的波浪；
这里寄生的草丛在橡树上摇曳
当一日来临，泛起强烈的光芒，
这是我家，里面我的黑鹅欢唱，
流着泪，就像还在欢快的森林

[……]

     *

你是逃兵。
你是叛徒。

     *

你逃兵的眼睛看着东哥特人的都城，
盯着马赛克上放射状的鹅卵石，
然后用叛徒的手，拿起笔，
你想给自己的思想一个持久的形状，
然而那些字词却立起来
向你嘴里吐口水。诗句已死。

[……]

我还以为：会过去，会过去，
那些痛苦的野草我会根除，
而你总是在我记忆深处
如同浮尸依然漂浮

[……]

471

我像战舰一样航行。

前进！抵达！

席勒的《欢乐颂》伴随我。

把窗户开大！

再敞开世界！

我的诗歌，开火！

对准叛徒的嘴脸！[43]

没有别的诗人再去为米沃什写诗，安东尼·斯沃尼姆斯基在《人民论坛报》上写了一篇《清算》：

你想要什么？［……］你想要战争［……］。在成百万儿童、妇女和男子的新尸体上，在如今重建好的城市的新废墟上，你奠定自己的希望。［……］你的"爱国主义"想要反动的希特勒纳粹德国统治欧洲，你的爱国主义企图让波兰共和国失去一半的国土，并让全部波兰人民去臣服于工业大亨、瘾君子和希特勒分子［……］。你那些同伙是复活的希特勒群魔［……］，是由美国资本家付钱，并武装起来的，全世界反动的黑暗势力。我们最近在西德刊物相邻的两页上，看到你的照片旁边是弗拉索夫将军的画像［……］，这个无情的顺序将你置于与血腥雇佣军首领等同的历史位置。[44]

如今，这些文字让我们读起来感到难以置信，并且还带有某种滑稽的感觉，当时他们那样精神错乱，只叫人慨叹。然而，这些文章所表达出的冰冷距离丝毫没有影响到米沃什，他在十二月号的《文化》月刊上作了语气坚决的回应。也许正因他所遭遇的仇恨浪潮帮助他重新获得了独立，使他摆脱了自己原来的幻想，他的回应比《不》更清晰地表达出一个自由人的声音。[45]米沃什指出斯沃尼姆斯基的机会主义、知识分子的局限以及必须屈服权威的羊群效应,他宣称:"不要去用击打国家这面大鼓来使我耳聋。事件的发展不是关于波兰,而是关于世界,并且我所关心的是所有那些因恐惧而战栗或死于非命的人的命运,[……]我的计划是消除你们身处华沙的人在思想和行动之间的差距。你们在公开场合写的和说的是一回事,在私下却是另一回事。"[46]

472　　　仇恨的声音在"铁幕"两侧回荡。最高潮的一幕出现在一九五一年十一月四日这天,在华沙,也在伦敦,斯沃尼姆斯基和皮阿塞茨基两人同时对米沃什展开笔伐和讽刺。文森兹写信给约瑟夫·查普斯基说:"《消息》的最新攻击让我们大家备感沮丧。[……]我要完全肯定地说,这确实是国家罪行。因为在这一切之后,谁还会想逃出来呢。[……]而我不知道《消息》,[……]他们是否意识到,假如付给他们大钱,他们对苏联的服务将会比他们为中立的非营利组织的服务更为有效。"[47]在划分成两个阵营的世界,诗人想要占据独立的位置,为此付出的代价是纷涌而至的排斥、诽谤和蔑视。一九五七年,当伦敦波兰学生联合会邀请米沃什前来举办读书会时,与其最势不两立的波兰移民呼吁抵制,他们在西科尔斯基学院的大厅施放起烟雾,抗议称悬挂蒙特卡西诺旗帜的地方因"体制内"作家的到场而被"亵渎"。①[48]

　　　然而,国内接踵而至的声音无疑给《被禁锢的头脑》的作者带来了更多的痛苦,例如卡齐米日·布兰迪斯的小说《他将被遗忘》[49],该书在

----

　　① "二战"中蒙特卡西诺战役是有史以来最惨烈的山地战,美国、英国、加拿大、法国、新西兰、印度和波兰士兵,按照无能指挥官的命令一浪接一浪地冲向几乎坚不可摧的德军防线,战役持续四个月,盟军共有六万三千多人战死,最终在 1944 年 5 月 11 日波兰第三"喀尔巴阡师"发起的第四次进攻战役中,波兰军队在付出约四千士兵的生命激战之后,占领了卡西诺山,攻入卡西诺修道院,在废墟上升起已经亡国五年的波兰国旗,从而结束了整个卡西诺战役。

一九五五年秋季的"解冻"浪潮的前夕出版。① 小说的主人公是画家韦蒙特，他利用前往维也纳的机会逃到了西方。布兰迪斯收集了对米沃什进行讽刺诽谤所有必要的因素：立陶宛护照，在占领期间把"韦蒙特的太太"从逮捕中解救出来，并抛弃了他爱的女孩；经常接受西方的款待；在广播节目和书籍中唾弃祖国；还有叛徒主角必须遭遇的、艺术上无可挽救的失败。[50] 此外，该书最有意思的是，作者真诚地相信，作家的责任是参与集体的命运，但他所指的却不是其他一些作家所参与的那种真实的社会集体。可以说，在布兰迪斯眼中，只有普遍的集体自污才是纯洁的保证，那些拒绝这样做的人，"选择了最低级的骄傲方式——忽略；他们今天自豪的竟是，当时他们并不存在"。但是，"每个人都必须参与诞生的痛苦，这是我们的、共同的痛苦，无人能够袖手旁观"。[51] 米沃什带着幸福的距离感，在论战文章《关于封闭环境的思考》中，对这样的信念发表了评论："他们知道，他们自己正在被历史的洪流所淹没，他们没有力量去强调自己的存在，还有对自身的鄙视。由此产生出他们那种，在其他地方很少遇到的精神力度，就是互相撕咬，为的是可以相互确信，他们的行为源于自身。"（《大洲》，页391）[52]

二十世纪五十年代中期，在国家图书馆工作的马莱克·斯科瓦尔尼茨基②在学校图书馆撤下的书堆里发现了一本《救赎》。[53] 他后来成了切斯瓦夫·米沃什的笔友。波兰人民共和国政府想要确保米沃什在现实生活当中"被遗忘"。他们把诗人的名字纳入审查名单，并且毫不避讳在实际中采取各种操作，例如从百科全书中删除涉及他的词条，甚至

①　1955年春，波兰出现数百个民间社会政治团体，知识分子、工人和学生开始集中讨论当时社会敏感的政治问题，阐述独立的看法和思想，对社会舆论和民众情绪起到巨大的激发和导向作用，为"波兹南事件"和"十月事件"积聚了改革运动的社会基础。起因是当时苏联模式的社会主义在波兰社会已经被普遍认为是失败的，波兰人内心深处的反俄叛逆心理被激发，波兰的宗教和自由主义的传统回归社会，波兰党在执政中频繁失误，官僚腐败现象盛行。

②　马莱克·斯科瓦尔尼茨基（Marek Skwarnicki, 1930-2013），波兰诗人、作家、翻译。

473

通过照片处理的手法,将他从维尔诺"卡片"团队的集体照上抹除。[54]在短暂的"十月事件"之后①,米沃什的书似乎一度要在波兰出版,但事实却再次证明,祖国又将新出现一批奥威尔式的"非人"。关于米沃什的一切,得再一次保持沉默或是撒谎。诗人本人五十年代末在《给波兰共产主义者的信》中写道:"人们怀疑你是魔鬼的走狗,换作我,不会轻易接受这样的非难……"[55]

注释

[1] 切斯瓦夫·米沃什,《不》,载《文化》,1951 年第 5 期。

[2] 切斯瓦夫·米沃什,《亲爱的同胞们》,载《历史笔记本》,2004 年第 149 期。1952 年年中,盖德罗伊奇出版了一本印在圣经纸上的小册子,题为"给国家的信",内容是米沃什的诗。小册子也寄到了波兰。

[3] 安杰伊·赫丘克,《米沃什〈大洲〉》,载《波兰消息》(悉尼),1958 年 9 月 7 日。

[4] 安杰伊·帕赤科夫斯基(《米沃什"51"》,载《评论》,1983 年第 13–14 期)和尤安娜·佩什内(《"米沃什事件",即炼狱中的诗人》,收录于《书页中的恐惧:二十世纪五十年代波兰报刊上的作家和文学掠影》〔弗罗茨瓦夫,2002〕)对本章节非常简要描述的"米沃什事件"均做了专题研究。米罗斯瓦夫·苏普鲁纽克对此事持不同态度,他认为围绕米沃什的争论之所以不断升级是因为耶日·盖德罗伊奇的策略起到了效果,他希望借此加强《文化》杂志社的地位。参米罗斯瓦夫·苏普鲁纽克,《切斯瓦夫·米沃什之谜,1951 年——开始描述》,载《边缘》,2003 年第 2–3 期。

[5] 比如马里安·海马尔这首非常不入流的诗:"他是个外交官 / 吃着国

---

① 1956 年 10 月 19 日,波兰党召开二届八中全会,决定恢复哥穆尔卡等人的党籍,赫鲁晓夫下令苏联驻军包围华沙,并突然率领苏党政代表团飞抵华沙,要求出席全会,被拒绝,波兰人民举行大规模集会和游行支持哥穆尔卡,经过紧张的对峙和谈判,赫鲁晓夫让步,同意哥穆尔卡担任波党领导人,并在 20 日凌晨率苏共代表团撤离。

外的饭 ／ [……]称呼他阁下 ／ 或者报上的米沃什 ／ 因为俄国人视他为知己 ／ 这样的次数少吗？[……] ／ 当他从智利回来的时候 ／ 他们把他带到总部 ／ 瞬间他的意识形态中的 ／ 上层建筑就崩塌了。[……] ／ 那他就不是阁下，／ 也就是说,他不再是跟班。／ 为他的独立赞美吧，／ 钦佩地亲吻他吧。"

[6]《格言中的格言》,载《美人鱼》(巴黎),1952 年 3 月 1 日。

[7] 米奇斯瓦夫·格雷哲夫斯基,《万物之林》,载《消息》(伦敦),1951 年第 22 期。

[8] 彼得·约斯,《米沃什》,《新世界》(纽约),1951 年 6 月 12 日。

[9] 亚历山大·布雷格曼,《"米沃什事件"并不是新难民问题》,载《波兰日报和波兰士兵日报》(伦敦),1951 年 8 月 11 日。

[10] 齐格蒙特·扎兰姆巴,《针对新难民》,载《文化》,1951 年第 7-8 期。

[11] 尤留什·米耶罗舍夫斯基,《岛上来信》,载《文化》,1951 年第 7-8 期。

[12] 切斯瓦夫·米沃什,《回复》,载《文化》,1951 年第 7-8 期。

[13] 当然,有些人对米沃什言论的反馈也不是非常明确的。安杰伊·博布科夫斯基从盖德罗伊奇那里听说了米沃什脱逃的消息后,于 1951 年 2 月 12 日在给盖德罗伊奇的信中写道："今天我想,那些投奔到所谓我们这边的人,都是勇敢的人。此外,他还会听到许许多多假话,都会公开披露。[……]诸如他如何看待什么,如朝鲜,如他沉迷于美元……他们又会搬出陈词滥调和俗套的影射来攻击他,满嘴喷粪！足能写满三期《消息》和一整套《波兰和士兵的伦敦晚报》。"到了 7 月,他再写道："《不》= 雾中喝醉的孩子。就好像他已经感觉到灵魂中了毒,他需要很大的气力才能解毒。"摘自耶日·盖德罗伊奇、安杰伊·博布科夫斯基,《书信集：1946-1961》,扬·杰林斯基编(华沙,1997),页 179、188。

[14] 当然,米沃什在自己的解释中更多地关注那些他所造成的影响,那些和他最直接相关的事,还有变成基本的社会程序的那部分,但他在论述时——至少在作家的感觉上——有些话带有个人中心的色彩。那么,为了平衡看法,这里也引述一段贡布罗维奇的话："对我来说,文学不是事业问题和未来的纪念碑,但我有能力从中得到最大化的价值。如果说,我写的东西一无是处,那么我不仅

是一个失败的文人,还是一个失败的人。[……]他们攻击米沃什。——哈哈!他把高贵的灵魂从国内带出来,就因为他意识到,在那里写不出诗啊!他并非针对国家,也不是人的苦痛,只是为诗!我认为,在这个问题上做出这样判断的那些人,并不成熟。不管是艺术,还是祖国,其本身并无多大意义。当人,通过它们,与本质的、最深刻的价值存在联系起来,才是他们的意义所在。"摘自维托尔德·贡布罗维奇,《日记:1953-1958》(克拉科夫,2009),页162。

[15]塞尔吉乌什·皮阿塞茨基,《前同路人米沃什》,载《消息》(伦敦),1951年第44期。

[16]另参:《马克思主义者》,载《消息》(伦敦),1952年第12期;他的《致编辑部的信》,载《波兰日报和波兰士兵日报》(伦敦),1952年第16期。

[17]摘自扬·莱宏写给米奇斯瓦夫·格雷哲夫斯基的信,1951年12月2日,收录于米奇斯瓦夫·格雷哲夫斯基、扬·莱宏,《书信集:1923-1956》,贝娅塔·多罗什编(华沙,2006),卷一,页460。这本书中曾暗示,莱宏对米沃什的迷恋和因为幻想无法实现造成的厌恶"促使"他在四十年代末五十年代初写出大量的文字。在后来写给格雷哲夫斯基的信中,莱宏用了很多诨号代指米沃什,如"少见的狗屎"和"十足的笨蛋"。(同上,页173、433)在《日记》中莱宏还写过,在和朋友们聊天时,他说服朋友,米沃什的灵感是最低级、最物质的那种。参扬·莱宏,《日记》,卷二(伦敦,1970),页130。他曾评述米沃什谈切霍维奇(以及对二十世纪文学的评价)的文章说:"不知天高地厚。米沃什——我们竟不知道他还是卡拉马佐夫的兄弟,切斯瓦夫·卡拉马佐夫,他不像德米特里那样无所畏惧,甚至也没有伊万那样无比伪善。狭隘,卑鄙的小心眼,空有皮囊。"摘自《日记》,卷三(伦敦,1973),页369。最有意思的一段话写于1952年4月22日:"一整晚我都梦见米沃什,就好像他在远方争取我的认同。"摘自《日记》,卷二,页393。

[18]雷沙德·伏拉格,致编辑部的信,载《波兰日报和波兰士兵日报》(伦敦),1952年第8期。伏拉格是耶日·涅伯日茨基的化名,他是战前军事情报机构,即所谓二部的军官,是在苏联地区很多大胆的情报行动的策划者和执行者,

是与《反叛青年》《政治》和耶日·盖德罗伊奇的《文化》杂志等均有合作的专栏作家,五十年代是法国外交部苏联问题顾问。他坚持不断的指控导致米沃什十年拿不到美国签证,也让盖德罗伊奇与弗拉格决裂。在这一点上,盖德罗伊奇没有妥协,他认为,他的朋友遭受的指控根本就是莫须有。这些攻击的后果之一是约瑟夫·马茨凯维奇给《文化》编辑部写了一封信,信中说:"米沃什不是共产党员,至少我记得,1940年在维尔诺时他还不是,那时候他曾凭借自己的判断和才智指出[……]更危险的敌人。[……]或者我们说,米沃什们,是整个国家与苏联的合作状态造成了这样的结果。"摘自《文化》,1952年第4期。

[19] 书信摘录1020号,1951年2月2日于巴黎。(外交部档案室,切斯瓦夫·米沃什人事档案)

[20] 米沃什在这本杂志上刊发了《在反法西斯者大会上》和《熟悉的原理和艺术家》。后来米沃什回忆,他第一次听说盖德罗伊奇"是在三十年代,斯泰凡·纳皮耶尔斯基对我说,农业部有一个年轻公务员,非常赏识年轻诗人,值得与他联系看看"。摘自切斯瓦夫·米沃什,《传奇伊始》,载《普世周刊》,2000年第39期。

[21] 馆藏耶日·盖德罗伊奇与佐菲亚·赫兹的谈话记录由泰莱莎·图兰斯卡提供给本书作者。

[22] 摘自阿涅拉·米耶切斯瓦娃写给耶日·盖德罗伊奇的信,无确切日期(约1951年)。(文学院档案室)

[23] 1949年2月14日和4月19日信,收录于耶日·盖德罗伊奇、亚历山大·扬塔-波乌琴斯基,《通信集:1947–1974》,帕维乌·康杰拉编(华沙,2009),页85、117。盖德罗伊奇还写信给博布科夫斯基,说他非常欣赏米沃什,尽管还不知道"如果他确实害怕了[……]是否还会起到实际的效果"。摘自盖德罗伊奇的信,1949年3月8日,收录于耶日·盖德罗伊奇、安杰伊·博布科夫斯基,《书信集:1946–1961》,页76。

[24] 摘自耶日·盖德罗伊奇写给约瑟夫·维特林的信,1949年11月6日。(文学院档案室)

［25］盖德罗伊奇对这些会面的记忆有些不同,而且他直到现在仍这样认为。("在和约瑟夫·查普斯基的交谈中米沃什严厉批判了政治制度。他没有为它讲好话,正相反,他的态度是非常批判性的。"摘自《因为是一种仪式:雅采克·乍科夫斯基与耶日·盖德罗伊奇谈话录》,载《选举报》,2000 年 10 月 12 日)查普斯基却说:"我们没有聊什么原则问题——既没谈他的处境,也没谈世界政治。我到他这儿来只有一个目的:我们希望让他明白,《文化》是他的家,只要他想来,我们会一直等着他。"摘自莱娜塔·高尔琴斯卡,《巴黎群像》,页 233。而米沃什的说法是:"我在聊天时没有一丝隐瞒,我尽量准确地表达出了我的态度。在信件[指查普斯基的信,见《战后即刻》,页 594]中可以看出,我的观点是——坚持波兰人民共和国已不再是社会主义的希望,而是希望的'落空'。"摘自《战后即刻》,页 590。查普斯基可能只回忆了两次会面中没有谈论政治的那一次,因为他回美国去不久,盖德罗伊奇在给米耶罗舍夫斯基的信中描述了米沃什对"选举自由"的犹豫:"他最终的决定取决于他自身对国家形势的认识,而他已多年未回那个国家。"摘自耶日·盖德罗伊奇写给尤留什·米耶罗舍夫斯基的信,1952 年 12 月 22 日,收录于耶日·盖德罗伊奇、尤留什·米耶罗舍夫斯基,《书信集:1949–1956》,克日什托夫·波米安编(华沙,1999),上册,页 245。因此,很难说这个决定具有实际意义。

［26］参米罗斯瓦夫·苏普鲁纽克,《切斯瓦夫·米沃什之谜,1951 年:开始描述》,载《边缘》,2003 年第 2–3 期。

［27］摘自尤留什·米耶罗舍夫斯基写给耶日·盖德罗伊奇的信,1951 年 5 月 2 日,收录于耶日·盖德罗伊奇、尤留什·米耶罗舍夫斯基,《书信集:1949–1956》,上册,页 124。

［28］摘自耶日·盖德罗伊奇写给尤留什·米耶罗舍夫斯基的信,1951 年 5 月 8 日,收录于耶日·盖德罗伊奇、尤留什·米耶罗舍夫斯基,《书信集:1949–1956》,上册,页 125。

［29］参耶日·盖德罗伊奇写给麦勒希奥尔·望科维奇的信,1951 年 11 月 9 日,收录于耶日·盖德罗伊奇、麦勒希奥尔·望科维奇,《书信集:1945–1963》,

亚历山德拉·久沃科夫斯卡-勃姆编(华沙,2000),页226。

[30]《声明》,载《文化》,1951年第12期。

[31] 古斯塔夫·海尔灵格-格鲁金斯基、约瑟夫·维特林和维托尔德·贡布罗维奇等人因不同原因拒绝签署《声明》。

[32] 摘自耶日·盖德罗伊奇写给麦勒希奥尔·望科维奇的信,1951年12月20日,收录于耶日·盖德罗伊奇、麦勒希奥尔·望科维奇,《书信集:1945-1963》,页240。

[33] 摘自耶日·盖德罗伊奇写给尤留什·米耶罗舍夫斯基的信,1955年7月28日。为厘清顺序,还应注意此前做出的务实性判断:"我们和米沃什百分之百赢了。[……]选对了阵营对我们大有助益,因为我们将一位出色的、无比吸引读者的作家纳为己用。面对对手,即格雷奇,他不战即胜。"摘自尤留什·米耶罗舍夫斯基写给耶日·盖德罗伊奇的信,1955年1月25日,收录于耶日·盖德罗伊奇、尤留什·米耶罗舍夫斯基,《书信集:1949-1956》,下册,页48。

[34] 并于两年后返回波兰。

[35] 甚至东布罗夫斯卡在看过《文化》登载的《凯特曼》和《回复》后,讽刺地评论道:"这本杂志完全站在米沃什一边。很麻烦,因为不只是美国人不想接纳他,波兰移民也不想原谅他,因为他在为'华沙'政府效力了近六年之后突然'选择了自由'。他必须为那六年付出代价,也要为在美国电台讲述波兰国内无法容忍的生活付出代价,因为他根本不知道国内的生活如何。自1945年12月他离开波兰,他只回过两次国,每次不到一个月。"摘自1951年9月11日日记,收录于玛丽亚·东布罗夫斯卡,《日记:1915-1965》,卷二,页265。也有很多人提到其他观点,如雅罗斯瓦夫·马莱克·雷姆凯维奇多年后提到:"米沃什事件[……]在我的生活中扮演了重要的角色[……]。如果有谁那么伟大,写出了那么多优美的诗作,但做了当时被戏称为选择自由的事,那当然有他的道理,因为他是一位伟大的诗人。伟大诗人做的一切,都是有用的。都是在道德上说得过去的。因此,那些说他是叛徒的人是不对的[……]。如果米沃什没有离开波兰,我也许会是另外一个人。感谢上帝,他离开了,我对他只有感谢。"摘自与雅

罗斯瓦夫·马莱克·雷姆凯维奇的对话,收录于雅采克·特日纳戴尔,《家的耻辱:与作家们的对话》(卢布林,1990),页130。

[36] 他们中有些人听到了"美国之音"的公告,公告暗示了1951年2月12日华盛顿发出的书信摘录1341号的内容:"维涅维奇大使本月9日发69号电称,美国关于米沃什的声音仍然很少。"(外交部档案馆,切斯瓦夫·米沃什的人事档案)

[37] 从博莱斯瓦夫和阿涅拉的妈妈玛丽亚·米钦斯卡那里得到消息:"米钦斯卡女士来了,她是个紧张兮兮的可怜女人,尤其听到米沃什逃跑的消息,而米沃什是完全合法地乘飞机离开,到巴黎寻求庇护。美国电台也已经放出消息称:米钦斯卡女士说,米沃什在机场时给她打了电话告别,就像诀别一样[……]现在她终于明白上次米沃什到她家时为什么那么紧张了。"摘自1951年2月19日日记,收录于玛丽亚·东布罗夫斯卡,《日记:1914—1965》,页187。

[38] 摘自兹比格涅夫·赫贝特写给耶日·图罗维奇的信,1951年3月3日,收录于兹比格涅夫·赫贝特、耶日·图罗维奇,《通信集》,托马什·菲亚乌科夫斯基编(克拉科夫,2005),页19。

[39] 沃罗席勒斯基的讲述以及帕斯捷尔纳克的作品(《涂色狐狸》,1951年2月25日)和斯乌茨基的作品(《新文化》,1951年4月22日)均摘自安娜·毕孔特、尤安娜·什辰斯娜,《雪崩和石块》,页192。

[40] 这段1955年科特对米沃什的评述以及他对盖德罗伊奇的说法都是毫不含糊的。"他认为米沃什是叛徒,但对《被禁锢的头脑》极其赞赏。"编辑对米耶罗舍夫斯基说,而后者回复:"按我多次调查的信息显示,我可以向您保证,米沃什的国家里所有人都认为他是叛徒。"摘自耶日·盖德罗伊奇写给尤留什·米耶罗舍夫斯基的信(约1955年6月16日)和尤留什·米耶罗舍夫斯基写给耶日·盖德罗伊奇的信(1955年9月28日),收录于耶日·盖德罗伊奇、尤留什·米耶罗舍夫斯基,《书信集:1949—1956》,下册,页98、156。

[41] 这次会议于1951年10月27日—28日举行。发言片断摘自《学习讨论艺术理论和历史、艺术评论及艺术研究的资料》(华沙,1952)。伊瓦什凯维奇

谈到弗拉索夫时,没有提《文化》,而是提到一本德国月刊《月刊》,在其八月号上登载了《被禁锢的头脑》的片段。杂志中还刊登了多幅内容插画,而米沃什的相片被完全无意地放在介绍苏联将军安德烈·弗拉索夫与德国人合作的文章照片旁边。

[42] 安娜·毕孔特、尤安娜·什辰斯娜,《雪崩和石块》,页196。

[43] 康斯坦蒂·伊勒德福斯·加乌琴斯基,《给叛徒的诗》,载《新文化》,1952年第3期。

[44] 安东尼·斯沃尼姆斯基,《清算》,载《人民论坛报》,1951年第307期。有意思的是,这篇文章全文没有提米沃什的姓名,也没有引导该报那些肯定也没有看过德国《月刊》杂志的读者去联想文章说的是谁。

[45] 齐格蒙特·豪普特在阅读中也有这样的体会,他说:"米沃什给斯沃尼姆斯基的回复很精彩[……]比米沃什在《凯特曼》中的原则性陈述更好、更深刻、更重要也更真实。[……]在给斯沃尼姆斯基的回复中清晰展现了作者的自身形象:感动人和解放人,毫无保留地唤起他人的尊重和信任,具有高水平的智力和道德水准的人的形象,这是罕见的,罕见到非常缥缈的感觉。"摘自齐格蒙特·豪普特写给耶日·盖德罗伊奇的信,1951年12月29日。(文学院档案室)

[46] 切斯瓦夫·米沃什,《致安东尼·斯沃尼姆斯基》,载《文化》,1951年第12期。

[47] 摘自斯坦尼斯瓦夫·文森兹写给约瑟夫·查普斯基的信,1951年11月3日。(克拉科夫国家博物馆,迈松拉斐特的约瑟夫和玛丽亚·查普斯基档案,索引号:2301)

[48] 米沃什将《快报》杂志(后来更名为《大陆——信快报》)吸引的青年作家团体邀请到伦敦,其中包括安杰伊·布沙、博格丹·查伊科夫斯基、亚当·柴尔尼亚夫斯基、扬·达罗夫斯基、齐格蒙特·瓦夫雷诺维奇、博莱斯瓦夫·塔博尔斯基、弗罗里安·希梅加和耶日·斯坦尼斯瓦夫·西托。西托回忆说:"我们在西科尔斯基学院为他组织了盛大的庆功会。就是那晚之后,齐格蒙特·诺瓦科夫斯基写了:'应该把这间大厅烧掉[……]。'"摘自耶日·斯坦尼斯瓦夫·

西托，《谁还为米沃什辩护》，载《选举报》，2005 年 9 月 24 日-25 日。在齐格蒙特·诺瓦科夫斯基的《军旗外的米沃什》（《波兰日报和波兰士兵日报》，1957 年第 236 期）一文中，他写道："他挤着政治制度的牛奶，只要还有可能。[……]当他脚下的大地开始着火，他选择了自由，扔掉了手里的干草，并解释说，他以前'头脑被禁锢'。[……]可以肯定的是，这样的解读放在一间装饰着波兰军旗的大厅里举行是不合适的。应该把这间大厅烧掉。"查普斯基辩称："也许秘密警察的外国谣言那时很少被移民们相信和支持。[……]今天，对齐格蒙特·诺瓦科夫斯基来说，米沃什已经不是密探和间谍了，是一个有着'非凡才华'的人。[……]我想让齐格蒙特·诺瓦科夫斯基明白，1951 年初这个非凡才华的米沃什，与政权决裂后处处受敌，冲着他的流言蜚语从移民口中流向了各个机构。"摘自约瑟夫·查普斯基，《谈两次冒犯》，载《文化》，1957 年第 11 期。再补充一点，1957 年米沃什获得境外波兰作家协会颁发的伦敦奖；三年后，《消息》将他的《欧洲故土》评为 1959 年最伟大的移民书籍。此前，《消息》读者投票选了米沃什加入拟成立的格雷哲夫斯基文学学院，但米沃什没有接受。

[49] 卡齐米日·布兰迪斯，《他将被遗忘》，载《新文化》，1955 年 9 月 18 日。

[50] 布兰迪斯评论说："关于《他将被遗忘》：[……]文学界异口同声地说，切斯瓦夫·米沃什是其中的主要代表，到今天这已成了理所应当的事。对我来说不存在什么理所应当[……]我想证明的是，艺术家出走移民是一种背叛，是对生活里最本质的关系的否认。我认为，只有回到本土，回到祖国才能够洗白。这应该是最主要的信息，才是对《被禁锢的头脑》的回应[……]。1949 年至 1955 年间有两位波兰作曲家和两位波兰作家留在西方。我不曾想起过他们中的一个，但同时我又想到过他们的一切。"摘自卡齐米日·布兰迪斯，《岁月：1985-1987》（巴黎，1987），页 157。

[51] 卡齐米日·布兰迪斯，《他将被遗忘》，收录于《小红帽：关于现在的回忆》（华沙，1956），页 233、243。

[52] 切斯瓦夫·米沃什，《关于封闭环境的思考》，载《文化》，1955 年第 11

期。尽管在此文中米沃什做出了中庸的反应,但他一直记得布兰迪斯的这篇小文章,他于 1989 年写的一篇声明可以佐证:"我在《文化》杂志上发现一条信息:'罗马国际评审会授予卡齐米日·布兰迪斯伊格纳奇奥·西隆文学奖,表彰他的连载《岁月:1985-1987》(一千万里拉)。评审会成员包括切斯瓦夫·米沃什、弗朗索瓦·邦迪和阿尔贝托·莫拉维亚'。我很奇怪。我从这条消息才得悉此奖。没有人邀请我加入过评审会。请注意,我若颁奖给布兰迪斯,那我必须提供大量证据证明我的宽宏大量,因为他曾用斯大林主义无端对我横加指责[……]。为示公平并说明相关情况,特此澄清。"摘自《声明》,载《文化》,1989 年第 3 期。

[53] 参切斯瓦夫·米沃什,《诗与习作》,马莱克·斯科瓦尔尼茨基编(华沙,2008),页 6。

[54] "5 月 12 日的《直白》刊登了文学研究院出版的《进步新闻工作资料汇编》影印稿[……]。其中 1936 年 6 月 1 日的维尔诺双周刊《卡片》上有合作者的名单。文学研究院编辑部以奥威尔'无视事实'的手法假造了名单——涂掉了米沃什的名字。第二版《直白》对原件重新制作,加上了米沃什的名字。这样的难堪事什么时候才会结束?"摘自 1957 年 5 月 15 日日记,收录于玛丽亚·东布罗夫斯卡,《日记:1915-1965》,卷三,页 234。

[55] 切斯瓦夫·米沃什,《给波兰共产主义者的信》,载《文化》,1959 年第 11 期。

第五十三章　到底层

你必须用好美国，因为美国人不会让我再进入这个国家了。

切·米沃什致塔德乌什·布莱扎(1948)

愿你的清晨平安，愿你不被楼下的怒吼声惊扰。愿你的夜晚，不要出现疯子狂砸家门的声音。我衷心希望，你的所作所为，不要仅仅是出于对我的厌恶。你是说，他还是有一点喜欢我们，尽管不太可能。[……]天神朱诺的雷电啊，这就是我的请求，其中藏着我一整年来的感觉和思考，因为这就是我在讽刺和咆哮，还有在自私掩盖下的所感所想。我所感和所想的，是你们所有人，那些你们用荣耀和至诚的善意所承载的天意。

切·米沃什致佐菲亚·赫兹(1952)

亲爱的齐格蒙特，我现在才意识到，我是
多么爱你。

切·米沃什，

齐格蒙特·赫兹逝世后的电报(1979)

　　魔鬼是谎言的王子。米沃什要留在巴黎的最终决定，是断绝与魔鬼　　474
的契约，选择真理。诗人自己后来说："[根据需要决定]在地球上找个
能以真面目示人而无须戴面具的地方。"(《战后即刻》，页12)《文化》月
刊编辑部就是这样一个地方。米沃什发现，还有不少恶魔在此筑巢。有
趣的是，安杰伊·博布科夫斯基对他选择远离所有意识形态的"撕咬"
作出异常恰当地解读："像米沃什这类人投靠这边的行为与改换宗教如
出一辙。[……]米沃什还不能相信，他已经不再信仰。他从一开始就
走左翼路线，全身心充满对马克思主义的热烈期待。[……]信仰崩塌
的那一刻，对个人来说是非常可怕的。"[1]

　　到目前为止，这位《被禁锢的头脑》的作者从离开华沙起，到他抵达　　475
迈松拉斐特，实际上刚刚经历了一九五一年一月的两个星期。在这段时
间里，米沃什与盖德罗伊奇，与查普斯基，与结识的朋友、美国政治家兼
中情局顾问詹姆斯·伯纳姆①，保持着地下联络(奈拉·米钦斯卡可能
扮演"联络人"的角色)。伯纳姆为了保证诗人尽快前往美国，坐着一辆
出租车，把米沃什从杜蒙·杜尔维尔大街带走。而米沃什当时肯定没有
想到，他要再过三十个月才能见到家人。科内尔大街1号是《文化》月
刊的编辑部，米沃什带着两个行李箱、十五万老法郎和几条香烟来到这

---

　　①　詹姆斯·伯纳姆(James Burnham, 1905-1987)，美国著名政治理论家，二十世纪三十年代
的激进分子，美国托洛茨基主义运动的重要派别领袖。晚年成为保守主义运动公共知识分子。

里,这点香烟储备能被他以可怕的速度消化掉[2]。鉴于他的外交身份,该事件可以被大使馆指控为将外交人员绑架在"科内尔街"的一处房产中。盖德罗伊奇和查普斯基联系了法国内政部,得到了米沃什在迈松拉斐特的居留许可,并且受到当地警察局的秘密关照。[3]很快,两位法国外交部的官员出现在《文化》月刊总部,他们按照米沃什的要求,在耶日·盖德罗伊奇在场的情况下,进行了讯问。主编回忆说:"他担心他们会向他施压,要求他透露某些内部真相或情报,可这并没有发生,他们只是就人民波兰局势进行大致评估,就大使馆的活动进行一般性谈话,没有那种来自警方的施压。"[4]或许就是在这次会面当中,米沃什正式提出了在法国政治避难的要求。

　　在那个年代,遭绑架或暗杀的可能性并非幻想,于是,作家被藏了起来。如果不算与扬卡的书信往来,他只保持着与东道主的接触:盖德罗伊奇、查普斯基及其妹妹玛丽亚,还有赫兹夫妇:佐菲亚和齐格蒙特。他们组成了一个无冲突的《文化》月刊之家,一个共同居住的团体,差不多就是个"修道士"式的集体,大家将精力完全放在维系刊物的存续上。这座由德国士兵腾出来的别墅,周围环绕着花园,他几乎从不离开这里,通常总由赫兹夫妇陪伴左右。对《文化》月刊的其他工作人员,米沃什被介绍为"克维亚特科夫斯基先生"。他帮忙佐菲亚·赫兹处理家务,一丝不苟地洗盘子,同时还着手为月刊写作第一批作品,这是匿名发表的翻译作品,其中包括他多年前认识的爱德华·罗迪蒂所写的关于托马斯·默顿①的文章。[5]那时,他住在别墅的图书室里,睡一张野战行军床,裹着军用毯子。毯子可挡不住彻骨的寒冷,他应该还付不起烧炉子的煤球钱。长长的铁皮烟囱弯弯曲曲地支在天花板下,通到窗口。屋里

476

――――――――――――――

　　① 托马斯·默顿(Thomas Merton, 1915-1968),美国作家及天主教特拉普派修道士,因1948年出版的自传《七重山》蜚声国际。

还有些长长的书架和一张结实的书桌，米沃什不久后就在这张书桌上写出了《不》这篇文章。

但此时此刻，诗人正在房间里踱来踱去，一支接一支地抽着烟，不安地抓挠全身，甚至都没注意到抓出了血。他感觉不到任何至少是做出了正确决定后的轻松，相反，他被自己所认为的失败吓坏了，害怕与体制的断然分手，却让对方掌握历史的"正确"，还害怕自己背叛了朋友。正如盖德罗伊奇写信给斯坦尼斯瓦夫·文森兹描述的那样，诗人无法自己"摆脱斯大林主义的吸引力。完全就像兔子面对蛇一样。今天，他读到了一段令人厌恶的斯沃尼姆斯基的文章［……］，他按照那些俄国式忏悔当中的最佳事例，为我形容了一个场景，他说，所有指控都是正确和准确的"。[6]那些"忏悔"的过程，可以从另一封写给文森兹的信中做出推断，该信也许就是在同一天发出的，里面写到米沃什喊叫说："怎样做，才能不会感觉到，自己是叛徒和走狗？这个问题占据了我的生活，控制着我走路、睡觉，也许还会导致彻底的灾难。神圣的上帝啊，假如让我知道我将面对的一切，我永远，永远也不会那样去做。［……］请告诉我，该怎么做吧，我还有什么样的道德出路，我的左右脸被轮番抽打，我被美国人当成破抹布。［……］我罪孽深重，因为我站在［……］必要性的对立面，那个东西在全世界的胜利是不可避免的。"[7]

从今天视角来看，会很难理解，米沃什既然能够在《被禁锢的头脑》中就意识形态的依赖性进行深刻分析，为什么他自己却被这种意识形态渗透得如此之深，他是多么害怕他之前所说的所谓"历史精神"。这只能比作一种深度的疾病，一种使身体器官空虚的感染。只能通过孤注一掷的工作，通过遇到智者和爱来治愈，但治愈过程将持续数年。与此同时，他为妻子和儿子焦虑不已，佐菲亚·赫兹写信向正在柏林的盖德罗伊奇抱怨：

与切斯瓦夫共处的两天极其糟糕。我特别害怕他会发疯，或是把我们撕成碎片。您走后，他像笼中狮一样踱来踱去，一直到七点，然后给妻子发电报，而他妻子又没回复。然后，他几乎是揪着我的扣子，谋杀了我四个小时。他先是叫喊，然后我也喊，后来，他喝了一大升红酒，冷静了一点。但是，昨天又是同样一番折腾。我真真切切在想，我会得躁狂症，因为他整天在办公室的走廊里转圈，那整齐而沉闷的脚步声快把我逼疯了。可惜，我没法对他说什么，因为不管说什么他都会马上抱怨，这是在集中营里。他得出结论，他妻子没写信有两个原因：其一，华盛顿的一切都出了问题；其二，她很可能在开车出去或返回时，与孩子一起死于车祸。事实上他已经祷告让孩子安息，没什么能让他放弃这个想法。今天早上，我去印刷厂之前做早餐时，他衣衫不整地出来说：好吧，您看吧，电报没有回。我是对的，已经死了，结束了，等等。我向您保证，这个人很危险（cet homme est dangereux），宗教狂魔与他相比不过是纯真儿童。我说，不是还没来信吗。他说，"他知道"，邮箱里什么都不会有的。过了一会儿，邮件来了，他妻子来信了，信中说美国国务院非同一般地接待了她，说关系发生了变化，说现在一切都会很快解决，说他们认为切斯瓦夫的读书会活动和文章都非常正面，并要求获得重印权，等等。这么看来，他要走了吗？是吗？他的反应是先躺下睡觉，一直睡到我回来，也就是说，睡到下午三点［……］。今天午饭之后，他开始干活了，变了一个人。[8]

在这段情绪化的纠葛中，含有米沃什在高西采庄园经历的类似矛盾。他心烦意乱，气急败坏地把他的款待方看成是从战前右翼分子群体中走出来的余孽，或者用那个时代优雅的语言说，是"法西斯分子"。"世界上左派和右派之间有着明显而清晰的分野，［……］这当中达不成任何谅解。所有的波兰移民都是右翼的[……]，与立场如此鲜明的右翼杂志《文化》月刊之间的关系，使我感到极其痛苦"[9]，他在给文森兹的信中这样说，他也不放过用相似的直白语气评说其他"迈松拉斐特"居民。[10]他觉得自己被扔进了深渊，深受羞辱，命运就是这样把他和那些失败者联系在了一起，这些失败者起码是他最近还嘲笑过的，对他们甚至连一点记忆都没有留下。"当时对我来说这是往下走，到了底部，仅仅因为我没有别的地方可去。受伤的野心在很大程度上可以判断出我对款待方的无礼，和对他们气急败坏地讽刺攻击。在我与他们的争端中，大多是我挑衅、装傻，去招惹他们这些'反动派'。我们心态上彼此不同，同样也归因于盖德罗伊奇的抱残守缺，包括佐菲亚和齐格蒙特·赫兹，他们都还处于战前波兰的状态，正逐渐从中挣脱出来。"（《猎人的一年》，页312)[11]

　　《文化》月刊的家人们记得很清楚的那些挑衅行为当中，包括关于苏联是否存在劳改营的争论，他完全是有意识地想要争吵，想在各种争吵中释放自己的欲望。佐菲亚·赫兹说："有时，我们一起坐到深夜，谈论各种事情，接着就会开始争吵，切斯瓦夫就说：'你是个女法西斯，你穿黑毛衣和黑裤子（当时流行的时尚）。'我回击他说：'你是共产党，你总是穿红衬衫。'在某一次这样的争端之后，切斯瓦夫[……]说：'你们毁了我，我不能再和你们讲话，我把笔掰断了，我再也不写任何东西了。'他一边说着，一边大声嚷嚷地走出去。我们也就都去睡觉了。深夜，过了半夜两点，有人敲门。齐格蒙特问：'是谁?'我们听到切希在门外的声音：'是我。''这个钟点了你要干吗?''我写了一首诗，想现在就读给你们听。'"[12]这是一首题为《在祖先的葬礼上》的诗，很美，虽然也不亚于他对"迈松拉斐特"居民的指责那样讽刺和令人痛苦[13]：

　　　　他们输掉了自己的家园。大雪吹过了边界，

478

[……]

俄国人用坦克进入了我们城市的废墟，
给了他们法律，给他们带上了狗项圈。
帝国一个新的省份已获发展，
用煤炭、油脂和粮食做贡品。

[……]

此时，他们在洞穴的暗处颤抖，
想着，不知道自己已受到审判。

（《诗集　第二辑》，页126-127）

　　不是与米沃什惺惺相惜的查普斯基[14]，也不是成天关在办公室里掌控一切但谁也找不到的盖德罗伊奇，恰恰是赫兹夫妇，不得不承受抑郁状态下的米沃什带来的种种麻烦，他们两人后来被他称为"证人，助理，审计员，参与者，煽动者，投食者，忠告者，拧紧者，拧松者，医生，野生动物驯养者"[15]。佐菲亚为人敏捷、坚定、不情绪化，并且不倾向于去驯服这只食肉动物。齐格蒙特完全相反，像是一只"嗡嗡响的大黄蜂，寻找着生活的甜蜜"（《从我的街道开始》，页431），他是个"暴饮暴食者、美食家、酒鬼，尤其是个话痨"（同上，页435），他是坚强的"迈松拉斐特"居民当中少有的，最平和最温暖的一位，米沃什在他身上找到了清醒、理智，"幽默，善良，对民族主义的怀疑"（《米沃什词典》，页349）。当米沃什可以进巴黎城里的时候，齐格蒙特总会在他的口袋里塞进一百法郎，这样，作家进城就能买得起车票，一包香烟和一杯红酒。他的话语比一眼看去更为明智，也更准确地表达出米沃什的心理："切希，你别说

话，你会胡说八道的。你该动笔去写。"(《从我的街道开始》，页435)赫
兹在一九三九年九月之前，是比利时索尔维公司驻波兰的代表，战后他
本可以轻而易举地开创自己的商业生涯，然而他选择去做不讨好的"无
所不能的人"，为帮助不能离开《文化》月刊的妻子，他还将每月的期刊
打包，用手推车运去邮局。这样一干就是很多年，他爱控告人、聪明，有
时也恶毒，"听从博爱的召唤，做人们的朋友"(同上，页440)，他会为他
人牺牲自己，对接踵而来的波兰人给予方方面面的关照。他关照的第一
个人，或许是最麻烦的一个人，就是从科内尔大街搬来的米沃什。米沃
什承认说：

> 您与我一起经历的旅程很艰难，毫无疑问……齐格蒙特，我很
> 感谢您，您以真正朋友的恐怖来对付我，用各种各样的行动来激发
> 我，只是为了监督我，让我去写作，去刷锅。遗憾的是你施加于我的
> 恐怖太少了。你永远燃烧着善良的火焰，当我非常孤独的时候，我
> 可以在你善良火焰的周围取暖。你知道，我在迈松拉斐特所经历的
> 这段时间在我生命中有多艰难，但愿它在您眼中至少可以为我的自
> 我中心主义做部分辩解吧[……]我请您，继续做我友情的巨人，假
> 如谈起我，就像谈论一头具有人体反射的猪吧。[16]

一张一九五一年的照片，展现了杂志社编辑团队的成员，他们站在科内
尔大街杂志社建筑的台阶上，其中在画面一侧走出了团队的，是切斯瓦
夫·米沃什，一起的还有一位穿着浅色西装、戴着眼镜、发型梳理入时的
先生，这个人就是詹姆斯·伯纳姆。关于他，查普斯基后来这样写道：
"在我们的美国朋友之中，他是最早、最杰出，与我们关系最诚挚的盟
友。"[17]在三十年代后半叶，伯纳姆在其托洛茨基主义者早期时代，经历
了思想上的转变。随着时间推移，他成为"冷战理论家"，反对美国的消

极"遏制"战略,反对激进的反共行为。他是经济学家、社会学家,著有《管理革命》和《是被动抵抗还是主动解放?》(由《文化》杂志社出版)等著作。战争期间,他开始与美国战略情报局(Office of Strategic Services)合作,这是美国中央情报局的前身,他在整个五十年代同时担任其顾问。他在法国偶然认识了查普斯基,很快就成为《文化》月刊团队的朋友,当画家(查普斯基)在美国期间,伯纳姆带领他参观了五角大楼("他请我对他们的各种苏联事务和苏联政治方面的专家讲述我所看到和经历的事情")。[18]他很快邀请盖德罗伊奇和查普斯基参加了在柏林举行的文化自由大会。这是在战后的欧洲,来自不同国家的知识分子、科学家和作家们首次汇聚一堂。一九五五年,盖德罗伊奇向米耶罗舍夫斯基保证,"感谢伯纳姆的运作",获得美国的签证,将不会有什么困难。[19]而在四年之前,就米沃什的情况而言,这些关系被证明是不够的。

480

自从他们在华盛顿第一次接触之后,查普斯基和盖德罗伊奇就非常认真地重视米沃什出逃的可能性,并努力为此做好准备,包括为米沃什提供确保能够前往美国的中转通道。[20]这些运作的相关证明保存在文学院档案室馆藏的盖德罗伊奇-查普斯基-伯纳姆之间各种通信文件中,其中的主题之一就是米沃什,被以字母"M"进行了秘密标注。保存下来的第一封信,日期是一九五一年一月三十一日,查普斯基提醒伯纳姆他们有关米沃什前往美国的谈话,其中提到画家与之进行了两次长谈:米沃什在其间并没有隐瞒他对波兰现实的负面看法,但他与国家分手的可能性将取决于他自己要亲眼看到当时的局势变化。接下来,查普斯基概括总结了使作家脱离波兰的事情经过,然后告知对方:"他在这里[……]等待他的外交护照能否获得签证的消息,通常情况下,能够直接获签,但这次的材料并不是通过波兰大使馆递交的。我尝试了你们此地的大使馆。不可能办到。华盛顿的答复是,对这位先生不太感兴趣[?],且签证必须在美国本土发放。"答复强调了米沃什"对你局"的用处,认为"提取"他具有极为重要的意义:这会成为苏联知识届,也是该级别的作家届与[……]的首次决裂。信的后面部分,表明他和盖德罗伊奇两人意识到了组织后续出逃行动的可能性,但条件是"米沃什事件"的成功,而这超出了他们在巴黎所接触到的那些美国官员的权限。[21]由此,最终做出的戏剧性呼吁是:"我非常强烈地请您告知我,我应该如何处理 M。目前他仍在巴黎自己的位置上,四面楚歌,身陷围猎。[……]如今在美国,没有任何人能够像 M 这样,可以向所有同志解释清自己的历程,可以向另一个,和我们一样秉持反叛精神的民族,解释清推行了五年斯大林主义的政权。我特别考虑到爱因斯坦,他与 M 保持着特别友好的关系。您是否能决定立即给予 M 签证?"

此前,查普斯基肯定还写过其他的信件或者电报,其结果就是从美国传来了积极的消息,而米沃什终于可以做出最后的决定了。在二月八日的信上,我们找到了对"詹姆斯"的致谢,并得知米沃什将暂时留在《文化》月刊总部,等待美国签证。[22]或许是因为害怕被追查与《文化》月刊的关系,或是害怕会被送回波兰,作家加速了自己的决定。不管怎样,这时候此事却出了岔子。

之前提到过,米沃什在一九五一年二月二日给爱因斯坦的信中写道:"我在这里的朋友已经联系了美国大使馆,但华盛顿的答复是否定的。我认为从政治的角度来看,这是非常不明智的。[……]更不用说纯粹是人性上的事情。[……]在这个我生命中最关键的时刻,我请求您的帮助。我不知道您可以做什么,但是您的名字受到所有人的尊敬。我认为,您在总统那里进行干预应该是管用的。我是在美国出生的两个孩子的父亲。我从来都不是共产党的党员,[……]也不是其他政党的成员。"[23]二月六日,爱因斯坦回复说,将帮助就此事在国务院进行干预,但他采取的任何行动可能只会让情况更糟。不到一周,这封信的副本由盖德罗伊奇发给了伯纳姆,敦促并说明道:"这件事情的解决方式,

481

将对我们在'铁幕'后启动的行动产生重大影响。"[24]正如盖德罗伊奇同样指出的,很难断定,米沃什的遭遇是否会影响到阿尔伯特·爱因斯坦的政治观点,但毫无疑问,他努力帮助过这位波兰诗人。二月十一日,米沃什在接下来的一封信中写道,在国务院的努力是通过"朋友的朋友"推动的,这必定是伯纳姆的想法,无法确定,最终是否能够成功。在这种情形下,爱因斯坦向克里斯蒂安·高斯强调说:"我认为米沃什先生是一个正派和诚实的人,我不认为他会去说那些可以被用来宣传反对他的国家的事情。"[25]这意味着,鉴于当时的"紧张局势",这一问题"将非常困难",可能指的是两个霸权之间的冲突,以及当时在美国被"红色歇斯底里"以及麦卡锡参议员的运动所主导的政治气氛。出于这些原因,尽管有着良好的意愿,高斯没有决定亲自采取任何行动,而是请求他认识的助理国务卿进行干预,并写信答复爱因斯坦:"我认为障碍是《麦卡伦法案》,而不是国务院的态度,但我不会失去希望。"[26]

一九五〇年通过的《国内安全法》,是由发起人参议员帕特里克·麦卡伦的名字命名的法律,其目的是防止"红色"渗透,其中包括阻止涉嫌进行共产主义活动的人(现在或过去是共产主义政党的成员,或与共产主义国家的机构有关系的人员)进入美国,并防止其获得公民身份。一九五二年三月,也就是米沃什"选择自由"一年多以后,在很流行的《生活》周刊上,出现了一篇题为《麦卡伦铁幕》的文章,讨论了严格遵守这项法律条款所导致的荒谬情况。在格雷厄姆·格林(他长期被拒发签证)及亚瑟·库斯勒(他仅在国会特别许可的情况下才进入美国)之外,当中还谈到了米沃什的案例。这位匿名记者强调,美国当局的行动致使诸如米沃什这类人才的知识无法利用,而这些知识在相应斗争中极有价值。

通过收集米沃什努力获取美国签证相关的各类信息,可以得出的结论是,此事所考量的至少有三种条件。首先是米沃什本人的地位:他是贝鲁特时期的波兰的前外交官,而且伯纳姆曾在一封信里指出[27],他一度是左派的人。如果美国驻巴黎大使馆的官僚们能够向波兰当局询问,约瑟夫·查普斯基在签证申请表上填写的战前地址是否属实,那么他们当然也可以"曝光"米沃什在维尔诺的过去,即使是去利用波兰侨民的帮助。在他们眼中,左翼与实施共产主义没什么不同,于是拒绝作家入境美国。这项禁令被持续执行下来,哪怕在美国报刊上对作家进行了很多报道(例如,一九五一年十二月刊登在《纽约时报》和《新领袖》上的专栏文章,其中将"米沃什事件"称为"愚蠢所导致的悲剧")。[28]伯纳姆和许多机构施加过一些压力,还包括诸如"国际救援委员会""美国公民自由联盟""全国天主教福利大会",特别是"美国文化自由委员会"(ACCF)的努力。该委员会于一九五二年一月在报刊上发表了致国务院签证处的一封公开信,签名者包括希尼·胡克、奥登和库斯勒,还得到了马里坦的支持,信中还转载了米沃什在欧洲报刊上刊登的文章。"美国文化自由委员会"活动家希尼·胡克同时也是活跃在欧洲的"文化自由大会"(由中央情报局秘密资助)的创始人之一,后文还将谈到,该组织与米沃什合作密切,发表过他的文章,邀请他参加过会议并举办讲座。于是,很难不注意到,由莎拉·米勒在华盛顿档案馆追索"米沃什事件"时所发现的悖论:中央情报局的一个部门,为了与共产主义作斗争,极力阻止米沃什进入美国,而该局的另一个部门,同时却在通过国会,利用米沃什进行着同一项斗争。[29]

483

　　第二种条件,是给波兰移民的份额,即所谓额度,全部用光了,而大使馆官员却对米沃什的情况需要给予特殊对待缺乏理解。在头一个月,那些官员显然根本无意与米沃什交谈并处理他的申请,直到三月初,查普斯基给伯纳姆写信说在其干预之后,他才终于收到给米沃什的签证申请表,这才使他第一次有了成功解决问题的希望。[30]米沃什在迈松拉斐特填写完成了长长的签证问卷,后来应该也是查普斯基于一九五一年四月十三日提交到使馆的。以保存在拜内克珍本及手稿图书馆的信件作为参考资料,可以得出结论,即米沃什曾经考虑过利用立陶宛的"名额"来获取签证,以及如果无法获得成功,转而去获得加拿大的签证,并希望后续能够从该国转赴美国。另一个单独的问题是,作家在"曝光"之后得离开他在迈松拉斐特的藏身之处[31],他显然将美国领事的"讯问"看成是太丢人的事情,并避免就此去按照自己的利益行事,扬卡也担心,如果真的发生这样的谈话,她丈夫会争吵起来,而这将葬送获得积极结果的机会。

　　第三种条件是海外波兰移民对米沃什的态度。"米沃什麻烦的主要原因,是他的同胞们(当然,我是指那些在国外的波兰人)。你可以理解,难以轻视'西方之友'所写的那篇令人不快的报道。"伯纳姆在一九五一年八月这样解释道。[32]这一看法并不令他的朋友们感到惊奇,他们都亲身经历过很具有影响力的那些波兰海外移民的行为。查普斯基后来回忆:"我眼前还闪现着原波兰共和国大使,他后来成为居住在华盛顿自家别墅里的美国公民,他的那张脸,如同铸造在勋章上的面孔,威严而崇高,叫喊着:'我不允许……我不会让……'那张职业两面人的脸,指着鼻子,警惕的嗅觉像是在厌恶间谍的臭味[……],另外就是,所有那些带着灵感和善意的小行动,以免米沃什不受尊重。"[33]这里所说的是叛逃出走的波兰政府派驻大使扬·切汉诺夫斯基,查普斯基在一九五一年春天第二次访美时,曾访问过他。还得再谈谈前文提到过的雷沙德·伏拉格。多年后,米沃什提到过伏拉格的情人,曾经在驻巴黎的美国大使馆工作,她对米沃什做出了最坏的评价。从一九五二年二月二十日主编写给伯纳姆的信中可以看出,这女人出身于俄国,与俄国右翼移民联系紧密,名叫纳塔莉亚·康斯坦蒂诺夫娜·马克,她在美国大使馆担任秘书哈里森的助理,后来成为伏拉格的妻子。

　　然而,热衷于在美国当局面前诋毁诗人的人,远远要比在"地狱波兰"的多,移民社会的争吵加剧了这种气氛,他们往往对被判放逐者的绝望充耳不闻。他们当中有些人必定是真的相信米沃什有罪过[34],相信与他相关的所有一切会带来威胁,并且相信他们自己行为的正当性,而其余的人,则可能是受到一般性的嫉妒所引导。一九五一年九月,盖德罗伊奇告诉博布科夫斯基说:"美国的波兰人陷于愤怒,一轮轮地进行谴责。米沃什在国际媒体上的地位越高,这种愤怒就越强烈。"[35]他在两个月后写道:"美国大使馆通知我们,米沃什不能得到签证的唯一原因,就是波兰移民的大量谴责和干预。"[36]他在后来写给斯坦波夫斯基的信中承认:"我们竭尽所能地帮助他,然而到目前为止,格雷哲夫斯基和皮阿塞茨基的力量却更为强大。"[37]

在这些帮助行动当中,还包括查普斯基向伏瓦迪斯瓦夫·安德斯将军求助,希望他为米沃什出具一份正面的证明文件,并就米沃什的事情向美国国务卿提出要求(查普斯基在信件的结尾写道:"我想请将军先生相信,我给将军先生写这封信,完全不是作为一个'理想主义者、艺术家或一般意义上的完人',而是作为,一个人。对这个人而言,他向将军提出的这个请求,是他对波兰的政治责任"),对此,安德斯礼貌地予以回复,拒绝了请求。[38]同样,他还尝试通过阿尔弗雷德·伯恩斯坦与斯坦尼斯瓦夫·米科瓦伊赤克联系,通过康斯坦蒂·耶伦斯基和爱德华·博罗夫斯基同梵蒂冈联络——后者曾经是米沃什的中学同学,后来是波兰流亡政府驻圣城的外交官。[39]米沃什告诉斯坦尼斯瓦夫·文森兹说:"教会的官员[……]要求我发誓,我将不削弱美国的天主教阵营,不公开反对伦敦波兰流亡政府,[……]我现在的处境最为危急,不能拒绝帮助。所以我回信,试着说出我对这些事情的想法:我过去从来没有反对过教会,将来我也不会,因为这与我的信念背道而驰;我不打算支持或反对伦敦波兰政府,因为我无意加入波兰移民的纷争中去。"[40]

所有这些尝试都没有带来结果,直到米沃什最终决定放弃做进一步努力,他决定留在法国,并将家人接到这里,这已经成为他与扬卡之间长期而痛苦的争端的焦点。[41]然而他已经遭遇的仇视和轻蔑让他付出了很大代价。他陷入无法挣脱的绝望,对那些他认为对他自己的命运和与家人分离负有责任的人产生了强烈的厌恶。他在"自由"后的第一年结束时,对文森兹承认说:"我永远不会忘记,[⋯⋯]做个鼠辈意味着什么。[⋯⋯]如果不是美国人,我的妻子和孩子早就饿死了。我痛恨国外的波兰移民,但我对此又无能为力。"[42]在下一封信里,他为自己只找到一条出路:"博罗夫斯基在华沙自杀了,他拧开了燃气阀门。[⋯⋯]或早或晚,我也必须了结自己。"[43]四分之一世纪过后,他对亚当·米奇尼克讲述了那些日子的情景。米奇尼克写道:"我们约在了拉丁区[⋯⋯],一家不大但是很亲切的保加利亚餐馆。我们坐下来,米沃什点了红酒,他说——这就是我想邀请您来的地方,五十年代初的时候,我每天都来,当时,每天我都会想,我要在今天自杀。"[44]

注释

[1] 摘自安杰伊·博布科夫斯基写给耶日·盖德罗伊奇的信,1951年11月16日,收录于耶日·盖德罗伊奇、安杰伊·博布科夫斯基,《书信集:1946-1961》,页203。

[2] 参齐格蒙特·赫兹写给切斯瓦夫·米沃什的信,1974年6月10日,收录于齐格蒙特·赫兹,《致切斯瓦夫·米沃什书信集:1952-1979》,莱娜塔·高尔琴斯卡编(巴黎,1992),页412。

[3] 盖德罗伊奇1951年2月1日日程表(藏于文学院档案室)中写道:"15:30 布莱森参议员"、"16:30 贝尔托—地点[?],索绪尔街11号"。后面这条街指的是现实中的索绪尔街,因为11号正是内务部办公室所在地,还是国家安全局和通用信息局的总部。那么"贝尔托"指的是否就是当时的国家安全局局长皮

尔·贝尔托呢？盖德罗伊奇和查普斯基也和奥赛码头有联系，那里是外交部所在地。在战前波兰驻巴黎外交官，也是戴安·罗斯柴尔德的丈夫阿纳托尔·穆尔斯坦的帮助下，《文化》杂志与外交部的关系一直不错。查普斯基与法国外交人员如让·拉洛亚和吉尔斯·德·布依格格林私交很好。感谢《文化》档案室多年的管理人雅采克·克拉夫赤克向本书提供有关信息。

[4]《因为是一种仪式：雅采克·乍科夫斯基与耶日·盖德罗伊奇谈话录》，载《选举报》，2000 年 10 月 12 日。

[5] 爱德华·罗迪蒂，《美国沉思诗人》，《文化》1951 年第 4 期。米沃什匿名翻译了库斯勒的诗《渴望的艺术》的片段、米·索奇科娃的书《1945–1950 年间捷克文学危机》以及未知作者的文章《斯大林和罗马历史新概念》。

[6] 摘自耶日·盖德罗伊奇写给斯坦尼斯瓦夫·文森兹的信，1951 年 11 月 9 日。（文学院档案室）

[7] 1951 年在读了安东尼·斯沃尼姆斯基的文章后，切斯瓦夫·米沃什给斯坦尼斯瓦夫·文森兹写的信，无确切日期。

[8] 摘自玛格达莱娜·格罗霍夫斯卡，《耶日·盖德罗伊奇：从梦中到波兰》（华沙，2009），页 201。扬卡对缺乏丈夫的信息也有类似的反应："你写作中断了一段时间，这不是好事。上一次你是 2 号写的，今天是 12 号。我极其担心。我想，应该是发生了什么。[……]你自己写过，和他们相比艾尔·卡彭就是个孩子。我总不明白，你是不是足够重视。如果明天再不来信——我不知道，我又会拖着双腿想到自杀。"摘自雅尼娜·米沃什写给切斯瓦夫·米沃什的信，1951 年 3 月 12 日。（拜内克图书馆）

[9] 摘自切斯瓦夫·米沃什给斯坦尼斯瓦夫·文森兹的信，1951 年，无确切日期。（克拉科夫切斯瓦夫·米沃什档案馆）

[10] "我非常喜欢他，但他有时会让我们有点儿神经兮兮的。最让我们不高兴的是，他尽管喜欢我们，但却把我们看作是他不屑的保守派，如他强调的那样，他和我们没有任何关系。有点儿单相思的关系。可以理解成，我们照顾他是出于原则，并非为了眼前利益，不为广告效应，有时候这很令人伤心。"1951 年

9 月17 日耶日·盖德罗伊奇在给斯坦尼斯瓦夫·文森兹的信中冷冷地写道。
（文学院档案室）

[11] 兹齐斯瓦夫·瓦平斯基评论米沃什对《文化》出品文章的看法时说：
"今天看来仍令人惊讶。需要提醒的是：《文化》的编辑们那时得出一个假设，
第三次世界大战、核战争，是不可避免和必要的。任何影响国家的尝试都有其意
义。移民们应该集中全力组织西方舆论以加快双方军事冲突的发生，并保证波
兰在战后秩序中获得最有利的位置。[……]《文化》社所有后来的政治弹性和
现实主义——即对国内环境产生巨大影响并最后成为诱发团结革命的因素之
一——那时还不存在。而'米沃什事件'[……]使这本月刊逐渐发生了政治上
的改变（后来支持哥穆尔卡，不承认维尔诺和利沃夫，然后还站队党的'修正主
义者'，等等）。"摘自兹齐斯瓦夫·瓦平斯基，《米沃什的〈战后即刻〉》，载《选文
II》，2001 年第3–4 期。

[12] 佐菲亚·赫兹，在调查"我的米沃什"中的叙述，载《普世周刊》，
2001 年第26 期。

[13] 这首诗以墓志铭"不可理喻的贵族与先祖一同埋葬"（《诗集　第二
辑》，页126）开篇，还包含其他涵义：《网球游戏》（1791）的诗作者安德烈·舍尼
埃，与米沃什类似，是革命的支持者，但他反对恐怖主义，最终被送上断头台。

[14] 参："五十年代我和《文化》的冲突在多大程度上牵扯到查普斯基？我
不得不问问自己，因为我的崇拜，甚至是敬仰，都可能带来这样的疑惑，是否我们
之间从来没有过摩擦。他逐渐成为一个传奇，而且越来越高大，作为画家、见证
者、作家，他的日记、文字和素描都将成为历史性的杰作。[……]我从查普斯基
那儿第一次看到了西蒙娜·薇依的《重负与神恩》。他还给我看过戈比诺评论
被迫叛教者的文章。我可以和他讲真话。但是我们之间确有隔阂。我假设，他
所说的都有道理，但我仍反对，因为我的思想已经被污染了。我的第二个假设，
因为我在性格和思想上有所缺陷，我对'是-是''否-否'问题一贯地（辩证地！）
不信任，并因此精确地猜出查普斯基的某些特征。这些特征，将他与他的波兰贵
族的、骑士的、理想主义的、浪漫主义的、旧波兰的圈子连接起来，与此同时，他的

另一些特征为他打开了艺术、哲学和宗教的大门。我谴责的恰恰是第一个有点儿喋喋不休的占据道德制高点的查普斯基。"参《猎人的一年》，页332。

［15］1953年3月3日写在《被禁锢的头脑》新书上送给佐菲亚和齐格蒙特·赫兹的赠言。摘自莱娜塔·高尔琴斯卡，《巴黎群像》，页236。

［16］摘自玛格达莱娜·格罗霍夫斯卡，《耶日·盖德罗伊奇：从梦中到波兰》，页202。米沃什在同一天给耶日·盖德罗伊奇和齐格蒙特·赫兹各写了一封信："哦佐希，佐希，要用什么词来形容电光火石、暴雨激荡、朱诺的怒火和穿透空气的火焰？我就这样冲你来了，不开玩笑地奉上这封信，它不是情书，不是缴税单，而是一封恳请友谊的信。那从图书馆的房间里取来的毒药，弥漫在房间的每个角落，那图书馆里的肮脏、恶臭和咆哮，那从外面砸在屋子上的冲击，如何才能得体地清算？［……］我请你原谅这一切。让你享受宁静的清晨，让你听不到底层疯子的呼号。让你的夜晚不被疯子砸门。［……］我的电光朱诺，这就是我的请求，其中藏着我一整年来的感觉和思考，因为这就是我在讽刺和咆哮、还有自私的掩盖下的所感所想。我所感和所想的，是你们所有的人，那些你们用荣耀和至诚的善意，所承载的天意。"（文学院档案室）米沃什曾写过一篇题为"有一次……"的感人至深的文章回忆齐格蒙特·赫兹，刊发于《文化》，1980年三月号；《从我的街道开始》，页431-446。

［17］约瑟夫·查普斯基，《詹姆斯·伯纳姆（1905-1987）》，载《文化》，1987年第10期。

［18］同上。

［19］参耶日·盖德罗伊奇、尤留什·米耶罗舍夫斯基，《书信集：1949-1956》，下册，页107。

［20］1951年2月3日盖德罗伊奇在给博布科夫斯基的信中写道："我必须与您分享我的感觉，当然也有点儿兴奋（同时请您慎重考虑）。我们的工作算是开始了。我们已经解决了米沃什的自由选择问题［……］。我们还得给他解决美国签证，现在暂时保密。他在那边应该能发挥更大的作用。［……］您想，美国人也不是什么都帮忙的。他们压根还没有搞明白来龙去脉。"摘自耶日·盖

德罗伊奇、安杰伊·博布科夫斯基,《书信集:1946-1961》,页177。

[21]"还没办法与这里的大使馆谈出个所以然来,他不过是听候华盛顿命令的普通职员罢了。五个月前我们就和D讲过米沃什的事,他那时还很兴奋,现在却帮不上忙。"谁是"D"? 后面的几封信中也曾提到他,他曾资助出版《被禁锢的头脑》,也曾帮助《文化》在柏林的通讯员。摘自约瑟夫·查普斯基写给詹姆斯·伯纳姆的信件副本,1951年1月31日,原件为法文,翻译:克莱曼蒂娜·苏哈诺夫。(文学院档案室)

[22]摘自约瑟夫·查普斯基写给詹姆斯·伯纳姆的信件副本,1951年2月1日。(文学院档案室)在下一封没有落款、日期的信(可能写于2月初)中,查普斯基写道:"M选择了自由,我们请他来家里做客,暂时保密。他的处境非常戏剧化。他迅速地辞了职,因为其他办法都行不通,他已经被监控了,这就导致他的太太和两个孩子单独留在了华盛顿。[……]很显然M想去找他的家属。"(翻译:克莱曼蒂娜·苏哈诺夫)在这封信里第一次提及,米沃什可能会对文化自由大会感兴趣。

[23]摘自耶路撒冷希伯来大学阿尔伯特·爱因斯坦档案,原文为英文,翻译:克莱曼蒂娜·苏哈诺夫。米沃什同样曾向艾略特和玛格丽特·斯托姆·詹姆斯昂求助,后者为此事还和库斯勒联络过。

[24]摘自耶日·盖德罗伊奇写给詹姆斯·伯纳姆的信件副本,1951年2月12日,原文为英文,翻译:克莱曼蒂娜·苏哈诺夫。(文学院档案室)

[25]摘自阿尔伯特·爱因斯坦写给克里斯蒂安·高斯的信,1951年2月21日,原文为英文,翻译:克莱曼蒂娜·苏哈诺夫。(耶路撒冷希伯来大学阿尔伯特·爱因斯坦档案)

[26]摘自克里斯蒂安·高斯写给阿尔伯特·爱因斯坦的信,1951年3月7日,原文为英文,翻译:克莱曼蒂娜·苏哈诺夫。(耶路撒冷希伯来大学阿尔伯特·爱因斯坦档案)

[27]摘自1951年2月27日詹姆斯·伯纳姆写给约瑟夫·查普斯基的信。(文学院档案室)

[28] 是指沃尔特·赫·瓦格纳的文章(《纽约时报》,1951 年 12 月 9 日)、珀尔·库格的信、文化自由委员会美国分会工人的信(《纽约时报》,1951 年 12 月 21 日)和文章《米沃什事件》(《新领袖》,1951 年 12 月 10 日)。

[29] 感谢伊莱娜·格鲁金斯卡-格罗斯提供相关信息并帮助获取莎拉·米勒的初步研究成果。伊莱娜写道:"在美国处的档案里还有一本关于 1951-1952 年米沃什的'文件夹'。除了涉及米沃什的情报信息外还包括文学评论和作品分析。档案作者写的备忘录显示,他认为米沃什是一位二流诗人,和布罗涅夫斯基、图维姆和海马尔相比差很多。"见伊莱娜·格鲁金斯卡-格罗斯,《米沃什和布罗茨基:磁性的土地》,页 79。

[30] 摘自约瑟夫·查普斯基写给詹姆斯·伯纳姆的信件副本,1951 年 3 月 3 日。(文学院档案室)

[31] "在我们的客人 M 先生的事情上,我们还没有收到他或者大使的消息。情况开始变得危险了。因为此时他的前东家正在追他,不排除他们想阻止他'选择自由'的可能性。"摘自耶日·盖德罗伊奇写给詹姆斯·伯纳姆的信,1951 年 2 月 15 日,该信第一稿为波兰文,后来被翻译成英文。(文学院档案室)

[32] 摘自詹姆斯·伯纳姆写给约瑟夫·查普斯基的信,1951 年 8 月 10 日,原文为英文,翻译:克莱曼蒂娜·苏哈诺夫。(文学院档案室)该信作者还写道,在他的建议下《党派评论》刊登了《被禁锢的头脑》中"穆尔提-丙"这一章节,还支付了一百美元的稿酬,"这钱也许用得上"。在查普斯基 1951 年 11 月 24 日写给伯纳姆的信中,也提到了米沃什被有些移民指控为间谍的事。查普斯基在信中保证说,自己完全相信米沃什,尽管他有时会说"傻话",但也不应该匿名指控他,还像卡夫卡的《审判》那样,不给他辩护的机会。

[33] 约瑟夫·查普斯基,《谈两次冒犯》,载《文化》,1957 年第 11 期。

[34] 阿涅拉·梅切斯瓦夫斯卡对米沃什极度怀疑,但她尽力克制自己对他做出不利评价:"我曾经也写过,有人问我对他的看法,因为我不想伤害他,我会将话题引向另一个人。因为我自己活得真诚,所以我也必须说出真相。我要说,我在这里没见过他,我没去过一次阅读会,我更不喜欢他写的关于国家的文章,

从很多共同的朋友那里我听说了他的观点,另外就是他坚持说他不会留在国外。而我知道,他今日的态度更多是由家庭因素造成的,而非意识形态。对这样的行为我怎么尊重得起来?"摘自阿涅拉·梅切斯瓦夫斯卡写给耶日·盖德罗伊奇的信,1951 年,无确切日期。(文学院档案室)

[35] 摘自耶日·盖德罗伊奇写给安杰伊·博布科夫斯基的信,1951 年,收录于耶日·盖德罗伊奇、安杰伊·博布科夫斯基,《书信集：1946-1961》,页 191。

[36] 摘自耶日·盖德罗伊奇写给本尼迪克特·海登科的信,1951 年 11 月 4 日。(文学院档案室)

[37] 摘自耶日·盖德罗伊奇写给耶日·斯坦波夫斯基的信,1952 年 2 月 18 日,收录于耶日·盖德罗伊奇、耶日·斯坦波夫斯基,《书信集：1946-1969》,上册, 页 172。

[38] 在此引用双方书信片段供参考。1951 年 10 月 22 日约瑟夫在给伏瓦迪斯瓦夫·安德斯将军的信中写道:"我们在文化自由大会上得到的消息说,至今不给他签证的唯一原因是有些成功的波兰移民对他的攻击颇为激烈。[……]我完全不知道,波兰和波兰政客'谋杀'这么一个杰出的诗人能得到什么好处,他不过是与当权者分道扬镳,而他的反苏言论暂时还是非波裔反苏左派耳朵里听到的唯一言论,这或许就是我们的焦点,他们至少和右派不相上下。[……]将军您的声音一定能够抹去所有移民们以您的名义做出的指控。"1951 年 10 月 29 日伏瓦迪斯瓦夫·安德斯将军回复约瑟夫·查普斯基说:"亲爱的约瑟夫,[……]我根本不认识米沃什先生,因此我不能保荐他。[……]我很遗憾,我要拒绝你,我知道,你的作风一向具有深刻的爱国情怀和贵族风度。确实应该帮助那些逃离波兰,逃脱苏联控制的人们。但我不认为,我们还要竭力保障他们在自由人的世界依然享有崇高的地位,和他们此前在等级体制下的地位相当。"(伦敦波兰学院和西科尔斯基将军博物馆,安德斯将军藏品 11 / 90 号)

[39] 参:"明天我要去见博罗夫斯基,听听他的建议,看看怎样才能帮助米沃什拿到美国签证。"摘自康斯坦蒂·亚历山大·耶伦斯基写给耶日·盖德罗伊奇的信,1951 年 11 月 29 日,收录于耶日·盖德罗伊奇、康斯坦蒂·亚历山

大·耶伦斯基,《书信集: 1950–1987》,沃依切赫·卡尔平斯基编(华沙,1995),
页 84。

[40] 摘自切斯瓦夫·米沃什写给斯坦尼斯瓦夫·文森兹的信,1951 年,
无确切日期。(克拉科夫切斯瓦夫·米沃什档案馆)

[41] 在收到扬卡的电报后,米沃什可能于 1953 年 7 月 1 日从美国大使馆
撤回了签证申请,因为电报上写了他们来欧洲的最终确定日期。

[42] 摘自切斯瓦夫·米沃什写给斯坦尼斯瓦夫·文森兹的信,1951 年底。
(克拉科夫切斯瓦夫·米沃什档案馆)在给望科维奇的信中,米沃什的语调几乎
相同,他写道:"我给妻子写信说,我希望我的儿子们会说波兰话,给他们讲一讲
立陶宛和波兰的故事,还有内韦日斯河,我就出生在这条河边,让他们记得,每一
个波兰人都是致命的危险源,要他们知道,波兰人对他们的父亲干了什么。"
(1952 年 1 月 7 日信)望科维奇冷静地回信说:"他们的名字——大多数。大多
数人,他们摧毁了你们守护者的、他们领事的和他们公务员的家庭幸福,而您也
是他们中的一员。你作为父亲作为丈夫让你不在这三节车厢之内,也因此您没
有注意到他们,是不是您的'少年维特的烦恼'听上去会更谦逊一些。[……]如
果您想如作家般生活,你就必须做到,我们最严谨地描述为自我主义的事。"
(1952 年 1 月 18 日信)摘自《"他们可获得我的小恩惠":切斯瓦夫·米沃什写
给约瑟夫·维特林的信》,载《选举报》,2001 年 6 月 30 日–7 月 1 日。

[43] 摘自切斯瓦夫·米沃什写给斯坦尼斯瓦夫·文森兹的信,1952 年,
无确切日期。(克拉科夫切斯瓦夫·米沃什档案馆)

[44] 亚当·米奇尼克,《被解放的头脑》,收录于《回忆切斯瓦夫·米沃
什》,页 185。在五十年代后期遇到过米沃什的雅努什·奥德罗旺日-别尼昂择
克认为,这不是一家保加利亚餐厅,而是塞尔维亚餐厅,在后来的几年米沃什也
曾在此吃过羊肉。取自本书作者与雅努什·奥德罗旺日-别尼昂择克的对话,
华沙,2004 年 12 月。

第五十四章 "秩序的敌人——人"

> 西方国家的居民完全不会意识到,数百万表面上似乎多多少少与他们相似的人［……］正生活在跟火星居民的世界一样难以想象的世界里。
>
> 切·米沃什,《被禁锢的头脑》

486　　为了不自杀,他拼命寻找一些支撑点,尽管最重要的同时也是最难以理解和定义的,深深存在于他的自身。是信仰,是虔诚?最准确地说:是信念,相信世界并非建立于虚无,相信有实体的更高存在,相信没有任何盲目的偶然。多年后他回想:"《被禁锢的头脑》,它是痛苦的,源于内在的紧迫性,始于祈祷。如果不是我从小在天主教环境里培养的虔诚和成年后的祈祷能力,我可能根本不知道怎么办,我可能死过十次。在祈祷里,在高度的专注中,在我生命的重要关头,我会非常偶然性地产生一种直觉性的洞察力,在那样的时刻,我的未来似乎在迷雾中瞬间闪现。［……］我相信,在上帝的计划中我确有一个位置,我祈祷我能完成摆在我面前的使命。"(《猎人的一年》,页108)于是,在恐惧、绝望、荒谬的指控、神经质的刺痛和颤抖之外,还有一种平静镇定的语调,这使他不停地写作下去,并由此获得一种特性,即一方面是在与赫兹或盖德罗伊奇的争论中他们所缺少的那种特性,另一方面是在给扬卡的那些信中所充满的痛苦。[1]以卡尔·雅斯贝尔斯观察所见的清醒、距离、洞察力和明确性,他认为《被禁锢的头脑》是"最高秩序的诠释"。(《被禁锢的头脑》,页293)如果米沃什必须与"俄国刽子手"作战,与反基督者悄然散布的谎言作战,如果他必须要用自己的眼睛发现正当理由,他只能用一种方法:于是他在迈松拉斐特的办公桌旁坐了好几个小时,而盖德罗伊奇则兴奋地向他信任的记者们宣称,他的客人"写完了一本书[……],这将是轰动世界的作品,[……]将是对华沙当局最严重的打击之一"。[2]

　　作品的主要部分是在十个月的时间里完成的[3],不管怎样,一九五一年冬天,《被禁锢的头脑》文本交到了简·杰隆科手中,她要将其翻译成英语。对这位女翻译家来说,这也将是某种精神纪律的训练,恢复健康和重拾希望的战斗,因为简刚刚从某种可能引起严重脑损伤的昏迷中挣脱出来。康复的过程很缓慢,病人"生活在恐惧中,她担忧自己不能完全恢复思维的敏捷。[……]她将这项翻译视为一种测试:如果她获得成功,将意味着她战胜了疾病"。(《猎人的一年》,页172)简·杰隆科的聪明才智和富有见地的评论,使这项合作取得了良好的效果——甚至在她返回纽约之后。[4]根据米沃什的说法,英文翻译非常好。更大的问题是如何找到法文版的译者。第一位候选人退缩了,因为他认为这项合作可能会使自己在巴黎文坛遭到抵制。承担起这项任务的是不懂波兰语的作家,无政府主义者和古董学家安德烈·普鲁杜姆。于是,米沃什一句接一句地向他口述自己的翻译,普鲁杜姆进行语言风格上的校正。不知是由于需要等待作品翻译结束,还是由于盖德罗伊奇需要寻找

487

资金,波兰文版本是在该书完稿一年以后,即一九五三年二月和三月之间,作为"《文化》月刊图书"的第三部书出版的,也就是在贡布罗维奇的《横渡大西洋》和奥威尔的《一九八四》之后。与此同时,各语言版本在法国、英国、美国和德国面世。[5]

　　《被禁锢的头脑》是以西方读者为阅读对象的[6],米沃什试图向他们展示在"人民民主"国家所发生的精神和社会变革。他引用了维特凯维奇的文学作品《贪得无厌》①,涉及其中关于西方与东方之间冲突的观点,即西方只能无可奈何地对待对方的意识形态优势,只能对"方便速食"的世界观束手无策,这种世界观包含在蒙古哲学家穆尔提-丙(Murti-Bing)制作的药片当中,如此,作者揭示了被虚无感折磨的艺术家和知识分子的生存环境,这种环境已经成熟到足以去接受使他能够为自己的存在找到一个社会理由的"新信仰",并使其与那些"生物的",世俗的,"物质的"人相互区分领地,毕竟知识分子是人的朋友,但却不是指任何人,而是"应该是"的人。(《被禁锢的头脑》,页31)中欧知识分子经历战争和希特勒占领的形态,要比他们法国或英国的同类痛苦得多,他们认为只有"辩物"——即辩证唯物主义,通过对历史、细节和"本土性"的价值赋予,似乎才能捕捉到他的经验。对焚尸炉的记忆,揭穿了只提供"有何自由"而非"自由何为"的西方传统的堕落。米沃什通过推论自己的观点,确信东方阵营国家的公民并不怀念资本主义的窒息,认为"生产资料应该属于国家,由国家制定经济计划,并将收入用于卫生、教育、科学和艺术"(同上,页61),而让他们不满意的是,被强制接受的新信仰不能满足精神上的需求。

488

──────────

　　① 《贪得无厌》(*Nienasycenie*),斯坦尼斯瓦夫·伊格纳齐·维特凯维奇出版于1930年的小说,通过一个十岁的烦恼男孩的眼睛去观察体验西方文明的腐败瓦解过程,背景设置在未来世界遭受侵略的东欧,作品充满了黑色幽默及讽刺的"未来主义"社会经济学教条。

对即将统治欧洲大陆的强大苏联无比恐惧,同时无法最终摆脱过去的心态和习惯,并无时无刻不受到控制,而且被迫进行持续不断的游戏,一个知识分子自我解救的方法是用一种独特的演技,在这演技当中,表演的面具开始转化成为他的脸,《被禁锢的头脑》的作者称之为"凯特曼",源于法国外交家、作家阿蒂尔·德·戈比诺的《中亚地区的宗教与哲学》一书。[1] 按照戈比诺的表述,"凯特曼"在东方的穆斯林中被大规模施行,这是一种认可对自己真实观点的深度隐瞒,同时对外部统治宗教遵守服从,并满足其所有宗教仪式的规定要求,而实际上却是为了确保少数具有真正信仰的信徒的安全而设计的一种欺骗体系。米沃什将这一概念与中欧国家的情况对应起来,描述了许多在其中进行各种实践的凯特曼。其中包括"民族性"凯特曼(蔑视那些被高调激情所蒙蔽的俄罗斯,态度是"社会主义,可以;俄罗斯,不可以")、"革命纯洁性"凯特曼(斯大林是有罪的篡权者,最终胜利后将会回归到真正的革命价值观)、"职业工作"凯特曼(行为表现正统,努力在尽可能的范围内做一些有用的事情)、"怀疑论"凯特曼(人类已陷入疯狂,必须问心无愧地存活,但对外保持完全正确的状态)和最终"形而上学"凯特曼(谁知道,"野蛮人是否会完成上帝的工作"或是苏联人自相矛盾的行为是否会将人类从宗教沉眠中唤醒)……

> 践行凯特曼的人在撒谎。但反过来说,假如他能说真话,就不那么虚伪了吗?[……]一个诗人幻想,假如他没有受到政治任务

---

① 阿蒂尔·德·戈比诺(Arthur de Gobineau, 1816-1882),又称"戈比诺伯爵",其作品《人种不平等论》发展了"雅利安为主宰种族"理论,其思想后来成为德国纳粹党意识形态核心的重要来源之一,他将雅利安人种塑造成高贵和文明的化身,宣扬并且夸大雅利安人对人类文明的贡献,认为世界上所有的文明都是由雅利安人所建立的,同时只有白人才是人类始祖亚当的后代。

的束缚,那么他就能尽情去写他所想写的一切,当然也包括写出他幻想中的美。但也有可能,一旦他摆脱政治任务的束缚,那种在幻想中如此美好的东西便完全随风飘散,消失得无影无踪。凯特曼是一种善行,有利于培养人们的幻想,人能从中学会去爱在他周围树立的围墙。[……]对自由的恐惧不是别的,正是对虚空的恐惧[……]或许最好能培育出一个发育健全的凯特曼,让他臣服于压力之下,因为这种压力有时能使他感觉到自己的存在,而不会冒险去相信过去多少个世纪以来智者们的断言——人是上帝的造物——以致惨遭失败。(《被禁锢的头脑》,页 105)

那种对虚空的恐惧,无法找到新信仰如何诱惑灵魂的各种方式的形而上学的定论与理解,米沃什举了四位波兰作家的例子进行分析,这些作家用化名做了隐藏,当然,对波兰国内读者来说,还是很容易看穿。阿尔法("道德家")就是安德热耶夫斯基,他渴求伟大的艺术成就,但同时对真理缺乏激情,这使他很容易创作出人工的、战前《心的力量》中天主教牧师的戏剧性画面,以及《灰烬与钻石》中理想化的形象。贝塔("不幸的情人")就是塔德乌什·博罗夫斯基,他在集中营里的经历导致其走向虚无主义,这是"出于道德的热情,而对世界和人民的爱的失望"(《被禁锢的头脑》,页 149)所引发的,他转而寻找一种意识形态上的支撑,并最终导致自杀。伽玛("历史的奴隶")是被无情地描绘出的普特拉门特,他被达尔文主义世界观所支配,据此,对他而言没有任何比力量和生存更高的价值。最后,戴尔塔("中世纪的行吟诗人")是迷失在这个世界里的加乌琴斯基,他能把自己的笔交付给任何事情,作为一个常常处于取消各种意识形态选择精神状态下的人,他很难说是一名足够优秀的盲从者。

书中所刻画的各种形象当中,也包括了克朗斯基[7],他成为最复杂并且最像恶魔的一个。米沃什写这本书就是为了反对克朗斯基,就是为了与他的观点作斗争:"'人的内心一无所有,'我的辩证学家朋友曾这样对我说,'你从自己身上永远拿不出任何东西,因为那里一无所有。你不可能离群索居而独自在荒野中写作。你要记住,人是各种社会力量的从属现象。任何欲离群索居的人,终将毁灭。'这也许有道理。但我怀疑,难道这能超乎我们的时代而被当作一种法则吗?[……]当一个人承认自己内心一无所有时,他就会接受些什么——即使他知道那是不好的东西;但如今人们所想要接受的,也许就是能与他人在一起,而不是离群索居。只要人相信这一点,那么他的行为就没什么可以指责的了。[……]假设有人能在没有压力、抛开凯特曼的情况下生活,他就会去挑战命运,那时他就会说:'就算我输了,我也不后悔!'"(《被禁锢的头脑》,页105)当然,命运的挑战,是作家本人用价值的名义作出的选择,这在该书的最后部分进行了表述。这就是在棋盘上所展现的令人不安的因素,即"秩序的敌人——人",尽管当中持续地进行思想灌输,让人联想到宗教的运作,但仍然会有表达真理的必要,这不能使理想主义者"高兴",但可以在其中承载爱、关心、温柔,就像前面提到的,在苏维埃车站的人群中迷失的那一家波兰人。米沃什在书的结尾处说:"现在我无家可归,这是正当的惩罚。但或许我的出生就是为了让他们通过我的嘴说出'永恒的奴隶'这个词?"他再次象征性地与"老虎"分道扬镳,"我的朋友赞同赤裸裸的力量并赋予它各种名称,为此我们分道扬镳了。我不在乎,我是站在未来的胜利者还是被战胜者一边,我的将来是赢是输,全都无所谓"。(同上,页278)

不被乌托邦所魅惑的圈子,热情地接受了《被禁锢的头脑》这本书。490 在此前提到的一篇作为该书德文和法文版前言的文章中,欧洲最著名的哲学家之一卡尔·雅斯贝尔斯写道:"被禁锢的灵魂[……]此处在他自己置身的情境中被捕捉到了。[……]我们感受到了人在完全异样条件下的演变,演变发生在彼此监督、互不信任的生活中,在戴着假面具的无情斗争中,在角色扮演中,在与其认同之中。是新人吗? 不是,而是在这样的条件之下,我们都有可能蜕变成的那种人。[……]本书的读者必须思考一下,自问是否能够永远忠实于自己的人性,这是有疑问的。"(《被禁锢的头脑》,页 293-294)

阿尔伯特·爱因斯坦向作家表示了祝贺,确认该书"对我们了解和理解东欧知识界助益良多",而且,他迄今为止还没有接触到能够提供一个心理学上较为深刻图景的出版物。[8]德怀特·麦克唐纳在《纽约客》上说服读者:"除了汉娜·阿伦特的《极权主义的起源》[……]之外,我不知道还有比该书对极权主义心理做出更微妙和更富有想象力的研究作品。"[9]关于此书,彼得·维莱克①在《纽约时报书评》(将米沃什描述为"伟大的现代诗人"和被占领时期"波兰的抵抗英雄"),尼古拉·乔洛蒙蒂在《党派评论》,加布里埃尔·马塞尔②以及海因里希·伯尔在德国报刊上都纷纷撰写文章。[10]托马斯·默顿与米沃什相识,后来发展出友谊关系,他致信米沃什,承认《被禁锢的头脑》使得"其他大多数关于人的现状的书,都显得十分愚蠢"。他补充说:"我认为这本书对于我的修士、牧师和作家身份而言,极其重要。[……]能够启发我许多思考、冥想和祈祷的灵感。"[11]尤留什·米耶罗舍夫斯基评价道:"有关内在或是灵魂的机制问题,米沃什的表述无疑要比库斯勒展现得更好、更深刻。"[12]贡布罗维奇将该书作为与诗人争论的出发点,形容这是一本"杰出的"作品,并预言其将引发"强烈的国际反响"。[13]甚至连扬·莱宏,在阅读该书的影响之下,对待米沃什也有了不像往常那样强烈的情绪:"四位作家的形象[……]真

①　彼得·维莱克(Peter Viereck, 1916-2006),美国著名诗人,1949 年获普利策奖。

②　加布里埃尔·马塞尔(Gabriel Marcel, 1889-1973),与萨特并称当代法国两大存在主义思想家,同时也是享誉国际的剧作家、戏剧评论家和音乐家。

是太好了,'欧洲人'这个词完全符合如今非波兰的米沃什。这是心理分析的杰作,而不是精神分析的,这是我们其他作家都没有的风格,此处,积累起来确实像是隐藏的财富。但当你读到这一切,你的心会感觉变冷,你会对这位米沃什感到惊艳,但与此同时,你几乎会同情他,或者说害怕他。这智识就像一把锋利的刀,同时又是冷酷而无情的刀。"[14]

491

《被禁锢的头脑》同样也传到了波兰国内读者手中,通过各种渠道,其中最壮观的,虽然可能是最低效的,是用气球空投此书的行动。[15]玛丽亚·东布罗夫斯卡记录下了这惊人的效果,当安德热耶夫斯基读到这本书,也看到了在党内同僚眼里该书对普特拉门特的伤害[16],而塔德乌什·科维亚特科夫斯基则记住了说到凯特曼时维卡的赞誉:"卡齐米日总是那样,当然是在好友圈里,他对在国内和大学里各种关系的控制表达不满。[······]他没有公开表达这一态度,因为不是可以公开反对的时候[······]。他不是没有给予凯特曼极高的评价[······]。米沃什在知识分子的群体当中,用文学成为我们隐秘思想的表达者。"[17]

"被禁锢的头脑"对波兰移民的态度在一九五六年十月之后发生了很大变化,当时审查制度有所放松,而且放宽了由国家披露信息的渠道。该书的作者也承认[18],波兰当局不再吹捧混乱的文学环境中的机会主义,反而将意识形态看作是妖魔化的角色。或者用安杰伊·博布科夫斯基之前所说的话,即没有发生地震,只有"裤子的震动"。[19]甚至康斯坦蒂·耶伦斯基在其意识中从一开始就与那些认为米沃什的书是全然虚构的"僵化者们"毫不相干,他在《文化》月刊上写道:"'故事'并不是那样引人入胜,而是一种恐惧[······]那种对地狱的恐惧。"[20]同样,盖德罗伊奇一开始也对这本书态度坚决("文件是真实的,我印象中对这本书在国内带来什么是有证据的"[21]),后来逐渐改变了看法,而在他生命的尽头所记得的是:"我原来认为这是一本伪书,因为格鲁金斯基这么认为,该书在恐惧和机会主义发生的时候创造了凯特曼的神话。"[22]而正是古斯塔夫·海尔灵格-格鲁金斯基成了《被禁锢的头脑》始终如一的批判者,他在一九五九年写道:"假若米沃什[……]当初放弃问题导向的又确实有效的'新信仰'概念,而是停止分析特定环境(历史、政治、心理和个人)的相互作用,这将使波兰知识分子扎根于对历史的判断和对新现实的接受,那样我们将会获得更具说服力和更接近于真理的画面"[23],然后在余生中去维持、发展

492　和强化自身的判断。米沃什在六十年代末对他做了答复,表示该书具有"特定的人群目标",而攻击的目标是"新信仰、斯大林主义[……]而非'共产主义'",他补充说:"我当时尽我所能保卫自己,不把自己变成'反共主义'。"[24]他后来多次回到这个话题,围绕这两位作家数十年的冲突,他绘制了一张波兰人民共和国年代的思想和意识形态分歧的地图,以及作家们的态度,那些批评家们热切地描述了他们的态度,如雅采克·特日纳戴尔的书《家丑》标题所示。

　　如果我们坚持米沃什的文本(而不是他后来做的阐释),最明智的做法似乎是指定一个主要的利害关系方的见解,耶日·安德热耶夫斯基评判米沃什"[只]指某些知识界的形态,是很少见的,即使是在其典型的领域"。[25]这一形态的代表人物是安杰伊·瓦里茨基,《多年后仍被禁锢的头脑》的作者,他在斯大林主义时期是一名哲学系学生,经历意识形态的困境。一九六一年,他和妻子做客迈松拉斐特,就米沃什的分析与现实之间的一致性接受了编辑的访谈调查:"我们给出了明确的答案[……]我们认为这本书是对于我们双方都了解的、可理解的个人经历的深入完善分析。"[26]瓦里茨基同样也注意到了其中的悖论:"米沃什看到[……]极权的最重要特征在于[……]意识形态的强大和无处不在的压力,其目的在于创造'新人'和可以完全掌控的新世界。这一诊断符合奥威尔的观点,并且后来被索尔仁尼琴所证实,我认为是极其准确的。其错误仅仅在于认为这个极权主义计划将会取得成功。"而各种历史变故的发展幸运地契合了作家的预测,"年轻一代的波兰人,是团结工会的一代,将米沃什作为

极权制度的伟大曝光者来尊崇,但他们并没有完全理解他的极权主义概念,或是对其没有兴趣,这就是规则,要么认为它已经被'用尽',或者认为已经对于当前[……]的斗争目的不再适合……"[27]

多年之后,米沃什回忆说:"伊瓦什凯维奇在柏林的一次会议上见到了萨特,他们谈到了《被禁锢的头脑》。萨特说:'有智识是不够的,还需要精明。'精明意味着聪明和审慎。事实上,我不够审慎。这本书拖了我很长时间。该书引发了很多波兰人到美国驻巴黎大使馆进行谴责(因为该书有所影射)[……],是先锋派成员当中的'背叛的污点',并且[……]将我列入[……]政治学学者的范围。"(《猎人的一年》,页194)与这一令人不适的政治学"污点"的斗争,还将于六十年代在美国持续下去,而十年前在巴黎,当时的基调是由"左岸"派系提出的。出版一本揭示知识分子在枷锁下被奴役的书,当然是违背政治正确性的自杀式侵犯,米沃什甚至认为,伽利玛出版社出版的这部作品就是被该社的部分员工破坏的,他们阻止该书进入书店。这座城市,不久前还在法庭就苏联是否存在劳改营而提出争议,这里许多人还一直在等待斯大林,斯大林将"拿着铁帚"领导一个新秩序。从"进步阵营"出来的逃犯,还到处说自己为叛徒,或许就是疯子。回到那个时代的记忆,米沃什直接提到了真诚对待他的三位法国文学家的名字:在伽利玛出版社工作的批评家、翻译家和编辑多米尼克·奥利,原名安娜·德克洛,后化名为波琳·雷亚居,是著名情色小说《O的故事》的作者;第二位是诗人苏佩维埃尔;第三位是阿尔贝·加缪。

在这一时期,米沃什的天然盟友是一群早在三十年代就保持着左翼信仰的知识分子和活动家,他们已经由迷恋乌托邦转而认识到了斯大林当局的罪行。代表人物是所谓左派非共产主义者,如米沃什在纽约就认识的胡克或麦克唐纳。这个流派最著名的人物是亚瑟·库斯勒,著名小说《正午的黑暗》的作者[28],以及伯纳姆,他是一九五〇年六月西柏林大

493

会的发起人。该大会的荣誉创始委员会当中,有罗素、纪德、莫里亚克、加缪、雅斯贝尔斯、多斯·帕索斯和赫尔曼·布洛赫等人。大会采用了伊格纳奇奥·西隆所提出的美好口号,指明二十世纪后半叶的斗争目的应该是"保护人身的安全"(habeas animam)和"每一个生灵都拥有自己灵魂的权利"。[29]在最初由美国劳工联合会提供财政支持的情况下,大会决定进行常设性的活动,这成为抵制苏联意识形态扩张的一次最严肃的尝试。"在柏林大会之后,巴黎被选定为总部的所在地[……]。因此,《会刊》成为贯穿马克思主义、修正主义、托洛茨基主义的思想结晶,因而只有具备这种思想的人,才懂得斯大林制度的威胁[……]。简而言之,大会主要是由来自纽约的犹太知识分子所完成的。"(《米沃什词典》,页100)米沃什概括了该组织的复杂历史,该组织在五十年代初发展出了各种各样的结

494 构和行动形式。执行委员会由担任主席的丹尼斯·德·鲁日①领导。秘书处由作曲家尼古拉·纳博科夫②领导,他是著名作家③的亲戚。康斯坦蒂·耶伦斯基曾在其中工作。行政工作由迈克尔·乔塞尔森④领导。他属于为数不多的(或许不是唯一一个)非常清楚地知道大会资金来自中央情报局账户的人。大会还组织过文化艺术节和会议,尤其是拥有广泛的杂志网络,如法文的《证言》(Preuves),英文的《文汇》(Encounter),意大利文的《现代》(Tempo Presente),德文的《月刊》(Der Monat),西班牙文的《笔记》(Cuadernos),美国的《密涅瓦》(Minerva),甚至澳大利亚的《四分仪》

---

① 丹尼斯·德·鲁日(Denis de Rougemont, 1906-1985),瑞士著名作家、哲学家、教授。

② 尼古拉·纳博科夫(Nicolas Nabokov, 1903-1978),出生于俄国的作曲家,二十岁开始先后在德国和法国生活创作,1933年移居美国。1945年在德国为美国战略轰炸调查局工作,并留在被占领的德国担任平民文化顾问。1951年在中情局支持下成为新成立的文化自由大会(CCF)秘书长,并在这一职位上工作超过十五年,组织了系列的音乐和文化节。

③ 指弗拉基米尔·纳博科夫(Vladimir Nabokov, 1899-1977),俄裔美国作家,小说《洛丽塔》的作者。

④ 迈克尔·乔塞尔森(Michael Josselson, 1908-1978),出生于爱沙尼亚的犹太家庭,美国中情局特工。

（*Quadrant*）。

自柏林大会成立以来，《文化》月刊的作者们与文化自由大会保持着密切的关系，事实上，由于担心失去独立性，他们并没有决定将月刊加入大会赞助庇护的刊物当中。但月刊当时也获得了大会的补贴，例如支持米沃什翻译雷蒙·阿隆和西蒙娜·薇依的著作。而米沃什作为反斯大林主义左派的动机和方式正确性的鲜活例证，正在成为大会的"宠儿"。[30] 他是一名谴责苏联体制的出逃者（他并没有否认其部分成就），虽然他此时远离政治的"较量"，是著名的诗人和崭露头角的世界级知识分子，这同时显示出该制度的力量不仅建立在红军部队的基础上，而且也建立在诱人的意识形态思想之上。文化自由大会的历史研究者皮埃尔·格雷米翁甚至认为，波兰诗人在西方的出现，是大会这一机构发展的关键："德·鲁日和西隆在巴黎为他组织了记者招待会[31]，于是他开始在《证言》上发表作品。几个月后，他参加了秘书处举办的，关于知识分子[……]第一次研讨会。邦迪①会后以小册子的形式发表了他的演讲稿；这是《被禁锢的头脑》[……]第一次以纲要的形式发表[……]。未来的活动风格已经被清晰地勾勒出来，而文化自由大会已经可以进一步发展下去。"[32]

事实上，米沃什是文化自由大会最积极的合作者之一，他还参加了大会随后组织的一系列会议：在阿尔萨斯的昂德洛（1951 年 9 月 10 日至 15 日），在米兰（"自由的未来"会议，1955 年 9 月 12 日至 17 日），以及在柏林的年度大会（1960 年 6 月 16 日至 22 日）。他还参加了大会在巴黎举办的艺术节（1952 年 5 月），参加了"艺术在当今的波兰"主题研讨会（1954 年 12 月），亚当·密茨凯维奇研讨会（1955 年 12 月）。他还举办了旅行讲座，包括一九五二年和一九五三年之交在英国的演讲（应英国文化自由协会大会的邀请），他从英国斯特拉福寄了一张明信片给耶日·图罗维奇表

---

① 弗朗索瓦·邦迪（François Bondy, 1915-2003），瑞士小说家、记者。

示问候,署名为阿德利安·杰林斯基。[33]他参加了大会举办的电台广播节目,最后一批进来的人中还包括了米尔恰·伊利亚德①,他也在文化自由大会框架下的中东欧事务委员会范畴活动。在昂德洛,他读了《在果壳中被禁锢的头脑》(也就是格雷米翁提到过的散文作品《大诱惑》)、《知识分子的悲剧》,向听众解释了"在每一个人民民主国家的运转系统中心,安置着一个[……]特定世界。人们的日子在书籍周围、人与人之间的争斗和不断地签署新表决当中流逝,形成了一个闭环[……]。斯大林体系是哲学上的独裁统治"[34],这一闭环内部的那种独特的忠诚,即其目的在于无论如何都尽可能维持民族认同的东方式悲惨游戏,他拿来与自愿进入隔离区的那些犹太人的行为进行比较,其结局都注定要与自己的同部族同归于尽。

在"凯特曼"之后,《被禁锢的头脑》一书的余下章节并没有刊登在《文化》月刊上,而是出现在文化自由大会的出版物中,首先是在《证言》杂志上。对于米沃什,这本杂志成了他的智识驿站(某种程度上也是一个物质支撑),由于杂志的主编弗朗索瓦·邦迪和他最亲密的同事科特·耶伦斯基对米沃什的尊重和真诚,该杂志与波兰文的《文化》相比,为作家提供了更广阔的可能。《证言》印刷出版了《不》[35]和散文集《诗歌与对话》的译本,在该杂志的平台上,"米沃什事件"得到广泛的讨论。其中,现任的巴黎现代艺术博物馆馆长让·卡苏,是奥斯卡叔叔在战前就介绍他们认识的,他对米沃什很热情,推崇米沃什所写的文章:"您直言不讳,一针见血,体现出冷静清醒的立场,这是每一个诚实的人都很钦佩的[……]。看到米沃什的名字在如此感人的情境中如此体面地回归,我感到非常喜悦。"[36]

---

① 米尔恰·伊利亚德(Mircea Eliade, 1907-1986),摩尔达维亚人,出生于罗马尼亚布加勒斯特,1956 年赴美,是宗教史家、文学家和哲学家。

巴黎的交往氛围带给他的可能是痛苦折磨,他自己都没有意识到,他并非完全信任大会的活动家和同事们,其实也可以说,他正在迈进世界智识界的"冠军赛"。双方其实都从中受益,正如邦迪说的,他们所发表的《被禁锢的头脑》的那些章节是"《证言》杂志第一个真正重要的文本",正因如此,"读者才可以看到,[《证言》并不是]美国在一九五一至一九六〇年间的宣传刊物,而是一本严肃的月刊"。[37]可是,米沃什根本不觉得自己是他们这个世界的完全参与者,与大会在奥斯曼大道租用的豪华办公室和乔塞尔森享用的昂贵雪茄形成痛苦对比的是,他当时俭朴的生活状态和物质上的贫困,让他感觉自己更像一个穷亲戚。"与波兰移民相比,我更容易与这些人找到共同语言,虽然我总是感到有些距离。我当时很苦恼、很穷,他们却拿着美国人的薪水,在巴黎显得很阔绰。这没法促进亲密关系。我很喜欢玛丽·麦卡锡。但我不认为我们之间有真诚的关系。类似的是我与这批人中几个意大利人之间的关系。我对尼古拉·乔洛蒙蒂和伊格纳奇奥·西隆寄予厚望,但他们最终只是同道,而没有成为朋友。"(《波兰对话:1979–1998》,页 619)

496

在整个五十年代,米沃什与阿尔贝·加缪的关系纽带似乎更为牢固。这位《反抗者》的作者在五十年代的前五年,遭受到当时心甘情愿投降斯大林正统派的萨特所编辑的《现代》杂志的野蛮攻击。在西蒙娜·德·波伏娃的《名士风流》①出版后,米沃什看到其中对加缪的讽刺,于是给他寄去了一封表达声援和赞赏的信:"我在您身上寻找的不是大师,而是一个至少可以证明我存在的人。"[38]三年后,当米沃什得知加缪——这位《鼠疫》的作者——获得诺贝尔奖,他在 BBC 的采访中高兴地告诉听众:"获奖者当时说:'太好了!我现在可以躲起来三个星期,谁也找不到我。'"[39]他还回忆了他们关于宗教教育的有趣对话:"作为一名无

---

① 《名士风流》(*Les Mandarins*),波伏娃写于 1954 年的长篇小说。

神论者,加缪问我是否认同他把孩子送去参加第一次圣餐会。这正好发生在我去巴塞尔拜访卡尔·雅斯贝尔斯之后不久,我当时问过他关于天主教孩子教育的问题。雅斯贝尔斯回答说,作为一名新教徒,他不愿意提及天主教,但儿童必须在他们的宗教中成长,以便让他们接触圣经传统,然后再由他们自己选择。从这个观点出发,我大致回答了加缪的问题。"(《米沃什词典》,页93)后来,加缪支持伽利玛所出版的米沃什的书,特别喜欢他的《伊萨谷》,尤其重要的是对他展示出了正常的理解和真诚,这在当时对波兰诗人来说有着无比珍贵的价值。"当我一九五一年离开斯大林主义的波兰时,他是为数不多向我伸出手来的西方知识分子之一。当时其他人都把我当成一个受感染的人或罪人躲避着我。[……]右翼,与我没有共同语言。左翼,他们完全无法理解,因为我的政治知识与一九五六年后才开始发生的一切相比,领先了好几年。在这样一个尴尬的情况下,友情提供了暖意,并给予我最低限度的安全保障,没有这些,我们自己就只能委身于各种虚无主义的诱惑。"[40]

这必然是多年祈祷的结果:为了希望、力量、治愈,为了可以触摸世界、感受世界、复原全部感官的可能。米沃什遭受的意识形态毒害尤其严酷,因为它与现实事物完全相悖。他的痛苦绝对比其波兰同仁更深,那些人首先写出了颂歌文本,然后会很快忘记。在一首未发表的诗歌中——实际上是一首未完成的诗稿,他记录了这种悬而未决的状态,一个希望得到解救的请求:

497

> 请重新赐予我视觉和听觉,让我能够认识世界,赞美美好的
>   您的造物。
> 我的软弱无法估量,我日日夜夜牢记我的错。谢谢您
> 在绝望之时,因没有他们,我不会明白,我什么都不是
> 若我不转而向你。

请保护我,不受谎言之王的伤害。他声音甜美穿透了我

当他谈到真理、正义和人性。他声音坚定留下了我

当他转而嘲笑我,我无能为力。

智慧而聪明,长久的贫瘠,呼唤着

跟随他到永恒虚空的尽头[土地?]。[41]

注释

[1]"我从来没想过,有些人所说的和所写的之间能有这么疯狂的差距。"
摘自耶日·盖德罗伊奇写给斯坦尼斯瓦夫·文森兹的信,1951 年 9 月 17 日。
(文学院档案室)

[2]摘自耶日·盖德罗伊奇写给阿涅拉·梅切斯瓦夫斯卡的信,1951 年
4 月25 日。(文学院档案室)

[3]1952 年底1953 年初米沃什完成了成书的编辑和校对后,在伦敦给盖德
罗伊奇写了一封信:"我把作品手稿发给您,但还缺前言和最后一章'波罗的海
三国'。我这就准备寄了,您明天肯定会收到。[……]书的名字——我建议选
用'被禁锢的头脑'。"摘自切斯瓦夫·米沃什写给耶日·盖德罗伊奇的信,1953
年 1 月6 日,收录于耶日·盖德罗伊奇、切斯瓦夫·米沃什,《书信集: 1952-
1963》,页 102。在拜内克图书馆馆藏的一张便签上,米沃什曾写下数个题目,反
映了他对该书主题的情绪,如"Dark Faith"(阴郁的信仰)、"Rule of New Faith"
(新信仰的规则)、"Construction of New Faith"(建立新信仰)、"The Earth still
lives"(地球还活着)、"圈套"(写了三遍)、"落入圈套的地球"。

[4]还有后来"命运驱使简去了日内瓦[……]。在出差途中(她为一家瑞
士旅行社工作)她曾来伯克利看望我们。1980 年在我的邀请下她到斯德哥尔摩
参加诺贝尔奖颁奖礼,她说那是她生命中最幸运的一天"。摘自《猎人的一年》,
页 171。

[5]《被禁锢的头脑》毫无疑问被划入二十世纪分析极权体系的经典文学
行列,也是米沃什作品中出版最多的一本。《切斯瓦夫·米沃什: 出版书目录》

（阿格涅什卡·科辛斯卡等编,克拉科夫－华沙,2009）记载,《被禁锢的头脑》发行了一百三十二版,包括波兰文版和二十六种语言版本。

[6] 在序言"致波兰读者"（落款为 1953 年 2 月 1 日于巴黎,那么也就是叛逃之后的第二年）中,米沃什敬告波裔移民和波兰国内读者说:"本文内容的写作并未考虑到他们的感受,只考虑到外国读者的想法。"摘自《被禁锢的头脑》,页 13。波兰文版本的"序言"基本来自法文版。

[7] 几年后米沃什把他写入《欧洲故土》。

[8] 摘自阿尔伯特·爱因斯坦写给切斯瓦夫·米沃什的信,1953 年 7 月 12 日,原文为英文,翻译:克莱曼蒂娜·苏哈诺夫。（拜内克图书馆）

[9] 德怀特·麦克唐纳,《辩证唯物主义的地盘》,载《纽约客》,1953 年 11 月 14 日,翻译:克莱曼蒂娜·苏哈诺夫。

[10] 彼得·维莱克,《被连根拔起的人的红根》,载《纽约时报书评》,1953 年 6 月 7 日;尼古拉·乔洛蒙蒂,《"体制"内的知识分子》,载《党派评论》,1953 年第 20 期;海因里希·伯尔,《德意志大众表单》,1953 年 9 月 9 日。

[11] 摘自托马斯·默顿写给切斯瓦夫·米沃什的信,1958 年 12 月 6 日,收录于托马斯·默顿、切斯瓦夫·米沃什,《通信集》,玛丽亚·塔尔诺夫斯卡译（克拉科夫,1991）,页 9。

[12] 摘自尤留什·米耶罗舍夫斯基写给耶日·盖德罗伊奇的信,1953 年 3 月 9 日,收录于耶日·盖德罗伊奇、尤留什·米耶罗舍夫斯基,《书信集:1949–1956》,上册,页 276。

[13] 摘自维托尔德·贡布罗维奇写给耶日·盖德罗伊奇的信,1953 年 4 月 21 日,收录于耶日·盖德罗伊奇、维托尔德·贡布罗维奇,《书信集:1950–1969》,页 75。

[14] 1956 年 5 月 13 日日记,摘自扬·莱宏,《日记》,卷三,页 115。

[15] 自由欧洲电台通过无人驾驶的热气球向波兰境内投放缩小版的书籍,其中就包括《被禁锢的头脑》。这一行动让未事先知情的米沃什非常愤怒,他甚至准备向自由欧洲电台提起诉讼。关于翻印和投递米沃什的书,"我们纯粹是

偶然得知,因为有人给我们拿来了一本。到今天我还不知道这是谁的主意。诺瓦克压根不想和我谈这件事。他只是说,他绝不是共犯,这已经超出了波兰管控的范围"。耶日·盖德罗伊奇回忆道。摘自耶日·盖德罗伊奇,《四手自传》,页176。也许无须严格保密时,1955年2月1日扬·诺瓦克-耶吉奥兰斯基从慕尼黑给他写来一封信:"向被奴役的国家派热气球的行动是华盛顿去年晚春时决定的。[……]美国人确信,共产党正在大城市疯狂地重建干扰站,[……]他们认为,在未来几年内电台广播的攻势将受到严重限制。为此,他们引入新的传媒技术,也就是,用热气球把宣传类文学作品带过去。"(文学院档案室)兹比格涅夫·拉舍夫斯基看到的就是"热气球版"的《被禁锢的头脑》,但他不是在地上捡的,而是在外交部的图书馆看到的。参兹比格涅夫·拉舍夫斯基,《日记》,卷二,页587。

[16] "安德热耶夫斯基事件在文联掀起轩然大波,基层党组织对他进行了'审判'。他拒绝参加党的第二届会议代表团。[……]他们还说,米沃什的《被禁锢的头脑》腐蚀了他,尽管党的高层人士也非常热衷于阅读此书。米沃什在这本书中的叙述也损害了波诺和普特拉门特的形象。库里鲁克认为,书中对这两类人的特征描述是非常精彩的。那么,普特拉门特在其年轻的民族民主党时期'棒打犹太人'的事情,就不那么容易从他的生平中抹去了。"摘自1954年3月30日日记,收录于玛丽亚·东布罗夫斯卡,《日记:1915–1965》,页424。

[17] 塔德乌什·科维亚特科夫斯基,《圆形监狱》,页148。

[18] 参:"我必须在阿姆斯特丹举行的笔会大会上讲点儿什么,伊瓦什凯维奇、帕兰朵夫斯基、朱可洛夫斯基、鲁西尼克和布兰迪斯以前都曾去过。[……]他们关注的都是反意识形态或者伪意识形态的问题,如版次、稿酬、住房、人事争斗,这是他们的世界,如果说我在《被禁锢的头脑》中没有考虑到这些问题,那么也许,他们可不愿意放下身段去畅谈这本书。"摘自切斯瓦夫·米沃什写给斯坦尼斯瓦夫·文森兹的信,1954年,无确切日期。(克拉科夫切斯瓦夫·米沃什档案馆)

[19] 安杰伊·博布科夫斯基,《震动裤子之后》,载《文化》,1956年第6期。

[20] 康斯坦蒂·亚历山大·耶伦斯基,《地震之后》,载《文化》,1956年第5期。

[21] 摘自耶日·盖德罗伊奇写给安杰伊·博布科夫斯基的信,1953年6月20日,收录于耶日·盖德罗伊奇、安杰伊·博布科夫斯基,《书信集:1946-1961》,页203。

[22] 耶日·盖德罗伊奇,《四手自传》,页177。

[23] 古斯塔夫·海尔灵格-格鲁金斯基,对尤利·瓦弗雷奈科的《边疆形势文学作品》的"翻译的点评",载《文化》,1959年第3期。

[24] 切斯瓦夫·米沃什,《回复》,载《文化》,1959年第4期。

[25] 摘自耶日·安德热耶夫斯基写给齐格蒙特·赫兹的信,1960年10月24日。(文学院档案室)

[26] 安杰伊·瓦里茨基,《多年后仍被禁锢的头脑》(华沙,1993),页29。瓦里茨基承认,五十年代以来他的行为一直算得上是机会主义,但他也明确指出,从今天的角度来看:机会主义仍具有非常惊人的力量,至少影响着某些社会圈子;"在疗养院期间[……]我不得不与所谓的普通人沟通,而每一次我都吃惊地发现,可以把他们称为'反动派',因为他们根本就不把意识形态的东西放在眼里。"(同上,页66)

[27] 同上,页309-310。对《被禁锢的头脑》进行普遍性分析与将此分析和其他极权体制相匹配是两个不同的问题。米沃什自己回忆说:"(我记得)一次奇遇,那是1975年我去鹿特丹参加诗歌节时,遇到了一位印度尼西亚诗人。当他知道我的名字后,他坐在我身边说:'您不知道,您是我们的民族英雄。''怎么会?'我问。'因为我们翻译并发行了您的《被禁锢的头脑》。它是我们与现政府斗争的主要武器。'于是我说:'可你们的政府是右翼的。'他回答:'是的,但这毫无意义——它仍是极权政府。您的书反对的是专制政权。这本书成了我们与政府斗争的知识分子的信条。'"摘自《旅行世界:对话莱娜塔·高尔琴斯卡》,页91。英国历史学家托尼·朱特也写过阅读本书的体会,一方面他强调米沃什书中的角色态度与当代美国大学生的世界之间存在一道巨大的鸿沟,另一方面

他又建议,"我们这个时代真正的精神束缚另有所指。我们今天对'市场'的一味崇拜,与十九世纪'市场'所代表的激进角色别无二致——崇拜的是历史的必然性,进步和过去"。摘自《以往和今日被禁锢的头脑:托尼·朱特读米沃什》,翻译:卡塔热娜·维塔科夫斯卡,载《选举报》,2010 年 9 月 4 日。

[28]米沃什在《米沃什词典》一书中记录了自己与库斯勒在巴黎的短暂相遇,以及这位英国作家拜访伯克利的事。参《米沃什词典》,页 171–175。

[29]这段严肃的声明引述自皮埃尔·格莱明,《为了自由的抵抗活动:巴黎文化自由大会(1950–1975)》,扬·玛丽亚·克沃乔夫斯基译(华沙,2004),页 49。

[30]"我们特别感谢大会组织者帮助推广米沃什,他们对他非常关照。他们打印了他的文章,因为他们资金雄厚,他们给出的无可比拟的稿酬显然比我们的更有吸引力。弗朗索瓦·邦迪在这方面帮助我们良多。"摘自耶日·盖德罗伊奇,《四手自传》,页 190。

[31]在耶日·盖德罗伊奇 1951 年 3 月 21 日的日程表上写着伯纳姆的名字,还有:"对米沃什怎么办:新闻发布会——与乔塞尔森讨论,奥赛码头","怎么利用米沃什的文章,广播阅读? 写文章? 在哪里读? 美国吗?? [……]兵工厂","通过邦迪和 IRC 联系"。3 月 24 日日程:"切斯瓦夫·米沃什[……]与国内联系,与将军联系。a. 新闻发布会;b. 波文和法文版本的宣传册"。IRC 指的是国际救援委员会,但和米沃什一起去兵工厂还有"与将军联系"是指什么呢?一个月后(4 月 24 日),在给伯纳姆的信(第一版为波文信)中耶日·盖德罗伊奇写道:"米沃什的书正在推进,我想,它将会引发轰动。我们决定无论如何都要暴露他的身份。5 月 11 日法兰西运动将为米沃什组织一场大型会议,由西隆主持,而该书的片段将刊登于五月号的《证言》。"这场由法兰西运动组织的大会即文化自由大会,于 5 月 15 日举行。(文学院档案室)

[32]皮埃尔·格莱明,《为了自由的抵抗活动:巴黎文化自由大会(1950–1975)》,页 50。

[33]"此致问候,尽管好多年才一次,阿德利安·杰林斯基",1952 年 5 月 3

日切斯瓦夫·米沃什写给耶日·图罗维奇的明信片。(耶日·图罗维奇档案馆)两天后,米沃什给斯坦尼斯瓦夫·文森兹寄去了一张一模一样的明信片,明信片上印着莎士比亚出生的房间照片。(克拉科夫切斯瓦夫·米沃什档案馆)在第一次去英国的旅途中,米沃什至少发表了五次演讲,还参加了有保守党和工党议员出席的讨论会。1953 年 1 月,他应劳动党邀请第二次去英国,在利兹他兴致盎然地观看了本地业余剧场翻译的克洛岱尔的《缎子鞋》。参切斯瓦夫·米沃什,《谈谈戏剧》,载《文化》,1955 年第 7-8 期),在伦敦他在皇家国际事务研究所发表了演说,还见了米耶罗舍夫斯基。后者在给盖德罗伊奇的信中说,1953 年米沃什到过英国两次,"和米沃什共度的三小时非常温馨。[⋯⋯]春天米沃什还会来,我们约了到时要聊得更加畅快"。摘自侄子尤留什·米耶罗舍夫斯基写给耶日·盖德罗伊奇的信,1953 年 1 月 19 日,收录于耶日·盖德罗伊奇、尤留什·米耶罗舍夫斯基,《书信集:1949-1956》,上册,页 252。在英国米沃什还体验了保守派的做派。("他们把我带到伦敦的一处英国天主教房子,也许是天主教杂志《告示板》的编辑家。晚餐前的祷告、体面和托利党,一切都带着些许伪善的味道。"摘自《战后即刻》,页 463)米沃什与来自矿工和工人家庭的大学生们交流,他相信,在社会奖学金的帮助下,在资本主义国家也有进步的可能。

[34] 切斯瓦夫·米沃什,《巨大的诱惑:别林斯基与独角兽》(托伦,2002),页 7。

[35] 1951 年六月号,法文版题为"新信仰前的异教徒"。

[36] 让·卡苏,《给切斯瓦夫·米沃什的信》,载《证言》,1951 年 8 月,翻译:克莱曼蒂娜·苏哈诺夫。

[37] 摘自丽塔·贡布罗维奇,《贡布罗维奇在欧洲:1963-1969 年声明与文件》(克拉科夫,2002),页 74。

[38] 摘自切斯瓦夫·米沃什写给阿尔贝·加缪的信,1954 年 10 月 24 日,见奥利维·托德,《阿尔贝·加缪传》,页 527。

[39] 切斯瓦夫·米沃什,1957 年 10 月 29 日 BBC 波兰特辑。(拜内克图书馆)

[40] 切斯瓦夫·米沃什,《兄弟间的对话》,载《证言》,1960 年 4 月。摘自皮埃尔·格莱明,《为了自由的抵抗活动:巴黎文化自由大会(1950–1975)》,页 145。另参切斯瓦夫·米沃什,《告别阿尔贝·加缪》,载《文化》,1960 年第 3 期;《岛上生活》,页 188–200。

[41] 切斯瓦夫·米沃什,未完成的长诗草稿《让我焕然一新》(写于 1954 年)。(藏于拜内克图书馆)

第五十五章　驱　魔

我记忆中第一次见到切斯瓦夫·米沃什，是在五十年代末，他当时在巴黎，做美国诗歌朗诵会，他看起来非常年轻，几乎是个小伙子。读书会后，我，还有阿涅拉·米钦斯卡，跟米沃什一起去一家咖啡馆小坐。［……］后来谈起立陶宛和胡楚文化①的那些神魔，谈到它们在受到文明挤压之后消失。我们从咖啡馆出来，已是夜晚，米沃什以缓慢的立陶宛口音结束当时的谈话，他说那些神魔已经没有了，但"只剩下一个大恶魔了"。

安杰伊·文森兹

① 胡楚文化(Huculszczyzna)，位于东科尔巴阡山黑胡里山区，由古代山地巴尔干人、古代科尔巴阡东斯拉夫人及部分古匈牙利和摩尔达维亚人融合而成，保持了独特的文化和宗教传统。

　　最好的药物,是全麦面包加白奶酪和小

香菜,牛排,一杯阿尔及利亚红酒,鲜橄榄油

煎鱼,出水活螃蟹,以及所有美好而简单的

事物。

耶日·斯坦波夫基斯

致耶日·盖德罗伊奇(1954)

　　我真的非常需要,我要去找我的导师,

奥斯卡·米沃什,爱因斯坦,还有您。

切·米沃什

致斯坦尼斯瓦夫·文森兹(1951)

　　在米沃什的一生,有一些特殊时刻,构成了充满深层涵义的交叉点,　498
开启了未来。如在高西采庄园的那个跨年夜,那部小说,描写了两名
波兰爱国者之间的冲突,他们分别代表毫无希望的犬儒主义和抛弃幻想
的忠诚信仰。同样,米沃什——像托马斯·曼作品中受到魔鬼引诱的艺
术家阿德里安·莱弗金[①]一样,结识苏格拉底似的哲学家斯坦尼斯
瓦夫·文森兹的时刻,也具有非同寻常的意义。有关这次会面,在康斯
坦蒂·耶伦斯基临终前写的最后一篇文章中专门做了描述,他从诗人
(米沃什)与智者(文森兹)之间的会面中,发现了一部伟大小说的情节。
科特也对此以大师手法描述说:"米沃什常常直接将辩证唯物主义定义
为与历史决定论相对立,[……]就其表述说,已成为他某种使自己永葆

---

　　① 托马斯·曼晚年自称"一生的忏悔"的长篇小说《浮士德博士,由一位友人讲述的德国
作曲家阿德里安·莱弗金的一生》的主人公莱弗金(Leverkühn),名字谐音(lebenskühn)为"一
生不畏"。

青春的灵丹妙药。米沃什和克朗斯基所达到的'神秘性'，很难用理论来精确界定。我们从米沃什式的对颜色、温度、气氛的描述中可以了解
499 到更多，其中用到一系列的词语组合：'猎食性'—'爪子'—'干燥'—'燃烧'—'痉挛'—'抽搐'—'攻击性'—'魔鬼般的狡猾'。就好像当时[……]并不是'知识分子的鸦片'[……]，而是他们的吗啡，用美国瘾君子的用词就是'猴子'，扎在他们手臂里的猴爪子。"[1]另一种说法，同样具有画面感，是文森兹自己说的，他和约瑟夫·查普斯基谈到米沃什的信："[他]完全病了，[……]说话前后矛盾，矛盾之多甚至让我都有些无法理解，一直到在我眼前似乎看到了一幅自相矛盾的画面，是一个奔跑者，像某种甲虫一样，被大头针扎在地上，腿还在奔跑，而大头针却把它固定在原地。然后，我就明白了。"[2]

当盖德罗伊奇已经失去希望，无法平和地处理自己的这位移民客给他带来的复杂日常关系，无法迅速从中解脱时，他决定向文森兹求助。这是一位六十多岁的壮汉，胡楚文化专家，对自己所曾经成长的地域了如指掌，他对波兰、乌克兰、亚美尼亚、吉卜赛或匈牙利民间故事的了解与对荷马史诗的了解一样丰厚，在他看来，这些内容共同构成了一幅千丝万缕的文化图景。文森兹是法国人后裔，是波兰加里西亚煤油开采者的儿子，毕业于利沃夫大学，在维也纳学了法律、生物学、梵文和心理学，还是哲学博士，黑格尔和古希腊专家，陀思妥耶夫斯基作品的译者。他花了几十年时间创作民间故事小说的系列巨作《在高地之上》(*Na wysokiej połoninie*)。他是毕苏斯基的解放战士，苏联内务人民委员部一九三九年的囚犯，逃亡难民和海外移民。战后，他在法国东南部的格勒诺布尔定居。但他经常和妻子伊莱娜，有时也带着女儿芭芭拉和儿子安杰伊，一起到阿尔卑斯山下，在位于伊泽拉山脉河谷高地的一个小村庄——拉孔布德朗塞(La Combe-de-Lancey)居住。在古老的石砌农舍里，所用的水只能从井里慢慢滴淌出来。有时候，餐桌上只有西红柿和

面糊。即使这样，他们还是邀请很多客人前来，有时，你不得不与他人分享一半的被单。文森兹"高大，强壮，圆脑袋，长着一对又大又宽的非凡的蓝眼睛"，放出的目光源于"失落土地的深处，在那里，有着初生牛犊般的幽默，还有能使爱情恢复新鲜和明晰的深切渴望"，"他是位朋友"。"大家都来他这里。老人，孩子，男男女女，所有的人。[……]他们前来诉说曾发生的一切，或是没有发生的一切。每个人在此处，都要稍坐，被倾听，被忠告，被爱"。[3]米沃什也同样，他在一九五一年夏末第一次造访拉孔布德朗塞[4]，后来又好几次回到那里（并在文森兹的格勒诺布尔住所居留）[5]，他感受到了那种射线波：尽管他把所有的痛苦都"封存进了罐子"，但在主人眼里，他得到的评语是"血统优良的马"，必须时不时扬扬蹄子，得拴到马桩上去。[6]当他回到巴黎，盖德罗伊奇看到他的时候说："他已经变了，[……]不再那么不平衡了，并且充满了新的工作热情。"[7]如米沃什自己所说的那样，他终于开朗了起来，自己还想着，"我从拉孔布德朗塞所补充的幸福存量，够用多久呢"。[8]

虽然他们相差不过二十岁多一点，米沃什却觉得，文森兹似乎是从另一个更快乐的时代穿越而来。深呼吸的时候，他已经不再感觉到历史精神的冷酷凝视。《在高地之上》的作者对他极为诚挚，也有一点纵容。文森兹写信给查普斯基说，应该"要记住他非凡的生命力，源自他肆无忌惮的童年，这是他的诗歌汲取能量的来源。而且，他还轻率地认为，其自我中心主义是一种信念上的理性坚守。需要肯定的是他对祖国的依恋，这也是他总要去攻击波兰海外移民的缘由，这些攻击实际上往往并不总是有意识的。[……]他来我们这里，从一开始，就总是攻击地主阶级，还攻击国家激进阵营（！），但结果总是引起大家的哄笑"。[9]盖德罗伊奇只能解释说："您是说米沃什不忠诚。[……]我不这样认为，在我看来，这是他那种强大却有些混乱的敏感性，与缺乏对这种思想力度的管理之间的不均衡，这种思想力度应该得到引导，并将一切置于适当的秩序当中……"[10]而米沃什,却终于再次在自己人生之中在别人身上发现一个聪明、可信的父亲形象。他为文森兹创造了一个绰号"老导师"(prafiesor),并确信:"每次'老导师'出现,就如同太阳照亮了起来!"[11]而且,他还把伊莱娜·文森兹称作"祖母"。"我才大他两岁。就成了祖母,有一次我跟他说,很烦他这种饶舌和各式各样傻乎乎的表情,而他马上就假装得好像是被我宠坏的小孙儿似的。"[12]

文森兹由此深知,米沃什需要的是被爱:"你仔细观察他,他其实很需要个保姆,哪怕那人是我,这当然得是在一种非常友善的氛围当中,我觉得自己差不多就是一位祖父了(甚至都不再是个父亲)。更好玩的是,伊莱娜成了祖母,也就可以理解了,马克思主义是多么令人舒服。对米沃什来说,保姆仿佛从天而降(物质上和道义上的),为这个小伙子的灵魂供应了精神上的咖啡。"[13]如果认为这种观点得来过于仓促,我们也可以通过文森兹的例子继续去探索,他早在"老虎"的邪恶影响之前,就已经到达了米沃什灵魂最深处。令人惊奇的是一封写于一九五二年的信件,当中有一段这位四十多岁的诗人署名为"你们的小孙子",他在信中说:"说起来很丢人,我又在好长的时间里梦到斯大林。在梦里他有人性,还很好。这种痴迷真是奇异。"[14]这是同一个梦,或者说可能是同一个梦,只是我们找到《权力的攫取》中那个梦中的权力。对于这部小说的主人公来说,这个梦"安全到完美。存在感、强大的力量和仁慈充满其中。彼得感受到了这样的爱,所以感动得哭了起来。对他的爱,充满了全部的空间。他,斯大林,把彼得抱到膝盖上,双臂围拢住他,变成了巨人,带着小彼得,飘浮于空中。彼得突然意识到,这是天父上帝带着三位一体的圣光,永恒的和平,幸福无止境"。(《权力的攫取》,页155)这里的讥讽可以让人笑出声来,但更明智的选择是,考虑他在寻求来自文森兹的精神保护时,米沃什精神状态中的某个小部分,可能没来得及与时俱进,而是回到自己童年,回到了与库纳特爷爷一起散步的时候,享受着大自然花园中的快乐,为的是找到力量的积蓄,以达到超越"男人时期,失败的时期",超越"愉快却愚蠢的青春"……这种态度,已经完全具有了意识,写作提纲也日渐显现——不久就会成为作品《伊萨谷》。

通过阅读"老导师"与"小孙子"在五十年代初的书信往来,我们能够见证米沃什当时经历的那个漫长、痛苦而感人的过程,这个过程,可以恰切地称为驱魔的过程。终于,恶魔不仅只是谎言的王子,而且其中的灵魂,带来绝望,带走希望,推去死亡。"您看到了,我现在的状态[……]我不想活了。[……]我有什么办法呢,我的小猫不想在另一边接收我。"米沃什在一九五一年秋天这样写道。[15]他认为,自己承受着脱离民族的罪孽。他承认在智识上,面对辩证唯物主义他完全没有办法。他这样描述折磨着自己的情绪:"我仅仅靠智识的激情活着,无法认同任何事情,那样我会痛苦,我痛苦着想要得到不可能的东西:太阳之城,里面人人享有共同工作的快乐,享有智识的激情和研讨的自由,也就是马克思或是无政府主义者想过的那样。但是[……]成了坦克[……]。我觉得自己就像一只想要与坦克作战的苍蝇。"[16]克朗斯基推荐的如干瘪的火苗般的理性,这会儿给他消了毒:"经过思索,我进入很糟糕的状态,身体上产生了恶心的症状,同时越来越虚弱。我任何事情都做不了,因为我的写作从来不会是一种绝望的举动,我从来不会与读者分享我的忧郁状态,为此,我需要平和与平衡。"[17]而且他还在持续的纷扰中迷失了自己:"为原则而牺牲自己的生命,应该不是一个疯狂的抉择吧?这些原则剥夺了我们与土地的血肉联系,剥夺了决定人的尊严的东西。我想,在我身上遭遇的一切,都是我该得的。而我,将为此付出更沉重的代价,来对抗历史的宙斯。我怀疑在某些情况下,此宙斯简而言之,是与彼宙斯一致的,[……]必须接纳并且分享民族的命运,两个宙斯完全相同。您为什么要认为我被辩证唯物主义扼杀了呢?"[18]

关键是"与土地的联系",因为那时(虽然不同于他自己所想)家已经被剥夺了,没有一个属于自己的地方。所以说,文森兹并非无来由地将自己的小说《希罗伊德》[19]题赠给了他。小说中的主角库迪尔,来到地狱大门前的旷野上,这是那些希罗伊德居住的沙漠,他们像蝗虫一样被风驱赶着,随着时间的流逝,他们创造了一个扭曲的文明,繁衍并蛹化着。他们把人俘虏来,像牛一样作为食物饲养。这部寓言讲的是奴隶制,有关那些放弃人性的人类,他们宁愿变为牲畜被玷污,也不愿面对艰难的自由,对此,只有库迪尔的歌声,才能复原人类本性,用名字和记忆来承载的本性。同时,寓言还揭示了食人族的起源:背叛了上帝的命运指令的古树、叶子、枝条、树干、根茎,渴望迁移,它们抛弃了自己的土地,最终变成了恶魔。

当时的米沃什,正在与自己的根对抗,于是,文森兹的任务是为他创造一个新家。他认为,身在祖国并不一定意味着必须身处某个国家的边界之内。而历史,也不是一套铁定的法律,而是个体的传承和记忆。他并不试图与诱惑者以对方的语言进行讨论,因为那将沦为三段论式的抽象表达。他讲述的寓言在米沃什花岗岩小屋里长久地回荡,似乎给了米沃什一个进入石头内心的入口,使他在其中找到了土地的力量,以此治愈了诗人那个病痛的"我",使他得以解脱。文森兹耐心地向其解释,"您逃向了自己的真实命运和内在自由"[20],还让他去参观巴黎人类学博物馆,然后在那些史前塑像和非洲面具中"抛弃时代[……],探索人性"[21]。他建议米沃什放弃图书馆,以便通过散步和实实在在的隐喻式深呼吸克服夜晚的梦魇,甚至对于《致乔纳森·斯威夫特》的作者来说,也可以一边阅读上述建议,一边思考着野胡人,思考着那些绝对超越野人的聪明的骏马——去专注观察迈松拉斐特的马厩——因为"当人们的眼睛看起来过于悲伤或是锐利,可以去注视马的眼睛,那看起来是悲伤的,但更温柔更无辜"[22]。最重要的是,强迫回到这个并不需要匆忙经

历的世界,用脚和手触碰它,品味它,用谦卑的目光拥抱它无限的形态,
摆脱人类的疯狂和撒旦的低语。文森兹的儿子将散步准确地称为"希
望疗法":

> 每次散步和远足,父亲用触摸的形式展现希望,在一些被碰伤 503
> 的甲虫身上,在指向天空中的杜松子树木上[……],在伊泽拉山脉
> 河谷另一侧的圣埃纳尔德城堡(Saint-Eynard)上空,柔和的粉红色
> 夕阳,或者就是在拉孔布美好的老栗树园中,显示出希望。[……]
> 这一切都不是其他什么东西的纸面符号,不论是否抽象,而是作为
> 拥有的存在权力,因为都是由同一个创造者所创造的,拥有与人类
> 同样的生存权。[……]在我看来,在经历了那些巴黎、华沙和华盛
> 顿等之后,这位以前萨莫吉提亚①乡村养育的老男孩,在法国小树
> 林中意外发现那些甲虫、农家的牛和茶花的时候,和我父亲一样高
> 兴。我写的是"法国小树林",但拉孔布这里教育我的可能是,这小
> 树林并不是"法国的",顶多是"山庄的",更是"村落的",最简单的
> 说法是我们自己的,是上帝和全人类的。这大概也是解药,是对骗
> 人的所谓拯救"全人类"的普遍梦想的解药。父亲教导说,要特别
> 注意,当某人开始谈论"人类"的时候:耶稣不说,要爱全人类
> [……],只说爱自己亲近的人,也就是近邻,邻居。[23]

这个疗法,虽没有立竿见影,但慢慢将抗毒素注入了米沃什的肌体。
几年后,米沃什总结斯坦尼斯瓦夫·文森兹所授的希望课程时,他说到,
这是抵消恐惧和荒谬感的平衡手段,"其真实名称一定是:无神论与虚
无主义"(《从我的街道开始》,页325),不仅让人无法感知到除"我"之

---

① 萨莫吉提亚(Samogitian),今立陶宛西北部地区。

外的更多东西,还耗尽了想象力。虚无主义也是一种"失去祖国、失去天和地的感觉。祖国就是我们所爱的东西。怎么可以爱一个没有想象空间的天,怎么可以爱一个空间抽象的地?"(同上,页325)一堂关于记忆的课程,一段关于几千年来人类用双手塑造石块的对话,一条纪念罗马军团的道路,一棵培育了好几个世纪的树木,都能带来对往昔的触摸,也教会我们认识到个人的渺小,还有家族成员的呼吸与共。这记忆让人觉得,我们的手,"既握着笔,同样也是那个白俄罗斯农民在'先人祭'仪式上点燃火把的手,是被科尔特斯①杀害的印第安人的手[……],而那些,逝去的那些人,不仅仅已经变成了我们脚下的土地,同样也是在上面的人,他们仍然在这里,就在一旁"(同上,页308),并且还允许我们,在给我们的这个世界的某个角落找到一个家——米沃什后来在《诗论》里这样写道。而第一个希望的迹象,在一九五一年九月题献给文森兹的"复苏之诗"(《旅行世界:对话莱娜塔·高尔琴斯卡》,页110)中出现——《米特尔贝格海姆》:

504 美酒沉睡在那些莱茵橡木桶里。

    葡萄园间教堂的钟声将我唤醒

    米特尔贝格海姆!我听到潺潺泉水

    流到院中的井里,那些木桩

    还在街上修葺。屋檐下晾晒的

    烟叶,还有犁具和木轮,

    看那山峦,和秋意,伴随着我。

---

  ① 埃尔南·科尔特斯(Hernán Cortés, 1485-1547),西班牙殖民者,将阿兹特克人屠杀殆尽并声称其地归属西班牙。

我的眼睛还没睁开。别来追我
火焰，威势，力量，时间太早。
我活过的很多年，如在这梦里
我感觉，我在追寻飘忽的边界，
边界之外充满颜色和声音，
这大地上的事物都联在一起。
暴力不能让我开口，
请信任我，相信我，我会到达，
请让我，留在米特尔贝格海姆。

我知道，我应该。在我身旁
秋，木轮，还有屋檐下
的烟叶。这里和别处都是
我的土地，无论我转向何处
无论在哪种语言里，我都听到
那儿歌，与恋人的喃喃细语。
我比其他人更快乐，我将收到
眼神，微笑，星辰，缠绕的丝线
在膝上纺织。平和，愉快，看视，
在轻柔的白昼之光，群山中行走
走过那水面，城市，道路，习俗。

火焰，威势，力量，你，为何将我
抓在你的手掌心，你掌上的纹理
就像南风梳理过的大峡谷。
你，可以确信

在恐惧的时刻,在疑虑的一周,

时间还早,还是请让美酒成熟,

让旅行的人睡在米特尔贝格海姆。

(《诗集 第二辑》,页 139-140)

注释

[1] 康斯坦蒂·亚历山大·耶伦斯基,《温柔日光下的山川:谈切斯瓦夫·米沃什与斯坦尼斯瓦夫·文森兹的友谊》,载《文化》,1987 年第 1-2 期。在写作本章时,我选取的材料正是作家的儿子安杰伊·文森兹曾为耶伦斯基准备的,在此谨感谢彼得·克沃乔夫斯基帮忙提供。文森兹和米沃什的几次见面亦由玛乌戈热塔·杰乌勒斯卡写在《山川漫步人》一文中,收录于玛乌戈热塔·杰乌勒斯卡,《艺术家与朝圣者》(弗罗茨瓦夫,1995),页 190-215。

[2] 摘自 1951 年 11 月 3 日斯坦尼斯瓦夫·文森兹写给约瑟夫·查普斯基的信,克拉科夫国家博物馆,迈松拉斐特的约瑟夫和玛丽亚·查普斯基档案。十年后,1961 年,查普斯基在给米沃什的信中(写信日期可能是 9 月 10 日)又写道:"你写吧,你信中的词语从一个人的笔下流淌出来,这个人又有本事将其完完整整地倒过来书写完美。这也许就是辩证法吧。你的内涵层次很多,我越来越佩服你这飞檐走壁的本事,我觉得,你并不在啊。[……]你也可能因此迷路的。"(拜内克图书馆)

[3] 让娜·赫施,《关于斯坦尼斯瓦夫·文森兹》,收录于斯坦尼斯瓦夫·文森兹,《以对话形式》,卷二(华沙,1983),页 257。

[4] 在 1951 年 9 月 17 日前,也就是盖德罗伊奇在信中询问文森兹之前。他写道:"我很好奇,米沃什怎么会去您那儿,您有没有给他的脑袋开开窍呢。"(文学院档案室)米沃什第一次肯定是到格勒诺布尔做客,到拉孔布是他第二次去见文森兹。

[5] 有时候他还带朋友过去,如让娜·赫施和汉娜·本真,其中一次发生在 1953 年,他租下附近的一处"鞋匠之屋"短住。之所以叫"鞋匠之屋",是因为曾

有一位波兰犹太鞋匠住在那里。

[6]“切斯瓦夫·米沃什先生好像在我家越来越自在了,他威胁说要走,但显然他并不想走。他很亲切,也越来越随和,而且比我想象的要年轻很多。”摘自斯坦尼斯瓦夫·文森兹写给耶日·盖德罗伊奇的信,1951 年 9 月 28 日。“他还是一个比我原来想象的更有价值的人。要知道,年轻,能嚼各种马嚼子,有时蹬腿,有时用后腿站直的,才是血统优良的马(他就是),才更有价值。”摘自斯坦尼斯瓦夫·文森兹写给盖德罗伊奇的信,1951 年 10 月 9 日。两封信均藏于文学院档案室。

[7] 摘自耶日·盖德罗伊奇写给斯坦尼斯瓦夫·文森兹的信,1951 年 10 月 5 日。(文学院档案室)

[8] 摘自切斯瓦夫·米沃什写给斯坦尼斯瓦夫·文森兹的信,1951 年 10 月。(克拉科夫切斯瓦夫·米沃什档案馆)

[9] 摘自斯坦尼斯瓦夫·文森兹写给约瑟夫·查普斯基的信,1951 年 10 月 12 日。(克拉科夫国家博物馆,迈松拉斐特的约瑟夫和玛丽亚·查普斯基档案)

[10] 摘自斯坦尼斯瓦夫·文森兹写给耶日·盖德罗伊奇的信,1951 年 11 月8 日。(文学院档案室)

[11] 伊莱娜·文森兹,《对话斯坦尼斯瓦夫·文森兹》,载《地区》,1993 年第 1 期。

[12] 伊莱娜·文森兹的回忆片段和部分回忆素材由安杰伊·文森兹为康斯坦蒂·亚历山大·耶伦斯基准备,副本藏于彼得·克沃乔夫斯基档案室。

[13] 摘自斯坦尼斯瓦夫·文森兹写给耶日·盖德罗伊奇的信,1952 年 11 月26 日。(文学院档案室)

[14] 摘自切斯瓦夫·米沃什写给斯坦尼斯瓦夫·文森兹的信,1952 年,无确切日期。(克拉科夫切斯瓦夫·米沃什档案馆)

[15] 摘自切斯瓦夫·米沃什写给斯坦尼斯瓦夫·文森兹的信,1951 年,无确切日期。(克拉科夫切斯瓦夫·米沃什档案馆)有意思的是,信中提到了一些四十年代末五十年代初的作品,米沃什评论说:“我的第六感是,当我读国内出版

的东西时,我会看见他们思想上的内容和力量,这和干巴巴的西方快照正相反。"

[16] 在另一封可能写于 1951 年 12 月的信中,米沃什在看过文森兹在《文化》上发表的《希罗伊德》后,补充道:"我认为还不算太差,我想,如果是指我习惯于辩证唯物主义的话;我只是要告诉您,我不会给自己套上缰绳,然后变成我自己口中经常说的那样:我的思想和我的言语是种挑衅,也就是说,我说的话是针对自己,但我又竭力说得更好,说到我能驾驭的最好水平,这样才不会成为一个不诚实的游戏,这样才不会产生误导;这样挑衅了对手后,我会等等看他说什么:也许会有这样的情况,他推翻了我的论证,但能让我受益良多,我也很高兴,因为我的本身,除了自我质疑之外,还有一个反对者。"(克拉科夫切斯瓦夫·米沃什档案馆)

[17] 摘自切斯瓦夫·米沃什写给斯坦尼斯瓦夫·文森兹的信,1951 年,无确切日期。(克拉科夫切斯瓦夫·米沃什档案馆)

[18] 摘自切斯瓦夫·米沃什写给斯坦尼斯瓦夫·文森兹的信,1951 年年底,无确切日期。(克拉科夫切斯瓦夫·米沃什档案馆)

[19] "我把友谊献给诗人切斯瓦夫·米沃什",斯坦尼斯瓦夫·文森兹,《希罗伊德》,载《文化》,1951 年第 12 期。

[20] 摘自斯坦尼斯瓦夫·文森兹写给切斯瓦夫·米沃什的信,1951 年11 月5 日。(克拉科夫切斯瓦夫·米沃什档案馆)

[21] 摘自斯坦尼斯瓦夫·文森兹写给切斯瓦夫·米沃什的信,1951 年12 月27 日。(克拉科夫切斯瓦夫·米沃什档案馆)

[22] 摘自斯坦尼斯瓦夫·文森兹写给切斯瓦夫·米沃什的信,1951 年10 月16 日。(克拉科夫切斯瓦夫·米沃什档案馆)

[23] 安杰伊·文森兹,《斯坦尼斯瓦夫·文森兹和切斯瓦夫·米沃什》打印稿,在卢布林天主教大学举行的"斯坦尼斯瓦夫·文森兹的创作"论坛上(1987 年10 月15 日-17 日)发表,复印件存于彼得·克沃乔夫斯基档案室。

第五十六章　先知之女

> 我在打字机上写作，不敢用笔写，让娜
> 断言我的笔迹特点证明了我患精神病的状
> 况，所以，还是机打比较安全。
>
> 切·米沃什
>
> 致斯坦尼斯瓦夫·文森兹（无确切日期）

"我特别期望，天父能够像斯坦尼斯瓦夫·文森兹。那样我就能在 505
任何地方都感觉到安全，而不仅仅是在文森兹家，在他家，我睡得比在任
何地方都沉。"这是在多年之后，哲学家让娜·赫施①的回忆。[1]她来拉
孔布山房还归功于米沃什。他们的相识，在智识魅力方面的相互倾慕，
迅速生发出一段风云激荡的关系。米沃什当然带着对情人全部的尊敬，

---

① 让娜·赫施（Jeanne Hersch, 1910–2000），瑞士哲学家，波兰裔犹太人，二十世纪三十
年代初师从德国存在主义哲学大师者卡尔·雅斯贝斯，1956年起在日内瓦大学任教授，1966
年至1968年任联合国教科文组织哲学司司长，1970年至1972年任教科文组织执行委员会委
员，1987年获阿尔伯特·爱因斯坦奖章。

还非常明显地将她当作另一种治疗自己消极抑郁的方法。他对文森兹解释说:"没有让娜,我无法生存,原因很简单,我需要她做我的**护理病号的人**,或者说就像一个在黑暗房间里感到害怕的孩子。这阵子我只是一个人待了几天,就已经处于非常糟糕的状态。如何向正常人解释这些事情呢? 这难道不是很神奇,很不可思议吗? 是的。我不能独处。我在内心已经开始解决那些事情,那些我完全无法控制的事情。"[2]起初,外遇的确给他带来了安慰和支持,可是很快就变了,让他又患上了另外一种精神疾病。就此,米沃什向自己信任的"老导师"倾诉,描述当时的让娜·赫施:"她已经把我以文学创作的名义抛妻弃子的行为,提高到了道德义务的层面,威胁并预测我将彻底堕落,要是我不做那件事的话。我不确定,我那些华沙朋友有没有道理,他们预言要是我与华沙分手,我会自杀的。我不确定,让娜有没有道理。但在那些伸直手指的指责之下活着,听着'你会死'的嘶喊声,我感觉,我是个被世界抛弃的麻风病人,真是太难了。"[3]

让娜大他一岁,身材苗条,高个子,一头深色的头发,还有几乎像是印度人的橄榄色皮肤。她不是一个大美女,但那不是米沃什(或许他与女性的关系通常都这样)当时想要的。[4]他需要的是一个交流的伙伴,具备敏捷的思维和坚强的意志,可以来管教他,打理他的生活,这些品质让娜当然都不缺乏。她是波兰犹太人的后裔(她的父亲在本世纪初从维尔诺移民到瑞士)。她和汉娜·阿伦特(她将阿伦特介绍给了米沃什)[5]都是卡尔·雅斯贝尔斯的学生。让娜是社会主义者,很快就成为日内瓦大学的教授。[6]在布鲁塞尔举行的文化自由大会(1950 年)的聚会上,她与盖德罗伊奇和查普斯基成为朋友,正是查普斯基介绍她与米沃什认识。后来米沃什尝试着为她描绘一幅复杂的人物肖像,"有点令人难以置信"的让娜,精神纯洁的让娜,激情突如其来的让娜,总之,让娜应该属于"先知的家族":

她思维的特质是哲学的（自孩提时代起就是），她倾向于，也许过分地倾向于，区分一切，精确地区分。她爱真理，且具有即时识破谎言的能力［……］。她直截了当，凶猛，狂热，没有外交策略和妥协的能力［……］她是坚决的反激进主义者，将五十年代整个巴黎左翼时尚都轻蔑地视为花言巧语（baratin）。只可惜，让娜注定要孤独，因为每个人都害怕她。而这种空气在道德上是如此干净，以至不能呼吸。而我，却是扭曲的，动摇的，在我看来，相当地肮脏，我怎么能够忍受呢？另外我还喜欢喝酒。对让娜来说，酒是恶，是麻痹意识的象征，然而，意识是最珍贵的东西［……］。她笑了。完全正确。她对自己和对他人的要求极高。她要绝对占有，反对她想都别想。她手指很危险啊。（《猎人的一年》，页320–322）

一九五二年三月二十日，米沃什搬出了"科内尔"大街的家[7]，要和让娜一起住到巴黎拉丁区核心地段沃日拉尔大街1–2号的特里亚农宾馆，就在圣米歇尔大道和卢森堡花园的边上，在一座"塔一样的楼房里，朝向很好，下楼就可以在附近的餐馆吃饭"。[8]六月，他们一起去南方旅行，游览了多尔多涅省（周围环境如此美丽而亲切，正如诗人后来所写，人可将美景当家，"向着柏拉图所讲的天堂"〔《欧洲故土》，页327]）。[9]他们住在波尔多西边，艾尔河上游的小城蒙顿。便宜的金井旅馆里，六百法郎就能住一个带服务的房间，诗人可以在金公鸡广场饭店晚餐、沐浴、划皮划艇。他向文森兹报告："我成了一头安静的猪，因为体重有八十四公斤了，如此肥胖，这是从未有过的（我应该七十六公斤的）。"[10]生活梦幻般的节奏，如同河里的波浪：历史不会来到这里，这里最重大的事件也就是钓鱼比赛，而"国家由警察局代表着，绝对的无所事事，于是警察们种起了玫瑰［……］。礼拜天，药剂师、木匠、教师和邮局职员组成的乐队在小广场上演奏"。[11]在法国的居留许可，需要每个月在市长办公室盖章，而关于市政官员,那些世代官僚的继承人,诗人写道:"当我的难民文件有点困难时,他在手册里查了很久该怎么做,最后,他挪开手册,给我盖上章,说道:'我什么都不明白,谁会看这个章啊,我永远都不会明白的,这和任何别人都毫无关系。'"[12]

然而,离开巴黎带来的其实不只是度假的乐趣,而是逃离城市的喧嚣。逃离在《文化》月刊编辑部里每天读波兰报纸的日子,逃离每天有关新书写作的思考。还在五月时,赫施看到一则启事,是由设在日内瓦的欧洲文化中心发起,法国读书俱乐部公会(Communauté Européenne des Guildes et Clubs du Livre)赞助的一场欧洲文学大奖赛。比赛规则是,提交一部以一种西欧语言写作且未曾出版的小说,提交作品的截止日期是一九五二年十月一日,奖金一万瑞士法郎,另加获奖图书的出版费用。此前不久,米沃什向让娜解释说,他必须将自己从回忆的沉迷中解放出来,他应该把这些回忆放进一本书里。而现在,鼻子前面就放着报纸的剪报,还有自己女朋友关于帮他把小说翻译成法语的表态。她说甚至都不想听到瓦莱里所抱怨过的那些低等作品的说法,瓦莱里的说法是"怎么能写'侯爵夫人五点钟走的'?"[13]固执的赫施,想的更重要的是,截止日期迫在眉睫,于是就迫使他,对他而言最需要的,遵守纪律。这使得米沃什改变了主意,在蒙顿夏季的几个月,他主要在金井旅馆的房间内度过,在香烟的烟雾里,每天工作七八个小时,不去碰附近圣埃米尔酒庄出产的葡萄酒,因为在炎热的天气里,喝上一杯就想睡觉,游泳也只在晚上。后来他回忆起当时的状态:"我在艾尔河里游了泳,我很开心。"接下来,一张张写满字的纸将他从自己身上扯下来:

> 我被那些人物吸引着,当笔触碰到纸,他们就出现了。他们越来越多,要求发言,要求成为自己,要求按照自己的存在法则去发展,而不是用作者自己的面具。[……]一定的,我告诉自己,这是一本差劲

的书。可是,我至少在当中得到了部分满足,这是我曾经对那些已经死去的人承诺过的。如果我能学会,能在记忆中召回那些面目和姿态,而不是重复我自己,也就是说我可以在将来也这样做,以散文的形式而不仅仅是诗歌去履行自己的责任,就这样,充满了雄心(我们不仅仅只有高尚的灵魂),终于差不多是与她合而为一了。[14]

他每完成新的一章(通常是短的,每天都可以写出来一章),就读给让娜听,有的时候向她解释某个她不了解的词汇,让娜立刻就开始把这一章翻译出来。就这样,他在三个月内完成了《权力的攫取》,内容展现斯大林主义的兴起和那些年里"人民"波兰诞生的微缩景观。他的语调很大程度上体现了先知耶利米的名言,明显是作为座右铭的构思,但最终被省略掉了,与小说的手稿一起封存在拜内克图书馆①里:"从先知到牧师,人人都在赞美这个谎言。他们要从表面上快速治愈我国女儿的伤口,还说:和平,和平,但同时却没有和平。"(《千禧圣经》8,页10)[15]

这本书以简明的风格创作,多用短句,常常是字数相等的句式,也许暴露出一些仓促,显示这是一部不愿被写成长篇大论的小说。这本书是一次成功的实践,但不应算作杰出的成就。可以看出,书的作者是如何逐渐获得自信和流利性的,虽然总是像后来的《伊萨谷》一样,对他来说,描述或反映英雄的思想,要比写一篇令人信服的对话容易得多。叙事故事表现的是吉尔教授的命运,他被大学的新校长辞退,徒劳地挣扎于复杂的社会里,他翻译修昔底德,以《伯罗奔尼撒战争史》中的那种残酷,描述政党派系的斗争、欺骗、背叛和谋杀,并使其痛苦地成为现实的主题。作者不仅表现了革命的机制:引入恐怖并与法西斯右翼结盟,适

---

① 拜内克图书馆(The Beinecke Library of Yale University),该馆集聚了大量的稀有书籍和手稿,是世界上最大的珍本图书馆之一。

时地调和"蜂蜜"与暴力的剂量,消灭地下游击队,恐吓农民,还标榜是他们的支持者,从个人发展到重建国家的意愿,使社会态度复杂化,而且还清楚地知道,自认为姿态超然的知识分子,面对突如其来的强力,在思想上所经历的过程,完全无异于自然力量影响下的历史模式。该书最薄弱的是关于华沙起义的部分,米沃什在这里以一个冷静观察者的身份,用了解的二手情况描述那些角色的经历和情感[16],以他自己对右翼或民族主义的憎恶来过滤书中的人物,他们集中在以约瑟夫·华沙斯基神父为原型的起义牧师的周围,同时,按作者的说法,他们在救国军中占据了主导地位。吉尔教授只获得少数人的同情,包括持怀疑论的社会党人福克和自由主义者、和平主义者及罗素崇拜者伯特兰特,后者在这种环境下感到被疏远,不得不与米哈乌·卡明斯基并肩作战。卡明斯基是以博莱斯瓦夫·皮阿塞茨基为原型的人物形象。虽然是某些态度的标志,而并非丰满的人物形象,但更有说服力的是,那些随红军一起到达城市郊区构建了胜利阵地的英雄,代表了权力和力量,在行动当中,同时都伴有一种宿命论的信念,必须完成事件的发展,虽然多少只能加快或减缓。书中的"贝鲁加",即耶日·博莱依沙,还有点让人想到普特拉门特。温特,模仿了阿道夫·鲁德尼茨基·布鲁诺。最后是朱利安·哈尔佩恩,是克朗斯基的倒影。尽管这本书是面向西方读者的,米沃什却并没有打算创作一部有钥匙可以解锁的小说,从这些例子上可以看出,他很大程度上直接从近期的事件中汲取了角色素材。这方面最有意思的是小说最重要的主人公彼得·昆塔——正如作者后来所评论的——是以帕维乌·赫兹为原型,但实际上也有一部分是米沃什的自画像。[17]这是位审美诗人保罗·瓦莱里的钦慕者,战争期间来到"苏维埃地区",那本是他流亡的地方,加入了在那里成立的第一军,然后成为一名政委返回波兰,并开始在贝鲁加的报纸工作。他失去了父亲,性格软弱,寻求权威,希望降服于比自己更强大的力量,总是在寻求新秩序的认可与对之暗暗抵抗之间摇摆犹豫。在小说的最终结局中,他获得了驻巴黎大使馆工作的任命,离开了波兰。

　　写作完成后,米沃什与赫施两人一起去普罗旺斯萨纳里的海边度过几天假期,并于十月中旬,拜访了文森兹一家,然后返回巴黎。[18]在此期间,来自各个国家的评委已经开始评审,对投稿此次欧洲大奖的三百五十六部作品进行了初选。在法国评审团中,有多米尼克·奥利,幸亏有她对《权力的攫取》的善意,书名实际上是法语"La prise du pouvoir",虽然是由波兰语翻译而来,却作为代表法国的作品通过了初选。进入国际评审团进行评审的共有八部作品。评审团成员包括戈特弗里德·贝恩①、伊丽莎白·鲍恩②、哈格蒙德·汉森③、萨尔瓦多·德·马达里亚加④、加布里埃尔·马塞尔、汉斯·奥派赫特⑤、丹尼斯·德·鲁日和伊格纳奇奥·西隆。一九五三年三月二十四日,在日内瓦举行的会议上,欧洲文学大奖的一等奖,分别授予了德国作家温纳·华尔辛斯基⑥[19]和切斯瓦夫·米沃什[20]。五千瑞士法郎在当时不是个小数目,获奖者还可以期待作品将来每次出版的版税收入。一九五三年,《权力的攫取》在瑞士、法国和德国出版[21],随后几年,也在英国、美国和西班牙出版,给作者带来稳定的收入。

---

　　①　戈特弗里德·贝恩(Gottfried Benn, 1886-1956),德国伟大的表现主义诗人和作家,曾在马尔堡大学和柏林大学攻读神学、语言学和医学,并终生行医。其作品追求形式完美,语言运用技巧高超,对战后的作家和读者有巨大吸引力。

　　②　伊丽莎白·鲍恩(Elizabeth Bowen, 1899-1973),英国著名作家,小说和短篇故事洞察入微,代表作为1938年出版的《心之死》,入选纽约时报二十世纪最好的英文小说之一。

　　③　哈格蒙德·汉森(Hagmund Hansen),丹麦作家,翻译家。

　　④　萨尔瓦多·德·马达里亚加(Salvador de Madariaga, 1886-1978),西班牙著名作家,代表作有《死亡万岁》《人民与权力》等。

　　⑤　汉斯·奥派赫特(Hans Oprecht, 1894-1978),瑞士社会党领导人之一,作家。

　　⑥　温纳·华尔辛斯基(Werner Warsinsky, 1911-1992),德国多产作家,剧作家。

510　　　四月初,作家米沃什(在获得瑞士签证方面遇到了很大困难)和翻译家让娜一起去日内瓦领奖,米沃什在那里认识了另外一个知识文艺圈:丹尼斯·德·鲁日,诗人让-保尔·达杜森①,画家、雕刻家和著有关于自然生态和哲学书籍的罗伯特·海纳德②,还有雅斯贝尔斯的法文翻译海伦·纳伊夫——她家位于莱芒湖畔的蒙叙罗勒(Mont sur Rolle),米沃什后来在《欧洲故土》中提到。米沃什和让娜·赫施一起到巴塞尔拜访了雅斯贝尔斯本人,当时雅斯贝尔斯正沉浸在阅读德文版《被禁锢的头脑》的感动中[22],于是,就像米沃什对盖德罗伊奇所说的那样,"谈话进行得非常顺利"。也不奇怪,他为主编进行的采访,语气是特别愉快的。"在瑞士,我最喜欢的是伯尔尼的熊(活的熊和雕塑的熊)。实际上,我遵照斯坦波夫斯基的警示,并没有靠近活熊出没的护城河边,他可说过,有时候熊会突然拿出相机来,拍张照片,然后带着照片跑回山洞里去。"[23]

　　主编对于米沃什这本新书并没有那么高的热情,他批评书中的政治图式,批评书中的人物缺少任何抵御夺取政权的制衡力量。[24]直到一九五五年一月,他才决定出版该书,正好是"权力被攫取"十周年的时候。印数中有一部分被覆上假封面,寄往波兰。封面上的信息是齐格蒙特·科尔纳加③的小说《解放》,写着由巴黎万达·瓦西列夫斯卡波兰人民建筑协会[25]出版。盖德罗伊奇很快向米耶罗舍夫斯基报告说:"这个计谋[……]似乎奏效了,骗到了好多人[……]。我们可以指望,边境审查官员们竟然都是如此幼稚"……[26]

---

　　① 让-保尔·达杜森(Jean-Paul de Dadelsen, 1913-1957),法国诗人,"二战"时加入戴高乐的自由法国军队,是阿尔贝·加缪的《战斗报》的记者,战后为 BBC 法语服务部工作。

　　② 罗伯特·海纳德(Robert Hainard, 1906-1999),瑞士博物学家画家,以动物绘画和雕刻闻名,其《欧洲野生动物》被再版十多次。

　　③ 齐格蒙特·科尔纳加(Zygmunt Kornaga),虚构的作者名字。

该书第一批读者(包括法文译本和波兰文原文)的看法是不同的,可以说是褒贬参半。文森兹和耶伦斯基以最为热情的态度接纳了这本书,耶伦斯基总结道:"我出于相当悲观的本性(因为我不相信'社会小说'会有任何可能性),有部分是需要提醒的[……]。但是就您而言,诗歌结合了智识,一切皆可拯救。[……]您成了一个相当独特的文学现象:是当代最早的抒情诗人之一,而又写了相应高度的哲学散文著作《被禁锢的头脑》,现在还写了小说,这部作品您完全无须为之羞愧!"[27]作家和心理学家曼尼斯·斯珀伯①提出,书中的胜利者们无法体会起义者们的感情和对世界的迷恋。[28]查普斯基写下类似的观察:书中"这个世界的景象,[……]就像是一些底片,里面是极左分子、犹太人、地主的愚蠢和布尔什维克们的铁腕智慧(我在您这里感觉到像是对库斯勒一样压抑的敬佩)"。[29]博莱斯瓦夫·塔博尔斯基②广泛地谈论此书,他是伦敦年轻知识分子群体的代表,他们毫无疑问与老一代的移民不同,是米沃什需要认真对待的。他在欣赏和接受这样一个重要主题的同时,总的说来,认识到了该书的意义。他提出该书过于简洁,认为作者只看到两种可能性:"反动的[……]和非人道的[……]"。[30]在波兰国内,年轻的批评家扬·布沃斯基对该书持完全悲观的态度,他在称赞《伊萨谷》的同时,附带说道:"《权力的攫取》[……]如今成了一个待售的骷髅:也有可能,找到一位作家,[……]会以米沃什历史哲学的图式,编写等式方程的小说,并将其具体化为人物和事件,而不仅仅是一些历史代数的标识。"[31]诗人自己则认为贡布罗维奇的观点最为准确,后者于一九五四年在《每日报》上就《被禁锢的头脑》《权力的攫取》和《白昼

511

---

①　曼尼斯·斯珀伯(Manès Sperber, 1905-1984),奥匈帝国加里西亚作家,代表作有《海洋》(1973)、《如沧海之泪》(1970)和《第二俱乐部》(1976)等。

②　博莱斯瓦夫·塔博尔斯基(Bolesław Taborski, 1927-2010),波兰诗人、剧作家、翻译家和文学批评家。

之光》写道：

> 　　米沃什让历史不仅为他提供主题，而且还有某种态度，我想称之为一个转变了的人的态度。难道米沃什不是在战斗吗？是的，他在战斗，但只是以对手允许的手段，看起来，他相信共产主义，好像是个被摧毁的知识分子，但是作为被摧毁的知识分子，他挺住了最后一次英勇的战斗。[……]他害怕短短的一句话，就会剥夺他所有奢侈的权利，他，米沃什，对苦难中的兄弟们绝对忠诚和可靠，他想变得像他们一样贫穷。但作为文学艺术家，这样的意愿是不适合其行为本质的，因为文学艺术是奢侈，是自由，是游戏，是梦想和力量，文学艺术不产生于贫穷，而是来自财富，不是当你处在车轮之下时产生的，只有当你在车里时才能产生。文学艺术自身带有胜利之物，即使在手被折断的时候。黑格尔？黑格尔与我们没太多关系，因为我们是舞者。一个人，不允许自己变得贫穷，会用另一种创造来回应马克思主义的创造，是一种出人意料簇新的、无法预见的生活的财富。米沃什是否做出了足够的努力，去埋葬束缚他的辩证法呢？[32]

　　关于《权力的攫取》的译者，他后来写道："对我来说，她是很不错的精神上的攀岩学校，当她说'你又忘了犯傻'（De nouveau tu as oublié d'être bête），真的让我大受鼓舞，这句话大致的意思是'你又忘了，如何变得愚蠢'，她置身于哲学与神学之间的边界。[……]首先我最珍视她的虔诚奉献，因为她的确是一位超凡脱俗的女祭司，或是一个受上苍召唤的声音。为此，我已经并将准备好原谅她的缺点。"（《猎人的一年》，页325）这些缺点并非微不足道，而且还被充满激情的禀性所放大，不断地产生话语的激流和最高程度的紧张，不会放过任何蛛丝马迹。而且，在爱情上也一样。

"她吵架闹得那么凶,让我以为日内瓦都'烧掉了',就这样决定转回到巴黎去。我是个谦卑的人,想要的是智识,但让娜想要什么,我不知道,如果她想让我拆散家庭,这就行不通。事实上,我惊恐地看着她,仿佛魔鬼附在她身上占据了她,使她迷失,搅乱了脑子里的一切。她想拯救我的灵魂,还有我的才华天赋,而奇怪的是,这似乎还与她自己的志趣相符。"[33]保持着时间上安全的距离,从瑞士回来后,米沃什向文森兹讲述了他俩当时戏剧性的状况。此时,最终放弃了签证上事情,而经济的问题也得到了解决,差不多是该把扬卡叫来法国了。爱情,同样也可以占据先知的思想,恋爱中的让娜拼命维持着关系,劝阻米沃什前去美国[34],她哭泣着得知米沃什家人将要到来的消息,长时间无法接受。米沃什尽管犹豫,却不打算放弃自己的家庭。她对米沃什一心一意,但同时占有欲又极强,在某个时刻她输了,占据主导地位的男人决定解脱出来,明显的标志是他们分居了。大概就在这个时期,诗人租下了另外的单独房间,其中包括在丹费尔-罗什洛大道 83 号的房间,四十年前,巴黎波兰艺术家协会就坐落在那里,当时奥斯卡·米沃什还是该组织不太活跃的成员。

但分手并不容易,也不会很快完成。一九五三年五月,《权力的攫取》一书的作者表达了这样一种信念:"在欧洲大陆上,安顿自己的家庭生活是[……]精神上紧张到不可能做到。[……]我只能依靠**护理病号的人**①生活,而扬卡和孩子们的出现将使我的恐惧扩大一大片。我身体上也有一种散架和过度性的感觉,而我毫无办法。"他试着向文森兹描述令他恐惧的根源:

---

① 指让娜·赫施。参本章注释 2。

这与某些感觉的触角相连,说明我有诗人的特质。[⋯⋯]这与自我保护的本能无关,只是有关使我们的行为具有意义的基础,让我们的事业有意义,或是在我们的指间散落,无法平静地做任何事情,有一种荒谬和徒劳的感觉。给我的信号是,我无法写诗。对我而言,诗歌创作最多的是在战争年代(也就是说,我当时潜意识里确信德国将会战败)和华盛顿年代,直到朝鲜战争爆发(**保密**)前的这段时间。不管怎样,我内心深处的灾难性倾向正在显现,要没有让娜就完了,多亏了她,我似乎忘记了,绝望了,战争会爆发,我再也见不到儿子安东尼,或者更糟的是,他们来的时候,战争爆发了。[35]

513　即使在扬卡来了之后,划清所有的界线,对他来说也不容易,尽管他尝试着摆脱男人虚荣心的阴影。他从日内瓦写信给盖德罗伊奇(一九五三年九月,米沃什在日内瓦参加一个持续几天的会议):"愿狼群已经饱餐,奶牛也完整无缺,也就是说,一切都清清楚楚,没有任何复杂问题。"[36]

让娜的情况要更为困难,完全不可比,孤独、被抛弃,而且长久无法放弃希望。她当然在文森兹那里寻求过帮助,那位聪明的"拉比",将会帮她回归理性,作出决定,最好是,使她爱的人,回心转意。

让娜不仅把一切都告诉了我,而且给我看了信件来"证明",甚至包括私密的信件。由这所有一切,我建议她,要是切希再出现,就把他赶下地狱,并禁止他抱怨他的妻子,因为最后如你所知,会看着像是纪录片,就像先生您知道的,扬卡女士"全新的"指控不是来自任何尸检,仅仅源于切希本人。

一九五三年十月,"拉比"写信给同样被纠缠于这场痛苦的感情风波中的查普斯基。

> 他希望,像母性那样为他难过。现在他对扬卡产生了可以理解的感情,但对让娜,却感觉受到限制,他说让娜心怀怨念,要破坏他的婚姻,所以在上一封信里,粗暴地与她分了手,就和懦夫、混蛋一个样。这打入地狱的战术确实比现在无休无止哀求的效果更好,所以这一次,让娜也许会格外听从我的建议,我在心底里,做梦都想着,(上帝保佑千万别)让切希回到她的身边。[37]

一九五四年年中,拉孔布山房的居民,将不得不去管住让娜·赫施正在经历的绝望和嫉妒的"狂暴"。[38]然而,最终女哲学家和诗人的关系变成历久弥坚的友谊,一直持续到他们终老。八十年代他们还一起在瓜德罗普度假①,让娜一如既往地保持原则,被统治着我们文明的愚蠢所刺痛,切斯瓦夫依然感性,沉浸在波涛的泡沫中,心里构思着献给让娜的诗歌。[39]让娜去世后[40],米沃什写下了他从让娜身上所学到的东西,并做过一次演讲,值得完整地引用和铭记:

> 1. 理性是上帝给予我们的伟大赐予,应该相信其具有认识世界的能力。
> 2. 那些玩弄破坏对于理性的信任的人们,是错误的,可以列举所牵涉的,都包含些什么:阶级斗争,欲望,权力意志。
> 3. 我们应该意识到,自己被封闭于自己所知的世界,但不是要将现实引入我们理智的梦想和错觉中去。

① 瓜德罗普(Guadeloupe),法国的海外省,位于加勒比海小安的列斯群岛中部。

4. 讲真话是自由的证据,而谎言让你学会奴隶制度。

5. 面对存在的正确态度是尊重,因此要避开那些以讽刺贬低存在,和赞美虚无的人。

6. 即使我们被指责傲慢自大,精神生活当中也有着严格的等级制度。

7. 知识分子在二十世纪的不良嗜好是花言巧语,即不负责任的胡言乱语。

8. 在人类行为的等级中,艺术高于哲学,但不良的哲学会毁灭艺术。

9. 存在客观真理,即两个相互矛盾的主张当中,一个是真的,另一个是假的,除非在某些特定情况之下,此时维持此矛盾是合理的。

10. 无论宗教信仰的命运如何,我们应该保持"哲学信仰",即超然的信仰,这是我们人性的一个基本特征。

11. 时间将排除并忘却那些,经我们的手和思想创作的作品,用一个世纪又一个世纪去证明,它们并非适于筑起伟大的文明大厦。

还有另一个最重要的信念,它在五十年代及后来,在他不断地努力追求那种游刃有余的过程当中,成了米沃什的希望之源,牢记罪恶和过失:

12. 在我们自己的生活中,决不能因我们的错误和罪恶而屈服于绝望,因为过去不是封闭的,会接受我们后续行为所赋予的含义。(《时间旅行》,页159)

注释

[1] 摘自安杰伊·文森兹,《没有无真相的自由》,载《普世周刊》,2000 年第 30 期。

[2] 摘自切斯瓦夫·米沃什写给斯坦尼斯瓦夫·文森兹的信,1953 年 5 月 4 日。(克拉科夫切斯瓦夫·米沃什档案馆)garde-malade,法文,意为"护理病号的人"。

[3] 摘自切斯瓦夫·米沃什写给斯坦尼斯瓦夫·文森兹的信,1954 年,无确切日期。(克拉科夫切斯瓦夫·米沃什档案馆)

[4] 让娜·赫施肯定指的是自传体随笔《我应该写下来》的片段。"她的丑陋并没有妨碍到我[⋯⋯]也没有吸引我。但她的想法不只是她的独立存在,也很好地匹配了那个小小的朝天鼻和黝黑的皮肤吧? 这个想法把她变成了另一个人,变成了我所需要的那种人。我不能自己生活下去,有很多的原因,没有其他的女人能让我走出寂寞[⋯⋯]。我们的第一次交谈毫无共同社交性质,完全是痛苦的,如果有谁愿意,甚至可以拔剑决斗。[⋯⋯]我立刻就懂了,这场对话有着特殊的意义,我根本无力终止。那么我只好把她留在身边,无论白天还是黑夜。"(拜内克图书馆)

[5] 关于与赫施的相遇,阿伦特对雅斯贝尔斯说:"她把自己的朋友——米沃什带到我这儿,我其实非常想认识这个波兰难民。"(原文为德语,翻译:伊丽莎白·科特)摘自汉娜·阿伦特写给卡尔·雅斯贝尔斯的信,1952 年 4 月 17 日,收录于汉娜·阿伦特、卡尔·雅斯贝尔斯,《书信集: 1926-1969》(慕尼黑-苏黎世,1993),页 217。

[6] 是《哲学错觉》和《存在与形式》的作者。

[7] "关于米沃什的事约瑟夫肯定都和您讲过了。他今天来了巴黎,告别的时候看上去比我担心的要好多了。我对他确实放心不下。"摘自耶日·盖德罗伊奇写给斯坦尼斯瓦夫·文森兹的信,1952 年 3 月 20 日。(文学院档案室)

[8] 摘自切斯瓦夫·米沃什写给麦勒希奥尔·望科维奇的信,1952 年 11 月,收录于《"他们可获得我的小恩惠":切斯瓦夫·米沃什给约瑟夫·维特林的

信》,载《选举报》,2001 年 6 月 30 日-7 月 1 日。

[9] 这趟旅程的踪迹可以在《多尔多涅笔记》(《诗集 第二辑》,页 157)和《欧洲笔记》(《诗集 第二辑》,页 158)两首诗中读到。

[10] 摘自切斯瓦夫·米沃什写给斯坦尼斯瓦夫·文森兹的信,1952 年,无确切日期。(克拉科夫切斯瓦夫·米沃什档案馆)

[11] 切斯瓦夫·米沃什,1956 年 1 月 14 日 BBC 专栏。(拜内克图书馆)

[12] 未发表的自传草稿《里维拉》(写于 1952 年)。(拜内克图书馆)

[13] 参让娜·赫施,《关于笔译》,载《文学笔记本》,1991 年秋第 36 期。

[14] 切斯瓦夫·米沃什未完成的手稿,为《权力的攫取》的创作而写,可能写于 1953 年或 1954 年,首句为"尽管奇怪,事情还是发生了"。(拜内克图书馆)

[15] 该片段摘自《千禧圣经》版本,拜内克图书馆馆藏的便签上还附有法文译文。

[16] 米沃什并没有关于首都战斗的更多信息,于是他向齐格蒙特·赫兹咨询军事上的细节问题,还从图书馆借了刊登着斯坦尼斯瓦夫·波德莱夫斯基的文章——《穿过地狱的行军》——的《文化》杂志。他和 1949 年发表了一篇宽泛的、部分虚构的文章的国民军军官联络过,试图在对话中找到事实脉络。从中米沃什提炼出一些起义者的形象,比如步枪手贝尔特兰达,这个假名取自罗素(为了塑造人物性格还增加了他最后与分队冲突的情节),还有狙击手伏瓦达队长,他的姓为"奥斯曼"。关于《穿过地狱的行军》与《权力的攫取》之间的联系,耶日·罗·克日赞诺夫斯基在《米沃什谈华沙起义》一文中进行了论述,详见《波兰观点》(《新周报》增刊,纽约),2004 年 8 月 27 日。

[17] 莱娜塔·高尔琴斯卡将自己对此事的评论写进了与切斯瓦夫·米沃什的对话集。参莱娜塔·高尔琴斯卡,《环游世界:对话切斯瓦夫·米沃什,评论》(克拉科夫,1992),页 265。

[18] 11 月 5 日,米沃什又以阿德里安·杰林斯基的名义给耶日·图罗维奇寄出一封信,信中说:"我想请你帮忙。我非常想要一本林德版波兰文字典。你能给我寄一本吗?如果你还能给我写点什么,关于你自己,关于你太太和孩子

们,那会是我这么多年来从波兰得到的第一个消息,因为我没办法和任何人来往书信。[……]我不需要对你说,你们对我一直非常好。但现在,时间破坏了友谊,我希望,你们对我仍保留了一点关怀。"(耶日·图罗维奇档案)

[19] 凭借基于战争经历的小说《茫茫旅程》(Kimmerische Fahrt)获奖。

[20] "大会的人都在推介他,帮他在西方出版了第一批书,比如发行了法文版《被禁锢的头脑》。同时他获得欧洲奖[……]无疑也有他们的功劳。"耶日·盖德罗伊奇这样认为。摘自芭芭拉·托伦切克,《在迈松拉斐特的交流》(华沙,2006),页101。对这一观点的真实性很难做出评价,但部分评委会成员确实是米沃什的老相识。

[21] "如果我留在美国,我的命运将是另一番模样,我肯定不会靠写字生活,也取得不了像我如今在欧洲这样的成功(主要要感谢欧洲文学奖,它简直是个奇迹,虽然没有像宣传的那样给我很多钱,但卖出三十多万本书就已经非常了不起了)。"摘自切斯瓦夫·米沃什写给曼弗雷德·克里德勒的信,1954 年 12 月 6 日,收录于切斯瓦夫·米沃什,《"我的维尔诺守护者":致曼弗雷德·克里德勒的信(1946–1955)》,页61。

[22] 1956 年雅斯贝尔斯给米沃什写信说:"您的书[……]同时被公认为是目前最好的介绍精神道德与政治关联问题的书。让人吃惊的不仅是如今东方正在发生的事件,还有您的书甚至在那边也被细细阅读。于是我想,您确有道理,您认为事物的本质在那边其实并未改变。"(原文为德文,翻译:伊丽莎白·科特)摘自卡尔·雅斯贝尔斯写给切斯瓦夫·米沃什的信,1956 年 5 月 25 日。(拜内克图书馆)

[23] 摘自切斯瓦夫·米沃什写给耶日·盖德罗伊奇的信,1953 年 4 月 14 日,收录于耶日·盖德罗伊奇、切斯瓦夫·米沃什,《书信集:1952–1963》,页114。这封信也揭示了,雅斯贝尔斯最开始是应让娜·赫施之邀才礼貌性地为《被禁锢的头脑》写了几句评语,但读完全书后,他非常欣赏这部作品,于是决定写一篇更有深度的随笔。

[24] "盖德罗伊奇读了我的小说,他说,写得很优美,但这本书在政治上太

惊悚,他不会在《文化》上刊发,因为我在文中将波兰描绘成一个没有反动派,也没有与共产主义斗争的积极分子的国家,因为共产党人都是好人。这本书就好像是华沙政府的支持者写的。"摘自切斯瓦夫·米沃什写给斯坦尼斯瓦夫·文森兹的信,1952 年 11 月 4 日。(克拉科夫切斯瓦夫·米沃什档案馆)

[25]"书几乎在一天之内都到了华沙,不只寄给了某些特定的人、编辑部和研究所等,还像'礼物'一样寄给了国民议会的所有人,同时也像'完成订单'似的寄给了所有的书店。这是对无情的官僚主义和政府机制的投机试探。大约发出了一千本(确切数量是 957 本)。寄件日期是十天前。"摘自耶日·盖德罗伊奇写给扬·诺瓦克-耶吉奥兰斯基的信,1955 年 2 月 2 日。(文学院档案室)

[26]摘自耶日·盖德罗伊奇写给尤留什·米耶罗舍夫斯基的信,1955 年 2 月22日,收录于耶日·盖德罗伊奇、尤留什·米耶罗舍夫斯基,《书信集:1949-1956》,下册,页 56。

[27]摘自康斯坦蒂·亚历山大·耶伦斯基写给切斯瓦夫·米沃什的信,1953 年 9 月 22 日。(拜内克图书馆)

[28]斯蒂芬·斯彭德,《权力的攫取》,翻译:康斯坦蒂·亚历山大·耶伦斯基,载《文化》,1954 年第 3 期。

[29]摘自约瑟夫·查普斯基写给切斯瓦夫·米沃什的信,1952 年 11 月8 日。(拜内克图书馆)

[30]博莱斯瓦夫·塔博尔斯基,《在"革命!"的道路上》,载《精神》(伦敦),1955 年第 3 期。

[31]扬·布沃斯基,《伊萨谷》,载《文化纵览》,1957 年第 24 期。《权力的攫取》片段刊登于"解冻"刊物——克拉科夫发行的《文化生活》,1956 年第 52-53 期。

[32]维托尔德·贡布罗维奇,《日记:1953-1958》,页 150-151。1954 年在给米沃什的信中,《横渡大西洋》的作者谈到《权力的攫取》时说:"这本书非常非常有力度,尽管要理解它的暗示很不容易,但您是唯一一位揭示我们(波兰)的现实会变成世界末日的作家,你并没有虚张声势。"摘自维托尔德·贡布罗维奇

写给切斯瓦夫·米沃什的信,1954 年 5 月 7 日,收录于《切斯瓦夫·米沃什和维托尔德·贡布罗维奇的通信》,编辑:耶日·雅冉布斯基、雷沙德·内奇,载《选文 II》,1992 年第 1–2 期。

[33] 此信没有落款时间,但应写于邦斯,因此写信时间不会早于 1953 年的夏天。信中写道:"我只是偷看了一眼漂亮的英国小女孩,她就对我大吼大叫。"由此推断,当时去英国旅行时米沃什应该和赫施在一起。(克拉科夫切斯瓦夫·米沃什档案馆)

[34] 参 1953 年 5 月 4 日米沃什在写给文森兹的信中说:"我不知道我能做什么。唯一的出路是申请加拿大签证[……]。但我根本做不了什么,因为我只要一提,让娜就对我破口大骂。"(克拉科夫切斯瓦夫·米沃什档案馆)

[35] 同上。米沃什还写道:"和华沙决裂是我的错。[……]。只是我的神经系统太虚弱了,我又对隐藏在稀薄空气下的悸动反应强烈,搁浅在西欧。"(克拉科夫切斯瓦夫·米沃什档案馆)

[36] 摘自切斯瓦夫·米沃什写给耶日·盖德罗伊奇的信,写于 1953 年 9 月 2 日至 12 日之间,收录于耶日·盖德罗伊奇、切斯瓦夫·米沃什,《书信集:1952–1963》,页 133。

[37] 摘自斯坦尼斯瓦夫·文森兹写给约瑟夫·查普斯基的信,1953 年 10 月24 日。(克拉科夫国家博物馆,迈松拉斐特的约瑟夫和玛丽亚·查普斯基档案)

[38]"昨天让娜过来,就是来'发疯'的,今天也是。"(1954 年 4 月 6 日日记)"晚上让娜先向米沃什解释。当她听说米沃什写信请本真女士来我们家后,又'发疯'了。"(1954 年 8 月 26 日日记)摘自伊莱娜·文森兹,《对话斯坦尼斯瓦夫·文森兹》,载《地区》,1993 年第 1 期。

[39]《对话让娜》,见《诗集　第四辑》,页 260。

[40] 2000 年 6 月 5 日让娜·赫施逝于日内瓦。

第五十七章 "欲哭无泪"

我怕，咱们会落到他们手里。

雅尼娜·米沃什致丈夫的信（无日期）

扬卡在国务院的努力［……］一开始就注定不会有效，她的爆发，对于官员们来说必定无法理解，她当时叫喊说："你们会后悔的，因为他会得诺贝尔奖。"

切·米沃什，《词典》

515　　扬卡在一九五一年三月写道："我有时候真的特别后悔，没能阻止你。但当我想起你对我攻击的情形，我又怎能够阻止得了你呢。你会一辈子都为我后悔的。这会儿我们不得不遭罪了。你必须意识到，你当时的妄想是多么鲁莽。很难了。我求你一件事，要是你还爱我们，就要保持冷静，就要有耐心。"[1]尽管她自己也无法完全保持冷静。第二个儿子刚刚出生，她无依无靠，处于极度紧张的状态，她被丈夫的命运吓坏了,害怕他会被绑架,抓到波兰,关进监狱。毕竟当时政治审判的结果往往是处以死刑。她想让丈夫保持沉默,假如他们不能够在英国定居,那就办签证回美国,而且她觉得法国还是距莫斯科太近,她不想让儿子们冒生命危险,她提醒说:"对你又有新的仇恨浪潮袭来,他们要是听说我们去了那儿,肯定会摩拳擦掌下手的。因为在那儿,他们很轻易就能把我们抓到。"[2]

一开始,扬卡甚至都没有想过回欧洲。二月九日,她申请了政治避难,并开始抓牢离她最近的世界。朋友们在帮她,博罗维克夫妇,桑顿·怀尔德,但只有很少的人。开春后,当查普斯基又一次在美国旅行,再次见到扬卡,他看到的是一个孤独的女人,疾病缠身,有气无力。她没有生活来源[3],储蓄很快就花完了[4],还带着两个儿子。她无法考虑干点什么工作,只有靠人道组织的救助,例如国际救援委员会(International Rescue Committee),每月寄给她一张可怜的三十五至五十美元小额支票,而当时她在华盛顿的公寓租金就要一百美元。六月,扬卡启程前往宾夕法尼亚州的小城约克,位于华盛顿与曼哈顿路途的中间。在那里,伊格纳齐·希维安茨茨基刚刚开始了自己生活的新阶段。他完成维尔诺中学学业后,又从华沙工学院毕业,军队服役期间加入了空军。一九三九年,他和他的部队疏散到罗马尼亚,他从那儿穿过叙利亚到达法国,然后又到了英国,在军中担任侦察机飞行员。战后,他漂洋过海移民美国,认识了安娜·盖布乌托维奇,她是米沃什在大使馆里的同事。盖布乌托维奇小姐同意成为希维安茨茨卡太太,离开了华盛顿的波兰大使馆,并与丈夫住在约克,伊格纳齐在那里的涡轮厂工作,租了房子。在他们结婚一周后,扬卡与安东尼、彼得一起搬来住,与两位房主一起分担房租费用,同时也分担两个相当不同的家庭每天近距离在一起生活的优点和难处。[5]

516

我们的房子周围有条大道,房子到街道大约有六十米,有一块美丽的草坪。[……]房子后面是第二块大草坪[……],草坪上面有滑梯,旋转木马,秋千,沙箱,我们的游泳池,完全是年轻人的娱乐。我们在这儿把小彼得放在游乐护栏里。小彼得已经可以四肢着地撑起来,像条小狗一样,他随时都可以扶着什么东西站起来了。在白色的篱笆后面是荒野,丛林。长满了齐膝的野草。伊格纳齐和安娜拔除了一些杂草,种上了西红柿、黄瓜、甜菜。[……]栅栏的左边是一个堆肥堆,非常好。因为安东尼按照伊格纳齐的指示,去上面撒尿。[……]他到处跑,虽然吃得不多,可满面红光,是晒黑的。他在爬栅栏,好像发育有点慢。

——这是扬卡七月向丈夫描述的情况。[6]当然她不是一个容易相处的室友:又烦又累,既挖苦又挑剔,从来不爱去做无效的"老奶奶"似的闲聊,同时也给已经成熟但尚无孩子的人们带来了很多混乱。于是,疲惫的伊格纳齐把两个女人之间这个那个关系的事情推给了米沃什:"扬卡认为把自己和安娜相比是恰当的,是一个成功的专业人士及**一个有两段成功婚姻的人**,与被大使馆赶出来的老姑娘安娜之间的对比。[……]她站在我们门前,对安娜叫喊说:'噢,你这杂种,你这个鸡脑子',我开了门,按我的观点改正她的错误,给了她脸上一拳。"[7]一个月后,又补充了一句话来证明,以通信的方法维持婚姻,会给诗人带来越来越大的麻烦:"虽然我和安娜确信无法和扬卡住在同一个屋檐下,但你不应该受我们的看法的引导,来决定你是否有能力继续维持你们的婚姻,毕竟你们的婚姻经历了多年生活的检验,并通过两个成功的儿子得以巩固……"[8]

517　节选出"吸引眼球"的段落很容易,但必须记得比例,记得在那漫长的两年时间,孤独的母亲与希维安茨茨基夫妇共度,他们给了她帮助。最重要的是,扬卡的境遇,她隐藏起了震耳欲聋的绝望[9],照顾着正在成长并思念父亲的安东尼和小儿子。关于小儿子的起名,米沃什夫妇之间发生过颇具象征意义的争论。因为米沃什想要一个波兰名字,而扬卡想要一个让这个男孩更容易融入美国社会的名字。出生快两个月时,扬卡催促说:"你为什么不取个名字呢。孩子必须有一个名字啊。我不想要克里斯托夫这个名字。我宁愿选约翰或罗伯特。"[10]最终取了"彼得"作为"妥协"。而彼得,并不知道这些问题,他迅速成长起来,就和父亲一样,"温柔善良,但当他陷入激情时,震动全国"[11],而且"他特别招人喜欢。他已经差不多能坐起来了,自己高兴极了,可以很快地在房间里爬来爬去,在泳池里放声欢笑[……]他肯定能游起来。他把脚或手放进水里时,完全一副兴高采烈的样子。立刻做出蛙泳的动作。那些牙牙学语,那些表情,真是太棒了。安东尼有点控制欲,人人都被小的吸引,这让他有点失落,但他很喜欢弟弟,曾说:'**我们是不是从上帝那里得到了一个最好的小孩?**'"[12]

安东尼四五岁的时候,要困难得多。"今天我拿出你的大照片,因为他说,忘记了你的模样。这真让我**心碎**。他喊了起来,'啊,对了,那是我们爸爸'。因为开始下雨,我不得不向他保证,你和我们一样,是在家里,不会淋湿的。"[13]一九五一年五月,扬卡说,儿子安东尼有点贫血,非常敏感,聪明,有音乐天赋,能听好几个小时贝多芬的录音带[14],"相比身体,他在精神上的优势实在太多了"[15]。很快,他就能在学校里挺身而出,以自己的个性去对抗班级小社会,现在他起码就已经显示出来了——这段节选不能放弃,这是一段美好的回忆:"他还记得你曾经如何把一个玻璃锅放在炉子上,弄碎了。所以,孩子们记得很久以前的好多事情。当他第一次看到小弟弟裸体的时候,他很惊讶,怎么会有这么小的小鸡鸡,然后他说:'**你还记得咱们爸爸的大鸡鸡吗?**'"[16]他们一起在看书上花了很多时间,其中"最迷人的书是《小熊维尼》,可以没完没了地读,最后读出这样的东西:'**诗歌是你还没有得到,但它却得到了**

518 **你的东西'"** [17]，就像时不时地，五岁的孩子手里拿着什么，念念有词诅咒着："天灵灵地灵灵，急急如律令，消失吧，小家伙！" [18] 这让我想到他的父亲十五年后，在诗中加入自己的咒语："消失吧，岛屿。或者更强烈的：孤岛，快快消失吧。"（《诗集　第三辑》，页11）而现在，毕竟，什么样的咒语都帮不了忙，米沃什写信给他的"老导师"说："我梦到了，安东尼的小手，抱着我的脖子，让我欲哭无泪。" [19]

扬卡发现，在她前去华盛顿，在国务院的走廊里寻求别的机构支持时，她与美国移民机构的接触，让人感觉到卡夫卡《审判》的现实版。她必须同样在两条战线上适当地斗争，另一方面她还要促使切斯瓦夫采取行动，并试着减轻他的痛苦。当扬卡从来信中发现，米沃什已经失去了进一步努力的信心时，她于一九五一年八月，写信劝他："如果是关于签证，丝毫不必有任何受到冒犯和羞辱的感觉，因为毫无意义，只会让生活更加困难。" [20] 他无疑是因被美国人怀疑对待，而有所感觉，但是，当出走之后的情绪平静下来时，他对一个会令他失去诗歌天赋的国家的长期恐惧又回来了。一九五二年秋天，扬卡这样来说服他："芝加哥大学想聘请你一年［……］据说已经决定了。你能接受吗？［……］你是否认为，每周十二或十五小时讲课可行，这会不会毁了你写作的可能呢？我觉得，受邀约之下的狂热写作更有可能毁了它。" [21] 这时她已经应切斯瓦夫的请求，申请了法国签证，这令美国朋友们大吃一惊，他们还抱有幻想，认为或许结果会有所不同。她接下来继续战斗，请求丈夫与美国驻巴黎的领事面谈，让他保持冷静，不掺和深入讨论，让他最后展现一下真诚："这里人人都会有点想法，当我自杀的时候，你还坐在那儿生气，你手指都不会动一下。" [22]

然而，关键并不是米沃什性格急躁，也不是他讨厌去解决全部那些官僚主义的事情。是他又回到了四十年代末的纠纷：扬卡非常接受美国，在那儿可以远离不稳定的欧洲，对孩子们很安全，孩子们在美国不会感到自己是外来客:"我全部的奋斗,就是为了不让孩子们成为流浪的**异乡人**,我认为,为了保护他们免遭那样的磨难,没有什么牺牲不能做。"[23]可是米沃什希望,儿子们在成长过程中要尽可能地靠近波兰,他责怪扬卡使他们美国化,担心他们在美国的成长会剥夺他们的智识激情,当然在法国,他的自我感觉更好,在那儿他已经逐渐开始取得作家的声誉,虽然还不大,但有相应环境的支持。他们两人在地球上的迁居方向相反,这让两人都开始将自己看作痛苦的牺牲品,陷入了漫长的、毁灭性的冲突。饱受折磨的扬卡在一九五二年十一月写道:"我知道,无法指望你说一句简单的好话。你要小心不要回到《三个冬天》时期的那种麻木状态。[……]我无比真诚地呼唤你,不要离开我们,你会死的,我们也会死的。[……]你的写作正在僵化,变得空洞。请保持一点爱和怜悯。"[24]扬卡此时,已经面临他们关系破裂的现实前景,她写道:"我求你,为我们的孩子和你的母亲,不要去相信我们全家会有什么危险。[……]请记住,你不能承担起超越人能力的责任。"[25]最后,他投降了,"好吧,如果你想去,我们就去"[26],但几个月过去了,却没有任何变化。一九五三年四月,切斯瓦夫向文森兹描述了当时的情况:

> 我不停地请求,威胁,要求我的妻子前来,但没有任何结果。[……]我坚决禁止她去为美国签证采取新的**行动**(démarches),我无法忍受这种乞求,为进入美国而奔走。我解释说,在欧洲我可以靠写作生活,在美国我不行。一切都没有效果。我得知,并且知道,她为我签证做的各种努力,没有经过我的知情和同意。终于,她申请了法国签证[……]。
>
> 这次获奖后,我收到了她的一封来信,主要内容是美国签证,看来她似乎不明白,这个奖是我放弃美国的某种保障,是命运的指针。我写信给她,要是如果她想留在美国,我每个月会给她寄钱

[……]。情况就是这样。可我想哭,我想安东尼,我真是不明白。为了让她在那里好些,但是不行,她和两个孩子一起,挣扎,独自受苦。这种对美国的执着完全是疯狂,我时刻问自己,是她精神错乱,还是我疯了。欧洲失败了,死亡,毁灭,"欧洲已经失败了",这是她的观点,我不能去想这个,因为假如我去想这个问题,那也不会是对我,而是该属于上帝,那样我就做不了任何事情,也无法写作。她的每一封信,都彻底打破我摇晃着的平衡,让我想起那些事情,让我怀疑,我是不是个疯子,是家庭的破坏者。[27]

六月,《纽约先驱论坛报》刊登了美国文化自由委员会讨论米沃什事件的信,这将事情置于风口浪尖:"这违背了[……]我明确的禁令。我非常生气,写信给我妻子,要她不要犯错,我不会去美国,我不想让我两个儿子成为美国人,任何改变我这个决定的尝试,都将是对分享我命运的拒绝。"[28] 在接到最后通牒后,扬卡发来电报,承诺他们将在七月中旬来法国。另外她还写了一封感人的长信,这使得米沃什决定向她坦白自己与让娜·赫施的关系,也许还补充说,分手对于让娜会有多么痛苦,而他作出决定是多大的牺牲。

我爱你[……]。我们过去互相伤害,但现在我们必须相互原谅。你将第三方的情感因素带进来,非常糟糕。你不应该那样做,而现在写信给我说,我的到来,对某人是"悲剧"。[……]切斯瓦夫,我希望,我们为孩子们创造一个完整和有价值的家,不会有任何其他的事情或是悲剧。如果我的到来,对她来说是悲剧,这个责任必须由你自己承担。对我来说,任何不合礼仪的情况都是不可接受的。这会让我破碎,让我毁灭。[……]但你写了,你爱我和孩子们,于是在此基础上努力建设。[……]我很累了,读这样一封语调锋利的信,使我丧失勇气。我承担一半的责任……你拿走另一半……明白吗?我的心非常痛,没有力气走路。我想要有力气,对所有事情,但我会有吗?我只想睡觉了。夜里我根本睡不着。[……]你还没理解,抚养孩子意味着什么。[……]父亲的角色是很难的,你必须进入。学着做吧。这不是什么你累了就可以扔掉的东西。我指望你和我分担这个重担。像我一样,你告诉你自己,必须成功,让我们的家庭团圆,其他一切都一文不值[……]。请你认识到一些自己的品质:自私,疯狂的自私(我有论据和证据,你可以做到让某人受苦,以减轻你的痛苦,让娜·赫施是最新例子)。[……]这并不是要证明,我不同意分享你的命运,我们共同的命运,不,不,我同意,我很久以前早就同意了。[29]

米沃什夫妇已经到了一个临界点,也许他们真的跨越过去了,就在他生命的尽头,他承认,"精神上的分手,这就像是婚姻的终结,由此我注意到了,我受到的精神折磨,与她的不一样"。[30]而扬卡呢?她没有留下任何回忆文字,我们不知道,她心中留有多少爱,还是说她需要的只是保障家里的两个儿子。米沃什与她在一起是出于责任感吗?扬卡是否接受了,又是如何承受他和他后来的背叛呢?谁会有勇气来评判呢,去掌握将两个人联结在一起的情感星系,其中冷漠紧邻着依恋,残忍紧邻着亲情,一切都可以发生令人惊奇的变化,带来分分合合,对他们自己来说都是神秘的,而我们,置身事外,更是无法把握。于是,我们只能说,他们各自放下了,当所有的痛,都以某种方式平静下来,慢慢缩减,他们做出决定,最终结婚,来凝固这段关系。

因为他们到目前为止一直在假装夫妻。一九四三年扬卡没能离婚,因为当时欧根纽什·岑卡尔斯基在伦敦。次年一月她也没能与米沃什结婚,因为在一九四四年六月写给玛丽亚·维尔琴斯卡的信上,署名还是"岑卡尔斯卡"。[31]而在一九五一年,他们互相问对方什么时候举行婚礼,在扬卡的回答中("您很好地给出了我们结婚的日期,一九四四年一月,离婚是在一九四三年八月"[32]),很容易推想到所提及的并不是真实的日期,而确定的说法是双方共同接受的版本。就像是米沃什一九四六年从纽约写给安德热耶夫斯基的信中说的,他当时刚与岑卡尔斯基见了面:"说起杰奈克①。他是个感情用事的人,只想要结婚,在离婚的文件上遇到麻烦。鉴于文件被焚毁而无法证明,我是不是可以请你做证人,证明扬卡离婚已经执行了?"(《战后即刻》,页33—36)那么,在实际生活中,他们有没有利用战后的混乱局面,"直接"在相应政府部门宣布了离婚和结婚呢? 是否他们之前在被占领期间,办了假文件呢? 最诚恳的版本是米沃什写在《我的自传素材》当中的:"因为我们之间以未婚的自由关系长期生活在一起,我觉得,比起形式上的结婚,我对她的关联感到更强的责任。也许有人会问,我们什么时候结的婚。好吧,那场东正教婚礼[雅尼娜·德乌斯卡与欧根纽什·岑卡尔斯基],对天主教牧师来说,并不太重要,但我要说的是,我们先有了法律文件,那是虚构的,而我们所办的天主教的婚礼,不是很快。"[33]

的确,不是很快。写这些话时,在巴黎圣奥诺雷路263-2号的圣母玛利亚教堂里,发现了切斯瓦夫·米沃什与雅尼娜·德乌斯卡举行婚礼的记录证据。没有进行公告,但记录资料表明,主持圣礼的牧师看过日期为一九四四年一月一日的华沙地方法官颁发的民事婚姻状况证书,牧师名字是奥古斯丁·加文佐夫斯基,见证人有伏瓦迪斯瓦夫·席纳凯维奇和该教区的一名牧师,当没有其他人选时,他经常被请来作证,还有住在让蒂伊,不知是谁的阿纳斯塔西娅·马雷茨卡。该文件颁发日期为一九五六年一月十三日。[34]

---

① 指岑卡尔斯基。

注释

[1] 摘自雅尼娜·米沃什写给切斯瓦夫·米沃什的信,1951 年 3 月 12 日。一年后,扬卡又写道:"没别的办法。其他解决方式只会给你带来更大的痛苦。是的,很难办,我们要为了你良心上的纯洁付出巨大代价。"摘自雅尼娜·米沃什写给切斯瓦夫·米沃什的信,1952 年 6 月 20 日。(拜内克图书馆)

[2] 雅尼娜·米沃什写给切斯瓦夫·米沃什的信,1952 年 11 月 3 日。(拜内克图书馆)安杰伊·瓦里茨基回忆,他在加利福尼亚时去米沃什家里做客,已经是 1976 年了,微醺的米沃什开始唱俄语歌,扬卡立刻就骂他:"我家里不能说这种语言。"摘自安杰伊·瓦里茨基,《多年后仍被禁锢的头脑》,页 145。

[3] "从维勒斯基医生那里得到消息说,他们为米沃什家属支付了住院费。医药费 825(或 325)美元——他们没有付。2 月份的救助款米沃什家属也没有收到。"摘自书信摘要 1341 号,发自华盛顿,1951 年 2 月 12 日。(外交部档案室,切斯瓦夫·米沃什人事档案)维涅维奇大使还认为没收米沃什私人的近五百本藏书是恰当行为(本来准备寄往法国,已经装进了大使馆的信箱),他将这些书送往波兰(兹比格涅夫·拉舍夫斯基在外交部图书馆看到过这批书)。五十年代末这些书归还给了米沃什。

[4] "我尽了最大努力还剩下 900 美元。你该记得,你离开时我有 2 400 美元。"摘自雅尼娜·米沃什写给切斯瓦夫·米沃什的信,1951 年 5 月 24 日。(拜内克图书馆)

[5] "一开始我们就定了平均分摊,到 1 月 1 日扬卡欠了我不到 400 美元,而今年我从她那里只拿到一张 50 美元的支票(国际救援委员会的支票),所以到 4 月 1 日欠账为 670 美元,再加上我在华盛顿给过她 200 美元,一共是 870 美元。我会一直记着这笔账,到你拿到诺贝尔奖的那一天。"摘自希维安茨茨基写给米沃什的信,1953 年 4 月 10 日。(拜内克图书馆)

[6] 摘自雅尼娜·米沃什写给切斯瓦夫·米沃什的信,1951 年 7 月 29 日。(拜内克图书馆)

[7] 摘自伊格纳齐·希维安茨茨基写给切斯瓦夫·米沃什的信,1953 年 3 月 16 日。(拜内克图书馆)a person of two successful marriages,英文,意为"一个有两段成功婚姻的人"。

[8] 摘自 1954 年 4 月 10 日伊格纳齐·希维安茨茨基写给切斯瓦夫·米沃什的信。(拜内克图书馆)

[9] "今天我和托尼去电影院看了一部猴子电影。猴子很可笑。安东尼笑个不停,但悲伤的电影院突然让我有了一种空虚感,我特别想号啕大哭。那会儿真的太糟糕了。我试着借安东尼镇定下来,但完全摆脱不了那感觉。"摘自雅尼娜·米沃什写给切斯瓦夫·米沃什的信,1951 年 3 月 12 日。(拜内克图书馆)

[10] 摘自雅尼娜·米沃什写给切斯瓦夫·米沃什的信,1951 年 3 月 12 日。(拜内克图书馆)

[11] 摘自雅尼娜·米沃什写给切斯瓦夫·米沃什的信,1952 年 11 月 30 日。(拜内克图书馆)

[12] 摘自雅尼娜·米沃什写给切斯瓦夫·米沃什的信,1951 年 9 月 2 日。(拜内克图书馆)

[13] 摘自雅尼娜·米沃什写给切斯瓦夫·米沃什的信,1951 年 3 月 12 日。(拜内克图书馆)heartbreaking,英文,意为"心碎"。

[14] 取自本书作者与伊格纳齐·希维安茨茨基的对话,约克,2001 年 3 月。

[15] 摘自雅尼娜·米沃什写给切斯瓦夫·米沃什的信,无确切日期。(拜内克图书馆)

[16] 摘自雅尼娜·米沃什写给切斯瓦夫·米沃什的信,1951 年 8 月 4 日。(拜内克图书馆)

[17] 摘自雅尼娜·米沃什写给切斯瓦夫·米沃什的信,1952 年 11 月 30 日。(拜内克图书馆)

[18] 摘自雅尼娜·米沃什写给切斯瓦夫·米沃什的信,1952 年 10 月 10 日。(拜内克图书馆)

[19] 摘自切斯瓦夫·米沃什写给斯坦尼斯瓦夫·文森兹的信,1953 年 5 月

4 日。(克拉科夫切斯瓦夫·米沃什档案馆)

[20] 摘自雅尼娜·米沃什写给切斯瓦夫·米沃什的信,1951 年 8 月 15 日。(拜内克图书馆)

[21] 摘自雅尼娜·米沃什写给切斯瓦夫·米沃什的信,1952 年 11 月 7 日。(拜内克图书馆)

[22] 摘自雅尼娜·米沃什写给切斯瓦夫·米沃什的信,1952 年 11 月 30 日。(拜内克图书馆)

[23] 摘自雅尼娜·米沃什写给切斯瓦夫·米沃什的信,无确切日期。(拜内克图书馆)Étrangers,法文,意为外国人、异乡人。

[24] 摘自雅尼娜·米沃什写给切斯瓦夫·米沃什的信,1952 年 11 月 7 日。(拜内克图书馆)

[25] 摘自雅尼娜·米沃什写给切斯瓦夫·米沃什的信,1952 年 11 月 3 日。(拜内克图书馆)

[26] 同上。

[27] 摘自切斯瓦夫·米沃什写给斯坦尼斯瓦夫·文森兹的信,1953 年 4 月 14 日。(克拉科夫切斯瓦夫·米沃什档案馆)

[28] 摘自切斯瓦夫·米沃什写给斯坦尼斯瓦夫·文森兹的信,1953 年 6 月 30 日。(克拉科夫切斯瓦夫·米沃什档案馆)

[29] 摘自雅尼娜·米沃什写给切斯瓦夫·米沃什的信,1952 年 6 月 26 日。(拜内克图书馆)

[30] 切斯瓦夫·米沃什,《我的自传素材》,未出版。(克拉科夫切斯瓦夫·米沃什档案馆)

[31] 参切斯瓦夫·米沃什写给玛丽亚·维尔琴斯卡的信,1944 年,无确切日期。信的背面是 1944 年 6 月 2 日雅尼娜·岑卡尔斯卡写的信。(玛丽亚和埃德蒙德·维尔琴斯基档案室,波兰科学院艺术学院,特别收藏,索引号:1209,册号:17)感谢耶日·提莫舍维奇教授提供此信的复印件。

[32] 摘自雅尼娜·米沃什写给切斯瓦夫·米沃什的信,1951 年 8 月 19 日。

（拜内克图书馆）

[33] 切斯瓦夫·米沃什,《我的自传素材》,未出版。（克拉科夫切斯瓦夫·米沃什档案馆）

[34] 也就是说,这场婚礼是在 1952 年欧根纽什·岑卡尔斯基死后举行的。

第五十八章 "这种骄纵和抓挠已经足够了"

> 我需要华沙的刊物：《新文化》《创造》
> 《哲学思想》。[……]没有与国内的这种联
> 系，我无法发挥作用。我还需要给安东尼的
> 课本。
>
> 切·米沃什致耶日·盖德罗伊奇
> （1953 年 9 月 14 日）

> 我们会争取买到课本的。
>
> 耶日·盖德罗伊奇致切·米沃什
> （1953 年 9 月 16 日）

扬卡想着自己可能犯了一生中最大的错误，她不确定切斯瓦夫是否会在港口等她，不确定他会如何变化，会亲近她还是疏离她，就这样她出发前往法国了。一位朋友开车送她去加拿大，因为有艘离开魁北克的船，是由去欧洲度假的学生包租的，因此票非常便宜。一九五三年七月

十二日,他们到达勒阿弗尔海岸,一家四口从那儿前往位于莱芒湖法国一侧的邦斯小镇。

在那里,米沃什从沙尔蒙小姐手里租下一套房子:三个房间带一间厨房,其中一间有个炉子,可以为所有房间供暖,这炉子正如他们在秋天所验证的,不是一个理想的解决办法。而此时,没有人会想到这一点。扬卡,想要儿子们享受农村的平静,她很喜欢周围的大自然,按照切斯瓦夫的说法,是"完全像天堂一样的景色,森林覆盖的、和缓的山脉,小路上走五十米,就能看到莱芒湖"。[1]而他自己也满意地告诉盖德罗伊奇他们:"在经历了以各种后备箱、板条箱、手提箱、包袱——总之是行李等形式的重物的多次折磨之后,就好像是从火星搬家到月球上一样,我在这里安了家,这儿有非常舒适的住房,坐落在一个漂亮的环境当中,希望这里便宜的生活费用可以抵消我出差带来的经济压力。[……]我正在开始我人生的新篇章,或许我应该蓄起胡子,以便更容易地承担起雄性家长的责任。孩子们很闹腾也很可爱,托尼说'他非常喜欢这里'。至于小儿子,聪明而冷静。"[2]他写给文森兹的信更加个性化,表现出相当复杂的情绪,仿佛经过一段时间的长跑,他终于可以停下来了,但还不知道是否真的适合他:

> 一系列的事情,让我很担心,虽然[扬卡]由于抚养孩子而被吸干榨尽,精疲力竭,也不太会持家过日子,于是,就得靠我,尽管只有非常少的资源,我必须为此担负起责任,保证全家有吃有喝。我对这个世界的反应是尖锐的,这个世界仅限于我房间的四壁之内,她此时所归属的世界,现在就是儿童房或是植物世界,在生存的意义上,她的条件要比我更好。这对我来说当然有好的一面,但同时产生了孤独感。就像您知道的我的事情,是冰火两重天:与让娜的可怕争吵,在涉及某个原则时,互相跳入对方眼里,大声喊叫和辱骂,

[……]而突然之间，变成了另一种，我的狂暴、仇恨、绝望等，变得毫无意义，就像面对一条小溪或是树木。和让娜在一起的最后时期，非常艰难，我已经彻底地神经质，完全不能忍受，我想，现在我更正常了……[3]

除了参加他比较熟悉的活动——比如一年一度的日内瓦国际论坛，包括在会上他与伊利亚德讨论"我们时代的恐惧"等课题[4]——他还学习承担家庭责任：出门购物，带着全家到正在搬家的《文化》月刊杂志社，该杂志社正搬到像他儿子所说的"原始水房"，他给小伙子们读书[5]，背诵《爸爸的归来》①和关于饥饿奶牛的短诗[6]，观看了大儿子准备的《金银岛》的放映（唱片放音乐加上活动胶片上的绘画[7]），并且还得记着给他去弄波兰小学课本。安东尼很快就上一年级了，成了学校最好的学生，与同学们一起背诵"我们的祖先高卢人有着浅色的头发和蓝色的眼睛"，在课间休息的时候，用马赛曲的曲调唱着"来吧 ／ 在草地上撒尿 ／ 无聊 ／ 在草地上撒尿 ／ 无聊的蝴蝶"……[8]当寒冷的日子渐渐来临，作家开始寻找一个新的住处，温暖并且靠近巴黎的地方。十月底，米沃什一家从一个名叫贝涅尔的农民那里租了一栋房子，房子位于布里-孔特-罗贝尔小城的贝热里广场 4 号。小城到处都是城堡的废墟，男孩们在那里找到台秤，还发现了一些有点生锈的德军头盔。[9]小城还有座丑陋的大教堂，从巴黎巴士底广场乘公共汽车一小时就到了。对健康问题越来越多的扬卡来说，这所房子有点太大了。[10]有八间卧室，车库和花园，配有集中供暖，通过把煤从地下室运到锅炉房，诗人可以改善体质，而诗人在第一间属于自己的书房里度过的时光并没有给他的身体带来什么好处。书房桌子上摆着密茨凯维奇的作品、拜伦的书信、林

————————

① 亚当·密茨凯维奇叙事诗作品。

德词典[11]和帕斯捷尔纳克翻译的莎士比亚《悲剧集》。有时,房子里会出现乌龟约阿希姆和小狗迪科,还有一只吃掉了前房客留下的金鱼的猫。还有一架钢琴,托尼正在学习弹奏。可是,房子首先需要一次大扫除,实际上是一次翻新,其间,齐格蒙特·赫兹在道义上给了米沃什支持:

> 毕竟,没有人能以一万五千法郎的价格租下一栋完全整洁的别墅。[……]您应该[……]:1. 找个帮您修整地板和窗户的男人;2. 找个水管工,在业主同意的情况下,找一个水管工,切断或关闭分支来减少供暖房间的数量。[……]家具的事以后再说。可惜我们拥有的东西不多,但沙发,很好的床垫由您拿去处置[……]。切希,整修房子并不是个绝望的情况,毕竟你在整修自己将要住进去的地方。而且,那个恶心的吝啬鬼老太,借机您会得到几万法郎的,不要绝望![……]这个世界上没有什么是免费的,即使葬礼也是极其昂贵的投资。我请求您,振作起来,穿上您的裤子,这种骄纵和抓挠已经足够了。[……]别犯傻了,这种撒娇对我没用。[12]

从赫兹借他一百法郎买烟,到现在租房子,米沃什已经走过了两年的漫长道路。可依然远远达不到经济状况稳定的境地,只能靠一篇接一篇写稿维持生活。在稿费给得非常低的《文化》杂志,有位编辑这样描述:"每当他们缺钱时,扬卡就会对切斯瓦夫说:'切希,下个金蛋。'然后,米沃什就不情愿地去给可以付他更多钱的人写篇文章。"[13]更重要的是其他稿酬来源(除了《证言》杂志,还有法国之外的,例如为 BBC 写散文专栏,或出版德文版《权力的攫取》),这些还是难以应付支出:有时扬卡都不敢去他们赊账的商店,所赊的债太多了。而切斯瓦夫在去巴黎的路上,口袋里只剩下买公共汽车票和一杯葡萄酒的现金。[14]这让他想起了大学时代,但那也不是什么愉快的记忆:

谁遭受过贫困,就知道。认识恐惧:明天会怎样,午饭我从哪儿弄到,我没有烟钱。然而,在严重程度上,比物质匮乏更糟糕的是屈辱和被排斥的感觉。在人人都贫穷的地方,比较容易承受短缺。难的是,当每一家经过的餐厅都提醒我,每个人都可以走进去,唯独我除外,因为对我来说太贵了。我感到羞耻,当跨过一家豪华宾馆的台阶时,从仆役的眼中,我猜想出他们知道我口袋里的状况。甚至付咖啡钱都上升为一个问题,而其他人压根不会考虑这种小事情。[⋯⋯]我坚持着在贫穷的青年时期养成的习惯。看到餐馆里的白色桌布,我有一种想逃跑的条件反射。买火车头等票,而不是二等的,这种想法根本就不会出现。是多么强大的力量,使得我在人生的大部分时间里,享有满足自我需要的金钱,甚至让我觉得自己很幸运,我只是不理解,我害怕事实,就像梦里的高考一样。[15]

525

不确定的未来,与出版商们争斗,最重要的是看到扬卡的孤独——她法语不好,在法国感觉很糟糕,觉得自己是外人。米沃什有一种负罪感,因为是他强迫家人离开美国的。他后来回忆说:"我很难接受布里,根本不想记住它。我也不想记住奉行斯大林主义时期的波兰,因为隔绝孤立令我伤心绝望。"(《米沃什词典》,页82)不过,也有过短暂晴朗的时候,比如一九五五年的夏天,因为拿到法文版《伊萨谷》的预付款,他们得以前往拉罗谢勒(La Rochelle)附近大西洋上的奥莱龙岛(Oléron),托尼在那里学游泳,获得在水中成为不沉"木板"的实用技能。[16]当年九月,作家在米兰参加了文化自由大会题为"自由的未来"的五周年研讨会,他在那儿遇到了德怀特·麦克唐纳,随后加入了一个国际友人小组,其中有尼古拉·乔洛蒙蒂和他妻子米利亚姆·罗森塔尔[17],与他们一起在尼奥波达尔·卡拉里位于博卡迪马格拉附近的滨海小村度过了几天:"享受畅游之乐,然后躺在大理石板上,之后再游。现在反思的是:

我在那儿逗留期间有种感觉，那就是全部时间都应该像那样，在大理石海湾的幸福时刻，但同时我也感到遗憾，实际不是这样的，因为在内心我被我熟知的苦恼所压迫。"（同上，页75）一年后，米沃什一家再次造访意大利，这次时间更长，他们在奥斯蒂（Aosty）山谷度假。[18]这次旅行的同伴，或者说赞助者，是美国朋友马克和谢芭·古德曼。

"西方人乐于停留在精神和自由等崇高话语的天堂中，他们并不常问一个简单的问题：谁吃饭的钱够吗？在巴黎，没有多少人关心我的身体外壳，重要的是他们的好意如今对我十分珍贵。"（《欧洲故土》，页326）无论波兰作家笔触如何冷嘲热讽，与欧洲知识界当时的精英会面时，他仍无法掩饰自己的穷酸，露出为自己及家庭求助的表情。他去过国际救援委员会的巴黎分会寻求帮助，该人道主义组织至今仍然存在。谢芭·古德曼在那里工作，不时会有波兰申请者前来找她，希望她即使无法理解他们所有的中欧问题，起码也会慷慨解囊。齐格蒙特·赫兹说："最善良的谢芭认为马茨凯维奇和密茨凯维奇没有区别，就像我为马茨凯维奇（当然是这个）争取一些钱一样。我还在向她解释，她就把钱给了我，挥了挥手：'对我来说都一样。'"[19]

米沃什与这群人明显不同，因为他与古德曼夫妇组成了亲密的小圈子，并成为他们漂亮套房的常客，这里"带有酒吧，马克很喜欢搞聚会庆祝。他们的房子是开放的，温暖的，对客人很友好，经常举行宴会和午餐会。某种程度上，这所房子成了我的巴黎落脚点"。（《猎人的一年》，页317）谢芭的丈夫马克，是美国大使馆的石油事务顾问，由于美元汇率高，他的工资保障了他们在法国的奢侈生活，对于来自纽约左翼，出生于贫穷犹太移民家庭的这一对儿来说，法国的生活是一种新的经历。马克是尚未取得成就的诗人，在大使馆工作时，偷出空儿来，细细地雕琢保罗·瓦莱里《海滨墓园》的译文，还有他自己的诗歌，其中两首被米沃什翻译成了波兰语,发表在《文化》月刊上。[20]他们在勒克莱尔将军大道住宅的客厅里,宾客们纷至沓来,米沃什在那里认识了共产主义历史学家贝特拉姆·沃尔夫①、印度哲学家拉加·饶②和《党派评论》主编威廉·菲利普斯③[21]。"与古德曼家的友谊一直持续到扬卡带着孩子们来了以后,到我们住进了在布里-孔特-罗贝尔小城的家时,每次古德曼夫妇长长的轿车出现,托尼和小彼得都兴奋地出来迎接,虽然常常举办家庭节日聚会,但我们却没有认识别的家庭"。(同上,页318)

与汉娜·本真的关系要更为复杂。她是捷克犹太人,也是移民,战争期间躲在多尔多涅省一个农场里幸存下来,目前领导着法国互救组织,她与谢芭·古德曼进行了一场全面的战斗并取得了胜利。"与汉娜的相识[……],开始得很糟糕。像她后来告诉我的,我并没有给她留下好印象,我当时看着很沮丧,很拘束,偷偷摸摸的,而且似乎有点随时准备把可疑材料送出去的样子。当全家到来之后,汉娜的不信任才逐渐变为对我们的爱,特别是对孩子们的爱,可她狂热的爱是排他的。"(《猎人的一年》,页319)这是米沃什的回忆,当中谨慎地忽略了这样一个事实,即汉娜的狂热显然是基于她对作家本人未能实现的迷恋。汉娜·本真每周来布里拜访,正如在此类事情中无可替代的赫兹所说:本真老太太属于那种充满活力的知识分子,对世界满是好奇心,她的好奇心可以吞噬一切与文化相关的东西。本真沉浸于欧洲左派的历史,她曾经是

527

---

① 贝特拉姆·沃尔夫(Bertram Wolfe, 1896-1977),美国学者,美国共产党人,著有列宁、斯大林、托洛茨基和里维拉等人的著名传记。

② 拉加·饶(Raja Rao, 1908-2006),印度作家,作品植根于形而上学,代表作《毒蛇与绳索》是半自传体小说,讲述了他在欧洲和印度寻找精神真理的故事,使他成为印度最优秀的散文作家之一,其作品范围广泛,涵盖了许多流派,对印度英语文学以及整个世界文学的的多样化做出了重大贡献。

③ 威廉·菲利普斯(William Phillips, 1907-2002),美国编辑、作家,所创立的《党派评论》杂志是三十年代到五十年代政治、文学和艺术最重要的期刊。

列夫·托洛茨基的朋友。通过她,米沃什认识了阿尔弗雷德·罗斯迈尔①,他是法国共产党的联合创始人,后成为"背叛者",是革命运动历史学家,托洛茨基主义者和《列宁统治下的莫斯科》一书的作者。米沃什还认识了哲学家和画家皮埃尔·克罗索夫斯基②,以及西蒙娜·薇依和她母亲,后者为米沃什讲述了有关阿尔贝·加缪的美好轶事:这位作家,刚刚获得诺贝尔奖之后,来按她的门铃,说他"必须进西蒙娜的房间,好好想想"。(《旅行世界:对话莱娜塔·高尔琴斯卡》,页248)[22]

汉娜的占有欲还表现在,五十年代末,她努力劝阻米沃什一家去美国,常常在充满感情的长信中,分析抚养托尼和彼得的方法,分析扬卡的行为方式。汉娜全神贯注于这个家庭的利益,以至她自己的世界里不再有别人的位置。[23]另一方面,正是汉娜,通过把米沃什夫妇介绍给了她有钱的朋友,缪丽尔和约瑟夫·巴廷格③夫妇,帮助他们找到了下一个住房。缪丽尔·加德纳④是美国肉类大亨的财产继承人,精神病医生,精神分析学家,于三十年代在维也纳嫁给了社会主义者约瑟夫·巴廷格(后来成为越南问题专家,著有许多关于越南的书),她和丈夫一起参与了反法西斯地下活动。[24]第二次世界大战爆发后,他们设法一起去了美国,他们在五十年代经常来访巴黎,在巴黎举办了很多轰动一时的宴会,邀请过很多艺术家和作家参加,其中包括专门从伦敦飞过来的诗人斯蒂

---

① 阿尔弗雷德·罗斯迈尔(Alfred Rosmer, 1877-1964),历史学家,作家,美国出生的法国共产主义政治活动家,共产国际主要成员,列夫·托洛茨基的政治伙伴,回忆录作家。

② 皮埃尔·克罗索夫斯基(Pierre Klossowski, 1905-2001),波兰裔法国作家、艺术家和翻译家,他的弟弟是画家巴尔蒂斯。

③ 约瑟夫·巴廷格(Joseph Buttinger, 1906-1992),奥地利政治家,后为美国东亚问题专家,创立冷战游说团体"越南之友",著有《越南政治史》等。

④ 缪丽尔·加德纳(Muriel Gardiner, 1901-1985),美国精神分析学家和精神病学家,著有《致命的无辜》《代号玛丽》等。

芬·斯彭德①,他也通过汉娜·本真认识了米沃什。米沃什感激巴廷格夫妇为他争取到美国新大陆基金会的奖学金,支持他写作《欧洲故土》。[25]还给了他不收利息的购房借款。正好布里的租赁合同到期,米沃什一家开始找接下来的住房,仍然是在巴黎昂贵地段之外的地方。汉娜·本真给他们介绍了位于首都郊区的蒙日龙镇,从巴黎的里昂火车站出发的电动火车可达,进城交通很便利。这里还有一所很棒的中学,托尼可以去。汉娜·本真找到了掩映在绿色树林当中的一栋房子,在一个大花园里的拉格朗热大道 10 号住所。多亏巴廷格夫妇慷慨支持两万一千美元,一九五七年七月,米沃什一家在布里的生活阶段结束了。[26]

"黑色的耶雷斯河(Jerres)在春天泛滥,然后留下了,整个夏天都在湿地里闪亮的绿色草坪。当密茨凯维奇一八五三年到这里度假时,他能看到[……]另一边的草地和小山,当时一定还没有红色的屋顶:这里几乎就是马上飞驰而过的科夫纳的郊野,我家乡的内韦日斯河河谷。"[27]这是米沃什对塞纳河畔苏瓦西(Soisy-sur-Seine)地区,埃蒂奥勒(Étiolles)和塞纳特(Sénart)森林附近的描绘,他在其中找到了自己童年时的风景。这里是他后来在加利福尼亚时十分想念的地方。扬卡对此地也充满热情:"假如有一个绝佳的地方,一个美好的地方,一个无与伦比的地方,一个你在美丽的乡村同时又接近文明的地方,那就在蒙日龙。"[28]尽管有人抱怨承担了过度的责任[29],诗人还是很快在这里把家安顿下来,兴致勃勃地修剪草坪,在花园里的雪松上为山雀钉上了鸟巢;从《文化》杂志社借来的地毯上,啜饮几瓶红酒,来自波兰的客人很快就会入睡,从那时候保存下来的照片来看,永远记录的是一个欢笑的、幸福的家庭,从搭在米沃什臂上的风衣来判断,维尔诺中学生的游戏还在

528

---

① 斯蒂芬·斯彭德(Stephen Spender, 1909-1995),英国诗人、小说家和散文家,受封为爵士。

延续……

　　一九五九年初,文森兹一家来这里拜访了他们,给作家带来了瑞士的奶牛瓷器作为礼物,这是对他昵称的一种暗示,他显然很喜欢这个昵称,因为米沃什曾经用开心的"哞——!!!"作为写给盖德罗伊奇一封信的结尾。[30]伊莱娜·文森兹写道:"房子既漂亮又舒适。小家伙们很可爱,比在拉孔布山庄的时候还要可爱。[……]他们带我参观了整栋房子,安东尼在露台上搭了一个化学实验室,这是他现在的爱好。[31][……]扬卡非常友好而且好客。"在这最后一句话里,关乎文森兹的不安,他在来访前抱怨说:"对扬卡来说,我们的到访一定是件麻烦事。因为她只认那些她能从他们那儿得到什么东西的客人,而且只和那样的人往来。"[32]用这类的只言片语构建一个人的特性,是有风险的。然而联系之前汉娜·本真的观点,可以让人想象出在法国这段时期的扬卡,完全奉献给了她的孩子和丈夫,而不情愿为大多数的"外人"忙活,他们侵犯到了她的家庭空间。很显然,她身上发生过几次抑郁症,或者至少是受坏情绪的影响,当中也许有一部分原因是,她被过多的家务活压得喘不过气来。

　　显然,家庭分工对她并没有什么帮助。米沃什除了假日或旅游出行(例如一九六〇年四月去波托菲诺〔Portofino〕[33]的那次,从扬卡拍摄的照片上看,他们在那里遇到了瓦特和古斯塔夫·海尔灵格-格鲁金斯基,那是非常美好的一个星期,此后"扬卡又回到购物和烹饪当中,像往常一样引用我的诗:'弥漫着真诚的怒火 / 我永无止境的职责'"[34]),都待在书房里,用很长时间一篇接一篇地写文章,然后扬卡再用带有波兰文字体的史密斯·科罗纳牌打字机打出这些文章。他也去了不少地方:一九五七年八月,在斯特拉斯堡的自由欧洲学院(Collège de l'Europe Libre)举办讲座。[35]他还去了伦敦,在那儿,斯泰凡·基谢莱夫斯基劝说他写《被禁锢的头脑》的续篇。[36]一年后,他在德国博尔肯的格门青年堡

(Jugendburg Gemen)举办假期课程,与国际学生们一起,坐在旅店的长椅上唱歌,度过快乐的夜晚。一九五九年在伯尔尼,在同样欢快的气氛中庆祝文森兹的七十岁生日,并作为嘉宾去布鲁塞尔参加了伊姆雷·纳吉社会科学研究所举办的匈牙利悲剧事件的周年纪念活动。一九六〇年,他两次前往德国,一月在科隆进行作品朗诵,六月在柏林,参加大会的十周年年会(会上认识了"原子弹之父"罗伯特·奥本海默),并且去了法兰克福和海德堡。而在哥本哈根,他参加了有关**福利国家**和文学的讨论,并且在当地与基谢尔[37]和布沃斯基见了面,一起在蒂沃利公园玩。现在让我们试着想象这三位,由当时波兰最伟大的诗人、优秀的专栏作家和崭露头角的文学评论家组成的小团体在游乐园的过山车上飞驰的场面⋯⋯但他脑袋里一直在想着什么事情,例如,一封与查普斯基之间迟到的信件。查普斯基后来回信写道:"我无比真诚地感谢你在出发那天写的那封信(可怜的扬卡,你甚至在最后一天都没有和她一起收拾行李,你只是仅仅处理智识和文学艺术上的事情啊!)⋯⋯"[38]

注释

[1] 摘自切斯瓦夫·米沃什写给斯坦尼斯瓦夫·文森兹的信,1953 年 7 月 18 日。(克拉科夫切斯瓦夫·米沃什档案馆)

[2] 摘自切斯瓦夫·米沃什写给耶日·盖德罗伊奇的信,1953 年,收录于耶日·盖德罗伊奇、切斯瓦夫·米沃什,《书信集:1952–1963》,页 123。

[3] 摘自切斯瓦夫·米沃什写给斯坦尼斯瓦夫·文森兹的信,1953 年 7 月 18 日。(克拉科夫切斯瓦夫·米沃什档案馆)

[4] 这次会议于 1953 年 9 月 2 日–12 日举行。米沃什还参加了 1954 年举行的下一届论坛,论坛主题为"新世界与欧洲的关系"。Angoisse de notre temps,法文,意为"我们时代的恐惧"。

[5] 他为安东尼选的书是《匹诺曹》《格列佛游记》《爱丽丝梦游仙境》《小

熊维尼》《柳林风声》和《密茨凯维奇民谣》。参切斯瓦夫·米沃什写给斯坦尼斯瓦夫·文森兹的信,1954 年 12 月 20 日。(克拉科夫切斯瓦夫·米沃什档案馆)

[6]"切斯瓦夫·米沃什那时教过我们一首短诗,后来我又教给我的孩子们:'奶牛小姐健康吗?她的头不疼吗?我非常感谢雅尼娜和佐希,我的感觉很糟糕。牧场是蓝色的,牧场是蓝色的,草都泡在水里,太矮啦。'最后一个词半说半唱,吊着嗓子拖着长音,就像一头奶牛在哞哞叫。"安杰伊·文森兹,《斯坦尼斯瓦夫·文森兹和切斯瓦夫·米沃什》打印稿,在卢布林天主教大学举行的"斯坦尼斯瓦夫·文森兹的创作"论坛上(1987 年 10 月 15 日–17 日)发表,复印件存于彼得·克沃乔夫斯基档案室。这里引用的诗稍微改编自卡齐米日·伊娃科维楚夫娜的《看奶牛》一诗。

[7]参切斯瓦夫·米沃什写给耶日·盖德罗伊奇的信,1954 年 10 月,收录于耶日·盖德罗伊奇、切斯瓦夫·米沃什,《书信集:1952-1963》,页 189。

[8]"我们尿在草丛里, / 淋在小瓢虫上, / 我们尿在草丛里, / 淋在小蝴蝶上。"(翻译:尤安娜·格罗麦克)

[9]取自本书作者与安东尼·米沃什的对话,奥克兰,2001 年 4 月。

[10]"这可太大了。我第一次见的时候差点晕倒,后来收拾起来累得筋疲力尽,真的晕倒了几次。"摘自雅尼娜·米沃什写给泰莱莎·维奥柴克(米沃什的同事、纽约波兰新闻社的前老板米奇斯瓦夫·维奥柴克的妻子)的信,无确切日期,可能为 1955 年 1 月 29 日。(拜内克图书馆)另参:扬卡"身体很弱,打扫、煮饭、采购,还要不停地围着满屋子跑的孩子们打转,有时候她真应付不来,有时候还会晕倒,很难判断晕倒的原因,但主要还是劳累"。摘自切斯瓦夫·米沃什写给斯坦尼斯瓦夫·文森兹的信,1954 年 10 月 25 日。(克拉科夫切斯瓦夫·米沃什档案馆)

[11]图罗维奇寄来的吗?参切斯瓦夫写给耶日·图罗维奇的信,1952 年 11 月 5 日。

[12]摘自齐格蒙特·赫兹写给切斯瓦夫·米沃什的信,1953 年 11 月 16 日,收录于齐格蒙特·赫兹,《致切斯瓦夫·米沃什书信集:1952-1979》,

页 31–32。

[13]《因为是一种仪式:雅采克·乍科夫斯基与耶日·盖德罗伊奇谈话录》,载《选举报》,2000 年 10 月 12 日。

[14] 在米沃什档案里保存着 1955 年第二季度的账单,写在耶日·盖德罗伊奇来信的背面,也许是为了统计税额:"5 月在瑞士花销 28 215 法郎 / 在米兰花销 25 000 法郎 /《证言》稿费 25 000 法郎 + /《证言》稿费 10 000 + / 34 000 W(应该是缩写,但无法识别)+ / BBC 的 21 000 +",合计为 14.3 万旧法郎。(拜内克图书馆)1956 年的收入明显好了很多,有了文化自由大会的资助,为纪念西蒙娜·薇依而筹划的《文选》的预计版税达到二十万法郎。在给耶伦斯基的信中,盖德罗伊奇建议最好给米沃什一千美元的预付款,这样他就能和家人去度假了。参耶日·盖德罗伊奇、康斯坦蒂·亚历山大·耶伦斯基,《书信集:1950–1987》,页 229。

[15] 切斯瓦夫·米沃什,未发表的随笔《钱》,无确切写作日期。(拜内克图书馆)

[16]"我们的假期很愉快。尽管到海边的主意让我很迟疑,但奥莱龙岛是个好地方,圣特罗让莱班小镇挤满了度假的人,都不是最挑剔的游客——带孩子的家庭,带薪休假的职员,工人,零星的公务员和老师。孩子们都晒黑了。托尼学会了躺在水面上做'木板'。托尼现在上学了,他很喜欢学校。女老师很和蔼,她表扬托尼说,很少有孩子这么会表现自己。"米沃什接着写道,"我们回到布里时都有种到家了的感觉,扬卡喜欢这座小城。"摘自切斯瓦夫·米沃什写给斯坦尼斯瓦夫·文森兹的信,1955 年 10 月 13 日。(克拉科夫切斯瓦夫·米沃什档案馆)

[17] 她回忆起米沃什时,说这位波兰诗人有着非凡的魅力和感染力,他曾和她聊起奥斯卡·米沃什的妈妈,还称呼她的全名米利亚姆·罗森塔尔。摘自本书作者与夏洛蒙·米利亚姆·罗森塔尔的电话通话,2001 年 5 月。

[18] 具体地点是科涅镇。米沃什写道:"这里很迷人。我还没看过像这里这么美的山。但彼得发烧了,有些麻烦和烦躁,除此以外,我在疗养所过得很舒

服,吃得太好了。我准备像彼托夫特那样对我们的房东说:'坏家伙,你又做得那么好吃,我吃撑了,晚上睡不着觉了。'"摘自切斯瓦夫·米沃什写给耶日·盖德罗伊奇的信,1956 年 8 月,收录于耶日·盖德罗伊奇、切斯瓦夫·米沃什,《书信集:1952–1963》,页 260。

[19] 摘自齐格蒙特·赫兹写给切斯瓦夫·米沃什的信,1965 年 3 月 3 日,收录于齐格蒙特·赫兹,《致切斯瓦夫·米沃什书信集:1952–1979》,页 211。It's all the same for me,英文,意为"对我来说都一样"。

[20] 马克·古德曼,《火与歌,敞开了大门》,翻译:切斯瓦夫·米沃什,载《文化》,1957 年第 4 期。

[21] 他认为米沃什是"政治世界中为数不多的欧洲形象之一[……],在思考方式上并非原则性非常强。也许,作为诗人,他还可以是一位更灵活的政治家,并意识到所有知识分子在政治文学中影射和怀疑的尺度"。摘自伊迪斯·库兹韦尔在讨论《被禁锢的头脑》时的发言,载《党派评论》,1999 年第 1 期,翻译:克莱曼蒂娜·苏哈诺夫。

[22] 米沃什在《猎人的一年》中写了八十年代看望生病住院的汉娜·本真的事。参《猎人的一年》,页 326。

[23] 参汉娜·本真写给切斯瓦夫·米沃什的信,1962 年 10 月 6 日。(拜内克图书馆)

[24] 她写在回忆录里的事后来给了莉莲·海尔曼写作《茱莉亚》一书的灵感。这也可以说是某种剽窃行为,因为美国女作家在书中盗用了缪丽尔·加德纳的记忆。

[25] 约瑟夫·巴廷格是该基金会副主席。米沃什得到了三年的补助金(每年三千美元),在最后一年,米沃什去美国后把补助金让给亚历山大·瓦特。

[26] 在去加利福尼亚后,米沃什夫妇先后把房子租给卡齐米日和哈利娜·威仁斯基。1963 年,在从美国第一次回欧洲度假时,米沃什夫妇卖掉了房子(还因此与扣了一年多支票的法国公证员争辩多时),并还清了巴廷格的借款。

[27] 切斯瓦夫·米沃什,《事关我们出席……》,未发表的新书草稿(约写

于 1959-1960 年)。(拜内克图书馆)

[28] 摘自切斯瓦夫·米沃什和雅尼娜·米沃什写给阿涅拉·米钦斯卡和扬·乌拉托夫斯基的信,雅尼娜·米沃什在切斯瓦夫·米沃什写给阿涅拉·米钦斯卡和扬·乌拉托夫斯基的信后补写,1957 年 8 月 29 日。(移民档案,托伦哥白尼大学,扬·乌拉托夫斯基档案)

[29] "哦,太伤感了！先拨 11,再拨蒙日龙 469,但可以肯定,另一头再也不会有人抱怨了。"摘自 1960 年 11 月 20 日齐格蒙特·赫兹写给切斯瓦夫·米沃什的信,此信写于米沃什去美国之后,收录于齐格蒙特·赫兹,《致切斯瓦夫·米沃什书信集:1952-1979》,页 49。

[30] 摘自切斯瓦夫·米沃什写给耶日·盖德罗伊奇的信,1953 年 4 月,收录于耶日·盖德罗伊奇、切斯瓦夫·米沃什,《书信集:1952-1963》,页 119。

[31] 托尼在这一时期也尝试过写诗。他写过一首法文诗《四条鱼的死亡》,落款签字为"安东尼·奥斯卡·让·米沃什"。(拜内克图书馆)

[32] 伊莱娜·文森兹,《对话斯坦尼斯瓦夫·文森兹》,载《地区》,1993 年第 1 期。

[33] 出行的费用得益于《欧洲故土》的预支稿费,由意大利尤·西尔维出版社支付。亚历山大·瓦特这几年恰在该出版社工作。

[34] 摘自切斯瓦夫·米沃什写给亚历山大·瓦特的信,1960 年 4 月 22 日,收录于亚历山大·瓦特,《书信集》,下册,页 195。

[35] 切斯瓦夫·米沃什,《现代青年问题》,收录于《欧洲国家的空白点:自由欧洲学院讲座集》(伯尔尼,1958),页 36。

[36] 参切斯瓦夫·米沃什写给斯坦尼斯瓦夫·文森兹的信,1957 年 10 月 27 日。(克拉科夫切斯瓦夫·米沃什档案馆)

[37] 1960 年 9 月 18 日米沃什在哥本哈根期间给瓦特写信说:"你怎么总是碰政治。这不是游戏。你从事的是文学,你要写《洛丽塔》那种书。如果你不在波兰,那就离政治远点儿——这也是基谢尔告诫我的话。当然,如果我心中没有魔鬼,我也不会碰它。"摘自亚历山大·瓦特,《书信集》,下册,页 214。Welfare

State,英文,意为"福利国家"。

［38］摘自约瑟夫·查普斯基写给切斯瓦夫·米沃什的信,1960 年 11 月 5 日。(拜内克图书馆)

第五十九章　"笔耕为生"

> 移民作家的状况令人绝望。您必须清
> 楚地告诉自己,靠"写作"是无法生活的。
> [……]唯一能够做到的人,是以极其艰辛
> 的工作挣扎在边缘上的,米沃什。
>
> 耶日·盖德罗伊奇
>
> 致泰奥多尔·帕尔尼茨基(1955)[1]

　　"我有太多的工作要做,以至于我变成了一头整天都在舔爪子的　530
熊,吮吸到的却还不及抽一支烟斗多,我很少进'城'去巴黎。事实上,
我必须在座位上坚持,笔耕为生。"[1]米沃什在五十年代末这样说,并把

---

　　① 泰奥多尔·帕尔尼茨基(Teodor Parnicki, 1908-1988),波兰作家,以写作历史小说著
称,作品融汇了精神分析和创新的叙事技巧,并以中世纪早期中东、晚期罗马帝国和拜占庭帝
国相关的创作闻名,代表作有《埃提乌斯,最后的罗马人》《六时三分》《张作霖》《朱利安伯爵和
罗德里克国王》《"国家协议"的终结》《语言与身体》《月亮的脸》《唯一的贝阿特丽斯》
《沙中轮》等。

一部一八六六年的法波词典放在桌子上作为提醒,在词典的扉页上,该词典的第一位主人写下了"Laboremus"一词,即"我们工作吧!"[2]

勤奋的成果是显著的,《文化》月刊出版的那本《大洲》包含了米沃什一九四五至一九五七年的诗歌和文章,该书可视为针对那些指控他是宣传作家或官员的波兰移民所做的回应。该书经过精心编排,以曾刊登于《波兰日报》的专栏文章《玻璃》为开头,随后是弥尔顿和奥斯卡·米沃什作品的翻译,该书包含了很大一部分他在美国时期的作品,以及在法国时期的精选文章。当中有关于贡布罗维奇和德怀特·麦克唐纳的文章,对切霍维奇的深入研究,关于莎士比亚译本的讨论和对赫拉克利特的评论,关于西蒙娜·德·波伏娃《名士风流》的文章,有关"解冻"时期华沙文学界的文章,关于寻找被切分于各种政治阵营的人们相互可以维系的基础共性,以及关于西方世界的衰落和民众的"没有生活愿望",还有关于欧洲所继续"保持的神圣和生存悲剧的概念"(《大洲》,页464),及拯救美国于精神空虚的可能。毕竟,《大洲》只是当时米沃什所发表文章的精选集。在那些年,他是《文化》月刊最重要的作者之一,不仅是因为所发表文章的水准,还因为他随时准备承担盖德罗伊奇委托的各种各样出人意料的任务。尽管他并不能够完全满足总编的要求,但他会"因公"编撰一份应景的美国波兰文学艺术俱乐部"声明"(他在上面的实际署名为"L."[3])。他还负责一个很费时间的专栏《札记》,并在其中讨论过贡布罗维奇作品,还有一些诗人用以努力保持其天赋不消失的没那么有意思的书籍。[4]无论是否愿意,他还得成为一名戏剧甚至音乐方面的评论人,并为月刊撰写有关巴黎艺术节的报道文章,该节由文化自由大会举办,名为"二十世纪作品"(1952年),及第二届国际戏剧艺术节(1955年)。当时,他克服困难,成功地从自己前主人的戏剧舞台制作中幸存了下来:

哦,多么离奇,这么离奇,离奇到无法言说。演出剧目有《诺昂之夏》①。战前我曾出席该剧在华沙的首场演出,我猛地反应过来,岁月的流逝,慢慢掏空了文学作品,[……]我使劲掐了掐自己的膝盖,确信一下,是的,这是我,这是同一出戏,当初的三个主要演员当中,普瑞贝乌科-波托茨卡②已经长眠地下,杰姆宾斯基③在巴西创建了自己的剧院,而尼娜·安德里奇④成了波兰人民政府首脑的妻子。由克拉科夫室内剧剧院演出的伊瓦什凯维奇作品《诺昂之夏》,最大的缺点在于浓缩了的无趣,他对此最初还不敢相信,还抱有希望,最终还是放弃了。肖邦一出场时的无趣,让人放弃了热切的祈盼,只想抓起一根大柴火棍,敲打那个承受着贵族痛苦的演员。[5]

在《文化》月刊上,他还发表了包括有关获得诺贝尔奖的鲍里斯·帕斯捷尔纳克的文章。发表了他在一九五六年七月参加的在伦敦举办的国际笔会大会的文章。发表了关于罗马天主教圣餐礼历史的文章。发表了关于布热佐夫斯基、密茨凯维奇和约瑟夫·康拉德的父亲阿波罗·纳万奇·科热尼奥夫斯基⑤的文章。写了有关被占领时期的文学生活和特哲宾斯基编辑的《焦虑时刻》(米沃什本人也是该选集的作者之一,但这并未阻止他对选集提出了许多质疑意见[6])。对与自己完全

---

① *Lato w Nohant*,波兰作家雅罗斯瓦夫·伊瓦什凯维奇创作于 1936 年的三幕喜剧。

② 普瑞贝乌科-波托茨卡(Maria Przybyłko-Potocka, 1873-1944),波兰演员,导演,剧院院长,在该剧中扮演乔治·桑。

③ 兹比格涅夫·杰姆宾斯基(Zbigniew Ziembiński, 1908-1978),波兰著名导演,喜剧演员,剧团和剧院经营者,在该剧中扮演肖邦。

④ 在该剧中扮演乔治·桑的女儿索朗热。

⑤ 阿波罗·纳万奇·科热尼奥夫斯基(Apollo Nałęcz Korzeniowski, 1820-1869),波兰作家、爱国者、诗人、剧作家。

不同的比亚沃舍夫斯基充满热情（在他的作品中看到"不懈地冲击表现力边界的努力,艺术家的诚实"[7]）。同样,关于"采光诗歌"（斯乌茨基的,曼达里安的……）[8],还有米奇斯瓦夫·雅斯特伦的《关于波兰语的诗》,米沃什指出其"消除悲剧"[9]的社会主义现实主义案例,并在文章当中插入了他个人的呼吁:

难道我们不是为了一个目的,

难道我不可以向着东方呼唤

来向你,你那边的:诗人,朋友,

于是我们,用我们热爱的共同语言,

难道我们从此就要变为死敌?

（《诗集　第二辑》,页164）

532　　　在很广泛的领域中,两类文字互不相同,这超出了文化的范畴,而对于一个愿意花时间埋头于各种手稿和字典中的作者来说,就特别难以写作。一九五五年二月,米沃什去了德国,去了隶属于纽伦堡的瓦尔卡村（Valka）的一个苏联逃亡者难民营。他描述了德国当局对于潜在难民的不情愿态度,无助的个体在与国家政策的对抗中,"即使这些政策是厌恶他们的,但对他们还是持睁一只眼闭一只眼的容忍态度"。[10]而我们能够想象,对于即使承担了"为那些没有律师的人辩护"的职责却也不倾向于做一名报道记者的人来说,与这些对未来没有把握、人生破碎的人进行对话并非易事。他接受了类似的任务去写《布罗格纳特:酒杯边的故事》（写作上困难重重,一直拖延,直到一九六一年才完成,在《个人的职责》一书里印出）,是一个十八岁法国小伙子的故事,战争把他困在了波兰,在苏占区被捕,被关进集中营十二年,他死在那里。他的家人,尽管通过所有可能的政府部门和机构寻求帮助,却根本无能为力,救不了他。这是一个有关卑鄙邪恶的故事:被沉默遮盖的布罗格纳特的故事,这个故事对于所有那些不愿意摆脱亲苏阵线的"深思熟虑"的记者和知识分子来说,都是不舒服的:受害者在阿尔及尔死于"法国帝国主义"之手,可能成为抗议的理由,而正在死于东方的数百万人,最好不要去想。只有"疯子、移民,也即反动分子"才会去管他们。(《个人的职责》,页77)

"只有被称为'明显的政治作家',才会感到有点不安,并且会想,要么他自己就有罪过,因为没有好好尽到职责,要么是他所涉及的话题并不是他们的标的,才决定了这样的态度。"[11]米沃什这样为自己辩护,他面临《被禁锢的头脑》给他带来的越来越严厉的标签,也因此在《布罗格纳特》的写作上止步不前。毕竟,他对此也并非坚持不变,不止一次要屈服于眼前的要求,实际上,他被相互矛盾的愿望所撕扯,就像在米兰与麦克唐纳交谈时,麦克唐纳担心米沃什被过度政治化了,米沃什后来写诗答复他:"是的,我想成为五种感官的诗人, / 因此,我不让自己成为那样的人。"(《诗集 第二辑》,页295)在一九五六年六月的波兹南事件和哥穆尔卡重新掌权之后,《救赎》的作者在法国《明日》杂志上发表文章,遵循当时《文化》月刊的路线,对新任总书记表达了谨慎的支持。[12]在波兰大选之前,米沃什也会发表讲话。一九五七年一月,米沃什在BBC的广播节目中,再次不无保留地给予了哥穆尔卡信任。[13]这两次表态都受到波兰当局的操纵和利用,而作家在一九五九年末那充满疑虑的新年祝愿却没有激起他们的兴趣:"我祝愿伏瓦迪斯瓦夫·哥穆尔卡,在新的一年里得出结论,冷漠和逃避并不适合任何社会,集体信仰和激情的宝藏如果被政客浪费,就会变为苦涩。"[14]他关注国内的政治局势,分析波兰反犹主义及如何缓和敌对的民族群体之间由政治恐怖带来的影响。[15]苏联在匈牙利进行武装干涉之后,他立即翻译了一本献给匈牙利的随笔集,致西方知识分子和毕加索,后者为斯大林画过肖像,文

533

集以尖刻的语言开头："我指控您,毕加索先生,而且不只是您,还有所有的西方艺术家和知识分子,你们任由自己陷入语言的困境。在这残酷而苦难的时刻,你们所有人,有着选择的自由,而你们却选择了最彻底的驯服。"[16]

"不幸的是,写作者的处境持续恶化。[……]我看到米沃什是如何挣扎的,我不知道,假如他不在 BBC 讲话,他自己能有什么办法。"盖德罗伊奇以这样的低调,告诉住在慕尼黑的约瑟夫·马茨凯维奇。[17]这里已经暗示,为 BBC 波兰语部所做的栏目,已经成为五十年代后半期米沃什收入的重要来源,与大多数流亡作家不同的是,他不想与自由欧洲电台合作。英国广播雇用米沃什的想法,出自兹齐斯瓦夫·布隆采尔①,他是诗人、记者,也是《文化》杂志的作者,他在一九五五年秋天向主编报告说:"我付出了全部精力[……]来解决米沃什的问题,要为他来伦敦铺平道路,为他与 BBC 签订一个定期栏目的合同。"[18]很快就看到,这位诗人的任务完成得不错[19],"法国来信"栏目一直在播出,直到他离开欧洲。"从报刊中选取头条消息,将它扩展开,再放进特定背景下,然后就可以了"[20],米沃什对兹比格涅夫·赫贝特这样解释说,敦促他这位同行接受类似的工作。他也许低估了自己的优势,例如广博的知识,最重要的是他在看似相隔很远的不同主题中发现其中联系的才能。这差不多是他在那些草稿中显示出来的专长,这些草稿有时以漫画《丁丁历险记》开始,结尾却是布热佐夫斯基。保存下来大约两百页的一叠,常常是五页打字纸一期的专栏稿,米沃什每周一次寄往伦敦,这是一部丰富的"家庭纪事"(silva rerum),也是那个年代知识分子和政治生活个性化的纪实,除了一九五六年的波兰十月事件和布达佩斯事件,还有戴高乐和赫鲁晓夫,萨特和加缪,动画片,"绘本"和玛丽亚·卡拉斯,而且

---

①　兹齐斯瓦夫·布隆采尔(Zdzisław Broncel, 1909-1998),波兰文学评论家、电台记者。

其中还有对伯格曼《第七封印》的赞美[21]，对纳博科夫《洛丽塔》作为色情小说的令人惊讶的评论，以及对"当今现存最虚无主义的"作家让·热内①的反对观点。[22]专栏中有关《古兰经》手稿一期的结尾，米沃什以颇有预言性的句子写道："什么都不会丢失。谁知道呢，也许就连无限渺小，无法持久的东西，就像一个词语，只要在广播里读上一次，就不会消失。"[23]

在那些年，米沃什还为巴黎一家出版社，应该是伽利玛出版社，撰写内部评语。而从前述盖德罗伊奇的一些信件中可以看出，他承担了一系列的图书项目任务：有关波兰复兴的，关于波兰兄弟会的，最终还有关于密茨凯维奇的。为了补充《文化》月刊的菲薄收入，除了"大会"方面的补贴，对于作家生活预算的激励，还包括翻译工作。有各种不同的情况，有纯粹义务的服务，也有像西蒙娜·薇依那样的例子——遇到一个会对他本身产生强烈影响的思想。米沃什完全没有评价过雷蒙·阿隆那本轰动一时的著作《知识分子的鸦片》。一九五六年，文学研究所出版了这本书，没有写翻译的名字，对内容进行了大幅度的概括，并冠以"意识形态时代的结束"的标题。"当麦卡锡参议员在华盛顿发挥重要作用的时刻，当《名士风流》获得龚古尔奖之时，当名士双双由血与骨前往莫斯科［……］朝圣之际，任何关于意识形态的时代已终结的说法，都可能显得有些奇怪。"然而，"在迈向工业文明当中，欧洲国家已经领先于其他国家。前者已经被怀疑论所触动，而且，或许其中埋藏着遥远明天的预兆［……］。我们祝愿这个世界，出现更多怀疑论者，如果他们能够熄灭狂热主义"。这位法国社会学家和哲学家这样写道。[24]而米沃什恼怒地写信给未来的出版商，说阿隆"将我们这个时代全部致命的严重

---

① 让·热内（Jean Genet, 1910-1986），法国著名小说家、剧作家、诗人，代表作《玫瑰奇迹》《小偷日记》《鲜花圣母》《阳台》等。

问题缩减得异常平缓。[……]危险就在于,波兰的读者[……]会因为其充满激情的主题,而冲向这本书,然后会感到失望,这是道德的毒药。[……]我非常担忧,我已同意接受这项工作。[……]这是道德责任问题,把手放在有害的东西上。我不会有任何顾忌,哪怕是色情作品,但是这个,后果要严重得多"。[25]

这个意见是压倒性的,尽管直到今天,我们还没有等到"意识形态的终结",但说起来这个意见是不公允的,也许是由当时米沃什的态度所决定的,这远远背离了平衡的怀疑主义。他那时的另一本翻译作品,是丹尼尔·贝尔对工业社会中个人异化的分析作品——《工作及其不满:美国的效率崇拜》(1957)[26],或是让娜·赫施的文集《政治与现实》(1957),关于后者,他在译后记里写道:"如今的哲学家已经不是自己书房里的孤独者。人们之间的战斗与其相关,也应当相关。作者的每一句话都在讲述这个观点,尤其是关于我们参与政治的必要性的章节。"他本人终于成为西蒙娜·薇依内容丰富的《文选》(1958)的发起人,我们将在后面更加关注此书。还有小书《匈牙利》(1960),书中,他挑选并从法语翻译了两篇描写这个国家悲剧历史的文章。还有匈牙利年轻诗人的诗歌[27],其中包括桑多尔·安德拉斯的《桑多尔·安德拉斯自治共和国申请加入联合国》:"我,桑多尔·安德拉斯,自治共和国, / 承诺不破坏土地, / 因为我不想赢得或者输掉战争, / 我只想活着"……还有至今读来依然很有意思的选集《大众文化》(1959)[28],这是最早关于这一现象的波兰语出版物之一。作为该书的最后一篇文章《讨论提问》的作者,米沃什认为在我们讨论的过程中,共产主义的波兰无论外表如何,根本不能置身事外,而是在苏联集团中,"出现了一种新的[社会]类型,由于城市文明的薄弱,没有它可以模仿的形态。这个形态,是破落无产阶级式-猪一样-微小市侩型-工人阶级的",而"假如有某种魔法消除了壁垒,波兰将立即被大众商业文化吞噬"。[29]他以这种方式借用了自己的社会学知识,安杰伊·文森兹在写给玛丽亚·查普斯卡的信中评论道:"想想那个所谓的《文化》月刊的'图书馆丛书',我看到,驱动图书馆丛书的唯一智识动力正是米沃什。斯坦波夫斯基,我父亲(或许还有你们夫妇,我很抱歉要是伤害到您丈夫约瑟夫先生),他们仍然局限在'光荣的孤立'当中,而米沃什正在越来越多地提出并引领着什么。"[30]

《大洲》一书的作者提出并且引领着,这并不是说,与他名字相关的选题取得了巨大的成功,"《文化》月刊图书馆丛书"的销售报表显示,这是波兰海外移民智识生活相当令人沮丧的证据。[31]不管盖德罗伊奇认为米沃什的书销售得如何好[32],那也仅仅代表某一特定范围内的成功。《白昼之光》在一九五三年售价三百五十法郎,仅仅是约五包高卢香烟的价格,主编决定该书的印数为一千本,到了一九五七年一月,还有三百二十本未售出。最畅销的是《被禁锢的头脑》(两千本,到一九五七年库房里还有二百八十三本)和《权力的攫取》(两年内售出约一千本)。而《伊萨谷》在一年半的时间里已经卖掉约六百本。《诗论》用了六年时间才卖出五百本。《大洲》用了十三年的时间才卖掉一千两百本。二十三年后《政治与现实》卖出一千五百本。二十四年后,西蒙娜·薇依的第两千本《文选》才离开仓库。需要补充的是,《文化》月刊出的书,许多是免费的,主要发往波兰,或赠送给波兰来的人。难怪说做海外移民出版是一种慈善活动……

536

注释

[1] 摘自切斯瓦夫·米沃什写给耶日·安德热耶夫斯基的信,1958 年 3 月 12 日。(华沙文学博物馆)

[2] 参切斯瓦夫·米沃什,1959 年 12 月 22 日 BBC 专栏。(拜内克图书馆)

[3] 可能是"卢比茨"(Lubicz)的简写? 米沃什在高中时给《真相的声音》

编辑部写信用过此落款。参《文化》,1952 年第 2-3 期。

[4] 在《文化》1955 年第 1-2 期上又出现了一篇"L."的文章,推荐约翰·布朗的《美国当代文学全景》和伊凡·加杜雷克的《捷克斯洛伐克的政治控制》。

[5] 切斯瓦夫·米沃什,《谈谈戏剧》,载《文化》,1955 年第 7-8 期。

[6] 参切斯瓦夫·米沃什,《在时代的诗篇中畅游》,《文化》,1958 年第 11 期。同时,翻译者米沃什与编辑的通信收录于《"每一次翻译都是一场台球赛":切斯瓦夫·米沃什与帕维乌·马耶夫斯基的通信》,载《边缘》,2000 年第 1 期。

[7] 切斯瓦夫·米沃什,《不习惯的礼物:（新波兰诗人）》,载《文化》,1956 年第 10 期。

[8] 切斯瓦夫·米沃什,《年轻的诗人们》,载《文化》,1954 年第 1-2 期。

[9] 切斯瓦夫·米沃什,《谈雅斯特伦的诗》,载《文化》,1953 年第 9 期。雅斯特伦在读过此文后写道:"我是保持延续性的支持者,而不是传统主义的支持者。伟大的文化保持着延续性,而每一代人都会打破它。在《关于波兰语的诗》中我有所夸大,但那是因为在特定的政治环境下。它的本质还是抗议俄罗斯的压迫。不得不伪装成回忆录的样子。米沃什虽然谈了这本书,[……]但是他根本没懂。他为我赋诗一首,却是在羞辱我。实际上他比言语表达的意思更加亢奋。他想要强调自己的独立性和原创性。这很有效果,很高明。"摘自 1956 年 6 月 7 日日记,收录于米奇斯瓦夫·雅斯特伦,《日记:1955-1981》（克拉科夫,2002）,页 53。

[10] 切斯瓦夫·米沃什,《瓦尔卡:时间之外》,载《文化》,1955 年第 4 期。

[11] 切斯瓦夫·米沃什,《读书笔记》,载《文化》,1954 年第 12 期。

[12] 切斯瓦夫·米沃什,《波兹南:复兴》,载《明日》（巴黎）,1956 年 10 月 25 日。

[13] 参切斯瓦夫·米沃什,1957 年 1 月 13 日 BBC 专栏。（拜内克图书馆）

[14] 参切斯瓦夫·米沃什,1959 年 12 月 30 日 BBC 专栏。（拜内克图书馆）

[15] 参切斯瓦夫·米沃什,《波兰的反犹太主义》,载《共产主义问题》,1957 年第 3 期;切斯瓦夫·米沃什,《寻找:1931-1983 年报章拾遗》,页 73-79。

［16］切斯瓦夫·米沃什，《给毕加索的信》，载《证言》，1956 年 6 月，翻译：克莱曼蒂娜·苏哈诺夫。

［17］摘自耶日·盖德罗伊奇写给约瑟夫·马茨凯维奇的信，1959 年 9 月 27 日。（文学院档案室）

［18］摘自兹齐斯瓦夫·布隆采尔写给耶日·盖德罗伊奇的信，1955 年 10 月27 日。（文学院档案室）

［19］"米沃什和 BBC 的合作开展得很顺利，看起来这是一个妙主意。"摘自兹齐斯瓦夫·布隆采尔写给耶日·盖德罗伊奇的信，1956 年 1 月 4 日。（文学院档案室）

［20］摘自切斯瓦夫·米沃什写给兹比格涅夫·赫贝特的信，1960 年，无确切日期，收录于兹比格涅夫·赫贝特、切斯瓦夫·米沃什，《通信集》，页 17。

［21］参切斯瓦夫·米沃什，1958 年 11 月 20 日 BBC 专栏。（拜内克图书馆）米沃什也曾在写给图罗维奇（那时住在巴黎）的信中表达过同一观点："这是一部精彩的电影，它让人们对如今电影所能达到的艺术高度赞叹不已，电影已经学会了应用过去时代的所有艺术美学。"摘自 1958 年 10 月 4 日的信。（耶日·图罗维奇档案室）经米沃什劝说，图罗维奇去看了《第七封印》。

［22］切斯瓦夫·米沃什，1960 年 3 月 2 日的 BBC 专栏。（拜内克图书馆）

［23］切斯瓦夫·米沃什，BBC 专栏，无确切日期（约 1956 年）。（拜内克图书馆）

［24］雷蒙·阿隆，《知识分子的鸦片》，翻译：切斯瓦夫·米沃什（华沙，2000），页 337。

［25］摘自切斯瓦夫·米沃什写给耶日·盖德罗伊奇的信，1956 年 3 月，收录于耶日·盖德罗伊奇、切斯瓦夫·米沃什，《书信集：1952–1963》，页 254–255。

［26］在这本书中有米沃什唯一译自拉丁文的译文——维吉尔《农事诗》的选段。

［27］基于艾娃·法拉哥的法语译文。

［28］包括德怀特·麦克唐纳、克莱门特·格林伯格、马歇尔·麦克卢汉、厄

内斯特·范·滕·哈格、莱斯利·费德勒和梅尔文·图明的文章。

［29］切斯瓦夫·米沃什，《讨论提问》，收录于《大众文化》，切斯瓦夫·米沃什编（克拉科夫，2002），页159、161。

［30］斯坦尼斯瓦夫、伊莱娜和安杰伊·文森兹给玛丽亚·查普斯卡的书信集，信是安杰伊·文森兹写给玛丽亚·查普斯基的，1961年12月13日。（克拉科夫国家博物馆，迈松拉斐特的约瑟夫和玛丽亚·查普斯基档案）

［31］另一件事，米沃什在独立的波兰从来就不是最佳销量作家，他也没参加《被禁锢的头脑》首个正式版的发行，还错过了《路边狗》的尼刻奖颁奖。

［32］参："我以自己的出版经验来看，读者（不只是波兰读者）越来越不愿意碰诗歌，这是事实，很让人悲伤，但是事实。米沃什就是一个经典的例子。尽管他的书走量很大，大多数都卖光了，但《白昼之光》还躺在仓库架子上。而《大洲》，散文中加入了诗歌，'走量'非常好。"摘自耶日·盖德罗伊奇写给约瑟夫·维特林的信，1959年10月26日。（文学院档案室）

第六十章　大领主们

我们掉进了无情的黑白分明的棋盘,棋局之内,不管是自己还是我们周遭的一切,都须在两种颜色中做出选择。很少——因为必须很少——且不止一次地,让人感到绝望。

安杰伊·博布科夫斯基

致耶日·盖德罗伊奇(1951)

在您那里,蔑视太少了,对某些现象,仅仅轻视是不够的。[……]一些极其愚蠢的东西,尽管它可能在此处或彼处是有用的,但物质本身是恶的,人是平庸的,在当今的知识分子中,我感觉对那种明显的胡扯有点胆怯。后者已经适用于您,而假如您更好地去轻视,您就不必再跟很多事情战斗了。

维托尔德·贡布罗维奇

致切·米沃什(1953)

537 　　"（您的沉默）我认为对我们所有人都是一个非常痛苦的打击，我认为是您将离开我们所有人，这很不轻松。您还记得圣卡西安和圣尼古拉的传说吗？其中一个走在路边，没有帮农民把车从泥泞中拉出来，因为他想保护他的白袍子，而尼古拉忘了自己袍子的事情，帮农民把车拉了出来。结果前者实际上还是玷污了自己。上帝把每年二月二十九日给了卡西安，而每年给尼古拉的日子有两到四次。我以耶日·盖德罗伊奇和我自己的名义写信给您，我们就是那些努力把车从泥泞中拉出来的农民，我们正在请求您的帮助。"[1]这是约瑟夫·查普斯基向耶日·斯坦波夫斯基的呼吁，而他自己也常常感到随着时间的推移，在要求文学艺术家进行独家合作，与不停地将《文化》月刊从泥辙的车辙中拉出来之间，不得不做出选择。他还必须募集捐款，写各种文章和纪念文告，或者直接翻译盖德罗伊奇的信件。

　　同时，米沃什对于智识和精神上的渴求，远远超出了意识形态的黑白棋盘，于是，当盖德罗伊奇想要"用他"去完成层出不穷的，紧迫到无538 法回避的重要任务时，他一定感到难以忍受。尽管主编表现出开放的态度和敏锐的直觉，让米沃什认识到作家在新的历史时期所扮演的重大角色，尽管作为杂志的标志性作者，他选择完全独立于贡布罗维奇，但同时盖德罗伊奇异常活跃，不断提出"干小活儿"的要求，这样的天性使他很难理解有的人不想写那类散乱的文字，而是要做成书的文章。盖德罗伊奇有着自己的棋盘，他在棋盘上排兵布阵，同时解释："请您别为这封有趣的信而生气，我很烦人，很无聊而且令人不愉快，可我就是这种类型的人……"[2]他与米沃什的关系很快演变成行动之人与复杂艺术家之间的冲突关系，这艺术家有时维护自己，有时又屈从于各种要求或请求。[3]米沃什自己回忆说："这是以自己的痴迷为生的文人，与政治家的冲突。他对于文学，是一种工具化的关系，如果符合他的策略，就是魔鬼他也会去印的。这不是文学的策略，而是政治的策略，尽管是更高层次的策略，这种策略不是用当下的利益来计算的。"(《时间旅行》，页175)

然而可以从另一面看待他们的交往：作为一个令人痛心的相互错过的故事。因为尽管米沃什是盖德罗伊奇为数不多引为手足情谊的人之一（初次见面后历经十三年……），但主编的自我封闭，使真正的亲近不再可能。令人痛心的是盖德罗伊奇后来做出的评价："我和切斯瓦夫之间从来没有过那种人与人之间的关系。"[4]米沃什把这封请求友谊的信，留在迈松拉斐特，离开了《文化》月刊的家：

亲爱的耶日先生：

离开迈松拉斐特时，我想对您说几句话，我写起来比说要更容易些。[……]无比感激，您找到我，在我生命中如此艰难的时刻给了我帮助，感谢您，使我写出了书。同样要感谢的，是您坚定地与我站在一起，即便这给您带来了各种不愉快。这就是当遇到良善而公正的人时，我的感受。另一方面，观察着您，看到您身上如此之多的受伤的自尊，被您深深地压抑在自己心里，如此宏大的真情的水库，隐藏在您的沉默当中，我常常会感到非常遗憾，无法穿透您的"皮肤"，成为您个人的朋友。[……]毫无疑问，我今年处境极为糟糕。我对妻子和孩子的想念，常常达到了完全算得上是内心煎熬的程度。当我坐下吃早饭时，我就像个看不见阳光的人，能对别人说什么呢。[……]我很不公地把我对波兰移民的厌恶转嫁给了迈松拉斐特的居民。[……]但是，如果我是瞎子，我会用第三只眼睛仔细记录下所有的事情。当您暴怒到极点的时候，我想走近您，说："亲爱的耶日，我很理解你，让我们抛弃这些面具，成为朋友吧。"愿我的这封信某种程度上使您了解，您有了"米沃什的事"，我有了"盖德罗伊奇的事"，我的心中有一角，您的形象在里面，不仅仅是一个

背负着自己的孤独和固执己见的人。[……]

　　请您记住,我知道的,在盖德罗伊奇覆盖在脸上的表皮之下,藏着如此之多内心的温暖和如此之多的爱。但是您,亲爱的耶日,您明白,尽管我挖苦讽刺,我仅求此,跪其之前。

吻您的双颊[5]

　　在艰难的一九五一年,盖德罗伊奇对米沃什着了迷,无论他将《文化》月刊维持在怎样的境地,他都认为,作家米沃什的"新信仰"主题恰当地反映出波兰社会的精神变迁。这种观点是正确的。并且多年来,他一直保护米沃什,使他免遭个人利益的指责,例如向博布科夫斯基解释说:"对于米沃什,这是令人愉快的:他不将自己当作英雄,当作华伦洛德,也非新入教受洗者。"[6]然而,随着时间的推移,他对诗人的耐心越来越少,自己也许迷失在了错综复杂的情绪当中,无法理解伴随米沃什始终的负罪感,不明白他感觉的二元性,不知道作家在文章和书籍中构建的文学人与明显迷失的人之间的区别,后者在书信和日常用语里说出:"我不能忍受那些哈姆雷特似的一分为二的持续裂变,两部分的压抑,这里多说无益,就是懦弱罢了。[……]他总想成为先知,成为大师,这就是他想在自己书中扮演的角色。假如他获得了勇气,并在他的写作中'暴露'他自己的全部懦弱和束手无策,对他大概会更好。"[7]

　　米沃什长期以来在根本上一直害怕被指控为"反动派",在与自由大会代表们或与波兰来客们的交谈中,他强调自己从属于《文化》月刊的身份,但盖德罗伊奇却没有轻易认可他与月刊之间的关系。如果说米沃什一直期望与查普斯基、与赫兹、与耶伦斯基之间达成默契,又刻意与主编保持距离,那么接下来他却没做任何事情使他们两人的关系有所发展,他只是完成一个执行者的角色,并未超越

月刊业务的范畴。与盖德罗伊奇合作的其他人一样都在他的专制
控制下,他们在杂志上刊登的《说明》里讽刺地提出,"许多读者要求
我们提供《文化》月刊的人员组成。我们的团队包括:主编耶日·
盖德罗伊奇;主编盖德罗伊奇·耶日;耶·盖德罗伊奇;盖德罗
伊奇·耶日;主编;耶日·盖德罗伊奇;盖德罗伊奇;耶日及《文化》
月刊团队其他成员"……[8] 尽管有着思想上的共鸣,如对知识分子
群体的厌恶,对国家民主党的厌恶,对忠诚于共和国多民族传统的
厌恶,但渐渐地,他们之间的嫌隙越来越大。就算刚开始时一切都
似乎很完美,这一点从一九五二年臣民米沃什的贡文中可以证明:
"亲爱的王子,历史慢慢地显示出您是天才。[……]在过去的一年
里,您接连迎来了贡布罗维奇、维特林、斯特拉舍维奇①、帕尔尼茨
基,还有米沃什、赫兹、伊万斯卡②和其他别的人。[……]斯特拉舍维
奇和帕尔尼茨基真的证明了,即使您身处沙漠,那里仅仅只有一处门房,
上面写着:'钥匙在门房',您都会拿到钥匙。[……]我没有要讽刺的打
算,我真的很真诚地祝愿您。"[9]

　　他们后来在相互写给对方的信中(在盖德罗伊奇去世之前,这些信
加在一起一千多封),最经常重复做的,一方面是主编对米沃什的写作
如何才能变得更加有用的各种策划想法,另一方面是试图在《文化》月
刊的编辑路线上影响作家。盖德罗伊奇对利用《救赎》一书的作者有着
特别多的想法:从分析针对波兰的广播宣传,甚至到(直到苏联解体以
后)担任波兰共和国驻维尔诺的大使,从一九六○年的引诱阶段开始,

540

---

① 切斯瓦夫·斯特拉舍维奇(Czesław Straszewicz, 1904-1963),波兰作家。
② 阿丽西亚·伊万斯卡(Alicja Iwańska, 1918-1996),波兰诗人、作家、社会学家、哲学家,
参加华沙起义的波兰救国军女战士,1946年被迫赴美,从事社会人类学研究,1985年定居英国后
正式开始文学创作,代表作有《冲突与契约》《战时片段》《美国童话》《仅十三岁》等。

当时他看清了米沃什的角色,这一角色后来落到了雷沙德·卡普钦斯基①身上,当然没有《文化》月刊的影响:"关于非洲的书,尤其是关于各个国家、知识精英、理想抱负等主题的书。这是燃眉之急的事情。[……]您对黑人总是有一种不健康的倾向。[……]您所有的缺点和难处(在我看来)在这件事上都是优势。这本书的基调是对土著居民的同情、反殖民主义的,其中的独特迷雾意味与左派的您完全适合。"[10]

尽管多年来忠实地完成了各式各样的命令或请求,同样也在美国的各种机构中为《文化》月刊项目筹措资金,但对于杂志,作家感兴趣的完全是其他类型的贡献。例如,一九五四年初,他建议(但无结果)杂志编写几期专刊,一个聚焦犹太人主题,另一个写华沙起义。半年后,他写信给盖德罗伊奇:"维护《文化》月刊这个岛屿,比任何专刊的目的都重要,人们在杂志这个平台相互沟通,在这里理性是唯一的武器。"[11]那些盖德罗伊奇眼中知识分子的懦弱,对诗人而言却是一种不情愿,他不愿将《文化》月刊的定位降为应对政治行动。一个很好的例子是一九五九年的一次争议,是关于《文化》月刊宣布的以民兵和安全局犯罪行为为专题组织文学比赛,这是对波兰举办的一场竞赛的回应,当然,波兰的比赛是为了给人民权力机构增添荣耀的。对于盖德罗伊奇来说,反比赛的比赛将是对谎言宣传的反制行动,同样也是回击华沙当局的一个恶作剧。对米沃什来说,就是要提交所要求的游戏规则,要削弱自己的地位。此前,他经历的类似感受,是对文学研究所出版《日瓦戈医生》译本的计划:"《文化》月刊[……]应尽可能避免被诬陷为反共机构,因为这将会缩小刊物的长远影响力。""波兰国内知识分子状况的恶化,清楚地点明

① 雷沙德·卡普钦斯基(Ryszard Kapuściński, 1932–2007),作为波兰诗人十七岁即已成名,作为著名记者、作家和摄影家,报道了二十世纪最血腥的二十七次亚洲、美洲和欧洲的战争、政变和革命,曾被关押四十余次,以其诗意深刻的方式向读者提供了重要信息的报道,作品《皇帝》《乌木》《与希罗多德一起旅行》等均获大奖。

了《文化》月刊的作用。在冷冻与阅读的游戏中,总体来说刊物应该与
之同步(但不是用反共标签进行恐吓,这样会削弱自己),出版印刷一年
之前在波兰当地出版企业曾有机会发表的东西。也就是说,整个广阔的
哲学、政治哲学、社会学领域的著作。"米沃什这样解释道,并补充说,在
他看来,获得诺贝尔文学奖的鲍里斯·帕斯捷尔纳克的书,不会引起波
兰受众的兴趣。[12]无论文学爱好如何,很难不同意米耶罗舍夫斯基关于
米沃什和耶伦斯基的尖刻言论,这位"伦敦人"非常欣赏,但是却很高兴
他们没有"编辑部决定性发言权[……],假如允许他们参与杂志的政策
走向,《文化》月刊三个月内发行量将达到八百册"……[13]

　　盖德罗伊奇,在他的环境里,在历史赋予他的定位上,必须通过印刷
出来的文字行动来发挥作用,虽然是在文化领域,可他并没有放弃过政
治上的目标和野心。米沃什想将月刊变成严格的知识分子杂志,开展基
础工作,培养新一代的读者,月刊应该疏远对战前波兰文化形态的乡愁,
远离说教。离开欧洲后不久,他这样概括道:"我愿《文化》月刊更深入
地认识到杂志的问题,'自己就是自己的问题'。在文学方面:文学是祝
福,因为自身包含了一切,并以自己的语言述说一切。"[14]正是从距离遥
远的美国,接触到伯克利大学校园的多民族特点、种族歧视、嬉皮士运
动,以及加州特色的东方文化和宗教的存在,米沃什试图说服盖德罗伊
奇,从根本上重新制定目标:"伟大历史篇章注定要结束了[……]。假
如一段时间以来,我一直试图说服您,退出与波兰政党机构的争执,那不
是以'纯文学'的名义。[……]梵蒂冈大公会议,或哲学社会学,对技术
文明的思考也许更为有趣,因为一切都在逐渐贬值,其中也涉及'直接
的政治'。"[15]

　　主编对这些事务的评估截然不同,最清晰的证据是,在六十年代,形
成了刊物与其作者之间的距离,以及同样某种程度上诗人与政治之间的
距离。对当时波兰发生的社会变革,盖德罗伊奇徒劳地想要说服米沃什

542

写文章谴责一九六八年的三月事件。米沃什的拒绝令人惊讶，尽管他做了解释："我对《文化》月刊及其在波兰国内的价值，在于我作为一个作家的独立性，我远离在那里人人都染上的传染病。[……]我的力量在于我置身事外。"[16]然而，为主编创作的《王子》，就是在这同时写的，文中米沃什毕恭毕敬地描写盖德罗伊奇，虽然以讽刺作了平衡。该诗的主人公，挣扎于身体和经济上的苦难，但同时，面对三月事件的耻辱，他是唯一拯救"自己国家荣誉"的人。[17]在同样作于一九六八年的诗歌《我忠实的母语》中，米沃什的言辞听起来更为强烈：

> 你是堕落者的语言，
>
> 愚昧者的语言，憎恨
>
> 自己或许多过其他民族，
>
> 是告密者的语言，
>
> 困惑者的语言，
>
> 因自己的无知而得病。
>
> （《诗集 第三辑》，页 85-86）[18]

可以说，作家已经讲得很清楚："干小活儿"的时代已经过去了，在跨进六十年代之际，他有权为争取"实现"而奋斗，正如在给查普斯基的信中所描述的："这位耶日难道不明白，在一生当中的某个时期，会担心自己无法自我实现吗？花时间写篇文章或论文，会让人感到内疚？我还能给他什么呢，除了我那些他不懂、不欣赏、不尊重的诗？[……]谁，在什么时候，可以向盖德罗伊奇解释清楚，这根本不是什么教职的'升职'，也不是'机会主义'，也非'软弱'，而只是我们的浪费将会结束，因为我们的任务，组合两个单词或两种颜色，用第二次生命去实现，是不会有的。"[19]

这封信写于一九六七年四月，其后续部分如下："我强烈地感觉到了生命的短暂，我过去不应该浪费好几年的时间去写文章、评论和散文。贡布罗维奇在旺斯这边，因为我懒惰而责备我，还以'尾巴后头追着许多喜鹊需要去抓'为借口掩饰自己，我过去也知道，需要放弃，我不能轻视他的建议。这是个聪明人。"查普斯基后来提到《婚礼》的作者，指出了他与米沃什的相似之处，这些一定使得他们某种程度上无需言语可以理解彼此："贡布罗维奇也是一个人，在相同尺度上，米沃什也有这样的特征，像是在说：'每个人都爱我，但我不爱任何人。'这种对人的僵硬，自我中心主义，不惜一切代价写作出好东西的欲望……"[20]查普斯基是用更加高贵的泥土捏成的，他这个判断相当有道理。但是，要是我们今天再次阅读贡布罗维奇五十年代初的《日记，戈姆布劳维奇日记》时，想着米沃什令人迷惑的陈述，首先令我们惊讶的是，这是与一个完全自由人的相遇，他完全无视黑白的棋盘。

战前，虽然米沃什喜欢《费尔迪杜凯》，但他与小说作者只是泛泛之交，当米沃什来到西方，他们相互之间立刻引起了对方的注意。一九五三年，米沃什向米耶罗舍夫斯基解释说："贡布罗维奇是当今波兰唯一的，如今在波兰依旧很重要的流亡作家。"[21]甚至阿尔贝·加缪在巴黎到处求人帮助，想找一家对《婚礼》感兴趣的剧院。贡布罗维奇早先就做出判断说，"《凯特曼》非常优秀"[22]，米沃什获得欧洲文学大奖后，贡布罗维奇叹息说："为什么我没有得奖，我不像米沃什那样沉溺于金钱！[……]可是，假如要我说把这个奖颁给谁，除我之外，那就是他，因为他是天才，并且不失时机，在灵魂上也与我有共鸣。"[23]一年后，他又补充说，与诗人的意见完全保持一致，"米沃什和我是移民中仅有的两个人，能够被另一边[波兰国内]所理解"。[24]而就在贡布罗维奇去世前几个月，还读了从加州寄来的信："波兰的局势很糟糕，有比政治更深层次的问题，因为思想和语言都在往下走，是某种旧斯拉夫的沼泽，喋喋不休，

543

胡言乱语[……]看样子,我们将是波兰最后的作家了。"[25]

在《文化》月刊上曾对诗歌意义做过讨论,贡布罗维奇的笔伐打头炮,他在文中确信,"几乎没有人喜欢诗歌,诗歌化的诗歌世界,是一个虚构和伪造的世界"。[26]他认为,现代诗人遁入"纯"艺术的领域,因而极为枯燥,唯一能给受众的,是满足附庸风雅的借口。一旦诗人们眼里不再有特定的具体的人,眼睛里只有抽象的诗歌,那就没有任何东西能够阻止他们滑下斜坡,陷入荒诞的深渊。尽管《文化》月刊的一些读者

544　可能会感到惊讶,诗人切斯瓦夫·米沃什完全同意这些判断,在《致贡布罗维奇的信》中只是指出,这种攻击只触及诗歌的某些特定类型,对他来说完全是陌生的。诚然,"'纯诗'是精神异常的一种"(《从我的街道开始》,页136),而当代波兰创作的诗歌用的是另一种语言,是在战争期间和战后经过更新的另一种语言,就像贡布罗维奇在《横渡大西洋》中所使用的新颖散文语言一样。《费尔迪杜凯》的作者,在他的回答当中,提出了一个公式,可以轻易用于解读米沃什复杂的,有时矛盾的人格[27],勾勒出他面临的精神自由的视野:

> 这个是人在说什么[……],他以诗歌之名,如同猛冲诗人们胸膛的山羊? 假如莎士比亚要抓住这种背叛的本质,他就不会把它包括在以下的几行诗中:
>
> > 我是米沃什,我必须是米沃什
> > 作为米沃什,我不想成为米沃什,
> > 我内心要杀死米沃什,为的是
> > 更成为米沃什……
>
> 要教导的是,人的本质是要发展,而发展的道路要经过不断地杀死自己。我们必须杀死我们内在所存在的东西,来达到,未来的

东西。[……]这位诗人努力摆脱诗人的标签,借此使诗歌不断进步。[28]

著于一九五三年《日记》的文字,其出发点是《被禁锢的头脑》,贡布罗维奇想要塑造诗人,使他摆脱把共产主义当作当代首要问题的理解,引导他走向与西方对抗的道路,向他展示通过构建与他人的关系来构建个人的现代概念,同时使他不受话题或社会话题的影响,敦促他重新处理艺术的核心问题。"米沃什在两个前线上战斗:不仅以西方文化的名义抨击东方,而且同样以自己的独特经历,及从中汲取的对世界的新认识,添加给西方。这场决斗,对我来说比分析共产主义更有意思,尽管它非常有洞察力,但已经提不出绝对新的元素。[……]革命、战争、灾难,与对生存的根本威胁相比,这泡沫还有什么意义?"[29]

接下来,又完美而清晰透彻地表述道:

我不宣扬永恒的艺术,和干净的艺术,我只告诉米沃什,必须小心,不要让生活在我们的笔下变成政治、哲学或美学。[……]但他说:我害怕……我害怕当我离开历史(意为离开当下的陈词滥调),我会孤独。而我说的是:事实上,这种恐惧[……]不仅是对卓越的放弃,也是对我自己的真理的放弃,并且可能是对唯一的英雄主义的放弃,后者构成了文学的骄傲、力量和生命力。谁要是害怕人的藐视和人群中的孤独,让他沉默就好。[……]米沃什啊:没有任何历史会取代你的个体意识,成熟和深刻,没有任何东西会赦免你自己。[……]因此,在我们时代复杂诡辩的围攻下,一切变得困难、可疑、黑暗、混乱。当我们了解,我们如今以某种如同混沌初开一样的,崭新和特别的方式,不说并且不写,我们将获得自身的澄澈和清晰。而且没有任何概念,可以取代大师的榜样,没有任何哲学,可以

545

取代文学和文学的宗谱树,上面布满了自豪的名字。别无选择,你
只能像他们那样去写:拉伯雷、爱伦·坡、海涅、拉辛或果戈理,要
不就根本别写。[30]

上述引用的内容很宽泛,不仅概述了《宇宙》作者最正确的观点,而
且揭示出隐藏在五十年代米沃什内心深处的心结和他对解开心结的外
在帮助的需求。这里,我们发现了盖德罗伊奇行动思想的对立面,有时,
想象一下在主编和维托尔德(贡布罗维奇)之间撕扯分裂的米沃什,以
及将诗人与贡布罗维奇连结在一起的东西,要比他与盖德罗伊奇之间的
争执深刻得多。米沃什与作家的接触,让自己尝到了解脱的滋味,作家
公开承认,他从事这个时代的课题是被迫的,不是很严肃;因为"根本上
说,我首先是幼稚的……米沃什是否首先也是幼稚的呢?"[31]诗人承认:
"是的,我是幼稚的,我所从事的文学艺术,只在没有肮脏扩张的疯狂世
界中进行,而无法企及的存在之谜将我占据。"(《大洲》,页271)再补充
一个我们已众所周知的声明:"纯艺术是通过拒绝纯艺术来实现的,而
那些,以追求纯艺术为目标的人,将一无所获。"(同上,页274)

他们共同面对的将是非人的恐惧,无意义的世界:"被某些律条所
统治的空白里的这种终止,对我们而言是不能接受的,首先是死亡的法
则,这是人对人的植入,因为只有这样,他们才能造出他们的充斥意义的
玻璃球,并在其中生活[……],没有什么更加对立于与大自然之间的兄
弟情义的了。贡布罗维奇是尽可能反自然主义的。在一个由岩石、树
木、星辰、无意识的动物组成的所谓客观世界,对我们来说没有任何的救
赎,也没有希望。唯一救赎的可能是另外的人。"(《从我的街道开始》,
页425-426)然而,在一九五三年,在写到有关贡布罗维奇刚刚出版的
《横渡大西洋》和《婚礼》时,米沃什的评论却带有怀疑的色彩,认为"这
546 本书属于那样一个时期,即发现了,人可以对他人做任何事情"[32],而危

险在于放弃形而上学、不变的人性和世界的真实的基本理念。"让我着迷的是苹果：苹果的法则，苹果的树形，苹果中苹果本身的苹果性。可是，在贡布罗维奇，是苹果压着苹果的'精神事实'"（《个人的职责》，页204），对于思想以后再说。由人创造的人，不具有异于他人的参照点。这座著名的贡布罗维奇式的"人与人之间的教堂"，不会被米沃什所接受，他甚至认为，尽管《宇宙》作者是位伟大的作家，但其提出的"乌尔罗地"①却脱离了我们生活的这片土地上的宗教想象和形而上学的秩序。[33]"也许我们更应该是残疾人而不是作家。可是残疾人就应该永远被称为残疾人。"（同上，页195）

虽然，这个判断过于直白。即对米沃什来说，在同期那些作家中，也许可以将贡布罗维奇视为认识最深最近的人。米沃什对他，像是对贝克特或拉金一样，他会反抗他们，在他们的作品中看到绝望和虚无主义的威胁，尽管他知道他们揭示了一些对他而言同样是真理的东西——隐藏的从未说出的真理。事实上，除非特殊情况，除非在米沃什式的胡说八道里，几乎从来没有出现过这种话："贡布罗维奇应该是高兴的"（《旅行世界：对话莱娜塔·高尔琴斯卡》，页225），因为"宇宙即意味着痛苦，让我喷出魔鬼的语言……"（《诗集 第三辑》，页208）

正是对痛苦的深刻体验，赋予了贡布罗维奇最高的层次，令其谴责不符合真实现实的"人类末日魔鬼的绝望文学"。（《个人的职责》，页204）在六十年代的法国，当他们相遇时，这一判断的参照点是"新小说"，或更广泛地说，是让娜·赫施所形容的"胡言乱语"，米沃什在寄给赫贝特的这封信的结尾，是有关拉梅苏吉埃的轶事片段，那是位于格拉斯附近的卡布里斯村的法国知识分子创作工坊，他在其中写道："我坐在图书馆里，无意

---

①　《乌尔罗地》（*Ziemia Ulro*），米沃什出版于1977年的思想随笔集，"乌尔罗"一词，意为科学主义胜利后人类的异化现象。

中听到一段关于司汤达的谈话。我真想踢他们屁股,把他们关进集中营里去。"[34] 几个月后,他写出充满愤怒的诗作《结构主义者》:

> 我曾在一位结构主义者的朗读会上,他讲得
> 非常明智,他的法国爪子特别明智地
> 抓着香烟。
>
> 我想站起来说:你,在这土地上,号叫吧
> 呕吐吧,在这片折磨众生的土地上
> 生灵和我人性的绝望,你,学问家,猪猡。

547

> 请让死亡的伟大部落作证,看吧,紧贴
> 他们的脸,嘴里的苦和咸,舌头碰触,
> 词语就要显露。
>
> 唯一的词语唯一的含义,它传达
> 由天堂到地狱,恢复失去的秩序,词语,
> 没有它,那森林或大海的飒飒声,就只是胡话和哭诉。

(《诗集　第三辑》,页 36)

一九六七年春天,米沃什一家去欧洲度长假。他们在拉梅苏吉埃住了一段时间,后来又在认识的英国姐妹所拥有的圣保罗·德旺斯小镇上的摩羯座别墅住了一个多月。他们从那里去拜访贡布罗维奇,后者记录了下来:"我们在此成为非常亲密的朋友。"[35] 这种感觉是双向的,最有意思的是,扬卡和贡布罗维奇也非常谈得来。"共鸣在(严格的)判断、观点,甚至是幽默方式上。扬卡认为华沙的文学家们是一种精神上的果

冻,包括耶日·安德热耶夫斯基在内。"切斯瓦夫对奈拉·米钦斯卡这样描述说。[36]而在给赫贝特的信中,米沃什提到:"贡布罗维奇强大而高贵[……]。他说的话都很聪明。扬卡实际上站在贡布罗维奇一边,无论他说什么。"[37]好几年以后,他还自我意识清晰地补充说:"贡布罗维奇谈及扬卡和我:'我不明白,这么聪明的女人怎么能忍受这样一个疯子。'他再一次说对了。"(《猎人的一年》,页286)关于文学家们的消息当时就已经通过电报传开了,赫贝特告诉耶伦斯基:"在拉梅苏吉埃,我在切希的悉心照料下待了三天,我没有去探访贡布罗维奇,因为我睡着了。[……]切斯瓦夫很喜欢维托尔德。无论醒着还是睡着,嘴里都念叨着他的名字。扬卡确定说,她对切斯瓦夫的所有指责[下面标注着:"在整整二十年的婚姻折磨当中"]维托尔德都做出了精彩的总结。大概是这么说的———一个是内里扭曲的牛蒡,另一个是对二十维度的形象和问题忧心忡忡的向日葵。他还建议去读德国哲学。"[38]此处,《花园里的野蛮人》①一书的作者可以安全放心地讽刺,但显然他不敢与贡布罗维奇见面,而是在写给科特的信中以开玩笑的方式逃避。给米沃什的一封信中,他在一个安全的距离之外告诫米沃什:"我非常担心您与贡布罗维奇的精神联系,尽管此类事情发生过,请参见康拉德与纪德之间古怪的友谊。请小心,请你一定小心,他是一个堕落者,但也是文艺家。我又读了一遍普鲁塔克。"[39]谣言四起,八月,维托尔德写信给切斯瓦夫:耶伦斯基说"赫贝特、赫兹以及另外某人都在发抖(也许是布翁斯基),让我不要败坏您,伙计,不要听那些话,否则你会死的!"[40]

但不能谈堕落:那次见面,是二十世纪后半叶波兰文学史上最具象 548
征意义的事件,当时两位最伟大的作家见面交谈,同时两个形而上学方

---

① 《花园里的野蛮人》(*Barbarzyńcy w ogrodzie*),兹比格涅夫·赫贝特出版于1962年的散文集,主要讨论意大利和法国的文化艺术。

案相互渗透,两个相互触碰的个性,足够强大,已经定型,米沃什安慰赫贝特说:"这个人的非凡之处是有极强的启发性,但我有我自己的痛苦,波兰的和美国的痛苦,这保护着我,我会把自愿使用毒药当作预防性的治疗。此外,这对我来说是一次宝贵的经历,让我意识到许多事情,并得以发现内在的缺陷,如结构主义。一旦缺乏激情——也就是人云亦云,或者任由他人摆布——那么,一切的救赎方法都拯救不了自己。"[41]这是一幅怎样的画面:贡布罗维奇是下毒者,让毒药进入他的交谈者和读者的头脑,而米沃什,强大到足以让自己去做试验品,尝试一切杀不死他,但强化他的东西……

实际上,他们并没有相互争斗,而是尽可能地相互支持,尽一切可能,发现某种兄弟情谊。而贡布罗维奇也许可以重复一些关于米沃什的话,并将其完美地赠与康斯坦蒂·耶伦斯基:"他理解我,如此之少,但却是我最痛的地方。[……]我当然知道,在我们的关系中,没有任何一种精神上感情脆弱的溺爱,而是一种严酷、尖锐、紧张的关系,其核心部分是致命的严肃。[……]我们两人像是战壕里的士兵,是鲁莽而悲剧的。"[42]他还再次告诫米沃什:"你在抠刮什么样的文学故事啊,敬畏上帝吧,[……]没有什么比把文学艺术当作生产或制度来对待更违背文学艺术的了,这样会杀死文学艺术。"[43]但他也带着友好的关切建议道:"很遗憾,你遭受如此严厉的打击。要注意身体,因为所有人都以为,精神和道德的理由最重要,然而实际上几乎总是相反的。"[44]最后一封信是由丽塔·贡布罗维奇用法语写的,维托尔德只能在信纸下面写道:"我在剧烈衰老。我问候你。维·贡。"[45]

贡布罗维奇的死讯,米沃什是在洛基山上一个营地里得知的[46],他睡在帐篷里,再一次听到了指示:"我梦到,我和他一起乘木筏航行,我(从身后)听到他的声音:'不要逆风。在风里直行。'我转过身,此时木筏前部开始下沉,但我已经知道,我要继续,然后我醒了过来。"他马上写道:"我钦佩他,与他在一起就像进入一座清晰透明的建筑。[……]与他相比,我是扭曲纠结的,而这些内心的扭曲和纠结,更多来自我意志之外的压抑。但在旺斯,我也一样,就我个人而言,他的榜样给了我希望,让我可以在我的土地上整顿秩序,就像他,真正的,'一位大领主'(un grand seigneur)。"(《从我的街道开始》,页429-430)

注释

[1] 摘自约瑟夫·查普斯基写给耶日·斯坦波夫斯基的信,1946年9月20日,收录于安杰伊·斯坦尼斯瓦夫·科瓦尔赤克,《盖德罗伊奇和〈文化〉社》(弗罗茨瓦夫,2000),页108。

[2] 摘自耶日·盖德罗伊奇写给切斯瓦夫·米沃什的信,1953年4月9日,收录于耶日·盖德罗伊奇、切斯瓦夫·米沃什,《书信集:1952–1963》,页110。

[3] 关于《被禁锢的头脑》的作者与《文化》社编辑的关系研究,参马莱克·科尔纳特,《文学和政治之间:耶日·盖德罗伊奇与切斯瓦夫·米沃什通信集(1952–2000)》,收录于耶日·盖德罗伊奇、切斯瓦夫·米沃什,《书信集1952–1963》。

[4] 耶日·盖德罗伊奇,《四手自传》,页175。

[5] 摘自切斯瓦夫·米沃什写给耶日·盖德罗伊奇的信,1952年3月20日,收录于耶日·盖德罗伊奇、切斯瓦夫·米沃什,《书信集:1952–1963》,页69-70。

[6] 摘自耶日·盖德罗伊奇写给安杰伊·博布科夫斯基的信,1953年6月20日,收录于耶日·盖德罗伊奇、安杰伊·博布科夫斯基,《书信集:1946–1961》,页238。

[7] 摘自耶日·盖德罗伊奇写给斯坦尼斯瓦夫·文森兹的信,1954年3月27日。(文学院档案室)

[8] 《文化》,1955年第3期。

[9] 摘自切斯瓦夫·米沃什写给耶日·盖德罗伊奇的信,1952年,无确切日期,收录于耶日·盖德罗伊奇、切斯瓦夫·米沃什,《书信集:1952–1963》,

页 71。

[10] 摘自耶日·盖德罗伊奇写给切斯瓦夫·米沃什的信,1960 年 12 月 8 日,收录于耶日·盖德罗伊奇、切斯瓦夫·米沃什,《书信集:1952-1963》,页 467。

[11] 摘自切斯瓦夫·米沃什写给耶日·盖德罗伊奇的信,1954 年 6 月,收录于耶日·盖德罗伊奇、切斯瓦夫·米沃什,《书信集:1952-1963》,页 174。

[12] 摘自切斯瓦夫·米沃什写给耶日·盖德罗伊奇的信,1958 年 11 月,收录于耶日·盖德罗伊奇、切斯瓦夫·米沃什,《书信集:1952-1963》,页 314。此外,1959 年 3 月 28 日米沃什在给默顿的信中坦诚了自己对俄罗斯的看法,说明此事还有更深一层的内涵:"我不信任俄国人,就算他们谈论的是自己。[……]尽管我可能不知道我对鲍里斯·帕斯捷尔纳克的人文素养有多么钦佩,但他的《日瓦戈医生》中,有些东西让我相信不起来。[……]被钉在十字架上的俄罗斯就像人性的救世主一般,像被选中要历尽磨难去开拓一条通往真正基督教教义的民族,这成了陀思妥耶夫斯基历史哲学观的一部分,也出现在很多其他作家的文字中——同时,以谨慎的模式,出现在帕斯捷尔纳克的书里。但集体的肉身、人类社会本身并不能成为救世主。对通过集体受难获得集体无罪的想象,只是想象而已,在实践中将导致纵容暴虐。[……]民族不应该受难深重。应该时不时出现一些拉伯雷式的作品或者像塞万提斯那样讲述我们的不济时运。如果受难太多,会陷入万物皆有罪的梦魇,在虚幻的赎罪感中迷失自己,也因此,有人会去警察局告发自己最好的朋友。"摘自托马斯·默顿、切斯瓦夫·米沃什,《通信集》,页 28-31。

[13] 摘自尤留什·米耶罗舍夫斯基写给耶日·盖德罗伊奇的信,1955 年 11 月 8 日,收录于耶日·盖德罗伊奇、尤留什·米耶罗舍夫斯基,《书信集:1949-1956》,下册,页 181。后来瓦特将"另一面"的感觉明确总结下来:"真希望盖德罗伊奇没那么蠢。要不就是他精神错乱了。要不就是太固执。狂妄自大!尽管我从来没加入过小集团[……],但以我们的条件,我们应该组成一个小圈子:你,科特,约瑟夫,兹比格涅夫,安东尼[……]。也就是说:人人为我,我为

人人!"摘自亚历山大·瓦特写给切斯瓦夫·米沃什的信,1966 年 2 月 8 日,收录于亚历山大·瓦特,《书信集》,上册,页 430。

[14] 摘自切斯瓦夫·米沃什写给耶日·盖德罗伊奇的信,1961 年 5 月 16 日,收录于耶日·盖德罗伊奇、切斯瓦夫·米沃什,《书信集: 1952-1963》,页 500。

[15] 摘自切斯瓦夫·米沃什写给耶日·盖德罗伊奇的信,1964 年 10 月 23 日。(文学院档案室)

[16] 摘自切斯瓦夫·米沃什写给耶日·盖德罗伊奇的信,1968 年 6 月 10 日。(文学院档案室)

[17] 摘自《王子》一诗的手稿(写于 1968 年)。(拜内克图书馆)

[18] 另参:"要在波兰、在特雷布林卡所在国实施反犹主义,必须得先成为一群混蛋和白痴。"摘自切斯瓦夫·米沃什写给亨里克·格林伯格的信,1968 年 4 月 16 日,载《艺术季刊》,2005 年第 3 期。

[19] 摘自切斯瓦夫·米沃什写给约瑟夫·查普斯基的信,1967 年 4 月 6 日。(克拉科夫国家博物馆,迈松拉斐特的约瑟夫和玛丽亚·查普斯基档案,索引号: 2274)一个月后,盖德罗伊奇在写给米沃什的信中表达了自己关于"另一面"的看法:"放松我们的合作并非出于我的本意。我没有向你强加任何政治主张,也没有试图利用你的名号。如果我要和你提起政治事件的话,那些事件——我认为——一定事关原则问题,而不是去谈政治把戏。不可能发生,我拒绝你刊登文章的情况。说我只关心政治,说《文化》应该改名,都是老套的说法。看一看我们的出版目录或者《文化》年鉴就足以说明一切。"(1967 年 5 月 4 日信,文学院档案室)

[20] 取自 1984 年约瑟夫·查普斯基的话,收录于维托尔德·贡布罗维奇,《贡布罗维奇在欧洲》,页 57。

[21] 摘自尤留什·米耶罗舍夫斯基写给耶日·盖德罗伊奇的信,1953 年 1 月19 日,收录于耶日·盖德罗伊奇、尤留什·米耶罗舍夫斯基,《书信集: 1949-1956》,上册,页 254。

［22］摘自维托尔德·贡布罗维奇写给耶日·盖德罗伊奇的信，1951 年 8 月 9 日，收录于耶日·盖德罗伊奇、维托尔德·贡布罗维奇，《书信集：1950-1969》，页 32。

［23］摘自维托尔德·贡布罗维奇写给耶日·盖德罗伊奇的信，1953 年 5 月 11 日，收录于耶日·盖德罗伊奇、维托尔德·贡布罗维奇，《书信集：1950-1969》，页 79。

［24］摘自维托尔德·贡布罗维奇写给耶日·盖德罗伊奇的信，1954 年 6 月 28 日，耶日·盖德罗伊奇、维托尔德·贡布罗维奇，《书信集：1950-1969》，页 110。1956 年尤里安·普日博希在广播演讲中以让人流泪的浪漫主义谴责移民诗歌，他说："贡布罗维奇、米沃什这些讽刺性诗人，拉近了我们的距离，获得了国内的理解和同情。这个贡布罗维奇，在《横渡大西洋》中对想要赞赏波兰的部长说，别这样——'这是对我的羞辱'，将自己'对波兰的不满'完完全全地用奇妙又夸张的怪诞和嘲弄展现出来。米沃什，在自己的移民诗里没有抱怨也没有抨击，有的是冷嘲热讽、思考和质疑。"摘自尤里安·普日博希，《致移民的诗人和评论家》，收录于《诗行与噪音：概览》，卷二（克拉科夫，1959），页 153。

［25］摘自切斯瓦夫·米沃什写给维托尔德·贡布罗维奇的信，1969 年 1 月 17 日，收录于《切斯瓦夫·米沃什和维托尔德·贡布罗维奇的通信》，载《选文 II》，1992 年第 1-2 期。

［26］维托尔德·贡布罗维奇，《反对诗人》，载《文化》，1951 年第 10 期。

［27］值得一提的是，1961 年 11 月 25 日米沃什在给贡布罗维奇的信中写道："大量的分裂人格（应该是社会学属性里的）是我的天性特征，由此产生了我与查普斯基的地狱之战，但他无法领悟我的'辩证厌恶感'，因此我更喜欢他了。"摘自《切斯瓦夫·米沃什和维托尔德·贡布罗维奇的通信》，载《选文 II》，1992 年第 1-2 期。

［28］维托尔德·贡布罗维奇，《该死的小矮子又给我出难题（回复辩论诗）》，载《文化》，1952 年第 7-8 期。

［29］维托尔德·贡布罗维奇，《日记：1953-1958》，页 23-31。

[30] 同上，页 91-93。

[31] 同上，页 29。

[32] 切斯瓦夫·米沃什，《漂亮的嘲弄》，载《文化》，1953 年第 4 期。

[33] 参《乌尔罗地》，页 48。

[34] 摘自切斯瓦夫·米沃什写给兹比格涅夫·赫贝特的信，1967 年 4 月 7 日，收录于兹比格涅夫·赫贝特、切斯瓦夫·米沃什，《通信集》，页 71。

[35] 1967 年 8 月 6 日日记里谈及米沃什夫妇 5 月来访，收录于维托尔德·贡布罗维奇，《日记：1959-1969》，页 405。

[36] 摘自切斯瓦夫·米沃什和雅尼娜·米沃什写给阿涅拉·米钦斯卡和扬·乌拉托夫斯基的信，信是切斯瓦夫·米沃什写给阿涅拉·米钦斯卡和扬·乌拉托夫斯基的，1967 年 8 月 13 日。（移民档案，托伦哥白尼大学，扬·乌拉托夫斯基档案）

[37] 摘自切斯瓦夫·米沃什写给兹比格涅夫·赫贝特的信，1967 年 4 月 7 日，收录于兹比格涅夫·赫贝特、切斯瓦夫·米沃什，《通信集》，页 72。

[38] 摘自兹比格涅夫·赫贝特写给康斯坦蒂·亚历山大·耶伦斯基的信，1967 年 6 月 15 日，载《文学笔记本》，2004 年第 1 期。

[39] 摘自 1967 年 5 月 11 日兹比格涅夫·赫贝特写给切斯瓦夫·米沃什的信，兹比格涅夫·赫贝特、切斯瓦夫·米沃什，《通信集》，页 73。为理顺关系需要说明，赫贝特也认识贡布罗维奇，他对《宇宙》作者的写作评价让人联想起他对米沃什的意见："他是一位伟大的个人主义者。良好的品位和高傲的个性与国内低档小饭馆的调性完全不搭，他定不会与他们有任何合作。他的魅力就在于他把别人都当成傻瓜。我带着药去找他，但因为我没有读过《存在与虚无》，他很快就煞有介事地把我当成傻瓜。贡布罗维奇对哲学的认识多源于希伯来语。我和他的关系并不明朗，我认为，如果他不缺乏爱的话，他可能是一位无与伦比的作家。'爱能转动太阳和其他星星'。他在自己的天地里完美地耕耘着。但因为他的个人生活、他的经历很残酷，他把这些转化为世界画卷时，呈现出的是平滑、干巴巴、外科手术般的风格，语言也十分犀利。"摘自《一吐为快：

对话兹比格涅夫·赫贝特》,收录于雅采克·特日纳戴尔,《家的耻辱:与作家们的对话》,页214。

［40］摘自维托尔德·贡布罗维奇写给切斯瓦夫·米沃什的信,1967年8月16日。(克拉科夫切斯瓦夫·米沃什档案馆)

［41］摘自切斯瓦夫·米沃什写给兹比格涅夫·赫贝特的信,1967年5月23日,收录于兹比格涅夫·赫贝特、切斯瓦夫·米沃什,《通信集》,页74–75。

［42］维托尔德·贡布罗维奇,《日记:1953–1958》,页323–324。

［43］摘自维托尔德·贡布罗维奇写给切斯瓦夫·米沃什的信,1967年12月24日。(克拉科夫切斯瓦夫·米沃什档案馆)

［44］摘自维托尔德·贡布罗维奇写给切斯瓦夫·米沃什的信,1968年4月5日。(克拉科夫切斯瓦夫·米沃什档案馆)

［45］摘自丽塔·贡布罗维奇写给切斯瓦夫·米沃什的信,1969年5月28日。(拜内克图书馆)

［46］参切斯瓦夫·米沃什写给耶日·盖德罗伊奇的信,1969年7月、8月之交,无确切日期:"我往伯克利打电话时,偶然得知贡布罗维奇死了［……］。我坐在帐篷前写了这篇文章。我已经尽力写得清楚明白,如果你认为无法排版,那么请你们用机器人写作吧。［……］他的死真的对我冲击非常大。"(文学院档案室)

第六十一章 "亲爱的,我不能与你打招呼"

> 我们都犯了同样的罪:缺乏信仰。我
> 也一样,如他所想的那样,已经不会再有不
> 同。此时,这个国家已经越来越聪明和智
> 慧,不仅是经由我(因为这并不难),甚至是
> 经由超级聪明,聪明到自大的米沃什。
>
> 雅罗斯瓦夫·伊瓦什凯维奇
> 致康斯坦蒂·耶伦斯基(1957)

今天很难意识到,为了不苟同于斯大林主义、谎言,为了不向奴役投
降,米沃什付出了多么巨大的代价。我们记得他晚年的形象,那时他在
波兰格外受到尊崇。可是从一九五一年到获得诺贝尔奖期间,他只受到
非常狭窄的读者群欢迎,评论他的文章,常常一只手就数得过来。"让
我们最终明确地把这说清楚:《欧洲故土》没有一篇波兰文的评论,也没
有任何一篇关于西蒙娜·薇依《文选》的讨论,在《个人的职责》之后
[……]同样很长时间毫无反响,报纸和杂志上完全是一片沉寂。在国

内和国外,他到处打破周围的禁忌,并为之付出代价。在'适合被消费'之前,'可以在世界上扬波兰之名'。"[1]阿图尔·敏哲热茨基在一九八一年这样说过,想的首先是波兰人民共和国的审查制度,这阻断了米沃什在国内文学生活中的存在。[2]但作为海外移民也并没有好多少,"米沃什事件"和后来的《被禁锢的头脑》引起读者极大的兴趣,但到《白昼之光》反响就已经很小了。米沃什在三十年里,一直是一个必须面对自己,一个遭受了失败、等待被遗忘的作家。这一想法最为痛苦的是在六十年代,那时美国赋予他政治学家和大学讲师的角色,最好的情况发生在翻译兹比格涅夫·赫贝特的诗歌时。一九五六年之后,在法国,当波兰作家们出走到西方,经过短暂的"解冻"时期,他甚至有可能在国家和移民之间具有一定的影响。隐居缓和了各种私人的接触,"尽管有重重障碍,酒杯边的波兰语聊天,在布里-孔特-罗贝尔和蒙日龙还是得以进行,虽然伴随着扬卡无声的反对,而且可能还会对孩子们产生很坏的影响。因为对于听者,并不完全明白到底是有关什么的,这样的谈话听起来是荒谬的,而他们的语气有一种令人毛骨悚然的影子"。(《猎人的一年》,页35)托尼·米沃什曾想起一位黑天使,普特拉门特,他的灵魂出现在家里餐桌的上空,阻塞他父亲返回祖国的道路。[3]其实从小男孩们的角度看,他们出生在美国,正在法国学习和成长,波兰必定是个神秘的区域,标志物就是缭绕的香烟烟雾、叮当作响的酒杯和夜晚没完没了的讨论。于是扬卡特别愿意,尽管可能是过于简单判断,去除儿子们背上的波兰重担,想挽救他们,克服身份界定的困难。

虽然有些前来布里或蒙日龙的波兰客人[4]记得他们的到来并没有激起女主人的热情[5],但这样的来访还是不断发生。对于米沃什而言,连接与波兰国内的桥梁,不再仅仅是圣路易岛波兰图书馆里读到的报纸(在那里,他与埋头于手稿堆里的历史学家卢茨扬·克拉维茨①成为好

---

①　卢茨扬·克拉维茨(Lucjan Krawiec, 1906-1986),波兰历史学家,立陶宛大公国历史专家。

友,他曾经是维尔诺地下抵抗运动的英雄),以及从《文化》月刊杂志社借来的书籍。在国际笔会大会期间,也会有临时的聚会。或是,顺便提起,他和盖德罗伊奇一起参加的马佐夫舍歌舞团一九五四年在巴黎的音乐会。"十月事件"后,在巴黎出现了路过的安德热耶夫斯基、伊瓦什凯维奇、米奇勒斯基、基谢莱夫斯基、桑达乌尔和伊莱娜·斯瓦文斯卡等人。有时还会发生这样的事,"一辆载有六十名波兰评论家的大巴从圣日耳曼大道经过,去参加阿维尼翁戏剧节。车窗上露出许多熟悉的面孔,向坐在老海军咖啡馆露台上的波兰人群挥手,咖啡馆的波兰人由来自华沙、克拉科夫、洛杉矶、纽约、伦敦等地的波兰裔居民组成"。[6]在他们的记忆中,可以认出五十年代末米沃什形象的细节。

一九五七年秋天,米奇斯瓦夫·雅斯特伦遇到了"一位精钢般冷酷而锐利的智者。与国内的任何作家都完全不同。在他蓝色的目光中,没有那种顾虑,我们那种晦涩的'太过意味深长的眼睛'"。[7]耶日·扎威依斯基和诗人一起去了蒙莫朗西墓地,后来他在日记中写道:"从诺维德的墓上,米沃什为我摘了朵野玫瑰和一些草。我要珍藏到我生命的尽头。"[8]他们俩就波兰教会及其民族主义倾向进行了长时间的讨论,与过去一样,他喜欢"观点严厉地谈论人们",但扎威依斯基添加了意味深长的说法:"我们没有触及任何有关他转变信仰的问题。[……]我一直在观察[……],他是不是在宗教生活的影响下改变的,怎么改的呢?"[9]可惜,不知道米沃什是否信任扎威依斯基,有没有告知他自己生活中宗教转变的详细原因。是否作家本人做过什么解释?这看起来与他通常在这些事情上的谨慎态度是相违背的。是否转变的边界标志是天主教婚礼(对此他肯定是没有宣布过的)?也可能,从分散在他那些信里可参照的信息当中可读出的,他周围出现了一位牧师?是否有可能,比如,当时进行了某种单独的退修会,与

"精神守护者"见面？毫无疑问，在这些年和接下来的岁月当中，他对宗教思想非常有兴趣，他向奈拉·米钦斯卡解释说："唯一的领域，在其中真正可用的，是神学。[……]没有神学，诗人还可以做什么？"[10]他读了西蒙娜·薇依，也读了马丁·布伯[11]，他加深了犹太哈西德教派的功德，同时说服来访《文化》月刊的阿道夫·鲁德尼茨基①，催促他描写波兰犹太人的神秘主义世界。[12]

一九五七年九月，雅努什·奥德罗旺日-别尼昂择克②来到蒙日龙，他后来长期担任文学博物馆馆长，他讲述的自己朋友圈子的故事使诗人十分兴奋，他提到了安杰伊·别尔纳茨基③、兹齐斯瓦夫·纳伊戴尔④、兹比格涅夫·赫贝特和莱奥波德·提尔曼德⑤。而且在他们当中，诗人的作品并非完全陌生，《道德论》被抄写在卫生纸上，争相传看。米沃什读了诗，也渴望听到来自华沙的各种传言，于是别尼昂择克来访的时间延长了，客人就在沙发上过夜[13]，盖着主人的皮袄。然而，第二天，扬卡打断了他们的交谈，戏剧化地问道："切斯瓦夫，你不去工作吗？"诗人于是退回到书房。[14]同样，在别尼昂择克以后的来访中，他还记得扬卡作为妻子让丈夫严守纪律的情景，而米沃什要么在花园里给花坛浇水，要么坐在办公室里，墙上挂着立陶宛大公国地图，他手里拿着烟斗和弗吉尼亚烟丝，强调自己无法习惯被"切割"的波兰。别尼昂择克将作家介绍到波兰留学生团体在老海军咖啡馆的聚会上，安杰伊·瓦特、奥尔

---

① 阿道夫·鲁德尼茨基（Adolf Rudnicki, 1912-1990），波兰小说家、散文家，以描写纳粹占领波兰的大屠杀而闻名。

② 雅努什·奥德罗旺日-别尼昂择克（Janusz Jacek Odrowąż-Pieniążek, 1931-2015），波兰文学史家、作家、博物馆学家。

③ 安杰伊·别尔纳茨基（Andrzej Biernacki, 1903-1963），波兰著名医生。

④ 兹齐斯瓦夫·纳伊戴尔（Zdzisław Najder, 1930-2021），波兰文学史家、文学批评家，约瑟夫·康拉德研究权威，政治活动家，自由欧洲电台波兰语部主任，瓦文萨的顾问。

⑤ 莱奥波德·提尔曼德（Leopold Tyrmand, 1920-1985），波兰作家、小说家、编辑，著有《日记：1954》《白目之人》《卢库鲁斯巧克力的苦》《七次远行》等。

加·舍雷尔①、莱本斯坦②或赫贝特都来过这里。一九五八年,米沃什去**仆人间**拜访后者时,一头栽在地上,《光之弦》③的作者以条件反射般的身手扶起他,承认"这真不是个适合高个子诗人的屋子"……[15]

一九六〇年春天,拉斐特接待了玛丽亚·东布罗夫斯卡[16]和安娜·科瓦尔斯卡,她们记录了米沃什的忏悔:"我爱人民波兰。但是在波兰,我会为他们做的蠢事而生气。当时没人明白我想要什么。女士请您告诉我,我能有什么用?"[17]此外,在这几年里,诗人曾不止一次考虑回到这个激起他强烈情感的人民波兰。斯大林死后,特别是"十月事件"之后,一九五七年和一九五八年之交,体制再次僵化的进程之前,当局对海外移民采取了新的战略,国内知识分子大声疾呼要求在国家的广播频道上召回他们,并且向部分召回的人提供获得官职或出版作品的机会。一九五五年,耶日·斯坦波夫斯基在描述这种试图与移民作家调情的行为时,强调了米沃什的重要性:"从移民当中夺走米沃什[……]要比图维姆的回归更有分量。我因此估计,他们不会忽视这个目标的。"[18]盖德罗伊奇与斯坦波夫斯基分担了他的担忧:"米沃什是软蛋,总有'背叛'情结。我现在极不看好他。[……]如果他错过'安全地'通向国内读者的可能,我们无法阻止他。"[19]主编的意见也许太肤浅了,尽管意见中指出了诗人仍在背负的情结,而米沃什当时寄给他的一封信——毫无疑问的真实性,但有一丝疏远的感觉——则提供了额外的背景信息:"我在您的杂志印了四年多了,越来越经常遇到一种意见,说刊物计划一定不会在没有我参与的情况下制定。可实际情况是怎样的呢?首先,我不属于文化组。其次,我对材料的选择没有影响。第三,每期的

552

① 奥尔加·舍雷尔(Olga Scherer, 1927-2001),波兰作家、文学学者和翻译家,著有小说《节日快乐》《瘟疫时期》等。

② 扬·莱本斯坦(Jan Lebenstein, 1930-1999),波兰画家。其生平被拍摄为电影《孤独者日记》。

③ 赫贝特在1956年出版的诗集。

内容对我来说都是相同的意外惊喜，如同另一个大陆的订户，尽管《文化》月刊的位置与我所在的巴黎郊区之间的距离只有四十千米，这种情况非常适合我。我与您合作，如您所知，是按照客人规则，不能去影响编辑政策。[……]为此活着，我认为，努力去让我们脸上的皮肤从石膏面颊和鼻子下面显露出来。我担心，对我在《文化》月刊中角色卑微的事实保持沉默，我就是为一个石膏鼻子工作，谁知道，也许是很漂亮的鼻子，却不是我的。"[20]

　　一九五七年初，出书的提议出现了。国家出版局在伊莱娜·席曼斯卡的领导下，计划出版米沃什的全部作品，文学出版社想要至少出版《伊萨谷》和诗选，但由于"解冻期"太短，这些计划来不及实施，《伊萨谷》备好的文本，也从印刷厂撤回。[21]还有朋友与诗人联系，建议他回国，其中一些必定是作为非官方的使者出动的："例如，安杰伊·弗卢伯莱夫斯基，过去交往甚密的朋友。[……]我们进行了好几个小时的长谈，但我不打算返回。"（《波兰对话：1999-2004》，页 552）他都是什么动机呢？当然，有扬卡的抗拒，还有他自己对波兰政治局势和人身安全的担忧。他在信中向望科维奇透露说，他对自己所受的伤害记忆犹新："波兰人几乎差点就要把我的头皮给割了。[……]我得提防这个危险的国家。"[22]他怀疑波兰政权及其对苏联的归属只会加强，如他认为的那样，波兰人天生就有民族主义倾向："所谓的'资产阶级民族主义'，不会削弱，而是会增强，客观地看待这些，整个结构和版块，还有苏联，因此相当脆弱。[……]我很难在波兰生活，因为国家民主党人的大规模改造。"[23]最终，他意识到，这个国家必须同意作出大规模的深刻妥协，在此之前，阻止他的是那种"不能让自己变成猪的本能"，对此，盖德罗伊奇观察到了，并赞赏他这一点。[24]

　　"你被许多事情侵扰，可你仍保持了脸面，这才是最重要的。你不在这里更好。"一九五七年，米沃什写信给耶日·安德热耶夫斯基[25]，好像证实了他所有的疑虑。几年之后，他们的友谊又恢复了，主编也注意到了，指出"诗人对自己的友谊非常忠诚"[26]，米沃什经常为《灰烬与钻石》的作者辩护，并询问他们从波兰前来的情况[27]。安德热耶夫斯基并没有因为自己在《被禁锢的头脑》中的形象而生气，相反，他承认这是公正的，而且这也促成了他的转变。[28]于是，在一九五九年十一月到一九六〇年四月，当他因获得福特基金会奖学金来到巴黎时，他们的关系很融洽，在一起度过了很多时光。一起在拉丁区的街上漫步，看艺术展，看《灰烬与钻石》的电影放映，诗人认为电影比原书诚实得多。[29]当然啦，时不时地也会喝醉，对男人们来说这仍是不确定的时刻，而米沃什注意到，"快到五十岁时，我感觉到有喝酒和说话的冲动，这正是关键的年龄"。诗人向自己朋友朗诵了美丽的《民谣》[30]，邀请他过圣诞节，由博莱斯瓦夫·博赫维茨陪同，圣诞夜他们一起玩得很开心。安德热耶夫斯基将十二月二十四日之夜写了下来，"那是家常的，随意的，亲密的"，"他们的孩子非常完美，异常漂亮和聪明。大的托尼沉浸在音乐中"，"晚餐后，切斯瓦夫唱起了我们波兰的圣诞歌，眼中含着热泪"。[31]不过，他也注意到，扬卡"被家务所累"，而且——也许是一种孤独和敏感的表象——米沃什夫妇过于以自我为中心："扬卡和米沃什，是我唯一可以坦露心声的对象，但他们却滔滔不绝地讲自己的事，特别是被束缚在**女佣**角色里的扬卡，于是，在与他们的关系中，我竟无半点地位。"[32]

从今天的视角看，这次见面最有意思的是两位作家在价值观层面上的根本区别。米沃什倾向于社会和政治方面的表达，最重要的在于重大的思想和基础根基上的提问，他不情愿地发现，安德热耶夫斯基对此没有积极分享什么激情。诗人在写给默顿的信中，描述了一个间接而具体的形象，一个不玩弄思想却对思想极其认真的人的形象。诗人断言："最可怕的也许不是我们所经历的变化，而是缺乏变化。我们在时间尺度上的,我们自然本性的一致性,我们的命运(生物学、遗传学是我真正的恐惧)。也许他只是在把玩,把玩天主教[……]其结果是,现在他已经抛弃了党,出现了只在个人关系和个人忠诚上的空虚和信念","他很脆弱、很软弱,只对自己的私人生活感兴趣[……],而且过去一直都是这样,**基本上**,政治立场对他而言从来都是不重要的。我批评他,说他把婴儿随着洗澡水一起倒掉,因为他在失去信仰的同时,只体现出彻底的怀疑主义。他表示同意"。[33]徽章的另外一面,当然同样正确,看起来是这样的:"在这个问题上与切斯瓦夫的争议在于[……],我批评了他曾经批评我的东西:高高在上的判断和价值评估的轻率,现在角色颠倒过来了,我说:我最在意的是我的皮肤,我生病的耳朵,还有我的鼻子太长了,但他,已不再谈论世界,翻来覆去地说些曲高和寡的车轱辘话,就好像某人真的拥有特别的权利,可以评判他人是非。"[34]这里我们谈的是巨大的智识潜力的情况,遗憾的是,两位作家之间的争端没有得到解决,占据通信的第二部分并没有出现。另一方面,这段时间与米沃什进行讨论的唯一伙伴,是贡布罗维奇,《救赎》的作者意识到了这一点。米沃什在与阿尔法的关系中,有着优越感,他同样幸福地发现,自己同样具备用爱去拥抱朋友的能力,这超越了两人之间的差异:"在我软弱和脆弱的时候,这些接触给了我兄弟情谊般的感受,尽管起初我倾向于想要进行说教"……[35]

对米沃什来说,面对自己年轻时的老师雅罗斯瓦夫·伊瓦什凯维奇,更难找到这种兄弟般的爱,后者就在不久前还说:"米沃什? 请谁向我解释, / 为什么我的心跳会停止, / 当我只要听到他的诗。 / 为什么立刻就响起铜的音调, / 像是阿图尔①家的钢琴? / 为什么此时我感

---

① 指阿图尔·鲁宾斯坦(Artur Rubinstein, 1887-1982),波兰最伟大的钢琴大师之一。

到,我还活着? / 而生命不是死亡"……[36]尽管伊瓦什凯维奇在波兰针对米沃什的仇视运动中并没有扮演最露骨的角色,但也很难说不是最厌恶他"出逃"的人。所有档案记录显示,他并没有接受当局所要求他表达的姿态,但相信了宣传的谎言。在他的朋友出逃几天后,他在给妻子的信中写道:"你听说了吗,我们对切希的预测应验了,甚至是太快了!我认为这是最恶心的事情,怎么可以给自己存好几年的美元(这是那可怜的矿工挖煤挖出来的!),然后以怯懦和没良心的方式,逃避我们都应该参与的事情。"[37]关键词是"逃避参与",这句话或许包含了部分无意识的信念,即被卷入一个戏剧性局面,并没有任何选择余地,谁要是将自己排除在游戏之外,就会成为其他所有人的叛徒。可是伊瓦什凯维奇的情感要复杂,他们话是致"N. N."的,写在一九五四年《三首一月组诗》中的一段,是受"米沃什事件"启发的最有意思的作品之一:

555

> 我嫉妒你,你住在巴黎,
> 你行走的街道,我已经放弃,
> 最后一本关于阿西斯城圣人的书
> 是你在我过去的老友,那神圣的朋友当中诵读。
>
> 我嫉妒你,你将本地的尘土从脚下抖去,
> 从未被开垦的土地,从维尔诺的灌木丛中脱离,
> 你站在众生之上,圣徒卡西安的纯洁,
> 带给了莱茵河七城的争议。
>
> [……]
>
> 你嫉妒我,会这样地老旧

> 我的孙子,在松树下诵读密茨凯维奇,
> 一株普通的松树,马佐夫舍松树,
> 精彩的效果,在这里无人在意。
>
> 你嫉妒我,在电车上拥挤。
> 和工人和妇女,东拉西扯
> 他们百般地发誓,述说着不易,
> 我点点头,可我们是主人!
>
> 你一定嫉妒,在我的床铺
> 我每次醒来,都天将破晓,
> 我偷听,公鸡打鸣,
> 我哭了三回,因为公鸡唱了三次。
>
> 我为那些悲伤的,那些无助的人哭泣,
> 为那些正孤独的,狂风撕扯着的,
> 为那些被遗忘的,和那些健忘的,
> 我哭泣,为自己,也为了你。[38]

这当中的感觉、信念以及言语的层次是多么复杂。真正的嫉妒对象是,身在如此靠近《重返欧洲》①作者心目中的文化摇篮中的人,是伊瓦什凯维奇想象当中,给那里带去了法国高蹈派诗人的生活方式,从波兰人的艰难命运中解放出来的人。米沃什的思维,他的天赋,具有复杂性,不仅呈现出了荷马式的特点,而且似乎只有(或者说"直到出现")内心

556

---

① 伊瓦什凯维奇1931年出版的作品。

的法则、情感、同情的需要、更高的真理才能与之抗衡:最终,正如我们所记得的,圣徒约翰·卡西安,他害怕弄脏他的长袍,没有帮助农民把车从泥泞中拉出来,因此他是不及圣徒尼古拉重要的圣徒,圣徒尼古拉虽然浑身泥泞,但他给予了帮助。这与完全老套定型的形象是一致的,比如一个在马佐夫舍松树下读书的男孩,读的就算是《塔杜施先生》吧,还有那些与祖国的主人"人民"扯淡的人。结尾同样也是非同寻常的,清晨被所听到的声音叫醒的人,就像是圣彼得不认耶稣一样,公鸡的叫声揭示故乡如同监狱,躺在里面的床铺上,唯一的价值是人们之间的柔情,共同的苦难,兄弟情谊的眼泪……

我们可以嘲讽说,那是个相当舒适的铺位,而伊瓦什凯维奇也可以经常离开他的牢房。一九五五年他做客巴黎,出席此前提到的国际戏剧节,其中上演的《诺昂之夏》被证明是如此薄弱,以至于正如盖德罗伊奇向斯坦波夫斯基所报道的,"观众在第一幕结束之后就开始大批离开剧院演出大厅"。[39] 而坚持到最后的观众,是为了在剧院休息厅见到莎拉·伯恩哈特,尽管米沃什刚刚在那儿与加耶夫斯基大使互致问候,但是吓坏了的这部戏剧的作者,他从诗人身边走过,却只是从肩后甩来一句:"亲爱的,我不能与你打招呼。"(《猎人的一年》,页 194)他害怕?实际上,他仍在怪罪米沃什,他拒绝的不仅是打招呼,还有握手,后来他在日记中清晰地记录:

> 我的"错误"和米沃什的错误,涉及的内容是一样的:对国家没有足够的信心。也没有足够信心认定国家可以证明其本身是明智的,并且自己本身可以摆脱那些看似必要的邪恶。我真的以为,否则就不可能,贝鲁特(总书记)选择了唯一正确的道路(曾经某种程度上是的),而且有必要通过某些让步,收买在其他道路上可以获得收益的人。[……]我和米沃什,都缺少革命性。[……]当然,我

和米沃什都必须为那些错误付出代价。他的付出是非常痛苦的,我的付出当然要少,因为我的非信仰导致的只是些微小的污点,而不是根本上的背叛。[……]但说实话,我没有理由,在巴黎不向他伸出手。相反,我应该伸手给他,就像同志对同志那样。那时我们的信仰太小了,就像使徒一样,因此,我们的奖赏也将饱含痛苦。[40]

"我们的信仰太小了"!米沃什必须得有多少决心,才能从这错综复杂的情感和相互依赖中走出来!与伊瓦什凯维奇交谈,是在"背叛"事件九年之后才得以实现,还是在巴黎,但这次会面并不成功。《狄奥尼西亚》的作者给米沃什带来了他过去的手稿,米沃什到瑞典酒店来取,但轻视了这一善意的表示,冷淡而唐突,或是充满猜疑和担心,甚至是在给过去老朋友自己地址的时候:

我眼里含着泪水,拥抱他。但他的反应很冷淡。[……]我对他说,我为自己当初的举动道歉,那时没有和他握手。但实际上,我和他都犯了同样的错误,不信任自己的国家。他强烈抗议,说他完全理解我的行为,说我无法捍卫自己的个性,说我总是在人群的压力下行动。[……]我询问他的住所是不是他自己的,等等。他没有明确告诉我任何具体事情,最有意思的是,他甚至一次都没说出他所住地方的名字,也根本没有说到地址,哪怕电话号码也没有说。[……]我一直仔细观察他,直到现在,我才注意到他所发生的根本变化,首先是基本变化:从非常亲切的一个小伙子和男人,变成了一个令人反感的生物。他整个人都散发着某种傲慢和虚伪,极不可爱。他那双曾经美丽的眼睛,我过去常常深深地看过,如今总是以一种令人极不愉快的方式避开我的视线,四处游走。[……]他讲话的语气同样令人不快,非常霸道而自负。[41]

伊瓦什凯维奇同样为米沃什表现出来的轻视国内文学的态度而感到痛心,他深信,这位原先的能工巧匠对自己的创作有着最高层次的宽容:"然后我们谈了书,关于我的小说《腾飞》。他说,他写了关于《坠落》和《腾飞》的完整论文,但没有发表。[……]我看到,他认为《腾飞》是太原始的东西。"但事实更为复杂。虽然就在一个月前,米沃什在《文化》月刊上发表了一篇随笔《被延后的进程》,他在文中提出,要从认为有价值的波兰语文学只能在祖国产生这种观念中解放出来,提出国内-移民"双轨"的必要性,并毫不留情地指出祖国产品的全部弱点,基本的例外当中,包括鲁哲维奇,在更广范围里:波兰诗歌,"在现代艺术中与英格玛·伯格曼的电影同属于一个家族"[42],按照他的评价,伊瓦什凯维奇的小说完全不适合"原始主义"的指控准则。他甚至写道:"按照其暴力性和特异性,《腾飞》比《坠落》好[……]。波兰语文学的基本论点是痛苦的、启发性的,能让我们理解更多。[……]真正的不幸,不是道德上的痛苦,而是身体所受的不幸,是到众生、神秘性和救赎的深处。"他没打算发表这篇文章,很可惜,因为他已经触及个体与群体之间的对立,以人类个体存在的西方与绝对集体的祖国波兰之间的对立:"黑色波兰文学中的英雄们将罪恶抛到自身之外,落在集体存在的命运之上。她,这位老'波兰女烈士',为他们忍受痛苦,净化自己。[……]保护他们远离全部伟大而不幸的大地景象,远离寂静的天空,远离自由,其尽头就是审判。"[43]

558

一九五九年秋天,在酒店的房间里,伊瓦什凯维奇刚刚见到了那个人,他已经不是以前那个漂亮的小伙子,而是年龄渐大的男人。他积聚了太多的痛苦,可能不得不长久地自我保护,才不会让这痛苦在自己身上留下深深痕迹,伊瓦什凯维奇遗憾地写道:"我曾想,我要与一个陌生人谈话,我对他已经一无所知。[……]现在我想,我们再也不会见面了。"[44]然而,还是有某些障碍打开了,和解开始了,几个月后,米沃什从海德堡寄了一张卡片到斯塔维斯科庄园,上面是内卡河上的俯瞰图,以及暗含收件人的诗句:"'那些浪漫的山峦 / 已经燃起了诗的火焰'衷心的问候,切斯瓦夫。"[45]不久之后,他收到回复:"我有时特别想念与你的交谈,甚至假如你的表现就像上次在巴黎一样。我知道,我的才智和天赋远不及你,但正因如此,我喜欢与你交谈,这样会丰富我。[……]作为朋友,我非常爱你。"[46]后来,还有一九六七年在巴黎的见面,晚了十年献给寄往波兰的《诗歌作品》:"致雅罗斯瓦夫,为'我们的伟大转晴'",伊瓦什凯维奇感人至深的诗《老诗人》是出版于一九七七年的《天气图》中的一首,当中有着反复的回忆"是切斯瓦夫[……],年少的如同那时 / 他刚从维尔诺到来",他带着临死前的悲伤,对妻子说出这几句话:"我们将在宇宙里 / 像这两只死了的苍蝇 / 像这两只咽了气的狗 / 像这两个虚无 / 他们也曾爱过 / 也曾想理解。"[47]还有一封一九七九年米沃什的来信:"我想对你说,在巴黎电影院里看的《威克的女孩》让我多么感动,也是因为你的照片,你这个非常老的男人。正像赞美诗的作者所说,人类生命的标尺是六十岁,'以八十岁的力量',在衰老中我们是平等的。"[48]最终,米沃什将他极具特色的论战呈现在二○○○年出版的诗中:

即便是事实

> 曾经,是我们人类的梦
> 仅留存,巨大而虚无的笑声,
> 可我们是分离的虚无
> 就像无边的海滩上的块块黏液,
> 因而荣耀要属于勇敢者,
> 他们将抗争承担到最后
> 反抗死亡和枯萎的信念。

(《诗集 第五辑》,页125)

"赫贝特,我怕,他肯定有点像是小鲤鱼。(因为阿纳托尔·法朗士说过,诗人和鲤鱼有点共同之处,幸好不是你!)"[49]维托尔德·贡布罗维奇在一封写给米沃什的信中这样讽刺道,米沃什已经由过去伊瓦什凯维奇的学生,变成比他年轻十几岁的兹比格涅夫·赫贝特的导师。他们的相识归功于贝尔斯基一家,后者向米沃什推荐了自己导演的《哲学家的岩洞》和《第二个房间》的作者。贝尔斯基在一九五八年五月二十日写道:"这封信将由一位年轻诗人和前程无量的剧作家送交给您。"[50]两天后,由波兰文学家协会提供一百美元奖学金的《光之弦》的作者,与斯瓦沃米尔·莫罗哲克①和卢德维克·伏拉善②一起,坐上了从华沙开往巴黎火车,并在七月拜访了在蒙日龙的米沃什。

区分他们的远远不止年龄上超过十三岁的差别:赫贝特对第二共和国的评价更为积极,他以十来岁青少年的情感经历了占领时期,他否定战后的现实,他毫不妥协地拒绝参与当时的文学生活,这是他的人生经历中精彩的一页。尽管有这些差异,但他们相识的开端显然是理想的:"谢谢你们夫妇两位的盛情款待。我满载而归,心里装满了森林,满心欢喜地回到巴黎[……],我向女士您敬以奥地利式低低的鞠躬礼,和加里西亚式吻手礼"[51],承认有些不知所措的"年轻诗人",后来谈到与"原始人"的相遇,说后者在森林里"大步流星",自己在后面都跟不上[52]。米沃什写了回信,开头是"亲爱的同事",并邀请他再次来访。很快,邮递员把敬献米沃什的赫贝特自己最美丽的诗篇之一送来蒙日龙,作者在上面写着:"请接受'瑟伦·福廷布拉斯'③作为您的财产,我的意

① 斯瓦沃米尔·莫罗哲克(Sławomir Mrożek, 1930–2013),波兰著名剧作家、散文家、漫画家。

② 卢德维克·伏拉善(Ludwik Flaszen, 1930–2020),波兰著名戏剧和文学评论家、作家、翻译家、戏剧学家、导演。

③ 瑟伦·福廷布拉斯(Thren Fortinbras),莎士比亚戏剧中几乎不出场的角色,却是整剧情节的重要动因。

思是,我不仅要向您献上这份手稿,而且献上圣母受孕的神圣时刻。"[53]
第二年春天,米沃什邀请赫贝特到奥登附近的一家小餐馆去吃**普罗旺斯海鲜汤**,无法预测到历史的讽刺:十年后,他们再次一起晚餐时,正是吃的**普罗旺斯海鲜汤**,其后,赫贝特开始指责米沃什离国和背叛。

560　然而,在蒙日龙的会面后来成为他们多年友谊的开始。尤其是早期的通信充满了温情。"同事"的称呼被"亲爱的赫贝特"取代,后来又让位于"亲爱的兹比格涅夫",并被"温柔而有力"地亲吻。扬卡也慢慢与之亲密起来,写给赫贝特的信上称他为"小猫咪",并也接受类似的称呼。赫贝特索要他朋友的新照片,补充说:"[我的想念是]男人式的,就是说在你们房子后面的干柴烈火,想念你、烤鸡肉串以及我们一起在深夜的浪荡。"[54]还有在抑郁消沉的时刻呼唤帮助:"我在喝白葡萄酒,切斯瓦夫。你尽快出现,我就能倾诉了。我非常想念你。"[55]他们一起喝得最多的是赫贝特喜欢的博若莱葡萄酒,米沃什注意到了他这个年轻哥们儿令人不安的症状,小心地提醒他:"人可以不喝酒活着。我们俩谁都不该成为第二个布罗涅夫斯基。你要当心。"[56]"晚上喝红酒不能解决我们所有的内部问题"……[57]他还劝说这位新散文家去游览奥尔维耶托[58],后来他评说:"花园里的野蛮人,采用了非常好的战术行动。你刻画出你的领地,坐上宝座,守护着边界,"而且颇有意味地补充道,"以我的口味,我太礼敬艺术了。"[59]最终,他以这种方式帮助赫贝特开始了他的国际事业,把他的诗翻译成英语,努力帮他发表,比如在著名的《文汇》月刊。

对赫贝特来说,米沃什同样是一位诗歌的榜样。一九五四年,米沃什在《欧洲之子》的笔记上添加了对该诗的注解:"这不是我的,可惜。"[60]后来赫贝特还强调他像同时代的其他诗人一样在艺术上亏欠了米沃什:"你是个先驱者。一直困扰我的,是我在没有背景、后台和大师的情况下出演,我亏欠他们太多了。我觉得自己像个投机的江湖骗子。

在过去十年的所有诗歌中,只有三位诗人有机会流传下去:你,莱希米安和切霍维奇。"[61]虽然在记录中,米沃什的范围更宽广,但它们却交织着明显的艺术亲缘关系:厌恶以自我为中心的艺术,厌恶顾影自怜,追求清晰明快……关键点是围绕赫贝特的《课程研究班》的一次对话。诗人受到贝列维①绘画的启发,作品的开头是"最美的事物 / 是不存在的",记录了画布还原、净化,直到空白的过程,"白色的天堂 / 一切的可能",激起米沃什将辩论片段放进《迷人的独角兽》里,伟大艺术家的赞美,仍在不停地试图重现真实事物的存在,一棵具体的树,而非其观念:"我过去喜欢他,是因为他没有去找寻完美的事物。 / 当他听到,他们怎么说:'只有事物,不存在的, / 才是完美和纯洁的',他脸红了,转过头去。"(《诗集 第三辑》,页 11)十来年前,米沃什自己如此巧妙熟练地运用别人赞美的声音,在同事的诗作中却看不到类似方法,米沃什将其看作一首"亵渎诗",对此,赫贝特以一封绝妙的信做了回应,在信中称收件人为"殿下":

561

请原谅我,王子殿下,但我认为,殿下没有理解这篇《课程研究班》为题的作品。事实上,它完全不是与现存事物相对立的。对待信仰如同对待学者散文之物,其令人恶心的程度,对我来说和对王子而言是一样的。该诗描述了通过对立来寻求一次纯洁的心灵冒险。这是一首面具诗,殿下。我是在殿下学校,学到的这种形式,我很遗憾地说,王子想要确定抒情诗主人公的身份是作者本人。以殿下为例,我同样站在树木和鲸鱼的一边。在我自己的作品中,我特意加入了信仰的词汇,总是如此,尽管并不恰当。不是作为唯物主

---

① 亨利·贝列维(Henryk Berlewi, 1894-1967),波兰画家、版画家、光学艺术抽象艺术家、书籍设计师和艺术理论家。

义者,而是作为一个知道只有完全接受感官世界,才能达到认识存在的人。对我来说,希腊人充满潮湿阴影的死后的世界,就是法国人马拉美,王子将其正确地称为(我宁可用个俄语的)人渣。[62]

两位作家都确信,诗歌的主题不能仅像赫贝特所说的那样是"一个破碎的小灵魂 / 带着极度的自怜",正如他在看了波兰斯基的电影《冷血惊魂》后指出的那样,艺术必须"安慰或至少团结人民,而不是想出新的绝望和吓人的东西"。[63]当缺少诸如"慷慨无私、沉思能力、失去天堂的视野、勇气、善良、同情、某种绝望和幽默的混合体"这样的品质时,诗歌就变成了一种只涉及创作者本人的游戏。[64]于是在六十年代中期,他们决定创建一个由"反馈者"组成的认为"所有艺术皆为愚蠢行为"[65]的国际文学团体,进行滑稽表述。同时,无论是对于切斯瓦夫·米沃什,还是对于兹比格涅夫·赫贝特,诗歌将永远为最高赌注而战。感人的是赫贝特在《吹小号和弹齐特琴》①相关的诗歌讲座上所讲的话:"我哽咽着大声朗读。我的女主人已经习惯了我大声讲德语,她问我,我是否在祈祷。是的,我在用特殊方式祈祷……"[66]

注释

[1] 阿图尔·敏哲热茨基,《诗意的公正》,载《创造》,1981年第6期。

[2] 参:"国内审查机构已经将米沃什的作品划入禁止出版的名录,不可能与国内杂志社取得联系。而从境外捎带《文化》杂志又会被没收和封杀。二十五年里,这边的报刊上,还有主要在十月'解冻'时期,翻印出版过十几篇米沃什的作品——1956年12月末《权力的攫取》(三章)刊登于克拉科夫的《文学生活》(第52 / 53期);1957年上半年《普世周刊》(第1期)刊登了《爱情》和

---

① 米沃什1965年的诗歌作品。

《焦尔达诺·布鲁诺》(又名《鲜花广场》,第26期),什切青出版的《大地与海洋》周刊刊登了《诗论》的片段(第1期和第6期),奥尔什丁的《普世话语》周刊(第40期)的增刊《瓦尔米亚和马祖里之语》刊登了《你在大教堂的废墟上干什么》(又名《在华沙》)。随后几年,报刊上没有登过米沃什的作品。研究论文类别的内容偶有登发,如《剧场纪念》刊登的给埃德蒙德·维尔琴斯基和玛丽亚·维尔琴斯卡的信(1975年第3/4期),和《波兰人文文学年鉴》刊登的论文《斯威登堡和陀思妥耶夫斯基》(卢布林,1976年第1期;记在伊莱娜·斯瓦文斯卡名下)。米沃什的翻译作品中最有分量的十篇《大卫诗篇》连同翻译者的序言刊登在《创造》杂志上(1978年第12期)。同年华沙的《文化》杂志(5月2日,第19期)德国投降三十三周年纪念版上刊登了《他们落入了轻蔑的黑暗》一诗,同时一篇匿名的评论指出了该作品的美感,并提到,尽管诗作者没有回到国内,但他的创作定将在波兰诗歌经典中占据长久的地位。"摘自雅德维嘉·查霍夫斯卡,《引入》,收录于《切斯瓦夫·米沃什在巴黎文学研究院的出版物,传记》,阿达姆·什兰达克编(华沙,2007),页xi。

[3] 2015年8月14日在克拉科夫举行的米沃什九十年代故居的挂牌仪式上的讲话。

[4] 塔德乌什·贝尔斯基算得上是最早来看望米沃什夫妇的人。1956年波兰艺术家旅行团在法国游玩期间,他脱团几个小时去了布里-孔特-罗贝尔。取自本书作者与阿格涅什卡-贝尔斯卡-扎赤克和克日什托夫·贝尔斯基的对话,华沙,2005年12月。

[5] 米科瓦伊·别什查朵夫斯基回忆:"1957年我认识了(米沃什)[……]我还在他布里-孔特-罗贝尔的家里住过些时候[……]。他承认,当他'选择了自由'的时候非常地孤独,甚至无法与别人交流。他喜欢开玩笑,有针对性的那种,但他非常友善。他的妻子正相反,她不讨人喜欢,不漂亮,还可能比他老。"摘自尤安娜·谢德莱茨卡,《诗里来的先生:兹比格涅夫·赫贝特》,页242。尽管扬卡的情感非常敏感,但很多人都认为她刻意地与人保持距离,她不愿过多交谈,也不愿延长拜访时间,丈夫那边的朋友她完全接受的很少,如安德热耶夫

斯基和某段时期的赫贝特。

[6] 切斯瓦夫·米沃什,1959 年 7 月 16 日 BBC 专栏。(拜内克图书馆)

[7] 米奇斯瓦夫·雅斯特伦,《日记:1955-1981》,页 131。

[8] 1957 年 5 月 16 日日记,收录于《扎威依斯基谈米沃什》(日记片段),编辑:博古斯瓦夫·维特-维罗斯特凯维奇,载《诗歌》,1981 年第 5-6 期。编辑对这段日记评论说:"作家把米沃什从诺维德墓前割下来的花保存在办公桌上的盒子里,一生珍藏。他死后,他的朋友斯坦尼斯瓦夫·特兰巴奇凯维奇把这个盒子和其他藏品捐给了华沙亚当·密茨凯维奇文学博物馆。"

[9] 1958 年 9 月 17 日日记,收录于《扎威依斯基谈米沃什》(日记片段),载《诗歌》,1981 年第 5-6 期。另参:"扎威依斯基对我说,米沃什改宗换教了,据说他很久以前就已皈依天主教。"摘自米奇斯瓦夫·雅斯特伦,《日记:1955-1981》,页 276,1960 年 12 月 1 日日记。

[10] 摘自切斯瓦夫·米沃什和雅尼娜·米沃什写给阿涅拉·米钦斯卡和扬·乌拉托夫斯基的信,信是切斯瓦夫·米沃什写给阿涅拉·米钦斯卡和扬·乌拉托夫斯基的,1959 年 11 月 29 日。(移民档案,托伦哥白尼大学,扬·乌拉托夫斯基档案)

[11] "只有伟大的德国哲学家卡尔·雅斯贝尔斯能和布伯媲美。"听过布伯的讲座后,米沃什在 1957 年 1 月 8 日的 BBC 专栏中说道。(拜内克图书馆)

[12] 阿道夫·鲁德尼茨基,《蓝色卡片:巴比伦的叶子》(7),载《世界》,1957 年 4 月 21 日。

[13] 也许是从《文化》社借来的沙发床?

[14] 取自本书作者与雅努什·奥德罗旺日-别尼昂择克的对话,华沙,2004 年 12 月。

[15] 参尤安娜·谢德莱茨卡,《诗里来的先生:兹比格涅夫·赫贝特》,页 290。1958 年秋,米沃什去蒙日龙看望过耶日·图罗维奇。Chambre de bonne,法语,意为"仆人间"。

[16] "个别现象。所有移民者都让我们爱俄罗斯,盖德罗伊奇如此,耶伦斯

基如此,甚至米沃什也如此。但他们中没有一个从中得到唯一的那个结论:回到波兰传播这一理念。当我说出这个建议时,他们轻蔑地笑了笑,沉默不语。"摘自 1960 年 4 月 29 日日记,收录于玛丽亚·东布罗夫斯卡,《日记:1915-1965》,卷四,页 69。

[17] 1960 年 5 月 16 日日记,收录于安娜·科瓦尔斯卡,《日记:1927-1969》,页 348。玛丽亚·伊瓦什凯维奇以前也对米沃什有过类似的感觉:"我在邦迪家见到过米沃什,科特[耶伦斯基]带我去的那儿。他有些紧张,因为他不知道我会不会欢迎他,可我一眼就看出了他身上的'波兰'病,就和我们所有人一样,那种逃离和焦躁。科特完全不懂。"摘自玛丽亚·伊瓦什凯维奇写给父亲的信,1957 年 6 月 15 日,收录于雅罗斯瓦夫·伊瓦什凯维奇,《给女儿的信》,页 124。

[18] 摘自写给克里斯蒂娜·马莱克的信,1955 年 6 月 19 日,收录于耶日·斯坦波夫斯基,《伯尔尼地区来信》(伦敦,1974),页 106。

[19] 摘自耶日·盖德罗伊奇写给耶日·斯坦波夫斯基的信,1955 年 5 月 29 日,收录于耶日·盖德罗伊奇、耶日·斯坦波夫斯基,《书信集:1946-1969》,卷一,页 294。

[20] 切斯瓦夫·米沃什,《致编辑部的信》,载《文化》,1955 年第 6 期。

[21] 参文学出版社总编亨里克·福格勒写给切斯瓦夫·米沃什的信,1957 年 2 月 4 日。(拜内克图书馆)《出版者言》,见《伊萨谷》,页 303。

[22] 摘自切斯瓦夫·米沃什写给麦勒希奥尔·望科维奇的信,1957 年 6 月,收录于《"他们可获得我的小恩惠":切斯瓦夫·米沃什给约瑟夫·维特林的信》,载《选举报》,2001 年 6 月 30 日-7 月 1 日。

[23] 摘自切斯瓦夫·米沃什写给伏兰齐舍克·安采维奇的信,无确切日期,可能写于 1958 年 9 月、10 月间。收录于泽诺维乌什·波纳尔斯基,《朋友:伏兰齐舍克·安采维奇传记素描》,页 182。留在华沙的知识分子和作家对移民西方的看法亦值得参考。如,1960 年 6 月齐格蒙特·米奇勒斯基提到:"安德热耶夫斯基在旅居巴黎半年后回来了。说了几句话后我发现,他和我的感觉一致,

那就是'西方已经不是我们的西方了'。他在那边和切斯瓦夫·米沃什又亲近起来[……]。如果可能,米沃什也会回来。他们在那边已经不能说出什么关于俄罗斯和波兰的新东西了。移民的圣火熄灭了,每一位移民者都有此感。留在国外的诗人、散文家,无法脚踩自己的土地,就失去了灵感。"摘自齐格蒙特·米奇勒斯基,《日记:1960–1969》(华沙,2001),页48。

[24]"请您相信我,我为米沃什着迷,无法自拔,他有自己的缺点,很大的缺点,还有脑子里的弯弯绕,但他身上最具有价值的,是本能,他的本能并非让他愚蠢,而会弥补他的性格缺陷。"摘自耶日·盖德罗伊奇写给安杰伊·博布科夫斯基的信,1956 年 2 月 9 日,收录于耶日·盖德罗伊奇、安杰伊·博布科夫斯基,《书信集:1946–1961》,页 334。

[25] 摘自耶日·安德热耶夫斯基写给切斯瓦夫·米沃什的信,1957 年 10 月18 日。(拜内克图书馆)

[26] 耶日·盖德罗伊奇,《四手自传》,页 176。

[27] 1956 年 7 月 23 日扎威依斯基指出,米沃什打听过安德热耶夫斯基,"很显然他唯一关心的国内作家是——安德热耶夫斯基"。摘自《扎威依斯基谈米沃什》(日记片段),载《诗歌》,1981 年第 5–6 期。

[28] 参:"耶日·安德热耶夫斯基在巴黎时经常来我们家。他认为我对他的评价很公正。"摘自切斯瓦夫·米沃什写给斯坦尼斯瓦夫·文森兹的信,1960 年 3 月 20 日。(克拉科夫切斯瓦夫·米沃什档案馆)另参:"他完全变了。不再记恨。相反,我们又成了朋友。"摘自切斯瓦夫·米沃什写给托马斯·默顿的信,1959 年 1 月 17 日,收录于托马斯·默顿、切斯瓦夫·米沃什,《通信集》,页 13。

[29] 参切斯瓦夫·米沃什写给托马斯·默顿的信,1960 年 2 月 28 日,收录于托马斯·默顿、切斯瓦夫·米沃什,《通信集》,页 63。

[30] 难道这首诗的落款时间——1958 年有误? 他第一次在《文化》杂志发表的文章,刊登于 1960 年第 6 期。

[31] 另参:"彼得这个小猴子一直待在我家房间里,他坐在书架的最高处,

而她,看上去一点儿也不显老,也许有点灰头土脸,但对她来说不算什么。你看,那是多久以前的事了,在蒙日龙时到你家过平安夜吧,也许还要早,因为那是1959 年,算算吧——十八年前了。我们那时候大概几岁?"摘自耶日·安德热耶夫斯基写给切斯瓦夫·米沃什的信,1977 年 9 月 6 日。(拜内克图书馆)

[32] 耶日·安德热耶夫斯基,《巴黎日记》(上),载《艺术季刊》,2000 年第 1 期。femme de ménage,法语,意为"女佣"。

[33] 摘自切斯瓦夫·米沃什写给托马斯·默顿的信,1960 年 2 月 28 日,7 月 8 日,收录于托马斯·默顿、切斯瓦夫·米沃什,《通信集》,页 63、76。Au fond,法语,意为"基本上"。

[34] 耶日·安德热耶夫斯基,《巴黎日记》(下),载《艺术季刊》,2000 年第 2 期。

[35] 摘自切斯瓦夫·米沃什写给托马斯·默顿的信,1960 年 7 月 8 日,收录于托马斯·默顿、切斯瓦夫·米沃什,《通信集》,页 76。

[36] 雅罗斯瓦夫·伊瓦什凯维奇,"私信",1948 年组诗《巴塔哥尼亚之旅》片段,收录于《诗集》,卷二,页 192。

[37] 雅罗斯瓦夫·伊瓦什凯维奇写给安娜·伊瓦什凯维奇的信,1951 年2 月12 日,摘自彼得·米赤奈尔,《哈尼亚和雅罗斯瓦夫·伊瓦什凯维奇》(克拉科夫,2000),页 80。

[38] 雅罗斯瓦夫·伊瓦什凯维奇,《三首一月组诗》,收录于《诗集》,卷二,页 253。

[39] 参耶日·盖德罗伊奇写给耶日·斯坦波夫斯基的信,1955 年 6 月12 日,收录于耶日·盖德罗伊奇、耶日·斯坦波夫斯基,《书信集:1946-1969》,卷一,页 304。

[40] 1957 年 3 月 25 日日记,收录于雅罗斯瓦夫·伊瓦什凯维奇,《1956-1963 年日记》,页 132。

[41] 1959 年 11 月 4 日日记,收录于雅罗斯瓦夫·伊瓦什凯维奇,《1956-1963 年日记》,页 338。另参:"在巴黎我和切希见了面,但这次见面并没有给我

留下好印象,并不成功,切希看上去不真诚,他对我的所有解释都找茬——看吧,但还要细节。总而言之,我见过他。"摘自1959年12月27日雅罗斯瓦夫·伊瓦什凯维奇写给耶日·安德热耶夫斯基的信,收录于耶日·安德热耶夫斯基、雅罗斯瓦夫·伊瓦什凯维奇,《通信集》,安杰伊·菲特编(华沙,1991),页112。另外,1959年11月29日米沃什在写给阿涅拉·米钦斯卡和扬·乌拉托夫斯基的信中也承认这次见面是失败的。摘自切斯瓦夫·米沃什和雅尼娜·米沃什写给阿涅拉·米钦斯卡和扬·乌拉托夫斯基的信。(移民档案,托伦哥白尼大学,扬·乌拉托夫斯基档案)

[42] 切斯瓦夫·米沃什,《被延后的进程》,载《文化》,1959年第10期。

[43] 切斯瓦夫·米沃什,《波兰式回复阿尔贝·加缪》,摘自切斯瓦夫·米沃什、雅罗斯瓦夫·伊瓦什凯维奇,《战后肖像》(华沙,2011)。

[44] 雅罗斯瓦夫·伊瓦什凯维奇,《1956—1963年日记》,页339。

[45] 切斯瓦夫·米沃什寄给雅罗斯瓦夫·伊瓦什凯维奇的明信片,1960年6月23日。(斯塔维斯科市安娜和雅罗斯瓦夫·伊瓦什凯维奇博物馆)参:"这些浪漫的山 / 已经激发诗兴, / 它们那黑色椭圆线条 / 宛如栖息的小鸟[……]天空缀满星星 / ——绿色佐证—— / 如铺满鲜花的蓝色深井 / 在糟糕的纽伦堡。"摘自《黑夜集》第二十八首,收录于雅罗斯瓦夫·伊瓦什凯维奇,《诗集》(华沙,1977),卷一,页235。

[46] 摘自雅罗斯瓦夫·伊瓦什凯维奇写给切斯瓦夫·米沃什的信,1960年9月21日。(拜内克图书馆)

[47] 雅罗斯瓦夫·伊瓦什凯维奇,《老诗人》,收录于《诗集》,卷一,页565。

[48] 摘自切斯瓦夫·米沃什写给雅罗斯瓦夫·伊瓦什凯维奇的信,1979年7月15日。(斯塔维斯科市安娜和雅罗斯瓦夫·伊瓦什凯维奇博物馆)

[49] 摘自维托尔德·贡布罗维奇写给切斯瓦夫·米沃什的信,1967年10月15日。(拜内克图书馆)

[50] 摘自塔德乌什·贝尔斯基写给切斯瓦夫·米沃什的信,1958年5月

20 日。(拜内克图书馆)

[51] 摘自兹比格涅夫·赫贝特写给切斯瓦夫·米沃什的信,1958 年 7 月 10 日,收录于兹比格涅夫·赫贝特、切斯瓦夫·米沃什,《通信集》,页 9。

[52] 取自本书作者与雅努什·奥德罗旺日-别尼昂择克的对话,华沙,2004 年 12 月。

[53] 摘自兹比格涅夫·赫贝特写给切斯瓦夫·米沃什的信,1958 年 7 月 18 日,收录于兹比格涅夫·赫贝特、切斯瓦夫·米沃什,《通信集》,页 11。

[54] 摘自兹比格涅夫·赫贝特写给切斯瓦夫·米沃什的信,1960 年 6 月 8 日,收录于兹比格涅夫·赫贝特、切斯瓦夫·米沃什,《通信集》,页 19。

[55] 摘自兹比格涅夫·赫贝特写给切斯瓦夫·米沃什的信,1964 年 7 月 28 日,收录于兹比格涅夫·赫贝特、切斯瓦夫·米沃什,《通信集》,页 45。

[56] 摘自切斯瓦夫·米沃什写给兹比格涅夫·赫贝特的信,1964 年 1 月 30 日,收录于兹比格涅夫·赫贝特、切斯瓦夫·米沃什,《通信集》,页 34。

[57] 摘自切斯瓦夫·米沃什写给兹比格涅夫·赫贝特的信,1964 年 4 月 7 日,收录于兹比格涅夫·赫贝特、切斯瓦夫·米沃什,《通信集》,页 71。

[58] 参:"亲爱的切斯瓦夫,我终于来了,就在你说的奥尔维耶托。一切都相符合:广场上的草地和大教堂,让我叹为观止,我完全不知道该对它作何评价。"兹比格涅夫·赫贝特写给切斯瓦夫·米沃什的明信片,1959 年 7 月 17 日／18 日,收录于兹比格涅夫·赫贝特、切斯瓦夫·米沃什,《通信集》,页 16。

[59] 摘自切斯瓦夫·米沃什写给兹比格涅夫·赫贝特的信,1963 年 7 月 18 日,收录于兹比格涅夫·赫贝特、切斯瓦夫·米沃什,《通信集》,页 23。

[60] 兹比格涅夫·赫贝特档案馆。

[61] 摘自兹比格涅夫·赫贝特写给切斯瓦夫·米沃什的信,1966 年 2 月 17 日,收录于兹比格涅夫·赫贝特、切斯瓦夫·米沃什,《通信集》,页 55。

[62] 摘自兹比格涅夫·赫贝特写给切斯瓦夫·米沃什的信,1963 年 8 月 14 日,收录于兹比格涅夫·赫贝特、切斯瓦夫·米沃什,《通信集》,页 27。参:"《客体研究》亵渎上帝。尽管翻译成英文诗很不错。有趣的是,当这些诗行英

语化后,对存在物质的否定更强烈了。如果说现在是二十世纪下半叶,这个恶棍马拉美就会是艺术赢家。他倒退得太多了,都退到后柏拉图的禁欲主义了。你所表述的,是诗可以成为博士论文的主题。那么我会力挺树木和鲸鱼,要求为它们画像。"摘自切斯瓦夫·米沃什写给兹比格涅夫·赫贝特的信,1963 年 8 月 7 日,同上,页 26。

[63] 摘自兹比格涅夫·赫贝特写给切斯瓦夫·米沃什的信,1965 年 12 月 10 日。(拜内克图书馆)

[64] 摘自兹比格涅夫·赫贝特写给切斯瓦夫·米沃什的信,1966 年 2 月 17 日,收录于兹比格涅夫·赫贝特、切斯瓦夫·米沃什,《通信集》,页 55。

[65] 参:"关于以虚构的诗人团体做出回应的想法可能萌发于 1967 年 6 月上旬,当时米沃什住在梅苏吉耶尔的别墅里,赫贝特正在此地做客[……]。米沃什打着斯坦尼斯瓦夫·约瑟夫·图吉克的名号在一系列声明中对现代诗歌作了猛烈抨击。这个人竟有作品问世(米沃什的主意)。他翻译了一些虚构的诗人,如查尔斯·卢卡·多罗赫、奥利瑞、巴尔坦德和弗尔雷的诗。赫贝特的贡献是以未来派的表现手法说出回应者的宣言,开头是:'我们声明如下:所有艺术皆为愚蠢行为。'他还为十二位来自世界各地(从夏威夷到匈牙利)的团体成员编写简介。从图吉克的声明中可以猜测,赫贝特和米沃什准备把这些诗人的作品送到伦敦的《诗人社》,但在这本杂志上并没有找到这个想法得以实施的痕迹。"摘自马切依·塔博尔和芭芭拉·托伦切克的注释,收录于兹比格涅夫·赫贝特、切斯瓦夫·米沃什,《通信集》,页 259。这一想法的内涵体现了米沃什关于"我们小稳定"时期波兰文学和诗歌生活的态度,他在 1967 年 7 月 17 日写给兹比格涅夫·赫贝特的信中写道:"有一种模式具有完美的未来。这个模式是:出于已知的目的,国家需要饱有足够数量的人,让他们释放活力去'创造',因此他们的功能才是最重要的,而不是产品——因为产品常常无法起到沟通作用,要么就是彻底废话,要么让人不知所云。最显著的特征就是《诗歌》月刊及其编辑委员会里的诗人尤里安·普日博希。这本月刊是为了在它那里出版诗歌的诗人们存在的,和读者没关系。月刊取得了巨大成功,因为那些写诗的人都要买它看

一看,自己时不时寄给编辑部的诗有没有一两首被刊登出来。可全波兰写的诗比整本杂志的版面都多。每一个手里拿着《诗歌》的人都明白,它只在乎'创作者'是否满意,并没考虑过'读者'的感受。"(同上,页82)

[66] 摘自兹比格涅夫·赫贝特写给切斯瓦夫·米沃什的信,1966 年 3 月 25 日。(拜内克图书馆)

第六十二章　永恒的时刻

过去希腊人相信,在阴间,死者的影子
只有尝到新鲜血液,才会活过来一会儿。同
样,我们可以复活过去,只要我们去用自己
的鲜血、信念和我们自身,只要经过正确的
斗争,来喂养过去。

切·米沃什,BBC 专栏(1955)

562　　诗歌"是声音,只有声音,声音就像一盏灯中的火苗,一冒烟就会消
失"[1],这是赫贝特写给亚历山大·瓦特的话。为了重获这个声音,让
它用明亮的火焰说话,米沃什在五十年代进行了战斗。那时他可以轻松
地写出文章的下一页,但诗歌的旋律却沉默了,仿佛历史的精神电击了
他。他失去了自己在大地上的位置,无法写作,因为诗句在他身上不是
起自颤动,而是来自澄澈,甚至出于最痛苦的"是",然而"是",是说给世
界听的。

　　"至于诗歌[……],我已经毁了它,也就是说,我毁掉了我生命唯一

赋予我价值的东西。"[2] 大概在一九五四年，米沃什用悲剧的口吻向文森兹这样吐露。确实，在移民的头几年，他创作的诗很少，首要的是想证明，那种对真理和希望的渴求，这渴求命令他去打破谎言。就像他一九五一年在巴黎所写的诗：

> 他们要给我唱一首新歌
>
> 半晌，我们都沉默
>
> 在那些西方和东方的国家，
>
> 在血海的岸上，
>
> 他们想用手，将人们遮蔽
>
> 那个源头，在胸中激荡
>
> 炙热，却不知名
>
> 那是守护希望的源头。

（《诗集　第二辑》，页 135）

听到指责者的声音，外加自己的怀疑，他对自己的决定做了解释，直言不讳，放弃了诗人的角色。在诗歌《告别》里，可能某人是具体的对象，但首先说的是一个国家，诗人希望在其中生活并能够说："华沙天上的云彩是我的，/ 还有波兰国家天上飘浮的白云，/ 它们的影子在流沙般的麦田里飘动"，并重复："不，我必定不会忘记你"。他补充道，诗人的天命是真理，以那些被迫保持沉默的人的名义去说出真理。这似乎是诗歌《华沙浮士德》的补充，是反对克朗斯基和浮士德式梦想的姿态，他们的乌托邦幻想，已经告终于犯罪，告终于去站在"灰色大众"的一边，他们只会"亦步亦趋地摇尾听命"，他们反对那些想把人类作为未来基石的思想家，尽管自身也害怕死亡，却选择在物质中沉浸：

我在沙滩上画了一条线，你才出现

问你：怎样的权利

让你将自己欺骗，与你自己的恐惧

称为秩序，和权力的名义？

害怕，可别落入活人之列，

当水活在杂草丛生的花园，

在黑暗的废墟里。盲目持续的时间

是他们死前，死亡的实现。

（《诗集 第二辑》，页 136）

一九五三年出版的《白昼之光》（在前言中诗人写道："书名有两层含义：这里有很多东西我不能在波兰出版；此外，诗歌对我来说是偏向白昼而非黑夜的东西"[3]），因此书中带来的主要是早期的诗歌，创作于一九四五至一九五〇年间。书中包含《致乔纳森·斯威夫特》《欧洲之子》《致政治》《论法的精神》《道德论》《祝酒辞》和《你伤害的》等诗作，还有《为塔德乌什·博罗夫斯基之死而作》和《华沙浮士德》，它们奠定了本书的基调，表现出诗歌介入时代，在黑暗中为希望之光而战的力量。诗集还收录了再版的《世界》系列，系列诗的最后一篇——无疑是有意选择的——《米特尔贝格海姆》。在此期间，他在邦斯创作了优美的《莱芒湖畔记事》，该诗揭示了世界存在的强度，其存在（让我们用大写字母表示），对其存在的沉思，似乎应该可以满足人的欲望。然而，当我们触及米沃什当时的情感内核抑或是痴念的时候，这种沉思被禁止了，静止被满是泡沫的时间波浪所取代。只有顺势而为，沉入存在和历史中，人才有权托立起一个"永恒的时刻"的瞬间，说出"是"。这是一首美妙，但危险的诗：

564

要是我忘记你,耶路撒冷,

就请,如先知所说,让我的右手枯干。

地下的震动颤抖着,那是,

高山崩裂,而森林折断。

经过过去的一切,经过将来的一切

碰触一下,现在的一切即变为灰烬。

纯洁,迅猛,重新复兴这个世界

不要停止记忆和渴望。

秋季的天空,童年时一样,

你们,在成熟和衰老的年纪,

我不会窥探。风景

让我们的心柔顺而温暖

你中了什么毒,使嘴静音,

双手交叉于胸前和眼睛

像是沉睡的动物。谁在里面,那是,

去找到和平、秩序和永恒的时刻,

错过了踪迹。你接受现实,那是,

什么要消灭他,在运动中夺取永恒

像黑色河水上的闪电? 正是。

（《诗集 第二辑》,页 162-163）

　　"艺术家们渴望存在,与《创世记》中的神圣应许有所交流,[……]社会斗争、死亡和各种制度的起起落落[……]他们置之度外。对其他人来说,这些斗争和混乱本身就是现实。要说我获得了什么有价值的东西,那恰恰源于这两种态度的碰撞。"(《欧洲故土》,页 327)

他不久后如此写道。《莱芒湖畔》承载着米沃什在那个时期产生巨作的源头,即一九五六年春天完成的《诗论》。[4]他重新归纳了自己走了十几年,寻找他无法从自己思想中剔除的诗歌的道路,米沃什在"导言"中述说:

> 让家庭会话的语言简单。
> 让每个听到它的人,
> 看得到苹果、河流、街角,
> 就像夏天看到闪电。
>
> 可是话语,不能只是图像
> 且没有更多。几个世纪的引诱
> 摇曳着韵律、梦境和旋律。
> 无意中错过干枯、严酷的世界。
>
> [⋯⋯]

565

> 用玩笑、滑稽和讽刺的调料,
> 诗歌仍然懂得招人喜爱。
> 它的卓越就可以得到欣赏。
> 但那些斗争,赌注就是生命,
> 发生在散文里。却不总是这样。
>
> 至今尚未坦白这种遗憾。
> 小说和随笔有用,但不持久。
> 因为短短的一节好诗

胜过连篇累牍辛劳的重量。

(《诗集 第二辑》,页 171)

　　他试图证明,夺取最高赌注的斗争,也可以在诗歌中进行:通过重新归纳波兰现代诗歌的历史,寻找其弱点的根源,绘制出历史的背景,带领读者进入时代召唤下的哲学挑战的核心,这一切,并不会剥去作品本身纯粹的诗意力度,它的每一个措辞,每一句话,每一幅画面,都熠熠生辉。该诗的第一部分展示了世纪之交的省城克拉科夫。其时,城中"为了面包"的移民大众的苦难,在波希米亚神话和即将来临的战争屠杀的阴影中,在钢琴演奏的歌舞表演喧声之上,诞生出小波兰地区的"空灵之歌"。这首歌从"世间诸多悲哀"中分割而来,不带一丝一毫够不上"诗情画意"的俗事。这首歌唤起了读者在精神上的分裂,一边是弗洛伊德提出的肉欲、性别和潜意识,另一边是沐浴着星光的脆弱灵魂。米沃什以精湛的技巧构建出一幅幅人间缩影。他曾在《祝酒辞》[5]中卖弄文笔,但这首诗确实称得上他的巅峰之作。最令人钦佩的是该诗饱含令人窒息的压抑和悲凉。其中几句刻画了一九一八年的克拉科夫:

白天熄灭了。蜡烛点燃。

在奥兰德原野上,步枪

不再狂叫,布沃涅空空荡荡。

美学家们穿着流浪者的鞋子离去。

他们的头发被理发师的伙计做了扫除。

站在旷野,雾气缭绕,烟味刺鼻。

而她,戴着淡紫色面纱。

烛光下,手指放在琴键上。

当博士把酒杯倒满，

不知从何而来的新歌，唱着：

566

他听到了咖啡馆的回声，

裹尸布盖到了面颊。

（《诗集 第二辑》，页 185）

在第二部分，我们眼前浮现出独立后的华沙，短暂的自由，完美地描绘了这一背景下斯卡曼德派诗人们的轮廓，他们被慷慨地赋予文学天赋，也没有回避小波兰的传承："从来没有过如此美丽的群星。／但他们的语言中闪烁着缺陷，／和谐缺陷。"（《诗集 第二辑》，页 195）先锋派的未来主义幻象，加乌琴斯基、切霍维奇、申瓦尔德、巴林斯基、瓦岑克……两次世界大战之间的诗歌世界顿时驱散并摆脱了虚无，华丽转身，发出了确定的回响。而纯美之路是一条荒芜的道路："对我们来说丑陋而低级"。（同上，页 205）

"风带着焚尸炉的烟尘／乡村里敲响了向着我主天使的钟声，／历史的幽灵缓缓走过。"（《诗集 第二辑》，页 209）第三部分是被占领时期，华沙的年轻诗人群体，隔离区的悲剧和起义烈火的浓烟，战斗，注定是徒劳无功的悲剧，因为在东方边界升起了历史必然性的曙光，"时代精神"（Zeitgeist）的血腥面孔日益膨胀：

诗人已见过了他，认识了他

更坏的上帝，必须服从

一日王国的时间和命运。

他的脸大得像十个月亮，

枯瘦头颅串成的链子挂在颈上。

> 谁要不认识他,将被伺候棍棒,
>
> 四处胡言乱语,然后失去理智。
>
> 谁要向他鞠躬,只会成为仆人。
>
> 鄙视他的,将是他的新主人。
>
> (《诗集 第二辑》,页212-213)

　　可是历史的幽灵会与大地的幽灵相互认同吗? 历史的法则是否像生物规律一样,是决定性的,是不可逆转的? 其中没有任何事物要比物种持续的强迫性更为重要,生存,繁殖和衰亡,循环往复,而其他一切就都是一种错觉?"用怎样的言辞,可以探求,将来的事物,／ 用怎样的言辞,可以捍卫,人类的幸福",当面对辩证唯物主义的力量,它拆解物质世界,并使"黄金的房子倒塌,'是'／'成为'从此开始行使权力"。(《诗集 第二辑》,页219)对历史变迁的唯心主义忽视,或者随波逐流,都无济于事。辰星熄灭,我们的希望,带领我们超越死亡、超越无意识动物的不朽灵魂,也消失了:

567

> 两个锐利的边缘在梦中探访思想。
>
> 尘世外的厄运,光芒的厄运
>
> 冲向天空,蔑视物质。
>
> 当中有温暖,快乐和猛兽的力量。
>
> 谨慎者的厄运,负重者的厄运。
>
> 他们的谎言震聋晨星,
>
> 比死亡和自然更持久的,是馈赠。
>
> (《诗集 第二辑》,页215)

　　"从法国大革命开始,整个欧洲的历史,都在'是'(être)与'成为'(devenir)之间,与'存在'(esse)之间斗争,由存在假定的意义上说,最终实现'成为';斗争,是要有政治对手的。我的原则论点是,不能自闭于'存在'的地位,束缚着双脚,叫喊:不! 反对变化!"米沃什这样解释说。(《波兰对话:1979–1998》,页 588)因而(在最具有生活性和艺术性的方案中都是如此),如果"反动"的存在和被动的沉思都是不可接受的,作为辩证的"成为"和提倡的服从于变革一样,必须寻求脱离的道路。"历史性"就是道路:历史不仅仅是作为确定性法则的集合,还是人类存在的连续性,是一种超越我们的记忆。这首诗的第四部分,也是最后一部分指出,历史还是永不停止的残酷本性,永不停歇的谋杀交响,与我们的基因血脉交织缠绕。我们认同那些逝去的人,用我们自己的鲜血灌满他们,我们站在时间与永恒的交汇处:

> 蛇在昨天黄昏时跑过马路。
>
> 被一个轮胎压伤,在沥青路上扭动。
>
> 我们既是蛇,又是轮胎。
>
> 有两个维度。在这里遥不可及
>
> 存在的真相,在这儿,处于
>
> 持续和非持续的边缘。两条线交叉。
>
> 时间被时间提升到时间之上。

(《诗集 第二辑》,页 236–237)

"历史性于是可以成为武器……[……]我简而言之:反对虚无。"(《波兰对话:1979–1998》,页 589)他后来又在《诗论》中补充道,这个突破性的切入点转化成了一个诗意的任务:

> 我想要新的措辞,而不是诗。
>
> 因为让你表达的,只是措辞

那种新的敏感度,和其中的救赎

从并不属于我们的法律中,

从并不属于我们的必要性中

救赎,即使我们给它起了名字。

(《诗集　第二辑》,页238)

正是这种对于救赎的敏感性动机(较少哲学的,[……],至少有些部分已经远离我们这本书的线路)成为这首诗的最大力量,也成了米沃什后续诗作的宣言,伟大思想的声音将越来越轻,而人类的耳语将越来越响亮。有点像斯瓦沃米尔·莫罗哲克的《肖像》的结尾,当中,一度被乌托邦诱惑的巴尔托杰伊读到了《诗论》的段落,恰如险恶的精神著作狠狠撞击上人类世界。人类世界中奔跑着的小伙子们,幸福地玩着球,对历史铁的逻辑一无所知。

米沃什该诗集先发表在《文化》月刊,然后以书的形式出版(1957年)。一九五七年他因此斩获文学作品奖[6],但对他来说更重要的是"由华沙来信认定的[……]最高礼赞",这"完全足以成为桂冠[……],因为'老虎'写的信"。(《欧洲故土》,页329)[7]其他评语无疑也都是称赞的。耶伦斯基表示:"了不起的精神财富! 读了您的大作,我深受感动。"[8]切斯瓦夫·斯特拉舍维奇写信给盖德罗伊奇说:"《诗论》太棒了。我,一个老散文家,对诗歌几乎没有什么感觉,我自己大声朗读这些诗句,作品彻底抓住了我的心。"[9]安杰伊·博布科夫斯基说:"虽然我讨厌诗歌,但我不顾一切地读了米沃什的《诗论》,一遍又一遍,它成功了,使我像擦亮的贵金属一样。"[10]亚历山大·瓦特加上了点睛之笔:"这是顶峰,是我们诗歌一百年来未曾达到的高度!"[11]当然,最重要的是,该诗证明了诗歌重新获得了声音,它的创造者已经能够确定:"我开始在前面看到了某些东西,某种大陆的轮廓。"[12]在五十年代后期,《诗论》出版之后,米沃什的诗歌创作出现了明显的解锁,并保留在新创作的诗歌中,这些作品被编为诗集《灰烬之王》。这些诗歌的想法更为谦虚,但正是在这些作品中,我们发现米沃什恢复了自我。他写道:"我应该能做得更好,不应该让我的诗歌偏离到公共事务。不幸的是,考虑历史事件,很难达到这样一种克制。然而,在我所有这一部分诗歌当中,我是一个忠实的现实的编年史家,遵守'观察与描述'的原则,仅此而已,是更诚实的。"(《猎人的一年》,页 61)

569

摆脱了社会的责任,或者说从破坏感性知觉的伟大思想中解脱出来,这些诗作带来了美,从该词最深层的意义上来说的美:一种美丽的情色,作品《存在》是对存在的赞美诗,对爱世界的眼睛的赞美,对无法被记忆和文字携带的财富的赞美:

> 望着那张脸,我惊呆了。地铁站的灯光掠过,我没注意到。[……]微微上翘的鼻子,高额头,光滑的头发,下巴的线条[……],那对在粉白上乌黑闪亮的熔岩洞口。吸收着这张脸,而此时衬托她的背景是春天的所有枝条、墙壁、波浪,在哭泣中,在欢笑里,让她退后十五年,再让她向前拉三十年。有了。那甚至不是欲望。像蝴蝶,鱼,植物的茎,只是更神秘的东西。我突然想到,在我无数次试图命名这个世界之后,我只能重复最高的、唯一的告白,任何力量都无法超越它:我是-她是。你们喊出来吧,吹响号角,创造成千上万的游行,跳跃,撕碎你们的衣服,重复着一件事:是!

> (《诗集　第二辑》,页 255)

当思想不再围绕着"存在"和"成为"的抗争,而是成长为,当树已不再变成"非树,变成反树"(《诗集　第二辑》,页 219),就可以看清,什么是当下。他自然而然地,又或者说,以某种突破性的方式创作了《误会》

一诗,在诗中承认:"我曾认为,这一切都是在做准备,　/　为最终学会死亡。"(同上,页256)他讲这话时用的是过去时态,意味着他接受当下周围的事物,而不是另一事物的预言。而这种对当下的知觉(以及其中建立的人际关系)困扰了米沃什数十年,他在一九五二年还曾这样写道:"人的心被暗中破坏了。　/　给了他生命的时间和其他的时间　/　在他的意识中像是两条线　/　而不是和谐为一。"(同上,页158)可以成就艺术,通过——贡布罗维奇提出的——"我"那独立于智识之上的疯狂。可以呼喊:"身体!肉体!现实!"就像一九五九年秋天写的关于瓦茨瓦夫·伊瓦纽克诗歌的那封信一样。这封信应该在文学史上留名千古,它可是最伤人的评论之一。[13]最后,他终于在一九五九年创作的诗歌《忠告》中发出温柔的声音:"有非常多的人死亡,因而柔和　/　为了发辫、风中彩色的裙子,　/　纸叠的小船不如我们自身耐用……"(《诗集　第三辑》,页77)

注释

[1] 摘自兹比格涅夫·赫贝特写给亚历山大·瓦特的信,1966年2月2日,收录于亚历山大·瓦特,《书信集》,下册,页93。

[2] 摘自切斯瓦夫·米沃什写给斯坦尼斯瓦夫·文森兹的信,写于布里,无确切日期。(克拉科夫切斯瓦夫·米沃什档案馆)

[3] 拜内克图书馆馆藏米沃什的档案中保存着一张便签,上面写着三十多条诗集拟用名。这些名字的顺序呈现出作者的思想轨迹,首先是"废墟城市""废墟与太阳""玩物与废墟""废墟与希望""废墟对面""废墟和人的素描",在重复了几遍"活着的和死去的"之后,慢慢转移到和光线有关的词语:"明亮的光""刺眼的光""白天的亮""日光""在日光中""清晨的光""刺眼的白光""明亮白日的奉献""冰冻的太阳""白昼之光"……米沃什在页尾用大写字母更工整地写着"爸爸和叔叔"——这是他对崇尚消费主义的西方文明的评价,还是草拟的书名之一,已无从知晓……

［4］1955 年 12 月米沃什开始写《诗论》，那时他在布里-孔特-罗贝尔。1956 年春《诗论》完成的时候，他已在蒙日龙。

［5］"注意我的素描。我会用一支画笔 ／ 画出国家，城市，洪水和维希涅夫斯卡女士。"见《诗集　第二辑》，页 114。

［6］"评委会的评判基于《诗论》一书［……］和打印版的《大洲》［……］评委会同时也考虑到，《伊萨谷》的德语版已由基彭豪尔和维奇出版社出版发行，并在西德成为畅销书。"摘自《文化》，1958 年第 1-2 期。

［7］克朗斯基最喜欢《诗论》的最后一段，因为"它触碰到黑暗内核后面的某个彼岸"。参《旅行世界：对话莱娜塔·高尔琴斯卡》，页 145。

［8］摘自康斯坦蒂·亚历山大·耶伦斯基写给耶日·盖德罗伊奇的信，1956 年 6 月 13 日，收录于耶日·盖德罗伊奇、康斯坦蒂·亚历山大·耶伦斯基，《书信集：1950-1987》，页 239。

［9］摘自切斯瓦夫·斯特拉舍维奇写给耶日·盖德罗伊奇的信，1956 年 7 月 8 日。（文学院档案室）

［10］摘自安杰伊·博布科夫斯基写给耶日·盖德罗伊奇的信，1957 年 3 月 4 日，收录于耶日·盖德罗伊奇，安杰伊·博布科夫斯基，《书信集：1946-1961》，页 425。

［11］摘自亚历山大·瓦特写给约瑟夫·查普斯基和玛丽亚·查普斯卡的信，1963 年 3 月 24 日，收录于亚历山大·瓦特，《书信集》，上册，页 90。普日博希的观点完全相反——也许他认为诗中对他个人形象的描述是一种伤害，他在表达了米沃什的诗歌总体优秀后又补充说："遗憾的是，他经常淹没在俗世里：他刚刚纠偏了历史文学，却把这篇随笔——完全是胡言乱语——称为'诗论'。不明所以。"摘自尤里安·普日博希，《致移民的诗人和评论家》，收录于《诗行与噪音：概览》，卷二，页 153。

［12］摘自切斯瓦夫·米沃什写给斯坦尼斯瓦夫·文森兹的信，约写于 1956 年，无确切日期。（克拉科夫切斯瓦夫·米沃什档案馆）

［13］"他是个极度悲伤的人。又或许正相反，他从头到脚充满了活力和力

量,只有当他坐下写诗时,才强迫自己忧郁和哀伤,因为这样才能沉思在诗中。[……]将这些诗的外壳层层剥开,能看到作者的模糊模样,无望地呆坐在加拿大的小屋里,弹着巴赫,看着复制品,还不能说'我不屑可憎的灵魂,这是废话,是胡说,是他妈的表演'。因为如果他废话,那就会被孤独裹挟,强迫自己去思考,但又想不出所以然:'因为我,明白,我喜欢想,但没什么可想的。'[……]如果出版这本诗集,我看不出能给伊瓦纽克带来什么好处。谁也无法让他转变,让他不再是个'死魂灵',让他开始写一些起码实实在在的东西,比如加拿大姑娘的屁股。[……]如果您让他写一本淫秽诗集,肯定能治好他的毛病,但我并不希望您如此残忍。身体!肉体!现实!——他想要呼喊。写写自己的日常工作,写写喝酒的美妙,别做个忧郁症患者,看一看加拿大,别再假装你是个七十岁的垂死老汉,救救自己吧,年轻人。"摘自切斯瓦夫·米沃什写给耶日·盖德罗伊奇的信,1959 年 8 月或 9 月,收录于耶日·盖德罗伊奇、切斯瓦夫·米沃什,《书信集:1952-1963》,页 359-361。1959 年三月号的《文化》杂志刊登了一封伊瓦纽克的来信,信中他指责米沃什在翻译《荒原》中出现诸多错误,或许多少受此影响,米沃什才发表了这番直白的意见。在《文化》杂志社的图书馆中可以找到一本不大的伊瓦纽克的诗集——《沉默:1949-1959 年诗集》(巴黎,1959)。

第六十三章　大地上的位置[1]

> 诗歌应该是什么,已经讨论太多,而它是
> 什么,讨论又太少。这大概是对虚无主义的
> 否定。就像荷兰画派中苹果的存在,《塔杜施
> 先生》的诗句也存在,因为关涉到的,是特别
> 的。介绍韵律文章的作者,也可以在某段时
> 期是不差的诗人,因为充分吸收了自己的理
> 解,他必须越来越大声地叫喊[……]这就是
> 放弃自己走入空白概念的代价。一棵真正的
> 树,一滴真正的露珠,杀死了他,为他展示了
> 他的虚无。
>
> **切·米沃什,《诗与辩证法》(1951)**

570　　一九五五年,切斯瓦夫·米沃什向 BBC 的听众讲述了关于一条道路的故事,是法国诗人皮埃尔·艾玛纽埃尔①必须要走的道路。关于

---

① 皮埃尔·艾玛纽埃尔(Pierre Emmanuel),诺阿·马蒂厄(Noël Mathieu, 1916-1984)的化名,受基督教启发的法国诗人,1968 年当选为法兰西学术院第四席位的第三位成员,1969 年至 1971 年任国际笔会主席,1973 年至 1976 年任法国笔会主席,以及法国国家视听研究院第一任主席。

"要付出多少努力,去重新发现那类最日常的用语的分量:对于那些吸引人们对尘世天堂关注的教条,他们总是转向遥远的未来,把目光从大地移开,远离包括影响我们生活的感性事物"。[2]在发表这些言论时,他一定意识到自己同时也在谈论自己的经历。这可能是最深层的,含义上完全不只是好玩的关于小托尼向康斯坦蒂·耶伦斯基吐露的轶事:"我要写一个奶牛在草地上吃草的故事。奶牛吃着草,吃着草。爸爸来了。爸爸走到奶牛前,奶牛在他面前飞了起来。奶牛在上面飞过爸爸,拉了大大的大便到他身上。爸爸就逃跑,奶牛就追爸爸。飞啊飞啊……然后又拉了大大的大便到他身上。奶牛为什么对爸爸这么不好? 因为爸爸不喜欢奶牛。爸爸只喜欢牛这个字……"[3]为了写《诗论》,诗人必须首先重新接触大地,或者,正如托马斯·默顿所说,要找到他自己"早期的,大地的和宇宙的我",完全不同于"后来的政治的我"。[4]

　　这个幸运的发现是经由米沃什一九五三年秋天开始写作的《伊萨谷》实现的。该书完成于次年年中,他后来说:"这本书将我从抽象中抽取了出来。"(《猎人的一年》,页194)就像《权力的攫取》,作家构思了简短的章节,脱离了时间的轴线,如同画家把穿插调和的色块涂抹上去,力求虚构情节的聚合。他更多地运用故事,而不是对话。他所度量的素材使他获得的结果,无可比拟地要比第一部小说的尝试有趣得多,《伊萨谷》是一个美丽而富有诗意的,以清晰的语言写就的故事,根据戏剧创作的规律,他放弃了自传,追加了主角托马什的地位,还自由地将他的发展与作者的评论结合起来,以便最终在更深层次上,把握童年的情感、智识和感性的核心。他寻找一个标题,他的想象力围绕在一条河流的画面上,为了躲开立陶宛的内韦日斯河和想象出来的维泽河——这是接近维泽尔山谷拉斯科洞穴壁画①的对应词,最后他找到一位日本诗人的名

571

———————

　　①　位于法国维泽尔山谷的石器时代洞穴壁画。

字,带有蜿蜒低谷的优雅,神秘和像是步行长廊一般的曲折。[5]

"伊萨谷的独特之处在于,魔鬼的数量比其他任何地方都多。[……]伊萨河上的农民们在房屋门口的台阶上放一碗牛奶,喂那些温顺的水蛇,那时它们还不怕人。后来它们变成狂热的天主教徒,于是魔鬼的出现让它们想起斗争,为最终统治人类灵魂而进行的斗争。"(《伊萨谷》,页12-13)我们在书前面的一页上读到这些,发现了这本书的想法,正如作者告诉编辑的,该书"关于魔鬼和狼人"[6],小说是关于一个男孩在一个神秘的大自然花园里的成长。故事里,虚无主义思想还没有根除神圣的力量,人还永远不会完全孤独,因为他被上帝和魔鬼的力量注视,或者还有其他比此类力量更古老的力量注视着他。在主人公托马什身边,上演着人类的戏剧,揭示着形而上学的矩阵世界。《伊萨谷》可以说是深度宗教性的书[7],因为它让我们面对二律背反的基本问题,即好与坏、慈悲与罪恶、信任与绝望。越来越清醒的小伙子发现了自己身边的犯罪行为和极度绝望,像书中被遗弃的恋人马格达莱娜一样,意识到"要用老鼠药毒死自己,必须失去所有希望,而且还屈服于自己的思维,确信将能遮蔽世界,直至除了自己的命运之外看不到任何东西"。(同上,页52)然而是否可以相信,自杀的弥天大罪就因此而得到宽恕? 既然她以前的情人佩克斯瓦①神父对她犯下了那么深的罪,那么他给别人的赦免,是否还有效? 我们的堕落有没有人伴随,有没有我们可以反抗的上帝,像是多米尼克,未来可以是革命者,现在是失望的亵渎者,他折磨动物,玷污主人,徒劳地警惕着来自天雷的毁灭,这是一个有严厉父亲存在的象征迹象?

572　　即使,如若上帝已经抛弃了我们,那就留下了魔鬼,正如森林管理员巴尔塔扎清楚地知道的。他先被引导犯罪,然后无法应对良心的谴责,无

---

① 佩克斯瓦(Peiksva),立陶宛地名,米沃什故乡附近。

法接受自我而被烧伤；他不断被诱惑，以让他拒绝，以让他想别的东西，直至他痛苦地呼喊，绝望地死亡，"秘密忏悔，这种疾病折磨着许多我们在伊萨河畔出生的人。还不够！还不够！生命是不够的！［……］不是那样的！不是那样的！要反对那些，说地球就是地球，天空就是天空，并且仅此而已。要反对边界，大自然已经为我们划定了该划定的。反对必然性，因为它，我总是我"。（《伊萨谷》，页 225）在我们周围，还有一些死去的人，他们也曾经历同样的痛苦，但却能够跳脱绝望——就像托马什祖母临终前那样仅仅是纯洁地、毫无保留地信仰基督，"法则如此，任何死亡，终将化为灰烬，泯灭在无尽的世纪"——"唯一的希望：是打破法则"。（同上，页 205）就像后来在《诗论》中作家解释说："没有人独自活着：他与那些逝去的人交谈，他们的生命化身在他身上［……］。从他们的希望和失败，到他们身后留下的象征迹象，哪怕是在刻在石头上的一个字母中，将诞生出在自我判断时保持的平静与克制。学会获得这些的人是非常幸运的。任何时间和地点，他们也不觉得无家可归，支持他们的是记忆，是关于所有像他们一样，努力去实现永远无法实现的目标而努力的人的记忆"。（同上，页 107）

他又找回了自己，自己的位置，自己的家。马莱克·扎莱斯基表述得很完美：

> 对诗人来说，"在人生时间路途的半程"，是诗人自己的创世神话起源中最强烈的表达。［……］他最喜爱的哲学家赫拉克利特说："干瘪的火苗是最聪明最善良的灵魂"，但他也提到过："灵魂变得湿润是一种极乐"。于是现在，为了保持平衡，他不得不疏导自己的情绪，从遗忘与无知之河里喝水。"当丈夫喝醉，就会由一个未成年的男孩引领，自己蹒跚着，不知道要去哪里，因为他的灵魂湿透了。"这种灵魂状态，不同于平常被珍视的，被他引为一种疗愈方法。而孩子呢？

[……]对孩子来说什么都是新的,孩子从来都是醉的。[……]天才是童年时期有意识地被发现的孩子,童年时就被祝福的,现在就有了表达能力的孩子,随着身体和心智的成熟,能够进行分析,并可以无意识地将所收集材料的总和整理出来。[8]

《文化》月刊印刷了该小说的后续段落,一九五五年以书的形式出版[9],第二年,伦敦诗人和画家出版社出了第二版,加入了由扬·莱本斯坦绘制的插图。法文本的译者是让娜·赫施,她的翻译工作使该书回归到感觉:气味、景象、声音,使著作充满了农业、狩猎、鸟类学和纺织品制造等领域的词汇,她后来回忆道:"有一些难以想象的东西,有时在凌晨两点出现,我觉得词典的纸页围绕着我跳起了舞。"[10]米沃什认为,这部小说在法国没有获得什么好评,"我记得在《快报》周刊上的照片,下面写着'形而上学太容易',[11]似乎对于作家,困难和有价值的事情应该是社会和政治方面的,从事形而上学,那是犯了逃避现实的错误"。(《猎人的一年》,页324)然而,波兰读者表达的意见,可以编辑出一本小小的赞美集。

"当文字沉默时,剩下的就是一种旋律般的东西,纯粹而简单,缭绕在两条弦上。一条弦上演奏儿童和民间的颂歌,另一条弦上演绎诗人智慧的成熟和苦涩。两者[……]都引发着对世界之美和人类伟大的赞美。"解冻时期审查制度放松了,伊莱娜·斯瓦文斯卡得以在《普世周刊》发表上述评论。[12]而扬·布沃斯基则指出,"作家并不是'看'美丽的事物:他攫取美丽,像狗对动物一样。从诗集《救赎》开始,多年来,作者在他的杰作中展示出令人震惊的对美的贪婪"。[13]"多好的散文!它实际上是诗。米沃什的语言是具体的,真实的,同时是诗意的。它可能不是小说和散文语言的模式,但一切都是有趣的、探索性的、非常新鲜的。"耶日·扎威依斯基这样承认道,他还补充了一张更细致的肖像画:

"米沃什很难交往，并不总是平等或友善。相当辛辣，有着地狱般的聪明，洞察力很强的智慧，充满激情的现实坦诚。他不沉迷于任何东西。很无情。作家就应该这样看待世界。"[14]但也许在《伊萨谷》及该书作者的其他诗中，当前最美丽的画面是，又找到了小时候拜访过的莱娜塔·高尔琴斯卡，多年后她曝光说："他在诗歌中把自己当成孩子的形象，与当前书中极为一致，无论是作为博学家的米沃什，还是讽刺家的米沃什。当我想起他那个面具时，我想到索尔·斯坦伯格①的一幅手绘：一个老人握着男孩的手。他们彼此非常相似。片刻之后，灵光乍现，原来那个小的和那个大的是同一个人，在生命的开始和结束前。"[15]

　　对于米沃什，五十年代后半期是为各个章节作结的时候，他在潜意识里着手准备，为下一阶段的生活积蓄力量。在关于托马什的故事中，他追溯到起点，以求重生为诗人。在《诗论》中，他总结了艺术道路，并没有打消那些困扰他的矛盾，但克服了它们。结束这部诗之后，他开始做智识自传，打算在其中捕捉自己的身份，面对西方文化定义自己，最重要的是，一劳永逸地彻底告别年轻人的诱惑和痴迷，告别长期以来"老虎"的阴影，告别罪恶感。还是在一九五七年，斯坦尼斯瓦夫·文森兹就向雷沙德·马图舍夫斯基讲述过米沃什，说他"持续地撕咬，解释了自己与国家的决裂。都过去六年了，他还在为此苦恼"。[16]但一年后，准确地说是当米沃什写完了一本书，将它命名为《欧洲故土》，同样这位文森兹，读了诗人发表的随笔《拉孔布》（其实是这本书的附录），欣慰地说，米沃什终于"走出了斯大林主义，并彻底抛弃了它"。[17]

　　如米沃什在《欧洲故土》的导论中所写的那样，在相当长的一段时

574

------

　　①　索尔·斯坦伯格（Saul Steinberg, 1914–1999），移民美国的罗马尼亚著名画家、插图艺术家，《纽约客》封面漫画家。

间里,他一直带着该书的写作想法,这个想法早在一九五三年就浮现在他脑海中。当时,他住在莱芒湖畔海伦·纳伊夫家的房子里,看到"为好几代瑞士农民服务过"的画满了红花的家具。当时,他痛苦地感觉到无法向东道主解释清楚,欧洲大陆的那一片"较差"地区的命运,那个地区悬在亚洲和西方之间,被叫作中欧或东欧,还有自己不明确的身份:好像是个欧洲人,但却"来自穷亲戚",分"自己的"和"外人的",在嫉妒、需要被接受以及蔑视之间摇摆,很容易看到其中的怨恨。移民海外的生活安顿下来后,他已经会讲很多关于自己的事情,比如来自东方边境领地的欧洲人,降生在一个地图范围之外,正在进入现代门槛的地方,吸收了萨尔马提亚祖先和巴斯特·基顿[1]的特性。他的童年意味着爆炸的弹片,而大学学业则完成于北部荒野之地,那里有着意大利巴洛克文艺风格的回音。他了解巴黎和亚洲,与宗教怀疑论斗争,并经历了纳粹占领的恐怖,最后他面对这个时代最大的挑战,他必须找到抵抗它的力量。要理解到"个人野心建议我们,去超越只是由内心贫穷的人守护的简单道德原则,而不是在世事变化浮沉中拿它们当我们的指南针,我们会摧毁那个唯一能弥补我们的愚行和错误的东西:爱"。(《欧洲故土》,页334)

　　作家深入探究其丰富的生平经历,把它转变了一种结构,这种结构在将《欧洲故土》与典型的传记笔记进行比较时,优点极为突出。我们在这里读的不是回忆,而是清晰的文章,流畅的叙事,有序的线条,生动的细节。该书作者已经是一个完全成熟的艺术家,与他在旺斯小镇许下的愿望一致,能够"为他的大地带来秩序"。为此贡布罗维奇作出了深刻评价,他跳过文学方面,集中评述米沃什的智识立场距激情尚远:

---

　　① 巴斯特·基顿(Buster Keaton, 1895-1966),美国演员,以其无声电影中面无表情的表演著称,绰号"大石头"。

我建议读米沃什时要小心谨慎,因为我断定他是个改变人轮廓面貌的人。[……]慢慢地,他几乎变成了东方的官方发言人,至少是波兰的。他迄今为止的全部文章都是为此而作。这不是为了艺术的艺术,而是为了西方的艺术。由此产生几个后果。其中包括,如果米沃什在乎自己的声誉,他不可以在他自己那些信息当中比法国人或英国人更浅薄,而是,必须更深邃。还包括,如果米沃什在乎自己作品的产出收益就不可剥夺其伟大或是恐怖……[……]此处,不是一个波兰人写波兰和东方,而是一个人写他自身内的波兰人和"自己的"欧洲。这个方式几乎就是胡塞尔和笛卡尔。是的,只不过他们是哲学家,他们不鄙视抽象,而米沃什像怕火一样害怕抽象,因为他知道抽象会扼杀艺术。[……]他时不时地亲自参与到自己的描述中,这时他停止为人,再次成为一个具体的米沃什……于是,这位小心谨慎的作家开始了杂技平衡表演:"我没有羞辱自己吗?""我没有高抬自己吗?""我没有羞辱他们吗?""我没有高抬他们吗?"从波到浪,从上到下,从下到上,一首辩证法的摇篮曲。喧声。河流。历史。[18]

根据自己一生中发生的事件来构建一部作品会产生代价,在其读者的意见中看到,读者群可以划分为那些仅仅感知到这座艺术建筑辉煌的人,还有那些感觉自己与米沃什及所描述事件有着个人关联的人。约瑟夫·沃博多夫斯基属于第二种,他指责作家在进行哈姆雷特式"个人不在场证明"的追寻,认为"唯有服从马克思主义的经验,才可以在现代悲剧中战斗",最重要的是要不断地坚持神化一切,主要是克朗斯基的角色:"老虎? 只是一只非常聪明并且非常不幸的猫,想要欺骗一只邪恶而有力的猴子。"[19]这本书最严重地伤到伊瓦什凯维奇,他自己在书中被完全忽视而感到被冒犯,但更让他生气的是米沃什对待作家与其所出生国家关系的开放性,抛弃了"背叛"的沉溺幻想,这是他自己也无法做到的:"切希骄傲而混乱的灵魂在这里自恋于知识分子的势利[……]。所有这些诡辩,都是为了展示他个人的非凡品格和他在欧洲的特殊境遇,内心深处都隐藏着漂白自己的共同需求。[……]令人生厌的证据搜集,证明他不适合在波兰生活,但他同样不适合在美国生活,也许根本就不该活。毕竟,他是信天翁。[……]该书有种无法估量的狂妄自大,对人鄙视,合上该书的最后一页时想到:这是'撒旦之书'。"[20]有人几乎会想,玛丽亚·东布罗夫斯卡床边的桌子上,在这同一时期放着的是其他什么著作:"我晚上读《欧洲故土》[……]我无法抽离。[……]我第一次被米沃什迷住了。这是他的自传,于是可说是历史学的,还有点道歉的意思。但是很难接着'跳出去'[……],找到你自己并解释你所有的情结。因为写这东西是用来解决复杂问题的,而这些问题像蚂蚁一样多。它是怎么写的啊。我甚至不能说出这本书有多适合我。也不能表达书的独特性是什么,甚至是它自己的大小。[……]这是米沃什的巨著。"《黑夜与白天》的作者还明确补充说:"在我们当今的文学中,与《塔杜施先生》旗鼓相当的作品是米沃什的《欧洲故土》。"[21]

他是不是到处"漂白"?他对所有人不公平吗?他是否为了更清晰的表达,而放弃对准确性和比例的把握?他解决了自己的那些情结吗?他是否有时会妖魔化,加剧威胁,将文学置于对细节的忠实之上?当然是的。或者他更愿意按照自己的内心体验,用比我们更强烈的情感,来真实地展现事物的进程,并只是忠于自己?是的。事实上,还有件别的事很重要:在幽灵般的十年结束时,他恢复了精神健康,并站立在地上,逃离也远未变成一个自杀故事。他终于可以自由写道:"所有突然的波折和分手,结果就是对自己的毫无价值、自我保护、有罪的快乐(delectatio morosa)的反复沉思。如果不是因为地球美丽,我是治不好病的。[……]经过几年没有光明的奋斗,我的脚再次踏上地面,我重新获得生活在现在、当下的能力,这比任何可能的启示录都要高明,交织在一起,过去和未来,相互丰富。"(《欧洲故土》,页 326)

"我收到美国一所大学的客座讲师邀请,但到目前为止,我还是拒绝了,因为我不得不收拾行装,也就是说,要中断的东西太多了,我现在承受不起。"[22]一九五九年七月,米沃什这样告诉斯坦尼斯瓦夫·文森兹,当时脑子里还想着要审阅即将出版的《欧洲故土》的译本。[23]然而,享有盛誉的加利福尼亚大学在一年之后再次发出邀请,那时作家已经充分意识到,他留在法国的可能性正在逐渐耗尽:与国内的接触越来越有限,他面临着选择,一个是"巴黎街头的朝圣者"身份,另一个是给法国读者写作的作家。[24]他有足够的力量,不惧怕美国的荒芜,而在几年前做这样的决定,完全是难以想象的:"在法国知识分子中,去美国大学讲课赚钱,是一种时尚,我认为没有必要回避,值得尝试,而我同时希望在那里,我们可以达成暂时性妥协,每隔一段时间在那里讲课,来充实钱袋子。"[25]虽然政治气氛已经大大升温,大学也发挥出它的影响力,但签证问题又出现了,似乎不能成行。米沃什随后去了哥本哈根,扬卡开始装修厨房,然后,九月底,美国大使馆来信了,"不得不临时应付意外"。[26]在经历了以前的事情之后,他们不可能再分居了,他们从一开始就想好,他们可能不会再回法国了[27],所以十月初,全家收拾行李赶往巴黎,因为他们这次穿越海洋,不是乘船而是乘飞机了。

离开前的最后一个假期,米沃什一家是在大西洋海岸的一个小地方波尔尼克(Pornic)度过的,日渐衰弱的尤留什·斯沃瓦茨基曾在那里疗养。他们住的别墅有个诗意的名字——"缪斯",那里"可以在露台上热身,穿上泳裤走十几米就可以下海"。[28]两个男孩子练习蛙泳和自由泳,扬卡读了她最喜爱的斯特恩的《感伤的旅行》,米沃什抓紧时间处理信件。他给盖德罗伊奇一家和默顿(反感法国资产阶级追逐财富,仍在从殖民地吸取血汗[29])写信,也写给亚历山大·瓦特。后者比诗人年长十

577

岁,向诗人揭示了黎明痛苦的表现。他感觉已经越来越深地进入昏暗的阴影,还有焦虑,在生命的平衡中,"有"的一面写得很少:"对我来说这是悔悟(contrition),早晨的失眠(四点钟),和已经在地球上生活了这么久的恐惧,对做过的事还没有任何支持,坟墓就已经不远了。我可能喜好吃,但只在白天,不是在凌晨四点躺在那里听潮的时候。就这样,我被自己的老年惊呆了,而且已经不愿,并已经轻视那些仍然可以做的事,都是白搭,什么都不用说了。[……]对变老的恐惧。[……]又是夜晚,再睡一次,然后就会失眠。实际上,你肯定是这些状态的专家。'四十岁的智慧'……诗人说。恐怕我的'五十岁的智慧'做了太多傻事。此外,我不站在悲伤的一面。也不伤心。**恐惧**。也就是永恒之门处的恐惧。"[30]

　　诗人喜欢圣母救恩教堂里的弥撒,一代又一代的渔夫在那里点燃蜡烛,感谢他们能外出打鱼平安归来。他听着法语和拉丁语歌曲,想起那些死去很久的女人们,她们早先在海边等待着丈夫,唱着"海鸥,海鸥!/把我们的丈夫和爱人还给我们!"[31]他查阅当地的年鉴,在公墓里漫步,想在英国士兵的集体墓当中,发现马科夫斯基上尉的坟墓,他是战前著名蜂蜜制造商的儿子。[32]他继续按照此前写作《诗论》时的样子,借由富于同情心的想象力,在诗中再现复活了过去民众的形象:一个逃脱革命的牧师加利波,奇迹般得救的侯爵夫人被砍头的汪达尔族人,摄影师卢基亚诺夫,尤留什·斯沃瓦茨基和军舰上被杀的波兰军官——他在高中时,肯定听过《圣灵起源》。就这样,美丽、干净的《小城波尔尼克年鉴》创作出来,诗中洋溢着非同寻常的声音,与米沃什过去的谦卑基调非常不同:

> 我请求上帝,让他将我变成,想要的样子
> 我对他说,我很感激
> 即使为了失眠,当潮水怒吼,

还有生活的账目。

（《诗集　第二辑》，页 308）

注释

[1] 这是尤里安·普日博希 1945 年出版的诗集的名字。提到这本诗集，米沃什写道："我嫉妒[普日博希]，无家可归。"见《战后即刻》，页 12。

[2] 切斯瓦夫·米沃什，1955 年 11 月 19 日 BBC 专栏。（拜内克图书馆）

[3] 1956 年 3 月 29 日日记，收录于雅罗斯瓦夫·伊瓦什凯维奇，《1956-1963 年日记》，页 61。

[4] 参托马斯·默顿写给切斯瓦夫·米沃什的信，1959 年 5 月 21 日，收录于托马斯·默顿、切斯瓦夫·米沃什，《通信集》，页 37–38。

[5] 关于这些寻找的记录，与《白昼之光》中提到的类似，现存于拜内克图书馆米沃什档案。难道是扬卡在米沃什的写作间小心翼翼收集了这些废纸？

[6] 参切斯瓦夫·米沃什写给耶日·盖德罗伊奇的信，1953 年 9 月，收录于耶日·盖德罗伊奇、切斯瓦夫·米沃什，《书信集：1952–1963》，页 134。

[7] 按米沃什最初的设想，托马什应该逐渐成为一名牧师。小说手稿"以大量的七行诗开篇，但后来都被删掉了"。米沃什在序言中写道："我决定讲一讲我所知道的托马什·瓦隆尼萨（他后来成了主教）的故事，他是一位神父，来自很少有人知道的省份。"参《伊萨谷》，页 306。

[8] 马莱克·扎莱斯基，《叫托马什的小伙子》，收录于切斯瓦夫·米沃什，《伊萨谷，和马莱克·扎莱斯基一起上文学课》（克拉科夫，1998），页 266。

[9] 伦敦的《消息》杂志（1956 年第 12 期）报道，《伊萨谷》被评为 1955 年最杰出的由流亡者出版的书籍。

[10] 让娜·赫施，《关于笔译》，载《文学笔记本》，1991 年秋第 36 期。

[11] 准确地讲，这个图注为"Le surnaturel est facile"（超自然是容易的），放在米沃什照片下方，还配有一篇题为"Présence du diable"（恶魔的存在）的书评，见《快报》，1956 年 6 月 24 日。La métaphysique est facile，法文，意为"形而上学

太容易"。

[12] 伊莱娜·斯瓦文斯卡,《那是个遥远的国家……》,载《普世周刊》, 1956 年第 16 期。

[13] 扬·布沃斯基,《伊萨谷》,载《文化纵览》,1957 年第 24 期。

[14] 耶日·扎威依斯基,《书籍之上》,载《创造》,1957 年第 11 期。

[15] 莱娜塔·高尔琴斯卡,《环游世界:对话切斯瓦夫·米沃什,评论》, 页 294。

[16] 雷沙德·马图舍夫斯基,《我与米沃什的见面》,页 182。

[17] 摘自斯坦尼斯瓦夫·文森兹写给耶日·盖德罗伊奇的信,1958 年 10 月18 日。(文学院档案室)

[18] 维托尔德·贡布罗维奇,《日记:1959-1969》,页 98-100。

[19] 约瑟夫·沃博多夫斯基,《家庭神话》,载《美人鱼-白鹰》(巴黎-伦 敦),1960 年第 46 期。

[20] 1960 年 10 月 21 日日记,收录于雅罗斯瓦夫·伊瓦什凯维奇,《1956- 1963 年日记》,页 442。根据鲍德里亚的诗《信天翁》,米沃什就像这只鸟,飞翔 时非常漂亮,落地时又丑又笨。

[21] 1961 年 7 月 16 日和 8 月 20 日日记,收录于玛丽亚·东布罗夫斯卡, 《日记:1915-1965》,卷四,页 155、162。

[22] 摘自切斯瓦夫·米沃什写给斯坦尼斯瓦夫·文森兹的信,1959 年 7 月 18 日。(克拉科夫切斯瓦夫·米沃什档案馆)

[23] 最早,在 1961 年,德文版和意大利文版《欧洲故土》问世,七年后该书 才登陆美国市场。米沃什这样回忆法文版(译者乔治·瑟德尔是一位外交官, 曾在法国驻华沙的大使馆工作)的出版经历:"我和伽利玛出版社的关系并不 好。[……]我把《欧洲故土》的打印稿交给出版社海外部的领导迪奥尼·马斯 科洛。他是共产党,并不情愿出版我的书。于是他将草稿评价的活儿交给正在 巴黎游玩的耶日·利索夫斯基,希望他(也是党员),把这本书毙掉。事与愿违, 利索夫斯基写了一篇高度赞美的书评。"摘自《欧洲故土》,页 8。米沃什在给温

特劳布的信中也提到:"法文翻译很痛苦,因为我必须亲自动手。"因此,瑟德尔只是"润色"了文字而已。参切斯瓦夫·米沃什写给维克托·温特劳布的信,1959 年 3 月 21 日。(维克托·温特劳布档案,雅盖隆图书馆)

[24] 参:"在通往国内[大写字母]的法式鹅卵石路上,我尽可能不要变成诗人,我越来越不在乎国内的热情和'横眉冷对'的政治。我完全否认,我在练习写诗,但每一种情况都有它存在的道理,现在我符合'追寻者'的条件,因为我根本不是法国作家。"摘自切斯瓦夫·米沃什写给维克托·温特劳布的信,1959 年 4 月 23 日。(维克托·温特劳布档案,雅盖隆图书馆)

[25] 摘自切斯瓦夫·米沃什写给亚历山大·瓦特的信,1960 年 9 月 18 日,收录于亚历山大·瓦特,《书信集》,下册,页 215。

[26] 摘自切斯瓦夫·米沃什写给维克托·温特劳布的信,1960 年 12 月 3 日。(维克托·温特劳布档案,雅盖隆图书馆)

[27] 在 1959 年 4 月 23 日写给维克托·温特劳布的信中,米沃什还在考虑获得移民签证(不只是旅游签证)的可行性。(维克托·温特劳布档案,雅盖隆图书馆)

[28] 摘自切斯瓦夫·米沃什写给耶日·盖德罗伊奇的信,1960 年 7 月 19 日。(文学院档案室)

[29] 参托马斯·默顿、切斯瓦夫·米沃什,《通信集》,页 71。

[30] 摘自切斯瓦夫·米沃什写给亚历山大·瓦特的信,1960 年 7 月 11 日,收录于亚历山大·瓦特,《书信集》,下册,页 203–205。contrition,法文,意为"因为罪过而懊悔"。Sage quarantième année,Sage cinquantième anneé,法文,意为"四十岁的智慧","五十岁的智慧"。Angoisse,法文,意为"恐惧,焦虑"。

[31] Goélands, goélands! / Rendez-nous nos maris et nos amants! 法文,意为:"海鸥,海鸥! / 把我们的丈夫和爱人还给我们!"

[32] "波兰曾流行过克鲁什维察的马科夫斯基蜂蜜。他的墓碑上,一半是英文一半是波兰文,这样写道:'斯坦尼斯瓦夫·马科夫斯基上尉,来自克鲁什维察的亨里克·马科夫斯基的儿子,终年三十岁,1944 年 8 月 26 日。'"摘自切斯瓦夫·米沃什,1960 年 7 月 20 日 BBC 专栏。(拜内克图书馆)

第八部分　魔山 1961–1980

第六十四章　灰熊峰

七十年代中期,切斯瓦夫·米沃什在这里写下这样一首诗:

我记不清,卜弼德死于何时,也许两年,抑或三年之前。
陈君的卒期亦然。去年或更早。
忧郁且温和的卜弼德,比我们晚来不久,
他曾说,起初很难适应,
因为这里没有春夏,也没有秋冬。

"我总梦见白雪和白桦林。
如果某处没有四季轮回,如何能体会,时间在流逝。
您看吧,这是座魔山。"

[……]

我想,卜弼德有些道理,但我不苟同。

难道我得不到力量，就拯救不了世界？

然后便与功名擦肩，不配拥有冕帽与皇冠？

还是我要因此操练自己，那个唯一的自己，

去为海鸥与海上迷雾谱诗，

再听一听，它们发出那船笛般的低鸣？

都消散了。什么消散了？是生活。

如今我不再耻于我的失败。

一座有海豹嘶鸣的阴郁岛屿

或者一片炎热的沙漠，都已足以让我们，

说出 yes，tak，si。①

"甚至酣睡之时，我们都在为世界做着什么。"

仅仅因为毅力来自坚持不懈。

我比画出一根无形的绳索，

然后借它攀爬，而它也拉住了我。

（《诗集 第三辑》，页 188–189）

在《魔山》这首诗中，诗人提到了在美国漫长生活的二十年里的一些经历。要赋予这些经历画面感，就得放慢现在的节奏，由这首诗生发开去，细细品味加利福尼亚曲调的韵味。如果我们不想这样做，至少也要记得，当我们未来谈及他人以及周遭的故事时，肯定不止一次，也不止只言片语，可能要谈上十年，或者十五年……米沃什在加利福尼亚，在这里，从空间上以某种方式与时间、与欧洲人传统的四季更迭割裂开来，却更亲近于那个生于内韦日斯河沿岸的小伙儿。他后来回忆道，他喜欢造

582

---

① 依次英文、波兰文、西班牙文，意为"我愿意"。

访一位大学同事,仅仅因为那所房子里挂着一些照片,全是白雪皑皑的森林影像。他定居于此,此处于他来说更像是一座沙化的岛屿,这幅景象就说明了一切——历尽考验、与世隔绝,因为大多数新结交的朋友对他缺乏了解,将他孤立。"尊敬的米沃什教授怪人,／ 他用几乎无人知晓的语言写诗"(《诗集　第三辑》,页189),正慢慢变成一个令人沮丧的老古董,如果他再藏起那个秘密——其实没人对此感兴趣,就要成为上百个彼此雷同的"学究们"的一员。但对汉斯·卡斯托普来说,"魔山"还是一个蒸馏罐,他在此山中发生了质的转化,那么也可以说,波兰诗人在加利福尼亚期间经历了类似的炼金反应。履行学院教师的职责,选聘艺术家、散文作者和宗教思想家就是所需的原料,逐渐地合金成了形,这根"无形的绳索"炼成了,可以借着它爬越无望之地。他自己也曾向斯坦尼斯瓦夫·文森兹写道:"我有种想法,迄今为止我写下的所有文字,与多个重要思想不谋而合[……]马克思主义、布热佐夫斯基、百年诗歌史,以及关于知识分子和艺术分子形象的论述,最后都归结于世世代代对基督教符号化的态度转变上。"[1]

　　飞机降落在旧金山,一九六〇年十月九日晚间,米沃什抵达位于海湾另一端的丘陵城市伯克利。第二天一早这位新鲜出炉的加州大学访问讲师(visiting lecturer)便开始了第一堂讲座,甫一下课便是"青年波兰"诗歌研讨会。这座宽阔而现代化的校园里,一幢幢白色教学楼掩映在绿色的桉树和松柏丛间,中心矗立着一座意大利式的钟楼,空旷处还有体育馆和"希腊式"的竞技场,十多个喷水池,最重要的就是一座馆藏十分丰富的图书馆以及遍布校园的大小书店——为在此学习的近三万名学生提供源源不断的知识补给。加州独特的气质,完全有别于东方的设置,让他深入了解这片大陆的便利性(那时《纽约时报》通过火车投递到伯克利,时延只有三天),在初来乍到的米沃什看来,一切太过完美,甚至有些不真实。在最初的日子里，尽管他赞赏美国已经"有别于十年之前"，但仍稍显疑惑，"一切都太大，太丰富，太满了，忍不住要[……]怀疑，他们的边界之外还有什么"。[2]受时差之困，凌晨三点他就醒了，然后长久地望着蔓延在旧金山湾低处的光华胜景："欧洲从不如此这般：霓虹璀璨铺满夜，[……]直至完全天明，熄灭——待繁华落尽，蓝色的海湾边堆满白色的骨头（房屋多为白色）。"[3]

米沃什全家在斯拉夫语系主任弗朗西斯·惠特菲尔德的家里住过几日。弗兰克①的太太塞利娜还帮着扬卡一起采购了安家用品。塞利娜是华沙人，华沙起义后被带到德国集中营，后来辗转伦敦、纽约来到旧金山，并在这里认识了弗兰克。弗兰克通晓数种语言，是一位语言学家，彼时在附近大学里担任历史教师。这个惠特菲尔德，曾在哥伦比亚大学授课，认识曼弗雷德·克里德勒，又因太太的缘故对波兰颇感兴趣[4]，想提高伯克利研究波兰文学的水平。他要找人接任即将退休的瓦茨瓦夫·莱德尼茨基[5]，便决定将米沃什请到美国。在这件事上，哈佛大学的斯拉夫语教授维克托·温特劳布也贡献良多，战后他访问欧洲期间认识了作家本人——他们与兹齐斯瓦夫·布隆采尔共同准备 BBC 的采访时留有合影。在米沃什寄给温特劳布的信中可以看出，前往大洋彼岸工作的念头始于一九五八年他们在巴黎见面之时[6]，和他亲近的这位教授摇身变成了作家与美国的联络人，时刻关注着伯克利的形势[7]，同时也在帮他寻找其他可能，比如说布卢明顿的印第安纳大学。起初米沃什在巴黎过于忙碌，无暇认真考虑这些建议。一年后他才意识到，以笔谋生会将他局限在论文写作上："如果我用法语写一些在巴黎有销路的文章[……]那我终将沦为二流货色。[……]美国的大学（campus）于我今日而言并非糟糕之选，如果讲解波兰文学相较分析法国市政选举能消磨

---

① 弗朗西斯的昵称。

更多时间,谁又知道,我自己能不能或多或少从中受益呢。"[8]在给温特劳布的下一封信中他补充道:"非常感谢您如此慷慨地为我张罗。您如果搭上我的脉搏就会知道我在想什么。"[9]一九六〇年年中,当他再次收到邀请时,米沃什放弃了略微逊色的布卢明顿提出的优厚条件,出现在了伯克利的校园里。[10]

米沃什一家在加利福尼亚的第一个住处位于里奇街 2601 号,这是一幢漂亮舒适的出租屋。"给乡下人盖的,"诗人向盖德罗伊奇如此介绍说,"屋顶[……]是金色的,墙上画着一棵黑色的树,带着中国的金箔。金色烛台,天花板有灯。红色的窗帘。对了!门厅和厨房:红砖地面,深蓝色的门窗上有金色(还是中式的)装饰。卫生间里有一扇玻璃门(代替浴帘),按下灯光开关,排风会自动启动。厨房的门廊直达花园:都种着玫瑰。桉树的气息。落叶松。修剪过的巷道。有蜂鸟。[……]优惠租金一百八十五美元。"[11]一九六一年七月起他们租住在欧几里得大道 820 号的一幢小房子——远离学校,在灰熊峰的山腰以上。不久后车库里有了一辆一百美元买来的二手道奇。莱德尼茨基住在附近,不过作家与他还不熟识。借由惠特菲尔德的介绍[12],作家在加利福尼亚的第一批朋友包括如下诸位:经济学教授安杰伊·布热斯基,著名的逻辑数学家阿尔弗雷德·塔尔斯基,还有后来在蒙日龙再次遇见的阿图尔·曼德尔,与他的太太罗莎。"我们在伯克利认识了他们[……],相比美国人、非犹太波兰人,我们与他们更为亲近。阿图尔来自别尔斯科①,接受的是德国文化[……],罗莎出生在查涅茨村,热维茨附近的一个村庄。②[……]美国、波兰、反犹主义、犹太主义、基督教、社

① 别尔斯科(Bielsko),波兰城市,据统计二十世纪初约百分之八十以上人口说德语。
② 查涅茨(Czaniec),波兰村庄;热维茨(Żywiec),波兰南部城市。

会主义、托马斯·曼以及其他"曼"们、伯克利的德国侨民区，都是我们聊天的话题。"（《猎人的一年》，页88）曼德尔一家开车带着米沃什一家熟悉周边环境，带他们去了以葡萄庄园闻名的纳帕谷。曼德尔与作家探讨过法兰克人的历史，后来还介绍了他用德语写的《波兰文学史》一书。

　　一九六二年六月米沃什取得美国公民身份，大学的教职也让他有了稳定的财务保障，他买得起自己的房子了。位于灰熊峰大道978号的宅子靠近伯克利山地的山顶，坐落在陡峭的山坡上，掩映在一片巨大的松树和红杉之中。房子临近道路，大门开阔，沿着一条陡峭狭窄的小路可以蜿蜒而下。此处就像魔法森林的中心：神秘的沙沙声，鸟儿欢唱，在树枝间跳跃的松鼠忽隐忽现，鹿儿们不急不慢地躲开去。房子不大，两层，有斜屋顶和会客厅，中间是一个石砌的烟囱，"火炉尺寸如原始人用的一样大"。[13] 从前面看房子矗立在阴影之中，侧面却有一个开阔的游廊，热辣辣的，面向骄阳和散发着草药香的花园，可以无遮拦地观赏到伯克利和旧金山的全貌。入口处的房间被诗人用作工作室，十年间来访的客人在敲门时，透过边窗最先看到的就是伏案工作的他。向阳的墙壁被铺上了一层厚厚的有纹理的石膏板，上面挂着一幅复制的嘉布蕾拉姨妈的肖像画。深色的木书架上摆满了书和笔记本。在第二个大窗户下面摆着的书桌上放着厚重的成套字典。经过多年积累，书籍之间又添了许多新鲜摆设——木制和陶制的小鸟，毛绒玩具熊，迷人的猪小姐……可以说，房子正面是阴暗的森林，隐藏其后的是一个铺满阳光的天井，这正是米沃什夫妻关系的写照。切斯瓦夫发酒疯，他的伴侣扬卡却像太阳神阿波罗一般渴望光明、纯净，但又真实、热情而奔放。他们安居下来，齐格蒙特·赫兹生动地讽刺说："亲爱的切希，你不知道我有多高兴，船锚已落，船长脱去制服，在天井抓到了蜂鸟［……］。最后某人，一屁股坐下来，理所当然地抱怨起那些想象出来的话题。你，小子，没有这样的怨意，也没有华沙咖啡馆地板下流淌着的愤恨，所有人在那里抱怨的对象，你并不懂,你没受过意想不到的折磨,没遭遇过朋友的背叛和藏在笑里的刮骨刀。"[14]

　　扬卡身上肯定不缺少华沙咖啡馆的烟火气;找家具,砍下有倒掉危险的松树,她后来还在临近街道的车库旁边为访客盖了一所小房子。她琐事缠身,都没什么时间学习关于陀思妥耶夫斯基和普鲁斯特的课程。她有偏头痛又过度操劳,梦想着去欧洲来一场双人旅行,于是她给安德热耶夫斯基写了封信:"我得甩手家务,否则这些杂事会把我掏空[……]我要环游世界,就像你经常做的那样,哪怕一次,自由自在。洗衣店负责洗衣,我在咖啡馆里品尝美食。"[15]而切斯瓦夫——家务从不沾手——还愤愤不平:"扬卡'麻烦'得很,净操心猪排、孩子们的皮鞋、吸尘、厨房[……]。她让我闹心,不体面地说,她做得太过了。如果某人是个'麻烦',那麻烦已经来了(意第绪语俗语)。"[16]也许她做得是过了,但日常琐事大多压在她身上,她却事无巨细,面面俱到。就比如说一九六三年在法国和意大利逗留的几个月里,她能从美国佬那里搞到一辆相当便宜的大众甲壳虫汽车[17],然后用船运到美国——申报成二手车,不用交关税。后来她儿子回忆说——她操心"机油是不是按时更换,甚至亲自检查座椅下的蓄电池,也因此和家具销售员、机械师等普通大众关系不错,对这些人她比对那些所谓的一般知识分子表现出更大的善意和尊重"。[18]她爱孩子,甚至是溺爱;她迷恋天赋,就像她丈夫拥有的那种;她自己的需要排在最后,直到几年以后她才第一次也是最后一次让自己奢侈了一下——买了一台"16 mm"摄像机,并在旧金山国立大学报名了摄影夏季班。系统地去拍电影,她既没有时间,也可能没有自信,此外她还饱受体力不支的折磨。

　　与在旧大陆时的远足不同,在这儿他们常常度过的是美式假期。起初是去周边的森林、离伯克利不远的塔霍湖。切斯瓦夫喜欢露营,花销不多,他们常去加利福尼亚以北的俄亥俄州、华盛顿州扎帐篷,后来还去

586

过加拿大的不列颠哥伦比亚省,那里低垂的天空和北方的光影多少能让人联想起立陶宛的风光。他们多次北行,跨越一千五百千米抵达温哥华后,前往阿萨巴斯卡扎营,见过麋鹿、灰熊和美洲狮。一九七四年米沃什夫妇开着摇摇晃晃的沃尔沃抵达阿尔伯塔省的班夫,参加斯拉夫文学研讨会。扬卡告诉朋友,以她的年纪本不该再从一个搭在湿漉漉草地上的帐篷中醒来。[19]斯坦尼斯瓦夫·科夫纳茨基也是露营爱好者,他还热爱健身,现在成了工程师,住在附近的洛图加图斯市。他曾和切斯瓦夫一起去内华达山区的鹰湖边度假。他们的故事——正如他们在其中一封通信中所述,是"齐格蒙特和教授的荒原历险"和"大学教授的荒原诗"[20]——米沃什向另一位旅游发烧友——他的弟弟描述道:"徒步五千步,穿行在巨大的杉树林间,扎帐篷,放船,早上出了睡袋就跳进水里。[⋯⋯]斯达希·科夫纳茨基①[⋯⋯]看上去和故事中的鲁滨逊·克鲁索一个样,却更像俄罗斯壮汉,划桨、爬山都相当厉害[⋯⋯]。渐渐地我也自信起来,因为我的耐力够大,我可以划船几小时不停歇,也可以轻松爬山不再气喘吁吁。[⋯⋯]如果有人听见我和斯达希交流时的言语,可不一定搞得懂——因为那是维尔诺方言,同时交杂着俄文表达和英文技术词汇。"[21]

切斯瓦夫在加利福尼亚的头几个月里一心一意地备课,扬卡也对返美满心欢喜,但两个儿子的状况却很糟糕。托尼,不久前还被同学们叫成"美国人",如今——与其说是受纪律严格的法国学校管束,不如说是受另一种文化熏陶——初来乍到,感觉自己"就像来自另一个星球"。[22]他没有同伴可以倾诉,并不是因为交流上存在什么问题,而是"他卷入了同学间的战争——肯尼迪阵营对战尼克松阵营。[⋯⋯]他还执笔写了几条刻薄的(也是有针对性的)的反共和党标语"。彼得的

---

① 斯达希是斯坦尼斯瓦夫的昵称。

情况更糟糕："倒霉，且困难重重。不只是不懂英语[……]，而且举手投足都是法国味儿。"[23]从另一个角度来看，这个新环境比法国更加平等和开放，这个社会中每个人都是移民或者移民的后代。因此，在他们的父亲看来，兄弟二人融入得太快了，他对此不甚乐观："托尼在学校很优秀，是班干部（他们都戴着特殊的帽子），成绩很好。他说过，[……]这所学校比法国那所强上十倍，因为在那里他受到排挤，而在这儿却没有，在那边他和一切都格格不入，就因为不是法国人。[……]昨天万圣节[……]他扮鬼作怪，戴上大大的尼克松面具，贴上犄角，晃着三颗用银色纸做的假牙。彼得的面具更不成人样，是一个丑陋的矮人。彼得一开始不愿意上学，但现在乐意上，结果就是，英语脏话学得很溜。"[24]两个孩子都会三种语言，但明显更亲近法国和美国文化，而不是波兰文化。[25]多姿多彩的电视节目也如魔法般强烈地吸引着他们，对此他们的爸爸很是愤怒，甚至向默顿建议应采取社会行动："我向您呼吁[……]1.所有电视台都应该按英国范例归属国有，参照 BBC。2.应该成立一个由学者、作家、牧师组成的特别组织，像董事会那样运作。3.不允许播放任何广告。"[26]苦修士①没有理会这些建议，而米沃什——终生甘被这所谓的流行文化摆布——沉迷于电视节目，一九六一年秋他采买了一个巨大的接收器，用来追看纯西方的冒险类连续剧《66 号公路》，多年后又兴致盎然地追看英雄主义肥皂剧《金色波兰》。

　　两个男孩逐渐长大成人，找到了电视之外的乐子。安东尼喜欢宗教历史、人类学和音乐，但他的职业却是理科类的——电学、化学。"托尼一脸红胡子，有着德式的浪漫外表，内心也是德式的，在形而上学的至高领域刻苦钻研。[……]香车美女皆不入眼，只爱探索灵魂深处。彼得如阿波罗般挺拔俊美，一头飘逸金发，外表出众，喜欢读帕斯卡。"一九

588

---

① 指上文提到的托马斯·默顿，他也是特拉普派苦修士。

六五年米沃什如是描写儿子们。[27]三年后,情况有了些变化:托尼这个新鲜出炉的丈夫和父亲[28]被旧金山药科学校药理系录取,在那里他完成了博士学业,后来在圣克鲁斯的加州大学担任讲师,再后来成了计算机系统设计师。正如他对本书作者所言,信息技术让他"创造出自己的世界",创造是纯粹的艺术过程——有点儿像作曲。

彼得的命运不同寻常。一九六七年暑假他第一次前往阿拉斯加,给一位姓米德的捕手做帮工[29],追捕麋鹿和晨间在湖边洗澡的野狼[30]。随后几年,他以人类学学生的身份去拉丁美洲考察,在那里甚至碰到过走私钻石的犯罪团伙。一九七四年他回到北美,在修建输油管道期间参加了油罐车驾驶员课程——待遇相当优厚,但恶劣天气和荒凉地带需要极好的身体抵抗力。"冰冷的海岸边,就像在月球背面,二十四小时极夜,有一小时天色会有点儿变灰,下午时分,气温低于零下五十华氏度,什么都没有,没有树,雪不多,因为干燥,只有大风呼啸,"年轻流浪者的爸爸向巴黎过来的朋友们描述道,"后来彼得在那里成了英雄,他扑灭了点着了整个一号油泵的大火。"[31]这次事件彻底改变了一家人的生活……

注释

[1]摘自斯坦尼斯瓦夫·文森兹写给切斯瓦夫·米沃什的信,1962年7月15日。(克拉科夫切斯瓦夫·米沃什档案馆)

[2]摘自切斯瓦夫·米沃什写给维克托·温特劳布的信,1960年12月3日。(维克托·温特劳布档案,雅盖隆图书馆)

[3]摘自切斯瓦夫·米沃什写给亚历山大·瓦特的信,1960年10月15日,收录于亚历山大·瓦特,《书信集》,第二章,页219。

[4]不止如此,他还是著名的科希丘什科基金会版波英字典的编纂者之一。

[5]瓦茨瓦夫·莱德尼茨基(1891-1967),文学历史学家、俄罗斯研究专家、

雅盖隆大学教授,撰写了多篇俄罗斯和波兰文学研究论文。1940 年他从波兰前往布鲁塞尔,然后去法国,最后到了美国。1944 年担任加州大学伯克利分校斯拉夫文学教授。

[6] 其实这是第二次。五十年代中期,米沃什就曾考虑过前往哥伦比亚大学接替即将退休的克里德勒。

[7] 莱德尼茨基希望强行通过自己的候选人。二十年后米沃什也遇到相似的问题,他没能说服伯克利大学的管理层将自己的职位托付给他选出的候选人,比如托马斯·温茨诺瓦。

[8] 摘自切斯瓦夫·米沃什写给维克托·温特劳布的信,1959 年 3 月 21日。(维克托·温特劳布档案,雅盖隆图书馆)

[9] 摘自切斯瓦夫·米沃什写给维克托·温特劳布的信,1959 年 4 月 23日。(维克托·温特劳布档案,雅盖隆图书馆)

[10] 可以说,多年后米沃什报答了温特劳布的恩情,在他的努力下,波兰人民共和国政府为斯坦尼斯瓦夫·巴兰查克颁发了护照,后者后来成为哈佛大学的波兰文学教授。

[11] 摘自切斯瓦夫·米沃什写给耶日·盖德罗伊奇的信,1960 年 10 月 17日,收录于耶日·盖德罗伊奇、切斯瓦夫·米沃什,《书信集:1952-1963》,页 429。

[12] "我的系主任是个非常善良和真诚的人。我不知道,他是不是喜欢我,但我喜欢他。"1960 年 10 月 17 日切斯瓦夫·米沃什在给耶日·盖德罗伊奇的信中如是写道。收录于耶日·盖德罗伊奇、切斯瓦夫·米沃什,《书信集:1952-1963》,页 431。

[13] 摘自切斯瓦夫·米沃什写给耶日·盖德罗伊奇的信,1962 年 7 月 30日,收录于耶日·盖德罗伊奇、切斯瓦夫·米沃什,《书信集:1952-1963》,页 646。

[14] 摘自齐格蒙特·赫兹写给切斯瓦夫·米沃什的信,1962 年,收录于齐格蒙特·赫兹,《致切斯瓦夫·米沃什书信集:1952-1979》,页 120。

[15]摘自雅尼娜·米沃什写给耶日·安德热耶夫斯基的信,1962年11月12日。(耶日·安德热耶夫斯基档案,华沙文学博物馆)

[16]摘自切斯瓦夫·米沃什和雅尼娜·米沃什写给阿涅拉·米钦斯卡和扬·乌拉托夫斯基的信,1961年9月12日。(移民档案,托伦哥白尼大学,扬·乌拉托夫斯基档案)

[17]根据记录,六七十年代米沃什一家依次开过道奇、大众、沃尔沃、庞蒂亚克牌汽车。"开快车是我主要的出行方式(沃尔沃——像条龙)。"1967年底米沃什这样告诉耶伦斯基。摘自切斯瓦夫·米沃什写给康斯坦蒂·亚历山大·耶伦斯基的信,1967年11月14日。(拜内克图书馆)米沃什和耶伦斯基之间的书信还收录于切斯瓦夫·米沃什、康斯坦蒂·亚历山大·耶伦斯基,《通信集》,芭芭拉·托伦切克编,拉多斯瓦夫·罗马纽克统筹,《文学笔记本》,华沙,2011年。

[18]摘自2005年10月27日安东尼·米沃什写给本书作者的信。

[19]参亚历山大·辛克在纪录片《魔山:切斯瓦夫·米沃什的美国素描》中的表述。影片编剧:安杰伊·弗劳瑙塞克、耶日·伊尔格;导演:玛丽亚·兹马日-科查诺维奇;制片:"拉尔戈"电影工作室、电影制作局、波兰电视台一套,2000年。

[20]参博格丹·乌尔巴诺维奇,《维尔诺齐格蒙特·奥古斯塔国王中学:教师和学生们的回忆》,页138。

[21]切斯瓦夫·米沃什,《家书》,载《艺术季刊》,2008年第3期。斯坦尼斯瓦夫·科夫纳茨基的女儿安娜在《校园声音:国立大学杂志》上也提到了和父亲一起拜访米沃什的事。那时,米沃什已获得诺贝尔奖。米沃什用伏特加和自己亲手做的鲱鱼招待科夫纳茨基,而科夫纳茨基应米沃什的要求朗读了自己的俄文诗。本书作者从科夫纳茨基的遗孀万达·科夫纳茨卡手上拿到了这本杂志。

[22]这处细节,以及安东尼·米沃什再次定居美国的一些感受,源于本书作者2001年4月与他之间的交谈。

[23] 摘自切斯瓦夫·米沃什写给耶日·盖德罗伊奇的信,1960 年 10 月 17 日,收录于耶日·盖德罗伊奇、切斯瓦夫·米沃什,《书信集：1952–1963》,页 430。

[24] 摘自切斯瓦夫·米沃什写给耶日·盖德罗伊奇的信,1960 年 11 月 2 日,收录于耶日·盖德罗伊奇、切斯瓦夫·米沃什,《书信集：1952–1963》,页 445。

[25] "我的孩子们要么在泳池游泳,要么看上几小时愚蠢的肥皂剧。在法国时也没好到哪儿去：一群年轻人骑着自行车到处晃,也看电视(尽是些无聊的节目,不过没有那么愚蠢),看电影。两个人的波兰语都很流利(没有老外口音),但是不读书——很难说服他们阅读。难道是这代人的共性吗?他们都觉得维克多·雨果和大仲马的小说啰唆得很。托尼更爱看法文版电影《你往何处去》。我向他们介绍过很多适合儿童和青年的波兰语读物。完全不屑一顾。例外：扬·布热赫瓦的《克莱克斯先生》和科莱夫茨基的《大海的时间》(科幻小说)。对图维姆、布热赫瓦的诗——则厌恶得很。"摘自切斯瓦夫·米沃什写给耶日·图罗维奇的信,1961 年 6 月 21 日。八年后,米沃什再次向图罗维奇述说："不只是波兰,他们也看不上欧洲。彼得还说：'你知道,欧洲都是侏儒。'"摘自 1969 年 10 月 17 日的信。(耶日·图罗维奇档案室)后来齐格蒙特·赫兹开玩笑地回应着米沃什的担忧："你高兴看到的,无非是心绪复杂的人和乡下人组成的臭气熏熏的东欧。但你要知道,那里总会发生些什么,也总是让你和我兴趣盎然,但安东尼和彼得已经对这种病免疫了,那些事根本伤不了他们的心。"摘自齐格蒙特·赫兹写给切斯瓦夫·米沃什的信,1962 年 3 月 11 日,收录于齐格蒙特·赫兹,《致切斯瓦夫·米沃什书信集：1952–1979》,页 112。

[26] 摘自切斯瓦夫·米沃什写给托马斯·默顿的信,1960 年底 1961 年初,无确切日期,收录于托马斯·默顿、切斯瓦夫·米沃什,《通信集》,页 93。

[27] 摘自切斯瓦夫·米沃什写给兹比格涅夫·赫贝特的信,1965 年 7 月 15 日,收录于兹比格涅夫·赫贝特、切斯瓦夫·米沃什,《通信集》,页 49。

[28] 艾琳·吉尔伯特是安东尼·米沃什第一段婚姻的女儿。

［29］那个捕手曾于 1967 年秋到伯克利拜访过米沃什一家。关于彼得在阿拉斯加的冒险故事在诗作《我小的时候》（《诗集 第三辑》,页 82）和《寓言》（《诗集 第三辑》,页 98）中都有描述。

［30］"疯狂的彼得从西雅图搭便车到达阿拉斯加的费尔班克斯,然后再搭乘邮政飞机,到了离北极点八十五英里的地方。在那里给一个捕手打下手,也就是背着肉,靠人背是那边唯一的运输方式,他和捕手一起捕麋鹿。［……］我们有点儿害怕,怕熊把彼得吃了,因为那里除了黑熊还有灰熊,都是危险的动物,而彼得的散弹枪并不称手。"摘自切斯瓦夫·米沃什写给安杰伊·米沃什的信,1967 年 7 月 21 日,收录于切斯瓦夫·米沃什,《家书》,载《艺术季刊》,2008 年第 3 期。

［31］摘自切斯瓦夫·米沃什写给耶日·盖德罗伊奇的信,1974 年 12 月 23 日。（文学研究院档案室）

第六十五章　创伤的正反面

说说我的工作室吧，它的杂乱无章让人能够轻易得出其主人实属贪婪之人的判断，认定他恨不得要把一天抻长到二十四小时之外。沙发和书架上到处是摊开的书，有四种语言，彰显了主人的雄心壮志，同时又是他无力掌控的证明。超大的书桌被各种笔记和摘抄占得满满当当，其间散落着烟斗、脏杯子、铅笔、雪茄、剪报、打火机、干果袋和几个诗人的诗集。地板上叠放着一摞摞无处可摆的书。

切·米沃什，《我应该写下来》（约 1963）

现在我看清了贯穿着我各种思绪的连接线。天主教教义、布热佐夫斯基、奥斯卡·米沃什、我的朋友塔德乌什·尤利乌什·克朗斯基身上的黑格尔主义、斯威登堡、西蒙娜·薇依、舍斯托夫和布莱克都对我产生过一些影响。将这些影响依次相连的连接线就是我的人类中心主义和对自然的憎恶，线头始于我在学习教会史时对摩尼教产生的兴趣，终于我在伯克利的加州大学讲授的摩尼教课程。

切·米沃什，《乌尔罗地》

589　　"开堂授课没有我预想的那么令人痛苦。我不需要给学生们写东西。波兰文的笔记，且要点清晰就足够了。我觉得，学生们很喜欢我。"[1]他们"有点儿，但不是像扬卡判断的那样一点儿两点儿，是稍微有点儿喜欢我，要是我的课时不足或者讲座延期了，他们还会报名其他人的讲座。[……]我根本没有对牛弹琴的感觉，总的来说，我们交流得不错。[……]课上同学们对我满怀热忱，课后课间的反馈也相当好。那我还要写点什么呢？我觉得我像一头跳芭蕾舞的奶牛"。这个逃过波兰文学课，又害怕当老师的维尔诺大学法学硕士对耶日·盖德罗伊奇说道。[2]如今，在美国最著名的大学之一，他的事业蒸蒸日上：仅仅两个

590　月后就被授予 tenure，也就是终身教职[3]，——要知道他并没有教学经历——这可是史无前例的事。还有将斯拉夫语言和文学系设置在德温伊莱大楼①。5405 号办公室内布置着一张金属办公桌，几把绿色皮革椅子和一块小黑板，在这里，诗人度过了二十年教学时光。不久后，他被任命为斯拉夫语言和文学系教授（Professor of Slavic Languages and Literatures）。他向默顿承认，这个头衔让他有生以来第一次觉得自己是个"对社会有用的人"。[4]但直爽的赫兹对此很不屑，他评论说："我笑到

————————

①　加州大学伯克利分校第二大建筑。

流出眼泪:托尼吻了吻你的手,彼得被推到门外,因为'教授爸爸要睡觉',扬卡就像跳芭蕾似的'踮着脚尖',[……]此情此景让我突然很失落:这些美国大学的水平一定不怎么样。"[5]

　　米沃什的前任瓦茨瓦夫·莱德尼茨基定下了规矩,斯拉夫语系学生不仅要完成俄罗斯文学和俄语课程,还要上其他斯拉夫语的文学课。因此,尽管波兰文学研究让绝大部分听众无法产生兴趣,但讲授"科哈诺夫斯基"或《先人祭》的课堂也并非空空如也。[6]米沃什努力改变现状,他将异国风情的故事和长诗置于宏大的历史与社会背景下娓娓道来[7],这样波兰文化就可以理解为人类文明演化中的片段,而美国农民和工人的儿女们不管是否愿意接受教育,都处于文明演化的进程之中[8]。六十年代早期的美国意识与欧洲历史非常疏远,甚至是伪历史的,在授课之初他即指出:"我关注的是现在,不是过去。[……]通过现在我才能理解今日的世界和人类的种种——人类的习惯和信仰亦已发生巨大改变。这个星球,各类变化正缤纷呈现。在遥远又美丽的国度里发生的一些小事,本就与世界意义上的政治活动存在紧密的关联。"[9]他也解释道,欧洲的波兰地区,有着深重的历史,这些历史的伤痛能让人看穿日常生活的平静表象,理解人类的命运归根结底都是一场灾难。米沃什希望学科复合化,不久后他骄傲地说:"学生们相当喜欢我的讲座。[……]到现在为止,关于文学我讲得很少,历史、政治等我讲得多一些。[……],现在主要讲阿里乌斯派①。我给年长些的学生上现代诗歌研讨课[……],向他们解释维斯皮安斯基的时候,我满头大汗[……]。但在读到博伊的《词语集》时,我们也会爆发出阵阵笑声[……]。学生中有些是笨蛋,但也有聪明人,非常聪慧的那些人,正准备投身斯拉夫文学的研究事

591

———————————
　　① 基督教历史中一个被视为异端的派别。

业中。"[10]

课堂上,各种语言交织在一起,除了英语,一些学生还会说波兰语、俄语或者法语。而文学史又与哲学、历史学、人类学相关联。他努力避免课程出现重复。在最初的几个学期里,米沃什开设了现代散文[11]、塔德乌什·鲁哲维奇、波兰戏剧(加入了布莱希特和荒诞剧内容)和电影(观看了《英雄交响曲》①和一些动画电影)、诗歌翻译技巧等课程。所有课程都让他感到非常兴奋,特别是这份教职也令他更热衷于翻译和散文创作。他向身处国外院校的讲师扬·布沃斯基回忆说:"对上课这件事可以有两种理解,或是受压迫的奴役,或是努力收获其中的乐趣,我选择后者。"[12] 在给这位好哥们儿的下一封信中他说:"有人评价我是非常绅士和友善的教授[……]。他们觉得了解我,认为我有自己的偏好——阿里乌斯派,神学也算,但我也会问一些关于屈斯蒂纳侯爵②一八三九年出版的《俄罗斯书简》的问题。"[13] "十二月党人起义与波兰""立陶宛大公国民族关系""阿里乌斯派的政治和社会见解"等也常常出现在考试题目中。

不无聊。理查德·劳瑞是米沃什的第一批学生,他认为教授最吸引人的地方在于他并不是高高在上的学者,而是欧洲历史的见证者和参与者。[14] 咪咪·麦克凯,是七十年代末的学生,在她记忆中,"每堂课教授都从历史讲起。在上波兰现代文学课时他曾说:'我们将要学习的历史是美国人根本不了解的。'教授的话是有道理的,因为我的笔记本边缘处就有我写下的一行小字——买一张好的欧洲地图!"[15] 还有一位女学生曾回忆,考试时米沃什会先提出一些问题,再根据不同的回答引申开

---

① 《英雄交响曲》(*Eroika*),1958 年安杰伊·穆克导演作品。

② 阿斯托尔夫·屈斯蒂纳(Astolphe de Custine, 1790-1857),法国作家,以旅行写作特别是对俄罗斯的描述而闻名。

很多题外话,这常常让一些经验不足的学生惊恐极了,然后他从同学们的瞳孔里就能判断出他们的独立性和勇气,"他对环绕着他的世界怀有无尽的困惑"。[16]在女诗人琳达·格雷格眼里,米沃什的"身体和灵魂里住着一个战士[……],就好像他的战争还没有结束,而他一直在挣扎"。[17]米沃什的信件也显示,他在六十年代找到了自己的定位。"以往的工作是我的梦魇和折磨[……]。讲授波兰文学却有着更大的意义。"在上了一年课后他向文森兹如是坦露心迹。[18]十几个月后在写给安德热耶夫斯基的信里他又解释说:"我从未对政治感兴趣,要说有,那也是'抽象政治'[……]但《被禁锢的头脑》给我贴上了标签,[……]这标签,那时的我无论如何也撕不下来。所以我出走此地,再次尝试撕掉它。在这里我忘记了它,也因此更欣赏伯克利。我是波兰文学教授和一名诗人——我终于成了我一直应该成为的那个人。"[19]

592

　　教授的职位不仅带来了稳定的收入和专心写作的空间,在课堂上与同学们的交流也让他思路更加开阔,此外还有其他一些好处:满足了他对外沟通的需要,让他确定了工作的价值和意义,抚慰了他的挫败感——因为寂寂无名,诗人一直饱受内心煎熬。"就说我的诗吧。它们难懂,就好像是用中文写的,孤寂了二十年。在大会议厅为人们讲讲这些诗是我一直以来的愿望。"七十年代中期他这样告诉布沃斯基。[20]他还找回了作为作家的自我,在这个自我里,他就像是个从没上过台的演员,渴望装扮,渴望演出,渴望喝彩。"他是为舞台而生的人。波兰语里没有能表达英语performer(演员)或者entertainer(表演者)的词语,但我认为,只有这两个单词能向普罗大众描述最真实的米沃什,"诗人的朋友亚历山大·辛克①描述道,"与听众的交流[……]让他兴奋。他想被

---

　　①　亚历山大·辛克(Aleksander Schenker, 1924-2019),带有波兰血统的美国斯拉夫人,耶鲁大学斯拉夫语学教授。

人喜欢,想拥有被人喜欢的感觉。这种当演员的天分对他的大学课堂也很有帮助[……],有时他对自己说的话第一个笑出声来,活跃了课堂气氛。"[21]在生物系的教室里,讨论斯拉夫文学中的恶的时候,场面完全是戏剧化的,一点儿都没有喜剧感,他的学生利玛·福威恩斯卡-伯格尔特回忆:"墙上挂着几个带灯光的陈列柜,柜子里摆着动物和人体各部位的标本,还有人体内各系统的图例。最后一个柜子里[……]是一个胎儿标本。我一站到这个柜子前,心里就很不舒服,禁不住去想,这会不会是什么预兆,或者这堂课本身就是这么设计的。在教室中间有一张巨大的桌子",桌子上摆满了试管和其他实验工具,教授站在桌子后面,他的浓眉和醒目的样貌让他看上去像浮士德一般。"他讲着立陶宛和俄罗斯,讲着必然的恶,恶就站在他面前,亲切地挥着手。'这时我在书中看到了魔鬼',教授刚说完,离他最近的那扇窗户上的窗帘一下子飞了起来,可窗户是关着的。窗帘落下,一动不动,所有人都目瞪口呆,大家都感觉到教室里不只有我们,我们正在讨论的那个东西也在。"[22]

　　他的旁征博引远远超出了波兰文学的范畴,令他的课堂吸引了大批听众,在校园内广受欢迎。在关于摩尼教的课上,他出于强烈的个人意识和责任感,引申到保加利亚及斯拉夫的鲍格米勒派①,按照他自己和同学们的解释,这样就能揭示出"现代人精神状态的内核"。[23]类似的情形还发生在七十年代初期米沃什开设的陀思妥耶夫斯基的研讨课上。[24]诗人后来解释道:"我的波兰语课只有十五个学生,而陀思妥耶夫斯基课一下子就来了一百五十个。[……]学生们说:听米沃什用斯拉夫口音讲课,就好像在听伊万·卡拉马佐夫说话。"[25]关于陀思妥耶夫斯基课的"书单",《穷人》《双重人格》《地下室手记》《罪与罚》《白痴》

---

　　①　中世纪基督教异端派别。十二世纪流行于保加利亚及巴尔干半岛各国。其创始人称"鲍格米勒",意为"爱上帝者",故名。

和《群魔》赫然在列，还有巴赫金和别尔嘉耶夫等人的相关理论作品，这表明他的课要求有多高，塑造性有多强。米沃什在课堂上则专注于陀思妥耶夫斯基一系列作品中的主要线索，比如大法官的传奇故事，引领听者对两千年来折磨人类的一些基本问题进行深入思考。可以说，他不仅仅是大学讲师，还是位"智者"，凭借丰富的个人经历，向学生们阐述笃定的道德观念。

米沃什在给布沃斯基的信中写道："得告诉他们，善与恶，美与丑，真与假是有区别的，否则你就会变成一个虚伪的传道者。"[26]加里·卡米亚[27]曾在一九七九年上过关于《卡拉马佐夫兄弟》的课，他回忆说，米沃什一直是这样做的，他讲过二十世纪的地狱，讲过当大多数人选择恶的时候，仍有必要站在善的一边，还讲过魔鬼的存在。"在众多回忆中［……］尤其令我印象深刻的是：米沃什在讲陀思妥耶夫斯基的课上，一只系着红色领巾的黑狗突然跳到他的腿上，然后狂吠起来。"翻译家莉莲·瓦利也曾提过此事，"米沃什毫不惧怕，嘴角浮现出一丝微笑，以特兰西瓦尼亚①式的口音说——有时候魔鬼会变成狗的样子"。[28]

一九七八年教授正式退休时[29]，加州大学授予他"伯克利荣誉状"（Berkeley Citation），相当于荣誉博士（honoris causa）[30]。在授奖仪式上人文系系主任休·麦克莱恩说道："瞧，他仪表堂堂，特别是穿上这身长袍，没人会想到切斯瓦夫·米沃什今年已到退休年龄。［……］米沃什不仅神采奕奕，他的成就同样光彩夺目。"[31]获得如此高的赞誉一定让作家深为动容，但对他来说，他更看重的是学生们对他的评价。琳达·格雷格认为，他的讲座和"严谨态度令她终生受用"。[32]咪咪·麦克凯坦承："我曾是个相对论者，我为此也骄傲过。［……］没有善与恶，在我的生活里也没有上帝。但时至今日我却有些彷徨，不知道上帝于我来说在

594

---

① 罗马尼亚中西部地区。

哪里,我已不再是个相对论者了。是他教会了我,什么是善,什么是恶。"[33]

　　波兰和波兰文学在这个令人憎恶的世界里是某种另类的存在。过去几年情况发生了变化,因为马克思主义大力推行,这所谓的严肃思想产生了一些影响,还有随之而来的"自由主义",但最终面临的还是与老旧传统如何抉择的问题。要知道,有几百万东欧人[……]因为文化濒临灭绝[……]移民美国。这可不仅仅是一代人的问题。[……]有书,甚至有很多书,但书中沙文主义盛行,夸夸其谈,大吹牛皮,天花乱坠地把波兰吹捧上天,以此愚弄普通百姓。如果在图书馆拿起一本迪博斯基写的《波兰历史》[……]其中都是套话,谈及三次瓜分,竟然还用了感叹号——"叶卡捷琳娜大帝万岁!"又或者"令人倒胃口的沙文主义者波拉克"生硬地让尤里安·克日赞诺夫斯基①成为**波兰浪漫主义**的代表。[34]

——米沃什在私人信件中如是写道。在另一篇文章中他又补充说:"克日赞诺夫斯基的《波兰浪漫主义文学》(*Polish Romantic Literature*)[……]是长久以来对林林总总的 'la Pologne martyre'②刻画的集合,却能让读者产生杀戮的冲动。伯克利图书馆馆藏的一本他的书即可为证。书的边缘处有人用英文写着:'他们这么干就对了!''杀了他们还不够!''矮子扮巨人!'"(《个人的职责》,页152-153)就是从这时起,米沃什产生了波兰文学史要与救世主似的民族主义论调区分开来的想法。

---

　　① 尤里安·克日赞诺夫斯基(Julian Krzyżanowski, 1892-1976),波兰语言学家、文学史家、民俗专家。

　　② 法语,指《波兰民族灾难》一书,法国史学家儒勒·米什莱(Jules Michelet, 1798-1874)著。

他利用课堂讲义逐步整理出书籍脉络,并于一九六四年底一九六五年初找来他的学生——凯瑟琳·S.里奇(她后来翻译了《欧洲故土》[35]和《回忆帕塞克》等米沃什的书),二人共同编写了《波兰文学史》(*The History of Polish Literature*),该书于一九六九年由纽约麦克米伦出版社出版发行。

"对我来说,每周花几个小时把材料交出去,是一种爱好和放松。"这本书的作者肯定地说。[36]对读者来说,他可是在授课的最初几年里完成了巨量的工作。这个优秀中学的聪明学生、波兰诗歌的忠实读者,在此前还称不上是个文学史家,现在竟用近七百页的倾情书写,笔触从中世纪的拉丁语古籍到他自处的现世现代,向读者展现上百个文学形象和作品。在他笔下,波兰作家从波澜壮阔的历史文化背景中依次出场。更确切地说,他着力避免将文学研究停留在表面,也不吝啬做出直率的评语,他一直追寻的问题是——这些作品的信息能否为今天的读者所接受。他兴致盎然地探索文艺复兴和巴洛克时期的作品,着重阐述了宗教性的内容和宗教改革的意义,书中也有他对浪漫主义多种表征的怀疑,有对瓜分时期知识分子的境遇以及现代"青年波兰"思潮的描述。米沃什将他对波兰文学史的重新定义,在引言中写了下来:

595

> 波兰文学的内核是浪漫主义[……],以及它背后密不可分的——罗马天主教思想。事实上,这种陈词滥调的起源并不算太久远[……],正是在十六、十七世纪的"黄金时代"形成了波兰文学恒久的整体特征。我多半的工作就致力于研究早期的文学现象,而不是浪漫主义[……]。"黄金时代"的波兰广义上来说是一个新教国家,"异教徒的天堂"。尽管后来反宗教改革获胜,知识分子的叛逆精神却未消失,一直延续下来[……]。波兰文学的一贯特征可以用有趣的二分法来形容:受严格的基督教伦理规范约束的感性道德主义,与反神职主义和对任何(宗教性或政治性的)信条均持有极端怀疑的思想并存。[37]

一位现代研究者评价道："米沃什介绍的不仅是波兰文学作品，还有他真正的兴趣所在——那些与他在时间上疏离而在语言表达上又很亲近的人们是如何写作与思考的。"[38]将人生命题与大学课堂如此紧密连接起来的教授并不多见。多年来诗人一直保持着这样的工作规律——早起，散步，写作，去学校，下班后喝一杯，然后在烟雾弥漫的书房里工作到深夜[39]；他从未将这样的生活看作是受罪，反而当成安全的生存方式和前进之道。以这样的规律准备陀思妥耶夫斯基的课程让他思考着波兰文学与俄罗斯文学之间的关联，并将这位俄罗斯作家当作研究对象，在《乌尔罗地》中对照分析自己的精神世界。在发现《卡拉马佐夫兄弟》的作者和自己熟知的斯威登堡之间的文化关联后，作家以此为题在《斯拉夫评论》季刊上发表了一篇论文[40]，获得了俄罗斯研究学者的一片赞誉。在后来的一篇文章中，他再次剖析了陀思妥耶夫斯基笔下那些寓言般的角色，他们得了"生活不满足的病"，这种病在二十世纪大范围蔓延开来[……]。"噩梦，[他们]梦到的噩梦[……]，正如萨特小说的标题那般，令人'La Nausée'①[……]，非人类的世界没有唤起萨特的敬畏和赞美，如以往歌德那般，相反，它的全无意义让他恶心。"(《从我的街道开始》，页412)

加州大学出版社于一九七七年出版的米沃什首部英语随笔集《大地之君：怪异象种种》(*The Emperor of the Earth. Modes of Eccentric Vision*)中，收录了他关于陀思妥耶夫斯基、帕斯捷尔纳克、舍斯托夫和西蒙娜·薇依以及布热佐夫斯基和维特卡齐的研究文章，展现了现代视角下的真诚思考，还有激情澎湃的评论。在研究俄罗斯文学或者法国文学时，米沃什坚持使用波兰语，后来他才单独或在学生们——如理查德·劳瑞和莉莲·瓦利——的帮助下将这些文章翻译成英文。多年来巴黎

---

①　法语，指《恶心》一书，萨特最为人所知的作品之一。

的《文化》杂志一直是他的主发稿方和出版商。七十年代早期,伦敦的
《大陆》杂志偶尔也会刊登一些他的作品。后来他与另一家来自伦敦的
出版社,切斯瓦夫和克里斯蒂娜·贝德纳尔赤克掌管的诗人与画家出版
社也偶有联系,在他们的季刊上发表过十几篇诗歌和两篇随笔。更重要
的是,正是贝德纳尔赤克夫妇在一九六七年出版了一本近三百五十页的
米沃什《诗集》,几乎囊括了当时米沃什的全部诗作。盖德罗伊奇没做
这件事,可能有经济原因,也可能在他的原则中出版诗集不是最重要的。
但他也曾冒着失败的风险出版过一些书,其中就包括米沃什研究布热佐
夫斯基的专著《蝎子中的人》(1962)。

　　"别怕他们,更别怕他们的言语,就算你的周围布满荆棘,或者身处
蝎子群中"(《以西结书》2：6)——上帝对先知以西结说。五十年代末
米沃什返回讲堂时,肯定记起了这句话(他以亲身经历对抹黑的含义有
了深刻理解,他明白,布热佐夫斯基被指与俄罗斯秘密警察有染时承受
着巨大痛苦)。米沃什受到的冷遇一度与《青年波兰传奇》的作者①非常
相似,知识分子的两难境遇令他生不如死,同时代的绝大部分人或者周
围的大部分移民都没经历过,他也因此非常不愿意去费力探索波兰文化
缺陷的问题。按照布热佐夫斯基的理解,"反俄的痛苦经历蒙昧了波兰
人的眼睛,他们不再追寻人类生存的真相,只会在知识和艺术上一贫如
洗"(《蝎子中的人》,页 28)——诗人如此评述道。这些话诗人也曾在
与盖德罗伊奇就《文化》杂志专注于共产主义选题的争论中提到,也曾
出现在《波兰文学史》的某些观点里,还被他用在研究陀思妥耶夫斯基
的兴趣上。无论如何,米沃什都赞同布热佐夫斯基提出的,人类个体与
"非人类"个体之间有着某种戏剧性的关联,与之相对应的,人才是文明

597

---

　　① 即布热佐夫斯基。

和文化的载体。探讨这种关联就必须参考《烈焰》①的作者对于信仰这一现象的思考。对米沃什来说，尽管布热佐夫斯基自相矛盾又屡次过界，但他始终是信仰坚定的知识分子。"刚要把他算作合乎理性的实证主义者，他就转向嘲讽现代艺术。刚给自己挂上'青年波兰'的首席批评家的称呼，回头就以马克思主义和社会主义之名对其抨击。就这样他还能安居其中，以伏尔泰派、人道主义者、唯物主义者的姿态在左派那里收获掌声。他还对黑格尔和马克思有过一些奇怪的思索[……]。他并不变通，因为他承认信仰上帝。[……]他选择悲惨地活着，也就是，遵从内在的需要，同时又知道，将为此受到命运的惩罚"（同上，页 157）——米沃什这样写着，他强烈地意识到，这些话与自己在各阶段的生活抉择一一相合。[41]

在加州的第一个十年里，米沃什身处两场战争之中：反美（结果写出了《旧金山海湾景象》），还有反波兰文化的弊病。在一九六四年完成的随笔《创伤的正反面》[42]中，米沃什探讨了国家遭瓜分和后来虚伪的补偿对波兰知识分子造成的严重冲击[43]。他认为，天真地寻求历史的公平正义并建立对波兰的绝对忠诚，这样的信仰模糊了大多数作家的哲学底线。在此前写给瓦特的信里，他反问道："我怎么成了哲学家了？不是因为我的天赋，而因为我是反对派，就成了反波兰了？"[44]

那些年他受到波兰至上的感染（成为讲师后他以新的方式诠释着对波兰的感情），这种情感既掺杂着强烈的责任，又兼具内敛的温柔。在一次去温哥华旅行时，"我和查伊科夫斯基还有布沙②一家拥抱在一

---

① 布热佐夫斯基的代表作，1908 年出版。

② 指安杰伊·布沙（Andrzej Busza, 1938- ），波兰裔加拿大诗人、翻译家、散文家，温哥华不列颠哥伦比亚大学名誉教授。

起,我看到他们的孩子,听到他们用波兰语闲聊,我简直爱死波兰还有波兰话了,这就是硬币的背面吧"[45],在给安德热耶夫斯基的信里他这样坦陈自己激动的情绪。一九六二年他将长期以来内心的纠结奋笔写了下来:"[我想]冲破地理上的局限,从那种被抛弃的共情中解脱出来,毕竟我的情况与那些'思念'(就算是这样吧)祖国的波兰人完全不同,从家族上来说我与波兰没有一点关系。[……]自相矛盾的是,我恰恰是个移民,一个被称作典型的反思的作家[……],企图一次性地毁掉那个波兰,并让三千万人与之离心离德。"[46]五年后,他又写道:"对我来说最根本的、最难解的心结就是对伟大的田园诗人们粉饰出来的波兰正统的厌恶,丑陋的历史让我无法将这世界看作田园诗一般。而我只是一个普通人,过着亚利桑那州或者加利福尼亚州普通的人间生活。"[47]渐渐地,他把学术研究的重心放在了伯克利,更关注这里的社会动向,而不是波兰人民共和国的局势。在波兰,由于哥穆尔卡的打压,文学创作沦为二流事业,一九六八年"三月事件"之后,文学创作更成为沙文主义、莫查尔①一党和爱国主义的附庸。[48]"他们把我写成[……]'波兰人民的敌人',我不是他们说的那种敌人,直到现在才变成了敌人,"他对图罗维奇解释道,"就算是'二战'的政治移民,要么死,要么热爱波兰人民,因为就是波兰人民拔去了犹太毒瘤,从那时起我还有后来的几个人就下了决心,一定要把波兰文学永久地带出去。就算贡布罗维奇死了,缺少了一个中坚力量,但现在就像十九世纪那样,波兰文学在西方发扬光大。"[49]

发表于一九七二年的散文集《个人的职责》,书名取自随笔《对波兰文学的个人职责》。米沃什在这篇文章中着重指出:"我必须做一些基

598

---

① 米奇斯瓦夫·莫查尔(Mieczysław Moczar, 1913-1986),波兰作家,在波兰人民共和国时期发挥着重要作用,以超民族主义著称。

本性的陈述。我不出生在波兰,也没有在波兰长大,但我用波兰语写作"(《个人的职责》,页 104),尽管自童年起就熟知这种语言,但"我那时不知道,波兰文是挨揍的人、被欺负的人、遭受苦难的人和不自由的人用的语言"(同上,页 100)。但与此同时,他又表现出难以割舍的波兰情结:"我与外国人的关系很一般[……]在波兰人那里我只需一个动作,就能说明一切,和他们坐在一起,可又不仅仅和他们一伙,我是我,但他们中当然也有我,他们就像我的'Le moi haïssable'①的一部分。他们的举止让我不安,因为特征暴露无遗,而这又是我自己极力[……]克制的。"(同上,页 107)在接下来的几篇文章中他探讨了令人焦虑的宗教信仰问题,也就是显克微支在他的三部曲中刻画的波兰人的宗教信仰。"难道一个选择幼稚故事当成自己的《伊利亚特》的民族,不会为此付出高昂的代价吗? 难道'彼得·潘'不会改变,永远是那个不想长大的男孩吗?"(同上,页 147)这样的探讨就好像他引用莱德尼茨基的回忆录论述波俄关系,过于错综复杂,因为很可能会演变成——根据民族的传说——刽子手和丧命者的辩证。书中他还写到了贡布罗维奇,还有瓦特的长诗,展示了他翻译的叶芝和卡瓦菲斯的作品,还有自己的长诗和笔记。该书超越了传统随笔集的形式范围。

　　七十年代最后一年出版的《科学花园》(1979)也是类似的体裁形式。书中收录了他精心翻译并评论的奥登、布莱克、默顿、奥斯卡·米沃什、惠特曼和罗宾逊·杰弗斯的诗作。翻译取自自己多年的笔记,其中也有部分大胆引用了他人作品中的语句。在前言中他提到自己在艺术上从未停止追求,"一直告诫自己,要跳出文章之外,跳出教学论文——去找到一种从未有过的文学类别"。(《科学花园》,页 7)可以说,米沃什早期刊登在《文化》杂志上的几篇随笔即为互为关联的一个整体,具

---

　　① 法语:可恨的自我。引自帕斯卡《思想录》。

有强烈的文学张力,风格与《个人的职责》相比有很大不同。在《科学花园》中米沃什从哲学、艺术和宗教角度对波兰的民族性展开探讨,同时也关注到波兰人的思想状态随着时代的演变发生了不同的变化,特别是从十九世纪末起,虚无主义大行其道。"虚无的时间,如果从我们当代文学和艺术的角度看[……],就是一股破坏性的、荒谬的力量。"(同上,页26)我们不再确信人性的存在,证据就是,相对于十九世纪作家笔下那些经典的人物,味如嚼蜡的当代文章里再也没有鲜活的形象能够引起我们的共鸣。"求索真知犹如建造耶路撒冷"——米沃什借用威廉·布莱克的话来比喻当今这个时代,就犹如在普罗旺斯或加利福尼亚陷入一群艺术家的包围之中,以为这样就能获得精神上的满足。然而,铺天盖地的艺术一股脑地"激情创新",放任自由只会不可避免地走向混乱不堪。"谁又知道,这不是集体癫狂呢。"(同上,页68)将世界观世俗化,用艺术手法表达"自我"——艺术会因此走向枯竭。"我们该怎么做?从头思考一切。"(同上,页133)这样的思索恰恰就是《科学花园》,这本书本身如一本自传,揭示了作者灵魂深处的轨迹。书中可以读到他检视自我的决心,挖掘着内心深处对七宗罪的理解;还可以在讨论执迷写作的章节中读到,不由自主的罪恶感是作家创作的灵感,但又"让我们更加漠视人类所要担负起的责任"。(同上,页20–21)

　　"所谓的创作,我并不在意[……]我在意的只是,我应该把什么告诉人们。我在陌生人之中绝望地战斗着,忽然我意识到,我是多么软弱无力,什么也不能告诉他们。绝望,向我袭来,越来越快,我已无法承受日益强烈的厌恶感,厌恶这个文明的社会,厌恶伪艺术、伪思想、伪宗教。我的绝望也意味着我陷入了深深的信仰危机。我翻译了整部《圣经颂》①

600

---

　　① 《圣经颂》是一本包含圣咏及其他祈祷内容的书籍。无论是东方或西方的基督徒,在圣餐感恩祭时,《圣经颂》都是很重要的祈祷书。

[⋯⋯]，希望能用隽永的诗句造福人们。"米沃什在给约瑟夫·查普斯基的信中这样写道，而彼时他正在创作《科学花园》。[50]七十年代后期，他的兴趣转向了宗教题材，也开始涉及——他所称的——"译者的热忱"。这段时间他翻译了印度诗人、思想家迦比尔①的作品，还有诺斯替教的新约外传②《珍珠颂》。他甚至还翻译了圣经——为了完成此项工作，他学会了希腊语和希伯来语，这也可以理解为米沃什"个人的职责"之一。他认为，应该要找到一种合适的语言来诠释圣文，既能让现代读者更清晰地明白其意，又不冒犯圣文的神圣性。语言模棱两可的《千禧圣经》③进入了他的视线。为减轻现代文明对圣文清晰度的影响，米沃什参考了十五世纪末成书的普瓦夫斯基版《圣经颂》，那时的波兰语有活力、有力量、韵律丰富。他翻译的《传道书》④首次在《普世周刊》（1977）发表后，他又陆陆续续完成了《智慧书》⑤、《诗篇》⑥和《约伯记》⑦的翻译。[51]米沃什之所以选择这些圣文，与他在七十年代末伤心的个人经历密切相关，他为此亦写下令人回味悠长的文字——"我看见所有经典 / 在阳光下熠熠生辉。/ 而这一切的虚荣浮华都将随风消散"。（《圣经书：译自希腊语和希伯来语》，页438）

　　米沃什在圣经中寻找着战胜困难和孤独的精神支撑，其他方法都帮

---

① 十五世纪印度神秘主义诗人和圣人。

② 新约外传，指未列入《新约圣经》正典而与圣经相似的古代基督教著作。

③ 《千禧圣经》是波兰天主教堂礼拜中使用的主要波兰语圣经译本。它的第一版于1965年出版，即波兰接受天主教一千周年之际出版，故称《千禧圣经》。

④ 《传道书》是《旧约圣经·诗歌智慧书》的第四卷，为大多数基督教派系承认。

⑤ 又称《所罗门智训》，是约在公元前一世纪完成的著作。

⑥ 《诗篇》是古代以色列人对上帝真正敬拜者所记录的一辑受感示的诗歌集，包括一百五十首可用音乐伴唱的神圣诗歌，供人在耶路撒冷的圣殿中对主作公开崇拜时唱咏之用。

⑦ 《约伯记》是《希伯来圣经》的第十八本书、基督教《旧约圣经·诗歌智慧书》的第一卷，第一部诗篇性著作，也是《圣经》全书中最古老的书籍，大约写于公元前2000年至前1800年之间。约伯这个名字的含义是"仇视的对象"。约伯在受苦和坚忍方面所立的纪录对他名字含义的诠释提供了很好的参考。

不了他。有趣的是,六七十年代,他也曾多次尝试这么做,但每一次都不了了之,因为"那个关于被囚禁在岛上的人的卡夫卡故事总会跳出来:这座岛上有许多小镇,但却没有一个行人,如果从窗外望进去,只能瞧见毛茸茸的动物玩具,还有它们那些闪闪发亮的纽扣眼睛"。(《乌尔罗地》,页50)也许是缺乏创作《权力的攫取》时的那股冲劲,因为已经没了文学比赛截稿日的限定,又或者是少了《伊萨谷》中那找到自我的迫切需要。再或者,加利福尼亚的现实生活对他来说过于迷茫,让他觉得自己与历史和文化渐行渐远,最后便沉溺于臆想的、捏造的随笔议论之中,却不过只是一点点让人信以为真的空想罢了。他怎么都无法再次讲出过去的那段经历。在前文提到过的《帕纳塞斯山》或者藏于家族档案室里某处的《萨基纳市》(米沃什未出版的一本小说)中米沃什曾做过尝试,但从他给巴兰查克①的多封信件中可以得知,本来他想讲的是德国和苏联占领期间的维尔诺的故事,但没有成功。还有在《魔山》描绘的世界里,有着《自己的命运》和《我应该写下来》中未尽的故事,那里就像是一个被放逐的地方,心灵治愈之所只存在于与世隔绝的孤岛上。他绝望地发现,他身处在"伪思考"的世界,只有圣经才能指引他抓住自己的命运,并找到反抗的力量。就像《阅读》一诗中所写,用希腊语阅读《福音书》,"在那时 / 比比皆是,文中提到的那些 / 被附体的人,走火入魔的人 / 也有变成魔鬼的人(因为'被附体了' / 我们的语言赋予了他们某种魔幻色彩)",可是"抽搐,口吐白沫,牙齿磨得嘎嘎响 / 当时并不被看作是天才的迹象"。(《诗集　第三辑》,页99)

注释

[1] 摘自切斯瓦夫·米沃什写给耶日·盖德罗伊奇的信,1960 年 10 月 29

---

① 指斯坦尼斯瓦夫·巴兰查克(Stanisław Barańczak, 1946-2014),波兰诗人、翻译家,翻译过莎士比亚的多部戏剧。

日,收录于耶日·盖德罗伊奇、切斯瓦夫·米沃什,《书信集：1952–1963》,页438。

[2]摘自切斯瓦夫·米沃什写给耶日·盖德罗伊奇的信,1960年11月2日,收录于耶日·盖德罗伊奇、切斯瓦夫·米沃什,《书信集：1952–1963》,页447。

[3]"在大学里,就好像,我通过了课堂考试,然后获得了终身教职。"1960年12月5日切斯瓦夫·米沃什在给耶日·盖德罗伊奇的信中写道。摘自耶日·盖德罗伊奇、切斯瓦夫·米沃什,《书信集：1952–1963》,页461。

[4]摘自切斯瓦夫·米沃什写给托马斯·默顿的信,1961年5月30日,收录于托马斯·默顿、切斯瓦夫·米沃什,《通信集》,页103。这句话颇有些自我解嘲的味道。官方角色可以说是诗人的某种掩护,查普斯基就曾指出："你应该高兴,你是个学者,这是最好的外壳,能保护你免受他人攻击。歌德不会无缘无故让自己做一个无聊的政府官员。"摘自约瑟夫·查普斯基写给切斯瓦夫·米沃什的信,1967年12月,引自沃依切赫·卡尔平斯基,《来自拜内克的声音》(I),载《文学笔记本》,1999年第66期。

[5]摘自齐格蒙特·赫兹写给切斯瓦夫·米沃什的信,1961年5月26日,收录于齐格蒙特·赫兹,《致切斯瓦夫·米沃什书信集：1952–1979》,页82。

[6]这些课一般只有几个(最多十几个)学生参加。值得注意的是,更早前,五十年代末期的课堂,并不会介绍后来成为西方意识中波兰文学的代表作家的作品,如贡布罗维奇和米沃什的作品。

[7]"在课上我不遗余力地向学生们灌输政治化理念(即将文学与社会问题、政治问题联系起来),效果如何,我也不知道。"1960年10月15日切斯瓦夫·米沃什在给亚历山大·瓦特的信中写道。见亚历山大·瓦特,《书信集》,下册,页220。

[8]米沃什的学生中很少有对故乡文学感兴趣的波兰裔,大部分是希望从事俄罗斯或苏联研究的美国人。

[9]切斯瓦夫·米沃什,"波兰文化"教学笔记(1960–1961),翻译：格热戈日·扬科维奇。(拜内克图书馆)

[10] 摘自切斯瓦夫·米沃什写给亚历山大·瓦特的信,无确切日期(在
1960 年 10 月 15 日后),收录于亚历山大·瓦特,《书信集》,下册,页 223。同参:
"我在学生中口碑还不错,证据就是他们邀请我到学生'酒馆'吃晚饭和聊天。
有些是一年级学生,很机灵,很聪明。我还去过兄弟会(商业性质的),我等在门
口,后来有人把我带到剑术室,还给了我一杯啤酒。在那里,我看到了比剑术室
更令我惊讶的事。二十来岁的小子坐在自己学长又是兄弟会领导的桌边,没有
祈祷就伸手拿罐子——牛奶罐,去拿两个手掌那么大的牛排。学长(我的学生)
叫来厨师,让厨师把牛排从他们面前端走,然后换成豌豆——作为惩罚,因为他
们刚才[……]得分很差。"摘自切斯瓦夫·米沃什写给斯坦尼斯瓦夫·文森兹
的信,1960 年 12 月 16 日。(克拉科夫切斯瓦夫·米沃什档案馆)

[11] "我们主要讨论了塔德乌什·博罗夫斯基、阿道夫·鲁德尼茨基、安德
热耶夫斯基、布兰迪斯、"冒头的人"等。在课上,一位来自得克萨斯州的学生朗
读了自己写的关于阿道夫·鲁德尼茨基的文章,然后我请来了瓦特。但他几乎
不会说英语,我们就商定用俄语进行讨论——于是这里出现了超现实的一幕,在
加利福尼亚,用俄语,讨论鲁德尼茨基。"摘自切斯瓦夫·米沃什写给扬·布沃
斯基的信,1965 年 1 月 19 日。(雅盖隆图书馆,扬·布沃斯基档案)"我兴奋极
了,我在《标志》杂志上找到了哈拉斯莫维奇描写莱姆科地区的诗。我马上把它
带到我的讨论课上,跳开原来的题目,去讨论巴洛克诗人,讨论诺维德,讨论当今
年轻的诗人。"摘自切斯瓦夫·米沃什写给耶日·图罗维奇的信,1962 年 11 月
21 日。(耶日·图罗维奇档案)

[12] 摘自切斯瓦夫·米沃什写给扬·布沃斯基的信,1962 年 11 月 9 日。
(雅盖隆图书馆,扬·布沃斯基档案)

[13] 摘自切斯瓦夫·米沃什写给安杰伊·米沃什的信,1964 年 11 月
22 日,收录于切斯瓦夫·米沃什,《家书》,载《艺术季刊》,2008 年第 3 期。

[14] 来自本书作者与理查德·劳瑞的谈话,纽约,2001 年 2 月。

[15] 咪咪·麦克凯,为《党派评论》撰文,1999 年第 1 期,翻译:格热戈日·
扬科维奇。

[16] 利玛·福威恩斯卡-伯格尔特,《伯克利大学生活片段》,载《波兰一周》,《新周刊》(纽约)周日特刊,1980 年 12 月 13 日-14 日。

[17] 琳达·格雷格,《从学生开始》,载《铁木》,1981 年秋,第九卷,第 2 期,翻译:格热戈日·扬科维奇。

[18] 摘自切斯瓦夫·米沃什写给斯坦尼斯瓦夫·文森兹的信,1961 年 5 月 22 日。(克拉科夫切斯瓦夫·米沃什档案馆)

[19] 摘自切斯瓦夫·米沃什写给耶日·安德热耶夫斯基的信,无确切日期(附言日期为 1962 年 8 月 15 日)。(耶日·安德热耶夫斯基档案,华沙文学博物馆)

[20] 摘自切斯瓦夫·米沃什写给扬·布沃斯基的信,1974 年 12 月 8 日。(雅盖隆图书馆,扬·布沃斯基档案)

[21] 亚历山大·辛克,《旅人》,收录于《回忆切斯瓦夫·米沃什》,页 162-163。

[22] 利玛·福威恩斯卡-伯格尔特,《伯克利大学生活片段》,收录于《回忆切斯瓦夫·米沃什》。

[23] 切斯瓦夫·米沃什备课笔记,"新旧机制:斯拉夫文学中恶的问题"(1975)。(拜内克图书馆)

[24] 此课在文学史家奥列格·马斯莱尼科夫教授过世后开设。那时在斯拉夫系工作的西蒙·卡林斯基回忆说,没有一位俄罗斯研究学者愿意碰陀思妥耶夫斯基的话题。取自本书作者与西蒙·卡林斯基的对话,伯克利,2001 年 4 月。

[25] 切斯瓦夫·米沃什在纪录片《魔山》中的话。

[26] 摘自切斯瓦夫·米沃什写给扬·布沃斯基的信,1974 年 12 月 8 日。(雅盖隆图书馆,扬·布沃斯基档案)

[27]《伯克利月刊》,1986 年 3 月。

[28] 莉莲·瓦利,《流亡加州》,《边缘:波兰事务期刊》,1998-1999 年,第 4-5 卷,翻译:克莱曼蒂娜·苏哈诺夫、阿格涅什卡·斯塔维亚尔斯卡。

[29] 此后他仍继续授课,直到 1980 / 1981 学年结束。

[30] 一年后,加州伯克利大学授予米沃什"系研究讲师"荣誉。六七十年代,米沃什曾获得马里安·吉斯泰尔奖(1967 年)、纽约阿尔弗莱德·尤日科夫斯基基金奖(1968 年)、波兰笔会奖(1974 年表彰他将波兰诗歌翻译成英文)、古根海姆基金会奖(1976 年)和密歇根大学荣誉博士(1977 年)。

[31] 休·麦克莱恩,《切斯瓦夫·米沃什的荣誉》,载《文化》,1978年第 9 期。

[32] 琳达·格雷格,《从学生开始》,载《铁木》,1981 年秋,第九卷,第 2 期。

[33] 咪咪·麦克凯在纪录片《魔山》中的讲述。

[34] 摘自切斯瓦夫·米沃什写给扬·布沃斯基的信,1962 年,无确切日期。(雅盖隆图书馆,扬·布沃斯基档案)

[35] 切斯瓦夫·米沃什,《故土:对自我界定的探求》(*Native Realm: A Search for Self-definiton*,纽约,1968),翻译:凯瑟琳·S. 里奇。

[36] 摘自切斯瓦夫·米沃什写给扬·布沃斯基的信,1965 年 1 月 19 日。(雅盖隆图书馆,扬·布沃斯基档案)

[37] 切斯瓦夫·米沃什,《1939 年前的波兰文学历史》(克拉科夫,1993),翻译:玛丽亚·塔尔诺夫斯卡,页 11。此书的最新全译本补齐了此前第一版波兰语版中曾删除的 1939 年后的文学史,由标志出版社于 2010 年出版。

[38] 泰莱莎·瓦拉斯,《波兰文学史家切斯瓦夫·米沃什》,载《文学旬刊》,1994 年第 11 期。

[39] 米沃什自学生时代开始抽烟,多年来都无法戒掉,1964 年底 1965 年初甚至引发了健康问题,让他不得不考虑戒掉这个坏习惯。可是吸烟与他的创作密不可分。"我很不安,因为你说你写作时必须要抽烟。喝茶呢? 红酒呢? 我强烈建议你试试美国的小药片' Amvicel-Stuart',我觉得它是危害性最低的'兴奋剂'。"耶伦斯基担心地写道。摘自康斯坦蒂·亚历山大·耶伦斯基写给米沃什的信,1965 年 1 月 8 日。(拜内克图书馆)三年后米沃什吐露说:"不给我尼古丁我就写不出来。如果我写诗的时候中毒了,我也甘愿。"摘自切斯瓦夫·米沃什写给康斯坦蒂·耶伦斯基的信,1968 年 2 月 20 日。(拜内克图书馆)最后直

到 1972 年,米沃什彻底戒烟,"当我没有酒的时候,我开车出去买酒。／ 当我没有烟和咖啡的时候,我开车出去买烟和咖啡"。米沃什在《我睡得太多》一诗中写道。(《诗集　第三辑》,页 25)

[40] 切斯瓦夫·米沃什,《陀思妥耶夫斯基和斯威登堡》,载《斯拉夫评论》,1975 年第 2 期。该文的波兰语版首次刊登于卢布林大学的《人类学年报》,1976 年,第 15 卷。《被禁锢的头脑》,页 380-400。

[41] 查普斯基评论说:"米沃什和布热佐夫斯基有很多相同之处:同样的社会热忱,同样的知识分子的问题和严肃的求学态度,道德上忠贞不渝又相当敏感,类似的情感波动和泪水。对此,米沃什没有模糊其词,也没有掩饰,相反,他试着找出它们的意义所在。"约瑟夫·查普斯基,《关于布热佐夫斯基》,载《文化》,1963 年第 1-2 期。

[42] 切斯瓦夫·米沃什,《创伤的正反面》,载《文化》,1964 年第 6 期。

[43] "波兰文学让人联想起一件长袍,一条袖子给侏儒,一条袖子给巨人。那条大袖子尺寸正好,在里面装着欧洲,尽管不舒服,尤其是战败后,但已经装进去了。小一点的袖子恰如'波兰民族',一直被压迫,又一直寻找着所谓'波兰性'。浪漫主义时代或者更早之前,袖子的尺寸开始慢慢变小,直到变成了今天这副模样。"摘自《个人的职责》,页 101。

[44] 摘自切斯瓦夫·米沃什写给亚历山大·瓦特的信,1962 年 5 月 28 日,收录于亚历山大·瓦特,《书信集》,下册,页 235。

[45] 摘自切斯瓦夫·米沃什写给兹比格涅夫·赫贝特的信,1967 年 9 月 14 日,收录于兹比格涅夫·赫贝特、切斯瓦夫·米沃什,《通信集》,页 89。

[46] 摘自切斯瓦夫·米沃什写给耶日·安德热耶夫斯基的信,1962 年,无确切日期。(耶日·安德热耶夫斯基档案,华沙文学博物馆)

[47] 摘自切斯瓦夫·米沃什写给耶日·安德热耶夫斯基的信,1967 年 1 月 25 日。(耶日·安德热耶夫斯基档案,华沙文学博物馆)

[48] "我相当受不了波兰的爱国主义。布雷勒想见我,我说:不行。我把纳伊戴尔推出门,因为他开始夸夸其谈机会主义的道德疯狂。对于赫贝特的极

端行为,我拒绝回答。"摘自米沃什写给康斯坦蒂·耶伦斯基的信,1971 年 3 月 18 日。(拜内克图书馆)

[49] 摘自切斯瓦夫·米沃什写给耶日·图罗维奇的信,1969 年 10 月 17 日。(耶日·图罗维奇档案)

[50] 摘自切斯瓦夫·米沃什写给约瑟夫·查普斯基的信,1978 年 6 月 19 日。查普斯基的《日记》中保存着这封信的复印件,第 164 卷,1978 年 7 月 3 日-8 月19 日。(克拉科夫国家博物馆,迈松拉斐特的约瑟夫和玛丽亚·查普斯基档案,编号: 2085)

[51] 米沃什翻译的圣经包括(出版日期见括号内):《诗篇》(1979)、《约伯记》(1980)、《五书卷》(1982;即《雅歌》《路得记》《哀歌》《传道书》《以斯贴记》)、《智慧书》(1989)、《马可福音》(1981)和《启示录》(1984)。后来集结成套——《圣经书: 译自希腊语和希伯来语》(克拉科夫,2003)。

第六十六章　荒　野

不是我选择了加利福尼亚。她是被赐予
　　我的。

否则一个北方人为何会来到这个炽热的贫
　　瘠之地？

切·米沃什,《单独的笔记本》(1977-1979)

这种感觉,无法言说！在这西方世界,我发
不了声,我内心苦苦挣扎纠结,因为我在这里,
但只有,只有在那里或者和那边的人,我才能言
未尽而意相通——这并非源于我们对事物的共
性认识,而是因为有着一样的思维方式。

切·米沃什致亚历山大·瓦特(1960)

602　　　你与所有琐碎的和深邃的阴谋隔绝,在象牙塔里,不用直面与
普日博希的争辩,也不用理会科特一家①和帕维乌一家②的喋喋不

---

① 指扬·科特一家。
② 指帕维乌·赫兹一家。

休［……］。所以你抱怨的，无非是在那个国家里没有你的存在，灰色的维斯瓦河仍在那里奔流，桑多梅日的溪流静静地汇入其中。也许正因此，才产生了与那些俗人的争辩，他们一边与客居国讨价还价，一边又在相互争宠，还要假装不在意。［……］感谢上帝，你在这里，在美国，因此得享神圣的安宁。[1]

——这是一九六二年夏天，齐格蒙特·赫兹以他特有的讽刺语气和健康方面的原因，安慰米沃什的话。我们得承认，言语之间满是刻薄，当然也有可能是故意为之。米沃什想要的不只是“神圣的安宁”。尽管远离哥穆尔卡的，还有后来盖莱克的波兰，远离波兰文学圈的“追逐名利”能让他集中精力在学术上，甚至还可能因此增了寿，但在整个六十年代和七十年代，他依然觉得自己与周围环境格格不入。生活并非不丰富多彩，但总有一道鸿沟横亘在他自己的激情与大学同僚的兴趣之间。一九六九／一九七〇学年，莱舍克·科瓦科夫斯基在伯克利度过了一整年，这可顺了米沃什的意。科瓦科夫斯基回忆说，在与诗人的聊天中，总会情不自禁地谈到一些话题，如上帝、彼岸生活、恶[2]……斯拉夫文学的教授们很少聊这些，也可能米沃什不知道该怎么找到志同道合的同僚，同时可以肯定的是，他自己在这期间也很难与人交心。他热烈地渴望着能令自己身心愉悦的交流。

他陷入沉默——尽管这是一个无须为表达自己的看法而担惊受怕的国家，也因如此，（他认为）这里没有一个人能理解（怎么理解——也许还会不公平地理解）他。他的思考绕不开一些“该死的问题”，而在这里——在加州艳阳之下——这些问题是那么地似是而非，不占天时、地利还有人和。他觉得自己就像陀思妥耶夫斯基笔下塑造的角色一般，身处变幻莫测的文明时代，听滚石，抽大麻，热衷性革命和反越战。诗人

603

罗伯特·哈斯①讲过一个关于米沃什的故事。他去灰熊峰的住所拜访托尼·米沃什时,仿佛一下子从活力多姿的加利福尼亚迈进了一部讲述欧洲知识分子的电影,色调昏暗,光线阴涩。[3]就在那儿切斯瓦夫给安杰伊·瓦里茨基写了一封信,信中说:"我感觉自己在一条没有桨的船上,漂在深水之中,因为几乎所有人在嘲讽政治和争论意识形态时都会刻意避开核心问题。[……]人需要的是什么? 该干什么? 问这些问题,就等于给自己定义,您就能将我划入十九世纪中叶的俄罗斯知识分子行列,但这也许并不会败坏我的名声?"[4]

米沃什谈到加利福尼亚时,总会出现两个关键词——沙漠和荒芜。他的美国正是爱德华·霍珀②画里的——孤独和迷失之人的国度,空旷广大,但吞噬了人物的形象和家园。[5]"梭罗的《日晷》③,或者研究爱德华·霍珀绘画的文章都向我们展示了对于美式'空虚'的深刻解读,其中[……]'孤独的大洋与沙漠串联起孤独与孤独'"[6],塔德乌什·斯瓦韦克④笔下的"荒野",描绘了这样一幅景象:美洲大陆的浩瀚天然超越了所有一切,欧洲的人工雕琢在它面前是那么渺小。美国,用那永恒的深海、高山和沙漠暴露了人类的匮乏,叩问着人类存在的必要,直指人类产品的脆弱。它是"非人的",首先恰恰是荒野的,"这个地方,我们还自以为是熟悉的'驯化的'世界,却是个'野性的'邻居"。第一批加州移民是知道的,他们在白雪皑皑的群山中艰难跋涉相互残杀时,就已经明白,在饥饿和恐惧面前,人性是多么不堪一击。

一九四六年米沃什去美国的时候,因为儿时课本里的介绍,还怀揣

---

① 罗伯特·哈斯(Robert Hass,1941–),美国诗人,米沃什作品的主要英译者。

② 爱德华·霍珀(Edward Hopper, 1882–1967),美国画家,以描绘寂寥的美国当代生活风景闻名。

③ 梭罗曾与爱默生合办的季刊。

④ 塔德乌什·斯瓦韦克(Tadeusz Sławek, 1946–),波兰诗人、翻译家、散文家、人类学教授。

着一些关于自然风光的美丽想象,可一旦定居下来,他就得接受全然不同的另一幅画面。在去大峡谷的旅途中,他写道,"沙漠,荒山还有巨石,低矮的灌木和成片的枯草绵延不绝"[7],而让他将此画面深刻烙印在脑海中的要属加州的死亡谷,在那里可以看到生命的虚无缥缈,将人扒皮抽筋,让人意识到存在本身即是多余的:"我头发都竖起来了,紧紧抓着某样具有人类属性的东西不放,因为我突然[……]看见学生的舞会和大学旁的僻巷,还有读着《一小时的思考》①的自己。"[8]尽管想象与现实失衡,尽管米沃什喜爱美国的森林,也沉迷于观鸟的乐趣,但让他对哲学本质有所领悟的处境还是"荒野"。他在给阿涅拉·米钦斯卡的信中又一次提到一九六四年复活节期间的死亡谷之旅,他说:"有一次我们和彼得一起走着,在靠近我们社区时,那些住户的灯光让我突然有了灵感[……]灯光中曾包含美国的全部:阵营、安宁、城市,都是虚无,随时随地可以被抛弃,然后变得一无是处,唯有大自然,更确切地说是地理景致,才能又一次为人类文明演化描绘出具体的未来。[……]而欧洲那虚无主义的里子正在被声与光(son et lumière)巧妙地掩盖起来。"[9]

　　"盐块在死亡谷干涸的湖底闪烁。/ 争辩啊,争辩啊,血的滴答声在说。/ 从坚硬的岩石中何谈智慧"(《诗集　第三辑》,页 43)——这是《无名之城》中的一段,在诗中,主角以自身的唯一性、独特性,还有童年起就养成的丰富个性,竭尽全力与空虚对峙。在米沃什眼里,美国撕开了人类存在的悲剧性内核,将它短暂抑或虚幻的本质暴露无遗:这里的真相就只有岩石还有"致命的海洋"(同上,页 70),在它们面前——尤其在他灰熊峰的住所窗外,尽是一片乏味的幽蓝——也许只有工作、思考、打磨"人造"的也就是非天然的东西,才能将自己隐藏起来。"如果没有风,最惬意的事莫过于带一本《圣经》口袋书爬到山尖之上,然后读着

———————————

　　① 波兰诗人尤留什·斯沃瓦茨基的诗。

《约伯记》；但顺序反一反，则会幽怨丛生。"[10]

身处此境的还有诗人罗宾逊·杰弗斯。他在卡尔梅勒的太平洋岸边建起了一座石塔，就为了透过塔上的窗户望着波澜不惊的海浪、等待猎物的雄鹰、冰凉的星光。六十年代，米沃什多次想到杰弗斯，还翻译了他的一些作品。他发现他和杰弗斯有太多共通之处：都在追问思索着诗的意义，希望将诗从美学的桎梏中解放出来，与根本就无法了解的人类世界的那些溢美之词奋争到底。卡尔梅勒的孤独者，高呼要得到"非人的思想"，写着颂诗赞美着各种自然元素，赞美着让一切都毫无意义的轮回——这却是米沃什竭力要挣脱的。在优美的《致罗宾逊·杰弗斯》一诗中，他描绘着驯化世界的景象，哪怕这景象天真、幼稚，但从他的灵魂深处——我们能感受到他世界观的变化——波兰情结正在向田园诗靠拢，这终究要好过屈从于恶魔般的虚无。虚无终将被寓意十字的诗驱逐：

605   你的头上，没有太阳或者月亮的脸庞，

        只有银河系的收缩与舒张，亘古流长

        忽而新星起，忽而新星亡。

        [……]

             玄武岩和花岗岩，

        一只猛禽盘旋其上。唯美如斯。

        而我与你又如何？从果园里的小果堆，

        从淳朴的合唱和圣体光座，

        从芸香花圃，河畔山丘，从记载着

热切的立陶宛宣布兄弟结盟的书籍中,我走来。
但,于你却是凡人的慰藉,无用的信仰!

况且你并不知道,我知道的事。大地教导的
不仅仅是自然元素的赤裸。在神的眼里
谁都无法免罪。你如此勇敢,在空虚之中,
向魔鬼们献上祭品:奥丁和索尔来了,
厄里尼厄斯在空中咆哮,群狗在恶嚎,
就在赫卡忒和亡者队列靠近之时。

不如把太阳雕刻在十字架的交叉处,
就像在我的家乡。给白桦和枞树
取个阴性的名字。呼唤庇佑
去阻挡悄无声息的阴险力量,
也胜过你指望非人类之物。

(《诗集 第三辑》,页 37-38)

也因此,美国就像一个临时的露营地,闹鬼的地方,充斥着维特卡齐的预言——没有历史的世界,"灵魂贫瘠"的遥远国度,"唯一的本地文化娱乐就是用上几个钟头呆呆地看着车来车往,喝着酒,或者从车里朝路两边的标识牌开枪"。[11]周围的空间实在太大了,足以让米沃什找到避世之所——能够总结令他出走加利福尼亚的教训。具体点说:检视内心,是什么加深了更早以前的伤痛,那从美好的维尔诺时代起就遗留下来的伤痛。加利福尼亚就像地球上的天堂,鲜花盛开,阳光灿烂,而米沃什的眼界亦跟随着他自己敏感情感的释放而扩大,为此他在给耶伦斯基的信中写道:"对我来说,不管是以前还是现在,生活就是恐惧、

惩罚、消灭。[……]从十六岁那年,我就已命中注定如此[……]必须一

606　直怀揣梦想和目标,这样才能一直做点儿什么,哪怕只是实现部分的梦

想和目标。[……]因此我才这么疲惫。[……]爱的,恨的,我都放手

了,来到这里,这个没有爱情和仇恨的地方,在加利福尼亚,最完美的疏

离之地。"[12]

　　在米沃什理解美国究竟有多深的问题上仍有争论。他总是化身成

一位温和的观察者,却不是美国文化和社会的参与者。他无法掩盖自己

的欧洲知识分子习气,经常穿一身巴黎咖啡馆腔调的紧身外套,轻蔑地

打量"本地人"。穿牛仔服,戴牛仔帽,啃着血淋淋的牛排还有芝士汉堡

包,沿高速公路行驶上千千米,为了适应再次移民的这个国家,米沃什全

都试了一遍。六十年代,从他对大学生反叛行为的立场来看,他的态度

发生了巨大转变,无论是作为讲师,还是父亲。他向默顿这样描述自己

的大儿子:"惹人生气的,经常犯傻的年轻人,但我完全被他的魅力折

服。[……]从外表看,他就是一个真正的美国青年。"[13]

　　在伯克利的第一个十年,米沃什很大一部分时间都在为学生们的不

安分而焦虑。起初学生们组织抗议,反对学校附近的银行和政府机构歧

视黑人。一九六四年秋,为保护民权,大学生们发起了几场大规模示威

演说活动,即"言论自由运动",并与国家警卫队发生了冲突。上千名学

生要求他们在校园内的政治民主权利。"这场运动是属于'垮掉的一

代'的,个人主义的,裹挟着禅宗思想、致幻药丸和所有人的自由,是对

老一代的反叛,[……]他们无法忍受'社会',[……]还有,他们鄙视普

通人,将自己放在普通人的对立面。[……]这些言辞尖刻的年轻人憧

憬理想主义,渴望温暖,这些都是现实里的社会机器所没有的。"米沃什

对盖德罗伊奇如此解释。[14]他对反叛青年的感受很感兴趣,不满足于仅

仅以一个追踪新闻事件的记者视角去观察,他要与亚历山大·瓦特一起

成为亲历者。他也努力平衡自身立场，尽量不全盘否定，乐于融入这场社会浪潮。

> 我跟着他们走了很远，很远，因为我本身对民权运动怀有好感。但在某些时刻，我逃开了，我说"不"。［……］我很严肃地看待这个问题。这只是全美运动的第一阶段。年轻一代的巨大精力不能只在虚空中打转。［……］我观察了参加运动的教授们：他们满怀仇恨，或者他们对美国（摩洛神①、非人化、商业、机器、资本主义，等等）的仇恨是真实的，或者是因为赶时髦。［……］但相信我，我不赞同毫无意义的破坏行为，而我们大学的存亡竟然受到威胁。[15]

一九六六年起，反对美国参加越战的示威活动逐渐常态化，米沃什的课有时也会受到集会和会议的影响。他在致大学警署的请愿书上亲自签了名，为被逮捕或者被暴力殴打的民主人士辩护。

> 我的身份与两年前相比有了不同，因为第一，不管官方认可与否，只要其本质是反对种族屠杀的，我就支持；第二，欧洲的传统——无论如何警察不能插手大学校园；第三，出了大学校园，就没有其他能抗议［林登·］约翰逊②等人的办法了。只要看过美国飞行员们的说辞（他们没有意识到，他们所说的，是——尤其对欧洲人来说——罪大恶极的，这样的暴行当年亦被纳粹分子所美化），就能判断出越战有多么可怕。内心深处我一直认定，二十世纪的罪

---

① 在当代欧美语言中，"Moloch"这个词有特定引申义，指代需要极大牺牲的人物或者事业。

② 林登·约翰逊（Lyndon Johnson, 1908—1973），美国政治家，1963年至1969年担任美国总统。

行将被后来更大的罪行盖过。因此,我参加了两天的罢工,取消了所有讲座,拿我的事业做赌注。可实际上风险并不大,因为新的管理者们要解雇我这样的人的话,大学很快就会散了。当然我是我们系唯一一个这样干的人——别人可不是政治动物。[16]

一九六九年和一九七〇年之交,事件愈演愈烈。警用直升机在头上盘旋,催泪瓦斯的浓雾到处弥漫,这样的校园氛围已让米沃什无法苟同。对自己国家的敌视,对古巴等国的迷恋,还有对[……]斯大林主义的崇拜,皆源于他们对整个历史的无知。[17]暴乱,"手持棍棒的黑人闯进教室,赶走教授和学生,打砸桌椅,烧毁可容纳千人的礼堂"[18],激进分子的蛊惑,火烧大学图书馆[19],破坏架设在校园高处的输电线并因此中断了原子实验室的电路——就是这段时间的惨状。可别忘了米沃什自己的经历,他知道革命性骚乱将如何结局。这次他不想置身事外,他想要找到更深层次的原因和动机,是什么引起了这些骇人听闻的行径。在他看来,依据某些历史宿命论,就是这些内在的东西会导致一个国家的分崩离析。而美国社会已然分化成两个相互仇恨的部分——短发工人、农业州的"大老粗"们和华尔街的"白领"们组成的大陆,对立的是高谈政治、长发飘飘的嬉皮士们形成的小岛。这些嬉皮士要么赤脚走进他的课堂,要么一丝不挂地参加学生会选举,让米沃什目瞪口呆。他把哗众取宠的搅局者强行赶出教室,还大胆地批评封堵萨瑟校门的人群为"资产阶级坏小孩"——"这就像射向资产阶级的一道闪电。[……]让他们从内部分崩瓦解"[20]——他的行为为他赢得了学生们的尊重。他为此评述道:

把大学分裂成"客观的"、非政治性机构与政治化的学生两派的计划破产了。也就是说,在无数次的集会和与警察较量之间,授课本身就是学生和全体教职人员共同参与的政治性活动。苏联那套,完完全全是两派之间耍阴谋和争权夺利,一直争到最后相互扔炸弹。[……]我们的学生,我们的系是有理性的,也确实感到很绝望,完全放弃他们是不人道的。[……]美国要么遵从宪法精神接受这个敌人,要么陷入内战的混乱。[21]

他在系委员会会议上为坚守大学理念慷慨陈词[22],戴着防毒面具穿越校园[23],他有种感觉,加利福尼亚变成了一个实验场,在这里比在波兰或法国更能清楚地看到未来文明形态的形成过程。在疯狂的六十年代末期,他把他的观察集结成随笔集《旧金山海湾景象》(1969)。这本书可以看作是接续《被禁锢的头脑》和《欧洲故土》的自传链上的又一环。[24]尽管他并不认同自己在流亡,但在书中他将美国描绘成"流亡"国家的先驱,开篇旗帜鲜明地写道:"我在这里。四个字概括了我要说的全部内容,由此开始,娓娓道来。这里——意味着在这片土地。在这里,而不是其他大陆;在这里,而不是其他城市;在这个时代,我称之为我的时代;在这个世纪;在这一年。我不是出现在其他地点其他时间的我,我触摸着桌子,感受到我的身体就在此时空。"(《旧金山海湾景象》,页9)

必须强调的是,在米沃什眼里,加利福尼亚是个不合理性的显圣之地,弱化了一切人文和文化信仰。这里是座"抽象之城,也是大自然的抽象剧场",就像透过汽车或者飞机的窗户看到的那些飞速掠过的风景,一幕幕暴露出美国病态的"本体匮乏"。他在文中的思考脱离了人与其周围非人的环境之间的矛盾,拓展到更加广阔的范围,去叩问,我们将所看到的自然现象指向某种象征意义是否只是幻想,是否也反映了某个真实的原型或者个体的记忆;还有如何从男人的角度理解女人——这个"大自然的代表"的问题。他的终极思考还是落在宗教上。在这里,在这个有所指的地方,宗教有着魔鬼般的表现。他用几个小时去尝试,因为在极端情况下，受欧洲丰富的意识形态教化的天主教徒必须如此，才能触及内心最隐秘最残忍的真相，领悟恶的层次。"只有上帝能拯救我，因为我飞离了我自己，向着他升起，本我已经不在我的体内，而是高于我。我如蜘蛛般沿着线向上攀爬，这根线是最不容置疑的，它只属于我，它悬于我来的地方，悬于上主你对我说话的地方。"(《旧金山海湾景象》，页77)——米沃什一边描述这些"景象"，一边强调说："我们出生，要么是虔诚的教徒，要么不信教，我很高兴，我可以被划入前者的行列。"(同上，页38)但是在美国，这里充斥着"多种宗教的喧嚣"，就像在日渐衰落的古罗马，对宗教的虔诚正在消失，急于与现代世俗相结合的教会首先就把罪的概念抛到一边。那又如何去谈社会里的罪恶呢？一切都是被允许的，甚至色情文学和性虐暴力，只要为它们打上介绍艺术作品的标签。"垮掉的一代"和后来的嬉皮士们，吸引着数千名愤世嫉俗(又互相仇恨)的小镇青年和农场子弟，他们特立独行、放荡不羁，用毒品打发着空虚。在崇尚"前卫"的大环境里，米沃什将视线放到旧世界的美德上，关注美国开拓者们的勇敢、勤劳和坚毅。从另一方面来说，米沃什看到了这个不相信一切的社会的未来。因此，如一章标题所示，是时候承认"在缺乏更好事物的时候站在人这边"。在回答"我在美国学到了什么，其中什么又对我来说特别宝贵"的问题时，他解释道："可以概括为三要三不要：要普通人的平凡，不要知识分子的傲慢；要圣经传统，不要追求个人或集体的狂欢；要科学和技术，不要想象人性的无辜清白。"(同上，页219)

这个"虔诚的人"，站在普通人一边，承认生命在"此时"和"此地"，而不是某个未知的、胜于今朝的未来……维尔诺和华沙时期的激情已逝去多年，随之而去的还有轻率的判断和蔑视。三十年后，马莱克·扎莱斯基指出，《旧金山海湾景象》的前瞻性远超让·鲍德里亚的知名随笔

《美国》①。他还将米沃什描述成这样一个"欧洲人"——无论如何，"都在颓废的欧洲面前为美国摇旗呐喊［……］盛赞美国的民主"，因为"民主让美国摆脱了欧洲的虚无主义。那对存在的疯狂抵制和排斥，最终只会演化成凶险的政治乌托邦"。他"在'模糊'中安定下来，但又避免从'模糊'中产生某些实际的假设，危及'人类本身错综复杂'的存在。他不允许自己这么做。大胆又现代式的思考，不怕被质疑过时，这就是米沃什力量的秘密"。[25]

注释

［1］摘自齐格蒙特·赫兹写给切斯瓦夫·米沃什的信，1962 年 5 月 18 日，收录于齐格蒙特·赫兹，《致切斯瓦夫·米沃什书信集：1952-1979》，页 118-119。恰在这一年，米沃什自己讲道："我最喜欢的莫过于隐匿于世。也就是说，我不必是诗人、文人，只要穿好我的教授袍，这样我就只会在乎自己的私事，在大学里遇到了别人，他们也压根不会认识我。［……］1945 年后的波兰最让我感到害怕的是野心，是波兰作协那无可救药的扩张野心，深深地困扰着我［……］太痛苦了，还有人看不见，还有人漠视这一切。"摘自切斯瓦夫·米沃什写给耶日·安德热耶夫斯基的信，1962 年，无确切日期。（耶日·安德热耶夫斯基档案，华沙文学博物馆）

［2］取自本书作者与莱舍克和塔玛拉·科瓦科夫斯基的对话，弗罗茨瓦夫，2005 年 10 月。

［3］参罗伯特·哈斯在纪录片《魔山》中的讲述。

［4］摘自切斯瓦夫·米沃什写给安杰伊·瓦里茨基的信，1960 年 11 月 4 日，收录于安杰伊·瓦里茨基，《多年后仍被禁锢的头脑》，页 402-404。

［5］"美国经典绘画让我如此不安，关于景象我更愿意写出来，写诗或者写

---

① 让·鲍德里亚（Jean Baudrillard, 1929-2007），法国哲学家、社会学家。《美国》著于 1997 年。

文章。"米沃什后来回忆说。参《米沃什词典》,页149。同参《诗集 第五辑》,页105。

[6] 塔德乌什·斯瓦韦克,《美国:更古老、更蛮荒的图画》,载《普世周刊》,1999年第11期。

[7] 摘自切斯瓦夫·米沃什写给耶日·安德热耶夫斯基的信,1967年1月25日。(耶日·安德热耶夫斯基档案,华沙文学博物馆)

[8] 摘自切斯瓦夫·米沃什写给雅罗斯瓦夫·伊瓦什凯维奇的信,1965年1月25日。(斯塔维斯科市安娜和雅罗斯瓦夫·伊瓦什凯维奇博物馆)

[9] 摘自切斯瓦夫·米沃什和雅尼娜·米沃什写给阿涅拉·米钦斯卡和扬·乌拉托夫斯基的信,信是切斯瓦夫·米沃什写给阿涅拉·米钦斯卡和扬·乌拉托夫斯基的,无确切日期(但早于1964年6月29日)。(移民档案,托伦哥白尼大学,扬·乌拉托夫斯基档案)

[10] 切斯瓦夫·米沃什,《我应该写下来》,未出版的文章(约写于1963年)。(拜内克图书馆)

[11] 摘自切斯瓦夫·米沃什写给马莱克·斯科瓦尔尼茨基的信,1964年8月27日,收录于马莱克·斯科瓦尔尼茨基,《我的米沃什》(克拉科夫,2004),页69–70。

[12] 切斯瓦夫·米沃什,一封写于六十年代早期但没有寄给康斯坦蒂·亚历山大·耶伦斯基的信。(拜内克图书馆)

[13] 摘自切斯瓦夫·米沃什写给托马斯·默顿的信,1964年12月31日,收录于托马斯·默顿、切斯瓦夫·米沃什,《通信集》,页145。

[14] 摘自切斯瓦夫·米沃什写给托马斯·默顿的信,1964年12月,无确切日期。(文学研究院档案室)

[15] 摘自切斯瓦夫·米沃什写给托马斯·默顿的信,1964年12月31日,收录于托马斯·默顿、切斯瓦夫·米沃什,《通信集》,页146–147。

[16] 摘自切斯瓦夫·米沃什写给亚历山大·瓦特的信,1966年12月5日,收录于亚历山大·瓦特,《书信集》,下册,页305–306。而新任的州长是罗纳

德·里根。另参："本学年的第一个月就这样过去了,尽管我们这所知名学府过得不太平静,发生了很多事,比如罗纳德·里根对我们学校很不满意,比如克里夫来我们这儿客座授课,这位黑人是黑豹党选出来的总统竞选人,是公开骂'Fuck 里根'的菲德尔·卡斯特罗的崇拜者,[……]他还公然向州长叫嚣'你可以亲我的黑屁股'。在这个国家,就这样。"摘自切斯瓦夫·米沃什写给奥拉·瓦特的信,1968 年 11 月 1 日,收录于切斯瓦夫·米沃什、奥拉·瓦特,《关于最重要的事的信》(I),芭芭拉·托伦切克编(华沙,2009),页 43。

[17]"他们为越南流泪,于是我的斯拉夫裔同僚问学生:[……]'你们了解俄罗斯共产主义的历史吗?''谁有时间看那些! 我们政治学的教授说,那些残酷的文字都是宣传手段罢了,因为革命几乎没有流血,只死了十个人。'"摘自切斯瓦夫·米沃什写给耶日·盖德罗伊奇的信,1970 年 5 月 9 日。(文学研究院档案室)

[18]摘自切斯瓦夫·米沃什写给耶日·盖德罗伊奇的信,1969 年 1 月 30日。(文学研究院档案室)那时在伯克利教书的科瓦科夫斯基在自己家里组织学生上课,有点像地下活动,以此避免被暴乱分子打扰。

[19]"我痛心[……]是因为我作为一个爱书的欧洲人,亲眼看到我们大学的图书馆燃起熊熊大火。他们将放火解释成'to stop this university',也就是反对'资本主义和帝国主义'。幸运的是,大火被及时扑灭,只有一个阅览室被毁了。"摘自切斯瓦夫·米沃什写给康斯坦蒂·耶伦斯基的信,1970 年 3 月 27 日。(拜内克图书馆)

[20]切斯瓦夫·米沃什在纪录片《魔山》中的讲述。另参："从捷克斯洛伐克、波兰、俄罗斯的眼光来看,这群年轻人不知羞耻,因为他们不知道,什么是压迫和恐惧。恰恰是资产阶级小孩的做派。"摘自切斯瓦夫·米沃什写给耶日·盖德罗伊奇的信,1969 年 1 月 30 日。(文学研究院档案室)

[21]摘自切斯瓦夫·米沃什写给马莱克·斯科瓦尔尼茨基的信,1970 年5 月 17 日,收录于马莱克·斯科瓦尔尼茨基,《我的米沃什》,页 100。

[22]米沃什的同事们,如西蒙·卡林斯基和伦纳德·内森还记得他的

演讲。

[23] 并不是因为催泪弹,是因为雾霾:"我只是想开个玩笑罢了,于是戴上防毒面具去学校。可我第一次感到如此害怕——我穿过街道,穿过校园,走到教学楼,没有一个人笑话我,没有人看我,没有人把我当回事,就好像没有人在我身边走过一般,熟视无睹。[……]我们那些喜欢看笑话的斯拉夫式爽朗和嘲讽都去哪里了?"摘自切斯瓦夫·米沃什写给耶日·盖德罗伊奇的信,1963 年 1 月 9 日,收录于耶日·盖德罗伊奇、切斯瓦夫·米沃什,《书信集:1952–1963》,页 681。

[24] "我终于完成了一本在圣保罗开始写的书,我写了很久。现在这本书是关于我,关于美国,比《被禁锢的头脑》和《欧洲故土》更加个人化,但又恰似这个系列的第三集。我很好奇,你对书名会怎么看——旧金山海湾景象。"摘自切斯瓦夫·米沃什写给维托尔德·贡布罗维奇的信,1969 年 3 月 30 日,见《切斯瓦夫·米沃什和维托尔德·贡布罗维奇的通信》,载《选文 II》,1992 年第 1–2 期。

[25] 摘自马莱克·扎莱斯基,《生者中的生者》,载《选举报》,2000 年 8 月 8 日。

第六十七章　给自己的信

我曾经勇敢。勤劳。几乎是道德楷模。

但这一无所用。

医生先生,我痛苦。

不是这里。不是,不是这里。我自己也不知道。

也许是因为过多的岛屿和陆地,

没有说出口的言语,市集还有木笛

或者对镜自斟,没有美女相陪,

尽管感觉自己变成了大天使

或者圣乔治街上的圣乔治。

切·米沃什,《我睡得太多》

　　"没人教过我,我怎么才能完全停止存在,另外我对用波兰语写作
和出书的目的的自我怀疑也加深了。"一九六一年米沃什向耶日·盖德
罗伊奇如此吐露。[1] 十年后他再向这位编辑写道:"我庆祝了自己六十

岁的生日。除了最亲近的人,全世界没有任何人还记得。"[2] 又一个五年过去了,他转对耶伦斯基说:"我那可怜的六十五岁生日,[……]就像没发生一样"[3],然后他对盖德罗伊奇说:"没有人对我的存在与否感兴趣"[4]。最后他承认:"在我与世隔绝的移民期里,有好几个月我都在思考,要不要给自己写上几封信,否则邮箱里面总空空如也。"(《猎人的一年》,页92)

他曾经很勇敢,很勤勉,甚至以躲过"驼背者大赛"①为乐,但同时也变成了一个——后来他曾反复提到——愿意"和同学们一起摸爬滚打"的青年。[5] 他怀念那些温暖的斯拉夫烙印,又有点为他的样子感到羞愧:"我们遇到了耶先生②,这个南斯拉夫人,直爽,向其他人敞开心扉,身上的品质完全不同于盎格鲁-撒克逊人。我们从下午一直聊到半夜,但我们身上这种斯拉夫性——醉醺醺地咆哮,流着哈喇子,连滚带爬又夸夸其谈,比起沉默寡言的心理游戏也好不到哪里去。"(《个人的职责》,页242)[6] 米沃什关于陀思妥耶夫斯基或者关于摩尼教的讲座在大学里有口皆碑,在系里他担任的是次要的职位,不承担行政职能,也很少发表典型的"学院派"文章。他是一个用波兰语写作的诗人,但本校的学生对这事儿并不感兴趣(他们中,甚至在"斯拉夫系"里,又有几个人懂波兰语呢?),大部分人是为他的诺贝尔奖而骄傲。因此在早些时候,在他庆祝"可怜的"六十五岁生日时,还没有人把亚历山大·辛克的主意放在心上——他曾提议为米沃什专门出版一本纪念册。[7]

他厌倦参加鸡尾酒会,对系里的八卦也不感兴趣,"那里有一群人

---

① 指文学写作比赛。
② 指米沙·德·耶哲尔尼克。

聚在一起废话连篇"[8]，于是他很快就喝醉了，然后忽悠大家说，贡布罗维奇的"搅合"①才是波兰老式宴席的风俗，教唆剩下的宾客都趴在地上缠打在一起。[9]再有，受无法克制的冲动所驱使，他挑逗了女学生[10]，这让扬卡很不高兴，从此极力限制丈夫参加这种同僚聚会。所以，只要她在场，任何偷瞄或者勾肩搭背都别想得逞。一旦他喝了太多、吃得太快或者坐姿不正[11]，她就要"教育"米沃什，就像教训小男孩那样。她没有想到，这些打破共事规则的行为恰恰是他身体的本能反应，他希望借由交谈获得更具体的、"裸露的"、不遮遮掩掩的感受。学生们比教授们规矩多了。起初米沃什乐意邀请学生们到家里来，可问题是，他自己喝得最厉害。后来他向老朋友安德热耶夫斯基承认自己酒喝过了量，"托尼骂我没有教授的样子[……]，不屑看我爬着走的丑态"。[12]很多关于米沃什的趣闻里都提到他爬着走，汪汪叫，学狗的样子。[13]不要只当笑话看，还要知道，不与社会角色苟合又抗拒长大成人的做法，从艺术的角度来看，恰恰是孩子才拥有的最美丽最本质的天性。

　　毕竟家里很难接受他这副模样，所以没过多久灰熊峰上的欢乐聚会就停办了。为了译诗他可以请一些挑选过的学生来家里长谈，他也可以和科夫纳茨基偶尔出去转转，还有零星的来自波兰的客人会登门拜访。[14]他不认可美国的波侨社团，对那里的文化传承嗤之以鼻，认为简直是一团糟，和不能在大学开堂授课的年代差不多。[15]现在又多了一条——至少他是这样想的——他，这个诗人，不能与波侨们畅所欲言。确实，一些老波侨对他的作品知之甚少，这里不流行读《文化》，而诗人的诗作多在这本杂志上刊登。大部分老的知识分子移民仍认为最重要的波兰诗人是图维姆。这些知识分子主要是犹太后裔，数量其实很少。613

---

　　①　在贡布罗维奇的作品中，经常出现"搅合"一词，是指群体性的争执最终形成的混乱局面。

大多数的波侨是工人，是从加里西亚跑来"讨生活"的文盲的后代。直到后来，在美国出生、受过良好教育的波兰人才构成更为成熟的波侨团体。这些每日当牛做马的工人，省下每一块美元供孩子们上大学——可不是学波兰文学，最好是学技术，这样才有吃饭的本事——米沃什刚开始还弄不明白，为什么学科差别竟如此之大。六十年代中期他在给马莱克·斯科瓦尔尼茨基的信中写道："在美国的波兰语环境[……]无可救药。我受不了他们，从根儿上就不行。我和他们没有联系。"[16]而此时，斯科瓦尔尼茨基却在害怕承认他们的友谊。他不能与米沃什见面，因为这会令他自战后就定居芝加哥的老父亲难堪——父亲那一代人仍然认定，米沃什是共产党的间谍。[17]

直到七十年代，诗人的态度才有所缓和。那时，他参观了由波侨管理的离布法罗和匹兹堡不远的剑桥斯普林斯联合学院，跟"院长"的谈话让他发现，第一代富起来的侨民身上除了暴发户品位之外，还有其他东西：

> 我们用英语交流。他懂波兰语，但羞于张口，因为有农村口音，也可以理解成，他怕说得不够漂亮。我尽我所能去说服他，应该设立一座波兰族裔中心，研究波兰移民的社会学历史[……]。他开始讲他的父亲，讲他清晨出门找工作，其实以前那份工作丢了，但他说不出口，拿着太太做的三明治出去，就在阴沟里翻了一天，找到几双女鞋；他舍不得吃三明治，家里的孩子们还饿着肚子。后来他与斯拉夫的一切划清界限，这样才找到了工作，因为他会说德语，从波兹南来的人摇身一变成了德国专家。这些往事让我大为动容。[18]

如果那时他手里拿的是一根两头都有橡皮的"波兰铅笔"，他就会告诉盖德罗伊奇，传统的"波兰笑话"①实在不应该变成蔑视和仇恨的宣传品。[19]

生活在美国的不知名波侨、最伟大的波兰诗人苦涩地写道：

> 我忠实的母语啊，
> 我一直为你服务。
> 每个夜晚我都在你面前摆上各种色彩的小碗，
> 这样你就有了白桦和蚂蚱，还有金丝雀
> 都留在我的记忆里。

614

> 持续多年。
> 你是我的祖国，只因再无其他。

> [……]

> 现在我要质疑。
> 有些时刻，让我觉得，我浪费了人生。

> [……]

> 但没有你我会是谁。
> 不过是个在遥远国度的教书匠罢了。

（《诗集　第三辑》，页85–86）

---

① 原文为英语，"Polish Jokes"借指在美国出版的一本书。《波兰笑话集》中的笑话是一种种族笑话，是在英语世界里基于负面刻板印象来嘲笑波兰人。与所有歧视性笑话类似，所谓的波兰笑话取决于听众先入为主的观念及其情感上的不喜欢。在美波侨多次举行抗议此书发行的活动。

这首诗写于一九六八年。诗中既有米沃什对当年在波兰发生的一系列事件的思考,也非常契合米沃什在加利福尼亚二十年来的心路历程。在米沃什的概念里,他用波兰语写诗,从未想过放弃[20],更不用说把母语丢进太平洋的波涛或者藏在树洞里了[21]。他写作、出书、写文章,以此对抗空虚。一九六二年夏天他向安德热耶夫斯基抱怨说:"您用《文化》杂志发行这些与众不同的书,不就是因为没有别人会出版这些诗句吗?让他们攻击去吧,让他们批评去吧——我不在乎。"[22]十一年后他又一次向这位编辑重申了他的观点:"《个人的职责》一书之所以还没有序言[……],是因为我从心理上很难用波兰语写出文章来。"[23]一九七九年秋天,当他被庄重地选为诺贝尔文学奖候选人时,他又感觉自己像个睡在铺满钞票的床垫子上的守财奴,没有人不知道,守财奴死了以后床垫子就会变成垃圾。[24]

一九六四年,马莱克·斯科瓦尔尼茨基来美国时,米沃什激动地手抄了近七十首自己的和翻译的诗,做成一个笔记本交给这位年轻诗人及《普世周刊》专栏作家,希望他能将这本诗集带回波兰,再传给他的朋友们看看。[25]几年后,他向斯科瓦尔尼茨基坦诚地写道:"我越来越怀疑,我的存在不是通灵对话里的灵魂存在,[……]因为它不知道,它被别人解读了,才迸发出火花。"[26]在很多美国人的记忆中,米沃什这位教授只是《被禁锢的头脑》一书的作者,并不是诗人。在美国避难,在齐格蒙特·赫兹眼里是那么舒适和幸运,但对米沃什来说,却是与读者们、与波兰的诗歌沃土渐行渐远。从他自己的某个角度来看,主要是诗歌赋予他的那个"我"。作家于是"将自己脑海中浮现的图景,用文字的方式画在他的书里"。(《从我的街道开始》,页58)流亡恰恰让他内心深处"尝试内在自由"的渴望暴露出来:

　　我们承受着巨大的压力,那总是对差等生给予鼓励甚至奖励的温暖氛围也不能缓和这种情绪。现在输赢都暴露在强光之下,因为我们只有自己——而孤独是流亡者的顽疾。曾几何时,弗里德里希·尼采对高级的、孤独的、空虚的自由高声赞美。流亡的自由恰好就属于高级的类别——被外界抛弃,也因此不被怜悯。[……]流亡能摧毁一切——但如果没有把你毁掉,你会因此更加强大。(《寻找祖国》,页 215)

那些年,住在美国又与米沃什交往密切的朋友,用一只手就能数得过来。他见过默顿两次,可能还拜访过曼德尔一家和惠特菲尔德一家,除此之外米沃什的笔下甚少提及他人。亚历山大·瓦特和莱舍克·科瓦科夫斯基(伯克利邀请过他们来美短期访问)也算。还有前文提到的亚历山大·辛克,他出生在克拉科夫,是耶鲁大学语言学家,一九六八年米沃什在纽约参加他的见面会时认识了他。一年后,辛克收到了加州大学发给他的授课申请,也因此在一九六九年末一九七〇年初的时候,伯克利形成了一个很小的波兰人圈子,成员有米沃什一家、科瓦科夫斯基一家和辛克。从那时起,米沃什就对辛克大有好感,每每回忆起他都提到他的真挚——就如扬卡在旁的感觉(除了个人魅力外,在扬卡眼里,米沃什还不算文人吗?),还有他作为自己的书迷对新作品的渴望。米沃什需要知交——就如他强调的"知识分子间的乒乓赛"——他希望能交到新的知己,在出版前读他的诗,然后直言不讳地把自己的意见真诚地告诉他。这就是他想要的,不是写出来的,而是亲耳听到一句话:你做的事,非常厉害。[27]

在辛克的帮助下,一九七六年(距离伦敦版《诗集》已经过去十年了!)米沃什出版了《诗歌作品:诗集》①一书,也就是后来被誉为传奇般

---

① 书名前半部分为波兰语 Utowory Poetyckie(诗歌作品),后半部分为英文 Poems(诗集)。

的"绿皮书"诗选,书中收录了《三个冬天》《太阳从何处升起从何处落下》等名篇。这次的书不是"文化社"的封面,而是由密歇根大学(一年后密歇根大学授予米沃什荣誉博士称号)的斯拉夫出版社出版。出版社的经理,捷克人拉迪斯拉夫·马泰伊卡①是一位斯拉夫语专家,也是辛克的好朋友。"我建议他出版米沃什的波兰语新诗选集。马泰伊卡对这个建议非常认可,但他还需要一篇英文序言,否则就会拿不到赞助款[……]。更让人兴奋的是,这篇英文序言很可能会被诺贝尔奖评审委员会看到,那时米沃什的名字可是越来越频繁地被列入他们的议事内容。在那个高度上还没有人做好写这篇序言的准备,所以在米沃什的多次劝说下,我接下了这个任务。"辛克回忆说。[28]他的序言,不仅是一篇宏大的研究论文,还掷地有声地向读者们表示,在他们面前的是"波兰二十世纪最伟大的作家之一,也是波兰最杰出的在世的诗人"。[29]

还有谁呢?怎么才能满足以酒为乐的男人呢?米沃什知道自己在变老,他害怕"接受自己的年龄就像接受集中营的存在"。[30]一九八一年他告诉耶伦斯基,经化验他的睾丸素为每 100 毫升 755 ng,那时大多数五十岁左右男子的数值是 300 ng。[31]六年后他又甚为骄傲地写道:"我和女人之间还有磁场,她们当然分得清是游戏还是真情。"(《猎人的一年》,页 28)耶伦斯基很可能以为,是性冲动给了米沃什写诗的灵感,他在一九六五年特别直白地向米沃什建议:"你太容易受到道德的约束了[……]。你起码还能活十年,你完全可以享受生活,去爱姑娘——校园就是你的天然猎场。"[32]加州那些漂亮的女大学生喜欢米沃什[33],喜欢他军人般的姿态,不可思议的温柔动听的声音,还有他的眉毛。女作家桑德拉·霍本对他的眉毛印象深刻,她说:"他的眉毛,漂亮又可怕! 有

---

① 拉迪斯拉夫·马泰伊卡(Ladislav Matejka, 1919-2012),捷克符号学和语言理论专家。

一首印第安诗人的诗,诗名是'乌鸦做的眉毛'[①],说的就是像米沃什那样的眉毛。"[34]他经常孤身去旅行,那些年确实有过几段罗曼司,尽管他将这些浪漫往事谨慎地隐藏起来,每一次都备受良心谴责,但又忍不住告诉赫兹,想听听——他期望听到的——建议:"那个艾丽卡,你说得让我都着迷了。我的忠告:当然了,你和她睡吧,但是要谨慎些,可别把床摇得叮当响,更别扬扬得意,就算那很美妙,别动感情,那就是扯淡。上帝的子民——还有十年呢,这种事就放在记忆的盒子里吧。"[35]

他寻找着,很显然,不只是性欲的满足,还有与女孩的欢愉带来的温暖感觉,有时也可能是在儿子们那里得不到的体谅。他在写给出身于波兰家庭的莉莲的信中敞开心扉:"虽然你像我的女儿一样,和我的儿子同龄,但你又能做我的孙女,一旦'我那久远的爱情能够开花结果',但同时这是另外一种感觉,情感上的共鸣。我两个儿子不读波兰语,也很少踏足我的世界。我渴望爱情,与你在情感上的相互认同或许能替代爱情,同样带给我欢愉。"[36]直到七十年代末八十年代初,他的生活中才出现了众所周知的男女关系,而此前十年,他只留下过一首美丽的情诗,隐去了女子的姓名:

> 我喜欢你天鹅绒般的私处,安娜莱娜,一段长长的旅程
> 在你双腿间的三角地。
>
> 渴望着逆流而上奔向你跳动的心脏
> 啤酒花和黑色的旋花擦出越来越狂野的电光石火。

---

① 原文为英文:Eyebrows Made of Crows。作者塞缪尔·玛基德梅瓦贝(Samuel Makidemewabe)。

　　　　　我们激情澎湃,露着狂喜的笑容,然后匆忙地

　　　　　在夜色中穿上衣服,沿着石阶走向城市的山顶。

　　　　　　　　　　　　　　　　　　　　(《诗集　第四辑》,页22)

　　米沃什尝试用爱情去"战胜"——他在伯克利校区的邻居莱舍克·科瓦科夫斯基用了这个词——冷漠世界带来的失意,但在那些岁月,围绕他的更多是空虚和酒精。喝过伏特加、金酒、加州红酒,最后他给自己来了个纯正的美式转折,喝上了威士忌,波本威士忌。[37]他从没把这种酒当作启动想象的开关,正相反,是清晨的工作让他思路清晰、灵感迸发。晚上写信的时候,在孤独中喝上一杯波本威士忌(真是"对镜自酙"吗?)[38],算是对自己的奖励,主要还能借此缓解内心的恐惧。寂寞时少不了看看海,挫败感和寂寂无名的悲凉也会汹涌而来,自己被波兰渐渐遗忘,在美国也从未被认识。这些感慨里,有在华沙被武力扣留和羁押的回忆,有德国或者苏联士兵搜查房子的噩梦,还有,"在让人联想起理发间的屋子里有一台不大的切纸机,恰如一个旁观者,就算有人为我们欢呼,它仍麻木地工作,这就是我们注定的命运"。(《个人的职责》,页233)在灰熊峰山顶的别墅里,这头孜孜不倦的"立陶宛灰熊"已经感觉到,老来凄苦正向他靠近。

注释

　　[1]摘自切斯瓦夫·米沃什写给耶日·盖德罗伊奇的信,1961年12月16日,收录于耶日·盖德罗伊奇、切斯瓦夫·米沃什,《书信集:1952–1963》,页563。

　　[2]摘自切斯瓦夫·米沃什写给耶日·盖德罗伊奇的信,1971年7月1日。(文学研究院档案室)

　　[3]摘自切斯瓦夫·米沃什写给康斯坦蒂·亚历山大·耶伦斯基的信,

1976 年 7 月 9 日。（拜内克图书馆）

[4] 摘自切斯瓦夫·米沃什写给耶日·盖德罗伊奇的信,1976 年 7 月,无确切日期。（文学研究院档案室）

[5] 参《波兰对话: 1979-1998》,页 795。

[6] 凭借着福特基金会的奖学金来到伯克利大学的米沙·耶哲尔尼克来自南斯拉夫的卢布尔雅那市。这位米沃什家的朋友一直被称为"小熊"。

[7] 参亚历山大·辛克,《米沃什诗集"绿皮版"的起源》,载《文学笔记本》,2005 年第 89 期。

[8] 摘自切斯瓦夫·米沃什写给安杰伊·瓦里茨基的信,1960 年 11 月 4 日,收录于安杰伊·瓦里茨基,《多年后仍被禁锢的头脑》,页 403。

[9] 取自本书作者与西蒙·卡林斯基的对话,伯克利,2001 年 4 月。

[10] 参:"我和我太太扬卡去参加了酒会。那些零零碎碎的闲话,无意义的闲聊让我厌烦透了。于是我马上喝得酩酊大醉。[……]然后我开始和女学生搭话,这招致我太太的反感,从此限制我再去这种鸡尾酒会。"摘自切斯瓦夫·米沃什在纪录片《魔山》中的讲述。

[11] 取自本书作者与塞利娜·惠特菲尔德的对话,伯克利,2001 年 4 月。

[12] 摘自切斯瓦夫·米沃什写给耶日·安德热耶夫斯基的信,1962 年,无确切日期。（耶日·安德热耶夫斯基档案,华沙文学博物馆）

[13] 当"我还在巴黎时,我和波兰斯基经常碰面。我们一起喝酒,相见甚欢,也许扬·莱本斯坦也在场,还有波兰斯基的第一任太太芭芭拉·科维亚特科夫斯卡。[……]有一次喝过酒后,我们一起开车去了迈松拉斐特,去了文化出版社,我记得,我们从大门口爬到楼前。我们按了门铃,继续四脚跪在门前,门一开,我们就唱:'我们来喂马啦,它在我们身后拉了一地啦!'"2002 年在波兰斯基的《钢琴家》首映礼上,切斯瓦夫·米沃什如此说道。从他的话中,我们还可以得知米沃什认识莎伦·泰特。"他来到洛杉矶,在桑塔莫妮卡租了一间别墅。他邀请了我们,我们开车去了。我们在他家住了几个星期。[……]我们和莎伦·泰特相处得非常好,因为他在工作,经常不在家,我们就常和她聊天。

扬卡和她很要好,她是个非常好的姑娘。"摘自《波兰对话:1999-2004》,页476-477。

[14] 比如图罗维奇 1972 年到过米沃什家。1979 年,这位《普世周刊》的编辑和米沃什又一次在美国碰面。那时,正值斯拉夫研究促进协会的年会在耶鲁大学举行,其中一项议程是庆祝斯泰凡·巴托雷大学建校四百周年。他们二人,还有伊莱娜·斯瓦文斯卡,当时住在克里斯蒂娜和亚历山大·辛克家里。

[15] "美国的波兰小孩几乎都很糟糕。学生中的那些波兰后裔,成绩都很差。[……]加州的波兰人很多,我有点不自在。我要么选择回避和忽视,但会将自己置于八卦和怨恨之中;要么选择保持'联络',但会对我的身心造成伤害,同样也会陷入无休无止的八卦和假说里[……]。这里的波兰人主要是些技术工人,思想意识还停留在 1939 年前。太可怕了。"摘自切斯瓦夫·米沃什写给耶日·盖德罗伊奇的信,1960 年 10 月 29 日,收录于耶日·盖德罗伊奇、切斯瓦夫·米沃什,《书信集:1952-1963》,页438。

[16] 摘自切斯瓦夫·米沃什写给马莱克·斯科瓦尔尼茨基的信,1964 年 10 月 3 日,收录于马莱克·斯科瓦尔尼茨基,《我的米沃什》,页78。

[17] 同上,页73。

[18] 摘自切斯瓦夫·米沃什写给耶日·盖德罗伊奇的信,1970 年 10 月 30 日。(文学研究院档案室)

[19] 参切斯瓦夫·米沃什写给耶日·盖德罗伊奇的信,1973 年 9 月 24 日。(文学研究院档案室)

[20] 米沃什唯一一首用英文写的诗是《信》(《诗集 第三辑》,页 89),原题为"致拉加·饶",写于与印度哲学家交流之后。参:"诗歌节圆满结束。我遇见了在巴黎就认识的拉加·饶,他每年都到得克萨斯大学讲授印度哲学。我和他聊了五个小时,然后他介绍我认识了一位印度物理学家、原子能中心的主任——非常有价值地探讨了物理学中专业而深奥的空间概念。"摘自 1969 年 11 月切斯瓦夫·米沃什写给盖德罗伊奇的信。(文学研究院档案室)在得克萨斯诗歌节期间,米沃什还与博尔赫斯见过面。

[21]"在郁闷痛苦中他写道,流亡时用波兰语写书就和把手稿塞进森林的树洞里差不多。"摘自斯泰凡·基谢莱夫斯基,《日记》,页327。此外,扬·布沃斯基写给斯瓦沃米尔·莫罗哲克的信里也提到了米沃什的状态:"米沃什,他的故事,他流亡可不是为了让世界再次惊叹一位'贡布罗维奇',而是,尽管远走他乡,他仍保留着波兰文学的纯粹和伟大。简而言之,他从巴黎出走,是想让华沙震撼,至少让华沙受到一些影响。影响确实很强烈,但现在如果嘲笑这样的不满仍很荒唐[……]。他未受到瞩目,理所当然——要不还会如何?——他可比不上世界公民耶伦斯基,还有只为自己而活的贡布罗维奇。[……]他一方面为西方站台,一方面又用自己那年轻时代的立陶宛,以传承人性美好价值观的立陶宛的名义反对西方。"摘自1964年1月14日书信。另外:"我一直很惊讶,为什么我们的密茨凯维奇、诺维德等人都那么疯狂。现在我会想,他们不是疯狂,恰恰'应该'如此。他们身上的活力是天生的,正是立陶宛式的,是上帝赋予的。上帝也赋予了米沃什一些,可我想,可能少了一点儿。[……]我们并不十分理解东方人、边境外的那些人。事实上,那里确实存在另一种人类文明。我非常明白,他们不能与之分割,因为它的独特性,他处无寻[……]所以战后的米沃什会如此寂寞。"摘自1975年3月24日书信,收录于扬·布沃斯基、斯瓦沃米尔·莫罗哲克,《书信集:1963-1996》(克拉科夫,2004),页79、535。

[22]摘自切斯瓦夫·米沃什写给耶日·安德热耶夫斯基的信,无确切日期(邮戳1962年8月15日)。(耶日·安德热耶夫斯基档案,华沙文学博物馆)同期,米沃什给赫兹也寄去一封差不多论调的信,赫兹回信称:"'也许只有家人才需要我'是多么愚蠢的话啊。[……]天啊,我还得满怀仁心地劝服我那健康的朋友相信自己的健康吗?你记着,傻瓜,不要再写这些需不需要的废话了。"摘自齐格蒙特·赫兹写给切斯瓦夫·米沃什的信,1962年9月22日,收录于齐格蒙特·赫兹,《致切斯瓦夫·米沃什书信集:1952-1979》,页100。

[23]摘自切斯瓦夫·米沃什写给耶日·盖德罗伊奇的信,1973年8月1日。(文学研究院档案室)

[24]参约瑟夫·查普斯基写给切斯瓦夫·米沃什的信,1979年9月8日,

收录于沃依切赫·卡尔平斯基,《来自拜内克的声音》(I),载《文学笔记本》,1999 年第 66 期。

[25] 遗憾的是并未顺利地传给朋友们。世事变迁,三十八年后这本笔记本终于辗转到了斯科瓦尔尼茨基手上,随后付印出版——切斯瓦夫·米沃什,《诗与习作》。

[26] 摘自切斯瓦夫·米沃什写给马莱克·斯科瓦尔尼茨基的信,1970 年 5 月 1 日,收录于马莱克·斯科瓦尔尼茨基,《我的米沃什》,页 94。参:"他们是我的知己——作家安德热耶夫斯基、作家贡布罗维奇、作家莫罗哲克、诗人雅斯特伦。但没有作家米沃什,没有诗人米沃什。"摘自切斯瓦夫·米沃什写给马莱克·斯科瓦尔尼茨基的信,1970 年 6 月 5 日,收录于马莱克·斯科瓦尔尼茨基,《我的米沃什》,页 111。

[27] 取自本书作者与亚历山大·辛克的对话,纽黑文,2001 年 2 月。

[28] 亚历山大·辛克,《米沃什诗集"绿皮书"的起源》,载《文学笔记本》,2005 年 89 期。

[29] 参亚历山大·辛克,"序言",收录于切斯瓦夫·米沃什,《诗选》(安阿伯,1976),页 15。

[30] 摘自切斯瓦夫·米沃什写给马莱克·斯科瓦尔尼茨基的信,1970 年 6 月 5 日,收录于马莱克·斯科瓦尔尼茨基,《我的米沃什》,页 115。

[31] 参切斯瓦夫·米沃什写给康斯坦蒂·耶伦斯基的信,1981 年 4 月 10 日。(拜内克图书馆)

[32] 摘自康斯坦蒂·耶伦斯基写给切斯瓦夫·米沃什的信,1965 年 12 月 23 日。(拜内克图书馆)

[33] "你成了女学生们急于研究的'对象',她们的美丽以及不时闪现的智慧有时让我绝望。"摘自切斯瓦夫·米沃什写给兹比格涅夫·赫贝特的信,1965 年 7 月 15 日,收录于兹比格涅夫·赫贝特、切斯瓦夫·米沃什,《通信集》,页 49。

[34] 摘自 2001 年桑德拉·霍本写给本书作者的信。

［35］摘自齐格蒙特·赫兹写给切斯瓦夫·米沃什的信，1964 年 8 月 13 日，收录于齐格蒙特·赫兹，《致切斯瓦夫·米沃什书信集：1952-1979》，页 179。

［36］摘自切斯瓦夫·米沃什写给莉莲·瓦利的信，1977 年 5 月 25 日。（拜内克图书馆）

［37］"喝酒要一个人吗？那样你就不会出丑，也不会犯傻。但只有一种酒品可以，波本威士忌。"摘自切斯瓦夫·米沃什写给兹比格涅夫·赫贝特的信，1964 年 3 月 5 日，收录于兹比格涅夫·赫贝特、切斯瓦夫·米沃什，《通信集》，页 39。

［38］参 1964 年 8 月或 9 月齐格蒙特·赫兹的信（"我收到一封威士忌味道很重的信。［……］我琢磨着，这封信是开酒的借口，还是开酒让你写了这封信？"）。另参 1968 年 3 月 3 日的信（"信收悉——我看见了酒的印记，还有你画圈擦掉它的小把戏"）。两封信均收录于齐格蒙特·赫兹，《致切斯瓦夫·米沃什书信集：1952-1979》，页 184、261。

第六十八章　美国人在巴黎

亲爱的切希,你唯一能做的就是来欧洲
度过整个夏天。这里人潮汹涌,也有很多人
问起你。[……]如果你不来,你可就让我
彻底心碎了。

齐格蒙特·赫兹致切·米沃什(1961)

618　　　"我终于得到了印着照片的'绿卡',这是我在美国的身份证,现在
起我就可以离开美国,每次最多一年时间。[……]也就是说,明年初去
欧洲可以待久一些——因为我一个学期没有课——板上钉钉了。"一九
六二年米沃什在给耶日·盖德罗伊奇的信中如此计划着。[1]事实上,他
也确实利用大学休假的政策,从一九六三年六月到次年一月带着家人在
英格兰、法国、瑞士和意大利度了个长假。

　　就是在这期间,基于对未来留在美国的信心,米沃什一家卖掉了蒙
日龙的别墅,买下了那辆后来伴随他们多年的"甲壳虫"汽车。他开着
它穿越了整个意大利——先是去格勒诺布尔拜访了斯坦尼斯瓦夫·文

森兹,接着又去了卢卡、佛罗伦萨、圣吉米尼亚诺、锡耶纳、罗马、阿西西(留有诗句:"旅途中最长最激烈的经历"[2])、阿雷佐、拉文纳、威尼斯、帕多瓦、维罗纳……在尼古拉·乔洛蒙蒂和玛丽·麦卡锡的陪伴下,米沃什在几年前认识的博卡迪马格拉①诗人的家里待了十多天[3],其间与他们分享了自己对西方文明现状的看法。后来麦卡锡给汉娜·阿伦特写信,专门提到了米沃什的信条——"世界末日就在举手之间"。[4]他在罗马参加了第二次梵蒂冈大公会议开幕式,并因此与老朋友——《普世周刊》的耶日·图罗维奇见了面,两个人喝着白兰地和格拉巴酒聊到凌晨一点,畅谈西蒙娜·薇依、卡特里派、托马斯主义、斯威登堡和布莱克……回程途中,在迈松拉斐特他们震惊地听到肯尼迪遇刺的消息,此时他们还对在意大利看到的"肯尼迪"牌洗衣机海报记忆犹新,那个厂家借着总统的名气到处打广告。[5]他们要搭乘"雷丹号"返回美国。[6]兹比格涅夫·赫贝特在布雷斯特②把他们送上船,自己也登上甲板喝了一杯送别酒——在托尼拍的照片里,赫贝特身边站着青春洋溢的彼得,精力充沛的切斯瓦夫,还有裹着外套、已显老态的扬卡。[7]

619

很难想象出比意大利更美妙的旅程。但米沃什却对赫贝特说:"太令人伤感了,杰作已化为灰烬。如今却不关我事。"[8]欧洲让他失望,虽然还谈不上令他难以忍受,但给他留下的是狭隘、丧失理想、渴望平静与富贵的感觉。[9]在"雷丹号"客舱里,他不禁想起了"创伤的正反面",动笔写道,与其说这里是庆祝胜利的"荒诞剧场",不如说是"它骨子里就带着欧洲的口腹之欲[……]。那么无意间发展成虚无主义的缘由也与新冰箱和新汽车自相矛盾"。他承认,他不能理解这个"新"欧洲,就和自己多年前第一次面对西方世界的感觉一样——从那时他就反对离经

---

①　博卡迪马格拉(Bocca di Magra),意大利海滨小镇。
②　布雷斯特(Brest),法国南部港口。

叛道。东欧人身上那无法摆脱的伤痛身份有什么好处呢？只有一点：就算"驼背不好"，但如果"只有自己驼背了才能注意到我们周围的所有人都驼着背且又不承认驼背，那平时就该训练自己驼背"。

两年后，赫贝特读到了这位朋友从巴黎寄来的信："一九六三年的我曾有多感怀，这一次我就变得有多狂喜。我甚至在这里戒掉了喝威士忌的恶习。海边的黄色［硫黄?］焦山上的漫山翠绿将我淹没。更不用说在那些小径，和心爱的她一起漫步是多么甜蜜。"[10]在加利福尼亚定居的二十年，他接连前往欧洲享受旅行，这样不仅有助于他保持心境平衡，带给他希望，提醒他，他的价值不仅仅体现为伯克利的一个教书匠，他还是个诗人，尽管受到重重阻隔，他的声音依然能被波兰年轻一代的知识分子听到。一九七六年他在给莉莲·瓦利的信中激动地写道，下一代已经变了，他们知道也理解他的书，一定能终结波兰式愚蠢的传统。[11]最重要的是巴黎，在那里有波兰来的客人，还有让米沃什兴奋不已的朋友们，只消只言片语他们就能明白他的意思。

如果有可能，只身前往欧洲最让他欢喜。一九六五年，他在比利时的克诺克海斯特参加两年一度的诗会时，遇到了阿图尔·敏哲热斯基、法斯克·波巴①、皮尔·艾马纽埃尔等人。他变得年轻澎湃，自己身上那古老的"吉卜赛血脉"[12]重焕新生，在国际文学界的聚会上大放光彩。他经伦敦返回加利福尼亚，其间在贝德纳尔赤克夫妇的出版社为出版新书做了一些收尾工作。他与这对夫妇可谓"一见如故，相见恨晚"。[13]一年后，他在给文森兹的信中写道："我忍受不了没有欧洲，在这里循规蹈矩让我难受。"[14]于是他又出发了，这次带上了两个儿子，因为他们要利用这次假期完成大学的夏季课程。三个人抽时间去布里和蒙日龙故地重游了一番。父亲得意地向扬卡写道："我和他们相处得非常愉快。

---

① 法斯克·波巴(Vasco Popa, 1922–1991)，塞尔维亚诗人。

两个人都长大了。"[15]他们在巴黎见到了安杰伊·米沃什和他的第二任妻子格拉热娜。她不会忘记这顿共同准备的晚餐,还有切斯瓦夫无拘无束的欢笑。[16]

　　一九六七年三月,在巴黎诗人大会召开期间,耶伦斯基组织了一场波兰诗歌翻译论坛,米沃什、布冉科夫斯基、让·卡苏、卡尔·戴代丘斯①、伊瓦什凯维奇[17]、耶日·利索夫斯基②、阿图尔·敏哲热茨基、普日博希、瓦岑克·威仁斯基、维尔普沙等人在论坛上拿出了优美的诗歌和翻译作品。这一趟去法国,米沃什夫妇两人结伴而行,这一次也是扬卡最后一次与耶日·安德热耶夫斯基碰面。后来,米沃什曾苦涩地回忆说,"那时她已深受抑郁症的折磨"。(《战后即刻》,页24)他们在欧洲待了几个月,在圣保罗-德-旺斯③见到了贡布罗维奇;与赫贝特延续着热烈的友谊;在伦敦拜访了贝德纳尔赤克夫妇,看到了他的《诗集》首版样书。七月他们收到加利福尼亚那边的消息,托尼出了车祸,他开着"甲壳虫"和一辆结实的凯迪拉克撞上了。还算幸运,托尼只是一条腿骨折了,但这辆大众——开车的托尼回忆说——"让我想起了那几年在我们家,扬·莱本斯坦用冲上海滩的木头块做的那个取名'玛蕾尔卡'的木雕"。[18]

　　后来几年的欧洲之行颇为平淡。一九七一年在阿姆斯特丹,他和扬卡一起参观了"皇家博物馆的十七世纪荷兰画派画展,也许是最好的绘画作品(和印象画派一样,开创了一种流行先河)"。[19]一九七五年在苏黎世,米沃什遇到了布沃斯基。一年后在卢尔德④,诗人写道:"丝毫没有受到商业化等不利影响,是世界上最富有诗意的地方,而且在我眼里,

----

① 卡尔·戴代丘斯(Karl Dedecius, 1921-2016),德国人,出生于波兰,波兰文学翻译家(波德语互译)。

② 耶日·利索夫斯基(Jerzy Lisowski, 1928-2004),波兰文学评论家、翻译家(波法语互译)。

③ 圣保罗-德-旺斯(St. Paul-de-Vence),法国滨海阿尔卑斯省的一个市镇。

④ 卢尔德(Lourdes),法国市镇。

它的美是更高层次的诗意之美,不是二十世纪那种诗的美。"[20]一九七八年在巴黎,他给安德热耶夫斯基打过一个苦涩的电话,谈到妻子的病还有老年不易。[21]一年后他去鹿特丹参加诗歌节,然后有些按部就班似的先去日内瓦拜访伊莱娜·文森兹,再去芒通①拜访奈拉·米钦斯卡,去科西嘉岛拜访让娜·赫施,在巴黎与波兰文学青年亚历山大·菲乌特交流。就在这期间,他听闻齐格蒙特·赫兹的死讯,立刻启程返回美国。

恰恰是在赫兹讽刺而精准的描述中,我们找到了巴黎之旅对米沃什的意义所在:

> 于是切斯瓦夫出发了。[……]重要的是,1.他相信,自己不是没有名气、无人问津的诗人。他受到年轻人的追捧——二十个克吕尼市②的年轻人在阁楼里不停地追问"什么是、如何是和为什么是"的问题。"这是、这是"就得说上几个小时;2.萨吉克③想出一本印着扬卡照片的《诗论》精装书[……]3.有这样的前提,加上公众对他个人的关注,法国于他再不是臭烘烘的国家。[……]他们把切希引荐给泽农·莫哲莱夫斯基④和萨吉克,萨吉克又把他送到鲁瓦西⑤,也就是说,他带着神父们的赞誉离开。步步为营![22]

表情忧郁的帕洛蒂派牧师约瑟夫·萨吉克、"冥界"画家扬·莱本

---

① 芒通(Menton),法国城市。

② 克吕尼(Cluny),意大利城市。

③ 约瑟夫·萨吉克(Józef Sadzik, 1933–1980),天主教帕洛蒂派牧师,巴黎对话编辑部出版社和对话中心的创始人,资助出版了多位波兰本地或移民作家的图书,在巴黎组织多场米沃什与读者的见面会,并为米沃什翻译的《诗篇》《约伯记》执笔前言。

④ 泽农·莫哲莱夫斯基(Zenon Modzelewski, 1933–1996),波兰天主教神父,巴黎帕洛蒂派会长,对话编辑部出版社社长,对话中心总经理。

⑤ 鲁瓦西(Roissy),巴黎附近市镇,戴高乐机场所在地,此处指把米沃什带到机场。

斯坦(耶伦斯基曾在他笔下那些密密麻麻、让人心烦意乱、"层层叠叠的
形象"里找到过厄洛斯和塔纳托斯的印鉴,另外在灰熊峰别墅客厅里也
有他的画[23])、赫兹、笔友耶伦斯基……再加上瓦特、查普斯基、奥尔
加·舍雷尔,组成了六七十年代在巴黎梦幻般的波兰人圈子,米沃什是
这个圈子的通讯成员。他后来重述:"五十年代我曾深深地扎进华沙和
克拉科夫的'圈子',这一次[……]我又沉迷巴黎,我的信址在对话编辑
部所在的瑟考夫街、扬·莱本斯坦画室所在的依库夫街、文化出版社所
在的迈松拉斐特之间兜兜转转,每年我至少要来一次这些地方报到。"
(《猎人的一年》,页93)与萨吉克合作创立过帕洛蒂派出版社和交流中
心的达努塔·舒姆斯卡亲笔写下七十年代的一些具体细节:在米沃什
生日当天组织了一场作家之夜的活动,晚餐由她准备,出席者包括赫贝
特、布兰迪斯一家、莫罗哲克、海尔灵格-格鲁金斯基、基谢莱夫斯基、图
罗维奇……[24]

　　亚历山大·瓦特是这个圈子里的前辈。米沃什评价他是年长十岁
的诗人,"波兰第一代未来主义者",博学且熟悉犹太文化,历经囚禁和
劳改折磨并记忆深刻的二十世纪的见证者,战前共产主义刊物《文学月
刊》的编辑,也是后来的批评者和不安分的反对派。米沃什对他的诗的
态度比较复杂。米沃什并不赞同诗中某些描述[25],尤其是华丽的、梦幻
的、让人想起莱本斯坦后期作品《动物寓言》的那部分。[26]他们二人就此
话题曾深入探讨,瓦特还将部分讨论的内容写入他的《无元音日记》。
他在米沃什身上看到了"完完全全的道德天性"[27],还有米沃什对诗歌
的伦理要求,引用米沃什自己的妙语来说:"我实在要让每一首诗都经
过神学的检验。"[28]在《无元音日记》中,瓦特描述了一九六三秋天的那
些美妙夜晚,充满了美味的欢愉和思想的交锋:

622

　　　　在波拿巴街5号我家厨房里,雅采克和艾娃,切斯瓦夫还有我

们俩。大家聊着长着尾巴和角的魔鬼。聊着《约伯记》中的和传统犹太法典中的魔鬼。[……]聊着过去的那个魔鬼,一九四一年十一月它曾带着歌剧里靡菲斯特般的刺耳笑声,出现在沙拉托夫的囚室里,出现在饥饿谵妄的我的面前。我谈到不久前我曾在梅苏吉耶对激进派进行调查,辩证地分析他们的言论就会发现,除了几个天主教进步人士外,他们所有人,完全丧失了对上帝的信仰,他们不信上帝,却相信魔鬼的客观存在,相信魔鬼头上有角,身后有条黑色的尾巴。

餐柜里的东西都摆到餐桌上了:炸过头的土豆块,德式长条面包,西德乡村面包,嫩洋葱,一瓶红酒,还有一大碗酸奶。我们大快朵颐,这些简单的食物才是家乡的味道,对,我们都烦透了法国菜,太精致太陌生了。[29]

多年来,火烧火燎般的疼痛在瓦特身上反复发作,让他饱受折磨,而实际上这些都是他年轻时信仰共产主义的后遗症。一九五八年他离开波兰出国治病,后来(在米沃什等人大力帮助下)找到了新工作也拿到了奖学金,继续滞留在法国和意大利。[30]再后来他收到了伯克利大学斯拉夫和东欧研究中心的工作邀请。瓦特对前往加利福尼亚充满了希望:气候变化可以缓解病症,能在学生中发现活泼有趣的听众,最主要还能撰写关于极权主义的总结性论文。一九六三年底他和妻子奥拉前往美国。[31]他的那些计划全都化为了泡影,或者说,完全走了样。太平洋上吹来的冬季寒风和浓雾加重了他的病情。活泼的学生和教授们对瓦特精心营造的氛围根本不感兴趣。可以说,只有波拿巴街小厨房的那种气氛才能让他讲起没完没了的故事,其他任何规律性的工作都不可能对他的病症起到止痛作用。

623   “对瓦特的友情并没有遮蔽我的双眼,我感受到他的幽默气质,我甚至希望自己也能学到一点儿,整个诗人圈都能带上这样的自我、天真还有一些孩子气。瞧他说的话!学生们会坐在他脚下,畅快地吸收他嘴里冒出来的共产主义知识点。要阅读这一主题的相关文字,就得从基础著作读起,也就几千卷而已,能把人淹死。没有了欧洲咖啡馆里那样的聊天,他又对别人缺乏兴趣,人际关系平平淡淡,准确地说是表面和善。一言以蔽之,这里没人有空搭理他。"(《猎人的一年》,页264)米沃什在《猎人的一年》中如此回忆道。同时米沃什也在思索,他有没有为老朋友做到自己能做的一切,或者,是以美式的冷淡将瓦特孤零零地丢在那里。[32]十几个月的时间(到1965年7月)并非一无所获。中心主任格里高利·格罗斯曼①想到了一个主意,让瓦特——因为他不能拿笔——用口述的形式记录下自己的回忆,这样就能突破创作障碍。在伯克利唯一能跟瓦特对上话,又了解他笔下描述过的那些历史事件的人,只有米沃什。扬卡竭力反对,她抱怨说这是在浪费她丈夫的时间,而米沃什自己也有些犹豫。尽管如此,在亚历山大妻子[33]的恳求下,一九六五年诗人开始录制几个小时的对话。不久,录音就超出了最初设计的治疗目的。他们的谈话旁征博引、引人入胜,不仅让瓦特成了"一位口述记忆者",还借此出版了一本随笔式的巨著《我的世纪》(*Mój wiek*)。实际上,在瓦特自杀十一年后,即一九七七年,该书才正式出版[34]——其间在不停地筹集资金。这一年,米沃什出版了《地中海诗集》(*Mediterranean Poems*),收录的都是他翻译的瓦特的诗[35],以此实现了他对亚历山大回忆的守护者——奥拉的承诺:"你不用怀疑我为他的作品所做的这件事,这是[……]精神层面的致敬。"[36]

---

① 格里高利·格罗斯曼(Gregory Grossman, 1921-2014),伯克利分校名誉教授,因引入"第二经济"和"命令经济"这两个术语而闻名。

"我想给你写一封感谢信，就在五天以后，这期间你的《诗集》我一刻也不会脱手。将你的诗握在手中的喜悦难以言表。'唯有赞美才能将我拯救'。这句话可以当作你的诗的题记，但比起你能想象到的，它的意义更广泛，因为赞美你的诗也能拯救其他人——你的读者们。"[37]得信如此，夫复何求，更何况此信的作者是波兰文学界最受期待、最才华横溢的评论家。他精通现代艺术、诗歌和多种语言，能用波兰语、法语、意大利语和英语写作，为人讲究但从不吝赞美，他是艾丽儿①的化身——这还是康斯坦蒂·耶伦斯基吗？

耶伦斯基在文化自由大会秘书处工作，是《证言》的联合编辑，长期在《文化》上发表文章。他智慧博学，才华横溢，富有魅力，加上贵族出身，让他在巴黎各界都如鱼得水。他丝毫没有沾染移民的怀旧心态，反而与野性、不安分、神秘的女画家莱昂诺尔·芬妮②走在一起。科特就像普鲁斯特笔下的斯万——不管是对迈松拉斐特的朋友们，还是波兰来的客人们，他只会展现自己丰富个性中的一小部分。"我不觉得奇怪，他这么轻而易举地就感受并理解了我的从容。他完全放松，不张扬，就像遇到阻碍的河水，在河床的暗暗相合下仍在湍急地流淌，不是拼得水花四溅，而是穿越、渗漏、顺势而动……他在困难中翩翩起舞。"贡布罗维奇写道。科特是他最聪慧的读者，最长情的推广人。"但让我奇怪的是，耶伦斯基能对我的难处、我的敏感感同身受，我们的关系绝对不只是共跳一支舞，[……]他理解我的，不多不少，恰恰是我最痛苦的那一点。"[38]

米沃什与贡布罗维奇一样，在生活的路上幸运地遇到了这位读者。一开始米沃什是不相信的，怀疑耶伦斯基夸夸其谈，在思想上装"巴黎"

---

① 莎士比亚戏剧《暴风雨》中的精灵角色，理性善良，不惧邪恶。

② 莱昂诺尔·芬妮（Leonor Fini, 1907–1996），阿根廷超现实主义画家，以描绘强大的女性而闻名。

腔势,在他身上没找到"猫"①的"非人本主义"特质。[39]渐渐地,诗人的
评价变成:"坚定的,正直的,忠实的,聪明的[……]。这些年我只有一
个读者,就是他。我的散文读者中有波兰人也有非波兰人,但我只被那
些相信我才华的人认作是诗人。打个比方说,我可不指望齐格蒙特·赫
兹能对我的诗发表评论,因为他还不认识它们,他觉得我最好的书是
《伊萨谷》,他说:'切斯瓦夫,为人们写作吧!'看来诗不太适合人,更不
用说随笔了。[……]唯一对我写作价值的肯定,写在耶伦斯基的书信
里。"(《猎人的一年》,页92)米沃什去科西嘉岛拜访过耶伦斯基,彼时
他正和莱昂诺尔·芬妮在岛上的农扎镇废弃的修道院里度假。诗人认
为,只有和他在一起才能体验到智慧的交锋,这是在加利福尼亚享受不
到的。还有书信往来,包括此处提到的几封信,都能证明他们之间的友
谊、坦诚和信任。作为评论家的耶伦斯基给米沃什的作品写过多篇推
介,其中第一篇是关于米沃什一九四五年发表在第一装甲师月刊《火蜥
蜴》上的《救赎》。随着他们的友谊日益深厚,一九六八年当耶伦斯基为
《诗歌与自然》这篇随笔撰写评论时,他可以在贡布罗维奇死后写下这 625
样的赞美——"你是当今唯一一位有视野、有胆识、有现实感,还有'自
由'的波兰作家"。[40]十年后,耶伦斯基为《乌尔罗地》写道:

> 莎士比亚戏剧和米沃什诗集,只有这两本书,我各收藏了三册,
> 它们就放在床边小桌的台灯下。我经常津津有味地翻看它们,或在
> 巴黎的寓所,或在卢瓦尔河畔的老式农场,或在装修中的科西嘉岛
> 修道院的隔间里,伴我入眠。这个选择不是出自任何文学方面的评
> 判,纯粹是因为半梦半醒之间书为良药,为护身符。以前从来没有
> 精心挑选过,只是遵从实际需要罢了,后来我才下定决心,不再把这

---

① "科特"在波兰文中是"猫"的意思。

些书拿来拿去,这样做才不会因为忘带而留有遗憾。从我的经验来说,完全可以盲选米沃什(或者莎士比亚)的作品,游弋在那些文字中,收获"我"与"世界"之间的相互应和或者回响,追寻人类存在的意义,这是在别处得不到的体验。[……]米沃什的诗无与伦比,无可复制,通过细节丰富的美好回忆展现着现实的光辉和魅力,为生活增添了无限柔情。阅读米沃什,享受他字里行间对回忆的赞美,还有无奈(但也是愉快的),要找一个词来描述这种感觉的话,我会选"偏爱"。[41]

还有约瑟夫·萨吉克。他是位与众不同的牧师,既有虔诚的信仰,又怀着理解式的宽容。他热爱绝对的自由,为人毫不虚伪,对现代派和现代艺术持开放态度。他为苏库夫街 25 号的帕洛蒂派中心采办了一座阿莉娜·沙波奇尼科夫①雕刻的耶稣像,还有绘制着莱本斯坦的《启示录》场景的彩色玻璃。米沃什热烈地回忆说:"我与约瑟夫·萨吉克一见如故。潜意识告诉我,我站在一位特别的牧师面前。司汤达的'结晶'理论不只适用于爱情,同样也适用于友谊。男人们的友谊有性欲的成分,但立刻就与同性恋联系起来是荒谬的。这是身体的愉悦,看到朋友,和看到心爱的女人一样让我们的双眼愉悦,一种对存在的肯定。"(《猎人的一年》,页 94)这位来自克拉科夫附近的苏乌考维采镇、受过良好的神学和哲学教育的萨吉克,非常乐于与米沃什谈论信仰,他为《乌尔罗地》撰写前言,最重要的是,他是圣经翻译的启发者和坚定的帮手。[42]他还是诗人可以倾诉痛苦私事的知己,是能让米沃什毫不犹豫地向其鞠躬致敬的少数几个人中的一个。如米沃什自己所说,他对萨吉克的态度"有

---

① 阿莉娜·沙波奇尼科夫(Alina Szapocznikow, 1926-1973),波兰雕塑家和大屠杀幸存者,她的作品多为超现实主义、新现实主义和波普艺术等类型。

些[……]崇拜的味道，为他的权威折服，因为他所说所做的，本质上都是正确的"。(《从我的街道开始》，页451)

一九八〇年八月二十六日，约瑟夫·萨吉克死于心肌梗死。此后不久，《约伯记》的译稿付梓。后来米沃什在诗中缅怀他：

> 请改变我的生活。帮帮我，
> 就像你曾给予的，忠言和祷告。
> 我念着名字在夜里惊醒，
> 躺着等待，直到幻影消散。
>
> 生者与生者关联太多，
> 让我认识到两界分隔的强烈
> 而在冥河之畔，在黑暗之国
> 他同意让你，在那里，活。
>
> 让圣徒们的共融胜利吧
> 洁净的火焰，照亮这里和一切，
> 因此他，每一天都能死而复生
> 无论现在和过去，还有将来。
>
> (《诗集　第三辑》，页277-278)

十五年后，诗人补充道："我曾悼念你，在你死后，借此请你帮助我改变我的生活，尽管我不知道，你是否动了容又如何帮的忙，我却明白，我的生活改变了很多。[……]你不在我身边，但我只会向你一个人坦白，毫无保留地告诉你，这些年在我身上发生了什么。留在我身边吧，你在这里就是对我的守护和帮助。"[43]

注释

[1] 摘自切斯瓦夫·米沃什写给耶日·盖德罗伊奇的信,1962 年 10 月,收录于耶日·盖德罗伊奇、切斯瓦夫·米沃什,《书信集: 1952-1963》,页 656。

[2] 摘自切斯瓦夫·米沃什写给斯坦尼斯瓦夫·文森兹的信,1963 年 10 月 22 日。(克拉科夫切斯瓦夫·米沃什档案馆)

[3] "在拉斯佩齐亚附近的小港口度过了十二天典型的知识分子生活,在唯一的一个小酒馆的露台上一边吃午餐,一边用英法两种语言激烈地讨论。"摘自切斯瓦夫·米沃什写给兹比格涅夫·赫贝特的信,1963 年 10 月 18 日,收录于兹比格涅夫·赫贝特、切斯瓦夫·米沃什,《通信集》,页 30。

[4] 摘自玛丽·麦卡锡写给汉娜·阿伦特的信,1963 年 12 月 28 日,收录于《朋友之间: 汉娜·阿伦特、玛丽·麦卡锡通信集,1949-1975》,布莱曼编(纽约,1995),页 158。确切地说,米沃什后来与玛丽·麦卡锡又在巴黎见过一次。那时他的儿子(托尼?)在反暴行的集会上被捕了,玛丽·麦卡锡写到:他只是看热闹就被逮捕了,然后又被放了,当然还有些人第二天就被法国驱逐出境。(页 159)

[5] 安东尼·米沃什在给本书作者的信中描述了相关细节。

[6] 船上的行李里不仅有从蒙日龙带出来的家具,还有几箱书和一辆新汽车。

[7] 1964 年 1 月 8 日"雷丹号"从布雷斯特开船。

[8] 摘自切斯瓦夫·米沃什写给兹比格涅夫·赫贝特的信,1963 年 10 月 18 日,收录于兹比格涅夫·赫贝特、切斯瓦夫·米沃什,《通信集》,页 30。

[9] 1971 年与扬卡一起到法国和荷兰旅行时也产生过类似想法:"就让魔鬼担负起星球的职责,尽其所能,变得强大,但因为精神沦丧只能充当芬兰的角色。[……]这次旅行很有治愈效果,我们数着圈圈,在泳池里来来回回游着。"摘自切斯瓦夫·米沃什写给耶日·图罗维奇的信,1971 年 10 月 16 日。(耶日·图罗维奇档案室)

[10] 摘自切斯瓦夫·米沃什写给兹比格涅夫·赫贝特的信,1965 年,收录于兹比格涅夫·赫贝特、切斯瓦夫·米沃什,《通信集》,页 49。

[11] 参切斯瓦夫·米沃什写给莉莲·瓦利的信,1976 年 9 月 27 日。(拜内克图书馆)

[12] 1965 年 11 月 6 日在给耶日·图罗维奇的信中这样写道。(耶日·图罗维奇档案室)

[13] 参切斯瓦夫·米沃什写给亚历山大·瓦特的信,1965 年 9 月 27 日,收录于亚历山大·瓦特,《书信集》,下册,页 266。

[14] 摘自切斯瓦夫·米沃什写给斯坦尼斯瓦夫·文森兹的信,1966 年 5 月 15 日。(克拉科夫切斯瓦夫·米沃什档案馆)

[15] 摘自切斯瓦夫·米沃什写给雅尼娜·米沃什的信,1966 年 9 月 13 日。(拜内克图书馆)

[16] 取自本书作者与格拉热娜·斯特鲁米沃-米沃什的对话,华沙,2004 年 10 月。

[17] 米沃什与他再续前谊,却令盖德罗伊奇非常愤怒,后者认为伊瓦什凯维奇是个机会主义者。参:"盖德罗伊奇很生气,因为我与伊瓦什凯维奇称兄道弟。"摘自切斯瓦夫·米沃什写给耶日·图罗维奇的信,1967 年 10 月 30 日。(耶日·图罗维奇档案室)

[18] 摘自安东尼·米沃什写给本书作者的信,2005 年 10 月 27 日。

[19] 摘自切斯瓦夫·米沃什写给耶日·安德热耶夫斯基的信,1971 年 7 月 2 日。(耶日·安德热耶夫斯基档案,华沙文学博物馆)

[20] 摘自切斯瓦夫·米沃什写给莉莲·瓦利的信,1976 年 9 月 27 日。(拜内克图书馆)

[21] "我们的——已经可以说:我们了——老年生活不容易,昨天切斯瓦夫从巴黎给我打来电话,他就是这么说的,他很累,扬卡状况不好,他自己的身体可能也不好。"摘自耶日·安德热耶夫斯基写给雅罗斯瓦夫·伊瓦什凯维奇的信,1978 年 8 月 30 日,收录于耶日·安德热耶夫斯基、雅罗斯瓦夫·伊瓦什凯维奇,《通信集》,页 157。

[22] 摘自齐格蒙特·赫兹写给康斯坦蒂·亚历山大·耶伦斯基的信,1975

年 7 月 9 日。(文学研究院档案室)

[23]"我家里有一幅莱本斯坦的画,装裱得很漂亮。非常美的画。在我们家那处老房子,就是搬来灰熊峰之前那个房子里,他借住过几天,我们相处很好。[……]切斯瓦夫待他很用心,但自己醉得很快,然后就大叫脏话,之后干什么了?当然是睡着了,到处都能睡着,只要是感到累了躺下就睡,也不一定要喝酒。后来我们长谈到深夜,莱本斯坦最后也睡着了。"摘自扬卡·米沃什写给耶日·安德热耶夫斯基的信,1962 年 11 月 12 日。(耶日·安德热耶夫斯基档案,华沙文学博物馆)莱本斯坦与米沃什在圣经翻译的藏书版中亦有合作,该书由对话出版社出版。画家去世后,米沃什写过一篇文章,文章中说:"几十年来我一直试着说服你去画一些安静的画,比如胖胖的奶牛在吃草,起码是生动的。我也试过说服自己,却仍没办法像我理想中的公牛费尔南多那样,闻到花香。"摘自《给扬·莱本斯坦的信》,载《文化》,1985 年第 7–8 期。

[24]取自本书作者与达努塔·舒姆斯卡的对话,巴黎,2005 年 5 月。最后一场米沃什参加的这样的晚餐发生在 2000 年,盖德罗伊奇葬礼之后。

[25]参:"是别的事让我信服,不是'文学',是有关宗教的、形而上学的事,是他的犹太身份和基督教信仰。"摘自切斯瓦夫·米沃什写给奥拉·瓦特的信,1967 年 12 月 2 日,收录于切斯瓦夫·米沃什、奥拉·瓦特,《关于最重要的事的信》(I),页 27。

[26]瓦特与莱本斯坦交好,还为他写过一篇诗歌对话《颂诗 II》。莱本斯坦的作品也能在瓦特的诗集中看到,如《暗然的装饰球》。

[27]亚历山大·瓦特,《无元音日记》,克里斯蒂娜·别特雷赫、彼得·别特雷赫编(华沙,2001),页 126。

[28]参 1963 年 11 月 9 日的笔记:"关于纪律和梦的对话。我说:'本质问题是抓住纪律与梦之间恰到好处的时刻,即发出声音的时候。我们知道所有的纪律,这些纪律让我们恶心。我们在我们这个时代必须要多听听各种声音,穿透苍穹下林林总总的嘈杂,去倾听,那本身就带着巴洛克式的美妙的声响。'[……]我们俩对奥拉说:'你给自己设置了太多的条条框框,诗学的严谨——是

好事,年轻人应该遵守,但对成年人,对那些老人来说,谁还玩诗呢? 要看到,今时今日,随着有机世界不可避免、不可逆转地老化,诗歌也老去了。你把自己圈了起来,用柏林墙,用道德观。'米沃什说:'不能不警惕这些糟糕的情况出现在波兰文学和波兰意识中。'——'对,你得告诫别人。但你的课可别把你自己说迷糊了,别在乎学生们会不会说不。如果你无法忍受这样的法西斯主义,那时你的课、你的告诫、你的诗歌理论都会变得更加真实、更加准确,你才不是说教。'——'我的确对每首诗都进行神学上的检验。'"摘自亚历山大·瓦特,《无元音日记》,页 124–125。

[29] 同上,页 146–147。

[30] 后来他选择移民。

[31] 早在米沃什一家在巴黎生活期间,米沃什就看出瓦特不愿意借助自己的帮助。

[32] 补充一点,扬卡从瓦特信中那些激动的语句中感觉到,瓦特会是自己丈夫在大学里的竞争者,他会占用米沃什很多的时间和精力,让米沃什没办法顾家。参瓦特重病期间的一则记录:"有一次米沃什的老婆给奥拉打电话:'你在等什么? 用担架抬着他出去吗?'她从中看到了把我从她的灵感花园(米沃什的思想)中剔除出去的机会。"摘自亚历山大·瓦特写给约瑟夫·查普斯基的信,1965 年 10 月 14 日,收录于亚历山大·瓦特,《书信集》,下册,页 111。

[33] 莱娜塔·高尔琴斯卡写过一段关于奥拉·瓦特的文字:"她逼着米沃什,让他在伯克利与重病中的亚历山大·瓦特进行一系列的长谈。她告诉我,起到决定作用的场景发生在汽车里。米沃什开车,她坐在后排。她把手搭在米沃什的脖子上,说,如果他不同意录下来,瓦特就会死。米沃什的太太一直对此持反对意见,她认为这浪费了诗人的创作时间。"摘自莱娜塔·高尔琴斯卡,《"我来自维尔诺"和其他地方》(克拉科夫,2003),页 61。

[34] 由伦敦的波兰书籍基金会出版。

[35] 1989 年米沃什和伦纳德·内森合作出版了瓦特的英文译版诗集 *With the Skin*(《和肌肤一起》)。一年前由米沃什的学生理查德·劳瑞出版了英文版

《我的世纪》(*My Century*)。

[36] 摘自切斯瓦夫·米沃什写给奥拉·瓦特的信,1973 年 1 月 6 日,收录于切斯瓦夫·米沃什、奥拉·瓦特,《关于最重要的事的信》(I),页 86。

[37] 摘自康斯坦蒂·耶伦斯基写给切斯瓦夫·米沃什的信,1977 年 6 月 27 日。(拜内克图书馆)

[38] 维托尔德·贡布罗维奇,《日记:1953–1958》,页 323。

[39] 参:"你完全是现代摩尼教徒啊[……]——和费里尼、安东尼奥尼差不多。[……]在痛苦时分,你恰巧看见了加缪、西隆、雅斯贝尔斯、西蒙娜·薇依(就是西蒙娜·薇依)的作品,但你还是更倾向于老歌德,只不过你有着现代的思考,我把它叫作'非人本主义色彩'。"摘自康斯坦蒂·耶伦斯基写给切斯瓦夫·米沃什的信,1964 年 7 月 14 日。(拜内克图书馆)另参:"在米沃什的文章中仿佛有他的灵魂在说话。这个日常生活中的米沃什,富有见地,和人类学家一般,是杰出的作家、犀利的评论家和心理学家。只要详读过这位伟大作家的《长诗选》,从中了解了米沃什,就会同意贡布罗维奇的观点。[……]他觉得米沃什好像'一匹纯种马',不停地拉扯着'他的马嚼子,嚼子连着一个装满了顾虑的翻斗,与他的过去脱不开关系'。[……]没有人如此优美地解释过我们这个时代唯一的一次哲学革命[……],它引发的理念是,人类既不是'造世的国王'也不是宇宙的中心,与之对应,所有的'人本主义'放到今天都是不可思议的。米沃什,人类学作家,是现代最伟大的非人本主义诗人(可不是反人文主义的意思)。"摘自康斯坦蒂·亚历山大·耶伦斯基,《诗歌与自然》,收录于《随笔集》,沃依切赫·卡尔平斯基编(克拉科夫,1990),页 84–85,页 92。

[40] 摘自康斯坦蒂·耶伦斯基写给切斯瓦夫·米沃什的信,1969 年 8 月 1 日。(拜内克图书馆)

[41] 康斯坦蒂·亚历山大·耶伦斯基,《两年后再评〈乌尔罗地〉》,收录于《认识米沃什 2:1980–1998》,下册,亚历山大·菲乌特编(克拉科夫,2001),页 239。

[42] 摘自切斯瓦夫·米沃什和约瑟夫·萨吉克的对话速记,对话以宗教

议题为主,2004 年宣布出版,参《波兰对话: 1999-2004》,页 561-638。

　　[43] 切斯瓦夫·米沃什,《这是,亲爱的……》,载《我们的家》,1995 年第 7-8 期。

第六十九章 第二空间

一九五〇年在华沙期间,我对一个朋友说:"十年后我才会写上帝,不会更早执笔。"通过"写作"我才懂得念出他的名字。绕了路,绕了远路确有必要。

切·米沃什致托马斯·默顿(1960)

长久以来,我总在琢磨二十世纪欧洲多起知识分子事件的核心要义。对此尼采早有定义,即他提出的"上帝之死"。

切·米沃什致奈拉·米钦斯卡(1962)

米沃什在后来寄给萨吉克的一封信中写道,他现在所思考的以及他的诗歌内核都是天主教教义——历史本身(包括波兰团结工会成立以前的那段历史)具有世界末日的维度,教会逐渐屈从于时代的世俗性,就像在美国年轻人眼里,宗教只是社团的集体行为而已,他们甚至不相信最后的审判、天堂和地狱……而这个世界,在上帝离开之后,不可避免地将走向崩溃。米沃什在《神的经济性》(*Oeconomia Divina*)一诗中写道:

> 我没想过,我会生活在如此古怪的时刻。
> 曾经高山仰止和雷霆万钧的上帝,
> 万军之主①,萨巴奥斯②,
> 最无情地羞辱人们,
> 允许他们想做什么便做什么,
> 后果让他们承受,他一言不发。
> 古时候王朝更迭的悲剧,
> 已变成另一幅景象,完全不同。
> 水泥柱子上的道路,玻璃和铸铁的城市,
> 比部落领地更广阔的飞机场
> 突然失去了道义原则,崩溃瓦解。
>
> [……]
>
> 人们,饱受莫名的痛苦折磨,
> 把衣服扔在广场上,借裸体引来审判。
> 但他们对恐惧、怜悯和愤怒的渴望却是徒劳一场。
> 都缺乏情理
> 不管是工作还是休息

628

---

① 天主教对上帝的称呼之一。
② 萨巴奥斯(Sabaoth),犹太教圣经中上帝的旧名。

　　还有脸、头发和屁股

　　还有任何形式的存在。

（《诗集　第三辑》,页 100）

　　如果说在四五十年代,政治、哲学和历史是米沃什的生活标签,那么六七十年代,对他影响最大的变成了神学、宗教和上帝,因此他与萨吉克和默顿的友谊并非偶然。一九六二年他在给图罗维奇的信中表示,尽管宗教不像党派武器那样自然地引起他的兴趣,但他仍希望年轻一代成为具有虔诚信仰的知识青年,《普世周刊》应该扛起反对"波兰进步知识分子那相当粗糙的伏尔泰主义"的大旗。这种粗糙可能是因为母语孱弱造成的,因为用波兰语"翻译现实主义或者理性主义文学还能应付,一旦涉及宗教问题,就变成一团糨糊"。[1]

　　六十年代,米沃什兴致盎然地关注着天主教教会的变革。实际上,米沃什对第二次梵蒂冈大公会议①采纳的多项改革措施大为怀疑,他戏谑式的怀疑甚至招来朋友们的恼怒,他说"也许反基督者装扮成了若望二十三世②"。[2] 而他其实非常清楚地知道,就是这位教皇"以他的仁慈和智慧[……]取得了杰出的成就:让数百万人意识到,流离失所造成的痛苦有多么深重,向道德权威者的祈求又是多么有力量")。[3] 在祈祷词的改革问题上米沃什疑虑重重。因为自此时起,就要用本国语言祝祷,不再使用拉丁语,可他对拉丁文祈祷词怀有深厚的感情。拉丁文是教会通用语,对所有人一视同仁,哪怕是流亡到其他大陆的教徒也用同样的版本,是从儿时起就熟悉的词语。[4] 他担心,波兰语不足以担起这种"神

---

① 1962 年由教皇若望二十三世主持召开,是天主教会第二十一次会议,也是距今最近召开的一次大公会议。

② 若望二十三世(Jan XXIII, 1881-1963),1958 年 10 月至 1963 年 5 月出任罗马教皇。

圣"。他还预言,改变会引起天主教义的"新教化",将会遭遇"某些特定民族共同体的'阻截'",结果就是把宗教变成一种"社会习俗"。[5]在这种情况下,他不无荒谬地挖苦着《普世周刊》的编辑:"你该怎么选? 分裂教会的罪行有:1. 拉丁语做弥撒;2. 废除神父独身制;3. 废除教堂婚姻制度;4. 废除禁止流产的同时使用避孕措施的禁令;5. 抛弃神学;6. 效忠梵蒂冈。欢呼。游行。克利什科①主持弥撒。给你一顶红衣主教帽。瓦尔米亚②主教区是斯科瓦尔尼茨基的了。"[6]

629

这里还要补充一点,米沃什对改革结果的关注角度与他的笔友图罗维奇完全不同,他观察的不是在保守的波兰发生了什么,而是在特别开明的加利福尼亚,天主教徒在数百种宗教信仰或者至少是宗教社团之中迷失了自我。[7]他近乎绝望地认定,神父们轻而易举地忽略了人性中有罪的一面,忘记了还有地狱一说。[8]但在各自的教区教堂里依然能够体会到"所谓的'亲密无间',童子军营般的热烈,[……]大家彼此轻拍,相亲相爱,一起弹着吉他唱着歌。如此这般,在哈西德派的掌声中教友派的集会散了场。弥撒里略去了《使徒信经》:在那儿没人信这一套[……]。又有多少人和我一样,深感悲哀——所有这帮进步主义者[……]不屑于思考原则性的不平等问题,他们的教堂里都是健康的和周正的人,没有瘸子、佝偻和瘫子。几个世纪以来,佝偻和瘫子一直都把教堂当成庇护所,今天他们能去哪儿呢? 我说这话,因为我也是其中之一"。[9]

教堂,成了见证实现**美国梦**(American dream)的地方……初中时米沃什认为信仰和社会仪式差不多——他轻蔑地说过,像猴子排排坐——

---

① 泽农·克利什科(Zenon Kliszko, 1908-1989),哥穆尔卡的亲密朋友,1963年至1970年期间担任波兰意识形态委员会主席。

② 瓦尔米亚(Warmia),曾是波兰的一个省名。

而如今,曾经的鄙视转变成巨大的失望和无力感。"我呸[……]这些教堂里的混蛋进步人士,不过是在被耶稣放逐的殿堂里做买卖罢了,兜售着各式各样的**社会责任**(social commitments),还有社会生态学。西蒙娜·薇依认为,新教主义即柏拉图的大动物们实施的宗教掠夺。现如今,在进步主义或者宗教改革(例如在拉丁美洲国家)的掩护下,却正在天主教教堂里大行其道。而在波兰,'大动物'对应的是波兰的民族性——这就是区别。"[10] 所有这些缺陷其实只是更深刻变革的表象而已,科学的发展势将造成宗教想象的消亡,结果是,曾使信徒们相信能从祈祷文里找到信念的那种世界观崩塌了。在《文化》杂志社开展的关于现代宗教生活的社会调查中,米沃什阐述道:

> 托马斯主义。十三世纪形成的神奇理念影响如此深远,以至于人将空间划分为天堂、人间和地狱三界。神学论证有力与否取决于想象的内容。[……]。也许祈祷词中存在着开放的通路,朝向现代的想象,也可以称之为人类中心说;在没有地点的混沌中能从哪里开始(因为天堂不再是个"地点"),只有人是自然的对立面,神秘,不可思议,总是需要仪式,有肉体的同时又超越了肉体的存在。未来的神学必将沉思人的反自然性。[11]

630

米沃什想过,保留天主教徒与新教徒或者有神论者与无神论者的划分是否仍有意义,是否今后我们不再对有信仰或者无信仰,能或不能获得宗教感加以区分。他在翻译苏联诗人叶夫根尼·维诺库罗夫的诗时,把字字句句都当成了自己的信条——"我觉察出对存在的理解,我摸到了,知道了,领会了,用激动的身体冲着虚无叫嚷着。我不懂虚无。整个机体像器官一样为生命的荣耀而咆哮。这可能不是我吗?给我无穷的时间,什么也不能把我摧毁。我准备好坚持下去。去认识一切。废除一切。我全身的血都在听着。我毫无保留地相信着。如果是这样，那就是这样。不会有其他：相信身体"。[12]

　　宗教生活对米沃什来说是最隐私的部分，关乎个体天性的本质。他在七十年代完成的随笔中也是如此描述，该文后来收录于《科学花园》一书。"七宗罪"是七种大罪的概念[13]，与"进步者"关于人性本善的信念相对立。"七宗罪"提醒他避免陷入彻底的宿命论，要给自由意志留有余地，要给良心反省空间，亦能反思所谓的与作家相伴终生的骄傲。《地狱》这篇文章中有但丁、弥尔顿和斯威登堡的影子。他把地狱描绘成一个作品，"能够预言某种不可描述之事"。（《科学花园》，页117）我们也可以说：作家们的作品还呈现出另一种感觉，即存在着"第二个"非物理性空间，而在那里现代人被完全剔除。我们经历过失去的痛苦，也应该经受起悲悼。在米沃什一生出版的最后一本诗集里，有一首题为《第二空间》的诗：

　　　　我们真的丧失了对第二空间的信仰吗？
　　　　天堂，还有地狱，不复存在了？

　　　　[……]

　　　　我们哭吧，为巨大的失落哀悼吧。
　　　　用炭笔画花我们的脸，披头散发。

　　　　我们祈求吧，请还给我们
　　　　第二空间。

　　　　　　　　　　　（《诗集　第五辑》，页169）

631   一九七七年出版的《乌尔罗地》是米沃什那几年最重要的一本总结性随笔集,收录了他对艺术和宗教想象瓦解崩溃的思考,阐述了人类世界正在渐渐失去意义,陷入"人类"观念之外科学的和单一维度的画面。《乌尔罗地》又可以看作是《被禁锢的头脑》的续篇,因为二十世纪的极权主义导致了"二十一世纪的科学流于庸俗,变成了大众的伪福音"。(《乌尔罗地》,页11)前言的作者约瑟夫·萨吉克把米沃什描绘成一位寻求突破"文学"界限的创作者——上帝不见了,他惊恐地发出了一句最简单的疑问,和现代的马丁·海德格尔那句异曲同工:"为什么在者在,而无反倒不在?"米沃什自己,以无与伦比的散文形式,展开了自己的探索:"我曾是谁? 几年过去了,在这里,灰熊峰上,太平洋畔,在我的工作室里,我现在又是谁? 我一直都不曾谈及自己的内心世界,有时会晦涩地暗示一些,但并非情愿又小心谨慎。直到我意识到,无论于我们逐渐萎缩的人间,还是于我这个个体来说,这样做都算晚了,是时候克服我那对读者的自以为是的不信任感了。"(同上,页27)他不再害怕揭发自己有宗教狂热或者机会主义的嫌疑,坚定地承认:"我相信人性的存在。"(同上,页112)他追问着:"人,在二十世纪下半叶的文学作品里,不敢背离物理学、生物学、心理学、社会学等法则。[……]如果一旦[……]从世界之王变成低等的类人猿,没有了伊甸园,没有了天堂和地狱,没有了善与恶,成了由社会因素决定的产物——人就能做好放弃所有的准备,质变成俗世社会的双足昆虫吗?"(同上,页180、181)

　　为了寻找原因,米沃什回溯到十八世纪末,由牛顿的学术革命引发了"(冰冷,毫不关心我们价值的)科学法则世界与[人类]内心世界的分裂";人,从被上帝恩赐花园的居民,由天赐预言降生、被赐予永恒粒子的形象,降格成了一个无限的、处处由机械逻辑支配的宇宙中的偶然存在。与毫无人情的世界的斗争失败了。曾经参加战斗的艺术家和远见者们,被写入这本书中。主角——不难想到——是奥斯卡·米沃什。而从他身上又能引出多条散文式的线索，联结着"与牛顿斗了三十年"的歌德、斯威登堡、布莱克、密茨凯维奇、西蒙娜·薇依、列夫·舍斯托夫，还有某种程度的陀思妥耶夫斯基。而另一面的贡布罗维奇和贝克特——都被取消了继承权，已经住在放逐之地，住在布莱克的乌尔罗地，"在那里人只是可被替换的数字，更可怕的是，人自身的意识里，不再想成为高于这些数字的物质"。（《乌尔罗地》，页144）这些名字与米沃什的内心世界和智识人生纠葛缠绕，相依相伴。

　　密茨凯维奇提及天堂和地狱时言道："我曾见过这个世界，我到过那里几次，我赤裸的灵魂触碰过它。"（《乌尔罗地》，页134）在米沃什看来，密茨凯维奇是个神秘主义者和相信灵魂转世的异教徒头子，这个人，面对现代的质疑仍在为人民的信念辩护，他认为信念比在维尔诺大学学到的知识更加深入人心。诗人笔下的《塔杜施先生》是"一部彻彻底底的玄学诗篇，它要研究的是在我们日常生活的现实中很少被弄懂的存在的法则，即纯粹存在的画面（或者镜中反射）"。（同上，页144）《先人祭》里的康拉德抛出奇怪的自然神学，对上帝的正当化嗤之以鼻，说他不是人类的父，是"独裁者"罢了——也就是说他"退了上帝的入场券"，这和受到痛苦折磨的伊万·卡拉马佐夫的孩子们一个样。但密茨凯维奇最后一刻让了步，从而免受周遭的谴责。而陀思妥耶夫斯基却一直与被取消继承权者缠斗，为法度所不容：

　　　　伊万·卡拉马佐夫是《宗教大法官的传说》的作者一事并非偶然。从上帝被"废止"的一刻起，善与恶、真与伪的对立就失去了基准，自然成了新的全能者，有自己的一套法则。耶稣三次拒绝了破坏这些法则的诱惑，因此希望（"纠正"耶稣）造福人类的宗教大法官理性地按照法则从事，遵守自然法则和人性法则。但这些法则由不存在的灵掌控，所以宗教大法官（也就是爱护孩子的伊万·卡拉马佐夫)必须把他治下的属民,要么当成孩子,要么当成奴隶。
(《乌尔罗地》,页 150)

伊曼纽·斯威登堡绝对是他那个时代最杰出的学者之一,他在一七五七年接受了"最后的审判",经过一段神秘的旅程,去了地狱和天堂,还把那里的详情描述了下来。在他笔下,那些罪人的命运让人毛骨悚然,他们死后继续活在与尘世故土别无二致的地方,根本没有意识到,他们已经死了。他认为,有序的宇宙几乎具有"一致性",精神和物质秩序一一对应,这个观点对艺术产生了深刻的影响。"十八世纪的宇宙是:无穷多的恒星在一个无穷和绝对的空间中旋转。写写容易,但如果我们试着想象把我们的家安置在这无限之中,就知道有多难。斯威登堡明白,唯一的出路就在于将神的人本性确立为中心地位。那什么才是'人本性'呢? 当然是思想,也就是主观内在的活动——因此这第二个世界,主观的世界,不再只是与客观世界平行,还会成为客观世界存在的理由和目的。"《乌尔罗地》的作者做出这样的解释,随后又把线索指向黑格尔,指出黑格尔卓有见地的存在法则,竟然从支持神性变成了如今"无神论的普罗米修斯主义的基石。陀思妥耶夫斯基就很聪明,他把自己的和接下来的世纪难题简化成了一道选择题,是先有'神-人'还是先有'人-神'"。(《乌尔罗地》,页 176)[14]

威廉·布莱克继承了斯威登堡的思想。他充满激情和愤慨地控诉着三大恶人——培根、洛克和牛顿。他笃信的宇宙起源观宣称,人类堕落的原因在于身体、想象、情感和理性失去了本来的平衡,冒犯了地狱般的由理生①。支离破碎的由理生为我们创造了一处贫瘠之地,乌尔罗地,我们在那里变成了**幽灵**(Widmem),**鬼怪**(Spectre),伤痛而破损的

---

① 布莱克在《自由之歌》中首次提到由理生(Urizen),后来又创作了《由理生之书》。

自我(ego)。布莱克创造的以人类为中心的宇宙与非人化的科学景象完全不同,既没有望远镜里呈现的无限虚空,也没有把时间看作是无休无止不复重来的下一刻,在充满神性的世界里,任何碎片都不会消失,现在即为永恒。米沃什对布莱克的亲近感,用他自己的话来说,如"悲观主义者的狂喜"(《乌尔罗地》,页186),但他对布莱克观点的内核还是反对的,他不同意时间全无意义。他认为应该双重地感知这个世界,既要充分认识到它的可感知性和世俗性,又要清楚,是时间之外的更深层次的灵性光辉构建了它。最终,人都要为了实现自己的想象设立一个目标:

在从布莱克的作品里知道那地方的名字之前,我早就住在乌尔罗地了,但我并不赞同在此地久留。[……]我的幻觉,或者说是我那强悍的**自我意识**总是带给我不幸,将我关在由理生之国,那里只有普遍的、集体的、大多数的才被当成重要的自由。我可怜的乌尔索纳①,也就是想象力,试着将我救出牢笼,但所到之处皆是紧闭的大门。她又开始挖地道,有时竟然能成功,就比如启发我写出《三个冬天》。用时髦的话和荣格心理学的术语来讲,我的阿尼玛②一次次地要求我承认她是我的一部分,但一直遭遇巨大阻力;又如果我没有受过罗马天主教的规矩教导,那么我的境遇会是一团糟,因为这些规矩解放了我们的女性特质,让我们随时准备着被动地接受耶稣或者诗歌的灵感——布莱克在这儿就会把"或者"改成"也就是"。现在,尽管**自我意识**仍在折磨着我,我却完完全全地和想象力、乌尔索纳、阿尼玛在一起。我身怀感激,存在着这样一个**神圣的**

634

---

① 乌尔索纳(Urthona),布莱克神话故事中灵感与创作之神。
② 阿尼玛(anima),荣格提出来的一个词,指男性潜意识里的女性性格。

天主教教会①——从语法上看是阴性的。可遗憾的是,用波兰语却变成了阳性的"Kościół"②。(《乌尔罗地》,页 206-207)

《乌尔罗地》的终章既是文明演化的预言又是作者的内心独白。老实讲,米沃什的预言有些含糊其词,比起要建立一种"神权政治与非集权化并行"(《乌尔罗地》,页 298)的积极范本,似乎更想要表达他的一种渴望。他渴望一种有别于世俗的、虚无的西方社会形式。[15]因此,展现自我内在的高度宗教性就显得尤其重要。米沃什并没有试图告诉我们上帝存在的证据,从某种角度来看,他似乎认为无神论更加直白,也更易被接受,甚至在他自身的需要不断遭到怀疑时,他还有些自相矛盾。米沃什的信仰与他的怀疑相依相随,是一种意志的表现,这种意识可以表述为:"如果没有一直向上帝祈祷,我就无法活下去","没有上帝的帮助我就会死去"。他深信,人——包括他本人——借由自我意识获得了更为强大的"我"力量,只有上帝的慈悲才能引其向善。"人们该怎么做呢?对他们来说天堂和地狱都已经太小,如果他们没有其他的天堂和地狱,就不能活了。——回答这个问题,——他们要相信,满足他们的渴望不需要借用任何一种人类的语言表达出来。只有一种语言清晰地对应着人类的最高法则,并以此写成了圣经。"(同上,页 291)

《乌尔罗地》的作者并没有像个神秘主义者,单纯地顺着斯威登堡-布莱克-奥斯卡·米沃什这条线索向我们展现自我剖析的经历,恰恰相反,简单地说,他不是在重复他们对他的启示,而是凭借着他们提供给他的思辨利器对非世俗秩序加以深入思考,同时对他们的真理性不做评判。还有一个更厉害的利器(不能忽视,但有一种无法跨越边界的感

---

① 拉丁语: Una Sancta Catholica Ecclesia。都是阴性词。
② 波兰语: 教会。

觉),那就是他在写作时,无时无刻不在感受着我们这些读者的感觉。另外,此书的第一批书评人发现,他们摸不到作者的门道。查普斯基在给米沃什的信中向他承认,波兰文化的可贵之处已然变成了耶伦斯基[16],因为他为了理解乌尔罗用了两年时间做准备,在自己的文章中时不时提及它,漫谈它,就好像他想要避开这个话题。耶伦斯基还引用了现代的、更具"精神意义"的形象和大爆炸理论,并大方地承认自己无法企及米沃什的信仰深度,也不能明白他对即将到来的文明更新的期盼。[17]斯坦尼斯瓦夫·巴兰查克赞扬该书引人入胜,并赞成更平衡地理解"理智"在阻止现代集体性精神病方面所发挥的作用。[18]马莱克·扎莱斯基呼吁更公正地评价科学的作用,同时又预言(米沃什会获得诺贝尔奖),未来几年《乌尔罗地》将对改变波兰知识分子的格局具有开创性意义,他说:"如果把书分成有毒的书和治愈的书,米沃什的书毋庸置疑当属其中一种,我个人认为,是后面那种[……]他的书强烈地暗示着,他不想让任何一个认识他的读者置身事外。可以将《乌尔罗地》看作一部宣言,书中充满了米沃什的激进思想,还有他对论辩的狂热和激情,他还把对宗教议题的探索延伸到个人私密的界限。米沃什开诚布公地写道,不管是在这本书里,还是在文学或者诗歌领域,他都抱有'最神圣的自信',他早就对'所谓的散文价值'和'知识分子的游戏'不感兴趣了。"[19]

现实中的米沃什,在伯克利的每个周日都去贝里曼街2005号的都米尼亚教区圣玛利亚抹大拉教堂做礼拜。[20]他的同事伦纳德·内森①在读了组诗《太阳从何处升起从何处落下》后抱怨说,他很难理解其中的诺斯替元素。米沃什回答他说:"我是天主教教会的成员。你想一想,这对我来说有多难!"[21]他没有开玩笑,正相反,他抗争了,在祈祷、

①　伦纳德·内森(Leonard Nathan, 1924-2007),美国诗人。

在圣经翻译、在最虔诚地阅读"虔诚"读物时寻找着帮助。他甚至对自己的本性产生了厌恶,他认为:本性本为注定,且只能仰仗上帝的恩典,而现在参加圣餐礼都令他觉得不恭敬。[22]他在法国时给默顿写信说:"有善种的人,也有恶种的人[……]。我觉得从身体的本能上就无法向第二种人敞开怀抱,而博爱的、慈悲的上帝,从来就没有忽视过任何善的瞬间。"[23]两年后,他再次深度剖析自己:

懊悔是什么? 某些夜晚,我被自己的两三行诗折磨得痛不欲生,其表达的恶让我自己都觉得罪恶,将我的爱深深伤害。在另一些夜晚,当回想起过去种种所作所为,竟让我发现,我本质上比绝大多数人还要恶劣。这就是懊悔吗,还是只是意气受挫,就像没办法写完一首好诗? 我知道,"自我是可恨的"①,只有否认可恶的自我才能获得纯净的心灵。但我还没有准备好忏悔完全的自我——这样的,不是别样的,无法从中剥离具体罪孽的全部的我。[……]我强迫自己去教堂(从 1953 年起),[……]我有个老毛病,一味地在心底里(诗性和对时空偶然性的冥思亦存于此)相信上帝显圣、耶稣复活和肉身转世。我无法相信精神永生[……]。我们生养后代,这太奇怪了,会让人陷入极端的怀疑主义深渊。继承是我们的天赋使命。我们一代代传承着外形、基因、神经、骨骼,我们的祖先如何,我们即如何(按照这个思路可能更容易理解原罪)。简言之就是如此。但我越来越迷惑,特别是当我想到,在波兰还有成千上万的青年人在自己的宗教信仰和教会的训导之间左右为难,教会却无法给予他们清晰明白的答案。[……]当务之急是要通过诗歌、文章或者其他方式,与那些"在绝望中寻觅"的人达成共同语言,然

---

① 原文为法语:le moi est haïssable,即帕斯卡的文章标题。

后成为他们中的一个——领着瘸子的瞎子罢了。[24]

"在绝望中寻觅"的人们,都是他最钟爱的思想家们,比如抗争"不可动摇的世界秩序"的反叛分子舍斯托夫,还有西蒙娜·薇依。米沃什赞同薇依的矛盾论,他相信我们的世界已经完全沦为地狱,受到必要性法则的操控;而同时,在这个世界里,神的干预以无法解释的方式发生着。这正是"'矛盾性能够导出超然的存在'。人必须理解上帝的退却和缺席,同时又要相信他的天佑,也就是说,善,尽管遥不可及,却知道该如何行事"。(《乌尔罗地》,页280)米沃什第一次接触西蒙娜·薇依的作品,是因为查普斯基送给他一本她的书。尽管这本书是她死后才出版的,但却是她的第一本书,书名为"重负与神恩"①。这本书对米沃什个人产生了非常大的影响。我们知道,就是在五十年代末诗人决心翻译她的《文选》。[25]对照升华到道德最高层面、绝对纯洁且为自己设立了严苛要求的西蒙娜·薇依,米沃什在自己身上找到了一种复杂感,"我总感觉,自己就像野蛮的卡列班②,遇见了飞翔的艾丽儿,高等级的生命,举止间却带着一种意识,内心接受不了如此这般的圣洁"。[26]他从西蒙娜·薇依的文字里得到鼓励:"我对生命的憎恨不应受到无端的指责,因为对纯洁的渴望有可能会披上病态的外衣。[……]我对生命的热爱同样强烈,同样真实,所以说生活就是这样矛盾。"(同上,页281)她的信念在他心中扎了根——创世的同时神就离开了;荒谬的信仰不能成为知识分子投机的对象,"只"能是信任[27];通过不幸能发现上帝的爱;重负之下的神恩才是希望的源泉。要描述米沃什对诗的思考,可以借用他多次引用的一句话——"距离是美的灵魂",还有一句俗语或许更加贴切,即

637

----

① 原文为法语: La Pesanteur et la Grâce。
② 卡列班也是莎剧《暴风雨》中的角色。

思忖存在时，"心无旁骛的专注就是祈祷"。[28]

　　二〇〇二年出版的《第二空间》收录了米沃什后期的两首组诗——《塞维林神父》和《神学论》。一九九一年时诗人说过："应该问问，我是否相信四本福音书都是真话。我的回答是：我相信。那么我相信荒诞的耶稣死而复生的故事吗？［……］我的回答：我相信，我同样不认同死亡的威力。"[29]而五年前，亚历山大·菲乌特问米沃什，生活中什么是最重要的。他只回答了一个词："救世主"。[30]

注释

　　[1] 摘自切斯瓦夫·米沃什写给耶日·图罗维奇的信，1962 年 11 月 21 日。（耶日·图罗维奇档案室）

　　[2]"我也许不能去告诫天主教会，因为我的美国朋友们会感觉受到了冒犯，尤其当我说到反基督者能装扮成若望二十三世时。在伯克利的天主教堂里，他们弹奏吉他，弥撒中也没有一个拉丁文词。气氛欢乐又幼稚。难道要等四个世纪，才能走上正轨吗？"摘自切斯瓦夫·米沃什写给维托尔德·贡布罗维奇的信，1968 年 2 月 8 日，收录于《切斯瓦夫·米沃什和维托尔德·贡布罗维奇的通信》，载《选文 II》，1992 年第 1–2 期。

　　[3] 切斯瓦夫·米沃什，《在调查问卷的留白处》，载《文化》，1966 年第 3 期。

　　[4]"礼拜仪式改革。是的。但英文弥撒是个错误。你想想上百万和我一样的人——东欧的移民，在德国和法国的意大利人，全欧洲的西班牙工人，这个国家里的墨西哥人，大家都感到很疏远。"摘自切斯瓦夫·米沃什写给托马斯·默顿的信，1964 年 12 月 31 日，收录于托马斯·默顿、切斯瓦夫·米沃什，《通信集》，页 146。

　　[5] 切斯瓦夫·米沃什，《在调查问卷的留白处》，载《文化》，1966 年第 3 期。

　　[6] 摘自切斯瓦夫·米沃什写给耶日·图罗维奇的信，1967 年 10 月 30 日。（耶日·图罗维奇档案室）。

[7] 补充一点,米沃什并没有在这样的环境下丢掉幽默感和好奇心:"我在旧金山参加新式宗教的仪式——晚上,在东仪天主教教堂[……],喧嚣,很多嬉皮士,沃茨派,本地的禅学老师,穿着长袍尝试新的仪式[……],唱着'Ommm'颂歌,熏香,在讲台上演讲,康加鼓,狂躁的鼓点,一半的人都在抽大麻。而我就是喜欢这个二十世纪下半叶。"摘自切斯瓦夫·米沃什写给耶日·图罗维奇的信,1967 年 10 月 30 日。(耶日·图罗维奇档案室)

[8] "我看见教会受到西方文明扭曲演化的疯狂影响,即不相信原罪。[……]由此产生的懦弱表现为极度害怕谈及魔鬼。也就是说,他们这副有形的皮囊从来没有感受到魔鬼的存在。"摘自切斯瓦夫·米沃什写给耶日·图罗维奇的信,1969 年 10 月 17 日。(耶日·图罗维奇档案室)

[9] 摘自切斯瓦夫·米沃什写给约瑟夫·查普斯基的信,1978 年 6 月 19 日。(克拉科夫国家博物馆)

[10] 摘自切斯瓦夫·米沃什写给马莱克·斯科瓦尔尼茨基的信,1970 年 6 月 5 日,收录于马莱克·斯科瓦尔尼茨基,《我的米沃什》,页 114。

[11] 切斯瓦夫·米沃什,《在调查问卷的留白处》,载《文化》,1966 年第 3 期。

[12] 出处同正文。

[13] "七宗罪"是指傲慢、贪婪、色欲、嫉妒、暴食、愤怒和怠惰。

[14] 关于米沃什对斯威登堡的描述可以在他与伊莱奈乌什·卡尼亚的对话中找到,参《波兰对话:1999–2004》,页 406–429。

[15] 米沃什早在伊朗的宗教政治变革前就写下了这些文字。反过头来看,伊朗的变革为这些文字增添了讽刺性的注解。

[16] "你是宗教性动物,因为我们自十九世纪以来就没有'有深度'的宗教作家出现。不相信上帝的波兰人仍旧会去教堂,已成为普遍现象。而一旦你[……]去触碰最深层次、最敏感的话题,就会被波兰的爱国者、波兰的国家民主派、波兰的无知论者猛烈抨击。"摘自约瑟夫·查普斯基写给切斯瓦夫·米沃什的信,1977 年 10 月 17 日,引述自沃依切赫·卡尔平斯基,《来自拜内克的声音》(I),载《文学笔记本》,1999 年第 66 期。

[17] 参康斯坦蒂·亚历山大·耶伦斯基,《两年后再评〈乌尔罗地〉》,收录于《认识米沃什 2：1980–1998》,下册。1999 年,米沃什自己又一次说道:"我寄希望于科学发展以及科学前景对转变人类想象力和宗教想象力的影响。[……]物理世界在量上与达尔文的世界不同。也许这种转变即将发生。[……]我认为,大爆炸理论已经在这个方面做出了一些阐释。这并不会导出神的个体形象,但每一次都会为神秘主义者带去灵感。"摘自《波兰对话：1999–2004》,页 155。

[18] 参斯坦尼斯瓦夫·巴兰查克,《综论切斯瓦夫·米沃什》,收录于《认识米沃什 2：1980–1998》,下册,页 257–269。

[19] 马莱克·扎莱斯基,《切斯瓦夫·米沃什的诗律:评〈乌尔罗地〉》,载《创造》,1982 年第 12 期。

[20] 在这里米沃什更愿意"承认"自己是天主教徒,因为在多民族、多信仰的加利福尼亚州不再需要去平衡战前波兰非常盛行的天主教与右派政治观点。

[21] 取自本书作者与伦纳德·内森的对话,伯克利,2001 年 4 月。

[22] "我接受不了圣餐礼。我所受的教育,让我认为不恭敬,而忏悔于我更是障碍,很荒谬。"摘自切斯瓦夫·米沃什写给托马斯·默顿的信,1964 年 12 月 31 日,收录于托马斯·默顿、切斯瓦夫·米沃什,《通信集》,页 145。另参:"我不是很相信它的效力。因为忏悔对我来说变成了纯粹的走过场,能否圆满重获新生已毫无意义,不过是承认莫须有的罪过,遵从我们的圣母的指引罢了。在这里,我的态度和路德派有些类似:无法认识到人那原生的真正的恶,最多只能获得神的一些怜悯,但这些承认的罪,差不多全是假象和伪装。所以我和那些声称不相信自然(已被污染)的人一样,我们获得无限自由的方式仅仅仰赖于神的行为,也就是恩典。"摘自切斯瓦夫·米沃什,《如果可以这样说……》,载《共和》,1991 年第 11–12 期。

[23] 摘自切斯瓦夫·米沃什写给托马斯·默顿的信,1959 年 3 月 28 日,收录于托马斯·默顿、切斯瓦夫·米沃什,《通信集》,页 44–49。

[24] 摘自切斯瓦夫·米沃什写给托马斯·默顿的信,1961 年 5 月 30 日,

收录于托马斯·默顿、切斯瓦夫·米沃什,《通信集》,页104-105。

[25] 西蒙娜·薇依,《文选》(巴黎,1958)。还参考了国内的简述版本(克拉科夫,1991)。

[26] 西蒙娜·薇依,《文选》,页22。

[27] "矛盾是必然存在。存在上帝,也不存在上帝。问题在哪里呢? 我完全相信,有上帝,于是我完全相信,我的爱不是幻觉。我完全相信,没有上帝,于是我完全相信,没有什么现实事物能与我所想的对上名字。但那些我不能想的事物,也不是幻觉。"摘自西蒙娜·薇依,《文选》,页59。

[28] 同上,页147。

[29] 切斯瓦夫·米沃什,《如果可以这样说……》,载《共和》,1991年第11-12期。

[30] 取自本书作者与亚历山大·菲乌特的对话,克拉科夫,2005年11月。

第七十章　乌尔罗囚徒

关在地狱里的

"现代诗人"说，地狱并不存在。

切·米沃什，《主张》

我背负着鲁哲维奇的整个地狱。

切·米沃什致奈拉·米钦斯卡

我认为费里尼和安东尼奥尼的电影内核是不道德的。他们的电影看起来是在理性地讽刺社会异化，讽刺虚幻，但实际上掩盖了他们对电影里虚幻生活的享受态度，从而变成了对宇宙万物的讽刺。所有对宇宙万物的嘲讽，对生活的羞辱，都是不道德的。英格玛·伯格曼则完全相反。他富有莎士比亚般的艺术气息，令人诧异地摆脱了潮流的裹挟，接受了存在的残酷。[……]他并非要展现人类的罪恶，他要讲明白，银幕之外有"机械降神"①在操纵一切，但

---

① 原文为拉丁语：deus ex machina，指在古希腊戏剧，当剧情陷入胶着，困境难以解决时，突然出现拥有强大力量的天外降星将难题解决，令故事得以收拾。

又不能藐视天主的"存有性"①,甚至要接受其有形的和人世间的状态。因此我也欣赏不了贝克特和尤内斯库的戏剧。[1]

——米沃什在给耶日·图罗维奇的信中如此写道。他在罗马关注大公会议期间,也会抽时间去看看电影。类似这样的句子能在他的随笔和论述里找到很多,尤其是在他描述歌德和布莱克发动的论战时。多年来他也曾挑起过多次针对某些艺术家的笔斗,批评他们是将艺术屈从于乌尔罗法则的典型。[2]《神学论》里他与"时代骗局"吵了起来,"我们可以随便用侏儒和魔鬼的声音说话 / 但纯洁和庄严的词汇被禁用了 / 如此严厉的惩罚之下,他们中的一个才敢说 / 已经感到迷失了自我"。(《诗集　第三辑》,页95)

反对并不代表轻易否定,他同样看到了对手们的艺术造诣,就比如(不管别的)他们中向西方的堕落屈服的"最诚恳作家"塞缪尔·贝克特。贝克特充分表达了"很大程度上,人们警觉到了自己所面对的新的形而上学的境遇,他将它用大写字母定义为:**一无所有**(NIE MA)。宇宙中没有任何声音说话,没有善与恶,没有祈愿如愿,也没有天国"。(《乌尔罗地》,页263)一九五三年一月《等待戈多》在巴黎巴比伦剧院首演。不久后,米沃什观看了演出。[3]在现场看到观众们笑得前仰后合后他断言,以小丑般的形式演绎绝望只会带来情感的淡漠,贝克特的主角们实质上完全缺乏自由意志。后来米沃什又尖锐地评论道:"这是决定论精神的产物,指向人类的无力,并完全被外界的需要所束缚。"观众的掌声同样证明"残忍是[……]传递刺激的一种方式,此前一贯借用的是色情"。[4]正在发生的文明演变进程尤为重要,其逐渐地——在以焚

639

---

① 原文为法语:Être,哲学术语,"存有"是任何事物赖之而成为存有者或存有物的完满。

毁一切为标志的时代——将人类的本质简化为等式两端的数字。"当我们找到那些人折磨人的痛苦之地时,我们发出了反对的声音,可这些话都如无根之木,缺乏足够的论据,仅仅只是表达反对罢了。当我们悲痛地回忆起在毒气室里失去生命的数量巨大的男人、女人和小孩时,不禁会想,人类的本质正日复一日地与苍蝇和蟑螂趋同,以合理的目的,理直气壮地对某些昆虫施以灭绝手段,而其他物种对此却毫不在乎,依旧怡然自得。"(《诗的见证》,页 56)

把《等待戈多》的作者仅仅看成是一位冷漠的嘲笑者未免就太简单化了。米沃什认为,这位创作者——与在荒原之上逃向宗教的艾略特完全不同——极其大胆地阻止自己产生任何幻想,"怀着他几乎不能承受的慈悲"在写作,描写了"哪怕是冷漠的善意反应也比完全的无动于衷更值得赞赏,人性需要赞颂,希望——西蒙娜·薇依称之为**上帝的期许**(l'attente de Dieu)——值得等待"。(《个人的职责》,页 10-12)米沃什看过《剧终》《克拉普最后的录音带》《哦,美好的日子》,他在其中发现关于文明终结的警示,但总是以希望的名义,反对它们形而上学的核心要义。归根结底

> 恶在生长蔓延,可以理解,因为它有逻辑和自我存在的可能性,当然还有,力量。而与之对抗的善的小种子完全是秘密的存在[……]。因此可以得到严肃的结论:尽管陷入尘世的因果,人们仍可在被称为超自然的因果中扮演自己的部分,并有创造奇迹的可能。[5]

同时,贝克特"就好比这样一个人,他走近一个驼背者,然后盛气凌人地说:'你是个驼背,驼背,你可不愿意去想它,是我在用尽全力让你去想它。'我知道,我就是个驼背,我也不假装我不是驼背。[……]我很清楚我的身体缺陷,也不止一次地,当我想骂自己再把脑袋撞上墙去时,

努力地集中意志［……］，而这家伙却要告诉我他是如何发现的，这话可不合时宜，和马教狐狸打猎差不多，我就是狐狸，狡猾的狐狸，正在用计谋去克服我自觉存在的痛苦"。（《乌尔罗地》，页 266）

九十年代时米沃什写道，"我非常欣赏贝克特，与他感同身受，愿为他拼尽全力摇旗呐喊"[6]，可以说辩论已经没有以往那么激烈了，彼时他甚至也能对英国诗人菲利普·拉金讲出差不多的漂亮话，尽管他曾针对拉金写过一首打油诗：

> 我学会了绝望地活下去。
> 但来了一个人，不请自来的某人，
> 用诗将绝望的原因一一累举。
> 要感谢他吗？我可不太愿意。
> 就算意识存在着不同的水平，
> 也不能以死要挟，把我推向更低一等。
>
> 我还记得，悲哀的拉金，
> 死亡不会放过任何一个活着的人，
> 没写过像样的题材
> 不管是诗颂，还是挽歌。

（《诗集　第五辑》，页 136）

晚年的米沃什变得更愿意坦白自己。写《猎人的一年》或者诗集《这》中的某些诗时，他承认自己本身或多或少处在贝克特式的空洞绝望和拉金笔下的灰暗忧伤之中，既无望又孤独。孤独，没有旁人能够理解，他不再谈某些更高层面的标志、上帝等，而是相信，我们的感觉不只是错觉。他认可拉金是一位令人震惊的诗人。在巴兰查克高度评价的《晨曲》一诗中，主人公在日复一日的晨曦中看到"不知疲倦的死亡"，向我们展示着生活的毫无希望。在死亡面前所有人类活动都失去了意义，但美德和生活的善意还在，可"死亡就是死亡，即使你呜咽，或者抗拒"……拉金的诗里也有一种对我们的提醒，提醒我们是罗锅，是驼背，还有情感缺陷、近亲相交、冷淡、漠然、短视。他在诗中展现了世界的灰暗面与城市的焦躁和反叛，结果只能带来讽刺般的顺从。这种论调米沃什无法接受，因为他深刻地认识到世界正处于无比丰富的色彩之中。他读《幻觉》，诗中那个被强奸的女孩以拙劣的手段寻找着脱离孤独的方法，好像更接近赤裸裸的存在主义真相，比强奸她的人"更少地受到欺骗"（也就是 less deceived）。米沃什对这样的设计和理念极为不满，因为清晰的意识反而向我们揭示了一个没有慰藉的、贫瘠的世界。米沃什愤怒地写道："拉金鲁莽地将自己的诗集题名为'The Less Deceived'（少受欺骗者），压根没有考虑到，诗歌中优雅的、迎合大众的怀疑论是一种卑劣的手法，只会被看成是一场全押下注的游戏。"（《个人的职责》，页 233）他的论述有点太简化，并未涉及客观性，只是两个独立的个体之间的尖锐碰撞，也因此——符合米沃什的一贯作风——向对手表明了自己的态度；但对艺术表现力的评论却比这少得多。

在米沃什九十年代寄给拉金的译者——斯坦尼斯瓦夫·巴兰查克的信件中，能找到详细的证据：

狄金森和拉金的诗集都是杰作。但［……］令我遗憾的是，与我的狂热相比你的态度过于泛泛。我不喜欢拉金，但我欣赏他的才情。他让我非常不安。一首绝妙的诗是否意味着，现代诗人必须"安坐于一群嘲笑者之中"并把人格降到只剩下赤裸的骨头而已？更有甚者，不去谈信仰或者热情，就只从艺术角度评判诗歌就够了？

《赞美诗》的翻译者继续追问：

> 我认为，和贝克特所表达的一样，没有得到安慰的绝望，本身即为力量。而我自己也写过："只有在否认中圣迹才有归宿。"[7]但也不过是我与自然对立的一部分罢了。[8]

毋庸置疑，米沃什与自然的对立相较拉金更深，他更多地从人类命运的角度去思考，写作手法更加庄重和神圣。"拉金那肤浅的思考是我最不屑的。[……]拉金关于地狱的诗句，太平庸了，就像《罪与罚》中斯维德里盖洛夫的浴室一般，所谓永恒不过是水汽缭绕。"在下一封信里，米沃什的嘲讽语气稍微淡了一些："相信我，是我从年轻时就养成的急性子在作祟，我颂扬耶稣，也尊重老子、佛陀和布莱克，还有一切赋予时间以价值的思想，而不是将时间看成是指向死亡的流逝，全无意义。"[9]就在几个月后，米沃什再次阅读了巴兰查克翻译的拉金诗集，看出了其中的某些形而上学的构思——可以说，以我们的标准，在宗教想象力逐渐减弱的时代："过去那些伟大的诗人[……]，无论他们使用的是什么语言，都怀有某种我们无法触碰的认识[……]。看起来，基于否定神学论的新宗教想象作品最为行之有效，拉金这个不可知论者都被动摇了。"[10]

二○○○年，米沃什接受了《艺术季刊》的采访。我们能在其中观察到米沃什在这个问题上仍在延续着思考，仿佛书信和谈话之间只是相隔数分钟，而不是整整八年。他说："我会赞同贝克特的成就高于米沃什的说法。贝克特是二十世纪的作家，他与那个世纪的和解超越了米沃什。但我曾写过一行诗，和贝克特十分相配：'只有在否定中我的房子才坚不可摧'[……]所以我认为，我和贝克特之间存在关联，但是**神圣者**（sacrum）仍是今时今日最主要的问题。**神圣者**只有通过缺席、通过缺

失才能呈现出来。就如鲁哲维奇在诗中所说,最好的面包配方是饥饿。"(《波兰对话:1999–2004》,页236)

也许只有鲁哲维奇才是那个"绝望的无神论"艺术家。[11]米沃什对他尤为钟情和关注。四十年代,米沃什在读了诗集《不安》①后热情赞扬了这位年轻的同行:"有诗人的民族,是幸运的 / 不再会在苦难中默默前行。"(《诗集 第二辑》,页68)他对安德热耶夫斯基解释说:"他是年轻一代中唯一一位真正的诗人。"(《战后即刻》,页82)当他第一次尝试将波兰语诗歌翻译成英文时,选择的就是鲁哲维奇的作品。[12]九十年代末期,让他选择三首对他来说最重要的诗时,除了莱斯曼和塞贝瓦的之外,他脱口而出鲁哲维奇的作品——"时间于我 / 时间匆匆"。[13]他珍藏着他们之间的通信信件,并将某些片段收录在《战后即刻》这部诗集中。一九四九年米沃什在波兰期间与鲁哲维奇在克拉科夫见了面,在这之后他怀着对国家的未来还有鲁哲维奇的文学事业最糟糕的预感写道:"用黑格尔的话说,神学和传统哲学的崩塌,标志着绝望时刻的到来。"他还警告说:"您可得小心感情主义!"(同上,页583、584)[14]鲁哲维奇很清楚时代转折期艺术家扮演的苦涩角色,对此回复道:"健康的诗人,诗作生发于'一切向好之地',我们要处理这样的诗吗,抹去吗?我不赞成掘墓人的角色,我不想成为这种角色,所有健康的人都不会赞成,但能赢吗?"[15]

一九五七年三月他们在巴黎又一次见面。《红手套》②的作者在日记中记录下这次相会,同时也提供了另一个视角,让我们去了解米沃什如何与"卖国贼"的标签相抗争:

643　　　米沃什眼中含泪。这个优秀的诗人就快哭出来了——眼泪在孩

---

① 被认为是鲁哲维奇的处女作,1947年发表。

② 《红手套》是鲁哲维奇1948年的作品。

子般的蓝色眼睛里打转。一位社会主义殉道者曾编过一个关于他的
小故事，说他是梳着中分头的优雅卡乔①，写的文章……毫无优雅可
言。所谓法官！法官和被告！"卖国贼"。现在我们国家的文学小
丑，像猫，像妓女一样巴结着米沃什……我们的"道德卫士"真让人恶
心。[……]我曾想做一个诚实善良的人，米沃什在巴黎和我讲："我
们最想诚实的时候，往往遭遇的唾弃最多……"我知道，他和我说这
话的时候在想些什么。可怜的人。但他那么做就是不诚实吗？为什
么他要解释？向谁解释？已是旧的、上世纪的故事了。履行责任吧！
这是唯一的建议。履行自己的责任。[16]

很显然此次交流并未让他们在所有问题上达成共识。几个月后鲁哲维
奇在信中解释说："我真诚地回顾了我们之间短暂的交往。我们只见过
两次面，一次在克拉科夫，后来在巴黎。您别笑，我有时候会多愁善感
些，乐于回忆往事。在激烈的交流碰撞之后，您与我在巴黎的大街上道
别，您讲：'我们有点儿喜欢对方，鲁哲维奇，对吗？'对。"[17]他们之间的
关系可比"相互喜欢"更深一些，更像是某种相互吸引。米沃什回到伯
克利后写道："在波兰有一位不被其他国家认识的诗人，名叫塔德乌
什·鲁哲维奇。鲁——哲——维——奇。对我来说他可一点也不抽象，
他的鼻子，他的眼睛，他的肩膀，历历在目，刷着牙或者吃着早饭。过了
这么多年，我和他依然关系紧密，有时候我会问自己：此时此刻鲁哲维
奇在做什么，甚至空间上的分离都不能撼动我们一分一毫，就像是爱情，
尽管我和他只说过两次话。"[18]而鲁哲维奇在九十年代向米沃什描绘了
他的梦想，他期待与米沃什再次相见，彼此展开一场真正深入的对话；

---

①　卡乔是波兰女作家玛丽亚·库斯奇佐夫在 1936 年发表的心理小说《外国人》中塑造
的角色，后来借指喋喋不休说蠢话的人。

信中他也表达了疑惑,希望这样的交流不算太晚……[19]

在他们的诗中彼此亦有迹可循! 鲁哲维奇回忆过与米沃什在斯沃瓦茨基剧院的见面,他愿以米沃什为榜样,却非常不情愿被斯威登堡洗脑。他力挺"理性之光",嘲讽"阿波罗的孩子们","反对难以理解的诗歌",对"克拉科夫市场上 / 相当好卖"的形而上学的"废话"也不屑一顾[20],他甚至——期待微笑回应——向米沃什推荐过两首"哥特巴洛克式情色诗 / '彼得罗尼拉①脱掉短裤' / '葛丽泰·嘉宝没穿内裤'"[21]。米沃什就严肃多了,再一次将话题转向残酷的自然("受够了让人类 / 毒害自己的物种[……]秃鹰俯冲向野兔 / 没有目击者 // 恶从世上消失 / 就在意识消失之时 // 当然塔德乌什先生 / 恶[和善]由人而生"〔《诗集 第五辑》,页145〕),为自己,也是为鲁哲维奇描绘了一幅奇特的景象,"在黑色的土地上挖掘 / 是一把铲子和一只被铲子弄伤的鼹鼠"(同上,页146)。鲁哲维奇将这幅景象放在纪念米沃什的挽歌里,同时问道:"那什么和我们在一起? / 我们的争辩算什么 / 友谊算什么 / 你已死去所以不再发问 / 什么跟着我? 我肯定会抛弃旧的 / 艺术形式 / 从俄耳甫斯②变成 / 一把铲子"……[22]

《救赎》的作者和《不安》的作者,这两位二十世纪下半叶波兰诗歌最重要的代表,他们之间相吸相斥的关系为波兰诗歌的发展做出了贡献,而他们相互之间的点评还有他们获得的各项殊荣更是令诗歌界绚丽多姿。[23]在本书中收录米沃什的反对之声也很重要。他质疑过鲁哲维奇的虚无主义,这种虚无主义是他一贯排斥的——不仅仅是因为这与他源于宗教的世界观完全不符,还在于他那"仅"存的对他人的责任感,不

---

① 或许是指圣彼得罗尼拉,早期基督教圣徒,传统上认为系使徒圣彼得之女,被天主教会追认为殉教贞女;也有可能是指阿拉贡女王、巴塞罗那伯爵夫人佩德罗尼拉(1136-1173)。也不排除诗人单纯随手找了个女名。

② 希腊神话中的歌手和诗人,他的歌声能感动诸神和大自然的一切。

应该剥夺他人的希望。正是在加利福尼亚期间,这种责任感,像"行之有效"的必然结果一般,在他的作品中屡屡被提及。可能是教师的角色促成了它的发生发展,因为他对坐在他面前求索"真知"的青年们负有责任。对于米沃什指出的那些"有毒"作家我们仍须秉持严肃的态度。他说:"如今不流行按照对精神有益还是有害来评价文学作品了。但讲授波兰现代文学,特别是[……]有毒的文学,这样的责任压得我喘不上气,因为讲解维特卡齐、贡布罗维奇、莫罗哲克、博罗夫斯基、安德热耶夫斯基、鲁哲维奇的作品不能指引青年人更亲近世界。"(《个人的职责》,页 184)[24]另一方面来看,他相信:"以神父的视角我会非常赞赏鲁哲维奇的作品,因为这首绝望的诗与拉金的完全不同。"(《波兰对话:1979-1998》,页 638)鉴于鲁哲维奇所作的优美且严肃的宗教诗歌,如《荆棘》和《无》("最大的事件 / 人类生活中 / 是上帝的 / 诞生和死亡"),米沃什认可了他——对《宇宙》的作者①也类似——无神论的庄重性:"这些争议[对鲁哲维奇来说]是最基本的,也是最具戏剧性的。我对他怀有崇高的敬意。我不后悔,在他事业刚刚起步之时,为他写过一首诗——《致塔德乌什·鲁哲维奇——组诗》。我希望,能敲打到他,希望他不要对这些事无动于衷。"(同上,页 547)

　　简单来说,正因为米沃什对贡布罗维奇或者鲁哲维奇怀有敬意,六七十年代的大多数诗作他才看不上眼。他强烈地感觉到,不管在西方还是在波兰,"清晰的构句本身才是拯救理性的举动,而大量作家却在不知所云"。(《个人的职责》,页 14)一九六〇年在写给安杰伊·瓦里茨基的信中,他质疑将诺贝尔奖颁给圣-琼·佩斯,同时又在竭力避免让自己的创作受到盎格鲁-撒克逊人作品的影响,毕竟"现代西方诗歌圈欣赏的

645

―――――――――

① 指贡布罗维奇。

人,只会人云亦云地装腔作势罢了"。[25]米沃什对这些人那区区一点小抱负很不屑,他还和赫贝特虚构出一群"响应者"。老实讲,他和《花园里的野蛮人》的作者在个人评价方面确实颇为相通。

一九六七年赫贝特在伦敦联系到米沃什,"这里诗人扎堆。[……]简而言之,可谓自恋者的小花园。我没想到美国人这么放得开。他们喝酒,喝到找不着北。因为我自己麻烦缠身才会这样说,但他们却病得心甘情愿又日久天长"。赫贝特还在页尾处补充了一些细节:"有约翰·贝里曼①、查尔斯·奥尔森②,还有艾伦·金斯堡——不提他也罢,我不认为他是诗人,挺可爱的小伙子却一脑袋糨糊。他让我试试大麻和放纵,可我这个野蛮人,有妓女、烈酒、香烟三样就够了。"[26]一个月后,米沃什从蒙特利尔的世界诗歌会议返程[27],用更犀利的语气写道:"我大吵了一架[……]和罗伯特·洛威尔还有诗人克里利③[……],我在公开场合就吼开了,我骂他们,这两个俗人,我可不是冲着鄙俗才逃出波兰那个狭隘的地界,上赶着挨他们的狗屁评判。[……]我越来越尊崇理性,而这个世界或者我遭遇的无理和荒谬正在超出可接受的范畴。我这个人,长期克制着自己的暴脾气,把沉默的微笑挂在脸上。"[28]

在加利福尼亚他就得戴上"沉默的微笑"这副面具。美国诗人可以——他至少是这么认为的——允许自己抑郁和接受精神疗法,因为他们的无望有一条安全的边界:在安乐窝里能让他们感到威胁的,借用亨利·米勒的一本书名来说——只有"空调噩梦"。[29]米沃什对自己的移民身份有些自卑,从本质上来说,他内心深处总在疑神疑鬼,生怕出差错。多年后他承认:"因为害怕不负责任的和愚蠢的暗中使绊,我给自己设置

---

① 约翰·贝里曼(John Berryman, 1914-1972),美国诗人,二十世纪美国自由派诗歌奠基人之一。

② 查尔斯·奥尔森(Charles Olson, 1910-1970),美国前卫诗人兼文学理论家。

③ 罗伯特·克里利(Robert Creeley, 1926-2005),美国诗人。

了很多规矩。我是如此严谨、精确、准时，都可以称得上是劳模面包师了，要不就是优秀教师或者杰出商人。"他坦诚地说："洛威尔偶尔会去诊所看病，这时我禁不住想，如果把他扒光抽上十五鞭子，他马上就能死过去。"（《猎人的一年》，页28）后来他在诗里表达了歉意："我没有权利这样说你，／洛威尔。[……]我的怒火下隐藏着／被羞辱者那不可饶恕的虚荣。"（《诗集　第五辑》，页140）他和加利福尼亚最有名的当代诗人——名篇《嚎叫》的作者艾伦·金斯堡的关系也差不多如此。米沃什与他碰过几次面。金斯堡是"垮掉的一代"文化的倡议者、六十年代反叛斗争的代表人物，他背不出几首自己写的诗，却能在小口琴的伴奏下滔滔不绝地呼喊和吟唱出来。金斯堡追求的自由，是《被禁锢的头脑》的作者永远都不想准许的，哪怕"解放的"、遍地吸毒者、色情泛滥的美国曾强烈地吸引过他。米沃什保持着距离，一般不会碰大麻[30]，却用一杯杯的波本威士忌把自己灌醉。快到生命尽头，他才有勇气忏悔与和解：

> 艾伦，好人，凶残世纪的伟大诗人，
> 你，一边执着疯狂一边走向睿智。
>
> 我向你忏悔，我的生活确非，如我所愿。
>
> [……]
>
> 我生活在摩洛神的美国，留短发，剃胡子，
> 打领带，每晚守着电视喝着波本威士忌。
>
> 阴间的侏儒在我体内作祟，我
> 觉察过他们，又耸耸肩：一起得过且过。

　　随时随处蔓延着恐惧,我必须假装,它从来不存在,

　　而我和他人同享神佑的正常感。

(《诗集　第五辑》,页 33-34)

注释

　　[1]摘自切斯瓦夫·米沃什写给耶日·图罗维奇的信,1962 年 11 月 21 日。(耶日·图岁维奇档案室)

　　[2]"我想用一个烫红的熨斗拍死贝克特",我们能在拜内克图书馆的米沃什档案中读到这句写在一张单独的纸上的话,原页已丢失。

　　[3]与哲学家、以社会学方法做文学研究的倡导者吕西安·戈德曼一起观看演出。

　　[4]切斯瓦夫·米沃什,BBC 专栏文章,1957 年 5 月 2 日。(拜内克图书馆)

　　[5]切斯瓦夫·米沃什,《如果可以这样说……》,载《共和》,1991 年第 11-12 期。

　　[6]摘自切斯瓦夫·米沃什写给克日什托夫·梅什科夫斯基的信,1993 年 8 月 8 日,载《艺术季刊》,2005 年第 3 期。

　　[7]摘自《太阳从何处升起从何处落下》。

　　[8]摘自切斯瓦夫·米沃什写给斯坦尼斯瓦夫·巴兰查克的信,1990 年 3 月 21 日。(斯坦尼斯瓦夫·巴兰查克档案室)米沃什在信中写道:"拉金是伟大的,他为衰败的英格兰描绘出栩栩如生的众生相,可谓之为二十世纪的霍加斯。我翻译不出拉金,因为把西方的呻吟带到诗人哀叹的国家,恰如把俄式铜壶带到图瓦①。我本身已有罪过,因为我翻译了托马斯·斯特恩斯·艾略特的《荒原》。"

---

　　①　图瓦是俄罗斯重工业重镇。

［9］摘自切斯瓦夫·米沃什写给斯坦尼斯瓦夫·巴兰查克的信，1992 年3 月27 日。（斯坦尼斯瓦夫·巴兰查克档案室）

［10］摘自切斯瓦夫·米沃什写给斯坦尼斯瓦夫·巴兰查克的信，1992 年6 月24 日。（斯坦尼斯瓦夫·巴兰查克档案室）在拉金名字旁边的信纸空白处米沃什又手写道："你说得有道理！"后来米沃什在与作家雅采克·波德夏德沃的对话中再次谈论到拉金，参《波兰对话：1999-2004》，页 249。

［11］"如果我能，我就会写一本关于现代诗歌的基础性书籍，主要包括波兰和美国的诗，但也不会只有诗歌的内容，也会提及审美匮乏的问题。在这一问题上我相当认同罗宾逊·杰弗斯的观点，他和鲁哲维奇一样，他们都认为，这些批评家或者文学史家眼里的小事情，恰恰反映了他们粗俗的品位和逻辑上一些可爱的错误。"摘自切斯瓦夫·米沃什写给扬·布沃斯基的信，1965 年 1 月19 日。（雅盖隆图书馆，扬·布沃斯基档案）

［12］参《战后即刻》，页 582。

［13］刊登于《艺术季刊》，1997 年第 3 期。

［14］米沃什一边以雅斯特伦的修辞手法比照鲁哲维奇的真实性，一边从移民者的角度谈论社会主义现实主义对文学的影响。参切斯瓦夫·米沃什，《关于雅斯特伦的诗》，载《文化》，1953 年第 9 期。

［15］摘自塔德乌什·鲁哲维奇写给切斯瓦夫·米沃什的信，1949 年 9 月3 日。（拜内克图书馆）

［16］塔德乌什·鲁哲维奇，《我的〈诗论〉从何而来（格利维采日记摘）》，载《奥得河》，2004 年第 7-8 期。

［17］摘自塔德乌什·鲁哲维奇写给切斯瓦夫·米沃什的信，1957 年 11 月3 日。（拜内克图书馆）

［18］切斯瓦夫·米沃什，《如果可以这样说……》，载《共和》，1991 年第 11-12 期。

［19］参塔德乌什·鲁哲维奇写给切斯瓦夫·米沃什的信，1994 年 12 月9 日。（克拉科夫切斯瓦夫·米沃什档案馆）米沃什后来回信："我很好奇，我们

还能一起坐下来喝喝伏特加,哪怕喝喝茶吗?"1995 年 8 月 17 日,本书作者从克里斯蒂娜·柴尔尼手中拿到此信复印件。

[20] 米沃什在《神学契约》中亦提及:"他们嘲讽我太斯威登堡还有喋喋不休, / 就因我不守摩登文学 / 的规矩。"摘自《诗集 第五辑》,页 226。

[21] 米沃什在《第二空间》中提及,他在《三首爱情诗》中曾戏谑地恳请"波吕克塞娜脱掉短裤"。(《诗集 第五辑》,页 204)

[22] 塔德乌什·鲁哲维奇,《挽歌》,收录于《诗选》,卷四(弗罗茨瓦夫,2006),页 381。

[23] "鲁哲维奇一开始就认识到,诗歌应具有完全的透明性,这样诗的格式才不至于高于事实内容,[……]高于创作中的生活。如果我们把透明性当作他诗歌的全部,那么又会背离一些诗中的纯粹性,品味不到最高的境界。因为我们在二十世纪的一小撮作品中看到了对卑劣存在的呻吟,这些呻吟有点像青年波兰笔下的忧郁和厌倦。[……]但[……]他是位值得被尊敬的诗人。"摘自《米沃什矛盾自画像:对话亚历山大·菲乌特》,页 393。

[24] 另参:"无意义的人生是鲁哲维奇的痴念。我们本来就在做该做的事,一点儿情色,一点儿温饱,走向死亡和终结。[……]这也许是波兰经验使然,波兰是被碾压过的国度,又被赋予唯物主义世界观,但同时又受各国'怀疑论大师'的文学影响颇深,既有马克思主义,又有弗洛伊德。[……]丑陋被有意识地选择了出来,充当报复卑微人生的工具,而这丧家狗般的人生也不过是比追求吃肉多了一点点内容,有些鲜活时光罢了。"摘自《岛上生活》,页 292。

[25] 摘自切斯瓦夫·米沃什写给安杰伊·瓦里茨基的信,1960 年 11 月 4 日,收录于安杰伊·瓦里茨基,《多年后仍被禁锢的头脑》,页 85。

[26] 摘自兹比格涅夫·赫贝特写给切斯瓦夫·米沃什的信,1967 年 8 月 4 日,收录于兹比格涅夫·赫贝特、切斯瓦夫·米沃什,《通信集》,页 85。

[27] 在那里他遇见了亚当·瓦岑克。一年后米沃什参加了在纽约举行的诗歌节,和赫贝特一起与翁加雷蒂和英格博格·巴赫曼交流。两年后,米沃什参加了在得克萨斯举行的诗歌节,他回忆道:"我记得最清楚的是博尔赫斯,他那

时候几乎看不见了。他和我说起贡布罗维奇在布宜诺斯艾利斯的笑话——他住在鸽子笼楼里,大家必须轮流打扫卫生,他却说他不干,因为他是伯爵[……],'你们应该知道,所有的伯爵都很肮脏'。"摘自切斯瓦夫·米沃什写给耶日·盖德罗伊奇的信,1969 年 11 月。(文学研究院档案室)

[28] 摘自切斯瓦夫·米沃什写给兹比格涅夫·赫贝特的信,1967 年 9 月 14 日,收录于兹比格涅夫·赫贝特、切斯瓦夫·米沃什,《通信集》,页 87。

[29] 参:"我一边抽着雪茄喝着波本酒,一边思考着美国诗人的绝望。罗特克。是最真实的写照之一。尖锐批判和抱怨着的诗人＋终身教职的教授,与人类接触的主要方式就是在本国授课,然后还要说,发表关于诗的论文集比发表诗集更容易。[……]如果我也这样做,像他们一样,一副绝望的做派,是好还是坏? 但是其他的经验(历史上的?)不允许我这样做。"摘自切斯瓦夫·米沃什写给阿图尔·敏哲热茨基的信,1973 年 1 月 26 日,载《艺术季刊》,2007 年第 3 期。

[30] 米沃什对"迷幻药"的看法是:"您不会认为我这个健康的立陶宛人会屈服于'不健康之物'。但与学生打成一片,就会被他们感染[……]我不能说,我对那感觉完全陌生。"摘自切斯瓦夫·米沃什写给斯坦尼斯瓦夫·文森兹的信,1965 年 4 月 16 日。(克拉科夫切斯瓦夫·米沃什档案馆)

第七十一章 "唯有赞美才能将我拯救"

说出来的,愈加深刻。

没说出的,势将消亡。

切·米沃什,

《读日本诗人一茶(1762-1826)》①

我笔耕不辍,为在诗中把一切都表达出来,我想,这样才有进步,也有希望,到八十岁时我能做到提笔成就美文。

切·米沃什致耶日·图罗维奇(1967)

647   "为了写诗,我要多睡并记下梦里所得[……]。但是贪多阅读、反复琢磨和推敲总是打断写诗的思路。这对我来说是个技术性问题。诗歌构句缓慢,和植物的生长类同,就如在我家的抽屉里丢着许多残篇断

---

①   小林一茶,日本著名俳句诗人。作者标示的生卒年有误,实为1763-1828。

句,早就都没了生机。"米沃什对扬·布沃斯基这样说。[1]缺乏与读者的沟通算得上是米沃什的痛点,但遣词造句对他来说却谈不上"创作者的烦恼",反而是他的力量之源和快乐之本。七十年代末,莱娜塔·高尔琴斯卡把他看作是这样一位作家:不追逐名利前途,只在乎创作本身,文学即是他的生活。对快乐本质的理解更是被他写成:"没有人一边怀疑一边在纸上写下词句或在画布上绘上油彩;要怀疑也是在五分钟之后怀疑。"(《欧洲故土》,页306)

在加利福尼亚居住的二十年间,他创作了五本诗集——《波庇尔王》(1962)、《着魔的古乔》(1965)、《无名之城》(1969)、《太阳从何处升起从何处落下》(1974)和《珍珠颂》。尽管《珍珠颂》出版于一九八二年,但其中大部分诗是获得诺贝尔奖前完成的,彼时米沃什的诗已经和政治或者社会羁绊完全不沾边了。《着魔的古乔》是第一本真正意义上的加利福尼亚诗集,在《故冬》一诗中我们读到了安居于世——这个让他魂牵梦萦且努力实现的甜蜜梦想:

> 而我在这里走着,在永恒的土地之上,
> 一个身材瘦小的人,拄着拐杖。
> 我穿过火山公园又躺在泉水之边,
> 不知道,怎么表达随时随处所思所想:
> 我的胸膛和腹部紧贴着大地,如此真实,
> 每一块卵石都让我心潮澎湃。

648

(《诗集 第三辑》,页8)

灰熊峰上,他梦到加利福尼亚和立陶宛重合在一起:"稻草色的群山"、桉树林、海豹的嘶叫、"黄铜色的草甸"、混凝土建造的高速立交桥、泊位周围"刺眼的灯光"将他包围其中,记忆里抹不去的维尔诺美景又层层

叠叠地向他扑来,郁郁葱葱的森林,还有沙路上缓缓而行的马车。他梦回过去,虽然他不愿称之为乡愁,但确实如同寻根。用他自己的话来说,脑子里必须留有永远指向一个地方的指南针,指向那失忆和历史中悄然逝去的"无名之城",即故土或热爱的城市。

一九六五年,他以"无名之城"为题写下一组诗,在诗中维尔诺(是如诗般美轮美奂的存在,密茨凯维奇的精神与波兰文学原创社成员们的意气风发与他遥相呼应)就恐怖地矗立在虚幻的加利福尼亚死亡谷的对面。这个正向我们娓娓道出诗句的人,以细致入微的记忆对抗"毫无意义"的空虚,他看着后视镜里孤独的印第安人的人影,那个人此时此刻,像在十九世纪初,正赶往共济会的集会。随着时间流逝,活着的他与多年前的死者愈发亲近,而非逐渐疏离。他曾以为,密茨凯维奇的诗带有强烈的挫败感,夹杂着对命运的失望,还有讲不清道不明的家长里短。最后他终于明白,并没有最后一道如愿门,只有反复不断的尝试,那些——所有努力的片段,才能得以永存:"沙沙作响地穿过房间,第一间,第二间,第十间,我不停地奔跑,因为我相信有最后那道门。∥ 但嘴型和苹果,还有裙子上粘着的鲜花就是我能认出并接受的全部了。"(《诗集　第三辑》,页49)

我们只能认识世界的外表,故而诗人的词汇也并不比写进草稿中的更多。如果失去了细节的描述,即使诗句让他自己都赞叹大喜,也不见得就能名留千古。《不再更多》这首诗最能代表米沃什对诗句的不懈追求:

> 如果我来描述威尼斯的交际花,
> 在院子里用小树枝撩拨蓝孔雀
> 穿着丝质华服,佩戴珍珠腰带
> 鼓出硕大的胸脯,束紧的裙子

在肚皮上留下一道红扑扑的印子，

这和大帆船的船长看到的差不太多

这天早上他运来一船黄金；

如果我再来描述她们可怜的尸骨，

油腻的海水轻轻拍打着墓地的大门

盖棺论定的言语一定比那孤单的，等待着阳光的，

墓石下正在腐烂的梳子更有力量，

对此我不会怀疑。从不羁的她们身上

能提炼出什么词汇呢？没有，唯有最高级的美。

（《诗集　第二辑》，页274）

　　那么米沃什为我们描绘的这些姑娘是不是就比卡巴乔①的画更栩栩如生呢？耶伦斯基认为是的。即使如此，这离实现诗人的雄心壮志，离满足他对"最高级的美"的追求还差得远呢。那么现在米沃什就该一遍遍去尝试打破美学的束缚，将焦点放在"现实"上。他向诗人斯科瓦尔尼茨基解释说："我写诗伊始就充满矛盾（对文学的恶趣味）。我的初衷并非要写诗，而是寻找一道出口——于诗歌中，于散文中，两者皆可。"[2]在著名的《诗意？》一诗中他提到对"更为宏大的问题"的追求：论文体，"不管是诗歌还是散文都不算过"。（《诗集　第三辑》，页78）在这首诗里，我们还能找到一些最米沃什的信念。在背离了诗意的诗中，读者会发现比美学共识更丰富的理解。与艺术的距离，往往体现在艺术家以自我为中心的自怨自艾上。诗人的工具性和"守护"一词对他

————————

　　① 维托雷·卡巴乔（Vittore Carpaccio, 1465-1526），意大利画家，属于文艺复兴时期威尼斯画派，作品中有对威尼斯人生活状况的详尽描画。

的启示他深信不疑。还认为艺术家的灵魂是一幢对鬼魂开放的房子，又或者称为诗人的恶魔化使命，必须无条件服从。在《大师》一诗的结尾，杰出的作曲家以独白宣告着信念："由我的恶生出的，只有真相。"（《诗集 第二辑》，页288）"文学和道德。虚构的恶是浪漫的、绚烂的，现实的恶是阴暗的、单调的、贫瘠的、无趣的。虚构的善是无趣的，现实的善总是新鲜的、神奇的、令人陶醉的。所以'想象力文学'要么是无趣的，要么是不道德的（要么两者皆是）。如要避免这种下场，需要做到超越，让艺术站在现实的立场上——可只有天才能做到。"西蒙娜·薇依如此说道。[3]而米沃什作为她的拥趸，为了满足读者的渴望，唯有试着实现这样的超越。组诗《太阳从何处升起从何处落下》的形式更为宏大，让人联想起立陶宛的旧体编年史……这样的文体后来又运用在《珍珠颂》和《不被包容之地》中，还有散文化的《科学花园》里。

在《珍珠颂》中不止一次出现了《单独的笔记本（1977-1979）》中的段落，某种程度上反映了米沃什用笔记创作的连续性。十年来他的工作状态基本如此——在装订结实的笔记本里，在那些光滑的页面上写满句子、摘抄、想法和开篇，成就了他的一部部作品。笔记本上有编着页码的诗作，有对"德鲁亚"老家居所的回忆，记述着克拉斯诺格鲁达的种种趣事，还有维尔诺的童年往事，有些诗句旁边还有自传式的注解，对姨妈艾拉的思念和对叔本华的思考，还有隐藏在语言和文化背后的那些潮湿的、温暖的、野性的，"令人愉悦和危险的东西，没有具体的名称，却可以称之为'生活'"。（《诗集 第三辑》，页241）连续性？尽管主题庞杂，但从艺术的一致性和整体构思的角度，其内在始终是：

> 一个傲慢的，老人，有颗黑心，
> 惊讶地说，二十年匆匆而过
> 弹指一挥间。

他宁愿不说，不想。

[……]

此处人声鼎沸，

而熙熙攘攘的人群中，只有想认识自己可怜人生的，

才准备好倾听岁月。

（《诗集 第三辑》，页 226-227）

一九六二年米沃什写下："只有在诗里，人与单词'是'的意思才会交融在一起。[……]我把'是'看作宗教的附属品（这和把诗看作是宗教恰恰相反），宗教的意义更加广阔。"（《从我的街道开始》，页 353-354）五年后，在蒙特利尔诗会期间，他更加清晰地说道："诗总被写成与死亡背道而驰。[……]诗人真正的表现在于他的冥思。但要说引导人类寻求永恒真理的冥思，[……]却使人躲避俗世的责任，这不是真的。冥思的对象包括了与人类相关的全部现实，这其中有无法改变的爱情和死亡的必然，却没有赋予真理永恒的可重复性。每个月，每一年，现实总是新鲜的，无法——为之命名。"（同上，页 474-475）冥思的根本即是让自己认识到，我们所在的人世间，没有什么会一成不变，也没有什么是理所当然。从下面这首诗中能够体会到他的诧异：

身穿花裙的女人在月色里款款而行，

她们的眼睛、睫毛与周围的一切相得益彰，让我赞叹，

我想，有如此完美的相互呼应

最后才能引出终极的真相。

（《诗集 第三辑》，页 51）

耶日·科维亚特科夫斯基①注意到[4]，米沃什六十年代的诗明显回归到宗教、形而上学和哲学的方向，无论是美感还是"诗意"都开始被看作是次要的。对此只需补充一点，这种改变早有端倪，五十年代末当诗人搬到塞纳特森林时，就在思考鸟儿从他眼前飞走的背后原因：

> 什么才算喋喋不休？嚼舌的心思，
>
> 毛茸茸的鼻孔下唾沫横飞，
>
> 当声音渐弱，又翻出新的花样，
>
> 我永远都捉摸不到，所以也不会知道。

（《诗集 第二辑》，页272）

那我的本性呢？类似的问题我想先问问自己，尤其是在我看到眼前飞起来的那只没有意识的萤火虫时，"张着嘴巴 / 抽着高卢瓦斯牌香烟 / 举着红酒杯， / 我想着为什么它是它而不是别的"……（《诗集 第二辑》，页280）一九六〇年的诗主要是自传性质，总有些成熟后的苦涩暗藏其中，我们还会注意到，普遍性正在渐渐消融唯一性，就好像面部特征被一点一点擦去。几年后，米沃什转向哲学反思，七十年代中期更是深陷恶魔般的绝望。当米沃什谈及于此，并非会运用天马行空、振聋发聩的语言，而是不惧稍微仿效他人，以此避免夸张的手法，褪去浮华表象，给予词汇更强大的力量：

> 我在星光熠熠的天幕下漫步，
>
> 从山的边缘处，可以看到城市霓虹闪烁，
>
> 与我相依相伴的，空虚的灵魂，

---

① 耶日·科维亚特科夫斯基（Jerzy Kwiatkowski, 1927-1986），波兰文献学家。

四处游走并警告说，

我并非必要，因为不是我，而是其他人

来到这里想要了解自己的岁月。

就算我不久前死了，什么也不会改变，

同样的星空和城市，还有国家

只是我的眼睛再也看不到了。

这个世界和他的作品还在，一如既往。

离我远去，以耶稣基督之名，

你让我身心疲累——我说道，

我没有体会到人类的使命。

我也不会明白人类的付出。

（《诗集 第三辑》，页 195）

岁月流逝和永远靠泊在"伯克利群山"阴影里的感觉反而让米沃什更加清醒地意识到人类生活正在消亡。他再一次像年轻时写的《相遇》那样叩问记忆，却更偏向于广义的思念而不是个人的追忆，将我们的目光拉回到波澜不惊的海洋。存在的广博不仅能令人心生敬畏，还会让我们赞叹，让我们产生"从童年到老年对日出的执着"，让我们永不停歇地追求着"白鲸"[①]的意义——"将我囚禁在自己的内心深处 / 白鲸的世界。// 现在我不知道， / 什么才是真实的"。（《诗集 第三辑》，页 117）

米沃什在加利福尼亚期间的诗作极为强烈地赞颂着"事物"和"事

---

① 美国作家赫尔曼·梅尔维尔（Herman Melville, 1819-1891）于1851年发表的一部海洋题材的长篇小说，小说描写了亚哈船长为了追逐并杀死白鲸，最终与白鲸同归于尽的故事。

物"通过我们感官的表现,他尤为赞赏那种狂热的追求精神,不仅仅局限于渴望得到公认的、普遍意义上的地下生物,还包括令渴望萌生的所有折磨感。在《单独的笔记本》里有这样的片段:"期待无穷无尽。每一天每一小时都有渴望。盯着街头走过的妇人们那一张张脸都会感到喉头发紧。想得到的不是她,而是整个大地。张大鼻孔呼吸着面包房、咖啡和湿漉漉的蔬菜的芬芳。想象着吃尽所有美食喝尽所有烈酒。为了绝对的占有做足了准备。"(《诗集 第三辑》,页240)米沃什对事物特征进行细致描述的同时,并没有丧失对事物的赞美之心,用他自己的话来讲,他写的赞美诗:情感丰富,歌颂着"生活,是幸福的"(同上,页97),他赞美"太阳,星辰,[……]神圣的,神圣的,神圣的,我们人间的生活和日子,还有永恒的热爱"(同上,页41)。

现在我们接近他关于宗教、关于存在的神圣性的主题了。可这些年米沃什还写了很多关于信仰的诗,融汇了日常的经历还有他的坦诚率真。也许可以把《一六二〇年复活节的交谈》当成是这个类型的第一首诗,诗中藏在忏悔室里的撒旦向一位波兰贵族描绘着他所犯的罪行、精神上的空洞和死后等待着他的空虚。尽管除了"幼稚的"信仰之外,罪人对得到救赎的渴望没有任何正当理由,可他的这种坦诚和阴暗的罪恶既不会被忽略,也不会被提倡。也因此在上课期间,我们竟在发自内心的轻蔑嘲笑后陷入深深的震撼——我们自己就能抛却这样的信仰吗?还是在这样的信仰面前,我们和米沃什,能不能更贴近西蒙娜·薇依的清澈思考?

> 贵族屈尊卷起村姑的裙子,
> 在桦树林里让坚硬的阳器纵情欢愉。
> 你如何看到了那里的隐私?
> 就好像在你身下杀死了一匹马,

却用战斗的鲜血掩盖

而错愕的眼睛发现了真相？

狗,马和昆虫,林间地头的野兽

活着又死去,而你却想永存？

[……]

你的脸面已被从骨头上撕了下来,

黑色的肉体里蛆虫密密地爬着。

不,兄弟,你不会永生了,

任谁的祈求都不再相信永生。

[……]

如果我不相信上帝的话,

人们如何相信他人的言语？

也许不那么神圣,但实属卑鄙

给此事加上爱情的光环,

而难以捉摸的力量联结着最小的尘埃,

任何秘密都会暴露无遗。

（《诗集　第二辑》,页 283-284）

这些年米沃什挥斥方遒,不惧表达任何言语和情感,在他笔下,不仅有十七世纪的波兰贵族,还有如今这个离虔诚的信仰最遥远的时代里,以满口现代不羁的语言呼唤圣灵、盼其显圣的人。神迹出现之时,而笃

654 信全无,最终——就如《神学经济学》中提到的——上帝拒绝掌管世界: "不光彩的奇人后代们,思念着王国,和我一样隐居山中。"(《诗集 第三辑》,页66)在米沃什的现代诗中还能发现对深刻的信仰、对信仰本身的反证。《关于天使》中写道:"你们被夺去了白礼服, / 翅膀,甚至还有存在, / 但我依然相信你们, / 使者们。"(同上,页118)

米沃什的诗体体裁不再局限于章节划分。他的长诗包含的长句,甚至超过一页纸那么长。他以此织成一张大网,希望能网住更多的现实事物。惠特曼的长诗和圣经的诗节都给了他写长句的灵感:"我强烈地感受到'惠特曼的引诱'[⋯⋯]要把一切都包含进去,就要把一切都放在诗里[⋯⋯]。多年来我为突破传统音节诗的诗律不懈地寻找着新的格式,为此我心甘情愿地接下翻译大卫《诗篇》的差事。"(《科学花园》,页250)六七十年代米沃什写下多篇组诗,有时候他还会有意把几首单独的诗原创性地组合在一起,仿佛只有大量的片段、观点、角色和语言的集合才能实现他想表达的内容。就好像只有生与死共存才能击碎无往不利的时间。第一首这样的长诗《我们的土地》,也是诗人对加利福尼亚生活的感悟,诗句相当优美迷人:

> 如果要我解释,对我来讲世界是什么,
>
> 我会抓住仓鼠或者刺猬,或者鼹鼠,
>
> 把它放在夜场剧院的椅子上
>
> 再把耳朵贴近它那湿漉漉的鼻子,
>
> 去听一听,它会怎么说照明灯的灯光,
>
> 音乐的声响,还有芭蕾的舞步。

(《诗集 第二辑》,页316)

这也许是源于徒步的经历。他曾走到大陆的尽头。徒步令他拥有非凡的眼界,使他明白,我们的规矩中没有什么是理所当然,而我们仍不明所以,在我们和自然之间设置了种种藩篱。这样的藩篱实在是单薄。他把自己想象成十六世纪常年和印第安部落住在一起且充满野性的穿越者——卡维萨。在回归"人类文明"之后,看着蕾丝边的华丽扇子和雕花桌子,才能体会到,真相只不过是:"四条腿的! 四条腿的! / 用战争的画笔掩饰。/ 舔舐大地。呜哈-呜哈,呼-呼"……于是乎,如果时尚、习俗、艺术只剩脆弱的骨架,每时每刻都可能轰然崩塌,那么宗教是否亦是如此? 不灭的精神,除了"无始无终的主题"便没有更多内容? 能做的只剩下拒绝、否认和绝望号啕,"我不会承认。我给了他们王冠。/ 人的思想是可敬的,言语是有力的 / 敬献亦是如此伟大,因此天堂必须开启"。(《诗集 第二辑》,页 323、319、318)

诗人的词汇又能表达出多少意思呢? 把米沃什那些富有层次、立意鲜明的长诗,仅用几句话的"概要"概括出来是行不通的。读长诗本身,非但不会背离他的本意,更能深刻地理解他。《着魔的古乔》(《诗集 第三辑》,页 9)一诗体现的恰恰是诗人与世界之间的抗争。诗人尝试用词汇架起一座桥梁,跨越人与人之间不可跨越的边界,同时给予已经逝去的故人发声的可能,让他们的声音仍在周围回响。"这不可能,我死了,我并不想死?"他是灰熊峰上的老人,也是手持弹弓的小伙子,他在寻找一条通路,借此重返童年读书的喜悦,回到童真的好奇,回到变革的态度,走进野性的世界,不抄近道,不靠隐喻,不凭象征手段,就让所有的时光同时呈现,而非依次逝去。他希望,画作或者诗篇不再是树状的符号,而是一棵树本身,经年累月地坚持着,适应着,恰如赫贝特的诗——"不存在的,才是最美好的事物"。

"亲爱的,在这首长诗上你像秃鹰一样盘旋了许久,现在你可抓住它了。如此宏大的身心空间,是那些关在咖啡馆里的波兰诗人所欠缺的。"[5]赫贝特对米沃什写道,言语中的联想和米沃什的另一首诗《吹小号和弹齐特琴》(《诗集 第三辑》,页55)如出一辙。事实上,当"混杂诗歌取向"[①]的作者们让毫无生气的诗文在波兰横行之时,书本上净是些抽象的石头和云朵。米沃什却展开双臂,仿佛站立于山峰之上去拥抱最广阔的天地,写下让人如痴如醉的诗句:"神秘的力量赋予了我,在一百年后,听到了 / 逝者与生者驿动在黑暗中的心跳"。那心跳声跳入深水,跃入"人类共同的梦境",在那毛茸茸的动物中穿过,揭示了"我"与"他们"相区分的肉体存在性,"我趴在岸边,让脸贴在沙子上 / 倾听,就像敲着欢快的锣鼓,那片海 / 奔跑而来"。

那些年米沃什处于诗歌创作的巅峰状态,创作出许许多多兼收并蓄又具有连贯性的诗歌体裁,这些体裁效果突出,达到了新的境界,与他年轻时写的那些较为厚重的作品有着很大区别,也和他四五十年代的诗歌差异巨大。他的组诗就好比是融汇各种乐器声效的交响乐章,贯穿其中的不仅仅有清澈而庄重的词语表达,还体现出语言的神圣性。他知道如何用诗写下最个人化的伤痛,还有哲学和社会学的时代症结。一九七四年夏天,他在伯克利休暑假,定时去泳池游泳,定时去大学图书馆查阅古籍。在此期间,他写下气势澎湃的《太阳从何处升起从何处落下》(《诗集 第三辑》,页122),可以视作他最重要也最能体现其艺术成就的一首组诗。

"太阳从何处升起从何处落下,请尊荣的上帝创造的这个世界来回答"——这个记忆中晚祷唱诗里的片段,不禁令他苦涩地想到再也回不去的故乡河流。时间流转,如今他只能伫立在朝向太平洋的窗口前,或者在僧侣的斗室、在庭院的石板上,面对沧桑岁月感怀自己的使命。言语即是他的使命。"每一个事物都可以被言语包容。/ 而不是成为言语。这就是我的使命"……事物只能被环绕,被抒情的语言和故事,被

---

① 波兰诗人团体,六十年代中期活跃于波兰文坛。

"我"关于唱诗的评论独白,被儿时读过的书籍片段和大学课堂上的歌词表现出来,用波兰语、立陶宛语、拉丁语说出来。同时,诗人的坦诚率真与"格律"陷阱、与"抹煞细节"的概括性针锋相对,他用随笔评论表达自己的想法,提示我们不要迷失在短语的音律中而忘了语言本身的不足。

他在诗中"抛却了童年的梦想"。这首长诗不仅阐述了诗人从儿时起就萦绕于心的疑问,还是诗人与幻想出来的拟人化的美好自然的一次决裂。多年以后,曾经的那个维尔诺中学的学生又一次被叫到黑板前:

> 粉笔在指尖断开,我转过身听见了我的,也许是我的,
>   声音:

> "白如沙漠中的骏马头骨,黑如星际夜间的轨迹

> 赤条条,别无其他,没有一丝云朵遮蔽。

> 是厄洛斯,用鲜花和水果为我们扎成花冠

> [……]

> 是的,只有喜悦,厄洛斯。因此要相信血的魔力,

> 难道永远要活在虚幻的儿时大地?

> 还是忍受无趣的光亮,没有色彩也没有言语,

657

什么也不想要,也无处可以呼唤?"

我双手掩面,坐在长椅上的人沉默不语。

(《诗集 第三辑》,页 127–128)

那么反自然、艺术、宗教就是庇护所吗,就能找到凌驾于寒冷的星际夜空之上的事实吗? 是的。只有坚持不懈前往目的地的朝圣者能做到:

> 只是当我多年以后终于到达的时候,
> 发生了,那个,我想,很多人知道的事,
> 如果在罗卡马杜尔的停车场
> 找到了位置,然后数着上山顶教堂的
> 石阶,于是确定,就是这里:
> 因为一群懒散的艺术爱好者正在围看
> 一座木质的圣母像,怀中抱着头戴王冠的圣子,
> 我和他们一样。不再远行。高山和山谷
> 都去过了。还有火。水。和不牢靠的记忆。
> 激情犹在,而祈告无门。
> 只有在否认中圣迹才有归宿。

(《诗集 第三辑》,页 135)

而那个用长诗将我们的过去和逝者娓娓道来的人,自己已经(还是须臾之间?)站到彼岸,到达另一个空间,在那里无关痛痒地看着生命的终结吗? 米沃什的祖先世世代代都生活在凯代尼艾镇,而他的一生却颠沛流离。他祈望理解自己的命运,就像他要在自己的身后抛下锚,用锚头钩住最远的远方。难道不能换一种活法,拥有一处小庄园,避居宁静

乡村,逍遥打猎? 过去的记忆通过书写鸿篇巨制的长诗苏醒过来,米沃什从立陶宛语大百科全书中提取信息,讲述着什么是"拉乌达",又或引用十六世纪奥皮托沃基地主的财物清单对凯代尼艾镇的大致状况加以说明。现代的波兰语读者沉浸在他的语言里,不知不觉走进他设置的"本土化"语境,在一行诗文中既看到内韦日斯河,又遇见加利福尼亚:"众人的祈祷声通达伟大的信仰。云的背后海豹在吠叫",此时此刻我和我的先祖们在一起,共同的祈祷让我们彼此相连。但老一辈救不出沉在赫拉克利特河中的年轻人:

> 在他心中只有害怕。 658
> 害怕看,害怕摸,害怕人世间的习俗,
> 害怕生活,甚于害怕死亡,
> 带着不屑的,高傲的挑剔。

(《诗集 第三辑》,页 148)

他写下了追逐和逃离到远方的国度才能让命运轮转,但那时耳畔传来的却是空虚的灵魂发出的声响,肤浅且挫败感十足,让他忘却了这座城市带给他的无尽荣耀,还会提醒他,傲慢、无情、孤独、理解恶的本身还有认识自己的时代,早晚要付出代价。最后就只剩下苦涩的《大斋节之歌》:

> 我在大地上奔跑了很久,
> 经历了人世间的光阴变换,
> 我对他人评头论足,
> 对自己一无所知。

> [……]

我的脸看起来和善，

但转瞬即逝，

光亮喷薄而出又消失泯灭，

黑暗中空留下我的爱。

（《诗集　第三辑》，页 146）

　　长诗中的第七首也是最后一首，名为《冬天的钟声》，开篇优美流畅，少有波兰语诗企及：

当我在特兰西瓦尼亚山地穿行时，

经过森林、荒原和喀尔巴阡山脊，

一天傍晚，我停在浅滩上

（同伴们派我一个人到前方

探路），放马去啃草，

我从马鞍袋里拿出

《圣经》，那是多么美妙

伴着黄昏的夕阳和涓涓溪流，

我埋首在《保罗书信》之中，

第一颗星爬上夜空，

睡意将我拽入梦乡。

659

一位身着希腊式华服的年轻人

拍拍我的肩膀说道：

"时间于逝者恰如流水，

他看穿了它的深渊直到尽头。

在科林斯城保罗严厉地训斥我

因为，我夺走了我父亲的妻子。

于是他不允许我再参加晚宴

和他们兄弟般地一起坐在桌旁。

从此以后我再没有去过圣徒们的聚会，

多年来罪恶的爱情令我

受到可怜玩物的引诱，

最终永远地覆亡。

但我还不认识的，我的主、我的上帝，

用闪电将我从尘埃中解放。

你们的真理对他来说不值一提。

他的仁慈普照所有世人。"

我在广阔的星空下醒来，

用手绢擦干浸满泪水的双眼，

这样的点拨竟如此意外，

抚平了我们渺小生活中的苦恼。

我没有去过特兰西瓦尼亚。

我没有在那里受到我的神启。

但我本来可以的。

这就是一次文体练习。

未完成体国家的

过去时。

（《诗集 第三辑》,页 174–175）

　　尽管我们看不懂富于音律的叙事语言中所蕴含的自信、希望和虔诚的信仰，但我们还是明白美的韵味往往会被枯燥的评论、贬伐还有那些呼唤读者觉醒的无聊话语冲淡。可是《太阳从何处升起从何处落下》的终章，恰如米沃什整首长诗的点睛之笔，包含了诗人于尘埃之中哪怕只能挽回一个人的尝试。他想要相信神圣的万有复兴①，所有曾经发生的一切再次回来，文学胡同的老女仆阿尔兹贝塔又站在我们眼前，她戴着那"可笑的、尖头的、缝在边上的"纽扣，在维尔诺晨间暮霭的钟声里走到祭坛前，向上帝祈愿"让我的青春喜悦"。[6]虚无还是没有取胜吧？难道真相是"每件事都具有［……］双重时效。／ 一个有时间性，一个没有时间性"？如果把对存在的赞美和永恒的崇拜放在天平的一侧，那么另一侧就是沉重的负罪感。

> 唯有赞美才能将我拯救。
>
> ［……］
>
> 而如果下面的，那座城市，被大火烧毁，
> 如果所有大洲的城市都被焚之一炬，
> 我不会用已成灰烬的嘴说，这不公平。
>
> 因为我们的生活都须受审，又对审判一无所知。
>
> 这场审判始于一七五七年，
> 虽然不能完全确定，也许发生在其他的年份。

---

① apokatastasis，源自希腊文。

将终于第六个千年或者下个星期二。

造物主的作坊会突然安静下来。无法想象的死寂。

然后一颗种子的形态将在圣泽中苏醒。

我因为绝望而受到审判,因为我还不能理解这一切。

(《诗集 第三辑》,页 178-179)

注释

[1] 摘自切斯瓦夫·米沃什写给扬·布沃斯基的信,1963 年 4 月 3 日。(雅盖隆图书馆,扬·布沃斯基档案)

[2] 摘自切斯瓦夫·米沃什写给马莱克·斯科瓦尔尼茨基的信,1970 年 6 月5 日,收录于马莱克·斯科瓦尔尼茨基,《我的米沃什》,页 113。

[3] 西蒙娜·薇依,《文选》,页 144。

[4] 参耶日·科维亚特科夫斯基,《伟大的静修》,载《写作》,1980 年第 1 期。

[5] 摘自兹比格涅夫·赫贝特写给切斯瓦夫·米沃什的信,1966 年 3 月 25 日。(拜内克图书馆)

[6] qui laetificat iuventutem meam,拉丁文,意为"让我的青春喜悦"。

第七十二章 "如果不是我们时代最伟大的诗人，那也是最伟大者之一"

> 我一度烟不离手，以期在这边"打进圈子"［……］但对我一点儿也不管用。要想翻译诗歌，应该找一个懂波兰语的诗人，可是没有这样的人。其次，无论是这篇随笔，还是其他的，都没有起到道德上的效果，因为他们脑子里的世界观，和我的没有丝毫共通之处。
>
> 切·米沃什致耶日·安德热耶夫斯基(1948)

> 我不能想象美国还有没读过米沃什的诗人。
>
> 海伦·文德勒(1999)

"他是哲学诗人的标杆［……］。我们可没有哲学诗人。我们有抒情诗人，他们善于抒发对自己的鞋、裤子、手、心等等等等的情感。［……］他拥有赋予事物意义的能力，尤其是那些威胁我们健康心灵的事物，而我们对这些东西却一筹莫展，只会转过身假装对它们视而不见。

他带来了希望。"[1] 这段话是伯克利的修辞学教授、翻译过瓦特和希维尔什琴斯卡作品的翻译家、评论过米沃什的论文——《诗人的杰作》("The Poet's Work")的共同作者伦纳德·内森在米沃什八十五岁生日时说的,言谈极具美国特色,彼时已是一九九六年。在加利福尼亚度过的前十三年里,米沃什在美国一直寂寂无名。一九七三年,米沃什出版了英文诗选,此后七年,情况渐渐好转。直到获得诺贝尔奖,他的声望才直线上升。一九八八年他出版了《诗选》,也就是说,在定居伯克利差不多三十年后,他才给美国读者们奉上纵览其作品全貌的机会。此外,第一篇评价米沃什的英语文章出现在一九六九年,文章的作者是兹比格涅夫·伏莱耶夫斯基,他也是《冻结时代的诗篇》的出版人。[2] 通过研究米沃什的作品,他认为米沃什必须从自己的学生中"培养"出翻译和评论员,这样他诗人的身份才能被美国文化界认可和接受。[3]

如果从"扩张"的角度来分析米沃什的艺术道路,那么他的选择可 662 称不上是明智之举。他的写作从不迎合美国大众,语言也并非简单明了,翻译们感觉不适应,更不容易被一般的文化受众所认同。他的作品以韵律优美、朗朗上口的波兰语文体为主,融合了自己的经历和相当私人化的故事。"我不只是没试过翻译自己的诗,也没有用其他语言写过散文。我怀疑,可能是某种心理缺陷或者自我保护倾向在作祟。"米沃什向默顿这样解释,并继续坚持走这条艰难的道路。[4] 他害怕被美国文化的浪潮吞噬,也担心他的"事业"会一直朝着背离自己本意的方向走远,就像永远背着《被禁锢的头脑》作者的标签那样。以苏珊·桑塔格为代表的一代人对米沃什的认识恰恰源于他笔下凯特曼的故事,桑塔格回忆说,五六十年代《被禁锢的头脑》不仅在美国广受赞誉,还——那时这位著名的随笔作家还是左派,并且与米沃什观点不和——"受到极端反动的右派群体的追捧",成了反共浪潮中独树一帜的"王冠上的宝石"。[5]

在这样的背景下,诗选《救赎》的作者开始了在加利福尼亚的文学生活。在最初几年里,他内心空虚,担惊受怕,可能还有一点点骄傲,在树立自己的诗人形象方面几乎什么都没做。另外,在推广波兰诗歌方面,米沃什却做了大量工作。一九六一年他就开设了翻译研讨班,将翻译分析[6]与学生们的独立练习结合起来。在小组讨论时,米沃什不仅充分运用中学时期在拉丁文课上积累的经验,还刻意留下一些有天赋的学生,邀请他们私下合作。他对英文相当精通,但论及全面的文学语感还尚有不足,需要植根于美国语言的英文母语者的协助。理查德·劳瑞算得上他的第一批翻译助手,米沃什评价他"邋里邋遢的,以自己的观念表达着对传统事物的不满,应该是第一代**嬉皮士**。考试错漏百出[……]我请他来面谈,给他指出错误。由此开始了我们的友谊"。(《米沃什词典》,页160)劳瑞自认为是"垮掉的一代"(可不是嬉皮士!),后来成了散文作家、编剧和翻译。他栩栩如生地回忆起在灰熊峰上喝得烂醉如泥的那些会面,他和米沃什"挨着坐,一边讨论一边逐行翻译亚历山大·瓦特和其他人的诗[……],突然米沃什说道,'不行,这太流畅了,应该再晦涩一些'。我很意外,竟然能翻译得如此流畅,却要有意识地破坏掉它"。[7]

最初几年与米沃什合作的学生还有劳伦斯·戴维斯、凯瑟琳·S.里奇、路易斯·伊利巴尔奈(《伊萨谷》[8]和维特卡齐的《贪得无厌》的译者)。另外一位合作者是米沃什在伯克利的讲师同事彼得·戴尔·斯科特,他曾在华沙的加拿大大使馆当过多年的秘书,从那时起他就开始通过赫贝特的诗集学习波兰语了。米沃什和斯科特的组合曾以翻译兹比格涅夫·赫贝特的作品敲开了英文市场。斯科特后来还帮助米沃什翻译了他的诗集。某种程度上,这位加拿大诗人算得上米沃什个性的又一"受害者"。米沃什的魅力实在过于强大和耀眼,吸引大家追随,让人很难与之割离,这也就是斯科特遇到的事:和平主义的观点以及和激进的诺姆·乔姆斯基联合讲演竟让米沃什和他闹僵了几年,令这位同事不明所以又无比痛心[9],甚至在一九八二年他还写下一首长诗反思这段决裂的经历,猜测过分的亲密才是其背后真实的、更深层次的原因,因为这种程度的亲密让米沃什觉得很危险。[10]

恰恰此时,米沃什也在怀念着斯科特,他对盖德罗伊奇说:"这么多年来我一直在写、在读、在翻译波兰诗歌。经我之手很多诗有了英语版本,有瓦特的、赫贝特的、鲁哲维奇的、切霍维奇的、斯塔夫的、图维姆的、斯沃尼姆斯基的,等等。[⋯⋯]从盎格鲁-撒克逊式的诗歌审美来看,波兰诗歌是那么优美,放诸四海都称得上是最高水准,当然我为此也做出了一点点贡献,促成出版了比亚沃舍夫斯基的书,还有赫贝特的《福丁布拉的哀叹》。我希望我还能多做些什么,从印单行本开始,再印一些选集。"[11]这本名为《战后波兰诗歌》的诗选在托马斯·默顿的帮助下于一九六五年成功出版。默顿阅读了样稿后惊叹道:"这些新诗里充满了讽刺、深刻、文雅、智慧和激情,令人称奇。"[12]随即热情洋溢地把它介绍给自己的出版商——道布尔戴公司。这本书大概有一百五十页,不仅收录了斯塔夫、斯沃尼姆斯基和伊瓦什凯维奇的诗,还着重介绍了瓦特、鲁哲维奇、比亚沃舍夫斯基、瓦岑克、格罗霍维亚克和哈拉斯莫维奇的诗,另有十八首赫贝特的诗——比米沃什自己的诗多了三倍。米沃什在前言中把这些诗的共性阐释为反映西方文学价值论的波兰诗歌。他用讽刺的手法佐证说:"优雅的怀疑论与捍卫人类基本价值观的意志有着原则性的区别。"[13]

"波兰诗歌的韵律是美式诗歌所没有的,不管是读者还是听众都会在我的翻译中沉醉于它的美感。"米沃什自信地对雅罗斯瓦夫·伊瓦什凯维奇表示。[14]虽然他的表达有些夸张,但这本诗选的确好评如潮。芭贝特·多伊奇①在《书评》中强调:"这些诗的表达令人愉悦又激荡心灵,

664

———————————

① 芭贝特·多伊奇(Babette Deutsch,1895-1982),美国诗人、评论家、翻译。

带着开朗、愤怒、讽刺和温柔,还有羞愧,立体宏大地描绘了人类能力的各个层次。"[15]与他同龄的最有名气的评论家之一阿尔·阿尔瓦雷斯①在他的《纽约书评》专栏中,将波兰最优秀的诗人总结为:"米沃什自己、鲁哲维奇、卡尔波维奇②,还有可谓欧洲最好的诗人之一兹比格涅夫·赫贝特。他们完善了诗歌的风格,在最私密的事情上仍能感受到政治的张力。他们是伟大的讽刺者,独立、聪慧,胸襟开阔……拥有如此非凡的才华,而米沃什教授的翻译同样令人赞叹。"[16]在西方人看来,波兰诗歌能够完美地承载二十世纪的历史经历,他们对兹比格涅夫·赫贝特尤为推崇。托马斯·默顿在诗集的书封上不仅仅提到了米沃什《看着隔离区的可怜基督徒》这首长诗,还写道:"赫贝特从选集中脱颖而出,他可以归入我们这个时代最伟大诗人的行列。"于是,由米沃什和彼得·戴尔·斯科特翻译完成的赫贝特《诗选》在一九六八年登陆英美市场。

"我敢说,是我的翻译,为他在盎格鲁-撒克逊世界赢得了赞誉。"一九六八年米沃什在给盖德罗伊奇的信中写道。[17]他可能意识到了,他已经陷入进退两难的境地——有好几年美国没人在意他的诗人身份,他成了小师弟的翻译。另一方面,他可能也很知足,因为在他亲力亲为的促进下,《战后波兰诗歌》为一些美国作家带去了灵感。就比如马克·斯特兰德③和查尔斯·西密克④,六十年代中叶他们都是三十岁左右的年纪,刚刚迈进文学圈,正在彷徨地找寻能够取代过气的、口语化的和"精力过剩"的嬉皮士俗语。"波兰诗歌中呈现的[……]节制、讽刺、历

---

① 阿尔·阿尔瓦雷斯(Al Alvarez, 1929-2019),英国诗人、小说家、评论家。

② 提莫泰乌什·卡尔波维奇(Tymoteusz Karpowicz, 1921-2005),波兰诗人,出生于维尔诺,曾为伊利诺伊大学芝加哥分校教授。2005 年在伊利诺伊州奥克帕克去世。

③ 马克·斯特兰德(Mark Strand, 1934-2014),美国诗人、散文家和翻译家,于 1990 年被任命为美国国会图书馆诗歌桂冠诗人顾问。

④ 查尔斯·西密克(Charles Simic, 1938-2023),塞尔维亚裔美国诗人,于 1990 年因《世界没有尽头》而获得普利策诗歌奖。

史的复杂感,不会令人联想起凯鲁亚克①那哈克贝利·费恩式的清白无
辜,也许就是,文学力量的所在[……]。这样的诗让我警醒,令我着迷,教
我审视、明辨和洞察历史,而人就活在这种历史里。"(《波兰对话:1979–
1998》,页607)罗伯特·哈斯后来总结出这样一种矛盾的现象:他的同龄
人追捧赫贝特和米沃什的作品,以此纠正弗兰克·奥哈拉②的诗风,三十年
后波兰青年诗人追捧奥哈拉,寻求摆脱米沃什和赫贝特的影响……[18]

在七十年代,米沃什已经非常厌烦充当"中间人"的角色,他愤愤不平
地对阿图尔·敏哲热茨基说:"他们邀请我到纽约参加笔译研讨会
[……]。我不去。那样我一生都得披着'移植'外衣,像个丑陋的魔鬼,我
才不是集邮爱好者!"[19]他希望能集中精力创作自己的诗歌,也确实在不
久后完成了组诗《太阳从何处升起从何处落下》。扬·布沃斯基曾对他表
示说:"你不想翻译诗了,也不想写论文了,我不仅理解你的感受,我甚至
[……]一度很讶异,你这么长时间来的默默奉献[……]。我非常喜欢赫
贝特(的诗),也很欣赏他为波兰诗歌作出的表率,但作为翻译赫贝特的你
则更令人钦佩,你是助他上青云的东风。[……]最难得的就是你那些极
具个性的文字表达,诗意的或者非诗意的;我当然明白,这些话不会凭空
出现,也并非信手拈来。每一次我不情不愿地参加高翻课时,你的文字都
能带给我力量……"[20]布沃斯基用这样的方式回应着早些时候米沃什的
自嘲——"雷克斯罗斯③强迫我[……]相信,我在做自己的诗集[……]。

---

① 杰克·凯鲁亚克(Jack Kerouac, 1922–1969),美国作家,被认为是"垮掉的一代"代言人。
② 弗兰克·奥哈拉(Frank O'Hara, 1926–1966),美国最著名的纽约派诗人,其诗采用口语
及开放的结构,即兴、反理性,在幽默机智中又有荒诞感、梦幻感,突出地表现了诗人的个性,开创
了反文雅反高贵的诗风。
③ 肯尼斯·雷克斯罗斯(Kenneth Rexroth, 1905–1982),美国诗人、汉学家、翻译家与评论
员,另有中文名王红公。他是最早开始接触日本传统文学,例如俳句的美国作家之一,也是"旧
金山文艺复兴运动"的主要领导者。

名声于我,并非无关紧要,只是[……]当我在作家之夜用英文朗读着自己的诗,会感觉到自己正在撒谎,因为翻译与原文天差地别。"[21]

　　肯尼斯·雷克斯罗斯强迫《旧金山海湾景象》的作者翻译并出版其诗作的说法肯定是夸大其词了,不过这位加州作家可是美国诗歌最杰出的代表人物之一,是加利福尼亚文学圈的活跃分子。他是青年作家们的资助者,劳伦斯·费林海蒂①称他为"一家之长"(pater familias)。[22]一九七三年在他的促成下,纽约的西伯里出版社(Seabury Press)出版了切斯瓦夫·米沃什的《诗选》小册子。[23]有趣的是,奥斯卡·米沃什是让他们二人形成交集的连接者,因为五十年代雷克斯罗斯翻译过奥斯卡·米沃什的诗。切斯瓦夫·米沃什翻译了《伟大艺术》和《奥秘》②两首诗,还写了一篇关于这位亲戚的随笔,发表在《高贵的旅人》一书中。那时候,他把文章寄给雷克斯罗斯,然后"他非常欣赏,还说,这才是介绍类、生平类文章该有的样子。[……]雷克斯罗斯对我翻译的波兰诗歌赞美有加[……]。我曾对他说,我非常荣幸,自己的翻译能得到您的表扬,因为我的英文太弱了,还得靠我的学生帮忙。他对我说,如果有人能听明白一种语言,那他也能听明白所有语言"。[24]雷克斯罗斯为《诗选》写了序言,他说米沃什的诗"超越了语言的边界,从翻译角度来看,甚至能与今时今日屈指可数的英文或法文写作的伟大诗篇相提并论"。[25]

　　后来关于诗歌翻译里运用英文元素[26]的评价更偏向于质疑而非赞美,还有一点经常被提及,那就是米沃什的诗歌张力实在过于强悍,以至于就算翻译达不到完美的水准,仍能让人不知不觉感受到它的力量。诗集为美国读者介绍了五十多首诗,皆选自《救赎》和《白昼之光》,均曾在加

---

①　劳伦斯·费林海蒂(Lawrence Ferlinghetti, 1919–2021),"垮掉的一代"诗人,著有《心灵的科尼岛》,也是著名的"城市之光图书公司"的出版人。

②　两首均为奥斯卡·米沃什的诗,诗文原名分别为"Ars Magna"和"Les Arcanes",1927年发表。

利福尼亚出版过的诗集中出现过,在知识分子精英阶层中引起了广泛好评。"在诗人圈里这本诗集被看成是美国诗歌的转折点。"他自信地对盖德罗伊奇说。[27]一九七四年秋他前往美国东岸出差,参加了作家之夜活动:

> 美国诗人学会组织活动,来了两位耶鲁大学斯拉夫语系的,还有三位纽约和斯托尼布鲁克的作家。[……]在古根海姆美术馆举行了招待会,只有最顶尖的美国诗人才能获邀出席,而我被捧成了美国诗人。非常有趣的是——那里的观众素质很高,[……]却没有一个波兰人,除了吉斯泰尔老夫人①。但有一个立陶宛年轻人的团体向我的成功致敬,并表示以我的成就为荣。[28]

这里要着重强调一下上述活动的规模,因为古根海姆美术馆之夜虽然令人振奋,但在获得诺贝尔奖之前,切斯瓦夫·米沃什的读者见面会通常只有寥寥十几人参加。[29]一九七九年雷克斯罗斯和费林海蒂邀请他参加在旧金山举办的诗歌节,"几乎所有人都在问:'他是谁'?"[30]可以说,米沃什选择了移民,那他在"文学生涯"这盘棋局里就突然失去了所有先机,不得不回到原点重新规划:以三十岁的年纪,新人的姿态,寻找着出版商[31]和读者群。定居旧金山对此并没有助益,这座城市流传着一些艺术传奇,但和文化中心曼哈顿相比却只是外围而已。但逐渐地,先是《战后波兰诗歌》获得成功,然后自己的作品开始被年轻一代的美国诗人所熟悉,琳达·格雷格还报名参加过他的讲座,甚至将米沃什

667

---

① 汉娜·吉斯泰尔(Hanna Kister, 1902-1997),华沙罗伊出版社和纽约罗伊出版社联合创始人。

认作是了解欧洲、历史和诗歌的导师。爱德华·赫希①回忆道：

> 从一九七三年我翻出五美元五十五美分买下他的《诗选》（西伯里出版社的精装本）那天开始，我就爱上了米沃什的诗。对一个刚刚毕业的大学生来说这笔花销可不少。我带着它游历欧洲，把它当成护身符，受到书中维吉尔般的引导。我在一家昏暗的维也纳咖啡馆里匆匆翻看了《二十世纪中叶的肖像》和《米特尔贝格海姆》两首诗。我还记得，在萨特经常光顾的巴黎咖啡店里读着《吹小号和弹齐特琴》时那怦然心动的感觉。［……］我真是幸运，能在纷繁复杂的启示之火中找到那首启迪我的诗，而这首诗，冥冥之中就出现在那里。[32]

一九七六年，米沃什被授予古根海姆奖，该奖只颁给**杰出的**科学家和艺术家，这标志着他被纽约的"圈子"认同。

七十年代后期，米沃什与他的学生、翻译莉莲·瓦利（后来成为贡布罗维奇日记的翻译者）[33]开始合作。他们先一道翻译了《大地之君》（1977），后来又共同完成了《冬天的钟声》，并于一九七八年在艾柯出版社付印发行。[34]他们为近三十首不同时期的诗歌创作出英文版本，从青年时代的《遇见》到后来的长诗《太阳从何处升起从何处落下》……[35]加利福尼亚女诗人简·赫斯菲尔德回忆说："我翻开书，就能感觉到正与一位伟大的诗人对话，那种心灵的震撼，［……］令我所思、所感和所见都以全新的、更深刻的方式呈现。"[36]罗伯特·平斯基②阅读米沃什的震撼与之类似。[37]一九七八年诗人喜事不断，不仅新书出版，还获得纽

---

① 爱德华·赫希（Edward Hirsch, 1950— ），美国诗人和评论家。
② 罗伯特·平斯基（Robert Pinsky, 1940— ），美国诗人、散文家、评论家。

斯塔特国际文学奖这一殊荣。对于获奖,米沃什写道:"布罗茨基是'国际类'文学评审委员会的成员[……]。他提名我为候选人(但没有知会我)。二月颁奖。一万美元。[……]我对奖金并不十分感冒。获奖的效应很小——没人知道它。"[38]

　　老实说,没有一封信能证明米沃什对某个奖项很在乎。他和盖德罗伊奇的通信片段对此也仅是泛泛而谈。当俄克拉荷马大学的校刊《海外图书》将爱沙尼亚诗人、德国人、移民伊瓦·伊瓦斯克①任命为编辑后,他成功地将这本杂志改造成影响广泛的《今日世界文学》季刊,同时又说服瓦尔特·纽斯塔特和多丽丝·纽斯塔特②这对富有的石油大亨赞助出资设立了文学奖。该奖自一九七〇年起每两年颁发一次,首届获奖者是翁加雷蒂③。随后几届的获奖者(马尔克斯、庞格④、毕肖普⑤)很好地证明了评审会的眼光,而在米沃什、马尔克斯、奥克塔维奥·帕斯⑥先后获得诺贝尔奖后,纽斯塔特奖渐渐被称为"小诺贝尔奖"。米沃什三次获该奖提名。第一次是一九七二年,《诗选》的英文翻译让他名声大噪,雷克斯罗斯推举他参评,与赫贝特等人角逐。[39]四年后,赫贝特提名了米沃什,亲自撰写了推荐语,强调米沃什诗歌的道德价值可与任何一部伟大的文学作品比肩,尝试"在尘世的世界中伸张正义"。[40]亚历山

668

---

　　①　伊瓦·伊瓦斯克(Ivar Ivask,1927-1992),爱沙尼亚诗人和文学学者。他于1944年从爱沙尼亚逃到德国,并从1949年开始在美国和1991年在爱尔兰生活。他曾在俄克拉荷马大学担任现代语言和文学教授,主要撰写西班牙语文学。

　　②　瓦尔特·纽斯塔特(Walter Neustadt)和多丽丝·纽斯塔特(Doris Neustadt),曾担任俄克拉荷马大学校委会主席,纽斯塔特文学奖奖金由他们出资赞助。

　　③　朱塞培·翁加雷蒂(Giuseppe Ungaretti,1888-1970),意大利现代主义诗人、新闻记者、散文家、批评家、学者,意大利实验诗歌流派隐逸派的代表人物之一,对二十世纪意大利文学产生了深远影响。

　　④　弗朗西斯·庞格(Francis Ponge,1899-1988),法国散文家和诗人。

　　⑤　伊丽莎白·毕肖普(Elisabeth Bishop,1911-1979),美国著名女诗人。

　　⑥　奥克塔维奥·帕斯(Octavio Paz,1914-1998),墨西哥诗人、作家,1998年获诺贝尔文学奖。

大·辛克代表不能前来美国的赫贝特发表了上述言论。但一九七六年恰逢美国独立两百周年,组织者希望选出一位美国本土作家,于是伊丽莎白·毕肖普当选。

接着,约瑟夫·布罗茨基凭借自己日益显赫的声望和权威在后来的评审委员会会议上屡屡发声。一九七八年四月,在俄克拉荷马州的诺曼镇举办的颁奖仪式上,布罗茨基郑重地说道:"我可以毫不犹豫地确定,切斯瓦夫·米沃什如果不是我们时代最伟大的诗人,那也是最伟大者之一。[……]我们就站在如此赤裸和坚定的思想面前,[……]要说从脑海中林林总总的圣经人物之中,唯一能与他的犀利相提并论的——只有约伯。"[41]米沃什这样表达着自己的感受:

> 用波兰语写诗却被当成国际性作家,这可太神奇了,而且发生在二十世纪,我有些不能相信。我必须强调,我深深地敬佩美国诗人们的宽容,特别是约瑟夫·布罗茨基,他为我做了大量宣传——也通常只有那些地方来的人,俄罗斯的,波兰的,才愿意欣赏诗歌,欣赏我的诗。简短地说,我的新诗集,在获得纽斯塔特奖后马上就出版了(其实获奖前出版商就已结集成册)……《泰晤士报文学增刊》刊登了大幅的推荐书评,现在在纽约,在古根海姆美术馆的作家之夜,发布签名本——一切都那么地不可思议,想想看,我又不是开膛手杰克,我甚至都没强奸过一个可怜的老太婆。[42]

路易斯·伊利巴尔奈是这篇题为"以地狱之名"的书评作者,推荐的是"绿皮书"《米沃什诗集》。他写道,和很多美国诗人不同,就比如洛威尔,米沃什的"荒芜之地""如地狱般真实",也因此隐喻"层出不穷地出现",而"去体会其中的诗意本身就会很不道德"。[43]过去的经历、道德上的共鸣还有与"自我"的距离是吸引美国读者阅读米沃什的主要原因,同样也吸引着想要为自己寻找一条"新路"的诗人们——寻找一条区别于现代式传统的艾略特、区别于费林海蒂或者奥哈拉风格的道路。前面提到的平斯基,这位诗人和文学评论家强调,这位寂寂无名的移民正渐渐成为"甚至可能是最重要的活着的美国诗人。当我去问二十来岁的诗人,他的名字出现的频率远远大于其他人,有些人很崇拜他,就算还念不对他名字的发音"。[44]平斯基本身就对米沃什的事业助益良多。他的作品不仅入选了一九八〇年底一九八一年初出版的新书《格利兹利峰选集》译文集[45],米沃什夫妇的房产里还有一处别墅以他的名字作别称。莱娜塔·高尔琴斯卡就住这处别墅,在此录制了与米沃什的对话,还帮助平斯基和罗伯特·哈斯翻译文章。哈斯回忆说,刚开始见到米沃什时(六十多岁的作家可别想,哪怕一丝一毫,挤进旧金山年轻的文学圈),他看起来就像个战士,与伯克利单身汉的浪漫气质非常相称,能令人联想起他那本《被禁锢的头脑》。[46]如今几乎和他每天碰面,在傍晚时分,白日累积的香烟雾气还弥漫在房间里没有散去,米沃什过来查看稿件的进度,看一看在哈斯和平斯基笔下他的第一版英文翻译发生了哪些变化。他很关注诗文的押韵,还会详细解释诗中提及的侄子的行头具体指的是什么,童年记忆里的岩石是哪种(石灰岩? 花岗岩?)。比米沃什小三十岁的哈斯见识了他旺盛的活力和不竭的好奇心,尤其是当米沃什开始回忆立陶宛的时候——最后,谁知道呢,也许他还会说上一些天国的语言?[47]

　　《格利兹利峰选集》的部分内容被放进了一九八四年出版的英文版 670
《单独的笔记本》(*The Seperate Notebooks*)中[48],这本超过两百页的米沃什诗选不仅收录了引起世界广泛关注的作品,还引入了波兰文版本《单独的笔记本》(*Osobny Zeszyt*)独出心裁的文体格式。一九八八年出版的《诗选(1931-1987)》(*The Collected Poems, 1931-1987*)也将《格利兹利峰选集》的重要翻译收录其中。这两本书和更早的那本记录米沃什一九八一／一九八二学年哈佛讲座的散文集《诗的见证》(*Witness of Poetry*, 1983)在博格丹娜·卡彭特看来，称得上"是米沃什在美国的诗歌创作事业的转折点。印有米沃什诗歌的印刷品就可以引起热潮，他的讲座在评论家和诗人中引发广泛而热烈的讨论，人们不仅关注诗歌创作，更关注诗歌创作与历史的关系"。从那时起，米沃什才"真正成为美国诗界的一道风景，变得举足轻重起来"。[49]当然我们得承认，获得诺贝尔奖意义更为深远。获奖后，保罗·茨威格①在《纽约时报书评》的大篇幅介绍中写道："必须羞愧地承认，最伟大的诗人就生活在我们国家，可他用波兰语写作。"[50]

八十年代开始，美国人阅读米沃什诗歌的方式发生了改变。政治历史观内容和此前经常提及的二十世纪见证者的形象[51]不再是唯一的解读方式，评论家们引入了更宏大的哲学和宗教学观点，可以在唐纳德·戴维②[52]、伦纳德·内森、亚瑟·奎恩③[53]，还有几篇海伦·文德勒的文章中找到佐证。人们不仅关注到作品中的伦理价值，还发现了创作者"神秘的世界观"——评论家、历史学家罗伯特·法根④回忆说，他甚至认为这位波兰诗人身上"多少有些滑稽的幽默感：一边是疯狂的严肃，另一边是极度的讽刺，就如同无声的喜剧电影那般。像查理·卓别林"。[54]这里要说明的是，恰恰是这种复杂性，浩瀚无边的艺术和智慧内涵让米沃什的诗无法被模仿，更别说其中还包含着他独一无二的历史和文化观。也因此他向美国作家们展示了一种全新的诗歌面貌，而不是要建立一个"诗歌学派"。哈斯、法根、桑塔格等都注意到了。海伦·文德勒说："美国诗人从米沃什的诗里学不到任何直接的知识。这个年轻、狭隘的帝国里的孩童不会看

---

① 保罗·茨威格(Paul Zweig, 1935-1984)，美国诗人。

② 唐纳德·戴维(Donald Davie, 1922-1995)，英国诗人和评论家。

③ 亚瑟·奎恩(Arthur Quinn, 1942-1997)，美国评论家。

④ 罗伯特·法根(Robert Faggen, 1960-)，现任美国加利福尼亚州克莱蒙纳·麦肯纳学院文学院教授，曾获古根海姆人文奖。

到他带着恐惧观察到的画面。美国本身没有千年的历史,美国文化起源就是世俗的,它感受不到欧洲大陆的宗教岌岌可危。"[55]

　　对于更加广泛的受众来说[56],八十年代末九十年代初米沃什才彻底在美国文学界站稳脚跟,那时候他已褪去"发现者"的标签,成为一个享有盛誉的著名"品牌",一个标杆,知识分子界杰出的代表人物。他的朋友,前文提到的苏珊·桑塔格评价他是美国所有向往诗歌、向往精神生活和欧洲者的偶像。[57]二〇〇一年,翻译家、斯拉夫语专家克莱尔·卡瓦纳采访了米沃什,她甚至相信:"记得我还是孩子时,美国有两位具有影响力和号召力的诗人:卡尔·桑德堡和罗伯特·弗罗斯特[……]。但这位先生是今日美国诗歌界最有个性的一位。"[58]尽管这一论断带有克莱尔·卡瓦纳的个人色彩,但不可否认的是,她的说法反映了他的独立性和独特性。三十年间米沃什走过一条漫长艰难的道路:刚开始准备移民却拿不到入境美国的通行证,后来成了知识分子精英,接受两位美国总统亲自授奖[59],再到二十一世纪初被誉为"我们这个时代难以归类、难以捉摸的巨人"(约翰·厄普代克)[60],"活着的诗人里毋庸置疑最优秀的一位"(爱德华·赫希)[61],"论及成就的深度和广度,我们时代的诗人无人能与之匹敌"(查尔斯·西密克)[62]。

　　一九九八年春天在加利福尼亚州克莱蒙纳·麦肯纳学院举办的米沃什国际文学节可以视为这条道路的高光时刻。[63]众多的美国诗人、波兰诗人和文学评论家、大学生、米沃什的朋友参加了为期多天的活动。一九九五年,诺贝尔奖得主谢默斯·希尼在文学节上热烈地表示:"米沃什是一位伟大的诗人,在世界诗坛占有一席之地,他的诗振聋发聩又令人愉悦,他的'诗性'词汇给每一种语言都带去了启迪。他为一个孩子构建了一个永恒的河畔世界,又展现出一位成人的绝望,他的名字'会永世流传'。"[64]

671

注释

[1] 伦纳德·内森,《他带来了希望》,翻译:JI, AS,载《普世周刊》,1996 年第 26 期。

[2] 1977 年秋天当伊瓦·伊瓦斯克预见到米沃什非常有可能获得纽斯塔特国际文学奖时,他开始筹划在《今日世界文学》季刊刊登诗人的专题,于是他要找一些作者来供稿。为此烦恼的米沃什对耶伦斯基写道:"除了你我不知道还有哪个境外的波兰人能供稿。只能期待从波兰过来的文章了。"摘自切斯瓦夫·米沃什写给康斯坦蒂·亚历山大·耶伦斯基的信,1977 年 9 月 26 日。（文学研究院档案室）

[3] 参博热娜·卡尔沃夫斯卡,《切斯瓦夫·米沃什的诗在英语国家》,载《选文 II》,1997 年第 1-2 期。另外,该作家还发表了一本专论《米沃什和布罗茨基:评论性推荐英语国家的创作作品》（华沙,2000）。兹比格涅夫·伏莱耶夫斯基写过一篇短文,题目为"切斯瓦夫·米沃什:在世界、战争和诗学中通往伊萨卡的道路",载《外国书籍》,1969 年冬,卷四十三,第 1 期。

[4] 摘自切斯瓦夫·米沃什写给托马斯·默顿的信,1959 年 1 月 17 日,收录于托马斯·默顿、切斯瓦夫·米沃什,《通信集》,页 13。

[5] 苏珊·桑塔格在纪录片《魔山》中的描述。桑塔格还回忆说:"这本书声名太盛,以至于有人还认为他的作者不可能不是欧洲闻名的知识分子。这听起来有点像天方夜谭。"

[6] 探讨过沃金斯基和帕斯捷尔纳克用俄文翻译的《哈姆雷特》,也探讨过图维姆和瓦岑克翻译的《奥涅金》。

[7] 理查德·劳瑞,《党派评论》专访,1999 年第 1 期,翻译:克莱曼蒂娜·苏哈诺夫。

[8] 切斯瓦夫·米沃什,《伊萨谷》（*The Issa Valley*）,由路易斯·伊利巴尔奈由波兰语译成英文,1981 年在纽约出版。

[9] 2001 年 4 月在伯克利,彼得·戴尔·斯科特告诉本书作者。

[10] 参彼得·戴尔·斯科特,《给切斯瓦夫·米沃什的信》（诗）,收录于

《穿越边境短诗选》(纽约,1994)。

[11] 摘自切斯瓦夫·米沃什写给耶日·盖德罗伊奇的信,1962年7月30日,收录于耶日·盖德罗伊奇、切斯瓦夫·米沃什,《书信集:1952–1963》,页645。

[12] 摘自默顿1964年9月10日的日记,引自托马斯·默顿,《实现的起点》,载《在路上》,1996年第8期。该日记片段的题目为"对话联姻",翻译:亚历山大·哥莫拉。

[13] 切斯瓦夫·米沃什,"前言",《战后波兰诗歌:切斯瓦夫·米沃什精选翻译》(纽约,1965)。有一些版本中,主译为彼得·戴尔·斯科特,米沃什对马克·古德曼、劳伦斯·戴维斯、鲁埃尔·威尔逊(他是米沃什的学生玛丽·麦卡锡的儿子)和理查德·劳瑞的协助表示了感谢。

[14] 摘自切斯瓦夫·米沃什写给雅罗斯瓦夫·伊瓦什凯维奇的信,1964年7月21日。(斯塔维斯科市安娜和雅罗斯瓦夫·伊瓦什凯维奇博物馆)

[15] 引自《美国评论家对米沃什〈诗选〉的评论》,载《文化》,1965年7–8期。

[16] 阿尔·阿尔瓦雷斯,《东方即东方》,《纽约书评》,1965年11月11日,翻译:卡塔热娜·雅努西克。这些意见依照传统均为受邀写成,1966年12月5日米沃什在给瓦特的信中回忆道:"得克萨斯来电问我是否同意加入国家翻译中心的委员会(类似于管理层),这是美国历史上第一家希望提高翻译质量并培养翻译人才的机构[……]。他们给我读了委员会其他成员——包括奥登、罗伯特·洛威尔、威廉·斯泰伦、索尔·贝娄等——的信,于是我回答,当然同意。"摘自亚历山大·瓦特,《书信集》,下册,页307。

[17] 摘自切斯瓦夫·米沃什写给耶日·盖德罗伊奇的信,1968年6月10日。(文学研究院档案室)

[18] 参罗伯特·哈斯在纪录片《魔山》中的表述。

[19] 摘自切斯瓦夫·米沃什写给阿图尔·敏哲热茨基的信,1973年1月26日,载《艺术季刊》,2007年第3期。

[20] 摘自扬·布沃斯基写给切斯瓦夫·米沃什的信,1975 年 2 月 15 日。(拜内克图书馆)

[21] 摘自切斯瓦夫·米沃什写给扬·布沃斯基的信,1975 年 2 月 8 日。(雅盖隆图书馆,扬·布沃斯基档案)

[22] 劳伦斯·费林海蒂在纪录片《魔山》中的讲述,费林海蒂还回忆说,五十年代时雷克斯罗斯向他推荐过《被禁锢的头脑》。

[23] 总的来说,和《文化》的合作很愉快,当然不乏争执,但大多无关痛痒。米沃什对盖德罗伊奇写道:"我的英文诗集很快就要面世。没有波澜。出版商的倡议为主,我基本不要做什么,礼貌相待,认真校对就好。"摘自切斯瓦夫·米沃什写给耶日·盖德罗伊奇的信,1973 年 9 月 24 日。(文学研究院档案室)

[24] 切斯瓦夫·米沃什在纪录片《魔山》中的讲述。罗伯特·哈斯挖苦地承认说"雷克斯罗斯就是喜欢这样说话",参《波兰对话:1979–1998》,页 606。

[25] 雷克斯罗斯,"前言",《切斯瓦夫·米沃什诗选》。该书经多人翻译,由雷克斯罗斯作序(纽约,1973),翻译:卡塔热娜·雅努西克。

[26] 莉莲·瓦利、亚历山大·辛克和伦纳德·内森等人与本书作者沟通时都谈及这个问题。《诗选》的翻译除了米沃什外,还有彼得·戴尔·斯科特、劳伦斯·戴维斯、理查德·劳瑞。第二版发行于 1980 年,由艾柯出版社出版,内容由伦纳德·内森再次审校。

[27] 摘自切斯瓦夫·米沃什写给耶日·盖德罗伊奇的信,1974 年 10 月。(文学研究院图书馆)

[28] 摘自切斯瓦夫·米沃什写给耶日·盖德罗伊奇的信,1974 年 12 月 23 日。(文学研究院图书馆)老吉斯泰尔夫人是华沙罗伊出版社和 1939 年成立的纽约罗伊出版社创始人马里安·吉斯泰尔的遗孀。

[29] 比如托马斯·温茨诺瓦七十年代末参加了一次米沃什在旧金山的作家之夜活动,现场只有十二位观众。参本书作者与托马斯·温茨诺瓦的对话,纽黑文,2001 年 2 月。另外,这些见面会很少有波兰人参加。

[30] 劳伦斯·费林海蒂,《私人诗人》,翻译:AS,《普世周刊》,1996

年第 26 期。

[31] 莉莲·瓦利是米沃什第二本美国诗集《冬天的钟声》的翻译者之一，她回忆说，这本书的样稿在几家出版社间来回踢皮球，最后由小公司艾柯出版社认可发行。参本书作者与莉莲·瓦利的对话，克拉科夫，2001 年 6 月。

[32] 爱德华·赫希，《党派评论》专访，1999 年第 1 期，翻译：格热戈日·扬科维奇。

[33] 她还记得，作为导师米沃什并没有向学生们宣传自己的创作，她是在寻找奥斯卡·米沃什的书目时无意间发现了切斯瓦夫·米沃什的作品。莉莲·瓦利，《流亡加州》，《边缘：波兰事务期刊》，1998-1999 年，第 4-5 卷。

[34] 切斯瓦夫·米沃什，《冬天的钟声》，由作者和莉莲·瓦利共同翻译（纽约，1978）。

[35] 缺《拉乌达》的相关历史资料。

[36] 简·赫斯菲尔德在纪录片《魔山》中的讲述。

[37] 取自本书作者与罗伯特·平斯基的对话，波士顿，2001 年 3 月。

[38] 摘自切斯瓦夫·米沃什写给耶日·盖德罗伊奇的信，1977 年 10 月 5 日。（文学研究院档案室）后来奖金提高到五万美元，但唯一获此殊荣的是亚当·扎加耶夫斯基（2004 年）。

[39] "我有点儿苦涩，因为美国诗人竟然是通过翻译的诗认识了我。[……]如果我能得奖，那将是一件非同寻常的事，也几乎不可能，因为这会打破既定的惯例，只有患了麻风的移民才能得奖。因此我看不出我有任何机会胜出。"米沃什向耶日·盖德罗伊奇抱怨道。（1972 年 10 月 30 日）而盖德罗伊奇回复："这个奖给了海外图书，你可别抱怨啊。你不应该懒散对待，也不应该对评审委员会避而不见。[……]美国诗人把你放入评审范围内，我要是你我会非常自豪的[……]。因为我们的同胞都很老派，我比你懂得更早也更透彻。但我们对此无能为力。在这个国家总有一小部分人，就该获得这个奖。"摘自 1972 年 11 月 6 日的信。（文学研究院档案室）

[40] 兹比格涅夫·赫贝特，《切斯瓦夫·米沃什：诗人、小说家、评论家、翻

译、散文家》，收录于兹比格涅夫·赫贝特、切斯瓦夫·米沃什，《通信集》，页 134。

[41] 约瑟夫·布罗茨基，《痛苦的坚持》，翻译：托马什·别隆，载《普世周刊》，1996 年第 26 期。

[42] 摘自切斯瓦夫·米沃什写给耶日·盖德罗伊奇的信，1978 年 10 月 14 日。（文学研究院档案室）波兰评论家米哈乌·斯普鲁辛斯基参加了当天的作家之夜活动，他仍记得米沃什现场朗读自己诗作时的平静语调，米沃什没有任何的惺惺作态，他的样貌看来让人觉得，这位六十七岁的作家仍希望归属于"中生代诗人"的行列。参米哈乌·斯普鲁辛斯基，《切斯瓦夫·米沃什的作家之夜》，载《文学》，1980 年 10 月 16 日。

[43] 路易斯·伊利巴尔奈，《以地狱之名》，载《泰晤士报文学增刊》，1978 年 8 月 25 日。后来转载：《以地狱之名》，翻译：玛丽亚·奥莱伊尼查克，载《世界文学》，1981 年第 6 期。

[44] 罗伯特·平斯基，《专注的类型》，翻译：AF、AS，载《普世周刊》，1996 年第 26 期。

[45] 事情的经过是：一开始哈斯着手翻译米沃什的长诗，后来他请平斯基和高尔琴斯卡帮忙。在这个翻译团队的共同"助力"下，米沃什的声望渐渐水涨船高，最终摘取了诺贝尔奖。

[46] 参罗伯特·哈斯在纪录片《魔山》中的讲述。

[47] 同上。

[48] 切斯瓦夫·米沃什，《单独的笔记本》，由罗伯特·哈斯、罗伯特·平斯基与作者和莱娜塔·高尔琴斯卡共同翻译（纽约，1984）。

[49] 博格丹娜·卡彭特，《荐切斯瓦夫·米沃什在美诗作》，载《选文 II》，2001 年第 3-4 期。

[50] 保罗·茨威格，《伊萨谷》书评，《纽约时报书评》，1981 年 6 月 28 日，翻译：克莱曼蒂娜·苏哈诺夫。

[51] "毫不奇怪，在知名评论家阿尔·阿尔瓦雷斯执笔的《诗选》评论刊发

后，米沃什提出反对将自己'归档'在'见证者'的标签下。文章提及的'见证者'聚焦引述作品的政治内容，局限于战争、共产主义和流亡。米沃什当然有理由反对，他希望，像阿尔瓦雷斯这样成熟的翻译应该更深入地体会他的诗歌内涵。可'见证者'的标签却总被提起。"摘自博格丹娜·卡彭特，《荐切斯瓦夫·米沃什在美诗作》，载《选文 II》，2001 年第 3-4 期。在上述论辩中米沃什写道："您可以想象，当我看着阿尔瓦雷斯将我的诗歌经历框在'见证者'一词之内时，我相当焦虑，于他来说这可能是对我的赞美，但于我却不是。"摘自切斯瓦夫·米沃什，《致编辑的信》，《纽约时报书评》，1988 年 7 月 21 日。引自博格丹娜·卡彭特，《荐切斯瓦夫·米沃什在美诗作》，载《选文 II》，2001 年第 3-4 期。

[52] 唐纳德·戴维，《切斯瓦夫·米沃什和抒情诗的不足》（田纳西大学出版社，1986）。

[53] 伦纳德·内森、亚瑟·奎恩，《一位诗人的杰作：介绍切斯瓦夫·米沃什》（哈佛大学出版社，1991）。

[54] 罗伯特·法根，《查理·卓别林》，翻译：AS，载《普世周刊》，1996 年第 26 期。

[55] 海伦·文德勒，《完美世界之遗珠》，翻译：托马什·孔兹，收录于《认识米沃什 2：1980-1998》，第一章。

[56] 我们当然可以认为，诗歌具有"广泛的受众群体"。

[57] 参苏珊·桑塔格在纪录片《魔山》中的讲述。

[58]《波兰诗歌学派》，切斯瓦夫·米沃什对话克莱尔·卡瓦纳，《共和国报》，2001 年 1 月 20 日-21 日。

[59] 1983 年米沃什从罗纳德·里根手中领取了美国文化贡献奖（他后来还笑着回忆，庆祝仪式上他坐在弗兰克·辛纳屈旁边）。1989 年米沃什获得美国国家艺术基金会授予的国家艺术勋章，由乔治·布什颁发。

[60] 约翰·厄普代克，《幸存者 / 信徒》，载《纽约客》，2001 年 12 月 24 日-31 日，翻译：卡塔热娜·雅努西克。

[61] 爱德华·赫希，《过去不准确》，载《纽约时报》，2001 年 2 月 18 日。

　　[62] 查尔斯·西密克,《从雾霭中走出的世界》,翻译：耶日·雅尔涅维奇,载《选举报》,2002 年 12 月 24 日-26 日。另参："我观察了美国国内关于米沃什的书评,几乎都来自学院派。[……]他现在在那里俨然成了世界文学的经典人物,他们把他立为最伟大的权威(可以参考查尔斯·泰勒的《世俗时代》)。还有人专门捧他：谢尔曼·加内特为他的组诗《太阳从何处升起从何处落下》写了一本专论。"摘自尤安娜·扎赫在探讨 2004-2009 年米沃什作品的讨论会"一脚踏入地狱边缘?"上的表述,载《十年文学》,2009 年第 4 期。

　　[63] 切斯瓦夫·米沃什国际文学节,克莱蒙纳·麦肯纳学院,克莱蒙纳,加利福尼亚,1998 年 4 月 24 日-27 日。

　　[64] 谢默斯·希尼,《切斯瓦夫·米沃什和世界性诗歌》,翻译：莱娜塔·高尔琴斯卡,《文学笔记本》第 66 期。谢默斯还给米沃什写了一首诗,题为"大师"(由斯坦尼斯瓦夫·巴兰查克翻译,并在《普世周刊》1996 年第 26 期上发表)。

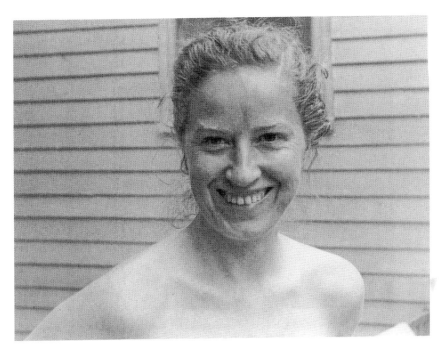

四十年代扬卡在美国

米沃什在大西洋边的里霍博斯海滩

切斯瓦夫·米沃什,很可能摄于自由文化大会的巴黎办公室,1951 年夏

《文化》杂志社前合影:耶日·盖德罗伊奇、詹姆斯·伯纳姆、齐格蒙特·赫兹、约瑟夫·查普斯基、佐菲亚·赫兹、玛丽亚·查普斯卡和切斯瓦夫·米沃什,摄于 1951 年

在开往美国的客轮"雷丹"号的甲板上。彼得、雅尼娜、切斯瓦夫·米沃什一家与兹比格涅夫·赫贝特。安东尼·米沃什摄于 1964 年 1 月 8 日

米沃什夫妇和耶日·图罗维奇,梵蒂冈,摄于 1963 年

切斯瓦夫·米沃什与儿子们——彼得和托尼。左一：安娜·拉维奇，摄于 1967 年

维托尔德·贡布罗维奇与切斯瓦夫·米沃什，旺斯，摄于 1967 年 5 月

切斯瓦夫·米沃什在他的朋友耶日·图罗维奇镜头下；窗外是旧金山海湾

切斯瓦夫和扬卡，摄于 1972 年

切斯瓦夫·米沃什在勃艮第地区旅行,摄于 1980 年

切斯瓦夫·米沃什在伯克利,摄于 1980 年;
诗人手中的绿皮书是《诗歌作品:诗集》

切斯瓦夫·米沃什从卡尔十六世·古斯塔夫国王手中接过诺贝尔文学奖,斯德哥尔摩,摄于 1980 年 12 月 10 日

在斯德哥尔摩的宾馆房间里

切斯瓦夫·米沃什和斯泰凡·基谢莱夫斯基参加扮鬼脸活动,斯德哥尔摩,摄于1980年

托尼和切斯瓦夫·米沃什在朱泽拉,雅尼娜·米沃什的家乡,摄于1987年

莱赫·瓦文萨与切斯瓦夫·米沃什,摄于 1981 年

切斯瓦夫·米沃什与独立印刷出版社的工人和支持者们在"邦科夫斯基"沙龙的见面会。左一:亚当·米奇尼克,华沙,摄于 1981 年 6 月

在南斯拉夫度假，摄于1985年。照片中有：切斯瓦夫·米沃什、卡罗尔·施格彭和格拉热娜·斯特鲁米沃-米沃什（安杰伊·米沃什的妻子）

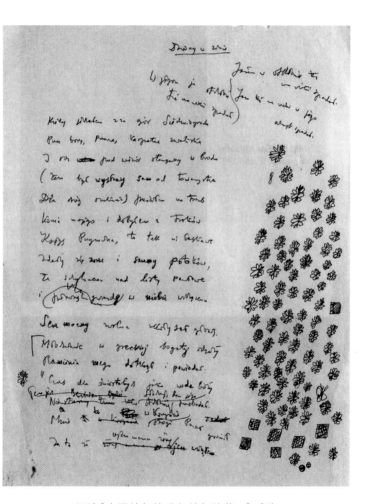

组诗《太阳从何处升起从何处落下》手稿

1957 年米沃什一家在蒙日龙

雅尼娜·米沃什与儿子托尼和彼得

斯坦尼斯瓦夫·文森兹　　　　　　让娜·赫施

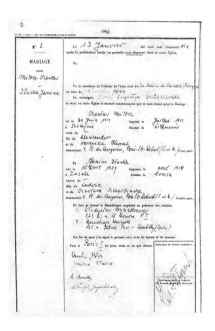

雅尼娜·米沃什正在打印丈夫的文
章,摄于布里-孔特-罗贝尔

雅尼娜·德乌斯卡与切斯瓦夫·米
沃什的结婚证,1956 年 1 月 13 日在
巴黎的圣母升天教堂结婚

内韦日斯河边(立陶宛),摄于九十年代初

诗人在一次作家见面会上,克拉科夫,摄于1999年6月

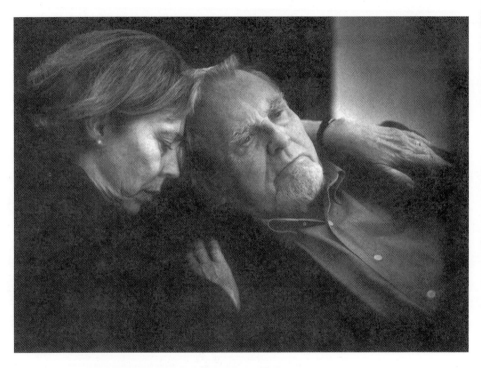

卡罗尔和切斯瓦夫·米沃什在位于马舍采村的兹比格涅夫·普莱斯纳家中,摄于 2001 年 10 月

第七十三章　约　伯

神对撒旦说："凡他所有,都在你的掌控之中,只是不可下手害他。"

切·米沃什译,《约伯记》

如果这十年只是身体遭受病痛就好了,但不是,还有精神上的折磨,我的力量每天都在一点点消失,直到连身在何处都不自知,也许在垂死挣扎之时唯有眼泪能代表我的意识。

切·米沃什,《猎人的一年》

差不多就在谢默斯·希尼在克莱蒙特发表演说的时候,米沃什痛心地自嘲为"遭受绝望的大师"。(《诗集　第五辑》,页116)几年前他在给盖德罗伊奇的信中写道:

672

彼得的病不是新毛病,一九七七年他从阿拉斯加回来时,因为水土不服就得上了。在那里修了两年半的管道,除了冰天雪地就只会成天酗酒。从那时起我就活得很累——扬卡病了,他也病了。病理分析他得了躁狂型抑郁症,也就是抑郁和易喜易怒交替出现——就和兹比格涅夫·赫贝特一样,只不过更严重。在法国时我曾每周带他去两次诊所,其余的时间留他独处,要不我就没法工作了。[……]这一次他发疯比以往任何一次都严重,我问过,他能不能回到抑郁的状态,还是就这样发疯下去。他把邻居吓坏了,警察在他家里找到五把枪,其中一把是全自动的,还有两把左轮。[1]

一九九三年盖德罗伊奇读着米沃什的来信,不仅同情米沃什,而且惊讶于他的遭遇,他竟然把小儿子的精神疾病隐瞒了这么长时间。在欧洲的朋友圈里,他可能只向约瑟夫·萨吉克吐露过实情。[2]这个噩梦,与扬卡常年卧病在床的痛苦交织在一起。一九七八年夏天,作为首位获得国际知名大奖的波兰诗人,米沃什给查普斯基写了一封信:

673　　　我真的太累了,不是因为负担太重,讲课和照顾扬卡我都应付得来。可所有厄运一股脑地向我压过来,无缘无故要我遭受不能承受的痛苦;还有衰老——六十七岁可以算老人了吧。我孱弱无力,情况越来越糟,不见任何缓和。周遭的世界依然光彩照人,焕发着青春,尽管它对教会、美国和欧洲正在发生的事情心知肚明。我屡获荣耀,一九七七年密歇根大学授予我荣誉博士学位并为我举行了盛大的仪式;一九七八年获得纽斯塔特奖,参加了颁奖典礼,还上了电视,等等。但我只是假笑而已,像个木偶,戴着面具,内心早已崩溃。我不知道,有没有人能明白在我身上发生的一切。在我开始上课或者演讲的时候,我多想按下一个按钮,能让我从痛苦里解脱。

不写了，太伤感了。我只是没想到，老年生活竟然一塌糊涂，安宁于我可望而不可即。[3]

他苦涩地补充道："我丢弃了信仰、希望、爱情。因为就算是我要做点什么，在一个人的能力范围内，也注定做不成大事了。我也生过大病，也许正因如此，现在的状态才算是平衡，总归一些人走运，而另一些人倒霉吧。"倒霉的人比任何时候都更嫉妒、更抓狂。而米沃什——如果我们能想象他的感受——产生了一个近乎精神分裂的念头：他最亲近的人终将回报他的奉献。[4]一九七八年他写下这样一首诗：

> 在不幸中我苦涩地赞美上帝，
> 心想，他不曾拯救我，尽管他可以。
>
> 耶和华天使没有碰到这个人的
> 眼睑，我却用手抓住了他，
> 被动的见证人正遭遇着无辜的痛苦。
>
> 不管是他的还是我的祈祷，都没有被听到。
>
> 请求也没有听到：我深受打击，
> 他却被赐予回归普通的日子。

（《诗集 第三辑》，页214）

聪明、俊美、迷人的彼得和他的父母一样敏感，但他缺乏父亲身上的某种力量和铠甲去免疫抑郁和崩溃。他早就出现问题了，但直到第二次去阿拉斯加才真正给他带来了重创，而在那边比他意志坚韧的男人们并没有开导过他。他回来的时候已经是个焦躁的受迫害狂。

674 他编写了敌人名单,这份名单很可能会变成杀人目录;他偏执地焦虑着,对周遭环境充满敌视;他从汽车旅馆的窗口向臆想的敌人开枪,因此被关进监狱;改造期间他不顾一切地寻求治愈、学习、工作和协作。九十年代中期他的精神状态稳定下来,在此之前,他自己和他的父母都承受着难以想象的痛苦。最残忍的是,儿子曾把爸爸看作敌人,威胁他,批判他,毫无理智地指责他。对父母来说,这种经历最是撕心裂肺,但在米沃什看来,这却是对他以往过错的清算。他从前对两个儿子的关心和呵护太少了,又总是强迫这个家接受他们不想要的命运。彼得的病是他必须接受的重罚——惩罚他的虚荣,惩罚他对艺术的忘我。米沃什在给耶伦斯基的信中几近嘶吼:"为什么我必须一直假装强大,我不是啊! 为什么我要为了所谓的天分付出如此惨痛的代价,我又不是这里的但丁或者其他什么伟人? 为什么人类必须遭受如此这般折磨?"[5]他向莉莲·瓦利承认,自己"怀着无可救药的罪恶感,某种意义上是合理的,但某种意义上又是病态的。我认为,带着负罪感的生活,更可悲地,还组建了家庭,完全不能容忍,这是犯罪。我曾认为,人老了就不会遇见复仇女神——但没有,只是折磨得到片刻缓和罢了:**于我都一样**"。[6]他祈求说:

> 远离我,暗黑的精神。
>
> 不要说,你才是真正的我,
>
> 不要说我的整个生活不过充满了恶的表象。
>
> 我乞求你给予我片刻无私的爱,
>
> 哪怕很少一点儿。
>
> 我乞求你,让我为其他人也做些事情,
>
> 哪怕并非出于最好的善意。

　　别在我正努力的时候折磨我。

（《诗集　第三辑》,页 213）

　　一九七七年五月,也许在酝酿《远离我》这首诗的时候,米沃什给莉莲·瓦利写了另一封信,他说:"在耶稣受难日那天,我写下了人生中最悲惨的一首诗[……]祭奠这艰难的一年我所承受的痛苦凄凉和良心谴责。然后我和扬卡去夏威夷待了十天[……]那些天不太好过。我唯一能做好的,就是当扬卡的护士和司机。她最近几个月瘫得越来越严重,拄着拐走上几步,双腿都会灼热地疼痛。"[7] 这种疼痛一直被当成是关节炎,但从夏威夷回来不久,扬卡半身麻痹了。[8] 检查结果十分糟糕,几乎宣判了死刑,因为肌萎缩侧索硬化(ALS)运动神经麻痹症无法治愈。[9] 八月,经过进一步深入诊断,发现上述诊断有误,麻痹的原因其实是她的脊柱上有一个良性肿瘤。[10] 她做了手术,但随后的并发症和治疗又让她辗转多家医院和康复中心,一直住院到第二年初。[11] 出院回家后,她必须吃强效止痛药,必须试着学习走路,让行动和意识同步,但她再也无法恢复到完全健康的状态。身体上的巨大痛楚让她几年前的抑郁症复发了。米沃什给安德热耶夫斯基写了一封信:"她时常情绪低落,这种状态对她的康复非常不利。术后并发症更加重了她的心理疾病。一九七七年对我来说是不幸的一年,只有我的职业工作是个例外。"在这封信的结尾,他的妻子加上了一句痛彻人心的话:"我已经不行了,但他可以更好。扬卡。"[12] 半年后,扬卡又写道:"我很累,活得很艰难。[……]我不想呻吟,也不想抱怨,但此刻我做不到内心平静,甚至做不到心怀希望,所以最好别再搅得鸡飞狗跳了。"[13]

　　每天要看到她承受无辜的病痛、悲惨的不幸和身体上的折磨。一边是往日照片上她美丽的光彩,另一边我却必须眼睁睁看着人类那悲哀的低微,那无助和被动,还有对手掌的依赖。这双手能举起她,能安抚她,能给她洗澡。心碎,难以承受,但日复一日又将这感觉变得模糊不清、麻木不仁。[……]在病痛的第一阶段,麻痹由双腿逐渐向上蔓延,扬卡的声音里有种茫然:"谁干的? 他要干什么?"——其实是,《猎人的一年》作者在问"谁干的?"——[……]她的思维已经意识到了自身正堕入黑暗,忘记了日期、姓氏和种种事件;她的头脑还在运转,却受累于病痛和孩子们的生计。(《猎人的一年》,页53)

十年来,扬卡的病情时好时坏,但一直没有康复。[14]她几乎无法走路,身体剧烈疼痛,精神也非常痛苦。战争年代遗留下来的恐惧感在几十年后又重新占据她的内心。她害怕儿子们,害怕丈夫,害怕孤身一人。[15]米沃什退休后仍继续教书,因为用于治疗和康复的费用实在太高了。可当他要去学校上课时,她会叫喊:"别走,别走!"[16]朋友们的拜访时间要根据药效的长短来决定。长雇保姆和厨娘的费用永远都在涨,所以米沃什现在也得学着做饭。他的时间被上课和家务占据,没法旅行、远足或跑步,但发现了个人命运中戏剧性的编码:

676

生命的状态就像梦一样具有重复性。梦里,我又成了年轻的小伙子,带着米沃什家的奶奶。她呻吟,哭泣,还不能自己走路,因为她头晕目眩,又操心着自己不幸的儿子。[……]就如我曾期待的那样,多年后我在谱写自己的命运,但与之不同的是,我的妻子代替了米沃什家的奶奶,而我的儿子可能代替了维托尔德·米沃什。认识扬卡时的情景,我已完全抛诸脑后。也许那时就有预兆。后来,因为腿脚不利索她再也赶不上我了,我必须用尽全力才能慢下来,可我曾经满怀激情地奔跑,就像伸着舌头的狗,四处观望追索。如今我会衡量自己的成熟,我熟了几成,更加有耐心。生活很苦,扬卡要么因疼痛而身心俱疲,要么就是抱怨连天,这还算好的。而我,还是那个维尔诺的小伙子,有着与彼时相同的感受,但多了一些历练。我在如此长的生命中唯一所获的,是耐心。

我感觉,纯生理上讲,她的状态是稳定的,而且慢慢好转,但神经系统和内心的痛苦除外。现在我们在尝试一种特殊的按摩。至于彼得,看起来他走出了自己的苦恼,也许我在卢尔德的祈祷会被听到吧。就算没被听到,那也是因为,这些不是一定要被听到的祈祷。[17]

他学会了不把精力完全集中在作诗上,还分给了另一个人,却因此达到了"诗的境界",并以此为题写了一首诗:

> 以往写诗的时候总会发生这样的瞬间,彼时
> 我认识到了差距,无意义的沉思,将"非我"
> 当作"我",披在身上,但现在一如既往,我却
> 扪心自问,意义何在,我能因此进入诗的境界吗?
>
> [……]
>
> 我曾不耐烦也不高兴浪费时间在傻事上,
> 打扫和做饭于我即如此。现在我却精心地
> 剥着洋葱,切着柠檬,还把各种各样的酱料
> 分门别类。

(《诗集 第三辑》,页 215–216)

677　　抛开诸多琐事,翻译工作,比如翻译《圣经·诗篇》反而最让他放松。[18]对米沃什来说,密集阅读圣经在当时有着更深层次的意义。一九七七年初他在给莉莲·瓦利的信中写道:"不要因我糟糕的忧郁而灰心,要知道,我还需要温暖和光明,你的来信对我来说就是如此。我的沮丧不只源于遗传性的间歇抑郁倾向,一九七六年我担惊受怕了一整年[……]。自我拯救的尝试有:翻译《传道书》①,现在在翻译《马可福音》,还计划学希伯来语。你知道,《普世周刊》有一个专栏——'我思我生活',令我深受震撼。反观自身,如果我是发表文章的那些人中的一个,我会拼尽全力,为世人留下一本漂亮的波兰语圣经。"[19]米沃什寻找着精神上的帮助,手头的工作可帮不上忙,却能给他慰藉,让他觉得自己对亲近的人还有用处。[20]无人能知晓他在逐行阅读《约伯记》的时候到底想了些什么,我们只能在译者序里揣测一二:

　　　　逃避:掩盖自己和他人痛苦的经历,借用哲学,借着奋笔疾书。命运多舛,这里我不想展开我个人的遭遇,在命运面前,更易于充分理解诱惑的力量。换句话说,戴着教授帽穿着教授袍的人,必须要证明自己思维敏捷,给他一个题目,他就能滔滔不绝妙语连珠,但他其实知道,这些都是表象,身份角色罢了,内心里他是一个沉默的人。教堂里的那个人像是演员,就算他只是想哭,他也得切断让他担惊受怕的万般愁思。这种双重性留下的后果深深烙印在我们身上,让我们学会了不予置评。同时关于《约伯记》也最好保持缄默,因为并不值得评论。(《圣经书:译自希腊语和希伯来语》,页285)

---

　　① 指《希伯来圣经》,属于《旧约》的教学法著作,该书包含了古代以色列人的哲学和末世论旨趣的见证。

一九八六年四月十七日雅尼娜·米沃什离开了人世。在圣玛利亚抹大拉教堂举行的葬礼弥撒上,米沃什致悼词并宣读了自己翻译的《诗篇》第 139 首诗。随后扬卡被葬在美国人所称的日落风景墓地(Sunset View Cemetery)。托尼后来回忆,妈妈是一个要强又非常敏感的人,她聪明,有条理,有时却眼光太高,要求别人能像她一样轻易区分善与恶。[21] 莱娜塔·高尔琴斯卡知道她不少事情,尤其在特别困难的时期,她看到了扬卡对孩子们投入的爱。她也认为,扬卡自闭,不愿意相信他人,她的顽固就像是一道心理上的紧箍咒(脱不掉,因为能防范整个世界,还能防止痛苦?[22]),而她竟还要强迫自己那无拘无束的丈夫也戴上。[23]

米沃什在诗中和她道别:

> 我爱她,却不知道,她到底是谁。
> 我追逐我的梦想,但让她受了苦。
> 我背着她找其他的女人,她始终如一。
> 我们经历了那么多幸福那么多不幸,
> 分离过,又奇迹般复合。
>
> (《诗集　第四辑》,页 157)

他提到,他们的婚姻也曾有过天堂般的感觉,就是我们死后要去的那个,唯一的天堂。[24] 但后来,当这种感觉消失时,又怎么样了呢?交织着奉献和温柔,又同床异梦,可能是对他们关系最真实最清晰的刻画。到加州不久米沃什就认识到了这一点,可他只能把自己隐藏在那个必须丢弃的故事里:

　　和"塞莱斯蒂娜"①相比我们的关系算是幸福的,虽然经历了不少波折,但没有剧烈的冲突,因为我们的思想和个性很难相互调和。出于实际的原因和个人意志,我承认她拥有绝对的权威,我不止一次觉得自己就像个被揪住的正在偷吃果酱或者砸邻居窗户的小男孩。她不会和自己和解,也无须像我一样承受自己犯傻或者丢脸的羞辱回忆。而我从来就只是受命运摆布的玩偶罢了,爬来爬去,嗷嗷叫着,嘀嘀咕咕,黑暗的力量把我带到这里和那里,让我变得冲动,不可理喻。我在夜里惊醒,也许一年后才惊醒,并不记得在我身上发生了什么;我情绪沮丧,对自己恶行的懊悔已毫无用处,能展现我一丁点儿良好形象的画面也已模糊不清。[……]对于重大事项、文学和艺术作品、哲学、城市、女人、朋友,不是我在选择,是我被选中了;不是我在调情,是我被引诱了。只不过,当繁华散尽,我还是会遇上塞莱斯蒂娜嘲讽的目光,她可从来不会上当。她要掌控一切,在她眼里,所有的选择都是有意识的,常常还是消极的。但美丽的思维几何有着自己的边线和天地,尽管她很聪明,却无从找到入口,因为要以愚蠢的狂欢、酗酒、满地打滚、呕吐和自我否定为代价。她从不冒险走进我经常闯入的矛盾天地。对她来说,A 就是 A,不可能成为 B。如果我没有留在 A 这条主线上,弯道超车了,也就是说,我更快地取得了同样的赞誉,她还是会觉得我缺乏逻辑。[……]我也有些相信她的判断,认为她比我更了解我自己。她的身体仿佛不会变老,令人联想到一尊希腊小雕塑,每天裸露地伫立在露台上,从阳光中汲取养分。遗憾的是,她的执拗更甚于此,任何

679

----

　　① 指中世纪西班牙对话体长篇小说《塞莱斯蒂娜》。小说中,青年骑士卡利斯托爱上了贵族少女格利别耶,许以重金请专门拉皮条的塞莱斯蒂娜替他们安排幽会。塞莱斯蒂娜贪恋金钱,安排他们幽会了几次。结局是塞莱斯蒂娜被杀身亡,卡利斯托坠梯而死,格利别耶自杀殉命。

对我能力的怀疑都会刺痛她的雄心。在长期的共同生活中,我们学习着相处之道,但我仍一遍又一遍地经历着惊恐时分。我意识到,塞莱斯蒂娜永远也不会看透我藏起来的疼痛、羞耻和含混不清,所以我只好沉默着抓起酒瓶。[25]

一九七九年十月切斯瓦夫·米沃什得知,扬卡三十年来的心愿终于要达成了——看上去,皆大欢喜——他就要获得诺贝尔奖,令她人生圆满。他给约瑟夫·萨吉克写了一封信,向朋友倾诉自己在祷告里的多次请求:不要诺贝尔奖,以此"交换"彼得的康复。神听到了他的祈祷,却反着个儿满足了他的愿望。

注释

[1] 摘自切斯瓦夫·米沃什写给耶日·盖德罗伊奇的信,1993 年 8 月 18 日。(文学研究院档案室)

[2] 他只把自己的情况(有限度地)告诉了亲戚和同年好友:"所有的成绩和荣誉根本无法抵消我个人的不幸遭遇,我的妻子长期患病,两个儿子屡遭厄运。老大是计算机专家,结过婚,已经离婚了。小儿子学的是人类学,在阿拉斯加建设输油管道很多年,赚了很多钱,但却病着回来,一直没有好。我的妻子瘫痪过。手术后[……]双腿恢复了部分功能,但非常痛苦。"摘自切斯瓦夫·米沃什写给玛丽亚·帕夫里科夫斯卡的信,1979 年 4 月 22 日。(拜内克图书馆)

[3] 摘自切斯瓦夫·米沃什写给约瑟夫·查普斯基的信,1978 年 6 月 19 日。(克拉科夫国家博物馆,迈松拉斐特的约瑟夫和玛丽亚·查普斯基档案)

[4] 参:"扬卡欣赏我的文字,但我却怨她,写作是她唯一认同我做的事。[……]她的职业作家生涯应该始于我们尚在法国的时候,后来写作与她对孩子的爱护渐渐不相容[……]。为此她付出了代价,异想天开的想象让她备受自我折磨,她抑郁,把自己关在工作间里几小时不出来,这一切对家庭生活来说都是

巨大的破坏。而扬卡爱着我,甚至叫嚷着,希望我是一个普通人,当个面包师也行。诺贝尔奖于她已是悲剧。"摘自《猎人的一年》,页55。另参:"我认为我活得很失败。如果我不是每天都想着儿子的病,也许我也不会这么悲观。这就是艺术的代价吗?[……]甚可以说,我写了一点点有价值的东西,反过来却要扬卡饱受病痛,十年瘫痪,抑郁和偏执,另外彼得也痛苦不堪。"摘自切斯瓦夫·米沃什和雅尼娜·米沃什写给阿涅拉·米钦斯卡和扬·乌拉托夫斯基的信,信是切斯瓦夫·米沃什写给扬·乌拉托夫斯基的,1994年2月4日。(移民档案,托伦哥白尼大学,扬·乌拉托夫斯基档案)

[5]摘自切斯瓦夫·米沃什写给康斯坦蒂·亚历山大·耶伦斯基的信,1976年7月9日。(拜内克图书馆)

[6]摘自切斯瓦夫·米沃什写给莉莲·瓦利的信,1978年,无确切日期。(拜内克图书馆)mnie wsio rawno,俄文,意为"于我都一样"。

[7]摘自切斯瓦夫·米沃什写给莉莲·瓦利的信,1977年5月25日。(拜内克图书馆)

[8]米沃什甚至还联想起母亲维罗妮卡的病,也是感冒在先,"扬卡发起烧来,是一种风湿性的发热,但后来这两个词颠倒过来,也就是说这个病持续了二十年。她几乎走不了路。他们说是关节炎,是风湿病,但没有人确切地知道,到底是什么病"。摘自《波兰对话:1999-2004》,页578。

[9]安德热耶夫斯基对米沃什写道:"我亲爱的,上周末齐格蒙特来信说[……]扬卡'得了大病'。[……]切斯瓦夫,切斯瓦夫!我已经很少流泪了,但通了电话后我却痛哭了很久。我为你哭,更为扬卡哭。谁又知道,我不是为我们哭,为我们这一代还活着的朋友们哭呢?[……]我想坐在扬卡身边告诉她,她总是在自己的小事上很独立很勇敢,因为她非常自信,她知道,从自己、从生活、从亲近的人身上想要的是什么。我也明白,她的多疑没有给你留太多余地。"(1977年9月6日,拜内克图书馆)

[10]"第一次扬卡的检查结果是肌萎缩侧索硬化(ALS),一种无法治愈的病[……]。几个月后她的双腿全麻了。斯旺医生根据阿图尔·曼德尔的建议

检查后说,继续在旧金山大学医院检查已无意义,要立即手术。我对大学医院(伯克利大学的职工和家属一般在此就诊)医生们的误诊(把脊椎上的肿瘤误诊为 ALS)提出诉讼,官司打了两年,最后我们胜诉。"摘自《猎人的一年》,页 135。

[11] 参切斯瓦夫·米沃什写给耶日·图罗维奇的信,1977 年 10 月 28 日。(耶日·图罗维奇档案室)

[12] 摘自切斯瓦夫·米沃什写给耶日·安德热耶夫斯基的信,1978 年 1 月 1 日。(耶日·安德热耶夫斯基档案,华沙文学博物馆)

[13] 摘自切斯瓦夫·米沃什写给耶日·安德热耶夫斯基的信,1978 年 6 月 22 日。(耶日·安德热耶夫斯基档案,华沙文学博物馆)

[14] 参:"我很奇怪,扬卡康复得很好。她开始做早餐、做家务、自己洗澡。奇迹啊! 受了那么多的痛苦,但身体机能非常明显地好转了。我的生活,一成不变,但我喜欢。忙忙碌碌。"摘自切斯瓦夫·米沃什写给齐格蒙特·赫兹的信,1979 年 2 月 17 日。(拜内克图书馆)"长久以来我们都不用别人帮忙。但现在博古霞来了,而我能去学校一整天,扬卡自己在家也有人照应,博古霞一周来几次,尽管只是打扫打扫,做做饭,听听抱怨而不是看护病人。"摘自切斯瓦夫·米沃什写给佐菲亚·赫兹的信,1980 年 2 月 2 日。(文学研究院档案室)

[15] 参:"扬卡从 1976 年开始生病。后来她的病情不再起伏伏,可是思维水平非常低,和孩子似的,同时她那偏执的恐惧(我们缺钱,我们被警察监视)仿佛有所缓和,不再说她会被我们的保姆给毒死了。"摘自切斯瓦夫·米沃什和雅尼娜·米沃什写给阿涅拉·米钦斯卡和扬·乌拉托夫斯基的信,信是切斯瓦夫·米沃什写给阿涅拉·米钦斯卡和扬·乌拉托夫斯基的,1984 年 6 月 24 日。(移民档案,托伦哥白尼大学,扬·乌拉托夫斯基档案)

[16] 参米沃什写给雅德维嘉·瓦什凯维奇的信。(克拉科夫切斯瓦夫·米沃什档案馆)在获得诺贝尔奖后,博格丹·乌尔巴诺维奇来到米沃什家,米沃什请求不要在扬卡面前提起他准备去波兰。参博格丹·乌尔巴诺维奇,《维尔诺齐格蒙特·奥古斯塔国王中学的回忆》。另参:"我会把信寄到学校的地址,这样就不会出岔子,更不会让扬卡不安(如果内容提及你的波兰之行的话)。"摘自

康斯坦蒂·耶伦斯基写给切斯瓦夫·米沃什的信,1981 年 2 月 27 日。(拜内克图书馆)

[17] 摘自切斯瓦夫·米沃什写给莉莲·瓦利的信,1978 年 10 月 23 日。(拜内克图书馆)

[18] 1977 年至 1979 年他在构思《单独的笔记本》时,也怀着类似的心情。

[19] 摘自切斯瓦夫·米沃什写给莉莲·瓦利的信,1977 年 1 月 5 日。(拜内克图书馆)

[20] 参:"你肯定能拿到《圣经·诗篇》,我寄给你了。要是我只会当保姆、厨师和司机,那可就写不完这本书了,她就把我困住了。"摘自切斯瓦夫·米沃什写给雅罗斯瓦夫·伊瓦什凯维奇的信,1979 年 7 月 15 日。(斯塔维斯科市安娜和雅罗斯瓦夫·伊瓦什凯维奇博物馆)另参:"每天的生活都很有规律——做早餐,翻译《约伯记》,做午餐,开车去学校,回家,采购,准备晚餐,在夜里阅读。"摘自切斯瓦夫·米沃什写给康斯坦蒂·耶伦斯基的信,1979 年 11 月 21 日。(文学研究院档案室)

[21] 取自本书作者与安东尼·米沃什的对话,奥克兰,2001 年 4 月。参:"我以前确实曾有过疯狂索求、暴躁愤怒和坏情绪。但这些很快就过去了。而扬卡的抑郁与我的坏情绪正相反,她能沉默十来天,以此'惩罚'我。"摘自《猎人的一年》,页 121。

[22] 参:"她越来越消沉,痛苦,或者甘愿与他人隔绝。"摘自《猎人的一年》,页 54。

[23] 取自本书作者与莱娜塔·高尔琴斯卡的对话,格丁尼亚,2005 年。

[24] 参:"斯威登堡有些道理——真正的婚姻是人间的天堂。我寻找着天堂,我和扬卡一起看到了天堂,但很短暂。"摘自《猎人的一年》,页 282。

[25] 切斯瓦夫·米沃什,《自己的命运》,未发表(1961–1962 年完成)。(拜内克图书馆)

第九部分　老诗人 1980–2004

第七十四章　伤痛的回忆

我还记得在他获得诺贝尔奖的那天早上,我接到《纽约时报》的一通电话:

"和我们说说,他有什么爱好?"

"爱好? 但凡诗人都没有爱好,他们只痴迷于……"

"不,不,爱——好,明白吗? 他应该有点儿爱好啊!"

"那好吧,好吧。他的爱好是: 把《旧约》译成波兰文。"

电话那边陷入沉默。然后,挂断了……

伦纳德·内森,纪录片《魔山》

"在这个讲台上,我要把发言送给所有赞颂神的恩泽又活得多姿多彩的人。学生时代我就读过波兰出版的套装书《诺贝尔文学奖得主作品集》,到现在我都还记得书中字体和纸张颜色。那时候我就在想,诺贝尔文学奖获得者,这些大作家,他们一定都要写很多厚厚的文章,虽然我知道其中有些是诗人,但这种念头却一直挥之不去。"(《从我的街道开始》,页 478)一九八〇年十二月,切斯瓦夫·米沃什在斯德哥尔摩领诺贝尔文学奖时发表了此番言论。对母语的坚守和艺术上的同一性,不苟且于国际文学市场需求的写作态度最终为作家本人带来了巨大的成功。他的特立独行,与其说是天分,不如说是本能、偶然,又或者是命运,让他成就了一段新的传奇。获此举世瞩目的殊荣之时正值他人生中最苦涩的时刻。瑞典学院的秘书拉尔斯·吉伦斯腾①宣布,诺贝尔文学奖获得者是一位出生在立陶宛的波兰诗人,他用诗展现了"毫不妥协的洞察力,揭示出人类在这个充满剧烈冲突的世界里遭受的各种威胁"。此时此刻很难相信,米沃什其实并没有感到一丝的兴奋和满足。

米沃什自己讲过一段令人难以置信的逸闻。一九八〇年十月九日凌晨四点左右,他被一个瑞典记者打来的电话吵醒。记者告诉他,他得了诺贝尔奖。他平静地回答,"那不可能",然后又睡着了。[1]且不管他到底如何度过那天清晨的,几个小时后对于获奖一事他已无须再怀疑——密密麻麻的记者挤满了他的院子,还有对着房门拍摄的长枪短炮,无不在宣告他的生活翻开了新篇章。斯拉夫语系为他组织了一场新闻发布会。发布会上校长骄傲地宣布,自然科学类诺贝尔奖频出的加利福尼亚大学终于迎来了首个诺贝尔文学奖,"令人十分振奋","在科学占据主导地位的时代,米沃什教授的诗歌证明了精神的力量,展现了人类创造力之美"。[2]当被问及对政治事件的态度时,米沃什嘲讽地指出:"诺贝尔奖获得者可并非是个聪明人。"当被推到墙角,不得不回答谁是他最喜欢的作家时,他支支吾吾地提起福楼拜的名字。当他表示,二十万美元的奖金[3]将用来购置田地种大麻时,全场大笑。[4]发布会时间不

------

① 拉尔斯·吉伦斯腾(Lars Gyllensten, 1921-2006),瑞典作家、医生,瑞典学院成员。

长,因为这位新鲜出炉的诺贝尔奖获得者可不打算取消后面那堂陀思妥耶夫斯基文学课。他逃进教室,把记者们统统拒之门外,在和学生们分组讨论时还谈到了西蒙娜·薇依的观点——宗教最大的敌人即崇拜假神、崇拜社会。"魔鬼具有社会属性。"一位女学生回忆说,课上"米沃什还讲到,诺贝尔奖就是个糟糕的例子,它把艺术变成了社会诉求"。[5]米沃什想保护自己的私人空间,还要坚守现有的生活节奏,因此不愿取消这堂课去改变正常的日程成了他的本能反应。经历了多年的孤独和自律,现在他更不允许自己变成一个文学贩子,不能让诺贝尔奖成为"死亡之吻"。[6]米沃什不拒绝参加作家见面会、讲座和学术会议,但与大众"媒体"始终保持距离——在接受现在的社会角色之前,他对媒体更加退避三舍。到访波兰期间,他这种态度不止一次引起误解。与此同时,一家本地报纸的记者报道说,伯克利的校园"为之骄傲",尽管"很多人此前从没听说过,也念不对这个人的名字。(发音类似:切斯拉夫·米洛什)"。①[7]

"有些记者总想把我搞成政治作家,还以此攻击瑞典学院,说他们颁了一个政治奖。昨天[……]吉伦斯腾说的话,和以往一模一样。五月就已经定了获奖者,而我也当了好几年候选人了。"(《波兰对话:1999–2004》,页714)拿到奖以后,米沃什如此直白地回复波兰报纸的提问,因为直到此刻还有传闻称,这个奖不仅是颁给他的,也是表彰波兰团结工会的。可时间根本对不上。尽管诺贝尔奖的官方投票确在十月举行,但瑞典学院早在一九八〇年的"八月事件"②之前就已经做出决定,相关信息可以在安全部门的档案里找到。波兰人民共和国的政治警察一直

---

① 英文书写中,经常把波兰语字母ł写成l,米沃什的名字用英文拼写一般为Czesław Miłosz,发音也因此变成"切斯拉夫·米洛什"。

② 指波兰团结工会于1980年8月发起的罢工运动。

对文学界实施监控。一九八〇年八月初,当一个被禁止回国的流亡作家即将获得最具分量的文学大奖时,他们启动了"公关措施",希望能消除一些负面影响。而为了能将这些措施合理化,安全部门的工作人员已经做过很多铺垫,比如通过波兰笔会的会员们向瑞典学院提交了一封信,支持米沃什获得候选人资格(一九八〇年二月)[8];七月中旬更是获悉"伏瓦迪斯瓦夫·巴尔托舍夫斯基①收到了斯德哥尔摩的消息,说根据半官方的意见,在瑞典首都,诺贝尔文学奖将花落切斯瓦夫·米沃什"。[9]其实,获得诺贝尔奖的确需要多年的运作,在这件事上,耶日·盖德罗伊奇和文化出版社功不可没,要是没有他们助推,米沃什不会凭空夺得作家界的最高荣誉,瑞典学院更不会知道米沃什其人其作。后来,一位瑞典学院的院士证实说:"他早在七十年代初就被提名。我读过他的诗,还有他所有的法文版、英文版和德文版作品。我们早就是他的粉丝了。"[10]

"现在的波兰蓬勃发展,我希望借此机会,让米沃什冲击一下[诺贝尔奖]。"盖德罗伊奇在给安杰伊·博布科夫斯基的信中写道,而彼时才刚刚……一九五八年。[11]回看这封信,这位编辑早已展现了自己洞察未来的能力和战略眼光,而米沃什直到十五年后才萌生追求诺贝尔奖的念头。一九七八年英文版《诗选》出版之后,他便被纳入候选人之列。[12]一九七七年春,盖德罗伊奇致信米沃什:

> 你是时候考虑冲击诺贝尔奖了。这个想法虽然有点鲁莽,但瑞典那边的第一轮投票结果很乐观。无论如何都要试一试。我和诺贝尔图书馆的管理员卡塔热娜·格鲁伯②关系不错,我想让她查查看,

---

① 伏瓦迪斯瓦夫·巴尔托舍夫斯基(Władysław Bartoszewski, 1922-2015),波兰政治家、社会活动家、历史学家,波兰笔会会员。

② 卡塔热娜·格鲁伯(Katarzyna Gruber, 1922-2018),1969 年移民瑞典,长期担任诺贝尔图书馆的管理员。

图书馆是否收全了你的书。如果缺了哪本我马上告诉你,你赶紧补齐。此外我还得做一份关于你的英文介绍,把你所有的作品都列出来——让你漂漂亮亮地登场。你不用感到为难,这个介绍辞是我为自己准备的。你再想一想,还有谁能帮上忙。[13]

从这封信开始,作家和出版商之间陆陆续续交流了很多拿奖方面的想法,米沃什说:"我并非执着于拿诺贝尔奖。我不知道,它会滋养我们的心灵还是会搅乱我们的平静。可假如是我的哪个波兰同行获奖了,我肯定会有些失落,并归咎为移民的必然代价。"[14]盖德罗伊奇回信说:"我知道你不贪心得奖,但我更明白,为了家的荣誉应该争取你的候选人资格。"[15]

上述信中提到的卡塔热娜·格鲁伯是一位波兰移民,从七十年代末起在诺贝尔图书馆负责斯拉夫语书籍归档,她与文学研究院、雅盖隆大学图书馆和巴黎的文化出版社开展合作,致力于收全所有相关图书。正如她自己写的那样,她曾收到过一些美国和法国出版的杂志,"我做了复印。一九七八年切斯瓦夫·米沃什获得纽斯塔特奖。《今日世界文学》上刊登过几篇米沃什写的文章,还有介绍他的文章,给我的收集工作带来了便利"。[16]有了她的助力,再加上盖德罗伊奇对米沃什的长期督促,诺贝尔奖评审委员会的委员们才能看到《救赎》的作者那些翻译成英语和法语的作品。盖德罗伊奇在另一封信里承认了这一点,并自嘲地落款"你的农业部的勤勉公务员"。[17]与此同时,康斯坦蒂·耶伦斯基发起了民间声援"委员会",他对米沃什说:"我和莱舍克·科瓦科夫斯基、吉曼德①'开会'研究了帮你获奖的步骤。我们还制订了具体的行动计划。"[18]这些计划可不是什么黑幕操作,不过是游说各个大学、基金会

———

① 罗曼·吉曼德(Roman Zimand, 1926-1992),波兰文学评论家。

686

或者作家协会写信支持候选人罢了。[19]一九七八年二月,科特回忆道,这些行动效果很好,米沃什的候选人资格"更牢固了",而且米沃什的长诗也被译成瑞典语。[20]

一九七九年年中,瑞典读者可以在学术类双周刊《艺术》(*Artes*)上看到"首批切斯瓦夫·米沃什的长诗和散文译文——七首长诗由艾娃·布鲁诺①译自英文版本,八首长诗由克努特·安隆德②和卡塔热娜·格鲁伯译自波兰文版本;两篇散文由阿莱克桑德拉·约瑟夫森和厄兰·约瑟夫森③翻译;还有一篇阿图尔·伦德奎斯特④的短评"。[21]在短评里,这位瑞典作家、翻译家、瑞典学院的成员强调:"这首诗的独特风格愈强烈,我们就愈沉迷。"[22]一九七九年,米沃什已经非常接近胜利了。在给盖德罗伊奇的信里,他竭力用中性的语调写道:"它就像高级点的恶作剧,需要周到地布置一番,就如生活常常和我们开的玩笑,而此时此刻就完全应和了那句俄国话——'波兰人冲啊'。[……]我对诺贝尔奖有些好感,对,它有好的一面,但也会带来大麻烦。把周围搞得乌烟瘴气。"[23]当年秋天,这"乌烟瘴气"被希腊诗人奥德修斯·埃里蒂斯⑤带走了。次年夏天,不折不挠的盖德罗伊奇写道:"又到了披上战袍的时刻,我的愿望始终如一,那就是——你要得诺贝尔奖。"[24]

寄出这封信两个月后,这位主编的愿望真的实现了,他终于可以启程

---

① 艾娃·布鲁诺(Eva Bruno),瑞典翻译家。

② 克努特·安隆德(Knut Ahnlund, 1923-2012),瑞典文学史家、作家,瑞典学院成员。

③ 阿莱克桑德拉·约瑟夫森(Aleksandra Josephson),瑞典翻译家。厄兰·约瑟夫森(Erland Josephson,1923-2012),瑞典作家、演员。

④ 阿图尔·伦德奎斯特(Artur Lundkvist, 1906-1991),瑞典作家、诗人和文学评论家,瑞典学院成员。

⑤ 奥德修斯·埃里蒂斯(Odiseas Elitis, 1911-1996),希腊诗人,被视为希腊最重要的现代主义作家,1979 年获诺贝尔文学奖。

前往瑞典,与米沃什会合。十二月五日,米沃什和儿子托尼抵达斯德哥尔摩。三天后米沃什在瑞典学院图书馆发表了第一场演讲,第二天受邀做客斯德哥尔摩的波兰学院。那时候他还没有意识到,这两场活动引起苏联和波兰情报部门的极大关注,原因就是他一直在西装的翻领上别着团结工会的会标。从波兰人民共和国驻瑞典大使馆的汇报附录中,我们能读到以下文字:"苏联大使对米沃什表现出敌视态度,他还对多位波兰高级外交官参与这些活动表示极为不满。苏联外交官将米沃什提到的'波罗的海三国'解读为立陶宛、拉脱维亚和爱沙尼亚。而在场的波兰人民共和国大使对此表述并未当场反驳令他们非常愤怒。"[25]

十二月十日,瑞典国王卡尔十六世颁发诺贝尔文学奖。吉伦斯腾在宣读颁奖词时强调,米沃什"无论从行动上还是思想上都称得上是一位外国移民作家,而行动上的移民实际也反映出形而上学的,也就是普遍意义的宗教、精神层面的流亡形态"。吉伦斯腾同时表示,希望不同人群之间可以不断增进理解,因为"小众"的波兰语诗经由英文搭桥能被"更小众"的瑞典语读者看到。[26]诗人自己,在颇有深度的演讲中巧妙地将童年时读过的塞尔玛·拉格洛夫与如今的诗人身份联系起来,述说着从儿时起就希望在大千世界中探索事物本源的理想;谈到成年时期影响自己的奥斯卡·米沃什和西蒙娜·薇依两位大师,并由此引申出过去那段悲剧性的历史,如苏德互不侵犯条约、卡廷事件和华沙起义。切斯瓦夫·米沃什在诺贝尔颁奖礼上的演讲堪称经典,既有深度又有广度,同时又准确把握了那些折磨着现代人的痛点,令人深为震撼。他掷地有声地叩问:"什么才是现实?"恰如本丢·彼拉多①问出的:"什么才是真相?"他反对局限于诗歌语言审美的现代思潮;他质疑二十世纪涌现的"另一个欧洲"居民的视角和愿景,不过是施行压迫的国家打的幌子;他

688

---

① 罗马帝国犹太行省的第五任总督,他判处了耶稣钉十字架。

看出癫狂的最高潮会以数百万人被极权主义迫害致死为代价，也看到它对于文化转型的深远影响，还有最终"科技崇拜派"的胜利。文化转型看不见摸不着，因为表象上代代相传的天性特征并没有剧烈变化。这些特征依托于宗教、习俗、语言习惯，交相融合，在灾难时分表现出强大的力量，同时也是被矛盾撕裂的米沃什身体里不可分割的一部分。

好在我生于一个自然风景秀丽、人民安居乐业的小国，那里数百年来各种语言和宗教和谐共融。立陶宛，神话般的土地，还有诗歌让我魂牵梦萦。十六世纪以来我的家族一直说波兰语，就像很多芬兰的家族现在还在说瑞典语、爱尔兰家族说英语一样。这种语言使我成了波兰人，而不是立陶宛人；让我变成了诗人。可立陶宛的风光，也许还有精神，从未从我的脑海中抹去。[……]在美国上课时，我能感觉到我身体里还流淌着我们那所古老大学的厚墙内教给我的东西，流淌着记忆中的罗马法法则，流淌着古波兰的历史和文学，而宽容的无政府主义、消除激烈争执的幽默、精诚合作的智慧、对所有中央集权政府的藐视——所有这些熠熠生辉的特质让年轻的美国大学生大开眼界。

成长于斯的诗人，应该做一个勤于思考的现实探索者。他应该完全感受得到父权的威严、钟声的震撼、修道院小室的宁静，从压力和亲朋好友源源不断的诉求中抽离。桌上有书，记录着世间万物的秘密所在，解释着凡此种种的"本质"。突然，这一切就被"历史"这个嗜血的魔鬼抹杀得干干净净。[……]现实，想要隐匿在语言里，却忍不住要露出头来。如果我们触碰了它，哪怕刚刚摸到，约伯的牢骚还来不及从诗人嘴里说出来呢，真相就会让一切艺术立刻黯然失色。如果要以此方式拥抱现实，将它的善与恶、崩溃与希望的无尽矛盾一览无余，只有借助距离，只有升腾到它之上才能办到——

但这样又会引发道德的背叛。(《从我的街道开始》,页 482–483)

米沃什还谈到一位作家,他不认同政府的谎言,选择走上流亡之路,获得了自由,但是他要对西方说的话根本没人在乎,因为文明的演变已经进入冷漠期,"仿佛尼采关于欧洲虚无主义的预言正在应验一般"。记忆是生之为人的内核,因此,诗人应以连结亡灵、推翻谎言为己任,要尊重事实,哪怕它隐藏在高深莫测的密码里。"我有着近七十年的阅历,还有一段活生生的来自大陆角落里的血腥记忆,我要说,我和所有同龄人一样,曾经濒于崩溃,一度认为人类就快灭亡,放任自己沉沦在虚无的诱惑之中。但我的诗,我认为,从更深的层次来看是健康的,表达出了对'真理与正义国度'的向往。"(《从我的街道开始》,页 489)

一年后,米沃什应邀前往哈佛大学担任查尔斯·艾略特·诺顿讲座①的主讲嘉宾[27],其间他的六次讲座可算得上是诺贝尔获奖感言的延续和扩展。在讲座中,他以自己中欧诗人的视角,表达了"如果欧洲大陆还有希望的话,那么希望就藏在位于德国和俄国之间的那些被故意压制住各种可能性的国家里"(《诗的见证》,页 8),他描述了东欧战场的遗风和出身于此的作家身上那股"悲观、嘲讽、苦涩和怀疑"的共性。(同上,页 21)通俗化的科学世界观的胜利让他不禁发问,还有无可能采取一些补救措施去保护如同濒危动物一般的人类想象力。他提到,是奥斯卡·米沃什点燃了他重振精神世界的希望。作为奥斯卡·米沃什的忠实学徒,他在二十一世纪期盼"以生物学为主要标志的世界观在历史意识重塑后能够彻底反转。不再[……]向人类展现与进化链上其他高

689

---

①　诺顿讲座始创于 1925 年,是由哈佛大学查尔斯·艾略特·诺顿诗学教席的受聘教授发表的年度系列讲座。以前艺术教授的名字命名,主题为"最广泛意义上的诗学",即艺术。这个系列讲座通常为六讲。

等生物的共性,而是强化人类本质上那些无法解释的独特性、特殊性和个体性,从而不断地实现超越"。(同上,页110)他又一次对波兰诗歌学派的特征做了阐述。他相信,以鲁哲维奇、瓦特、赫贝特、比亚沃舍夫斯基、希维尔什琴斯卡为代表的波兰诗歌学派,必将创造出一种突破以往的艺术模式,重新赢得读者的理解,并将历史与自己最个性化的表达连接起来。

　　米沃什在斯德哥尔摩逗留数日,除了参加演讲和作家之夜的活动(对瑞典人来说,这些作家多为"各种各样"的波兰人),还与圈内朋友们聚一聚。受米沃什邀请前来观礼的有他的弟弟和弟媳,耶日·盖德罗伊奇和佐菲亚·赫兹,伊莱娜·斯瓦文斯卡和简·杰隆科,地下出版社"NOW-独立印刷出版社"的创始人米罗斯瓦夫·霍耶茨基①、斯坦尼斯瓦夫·巴兰查克,还有斯泰凡·基谢莱夫斯基——他和米沃什一起,在摄影记者的镜头下夸张地"扮起鬼脸"。达努塔·舒姆斯卡可以为此作证。她留有一张照片,米沃什在背面写着:"达努塔留念——一个猴子",基谢尔写着:"和一个扮成猴子的人"。[28]诺贝尔颁奖礼有一些不成文的惯例,他理应全都照做,包括领奖后要跳一场莫纽什科②的歌剧《汉卡》中的马祖卡舞。在巴黎中转期间,米沃什就开始紧张,据他的儿子说,他不断地询问朋友们是不是要买假胡子和假发。[29]他认真地跟着教学录像带学习授奖的礼仪和程序,还租来一套燕尾服,穿着它在市政厅举行的宴会上一板一眼地跳舞。宴会菜单上有菠菜三文鱼、烤驯鹿肉、冰激凌和"龙津威士忌"。可是宴会结束得太早了——参加宴会的亚历山大·菲乌特回忆——这个波兰团后来去了斯德哥尔摩的……麦

690

---

① 米罗斯瓦夫·霍耶茨基(Mirosław Chojecki, 1949-),波兰出版商和电影制作人。
② 斯坦尼斯瓦夫·莫纽什科(Stanisław Moniuszko, 1819-1872),波兰作曲家、指挥家,被誉为波兰民族歌剧的创始人。

当劳吃夜宵。[30]

　　离开瑞典后米沃什去了罗马,在那里他受到教皇保罗二世的私人接见。然后又去了巴黎。十二月十八日,他在坐落于自己非常熟悉的圣多米尼克街上的圣皮埃尔杜格罗斯卡尤教堂举行作家见面会,有近一千两百人参加。奥拉·瓦托娃、莱本斯坦、奥尔加·舍雷尔、达努塔·舒姆斯卡、斯瓦沃米尔·莫罗哲克和耶伦斯基等人都来了。会上开了香槟,米沃什也签了上百次名,可他却没有一点庆功或者舒畅的感觉。伊莱娜·格鲁金斯卡-格罗斯①回忆说:“他与法国的波兰族群见面时我也在场。令我惊讶的是,那天他对大多数(……)[观众]冷嘲热讽,甚至带着怒气。他说,现在你们以我为荣,可当初我需要你们的帮助时,你们指责我是共产党,还到美国大使馆告发我。”[31]在巴黎期间,耶日·图罗维奇代表《普世周刊》采访了他,并撰写了一篇题为“伤痛的回忆”的访谈[32],这本杂志此前刊登过的米沃什的“新诗”其实都可以算作他最苦涩的作品。无论是《茵陈星》还是《一首歌》,开头都是这样一句话“无论是什么痛苦,都让痛苦更深”。(《诗集　第三辑》,页218)[33]

　　家事的愁苦和深深的孤独感折磨着他。一年后在给佐菲亚·赫兹的信中,米沃什提到被授予荣誉博士一事,他写道:“阿道夫·鲁德尼茨基有一篇小说的副标题应验了——“每一件事,都让他费心”。我麻烦缠身,他们还为我庆祝,这可不是‘成功’。”他又补充道:“莱赫·瓦文萨告诉我,过些日子就能掌握技巧了。是的,我学会了演说、背诵和鞠躬,行为举止与真实的我相去甚远,就好像我派了自己的替身去工作。”[34]在档案里米沃什也写过类似的牢骚话——“两面派”:

691

_____

① 伊莱娜·格鲁金斯卡-格罗斯(Irena Grudzińska-Gross, 1946-),波兰文学史家。

作家米沃什的出场常常让我很恼火。我甚至不记得,他的书是怎么写出来的。他的生活——就和他的读者们自己想象出来的那样——与我的生活并没有什么共同之处。因为是我,我一直小心翼翼地挣扎。我强迫自己记住所有糟糕的日子、踉跄的岁月、崩溃绝望、盲目追索和我的一切羞耻,然后问道:你能在这里找到米沃什吗?他保证要说实话,但语过无痕,他写着诗和散文的时候会想起某个人,某个从一块浮冰跳到另一块浮冰上的人,就好像他们之间并没有隔着黑水河。[……]当他获得诺贝尔奖时,带着我出席颁奖礼和宴会,而我就坐在那里,像极了别着他的名牌的替身,既尴尬又不安。更糟的还有,在波兰他被当成是一个回到祖国怀抱的民族诗人。[35]

注释

[1] 切斯瓦夫·米沃什在纪录片《魔山:切斯瓦夫·米沃什的美国素描》中的原话。

[2] 大学管理层为了表达对米沃什的肯定,特别为他指定了专属停车位。在拥挤的校园内停车位十分稀有。米沃什在纪录片《魔山》中说:"停车的地方就在我上课的教学楼旁边。他们挂了一块大牌子,写着切斯瓦夫·米沃什专用。这让我的同事十分恼火。[……]于是我请求校方拿掉它,重新写上:斯拉夫语系停车位。"

[3] 1980 年诺贝尔奖金为八十八万瑞典克朗,约合二十一万美元。

[4] 参《波兰对话:1999-2004》,页 705。

[5] 咪咪·麦克凯,为《党派评论》撰文,1999 年第 1 期,翻译:格热戈日·扬科维奇。

[6] 参《波兰对话:1979-1998》,页 37——"翻译圣经带给我希望,我能因此回归正常生活,而且这种声望于我,犹如从遥远的地方传来,从任何方面来看,都

不妨碍我现在的工作"。

［7］罗素·肖奇,《获奖的诗人》,载《加利福尼亚月刊》,1980 年 12 月。

［8］扬·约瑟夫·什切潘斯基和安杰伊·什切皮奥尔斯基亦参与其中。

［9］"安全部门关于一旦切斯瓦夫·米沃什获得诺贝尔文学奖应采取'公关措施'的信息",1980 年 8 月 2 日,摘自维托尔德·贝莱希的《诗人行动:文件选》,编辑:博古斯瓦夫·科普卡、格热戈日·马依赫扎克,载《选举报》,2004 年 6 月 26 日。另参博古斯瓦夫·科普卡、格热戈日·马依赫扎克,《诗人行动:安全部门追踪切斯瓦夫·米沃什记》,格热戈日·穆西德拉克编(卢布林,2007)。

［10］学院秘书拉尔斯·吉伦斯腾对《傍晚快报》说(1980 年 12 月 5 日)。摘自库巴·科瓦尔斯基,《切斯瓦夫·米沃什获奖后的报道汇编》,雅努什·奥斯扎博士指导下的硕士论文(华沙大学,2000),页 46。(克拉科夫切斯瓦夫·米沃什档案馆)

［11］摘自耶日·盖德罗伊奇写给安杰伊·博布科夫斯基的信,1958 年 1 月 17 日,收录于耶日·盖德罗伊奇、安杰伊·博布科夫斯基,《书信集:1946-1961》,页 505。

［12］参诺尔贝特·乍巴,《米沃什获得诺贝尔奖的背后故事》,载《文化》杂志,1980 年第 11 期。

［13］摘自耶日·盖德罗伊奇写给切斯瓦夫·米沃什的信,1977 年 3 月 8 日。(文学研究院档案室)

［14］摘自切斯瓦夫·米沃什写给耶日·盖德罗伊奇的信,1977 年 3 月 19 日。(文学研究院档案室)

［15］摘自耶日·盖德罗伊奇写给切斯瓦夫·米沃什的信,1977 年 3 月 25 日。(文学研究院档案室)

［16］卡塔热娜·格鲁伯,《回忆切斯瓦夫·米沃什》,载《瑞典-波兰纪事》,2003-2005 年,第 12-13 期。

［17］摘自耶日·盖德罗伊奇写给切斯瓦夫·米沃什的信,1977 年 4 月 21 日。(文学研究院档案室)因为扬卡生病,那时米沃什没办法去斯德哥尔摩,

未参加朗读会,也未曾拜会学院成员。

[18] 摘自康斯坦蒂·亚历山大·耶伦斯基写给切斯瓦夫·米沃什的信,1977 年 10 月 16 日。(拜内克图书馆)

[19] 参:"我为他做了很多事,我动员了所有可能和诺贝尔奖有关的各国朋友,还翻译了他的诗。我不知道,你是不是看过《不和》杂志,上面刊登过《乌尔罗地》中关于贡布罗维奇的整段文字,还有贡布罗维奇的《波兰回忆》和我写的引言'米沃什和贡布罗维奇'?"摘自康斯坦蒂·耶伦斯基写给约瑟夫·查普斯基的信,1978 年 7 月 11 日,载《文学笔记本》,1991 年第 36 期。科特的贡献非常大,1979 年 2 月米沃什写给盖德罗伊奇的信亦可佐证:"我一点儿没翻译过《乌尔罗地》,倒是科特·耶伦斯基用法语翻译了这本书,还四处宣传。"(文学研究院档案室)瑞典学者对《乌尔罗地》很感兴趣,因为书中提到了斯威登堡。另外,也可参考盖德罗伊奇和耶伦斯基之间的信件,如耶伦斯基的信,1978 年 1 月 24 日,摘自耶日·盖德罗伊奇、康斯坦蒂·亚历山大·耶伦斯基,《书信集:1950-1987》,页 426。

[20] 摘自康斯坦蒂·耶伦斯基写给切斯瓦夫·米沃什的信,1977 年 2 月 12 日。(拜内克图书馆)

[21] 卡塔热娜·格鲁伯,《回忆切斯瓦夫·米沃什》,载《瑞典-波兰纪事》,2003-2005 年,第 12-13 期。

[22] 阿图尔·伦德奎斯特,《关于切斯瓦夫·米沃什》,翻译:齐格蒙特·瓦诺夫斯基,载《世界文学》,1981 年第 6 期。伦德奎斯特后来前往加利福尼亚拜访过米沃什——"我来到伯克利[……]只是一次单纯的调查访谈,我是不是疯了,不是也差不多"。(《魔山》纪录片中采访切斯瓦夫·米沃什的片段)米沃什为伦德奎斯特的英文版诗歌写过一篇短评——《读阿图尔·伦德奎斯特的〈阿加迪尔〉有感》,载《今日世界文学》,1980 年夏,总 54 期,第 3 期。

[23] 摘自切斯瓦夫·米沃什写给耶日·盖德罗伊奇的信,1979 年 2 月。(文学研究院档案室)

[24] 耶日·盖德罗伊奇写给切斯瓦夫·米沃什的信,1980 年 8 月 12 日。

（文学研究院档案室）值得注意的是,盖德罗伊奇为米沃什得奖付出的巨大努力,以及《文化》月刊因此受到的激励,相关内容在杂志版面上几乎没有表达。当期（《文化》,1980 年第 11 期）所刊登的信息不含有一丁点个人色彩（只登出了杂志社团队的贺信）,另外还有两篇介绍米沃什的文章,即沃齐米日·奥多耶夫斯基的《第一次见面》和诺尔贝特·乍巴的《背后故事》（出处同上）——这两个人都算不上是诗人的知己好友（耶伦斯基和查普斯基未在本刊登文）。盖德罗伊奇和米沃什的关系仅限于此吗？这位编辑在给米沃什的信中写道:"我们收到了参加你的颁奖仪式的邀请函。[……]坦率地讲,我不想来。我不喜欢成为一个破坏气氛的人（trouble-fête）,也不想变成一个尴尬的可怜亲戚。我知道谁会去:波兰政府官员和文学界的公务员,还有出版人[……]。他们和我不是一个圈子的人,我们之间的关系也不会改变。你和我们非常要好,不仅仅是'我们的作者',当然这一点不会改变。我们之间也可以再谈齐格蒙特的玩笑——'别说了,切希,你净说傻话'。我希望,今后你还在我们这儿刊文发书。"摘自耶日·盖德罗伊奇写给切斯瓦夫·米沃什的信,1980 年 11 月 2 日。（文学研究院档案室）在这封信里,他提醒米沃什要邀请斯坦尼斯瓦夫·巴兰查克（有邀请函巴兰查克才拿到了护照,否则波兰人民共和国政府不会给他）,他还计划在斯德哥尔摩"与文联的朋友再聚首[……]。这样的重聚可能会成为波兰文学界的转折点"。后来,盖德罗伊奇和妻子佐菲亚·赫兹来到斯德哥尔摩,但始终与诺贝尔官方举办的仪式保持着距离,也没有参加庆祝酒会。

[25] 摘自"切斯瓦夫·米沃什诺贝尔奖"文件夹,国家记忆研究所,编号:BU MSW II 30313。

[26] 拉尔斯·吉伦斯腾,1980 年诺贝尔文学奖颁奖词,载《文化》,1981 年第 1–2 期。这份颁奖词后来成为忽略尴尬的历史问题的一个范本:文中关于立陶宛的悲剧命运只提及遭受了"纳粹恐怖",对苏联只字未提。

[27] 米沃什在未获得诺贝尔奖前就收到邀约,并于 1981 ／ 1982 年担任查尔斯·艾略特·诺顿诗歌讲座的客座教授。米沃什是主讲该讲座的第一位中欧诗人。此前几年担任主讲的还有伊戈尔·斯特拉文斯基、T. S. 艾略特和爱德

华·卡明斯。

[28] 作家与达努塔·舒姆斯卡的对话,巴黎,2005 年 5 月。

[29] 作家与安东尼·米沃什的对话,奥克兰,2001 年 4 月。

[30] 参亚历山大·菲乌特,《大师》,收录于《回忆切斯瓦夫·米沃什》,页 132。

[31] 伊莱娜·格鲁金斯卡-格罗斯,《米沃什和布罗茨基:磁性的土地》,页 78。

[32]《普世周刊》,1981 年第 3 期;《波兰对话:1979-1998》,页 33-43。

[33] 这首诗刊登于 1980 年第 42 期《普世周刊》,此前曾发表于 1980 年第 9 期《文化》。同年第 10 期《文化》登过米沃什的一封信:"第九期《文化》刊登了我的诗《一首歌》,这纯属误会。我的本意是,这首诗本偶然得来,应该归入我的私人记录,不该出版,因为自己的苦水和悲观主义最好留给自己。"

[34] 摘自切斯瓦夫·米沃什写给佐菲亚·赫兹的信,1981 年 10 月 8 日。(文学研究院档案室)

[35] 切斯瓦夫·米沃什,自传体随笔《两面派》/《我的两面》。(拜内克图书馆)

第七十五章 "皇冠掉到了耳朵上"

在伯克利,切斯瓦夫·米沃什经常给朋友们看华沙报纸上刊登的漫画:第一幅图画着一个在街上边走边读书的男人,而街角有个恶意的人影埋伏着;中间一幅图上,人影从隐蔽处走出来,用刀刺中男人的后背;最后一幅图,凶手从尸体边拿起书认真看了起来,书的封面上赫然写着——"米沃什,诗集"。米沃什看着漫画爆发出自己独特的笑声——笑声中带着些许犹疑,但却十分舒心和爽朗。

罗伯特·平斯基,《纪念切斯瓦夫·米沃什》

很多年来,在官方承认的波兰文学版图上一直有个空白点。此处要按照古老的制

图法来说,得加上注解。但与其写上"ubi
leones"①,不如标识为"ubi Leo"②。这片土
地,奥尔比斯的旅行团③和官方代表团并未
曾到访,还只是一些背包客的目的地。令人
向往的朝圣之地。

耶日·科维亚特科夫斯基
谈切·米沃什的创作(1980)

692　　　"一九八〇年十一月我来到格但斯克列宁船厂,主要是因为当时这
里是全世界最感兴趣的地方。我走到一个穿着蓝色连体服的工人身边
问他,是怎么做到,在这个米沃什的作品被查封的国家里,被杀害的船厂
工人纪念碑上还能刻着米沃什"诗人会记住"的诗句。工人回答:'就算
被禁了,我们也能找到米沃什的书。'这一刻也许会让卡尔·马克思赞
叹或者惊恐,"理查德·劳瑞回忆道,"当我从波兰回国后,米沃什正在
哈佛讲学,住在剑桥。我刚一敲门进去,他就问我:'波兰什么样?'我一
下子恍如在参加博士生考试[……]。'并不陌生。'我答道。他笑了。
我交差了。"[1]米沃什笔下关于波兰船厂故事的诗节,今天读来依然朗
朗上口,在"团结工会的狂欢"期间确实也发生了很多有趣的人和事。
在一千万人参与的社会事件中,整夜整夜排队的可不只是买肉的人,还
693　有买书的人。尽管存在审查制度的禁令和严格的边防检查,但在米沃什
移民期间,他的书依然能送达波兰。甚至在一九七〇年,诗人自己从缅

---

　　① ubi leones 为拉丁文,意为"狮群出没"。古罗马的统治者,主要是希伯来人,对探索
世界毫无兴趣,因此绘制的罗马式地图常常会有很多空白点,并在空白处加注"ubi leones",表
示此处未被认知,属危险之地。

　　② 拉丁文和英文混合,结合上文意为"狮王出没"。

　　③ 奥尔比斯旅行社成立于1920年,是波兰历史最悠久的旅行社,也是现在波兰和中欧
最大的酒店集团。

因州给身在波兰的齐格蒙特·赫兹寄去了一张明信片,可以说:这是他那时能去波兰的唯一方法。[2]

这里还要再提一提赫兹的贡献。他想尽办法把米沃什的诗带到波兰,甚至将诗录进磁带里。在一封写于一九六五年的信中提到,是维辛斯基——红衣主教,把这个包裹从罗马带回波兰,一盘交给了卢布林天主教大学,另一盘交给了图罗维奇。[3]次年一月,波兰运动员们在自己的行李里塞满了"精神"食粮,还计划把这些书卖到黑市上。兴奋的赫兹告诉米沃什说,在华沙,刊登着《诗论》的月刊是最贵的。[4]七十年代中期赫贝特欣慰地写道:"年轻人视你为偶像。真的,切斯瓦夫,你为波兰的抒情诗立起一面旗,禁令和封锁都阻挡不了。"[5]许多米沃什的读者都有着类似的启蒙经历:从教授那里拿到书,借看一宿,手抄下来。幸运的抄本还能在古董店或者公共阅览室找到。[6]克日什托夫·赤热夫斯基①——他后来成为米沃什在克拉斯诺格鲁达的遗产的监管人,为那段时光留下了美妙的叙述:

> 那是一九七七年,或者一九七八年初。工人保卫委员会已经成立了。我还是波兹南亚当·密茨凯维奇大学文学系一年级的学生。我们慢慢开始接触到一些地下印刷的书籍,油印的,纸很差,胡乱装订起来,为了省钱字迹密密麻麻,让人看得眼睛酸痛。可对我们来说,这些书非常宝贵。[……]我们去居民区参加"飞行大学"的活动。有一天晚上,在雅采克·库比亚克②家,来了一位地下学生会

---

① 克日什托夫·赤热夫斯基(Krzysztof Czyżewski, 1958—),波兰作家,边疆基金会创始人。
② 雅采克·库比亚克(Jacek Kubiak, 1957—),波兰记者。

的头头，名叫雷沙德·克里尼茨基①。他没有读自己的诗，而是谈起了一位移民国外的波兰诗人。好几个学生是第一次听到这位诗人的名字。雷沙德虔诚地捧着一本书念了起来，而我们，目不转睛地盯着那本书看。我们都等不及了，想要碰一碰它、翻一翻它。它是那么美妙，包裹着绿色的帆布，封面上用烫金字母刻着：切斯瓦夫·米沃什 诗歌作品——诗集。[7]

694 比赤热夫斯基年长十岁的亚当·米奇尼克，手里有一本从古董店买来的《白昼之光》②，他认为，他和他的同伴们[8]才是波兰人民共和国时期首批欣赏米沃什的知识分子，他们看到了移民后的米沃什的知识价值和文化价值，而不是仅仅把他看成过气的故事。[9]米奇尼克参与决策了地下运作的"独立出版社"出版《被禁锢的头脑》。而实际上，赤热夫斯基手上那本字迹拥挤装订粗糙的书也是这个出版社印刷的。这些地下读物的发行影响巨大，一九七六年秋在巴黎举行的米沃什见面会上发生了这样一幕——"在喝了三瓶葡萄酒后，我开始背诵米沃什的诗，一点儿都没有磕巴。它们都刻在我脑子里。那一刻，我沉浸在巨大的兴奋之中，突然看见，诗人已泪流满面。我尴尬地停了下来。诗人用激动的声音说道：'我没想到，波兰的年轻人还会记得我的诗。我还以为，我早就被抹去了'"。[10]

米沃什与波兰审查制度的过招时有进展，业内人士从蛛丝马迹间能发现监管层的变化和他们内部的压力。有人在文章中借用了《三个冬天》中的措辞[11]；有人获得了无须审查的许可，上演了米沃什翻译的《皆

---

① 雷沙德·克里尼茨基（Ryszard Krynicki, 1943- ），波兰诗人，波兰"新浪潮"运动成员。
② 米沃什诗集，1953 年在巴黎出版。

大欢喜》一剧①,并在海报上打出了翻译者的名字;还有传言称,他要回波兰了^[12],借此又促成了他的几首诗被选入文集^[13]。到了一九七四年,扬·帕兰多夫斯基和伏瓦迪斯瓦夫·巴尔托舍夫斯基领导的波兰笔会向米沃什颁出了奖项……表彰他把波兰诗歌翻译成英文的贡献。"谁才是魔鬼? 好像我再也不是撒旦了。但我明白,笔会已经尽了最大努力[……]但也只能颁发一个翻译奖,同时还不会被群嘲。"米沃什在给盖德罗伊奇的信中这样写道。^[14]一年后,在给布沃斯基的信里他反思说:"如果我在波兰实至名归,那我就必须得叩问自己,为什么距离会引发这么多的误读[……]。比如说,我就不懂,我的神话是怎么形成的(移民、西方还有那里的预言),难道是不断寻找民族形象的集体本能使然? 要么就是,在波兰当下的作家中找不到几个可供消费的对象了。"^[15]

又过了六年,当他在离开三十年后第一次踏上波兰的土地时,他亲身感受到了这种集体本能。在波兰期间,波兰人民共和国高层没有给他制造任何麻烦,反而尽量弱化政府的影响,表现出了顺从民意的诸多举动,而国家主席亨里克·雅布沃斯基②^[16]和文化部长约瑟夫·泰伊赫马③还向米沃什发出了贺电。^[17]一九八一年六月,米沃什动身前往波兰,满怀兴奋,没有一丝推就和踌躇。^[18]一个月前,罗马发生了暗杀波兰裔教皇事件;两周前斯泰凡·维辛斯基④大主教刚刚离世。尽管执政党与团结工会表面上一直在努力调解,但工会的领导人并未意识到,拟逮捕人员的名单其实早已准备就绪。诗人抵达华沙时,整个国家沸腾了,无

695

---

① 莎士比亚的戏剧。
② 亨里克·雅布沃斯基(Henryk Jabłoński, 1909-2003),波兰共产主义政治家。
③ 约瑟夫·泰伊赫马(Józef Tejchma, 1927-),波兰历史学家、政治家。
④ 斯泰凡·维辛斯基(Stefan Wyszyński, 1901-1981),波兰天主教领导人,在波兰影响力巨大,被称为无冕王。

论是波兰人对米沃什的期待，还是用大写字母标识的诗人姓名，都非常巨大。简直是朝圣。《普世周刊》以"在美国生活和教学的人"为题刊发了一篇介绍米沃什的文章。艾丽兹别塔·莫拉维茨①在《文学生活》上撰文称："他受到了诗圣般的招待，对他的热忱堪比保罗二世：有他在的地方就有无数的崇拜者。""我们看到保罗二世、瓦文萨和米沃什的时候，应该要保持理智。"扬·图尔纳②在《纽带》上写道。[19]

让人啼笑皆非的一幕幕，造就了一个莫名其妙的民族偶像和一系列有些荒谬的情节。在获得诺贝尔奖后，采访米沃什的第一家国家媒体竟然是《人民论坛报》③，以电话采访的形式。如果报纸上的文字真实可信，那么米沃什的论调未免过于谨慎——"我很高兴，能为民族传统文化和我国文学作品在世界范围内广泛传播做出贡献"。（《波兰对话：1999–2004》，页 694）[20] "我承认，当我在《人道报》④上得知你接受了《人民论坛报》的采访时，我相当震惊。［……］我不认为，在文学界、科学界和整个知识分子界都在猛烈抨击和抵制审查制度的时刻，这是明智之举［……］。也许先让《普世周刊》，哪怕是《创造》来采访，也好过这样，但让审查制度的喉舌最先发声恐怕有违战术。"耶日·盖德罗伊奇睿智地评论。[21] 可当时身心疲惫、发着高烧的米沃什可能根本没力气做出类似判断。从另一方面来看，米沃什只能小心翼翼处处提防，因为他对八十年代的波兰并不了解，他认不出乌尔苏斯工厂⑤几百名工人发给他的请愿书，也看不懂为什么有两千人在华沙圣沃依切赫书店的门前站了一整夜，只为买到新鲜上市的《太阳从何处升起从何处落下》。[22] 还有一个九岁的男

---

① 艾丽兹别塔·莫拉维茨（Elżbieta Morawiec），波兰记者。
② 扬·图尔纳（Jan Turnau, 1933– ），波兰天主教记者、作家。
③ 《人民论坛报》是波兰统一工人党的官方媒体渠道，也是波兰统一工人党的主要宣传渠道之一。
④ 法国的一份全国性日报，原为法国共产党中央机关报。
⑤ 波兰罢工运动的主要集结地之一。

孩,没有买到这本书,竟拿了一本斯沃瓦茨基的诗集请米沃什签名,他只好写下:"米沃什代签"。[23]在波兰怎么少得了光怪陆离的景象:诗人在沃姆扎①附近的库尔皮民俗馆里跳起了民族舞;有些商店卖起了名为"小米沃什"的糖果,《文化》尖刻地点评说:"排上一个半小时的队也别想买到。但要是买'普特拉门特'糖和'霍乌伊'②太妃糖——排队的人可不会很多。"[24]

696

　　其实,米沃什来波兰最主要的目的是领取卢布林天主教大学的荣誉博士学位,为了避开华沙官方的欢迎活动,他甚至曾考虑过经德国开车前往。可最终,他还是于六月五日降落在奥肯切机场。[25]在人群中等待的贝尔斯基清楚地记得,诗人激动地冲着他大喊"塔德乌什!"。[26]人潮、鲜花和兴奋的欢呼声中,一曲维尔诺传统民歌合唱《库尔德萨曲》③尤为突出和动人,这是卡托维茨药学院的流浪汉学术俱乐部为了欢迎米沃什精心准备的。米沃什还在机场发表了一场即兴演说,其间他特意对工人们表示感谢:"他们可以读懂、思考和提高波兰的经济。"(《波兰对话:1999-2004》,页724)第二天,米沃什所到之处已尽是簇拥的人群。在瓦津基公园,他参加了文化部长为他举办的鸡尾酒会。酒会结束后放映了瓦伊达的电影《铁人》④,该片的第一个镜头就是玛雅·科莫罗夫斯基卡⑤朗诵着米沃什的诗——《希望》。当晚,米沃什与大约一千五百位青年在"斯托多夫"学生俱乐部碰面,而参加活动的不少人是从黑市买到的入场券。[27]化名为"马特拉特"的安全部门便衣,严密地监视着米沃什在波兰的一举一动,他在自己的报告中写道:

―――――――――

① 沃姆扎(Łomza),波兰东北部的小镇。

② 塔德乌什·霍乌伊(Tadeusz Hołuj,1916-1985),波兰诗人、作家。

③ 《库尔德萨曲》是立陶宛一种宴会歌曲的统称。"库尔德萨"为土耳其外来语,意为"兄弟"。

④ 瓦伊达导演作品,1981年上映,同年荣获戛纳电影节金棕榈奖。

⑤ 玛雅·科莫罗夫斯基卡(Maja Komorowska,1937-),波兰女演员。

[青年团体]的代表们试图为此次见面会增添一些政治示威的色彩,还想敦促切斯瓦夫·米沃什发表有关意识形态问题的宣言[……]。这一想法压根无法实现。切斯瓦夫·米沃什认为这次座谈是文学性的,没有理会他们的话茬儿,直接朗诵诗歌,完全不予置评。尽管时有离题(比如,在朗读《假如》时,他提到"美国其实是一个悲惨的国家,没去过那里的人,完全想不到"),但却反映出这位历尽坎坷的老年诗人,宁愿沉浸在用波兰语读诗的乐趣中[……],也不想担当起游吟诗人、"民族先驱"或政治家①的角色。就算是提到自己和俄罗斯的联系、在波兰的生活条件、移民等话题,他也始终保持着"关于诗作的私人访谈"的论调。在被问及移民是不是正确选择时,他回答:"我经历过的那么多难事,本可以将我杀死。既然没杀了我,那显然就在帮我(他本要在此处结束演讲的)。每一次的遭遇都让后来的我无从借鉴。我就像'傻瓜伊万'②那样,总是选择缺乏理智的解决办法,然后,我成功了,无可争议。"[28]

697　　大厅里的气氛诡异又紧张。一边是满怀期待的公众,而另一边的诗人,既不想成为"先驱",也不想变成正义的使者(很多人都认为,美国人应该是盖世无双的大英雄)。因为,他还不了解波兰的形势,他害怕激怒政府,脑海中还保留着五十年代压抑中的波兰的记忆。他后来回忆,当时大厅里弥漫的气氛就好似起义一触即发。两边各有道理又都心存疑虑,不少听众对他深感失望。直到第二天,在独立出版社的见面会上,双方的隔阂才烟消云散。诗人看到了秘密出版的一卷卷诗集,动情地

---

① 指波兰的爱国诗人亚当·密茨凯维奇。

② "傻瓜伊万"是俄罗斯民间童话人物,善良而富于爱心,总是被聪明的哥哥们欺骗,但却最终迎娶公主成为国王。

说,与在波兰非法出版和分发相比,写诗要容易得多。而一个出版者开玩笑道:"并非如此。我们也想努力写作,像您一样,但我们写得不行。"[29]同一天,米沃什受邀前往波兰笔会,并在那里漂亮地完成了两个友好的举动:一是追忆了一年前过世的雅罗斯瓦夫·伊瓦什凯维奇,肯定了他的作家身份,而非活动家;二是公开驳斥了对他的嘲讽,但又没有诋毁安德热耶夫斯基。《灰烬与钻石》的作者曾在接受《华沙生活报》的电话访谈时,谈到了米沃什获得诺贝尔奖的话题,可能是因为喝醉了(那时候他酗酒),他讲了一些酸溜溜的话,比如:"这个奖应该米沃什和我一人一半,我们俩在两个不同的领域里都堪称伟大。"[30]"我觉得,我也想,我也希望,安德热耶夫斯基能拿到诺贝尔奖,他实至名归。"米沃什的话对在场的这位小说家来说意义重大,因为这次相见竟然成了他们俩最后一次亲密的会面。[31]

经雷沙德·马图舍夫斯基牵线,米沃什专程拜访了米隆·比亚沃舍夫斯基。[32]而比亚沃舍夫斯基也成了米沃什此行中唯一一位能与之交谈甚深的作家,颇有些惺惺相惜的意味。[33]马图舍夫斯基回忆:

> 走进电梯时,米沃什环顾四周,说道:"哦,这就是那幢高楼啊!"我知道,七十年代他在巴黎认识了比亚沃舍夫斯基。他提到"高楼"让我想到,他应该读过《摆脱自己》①。从他和比亚沃舍夫斯基的交谈中,我更肯定了,他还读过他的其他书,甚至还有刚刚出版的《浪费》②。他们刚一见面,比亚沃舍夫斯基就读起了一段米沃什在诗集上的题献词。其中提到了《伊萨谷》作者的故乡,位于"波兰之外"。比亚沃舍夫斯基追问:——为什么是"波兰之外"?米沃什

698

---

① 比亚沃舍夫斯基诗集,1978 年出版。
② 比亚沃舍夫斯基的散文诗集,1980 年出版。

回答：——怎么不是？我出生在凯代尼艾镇，那里不是波兰，也许正因如此，我的波兰语才和您的不一样。您生在这里，在中心。也许因此您对波兰语的态度更加随意。您的根更深厚。[34]

六月八日，又是一个重要的时刻。这一天，诗人重新获得波兰作家协会会员身份。一九五一年在黑幕运作之下，曾经的作协主席约瑟夫·扬·什切潘斯基授予他的会员身份被悄悄地抹掉了。在文学博物馆，米沃什参观了关于自己的展览；与母校的毕业生们见了面；拜访了国家出版学院和读者出版社……米沃什精疲力尽，对接下来的日程丝毫提不起兴趣。一位准备采访他的女记者写道："我们坐在格拉热娜和安杰伊·米沃什的家里。诗人看起来疲惫不堪。[……]此外，他毫不掩饰——对记者的厌恶。他对我说的第一句话是：'天呐，我真不喜欢，他们写我的样子。'他明显不想聊下去……"[35]

切斯瓦夫·米沃什的弟弟安杰伊·米沃什与媒体打交道就容易得多了，不只是因为他不是报道的主角，还因为他本就活泼，也从不在意表现自己。对安杰伊来说，这段时间他甚为得意，也可以看作是一种补偿吧，许多年来因为是米沃什的兄弟，他可遭了不少罪。当年社会学毕业后，他做了记者，在"波兰人电台"筹划青少年广播剧。[36]一九五一年，安杰伊·米沃什不得不做出一个原则性的选择，要与兄弟"划清界限"才能暂保平安。他不同意，随后就丢了工作，因为所谓的狼票①和档案记录已一落千丈。后来他加入了电影制作工作室，先当翻译写字幕，后来学会了摄像和剧本创作，又和自己的老板耶日·贝德纳尔赤克②一起拍摄完成了波兰第一部关于以色列的纪录片——《在地中海和红海之

---

① 源自俄语。表示对个人职业生涯产生负面影响的档案文件。

② 耶日·贝德纳尔赤克(Jerzy Bednarczyk)，波兰作家、导演。

间》。一九六八年,因为不愿意指控贝德纳尔赤克,他再次被解雇。[37]
于是他和第二任妻子格拉热娜·斯特鲁米沃一起想办法创业,到高加索
旅行,在格鲁吉亚拍摄纪录片。安杰伊由此身心得到了双重满足,从父
亲那儿继承的旅行爱好和对拍电影的热忱充分释放。一九八〇年他的
才能获得了某种程度的认可,加入波兰电视台的摄影队,前往伯克利,去
拍一部关于自己兄长的纪录片。[38]从这时起,他们才可以"公开"联系,
此前那次在巴黎的碰头却还得保密。一九六六年他们开始用"密文"通
信。[39]一九八〇年,安杰伊和格拉热娜去巴黎和勃艮第旅行,尽管局势
已大有好转,但米沃什还未获得诺贝尔奖,回程时,他们车座下面塞满了
"精神食粮",还藏着……托尼·米沃什。[40]如今,安杰伊,还是那么活
泼,撸起袖子忙里忙外,陪伴在兄弟身边。他们一起从"波兰的"华沙出
发,先去了克拉科夫,参加雅盖隆大学正在举行的《救赎》一书的研讨活
动。图罗维奇、《普世周刊》、标志出版社和文学出版社都出席了这次活
动。被团团围住的米沃什向记者们抱怨说:"我都不能在城里散散步
(只有深夜十二点、一点左右,我才能在克拉科夫逛逛),所以我不知道,
后来怎么样了。"(《波兰对话:1999-2004》,页748)[41]

　　六月十日诗人抵达卢布林,在切霍维奇的墓前领取了卢布林天主教
大学的荣誉博士学位。仪式上,伊莱娜·斯瓦文斯卡致贺词,古斯塔夫·
霍罗贝克①、克日什托夫·科勒拜尔盖尔②和达涅·奥勒布雷赫斯基背诵
了他写的诗。还有人念诵了斯泰凡·维辛斯基在死前不久为此仪式专门
写的一封贺信。红衣主教这样写道:

　　　　他孤独地漫步在时光旅程中,也许时有挫折,但总是给人带来这

---

① 古斯塔夫·霍罗贝克(Gustaw Holoubek, 1923-2008),波兰演员、导演。
② 克日什托夫·科勒拜尔盖尔(Krzysztof Kolberger, 1950-2011),波兰演员、戏剧导演。

样的印象——这位经历了二十世纪风雨的男人，不想被哲学流派的
思维技巧所束缚，不愿苟同于芸芸众生，不困于一隅，不屈从于厚颜
无耻又残酷无情的权贵。也许他就是某种"午夜呐喊"，是末代家族
的号角——他受难的最终目的是拯救人类的自由。[……]上帝考验
着每一个被禁锢的人。在孤独的探索中，这个叫切斯瓦夫·米沃什
的人经受住了考验。[42]

这段美轮美奂的文字，大量地引用《诗篇》和米沃什书中的内容，调
子非常高，高到让穿着罩袍的米沃什备感不安。在天主教大学发表演讲
时，米沃什试着阐述自己对教会的态度：

> 我是媒介，某些特定的人类文明之音通过我来发声，在基督的
> 感召下可以明辨善与恶。

700

> 但是，我认为有必要澄清一点，我并不是天主教诗人。在文字
> 中使用这一称谓的人，他的假设是，其他人，无一例外，都不是天主
> 教徒。我深以为疑，因为这与 Katholikos① 的词义不符，这个词本是
> 形容普遍和广泛的特性。将人们区分开来，更容易看清，是什么将
> 人们联系在一起，不再分离。就好像信教的人今天能在亲朋好友之
> 中发现不信教的人，而不信教的人就必须随时假装怀有宗教信仰。
> 我想，这两种人可以殊途同归和平共处，只要彼此尊重这个世界还
> 有人类存在的奥秘[……]。不管如何自许，他们都是彼此的朋友，
> 因为他们的尊重就是相互鄙视的反证，对世界对人类，他们用自己
> 追随的理论和教义都能找到满意的解答。我很荣幸，我的书适宜广

---

① 此为希腊文。英文"天主教徒"的词根来自希腊语"Katholou"，此处的希腊文为形容
词，原意为"普遍的"。

义上的"虔诚之人"。可如果我专注于成为一个宗教作家,像西蒙娜·薇依和列夫·舍斯托夫那样,如果我翻译过或者在翻译圣经,那么我决不吝于袒露心声:我只是想告诉大家,这些事情并非做给(如果可以这样说的话)职业天主教徒看的。(《从我的街道开始》,页497-498)

在卢布林停留的日子为以后发生的事埋下了戏剧性的伏笔。这位被战后波兰教会最伟大人物祝福和致敬的诗人,在四分之一个世纪后离世之时,"职业天主教徒"竟阻挠将他葬在克拉科夫的斯卡乌卡墓地①,他们指责他没有信仰,不信圣经,也不信波兰。

在卢布林天主教大学的操场上,米沃什与莱赫·瓦文萨并肩领取了奖章,该奖表彰他们对历史的开创性贡献。米沃什身上戴着两个团结工会的胸章,瓦文萨和以往一样戴着圣母像。当主持人把名字错念成"切斯瓦夫·瓦文萨"时,两个人都笑了。工会主席说:"米沃什的行动比我们更早,比我更早。实际上,他的作品给我们带来了启迪。我差不多有两次坐下来,静听您的作品。"诗人回应道:"我崇拜莱赫·瓦文萨和波兰工人们。我的作品跟他们的奉献相比不算什么。"(《波兰对话:1999-2004》,页737-738)在卢布林天主教大学校长米奇斯瓦夫·克朗皮埃茨②的办公室里,他们二人之间的对话简直与话剧剧本如出一辙:

> **米沃什**:真正的领袖,请您相信我,我非常崇拜您。
>
> **瓦文萨**:更早以前我就开始崇拜您了。您是我学习的榜样。而

---

① 此处墓地为波兰名人墓。

② 米奇斯瓦夫·克朗皮埃茨(Mieczysław Krąpiec, 1921-2008),波兰天主教神父、哲学家、神学家。

且我更加感激您。也许我们所有人都要感激您。我们能拥有今天这般优势,而非其他窘态,完全是水到渠成,因此很难衡量谁的贡献更多或更少。

701

米沃什:知识分子和工人阶级的每一次合作都影响深远。知识分子根本没必要自视清高。

安杰伊·米沃什:请暂停一下,这次交流必须配上一个更大一点的标识。(说完,他给诗人别上了一个大号的团结工会胸章)

米沃什:为什么,刚才那个是小了点,但挺好看的。你干嘛要换……

瓦文萨:也许您还没习惯这些琐碎的小细节。

米沃什:我是不习惯,也不打算习惯。

瓦文萨:您别在意这些就行了。让他们去做。

米沃什:我生来就不适合现在这种角色。昨天在演讲里我还提到,这件外套太大了。

瓦文萨:实际上,您要知道,会慢慢习惯的。刚开始的时候我也手足无措,现在,只要不是那么刺耳,我都能听进去。

米沃什:您得理解,我写过各种文章,有好的,也有差的。可现在却因为我名字的原因,要把它们都拿出来刊印。太丢脸了,让我脸红,耳朵根都红。但也只能咽下去。

瓦文萨:是啊,这就是生活。有些事,根本就让人想不到。

米沃什:顺其自然。我本身对身体力行的人、对做实事的人非常敬佩。我是个笔杆子。只会坐在房间里写点东西。我从来就没想过,我写的东西会被传颂。我曾以为,有十五个人会读就能算作传颂了。昨晚,当演员们朗读我的诗时,我深受感动。

瓦文萨:早就有人这么做了。您知道吗,我也朗诵过您的作品。

米沃什:好吧,但这一切带来的责任过于巨大。皇冠掉到了耳朵上,太大了。(《波兰对话:1999-2004》,页733-734)

米沃什后来回忆，这次见面让他更加肯定，"瓦文萨将成为二十世纪波兰叱咤风云的人物，就像科希丘什科①那样"。[43]六月十七日在格但斯克[44]，他们又见面了。米沃什向纪念一九七〇年十二月罢工殉难的船厂工人纪念碑敬献花圈，他深情地对身边的工人们说："如果你们只想着夺权，世界对你们的态度就会和对普通的政党一样，认为你们不过在玩弄权力的游戏而已，同时你们也就失去了那个吸引着不同国家、种族、民族的内核。也就没有了希望。"[45]纪念碑上刻着米沃什翻译的《诗篇》第二十九首——主赐予子民力量，主赐予子民和平的祝福。还刻着《你伤害过的》一诗的选段。字字句句，刻在这个浸透着鲜血的地方，读来更加铿锵有力。[46]

"我竭尽全力地摆脱诺贝尔奖带给我的麻烦，还有一些意想不到的名人效应。不久前有人在旧货市场上买到一张邮票送给了我，邮票上画着四个波兰人熟知的圣物符号：三重冠冕——代表维辛斯基主教，钥匙——指教皇，电动工具——指瓦文萨，书——是米沃什。"（《波兰对话：1979-1998》，页543）多年后他如是说道。米沃什努力想让自己的行程看起来更"私人化"一些[47]，可处处簇拥着他的人群显然并不这样想。他们期待着诗人妙语连珠，讲出一些"刻意安排"的言辞，甚至在米沃什还没出现时，就为他写好了"热血沸腾的爱国主义"诗歌——这些诗米沃什现场可写不出来。[48]而他自己，竟然"给很多人留下了傲慢、冷漠和不友好的印象"。[49]

让他别扭的不只是诗人地位的骤变，还有对待国家的态度。米沃什认为，这个国家的精神意识在从束缚中松绑下来后，又走回了民族主义右

①　塔德乌什·科希丘什科（Tadeusz Kościuszko, 1746-1817），波兰军队领导人，波兰、立陶宛、白俄罗斯和美国的民族英雄。在参加了美国独立战争后，返回祖国领导反抗三国瓜分波兰的民族起义。

倾的老路。《白昼之光》的作者说得有道理吗？今天看，是有的。尽管我们知道，米沃什曾于两次世界大战期间满怀反民族主义的愤恨情绪，但在自由波兰历经多年的痛苦教训之后，如果回过头重新审视米沃什的话，理解会比一九八一年时更加深刻。也许是因为数十年来他一直作为旁观者，与波兰内部环境保持着适度和理性的距离，反而对当代的消极情绪有了更加清晰的认识。一九八一年一月，在写给盖德罗伊奇的信中，他将自己的观点淋漓尽致地表达出来：

> 我读过上百封从波兰寄来的信，我也和巴黎或者安阿伯的波兰人聊过天，那时候，我真觉得头皮一阵阵发麻。波兰的来信，特别是那些年轻人写的（其中有一封请愿信，请求我允许用"切斯瓦夫·米沃什"为童子军命名——可没过多久，他们就被命名为维托尔德·贡布罗维奇童子军了），可以为波兰正在发生的巨大且本质性的改变佐证。在他们的文字里，波兰总被写成一个伟大的民族组织，国家被奉在圣坛之上，圣母像成了护佑国家的神权摆设。[……]我可做不了波兰民族主义的推动者，但他们，给我写信收集我签名的人，却硬要把这个头衔强加于我。他们从来就没想过，除了波兰天主教徒之外，我还会是其他角色。这个可怜的民族，一方面深受民族共产主义的莫查尔学派的影响，另一方面又在家庭和教会层面对莫查尔学派进行民族主义式的批判，活脱脱一副汝尔丹模样①，高谈阔论，野蛮生长的民族主义和弥赛亚主义已经深入骨髓还不自知。[……]我得想想，我能做点什么。毫无疑问我们俩必须得保持联系，并在这个问题

703

---

① 莫里哀的讽刺喜剧《贵人迷》中的主角。汝尔丹是一个愚昧无知的暴发户，为了挤进贵族阶层，极尽巴结逢迎虚荣之能事，无所不用其极，最后甚至背叛基督教，改信伊斯兰教，当不了本国的贵族，就当外国的贵族。

上坦诚地交流意见,只有这样,你所代表的还有文化出版社这么多年来所代表的另一个波兰的模样,才不会被丢弃。因为,国家大义会吞噬掉一切,尽管它赞赏文化出版社为捍卫民族价值所做的贡献,却不会记录下"文化"的真正立场。[50]

一九八一年六月,当他向黑压压的船厂工人鞠躬致敬,当他与瓦文萨会面,当他见到"普通"读者时,看到"另一个波兰"的模样了吗?也许看到了。波兰处于战时状态时,他给安杰伊·瓦里茨基写过一封信,信中说:"可以认为[……]这个人性的、民主的、政治成熟和健全的团结工会,在瓦文萨的带领下将捍卫起新兴的民主波兰意志。[……]对我来说,这十六个月如五三宪法①时期,满怀着对世界的美好向往,憧憬着波兰走向繁盛。可没过多久,波兰意志又会退到因踩蹦压迫遭受痛苦的民族主义上来。"[51]无论是担惊受怕还是捕风捉影,恐惧重重之下,真实与谎言、高贵与卑劣、自由与枷锁、"无力的力量"与甘于坦克和权力党羽的软弱依然针锋相对。刚宣布实施战时状态时,米沃什在《纽约时报》上刊文道:"我不认为[……]以团结工会为首的发生在东欧国家的民主运动只是昙花一现。正相反——他们将公开或者秘密地长久存在下去,比我们这个世纪所有军政府的寿命加起来还长。"[52]

注释

[1] 理查德·劳瑞,在调查问卷"我的米沃什"中的话,翻译:玛格达莱娜·海德尔,《普世周刊》,2001年第26期。

[2] 齐格蒙特·赫兹,《致切斯瓦夫·米沃什书信集:1952–1979》,页340。

---

① 《五三宪法》被普遍认为是欧洲第一部、世界第二部成文宪法,是波兰王国为了拯救被第一次瓜分后的国家作出的改革尝试,但仅实施一年即被废除,接着波兰又被瓜分了两次。

[3] 参齐格蒙特·赫兹写给切斯瓦夫·米沃什的信,1966 年 1 月 31 日,收录于齐格蒙特·赫兹,《致切斯瓦夫·米沃什书信集: 1952–1979》,页 217。据克拉科夫的学者斯坦尼斯瓦夫·巴尔布斯回忆,录音带由卡齐米日·维卡的女儿玛尔塔从迈松拉斐特带回波兰。参斯坦尼斯瓦夫·巴尔布斯,《欢乐安魂曲》,收录于《回忆切斯瓦夫·米沃什》,页 147。

[4] 参齐格蒙特·赫兹写给切斯瓦夫·米沃什的信,1966 年 1 月 31 日,收录于齐格蒙特·赫兹,《致切斯瓦夫·米沃什书信集: 1952–1979》,页 228。

[5] 参齐格蒙特·赫兹写给切斯瓦夫·米沃什的信,1964 年 2 月,收录于齐格蒙特·赫兹、切斯瓦夫·米沃什,《通信集》,页 37。为便于解释,此处再引用安德热耶夫斯基在其信中描述与作家们见面的片段:"每当有人问我有关波兰现代文学的问题时,我都会提到你,将你比作波兰最伟大的诗人,贡布罗维奇也是。但我知道,在普通年轻人心中,你们正慢慢消失。"摘自 1967 年 1 月 17 日的信。(拜内克图书馆)

[6] 雅罗斯瓦夫·米科瓦耶夫斯基拿到"七十年代唯一的一版《三个冬天》,书存放在科舍科瓦大街的阅览室,磨损严重,有人在书中用彩色铅笔写道:'米沃什——波兰最重要的诗人,已移民国外'"。雅罗斯瓦夫·米科瓦耶夫斯基,《河流,山川,树木》,收录于《回忆切斯瓦夫·米沃什》,页 104。

[7] 克日什托夫·赤热夫斯基,《从前的诗行》,收录于《草根:文学圈的文化环境》,塔德乌什·布伊尼茨基等编(克拉科夫,2009),页 376。

[8] 指芭芭拉·托伦切克、亚当·扎加耶夫斯基、斯坦尼斯瓦夫·巴兰查克、沃依切赫·卡尔平斯基和雅采克·别莱金,他们不仅仅知道米沃什的作品,还沉醉其中。

[9] 《作家与亚当·米奇尼克对话》,华沙,2005 年 10 月。

[10] 亚当·米奇尼克,《被解放的头脑》,收录于《回忆切斯瓦夫·米沃什》,页 186。

[11] 比如安德热耶夫斯基在 1973 年的《文学》周刊上撰文称,当他回想,波德莱尔的《阳台》最好的翻译版本时,不由自主地写下"属于波兰当代最伟大的

诗人之一,《三个冬天》的作者"。参耶日·安德热耶夫斯基,《日复一日：1972-1979 年文学日报》,卷一,页 98。

[12] 米沃什的弟弟安杰伊在 1972 年 12 月 5 日写给米沃什的信里告诉他,12 月底在波兰剧院将上演克里斯蒂娜·麦斯奈尔导演的这出剧,另外还提到："你的名字出现在海报和演职人员名单里,一切正常。还有传言说,你要回来了,你肯定会到华沙过圣诞节云云。你当然可以回来过节,复活节,这是可行的,值得考虑。"尽管米沃什的角色只是这段历史中的一朵浪花,但无疑也反映出波兰人民共和国的权力中心正发生着某种意识变化。自从爱德华·盖莱克上台后,波兰政府出现了一些自由的表象,当然这种自由主义是有限度的。1973 年年初安杰伊·米沃什告诉哥哥："你的很多朋友都非常想在这里见到你,他们认为,哪怕你来一周,甚至两周,都不会遇到任何麻烦。"摘自 1973 年 2 月 12 日的信。(拜内克图书馆)因为这封信,可能还因为波兰文联华沙分会主席莱斯瓦夫·巴尔泰勒斯基当时的一些举动,米沃什在给奈拉·米钦斯卡的信中暗示说："他们曾让我动了去波兰的心。"摘自切斯瓦夫·米沃什和雅尼娜·米沃什写给阿涅拉·米钦斯卡和扬·乌拉托夫斯基的信,1973 年 6 月 28 日。(移民档案,托伦哥白尼大学,扬·乌拉托夫斯基档案)接着,赫兹在巴黎见了米沃什的弟弟,反馈说："我直接问他,有没有说服你来波。他解释说,巴尔泰勒斯基[……]也曾找过他,问他你到底来不来。[……]巴尔泰勒斯基被带到中央委员会,那里的人告诉他,如果他们想邀请你回来,他们自己解决,没巴尔泰勒斯基什么事。"摘自 1973 年 8 月 21 日的信,收录于齐格蒙特·赫兹,《致切斯瓦夫·米沃什书信集：1952-1979》,页 396。

[13]《波兰诗歌》,斯坦尼斯瓦夫·格罗霍维亚克、雅努什·马切耶夫斯基编(华沙,1973)。

[14] 摘自切斯瓦夫·米沃什写给耶日·盖德罗伊奇的信,1974 年 1 月 28 日。(文学研究院档案室)

[15] 摘自切斯瓦夫·米沃什写给扬·布沃斯基的信,1975 年,无确切日期。(雅盖隆图书馆,扬·布沃斯基档案)

[16]"为表达对伟大的波兰诗歌的敬意,我认同您的创作。"摘自库巴·科瓦尔斯基,《切斯瓦夫·米沃什获奖后的报道汇编》,硕士论文,页39。

[17]参"安全部门关于一旦切斯瓦夫·米沃什获得诺贝尔文学奖应采取'公关措施'的信息",1980年8月2日:"如此显赫的荣誉[……]会令文学界移民人士的活动有所增加,他们将广泛且深入地与波兰文学界发生联系,传播波兰文学不可分割的信息[……]。采取政治性的宣传手段对待切斯瓦夫·米沃什来波一事,非常有可能被敌对的宣传媒体(如RWE,巴黎的《文化》,不法报刊、出版社和西方报刊)抓住把柄并大做文章。最好把此次到访的性质仅仅限定在文学出版圈内。"摘自维托尔德·贝莱希,《诗人行动:文件选》,载《选举报》,2004年6月26日。

[18]参:"下决心来波兰确实很难。在斯德哥尔摩我就说过,此行不能只有两三天。我还说,可能会安排在六月,在学期结束后。所以我赶紧安排考试。也有很多反对我去波兰的声音,但我最在意也最认同的一点是——我的私人身份。"摘自《波兰对话:1999—2004》,页731。

[19]库巴·科瓦尔斯基,《除尽所有只剩下纸而已》,载《共和国报》,2000年12月16日。

[20]"《人民论坛报》的沃齐米日·沃金斯基为了和诺贝尔奖得主交流,急中生智。米沃什[……]拔掉了电话线,而这位记者从大学接线员那里要到了米沃什邻居的电话号码,邻居同意在晚间给米沃什递纸条,请他把电话接通几分钟。"(出处同正文)

[21]摘自耶日·盖德罗伊奇写给切斯瓦夫·米沃什的信,1980年10月20日。(文学研究院档案室)

[22]参《波兰对话:1979—1998》,页65。

[23]库巴·科瓦尔斯基,《切斯瓦夫·米沃什获奖后的报道汇编》,硕士论文,页56。

[24]"每月大事"专栏,《文化》,1981年第7-8期。

[25]他和两个儿子先去伦敦转了转,然后一起抵达波兰。后来彼得先回了

美国,托尼则在波兰全程陪着爸爸。

[26] 不是所有老朋友都这样幸运。耶日·伊尔格亲眼看到,在米沃什逗留克拉科夫期间,有个女人在路上拦住他,问"切斯瓦夫,你还认识我吗",他丢下一句"不认识",并没有停下脚步。而她是泰奥多尔·布伊尼茨基的遗孀。参耶日·伊尔格,《我的标志》(克拉科夫,2009),页53。

[27] 参:"座位大约一千个;尽管严格控制,仍有好几百人挤进礼堂,还有很多人没进来。场外设置了三台电视机,没进来的人可以看到现场转播。"艾娃·杰林斯卡,《诺贝尔奖获得者在华沙度过的三个胜利日》,载《波兰快报》,1981年6月8日。从学生们手中的照片上还能看到现场有安杰伊·米沃什和格拉热娜·米沃什、伊莱娜·古尔斯卡-达梅茨卡和图罗维奇。

[28] 参波兰内政部第三司四处检察官斯泰凡·尤恩赤克的卧底,化名"马特拉特"的人发来的报告(1981年6月7日)。摘自维托尔德·贝莱希,《诗人行动:文件选》,载《选举报》,2004年6月26日。

[29] 参波兰内政部第三司四处检察官驻华沙首都民兵总部三处二队的卡齐米日·斯塔拉的信息(1981年6月11日)。摘自维托尔德·贝莱希,《诗人行动:文件选》,载《选举报》,2004年6月26日。

[30] 耶日·安德热耶夫斯基,在关于"切斯瓦夫·米沃什获得诺贝尔奖"调查问卷上的答复,载《华沙生活报》,1980年10月10日。

[31] "1981年夏天我到华沙时,我们在波兰笔会的活动上握紧对方的双手,那时除了文学因素外,我对他[安德热耶夫斯基]还一无所知。我不想谈我家里的难事儿,只想谈作品。太不幸了。我应该和他说的。我没有。"摘自《战后即刻》,页24。耶日·安德热耶夫斯基死于1983年。另参伏·苏哈莱克签收的化名"克里斯托弗"的卧底的报告(1981年6月7日),摘自维托尔德·贝莱希,《诗人行动:文件选》,载《选举报》,2004年6月26日。

[32] 6月17日,米沃什从格但斯克返回华沙后,两人见面。

[33] 1958年4月30日米隆·比亚沃舍夫斯基写给米沃什的信中,提到了米沃什的文章《不习惯的礼物:(新波兰诗人)》(《文化》,1956年第10期),以

及由米沃什翻译的发表于《文汇》上的比亚沃舍夫斯基的诗。他在从日记本上撕下来的纸页上,用铅笔("我没有钢笔,也不会用钢笔")写下这封信,然后托人带到国外,交给《文化》社,然后辗转到蒙日龙再从邮局寄出。信中还写道:"我真应该在讨论过我对《文化》的投稿量后和您说说话。[……]和诗人对话会是多么美妙、动人。我不知道,我该如何表达对您的感激,感激您的认可,您把我当作一个作家,一个活人(从作品和做人两方面)。[……]真的,我的兴奋一方面来自您的认可,那种被承认的感觉,那种亲密感;另一方面来自您无私的真诚。从您的诗中我学到了现代诗歌的精神。我最熟悉的是《救赎》。如果还有什么是值得高兴的事,我想,是见到你们。约瑟夫先生和您。我是个保守的人,不喜欢敞开心扉。但我必须突破一次:我真的爱你们。我想去巴黎的原因,并不是因为巴黎本身,而是我想和你们聊聊天。"(拜内克图书馆)

[34]雷沙德·马图舍夫斯基,《我与米沃什的见面》,页108。

[35]艾娃·杰林斯卡,《诺贝尔奖获得者在华沙度过的三个胜利日》,载《波兰快报》,1981年6月8日。

[36]本书关于安杰伊·米沃什战后生活的素材大部分源于他的书信往来以及与安杰伊的遗孀格拉热娜·斯特鲁米沃-米沃什的交谈,华沙,2004年10月。

[37]安杰伊·米沃什的故事,包括他被安全部门打压,源于约瑟夫·汉的故事《达扬的眼睛》。

[38]安杰伊·米沃什是一部关于凯尔采反犹骚乱的纪录片的制片人,片名为"骚乱,凯尔采——1946年7月4日"(1996),还拍过一部纪录片《救命签证》(1997),讲述了1940年驻考纳斯的日本领事杉原千亩为拯救犹太人签发签证的故事。

[39]比如,"在索波特过得怎么样?"的密文实际要问的是雅尼娜·涅曼托夫斯卡和伏瓦迪斯瓦夫·利普斯基的命运,他们的名字以此前约定的数字指代,等等。摘自安杰伊·米沃什写给切斯瓦夫·米沃什的信,1966年9月7日。(拜内克图书馆)

[40]7月末8月初,托尼·米沃什在波兰待了近两周时间。9月,切斯瓦夫

联系盖德罗伊奇说:"他很喜欢那里的人[……]。还联系了业务,挣了点儿钱(起重机的计算机化)。[……]他这次去他们一点儿都没有察觉,也没发现我的书到了。"摘自切斯瓦夫·米沃什写给耶日·盖德罗伊奇的信,1980 年 9 月 19 日。(文学研究院档案室)

[41] 在克拉科夫逗留期间,米沃什住在雅采克·沃希尼亚科夫斯基家里,此处被安全部门监听。参维托尔德·贝莱希,《诗人行动:文件选》,载《选举报》,2004 年 6 月 26 日。

[42] 红衣主教斯泰凡·维辛斯基,《见证切斯瓦夫·米沃什荣获诺贝尔奖桂冠》,载《文化》,1981 年第 7-8 期。

[43] 切斯瓦夫·米沃什写给斯坦尼斯瓦夫·巴兰查克的信,无确切日期,可能写于 1989 年。(斯坦尼斯瓦夫·巴兰查克档案)在这封信里,诗人解释了,他写下辞藻华丽的《致莱赫·瓦文萨》(《诗集 第三辑》,页 283)一诗,不仅是因为欣赏团结工会领袖的风采,还因为"应约而作。莱娜塔·高尔琴斯卡那时担任《新日报》的编辑,她请我为团结工会写点东西。于是我写了一首诗,而不是一篇文章,这是我的选择"。

[44] 在从卢布林动身前往格但斯克之前,米沃什在沃姆扎停留了两天,在库尔皮地区的农家院里,以及在"成为诗人"的文学活动期间,与扬·布沃斯基、安娜·卡敏斯卡、乌尔舒拉·科乔乌、雷沙德·克里尼茨基、阿图尔·敏哲热茨基、亚历山大·雷姆凯维奇和耶日·扎古尔斯基见了面。在波兰期间(1981 年 6 月 5 日-19 日),米沃什还前往凯尔维克村拜会了博莱斯瓦夫·博赫维奇,去过德罗希切尼村和妻子的出生地朱泽拉村。

[45] 切斯瓦夫·米沃什在格但斯克船厂的演讲,1981 年 6 月 17 日。(船厂工人遇难纪念碑建造委员会档案)

[46] 米沃什对纪念碑上的作品提出过意见,他在电报中写道:"建议不用长诗用我译的《诗篇》第 29 首第 11 行,此句为:主赐予子民力量主赐予子民和平的祝福。我来不了波兰可我的心和你们同在——切斯瓦夫·米沃什。"(船厂工人遇难纪念碑建造委员会档案)引自 www.artin.gda.pl。

[47] 米沃什婉拒参加在玛利亚教堂举行的读者见面会,并在电报中向克拉科夫枢机主教弗朗西塞克·马哈尔斯基做了解释。

[48] 其中一首诗还是米沃什在"二战"期间所作,诗中写道:"就在这一次 / 坦克、棍子、盾牌 / 就在这一次 / 你们就够受。/ 就在这一次/用足履践踏…… / 难道还有下一次? / 哦,你们不要怀疑, / 哦,你们要相信, / 下一波大浪袭来 / 还会摧毁大坝。"(国家记忆研究所档案室,编号: IPN BU 1042 / 427)

[49] 耶日·伊尔格,《我的标志》,页53。事实是,如果翻看这次访波的照片,会发现米沃什总是开怀大笑着。贝尔斯基一家印象深刻地记得,米沃什当时如"在七重天堂",很难再去深思,米沃什的快乐到底是取决于会谈的内容,还是他与交流对象的熟悉程度等。

[50] 摘自切斯瓦夫·米沃什写给耶日·盖德罗伊奇的信,1981 年 1 月 15日。(文学研究院档案室)

[51] 摘自切斯瓦夫·米沃什写给安杰伊·瓦里茨基的信,1982 年 3 月 28日,收录于安杰伊·瓦里茨基,《多年后仍被禁锢的头脑》,页420。实际上,四年后他的论调完全变了,更加批判,也更恐惧维斯瓦河畔的国家会再次沦陷,被旧日的帝国摧毁:"当您或者科瓦科夫斯基,或克朗斯基,和我,不管我们最近是不是纠结,过去的,那个已是禁忌的话题,可它依然存在,就算我们在现实中忽略了它: 不可争辩的事实,波兰曾是一个被奴役的国家[……]。团结工会的政变,让民众意识到一些事实真相,包括卡廷事件和华沙起义的关键,同时也完全修复了以往民众对移民的不宽容态度。时钟又退回到1944 年。1981 年我到华沙时,我感觉到,有人抹去了过去所有的印记,我几乎要相信后国民民主派们了,认为这是一个纯粹的政党,民族的政党,并已重获新生。差点儿就信了。"摘自1986 年 7 月22 日的信,同上,页 421–422。

[52] 切斯瓦夫·米沃什,《杀死希望是一项重要使命》,载《纽约时报》,1981 年 12 月 18 日。

第七十六章 爱洛伊丝①

> 不，你永远也别"掩饰"。你的悲观
> 情绪显而易见——这是为了幸福和生活而
> 生发的男人的悲观，是身体健康又勇敢的人
> 才有的悲观。
>
> **康·亚·耶伦斯基致切·米沃什（1979）**

> 你最近那次，对我说，你害怕自己的青
> 春。你还对我说，你有生以来第一次感到幸
> 福。这就是青春啊。这样的幸福，需要高昂
> 的代价。
>
> **约瑟夫·查普斯基致切·米沃什（1984）**

---

① 爱洛伊丝（Heloise, 1097-1164），中世纪法国的一位修女、作家，她的丈夫是当时著名的神学家阿贝拉尔（Abelard, 1079-1142）。阿贝拉尔与爱洛伊丝的爱情故事在欧洲尤为著名，阿贝拉尔是爱洛伊丝的家庭教师，后来他们的爱情遭受阻碍，阿贝拉尔出家为僧，爱洛伊丝应阿贝拉尔的要求成为一名修女。他们之间的情书往来被认为是法国文学的基石。

704 　　"《不被包容之地》里充满了艾娃的印记，全都是她的影子，让你不由得相信爱情。在孤独地磨砺出《珍珠颂》后，是她的魅力让我重生。"[1]米沃什在信中向他的初恋爱人雅德维嘉·瓦什凯维奇吐露了实情，他再次遇到了某个人，那个人的出现让他心跳加快，将他从冰冷灰暗的压抑中拽了出来。事实上，一九八四年出版的《不被包容之地》是这位七十多岁男人写出的一部极具感官体验的肉欲作品。如果深吸一口气，展开双臂，就能从中感受到这世俗之地带来的无限欢愉。艾娃是一位女记者，尊其意愿，在本书中只以此名代之。

　　写下这段故事，并不是说我们能够完全理解恋人之间那些美妙的感觉和吸引力，还有他们承受的压力和悲情，人们总是肤浅地看到最直白的事实而已，并不能触碰到他们内心更深的层面。我们也不觉得自己有权利去任意揣测尚存于世的人们的私念，尽管可以相信，一旦艾娃和切斯瓦夫·米沃什的书信往来公布于世，会带来无数的追捧和感动。因此，此章节中只会披露那些最基本的信息。

　　"一位纽约来的可爱女士已经在这里待了几星期了，她是《新周刊》的记者，"一九七九年米沃什向耶伦斯基述说道，"她是新生代[……]，崇拜我，把我看作是活着的传奇。"[2]那时，波兰社区主导的《新周刊》正

705 筹备出版一套介绍旅美波兰裔名人的图书。刚刚荣获纽斯塔特国际文学奖的米沃什声名鹊起。此时移民来美的三十五岁波兰女记者艾娃，毛遂自荐要求采访米沃什，而她的老板博莱斯瓦夫·威日比安斯基①"对米沃什的印象还停留在过去，认为米沃什仍是四十年代末期那个驻华盛顿的波兰人民共和国的文化随员。老板还一脸不情愿地回忆说，'他一直特别紧张，不停地摸脸'"。[3]

――――――――――

　　① 博莱斯瓦夫·威日比安斯基（Bolesław Wierzbiański, 1913-2003），记者，波兰侨民活动家。

一九七八年秋天，米沃什在纽约古根海姆博物馆朗诵诗歌那晚，是他们的初次碰面。那天活动结束后，米沃什义正词严地拒绝去势利的、他所谓"拉皮条似的"餐厅吃晚餐，反而把记者们带到一家休闲的法国小吃店交谈。一年后，艾娃解决了所有麻烦，飞到伯克利。随后他们在校园里完成了多次采访。扬卡对他们的交谈很不以为然，在现场录音中声称这些反思和自我评价充满"色情味道"，彻底破坏了关于《伊萨谷》访谈的录制效果。[4]一九八〇年九月，米沃什与哈斯、平斯基组成"译者团体"，艾娃一边继续录制访谈，一边当起了诗人的秘书，帮他处理获得诺贝尔奖后纷至沓来的信件。从那时起他们开始一起出差。在巴黎，艾娃与《文化》杂志的一干人等相识，耶伦斯基对她的才华还有她让米沃什发生的变化大为欣赏，他甚至劝说米沃什趁着扬卡的病情有好转与扬卡分开。一九八一年夏天，米沃什从波兰回来后，他们一起去科西嘉岛拜访了让娜·赫施，那情形就好像米沃什希望从过去那些和自己有过重要关系的女友人身上，听取一些关于艾娃的意见。几年后，米沃什又给雅德维嘉·瓦什凯维奇写了一封信，信中提到让娜、扬卡和艾娃："让娜绝不会释怀我那时不想和扬卡离婚而与她结婚的事。而我，敢肯定，出于同样的原因我失去了艾娃，我不能抛弃身心都已疲疲老矣的妻子。但又有哪个深陷爱情的女人甘愿当地下情人呢？"[5]回忆起一幕幕往事，感情上的新伤和旧痛让他备受折磨。

耶伦斯基希望（从他的信里多少能看出来）他的朋友在个人生活和艺术成就上都能称心如意，可米沃什与扬卡之间有着太多的共同点，他对待婚姻的誓言又太过严肃，让他放不下无依无靠的妻子。他与艾娃在一起的三年，相互启发，充满激情，他们一同旅行，在获得诺贝尔奖后周游世界，既有工作原因也有他个人情感原因，他们从美国经欧洲去日本，但最终仍要面对不可避免的结局。这段感情给了米沃什很多东西，可以说：还有一样——此恨绵绵后还有一样，那就是——青春。为此，艾娃付出了怎样的代价？他们俩又付出了怎样的代价？米沃什在给雅德维嘉·瓦什凯维奇的又一封信里写道：

> 这段感情持续了三年，是那么幸福。五月，它完了，留我一人怅然失神。[……]老实说我从来没想过，七十岁到七十三岁了，我还能像罗密欧一样。看看我的同事，他们都是老爷爷了。但现在我很痛苦，那副"浮夸的身体"如同抵挡滔天巨浪的水坝。你写信告诉我，你嫌恶别人时，我非常理解，我其实早已被痛苦折磨得心乱如麻。生理上我的条件非常好，活力旺盛，但却因此令我的另一部分有所缺失，精神上要承受诸多不幸。我的精神世界必须借助不懈的努力才能掌控。我口中这段感情，有多激发我的活力，就有多昭示我的孤独，在我亲近的人看来，这是心理疾病，不正常的。[6]

一九八四年四月米沃什写下一首离别诗《致爱洛伊丝》。这首诗他并不打算出版。诗里埋藏着他的痛苦、对命运的解读、嫉妒的诅咒，还带有一些男子的自大和遮遮掩掩的自信。他认为，他的旧情人再也不会拥有类似的澎湃激情，她与其选择另一种生活，还不如选择死亡：

> 是你，我的爱洛伊丝，离别，在幸福欢愉了三年之后。
> 我不会再欢呼生命，庆祝死亡，乐享其他此类的情境。
>
> [……]
>
> 但过错，爱洛伊丝，属于我，
> 幼稚的贪欲，幼稚的希望
> 能将自己完完全全地托付某人

然后吹响牛角欢快地舞蹈。

都是虚无，爱洛伊丝，痛苦把我们折磨，

软弱需要原谅也终将被原谅，

当我坐在第 3 街和第 22 路交叉口的爱尔兰酒吧里，

我想通了，我得到了太多，多过了我应得。

于是灵与肉的平衡，虽然短暂，亦有可能，

在每一段未卜的命运发生前

我那嫉妒的向导会与我并肩而立，

在黑暗中拼凑出晦涩的歌谣。

[……]

爱洛伊丝乘着贝壳雕刻的船离开了

在古代的海上，穿戴着翡翠和黄金，

天高悠远，月无盈亏。

哪里还会有比我强的人让她更沉迷？[7]

707

　　引用此诗之外，我们还须再添一笔——耶伦斯基在阅读《不被包容之地》时甚为赞叹，他的情绪"随着这本处处都是[艾娃]影子的诗集起起落落（从《伊甸园》到《七十岁的诗人》），被她的魅力深深打动[……]。可是奇怪（奇怪，真奇怪……）啊，此书正要付印之时，[艾娃]走了，就好像'诗集'与'爱情的时光'恰巧被定格在一百七十页和一千天"。[8]临终前米沃什讲，他的诗不是作于绝望，恰恰相反——是在深吸口气，看清世界之时。不需要忧愁，要的是兴奋、性欲和性本能，这样才会一直尝试"带着猎狗去追索这个世界无法企及的意义"。（《诗集　第四辑》，页 35）或许在《不被包容之地》里我们可以更清楚地理解他的观点，尤其是在读过两年前那本苦涩的《珍珠颂》之后。翻开书,我们仿佛站在普拉多美术馆①,欣赏着耶罗尼米斯·博斯的三联画。我——诗人,我——丈夫,巨蟹座,被女人们带到"生命之泉":

> 房间里,是一座"伊甸园"
> 已经为我备好。我要在水边
> 奔跑,被水淹没,再认识自我。
>
> [……]
>
> 我老了,可我的鼻孔依然渴望闻到新的气息。
> 通过我的五觉,我领略到极乐世界之美,
> 引领着我,我们的姐妹和爱人。

(《诗集　第四辑》,页9)

708　我,就像亚当,看着艾娃出神,这个负心人和母亲,带着远古的智慧、索菲亚②和莉莉斯③的感性。将人以性别区分造成两性间相互追寻吸引,因为只有在肉体的结合中才能感受到天堂、安宁和神性的存在。于是,我们寻找彼此,而米沃什在这本诗集中好几次尝试下沉到比文化更深的层次,寻找那裸体、肌肤所承载的秘密,寻找那原始的、混沌的真相。他用感官的力量和欲罢不能的身心体验去与这个世界融合:

---

① 西班牙最大的美术馆,位于马德里。

② 索菲亚是个古老的概念,在《旧约》的"箴言"中,有一段关于智慧即索菲亚的描述。

③ 莉莉斯最早出现于苏美尔神话,亦同时记载于犹太教的拉比文学。在这些文学中,她被指为亚当的第一个妻子,由上帝用泥土所造,因不愿雌伏在亚当身下而离开伊甸园。

死亡、时间和孩子们被我们抛在脑后，幼儿园里、玩沙池中或在床上，我和艾娃紧紧相拥，缠绵，述说着天长地久海枯石烂。[……]我张望着敞开门的花店，倾听他们的声音，人的声音，感受着苦涩的咖啡留在舌头上的味道。我经过很多人家的窗，发现他们的日子，过得和我差不多，都要抬起手肘，对着镜子梳头。仿佛他们都变成了我的模样，让我无处不在，可那些我的瞬息即逝却没有给我留下一丝印记。(《诗集　第四辑》，页 15)

我们不仅要简单地引用书中的片段，还要试着与他产生共情，感受他体验世界的力度，走进他对细节的描述——不管是晨曦林荫道上溅起的水花，还是鸢尾花的形态、饭菜的香味。他这样做是因为把自己想象成被派往人间的见证者，十几年后他写道：

> 不管我在哪里，在人间何地，
> 在人面前我都会假装隐藏，
> 说我并非来自那里。
> 就好像我被派遣来此，为了吸取更多的
> 颜色、味道、声音、气味，
> 感受人类能体会的一切，
> 再把这些感知转化成魔法记录并带到那个地方，
> 我来的地方。

(《诗集　第五辑》，页 106)

和以前出版的诗集差不多，在这本书中，米沃什同样假设，只有通过多种文体的尝试才能接近无限的现实本身。于是他将诗歌、笔记和散文评论、翻译、给查普斯基写的信自由组合在一起，还加入大量引文，从十

一世纪的秘文集①到用在此处正合适的——波德莱尔那篇关于康斯坦

709 丁·居伊的文章②。米沃什的写法不仅与传统诗体相去甚远，他还认为这种拼贴格式具有存在的意义——它脱离了扭曲的正统生活，更接近日常法则。法则，却也充满肉欲：

> 未来，诗歌将走向何方？这个问题，我想过，可我也回答不了。我知道，有这种可能，因为动笔创作时我曾感受过它的答案，但这种感受转瞬即逝。身体的节奏——心跳、脉搏、发汗、经血、射精、撒尿、排便，同样表达着高等级的精神需求。（《诗集　第四辑》，页 32）

可以说，文体的错综复杂反映了米沃什的真实想法，他要跟随着世间日新月异的变化不断地超越自己，与世界深入交流，追求那些终将消失的细节，最重要的，他放不下那些女人，他坦承：

> 我想要对你们说什么呢？说我并没有，以前追寻的东西：
> 与你们在人间牧场赤裸相见
> 让时间停留在永恒，
> 这样的诗体将我攥住，没有它，我会如你们曾经一般，裹足不前。
>
> （《诗集　第四辑》，页 19）

受艾娃影响，"我在私密之事上的尺度变得很开放，放在过去我可

---

① *Corpus Hermeticum*，也称《赫尔墨斯文集》。该书收录了古希腊的文学段落，中世纪起在天主教教堂布道时广泛应用。

② 指《现代生活的画家》，写于 1863 年。

是不认同的",米沃什给奈拉·米钦斯卡写信说。[9]阅读这本诗集时,我们确实能感受到不同于以往作品的别出心裁。平凡的喜悦,完全不是末世论的论调,是"在生者之中简单地活着"(《诗集　第四辑》,页136),和她们一起大快朵颐,哪怕只是在小旅馆的阳台上,在让娜和艾娃身边:

> 山上的小旅馆,地处高地,周围种满了茂盛的绿色灌木
>
> 我们三人的桌子挨着一户意大利人家,
>
> 享受着层层叠叠的松林风涛。
>
> 空间广阔,燕雀低鸣。
>
> 哦哦哦,唱进了我的心里,哦哦哦。
>
> 美好的晌午,不会再来。
>
> 就像现在,我坐在她和她的身边,
>
> 过去的生活片段重叠起来,
>
> 格子桌布上的酒壶里装满了葡萄酒。
>
> 海水冲刷着这座岛上的石灰岩,
>
> 两位女士的感觉和我的永远地结合在一起。
>
> 还有科西嘉岛那些年的树脂香气,环绕着我们。

710

(《诗集　第四辑》,页54)

以肉体联系去感受世界,能带来更深层次的愉悦,就好像文森兹说的,如今他们已不需要用意识形态的错觉来自我宽慰。这才是米沃什诗中的那个人,不停地奔跑,跑遍了世界,也许会稍微停下脚步,让自己释然。与异性的联系让他接受了自己的不完美,看着弯曲的头颈、鼻形的纸片和眼睛形状的花纹又让他想起甜蜜的**柔情**(tendresse)①。诗人写

---

①　米沃什有一首同名诗《柔情》。

道:"我更愿意用这个词,而不是其他波兰语的表达。但它如鲠在喉,恰似其意,在我眼里,是那么脆弱、伤人和致命,那时才称得上**柔情**。"(《诗集 第四辑》,页95)《祈祷》一诗中还写到,在神的面前,"我们站在一起,彼此靠近,要一起走过死亡之桥,作品中的主角是我的一部分,可不是旁观者,反倒是我青年时代的模样"。(同上,页75)桥的另一端有什么? 如何才能死而复生?

> 所有有形的东西[……]都变成了光,他们的形状留在了那里。我们的时代完结后,在临终一刻,他们化为浓缩的光回归,但不会浓缩成原来的物质。那时,高深莫测的力量才是其本质。而每个人类天性的本质并不是由此而来,且不分年龄、疾病,不带妆容、伪装和假象。(《诗集 第四辑》,页106)

《不被包容之地》是如此厚重翔实,恰当地阅读能引领我们深入探索切斯瓦夫·米沃什的诗意和智慧世界。但它又是因女人而得,诗人向朋友坦白说:

> 我身上发生的改变和获得诺贝尔奖或者到波兰旅行[……]没什么关联。像老浮士德一样(尽管我没签什么契约),我厌恶那些书里写的智慧,我只欣赏人际的关系,爱情和友谊。[……]我曾有多么讨厌女性,就有多深地转变为女权主义。我沉迷在女人的陪伴之中,沦陷在与她们喝酒聊天的暧昧里。我想,虽然有点晚,但我变得有人味儿了。[10]

注释

[1] 摘自切斯瓦夫·米沃什写给雅德维嘉·瓦什凯维奇的信,1985年。

（克拉科夫切斯瓦夫·米沃什档案馆）

　　[2] 摘自切斯瓦夫·米沃什写给康斯坦蒂·亚历山大·耶伦斯基的信，1979 年 11 月 21 日。（文学研究院档案室）

　　[3] 莱娜塔·高尔琴斯卡，《以环游世界去告别》，载《波兰观点》（《新周报》增刊，纽约），2004 年 8 月 27 日。

　　[4] 取自本书作者与“艾娃”的对话，格丁尼亚，2005 年。

　　[5] 切斯瓦夫·米沃什写给雅德维嘉·瓦什凯维奇的信，1985 年 5 月 22 日。（克拉科夫切斯瓦夫·米沃什档案馆）“艾娃”留在了美国，她还有奖学金。米沃什担心在寄往波兰的信中直接写出她的名字会给她造成不利影响，所以在给瓦什凯维奇的信里一直沿用“艾娃”这个称呼。

　　[6] 摘自切斯瓦夫·米沃什写给雅德维嘉·瓦什凯维奇的信，1984 年 6 月 24 日。（克拉科夫切斯瓦夫·米沃什档案馆）

　　[7] 切斯瓦夫·米沃什，打字版诗歌《致爱洛伊丝》。（拜内克图书馆）首印于特别版《文学笔记本》，题为“切斯瓦夫·米沃什，书自有命”，编辑：芭芭拉·托伦切克，《文学笔记本》，华沙，2011 年，特别版第 1 期，页 7-8。同时存于：切斯瓦夫·米沃什、康斯坦蒂·亚历山大·耶伦斯基，《通信集》，《文学笔记本》，华沙，2011 年。

　　[8] 摘自康斯坦蒂·耶伦斯基写给切斯瓦夫·米沃什的信，1984 年 6 月 30 日。（拜内克图书馆）

　　[9] 摘自切斯瓦夫·米沃什和雅尼娜·米沃什写给阿涅拉·米钦斯卡和扬·乌拉托夫斯基的信，信是切斯瓦夫·米沃什写给阿涅拉·米钦斯卡和扬·乌拉托夫斯基的，1984 年 7 月 17 日。（移民档案，托伦哥白尼大学，扬·乌拉托夫斯基档案）

　　[10] 摘自切斯瓦夫·米沃什写给康斯坦蒂·耶伦斯基的信，1981 年 7 月 30 日。（拜内克图书馆）

第七十七章 "我奇怪的爱让我追随着你"

> 布罗茨基不久前来我们这儿参加作家之夜。我们的关系非常好，铁三角（加上温茨诺瓦）还在。
>
> 切·米沃什致耶日·盖德罗伊奇（1980）

711

七十年代已远去，一场巨大的历史变革正在酝酿、发生，柏林墙出现了倒塌的迹象，帝国的瓦解——比某人的预言[1]还要快上许多。此时，米沃什某种程度上松懈了下来，或许是抱着犹豫的放纵态度，他稍微放慢了生活节奏。

> 我们坐着喝酒，布罗茨基，温茨诺瓦，
> 还有漂亮的瑞典女人，我，理查德，
> 在艺术画廊附近，世纪末来临之前，
> 犹如在沉沉睡梦中惊醒，
> 还惊异地发问：刚才发生了什么？

我们怎么能？是星云变换

还是太阳黑子活动？

　　　　——因为历史

不再被理解。我们的身世

不再受任何理性法则的制约，

人类天性的界限模糊了。

我，你，人，都不再是原来的模样。

——于是人性又回到了舒适的地带

放一个长假。味觉和触觉

享受昂贵起来。烹饪书籍，

为完美性爱打造的食谱，

降低胆固醇的办法，

快速减肥的方式——都是享受所需。

[……]

这是我们吗？是说我们吗？是也不是。

——因为，仍被暴君的梦魇所扰，

难道我们不会超越他们，超越莽撞的匹夫，

去思考惩罚，那是不是

所有热爱生活的人们该得到的？

（《诗集　第四辑》,页 234-235）

八九十年代,米沃什在写作、翻译、出差参会研讨的同时,还打开了　712

一个很有特色的国际诗人交流圈。至少从生活的表象看,他已功成名就。[2]不用再去抗争什么,证明什么,争取什么。他可以和理查德·劳瑞、约瑟夫·布罗茨基、托马斯·温茨诺瓦畅叙友情,不紧不慢地喝着杯里的伏特加。爱尔兰的谢默斯·希尼和他喝过酒后,回忆说:"米沃什的成就让我感到敬畏,所以我曾躲着不见他。八十年代在伯克利,罗伯特·哈斯和罗伯特·平斯基介绍我们相识,我竟和他一见如故。[……]我们都是天主教徒,不知不觉就聊起了各自从修士服到四角帽的求学往事。[……]离开的时候,我对这个人有了全新的认识,明白了他对诗的敏感、精神的坚毅、写作生涯的艰辛和灵魂遭受的磨难。"[3]对斯坦尼斯瓦夫·巴兰查克来说,米沃什曾不遗余力地帮助他离开波兰,帮他争取到哈佛大学的任教机会,七十年代末还专门就此事致信维辛斯基红衣主教,后来又邀请他作为"私人朋友"前往斯德哥尔摩,最后这位新浪潮诗人终于拿到了护照。米沃什对巴兰查克一直照顾有加,时刻关注着他的诗歌事业,并对他的精湛翻译赞不绝口。对他们的作品颇有研究的伊莱娜·格鲁金斯卡-格罗斯曾写道,对米沃什来说,"友情之美在于善待、支持和关心彼此。'朋友'这个单词他用得最多,也毫不吝笔"。[4]

　　一九七二年,在国际舆论的压力下,苏联政府释放了二十世纪下半叶最杰出的诗人之一、因"寄生虫"的罪名被关押多时的布罗茨基。此时,被剥脱了公民权的他,唯一能做的就是出国。米沃什决定热情地欢迎这位来到美国的新移民,助他东山再起,并以自己为例力劝他,移民并不会导致一蹶不振。他口述了一份俄文信寄给了正在安阿伯的密歇根大学任教的布罗茨基:

　　　　现在您肯定还不在工作状态,因为您必须得先适应许许多多的新事物。内心的波澜与周围的生活节奏肯定有所冲突。但,既来之则安之。太好了,您能来美国而不是留在东欧,这可不仅仅是从实际出发的关系。我猜想,您非常不安,因为我们所有从东欧来的人都听说过一句鬼话——如果离开祖国,作家生涯就完了。可这是鬼话,只有在那些农耕文化长期占据主导地位,把"农家肥"(gleba)看得比什么都重要的国家才管用。一切都要看人的,还有他的内心。[······]我还能说什么?流亡的第一个月会很艰难。对接下来会发生的事不必过于担心。您看,日子会越过越顺的。[5]

米沃什还曾计划邀请布罗茨基到加州大学上课,建议他可以试着翻译几篇他的,也就是米沃什的诗,以免生活太过随波逐流。米沃什还附上了一本自己的伦敦版诗集,并详细地描述值得玩味的地方。格鲁金斯卡-格罗斯回忆,"两周后"布罗茨基才回信,结束语个性十足:"'就您信中的第一部分而言,我的信之所以这么短,正是因为您写的。'这句话有三处省略,而且语义不清,但布罗茨基在这里要告诉米沃什:我已经上班了,我们就别再提移民和痛苦了。"[6]和米沃什以前类似,布罗茨基为了避免精神失落,生活得很自律,而他和米沃什的通信成了两人友谊的起点,更让人惊异的是,两位杰出艺术家的沟通完全没有让他们的才气受损。而布罗茨基,尽管他给米沃什留下了自大、自以为是、对自己的天赋绝对自信的印象,可他——《旧金山海湾景象》的作者——在美国有多么挣扎,就有多么希望将美国彻底征服。

毕竟他们的私交不简单。一九七六年米沃什在写给盖德罗伊奇的信中暗示道:"布罗茨基来过,有一个作家之夜活动,我带他去的。他很友善,和三年前相比完全变了,以前只有我才能容忍他,现在他文质彬彬,有人情味,很热情——所以文明演进是有好处的,他刚来美国的时候还一副目中无人、自高自大的样子。"[7]成熟带来了显而易见的变化,这位俄罗斯诗人为米沃什的诗深深倾倒,逐渐认识到米沃什的诗歌高度在自己的成就之上。在评论具有历史精神的《诗论》时,布罗茨基说:"这是我见过的最宏大的诗歌论述,从智慧的角度看已是可被认知的极限。"[8]而年长布罗茨基三十岁的米沃什,始终像哥哥一样照拂着他,从没有把他看作竞争对手,尤其在自己一九八〇年成为诺贝尔奖诗人后,竞争一说更是无从谈起。一九八七年布罗茨基获得诺贝尔奖,米沃什随即给他发了电报,开玩笑说:"波苏关系终于正常化了。"[9]他们二人对经典的看法出奇一致,都认为世界艺术应该被划分为不同的等级。一九八九年他们录制了双人访谈,片中得到两人肯定的艺术作品大多一致——都和现实主义相关。米沃什说:"'现实主义'这一术语经过诸多滥用,再谈起它是需要一些勇气的。但我始终认为,我们的文字中基本没有抓住本世纪的现实状态。所以我对文学作品是否真实的评判,要看诗歌和小说中有否存在客观现实。"(《波兰对话:1999–2004》,页378)

从纽约相遇开始计算,这段米沃什津津乐道的跨国兄弟情延续了二十年。他们曾一起到克拉科夫,共同翻译彼此的长诗或者写下关于友谊的话语,惺惺相惜。一九九六年布罗茨基离世,在威尼斯为他举办了葬礼,这段友谊由此黯然而止。[10]我们今后还能看到如此德高望重的两位诗人知心相交吗?算上托马斯·温茨诺瓦的话,我们还能看到类似的立陶宛-波兰-俄罗斯"铁三角"吗?命运就是这么奇妙,温茨诺瓦早在列宁格勒期间就对布罗茨基提到米沃什。那时候布罗茨基问他,波兰最好的诗人是不是赫贝特。温茨诺瓦回答,还有一个更厉害的——米沃什。后来,布罗茨基到了美国,他和米沃什谈起立陶宛,把立陶宛人描述为"帝国里最善良的民族"。他还向米沃什介绍了年轻的托马斯,也就是立陶宛苏维埃社会主义共和国国歌的词作者、著名的安塔纳斯·温茨诺瓦的儿子。托马斯·温茨诺瓦第一次读到米沃什的诗,还是因为凯留奥提斯。他认识这位刚从西伯利亚劳教归来的编辑,又刚巧在他父亲的众多藏书中翻

到了一本 *Naujoji Romuva*① 杂志。他和许多苏联知识分子一样,为了更好地联系西方学过波兰语,所以当他从扬·布沃斯基那里拿到《白昼之光》时,可以直接读懂原文。他阅读《欧洲故土》的经历更为奇特——一个朋友把书拆开分几十次从西边寄给他。更不可思议的是,他可以在维尔尼亚河畔阅读和还原米沃什笔下关于红军占领维尔诺的章节。河水涓涓不息,带走了过去,只留下悲情的城市独自承载着十年的屈辱和恐惧。

最后,托马斯·温茨诺瓦终于拿到护照离开了苏联。为了帮他出走,西方的作家们纷纷给温茨诺瓦写信或者打电话,《欧洲故土》的作者也在其中。这些饶有趣味的举动不仅能让别人意识到,温茨诺瓦不是一个虚构出来的人物,还在一定程度上让苏联政府的反对者与外部独立精神的联系更加紧密了。一九七七年米沃什告诉莉莲·瓦利:"我太高兴了,因为托马斯·温茨诺瓦可能[……]已经到巴黎了。[……]约瑟夫·布罗茨基给我打了电话,他,你知道吧,一直在帮温茨诺瓦。[……]如果我们三个人能组成诗人铁三角,那可就太棒了。"[11]温茨诺瓦从巴黎动身前往美国之前,给米沃什写了一封热情洋溢的信:"我给您写过很多信(我想,可能都在克格勃的档案里)。[……]您的作品是让我战胜一切苦难的最大财富。我简直太幸运了,为了帮我脱离苦海,你们无私地帮助着我。谢谢您,谢谢约瑟夫,还有所有认识和不认识的朋友们。"[12]他们刚在加州碰面时,米沃什给这位立陶宛诗人留下的可不是七十多岁老头子的印象,他像一个爱开玩笑的四十岁左右的小伙子一般,带着温茨诺瓦乘坐有轨电车沿旧金山陡峭的大街小巷到处转。[13]

米沃什一开始的想法是,温茨诺瓦先在伯克利当讲师,然后再接替他的职位。但事情慢慢起了变化。在美国,后来又在维尔诺和克拉科夫共

715

---

① 《新鲁穆瓦》杂志的立陶宛原名,1931 年至 1940 年出版发行的刊物,以介绍艺术、文学、建筑、音乐等新文化作品为主。凯留奥提斯曾担任《新鲁穆瓦》的编辑。

度的岁月,加深了他们的友谊,也让米沃什乐于与他探讨波兰与立陶宛可否达成谅解的问题。这两位代表不同民族的诗人关于维尔诺的朝气,关于它能否超越时间和体制藩篱的观点各有不同,后来《文化》杂志将《关于维尔诺的对话》刊印出来。[14] "一九一八至一九三九年间的立陶宛人不喜欢那些,我最在乎的维尔诺的一切:'土生土长的人',联邦的梦想,地方主义,曾经追随毕苏斯基的共济会-自由党党员,等等," 米沃什评论说,"似乎他们更喜欢'国家民主的本质',因为只有这样才能看清楚敌人是谁。也许他们有些道理,我不予置评。但是恰恰因为这一点,而不是萨尔马特的传统①,让如今的波兰人和立陶宛人能够友谊长存。而且,最终还是这一点,成了耶日·盖德罗伊奇的政治血统。"(《从我的街道开始》,页55)

现实中,这一点确实是《文化》追求的政治理念,它提出著名的"乌立白"政论——即乌克兰、立陶宛、白俄罗斯独立,还有放弃对利沃夫和维尔诺的要求,都曾令月刊的读者瞠目结舌。这一理念为一九八九年后波兰的东欧政策奠定了基调,极大地改善了波兰与邻国的关系。更早时候,杂志还提出过成立中欧联盟的理念(今天,在欧盟时代,已无人记起),将那些不属于俄罗斯,不属于西方,怀念奥匈帝国君主制的各个小国,具有独一无二的历史经历和熠熠生辉的文学作品的社会联合起来。和著名时评《被绑架的西方,即东欧的悲剧》(布罗茨基曾大篇幅地驳斥此文)的作者米兰·昆德拉一样,米沃什也是这个地理概念的支持者和捉刀人,在哈佛演讲的第一堂课即陈述了相关观点,后来还刊发在政治季刊《党派评论》上。[15] 他的文章围绕着"寻找祖国"展开,总结了许多年来他关于这一主题的思考,阐述了"人到老年,正好可以问问自己,是否曾为他人做过善事,也可以下定决心,继续善良做人,直到生命尽头。我认为,尽管曾经犯错,但我至少可以骄傲地说:我从来没有在这个遭受了巨大苦难和无数罪

---

① 指波兰-立陶宛传说中,两个民族皆为萨尔马特人后裔。

恶的世纪引发过仇恨,正相反,我坚决反对不同种族和民族间的相互指责"。(《寻找祖国》,页9)

在该书中米沃什又一次描述了生他养他的地方——立陶宛,尽管那里的社会上层阶级极端地鼓吹自己区别于波兰的独立性,但当他和妈妈一起走过塞泰伊涅和临近的村落时,在他看来,立陶宛是"那么地质朴而亲切,来自塞泰伊涅学校的学生们还有我的老同学热烈地欢迎我们,她的礼仪,和我们没什么不同,农村的习俗与立陶宛式的热情好客得体地结合起来,言语之间就是那个可爱祖国的模样"。(《寻找祖国》,页41)这个祖国——我们认为——在苏联占领时期早已被撕得粉碎,甚至失去了名字,田园和果园风光被集体农庄所取代,单调得一眼望不到尽头。一九九二年,米沃什在五十多年的离别后第一次重返家乡凯代尼艾镇,不无痛苦地看着眼前这幅景象。

他重新拾起罗杰维楚夫娜的书,以延续到九十年代依然饱满的阅读热情,寻找着其中关于家乡民俗的片段。十九世纪的前尘往事再次被翻开,让现在的他兴奋不已,但感觉已和年轻时截然不同。他想起神秘的"西西里人大公国"(托马斯·杰斐逊这样称呼科希丘什科的祖国),一派异域风光,但在西方游客的眼里却是极其落后、贫困和荒蛮的,可就在这儿,在破败的新格鲁多克市,密茨凯维奇长大成人。他想起一家人穿越边境的故事,想起奥斯卡·米沃什的立陶宛情结,还有"失去的地方"——即二三十年代的维尔诺。他竭力破除陈规旧俗,认为"小祖国"比抽象的国家概念更能定义人的身份,也特别适用世界的这个角落。这里,在二十世纪屡遭屠戮;这里,斯大林曾将数百万人的生命如棋子一般摆布。二〇〇〇年十月在维尔诺举办的"诺贝尔奖大师会"可以看作是米沃什寻根之旅的终点。"大师会"聚齐了米沃什、君特·格拉斯、辛波斯卡和托马斯·温茨诺瓦四位巨匠。《寻找祖国》的作者发言说:"我敢说,君特·格拉斯到格但斯克时的感觉,就和我此时站在维尔诺的心情一模一样,因为他既属

于也不属于那座城市。"(《诗的见证》,页 253)[16]

　　遗憾的是,在"寻找祖国"的道路上,赫贝特和米沃什大相径庭。前者对国家民族的概念模糊不清,只是单纯地喜欢利沃夫的多元文化,欣赏从切尔诺夫策走向世界的保罗·策兰,还将他称为"欧洲最后的亚历山大"。他们之间的分歧始于一九六七年,那时候赫贝特开玩笑似地提醒米沃什离"堕落的"贡布罗维奇远点儿。七十年代,他们对于西方的态度已截然不同:米沃什将自己与西方的关系比作"创伤的正反面",而赫贝特却把每一次离开波兰人民共和国的经历看成是呼吸自由和享受生活的机会。米沃什看不上西欧式的"小富即安",赫贝特却从罗马来信说:"我要回[……]我那个穆拉诺①了,那里只有带门房的土坯屋和忧郁,我会再查查日历,作一下计划,期待下一次的幸福旅程(出逃)。[……]我体会不到'创伤的正反面'(我内心对这篇优美的散文没有感觉)。[……]在波兰只有两派:职业的反西方派和倒霉的亲西方派。要有某种自己的观点[……]是[……]不可能的。"[17]在聊到贡布罗维奇的话题上,他们的观点更加针锋相对——总之,米沃什压根看不上西方的环境。就像在很多年前,他希望找到一种有别于共产主义,也有别于资本主义的道路,"在内心深处,我是一个理性的人本主义者和社会主义者,一九五一年就已如此,怀着同样的希望和失望"。[18]和米沃什相比,赫贝特是"大众化的"——这种态度有优点,也有局限性。一九六七年秋他从维也纳给米沃什写了一封信,令他的朋友勃然大怒。信中他驳斥了米沃什关于美国民族冲突的观点,虽然某种程度上准确地指出了西方的弱点,但也暴露出了某种心态,即——远离我们小圈子的问题并不值得一谈,除非是要对它彻底地嘲笑一番:

――――――――――

　　① 华沙的一个区。

我不明白,波兰人打了黑人,你干嘛那么生气呢?就是两个社会地位低下的族群发生冲突罢了。这是社会问题。黑人都是种族主义的叫嚣者,和阿拉伯人还有某些犹太人一样。那些白痴的社会主义者和自由主义者肯定为此大失所望。当然不该殴打和跟踪黑人,应该把他们装上船送回他们的非洲老家,然后那边的部落族人马上就会把他们收拾得老老实实。我真的不明白,完全不明白,为什么现在的白人良心上如此不安,他们不过动手太快了些,比他们说出自己的想法更快而已[……]。你知道我是个"反动派",我知道权力机制和所谓的历史逻辑是怎么回事(不是那种主义,因为那一套行不通)。我倒要批评一下你那多愁善感的社会主义[页尾注:"一旦教义里的上帝因失血而亡,它就在精神层面冒出来],还有只要和人民、和大众在一起,一切都将圆满的梦想。[……]

我对波兰的看法?我的想法和你差不多,因为我也没有和这个国家血脉相连(甚至更弱于你)。但这片(**没有血脉的**)**土地**的属性在我身上挥之不去,就像无法摆脱的瘟疫或者性病那样。波兰是一个千年婴儿,没有个性,没有外表,没有形态,只有朦胧的形而上学(不是异端邪说,不是哲学家,不是审判者)、朦胧的使命和消化不良的经历。[19]

赫贝特忙着将所有层面的美国问题肤浅地归罪时,米沃什正把自己对资本主义的不满转化为没有乌托邦的梦想,孰是孰非,我们在此难做判定。但有一点十分关键,赫贝特(无意识地?)触碰到米沃什的痛点,突然就把米沃什看作是一个"民族民主分子"。米沃什对此尖锐反击道:

如果波兰的一切烙印都只能归入到"民族民主本性"这一唯一

性里,那我也归入。[……]更无从谈起我那"一切都将圆满"的"多愁善感的社会主义"愿望。我在一九六七年的美国时的想法和我在一九三三年的波兰时的想法一模一样。我可不是要"造福全人类",我只是认为,理性的人不应该做出荒谬的举动[……]。黑人于我,和瓦岑克没有区别,我一样可以笑着在他们面前爬来爬去。美国有些人就是有病。不能把黑人送返非洲,和不能把波兰来的犹太人送到马达加斯加是一个道理。你可知道,你是在为白人杀手辩护。[……]城市里的隔离区、越南、拉美,是我关心的事情[……]。我就不明白你们,你们这些波兰人冷眼旁观,还指指点点。[20]

719 这之后不久,一九六八年,两人在伯克利在波兰诗歌翻译博格丹娜·卡彭特和约翰·卡彭特①家里大吵了一架。说是吵架,实际上只有单方面的攻击,赫贝特喝多了,说了一些此前无处发泄的批评和愤懑之词。[21]那天的晚餐除了两位诗人,扬卡·米沃什也在场。饭桌上,主人精心准备了鲜美的法式辣味藏红花海鲜汤,赫贝特喝掉几瓶白葡萄酒,米沃什喝了几杯波本威士忌。然后,《花园里的野蛮人》的作者开始滔滔不绝地指摘,批评米沃什没有爱国精神,占领时期以持立陶宛护照为借口逃避参军。这可能是赫贝特内心的一些想法,借着酒劲毫无遮拦地发泄出来。米沃什没有回应这些毫无道理的指责,倒是扬卡打断了他的慷慨陈词,不满地拉着丈夫离开了那里。在场者断然否认,是米沃什先开了挑衅的玩笑(我们知道,他有挑刺的能力)。可多年后赫贝特却回应说,米沃什那天讲——波兰应变成苏联的一个共和国。事态愈演愈烈,双方的分歧竟然发展到对国家关系的理解层面。赫贝特在崇拜米沃什的艺术地位的同时,内心更加五味杂陈。

---

① 博格丹娜的丈夫。

　　他们的关系再也不像从前那么亲密了。这次激烈冲突后的第二天，赫贝特想给米沃什打电话道歉，但被扬卡挂断了。只能等待时间来慢慢修复这段友谊。一九六八年十二月赫贝特道歉说："原谅我吧，我都沉默这么久了。不管你愿意不愿意，我奇怪的爱让我追随着你，直到生命尽头，甚至更久，[……]现在我每天都会做一些事，写作，还有欺骗自己的恐惧。我读了你在《文化》上新发的三首诗。读着它们也让我好受许多。请你一定要理解我，有些话我想对你说，但就是说不出口。请求你，把我想好一些，原谅我。"[22] 后来他还向米沃什承认——这无疑是一次信任的表态——他遇到过安全局的人，对方希望他做地下线人，被他断然拒绝。米沃什确实还没原谅他。一九七一年他在给盖德罗伊奇的信中述说了与兹齐斯瓦夫·纳伊戴尔断绝来往的缘由，还不高兴地写到了赫贝特："几年前他在这儿酒后失态，我就想，离远点儿就好了。后来他从洛杉矶打来电话，我也相信了他的解释，但我总还有些不舒服。[……]与那边的人调情要基于一些假设——别看床上的表现，百分之九十要看能不能与救国军和争取自由民主战士联盟的意识形态合上拍。"[23] 一九七五年，赫贝特以无私的高姿态"提名"米沃什参选纽斯塔特国际文学奖，他对亚历山大·辛克宣称："我和切斯瓦夫真没有关系。多年前，因一次酒后的原则性辩论我们的友谊破碎了。也许是我的错。可说真的，我特别不喜欢衣冠楚楚的[……]社会党。尽管世界观不同，我仍认为他是最杰出的用波兰语写作的诗人。"[24]

　　八十年代，他们的关系明显好转。战时状态期间米沃什从美国给他寄去了包裹，一九八八年还代表这位生病的朋友领取了布鲁诺·舒尔茨文学奖①。两年后，赫贝特在《文学笔记本》上读到米沃什的新诗后赞叹

720

---

　　① 布鲁诺·舒尔茨(Bruno Schulz, 1892-1942)，波兰犹太裔作家、美术家、文学评论家。布鲁诺·舒尔茨奖是美国笔会设立的奖项，只颁发了 1988、1989 两届。

地说:"你的学生赫贝特太喜欢它们了。"[25]但是《猎人的一年》中有一小段话却引发了戏剧性的后果。还在一九八四年时,米沃什写出随笔《可怜的贵族》,文章指出,战时状态令波兰文学在思想上和艺术上的独立性受到种种威胁,并将其重新推回到为"受压迫民族"服务的宗旨上。赫贝特为此把他看成是一位进取的英雄,惊叹他能够创作出诸多不拘泥于时代文本的作品。六年后,赫贝特在他身上又看到了"**盲目的**对祖国的执念"(《猎人的一年》,页61),认为他把波兰丑化成"绝对真理"。这个指责可不公正。更糟的是,《来自被围困城市的报告》的作者还将文章解读成对自己精神偶像——亨里克·艾琴博格的攻击。赫贝特义愤填膺地写了一篇以爱国主义为主题的文章,提出爱国主义"在天性层面几乎等同于对母亲的热爱",在更高层面升华为"工作守则,甚至可以为国牺牲"。他批评米沃什害怕爱国主义对情感主义或者地方主义的质疑会让自己的国际形象有所损害,"有意识地避开了爱国主义的纯粹含义,只是提及祖国,结果使自己的诗歌失去了身份认同——其实只不过是卖弄风情、廉价的世界主义、流放的姿态和摒弃预言的浪漫主义风格罢了"。[26]他并没有发表这篇文章,但在九十年代初身体和精神受创、抑郁症又反复发作的情况下,他将类似的批评写进了长诗《霍达谢维奇》;此外还在多次访谈中,绘声绘色地说米沃什希望波兰成为苏联的一部分。尽管《霍达谢维奇》的尖酸刻薄("这个杂种的内里搅和着一切 / 精神和身体完全颠倒,一会儿马克思一会儿天主教 / 小伙和老妪,还有一半俄国人一半波兰人"……)让并无成见的读者们目瞪口呆,但它却和玩弄政治的阶层的论调一拍即合,也让右翼分子们抓住了机会,开始大肆利用赫贝特的陈述。米沃什深受打击,在给巴兰查克的信中他写道:"我知道他的精神状况,所以可以理解他写了这些,这是他第一次精神错乱地写诗。但他在上面签了自己的名字!"[27]米沃什尽力不去争辩,否则,这些个人的批评将无可避免地演变成一场激烈的争吵。

721

无论九十年代赫贝特的精神状态如何,或者他是不是被极端右翼分子操控,并被捧为能与"非波兰的"米沃什抗衡的"我们的"波兰诗人,他们的分歧始终都集中在能否"理性"和"客观"地看待民族身份认同的问题上。归根结底,米沃什和赫贝特都只是争辩的参与者,对米沃什来说,他的爱国主义毋庸置疑地恰如孩子对母亲天生的爱,只不过这个孩子早已长成独立思考的人,看到了亲人的缺点。米沃什对维斯瓦河畔的这个国家的爱——我们知道——非常复杂,他经常指责、批评甚至与这个他口中的"莱赫族"的波兰化身保持着距离。和赫贝特相比,他更懂进退,起码在这个主题上更会讽刺人,手法出神入化甚至还有点沾沾自喜。"他说,波兰的制服太可笑了。我回答,有人就穿着这身衣服战死的。"赫贝特和妻子提过这样一段与米沃什的对话。[28] 可以一边嘲笑骑兵的制服,一边夸赞穿着制服的士兵勇敢吗? 当然可以。但是在心理上完美区分它们并不容易,嘲笑和赞美的界限在这里是不固定的,有时候不痛不痒的玩笑更能反映深层次的态度。在上述对话中我们可以看到两位作家在智慧上有着原则性的区别。《罗维戈》①的作者内心有一块无形的领地,对此处他从未有过任何怀疑,也不同意拿它来讨论;米沃什却精于质疑和提问,总是验证它的价值。

"对我来说,这是最伟大的信仰,爱的信仰。我和赫贝特谈过,对,我给他打过电话,[……]我和他说:'你就是我爱的信仰'。[……]他很感动。"米沃什后来回忆说。(《波兰对话:1999-2004》,页 347)实际上,《科吉托先生》②的作者临死前,他们已经和解了,起码双方在情感上归于平静。这段剑拔弩张的你来我往可以用"痛苦的关系"来形容,这个词在伊瓦什凯维奇描写米沃什的魅力时反复用到。临终前,赫贝特写了一首

---

① 《罗维戈》(*Rovigo*),赫贝特的第八本诗集,出版于 1992 年。
② 《科吉托先生》(*Pan Cogito*),赫贝特的第五本诗集,出版于 1974 年。

诗,第一句是"我又梦到了米沃什"。写完《霍达谢维奇》,他给被嘲弄的朋友寄去了一张明信片,上面画着一只没有武装的鸡架起一条大象腿,还有

两个字:"别睬"……米沃什在笔记中写过一篇关于赫贝特的小短文,文中写道,看到对祖国的责任感在他眼前消失时,他真的很痛苦。最后米沃什写下一首《关于诗歌,源于赫贝特病故的电话》,诗中既有对自己这位学生后期令人震惊的诗作的暗讽,也不乏苦涩的原谅:

> 它不该存在,但是却存在。
>
> 那个,曾为它效力的人,
>
> 躺着变成一些
>
> 分解的盐和磷酸盐,
>
> 堕入
>
> 自己混沌的归宿。
>
>
> [……]
>
>
> 解脱了,从精神错乱的幻觉里,
>
> 从衰亡的身体组织的哀号里,
>
> 从钉入行刑柱的折磨里。
>
>
> 愿他行走世界,
>
> 永远清醒。

(《诗集 第五辑》,页143-144)

注释

[1]"我收到一封预言信——我欣慰的是,按照你的说法,瓦解的过程将持

续五十年。"1974 年 10 月 18 日赫兹给米沃什的回信中如是写道。摘自齐格蒙特·赫兹,《致切斯瓦夫·米沃什书信集:1952–1979》,页 419。1983 年米沃什在给查普斯基的信中谈到"整个行星的未来面貌。很遗憾,是俄式的"。参 1983 年 2 月 1 日切斯瓦夫·米沃什写给约瑟夫·查普斯基的信,选自《约瑟夫·查普斯基日记》,第 195 卷,1983 年 1 月 31 日–3 月 5 日。(克拉科夫国家博物馆,迈松拉斐特的约瑟夫和玛丽亚·查普斯基档案,编号:2116)

[2] 诗人在八十五岁生日后的一段笔述值得参考:"这是我的纪念日,有鲜花、掌声,觥筹交错。如果他们知道,我在想什么。冷静地平衡得与失。'失'这个字并不准确,可它从我的笔尖写下,已无法撤回,就像印刷出来的东西永远存于世间。对人们来讲失去的恰是最迷人的,也是最常记起的。"摘自《路边狗》,页 130。另:"他们在这儿聊着,而我和我那丑陋的灵魂登上了法官的王座。"(同上,页 131)

[3] 谢默斯·希尼,在调查问卷"我的米沃什"中的回答,翻译:马泰乌什·伏拉克,载《普世周刊》,2001 年第 26 期。

[4] 伊莱娜·格鲁金斯卡-格罗斯,《米沃什和布罗茨基:磁性的土地》,页 77。

[5] 伊莱娜·格鲁金斯卡-格罗斯翻译的信,摘自《欢迎信》,载《选举报》,2002 年 12 月 24 日。

[6] 同上。

[7] 摘自切斯瓦夫·米沃什写给耶日·盖德罗伊奇的信,1976 年 3 月 9 日。(文学研究院档案室)

[8] 引自莱娜塔·高尔琴斯卡,《"我来自维尔诺"和其他地方》,页 107。

[9] 同上,翻译:克莱斯蒂曼·苏哈诺夫。

[10] 布罗茨基死后,米沃什发表了《布罗茨基笔记》,载《岛上生活》,页 278–288。

[11] 摘自切斯瓦夫·米沃什写给莉莲·瓦利的信,1977 年 2 月 2 日。(拜内克图书馆)

[12] 摘自托马斯·温茨诺瓦写给切斯瓦夫·米沃什的信,1977年1月27日。(拜内克图书馆)

[13] 取自本书作者与托马斯·温茨诺瓦的对话,纽黑文,2001年3月。

[14] 切斯瓦夫·米沃什、托马斯·温茨诺瓦,《关于维尔诺的对话》,载《文化》,1979年第1-2期。

[15] 切斯瓦夫·米沃什,《从我的欧洲开始》,载《党派评论》,1980年,总50集,第2期。

[16] 1991年米沃什获得立陶宛荣誉公民;一年后获得考纳斯的维陶塔斯大帝大学荣誉博士学位;1995年获得立陶宛功勋奖章——盖德米纳大公二级勋章,时任总统阿尔吉尔达斯·布拉藻斯卡斯授勋。立陶宛宣布,2011年为"切斯瓦夫·米沃什年"。

[17] 摘自兹比格涅夫·赫贝特写给切斯瓦夫·米沃什的信,1964年7月28日,收录于兹比格涅夫·赫贝特、切斯瓦夫·米沃什,《通信集》,页45。

[18] 摘自切斯瓦夫·米沃什写给兹比格涅夫·赫贝特的信,1967年9月14日,收录于兹比格涅夫·赫贝特、切斯瓦夫·米沃什,《通信集》,页88-89。

[19] 摘自1967年9月28日兹比格涅夫·赫贝特写给切斯瓦夫·米沃什的信,收录于兹比格涅夫·赫贝特、切斯瓦夫·米沃什,《通信集》,页92-93。Erde(Ohne Blut),德文,意为"(没有血脉的)土地"。

[20] 摘自切斯瓦夫·米沃什写给兹比格涅夫·赫贝特的信,1967年10月5日,收录于兹比格涅夫·赫贝特、切斯瓦夫·米沃什,《通信集》,页94-97。

[21] 参"与博格丹娜·卡彭特教授的对话,1998年9月2日于华沙格拉热娜和安杰伊·米沃什家中"。(克拉科夫切斯瓦夫·米沃什档案馆)

[22] 摘自兹比格涅夫·赫贝特写给切斯瓦夫·米沃什的信,1968年12月,无确切日期,收录于兹比格涅夫·赫贝特、切斯瓦夫·米沃什,《通信集》,页99。

[23] 摘自切斯瓦夫·米沃什写给耶日·盖德罗伊奇的信,1971年3月13日。(文学研究院档案室)

[24] 摘自兹比格涅夫·赫贝特写给亚历山大·辛克的信,1975年6月

12 日。(亚历山大·辛克档案室)

[25] 摘自兹比格涅夫·赫贝特写给切斯瓦夫·米沃什的信,1990 年 5 月 9 日,收录于兹比格涅夫·赫贝特、切斯瓦夫·米沃什,《通信集》,页 126。

[26] 同上,页 144。

[27] 摘自切斯瓦夫·米沃什写给斯坦尼斯瓦夫·巴兰查克的信,1991 年 4 月25 日。同参:"我听说了关于赫贝特那令人不安的消息。很多人认为他疯了。他写了一堆疯狂的信,做了很多威胁他人的事,他甚至把吉鲁扫地出门。现在他写诗对我冷嘲热讽,还签上了自己的名字,把我说成'无根无源的杂种'和移民者(移民就犯罪了吗?)。嘲讽不堪入目,我很难过,但这是病人的作品,谁也帮不上忙。"摘自切斯瓦夫·米沃什写给耶日·盖德罗伊奇的信,1991 年 4 月 30 日。(文学研究院档案室)赫贝特的档案中亦可查到他关于时任拜内克图书馆管理员文森特·吉鲁的言论。

[28] 参兹比格涅夫·赫贝特、切斯瓦夫·米沃什,《通信集》,页 180。

第七十八章　龙

随着年龄的增长,他的偏执逐渐消失,
却以包容的态度怀疑地看待眼前的一切。
他坐在木偶剧场的台下,在黑暗里看着它们
比武、争奇斗艳、装腔作势、悔过认错,通过
他们认识到自己的愚蠢。

切·米沃什,《路边狗》

在编辑部,我们把他说成"这座城市的
老诗人"(杜雷尔形容卡瓦菲斯的话)。其实
这并不准确,因为他从来没老过。它是过去
的那个时代的见证人,他述说,他提问,他寻
找着时间需要的答案。他,恰恰活在当下。

亚·博涅茨基①,《没什么,有时候可以不懂》

兹比格涅夫·赫贝特的指责并不是米沃什遭到的唯一冷遇。波兰
意外地获得自由后,历史——"第二名字为屠杀"(《诗集　第五辑》,

---

① 亚当·博涅茨基(Adam Boniecki, 1934-),波兰神父,曾担任《普世周刊》的总编。

页 47)——突然(一瞬间?)掀开了温柔的一面,同时也出现了一些杂音,诸如"波兰式的地狱",并没有带来过多的欢呼。很快出现了两个波兰。一个是恭维米沃什的:一九九四年米沃什被授予白鹰勋章;四年后又因《路边狗》荣获尼刻文学奖[1],并为他举行了一系列的庆祝活动;在他九十岁生日之际,克拉科夫组织了一场大型活动,活动上米沃什的儿子和孙子与克拉科夫市民共同分享了生日蛋糕,向他祝福的声音此起彼伏,甚至在他的住所窗下还有弦乐队演出。第二个则把米沃什看作是有害的阴影,是"非我族人",同时还很难界定他的身份:立陶宛人? 犹太人? 共产党?《选举报》和邪恶的亚当·米奇尼克创造出来的人? 于是当一九九三年米沃什获得克拉科夫荣誉市民的身份时,就有一种声音冒了出来,认为他不配,因为他是立陶宛人。在一场公开辩论的过程中,他暗示共产主义对波兰文学来说是一次机会(因为文学应该面向更广泛的主题),结果被过度解读成他为之摇旗呐喊。甚至就在不久前,国会讨论设立切斯瓦夫·米沃什文化年的时候,也有声音说,他配不上这么高的荣誉。

在两极分化的社会,他不止一次出手帮助那些诋毁者,他并不打算将历史真相简单化(比如在提到战前由马西连·国柏神父领导的反犹主义报道)[2],同时也不在乎一些政治场景和教会等级的礼仪。一九九一年,他写了一篇随笔《虔诚的国家?》,文章指出,宗教腐化几乎与波兰教会的政治活动相伴相随,"波兰人害怕牧师,这可不是一个好现象",另外"可能会发生,神职人员参加国家的庆典,洒圣水,祝圣,驱邪,同时又为自己的性缺失深感丢人,因此宗教会从内部开始逐渐腐蚀,几十年后波兰就将成为和英格兰或者法国一样的轻天主教国家,还会出现背教主义的势头,其凶猛恰与神职的权威相匹敌"。[3] 如果翻看所有公开或秘密针对米沃什的指控,那简直可以写出一部关于波兰猜忌狂、老顽固们的故事书,他们的思维竟比任何一次理性的辩论都要僵化。米沃什对

724

此有着清醒的认识,他感觉到,冰封在冷柜中的战前意识形态如今又抬头了。[4]为此,他出版了一本六百多页的文集《二十世纪的征程》(1999),书中收录了讲稿、文章、报告和一九一八至一九三九年间的宣传单,意在向读者展现一幅立体的波兰图景,有别于那些记忆中被津津乐道的传奇故事,也有别于波兰人民共和国的宣传。他在书中描写了当代问题的症结,同时正如他承认的那样,以比青年时代更成熟公平的判断,言之凿凿地问道:

> 二十世纪的波兰是什么?被一九三九年的挫败惊呆和震撼的波兰人这样问自己。那时候失望和怒火遍及全国,人们一股脑地指责政府,指责毕苏斯基的政策[……]。就算这种想法在战时或者后来发生了改变,不管对国人还是流亡者来说,却仍是负面的。再后来[……]竭尽所能地丑化那个波兰。而波兰人民共和国里成长起来的一代人或多或少地受到此种宣传的影响。可事实上,那个波兰是一个主权国家,独立自主,人们能够发表与当权者的愿望相悖的观点,能够表达自己的理想……[5]

他借古喻今,希望能帮助我们理解当下的形势,并一针见血地指出,尽管一切都不一样了,但在相当的范畴内糟糕的状况几乎没变。同时借此机会再次叩问:还有哪位波兰作家能做到,在近九十年的时间里,一直无私地不求回报地工作?

725　　尽管有些磕磕碰碰,但他的生活亦不乏亮点——充实的晚年生活,纷至沓来的奖项、荣誉、勋章,最主要的是他仍保有旺盛的创作力。一九八九年秋,雅盖隆大学授予他荣誉博士学位,这是他在波兰获得的第二个荣誉博士。在颁证仪式上,他向在场的学生讲述了自己"用波兰诗歌与世界抗争"的经历。四年后,他在克拉科夫买下一处住所,位于博古斯瓦夫街 6 号,离环城公园不远,有两个房间。他和第二任妻子每年在这里度过明媚的夏秋两季,冬天则返回伯克利。自二〇〇〇年中风住院后,他彻底把家安在瓦维尔山下这座孕育了图罗维奇和辛波斯卡的城市①,代替那座再也回不去的年轻时代的维尔诺。一九八九年他在哈佛大学获得**荣誉博士**时,脸上依旧光彩照人,海伦·文德勒后来回忆说:"他那时很兴奋,波兰就要为他打开大门了。"她又提到一九八一／一九八二年米沃什在哈佛演讲时,还处在"暗无天日的流亡"中,"现在这个快乐的米沃什就要回家了"。文德勒写道:"我能想象,移民海外令他多么痛苦和孤独。"[6]

回国的希望带给他莫大的欣慰,与此同时,卡罗尔·施格彭的出现,点亮了他的生活。卡罗尔比他小三十三岁,身材苗条,一头金发,声音富有磁性,笑起来很有感染力,生活中充满了欢乐,用米沃什自己的话来说,那是"上天对他的馈赠"。卡罗尔一九四四年四月五日出生在美国南方的佛罗里达,是亚特兰大埃默里大学的人文学和教育历史学博士。一九八二年她曾邀请诗人参加作家之夜的活动,后来她常常提起,那天在机场接到米沃什后她怎么都找不到自己的车钥匙,米沃什尖刻地问她是不是经常发生这样的事,她说:"在帅哥面前才会如此。"讲完这个故事,她还会加上一句:"你们想象一下,他很受用呢!"她迷上了他读诗的样子,还有那双蓝色的眼睛。[7]一年后,米沃什再次来到亚特兰大参加诗歌节,卡罗尔后来甜蜜地回忆说:"我们俩,你知道的,在一起很开心。"[8]情愫慢慢地蔓延开来,但需要她耐心的等待和不断的放手——扬卡还活着,米沃什又和"艾娃"纠缠不清,而她,不过是哪里冒出来的女性朋友罢了。

他们之间有很多差异——她是纯美国人,受新教教育,和波兰没有

---

① 指克拉科夫市。

一点关系,文学方向与米沃什在意的世界观相去甚远,他们的个人经历和心智水平有着本质上的不同。[9]尽管如此,随着时间的流逝,他们发现双方的共同点也越来越多,比如都是在农村长大(卡罗尔在北卡罗来纳州塔尔博隆镇上爷爷的农场上长大)。两个作家的生活节奏是那么合拍,晨光中喝上一杯咖啡,上午工作,傍晚一起读报,分享感受。他们对彼此的宗教很感兴趣,经常谈论这个话题。"我觉得,和他共同生活简直太容易了。"卡罗尔说。[10]也许她是第一个认为和米沃什生活在一起并不难的女人。尽管他们一九九二年十月一日才结婚,但在此之前他们已经同居多时。他们喜欢到处旅游,足迹遍布美国,也喜欢长途跋涉,还去过塞泰伊涅。[11]一九八九年和一九九〇年之交,卡罗尔陪米沃什去了波兰,在她眼里我们的国家是这样的:"克拉科夫不像华沙那么灰那么暗,它简直就是黑色的。建筑、人行道、杂货铺都是黑色的。如果我自己到处走走的话,肯定会迷路。我没发现任何地标性的东西,全都是一个样子——黑乎乎的。[……]一九九〇年我又来到波兰,迎接我的还是一样的灰和黑。[……]已经离开东欧了呀。'休克经济'下几乎一夜之间黑市就消失了,出现了新的、无组织的、生机勃勃的贸易市场。[……]我会念的第一个波兰语招牌是——'意式洗手间'……"[12]

　　不管想还是不想,她必须更好地面对波兰,适应自己的新角色,让丈夫的克拉科夫朋友和知己们喜欢上"卡罗莉娜",而这些人却很少看到在并不开放又自负清高的城市里她那格格不入的孤独。她骑着带车筐的自行车在大街小巷穿梭(确切地说,她有过好几辆自行车,原来那不锁车的乐天主义在这里绝对行不通),有时候也开着红色的丰田车和米沃什一起出去转转,去宜家,去郊外郊游——比如去兰茨科罗纳、梅希莱尼采、拉布卡①。尽管她需要把一部分精力放在丈夫身上,照顾他,打扫

----

① 这三个地方都是克拉科夫附近的村庄。

房间,处理他的很多琐碎小事,但她却总是一副开朗、活泼、容光焕发的幸福模样。米沃什开玩笑说,她可是家里的外交部长。

她是米沃什的参谋、经纪人和合作伙伴。她参与编辑了美国版《有益书摘》①,和他共同翻译了一些他的诗作[……],与出版商们敲定合同细则,讨论封面设计,安排记者采访,预订机票,规划行程,从德国搞来一台放大字体的阅读器,在米沃什生病期间陪在他的床边[……]。所有的一切她都打理得井井有条,甚至在最困难的时候,她也一样表现出惊人的毅力和镇定,每天都很和善,充满了幽默感。当我们去广播电台推广米沃什的书时,她用他的口吻开玩笑说:"记得,机灵点儿!"

克拉科夫的出版商,也是米沃什的朋友耶日·伊尔格这样回忆卡罗尔。他的脑海中还留有一段更为经典的场景:"切斯瓦夫从沙发上起来,要去图书馆取一本书。他走过前厅时没拄拐杖,步履微颤。透过半掩着的门我看见卡罗尔正用手掌轻轻拂过他的后背,然后抓住了他西服的下摆。这一个小动作能代表所有感情。"[13]"有这样的人陪在身边实乃大幸。她为我争版权时寸步不让,更不用说她那些招人喜欢的个性了——她的幽默极大缓解了我的抑郁症。如果没有她,我会一直抑郁下去。她给了我明媚的时光。"米沃什说。[14]她的出现让米沃什温柔起来,他找回了自己的快乐,变得活泼,更善解人意。他又能写作了,这在几年前想都不要想。"我接下了一本自传,写的都是关于我自己的事,没有对他人的批评和意见。"(《战后即刻》,页134)他也愿意找乐子了,仿佛幽默感永远也不会消失一般,总是很高兴,还顽皮地搞恶作剧。理查德·劳瑞

① 米沃什著,1994年出版。

还记得有一次去他家里，"喝咖啡，吃小面包，愉快地聊天，放松又亲切。然后拥抱告别[……]。我都到门口了，米沃什叫住我。我又转回去。他想告诉我一件他刚想起来的特别搞笑的事。'理查德，'——他用他那浑厚的斯拉夫口音说道——'太遗憾了，我不是同性恋'"。[15] 和他接触过的人应该都会记得那深沉又激动的笑声，伊莱娜·格鲁金斯卡-格罗斯写到，那笑声"真诚、生动，感染着他身边的每一个人。他希望借此表达出自己对生活的态度——看到了生活的荒诞，又坦然接受了它。这不是嘲讽，也不是厌弃，只是他的生活品位，健康、深刻、矛盾，又充满智慧"。[16] 这是最真实的爱的馈赠，他们的爱延长了他的寿命。

在整个九十年代，米沃什一直看起来精力充沛，尽管需要拄拐杖，还有点儿耳背。人们通常将他看作是不可撼动的权威，令人尊敬的文学泰斗，带有不怒自威的气场。

728　　　哪怕和米沃什有了私交后，每次见面[……]我还是会感到腿软和害怕。我不知道，我怎么会这样，是因为他那令人赞叹的博闻广识，还是他猝不及防地问到信仰问题，而且还都是些没有答案的问题（他非常清楚这一点），又或者是好笑的浓眉下那双敏锐的眼睛。[17]

——亚当·博涅茨基神父回忆说（一九九九年耶日·图罗维奇逝世后他继任《普世周刊》总编），他认为，不分年龄，无论经历几何，都会在米沃什面前感到胆怯。米沃什一点也不像一个内向的老人。看电影，去剧院，还喜欢坐在广场的咖啡店里观察活色生香的生活，他甚至还要求去水上乐园，因为在那里能看到人们借着水上滑梯的激流快速滑降。[18] 他喜欢吃弟媳做的鲱鱼和书桌上的杏仁饼干、带血的牛排还有柠檬蛋糕。后来，他甚至将喜欢和不喜欢的东西恣意写下：

上帝啊，我喜欢草莓果酱

和女人身体里暗处的芬芳。

还有冰冻伏特加，橄榄油浸鲱鱼，

肉桂和丁香的芳香。

先知可否知道我的口味？

这种精神执念从何而来？

哪怕我其他种种言行皆合情合理，信仰虔诚，

可谁会相信呢？如果他们看见，

我是怎么消灭食物，清空酒杯

还有贪婪地看着女招待的脖子。

(《诗集　第四辑》，页154)

　　他一直很注重自己的仪表，总是穿着西装打上领带，还喜欢打量漂亮姑娘。他问自己："她们层出不穷，而我，如果能永生，岂不是会在爱的甜蜜中再次濒死？"(《路边狗》，页150)这让读者们很容易把他联想成"沉迷 ／ 满脑子色情""好色的老头子"。(《诗集　第五辑》，页97)可其实他更关注周遭的事物，以思辨性的眼光不止一次地批评克拉科夫的加里西亚气氛，对脱口秀和卡巴莱表演啧啧称赞。《选举报》的女记者们写过一篇文章，叙述了发生在维斯瓦娃·辛波斯卡家里的晚餐故事：

　　　　在谈到辛波斯卡的《小女孩扯桌布》一诗时，米沃什说，这首诗涉及各种各样的原则问题，哲学家列夫·舍斯托夫和费奥多尔·陀思妥耶夫斯基在《卡拉马佐夫兄弟》中都曾为这些原则问题争论不休。女诗人试着否认并坚持说这不过是一个孩子发现了引力法则的故事[……]。米沃什却摆摆手(我们亲眼所见)，接着大谈特谈

729

他的那篇《辛波斯卡和大法官》的文章[……]。在那篇文章里他详尽说明了,诗中的小主人公的实验背后所隐藏的那些贯穿我们生活的必然性和神性意志的局限性的问题……[19]

他对知识的兴趣和渴求远高于年轻人。他的客人们拜访他时总是提心吊胆,因为他们知道肯定会被问到市面上的新书和新电影的问题。他问过,随着时间的推移《玩偶》①会成为研究华沙历史的论文吗?下一本畅销书会是玛乌戈热塔·穆谢罗维奇②的还是哈利·波特系列?拉斯·冯·提尔的《破浪》会不会声音太大了些?他甘当"波兰诗界"的守护者——接受了大量采访,参加广播和电视节目录制,拍摄电影纪录片,出席推介会、互动讨论,做了几十个讲座,为自己的文学奖筹措资金[20],参与组织美波诗歌论坛,赞助并参加已逝诗人追思会[21],发掘和推荐青年作家的新书,等等。二〇〇〇年夏秋时,他以八十九岁的高龄辗转多地,去维也纳授课,到纽约参加孙女的婚礼,去巴黎参加耶日·盖德罗伊奇的葬礼,在瑞典出席了几场见面会,去维尔诺参加"诺贝尔奖获得者论坛",还去参加了法兰克福的书展。他热爱阅读和写作,书桌永远是他安全的避风港。当了他多年秘书的阿格涅什卡·科辛斯卡③回忆道:"日常穿着:宽松的西装,宽松的衬衫。书桌上:最爱的苹果电脑,放大镜,小型卡纸打印机,留言电话,立不直的黑色台灯倒在一堆文件上[……]绿色的笔记本,血压测量仪(以备万一),写好的作品,当天的报纸,插着鲜花的花瓶(由卡罗尔照看),办公用品,红色的松下牌机械卷笔刀,钢笔水,红蓝铅笔。手上经常拿着钢笔或者放大镜,或者眼镜……"[22]

---

① 博莱斯瓦夫·普鲁斯的小说,1890 年出版。
② 玛乌戈热塔·穆谢罗维奇(Małgorzata Musierowicz, 1945-),波兰著名儿童作家。
③ 阿格涅什卡·科辛斯卡(Agnieszka Kosińska, 1967-),波兰文学评论家。

　　托尼的女儿艾琳·吉尔伯特①对这位在她的婚礼上唱歌的爷爷崇拜有加,她说:"有些人将时间分为工作、休假和周末三部分。但对他来说生活和工作是一个整体,是一种持续的状态,无法彼此区分,没有任何不同。他的作品完全反映了他的个性。生活,工作,工作,生活。[……]就像呼吸一样。"[23]她的爷爷高兴地承认说:"我喜欢乘飞机。730我写作,读书,喝酒。[……]让我自己都惊讶的活力和精力一直持续了近七十年。说真的,喝酒的活力、情爱的活力和创作的活力相伴相随。"(《猎人的一年》,页290)

　　上面这段话出自他的书《猎人的一年》(1990)。该书取材于他一九八七至一九八八年间的日记,书中详细记录了上文提到的种种充沛活力。书名借用了一篇童年时代的课文题目。[24]作者本人对此解释说,书名隐喻着自己对现实的诗意追寻,还有,伴随着追逐行为的"雄性"联想。在书中,我们会从伯克利到巴黎和里尔,再到卢加诺、日内瓦、洛桑、艾奥瓦城、纽约、里斯本、米兰……在关于波兰克莱斯地区②问题的研讨会上与奥斯卡·米沃什的朋友会会面,在笔会大会上参加关于贡布罗维奇和东欧问题的讨论,还会读到保罗二世、让娜·赫施、伊莱娜·文森兹和苏珊·桑塔格。有意思的是,如果忽略掉书中大量的对话,那么沿着这条工作和会面的脉络能够清晰地追溯作家的经历,因此该书也可以称得上是他的第一本自传。他在书中剖析了自己和扬卡的婚姻,因为太深刻了,以至于焦虑的情绪让他把叙事的焦点逐渐转移到其他人身上——普鲁申斯基、伊瓦什凯维奇、席勒……为了更加系统地回忆往事,几年后他出版了《米沃什词典》(1997)和《另一本词典》(1998)。这两本类似于回忆录的书交代了那些"基本的"二十世纪往事,表达了他对已逝的、

---

　　①　艾琳·吉尔伯特(Erin Gilbert, 1973-),米沃什的孙女。
　　②　克莱斯地区,指波兰前东部领土,与目前波兰本土面积相当,第二次世界大战后失去。

应该留有只言片语的、起码是公正评价的人的支持。晚年他终于可以说
"我对同胞更加友善"了。(《米沃什词典》,页 6)在后续的合并版本中,
包含着一百九十九个词条的《词典》——从 A 条"而"(我经常在旅行)
到 Z 条"消失"(人和事)——并不是一本传统意义的按字母顺序排列的
回忆录。米沃什娴熟地创造出一种新的形式,既可以依据基础的词条分
类刻画具体的某些人,又能描述历史事件、现象,还能点评诸如"野心"
"亵渎""奇迹""西方的愚蠢"等这类情境。他不再说《亚当和夏娃》的
暗语,而是写道:"从我们最深层次的存在信念来说,我们应该得到永
生。生存的短暂恰如对我们实施的暴行。只有天堂才是真的,世界并不
真实,且转瞬即逝。"(同上,页 18)

　　世纪之交对米沃什来说更像是告别期,他关闭了面向下一阶段的思
索,又一次回过头梳理自己的记忆,仿佛要看一看有没有遗漏的记忆碎
屑,或者是不是不应该固守某种姿态,坚持某些判断。为此,《普世周
刊》专门开辟了一个专栏,刊登由助手整理的失去视力的他的口述,后
来又集结成册为《文学库》(2004)一书。书名本身已反映出其内容的丰
富性,而书中涉及的主题则更加广泛和自由,有"尼莫船长"[①]的旅程,还
有扬·莱宏的优美诗句——"我在梦中赤裸地醒来, / 我奔跑,喘不过
气, / 在月亮上,陷入迷途"……"有这句诗就够了,足以抚慰平息所有
的不快往事,并永载波兰诗歌史册。"(《诗的见证》,页 101)那个时期这
样的诗句还有很多,出自安娜·卡敏斯卡、希维尔什琴斯卡、万达·泰拉
科夫斯卡、伊瓦什凯维奇、亚历山大·瓦特、奈拉·米钦斯卡和她的丈夫
扬·乌拉托夫斯基[②],还有神秘的科特·耶伦斯基和菲妮·莱昂诺尔
等人之手。

731

---

① 儒勒·凡尔纳的小说《海底两万里》中的人物。
② 扬·乌拉托夫斯基(Jan Ulatowski, 1907–1997),波兰艺术史学家。

　　这期间最重要的一本出自米沃什之手的散文汇编是《路边狗》
（1997）。莱舍克·科瓦科夫斯基甚至从中解读出米沃什形而上学的观
点（也可能他没有认真读完），他说："这世上没有什么是单纯的，更多的
情况是，无论什么，无论发生什么，都会受到反方向的、敌视的力量牵引。
在存在的外表下隐藏着虚无，而虚无又从存在上生发；在乌云之下善看
似恶，而恶紧随着善与之相依相辅；类似还有诚实与谎言，喜剧与悲剧，
信念与绝望，同一与扭曲，春与秋，星期四与星期五，痛苦与喜悦，梦境与
世界，那消逝的与那永不会来的。"[25]其实这个书名很随性，让人联想起
沿着乡间小路徘徊并朝旅人鸣吠的草狗或者说是那些愚蠢的人。在书
中，米沃什先表达出一个非常正式的、哲学的"现代派"观点，告诉我们
"真相"是一种不可抓住的现象，只可接近不可触碰。接下来的部分更
像是一团乱麻，充斥着在他脑海中的无数种想法的碰撞和对话。在此处
我们能读到他关于"关注"，或者说是关于艺术家的观点，认为亲近之人
只是"暂时"的同伴；能读到衰老的肉体和无损的精神之间的矛盾；读到
弥漫在记忆中的文明演变和烂熟于胸的虚无主义；还有让我们每个人都
惊叹的科学——"相信它的可爱，又逐渐确信，它并不可爱。一个机器
人就能完成人的一生"。（《路边狗》，页103）米沃什把书的第二部分取
名为"旁观的主题"，都是些关于世界和人类命运的奇闻小故事，向我们
栩栩如生地介绍了达尔文和凡尔纳，还有加利福尼亚传教士和支持梵蒂
冈的无神论者。书中有一篇题为《克里斯》的作品，感人至深，写于克里
斯托弗·罗宾·米尔纳①逝世后：

　　　　我，小熊维尼，突然得用我的小脑袋想一想那些难题了。我从　　732

---

　　①　克里斯托弗·罗宾·米尔纳（Christopher Robin Milne, 1920-1996），英国书商，他的爸
爸以他的玩具熊为原型创作了《小熊维尼》系列故事。

来没想过,我们,我、小猪、瑞比、屹耳和我们的朋友克里斯①住处的花园后面是什么。也就是说,我们住在这个遥远的地方,什么也没有改变,我还是吃着小桶里的蜂蜜,一点点而已,只是克里斯恰好走开了一会儿。

卖弄聪明的猫头鹰说,我们的花园后面出现了"时间",那是口很深很深的井,要是有人掉进去,就会飞呀飞呀沉到底下去,谁也不知道接下来他会怎样。我有点担心克里斯会掉下去,但他回来了,于是我问他井的事。"维尼,"他说,"我掉进去了,一边坠落一边变身,我的腿长啊长,我变大了,穿着长裤,长出了胡子,然后头发白了,背驼了,挂着拐棍,最后死了。我一定是在做梦,因为太不真实了。对我来说真实的只有你,维尼,还有我们一起玩的游戏。现在,就算他们叫我喝茶,我也哪儿都不去了。"(《路边狗》,页226)

米沃什在"后诺贝尔奖"时期还出版过一些索然无味的书,比如《诗的见证》《寻找祖国》和《战后即刻》(1998),后者收录的大部分是一九四五至一九五〇年间的书信往来;《现代传奇》(1996)中包括了一些占领时期的散文和与安德热耶夫斯基的对话;《从我的街道开始》(1985)是一本宽泛的随笔集。九十年代米沃什出版了两本随笔集,分别是《岛上生活》(1997)和《时间旅行》(2004)。第一本书的标题即隐喻了大众文化侵袭和金钱政治的无孔不入,书中介绍了防范方法("我不掩饰自己对电影、电视和彩色杂志,还有受金钱抑制的思想的厌恶,我不开电视就是表达厌恶的方式[……],还好我住在大学岛上"),同时也指出因高等文化隔离产生的一些"后现代"病症:"越来越多的新兴研究建议的

---

① 分别是《小熊维尼》的主人公,瑞比是一只兔子,屹耳是一头长耳驴,克里斯是小男孩,以小时候的克里斯托弗·米尔纳为原型,是小熊维尼的好朋友。

提倡者都可以看作是细菌传播人,他们对那些披着福柯、拉康和德里达之名的时髦玩意过于敏感了,结果却让诗歌和散文创作蒙尘,常常将好的写作规范丢在一边,最后与良好的意图渐行渐远。"(《岛上生活》,页93)在这些评价之中,米沃什秉持着对解构主义和后现代主义一贯的怀疑态度,与当时大学里盛行的人文主义风潮背道而驰,他认为逐渐兴起的那些所谓现代诗歌流派,不过是在语言自身的范畴内寻求出路。帕维乌·马尔钦凯维奇①回忆:"那时质疑米沃什的声音说——你能写得好像完全不存在后解构主义,没有对内容和写作行为本身更深层次的思考吗？你写作时还寄望于与'简单的人们'和解,唤起他们'内心的声音'吗？"[26]

　　他还写了很多其他类型的书,比如一本介绍安娜·希维尔什琴斯卡生平和诗歌的书——《我们有这样的客人》(1996),体现了他对诗歌创作的守护态度(米沃什的推荐很有影响力,引起了众多媒体和读者对她的广泛兴趣,避免了优秀作品被埋没)。这一极富个性的举动也反映出垂垂老矣的米沃什在面对死亡敞开的大门时,仍希望以特有的方式与自己的主角对话。而选择这位女诗人,女主角,还有一个原因是,他抛弃了多年来对女性作家的成见。"我读希维尔什琴斯卡越多,我就陷得越深,越是无法言说对她的现实存在的看法。她是我们这代同行中耀目的尤物、精灵,莎士比亚笔下的罗斯琳达②和米兰达③。她为画家发声,因为她爱他如父,而我要为她发声,因为我(几乎)爱上了她。"米沃什写道。[27]《黄色郁金香》(1999)同样表达了米沃什的爱才之心。这本由他亲力亲为翻译的已逝诗人丹尼斯·列维托夫④的诗集旨在向读者介绍

①　帕维乌·马尔钦凯维奇(Paweł Marcinkiewicz, 1969-),波兰诗人。
②　莎士比亚田园喜剧《如你所愿》中的角色。
③　莎剧《暴风雨》中的角色。
④　丹尼斯·列维托夫(Denise Levertov, 1923-1997),美国女诗人。

当今罕见的宗教诗范例。那些年他出版的翻译类的诗集[28]包括奥斯卡·米沃什的《亲情》（1993）和精选集《俳句》（1992）。《俳句》广受喜爱，"事实上"（也是其中一首诗的诗名）在波兰创造出一种别开生面的出版形式。而《有益书摘》（1994）[29]更可谓这类选集的标准模板，米沃什谈到写此书的想法时说道："如果对现实抱有恭敬之心，那么就会像荷兰画派画自然静物那样，以此定格世界，定格现实，定格上帝的杰作。"（《波兰对话：1979–1998》，页450）名副其实的艺术应该努力摆脱主体的局限，把注意力完完全全放在辨识客体上，从而做出真实的描述，就好似经过神奇的过程获得顿悟一样：树叶、草杆或者儿童水桶都能反映出自身存在的独特精彩。"我寻找着素描般的纯粹、直观和简洁。"米沃什宣称。（《岛上生活》，页101）他想写成"灵感之书"，哪怕多种语言交杂，诗中他经常借鉴中国和日本的冥思理念，思索着那些描绘自然和现实世界，那些惊艳了时光、触动了女性肌肤、温柔地旁观着人们和他们的处境的词句。

九十年代，他把自己的波兰文学和思想生活安排得井井有条，充分运用天分和知识，取得了无与伦比的成就，还借用媒体不断提升曝光度。我们甚至经常跟不上他的节奏，有些开玩笑似的观点称，我们读他书的速度比他写书的速度慢多了。实际上，他需要的东西高于这个时代。在这个匆忙而肤浅的时代里，缺乏认真和集中的片刻，更不用提他看重的"注意力"了。于是他与"时代精神"渐行渐远，对这种精神和知识分子的氛围也不知该作何评价。所谓的荣誉和敬重，并没有被读透，被深思。他期待有人与他讨论，与他争辩，但最后却统统流于谄媚的、"礼貌的"和有些"勉强为之"的推荐书评。我们忙于应付很多事情，没人注意到那时候，从某种意义上来说米沃什和那些经典的伟大作家一样，已经"堕入炼狱中"，确实需要有其他的当代作家脱颖而出了。

诗歌语言那时候也发生了变化,其主流已经脱离了米沃什全力构造和坚守的形式(无论是在米沃什自己的诗集里,还是他认为值得推荐或者翻译的诗歌中)。美国的影响首当其冲,即所谓的"奥哈拉主义"先流行起来,后来语言学潮流又占了上风。一九九一年,当代"青年"诗人中最重要的代表马尔钦·希威特里茨基①不无讽刺却也温和地说道:"就好像我想象出的一条龙。切斯瓦夫·米沃什是所剩无几的令人恐怖的诗界魔鬼中的一个,对这些魔鬼,我们要么俯首称臣,要么不屑一顾。幸运的是,他是一条完全不吓人的龙——住得很远,也不吃人肉[……]。我不承认我和他的作品有任何密切的关联,但我却很欣慰,有他的存在。"[30]与其说是讽刺、轻视、明显的不情愿,还不如说许多三十多岁的诗人与米沃什之间有着说不清道不明的距离感,这在这个老兵眼里并不奇怪,却让他非常痛心。即将登场的一代总想要为自己争得一席之地,也可能会用一些手段。可马尔钦凯维奇提到,确实存在一个现实性的分岔口,"或许是因为那时候诗歌的重音已经开始发生转向,背离了七十年代和八十年代的形态,即从形而上学的问题转为看重诗歌语言本身,这在安杰伊·索斯诺夫斯基②的几本诗集中展露无遗。又或许是因为一九八九年后,米沃什思维中的伦理方向还有他关于人类和世界的宗教-末世理论观点某种程度上让他与现实存在相脱节"。[31]其他的手法:比亚沃舍夫斯基的、卡尔波维奇的、维尔普沙的,还有出于多种原因,塔德乌什·鲁哲维奇的,都被采纳了。也许,米沃什的表达实在让人无从借鉴和模仿,但这些区别对待确实伤了诗人的心。他是一个创作者,他对待诗歌的态度绝非儿戏。他明白诗歌的局限性和痛点,但同时坚信,诗歌能够获得终极成功。希威特里茨基这一代人和接下去的几代人也许无法复制诗歌,或者他的创作中的那种"个

735

---

① 马尔钦·希威特里茨基(Marcin Świetlicki, 1961-),波兰诗人。
② 安杰伊·索斯诺夫斯基(Andrzej Sosnowski, 1959-),波兰诗人。

性化"和主观化的东西,无法将个人的理想和社会抱负融入诗中。米沃什的地位被边缘化了,他离吸引大众眼球的潮流越来越远。

还有一个最主要的变化,今天再读《救赎》这本书,书中描写那些让人惊愕和恐惧的人类无尽的恶、我们的伪宗教、对愚蠢的默许等再也唤不起人们的共鸣了。"孩子读着巴巴罗萨摧毁米兰的故事时,号啕大哭。当他长大了,却已不知道这件事是不是真的在历史上发生过,可那些书中的记忆对孩子来说太过生动,以至于能影响他的判断。他的脑海中形成了恶的概念,甚至恶的印象强于我们内心的渴望,等他发现这就是世间法则的时候,他就会憎恶世间的法则。"(《路边狗》,页155)米沃什这样写道,而他的内心深处同样憎恶这些世间法则。我们中又有谁能拥有这样的心情? 我们已经成为他人,如斯泰凡·赫文①所写:

> [米沃什]不想绝望也不懂随波逐流。对我们来说随波逐流的绝望就像薯片和口香糖一样常见。对他来说,大屠杀骇人听闻,忍受着巨大伤痛他写下了《救赎》。可大屠杀于我们,在卢旺达和柬埔寨屠杀上百万人口,在巴尔干半岛进行种族清洗,在巴格达城外的沙漠屠杀上千名伊拉克士兵——是"正常的事情",世界本就如此[……]。对美的摧残和对世界的残暴让他无休无止地备感沮丧。我们却从沮丧中学会了生存。我们从残酷的世界中遁入虚拟和麻痹的世界,我们清楚地知道,世界不会改变。他还指望着乌托邦和希望的时代。我们期待的世界,没有乌托邦,希望的概念最多是指努力获得不同的意识状态。[……]他带着无法愈合的伤口,并把伤痕优美地写进了自己的诗中。他不擅长搞怪、荒诞的嘲弄和疯狂的文字游戏,可这些对我们来说却自然得如呼吸的空气。[32]

---

① 斯泰凡·赫文(Stefan Chwin, 1949-),波兰小说家、文学评论家。

因此,我们难道不该记住米沃什的警告吗? ——"大家都认为是正常的规律, ／ 即强者胜,弱者败,生命止于死亡, ／ 与魔鬼的法则如出一辙"。(《诗集　第五辑》,页234)

注释

[1] 2000年米沃什在诗集《这》发表之后向尼刻文学奖评委会提交了一封信,请他们不要将本书纳入评审范围。以玛丽亚·雅尼昂为主席的评委会无奈地同意了这个要求。

[2] 参《时间旅行》,页195–196。

[3] 切斯瓦夫·米沃什,《虔诚的国家?》,载《选举报》,1991年5月11日。

[4] 1995年9月24日,米沃什在给马莱克·斯科瓦尔尼茨基的信中写道: "您支持出版《弗隆达》杂志的青年天主教徒们,并公开向以他们为代表的右派倾斜[……]。他们中的一员,拉法乌·斯莫琴斯基说,他的理念和'艺术与民族'这档节目差不多。集体记忆难道并不想记住什么,也不想学到什么教训吗?难道英雄的传奇总能取代思考吗?'艺术与民族'团队的节目宣扬的是法西斯主义。句号。[……]波兰精神总是绕着右倾打转,就好像内置了一个磁针,就指向这个方向。[……]百年来的经历——尤其是两次大战之间的思考——足以表明,如果右倾思想占了上风,波兰文化必将衰落。要知道,向右转,把民族引向永恒的'北方',就是选择走上一条终至瘫痪的道路。"摘自马莱克·斯科瓦尔尼茨基,《我的米沃什》,页169–171。

[5] 切斯瓦夫·米沃什,《二十世纪的征程》(克拉科夫,1999),页541。

[6] 海伦·文德勒,《我眼中的米沃什》,选自《回忆切斯瓦夫·米沃什》,页65。

[7] "我们去过许多国家,也在家中度过了很多安宁时刻。我总是看着他的眼睛。它们在对我说,他知道,他懂。每天早上我都盼望着看到那双眼睛。"摘自卡罗尔·米沃什,《和他一起迎接崭新的一天》,翻译:马泰乌什·伏拉克,载《普世周刊》,2001年第16期。

［8］引自卡罗尔·施格彭在纪录片《魔山》中的话。

［9］卡罗尔曾这样警示道："你要尽量不丢掉自己的习惯，要相信，这个世界并没有那么糟，某些政治事件可能会转向好的一面。波兰人永远不理解这个想法，但是为了外国人的心理健康着想，他们最好不要丢掉这份信心。"摘自卡罗尔·米沃什，在调查问卷"外国人眼中的波兰"中的表述，载《标志》，1998年第8期。

［10］引自卡罗尔·施格彭在纪录片《魔山》中的话。

［11］这趟旅程促成他创作了组诗《立陶宛，五十二年后》，见《诗集 第五辑》，页18–23。

［12］卡罗尔·米沃什，在调查问卷"外国人眼中的波兰"中的表述，载《标志》，1998年第8期。

［13］耶日·伊尔格，《卡罗尔·施格彭-米沃什（1944–2002）》，载《选举报》的本地版增刊《克拉科夫报》，2002年8月9日。

［14］引自切斯瓦夫·米沃什在纪录片《魔山》中的话。

［15］理查德·劳瑞，《告别的故事》，翻译：阿格涅什卡·波科伊斯卡，收录于《回忆切斯瓦夫·米沃什》，页110。

［16］伊莱娜·格鲁金斯卡-格罗斯，《米沃什和布罗茨基：磁性的土地》，页26。

［17］亚当·博涅茨基，《这没什么，有时他不知道》，选自《回忆切斯瓦夫·米沃什》，页77。

［18］参照料米沃什的艾丽兹别塔·普塔克的医疗记录："卡罗尔死后，他非常想念那些日常温馨和不着边际的对话。他喜欢家的感觉，喜欢听厨房间的唠叨。我女儿给他念《小熊维尼》的故事时，他开心地笑了，他还亲吻了她的面颊，尽管他总是与人保持着距离。他喜欢去电影院。还有一次，他吓了我一跳，他让我带他去水上乐园。他坐在那里，着迷地看着人们从玻璃滑道冲进水里。他不想离开那儿。"摘自卡塔热娜·雅诺夫斯卡，《诗中世界》，载《政治》，2004年第34期。

［19］安娜·毕孔特、尤安娜·什辰斯娜，《害羞的维斯瓦娃·辛波斯卡》，载《选举报》增刊《高跟鞋》，2004 年 1 月 17 日。

［20］米沃什于 1991 年设立切斯瓦夫·米沃什文学奖。最初评审委员会成员包括：尤利娅·哈尔特维格、雅采克·博亨斯基、塔德乌什·德莱夫诺夫斯基、扬·约瑟夫·什切潘斯基和伏瓦迪斯瓦夫·泰尔莱茨基。获奖者包括：亚历山大·尤莱维奇（1991 年，《里达》），安杰伊·什米德特（1992 年，《小提琴》）和安杰伊·卡里宁（1993 年，《后来神忘记了我们》）。1994 年评奖中断。随后米沃什决定自己挑选获奖人，因此获奖的有尤安娜·波拉库夫娜（1995 年，《想一想冒犯》），和 2000 年的两位年轻诗人雅采克·波德夏德沃和帕维乌·马尔钦凯维奇。

［21］比如伊瓦什凯维奇的追思会。1999 年 11 月 29 日晚在国家大剧院举行了题为"沃土之夜"的追思会，会上先播放了一段录像，再现了米沃什创作的长诗《在属于他的诗歌之夜选择雅罗斯瓦夫·伊瓦什凯维奇的长诗》，随后米沃什现场朗诵了几十首伊瓦什凯维奇的诗。

［22］阿格涅什卡·科辛斯卡，《对话米沃什》（华沙，2010）。

［23］《我的爷爷切斯瓦夫·米沃什：莉莲·希涅格-查普莱夫斯卡与艾琳·吉尔伯特的对话》，收录于《维瓦！》，见 www.polki.pl。

［24］课文作者沃齐米日·科尔萨克，题为《猎人的一年：猎人和自然爱好者须知》（1922）。

［25］莱舍克·科瓦科夫斯基，《关于切斯瓦夫·米沃什的〈路边狗〉》，收录于《熟悉的他们：关于那些聪明、诚实、有趣的人和他们的时光》（克拉科夫，2004），页 176。

［26］帕维乌·马尔钦凯维奇，《阅读米沃什》，载《普世周刊》，2004 年第 27 期。

［27］切斯瓦夫·米沃什，《我们有这样的客人》（克拉科夫，1996），页 35。

［28］2005 年出版的《诗作翻译集》是最全面的米沃什译作集。

［29］英文版，内容稍作变动，两年后以《那些闪光的事》为名出版。

［30］马尔钦·希威特里茨基，《龙》，载《普世周刊》，1991 年第 26 期。

[31] 帕维乌·马尔钦凯维奇,《阅读米沃什》,载《普世周刊》,2004 年第 27 期。

[32] 斯泰凡·赫文,《世界在美与残忍之间》,载《共和国报》,2004 年 8 月 21 日–22 日。

第七十九章　更远的地方

> "您的作品起码拯救了一个人于水火。"
> 您写道。可您不知道的是，您的诗曾救我
> 于水火，而且多年来一直是我的良药，慰藉，
> 撑住我的拐杖。
>
> 康·亚·耶伦斯基致米沃什（1980）

> 这股黑暗的精神过于强大，竟以惊人的
> 毅力将自身转化为光明。
>
> 斯·赫文，《普世周刊》调查问卷总结（2001）

736

艾琳·吉尔伯特还记得爷爷的一次客座讲座，"他坐在旁边，沉默，认真地倾听着，等他们都走了，他忽然高兴地低语：'我刚作了一首诗'"。[1]事实上在生命的最后二十年，他一直很规律地写诗。他经常会梦见几行字、一些画面、几个句子，清晨醒来匆匆写在笔记本上，然后慢慢修改、补充。写下《不被包容之地》之后，他先后完成了《编年史》

（1987）、《更远的地方》（1991）、《河岸边》（1994）、《这》（2000），还有
《第二空间》（2002）。

从《编年史》开始，他开启了又一波诗歌创作的高潮，但是很难企及
以往的成就，因为太多类似的、格律严谨的、固守的条条框框让他的诗变
得很简洁，似乎更想表达的是灵感乍现的顿悟[2]，仿佛那个童年记忆中
的铁匠铺门口，同时站着一个小男孩和一位喃喃自语的八十岁老头：
"我看啊，看啊。我被呼唤着：／ 去认同它们，故而它们才存在。"（《诗
集　第四辑》，页221）尽管这些诗体现了他一贯的水准和高度，但已经
很难像《弱者的声音》《诗论》《太阳从何处升起从何处落下》等诗作那样
打动读者了。诗人老矣，可能已经安于大师的地位，选择了让自己更舒
服的姿态，不再想打破常规去拓展更广泛的创作手法了。这一时期的众
多作品中，至少还有一本诗集堪称伟大，不仅撼动人心，而且揭示了米沃
什新的思想境界。也就是《这》这本书，以及以此为题的这首诗：

737　　　　但愿最后我能讲出来，藏在我心里的话。

　　　　　我能喊：人们啊，我骗了你们。

　　　　　因为我说，我的心中没有，

　　　　　可"这"一直都在那里，日日夜夜。

　　　　　[……]

　　　　　写作曾是我抹去痕迹的保护策略。

　　　　　因为渴望禁忌的人

　　　　　并不招人喜欢。

　　　　　我又想起那曾经畅游的河流，

湖泊，芦苇丛中有一座木桥，
山谷，夜色中歌声荡漾，
我承认，我对存在的热烈赞美
只不过是在练习高雅的格调，
而那深处的深处，是我叫不出名字的"这"。

"这"恰如一个无家可归者，他走在寒冷、陌生城市时的，
　　所思所想。

又恰如一个被围捕的犹太人，看见德国宪兵们的头盔越来
　　越近的，那一瞬。

"这"就好像王子走到市井看见了世界的真面目：
　　贫苦，疾病，衰老和死亡。

"这"也许还好比某个得知自己已被永远放逐的人的，
　　僵硬脸庞。

或者是医生口中无法更改的诊断。

因为"这"意味着撞上一堵石墙，
然后恍然大悟，无论我们如何哀求这堵墙都不会消失。

（《诗集　第五辑》，页83-84）

　　我们曾多次在本书中尝试寻找扎根在米沃什心中的"这"，寻找那
个让他孜孜不倦又思绪绵延的暗色背景，那股连作家自己都承认的无与

伦比的巨大力量。晚年时,他更多地把自己的想法隐藏起来,不再吐露内心的悲观主义和对世间法则的恐惧,但他又暗示,这些恰恰就是他的人格内核,但并不是诗歌写作的灵感源泉。在《米沃什词典》中他提到四十年代遇到罗伯特·弗罗斯特[3]绝非偶然:

738　　　　　　仔细想一想这首诗和它背后的人生经历,即刻就会坠入无底的深井。从他的诗中,世人皆可看到弗罗斯特的伤痛和不幸遭遇。他从未掩饰。一连串的骇人打击,亲人们接连死亡,精神错乱,自杀和缄默[⋯⋯]。遭受这样的残酷之后仍能感到自身的存在反而让他更加恐惧。如果个体人格的边界是模糊的,以至于我们真的不知道自己是谁,那么弗罗斯特又是怎么做到不断地改换心情的呢? 如果他也不知道,自己究竟是谁,他是不是为了报复自己人生的苦难,才执迷于名望,不达目的不罢休呢?(《米沃什词典》,页139)

而他,说实在的,在抹掉痕迹方面做得很是漫不经心,他的诗总会提到个人的不幸遭遇。我们能感觉到他身上有种说不出话的束缚。米沃什自己讲,对这种感觉最恰当的描述莫过于含混不清的呐喊:"我想喊,可我知道,喊没有用。我觉得,还是不喊为妙。"(《猎人的一年》,页132)[4]身体的疼痛、孤独和死亡能让所有工作停摆,让激情消散⋯⋯也许还有其他原因。是兽性吗,"牛性"①吗,还是存在的植物性,或者理智之外的世界? 我们尝试着为他解析。至少,我们中的一些人要清楚:"当我年轻时,假期中那些无聊的事情让我备感绝望。可等我老了,身处热带国家时,已经知道,我一直在寻找着解药,要治好我那毫无意义又顽固不化的无精打采。赋予生活意义吧,什么意义都可以,别当那头牛,对现实漠然

---

① 贡布罗维奇在1958年发表的《自然、动物》一文中使用了"牛性"这个词,指奶牛的性情。

又疏懒,没有目标,没有追求,没有肯定和否定,就像不存在一般。宗教!意识形态!渴望!仇恨!你们来吧,用你们华丽的外表遮蔽盲目的'它',那个没有名字的'它'。"(《路边狗》,页67)

更进一步说,他的性格中还包含着对他人的责任,做有用之人,牢记"阅读能够激发出力量",也就是:"如果没有上帝, / 并非所有的人会得到自由。 / 他还是兄弟的守护者 / 他不能让兄弟伤心, / 不能说,没有上帝。"(《诗集　第五辑》,页171)着实令人赞叹,但他在内心——就像他自己说的——还只是一个"懂礼貌的男孩","拥有上天赐予的慧眼却又漠视人类的习俗",于是"找到了某种方法,表现得和他人一样"。(《诗集　第四辑》,页136)晚年他承认:"我这个懂礼貌的男孩信仰虔诚、勤奋、迷信、保守,总是站在权威一边,反对模棱两可。将我的责任感滥用——我可不会[……]。我的书是崇尚传统美德的,我甚至不止一次不情愿地被当成道德主义者。我羞愧于自己的一无是处,却说:是,我一无所用,我就这副样子。这一无是处让我彻底搞砸了和集体的关系[……]还背上了极端个人主义的名头。"(《猎人的一年》,页258)

这究竟是他美丽的天真,还是自负呢?"没有谁赋予我权利,去揭露对人心太过残忍的东西。"(《诗集　第五辑》,页123)他写着,就像不曾注意到,人心(不是他的心)皆冷漠,似乎,没有什么真理不能忽略。

这些后期作品的另一重要主题是衰老,人生"更远的地方"。我们一旦到达那里,就再也回不了头。衰老的身体每况愈下,可头脑却异常敏捷,也许这就是神性所在。但这算衰老吗?他敏锐,睿智,依旧渴望观察、触碰和品尝新鲜,他仍会偷看穿超短裙的女孩的大腿,大口咀嚼烤羊肉和大蒜瓣。可他清醒地意识到,自己已经算是"老一辈"了,人生的征途即将长久地画上终止符,那时他可以平静地说上一句"晚安",这样其他人就能继续上场追逐和奋斗。他已经站在门槛上,所以可以对自己说:"忘了自己的痛苦吧, / 也忘了你自找的痛苦。 / 水流不息, / 春

739

去春回，/ 你正走在被纪念的路上。"(《诗集　第五辑》，页 95）从这个门口可以将人间的怪诞表演一览无余，但同类的种种磨难反而会引起观者更强烈的共鸣。就像米沃什的作品，开头描写的是一个青年把周遭的蠢货轻蔑地看成"猴子"，结尾则会带出深深的同理心。"宽容才是我内在和外在的真实想法，但我却不知道该怎么办。数不清的大量的面庞、形象、个体的命运和种类从其内部与他们相一致，而我终于意识到，我找不到一种方法，将我这些客人安放在我的诗中，因为我知道得太晚了。我想，如果重新开始的话，我的诗会描写某个具体的人的生平或者肖像，更确切地说，是对他命运的悲鸣。"(《路边狗》，页 163）米沃什如此写道，而实际上，他在作品中确实越来越多地加入了对生命奇迹的慨叹。那迷人的、令人赞叹的、惊讶的、闪烁着微光的奇迹，就像诗人在系列诗《致赫拉克利特》中，如伴随着乐器一般发出的声音，他说："我从那些忘记很久的人之中回来了。"(《诗集　第四辑》，页 167）

　　"年轻时我从没指望过，有一天我会迷恋众生，迷恋她们每天的存在，每时、每日、每年。"(《诗集　第四辑》，页 203）他这样写道。要多说一句，他口中的众生指的是姑娘们。这里尽管仍流露出他那自然的情色特征，但在他的思考里还有一些别的东西，他从女性的内在中看到的自己关于死亡的解释。米沃什说过，自己"诗歌的性别是女性"(《路边狗》，页 60)，"他的潜意识只在诗中自由挥洒，就好像一个温柔的医生，先要帮他脱下他的盔甲，然后才能碰到他的身体"(同上，页 14)。他在脑海中想象着那些老相好和爱人们，想着妮卡和雅德维嘉，还想着那些记忆中只剩下裙子颜色或者帽子装饰的女孩，想着安娜·希维尔什琴斯卡，当然还有《塔杜施先生》里的泰利梅娜和《涅曼河畔》①里的尤斯缇

740

---

① 由波兰女作家艾丽查·奥热什科娃于 1888 年完成的一本实证主义小说，以波兰反抗俄国侵略的一月革命为背景。

娜，想象着自己和她们坠入爱河的故事。他甚至还写过关于守护天使的诗："他在梦里扮作女人。／ 并不总是一副模样。他知道，我是世俗的，／ 我需要爱情的抚摸。／ 我们没有结合，／ 但那么近，心心相印。"（《诗集　第五辑》，页185）就好像他刚从遥远的童年、从奶奶温暖的怀抱里回来，在日尽时刻想起了珀耳塞福涅①，还有将他托付给玛利亚——也就是后来的基督之母——照拂的母亲，他说："美丽的女士，你，曾在卢尔德和法蒂玛向孩子们显露真容。"（同上，页244）

这句话是理解二〇〇一年出版的《神学论》的关键，他一边写诗，"一边寻找着能讲清楚宗教问题的语言。可以接受的、教条化的语言，常常成了绊脚石，而神学语言又显得过于口语化"。[5]他不再执着于三位一体的论述条件，尽管他早就说过，后期的作品较此前更为浮夸，也更为乏味，更适合于思考，而不是沉迷于想象。诗人也不再在意诗歌的工整，他只想用最直接、最易交流的方式讲出来，毕竟时间所剩无几，他必须抄近路了，并在抵达终点后得到救赎。他想"草拟一份论述，／ 神学的，去弥补自己的罪恶 ／ 和自私的虚荣"（《诗集　第五辑》，页219），这样就能让自己抛下华丽的外表，分清主次顺序："为什么是神学？因为首位就应该在首位。这才是真理所在。"（同上，页218）该论述是贯穿在米沃什最后三十年作品中那条宗教脉络的顶点，是对此前各色主题的总结——关于对反义世界的反对；关于那个感到自身与受民族宗教教养的同胞之间有道鸿沟的诗人；关于不笃定且总抱有怀疑的信仰；关于摆脱枯燥的神学，摆脱"在干草上露出甜美微笑的婴儿耶稣"。第一条计划里，对自己的爱就与最后几年的那个"教区居民"发生了激烈的碰撞。那个教区居民，和大家一样，跪在祭坛前祈祷，面对着共同的罪恶、痛苦和恐惧。以恶与死亡为视角的米沃什不仅指出了那个原始的、同一的被

---

① 希腊神话中宙斯之女，冥王哈迪斯之妻，地下的死神。

741 创造者受虚荣影响而提出的毁约行为,即亚当和夏娃残忍地反对自己的造物主,还展现了更早以前,创世之初,当神的"是"被第一个"否"驳斥,当"美与力量的天使 / 反对不被接受的一体,因为他说了'我', / 就意味着分离"。(同上,页229)

那么,《神学论》能如作者所愿,帮助那些信徒,尤其是那些和他类似的,每天在信仰和亵渎之间徘徊的人吗? 从书评反馈来看,这个作品确实产生了很大反响。"从哪里能找到米沃什作品中隐藏的同一性?"扬·布沃斯基问,"今天已经无须迟疑,我们都看到了,是在形而上学领域,或者说在广义的宗教里。我还记得,在很多很多年前,这些问题很少出现,而且,更重要的是,很少有人从这个角度去审视米沃什的作品。我问他,那好吧,但请明白地告诉我,你信上帝吗? 我得到这样的回答——信,我自认为是一个天主教徒。我忽然就明白和领悟了这首诗中提到的那些东西。"[6]伊莱奈乌什·卡尼亚指出:"被他理想化的信仰是米沃什最后的庇护所,简单来说:熏香,连祷,唱诗,在圣母像前诚心祷告。[……]这幼稚的信仰代表着智者终于向'恶从何来?'①这个困扰着他的终极神学问题妥协了[……]。但妥协也可以看作是智者最大的胜利——他战胜了可怜、堕落的个体'我'那恶魔般的自以为是。"[7]

米沃什在《猎人的一年》中也描述过类似情形——在弥撒仪式中,有那么一瞬间,"偷偷摸摸的自大"令他脱离了"自我",但马上又沉静下来。[8]十年后,他把自己明确地定位在"教众中"——这也是一首诗的诗名。诗中提及,尽管伴有犹疑,我们仍在努力参与"圣礼",一边祈求着将我们从绝望中拯救出来,因为世界只剩一副"魔鬼般的杂耍形象"(《诗集 第五辑》,页193),一边说着祈祷词,"在我死亡时分您的痛苦与我同在, / 却也不能将世界从疼痛中拯救出来"(同上,页160)。晚

---

① 米沃什一首诗的标题:Unde malum?

年时,他回归教会,确切地说是向保罗二世的肖像寻求慰藉。尽管满怀敬畏和距离感,他还是将保罗二世的画像当作"一块可以避难的巨石。人性——罪恶的、道德疑惑的、疯狂的、伴着鼓点摇晃屁股的,还有脏话、犯罪和电视中表现出来的,无处不在"。(《猎人的一年》,页38)他要寻找一个权威,一个榜样。二〇〇〇年,他看着在耶路撒冷的哭墙下祈祷的教皇,激动地给马莱克·斯科瓦尔尼茨基打电话,"他死后即刻就会成为圣徒"。[9]他写下一篇《保罗二世八十寿辰颂》,很快就被登在波兰最大的报纸的头版:

742

当众神离去,牧人请赐予我们,
在城市上空的雾霭中一头闪耀的金牛犊!
无助的人群在奔跑,把自己的孩子
献祭到血腥的摩洛克神①眼前。

[······]

你与我们同在,而且从此再不分离。
当黑暗的力量发出声音时,
拥有真理的人就在教堂里,
而犹豫的人将变成信徒,
在我们家中,您的画像每天提醒着我们,
一个人能做到什么,还有神性是如何行事。

(《诗集　第五辑》,页127–128)

---

① 圣经中以牛为形象的恶神,要孩子献祭。

米沃什在加利福尼亚的家中也摆上了一张教皇的画像。一开始他放过保罗二世和约瑟夫·萨吉克的一张合影,照片上萨吉克正向教皇介绍米沃什翻译的《诗篇》。后来换成一张诗人自己和卡罗尔·沃依泰瓦①的合影。他们的第一次交集是在获得诺贝尔奖之后,知道他作品[10]的教皇给他发来贺电。[11]八十年代他曾参加在甘多尔福堡②举行的学术研讨会。一九八六年六月在罗马逗留期间他受邀与教皇会面,耶日·图罗维奇亦在场陪同。在图罗维奇的档案里保存着教皇当年谈话的记录,写着沃依泰瓦向作家表现出的一些真诚的举动,还有他对《伊萨谷》和《诗歌六讲》的看法。诗人自己也不无兴奋地写道:"我所有的思维活动都是宗教性的,因此我的诗也是宗教性的。[……]尽管,关于天主教总存在是与否的问题。[……]在谈到《诗歌六讲》时保罗二世提到:'您总是向前一步又向后一步',我回答:'今时今日还能写不一样的宗教诗吗?'"(《猎人的一年》,页34)十年后,他对教皇的《致艺术家们的信》非常欣赏,并对此评述说:"他说到了我们的心里,他的每一个字都是真理,是延续千年的真理,不是历史中短暂的一瞬。我们希望,二十一世纪的艺术作品能够展现出他的真理中的光辉和纯洁。"(《时间旅行》,页78)二〇〇四年四月二日,米沃什给教皇递送了一封精彩的祈愿信:

> 743　圣父啊,年龄改变了我的想法。当我还年轻时,用写诗来博得教皇的恩泽是不合时宜的举动,可那恰恰是我关注的对象。在过去的岁月中,我写诗时始终想的是不背离天主教的正统理念,可我不知道,结果会是如何。因此,我请求您能肯定我的追求,肯定它符合我们共同的理想。祈愿基督的应许能够在复活那天应验。

---

① 保罗二世的波兰语原名。
② 位于意大利,教皇的夏日别墅所在地。

三周后他收到了回信：

尊敬的、亲爱的先生，我读了您今年四月二日的来信，深受感动——我反复读了许多遍。寥寥数语却包含着丰富而多层次的内容。您写道，您关注的曾是在您的作品中"不背离天主教的正统理念"。我相信，这样的诗歌态度是坚定的。鉴于此，我很高兴，我可以赞同您提出的"符合我们共同的理想"的追求。我真心真意祝愿我们所有人，如主的生活，还有我的生活，都能实现那最大的应许，实现基督通过自己的复活给予全人类的应许之愿。愿主眷顾您的生活和创作。

纪念封[12]上的邮戳显示"梵蒂冈，2004 年 4 月 24 日"，另外还有一行手写字："复活，哈利路亚！／ 保罗二世 ／ 2004 年复活节祝福"。[13]

四个月后，教皇在向切斯瓦夫·米沃什致哀的电报中引用了这封信里的句子。二〇〇四年八月二十七日，在玛利亚教堂举行的葬礼弥撒上神父宣读了这封唁电。黑色大理石石棺上刻着"Bene quiescas"[14]，还有死者家属从《智慧书》中选出来的一句话——"专注于科学就是爱"。下葬礼本应安排在斯卡乌卡墓地，也就是宝琳教父修道院的功绩墓地，诗人将和众多名人安葬在一起，如斯坦尼斯瓦夫·维斯皮安斯基、雅采克·马勒切夫斯基①、亚当·阿斯尼克和卡罗尔·席曼诺夫斯基。教堂里的人紧张极了，因为关于同意下葬的讨论直到最后一刻才有了结论，右派的报纸上充斥着仇恨的批判[15]，克拉科夫各阶层的态度亦不明朗；另外，也不知道教堂外会不会有干扰葬礼的反对者。当葬礼安然完成时，许多参礼人松了口气，葬礼举行前几天里积攒的苦涩压抑终于消散。

---

①　雅采克·马勒切夫斯基（Jacek Malczewski, 1854-1929），波兰画家。

《共和国报》为纪念离世的诗人专门增印了文化版面,头条印制着雅努什·卡普斯塔①的一幅素描画,上面写着:"在智慧的国家里,当伟大死去,过不久渺小也会死去。"[16]但在波兰,渺小活得好好的。

744　　　《神学论》被收录进诗集《第二空间》。该书中还收录有长诗《塞维林牧师》,反映以此为名的牧师与自己不笃定的信仰之间的较量。另有一首《熟练工》,是诗人向奥斯卡·米沃什致敬之作。他宣称,他写的最后一首诗是送给巴黎亲戚的《善良》[17],诗中提到"家族之爱"——这种不止一次地带来痛苦又毋庸置疑的爱,"就好像时间倒回,再次照亮了 / 天堂花园里的小路"。(《诗集　第五辑》,页319)那么也可以说,通过那座光之桥我们就能在这个米沃什后期诗歌中提到的花园里徜徉。后期他还写过很多讨论绘画的诗,比如证实了世界真实性的荷兰画派的静物作品,比如透纳②、康斯特布③、霍珀或克里姆特④的帆布油画,特别是柯罗的画,画家的"名字[……]是光明"。(《诗集　第四辑》,页239)他遵循着视觉的感官体验,发现了光的存在会让事物更加丰满,也因此更加赞赏文森兹对约瑟夫·查普斯基说的那些漂亮话——"您画笔下的樱桃,让我联想到德国神秘主义哲学家雅各布·波墨,他被铜盆反射的太阳光弄花了眼,结果陷入宗教的狂想中[……]。为什么画家就不能如此呢? 光无处不在"。[18]

光确实无处不在。一个行将就木的人总是希望:"让我单纯地望着,不要名字, / 没有期望、渴望和希望, / 望向我和非我结束的尽头。"(《诗集　第四辑》,页148)很早以前,他就这样望着世界,那时就

---

①　雅努什·卡普斯塔(Janusz Kapusta, 1951-),波兰艺术家。

②　威廉·透纳(William Turner, 1775–1851),英国浪漫主义风景画家。

③　约翰·康斯特布(John Constable, 1776–1831),英国浪漫主义画家。

④　古斯塔夫·克里姆特(Gustav Klimt, 1862–1918),奥地利象征主义画家。

说过:"生命留下了什么? 只有光。"(《诗集　第二辑》,页 162)他承认:
"我也爱光,也许只爱光。"(《诗集　第三辑》,页 46)他思考过复活,
那时我们将在密集的光中重获新生。于是他写道:

照耀的光亮,
天国纯洁的露珠,
请你们帮助每一个
在人间的生者。

无法触及的帷幔之后
是世间万物之道所在。
我们一生都在追逐,
无论幸或不幸。

我们知道,旅程终有尽头,
消散后还会重聚
于一体,和从前那样:
灵魂和可怜的身体。

(《诗集　第五辑》,页 165)

注释

［1］选自艾琳·吉尔伯特在纪录片《魔山》中的话。

［2］关于探讨米沃什创作方面的经典论述要属扬·布沃斯基的文章《米沃
什的顿悟》,再版收录于《认识米沃什》,耶日·科维亚特科夫斯基编(克拉科夫、
弗罗茨瓦夫,1985),页 205-229。

［3］参《大洲》,页 146。

［4］另参："我活得很累。如果我要在写作范畴内丢掉自己的什么的话，那么就是我的悲观主义，尽管它应该出现——在越过人类正统礼仪的界限之时，恰恰不再属于文化。我总是丢掉自我，但我也很奇怪，我的钢笔却反其道而行——这又意味着什么？"摘自切斯瓦夫·米沃什写给康斯坦蒂·亚历山大·耶伦斯基的信，1979 年 7 月 30 日。（拜内克图书馆）

［5］切斯瓦夫·米沃什，《谈〈神学论〉》，载《普世周刊》，2001 年第 47 期。

［6］扬·布沃斯基，《宗教精神和世间爱情》，载《普世周刊》，2001 年第 47 期。

［7］伊莱奈乌什·卡尼亚，《智者最大的胜利》，载《普世周刊》，2001 年第 47 期。

［8］参《猎人的一年》，页 280。

［9］马莱克·斯科瓦尔尼茨基，《我的米沃什》，页 181。

［10］参："你的消息打动了我的心，你说你那个'教皇'的秘书向你索要我的书，我需要加个题词吗？"摘自切斯瓦夫·米沃什写给耶日·盖德罗伊奇的信，1978 年 11 月底 12 月初。（文学研究院档案室）

［11］"我向主推荐了您的作品，我祝愿，您的创作能为人类精神世界带来持久的价值，并能记录下普通的人和事。"摘自保罗二世致切斯瓦夫·米沃什的贺电，1980 年 10 月 15 日，载《选举报》，2004 年 8 月 19 日。

［12］印着皮埃尔·帕奥罗·潘奇的《复兴》（1783）。

［13］克拉科夫切斯瓦夫·米沃什档案馆。

［14］拉丁文，意为"安息吧"。

［15］2004 年 8 月 16 日《我们日报》的文章称："诗人、作家、散文家、诺贝尔文学奖获得者切斯瓦夫·米沃什逝于克拉科夫，终年九十三岁。米沃什出生于维尔诺。战前他同情共产主义，战后当了多年共产党的外交官。他主张波兰是苏联的第十七个共和国。值得玩味的是，1945 年他公开宣称，在人民波兰不要发行《圣经》。他说，这是一本残酷、血腥和令人沮丧的书。在《普世周刊》上抨击过马西连·玛丽亚·国柏，诽谤圣徒国柏写的文章《小日记》和《无瑕的骑士》有反犹色彩。"

［16］参《共和国报》，2004 年 8 月 21 日－22 日。

［17］米沃什口述,阿格涅什卡·科辛斯卡记录,2003 年 12 月 22 日。

［18］摘自斯坦尼斯瓦夫·文森兹写给约瑟夫·查普斯基的信,1952 年 6 月 24 日。(克拉科夫国家博物馆,迈松拉斐特的约瑟夫和玛丽亚·查普斯基档案,索引号: 2301)

第八十章 "一个亮点"

如果死后我能到达天堂,那里应该和这里一样,但我会摆脱迟钝的感官和笨重的骨骼。

只是换了个视角,我还会继续欣赏人体的模样,鸢尾花的颜色,六月晨光中巴黎的街道,所有不可思议的万物缤纷。

切·米沃什,《在机场喝了一杯威士忌后对自己的真实描写,下一站明尼阿波利斯》

既非现在,也非过往。唯瞬间永恒。

切·米沃什,《河流》

米沃什晚年的视力越来越差。在克拉科夫的家里他经常会用到一台特殊的投影仪,把印刷品放大投射到屏幕上阅读。他用电脑打字的字号越来越大,带到作家之夜的稿纸上的字也越来越大。一九九八年春天他告诉盖德罗伊奇,"我写完了第二本《词典》,它是我亲手写的最后一本书了,因为我看不见了"。[1]后来,尽管他还一直在笔记本上写下只言片语,但文章和诗已经改为口述转录。笔记本上的最后一段文字写于二〇〇三年八月十七日,编号82,只有寥寥数语——"我们坐下来 / 一口接一口地 / 嘬着烟 / 尼古丁 / 我们伸出舌头 / 渴求着 / 哪怕是血滴"。[2]他自己阅读的最后一本书是安娜·凯雷勒①的诗集《生死短诗》。这本诗集令他印象深刻。二〇〇一年秋他在经口述发表的一篇文章中称:"这个女人表现得不赖。她还没注册为诗人,但有着独特的天赋,神秘又奇怪的直觉,该排挤她呢还是该迁就她?"[3]二〇〇四年,他仿佛已看到了自己的终点,思考着,最巅峰的时刻便是他最后变成了"一个亮点, / 越来越大,然后[……]消散无踪"。(《诗集 第五辑》,页201)

卡罗尔竟先于米沃什撒手人寰,让人完全无法相信。她比他小那么多岁,体格健硕,活泼开朗,带着他到处旅行,后来还帮他管理财产。二〇〇二年年中,她感到身体有恙就飞回了加利福尼亚,结果病情发展太快,六周后的八月十六日她走了。身体日益虚弱的米沃什最后一次前往美国,在旧金山的医院赶上了与妻子见最后一面。医院冰冷、无菌的走廊被诗人记录在短小的挽歌诗《俄耳甫斯和欧律狄克》②中。荧光灯散发出幽幽的蓝光,电子狗安静地蹲在角落,电梯仿佛直接坠下几百层,把带着竖琴思念亡妻的诗人送下地狱:

> 他记得她说过:"你是个好人。"
> 他并不相信她的话。要知道,

---

① 安娜·凯雷勒(Anna Keryl, 1959–),波兰艺术家、诗人。
② 希腊神话中的一对悲情夫妻,俄耳甫斯为了救活死去的妻子欧律狄克冲入地狱,用琴声打动了冥王哈迪斯,欧律狄克再获新生。冥王警告俄耳甫斯离开地狱前不可回头张望。可在冥途将尽时,俄耳甫斯爱妻心切,回头看了看,结果欧律狄克跌入无尽深渊。

抒情诗人们，总是有颗冰冷的心。

要获得完美的艺术就要承受如此的缺憾。

这几乎是个定论。

但她的爱让他火热，情意绵绵。

和她在一起时，他连想法都变了。

可她死了，他现在不能辜负她。

（《诗集　第五辑》，页271）

米沃什写了一首赞美诗"面对深渊 ／ 寂静把所有声音吞没"（《诗集　第五辑》，页272），他并非要赞颂欧律狄克的爱情，而是要赞颂存在之美，他又一次强调："行文对抗死亡"（同上，页272）。他站在珀耳塞福涅面前，可女神却说着不清不楚又蛊惑人心的言语："我不知道［……］他是否爱过她，／ 但他来过这里，要救她。"（同上，页273）回到人间的路与神话和真实的经历没什么不同，只不过终点处温暖的大地再次升腾起一丝缥缈的安慰：

没有人紧跟在他后面。

太阳。和天空，还有头上的云朵。

此时此刻有个声音在他心中呼唤：欧律狄克！

可人儿，没有你我怎么活下去！

但药草在飘香，蜜蜂也在低鸣。

于是他睡着了，面颊紧贴着温暖的大地。

（《诗集　第五辑》，页274）

一个月后，九月二十一日安杰伊·米沃什离世。切斯瓦夫留下一段
哀辞：

> 你勇敢，但我却最欣赏你的善良，它陪你历经风雨，因为到处都 747
> 有感激你的人。[……]你是一个基督徒，但信仰从不是你保护家
> 人的潜在动机。你属于很少为自己着想的少数人，总是以他人为
> 重。你的生活就是奔跑，如字面上的理解，你确实喜欢每天跑步，但
> 从隐喻上看，恰如不懈的乐观追求。别了，安杰伊，我希望，你继续
> 在天堂的牧场上自由奔跑。(《时间旅行》，页255)

他比朋友们活得更长，陆续参加了图罗维奇、盖德罗伊奇、赫贝特的
葬礼。这就好像有一只手硬生生地把他从那些对他最重要的人、最亲
近的人身边拉开。他像约伯一样，掉入痛苦的深渊，在那里苦涩地
"祈祷"：

> 我提出一个自私的要求，你满足了我，
> 就为了让我明白，这个要求多么荒谬。
>
> 但当我怀着慈悲为他人祈求奇迹，
> 天空，和大地，却如常，一片沉寂。
>
> [……]
>
> 如今你要慢慢合上我的五感，
> 因我垂垂老矣，卧于黑暗。
>
> (《诗集 第五辑》，页159-160)

他就像棋盘上仅剩的孤子,一遍遍复盘过往人生:

我最感兴趣的是,我们眼中的自己和他人眼中的我们之间的差
别。[……]幸运儿。这个一帆风顺的人。绝顶聪明。懒散。爱
钱。没有一丁点爱国精神。疏离祖国,那里于他就是个行李箱。自
负的完美主义。眼里只有艺术之美,看不见人类之美。见利忘义。
[……]个人生活不检点,玩过很多女人。好吃。傲慢。还有很多。
这些特征几乎囊括了我所有的可耻行为,把我描述成了一个强大又
狡猾的形象。可当我越明白自己的弱点,我就越会把自己推向它的
反面,将自己认作一个迷雾中喝醉的孩子。(《米沃什词典》,
页 228)

他对自己的人生作何评价?有时候他觉得,过去已逝,遥不可及,可有可
748 无。但有时候他又想回去,问问别人对他的决定作何判断,他想知道,他
创作的作品到底配不配得上亲戚朋友为他的付出。"您的诗帮我们渡
过劫难,给予我们希望、力量和无尽的欢乐。"听到这样的回答,是不是
能给他带来一丝安慰呢?最后留给他的恰恰是那个最重要的问题——
什么才是命运的意义?是巧合,还是某种力量使然?这力量带来健康、
保护健康、挽救健康、给予健康,当然还带来汹涌的爱情,但同时又夺去
平静的爱和真挚的亲情,让人尝到它的嫉妒。他多次执笔追问,甚至给
这些文字起了一个题目——"旅程结束后":"多么奇怪,不可思议的生
命啊![……]我有过想法,有过冲动,决定过某事,实现过某事,可从远
处看,那个人是那么地莽撞和荒谬。好像那个驱使他的力量让他做的
事,他并没有完全照做。"(《诗集 第五辑》,页 93)在提问和应答之中
竟然找到了一条通往宽恕的恩典之路:

我在夜半醒来,那时我才感知它。那是一种巨大而完美的幸福感,就好像在过去的生命中只存在过它的片段。这幸福来得没有任何理由。既没有抹去意识,也没有消除我那悲喜交加的过往。现在突然成了整体中不可分割的一部分。就好像某个声音在说:"别担心,诸事皆如盲从,你做了你该做的,就不必再想旧事。"平静的感觉油然而生,平静得不再清算过去,但又平静得与死亡相连。此处的幸福与下一段的预告殊途同归。我明白了,我会收到意想不到的馈赠,但我不懂,为什么这个恩典会落在我头上。(《诗集 第五辑》,页112)

他清醒地意识到死亡即将降临。他在送给耶日·伊尔格的《第二空间》一书上写道:"送给夏龙船①的船夫。"[4]他做着解脱的梦——在繁花似锦的大地上空飘啊飘啊。他还有力气。他让人在客厅里摆上卡罗尔的半身雕像;躺在配有氧气瓶的床上和照顾他的托尼,还有轮班的护士们聊天;继续接待访客。他后来回忆起一位客人:

我六月时去过他家,现在看起来,那次是我们倒数第二次见面。他很虚弱,躺在床上。我坐在他身边,握住他的手。每过几分钟他会醒来一次,让我和他说说话。讲讲意大利诗歌,讲讲锡耶纳老城,电影《鲜花广场》(1943)中的场景——这部电影的编剧费德里科·费里尼当时还是个毛头小子。他已记不清自己到底认不认识帕韦斯②,还问我对夸西莫多③的诗和加缪的《第一个人》感觉如何。可

---

① 夏龙船是传说中冥河上将死者从阳间摆渡到冥界的船。
② 切萨雷·帕韦斯(Cesare Pavese, 1908-1950),意大利诗人、小说家。
③ 萨瓦多尔·夸西莫多(Salvatore Quasimodo, 1901-1968),意大利诗人,1958年获诺贝尔文学奖。

749　　我还没说完，他就又想睡了，但他闭着眼睛不停地重复着："请说下去。"当我讲完时，他竟有力地说道："太遗憾了，我体会不到您的那种热爱。"[5]

临终前，他做了一个决定。阿格涅什卡·科辛斯卡将这个决定记录了下来：

　　　　优雅的死亡是门艺术。他非常安宁、非常自信、非常沉着地了断了人间的关系，心无旁骛，意无杂念，不慌张，不紧张，完全不。自二〇〇四年初他就如此。我们所有人都知道，他要死了，他也想死，他有这样的觉悟。他和我说，他不再口述了。他要完全结束文学创作，不再写信，不再与出版商牵扯，只留下我一个人。让他归于平静的日子。我给他还想见见的人打电话，他想和他们告别。[……]六月和七月，我的工作就是坐在米沃什身边，偶尔聊聊天，更多的时候彼此沉默。几个钟头就这样过去了，如他所愿，一切都非常自然，我握着他的手，坐在他床边[……]。教授感觉如何，他的情绪怎样，他想得到什么样的照顾，其实并无须他多言，我感受得到，我朗读、坐着或者握着他那冰冷的手[……]。有时候，我读着读着他睡着了，我停下朗读，以为这样不会吵醒他，可他却醒了。我又开始读起来。我读什么还重要吗？他听见的是我的音调还是内容？[……]一天就这样过去了。[6]

他的心跳越来越弱，越来越频繁地失去意识。[7]五月，米沃什被送到此前多次去看过病的斯瓦文斯卡街边的诊所。在那里他让助理记录下一段文字，也是他最后的口述：

五月二十六日。住院将明显地改变我们的意识。首先,会意识到我们的身体与精神相分离。身体就好像与我们分割开来,要不就是扭曲着独立于现实之外,好像在舞台上表演着不讨喜的场景。此外,还会经过一段长途跋涉,要艰难地穿越神奇的大陆,但归途需要一定的意志和时间。这种感觉伴随着对想象和记忆中的存在的同理心,也可以说,住院是一场对同理心或者同情心的大手术。因此我决定以此口述唤回我的意识,减轻我的痛苦。所有的病人都说不清楚,会经历什么样的疗程,也说不清楚为什么要这样做,但他们都觉得,自己身处某种神鬼怪力之中,任由邪恶的力量摆布。因此,告诉病患所有的一切,包括他们会如何,为什么会如何,是相当重要的。哪怕是彼岸的讯息,也非常必要。我觉得把这个讯息带到意识的边缘将是一项难得的成就。总的来看,就像我刚才说的,祝愿就像是自己的某段旅程。是的,我们不过是蚂蚱或者其他的昆虫,要忍受旅途的折磨。我们看到的世界,并不分明。它就像个破损玩具的仓库一样,零件很不协调,让我们觉得很不舒服。[……]

六月二十三日。放弃雄心壮志竟能带来解脱感,但总归有些失落。身体完全适应了新的状态,有些嗜睡。意志退化了,开始等着看,会发生什么。所有这些就好像在没有意识的参与下出现的,这是个有趣的**窘境**,无精打采的身体,却有着清晰的思维,这种地狱般的组合被发明出来也许是为了羞辱一个骄傲的人,因为这样的羞辱才彻骨。[8]

他仍在努力做一些有用的事,想尽办法描述自己的死亡,希望能以此帮助其他人迈过那道槛。据照料他的安杰伊·什切克里克教授描述,在和米沃什聊天时他曾鼓励诗人说:"你应该再写一本新书,写写行将就木,写写死亡。"那时他已知道,米沃什不可能再写书了。但他是医

750

生，他应该这样说。他还说，"让我们一起做最后的尝试，[……]找些方法，让死亡与我们相配。"[9]六月二十九日，米沃什九十三岁生日的前一天，罗伯特·平斯基来医院看他。这位老人头脑清晰地调侃着，自己再也造不出诗句了，现在只知道做梦。也许不只是梦？当他昏迷了四天后才醒来时，什切克里克问他："您还记得些什么吗？""自然记得。"米沃什回答。"很理所当然的样子。然后还说了几句话。我听过很多从临床死亡或者从昏迷中苏醒复活的患者的故事，我也一直对此深表怀疑。可这一次，我感觉到，我听到了一个记忆深刻的人讲述的真实故事。关于彼岸景象的故事。"[10]

他不希望从病床上赴彼岸，他想回家。二〇〇四年八月十四日十一点十分，在克拉科夫，他最后生活的那座城市，在博古斯瓦夫街边的家里，他死了。谁知道呢，也许他马上就要见到维罗妮卡了：

> 你是我的初恋，我现在又和你在一起了，就在这儿
> 我学会了世界的四面。

751
> 一面是树林后面低处的河水，一面是我和楼房后面的森
> 　林，右面是神圣的浅滩，左面是铁匠铺和一条渡船。

> [……]

> 橡树叶的花环，椴树枝杈间的小钟，
> 五月弥撒的召唤，我也想向善，
> 不想沦为罪人。

> 但当我现在努力回想自己的过往，

却只有一口井,那么地幽暗,什么都够不到。

只知道,有罪也有罚,
很哲学的说法。

希望我的作品能带给人们启迪,
功劳能盖过我的恶。

你,聪明又公正,你能安抚我,
告诉我,我已经尽了力。

还说,黑色花园的门就要关了,
放心,放心,要了结的,都了结了。

(《诗集 第五辑》,页78、80)

注释

[1] 摘自切斯瓦夫·米沃什写给耶日·盖德罗伊奇的信,1998年4月4日。(文学研究院档案室)

[2] 摘自切斯瓦夫·米沃什的笔记本。(克拉科夫切斯瓦夫·米沃什档案馆)

[3] 切斯瓦夫·米沃什,《说不出话的困扰》,载《普世周刊》,2001年第36期。需要解释的是,在他临终前所做的口述记录中,又一次谈到这本诗集,而评价却有所保留。

[4] 落款日期为2002年7月9日,参见耶日·伊尔格,《我的标志》,页101。

[5] 雅罗斯瓦夫·米科瓦耶夫斯基,《河流,山川,树木》,收录于《回忆切斯瓦夫·米沃什》,页27–28。

［6］阿格涅什卡·科辛斯卡，《对话米沃什》，页27-28。

［7］取自本书作者与安杰伊·什切克里克教授的对话，克拉科夫，2010年12月。

［8］切斯瓦夫·米沃什，医院口述记录，2004年。（克拉科夫切斯瓦夫·米沃什档案馆）predicament，意为"窘境"。

［9］安杰伊·什切克里克，《病中》，收录于《回忆切斯瓦夫·米沃什》，页97。

［10］同上。

后　记

> 要怎么做才能得偿所愿,哪怕是片刻也
> 好,只要能找到一些词刻画出一个伟大的成
> 功的人的一生? 词汇本身的局限性才导致
> 评价的不公正性。
>
> **切·米沃什,《泰奥多尔·布伊尼茨基》**

> 他是一个神秘的人,无法形容,又令人
> 捉摸不透。他提起秘密的存在,可又把秘密
> 带走了。
>
> **马里安·斯塔拉①,《诗人之死》**

我还清楚地记得二〇〇一年四月的那个加利福尼亚的清晨。首先
要说的是,两头小鹿已经没影儿了。前一天,我在位于灰熊峰的切斯瓦

---

① 马里安·斯塔拉(Marian Stala, 1952-),波兰文学评论家。

夫·米沃什家的院子里看见了两个不大的、模糊的鹿影——我很天真地以为,它们被鹿妈妈抛弃了。米沃什和卡罗尔此时正住在克拉科夫,美国的房子租给了他们的朋友马克·丹纳,而这位和蔼的记者、伯克利大学的教授,可不像是能解决小鹿问题的人。我还能求助的对象只剩下仍住在附近肯辛顿的罗伯特·哈斯,还有陪在我身边的、我当时的太太阿格涅什卡。她给克拉科夫的动物收养所打了电话,可是那些人没什么地理常识,只会从本地的视角给出一些看法。一位当今美国最伟大的诗人和波兰的自然学家们都建议我,暂时不要轻举妄动。于是我一直待在车库边的小屋里,守在电话机旁。这个小屋还是雅尼娜·米沃什设计的,完工后作为客房接待过几十位朋友和著名诗人。第二天早上,松枝后面的场地变得空荡荡的,原来母鹿夜里来过了,把它的孩子们带去新的、更安全的庇护所了。于是,完美的一天就这样徐徐展开,还带给了我更多美好的回忆。我把自己的东西从一个旧柜子里拿出来。这个柜子还是以前从蒙日龙带过来的。我重新整理着这三个月收集来的资料。三个月来,我从纽黑文的拜内克图书馆到加利福尼亚几乎走了一遍,大部分时间都沉浸在各种档案之中,阅读了上百封信件和手迹。我渐渐明白,如果只是堆砌一些自传类信息的话,我永远也写不出一部诗歌专著来。"你很清楚,在这个论题上的文章撂起来比喜马拉雅山都高,你再往上加也无益。而他的生活,相比较来说更加鲜为人知,又引人入胜,与众不同,这才是你要写的故事。"最后,我这样对自己说道。

九十年代中期我与切斯瓦夫·米沃什因《声音》杂志的文案结识,但这场相识归根结底还是《普世周刊》的功劳。我当时正准备写一篇关于他的文章,还采访了他。一九九六年诗人的新书《神学论》出版,我接到亚历山大·菲乌特的邀约,和他一起录制对诗人的访谈。在几个小时的对话之后,两个"采访人"(尤其是更年轻的那一位)身心俱疲,可诗人却还在仔细地询问:"你们完全明白了吗?"……

放在今天已经很难想象那次会面的场景，更难描述那时的感觉，就好像一个鼻涕小儿，和比他年纪大也更聪明、经验更丰富的人去交流谈心。米沃什不仅仅是一位伟大的诗人，他还是权威、智者，是一位成熟和相当聪明的人，和他交谈免不了会演变成一场行将考砸的面试——他专爱在你犹豫不决之时抛出"怎么办"这个问题，无论你怎么回答，都只会令他发笑。他这个人在任何方面都超乎寻常。如果是换个时间，换个对象，比如与健在的约瑟夫·蒂施纳①和耶日·图罗维奇交谈，不仅会得益良多，还会因为得到这两位前辈的重视而感到骄傲，更不会受到冷嘲热讽，当然过程也就平淡许多。但对我来说，米沃什永远是第一选择，而且就像很多更了解米沃什的人都说过的那样，我必须承认，那些他甘愿拨冗给我的时间，是我一生中最重要的经历。他甚至耐心地听我说完那些纯属私人的牢骚话，比如小女儿调皮的事。有时候，他表现得好像在身体里还有一个他，用他评价图罗维奇的话来讲，那个身体里的他不只是"智慧的结晶"，还拥有"平凡的善良"。那个他是一个蓝眼睛的小伙子，声音优雅，双手柔软又敏感。

二〇〇〇年，尤安娜·格罗麦克②和耶日·伊尔格提出让我为米沃什写传记。这个鲁莽的想法，让他俩在随后的十年不止一次地后悔。为此，我去过美国，到过迈松拉斐特，环游维尔诺，在大量的波兰文档案中焦头烂额，也曾在诸多琐碎的生活片段逐渐能串联起来时生出片刻的成就感。最后，米沃什给我冠了个"磨人精"的头衔，因为我总是刨根问底地追问各种细节，而他也经常拒绝回答。有的时候问题会有些越界，可我有种感觉，重视隐私问题的诗人乐于将他的生活原原本本地展现出来。我还记得一个梦，那是八月的一个夜晚，就发生在他死前的几个小

---

① 约瑟夫·蒂施纳（Józef Tischner, 1931-2000），波兰牧师、哲学家。
② 指尤安娜·格罗麦克-伊尔格（Joanna Gromek-Illg），波兰作家。

时。我梦见我和米沃什一起坐在地铁车厢里,我带着一本他的书,书上写满了问题贴满了标签纸,而他宽容地说:"我不会再回答了,安杰伊先生,我太累了。"

我从来没有想过,我了解我的这位英雄(如果我可以这样称呼他的话)的"全部"。我认为,我从没有像其他传记作家那样,喜欢在写作对象面前摆出一副高高在上的样子。在写作中,确实有很多事实得以呈现,但还有一些,永远都是秘密。有时,我不同意切斯瓦夫·米沃什的观点,但我无意去"评判"他的对与错,我明白,哪怕在安全距离内评论某人的决定也并非易事。我觉得最难的还不是这些。挑毛病容易,但如何体现天赋?那遥不可及的妙语和诗句,难道都是在犹疑、痛苦和诱惑时迸发出来的吗?也许仅仅描写他是不够的,只有亲身挖掘才能真正了解他。正因如此,我才大量地引用米沃什的文章片段。

我不想用我自己的话来结束这段文字,于是我选择了《恶魔》这首诗。诗人在诗中详细披露了恶魔的契约以及为此需要付出的代价。另外,诗里也提及神的应许和人的无力——人实在没有办法抓住契约的要害。最重要的是,这首诗直白简单,朗朗上口,宛若乐曲般精彩:

> 忏悔的时刻来了。
> 真相就要揭开面纱,
> 你被欺骗的人生
> 将会大白天下。
> 诚然这苦涩的一刻,
> 谁都不愿遭遇,
> 羞耻灼脸,良心哀鸣,
> 恰如你出现在舞台中央,
> 面前的冷漠看客

早已厌倦了老掉牙的悲情。
我赞赏你的勇敢,
这是你的优点,
你宁愿坦然承受嘲讽,
也不想假装漠然。
垂髫老矣
眼界纯粹,
万物褪去虚华的外表。
此时你想要赎罪,
向前迈步,小腿颤抖
棺木亦让你毛骨悚然。

755

我们的合约就要了结。
日落无从挽回。
承诺的,你都已兑现,
可以说,你没有白活一场。
你的那些诗篇
让你尝到了荣耀,
奖杯,掌声,尊荣,
皆为你所欲,在光鲜之下
一条金锁链叮当作响,
绑缚着你的精神。

——很遗憾,魔鬼先生们,
尽管你们抓住了我,
我能给你们的好处可不多,

这个灵魂不那么讨人喜欢。

我一直受规则所限，

尽管游戏早已开始，

我玩得更好，或者更糟，

游戏里的人生行将终了。

可就算我鼓起全部勇气，

我也不会干巴巴地表演，

放弃节奏和韵律，

只回归本质本身。

我跑过昏暗的教堂，

在微尘、回声和烟雾之中，

一股未知的力量看护着我。

罪过在于，我还活着，

我的记忆里有污点，

我曾把阴郁写进长诗。

但我究竟是谁，

任何写作都不会显露真容。

难道你们要把叉子捅进

变幻莫测、稍纵即逝的缥缈，

用它永远地折磨着我，

只因为我是个残缺的人？

（《诗集　第五辑》，页161-162）

二〇一〇年十二月十三日于克拉科夫

参考书目

切斯瓦夫·米沃什著作

切斯瓦夫·米沃什以波兰语发行的首版书

诗集

《冻结时代的诗篇》,维尔诺,1933 年。

《三个冬天》,华沙-维尔诺,1936 年。

《救赎》,华沙,1945 年。

《白昼之光》,巴黎,1953 年。

《诗论》,巴黎,1957 年。

《波庇尔王及其他》,巴黎,1962 年。

《着魔的古乔》,巴黎,1965 年。

《无名之城》,巴黎,1969 年。

《太阳从何处升起从何处落下》,巴黎,1974 年。

《珍珠颂》,巴黎,1982 年。

《不被包容之地》,巴黎,1984 年。

《纪事》,巴黎,1987 年。

《更远的地方》,克拉科夫,1991 年。

《河岸边》,克拉科夫,1994 年。

《这》,克拉科夫,2000 年。

《第二空间》,克拉科夫,2002 年。

《最后的诗篇》,克拉科夫,2006 年。

小说

《伊萨谷》,巴黎,1955 年。

《权力的攫取》,巴黎,1955 年。

随笔

《被禁锢的头脑》,巴黎,1953 年。

《大洲》,巴黎,1958 年。

《欧洲故土》,巴黎,1959 年。

《蝎子中的人》,巴黎,1962 年。

《旧金山海湾景象》,巴黎,1969 年。

《个人的职责》,巴黎,1972 年。

《乌尔罗地》,巴黎,1977 年。

《科学花园》,巴黎,1979 年。

《诗的见证:关于我们这个时代苦难的六堂课》,巴黎,1983 年。

《从我的街道开始》,巴黎,1985 年。

《猎人的一年》,巴黎,1990 年。

《寻找祖国》,克拉科夫,1992 年。

《我们有这样的客人:关于安娜·希维尔什琴斯卡》,克拉科夫,1996 年。

《现代传奇》,克拉科夫,1996 年。

《米沃什词典》,克拉科夫,1997 年。

《路边狗》,克拉科夫,1997 年。

《岛上生活》,克拉科夫,1997 年。

《另一本词典》,克拉科夫,1998 年。

《亚历山大·赫兹》,克拉科夫,2000 年。

《年轻思想的冒险》,克拉科夫,2003 年。

《时间旅行》,克拉科夫,2004 年。

《文学库》,克拉科夫,2004 年。

访谈、对话录

《旅行世界:对话莱娜塔·高尔琴斯卡》,纽约,1983 年。

《切斯瓦夫·米沃什矛盾自画像:对话亚历山大·菲乌特》,克拉科夫,
1998 年。

《波兰对话:1979-1998》,克拉科夫,2006 年。

《波兰对话:1999-2004》,克拉科夫,2010 年。

其他

《社会诗歌选集》,编辑:切斯瓦夫·米沃什、兹比格涅夫·伏莱耶夫斯基,维尔
诺,1933 年。

扬·塞鲁奇[切斯瓦夫·米沃什笔名],《诗集》,无确切日期,无地点[华沙,
约 1940 年]。

"前言",《独立之歌:波兰战时之歌》,华沙,无确切日期[约 1942 年]。

《波兰文学史》,伦敦-纽约,1969 年。波兰国内版:切斯瓦夫·米沃什,《波兰
文学史》,翻译:玛丽亚·塔尔诺夫斯卡,克拉科夫,2010 年。

《形而上学的停顿》,统筹:尤安娜·格罗麦克,克拉科夫,1989 年。

《战后即刻：与作家们的通信》，克拉科夫，1998 年。

《二十世纪的征程》，克拉科夫，1999 年。

《半波斯式的诗》，高西采，1945 年 1 月。再版：标志出版社，克拉科夫，2001 年。

《巨大的诱惑：别林斯基与独角兽》，托伦，2002 年。

《诗与习作》，马莱克·斯科瓦尔尼茨基交付出版并撰前言，华沙，2008 年。

切斯瓦夫·米沃什翻译的书和翻译集

雅克·马利坦，《失败的道路》，华沙，无确切日期（约 1942 年）。

雷蒙·阿隆，《知识分子的鸦片》，巴黎，1956 年。

让娜·赫施，《政治与现实》，巴黎，1957 年。

西蒙娜·薇依，《文选》，巴黎，1958 年。

《大众文化》，由切斯瓦夫·米沃什精选、翻译并作引言，巴黎，1959 年。

《匈牙利》，由切斯瓦夫·米沃什翻译并作序，巴黎，1960 年。

奥斯卡·米沃什，《亲情》，克拉科夫，1993 年。

丹尼斯·列维托夫，《黄色郁金香》，克拉科夫，1999 年。

切斯瓦夫·米沃什，《圣经翻译：译自希腊语和希伯来语》，克拉科夫，2003 年。

切斯瓦夫·米沃什，《诗歌翻译》，克拉科夫，2005 年。

切斯瓦夫·米沃什出版和翻译的全部书目收录于《切斯瓦夫·米沃什：出版书目录》，该书由阿格涅什卡·科辛斯卡统筹，雅采克·布瓦赫、卡米尔·卡斯派莱克协助，克拉科夫-华沙，2009 年。

切斯瓦夫·米沃什在书籍中撰文文章

《从做翻译开始》，收录于雅克·马利坦，《失败的道路》，华沙波兰出版社，无确切日期（约 1942 年），参见：切斯瓦夫·米沃什，《寻找：1931-1983 年报章拾遗》，统筹：康拉德·皮伏尼茨基（克日什托夫·科普钦斯基笔名），华沙，1985 年。

"序言"，收录于《战后波兰诗歌：切斯瓦夫·米沃什精选翻译集》，纽约，1965 年。

《奥斯卡·米沃什其人其文》，收录于《高贵的旅人：奥斯卡·米沃什》，克日什托夫·班福特编辑，纽约，1985 年。再版由玛格达莱娜·海德尔翻译，刊登在：《文学笔记本》，2003 年第 81 期。

"前言"，收录于夏尔·波德莱尔，《现代生活的画家》，翻译：尤安娜·古宰，格但斯克，1998 年。

切斯瓦夫·米沃什在报刊杂志中撰文文章

耶日·安德热耶夫斯基、切斯瓦夫·米沃什，《华沙的鲁滨逊：电影短篇》，《对话》，1984 年第 9 期。

L-cz（疑切斯瓦夫·米沃什笔名），《大学生的声音》，《真理之声》，1928 年 3 月 4 日。

切斯瓦夫·米沃什-米拉休斯，《战火中的思考》，《新鲁穆瓦》（维尔诺），1940 年第 8 期。

《抽象与搜索》，《复兴》，1945 年第 7 期。

《英格兰人眼中的波兰与波兰人眼中的英格兰》，《横截面》，1946 年第 44 期。

《波兰反犹主义》，《共产主义问题》，1957 年第 3 期。再次出版题为"波兰反犹主义"，收录于切斯瓦夫·米沃什，《寻找：1931-1983 年报章拾遗》，统筹：康拉德·皮伏什尼茨基（克日什托夫·科普钦斯基笔名），华沙，1985 年。

《日本童话故事》，《普世周刊》，2004 年第 25 期。

《克拉科夫的高乃依〈熙德〉》，《复兴》，1945 年第 37 期。

《时间》，《维尔诺快报》，1940 年 6 月 16 日。

《不习惯的礼物：（新波兰诗人）》，《文化》，1956 年第 10 期。

《致安东尼·斯沃尼姆斯基》，《文化》，1951 年第 12 期。

《致立陶宛的朋友们》，《选举报》，2000 年 10 月 7 日-8 日。

《亲爱的同胞们》，《历史笔记本》，2004 年第 149 期。

《创伤的正反面》,《文化》,1964 年第 6 期。

《这是,亲爱的……》,《我们的家》,1995 年第 7-8 期。

《兄弟间的对话》,《证言》,1960 年 4 月。

《杀死希望是一项重要使命》,《纽约时报》,1981 年 12 月 18 日。

《当我被要求接受单挑时》,《普世周刊》,2004 年第 21 期。

《用彩色墨水》,《横截面》,1945 年第 1 期。

《用彩色墨水》,《横截面》,1945 年第 2 期。

《"巴拉迪娜"的国度》,《戏剧》,1937-1938 年第 5 期。

《毫厘误差》,《文化》,1984 年第 12 期。

《给毕加索的信》,《证言》,1956 年 6 月。

《给扬·莱本斯坦的信》,《文化》,1985 年第 7-8 期。

《给雅罗斯瓦夫·伊瓦什凯维奇的信》,《戏剧》,1938-1939 年第 4-5 期。

《给波兰共产主义者的信》,《文化》,1959 年第 11 期。

《给编辑的信》,《文化》,1955 年第 6 期。

《漂亮的嘲弄》,《文化》,1953 年第 4 期。

《马萨诸塞》,《复兴》,1946 年第 31 期。

《莫里亚克》,《戏剧》,1937-1938 年第 6 期。

《年轻的诗人们》,《文化》,1954 年第 1-2 期。

《白鲸记》,《锻造》,1949 年第 6 期。

《幻想曲》,《复兴》,1945 年第 33 期。

《独立日》,《复兴》,1947 年第 29 期。

《在调查问卷的留白处》,《文化》,1966 年第 3 期。

《在华沙城边》,《横截面》,1945 年第 16 期。

《在鲁瓦法》,《波兰日报》,1945 年 12 月 2 日。

《书评,即别人的赞美》,《复兴》,1948 年第 4 期。

《维格雷湖边》,《文化》,1984 年第 10 期。

《关于希维亚托派乌科·卡尔平斯基的突然死亡》,《维尔诺快报》,1940 年 5 月 2 日。

《不》,《文化》,1951 年第 5 期。

《诺维德》,《文化》,1952 年第 12 期。

《读书笔记》,《文化》,1954 年第 12 期。

《笔记》,《文学新闻》,1948 年第 15 期。

《美国笔记》,《文学新闻》,1948 年 4 月 11 日。

《纽约笔记》,《横截面》,1946 年第 70 期。

《纽约笔记》,《横截面》,1946 年第 79 期。

《责任》,《每日报》(维尔诺),1940 年 3 月 28 日。再版:《标志》,1997 年第 12 期。

《习惯》,《弗罗茨瓦夫笔记》,1950 年第 1-2 期。

《回复》,《文化》,1959 年第 4 期。

《回复》,《文化》,1951 年第 7-8 期。

《重获财富》,《横截面》,1945 年第 25 期。

《谈谈伏兰齐舍克·安采维奇》,《文化》,1964 年第 7-8 期。

《谈谈海明威》,《锻造》,1946 年第 38 期。

《谈谈几部电影》,《锻造》,1946 年第 20 期。

《关于波兰诗歌的现状》,《锻造》,1950 年第 3 期。

《关于希维亚托派乌科·卡尔平斯基》,《维尔诺快报》,1940 年 5 月 5 日。

《谈谈戏剧》,《文化》,1955 年第 7-8 期。

《关于雅斯特伦的诗》,《文化》,1953 年第 9 期。

《关于羞愧与攻击》,《文化》,1962 年第 7-8 期。

《被延后的进程》,《文化》,1959 年第 10 期。

《诗与辩证法》,《文化》,1951 年第 6 期。再版于切斯瓦夫·米沃什,《寻找:1931-1983 年报章拾遗》,统筹:康拉德·皮伏尼茨基(克日什托夫·科普钦斯基笔名),华沙,1985 年。

《波兰式回复阿尔贝·加缪》,被引用在:切斯瓦夫·米沃什、雅罗斯瓦夫·伊瓦什凯维奇,《战后肖像》,统筹:芭芭拉·托伦切克、罗伯特·帕别斯基,华沙,2011 年。

《纽约的波兰》,《横截面》,1946 年第 66 期。

《波兹南：复兴》,《明天》(巴黎),1956 年 10 月 25 日。

《现代青年问题》,收录于《欧洲国家的空白点：欧洲自由大学讲座集》,伯尔尼,1958 年。

《策划书》,《波兰日报》,1945 年第 29 期。

"序言",《戏剧纪念册》,1981 年第 1-2 期。

《诺贝尔颁奖酒会上的致辞》,《文化》,1981 年第 1-2 期。

《穿过克维曾》,《横截面》,1945 年第 35 期。

《读阿图尔·伦德奎斯特〈阿加迪尔〉有感》,《今日世界文学》,1980 年夏,卷五十四,第 3 期。

《华沙随想(1945)》,《选文 II》,2001 年第 3-4 期。

《大剧院的大厅》,《横截面》,1945 年第 23 期。

《所有人的艺术》,《横截面》,1945 年第 18 期。

《卡珊德拉之死》,《复兴》,1945 年第 21 期。

《维斯瓦之源：在鲁瓦法 II》,《波兰日报》,1945 年 12 月 16 日。

《瓦尔卡：时间之外》,《文化》,1955 年第 4 期。

《华沙早秋》,《波兰日报》,1945 年 9 月 9 日。

《波法诗歌》,《复兴》,1947 年第 37 期。

《在时代的诗篇中畅游》,《文化》,1958 年第 11 期。

《复杂的线索》,《每日报》(维尔诺),1940 年 3 月 3 日。

《狂欢的动物性提示》,《文化》,1952 年第 7-8 期。

以 czmi(切斯瓦夫·米沃什笔名) 为名的专栏文章

《书里有什么?》,《波兰日报》,1945 年第 17 期。

《读者》,《波兰日报》,1945 年第 18 期。

《幽默与战争》,《波兰日报》,1945 年第 19 期。

《日乔》,《波兰日报》,1945 年第 20 期。

《高尚与不幸》,《波兰日报》,1945 年第 21 期。

《平和的人们》,《波兰日报》,1945 年第 24 期。

《区委书记》,《波兰日报》,1945 年第 26 期。

《法西斯主义》,《波兰日报》,1945 年第 27 期。

《神定主义》,《波兰日报》,1945 年第 31 期。

《精力》,《波兰日报》,1945 年第 33 期。

《贼》,《波兰日报》,1945 年第 34 期。

《无意识的蚂蚁》,《波兰日报》,1945 年第 35 期。

《公驴和母驴》,《波兰日报》,1945 年第 40 期。

《天使般的人》,《波兰日报》,1945 年第 41 期。

《某个村庄》,《波兰日报》,1945 年第 42 期。

《玻璃》,《波兰日报》,1945 年第 45 期。

《营地》,《波兰日报》,1945 年第 47 期。

《十字架的影子里》,《波兰日报》,1945 年第 49 期。

《无罪的爱人》,《波兰日报》,1945 年第 49 期。

《关于习俗》,《波兰日报》,1945 年第 59 期。

《大作品与小成就》,《波兰日报》,1945 年第 66 期。

《空间》,《波兰日报》,1945 年第 68 期。

《词语》,《波兰日报》,1945 年第 69 期。

《红与黑》,《波兰日报》,1945 年第 71 期。

以 Cz. Miłosz 为名发表的专栏文章

《他们跳起来》,《波兰日报》,1945 年第 15 期。

《复兴》,《波兰日报》,1945 年第 22 期。

《雄心与竞争》,《波兰日报》,1945 年第 29 期。

《忧虑》,《波兰日报》,1945 年第 36 期。

《遗迹与起源》,《波兰日报》,1945 年第 43 期。

《要继续拉住》,《波兰日报》,1945 年第 50 期。

《微不足道的思考》,《波兰日报》,1945 年第 56 期。

以 Jan M. Nowak(切斯瓦夫·米沃什笔名)为名发表的文章

《美国生活》,《复兴》,1947 年第 5 期。

《美国生活》,《复兴》,1947 年第 30 期。

《美国生活》,《复兴》,1947 年第 31 期。

以 Żagarysta(切斯瓦夫·米沃什笔名)为名发表的文章

《美国书报》,《复兴》,1947 年第 6 期。

《亨利·米勒》,《复兴》,1947 年第 30 期。

《关于战争的两本书》,《复兴》,1949 年第 15 期。

档案资料

切斯瓦夫·米沃什的档案主要存放在如下两处:

一是美国耶鲁大学:切斯瓦夫·米沃什卷宗。GEN MSS 661。拜内克古籍善本图书馆。耶鲁大学图书馆。

二是波兰克拉科夫的米沃什档案室——在文中标注为"克拉科夫切斯瓦夫·米沃什档案馆"。

书中引用的米沃什其他作品、书信以及文件,有些还取自巴黎文化出版社档案室、迈松拉斐特文学研究院(即文学研究院档案室)、华沙文学博物馆档案室、以及一些档案室藏,包括:安东尼·博赫杰维奇档案(华沙)、耶日·博莱依沙档案(华沙)、塔德乌什·布伊尼茨基档案(克拉科夫)、外交部档案室(华沙)、耶日·图罗维奇档案(克拉科夫)、斯泰凡·巴托雷大学档案室(立陶宛国家档案中心,维尔诺)、华沙大学档案室、博格丹·塔德乌什·乌尔巴诺维奇档案——波兰科学院艺术研究所(华沙)、玛丽亚和埃德蒙德·维尔琴斯基档案——波兰科学院艺术研究所(华沙)、国家记忆研究所(BU MSW II 30313:切斯瓦夫·米沃什诺贝尔奖)。

切斯瓦夫·米沃什的书信——已成书部分

耶日·盖德罗伊奇、耶切斯瓦夫·米沃什,《书信集:1952-1963》,统筹、序言:马莱克·科尔纳特,华沙,2008 年。二人之间后来的书信于 2011 年集结成书出版,但在本书付印之际尚未发行,因此本书引用的部分书信来源于文学研究院档案室。

兹比格涅夫·赫贝特、切斯瓦夫·米沃什,《通信集》,编辑:芭芭拉·托伦切克,注释:马切依·塔博尔、芭芭拉·托伦切克,华沙,2006 年。

托马斯·默顿、切斯瓦夫·米沃什,《通信集》,翻译:玛丽亚·塔尔诺夫斯卡,克拉科夫,1991 年。

切斯瓦夫·米沃什,《致亚历山大·瓦特的信》,收录于亚历山大·瓦特,《书信集》,上、下册,选登,统筹、注释及编后记:阿莉娜·科瓦尔赤科娃,华沙,2005 年。

切斯瓦夫·米沃什,《"我的维尔诺守护者":致曼弗莱德·克里德勒的信(1946-1955)》,前言、注释、编者按:安杰伊·卡尔赤,托伦,2005 年。

切斯瓦夫·米沃什、雅罗斯瓦夫·伊瓦什凯维奇,《战后人物像》,统筹:芭芭拉·托伦切克、罗伯特·帕别斯基,华沙,2011 年。这本书信集在本书成书之时尚未发行,因此本书引用的书信来源为:藏于波兰科学院文学研究院图书馆的《切斯瓦夫·米沃什写给雅罗斯瓦夫·伊瓦什凯维奇的信》,及藏于斯塔维斯科市安娜和雅罗斯瓦夫·伊瓦什凯维奇博物馆的《切斯瓦夫·米沃什写给雅罗斯瓦夫·伊瓦什凯维奇的信》。

切斯瓦夫·米沃什、康斯坦蒂·亚历山大·耶伦斯基,《书信集》,统筹:芭芭拉·托伦切克、拉多斯瓦夫·罗马纽克,华沙,2011 年。这本书信集在本书成书之时尚未发行,因此本书引用的书信来源为拜内克图书馆档案室。

切斯瓦夫·米沃什、奥拉·瓦托娃,《关于最重要的事的信》(I),编辑:芭芭拉·托伦切克,华沙,2009 年。

切斯瓦夫·米沃什的书信——在报刊刊印部分

切斯瓦夫·米沃什,《致兹比格涅夫·法乌特诺维奇的信》,《苏瓦乌基》,2004 年第 27-28 期。

切斯瓦夫·米沃什,《致阿图尔·敏哲热茨基的信》,《艺术季刊》,2007 年第 3 期。

切斯瓦夫·米沃什,《致克日什托夫·梅什科夫斯基的信》,《艺术季刊》,2005 年第 3 期。

切斯瓦夫·米沃什,《家书》,《艺术季刊》,2008 年第 3 期。

切斯瓦夫·米沃什、维托尔德·贡布罗维奇,《书信集》,统筹:耶日·雅冉布斯基、雷沙德·内奇,《选文 II》,1992 年第 1-2 期。

《"每一次翻译都是一场台球赛":切斯瓦夫·米沃什与帕维乌·马耶夫斯基的通信》,《边缘》,2000 年第 1 期。

《"他们可获得我的小恩惠":切斯瓦夫·米沃什写给约瑟夫·维特林的信》,切斯瓦夫·米沃什写给约瑟夫·维特林的信由芭芭拉·托伦切克供稿并编辑,《选举报》,2001 年 6 月 30 日-7 月 1 日。

《望科维奇和米沃什的书信亮点》,由亚历山德拉·久沃夫科夫斯卡供稿,《创作》,1981 年第 10 期。

切斯瓦夫·米沃什的书信——档案提档部分

致耶日·安德热耶夫斯基的信,1957-1979,耶日·安德热耶夫斯基档案,华沙文学博物馆。

致斯坦尼斯瓦夫·巴兰查克的信,斯坦尼斯瓦夫·巴兰查克档案室。

致扬·布沃斯基的信,雅盖隆图书馆。

致阿尔伯特·爱因斯坦的信,耶路撒冷希伯来大学阿尔伯特·爱因斯坦档案。

致博莱斯瓦夫、哈利娜、阿涅拉和安娜·米钦斯卡的信,华沙国家图书馆,手写卷馆。

致阿涅拉·米钦斯卡和扬·乌拉托夫斯基的信,移民档案,托伦哥白尼大学,扬·乌拉托夫斯基档案。

致伏瓦迪斯瓦夫·塞贝瓦的信。(华沙文学博物馆)

致耶日·图罗维奇的信,耶日·图罗维奇档案室。

致维克托·温特劳布的信,1959-1987,雅盖隆图书馆。

其他人著作

出版书籍

耶日·安德热耶夫斯基,《影子游戏》,华沙,1987年。

耶日·安德热耶夫斯基,《日复一日:1972-1979年文学日报》,两卷本,华沙,1988年。

《安娜·伊瓦什凯维奇——百年诞辰,斯塔维斯科:伊瓦什凯维奇家族年鉴》,卷III,波德科瓦莱希纳,1997年。

罗曼·阿尔胡托夫斯基牧师,《天主教会简史》,七版,华沙、利沃夫,1923年。

伏瓦迪斯瓦夫·巴尔托舍夫斯基,《华沙1 859天》,三版,克拉科夫,2008年。

斯坦尼斯瓦夫·贝莱希,《最后一位维尔诺名流:关于热加雷圈的诗歌》,华沙,1990年。

安娜·毕孔特、尤安娜·什辰斯娜,《雪崩和石块:反共作家们》,华沙,2006年。

扬·布沃斯基,《那可怜的基督徒看着犹太隔离区》,克拉科夫,1994年。

扬·布沃斯基,《米沃什就是世界》,克拉科夫,1998年。

卡齐米日·布兰迪斯,《岁月:1985-1987》,巴黎,1987年。

塔德乌什·布莱扎,《内利:谈谈同事也说说自己》,华沙,1983年。

扬·布冉科夫斯基,《在克拉科夫和巴黎:印象随笔》,华沙,1968 年。

塔德乌什·布伊尼茨基,《维尔诺随笔:论文和小品》,克拉科夫,2002 年。

塔德乌什·贝尔斯基,《电台、广播剧:回忆》,华沙,1976 年。

伊萨·赫鲁希林斯卡,《曾经有个"文化"……对话佐菲亚·赫兹》,卢布林,2003 年。

约瑟夫·查普斯基,《约瑟夫·潘凯维奇:生活和作品,谈谈艺术》,华沙,1936 年。再版:卢布林,1992 年。

《回忆切斯瓦夫·米沃什》,编辑:尤安娜·格罗麦克,克拉科夫,2004 年。

克日什托夫·赤热夫斯基,《折线:边疆笔记》,塞以内,2008 年。

泰莱莎·达莱茨卡,《1919-1939 年维尔诺的波兰文人作品》,克拉科夫,2003 年。

唐纳德·戴维,《切斯瓦夫·米沃什和抒情诗的不足》,田纳西大学出版社,1986 年。

玛丽亚·东布罗夫斯卡,《日记:1915-1965》,十三卷,华沙,2009 年。

雷沙德·戴迈尔,《塞尔吉乌什·皮阿塞茨基(1910-1964):生活和创作》,华沙,2001 年。

《致米沃什,苏瓦乌基-克拉斯诺格鲁达》,创意、统筹和作序:兹比格涅夫·法乌特诺维奇,苏瓦乌基,2006 年。

克日什托夫·多罗什,《普罗米修斯的面具:保守论文》,伦敦,1989 年。

塔德乌什·杜比茨基,《罗马尼亚的波兰难民(1939-1945)》,华沙,1995 年。

雅努什·杜宁-霍尔卡维奇,《过去的不是现在……即我在维尔诺的年少时光》,罗兹,1990 年。

玛乌戈热塔·杰乌勒斯卡,《艺术家与朝圣者》,弗罗茨瓦夫,1995 年。

兹比格涅夫·法乌特诺维奇,《晚风——切斯瓦夫·米沃什与苏瓦乌基》,格但斯克,2006 年。

芭芭拉·菲亚乌科夫斯卡,《博莱依沙与鲁让斯基:论波兰斯大林主义作品》,奥尔什丁,1995 年。

玛尔塔·菲克,《雅尔塔后的波兰文化:1944-1981 编年史》,华沙,1991。

亚历山大·菲乌特,《永恒的时刻:切斯瓦夫·米沃什的诗》,克拉科夫,1998 年。

亚历山大·菲乌特,《在米沃什的书页上》,克拉科夫,2003 年。

耶日·盖德罗伊奇,《四手自传》,统筹和编后语:克日什托夫·波米安,华沙,1999 年。

《维尔诺齐格蒙特·奥古斯塔国王中学:老师和同学们的回忆》,比得哥什,1999 年。

安娜·格朗布,《牡蛎和恩典:关于汉娜·玛莱夫斯卡》,克拉科夫,2009 年。

丽塔·贡布罗维奇,《贡布罗维奇在欧洲:1963-1969 年声明与文件》,克拉科夫,2002 年。

维托尔德·贡布罗维奇,《日记:1953-1958》,克拉科夫,2009 年。

维托尔德·贡布罗维奇,《日记:1959-1969》,克拉科夫,2009 年。

伊莱娜·古尔斯卡-达梅茨卡,《赢了生活:女演员的纪念册》,华沙,1997 年。

莱娜塔·高尔琴斯卡,《"我来自维尔诺"和其他地方》,克拉科夫,2003 年。

莱娜塔·高尔琴斯卡,《环游世界:对话切斯瓦夫·米沃什,评论》,克拉科夫,1992 年。

莱娜塔·高尔琴斯卡,《巴黎群像》,克拉科夫,1999 年。

皮埃尔·格莱明,《为了自由的抵抗活动:巴黎文化自由大会(1950-1975)》,翻译:扬·玛丽亚·克沃乔夫斯基,华沙,2004 年。

玛格达莱娜·格罗霍夫斯卡,《耶日·盖德罗伊奇:从梦中到波兰》,华沙,2009 年。

伊莱娜·格鲁金斯卡-格罗斯,《米沃什和布罗茨基:磁性的土地》,克拉科夫,2007 年。

雅哥达·海尔尼克-斯帕林斯卡,《维尔诺的周三文学会(1927-1939)》,华沙,1998 年。

亚历山大·赫兹,《迟来的美国信》,华沙,2004 年。

耶日·伊尔格,《我的标志:谈谈诺贝尔奖得主、脱口秀、友谊、书籍和女人》,克拉科夫,2009 年。

阿丽西亚·伊万斯卡,《冲突与盟约:1918-1985年笔记》,华沙,1993年。

雅罗斯瓦夫·伊瓦什凯维奇,《日记:1911-1955》,统筹:阿格涅什卡和罗伯特·帕别斯基,华沙,2007年。

雅罗斯瓦夫·伊瓦什凯维奇,《日记:1956-1963》,统筹:阿格涅什卡和罗伯特·帕别斯基,华沙,2010年。

雅罗斯瓦夫·伊瓦什凯维奇,《页边上的肖像画》,华沙,2004年。

克里斯蒂娜·雅科夫斯卡,《绿皮书》,打字书稿。

玛丽亚·雅尼昂,《去欧洲:是的,但和我们尸体一起》,华沙,2000年。

玛丽亚·雅尼昂,《哭声一片:关于战争的随笔》,华沙,1998年。

斯坦尼斯瓦夫·玛·扬科夫斯基、雷沙德·科塔尔巴,《1945年卡廷事件的作家》,克拉科夫,2003年。

亚历山大·扬塔,《空无一人》,华沙,1977年。

达留什·雅罗什·玛丽亚·帕什托尔,《罗比诺、巴萨勒和其他人:1948-1953年文学作品中的波法关系》,托伦,2001年。

帕维乌·雅谢尼查,《纪念册》,华沙,1993年。

米奇斯瓦夫·雅斯特伦,《日记:1955-1981》,克拉科夫,2002年。

安娜·岩德列霍夫卡,《迂回和直接》,华沙,1965年。

玛格丽特·斯托姆·詹姆森,《从北边来的旅程:一本自传》,纽约,1970年。

卡塔热娜·卡里什,《米奇斯瓦夫·科塔尔宾斯基(1890-1943):艺术创作编年概述》,由安杰伊·奥尔舍夫斯基教授指导的毕业论文,斯泰凡·维辛斯基大学,2001年。

罗穆阿尔德·卡拉希,《马里哈河畔的房子》,华沙,1986年。

博热娜·卡尔沃夫斯卡,《米沃什和布罗茨基:在英语国家创作的批判性研究》,华沙,2000年。

尤扎斯·凯留奥提斯,《我的自传回忆》,维尔诺,2003年。

斯泰凡·基谢莱夫斯基,《基谢尔词典》,华沙,1997年。

斯泰凡·基谢莱夫斯基,《日记》,华沙,2001年。

斯泰凡·基谢莱夫斯基,《阴谋》,华沙,1995年。

莱舍克·科瓦科夫斯基,《熟悉的他们：关于那些聪明、诚实、有趣的人和他们的时光》,克拉科夫,2004 年。

亚历山大·科平斯基,《有个性的人：谈切斯瓦夫·米沃什与安杰伊·特哲宾斯基之争》,华沙,2004 年。

博古斯瓦夫·科普卡、格热戈日·马依赫扎克,《诗人行动：安全部门追踪切斯瓦夫·米沃什记》,统筹和后记：格热戈日·穆西德拉克,卢布林,2007 年。

瓦茨瓦夫·科拉别维奇,《诱惑》,华沙,1986 年。

博格丹·科热涅夫斯基,《书与人》,华沙,1993 年。

阿格涅什卡·科辛斯卡,《谈谈米沃什》,华沙,2010 年。

扬·科特,《自传评述：心脏病发》,克拉科夫,1995 年。

安杰伊·斯坦尼斯瓦夫·科瓦尔赤克,《盖德罗伊奇和〈文化〉社》,弗罗茨瓦夫,2000 年。

安娜·科瓦尔斯卡,《日记：1927-1969》,挑选、统筹和注释：帕维乌·康杰拉,华沙,2008 年。

库巴·科瓦尔斯基,《切斯瓦夫·米沃什获奖后的报道汇编》,由雅努什·奥斯扎博士指导的硕士论文,华沙大学,2000 年。

佐菲亚·克拉乌佐法,《我的生命之河》,克拉科夫,1979 年。

塔德乌什·克朗斯基,《思考黑格尔》,华沙,1960 年。

雅努什·克里沙克,《救赎灾难主义——谈所谓的"第二先锋派"的诗歌问题》,比得哥什,1985 年。

《扬·莱宏的客人留言》,统筹：贝娅塔·多罗什,托伦,1999 年。

马切依·约瑟夫·科维亚特科夫斯基,《这里是波兰华沙广播电台……》,华沙,1980 年。

马切依·约瑟夫·科维亚特科夫斯基,《波兰华沙广播电台的一九三九年九月》,华沙,1984 年。

塔德乌什·科维亚特科夫斯基,《圆形监狱》,克拉科夫,1995 年。

扬·莱宏,《日记》,卷一,伦敦,1967 年。

扬·莱宏,《日记》,卷二,伦敦,1970 年。

扬·莱宏,《日记》,卷三,伦敦,1973 年。

尤兰塔·莱曼,《欧根纽什·岑卡尔斯基》,罗兹,1996 年。

斯坦尼斯瓦娃·莱万多夫斯卡,《"二战"期间维尔诺的日常生活》,华沙,2001 年。

菲丽西亚·利勒波普·克朗茨,《折返》,比亚韦斯托克,1991 年。

尤安娜·利赛克,《维尔诺荣格:犹太人艺术家团体》,弗罗茨瓦夫,2005 年。

塔德乌什·沃帕莱夫斯基,《起起伏伏》,华沙,1966 年。

彼得·沃索夫斯基,《立陶宛的波兰事件(1939-1940)》,华沙,1985 年。

斯坦尼斯瓦夫·马茨凯维奇(卡特),《希望的年代》,伦敦,1945 年。

雅克·马利坦,《艺术与智慧》,翻译:卡罗尔和康拉德·古尔斯基,华沙,2001 年。

《先锋派作品资料》,统筹:特德乌什·科瓦克,弗罗茨瓦夫,1975 年。

《学习讨论艺术理论和历史、艺术评论及艺术研究的资料》,华沙,1952 年。

雷沙德·马图舍夫斯基,《我与米沃什的见面》,克拉科夫,2004 年。

亚当·米奇尼克,《波兰荣誉作品:监狱记录》,华沙,1991 年。

哈利娜·米钦斯卡-凯纳罗娃,《感激不尽》,华沙,2003 年。

博莱斯瓦夫·米钦斯基,《文字、小品、文章、书信》,挑选和统筹:安娜·米钦斯卡,克拉科夫,1970 年。

亨利·米勒,《大苏尔和耶罗尼米斯·博斯的橙子》,翻译:罗伯特·苏杜乌,华沙,2003 年。

切斯瓦夫·米沃什,《"三个冬天":关于诗歌的声音》,编辑:莱娜塔·高尔琴斯卡、彼得·克沃乔夫斯基,伦敦,1987 年。

奥斯卡·米沃什,《爱的启蒙(奥斯卡·米沃什的单身日记片段)》,翻译并作序:阿图尔·敏哲热茨基,克拉科夫,1978 年。

奥斯卡·米沃什,《奥秘》,编辑和统筹:伊莱娜·斯瓦文斯卡,卢布林,1999 年。

《流逝:朋友们口中的雅努什·明凯维奇》,统筹:安东尼·玛丽亚诺维奇、伏瓦迪斯瓦夫·明凯维奇，伦敦，1989 年。

彼得·米赤奈尔，《哈尼亚和雅罗斯瓦夫·伊瓦什凯维奇》，克拉科夫，2000 年。

瓦茨瓦夫·莫罗佐夫斯基，《波希米亚人》，卢布林，1963 年。

齐格蒙特·米奇勒斯基，《日记：1960-1969》，华沙，2001 年。

佐菲亚·纳乌科夫斯卡，《日记 IV：1930-1939》，下册，统筹、前言和评论：汉娜·基尔赫内尔，华沙，1988 年。

佐菲亚·纳乌科夫斯卡，《日记 V：1939-1944》，统筹、前言和评论：汉娜·基尔赫内尔，华沙，1996 年。

佐菲亚·纳乌科夫斯卡，《日记 VI：1945-1954》，中册，统筹、前言和评论：汉娜·基尔赫内尔，华沙，2000 年。

伦纳德·内森、亚瑟·奎恩，《一位诗人的杰作：介绍切斯瓦夫·米沃什》，哈佛大学出版社，1991 年。

兹比格涅夫·奥辛斯基，《他叫我们为兄弟剧院：伊莱娜和塔德乌什·贝尔斯基与耶日·格罗托夫斯基的艺术友谊》，格但斯克，2005 年。

兹比格涅夫·奥辛斯基，《假面舞会的记忆：奥斯特尔瓦、利玛诺夫斯基、格罗托夫斯基》，格但斯克，2003 年。

斯坦尼斯瓦夫·奥兹迈克，《战时需要的波兰电影》，华沙，1974 年。

埃米尔·帕谢尔斯基，《伽玛和欧米茄：耶日·普特拉门特与切斯瓦夫·米沃什的关系史》，由尤安娜·佩什内教授、博士后指导的博士论文，弗罗茨瓦夫大学，2009 年。

塞尔吉乌什·皮阿塞茨基，《变成狼的男人》，弗罗茨瓦夫，2000 年。

《1920-1940 年维尔诺的诗歌和诗人研究》，编辑：塔德乌什·布伊尼茨基、克日什托夫·别德日茨基，克拉科夫，2003 年。

《奥古斯托夫-苏瓦尔斯基湖区：夏季风景旅游指南》，华沙，1937 年。

克日什托夫·波莱豪恩斯基，《带枪人的生活：塞尔吉乌什·皮阿塞茨基传记、创作和文学传奇》，华沙-弗罗茨瓦夫，2000 年。

泽诺维乌什·波纳尔斯基，《朋友：伏兰奇舍克·安采维奇传记素描》，卢布林-多伦多，2004 年。

《青年艺术家的肖像：1928-1938 年约瑟夫·拉伊恩菲尔德写给雅罗斯瓦夫·伊瓦什凯维奇的信。附收件人的评论》，由帕维乌·赫兹和马莱克·扎刚切克出版，华沙，1997 年。

《1945-1947 年克拉科夫的优秀小电影。教师-听众-电影》，编辑：雅采克·阿尔布莱赫特，克拉科夫，1998 年。

《立陶宛和白俄罗斯导游册》，统筹：拿破仑·鲁巴，维尔诺，1909 年。

耶日·普特拉门特，《翻过这一页后》，华沙，1956 年。

耶日·普特拉门特，《半个世纪：文学》，华沙，1970 年。

耶日·普特拉门特，《半个世纪：青春》，华沙，1969 年。

马莱克·拉基文，《伊瓦什凯维奇：灾难后的作家》，华沙，2010 年。

兹比格涅夫·拉舍夫斯基，《日记》，伦敦，2004 年。

佐曼·利兹，《波德会：雅罗斯瓦夫·伊瓦什凯维奇与斯特凡·格奥尔格》，翻译：玛乌戈热塔·乌卡谢维奇，波德科瓦莱希纳，1998 年。

尤安娜·谢德莱茨卡，《诗里来的先生：兹比格涅夫·赫贝特》，华沙，2002 年。

马莱克·斯科瓦尔尼茨基，《我的米沃什》，克拉科夫，2004 年。

斯坦尼斯瓦夫·斯托马，《追求希望》，巴黎，1991 年。

斯坦尼斯瓦夫·斯托马，《艰涩的历史课》，克拉科夫，1998 年。

维克多·苏凯尼茨基，《传奇与现实：回忆二十年代的维尔诺斯泰凡·巴托雷大学》，巴黎，1967 年。

安娜·苏普鲁纽克、米罗斯瓦夫·亚当·苏普鲁纽克，《1919-1939 年相片中的维尔诺斯泰凡·巴托雷大学》，托伦，2009 年。

托马什·沙罗塔，《克拉辛斯基广场上的旋转木马：战争和被占领时期的学术短文》，华沙，2007 年。

托马什·沙罗塔，《被占领时期华沙平凡的一天》，二版增补，华沙，1978 年。

玛乌戈热塔·舍伊奈尔特，《声望与骂名：玛乌戈热塔·舍伊奈尔特对话博格丹·科热涅夫斯基》，克拉科夫，1992 年。

瓦勒德马尔·舍乌科夫斯基，《维尔诺流浪汉学术俱乐部》，维尔诺，1999 年。

伊莱娜·席曼斯卡，《喜悦的礼物：出版人的回忆》，华沙，2001 年。

威斯瓦夫·席曼斯基,《克拉科夫的〈复兴〉与〈创造〉(1945-1950)》,弗罗茨瓦夫,1981 年。

安娜·赛诺拉吉卡,《安德热耶夫斯基》,克拉科夫,1997 年。

扬·希别瓦克,《友谊与仇恨》,华沙,1965 年。

耶日·希维安赫,《第二次世界大战期间的波兰文学》,华沙,1997 年。

伊格纳齐·希维安茨茨基,《苏斯奎汉纳来信》,华沙,2006 年。

贝娅塔·塔尔诺夫斯卡,《切斯瓦夫·米沃什战后作品中的诗歌地理学》,奥尔什丁,1996 年。

奥利维·托德,《阿尔贝·加缪传》,华沙,2009 年。

艾娃·托马舍维奇,《大熊星座:塞尔吉乌什·皮阿塞茨基生活和作品中的女人们》,华沙,2003 年。

芭芭拉·托伦切克,《在迈松拉斐特的交流,1981 年》,华沙,2006 年。

安杰伊·特哲宾斯基,《纪念册》,统筹、作序和注释:帕维乌·罗达克,华沙,2001 年。

雅采克·特日纳戴尔,《家的耻辱:与作家们的对话》,卢布林,1990 年。

佐菲亚·乌尔巴诺夫斯卡,《着魔的古乔》,弗罗茨瓦夫,1989 年。

耶日·瓦尔道夫,《我的影子》,华沙,1979 年。

安杰伊·瓦里茨基,《多年后仍被禁锢的头脑》,华沙,1993 年。

《好文化之战:华沙,1939-1945》,编辑:斯坦尼斯瓦夫·洛伦兹,卷一,华沙,1970 年。

亚历山大·瓦特,《无元音日记》,编排、统筹、注释和索引:克里斯蒂娜和彼得·别特雷赫,华沙,2001 年。

安杰伊·外尔奈尔,《触不可及的高处:扬·约瑟夫·什切潘斯基的写作生涯》,克拉科夫,2003 年。

《维尔诺学院滑稽剧》,作序和统筹:马莱克·奥莱谢维奇,比亚韦斯托克,2002 年。

《戏剧性的维尔诺》,编辑:米罗斯瓦娃·科兹沃夫斯卡,华沙,1998 年。

约瑟夫·维涅维奇,《漫长人生路的回忆》,波兹南,1985 年。

耶日·扎古尔斯基,《时空旅行中的小品》,克拉科夫,1962 年。

瓦茨瓦夫·扎古尔斯基,《囚禁中的自由》,伦敦,1971 年。

马莱克·扎莱斯基,《第二先锋派的冒险》,弗罗茨瓦夫,2000 年。

马莱克·扎莱斯基,《代替:关于切斯瓦夫·米沃什的创作》,克拉科夫,2005 年。

安杰伊·扎瓦达,《米沃什》,弗罗茨瓦夫,1996 年。

《维尔诺母校作品。维尔诺大学建校四百周年暨复校七十五周年纪念册》,克拉科夫,1996 年。

安杰伊·杰涅维奇,《行走的维尔诺——热加雷》,华沙,1987 年。

约瑟夫·简巴,《谈谈约瑟夫·切霍维奇》,卢布林,2006 年。

《热加雷:文学团体的文化圈》,编辑:塔德乌什·布伊尼茨基、克日什托夫·别德日茨基、雅罗斯瓦夫·法赞,克拉科夫,2009 年。

其他出版物

阿尔·阿尔瓦雷斯,《东方即东方》,《纽约书评》,1965 年 11 月 11 日。

《安杰伊·米沃什的故事》,《苏瓦乌基》,2001 年第 14 期。

耶日·安德热耶夫斯基,《巴黎日记》(上),《艺术季刊》,2000 年第 1 期。

耶日·安德热耶夫斯基,《巴黎日记》(下),《艺术季刊》,2000 年第 2 期。

雅德维嘉·巴多夫斯卡,《维尔诺和米沃什》,《诗歌》,1981 年第 5-6 期。

阿尔维达·巴约尔,《切斯瓦夫·米沃什的最后一次立陶宛之行》,《维尔诺杂志》,2004 年第 9 期。

达留什·巴里舍夫斯基,《荣誉之桥》,《直言》,2004 年 9 月 19 日。

斯坦尼斯瓦夫·巴兰查克,《切斯瓦夫·米沃什论》,收录于《认识米沃什 2:1980-1998》,下册,编辑:亚历山大·菲乌特,克拉科夫,2001 年。

维托尔德·贝莱希,《诗人行动:文件选》,统筹:博古斯瓦夫·科普卡、格热戈日·马依赫扎克,《选举报》,2004 年 6 月 26 日。

安娜·毕孔特、尤安娜·什辰斯娜,《维斯瓦娃·辛波斯卡的羞怯》,《高跟鞋》,

《选举报》增刊,2004 年 1 月 17 日。

扬·布沃斯基,《伊萨谷》,《文化纵览》,1957 年第 24 期。

扬·布沃斯基,《宗教精神和现实情怀》,《普世周刊》,2001 年第 47 期。

《因为是一种仪式:雅采克·乍科夫斯基与耶日·盖德罗伊奇谈话录》,《选举报》,2000 年 10 月 12 日。

安杰伊·博布科夫斯基,《震动裤子之后》,《文化》,1956 年第 6 期。

卡齐米日·布兰迪斯,《他将被遗忘》,收录于《小红帽:关于现在的回忆》,华沙,1956 年。

亚历山大·布莱格曼,《"米沃什事件"并不是新难民问题》,《波兰日报和波兰士兵日报》(伦敦),1951 年 8 月 11 日。

约瑟夫·布罗茨基,《痛苦的坚持》,翻译:托马什·别隆,《普世周刊》,1996 年第 26 期。

T. B.(泰奥多尔·布伊尼茨基笔名),《波兰文化地图》,《每日报》(维尔诺),1940 年 1 月 28 日。

T. B.(泰奥多尔·布伊尼茨基笔名),《波兰文化地图补》,《每口报》(维尔诺),1940 年 2 月 7 日。

T. B.(泰奥多尔·布伊尼茨基笔名),《卡尔平斯基和米沃什之夜》,《每日报》(维尔诺),1940 年 4 月 25 日。

吉列姆·卡拉夫拉,《诱惑与监狱》,翻译:艾娃·乌卡申克,《选举报》,2010 年 9 月 4 日。

博格丹娜·卡彭特,《荐切斯瓦夫·米沃什在美诗作》,《选文 II》,2001 年第 3–4 期。

让·卡苏,《给切斯瓦夫·米沃什的信》,《证言》,1951 年 8 月。

安杰伊·赫丘克,《米沃什〈大洲〉》,《波兰消息》(悉尼),1958 年 9 月 7 日。

尼古拉·乔洛蒙蒂,《"体制"内的知识分子》,《党派评论》,1953 年第 20 期。

斯泰凡·赫文,《世界的美与残酷之间》,《共和国报》,2004 年 8 月 21 日–22 日。

玛丽亚·奇海茨卡,《切斯瓦夫·米沃什在美国的外交礼遇》,《波兹南波文学刊》，文学系列 XII（XXXII），波兹南，2005 年。

扬·切霍维奇，《米沃什与广播剧》，《题目》，1999 年第 2-3 期。

雅德维嘉·查霍夫斯卡，《引入》，收录于《切斯瓦夫·米沃什在巴黎文学研究院的出版物，传记》，总编：雅德维嘉·查霍夫斯卡，统筹：亚当·什兰达克，华沙，2007 年。

约瑟夫·查普斯基，《詹姆斯·伯纳姆（1905-1987）》，《文化》，1987 年第 10 期。

约瑟夫·查普斯基，《谈布热佐夫斯基》，《文化》，1963 年，第 1-2 期。

约瑟夫·查普斯基，《谈两次冒犯》，《文化》，1957 年第 11 期。

约瑟夫·切霍维奇，《梦想的学徒：关于切斯瓦夫·米沃什的诗》，《垂直线》，1937 年第 3 期。再版：切斯瓦夫·米沃什，《切霍维奇：两次战争之间的诗》；约瑟夫·切霍维奇，《梦想的学徒：关于切斯瓦夫·米沃什的诗》，卢布林，1981 年。

彼得·达普凯维奇，《达普凯维奇家族》，《塞伊内年鉴》，2006 年第 3 期。

《关于热加雷的对话，扬·布鲁德尼茨基与亚历山大·雷姆凯维奇的对话》，《诗歌》，1981 年第 5-6 期。

罗伯特·法根，《查理·卓别林》，翻译：AS，《普世周刊》，1996 年第 26 期。

兹比格涅夫·法乌特诺维奇，《切斯瓦夫·米沃什说"我没期待过这样的礼物……"》，《风景》，1989 年第 42 期。

劳伦斯·费林海蒂，《私人诗人》，翻译：AS，《普世周刊》，1996 年第 26 期。

兹比格涅夫·伏莱耶夫斯基，《切斯瓦夫·米沃什：诗人在世界、战争和诗学中通往伊萨卡的道路》，《外国书籍》，1969 年冬，卷四十三，第 1 期。

维托尔德·贡布罗维奇，《反对诗人》，《文化》，1951 年第 10 期。

维托尔德·贡布罗维奇，《该死的小矮子又给我出难题（回复辩论诗）》，《文化》，1952 年第 7-8 期。

莱娜塔·高尔琴斯卡，《以环游世界去告别》，《波兰观点》（《新周报》增刊，纽约），2004 年 8 月 27 日。

琳达·格雷格，《从学生开始》，《铁木》，1981 年秋，卷九，第 2 期。

伊莱娜·格鲁金斯卡-格罗斯，《欢迎信》，《选举报》，2002 年 12 月 24 日。

卡塔热娜·格鲁伯，《回忆切斯瓦夫·米沃什》，《瑞典-波兰纪事》，2003-2005

年第 12-13 期。

米奇斯瓦夫·格雷哲夫斯基,《万物之林》,《消息》(伦敦),1951 年第 22 期。

拉尔斯·吉伦斯腾,1980 年诺贝尔文学奖颁奖辞,《文化》,1981 年第 1-2 期。

谢默斯·希尼,《切斯瓦夫·米沃什和世界性诗歌》,翻译:莱娜塔·高尔琴斯卡,《文学笔记本》,66 期。

谢默斯·希尼,《大师》,翻译:斯坦尼斯瓦夫·巴兰查克,《普世周刊》,1996 年第 26 期。

兹比格涅夫·赫贝特,《切斯瓦夫·米沃什:诗人、作家推广人、评论家、翻译、散文家》,收录于兹比格涅夫·赫贝特、切斯瓦夫·米沃什,《通信集》,编辑:芭芭拉·托伦切克,注释:马切依·塔博尔、芭芭拉·托伦切克,华沙,2006 年。

兹比格涅夫·赫贝特,《给康斯坦蒂·耶伦斯基的信》,《文学笔记本》,2004 年第 85 期。

古斯塔夫·海尔灵格-格鲁金斯基,《切斯瓦夫·米沃什的诗歌边界》,《垂直线》,1939 年第 8 期。

古斯塔夫·海尔灵格-格鲁金斯基,《翻译的点评》,《文化》,1959 年第 3 期。

让娜·赫施,《关于笔译》,《文学笔记本》,1991 年第 36 期。

让娜·赫施,《关于斯坦尼斯瓦夫·文森兹》,收录于斯坦尼斯瓦夫·文森兹,《以对话形式》,卷二,华沙,1983 年。

爱德华·赫希,《过去不准确》,《纽约时报》,2001 年 2 月 18 日。

多米尼克·霍罗丁斯基,《救赎在哪儿? 致切斯瓦夫·米沃什的公开信》,《今日与明日》,1964 年第 8 期。

多米尼克·霍罗丁斯基,《多年沉默后》,《文化》(华沙),1980 年 10 月 26 日。

帕维乌·胡尔卡-拉斯科夫斯基,《日拉尔杜夫县纪事》,《文学消息》,1932 年第 23 期。

耶日·伊尔格,《卡罗尔·施格彭-米沃什(1944-2002)》,《克拉科夫报》(《选举报》增刊),2002 年 8 月 29 日。

路易斯·伊利巴尔奈,《以地狱之名》,《泰晤士报文学增刊》,1978 年 8 月 25 日。后来转载在:《以地狱之名》,翻译:玛丽亚·奥莱伊尼查克,《世界文学》,1981

年第 6 期。

艾丽兹别塔·雅尼茨卡,《安杰伊·特哲宾斯基:"波兰的新尼采"？从他的日记及与切斯瓦夫·米沃什的辩论角度谈第三次编辑〈艺术与民族〉》,《选文 II》,2001 年第 3-4 期。

卡塔热娜·雅诺夫斯卡,《诗歌即世界》,《政治》,2004 年第 34 期。

耶日·雅冉布斯基,《永恒的流放》,《新闻周刊》,2004 年 8 月 22 日。

米奇斯瓦夫·雅斯特伦,《除去历史的现实》,《锻造》,1945 年第 1 期。

康斯坦蒂·亚历山大·耶伦斯基,《温柔日光下的山川:谈切斯瓦夫·米沃什与斯坦尼斯瓦夫·文森兹的友谊》,《文化》,1987 年第 1-2 期。

康斯坦蒂·亚历山大·耶伦斯基,《经典流放》,《火蜥蜴》,1946 年第 1 期。

康斯坦蒂·亚历山大·耶伦斯基,《两年后谈〈乌尔罗地〉》,收录于《认识米沃什 2:1980-1998》,下册,编辑:亚历山大·菲乌特,克拉科夫,2001 年。

康斯坦蒂·亚历山大·耶伦斯基,《地震之后》,《文化》,1956 年第 5 期。

伊莱奈乌什·卡尼亚,《智者最大的胜利》,《普世周刊》,2001 年第 47 期。

博热娜·卡尔沃夫斯卡,《切斯瓦夫·米沃什的诗在英语国家》,《选文 II》,1997 年第 1-2 期。

斯泰凡·基谢莱夫斯基,《理念与使命:写在战后波兰杂文书缘》,《普世周刊》,1948 年第 24 期。

妮卡·科沃索夫斯卡,《这些年留给我什么?》,《文化》,1978 年第 1-2 期。

安娜·科姆皮勒斯卡-岩德里霍夫斯卡,《致编辑部的信》,《诗歌》,1981 年第 7 期。

耶日·科尔纳茨基,《辩证法尝试》,收录于《纪念账》,华沙,1957 年。

马莱克·科尔纳特,《文学和政治之间:耶日·盖德罗伊奇与切斯瓦夫·米沃什通信集(1952-2000)》,收录于耶日·盖德罗伊奇、切斯瓦夫·米沃什,《书信集:1952-1963》,统筹及作序:马莱克·科尔纳特,华沙,2008 年。

扬·科特,《图书事件》,《复兴》,1945 年第 17 期。

安杰伊·科瓦尔赤克,《跨大西洋邮政》,收录于耶日·盖德罗伊奇、维托尔德·贡布罗维奇,《书信集:1950-1969》,华沙,1993 年。

扬·科瓦莱夫斯基,《罗马尼亚循环》,《历史笔记本》(巴黎),第 6 期。

库巴·科瓦尔斯基,《除尽所有只剩下纸而已》,《共和国报》,2000 年 12 月 16 日。

《美国书评人评米沃什选集》,《文化》,1965 年第 7-8 期。

米奇斯瓦夫·克热普科夫斯基,《占领期间记者回忆录(维尔诺,1939-1941)》,《历史笔记本》(巴黎),第 45 期。

耶日·罗·克日赞诺夫斯基,《米沃什谈华沙起义》,《波兰观点》(《新周报》增刊,纽约),2004 年 8 月 27 日。

雅罗斯瓦夫·库尔斯基,《流浪汉与横幅》,《选举报》,1999 年 11 月 18 日。

艾娃·库雷鲁克,《追求风雅者的广播俱乐部》,《选举报》,1999 年 4 月 22 日。

耶日·科维亚特科夫斯基,《伟大的静思》,《文字》,1981 年第 1 期。

格热戈日·拉索塔,《假画》,《锻造》,1950 年第 6 期。

理查德·劳瑞,《声明》,《党派评论》,1999 年第 1 期。

阿图尔·伦德奎斯特,《谈切斯瓦夫·米沃什》,翻译:齐格蒙特·万诺夫斯基,《世界文学》,1981 年第 6 期。

兹齐斯瓦夫·瓦平斯基,《米沃什的〈战后即刻〉》,《选文 II》,2001 年第 3-4 期。

约瑟夫·沃博多夫斯基,《家庭神话》,《美人鱼-白鹰》(巴黎-伦敦),1960 年第 46 期。

德怀特·麦克唐纳,《辩证唯物主义的地盘》,《纽约客》,1953 年 11 月 14 日。

帕维乌·马赫采维奇,《代号勋章》,《共和国报》,2004 年 9 月 19 日。

约瑟夫·马茨凯维奇,《致编辑部的信》,《文化》,1952 年第 4 期。

帕维乌·马尔钦凯维奇,《阅读米沃什》,《普世周刊》,2004 年第 27 期。

约瑟夫·马希林斯基,《米沃什的矛盾心理》,《诗歌》,1981 年第 5-6 期。

约瑟夫·马希林斯基,《先生们,请安心》,《热加雷》,1933 年 12 月,第 2 期。

雷沙德·马图舍夫斯基,《切斯瓦夫·米沃什的诗》,《共和国报》,1946 年第 158 期。

安娜·马祖莱克,《切斯瓦夫·米沃什与约瑟夫·切霍维奇:卢布林背景下的友谊》,《音调》,2006 年第 1 期。

《麦卡伦铁幕》,《生活》,1952 年 3 月 10 日。

咪咪·麦克凯,《声明》,《党派论坛》,1999 年第 1 期。

休·麦克莱恩,《切斯瓦夫·米沃什的特质》,《文化》,1978 年第 9 期。

托马斯·默顿,《实现的起点》,翻译:亚历山大·高莫拉,《在路上》,1996 年第 8 期。

尤留什·米耶罗舍夫斯基,《岛上来信》,《文化》,1951 年第 7-8 期。

阿图尔·敏哲热茨基,《诗意的公正》,《创造》,1981 年第 6 期。

安娜·米科尼斯,《两次战争期间维尔诺的电影生活,1919-1939》,《房子上方》,2004 年第 4 期。

阿纳托尔·米库乌科,《悲伤的报价》,《直接》,1935 年 11 月 20 日。

《米沃什事件》,《新领袖》,1951 年 12 月 10 日。

安杰伊·米沃什,《自传》,《苏瓦乌基》,2002 年第 20 期。

安杰伊·米沃什,《我的哥哥》,《普世周刊》,2001 年第 26 期。

安杰伊·米沃什,《银色家庭》,《苏瓦乌基》,2001 年第 14 期。

卡罗尔·米沃什,《和他一起迎接新的一天》,翻译:马泰乌什·伏拉克,《普世周刊》,2001 年第 16 期。

卡罗尔·米沃什,"外国人眼中的波兰"问卷回复,翻译:ŁT,《标志》,1998 年第 8 期。

彼得·米赤奈尔,《我的父亲:反叛者》,《历史笔记本》(巴黎),第 125 期。

彼得·米赤奈尔,《"自由"的秘密》,《历史笔记本》(巴黎),第 159 期。

纳塔莉亚·莫哲莱夫斯卡,《1950 ／ 1951 年之交米沃什在波兰》,《文化》,1981 年第 3 期。

《最大的幸运,最大的痛苦:雅罗斯瓦夫·米科瓦耶夫斯基对话 尤利娅·哈尔特维格》,《高跟鞋》(《选举报》增刊),2005 年 3 月 26 日。

斯泰凡·纳皮耶尔斯基,《切斯瓦夫·米沃什:三个冬天》,《雅典娜》,1938 年第 1 期。

伦纳德·内森,《他带来了希望》,翻译:JL,AS,《普世周刊》,1996 年第 26 期。

齐格蒙特·诺瓦科夫斯基,《军旗外的米沃什》,《波兰日报和波兰士兵日报》(伦敦),1957 年第 236 期。

伏沃吉米耶日·奥多耶夫斯基,《第一次见面》,《文化》,1980 年第 11 期。

《声明》,《文化》,1951 年第 12 期。

安杰伊·帕赤科夫斯基,《米沃什"51"》,《评论》,1983 年第 13-14 期。

塞尔吉乌什·皮阿塞茨基,《前同路人米沃什》,《消息》(伦敦),1951 年第 44 期。

塞尔吉乌什·皮阿塞茨基,《致编辑部的信》,《波兰日报和波兰士兵日报》(伦敦),1952 年第 16 期。

罗伯特·平斯基,《专注的类型》,翻译：AF,AS,《普世周刊》,1996 年第 26 期。

《对米沃什的第一反应是抛弃诗歌：扬·马尔克斯对话耶日·普特拉门特》,《诗歌》,1981 年第 5-6 期。

克日什托夫·普莱希尼雅罗维奇,《耶日·普莱希尼雅罗维奇与切霍维奇》,《作家》,2006 年第 30 期。

塞韦林·波拉克,《辔绳上的启示》,《新四马战车》,1937 年第 3 期。

克日什托夫·波米安,《米耶罗舍夫斯基现状》,收录于耶日·盖德罗伊奇、尤留什·米耶罗舍夫斯基,《书信集：1949-1956》,上、下册,选择并作序：克日什托夫·波米安,注释和索引：雅采克·克拉夫赤克、克日什托夫·波米安,米耶罗舍夫斯基素描：彼得·万迪赤,华沙,1999 年。

泽诺维乌什·波纳尔斯基,《切斯瓦夫·米沃什的立陶宛护照》,《新速递》(多伦多),2005 年 4 月 1 日-15 日。

克萨维里·普鲁申斯基,《克里斯塔》,收录于《麦斯海德的卡拉贝拉》,华沙,1995 年。

尤里安·普日博希,《致移民的诗人和评论家》,收录于《诗行与噪音：概览》,卷二,克拉科夫,1959 年。

尤安娜·佩什内,《"米沃什事件",即炼狱中的诗人》,收录于《书页中的恐惧：二十世纪五十年代波兰报刊上的作家和文学掠影》,弗罗茨瓦夫,2002 年。

A.R.,《密茨凯维奇的早晨》,《垂直线》,1939 年 3 月 19 日。

A.R.,《米沃什在莱杜塔的早晨》,《垂直线》,1939 年 2 月 5 日。

格热戈日·拉科夫斯基,《充满矛盾的地方》,《大道》,1990 年第 11-12 期。

雷克斯罗斯,"前言",收录于切斯瓦夫·米沃什,《诗选》,多人参与翻译,雷克斯罗斯作序,纽约,1973 年。

塔德乌什·鲁哲维奇,《我的〈诗论〉从何而来(格利维采日记摘)》,《奥得河》,2004 年第 7—8 期。

阿道夫·鲁德尼茨基,《蓝色卡片,巴比伦的叶子(7)》,《世界》,1957 年 4 月 21 日。

亚历山大·雷姆凯维奇,《米沃什备注》,《华沙周刊》,1946 年第 14 期。

亚历山大·辛克,"前言",收录于切斯瓦夫·米沃什,《诗选》,安阿伯,1976 年。

亚历山大·辛克,《米沃什诗集"绿皮版"》,《文学笔记本》,2005 年第 89 期。

罗素·肖奇,《获奖诗人》,《加利福尼亚月报》,1980 年 12 月。

彼得·戴尔·斯科特,《给切斯瓦夫·米沃什的信》(诗),收录于《穿越边境短诗选》,新方向,1994 年。

查尔斯·西密克,《从雾霭中走出的世界》,翻译:耶日·雅尔涅维奇,《选举报》,2002 年 12 月 24 日—26 日。

耶日·斯坦尼斯瓦夫·西托,《谁还为米沃什辩护》,《选举报》,2005 年 9 月 24 日—25 日。

《纽约的斯卡曼德人》,采访菲丽西亚·克朗措娃,《横截面》,1990 年第 2342 期。

塔德乌什·斯瓦韦克,《美国:更古老、更蛮荒的图画》,《普世周刊》,1999 年第 11 期。

伊莱娜·斯瓦文斯卡,《那是个遥远的国家……》,《普世周刊》,1956 年第 16 期。

安东尼·斯沃尼姆斯基,《清算》,《人民论坛报》,1951 年 11 月 4 日。

斯蒂芬·斯彭德,《权力的攫取》,翻译:康斯坦蒂·亚历山大·耶伦斯基,《文化》,1954 年第 3 期。

阿格涅什卡·斯塔维亚尔斯卡,《革命的俘虏,米沃什自己》,《选举报》,2001 年12 月 29 日。

米罗斯瓦夫·苏普鲁纽克,"编后记",收录于切斯瓦夫·米沃什,《巨大的诱惑:别林斯基与独角兽》,托伦,2002 年。

米罗斯瓦夫·苏普鲁纽克,《切斯瓦夫·米沃什之谜,1951 年:开始描述》,

《边缘》,2003 年第 2-3 期。

扬·约瑟夫·什切潘斯基,《传奇终结》,收录于《鞋和其他的故事》,克拉科夫,1983 年。

艾德蒙德·什柴西尼亚克,《大熊星座恋人》,《新日报》,1990 年 11 月 21 日。

马尔钦·希威特里茨基,《龙》,《普世周刊》,1991 年第 26 期。

博莱斯瓦夫·塔博尔斯基,《在"革命!"的道路上》,《精神》(伦敦),1955 年第 3 期。

《我可以在那里追海》,沃依切赫·卡斯对话尤利娅·哈尔特维格,《惯用语》,2004 年第 3-4 期。

万达·泰拉科夫斯卡,给雅罗斯瓦夫·伊瓦什凯维奇的信,《波德科维安斯基文化杂志》,2006 年第 1-2 期。

约翰·厄普代克,《幸存者／信徒》,《纽约客》,2001 年 12 月 24 日-31 日。

博格丹·乌尔巴诺维奇,《万达的一代人》,《波兰民间艺术》,1988 年第 3 期。

莉莲·瓦利,《流亡加州》,《边缘:波兰事务期刊》,1998-1999,卷四至卷五。

莉莲·瓦利,《爱野天鹅吧》,翻译:玛格达·黑戴尔,《普世周刊》,2001 年第 26 期。

托马斯·温茨诺瓦,《两个公国》,《普世周刊》,2004 年第 34 期。

海伦·文德勒,《三种声音的哀叹》,《纽约书评》,2001 年 5 月 31 日。

海伦·文德勒,《完美世界之遗珠》,翻译:托马什·孔兹,收录于《认识米沃什 2:1980-1998》,上册,编辑:亚历山大·菲乌特,克拉科夫,2000 年。

安杰伊·文森兹,《没有无真相的自由》,《普世周刊》,2000 年第 30 期。

安杰伊·文森兹,《斯坦尼斯瓦夫·文森兹和切斯瓦夫·米沃什》,打印稿,复印件存于彼得·克沃乔夫斯基档案室。

伊莱娜·文森兹,《对话斯坦尼斯瓦夫·文森兹》,《地区》,1993 年第 1 期。

伊莱娜·文森兹,《对话斯坦尼斯瓦夫·文森兹》,《地区》,1995 年第 1 期。

彼得·维莱克,《被连根拔起的人的红根》,《纽约时报书评》,1953 年 6 月 7 日。

利玛·福威恩斯卡-伯格尔特,《伯克利大学生活片段》,《波兰一周》(《新周刊》增刊,纽约),1980 年 12 月 13 日-14 日。

泰莱莎·瓦拉斯,《波兰文学史家切斯瓦夫·米沃什》,《文学旬刊》,1994 年第 11 期。

拉法乌·万格日尼亚克,《米沃什与戏剧》,《对话》,2000 年第 1 期。

约瑟夫·维特林,《图书管理员艾尔弗莱德·贝尔斯坦》,《文化》,1959 年第 9 期。

博古斯瓦夫·沃尔涅维奇,《艾森伯格谈米沃什》,《标志》,1997 年第 12 期。

雷沙德·弗拉格,致编辑部的信,《波兰日报和波兰士兵日报》(伦敦),1952 年第 8 期。

卡齐米日·维卡,《梦游花园和田园花园》,《创造》,1946 年第 5 期。

卡齐米日·维卡,《火焰和大理石》,《垂直线》,1937 年第 21 期。

维什(耶日·维舍米尔斯基笔名),《切斯瓦夫·米沃什的犹豫》,《词语》,1932 年 11 月 23 日。

斯泰凡·维辛斯基主教,《致见证了诺贝尔奖得主切斯瓦夫·米沃什获得博士学位的人们》,《文化》,1981 年第 7-8 期。

彼得·约斯,《米沃什》,《新世界》(纽约),1951 年 6 月 12 日。

耶日·扎古尔斯基,《伟大的焦虑之诗》,《普世周刊》,1946 年第 16 期。

耶日·扎古尔斯基,《三个星座》,《新书》,1981 年第 5 期。

耶日·扎古尔斯基,《热加雷和后来……》,《诗歌》,1981 年第 5-6 期。

齐格蒙特·扎兰姆巴,《针对新难民》,《文化》,1951 年第 7-8 期。

《扎威依斯基谈米沃什》(日记片段),博古斯瓦夫·维特-维罗斯特凯维奇交印,《诗歌》,1981 年第 5-6 期。

艾娃·杰林斯卡,《诺贝尔奖获得者在华沙度过的三个胜利日》,《波兰快报》,1981 年 6 月 8 日。

扬·杰林斯基,《米沃什的处女秀,异彩纷呈》,《普世周刊》,2005 年第 17 期。

扬·杰林斯基,《曾祖的精神》,《波兰观点》(《新周报》增刊,纽约),2004 年 8 月 27 日。

《以往和今日被禁锢的头脑:托尼·朱特读米沃什》,翻译:卡塔热娜·维塔科夫斯卡,《选举报》,2010 年 9 月 4 日。

诺尔贝尔特·乍巴,《米沃什获得诺贝尔奖的背后故事》,《文化》,

1980 年第 11 期。

马莱克·哲布罗夫斯基,《布加勒斯特:在大使馆》,《历史笔记本》(巴黎),第 171 期。

书 信

伏瓦迪斯瓦夫·安德斯将军,1951 年 10 月 29 日写给约瑟夫·查普斯基的信,伦敦希科尔斯基将军博物馆和波兰学院。

汉娜·阿伦特、卡尔·雅斯贝尔斯,《1926-1969 年信函》,慕尼黑-苏黎世,1993 年。

《朋友之间:汉娜·阿伦特、玛丽·麦卡锡通信集,1949-1975》,编辑:卡罗尔·布莱特曼,纽约,1995 年。

扬·布沃斯基、斯瓦沃米尔·莫罗哲克,《书信集:1963-1996》,克拉科夫,2004 年。

约瑟夫·切霍维奇,《书信集》,统筹:塔德乌什·科瓦克,卢布林,1977 年。

耶日·盖德罗伊奇、安杰伊·博布科夫斯基,《书信集:1946-1961》,挑选、统筹和作序:扬·杰林斯基,华沙,1997 年。

耶日·盖德罗伊奇、维托尔德·贡布罗维奇,《书信集:1950-1969》,挑选、统筹和作序:安杰伊·科瓦尔赤克,华沙,1993 年。

耶日·盖德罗伊奇、亚历山大·扬塔-波乌琴斯基,《书信集:1947-1974》,统筹、前言和注释:帕维乌·康杰拉,华沙,2009 年。

耶日·盖德罗伊奇、康斯坦蒂·亚历山大·耶伦斯基,《书信集:1950-1987》,挑选、统筹和作序:沃依切赫·卡尔平斯基,华沙,1995 年。

耶日·盖德罗伊奇、尤留什·米耶罗舍夫斯基,《书信集:1949-1956》,上、下册,挑选和作序:克日什托夫·波米安,注释和索引:雅采克·克拉夫赤克、克日什托夫·波米安,米耶罗舍夫斯基素描:彼得·万迪赤,华沙,1999 年。

耶日·盖德罗伊奇、耶日·斯坦波夫斯基,《书信集:1946-1969》,上、下册,挑选、作序和注释:安杰伊·斯坦尼斯瓦夫·科瓦尔赤克,华沙,1998 年。

耶日·盖德罗伊奇、麦勒希奥尔·望科维奇,《书信集：1945-1963》,挑选和作序：亚历山德拉·久沃科夫斯卡-勃姆,注释：亚历山德拉·久沃科夫斯卡-勃姆、雅采克·卡拉夫赤克,华沙,2000年。

米奇斯瓦夫·格雷哲夫斯基、扬·莱宏,《书信集：1923-1956》,从手稿到付印由贝娅塔·多罗什筹备并审核前言和注释,华沙,2006年。

兹比格涅夫·赫贝特,1975年6月12日写给亚历山大·辛克的信,亚历山大·辛克档案室。

齐格蒙特·赫兹,《写给切斯瓦夫·米沃什的信：1952-1979》,挑选和统筹：莱娜塔·高尔琴斯卡,巴黎,1992年。

雅罗斯瓦夫·伊瓦什凯维奇,《给女儿的信》,作序：玛丽亚·伊瓦什凯维奇、泰莱莎·马尔科夫斯卡,统筹：安娜和拉多斯瓦夫·罗马纽克,华沙,2009年。

沃依切赫·卡尔平斯基,《来自拜内克的声音》(I),《文学笔记本》,1999年第66期。

博莱斯瓦夫·米钦斯基、耶日·斯坦波夫斯基,《书信集》,统筹：安娜·米钦斯卡、雅罗斯瓦夫·柯莱依诺茨基、安杰伊·斯坦尼斯瓦夫·科瓦尔赤克,华沙,1995年。

耶日·斯坦波夫斯基,《伯尔尼地区来信》,伦敦,1974年。

斯坦尼斯瓦夫·文森兹,1951年11月3日写给约瑟夫·查普斯基的信,迈松拉斐特约瑟夫和玛丽亚·查普斯基档案室,克拉科夫国家博物馆。

本书撰写过程中还借用了纪录片《魔山：切斯瓦夫·米沃什的美国素描》的一些表述。影片编剧：安杰伊·弗劳瑙塞克、耶日·伊尔格；导演：玛利亚·兹马日-科查诺维奇；制片："拉尔戈"电影工作室、电影制作局、波兰电视台一套,2000年。

原版参考书目

WYBRANA BIBLIOGRAFIA PODMIOTOWA

PIERWSZE WYDANIA KSIĄŻEK CZESŁAWA MIŁOSZA W JĘZYKU POLSKIM

Tomy wierszy

Poemat o czasie zastygłym, Wilno 1933.

Trzy zimy, Warszawa-Wilno 1936.

Ocalenie, Warszawa 1945.

Światło dzienne, Paryż 1953.

Traktat poetycki, Paryż 1957.

Król Popiel i inne wiersze, Paryż 1962.

Gucio zaczarowany, Paryż 1965.

Miasto bez imienia, Paryż 1969.

Gdzie wschodzi słońce i kędy zapada, Paryż 1974.

Hymn o Perle, Paryż 1982.

Nieobjęta ziemia, Paryż 1984.

Kroniki, Paryż 1987.

Dalsze okolice, Kraków 1991.

Na brzegu rzeki, Kraków 1994.

To, Kraków 2000.

Druga przestrzeń, Kraków 2002.

Wiersze ostatnie, Kraków 2006.

Powieści

Dolina Issy, Paryż 1955.

Zdobycie władzy, Paryż 1955.

Książki eseistyczne

Zniewolony umysł, Paryż 1953.

Kontynenty, Paryż 1958.

Rodzinna Europa, Paryż 1959.

Człowiek wśród skorpionów, Paryż 1962.

Widzenia nad Zatoką San Francisco, Paryż 1969.

Prywatne obowiązki, Paryż 1972.

Ziemia Ulro, Paryż 1977.

Ogród nauk, Paryż 1979.

Świadectwo poezji. Sześć wykładów o dotkliwościach naszego wieku, Paryż 1983.

Zaczynając od moich ulic, Paryż 1985.

Rok myśliwego, Paryż 1990.

Szukanie ojczyzny, Kraków 1992.

Jakiegoż to gościa mieliśmy. O Annie Świrszczyńskiej, Kraków 1996.

Legendy nowoczesności, Kraków 1996.

Abecadło Miłosza, Kraków 1997.

Piesek przydrożny, Kraków 1997.

Życie na wyspach, Kraków 1997.

Inne abecadło, Kraków 1998.

Przygody młodego umysłu, Kraków 2003.

O podróżach w czasie, Kraków 2004.

Spiżarnia literacka, Kraków 2004.

Wywiady rzeki, zbiory rozmów

Podróżny świata. Rozmawiała Renata Gorczyńska, Nowy Jork 1983.

Czesława Miłosza autoportret przekorny. Rozmawiał Aleksander Fiut, Kraków 1988.

Rozmowy polskie 1979-1998, Kraków 2006.

Rozmowy polskie 1999-2004, Kraków 2010.

Inne

Antologia poezji społecznej, red. Czesław Miłosz, Zbigniew Folejewski, Wilno 1933.

Jan Syruć [Czesław Miłosz], *Wiersze*, b. d. , b. m. [Warszawa 1940].

Wstęp, w: *Pieśń niepodległa. Poezja polska czasu wojny*, Warszawa b. d. [1942].

History of Polish Literature, London-New York 1969. Pełne wydanie krajowe: Czesław Miłosz, *Historia literatury polskiej*, tłum. Maria Tarnowska, Kra-ków 2010.

Metafizyczna pauza, opr. Joanna Gromek, Kraków 1989.

Zaraz po wojnie. Korespondencja z pisarzami, Kraków 1998.

Wyprawa w Dwudziestolecie, Kraków 1999.

Wiersze pół-perskie, Goszyce, styczeń 1945. Reprint: Wydawnictwo Znak, Kraków 2001.

Wielkie pokuszenie. Bieliński i jednorożec, Toruń 2002.

Wiersze i ćwiczenia, do druku podał i wstępem opatrzył Marek Skwarnicki, Warszawa 2008.

Książki tłumaczone przez Czesława Miłosza i zbiory tłumaczeń

Jacques Maritain, *Drogami klęski*, Warszawa, b. d. [1942].

Raymond Aron, *Opium intelektualistów*, Paryż 1956.

Jeanne Hersch, *Polityka i rzeczywistość*, Paryż 1957.

Simone Weil, *Wybór pism*, Paryż 1958.

Kultura masowa, wybór, przekład, przedmowa Czesław Miłosz, Paryż 1959.

Węgry, wstęp i tłumaczenie Czesław Miłosz, Paryż 1960.

Oskar Miłosz, *Storge*, Kraków 1993.

Denise Levertov, *Żółty tulipan*, Kraków 1999.

Czesław Miłosz, *Księgi biblijne. Przekłady z języka greckiego i hebrajskiego*, Kraków 2003.

Czesław Miłosz, *Przekłady poetyckie*, Kraków 2005.

Najpełniejszą informację dotyczącą wydań i tłumaczeń książek Czesława Miłosza zawiera praca: *Czesław Miłosz. Bibliografia druków zwartych*, opr. Agnieszka Kosińska przy współpracy Jacka Błacha i Kamila Kasperka, Kraków – Warszawa 2009.

ARTYKUŁY CZESŁAWA MIŁOSZA W KSIĄŻKACH

Od tłumacza, w: Jacques Maritain, *Drogami klęski*, Oficyna Polska w Warszawie, b. d. [1942], cyt. za: Czesław Miłosz, *Poszukiwania. Wybór publicystyki rozproszonej 1931-1983*, opr. Konrad Piwnicki [Krzysztof Kopczyński], Warszawa 1985.

Introduction, w: *Postwar Polish Poetry. An Anthology selected and translated by Czesław Miłosz*, New York 1965.

Oscar Miłosz. The man and his work, w: *The Noble Traveller. O. V. de L. Milosz*, edited by Christopher Bamford, New York 1985. Przedruk w tłum. Magdy Heydel: „Zeszyty Literackie" 2003, nr 81.

Przedmowa, w: C. Baudelaire, *Malarz życia nowoczesnego*, tłum. Joanna Guze, Gdańsk 1998.

ARTYKUŁY CZESŁAWA MIŁOSZA W CZASOPISMACH

Jerzy Andrzejewski, Czesław Miłosz, *Robinson warszawski. Nowela filmowa*, „Dialog" 1984, nr 9.

L-cz [Czesław Miłosz?], *Głos ucznia*, „Głos Prawdy", 4 marca 1928.

Czeslav Milosz – Milašius, *Apmąstymai apie gaisrų sezoną*, „Naujoji Romuva" (Wilno) 1940, nr 8.

Abstrakcja i poszukiwania, „Odrodzenie" 1945, nr 7.

Anglicy o Polsce i Polak o Anglii, „Przekrój" 1946, nr 44.

Anti-semitism in Poland, „Problems of Communism" 1957, nr 3. Przedruk jako *Antysemityzm w Polsce*, w: Czesław Miłosz, *Poszukiwania. Wybór publicystyki rozproszonej 1931-1983*, opr. Konrad Piwnicki [Krzysztof Kopczyński], Warszawa 1985.

Bajki japońskie, „Tygodnik Powszechny" 2004, nr 25.

„*Cyd*" *Corneille' a w Krakowie*, „Odrodzenie" 1945, nr 37.

Czas, „Kurier Wileński", 16 czerwca 1940.

Dar nieprzyzwyczajenia. (*Nowy poeta polski*), „Kultura" 1956, nr 10.

Do Antoniego Słonimskiego, „Kultura" 1951, nr 12.

Do przyjaciół Litwinów, „Gazeta Wyborcza", 7-8 października 2000.

Drodzy Rodacy, „Zeszyty Historyczne", nr 149.

Dwustronne porachunki, „Kultura" 1964, nr 6.

[*I oto, drogi...*], „Nasza Rodzina" 1995, nr 7-8.

L' interlocuteur fraternel, „Preuves", kwiecień 1960.

It is a grave responsibility to kill hope, „The New York Times", 18 grudnia 1981.

Jak zostałem wyzwany na pojedynek, „Tygodnik Powszechny" 2004, nr 21.

Kolorowym atramentem, „Przekrój" 1945, nr 1.

Kolorowym atramentem, „Przekrój" 1945, nr 2.

Kraj „Balladyny", „Teatr" 1937-1938, nr 5.

Lapsus calami, „Kultura" 1984, nr 12.

Lettre a Picasso, „Preuves", czerwiec 1956.

List do Jana Lebensteina, „Kultura" 1985, nr 7-8.

List do Jarosława Iwaszkiewicza, „Teatr" 1938-1939, nr 4-5.

List do polskich komunistów, „Kultura" 1959, nr 11.

List do Redakcji, „Kultura" 1956, nr 2.

List do Redaktora, „Kultura" 1955, nr 6.

Ładne kpiny, „Kultura" 1953, nr 4.

Massachusetts, „Odrodzenie" 1946, nr 31.

Mauriac, „Teatr" 1937-1938, nr 6.

Młodzi poeci, „Kultura" 1954, nr 1-2.

Moby Dick, „Kuźnica" 1949, nr 6.

Na „Fantazym", „Odrodzenie" 1945, nr 33.

Na Independence Day, „Odrodzenie" 1947, nr 29.

Na marginesie Ankiety, „Kultura" 1966, nr 3.

Na skraju Warszawy, „Przekrój" 1945, nr 16.

Na Żuławach, „Dziennik Polski", 2 grudnia 1945.

Nad książką, czyli cudze chwalicie, „Odrodzenie" 1948, nr 4.

Nad Wigrami, „Kultura" 1984, nr 10.

Nagły zgon Światopełka Karpińskiego, „Kurier Wileński", 2 maja 1940.

Nie, „Kultura" 1951, nr 5.

Norwid, „Kultura" 1952, nr 12.

Notatki z lektury, „Kultura" 1954, nr 12.

Notatnik, „Nowiny Literackie" 1948, nr 15.

Notatnik amerykański, „Nowiny Literackie", 11 kwietnia 1948.

Notatnik nowojorski, „Przekrój" 1946, nr 70.

Notatnik nowojorski, „Przekrój" 1946, nr 79.

Obowiązek, „Gazeta Codzienna" (Wilno), 28 marca 1940. Przedruk: „Znak" 1997, nr 12.

Obyczaje, „Zeszyty Wrocławskie" 1950, nr 1-2.

Odpowiedzi, „Kultura" 1959, nr 4.

Odpowiedź, „Kultura" 1951, nr 7-8.

Odzyskane bogactwo, „Przekrój" 1945, nr 25.

O Franciszku Ancewiczu, „Kultura" 1964, nr 7-8.

O Hemingwayu, „Kuźnica" 1946, nr 38.

O kilku filmach, „Kuźnica" 1946, nr 20.

O stanie polskiej poezji, „Kuźnica" 1950, nr 3.

O Światopełku Karpińskim, „Kurier Wileński", 5 maja 1940.

O teatrze, „Kultura" 1955, nr 7-8

O wierszach Jastruna, „Kultura" 1953, nr 9.

O wstydzie i agresji, „Kultura" 1962, nr 7-8.

Opóźnione procesy, „Kultura" 1959, nr 10.

Poezja i dialektyka, „Kultura" 1951, nr 6. Przedruk w: Czesław Miłosz, *Poszukiwania. Wybór publicystyki rozproszonej 1931-1983*, opr. Konrad Piwnicki [Krzysztof Kopczyński], Warszawa 1985.

Polska odpowiedź Albertowi Camus, cyt. za: Czesław Miłosz, Jarosław Iwaszkiewicz, *Portret podwójny*, opr. Barbara Toruńczyk, Robert Papieski, Warszawa 2011.

Polska z Nowego Jorku, „Przekrój" 1946, nr 66.

Poznań: un renouveau, „Demain" (Paryż), 25 października 1956.

Problems of modern youth, w: *The Absent Countries of Europe. Lectures held at the College de l'Europe Libre*, Bern 1958.

Projekt, „Dziennik Polski" 1945, nr 29.

Prolog, „Pamiętnik Teatralny" 1981, nr 1-2.

Przemówienie na bankiecie po wręczeniu Nagrody Nobla, „ Kultura " 1981, nr 1-2.

Przez Kwidzyń, „Przekrój" 1945, nr 35.

Reflections on Artur Lundkvist' s „Agadir", „World Literature Today", lato 1980, t. 54, nr 3.

Refleksje warszawskie (1945), „Teksty II" 2001, nr 3-4.

Sala Teatru Wielkiego, „Przekrój" 1945, nr 23.

Sztuka dla wszystkich, „Przekrój" 1945, nr 18.

Śmierć Kassandrze, „Odrodzenie" 1945, nr 21.

U źródeł Wisły. Na Żuławach II, „Dziennik Polski", 16 grudnia 1945.

Valka-czyli poza czasem, „Kultura" 1955, nr 4.

Warszawa wczesnej jesieni, „Dziennik Polski", 9 września 1945.

Wiersze polsko-francuskie, „Odrodzenie" 1947, nr 37.

Wycieczka w poezję kilku epok, „Kultura" 1958, nr 11.

Zawikłane ślady, „Gazeta Codzienna" (Wilno), 3 marca 1940.

Zoologiczne uwagi o festiwalu, „Kultura" 1952, nr 7-8.

czmi [**Czesław Miłosz**], **cykl** *Przejażdżki*

Co z książkami?, „Dziennik Polski" 1945, nr 17.

Czytelnik, „Dziennik Polski" 1945, nr 18.

Humor i wojna, „Dziennik Polski" 1945, nr 19.

Zyzio, „Dziennik Polski" 1945, nr 20.

Szlachetni i nieszczęśliwi, „Dziennik Polski" 1945, nr 21.

Ludzie łagodni, „Dziennik Polski" 1945, nr 24.

Sekretarz rejkomu, „Dziennik Polski" 1945, nr 26.

Faszyzm, „Dziennik Polski" 1945, nr 27.

Byczojestyzm, „Dziennik Polski" 1945, nr 31.

Energia, „Dziennik Polski" 1945, nr 33.

Złodzieje, „Dziennik Polski" 1945, nr 34.

Nieprzytomne mrówki, „Dziennik Polski" 1945, nr 38.

Osły i oślice, „Dziennik Polski" 1945, nr 40.

Seraficzni, „Dziennik Polski" 1945, nr 41.

W pewnej wsi, „Dziennik Polski" 1945, nr 42.

Szkło, „Dziennik Polski" 1945, nr 45.

Koczowisko, „Dziennik Polski" 1945, nr 47.

W cieniu krzyża, „Dziennik Polski" 1945, nr 49.

Miłośnicy niewinności, „Dziennik Polski" 1945, nr 49.

O obyczajach, „Dziennik Polski" 1945, nr 59.

Duże i małe dzieje, „Dziennik Polski" 1945, nr 66.

Przestrzeń, „Dziennik Polski" 1945, nr 68.

Słowo, „Dziennik Polski" 1945, nr 69.

Czerwone i czarne, „Dziennik Polski" 1945, nr 71.

Cz. Miłosz, cykl *Przejażdżki literackie*

Podskakują, „Dziennik Polski" 1945, nr 15.

„Odrodzenie", „Dziennik Polski" 1945, nr 22.

Ambicje i zawody, „Dziennik Polski" 1945, nr 29.

Troska, „Dziennik Polski" 1945, nr 36.

Resztki i początki, „Dziennik Polski" 1945, nr 43.

Ciągnijmy dalej, „Dziennik Polski" 1945, nr 50.

Lekkie umysły, „Dziennik Polski" 1945, nr 56.

Jan M. Nowak [**Czesław Miłosz**]

Życie w USA, „Odrodzenie" 1947, nr 5.

Życie w USA, „Odrodzenie" 1947, nr 30.

Życie w USA, „Odrodzenie" 1947, nr 31.

Żagarysta [**Czesław Miłosz**]

Książki i pisma w Stanach Zjednoczonych, „Odrodzenie" 1947, nr 6.

Henry Miller, czyli dno, „Odrodzenie" 1948, nr 39.

Dwie książki o wojnie, „Odrodzenie" 1949, nr 15.

MATERIAŁY ARCHIWALNE

Zasadnicza częśc archiwalnej spuścizny Czesława Miłosza jest zdeponowana w dwóch miejscach:

na Uniwersytecie Yale w Stanach Zjednoczonych: Czesław Miłosz Papers. GEN MSS 661. Beinecke Rare Book and Manuscript Library. Yale University Library-w tekście oznaczone jako BL,

w domowym archiwum poety w Krakowie-w tekście oznaczone jako ACM.

Cytując utwory, listy i dokumenty Miłosza, korzystałem również z archiwum paryskiej „ Kultury" i Instytutu Literackiego w Maisons – Laffitte (Archiwum Instytutu Literackiego) oraz archiwum Muzeum Literatury w Warszawie, a także ze zbiorów archiwalnych: Antoniego Bohdziewicza (Warszawa), Jerzego W. Borejszy (Warszawa), Tadeusza Bujnickiego (Kraków), Ministerstwa Spraw Zagranicznych (Warszawa), Jerzego Turowicza (Kraków), Uniwersytetu Stefana Batorego (Centralne Państwowe Archiwum Litwy – Lietuvos Centrinis Valstybes Archyvas, Wilno), Uniwersytetu Warszawskiego, Bohdana Tadeusza Urbanowicza – Instytut Sztuki PAN (Warszawa), Marii i Edmunda Wiercińskich – Instytut Sztuki PAN (Warszawa), Instytutu Pamięci Narodowej (BU MSW II 30313: Nagroda Nobla Czesława Miłosza).

KORESPONDENCJA CZESŁAWA MIŁOSZA-WYDANIA KSIĄŻKOWE

Jerzy Giedroyc, Czesław Miłosz, *Listy 1952-1963*, opr. i wstęp Marek Kornat, Warszawa 2008. Pozostała częśctej korespondencji, opublikowana w roku 2011, w chwili powstawania tej ksiązki nie była jeszcze wydana i cytuję ją za Archiwum Instytutu Literackiego.

Zbigniew Herbert, Czesław Miłosz, *Korespondencja*, red. Barbara Toruńczyk, przypisy Maciej Tabor, Barbara Toruńczyk, Warszawa 2006.

Thomas Merton, Czesław Miłosz, *Listy*, tłum. Maria Tarnowska, Kraków 1991.

Czesław Miłosz, listy do Aleksandra Wata, w: Aleksander Wat, *Korespondencja*, cz. 1, 2, wybór, opr., przypisy i posłowie Alina Kowalczykowa, Warszawa 2005.

Czesław Miłosz, „ *Mój wileński opiekun* ". *Listy do Manfreda Kridla (1946-1955)*, słowo wstępne, przypisy i nota edytorska Andrzej Karcz, Toruń 2005.

Czesław Miłosz, Jarosław Iwaszkiewicz, *Portret podwójny*, opr. Barbara Toruń-czyk, Robert Papieski, Warszawa 2011. Korespondencja ta w chwili powstawania książki nie była wydana i cytuję ją za kolekcjami: „Listy Czesława Miłosza do Jarosława Iwaszkiewicza", Biblioteka Instytutu Badań Literackich PAN; oraz „Listy Czesława Miłosza do Jarosława Iwaszkiewicza", Muzeum im. Anny i Jarosława Iwaszkiewiczów w Stawisku.

Czesław Miłosz, Konstanty A. Jeleński, *Korespondencja*, opr. Barbara Toruńczyk, Radosław Romaniuk, Warszawa 2011. Korespondencja ta w chwili powstawania książki nie była wydana i cytuję ją za archiwum Beinecke Library.

Czesław Miłosz, Ola Watowa, *Listy o tym, co najważniejsze (I)*, zebrała Barbara Toruńczyk, Warszawa 2009.

KORESPONDENCJA CZESŁAWA MIŁOSZA-EDYCJE W CZASOPISMACH

Czesław Miłosz, listy do Zbigniewa Fałtynowicza, „Jaćwież" 2004, nr 27-28.

Czesław Miłosz, listy do Artura Międzyrzeckiego, „Kwartalnik Artystyczny" 2007, nr 3.

Czesław Miłosz, listy do Krzysztofa Myszkowskiego, „Kwartalnik Artystyczny" 2005, nr 3.

Czesław Miłosz, *Listy do rodziny*, „Kwartalnik Artystyczny" 2008, nr 3.

Czesław Miłosz, Witold Gombrowicz, *Korespondencja*, opr. Jerzy Jarzębski, Ryszard Nycz, „Teksty II" 1992, nr 1-2.

Każdy przekład jest kulą bilardową... (*Korespondencja Czesława Miłosza z Pawłem Mayewskim*), „Kresy" 2000, nr 1.

Mogli mieć mój skalp, listy Czesława Miłosza do Józefa Wittlina, podała do druku i opr. Barbara Toruńczyk, „Gazeta Wyborcza", 30 czerwca-1 lipca 2001.

Wańkowicz i Miłosz w świetle korespondencji, podała do druku Aleksandra Ziół-kowska, „Twórczość" 1981, nr 10.

KORESPONDENCJA CZESŁAWA MIŁOSZA-ZBIORY ARCHIWALNE

Listy do Jerzego Andrzejewskiego, 1957-1979, Archiwum Jerzego Andrzejew-skiego, Muzeum Literatury w Warszawie.

Listy do Stanisława Barańczaka, Archiwum Stanisława Barańczaka.

Listy do Jana Błońskiego, Biblioteka Jagiellońska.

Listy do Alberta Einsteina, The Albert Einstein Archives at The Hebrew University of Jerusalem.

Listy do Bolesława, Haliny, Anieli i Anny Micińskich, Biblioteka Narodowa w Warszawie, Dział Rękopisów.

Listy do Anieli Micińskiej i Jana Ulatowskiego, Archiwum Emigracji, Uniwersytet Mikołaja Kopernika w Toruniu, Archiwum Jana Ulatowskiego.

Listy do Władysława Sebyły, Muzeum Literatury w Warszawie.

Listy do Jerzego Turowicza, Archiwum Jerzego Turowicza.

Listy do Wiktora Weintrauba 1959-1987, Biblioteka Jagiellońska.

WYBRANA BIBLIOGRAFIA PRZEDMIOTOWA

WYDAWNICTWA KSIĄŻKOWE

Jerzy Andrzejewski, *Gra z cieniem*, Warszawa 1987.

Jerzy Andrzejewski, *Z dnia na dzień. Dziennik literacki 1972-1979*, t. 1, 2, Warszawa 1988.

Anna Iwaszkiewiczowa-w setną rocznicę urodzin. Stawisko. Almanach Iwaszkiewiczowski t. III, Podkowa Leśna 1997.

ks. Roman Archutowski, *Historia Kościoła katolickiego w zarysie*, wyd. VII, Warszawa-Lwów 1923.

Władysław Bartoszewski, *1859 dni Warszawy*, wyd. III, Kraków 2008.

Stanisław Bereś, *Ostatnia wileńska plejada*, Warszawa 1990.

Anna Bikont, Joanna Szczęsna, *Lawina i kamienie. Pisarze wobec komunizmu*, Warszawa 2006.

Jan Błoński, *Biedni Polacy patrzą na getto*, Kraków 1994.

Jan Błoński, *Miłosz jakświat*, Kraków 1998.

Kazimierz Brandys, *Miesiące. 1985-1987*, Paryż 1987.

Tadeusz Breza, *Nelly. O kolegach i o sobie*, Warszawa 1983.

Jan Brzękowski, *W Krakowie i w Paryżu. Wspomnienia i szkice*, Warszawa 1968.

Tadeusz Bujnicki, *Szkice wileńskie. Rozprawy i eseje*, Kraków 2002.

Tadeusz Byrski, *Teatr-radio-wspomnienia*, Warszawa 1976.

Iza Chruślińska, *Była raz „Kultura"... Rozmowy z Zofią Hertz*, Lublin 2003.

Józef Czapski, *Józef Pankiewicz. Życie i dzieło. Wypowiedzi o sztuce*, Warszawa 1936, przedruk: Lublin 1992.

Czesław Miłosz in memoriam, red. Joanna Gromek, Kraków 2004.

Krzysztof Czyżewski, *Linia powrotu. Zapiski z pogranicza*, Sejny 2008.

Teresa Dalecka, *Dzieje wileńskiej polonistyki 1919-1939*, Kraków 2003.

Donald Davie, *Czesław Milosz and the Insufficiency of Lyric*, fte University of Tennessee Press, 1986.

Maria Dąbrowska, *Dzienniki 1915-1965*, pierwsze pełne wydanie w 13 tomach, Warszawa 2009.

Ryszard Demel, *Sergiusz Piasecki (1910-1964). Życie i twórczość*, Warszawa 2001.

Dla Miłosza. Suwałki-Krasnogruda, idea, opracowanie i wstęp Zbigniew Fałtynowicz, Suwałki 2006.

Krzysztof Dorosz, *Maski Prometeusza. Eseje konserwatywne*, Londyn 1989.

Janusz Dunin-Horkawicz, *Co było a nie jest... czyli kilka lat młodości mojej w Wilnie*, Łódź 1990.

Małgorzata Dziewulska, *Artyści i pielgrzymi*, Wrocław 1995.

Zbigniew Fałtynowicz, *Wieczorem wiatr. Czesław Miłosz i Suwalszczyzna*, Gdańsk 2006.

Barbara Fijałkowska, *Borejsza i Różański. Przyczynek do dziejów stalinizmu w Polsce*, Olsztyn 1995.

Marta Fik, *Kultura polska po Jałcie. Kronika lat 1944-1981*, Warszawa 1991.

Aleksander Fiut, *Moment wieczny. Poezja Czesława Miłosza*, Kraków 1998.

Aleksander Fiut, *W stronę Miłosza*, Kraków 2003.

Jerzy Giedroyc, *Autobiografia na cztery ręce*, opr. i posłowie Krzysztof Pomian, Warszawa 1999.

Gimnazjum im. Króla Zygmunta Augusta w Wilnie. Wspomnienia wychowawców i wychowanków, Bydgoszcz 1999.

Anna Głąb, *Ostryga i łaska. Rzecz o Hannie Malewskiej*, Kraków 2009.

Rita Gombrowicz, *Gombrowicz w Europie. Świadectwa i dokumenty 1963-1969*, Kraków 2002.

Witold Gombrowicz, *Dziennik 1953-1958*, Kraków 2009.

Witold Gombrowicz, *Dziennik 1959-1969*, Kraków 2009.

Irena Górska-Damięcka, *Wygrałam życie. Pamiętnik aktorki*, Warszawa 1997.

Renata Gorczyńska, „*Jestem z Wilna*" *i inne adresy*, Kraków 2003.

Renata Gorczyńska, *Podróżny świata. Rozmowy z Czesławem Miłoszem. Komentarze*, Kraków 1992.

Renata Gorczyńska, *Portrety paryskie*, Kraków 1999.

Pierre Grémion, *Konspiracja wolności. Kongres Wolności Kultury w Paryżu (1950-1975)*, tłum. Jan Maria Kłoczowski, Warszawa 2004.

Magdalena Grochowska, *Jerzy Giedroyc. Do Polski ze snu*, Warszawa 2009.

Irena Grudzińska-Gross, *Miłosz i Brodski. Pole magnetyczne*, Kraków 2007.

Jagoda Hernik-Spalińska, *Wileńskie Środy Literackie (1927-1939)*, Warszawa 1998.

Aleksander Hertz, *Późne listy z Ameryki*, Warszawa 2004.

Jerzy Illg, *Mój Znak. O noblistach, kabaretach, przyjaźniach, książkach, kobietach*, Kraków 2009.

Alicja Iwańska, *Potyczki i przymierza. Pamiętnik 1918-1985*, Warszawa 1993.

Jarosław Iwaszkiewicz, *Dzienniki 1911-1955*, opr. Agnieszka i Robert Papiescy, Warszawa 2007.

Jarosław Iwaszkiewicz, *Dzienniki 1956-1963*, opr. Agnieszka i Robert Papiescy, Warszawa 2010.

Jarosław Iwaszkiewicz, *Portrety na marginesach*, Warszawa 2004.

Krystyna Jakowska, „»Septuaginta«, czyli Zielona Księga", maszynopis.

Maria Janion, *Do Europy. Tak, ale razem z naszymi umarłymi*, Warszawa 2000.

Maria Janion, *Płacz generała. Eseje o wojnie*, Warszawa 1998.

Stanisław M. Jankowski, Ryszard Kotarba, *Literaci a sprawa katyńska-1945*, Kraków 2003.

Aleksander Janta, *Nic własnego nikomu*, Warszawa 1977.

Dariusz Jarosz, Maria Pasztor, *Robineau, Bassaler i inni. Z dziejów stosunków polsko-francuskich w latach 1948-1953*, Toruń 2001.

Paweł Jasienica, *Pamiętnik*, Warszawa 1993.

Mieczysław Jastrun, *Dziennik 1955-1981*, Kraków 2002.

Anna Jędrychowska, *Zygzakiem i po prostu*, Warszawa 1965.

Katarzyna Kalisz, „Mieczysław Kotarbiński (1890-1943)-zarys monograficzny twórczości artystycznej", praca magisterska napisana pod kierunkiem prof. Andrzeja K. Olszewskiego, Uniwersytet Kardynała Stefana Wyszyńskiego, 2001.

Romuald Karaś, *Dom nad Marychą*, Warszawa 1986.

Bożena Karwowska, *Miłosz i Brodski. Recepcja krytyczna twórczości w krajach anglojęzycznych*, Warszawa 2000.

Juozas Keliuotis, *Mano autobiografija atsiminimai*, Vilnius 2003.

Stefan Kisielewski, *Abecadło Kisiela*, Warszawa 1997.

Stefan Kisielewski, *Dzienniki*, Warszawa 2001.

Stefan Kisielewski, *Sprzysiężenie*, Warszawa 1995.

Leszek Kołakowski, *Wśród znajomych. O różnych ludziach-mądrych, zacnych, interesujących i o tym, jak czasy swoje urabiali*, Kraków 2004.

Aleksander Kopiński, *Ludzie z charakterami. O okupacyjnym sporze Czesława Miłosza i Andrzeja Trzebińskiego*, Warszawa 2004.

Bogusław Kopka, Grzegorz Majchrzak, *Operacja „Poeta". Służba Bezpieczeństwa na tropach Czesława Miłosza*, opr. i posłowie Grzegorz Musidlak, Lublin 2007.

Wacław Korabiewicz, *Pokusy*, Warszawa 1986.

Bohdan Korzeniewski, *Książki i ludzie*, Warszawa 1993.

Agnieszka Kosińska, *Rozmowy o Miłoszu*, Warszawa 2010.

Jan Kott, *Przyczynek do biografii. Zawał serca*, Kraków 1995.

Andrzej Stanisław Kowalczyk, *Giedroyc i „Kultura"*, Wrocław 2000.

Anna Kowalska, *Dzienniki 1927-1969*, wybór, opr. i przypisy Paweł Kądziela, Warszawa 2008.

Kuba Kowalski, „Echa prasowe po literackiej Nagrodzie Nobla Czesława Miłosza", praca magisterska napisana pod kierunkiem dr. Janusza Osicy, Uniwersytet Warszawski, 2000.

Zofia Krauzowa, *Rzeki mojego życia*, Kraków 1979.

Tadeusz Kroński, *Rozważania wokół Hegla*, Warszawa 1960.

Janusz Kryszak, *Katastrofizm ocalający. Z problematyki poezji tzw. „Drugiej Awangardy"*, Bydgoszcz 1985.

Księga Gości Jana Lechonia, opr. Beata Dorosz, Toruń 1999.

Maciej Józef Kwiatkowski, *Tu Polskie Radio Warszawa...*, Warszawa 1980.

Maciej Józef Kwiatkowski, *Wrzesień 1939 w warszawskiej rozgłoś ni polskiego radia*, Warszawa 1984.

Tadeusz Kwiatkowski, *Panopticum*, Kraków 1995.

Jan Lechoń, *Dziennik*, t. 1, Londyn 1967.

Jan Lechoń, *Dziennik*, t. 2, Londyn 1970.

Jan Lechoń, *Dziennik*, t. 3, Londyn 1973.

Jolanta Lemann, *Eugeniusz Cękalski*, Łódź 1996.

Stanisława Lewandowska, *Życie codzienne Wilna w latach II wojny światowej*, Warszawa 2001.

Felicja Lilpop Krance, *Powroty*, Białystok 1991.

Joanna Lisek, *Jung Wilne. Żydowska grupa artystyczna*, Wrocław 2005.

Tadeusz Łopalewski, *Czasy dobre i złe*, Warszawa 1966.

Piotr Łossowski, *Litwa a sprawy polskie 1939-1940*, Warszawa 1985.

Stanisław Mackiewicz (Cat), *Lata nadziei*, Londyn 1945.

Jacques Maritain, *Sztuka i mą drość*, tłum. K. , K. Górscy, Warszawa 2001.

Materiały do dziejów awangardy, opr. Tadeusz Kłak, Wrocław 1975.

Materiały do studiów i dyskusji z zakresu teorii i historii sztuki, krytyki artystycznej oraz badań nad sztuką, Warszawa 1952.

Ryszard Matuszewski, *Moje spotkania z Miłoszem*, Kraków 2004.

Adam Michnik, *Z dziejów honoru w Polsce. Wypisy więzienne*, Warszawa 1991.

Halina Micińska-Kenarowa, *Długi wdzięczności*, Warszawa 2003.

Bolesław Miciński, *Pisma. Eseje, artykuły, listy*, wybór i opr. Anna Micińska, Kraków 1970.

Henry Miller, *Big Sur i pomarańcze Hieronima Boscha*, tłum. Robert Sudół, Warszawa 2003.

Czesław Miłosz, *„Trzy zimy". Głosy o wierszach*, red. Renata Gorczyńska, Piotr Kłoczowski, Londyn 1987.

Oscar V. de L. Miłosz, *Miłosne wtajemniczenie (Fragment pamiętników kawalera Waldemara de L...*), tłum. i przedmowa Artur Międzyrzecki, Kraków 1978.

Oskar Miłosz, *Misteria*, wybór i opr. Irena Sławińska, Lublin 1999.

Minio. Przyjaciele o Januszu Minkiewiczu, opr. Antoni Marianowicz, Władysław Minkiewicz, Londyn 1989.

Piotr Mitzner, *Hania i Jarosław Iwaszkiewiczowie*, Kraków 2000.

Wacław Mrozowski, *Cyganeria*, Lublin 1963.

Zygmunt Mycielski, *Dziennik 1960-1969*, Warszawa 2001.

Zofia Nałkowska, *Dzienniki IV. 1930-1939*, cz. 2, opr., wstęp i komentarz Hanna Kirchner, Warszawa 1988.

Zofia Nałkowska, *Dzienniki V. 1939-1944*, opr., wstęp i komentarz Hanna Kirchner, Warszawa 1996.

Zofia Nałkowska, *Dzienniki VI. 1945-1954*, cz. 2, opr., wstęp i komentarz Hanna Kirchner, Warszawa 2000.

Leonard Nathan, Arthur Quinn, *The Poet's Work. An Introduction to Czesław Milosz*, Harvard University Press, 1991.

Zbigniew Osiński, *Nazywał nas bratnim teatrem. Przyjaźń artystyczna Ireny i Tadeusza Byrskich z Jerzym Grotowskim*, Gdańsk 2005.

Zbigniew Osiński, *Pamię ć Reduty. Osterwa, Limanowski, Grotowski*, Gdańsk 2003.

Stanisław Ozimek, *Film polski w wojennej potrzebie*, Warszawa 1974.

Emil Pasierski, „Gamma i Omega-historia wzajemnych relacji Jerzego Putramenta i Czesława Miłosza", praca doktorska napisana pod opieką naukową prof. dr hab. Joanny Pyszny, Uniwersytet Wrocławski, 2009.

Sergiusz Piasecki, *Człowiek przemieniony w wilka*, Wrocław 2000.

Poezja i poeci w Wilnie lat 1920-1940. Studia, red. Tadeusz Bujnicki, Krzysztof Biedrzycki, Kraków 2003.

Pojezierze Augustowsko-Suwalskie: przewodnik krajoznawczy i turystyczno letniskowy, Warszawa 1937.

Krzysztof Polechoński, *Żywot człowieka uzbrojonego. Biografa, twórczość i legenda literacka Sergiusza Piaseckiego*, Warszawa-Wrocław 2000.

Zenowiusz Ponarski, *Draugas. Szkice do biografii Franciszka Ancewicza*, Lublin-Toronto 2004.

Portretmłodego artysty. Listy Józefa Rajnfelda do Jarosława Iwaszkiewicza 1928-1938. Z notatkami adresata, wydane przez Pawła Hertza i Marka Zagańczyka, Warszawa 1997.

Prafilmówka Krakowska 1945-1947. Nauczyciele-słuchacze-filmy, red. Jacek Albrecht, Kraków 1998.

Przewodnik po Litwie i Białejrusi, zebrał i opr. N. [apoleon] Rouba, Wilno 1909.

Jerzy Putrament, *Po tamtej stronie*, Warszawa 1956.

Jerzy Putrament, *Pół wieku. Literaci*, Warszawa 1970.

Jerzy Putrament, *Pół wieku. Młodość*, Warszawa 1969.

Marek Radziwon, *Iwaszkiewicz. Pisarz po katastrofie*, Warszawa 2010.

Zbigniew Raszewski, *Raptularz*, Londyn 2004.

German Ritz, *Polskie spotkanie z Niemcami. Jarosław Iwaszkiewicz i Stefan George*, tłum. Małgorzata Łukasiewicz, Podkowa Leśna 1998.

Joanna Siedlecka, *Pan od poezji. O Zbigniewie Herbercie*, Warszawa 2002.

Marek Skwarnicki, *Mój Miłosz*, Kraków 2004.

Stanisław Stomma, *Pościg za nadzieją*, Paryż 1991.

Stanisław Stomma, *Trudne lekcje historii*, Kraków 1998.

Wiktor Sukiennicki, *Legenda i rzeczywistość. Wspomnienia i uwagi o dwudziestu latach Uniwersytetu Stefana Batorego w Wilnie*, Paryż 1967.

Anna Supruniuk, Mirosław Adam Supruniuk, *Uniwersytet Stefana Batorego w Wilnie w fotografiach 1919-1939*, Toruń 2009.

Tomasz Szarota, *Karuzela na placu Krasińskich. Studia i szkice z lat wojny i okupacji*, Warszawa 2007.

Tomasz Szarota, *Okupowanej Warszawy dzień powszedni*, wyd. II rozszerz., Warszawa 1978.

Małgorzata Szejnert, *Sława i infamia. Rozmowa z Bohdanem Korzeniewskim*, Kraków 1992.

Waldemar Szełkowski, *Akademicki Klub Włóczęgów Wileńskich*, Wilno 1999.

Irena Szymańska, *Miałam dar zachwytu. Wspomnienia wydawcy*, Warszawa 2001.

Wiesław Paweł Szymański, *„Odrodzenie" i „Twórczość" w Krakowie (1945-1950)*, Wrocław 1981.

Anna Synoradzka, *Andrzejewski*, Kraków 1997.

Jan Śpiewak, *Przyjaźnie i animozje*, Warszawa 1965.

Jerzy Święch, *Literatura polska w latach II wojnyświatowej*, Warszawa 1997.

Ignacy Święcicki, *Listy znad Susquehanny*, Warszawa 2006.

Beata Tarnowska, *Geografia poetycka w powojennej twórczoś ci Czesława Miłosza*, Olsztyn 1996.

Olivier Todd, *Albert Camus. Biografia*, Warszawa 2009.

Ewa Tomaszewicz, *Gwiazdy Wielkiej Niedźwiedzicy. Kobiety wżyciu i twórczości Sergiusza Piaseckiego*, Warszawa 2003.

Barbara Toruńczyk, *Rozmowy w Maisons-Laffitte*, 1981, Warszawa 2006.

Andrzej Trzebiński, *Pamiętnik*, opr. , wstęp i przypisy Paweł Rodak, Warszawa 2001. Jacek Trznadel, *Hańba domowa. Rozmowy z pisarzami*, Lublin 1990.

Zofia Urbanowska, *Gucio zaczarowany*, Wrocław 1989.

Jerzy Waldorff, *Moje cienie*, Warszawa 1979.

Andrzej Walicki, *Zniewolony umysł po latach*, Warszawa 1993.

Walka o dobra kultury. Warszawa 1939-1945, red. Stanisław Lorentz, t. 1, Warszawa 1970.

Aleksander Wat, *Dziennik bez samogłosek*, wyd. zmienione, opr. , przypisy i indeks Krystyna i Piotr Pietrychowie, Warszawa 2001.

Andrzej Werner, *Wysoko. Nie na palcach. O pisarstwie Jana Józefa Szczepańskiego*, Kraków 2003.

Wileńskie Szopki Akademickie, wstęp i opr. Marek Olesiewicz, Białystok 2002.

Wilno teatralne, red. Mirosława Kozłowska, Warszawa 1998.

Józef Winiewicz, *Co pamiętam z długiej drogiżycia*, Poznań 1985.

Jerzy Zagórski, *Szkice z podróży w przestrzeni i czasie*, Kraków 1962.

Wacław Zagórski, *Wolność w niewoli*, Londyn 1971.

Marek Zaleski, *Przygoda drugiej awangardy*, Wrocław 2000.

Marek Zaleski, *Zamiast: o twórczości Czesława Miłosza*, Kraków 2005.

Andrzej Zawada, *Miłosz*, Wrocław 1996

Z dziejów Almae Matris Vilnensis. Księga pami ą tkowa ku czci 400-lecia założenia i 75-lecia wskrzeszenia Uniwersytetu Wileńskiego, Kraków 1996.

Andrzej Zieniewicz, *Idące Wilno. Szkice o Żagarach*, Warszawa 1987.

Józef Zięba, *Rozmowy o Józefie Czechowiczu*, Lublin 2006.

Żagary. Środowisko kulturowe grupy literackiej, red. Tadeusz Bujnicki, Krzysztof Biedrzycki, Jarosław Fazan, Kraków 2009.

INNE PUBLIKACJE

Al Alvarez, *East Is East*, „The New York Review of Books", 11 listopada 1965.

Andrzeja Miłosza opowieść, „Jaćwież" 2001, nr 14.

Jerzy Andrzejewski, *Dziennik paryski*, cz. 1, „Kwartalnik Artystyczny" 2000, nr 1.

Jerzy Andrzejewski, *Dziennik paryski*, cz. 2, „Kwartalnik Artystyczny" 2000, nr 2.

Jadwiga Badowska, *Wilno i Miłosz*, „Poezja" 1981, nr 5-6.

Alwida Bajor, *Ostatni pobyt Czesława Miłosza w Litwie Gniazdowej*, „Magazyn Wileński" 2004, nr 9.

Dariusz Baliszewski, *Most honoru*, „Wprost", 19 września 2004.

Stanisław Barańczak, *„Summa" Czesława Miłosza*, w: *Poznawanie Miłosza 2. 1980-1998*, cz. 2, red. Aleksander Fiut, Kraków 2001.

Witold Bereś, *Operacja „Poeta"*, wybór dokumentów, opr. Bogusław Kopka, Grzegorz Majchrzak, „Gazeta Wyborcza", 26 czerwca 2004.

Anna Bikont, Joanna Szczęsna, *Onieśmielenie Wisławy Szymborskiej*, „Wysokie Obcasy", dodatek do „Gazety Wyborczej", 17 stycznia 2004.

Jan Błoński, *Dolina Issy*, „Przegląd Kulturalny" 1957, nr 24.

Jan Błoński, *Duch religijny i miłość rzeczy*, „Tygodnik Powszechny" 2001, nr 47.

Bo to jest rodzaju zakonu. Zapis rozmowy Jacka Żakowskiego z Jerzym Giedroyciem, „Gazeta Wyborcza", 12 października 2000.

Andrzej Bobkowski, *Po trzęsieniu spodniami*, „Kultura" 1956, nr 6.

Kazimierz Brandys, *Nim będzie zapomniany*, w: tegoż, *Czerwona czapeczka. Wspomnienia z teraźniejszości*, Warszawa 1956.

Aleksander Bregman, *„Sprawa Miłosza" to nie problem nowego uchodźcy*, „Dziennik Polski i Dziennik Żołnierza Polskiego" (Londyn), 11 sierpnia 1951.

Josif Brodski, *Wytrwałość bólu*, tłum. Tomasz Bieroń, „Tygodnik Powszechny" 1996, nr 26.

T. B. [Teodor Bujnicki], *Geografia literatury polskiej*, „Gazeta Codzienna" (Wilno), 28 stycznia 1940.

T. B. ［Teodor Bujnicki］, *Uzupełnienie do „Geografii literatury"*, „Gazeta Co-dzienna" (Wilno), 7 lutego 1940.

T. B. ［Teodor Bujnicki］, *Wieczór Karpińskiego i Miłosza*, „Gazeta Codzienna" (Wilno), 25 kwietnia 1940.

Guillem Calaforra, *Pokusa i więzienie*, tłum. Ewa Łukaszyk, „Gazeta Wyborcza", 4 września 2010.

Bogdana Carpenter, *Recepcja poezji Czesława Miłosza w Ameryce*, „Teksty II" 2001, nr 3-4.

Jean Cassou, *Une lettre a Czesław Milosz*, „Preuves", sierpień 1951.

Andrzej Chciuk, *„Kontynenty" Miłosza*, „Wiadomości Polskie" (Sidney), 7 września 1958.

Nicola Chiaromonte, *Intellectuals under the „System"*, „Partisan Review" 1953, nr 20.

Stefan Chwin, *Między pięknem a okrucieństwem świata*, „Rzeczpospolita", 21-22 sierpnia 2004.

Maria Cichecka, *Czesław Miłosz na służbie dyplomatycznej w USA*, „Poznańskie Studia Polonistyczne", Seria Literacka XII (XXXII), Poznań 2005.

Jan Ciechowicz, *Miłosz i teatr*, „Tytuł" 1999, nr 2-3.

Jadwiga Czachowska, *Wprowadzenie*, w: *Czesław Miłosz w wydawnictwach Instytutu Literackiego w Paryżu. Bibliografia*, pod kier. Jadwigi Czachowskiej opr. Adam Szlendak, Warszawa 2007.

Józef Czapski, *James Burnham (1905-1987)*, „Kultura" 1987, nr 10.

Józef Czapski, *O Brzozowskim*, „Kultura" 1963, nr 1-2.

Józef Czapski, *O dwóch napaściach*, „Kultura" 1957, nr 11.

Józef Czechowicz, *Uczeń marzenia. Rzecz o poezji Czesława Miłosza*, „Pion" 1937, nr 3, przedruk w: Czesław Miłosz, *Czechowicz. To jest o poezji między wojnami*. Józef Czechowicz, *Uczeń marzenia. Rzecz o poezji Czesława Miłosza*, Lublin 1981.

Piotr Dapkiewicz, *Ród Dapkiewiczów*, „Almanach Sejneński" 2006, nr 3.

Dialog o Żagarach, z Aleksandrem Rymkiewiczem rozmawia Jan Z. Brudnicki, „Poezja" 1981, nr 5-6.

Robert Faggen, *Charlie Chaplin*, tłum. AS, „Tygodnik Powszechny" 1996, nr 26.

Zbigniew Fałtynowicz, „Nie oczekiwałem takiego daru..." Czesław Miłosz, „ Krajobrazy" 1989, nr 42.

Lawrence Ferlinghetti, Poeta prywatny, tłum. AS, „Tygodnik Powszechny" 1996, nr 26.

Zbigniew Folejewski, Czesław Milosz: A Poet's Road to Ithaca between Worlds, Wars, and Poetics, „Books Abroad", zima 1969, t. 43, nr 1.

Zbigniew Folejewski, Kilka wspomnień o Żagarach i Żagarystach i czy awangardzistów było bardzo wielu?, „Poezja" 1981, nr 5-6.

Witold Gombrowicz, Przeciw poetom, „Kultura" 1951, nr 10.

Witold Gombrowicz, Przeklęte zdrobnienie znowu dało mi się we znaki. (Obrońcom poezji w odpowiedzi), „Kultura" 1952, nr 7-8.

Renata Gorczyńska, Ż egnam Podró ż nego Ś wiata, „ Przegl ą d Polski" (dodatek do „Nowego Dziennika", Nowy Jork), 27 sierpnia 2004.

Linda Gregg, From a Student, „Ironwood", jesień 1981, t. 9, nr 2.

Irena Grudzińska-Gross, List powitalny, „ Gazeta Wyborcza", 24 grudnia 2002.

Katarzyna Gruber, Pamięci Czesława Miłosza, „Acta Sueco-Polonica" 2003-2005, nr 12-13.

Mieczysław Grydzewski, Silva rerum, „Wiadomości" (Londyn) 1951, nr 22.

Lars Gyllensten, laudacja podczas wręczania literackiej Nagrody Nobla w roku 1980, „Kultura" 1981, nr 1-2.

Seamus Heaney, Czesław Miłosz i poezja światowa, tłum. Renata Gorczyńska, „Zeszyty Literackie" 1999, nr 66.

Seamus Heaney, Mistrz, tłum. Stanisław Barańczak, „Tygodnik Powszechny" 1996, nr 26.

Zbigniew Herbert, Czesław Miłosz: poeta, powieś ciopisarz, krytyk, tłumacz, eseista, w: Zbigniew Herbert, Czesław Miłosz, Korespondencja, red. Barbara Toruńczyk, przypisy Maciej Tabor, Barbara Toruńczyk, Warszawa 2006.

Zbigniew Herbert, list do Konstantego Jeleńskiego, „ Zeszyty Literackie" 2004, nr 85.

Gustaw Herling-Grudziński, Granice poezji Czesława Miłosza, „Pion" 1939, nr 8.

Gustaw Herling-Grudziński, Komentarz tłumacza, „Kultura" 1959, nr 3.

Jeanne Hersch, *O przekładach*, „Zeszyty Literackie" 1991, nr 36.

Jeanne Hersch, *O Stanisławie Vincenzie*, w: Stanisław Vincenz, *Po stronie dialogu*, t. 2, Warszawa 1983.

Edward Hirsch, *The Past Is Inaccurate*, „The New York Times", 18 lutego 2001.

Dominik Horodyński, *Gdzie ocalenie? Do Czesława Miłosza list otwarty*, „Dziś i Jutro" 1946, nr 8.

Dominik Horodyński, *Po latach milczenia*, „ Kultura" (Warszawa), 26 października 1980.

Paweł Hulka-Laskowski, *Faktografia żyrardowska*, „Wiadomości Literackie" 1932, nr 23.

Jerzy Illg, *Carol Thigpen-Miłosz (1944-2002)*, „ Gazeta w Krakowie" (dodatek do „Gazety Wyborczej"), 29 sierpnia 2002.

Louis Iribarne, *The Naming of Hell*, „Times Literary Supplement", 25 sierpnia 1978. Cyt. za: tenże, *Nazywanie piekła*, tłum. Maria Olejniczak, „Literatura na Świecie" 1981, nr 6.

Elżbieta Janicka, *Andrzej Trzebiński -„nowy jakiś polski Nietzsche"? O trzecim redaktorze „ Sztuki i Narodu" wświetle jego dziennika oraz polemiki z Czesławem Miłoszem*, „Teksty II" 2001, nr 3-4.

Katarzyna Janowska, *Poezja jak świat*, „Polityka" 2004, nr 34.

Jerzy Jarzębski, *Wieczny wygnaniec*, „Newsweek", 22 sierpnia 2004.

Mieczysław Jastrun, *Poza rzeczywistością historyczną*, „Kuźnica" 1945, nr 1.

Konstanty A. Jeleński, *Górami w miękkim blasku dnia. O przyjaźni Czesława Miłosza ze Stanisławem Vincenzem*, „Kultura" 1987, nr 1-2.

Konstanty A. Jeleński, *Klasyk na wygnaniu*, „Salamandra" 1946, nr 1.

Konstanty A. Jeleński, *O „ Ziemi Ulro" po dwóch latach*, w: Poznawanie Miłosza 2. *1980-1998*, cz. 2, red. Aleksander Fiut, Kraków 2001.

Konstanty A. Jeleński, *Po trzęsieniu ziemi*, „Kultura" 1956, nr 5.

Ireneusz Kania, *Największy triumf mędrca*, „ Tygodnik Powszechny" 2001, nr 47.

Bożena Karwowska, *Poezja Czesława Miłosza w krajach języka angielskiego*, „ Teksty II" 1997, nr 1-2.

Stefan Kisielewski, *Idea i wizja. Na marginesie polskiej prozy powojennej*,

„Tygodnik Powszechny" 1948, nr 24.

Nika Kłosowska, *Co mi z tych lat zostało*, „Kultura" 1978, nr 1-2.

Anna Kompielska-Jędrychowska, list do Redakcji, „Poezja" 1981, nr 7.

Jerzy Kornacki, „Próba dialektyki", w: *Rachunek pamięci*, Warszawa 1957.

Marek Kornat, *Między literaturą a polityką. Korespondencja Jerzego Giedroycia z Czesławem Miłoszem (1952-2000)*, w: Jerzy Giedroyc, Czesław Miłosz, *Listy 1952-1963*, opr. i wstęp Marek Kornat, Warszawa 2008.

Jan Kott, *Sprawa książki*, „Odrodzenie" 1945, nr 17.

Andrzej Kowalczyk, *Poczta transatlantycka*, w: Jerzy Giedroyc, Witold Gombrowicz, *Listy* 1950-1969, Warszawa 1993.

Jan Kowalewski, *Cykl rumuński*, „Zeszyty Historyczne" (Paryż), nr 6.

Kuba Kowalski, *A poza wszystkim jest papier*, „Rzeczpospolita", 16 grudnia 2000.

Krytycy amerykańscy o Antologii Miłosza, „Kultura" 1965, nr 7-8.

Mieczysław Krzepkowski, *Wspomnienia dziennikarza z czasów okupacji (Wilno 1939-1941)*, „Zeszyty Historyczne" (Paryż), nr 45.

Jerzy R. Krzyżanowski, *Miłosz o powstaniu warszawskim*, „Przegląd Polski" (dodatek do „Nowego Dziennika", Nowy Jork), 27 sierpnia 2004.

Jarosław Kurski, *Włóczędzy i sztandary*, „Magazyn Gazety Wyborczej", 18 listopada 1999.

Ewa Kuryluk, *Radioklub Poszukiwaczy Przyzwoitości*, „Gazeta Wyborcza", 22 kwietnia 1999.

Jerzy Kwiatkowski, *Wielkie rekolekcje*, „Pismo" 1981, nr 1.

Grzegorz Lasota, *Fałszywy obraz*, „Kuźnica" 1950, nr 6.

Richard Lourie, wypowiedź, „Partisan Review" 1999, nr 1.

Artur Lundkvist, *O Czesławie Miłoszu*, tłum. Zygmunt Łanowski, „Literatura na Świecie" 1981, nr 6.

Zdzisław Łapiński, *Miłosz „zaraz po wojnie"*, „Teksty II" 2001, nr 3-4.

Józef Łobodowski, *Rodzinna mitologia*, „Syrena-Orzeł Biały" (Paryż-Londyn) 1960, nr 46.

Dwight Macdonald, *In the Land of Diamat*, „The New Yorker", 14 listopada 1953.

Paweł Machcewicz, *Kryptonim Medal*, „Rzeczpospolita", 19 września 2004.

Józef Mackiewicz, list do Redakcji, „Kultura" 1952, nr 4.

Paweł Marcinkiewicz, *Czytanie Miłosza*, „ Tygodnik Powszechny" 2004, nr 27.

Józef Maśliński, *Ambiwalencje Miłosza*, „Poezja" 1981, nr 5-6.

Józef Maśliński, *Panowie, spokojnie*, „Żagary", grudzień 1933, nr 2.

Ryszard Matuszewski, *Poezja Czesława Miłosza*, „ Rzeczpospolita" 1946, nr 158.

Anna Mazurek, *Czesław Miłosz i Józef Czechowicz-przyjaźń z Lublinem w tle*, „Akcent" 2006, nr 1.

The McCarran Curtain, „Life", 10 marca 1952.

Mimi McKay, wypowiedź, „Partisan Review" 1999, nr 1.

Hugh McLean, *Odznaczenie Czesława Miłosza*, „Kultura" 1978, nr 9.

Thomas Merton, *Zaczątek spełnienia*, tłum. Aleksander Gomola, „W Drodze" 1996, nr 8.

Juliusz Mieroszewski, *List z Wyspy*, „Kultura" 1951, nr 7-8.

Artur Międzyrzecki, *Poetycka sprawiedliwość*, „Twórczość" 1981, nr 6.

Anna Mikonis, *Życie filmowe Wilna w okresie międzywojennym*, *1919-1939*, „Znad Willi" 2004, nr 4.

Anatol Mikułko, *Smutne cytaty*, „Poprostu", 20 listopada 1935.

The Milosz Case, „The New Leader", 10 grudnia 1951.

Andrzej Miłosz, *Autobiografia*, „Jaćwież" 2002, nr 20.

Andrzej Miłosz, *O starszym bracie*, „Tygodnik Powszechny" 2001, nr 26.

Andrzej Miłosz, *Srebra rodzinne*, „Jaćwież" 2001, nr 14.

Carol Miłosz, *Witając z nim nowy dzień*, tłum. Mateusz Flak, „ Tygodnik Powszechny" 2001, nr 16.

Carol Miłosz, wypowiedź w ankiecie „Polska w oczach cudzoziemców", tłum. ŁT, „Znak" 1998, nr 8.

Piotr Mitzner, *Mój ojciec-konspirator*, „ Zeszyty Historyczne" (Paryż), nr 125.

Piotr Mitzner, *Tajemnice „ Wolności"*, „ Zeszyty Historyczne" (Paryż), nr 159.

Natalia Modzelewska, *Miłosz w Polsce na przełomie 1950/51*, „ Kultura" 1981, nr 3.

Największe szczęście, *największy ból*, z Julią Hartwig rozmawia Jarosław Mikołajewski, „Wysokie Obcasy", dodatek do „Gazety Wyborczej", 26 marca 2005.

Stefan Napierski, *Czesław Miłosz: Trzy zimy*, „Ateneum" 1938, nr 1.

Leonard Nathan, *On przynosi ratunek*, tłum. JI, AS, „Tygodnik Powszechny" 1996, nr 26.

Zygmunt Nowakowski, *Miłosz pod sztandarami*, „Dziennik Polski i Dziennik Żołnierza" (Londyn) 1957, nr 236.

Włodzimierz Odojewski, *Pierwsze spotkanie*, „Kultura" 1980, nr 11.

Oświadczenie, „Kultura" 1951, nr 12.

Andrzej Paczkowski, *Miłosz '51*, „Krytyka" 1983, nr 13-14.

Sergiusz Piasecki, *Były poputczik Miłosz*, „Wiadomości" (Londyn) 1951, nr 44.

Sergiusz Piasecki, list do Redakcji, „Dziennik Polski i Dziennik Żołnierza" (Londyn) 1952, nr 16.

Sergiusz Piasecki, *Magiel marxistowski*, „Wiadomości" (Londyn) 1952, nr 12.

Robert Pinsky, *Rodzaj skupienia*, tłum. AF, AS, „Tygodnik Powszechny" 1996, nr 26.

Pierwszą reakcją na Miłosza było porzucenie wierszy-z Jerzym Putramentem rozmawia Jan Marx, „Poezja" 1981, nr 5-6.

Krzysztof Pleśniarowicz, *Jerzy Pleśniarowicz i Czechowicz*, „Scriptores" 2006, nr 30.

sp [Seweryn Pollak], *Apokalipsa w cuglach*, „Nowa Kwadryga" 1937, nr 3.

Krzysztof Pomian, *Aktualność Mieroszewskiego*, w: Jerzy Giedroyc, Juliusz Miero-szewski, *Listy 1949-1956*, cz. 1, 2, wybór i wstęp Krzysztof Pomian, przypisy i indeks Jacek Krawczyk, Krzysztof Pomian, szkic o Mieroszewskich i Miero-szewskim Piotr Wandycz, Warszawa 1999.

Zenowiusz Ponarski, *Czesława Miłosza litewski paszport*, „Nowy Kurier" (Toronto), 1-15 kwietnia 2005.

Ksawery Pruszyński, *Krysta*, w: tenże, *Karabela z Meschedu*, Warszawa 1995.

Julian Przyboś, *Do poetów i krytyków na emigracji*, w: tenże, *Linia i gwar*.

Szkice, t. 2, Kraków 1959.

Joanna Pyszny, „Sprawa Miłosza", czyli poeta w czyśćcu, w: taż, Boje na łamach. Pisarze i literatura w prasie polskiej lat pięćdziesiątej XX wieku. Szkice, Wrocław 2002.

A. R. , Poranek Mickiewiczowski, „Pion", 19 marca 1939.

A. R. , Poranek Miłosza w Reducie, „Pion", 5 lutego 1939.

Grzegorz Rakowski, Miejsce wielu sprzecznych przeżyć, „ Go ś ciniec" 1990, nr 11-12.

Kenneth Rexroth, Introduction, w: Czesław Milosz, Selected Poems, translated by several hands, introduced by Kenneth Rexroth, New York 1973.

Tadeusz Różewicz, Jak powstawała moja „poetyka". (Kartki z gliwickiego dziennika), „Odra" 2004, nr 7-8.

Adolf Rudnicki, Niebieskie kartki. Liście Babilonu (7), „Świat", 21 kwietnia 1957.

Aleksander Rymkiewicz, Uwagi o Miłoszu, „ Tygodnik Warszawski" 1946, nr 14.

Alexander M. Schenker, Introduction, w: Czesław Miłosz, Utwory poetyckie. Poems, Ann Arbor 1976.

Aleksander Schenker, Geneza „ zielonego" tomu poezji Miłosza, „ Zeszyty Literackie" 2005, nr 89.

Russell Schoch, Poet Laureate, „California Monthly", grudzień 1980.

Peter Dale Scott, Letter to Czesław Milosz [wiersz], w: tenże, Crossing Borders. Selected Shorter Poems, New Directions, 1994.

Charles Simic, S wiat, który poszedł z dymem, tłum. Jerzy Jarniewicz, „ Gazeta Wyborcza", 24-26 grudnia 2002.

Jerzy S. Sito, Kto jeszcze bronił Miłosza, „Gazeta Wyborcza", 24-25 września 2005.

Skamandryci w Nowym Jorku, wywiad z Felicją Krancową, „Przekrój" 1990, nr 2342.

Tadeusz Sławek, Ameryka: starszy, dzikszy obraz, „ Tygodnik Powszechny" 1999, nr 11.

Irena Sławińska, To jest daleki kraj. . . , „ Tygodnik Powszechny" 1956, nr 16.

Antoni Słonimski, *Odprawa*, „Trybuna Ludu", 4 listopada 1951.

Manes Sperber, *La prise du pouvoir*, tłum. Konstanty A. Jeleński, „Kultura" 1954, nr 3.

Agnieszka Stawiarska, *Wieszcz rewolucji, Miłosz sam*, „Gazeta Wyborcza", 29 grudnia 2001.

Mirosław A. Supruniuk, *Posłowie*, w: Czesław Miłosz, *Wielkie pokuszenie. Bieliński i jednorożec*, Toruń 2002.

Mirosław A. Supruniuk, *Zagadki Czesława Miłosza. Rok 1951-wstęp do opisu*, „Kresy" 2003, nr 2-3.

Jan Józef Szczepański, *Koniec legendy*, w: tenże, *Buty i inne opowiadania*, Kraków 1983.

Edmund Szcześniak, *Kochankowie Wielkiej Niedźwiedzicy*, „Nowy Dziennik", 21 listopada 1990.

Marcin Świetlicki, *Smok*, „Tygodnik Powszechny" 1991, nr 26.

Bolesław Taborski, *Na tropach „rewolucji!"*, „Merkuriusz" (Londyn) 1955, nr 3.

Tam gdzie mogę ścigać morze, z Julią Hartwig rozmawia Wojciech Kass, „Topos" 2004, nr 3-4.

Wanda Telakowska, list do Jarosława Iwaszkiewicza, „ Podkowiański MagazynKulturalny" 2006, nr 1-2.

John Updike, *Survivor/Believer*, „The New Yorker", 24-31 grudnia 2001.

Bohdan Tadeusz Urbanowicz, *Pokolenie Wandy*, „Polska Sztuka Ludowa" 1988, nr 3. Lillian Vallee, *The Exile in California*, „Periphery. Journal of Polish Affairs" 1998-1999, t. 4-5.

Lillian Vallee, *Kochaj dzikiego łabędzia*, tłum. Magda Heydel, „Tygodnik Po-wszechny" 2001, nr 26.

Tomas Venclova, *Dwa księstwa*, „Tygodnik Powszechny" 2004, nr 34.

Helen Vendler, „*A Lament in Three Voices*", „ The New York Review of Books", 31 maja 2001.

Helen Vendler, *Z okruchów, świat już doskonały*, tłum. Tomasz Kunz, w: *Poznawanie Miłosza 2. 1980-1998*, cz. 1, red. Aleksander Fiut, Kraków 2000.

Andrzej Vincenz, *Nie ma wolności bez prawdy*, „ Tygodnik Powszechny" 2000, nr 30.

Andrzej Vincenz, „Stanisław Vincenz a Czesław Miłosz", maszynopis, kopia w archiwum Piotra Kłoczowskiego.

Irena Vincenzowa, *Rozmowy ze Stanisławem Vincenzem*, „Regiony" 1993, nr 1.

Irena Vincenzowa, *Rozmowy ze Stanisławem Vincenzem*, „Regiony" 1995, nr 1.

Peter Viereck, *Red Roots for the Uprooted*, „The New York Times Book Review", 7 czerwca 1953.

Rimma Vołyńska-Bogert, *Sceny z życia uniwersyteckiego w Berkeley*, „Tydzień Polski" (dodatek do „Nowego Dziennika", Nowy Jork), 13-14 grudnia 1980.

Teresa Walas, *Czesław Miłosz jako historyk literatury polskiej*, „Dekada Literacka" 1994, nr 11.

Rafał Węgrzyniak, *Miłosz i teatr*, „Dialog" 2000, nr 1.

Józef Wittlin, *Bibliotekarz Alfred Berlstein*, „Kultura" 1959, nr 9.

Bogusław Wolniewicz, *Elzenberg o Miłoszu*, „Znak" 1997, nr 12.

Ryszard Wraga, list do Redakcji, „Dziennik Polski i Dziennik Żołnierza Polskiego" (Londyn) 1952, nr 8.

Kazimierz Wyka, *Ogrody lunatyczne i ogrody pasterskie*, „Twórczość" 1946, nr 5.

Kazimierz Wyka, *Płomień i marmur*, „Pion" 1937, nr 21.

Wysz [Jerzy Wyszomirski], *Rozterka Czesława Miłosza*, „ Słowo ", 23 listopada 1932.

Stefan kardynał Wyszyński, *Doświadków promocji doktorskiej laureata Nagrody Nobla Czesława Miłosza*, „Kultura" 1981, nr 7-8.

P. P. Yolles, *Miłosz*, „Nowy Świat" (Nowy Jork), 12 czerwca 1951.

Jerzy Zagórski, *Poezja wielkiego niepokoju*, „ Tygodnik Powszechny " 1946, nr 16.

Jerzy Zagórski, *W trzech konstelacjach*, „Nowe Książki" 1981, nr 5.

Jerzy Zagórski, *W Żagarach i trochę potem...*, „Poezja" 1981, nr 5-6.

Zygmunt Zaremba, *Wobec nowego uchodźcy*, „Kultura" 1951, nr 7-8.

Jerzy Zawieyski, *Nad książkami*, „Twórczość" 1957, nr 11.

Zawieyski o Miłoszu. (Fragmenty dziennika), podał do druku B. Wit-Wyrostkiewicz, „Poezja" 1981, nr 5-6.

Ewa Zielińska, *Trzy triumfalne dni laureata Nagrody Nobla w Warszawie*, „Kurier Polski", 8 czerwca 1981.

Jan Zieliński, *Debiut Miłosza. Glossa do glossy*, „Tygodnik Powszechny" 2005, nr 17.

Jan Zieliński, *Duch pradziadka*, „Przegląd Polski" (dodatek do „Nowego Dziennika", Nowy Jork), 27 sierpnia 2004.

Zniewolone umysły dawniej i dziś. Tony Judt czyta Miłosza, tłum. Katarzyna Witakowska, „Gazeta Wyborcza", 4 września 2010.

Norbert Ż aba, *Szwedzkie kulisy nagrody Nobla dla Miłosza*, „Kultura" 1980, nr 11.

Marek Żebrowski, *Bukareszt-w ambasadzie*, „Zeszyty Historyczne" (Paryż), nr 171.

KORESPONDENCJA

gen. Władysław Anders-list do Józefa Czapskiego z 29 października 1951 r., Instytut Polski i Muzeum im. Generała Sikorskiego w Londynie.

Hannah Arendt, Karl Jaspers, *Briefwechsel 1926-1969*, München-Zurich 1993. *Between Friends. The Correspondence of Hannah Arendt and Mary McCarthy*, *1949-1975*, ed. Carol Brightman, New York 1995.

Jan Błoński, Sławomir Mrożek, *Listy 1963-1996*, Kraków 2004.

Józef Czechowicz, *Listy*, zebrał i opr. Tadeusz Kłak, Lublin 1977.

Jerzy Giedroyc, Andrzej Bobkowski, *Listy 1946-1961*, wybór, opr. i wstęp Jan Zieliński, Warszawa 1997.

Jerzy Giedroyc, Witold Gombrowicz, *Listy 1950-1969*, wybór, opr. i wstęp Andrzej Kowalczyk, Warszawa 1993.

Jerzy Giedroyc, Aleksander Janta-Połczyński, *Korespondencja 1947-1974*, opr., przedmowa i przypisy Paweł Kądziela, Warszawa 2009.

Jerzy Giedroyc, Konstanty A. Jeleński, *Listy 1950-1987*, wybór, opr. i wstęp Wojciech Karpiński, Warszawa 1995.

Jerzy Giedroyc, Juliusz Mieroszewski, *Listy 1949-1956*, cz. 1, 2, wybór i wstęp Krzysztof Pomian, przypisy i indeks Jacek Krawczyk, Krzysztof Pomian, szkic o Mieroszewskich i Mieroszewskim Piotr Wandycz, Warszawa 1999.

Jerzy Giedroyc, Jerzy Stempowski, *Listy 1946-1969*, cz. 1, 2, wybór, wstęp i przypisy Andrzej Stanisław Kowalczyk, Warszawa 1998.

Jerzy Giedroyc, Melchior Wańkowicz, *Listy 1945-1963*, wybór i wstęp Aleksandra Ziółkowska-Boehm, przypisy Aleksandra Ziółkowska-Boehm, Jacek Krawczyk, Warszawa 2000.

Mieczysław Grydzewski, Jan Lechoń, *Listy 1923-1956*, z autografu do druku przygotowała, wstępem i przypisami opatrzyła Beata Dorosz, Warszawa 2006.

Zbigniew Herbert, list do Aleksandra Schenkera z 12 czerwca 1975 r. , archiwum Aleksandra Schenkera.

Zygmunt Hertz, *Listy do Czesława Miłosza 1952-1979*, wybór i opr. Renata Gorczyńska, Paryż 1992.

Jarosław Iwaszkiewicz, *Listy do córek*, słowo wstępne Maria Iwaszkiewicz, Teresa Markowska, opr. Anna i Radosław Romaniukowie, Warszawa 2009.

Wojciech Karpiński, *Głosy z Beinecke (I)*, „ Zeszyty Literackie" 1999, nr 66.

Bolesław Miciński, Jerzy Stempowski, *Listy*, opr. Anna Micińska, Jarosław Klejnocki, Andrzej Stanisław Kowalczyk, Warszawa 1995.

Jerzy Stempowski, *Listy z ziemi berneńskiej*, Londyn 1974.

Stanisław Vincenz-list do Józefa Czapskiego z 3 listopada 1951r. , Archiwum Józefa i Marii Czapskich z Maisons-Laffitte, Muzeum Narodowe w Krakowie.

W pracy nad książką korzystałem także z wypowiedzi zarejestrowanych na potrzeby filmu dokumentalnego *Czarodziejska góra. Amerykański portret Czesława Miłosza*, scen. Andrzej Franaszek, Jerzy Illg, reż. Maria Zmarz-Koczanowicz, prod. Studio Filmowe „ Largo", Agencja Produkcji Filmowej, Telewizja Polska-Program 1, 2000.

人名索引

（页码为原书页码，即本书边码）

致　谢

如果没有众多朋友和机构的鼎力支持，就不会有这本传记。在此，　953
我要对他们所有人表示衷心的感谢。

尤安娜·格罗麦克和耶日·伊尔格，标志出版社的主编，他们不仅
是本书的发起人，而且还是在多年的组稿过程中唯一相信它终会成书的
人。阿格涅什卡·斯塔维亚尔斯卡和克莱曼蒂娜·苏哈诺夫，她们非常
负责任，不止一次地坚持本书的编辑工作，帮助我保持写作状态，还纠正
了很多错漏。

我要感谢切斯瓦夫·米沃什的家人，感谢他的儿子安东尼和他弟弟
的妻子格拉热娜·斯特鲁米沃-米沃什。我还要感谢他的秘书阿格涅什
卡·科辛斯卡，是她为我在繁杂的档案材料中指引方向。我的导师，或
者说是我的提携者，还有芭芭拉·托伦切克和亚历山大·辛克、玛乌戈
热塔和克日什托夫·赤热夫斯基夫妇、马里安·斯塔拉、曾在拜内克图
书馆当管理员的文森特·吉鲁和几年前巴黎的文化出版社的档案管理

员雅采克·克拉夫赤克。

很多人与我分享了自己的故事,包括:阿格涅什卡·安德热耶夫斯卡、安娜和斯坦尼斯瓦夫·巴兰查克夫妇、艾娃·贝纳尔-柴楚特、安杰伊·别尔纳茨基、安娜·贝娅塔·博赫杰维奇、耶日·弗·博莱依沙、伊莎贝拉·博罗夫斯卡、玛丽亚·布兰迪斯、安娜·布热佐夫斯卡、塔德乌什·布伊尼茨基、克日什托夫·贝尔斯基、亨里克·齐特科、尤利娅·赛文斯卡-克里舍夫斯卡、泰莱莎·达莱茨卡、诺贝尔特·德乌斯基-卡丘莱克、塔德乌什·杜比茨基、罗伯特·法根、兹比格涅夫·法乌特诺维奇、托马什·菲亚乌科夫斯基、亚历山大·菲乌特、安娜·伏拉伊里赫-扎扬奇、亨里克·盖德罗伊奇、艾琳·吉尔伯特、莱娜塔·高尔琴斯卡、费利克斯·格罗斯、卡塔热娜·格鲁伯、伊莱娜·格鲁金斯卡-格罗斯、雅尼娜·哈伊达什、尤利娅·哈尔特维格、罗伯特·哈斯、简·赫斯菲尔德、玛丽亚·伊瓦什凯维奇、伊莱奈乌什·卡尼亚、帕维乌·康杰拉、彼得·克沃乔夫斯基、莱舍克·科瓦科夫斯基、马莱克·科尔纳特、万达·科夫纳茨卡、艾丽兹别塔·克里德勒-瓦勒凯涅尔、明道加斯·克维特考斯卡斯、尤兰塔·莱曼、托马什·利平斯基、理查德·劳瑞、彼得·沃索夫斯基、莫妮卡·马尔科维奇、雷沙德·马图舍夫斯基、亚当·米奇尼克、彼得·米赤奈尔、米科瓦伊·莫日茨基-马尔科夫斯基、格热戈日·穆西德拉克、伦纳德·内森、雅努什·奥德罗旺日-别尼昂泽克、罗伯特·帕别斯基、托马什·别特拉谢维奇、罗伯特·平斯基、泽诺维乌什·波纳尔斯基、帕维乌·普鲁赫尼亚克、马莱克·拉基文、安杰伊·罗曼诺夫斯基、彼得·戴尔·斯科特、莫妮卡·森德瓦克、沃依切赫·西柯拉、马莱克·斯科瓦尔尼茨基、米哈乌·斯莫琴斯基、亚历山大·斯莱布拉科夫斯基、斯坦尼斯瓦夫·斯托马、米罗斯瓦夫·苏普鲁纽克、安杰伊·什切克里克、达努塔·舒姆斯卡、帕维乌·希别瓦克、伊格纳齐·希维安茨茨基、耶日·提莫舍维奇、沃齐米日·托马舍维奇、泰莱莎·托兰斯

卡、莉莲·瓦利、托马斯·温茨诺瓦、海伦·文德勒、安杰伊·文森兹、 954
塞利娜·惠特菲尔德、亚当·扎加耶夫斯基、马莱克·扎冈切克、沃齐米
日·扎古尔斯基和扬·杰林斯基。这里提到的人,有几位在几年前已不
幸离世。

感谢科希丘什科基金会赞助我旅美,感谢波兰历史文学社赞助我前
往巴黎和迈松拉斐特。特别要感谢格热戈日·高登(Grzegorz Gauden)
和他领导的波兰书会,在他们的督促下,我才得以在二〇一〇年专注于
本书的写作。感谢亚当·博涅茨基神父和《普世周刊》编辑部,他们批
准了我几个月的假期。当然要感谢标志出版社,感谢出版社给予我这个
拖稿作家的无尽耐心。

我个人还要最衷心地感谢那些多年来一直陪伴我写作这本传记的
人——阿格涅什卡·特拉切夫斯卡,我的女儿安东尼亚,还有我的父母。

还有一个人,我必须感谢,那就是切斯瓦夫·米沃什——感谢他曾
给予我的信任。

安杰伊·弗劳瑙塞克

图片源

维尔诺流浪汉学术俱乐部档案室：图片 21

安东尼·米沃什档案室：图片 35、38、44、46、50、51

艾娃·贝纳尔-柴楚特档案室 / 论坛社：图片 20、22

巴黎文学研究院档案室：图片 40、41、42

切斯瓦夫·米沃什家庭档案室：图片 29、34、45

耶鲁大学拜内克古籍善本图书馆：图片 5、6、7、36、49

马切依·比莱维奇拍摄：图片 59、60

马切依·比莱维奇拍摄 / 东方新闻社：图片 63

皮埃尔·乔莫夫拍摄，巴黎雅克·杜斯特文学图书：图片 26

斯特凡·林德布隆拍摄，斯万斯克图片社版权所有：图片 61

奥斯瓦尔多·马卢拉拍摄 / 丽塔·贡布罗维奇档案室 / 新图片社：图片 53

托马什·米哈拉克拍摄 / 新图片社：图片 64

雅尼娜·米沃什拍摄 / 国家图书馆兹比格涅夫·赫贝特档案：图片 52

耶日·图罗维奇拍摄，艾丽兹别塔·尤加乌娃、尤安娜·皮阿塞茨卡和玛格达莱纳·斯莫琴斯卡版权所有：图片 54、55

耶日·安德罗拍摄 / 波新社：图片 58

安娜·伏沃赫拍摄：图片 69

托马什·朱莱克拍摄 / 报社：图片 68

取自安杰伊·米沃什档案，由格拉热娜·斯特鲁米沃-米沃什和尤安娜·米沃什-皮埃卡尔斯卡提供：图片 1、3、4、8、9、10、11、12、15、16、17、19、24、25、28、31、32、33、37、39、47、48、56、57、62、65、66、67

塔德乌什·布伊尼茨基藏：图片 23

阿格涅什卡·科辛斯卡藏：图片 2

斯坦尼斯瓦夫·斯托马藏：图片 18

伏瓦迪斯瓦夫·托马舍维奇藏：图片 27

译后记

切斯瓦夫·米沃什是获诺贝尔文学奖的波兰诗人，经历了跨世纪近百年坎坷创作的人生，他本人曾言："经历了众多悲剧，许多次奇迹般死里逃生。了解我生活的人都不会说我是个幸运儿。"一九八〇年，诺贝尔委员会在给米沃什的颁奖词中说：诗人"以毫不妥协的敏锐洞察力，描述了人类在剧烈冲突世界中的赤裸状态"。

本书是米沃什的第一部综合传记，由波兰共和国文化与民族遗产部赞助，于二〇一一年米沃什诞辰百年之际，由克拉科夫标志出版社出版。该书作者安杰伊·弗劳瑙塞克生于一九七一年，现为克拉科夫师范大学波兰文学教授，文学批评家，赫贝特国际文学奖秘书，也是米沃什经常发表文章的《普世周刊》的编辑委员会成员，双方曾有交集。该书写作耗时十年，全书近千页，出版后获得波兰共和国文化与民族遗产部部长奖、科希丘什科基金会奖、卡齐米日·维卡文学奖，入围《选举报》尼刻奖决选名单。值得一提的是作者随后出版了一千五百页的《米沃什诗新选》，并在二〇一八年出版了米沃什的学生、著名诗人兹比格涅夫·赫贝特的传记，上下两册分别有八百五十七页和九百五十八页，都堪称巨著。二〇一七年《米沃什传》的英文版经过六年的翻译由哈佛大学的贝尔纳普出版社出版，是五百二十六页的缩减版。

作者将该书核心内容集中在米沃什诗力的塑造和发展上，对收集到的材料做了精彩的归整敷陈，并没有使读者感觉淹没于庞大的信息量中。作者没有回避有关米沃什的敏感话题，全面探索了诗人面对灾难、坎坷、痛苦的感性反应，对传主在抑郁和绝望中思考与创作的历程进行了可信的递进阐释，最终塑造出诗人的一生如何被砥砺磨练而成。一般认为，即使是与同时代的其他波兰诗人相比，米沃什的诗歌也是属于比较难翻译的，至今其三分之一的诗作尚未很好地译为英文，这也影响到他没能更早获得诺贝尔奖。他在美国的许多同事都不知道他是个诗人。他大部分的时间都坐在书房里写作，这是他的生活方式，直到生命的最后一刻。哪怕是在一九九二年，他双目几乎失明，但仍然通过秘书的协助进行创作。弗劳瑙塞克后来在访谈中说："米沃什认为这世界就是一个魔鬼的游乐场，他的思维方式如同摩尼教和诺斯替教塞特派……意识到这个世界很美丽，但也充满了痛苦。这一直是他内心中最重要的矛盾。"二〇〇四年八月，作者在得知传主逝世时写了长篇纪念文章《时间终止处的永恒光耀》，总结说：米沃什的"作品如同一棵橡树，深深扎入的根须，在黑暗处过滤着大地的汁液。他的一生是整个二十世纪的概括"，他将米沃什的诗句用为文章的副标题"这是不可能的人生，虽然尚可忍受"。当月，同样获得诺贝尔文学奖的波兰女诗人维斯瓦娃·辛波斯卡写道："他的每一首新诗，对我们来说，曾经都是一个节日，一个惊喜，一个馈赠，一个与朋友长谈的话题，一个让我们独自思考的促请。他的书也一样。每次新作出现，我们都会放下所有正在读的书，优先读他的。有时，他会给我们看他刚写好的诗或诗集——他的兴趣不在别人的赞美，而是无保留的意见。他生活在我们当中，我觉得他有点喜欢我们，有点点需要，但他不对我们有任何要求，从不强迫。而现在，曾必须发生的已经发生。对我们来说，与他同行的优势已经结束。节日结束了。"

中译本《米沃什传》依据波兰文原版初版翻译，由于时间紧迫，译者经验不足，不当和错误之处肯定不少，希望有机会予以修正。